불평등의 창조

The Creation of Inequality

Published by arrangement with Harvard University Press.

THE CREATION OF INEQUALITY

불평등의 창조

인류는 왜 평등 사회에서
왕국, 노예제, 제국으로 나아갔는가

켄트 플래너리, 조이스 마커스 지음
하윤숙 옮김

미지북스

일러두기

1. 본문에서 강조(고딕체)는 지은이의 것이다.
2. 본문에서 *표시의 각주는 옮긴이의 것이다.
3. 본문에서 인명, 지명 등은 일일이 원어를 병기하지 않는 것을 원칙으로 했다. 대신 찾아보기에 원어를 같이 실었다.
4. 본문의 외래어 표기는 국립국어원 외래어 표기법을 따르되 한국브리태니커 온라인을 참고했다.

인간은 자유의 몸으로 태어났지만
우리 눈에 보이는 인간은 어디서나 구속당하고 있다.

– 장 자크 루소, 『사회계약론』(1762년)

차례

THE CREATION OF INEQUALITY

『불평등의 창조』에 보내는 찬사

불평등의 기원은 인간 사회를 둘러싼 가장 근본적인 질문이다. 우리 모두 본래는 평등한 수렵채집 인류를 조상으로 두었다. 그런데 왜 우리 중 거의 대다수가 가난한 평민이 되어, 민주적으로 선출되었든 군사 쿠데타로 집권했든 부유하기는 매한가지인 지도자들을 묵인하게 되었는가? 명쾌하고 읽기 쉬운 이 책에서 저명한 고고학자 켄트 플래너리와 조이스 마커스는 1만 년에 걸친 전 세계 사회의 역사를 비교함으로써 이 물음에 대한 해답을 밝히고 있다. 이 책은 장기간에 걸친 인류의 정치적 진화에 관한 표준적인 설명으로 자리 잡을 것이다.

– 재레드 다이아몬드, UCLA 지리학 교수, 퓰리처 상 수상작 『총, 균, 쇠』 저자

두 저자는 고고학과 인류학의 현지 조사 자료를 명확하게 제시하고 통합함으로써, 세계 여러 지역의 문화가 어떤 발전 과정을 거쳐 왔는지 파노라마처럼 펼쳐 보여 준다. 게다가 인류학 교과서에서 흔히 인용되곤 하는 친숙한 사례 이상의 다양한 사례들을 제시한다. 이 책은 기념비적인 저작이다.

– 로버트 L. 카네이로, 미국자연사박물관 리처드길더대학원 명예 교수 및 명예 관장

켄트 플래너리와 조이스 마커스는 오늘날 세계에서 가장 저명한 인류학자이자 고고학자다. 『불평등의 창조』는 고대 세계 전역에 걸쳐 복잡한 사회가 탄생하게 된 기원과 진화에 관한 두 저자의 평생에 걸친 연구를 정제해 냈다. 이 책은 탁월할 만큼 쉽고 흥미진진하게 이 모든 것을 한데 묶어 놓았다.

– 찰스 S. 스태니시, UCLA 인류학 교수, 카슨고고학재단 이사

이 도발적인 작업은 사회 및 정치에 관한 인류학 연구에 중대한 기여가 될 것이 분명하다. 이 책은 현장의 학자들뿐만 아니라 인간 사회에서 불평등의 영구적인 성격과 발전을 이해하고자 하는 인류학과 고고학에 열광적인 독자들에게도 매우 흥미로울 것이다.

–「라이브러리 저널」

이례적으로 박학한 책이다. 이 책은 아마도 문명의 부상을 다룬 기존의 목록에서 또 한 권의 뛰어난 책으로 자리 잡을 것이다. 문화인류학자와 고고학자들이 수집한 자료들로 사회 변화의 광대한 패턴을 이해하는 방식을 살피는 데도 도움을 줄 것이다. 현장의 전문가들 또한 고고학계에서 가장 도발적인 두 학자의 역작에서 도움을 얻게 될 것이다.

–「초이스」

켄트 플래너리와 조이스 마커스는 사회인류학과 사회고고학의 두 가지 핵심적인 원칙을 종합함으로써 주목할 만한 결과물을 내 놓았다. 그들의 이번 책은 우리가 복잡한 사회의 진화를 이해하는 데 있어서 중대한 발전을 성취했음을 의미한다.

–「타임스 리터러리 서플리먼트」

이 책은 매우 중요하다. 이 책은 선사 시대와 역사 시대를 아우르는 무수히 많은 사회에 관한 통찰을 제공한다. 두 저자의 최고 걸작이자 매우 인상적인 성취이다.

–「런던 리뷰 오브 북스」

| 서문 |

1753년 가을 유명한 디종 아카데미에서 논문 현상 공모를 실시했다. "인간 불평등의 기원은 무엇이며, 불평등은 자연법에 의해 허용되는가?"라는 물음에 가장 훌륭한 답변을 내놓은 사람에게 상을 줄 예정이었다.

제네바에서 온 장 자크 루소라는 한 인습 타파주의자가 이 논문 공모에 응했다. 그의 논문 「인간 불평등 기원론」은 비록 수상하지 못했지만 250년이 흐른 뒤 유일하게 사람들의 기억 속에 남게 된다. 루소의 논문은 대단한 파급력을 미쳤고 그런 탓에 많은 역사학자는 이 논문이 프랑스 혁명의 도덕적 근거를 제공했다고 믿는다. 게다가 루소를 근대 사회과학의 창시자로 여기는 사람들도 있다.

100쪽이 채 되지 않는 논문에서 루소는 인간 사회의 발전 과정을 이해하기 위한 틀을 제시했으며 이는 찰스 다윈과 허버트 스펜서의 저서보다 한 세기 이상 앞선 것이었다. 더욱이 루소의 시도는 인류학이나 사회학 자료를 전혀 이용할 수 없던 시대에 나온 것이라 더 놀라웠다. 당시에는 두 학문이 존재하지도 않았다. 게다가 고고학 자료도 이용할 수 없었다. 120여 년이 지난 뒤에야 처음으로 하인리히 슐리만이 고고학이라는 학문을 탄생시켰기 때문이다.

불평등의 기원을 이해하기 위해서는 아주 먼 옛날, 즉 "자연 상태"로 거슬러 올라가야 한다고 루소는 주장했다. 그 시대에는 인간이 오로지 힘과 민첩성, 지능 면에서만 차이를 보이고 각 성원은 당장 필요한 것을 채우기 위해서만 일했다. 루소는 인간 조건의 모든 불쾌한 특성이 자연에서 생긴 것이 아니라 사회의 발전 과정에서 사회 자체로부터 파생되었다고 보았다. 처음에는 자기 보존을 위해 반드시 필요한 자존감이 일반적인 원칙으로 통용되었다. 하지만 사회가 커지면서 불행히도 이런 태도는 자기애, 즉 남보다 우월하고 싶고 남들로부터 존경받고 싶은 욕구에 자리를 내주었다. 또한 베푸는 마음 대신 재산에 대한 애정이 생겼다. 결국 점점 수가 많아진 부유한 집단이 가난한 집단에게 사회 계약을 강요했다. 이는 불평등을 도덕적으로 정당화함으로써 불평등을 제도화한 계약이었다.

논문을 쓸 당시 근거로 삼을 만한 자료가 별로 없었다는 점을 감안하면 이 논문이 미친 영향력이 더욱 인상적으로 다가온다. "자연 인간"에 대한 묘사는 여행자들이 전하는 일화를 바탕으로 했다. 루소는 활을 뛰어나게 잘 쏘는 "서인도 제도의 야만인", 힘과 손재주로 유명한 "북아메리카 야만인"에 대한 이야기를 들은 적이 있었고 기니, 아프리카 동쪽 해안, 인도 남서부 말라바르 해안, 멕시코, 페루, 칠레, "마젤란 대륙"*의 원주민 이야기도 들었다. 또한 루소는 희망봉의 코이코이족도 알고 있긴 했지만 이들을 정치적으로 올바르지 않은 명칭인 "호텐토트족"으로 지칭했다.**

루소가 세세하게 틀린 사항을 모두 열거하는 것은 어렵지 않다. 하지만 이는 그레고르 멘델이 DNA를 몰랐다고 비난하는 것과 같을 것이다. 이보다는 루소의 논문을 바탕으로 삼으면서 최근의 자료를 활용하는 편이 훨씬 도움이 될 것이다. 하나는 옛날 사람들에 대한 방대한 고고학 자료이고 다른 하나는 오늘날의 인간 집단에 대한 인류학 자료다. 요컨대 이 두 부문의 방대한 자료가 우리에게 알려 주는 내용이 이 책에 실려 있는 것이다.

해부 구조나 지적 능력 면으로 볼 때 이미 빙하 시대부터 현대 인간이 존재했다. 기원전 15000년 무렵 인간은 가장 가까운 경쟁자를 거의 멸종시킨 뒤 지구 상의 주요 대륙 곳곳으로 퍼져 나갔다. 빙하 시대 인류 조상은 일반적으로 소규모 집단을 이루어 먹이를 찾아다니며 살았고 이 집단의 성원은 베푸는 마음, 나눔, 이타심을 존중했다. 인류학자 크리스토퍼 보엠이 지적했듯이 수렵채집 사회의 성원은 불평등이 생기지 않도록 적극적으로 막았다.

하지만 우리 조상 모두가 계속 이런 방식으로 산 것은 아니다. 서서히, 하지만 확실하게 일부에서는 사회적 불평등이 커진 더 큰 규모의 사회를 만들기 시작했다. 기원전 2500년 무렵이 되면 지금까지 인류에게 알려진 거의 모든 불평등의 형태가 세계 어디에선가 나타나게 되었고 진정 평등한 사회는 점차 외곽으로 밀려나 다른 이들은 원하지 않는 몇몇 지역에만 한정되었다.

---

* 미지의 남쪽 대륙이라는 뜻으로, 지금의 오세아니아를 말한다.

** 호텐토트는 코이코이족의 말소리를 흉내 낸 명칭으로 이들을 경멸적으로 부르는 이름이다.

진화생물학자 에드워드 O. 윌슨은 복잡한 인간 사회의 출현을 비대 현상, 즉 공작의 꼬리나 코끼리의 엄니 등 특정 조직이 과대 성장하는 현상에 비유했다. 하지만 복잡한 인간 사회가 형성되기 위해 유전적 변화가 일어나야 하는 것은 아니다. 여기에는 인간 집단의 특징을 결정짓는 특별한 사회 논리가 변화하는 것과 관련이 있다. 우리는 사회인류학에서 이러한 논리의 세부 사항을 배우고, 이러한 변화가 장기적으로 어떤 결과를 가져왔는지 고고학을 통해 배운다.

다음 내용에서는 고고학과 사회인류학을 바탕으로 하여 우리 조상들에게 불평등이 나타나기 시작하는 과정을 살펴볼 것이다. 광범위한 규칙성 몇 가지가 뚜렷하게 나타났다. 첫째, 인간 사회는 수백 가지 종류가 있을 수 있지만 이 가운데 대여섯 가지가 매우 효율적이어서 세계 곳곳에 반복적으로 등장했다. 둘째, 불평등을 정당화하는 데 이용할 만한 논리적 전제도 수백 가지나 되지만 이 가운데 몇 가지만 효율적이어서 서로 아무 관련도 없는 수십 개 사회가 동일한 전제를 내세웠다.

이 책은 누구를 위한 것인가? 우리의 동료 고고학자나 사회인류학자가 많은 정보를 제공한 것은 사실이지만 그렇다고 그들을 위한 책은 아니다. 우리는 일반 독자를 위해 이 책을 썼다. 선사 시대 조상에 대해 알고 싶지만 사회과학 문헌을 살필 시간도 없고 그럴 마음도 없는 사람들을 위한 책이다.

일반 독자를 위해 쓴 책이기 때문에 오래전 사건의 시대를 표기할 때 쉽게 알 만한 익숙한 방식을 사용했다. 대략적인 근사치 이상으로 밝힐 수 없는 아주 오래된 시기의 경우에는 오래전이라고 표기했다. 이보다 나중에 일어난 사건으로 메소포타미아나 이집트, 마야, 유럽식 달력으로 표기된 경우에는 신문이나 뉴스 잡지 독자에게 익숙한 "기원전" 또는 "기원후" 체계를 이용했다.

이 책에서 우리는 고고학과 사회인류학을 자주 언급할 것이다. 이 둘의 관계는 동물학과 고생물학의 관계에 비유할 수 있다. 동물학자는 살아 있는 양서류와 파충류, 포유류를 연구함으로써 이 동물들의 해부 구조와 행동에 대해 상세한 지식을 전달한다. 반면 고생물학자는 화석 기록을 연구함으로써 양서류가 파충류보다 시기적으로 앞서고 양서류에서 파충류가 생겼을 가능성이 있다는 것, 그리고 파충류가 포유류보다 시기적으로 앞서고 파충류에서 포유류가 생겼을 가능성이 있다는 것 등을 우리에게 입증해 보인다.

고생물학자의 경우 대개 고대 생물종의 뼈가 유일한 연구 자료이기 때문에 불리한 점이 많다. 하지만 뼈에는 인대, 힘줄, 근육이 붙었던 부위가 보이며 동물학자는 이를 특정 행동과 연관시킬 수 있다. 동물학자도 나름대로 불리한 점이 있다. 우리 주변에 지금까지 살아 있는 생물체만을 대상으로 해야 하기 때문이다. 하지만 고생물학자는 아주 오래전에 살았던 생물체의 뼈 구조를 연구하여 과거의 공백을 메울 수 있다. 따라서 두 분야는 상호 간에 피드백을 주고받을 때 큰 힘을 발휘하게 된다.

고고학과 사회인류학도 상호 협력할 때 가장 효율적이지만, 수년간 이 두 학문은 기껏해야 어색한 관계 이상을 넘어서지 못했다. 고고학자들은 선사 시대 증거 자료를 해석하는 과정에서 종종 사회인류학자들에게 도움을 청하곤 했다. 하지만 많은 사회인류학자는 자신들이 고고학에서 배울 것이 있을 것이라고는 생각하지 못했다.

사회인류학자들은 고고학이 육체노동 같은 것이라고 여겼다.

고고학이 사회인류학에 기여할 수 있다고 생각한 사회인류학자는 로빈 폭스였다. "고고학이 구식처럼 보일지는 모르지만 이 학문은 아무리 포착하기 어려운 것이라도 과거에 대한 **사실**에 깊은 관심을 보인다."라고 언젠가 폭스는 쓴 바 있다. 나아가 고고학은 "언제나 다시 돌아가 이 학문의 주제라 할 수 있는 형체적 유물의 날 것 그대로의 사실과 대면해야 한다. 이는 강점이지 결코 약점이 아니다."라고 덧붙였다.

사회인류학자는 형체적 유물의 날 것 그대로의 사실과 반드시 대면하지 않아도 된다. 이는 곧 사실일지도 모르는 가능성의 영역이 무한히 넓다는 의미이기도 하다. 사회인류학자는 원한다면 과거가 자기 방식대로 해석 가능한 하나의 "텍스트"라고 믿을 수도 있다. 심지어 사회인류학자는 마음만 먹으면, 인간 사회의 발전 방식에 반복적으로 나타나는 패턴이 없으며 한없이 다양한 사회 속에서 질서를 밝혀내려는 시도는 모두 방향이 잘못되었다고 믿을 수도 있다.

고고학자에게는 이런 사치가 허용되지 않는다. 가령 고고학자는 1만 5000년 전에 군주제가 없었으며 드디어 여러 대륙에서 등장하게 된 군주제가 형체적 유물에 놀라운 유사성을 남겨 놓았다는 날 것 그대로의 사실을 직시해야 한다.

오늘날의 고고학자는 사회인류학자와 마찬가지로 사회적 문화적 행동에 관심을 갖는다. 그들에게는 과거 사회의 앙상한 윤곽만 있기 때문에 불리한 점이 많다. 하지만 사회인류학자의 저서를 읽음으로써 고고학자는 쉽게 소멸되는 사회 구조를 재구성하기 위해 무엇을 참조해야 하는지 배운다. 동시에 고고학자는 사회인류학자가 발전시킨 모든 이론이 고고학 유물에 잘 들어맞는 것은 아니라는 점을 이해하는 정도의 양식을 지녀야 한다.

이 책에서 언급하는 인류학 및 고고학 자료는 우리가 이용할 만한 자료의 극히 일부에 지나지 않는다. 이용 가능한 수백 가지 사회인류학 연구 가운데 고고학 자료를 해석하는 데 가장 쉽게 이용할 만한 것을 골랐다. 또한 사회 변화의 중요한 순간을 포착했거나 불평등의 논리가 명확하게 드러나는 연구도 참고했다.

가능한 경우에는 특정 사회를 접촉했던 초기 사회인류학자들의 연구를 참조했다. 이들은 이 특정 사회가 식민 정책이나 세계화로 되돌릴 수 없을 만큼 변형되기 전의 모습을 알려줄 수 있었다. 이 고전적 연구 중에는 오늘날 유행하는 인류학 이론과 맞지 않는다는 이유로 충분히 활용되지 못한 것이 많다. 하지만 이런 초기 연구 자료는 이제 더 이상 관찰할 수 없는 원주민 고유의 행동에 관해 고고학자들에게 설명해 준다. 오랜 시간이 지나면 한때 광범위하게 퍼져 있던 많은 사회 형태도 단지 고고학 유물로만 존재하게 될 것이다. 이런 시기가 되면 선구적 인류학자의 많은 저술을 재발견하게 될 것이다.

이 책에서 이용한 고고학 연구 자료 역시 마찬가지로 선택적이었다. 이용 가능한 수백 가지 중에서 우리는 실제적인 사회적 행동을 추론할 수 있는 것을 추렸다. 고고학 유적지에서는 늘 인공 유물이 나온다. 하지만 모든 유적지에서 불평등의 측면을 보여 주는 주거 가옥, 공공건물, 의식 관련 특징이 나오지는 않는다.

이 책을 쓰는 과정에서 우리는 최신 자료가 항상 유용하지는 않다는 사실을 자주 깨달았다. 훌륭한 고고학 증거는 어느 시대에서든 나올 수 있다. 우리가 접한 이론이나 설명 모델 역시 마찬가지였다. 이런 사실에 놀랄 필요는 없다. 자연 선택 이론이 발표된 것이 1859년이었고 지금도 쓰이고 있다. 1905년에 처음 발표된 상대성 이론에 대해서도 같은 말을 할 수 있다. 그러니까 진정 유용한 이론에는 "유통 기한"이 없다.

학문에는 반드시 이론이 있어야 한다. 이론은 개별적인 여러 사실을 바탕으로 의미를 구성하기 때문이다. 이와 동시에 일반 독자를 위한 책이니만큼 얼마나 많은 이론을 제시해야 하는가 하는 점에서 한계가 있다. 상반되는 가정들을 설명하느라 길고 장황하게 한 장을 할애하는 것만큼 "흥을 깨는" 것도 없을 것이기 때문이다.

이 점에서 우리는 리처드 S. 맥니시라는 이름의 한 나이 든 현명한 고고학자의 지도를 따랐다. 일전에 맥니시는 우리에게 이런 말을 했다. "이론은 향수와 같습니다. 적당히 뿌리면 당신 주위에 구혼자가 몰려들지요. 하지만 너무 많이 뿌리면 사람들은 당신이 잘못된 자료의 냄새를 가리고 있다고 생각할 겁니다." 우리는 이 책에 실린 이론이 귀 뒤에 살짝 찍어 바른 향수라고 믿고 있다.

THE CREATION OF INEQUALITY

1부

평등한 출발

인류의 탄생과 확산

우리는 모두 평등하게 태어났고 출생지는 아프리카이다. 우리가 누구든, 어디에 살든, 어떤 언어를 쓰든, 어떤 관습과 믿음을 따르든, 피부색이 무엇이든, 인류의 조상은 지난 2백만 년 사이의 어느 시점에 아프리카에서 태어났다.

인류는 몇 차례의 이동을 거쳐 지구 곳곳으로 퍼져 나갔다. 180만 년 전쯤에 시작된 한 이동 시기를 거치면서 우리의 먼 조상은 아프리카를 벗어나게 되었지만 유라시아 대륙의 따뜻한 지역 너머까지 나아가지는 않았다. 그들이 이동할 때 코뿔소, 하마, 코끼리 같은 아프리카 사냥감도 함께 따라갔으며 인류 조상은 지중해 북쪽 해안과 동쪽 해안에 안착했다. 이곳에서 일부는 다시 캅카스까지 갔고 다른 일부는 인도와 중국으로 갔다. 또한 지중해에서 서쪽과 북쪽으로 이동하여 유럽으로 들어갔고, 1백만 년 전에서 70만 년 전 사이에 영국 제도에 닿았다.

우리 조상은 무모하게 추운 지역으로 들어가는 일이 없었고 오스트레일리아나 뉴기니 섬까지 갈 만한 선박 기술도 없었다. 하지만 40만 년 전에는 이미 나무창과 투창기 등의 사냥 도구와 땅을 파고, 베고, 자르고, 긁어모으는 석기 도구를 갖추었다. 혁신은 그들의 장기가 아니었던 것 같다. 도구의 변화는 상상하기 힘들 만큼 느렸고, 옷을 입거나 장신구를 달았다는 증거도 없으며 영적 세계를 상상하거나 미술이나 음악을 행했다는 증거도 없다. 그들이 도구를 만드는 데 썼던 재료는 대개 부근 50킬로미터 내지 80킬로미터 범위 내에서 나온 것이었다. 20세기 채집 생활자의 경우라면 이틀 정도 걸릴 거리였다.

20만 년 전쯤 되면 앞서 설명한 사람들은 쇠퇴하고 새로 온 사람들이 그 자리를 대신했다. 새로 온 이들은 비록 해부 구조상으로는 결코 "현대인"과 같지 않았지만 앞선 이들에 비해 훨씬 "현대인처럼" 생겼다. 생물인류학자들은 이들이 최소한 두 개의 집단으로 이루어져 있었다고 본다. 하나는 네안데르탈인이라는 집단이고 다른 하나는 아주 멋진 모순어법이라 할 만한 "고대 현대인"으로 불린다.* 유전학자 스반테 페보와 그의 동료들은 네안데르탈인의 게놈을 60퍼센트 이상 분석하여 이를 현대인의 게놈과 비교한 바 있다. 이들은 네안데르탈인과 고대 현대인 간에 유전자 교환이 이루어졌을 가능성이 있다고 결론지었다.

---

* '고대 현대인archaic modern humans'은 등장 초기의 호모 사피엔스 중 일부인 '고대 호모 사피엔스'를 말한다. 네안데르탈인 역시 호모 사피엔스에 속하며 학명은 호모 사피엔스 네안데르탈렌시스이다.

이 인간 유형 가운데 유럽의 고전적인 네안데르탈인이 가장 강건한 체격을 지녔다. 네안데르탈인의 뼈대를 보면 고대 현대인에 비해 자주 골절상을 입었다는 것을 알 수 있다. 고전적 네안데르탈인은 20대와 30대에 골격 이상이 생겨 40세를 넘기는 경우가 거의 없었다. 치아 마모 상태에서도 네안데르탈인이 때때로 입을 바이스로 사용했다는 것이 드러난다. 일부 학자는 네안데르탈인이 육체 힘으로 하던 일을 고대 현대인은 향상된 기술을 이용하여 했다고 주장한다. 이 학자들의 주장에 따르면 석기 기술의 발달 속도가 빨라지면서 고대 현대인은 흙 오븐을 이용해 음식을 장시간 조리했고, 투창기와 부메랑, 마침내는 활과 화살을 개발했으며, 식물 섬유질을 끈처럼 이용하여 덫이나 투망을 만드는 법을 배웠고, 장신구로 몸을 치장하기 시작했고, 수석, 나무, 뼈, 뿔, 상아를 재료로 사용하여 도구를 빠른 속도로 향상해 갔다. 이러한 기술 발전 덕분에 큰 치아와 튼튼한 근육을 유지할 필요성이 줄었을 것으로 여겨진다.

네안데르탈인과 그들에 비해 좀 더 현대인처럼 보이는 친척 간의 관계를 알려 주는 단서가 이스라엘의 동굴에 묻혀 있던 한 무더기의 뼈에서 발견되었다. 11만 년 전에서 9만 년 전에 묻힌 것으로 보이는 몇몇 뼈는 현대 인류의 고대 판 뼈처럼 보인다. 하지만 똑같이 카르멜 산 지대에 묻혀 있지만 불과 9만 년 전밖에 되지 않을 만큼 훨씬 나중에 묻힌 뼈들은 네안데르탈인의 것에 더 가깝다. 이 증거로부터 두 가지 결론을 끌어낼 수 있다. 첫째, 아득히 먼 이 시기에 이 두 유형 가운데 어느 쪽이 성공할지 아직 뚜렷하지 않았다는 점이다. 둘째, 네안데르탈인과 고대 현대인 사이에 유전 형질의 교환이 이루어졌다면 이 과정이 일어났을 장소 중 하나가 서아시아 지방이라는 점이다.

매장의 세부 사항 역시 뼈만큼이나 흥미롭다. 갈릴리의 카프제 동굴에서 나온 고대 현대인의 뼈 중 하나는 아마도 조개로 만들었을 것으로 보이는 장신구와 함께 묻혔고 빨간 황토 염료가 뿌려져 있었다. 카르멜 산 절벽의 스쿨 동굴에서 발견된 또 다른 고대 현대인의 뼈는 골반에 나무창 비슷한 것으로 패인 상처 자국이 있었다. 이 모든 증거로 미루어 볼 때 카르멜 산에 살았던 이들 중 현대인과 비슷하게 생긴 쪽은 조개껍질 장신구를 사용하고 적의 창에 찔려 상처를 입었으며 시신에 빨간 색칠을 하여 사후 세계를 준비했던 것으로 보인다. 하지만 고대 현대인은 이후 수만 년에 걸쳐 이웃 네안데르탈인과 계속 경쟁을 벌였을 것이다.

초기 인류 간의 이런 경쟁은 적어도 10만 년 전에 시작되었으며, 이른바 빙하 시대로 불리는 세계적인 냉각기 동안 진행되었다. 기후 권위자들은 7만 5000년 전 세계 기온이 급격히 떨어진 증거를 제시한다. 이 증거는 심해 퇴적물, 빙하 속에 있는 공기 거품, 호수 점토에서 나온 꽃가루 알갱이 연구를 바탕으로 나온 것이다. 기온이 가장 많이 떨어진 시기는 3만 년 전에서 1만 8000년 전 사이였다. 그러다 마침내 지금으로부터 1만 년 전 세계 기온이 회복되었고 기본적으로 빙하 시대가 끝났다.

많은 인류학자는 빙하 시대가 스트레스가 심한 환경으로, 보다 지략이 뛰어난 인간 유형 — 현명하고 회복력이 빠르며 힘든 조건에 보다 잘 적응하는 유형 — 이 전면에 부상할 수 있는 조건이라고 여긴다. 그런가 하면 이런 시나리오는 지나치게 환경에 의존한 것이라고 여기는 사람들도 있다. 이들은 인류의 고대 조상이 사회적 기능을 바탕으로 친족, 동맹, 상호 협조의 커다란 연결망을 만들어 냄으로써 힘든 환경을 헤쳐 나왔다고 본다.

네안데르탈인의 퇴장

네안데르탈인은 유라시아 대륙에 널리 퍼져 살았지만 대체로 스칸디나비아 같은 추운 곳은 피했다. 순록, 털 매머드, 털 코뿔소 등과 같은 환경에서 살아야 했던 빙하 시대의 정점에 유럽 네안데르탈인은 동굴에 살면서 모닥불로 거처를 따뜻하게 데우곤 했다. 모든 원료는 부근 80킬로미터 반경에서 구했으며 이들의 선조와 비교하면 거리가 두 배 정도 늘었다. 하지만 대략 3만 년 전 네안데르탈인은 현대인에 좀 더 가까운 이웃에 의해 멸종 위기로 몰려 소멸했다.

에드워드 O. 윌슨의 주장에 따르면 우리 조상은 가까운 연관 관계에 있는 경쟁자가 사라지자 "생태적 해방"을 경험했다. 이제 경쟁자에게 활동을 제약받지 않아도 되는 상황이 되었으므로 훨씬 더 다양한 행동을 자유롭게 보여 주었다.

고대 현대인의 확산

현대인과 더 가까운 우리 조상은 네안데르탈인이 사라지기 이전부터 이동하고 있었다. 이제 이들은 구세계 곳곳까지 뻗어 나갔고 그 후손은 급기야 신세계와 태평양 제도까지 진출하여 살았다. 우리는 이제 시기적으로 보다 가까운 빙하 시대 조상의 이동 과정을 살펴보고자 한다.

처음에 고대 현대인은 고전적인 네안데르탈인만큼 체구가 건장하지 않았다. 그들은 뼈를 다치는 일이 그리 잦지 않았고 수명도 길었다. 고전적인 네안데르탈인은 신체를 유지하는 데 많은 칼로리가 필요했다. 하지만 고대 현대인 조상은 체구가 적절하고 향상된 기술을 갖춘 덕분에 동일한 칼로리로 더 많은 인구를 부양할 수 있었다. 인류학자 크리스틴 호크스도 고대 현대인의 평균 수명이 늘어난 것은 보다 치열한 채집 생활에 적응했기 때문이라고 주장했다. 가령 나이 든 여자가 육아를 맡음으로써 출산 연령의 여자가 식량을 구하는 데 더 많은 시간을 투자할 수 있었다.

식량채집 활동 시간이 늘어나고 효율성이 높아지자 움직임이 느린 먹잇감에 변화가 나타났다. 고고학자 리처드 클라인은 케이프소라라는 해양 연체동물과 기움돛대육지거북을 사례로 들었다. 두 종 모두 남아프리카가 원산지이다. 기움돛대육지거북은 평생에 걸쳐 천천히 성장한다. 먼 4만 년 전쯤부터 남아프리카의 고고학 쓰레기 더미에서 나오는 거북의 크기가 꾸준히 작아지기 시작했다. 거북을 다량 포획한 탓에 대다수가 늙을 때까지 살지 못했기 때문이다. 케이프소라 역시 과잉 채집의 결과로 비슷하게 크기가 작아지는 경향을 보였다.

8만 년 전에서 6만 년 전에 이르는 시기로 오면 남아프리카의 중요 고고학 유적지 두 곳에서 도구 기술이 점차 정교해졌음을 보여주는 증거가 나온다. 블롬보스 동굴과 클라시스 강 하구에 있는 이 두 유적지의 고대 사냥꾼은 더 부드럽고 다루기 좋은 재료의 망치를 이용하여 수석의 삐죽한 부분을 예닐곱 센티미터 정도의 길고 날카로운 날로 다듬는 방법을 깨우쳤다. 이 날카로운 날로 동물 가죽에서 지방을 긁어 냈고, 끌처럼 생긴 수석으로는 뼈나 나무에 홈을 파서 좀 더 효율적인 손잡이를 만들었다. 뼛조각을 날카롭게 다듬어 송곳을 만들었고 이를 이용하여 가죽에 구멍을 냄으로써 끈이나 힘줄로 바느질을 할 수 있었다. 또한 여러 재료로 만든 무기의 뾰족한 끝으로 사용하기 위해 작은 수석을 만들기도 했다.

8만 년 전에서 7만 년 전에 이르면 아프리카 북부의 모로코에서 남부의 블롬보스 동굴에 이르기까지 고대 인류는 조개껍질에 구멍을 내어 끈에 매단 뒤 목걸이로 매고 다녔고, 붉은 황토와 흰 점토로 몸을 치장했다. 두 가지 모두 자연에 있던 염료였다.

180만 년 전의 인간이 큰 사냥 동물을 잡는 데 주력했다면 시기적으로 보다 최근의 조상은 그물망을 만들 끈이 생기자 식량의 개념을 확대하여 물고기도 잡기 시작했다. 식량 조달에서 가장 획기적인 발전은 7만 5000년 전에서 5만 5000년 전 시기의 고고학 매장지인 클라시스 강 하구에 그 기록이 남아 있다.

클라시스 강 하구는 오늘날 남부 아프리카인이 핀보스("멋진 덤불"이라는 뜻)라고 부르는 초목 지대에 위치해 있다. 핀보스 지대의 식물 중에는 백합과에 속하는 워트소니아라는 이름의 꽃이 있다. 이 꽃의 친척인 글라디올러스처럼 워트소니아 역시 꽤 큰 알줄기, 즉 구근을 갖고 있는데 워트소니아의 구근은 먹을 수 있다. 핀보스 지대에 일부러 불을 내어 모두 태워 버리면 워트소니아가 다시 자라는데 이때 단위 면적당 밀도가 예전보다 다섯 배에서 열 배까지 늘어난다. 클라시스 강 하구에 있는 고고학 지층에 불탄 워트소니아와 다른 핀보스 식물들이 빽빽하게 쌓여 있는 것으로 보아 이 지역에 살던 사람들은 이런 사실을 알았던 것으로 보인다.

이 발견에서 흥미로운 점은 경제학자들이 이른바 '후일 보상 전략delayed-return strategy'이라고 부르는 것을 이 시대 사람들이 이미 실행하고 있었다는 점이다. 클라시스 강 하구의 거주자들은 식물이나 사냥감을 채집하여 당장 식량을 구하는 데 머무르지 않고, 다음 생장기까지는 먹을 것을 구하지 못하는 활동에도 기꺼이 노동을 투자했던 것이다. 하지만 다음 생장기가 되면 이들의 노력은 이전보다 다섯 배에서 열 배나 많은 수확으로 보상받았다. 달리 말하면 몇몇 초기 인류는 주변 환경에서 식량을 구하는 법을 배웠을 뿐만 아니라 환경 자체를 설계해서 만들어 내는 법까지도 알았던 것이다. 이들이 이렇게 할 수 있었던 것은 분명 그들이 자연을 영리하게 관찰했으며, 인류학자들이 연구한 19세기와 20세기 수렵채집 사회 사람들처럼, 수백 가지 식물과 동물의 이름을 알며 이것들의 서식지 선호도와 습성에 관해 세세한 사실을 줄줄이 꿰고 있었기 때문일 것이다.

이처럼 인간이 환경에 간섭하는 것을 "생태적 지위 구축"이라고 부르기도 하는데 이때 이후로 곳곳에 흩어진 다른 지역의 고고학 유적지에서 이런 활동의 증거가 계속 나오고 있다.

가령 다음 사례를 살펴보자. 2만 년 전의 이집트에서는 나일 강의 수위가 오늘날보다 15미터가량 더 높았고 계속 상승했다. 빅토리아 호와 앨버트 호에서 시작되어 북쪽의 지중해로 흘러가는 강물은 홍수기가 되면 수위가 매우 높아져, 이집트 사막에서 나일 강으로 접어드는 매우 건조한 협곡 전체가 물에 잠겼다. 오늘날의 아스완 바로 북쪽에는 와디 쿠바니야라고 알려진 건조한 협곡이 나일 강의 서쪽에 면해 있다. 6월에서 9월까지 범람한 나일 강은 협곡의 낮은 지대까지 차올라 가장 높은 모래 언덕을 제외한 모든 것이 물에 잠긴다. 이 범람으로 이 지역 특유의 풍족한 환경이 조성되어, 메기와 틸라피아 같은 민물고기가 이곳에 몰려들고 사초와 등심초같이 물을 좋아하는 식물이 풍부하게 자란다.

메기가 알을 낳는 소리가 하도 시끄러워서 300미터 밖에서도 메기가 입과 꼬리를 철썩철썩 때리는 소리가 들린다. 아마도 이 소리에 이끌려 석기 시대 채집자들이 와디 쿠바니야로 몰려와 언덕에서 야영했을 것이다. 범람했던 물이 다시 줄어들면 틸라피아가 산란하는 구멍에 바로 손을 넣어 틸라피아를 잡을 수 있었고, 물장구를 쳐서 물속의 산소를 몰아내는 방법으로 메기를 수면까지 올라오게 만들 수 있었다.

어획량이 너무 많아서 한 번에 다 먹을 수 없었다. 고고학자 프레드 웬도프가 이끌었던 탐사대는 한 야영지에서 13만 마리 이상의 메기 뼈를 발견한 바 있으며, 나중에 먹기 위해 물고기 머리를 잘라내고 몸통을 훈제하거나 건조한 증거도 함께 나왔다.

10월 무렵 수위가 내려가면 자주색 향부자라고도 불리는, 촘촘히 엉킨 사초가 모습을 드러내고 아울러 수천 개의 부들도 모습을 나타낸다. 이 엉킨 사초는 폭이 3미터나 되고 1제곱미터당 덩이줄기가 무려 2만 2800개나 되었다. 채집자는 땅을 파는 막대기로 향부자 덩이줄기를 수천 개씩 수확했고 여기에 부들의 덩이줄기와 구운 견과를 보태어 먹었다.

와디 쿠바니야의 식물 채집자는 10월과 11월에는 향부자 덩이줄기가 작고 말랑말랑하지만 2월과 3월이 되면 더 크고 단단해지며 씁쓸한 식물 염기로 가득 찬다는 것을 깨달았다. 하지만 이처럼 다 자란 덩이줄기도 돌 위에서 빻아 구우면 먹을 수 있었다. 훈제 생선과 마찬가지로 사초와 부들 덩이줄기도 저장할 수 있었고 이 식물에는 탄수화물이 많이 들어 있었다.

1만 9000년 전에서 1만 7000년 전에 걸쳐 와디 쿠바니야는 채집자들에게 풍요로운 목표가 되었고, 이들은 건조, 훈제, 빻기, 굽기, 저장 기술을 개발함으로써 나일 강의 일시적 풍족함을 연장해 몇 달 치 식량을 확보할 수 있었다. 또한 클라시스 강 하구에 살던 이들의 선조와 마찬가지로 환경을 설계하는 데 따르는 이점을 깨달았다. 다 자란 향부자 덩이줄기를 많이 쳐낼수록 이듬해 새로운 덩이줄기가 훨씬 촘촘하게 다시 생긴다는 사실 말이다.

와디 쿠바니야에 매장된 한 젊은이의 뼈로 판단할 때 물고기와 덩이줄기를 채집하던 이들은 해부 구조상 현대인에 가까웠고 오늘날 누비아와 수단에 사는 사람들을 닮았다. 이 젊은이는 오른팔이 비대칭적으로 발달했고 이 사실로 미루어 볼 때 힘 좋은 오른손잡이로 창을 던지는 사람이었을 것이다. 과거에 입은 상처로 수석 조각이 어깨에 박혀 있었고 팔뚝 골절을 입었다가 나은 흔적이 있어서 그가 언젠가 이 팔로 상대의 타격을 막아 냈을 것이라고 추측된다. 이 젊은이는 창 크기의 발사 무기에 맞아 죽었고 갈비뼈와 허리뼈 사이에 뾰족한 수석 두 개가 박혀 있었다.

이와 같이 고고학은 이 시대 우리 조상에 관해 두 가지 통찰을 알려 준다. 클라시스 강 하구와 와디 쿠바니야 유적에 따르면 이들은 자연을 예리하게 관찰했으며 급속도로 향상되는 기술을 갖추고 자신의 환경을 어떻게 변화시킬지 전망을 가지고 있었다. 스쿨 동굴 매장 터와 와디 쿠바니야의 젊은이에게서 발견된 창에 의한 상처는 또 다른 사실을 알려 준다. 우리 조상들의 사회성 기술이 향상되긴 했어도 이웃 집단 간의 접촉이 살인으로 이어지던 시기가 있었다는 점이다. 다시 말해서 우리 조상들은 점점 더 우리처럼 행동하게 되었던 것이다.

빙하 시대 후반기 동안 현대인과 닮은 우리 조상들은 전 세계로 퍼져 나갔다. 지구 물의 대부분이 빙하 속에 얼어붙어 있었기 때문에 이 두 번째 대이동이 수월하게 이루어질 수 있었다. 그 많은 물이 꽁꽁 얼어 빙하가 된 탓에 해수면이 상당히 낮아졌고, 얕은 대양저 중 많은 곳이 과거에 서로 떨어져 있던 대륙을 이어 주는 다리로 일시적으로 바뀌었다. 이제 우리 조상은 선조들이 닿을 수 없었던 곳까지 대거 진출하여 살게 되었다.

이들 중 일부는 놀라운 속도로 빠르게 동쪽으로 이동하여 인도와 동남아시아 등 구세계의 따뜻한 지역 너머까지 나아갔다. 극동 지역에 다다른 이들은 해수면이 낮아진 덕분에 순다 대륙붕이 수면 위로 드러난 이점을 이용했다. 순다 대륙붕은 캄보디아와 베트남, 그리고 수마트라, 보르네오, 필리핀 제도, 자바, 셀레베스를 연결하는 대양저가 수면 위로 드러난 지역이었다. 이제 인류는 이 지역들까지 진출하여 살 수 있었다.

남쪽으로 더 내려가면 낮아진 해수면 때문에 2850만 제곱킬로미터 면적의 사훌 대륙붕이 일시적으로 드러나 오스트레일리아, 뉴기니, 태즈메이니아가 단일 대륙으로 통합된다. 순다 대륙붕과 사훌 대륙붕 사이에 아직 65킬로미터의 바다가 가로놓여 있지만, 이

제 빙하 시대의 우리 조상들에게는 선박 기술이 있어서 섬을 따라 이동하면 사훌 대륙붕까지 갈 수 있었다. 이렇게 섬을 따라 이동한 우리 조상은 4만 년 전 비스마르크 제도*까지 진출했고 이후 1만 2000년이 지난 뒤에는 계속해서 솔로몬 제도까지 나아갔다.

그 후 오스트레일리아와 태즈메이니아가 분리되면서 인류학자에게 풍요로운 정보의 보고가 생겼다. 채집자 무리가 두 대륙 전체로 퍼져 나간 뒤 기온이 오르면서 빙하가 녹고 해수면이 상승하여 사훌 대륙붕의 낮은 지대가 바다 속으로 사라졌다. 이때 이후 오스트레일리아인과 태즈메이니아인은 수천 년 동안 다른 세계와 격리되었고 이들의 채집 생활 방식은 동남아시아 본토에서 일어난 대다수 변화에 아무런 영향을 받지 않은 채 남아 있었다. 분명 오스트레일리아 원주민은 그들만의 독특한 생활 방식을 만들어 나갔고, 그것은 시간이 지나면서 계속 조금씩 변화했다. 중요한 것은 이들이 만들어 낸 변화가 모두 이 지역 고유의 것이고, 마침내 활과 화살, 농경 등과 같은 혁신과 세습적 불평등이 나타나기 시작한 본토 아시아의 영향을 전혀 받지 않았다는 점이다.

남아시아, 순다 대륙붕, 사훌 대륙붕에 사람이 살기 시작한 점이 흥미롭기는 해도 무엇보다 흥미로운 점은 꽁꽁 얼어붙은 북유럽에 우리 조상이 살기 시작했다는 점이다. 우리 조상들은 부분적으로는 모피 의복으로 추위를 막은 덕분에 이전 어느 인간도 가 보지 못한 먼 곳까지 진출했다. 당시 이들이 진출한 유럽은 너무 추워서 지금의 남부 프랑스에 해당하는 지역에도 순록 떼가 어슬렁거리며 돌아

* 태평양 중서부에 있는 파푸아뉴기니령 제도.

다닐 정도였는데 우리 조상은 이런 동물이 이용하는 이동로 주변에서 야영을 하면서 동물이 지나갈 때 사냥하여 먹었다. 하지만 늑대, 여우, 곰, 밍크, 담비 등 모피가 있는 동물 사냥도 증가했고 뼈송곳과 뼈바늘을 이용하여 이 모피를 서로 겹쳐 입는 의복으로 만들었다. 고고학 덕분에 우리는 이 추운 지역의 주민에 대해 많은 것을 알게 되었다. 이들이 사용한 기술 중 몇 가지는 현대의 북극 사냥꾼이 쓰는 기술과 흡사했다. 오늘날 우리에게는 이들의 피부색, 그리고 이들의 이웃 네안데르탈인의 피부색이 변화를 겪었을 것이라고 추정할 만한 근거가 있다.

2007년 네안데르탈인 두 명의 뼈에서 DNA를 추출했다는 보도가 있었다. 하나는 스페인에서 나온 것이고 다른 하나는 이탈리아에서 나온 것이었다. 두 DNA 샘플에는 MC1R이라는 색소 유전자가 들어 있었다. 부모로부터 이 유전자를 물려받은 아이는 머리카락 색이 붉고 피부가 하얗다.

이보다 앞서 또 다른 학자들이 인간의 15번 염색체에서 SLC24A5라는 유전자를 발견했다고 보고한 바 있다. 이 유전자는 사람의 표피에서 멜라닌 또는 갈색 색소를 줄여 피부를 더욱 희게 만든다. 오늘날 유럽인과 아프리카인의 피부색이 다른 이유는 이 유전자 때문인 경우가 25~38퍼센트이다.

인류학자들은 우리 조상이 햇볕이 강한 아프리카에 살던 때에는 피부색이 당연히 갈색이었을 것이라고 대체로 동의한다. 멜라닌 색소가 암을 일으키는 자외선으로부터 피부를 보호해 주기 때문이다. 하지만 춥고 안개가 자욱하며 구름이 잔뜩 낀 빙하 시대 유럽 같은 환경에서는 짙은 피부색이 이점이 되지 않는다. 그런 환경에서는 흰 피부를 가져야 비타민D 흡수가 용이하며, 이론의 여지가 있긴 해도 이 점은 멜라닌 색소의 보호를 받는 것보다 더 중요하다. 이런 사실로 미루어 볼 때 우리의 아프리카 조상은 짙은 피부색이었던 반면 빙하 시대 유럽의 구름 낀 조건에서는 흰 피부가 유리했을 것이다.

흰색 피부와 갈색 피부의 차이 — 이는 아주 작은 유전적 차이지만 현대의 몇몇 사회에서는 이런 작은 차이를 근거로 하여 극단적인 사회적 불평등을 정당화하기도 한다 — 는 단지 어떤 이는 피부암으로부터 보호하고 다른 이는 비타민D 결핍으로부터 보호하기 위한 자연의 섭리일 뿐이라는 점을 음미해 볼 필요가 있다.

신세계로 가는 다리

아시아의 추운 북부 지방에 들어가 살던 우리 조상 역시 유전적 변화를 겪었다. 한 가지 변화는 피부색이 밝아진 점이다. 이는 유럽에서 나타난 변화와 유사하지만, DNA 전문가들은 이와 별개로 다른 유전자 집합에 의해 생긴 변화라고 보고 있다.

아시아 북부 지방 역시 동남아시아의 경우처럼 빙하 시대에 해수면이 낮아지면서 육지 면적이 늘었다. 예를 들어 사할린과 홋카이도 섬을 시베리아와 연결하는 육로가 생겼고 이 덕분에 일본에 우리 조상이 들어가 살 수 있었다. 더 멀리 북쪽으로 올라가면 낮아진 해수면으로 베링 해협을 건널 수 있는 또 다른 육로가 생겨 시베리아와 알래스카를 연결해 주었다. 빼곡하게 들어찬 유빙군도 알류샨 열도와 시베리아를 연결했다. 적어도 2만 년 전 시베리아의 사냥꾼은 사냥감을 좇아 베링 육로를 건너 알래스카로 넘어갈 수 있었고 그곳에서 자신들을 기다리는 새로운 대륙을 발견했을 것이다.

현재 고고학자들은 우리 조상들이 신세계에 정착하는 데 몇 가지 이주 흐름이 관련되었을 것으로 보고 있다. 일부는 남쪽으로 이동하여 빙하가 없는 통로를 거쳐 지금의 캐나다와 미국 지역으로 들어갔고, 다른 일부는 선박 기술을 이용하여 훨씬 빠른 속도로 아래쪽 태평양 연안으로 내려가, 빙하 시대가 끝나기 전 파타고니아*에 닿았다.

아메리카 원주민이 시베리아에 기원을 두고 있다는 것을 보여 주는 언어학적 증거가 지금도 남아 있는 것으로 보인다. 2008년 에드워드 바즈다는 시베리아의 토착어인 케트어가 나데네어 부족으로 알려진 아메리카의 언어 집단과 연관 관계가 있다고 결론지었다. 나데네어 부족에는 캐나다 유콘과 북서부 연방 직할지의 아타파스카족, 미국 남서부의 아파치족과 나바호족, 알래스카의 틀링깃족이 포함된다.

1만 5000년 전 신세계에는 비록 인구가 조밀하지는 않더라도 알래스카에서 파타고니아까지 사람이 거주하고 있었다. 그리고 빙하 시대가 끝나면서 빙하가 녹자 해수면이 상승했고 베링 육로는 사라졌다. 이후 필시 에스키모의 조상도 포함되었을 일군의 사람들이 선박을 이용하여 이제는 얼음이 없는 알류샨 열도를 따라 섬과 섬을 건너는 방법으로 신세계에 도착했다. 오스트레일리아와 마찬가

* 남아메리카 대륙의 남쪽 끝.

지로 신세계도 바이킹족과 크리스토퍼 콜럼버스가 찾아오기 전까지는 비교적 구세계와 단절되어 있었다. 1만 5000년이 넘도록 아메리카 대륙은 사회적 변화를 위한 멋진 실험 지역이 되었고 불평등의 등장과 관련해서 여러 가지 독립적인 사례를 보여 주었다.

빙하 시대 툰드라 지대의 생활

빙하 시대가 오래 지속될수록 우리 조상은 인류학자들이 연구한 현존 수렵채집 생활자와 더욱 비슷한 생활 방식을 보였을 것이다. 또한 이 빙하 시대 채집 생활자들이 현존 집단과 많은 유사성을 지닐수록 고고학자들이 이들의 사회적 행동을 재구성할 가능성도 커진다.

약 2만 8000년 전에서 2만 4000년 전까지 유럽 중부와 동부의 평원은 세계 기온의 하락으로 툰드라, 즉 추운 스텝 지대로 바뀌었다. 한 가지 좋은 점은 이 스텝 지대가 오늘날의 북극 툰드라보다는 위도가 낮은 관계로 일조 시간이 길어 자원이 훨씬 많았다는 점이다. 게다가 중부 유럽의 최고 사냥감은 털 매머드였고, 이 짐승을 한 마리 잡으면 고기가 8톤 가까이 나왔다. 하지만 나쁜 점도 있었다. 나무창 하나 달랑 든 채 두 발로 걸어서 그런 털 매머드를 사냥해야 한다는 점이었다.

이 툰드라 지대로 들어간 집단이 그라베트인이었다. 이들은 추위에 적응한 상태였으며 오늘날의 이누이트, 즉 에스키모가 사용하는 것과 흡사한 도구를 이용했다. 고고학자 존 호페커에 따르면 그라베트인은 에스키모와 마찬가지로 나무가 자라지 않는 땅에 거주했고 매머드 뼈 같은 대체 연료를 이용하여 불을 지폈다. 매머드 엄니로 만든 곡괭이 비슷한 것을 사용해 얼음 지하실을 팠고 이 지하실에 고기를 얼려 보관했다. 그라베트인은 동물 기름을 태우는 등불을 고안해 냈고 칼을 사용했는데 에스키모 여자가 쓰는 활 모양의 칼 울루와 비슷하게 생겼다.

좀 더 따뜻한 위도 지방에서는 나뭇가지나 풀로 변변치 않은 임시 바람막이를 만들어 살았지만 툰드라 지역은 너무 추워 그 정도로는 버틸 수 없었다. 우크라이나의 가가리노 같은 곳에 살던 그라베트인들은 땅을 파서 좀 더 따뜻한 반지하 가옥을 지었다. 고고학자들은 난로 개수를 근거로 몇몇 그라베트 야영지에 한 철 동안 50명 넘는 사람이 살았던 것으로 추정한다. 여러 가족이 함께 모여 매머드와 순록을 사냥한 뒤 한동안 수백 킬로미터가 넘는 지역에 흩어져 살면서 방문, 의식 행사 협동, 원료 교환 등을 통해 사회적 연결망을 유지했다. 에스키모와 마찬가지로 그라베트인은 상아로 된 조각상을 만들었으며 가슴과 엉덩이가 큰 여인상을 즐겨 만들었다.

유럽의 평원 지대가 몹시 추웠던 시기는 기껏해야 2만 4000년 전에서 2만 1000년 전 사이였고, 그라베트인은 조건이 얼마나 더 나빠질지 알아보려고 돌아다니는 일이 없었다. 우리는 이제 우크라이나 동쪽 러시아 대평원에 위치한 코스텐키 유적지 이야기를 하고자 한다.

코스텐키에서는 매머드 사냥꾼이 꽤 큰 집단을 이루어 커다란 공동 주택 한 곳에 살았다. 길이 36미터, 폭 15미터의 집이었다. 구조물의 가운데 축을 따라 난로 10개가 일렬로 놓여 있고 그 주변에 구덩이가 있으며 이 속에는 도축한 동물의 뼈가 가득 들어 있었다. 이 구조로 보건대 아마도 친척 관계에 있는 가족 10가구가 협력하여 따뜻한 공동 안식처를 지은 뒤 제각기 자기네 난로를 가진 채로 함께 매머드를 사냥하고 저장해서 나누어 먹었을 것이다. 고고학자 루드밀라 이아코플레바는 같은 시기의 다른 야영지 숭기르에 펜던트와 돌 팔찌, 상아 조각상을 비롯하여 3천 개가 넘는 뼈 구슬이 함께 묻힌 무덤이 있다고 보고했다.

1만 8000년 전에서 1만 4000년 전쯤 빙하 시대의 혹독한 추위가 조금 누그러지자 그라베트인이 버리고 떠난 땅에 다른 사람들이 흘러들어 왔다. 이제 이 지역은 툰드라에서 타이가라고 일컫는 환경으로 바뀌고 있었으며 타이가는 기본적으로 무성한 침엽수림 지대로, 상록수와 버드나무와 자작나무가 자랐다.

키예프 남동쪽, 우크라이나의 로사바 강이 내려다보이는 한 곳에 메지리치라는 이름의 고대 야영지가 있다. 10월에서 5월 사이에 이 곳은 매머드와 순록을 사냥하기에 적합한 곳이었던 것 같다. 이 사냥 철 동안 많은 가구가 메지리치로 모여들었다. 이들은 하나의 커다란 공동 안식처에 모여 살지 않고 얼마간 간격을 두고 작은 집을 지어 살았다. 집의 규모는 직경 6미터쯤 되었고 야영지 전체 인구는 50여 명이었다.

메지리치에 있던 집은 이전에 보던 것과는 전혀 달랐다. 자작나무나 버드나무 목재로 틀을 세우고 매머드 가죽으로 지붕을 덮었다. 지금까지 온전하게 보존된 것은 하나도 없고, 매머드 뼈를 쌓아 지은 벽만 남아 있다. 집집마다 건축 설계가 나름대로 달랐다. 1호

집은 매머드의 아래턱 95개로 만들었으며 턱이 아래로 향하게 하여 헤링본 무늬*를 만들었다. 4호 집은 아래턱뼈가 위로 향한 층과 아래로 향한 층을 번갈아 한 층씩 쌓았다.

고고학자 올가 소퍼에 따르면 메지리치의 사냥꾼들은 매머드 엄니 상아로 조각상, 펜던트, 팔찌, 세공 명판을 만들었다. 하지만 가장 놀라운 것은 1호 집에서 발견된 기념비적 예술 작품이다. 이곳에 누군가 매머드 해골을 괴어 놓고 이마에 점, 평행선, 뻗은 가지 모양의 디자인을 붉은 황토로 칠해 놓았다. 이 예술 작품을 설치하는 데 많은 공간이 필요했다는 점을 고려할 때 이 집을 거주지로 사용하는 용도가 끝나고 나면 사냥 주술을 행하는 건물로 사용한 것 아닌가 하는 생각이 든다.

이제껏 우크라이나와 러시아에서 발견된 이 시기의 가옥은 최소한 20채 정도 되며 더러는 서너 채씩 무리를 이루기도 했다. 일부 학자는 이 집들을 보고 20세기 에스키모가 고래뼈로 지은 집을 연상하기도 한다. 이 시대 타이가에 거주했던 이들은 매머드를 도축하고 모피 포유류를 덫으로 잡는 것 외에도 부모 잃은 늑대를 데려와 반려 동물로 키웠다. 이들이야말로 세계 최초로 개를 탄생시킨 사람들이라고, 정 원한다면 빙하 시대 인간의 가장 친한 친구를 탄생시킨 사람들이라고 평가할 만하다.

메지리치에 거주하던 이들은 먼 곳에서 물자를 구해 오기도 했다. 남동쪽으로 100킬로미터나 떨어진 곳에서 가져온 수정으로 뗀석기를 만들었으며, 북서쪽으로 100킬로미터 떨어진 곳에서 구해

* V자형을 이루는 줄무늬가 계속 연결된 무늬.

온 호박으로 구슬을 만드는가 하면 심지어는 남쪽으로 무려 320킬로미터 떨어진 곳에서 가져온 바다 조개 화석으로 구슬을 만들기도 했다. 거리로 볼 때 집단 간에 이 재료들을 거래했을 가능성이 있다.

예술 작품(그리고 어쩌면 사냥 주술)의 증거까지 나왔으니 이제 서쪽으로 시선을 돌려 스페인, 프랑스, 벨기에, 독일을 살펴보자. 빙하 시대의 마지막 단계가 진행되던 약 1만 5000년 전 유럽의 이쪽 지역은 키 작은 자작나무와 버드나무가 자라는 추운 침엽수림 지대였다.

고고학자들은 이 지역에 살던 이 시기 사람들을 가리켜 프랑스의 한 지역 이름을 따서 막달레니아인이라고 불렀다. 배런그라운즈* 에스키모가 카리부에 높은 의존도를 보였던 것처럼 막달레니아인은 순록에 많이 의존했는데 둘은 기본적으로 같은 동물이다.

막달레니아인은 1만 5000년 전 당시 첨단 사냥 기술인 활과 화살, 투창기, 작살을 보유했다. 이들은 순록에서 식용 고기와 등불용 기름, 의복과 텐트를 만들기 위한 가죽, 가죽 끈으로 쓸 힘줄, 그리고 도구로 만들 뿔과 뼈를 얻었다. 막달레니아인은 순록 외에도 야생마, 유럽들소를 사냥했고 덫으로 눈토끼와 들꿩을 잡았으며 연어, 대구, 강꼬치고기 낚시를 했다. 앞선 시기의 와디 쿠바니야 낚시꾼이 그랬듯이 막달레니아인도 생선을 훈제하여 먹을 수 있는 기간을 늘렸다. 막달레니아인은 사냥감을 따라 이동하면서 겨울에는 동굴에 살고 여름에는 강가에서 야영을 했다.

---

* 캐나다 북부의 툰드라 지대로, 특히 허드슨 만의 서쪽 지역을 지칭한다.

약 1만 5000년 전의 고고학 자료를 보면 미술, 음악, 장신구 용품이 완벽한 특성을 갖추고 등장했다. 막달레니아인은 동물 뼈를 깎아 만든 플루트를 연주했고 인간과 동물을 표현한 조각상을 만들었으며 뼈, 상아, 동물 이빨로 만든 구슬과 펜던트로 치장을 했다. 하지만 인간적 특성이 잘 드러나는 가장 유명한 시도는 프랑스의 라스코 동굴과 스페인의 알타미라 동굴 벽에서 볼 수 있다. 빙하 시대 말기의 사람들은 이곳에서 사슴, 유럽들소, 매머드, 활을 들고 있는 사람, 화살에 맞은 동물과 사람을 사실적으로 그렸다. 가장 신중한 태도를 보이는 고고학자들조차 막달레니아인이 가까운 과거의 수렵채집 생활자들과 완전히 동일한 수준에 이른 것으로 보아야 한다고 인정했다. 이로써 인류학자들이 지난 세기 동안 오늘날 현존하는 채집 생활자에 대해 수집해 놓은 상세한 정보의 거대한 자료 기록을 열어 볼 수 있게 되었다.

따라서 불평등의 기원을 파헤치고자 하는 우리의 노력은 기원전 15000년을 출발점으로 삼을 수 있을 것이다.

왜 좀 더 일찍 나타나지 않았을까

대다수 학자는 막달레니아인의 행위에 나타나 있는 정신이 그들의 유적을 발굴한 고고학자의 정신만큼이나 완벽하게 "현대적"이라는 데 의견을 같이한다. 하지만 이제 다음과 같은 물음을 던지는 학자가 늘고 있다. 해부 구조상으로 현대적인 인간이 8만 년 동안 장신구를 만들고 2만 5000년 동안 조각상을 만들면서 적어도 10만 년 동안 존재했다면, 대체 1만 5000년 전이 되어서야 마침내 "현대적인" 정신이라고 볼 만한 확실한 증거가 나타난 이유는 무엇인가?

이 질문과 관련해서 널리 인정되는 대답은 없지만 몇 가지 의견은 제시된 바 있다. 가장 일반적인 의견은 인구 밀도의 증가에서 원인을 찾는다. 이 의견을 지지하는 이들은 미술, 음악, 상징적 행위를 창조할 수 있는 능력이 빙하 시대 인류에게도 있었지만 사람들이 아무도 살지 않는 황야로 계속 퍼져 나가는 동안은 잠재된 상태였다고 주장한다. 그러다 수렵채집 생활자 무리가 세계의 점점 더 많은 영역을 차지하게 되면서 종족 정체성과 문화적 경계를 세우는 과정에서 상징을 사용해야 하는 압박이 커졌을 것이다. 결국 인접한 종족 간의 상호작용을 통제하는 행위가 의식이 되고 이 의식에 미술과 음악, 춤이 들어간 것이다.

빙하 시대에 인구 성장이 이루어졌다는 것에 대해서는 우리도 인정한다. 하지만 우리는 이 현상 이외에 다른 과정이 있었을 것이라고 추론한다. 이 과정은 상징적 행위를 보여 주는 고고학 증거가 왜 여러 지역에서 일관되게 나타나지 않는지, 즉 왜 어떤 지역에서는 강하게 나타나고 다른 지역에서는 약하게 나타나는지 그 이유를 설명해 준다. 이는 두 가지 유형의 수렵채집 집단이 보여 주는 중요한 차이점과 관련이 있으며, 최근 인류학자 레이먼드 켈리가 이 차이를 강조한 바 있다. 한쪽 채집 생활 집단은 대가족보다 규모가 큰 영속적인 사회를 구성한 반면 다른 쪽은 그렇지 않았다는 점이다.

켈리의 주장에 따르면 캐나다 북극 지방의 넷실릭과 카리부 에스키모, 탄자니아의 하드자족, 보츠와나와 나미비아의 바사르와족을 비롯한 많은 채집 생활자는 한때 "모든 사회에 나타나는 문화적 보편성을 띠는 사회 집단만 존재했으며, 그 밖의 다른 형태는 찾아볼 수 없었다". 이 사회에는 핵가족과 대가족 둘 다 있지만 부모가 죽은 뒤에까지 지속되는 대가족은 별로 없었다. 무엇보다도 이러한 가족은 인류학자들이 씨족 또는 같은 조상의 후손 집단으로 칭하는 큰 단위로 발전하지 않았다.

하지만 채집 사회 중에는 큰 단위를 형성한 곳도 있었으며, 이 단위에는 여러 가족이 모여 있었다. 오스트레일리아 원주민은 가족보다 규모가 큰 여러 단계의 단위가 있었다. 가계, 씨족 분파,* 씨족을 이룬 채집 생활자는 씨족을 이루지 않은 채집 생활자보다 인구 밀도가 높았으며, 대가족이 조직되는 일상적인 방식을 넘어서는 경우가 많았다. 기본적으로 이들은 사실이든 아니든 서로 친족 관계라고 주장하는 사람들이 모여 큰 집단을 이루었다. 이러한 목적을 위해 언어를 이용하여 다양한 친척 형태를 지칭하는 용어를 만들고 훨씬 규모가 큰 집단에까지 이를 확대했다.

사회가 이러한 단위로 편성되는 과정은 다양한 형태로 이루어졌다. 어떤 단위에서는 부계든 모계든 한쪽 성으로만 이어지는 혈통을 후손으로 인정했다. 초기 인류학자들은 그처럼 여러 세대에 걸쳐 내려오는 단위를 지칭하기 위해 고대 스코틀랜드 고지인이 쓰던 "씨족clan"이라는 용어를 빌려 왔다. 한편 어느 한쪽 성에 중심을 두지 않은 채 실제 또는 신화상의 한 조상에서 내려오는 사람들을 후

---

* 씨족 내의 더 작은 단위의 집단. 원어는 subclan으로 흔히 '하위 씨족'으로 번역된다. 이 책에서는 협력과 경쟁 등 대등한 관계로 상호작용하는 점을 고려해 '씨족 분파'라는 용어를 사용하기로 한다.

손으로 인정하는 사회도 있었다. 씨족 또는 같은 조상에서 내려온 후손은 모두 가계라는 보다 작은 단위로 이루어져 있었다.

켈리는 사회가 어떤 변화를 거쳐 씨족을 구성하게 되는지 재구성했다. 예를 들어 부계 혈통으로 이어지는 가계의 경우에는 같은 형제 집단의 아들과 그 아들들이 시조 가문을 이끌었을 것이다. 요컨대 씨족을 이루지 않은 사회 때부터 이미 존재하고 있던 형제 사이의 유대 관계를 바탕으로 씨족 성원을 구성한 것이다. "형제는 함께 사냥을 하고 협동해야 한다."는 과거의 사회적 전제를 확장해 선대의 형제들이 모두 동등한 자격을 가지는 것으로 간주하며, 살아 있는 사람들과 가계의 시조(들)로 인정되는 사람들 사이의 지속적인 연결 관계를 이어간다. 따라서 각 씨족은 친족 관계에 있는 가계 또는 씨족 분파로 구성되어 있다.

빙하 시대 후기 동안 여러 세대로 구성된 가계와 씨족이 형성되었다. 그에 따라 미술, 음악, 춤, 신체 장식이 활발해진 이유는 무엇일까? 각 성원은 가족의 일원으로 태어나지만 그와 동시에 반드시 **씨족에도 포함된다**는 데 해답이 있다. 씨족의 일원으로 들어가려면 의식 절차가 따르고 이 의식 절차 동안 새로운 성원은 씨족의 비밀을 전수받고 일종의 시련을 거친다. 씨족을 이루지 않은 사회에도 의식은 있었지만, 씨족을 이룬 사회의 경우 보다 정교한 상징, 미술, 음악, 춤, 선물 교환을 필요로 하는 여러 단계의 의식을 치른다.

게다가 각 씨족만의 독특한 정체성을 확립하고 같은 사회 내에 있는 다른 씨족과의 관계를 규정하기 위한 의식도 치른다. 근친상간 개념의 범위가 씨족 차원으로 확대되는 경우도 있다. 그럴 경우 씨족 성원은 같은 씨족 성원과 결혼하지 못한다. 혼인 관계를 맺으면 부부와 아들이 속하는 두 씨족은 선물을 교환하며 심지어 신랑은 "신부 값"을 치르기도 한다. 이런 모든 의식 단계에서 음악, 춤, 미술, 귀중품 교환, 신체 장식이 시행되는데 그 규모가 씨족을 이루지 않은 사회의 경우보다 훨씬 크다.

따라서 우리가 추정하기로는 빙하 시대에 인구 증가의 압박이 없었더라도 규모가 큰 사회 단위의 형성으로 상징적인 행위의 수준이 높아졌을 것이고, 결과적으로 인간적 특성이 나타나기 시작했을 것이다. 이러한 시나리오는 상징적 행위를 보여 주는 고고학 증거가 지역마다 시기적으로 다르게 나타나는 이유를 설명해 준다. 간단하게 말해서 모든 빙하 시대 사회가 대가족보다 규모가 큰 사회로 이행한 것은 아니다.

지금까지 설명한 빙하 시대 사회 중에서는 유럽 동쪽 지역의 매머드 사냥꾼들이 씨족이나 같은 선조에서 내려온 후손 집단을 형성했을 것으로 추정한다. 막달레니아인은 이런 집단을 형성했을 가능성이 확실히 높고 프랑스와 스페인의 동굴 깊숙이 감추어진 그림을 시각 도구로 사용하여, 새로 성원이 된 사람에게 그들 사회의 기원 신화와 공인된 행동을 가르쳤을 것이다. 고고학자 레슬리 프리먼은 스페인 동굴에 그려진 몇몇 그림은 갓 성원이 된 사람이 바닥에 배를 대고 기어감으로써 기억에 남을 만한 시련을 거친 뒤에야 볼 수 있게 되어 있다고 지적했다.

씨족을 이룬 사회는 그렇지 못한 사회에 비해 이점을 누렸다. 친척 관계에 놓인 사람들을 큰 집단으로 만든 결과, 적으로부터 집단을 지키거나 큰 의식 행사에 필요한 식량과 귀중품을 모을 때 또는 신부의 친족에게 대가를 지불하느라 필요한 자원을 모을 때 집단의 성원에게 의지할 수 있었다.

씨족 기반 사회의 이점은 나아가 네안데르탈인의 소멸과 관련된 사실을 알려 주기도 한다. 네안데르탈인은 인구 밀도가 낮았고 대가족보다 큰 사회 단위의 증거를 보여 주지 않았다. 네안데르탈인은 고대 현대인과 달리 서로 맞붙어 영역 싸움을 벌이느라 씨족을 이룰 가능성이 거의 없었다. 20세기 무렵 씨족을 이루지 않은 대다수 수렵채집 사회가 매우 살기 힘든 환경으로 밀려난 사실로 보건대 신빙성 있는 추론이다. 이러한 사회는 보다 복잡한 사회 조직을 갖춘 집단에 의해 열악한 환경으로 밀려났다.

대중 매체에서는 네안데르탈인이 그다지 똑똑하지 않아서 현대인에 보다 가까운 인류 조상과 경쟁할 수 없었다고 보는 경향이 있지만 이런 견해는 인종 차별적인 것으로 여겨진다. 네안데르탈인은 대가족보다 큰 사회 단위를 갖추지 못한 대다수 채집 생활자와 같은 길을 걸어갔을 뿐이다.

하지만 빙하 시대 조상들이 씨족을 이룬 데 찬사를 보내기에 앞서 염두에 두어야 할 점이 있다. 이들은 한 단계 나아감으로써 의도하지 않은 결과를 맞게 되었다. 씨족은 "우리 대 저들"이라는 사고방식을 갖게 되었고 이런 사고방식은 인간 사회의 논리를 변화시켰다. 씨족을 이룬 사회는 그렇지 않은 사회에 비해 집단적인 폭력에 휘말릴 가능성이 컸다. 이 사실은 전쟁의 기원을 암시한다. 씨족을 이룬 사회는 또한 사회 불평등이 커지는 경향이 있었다. 이 책 뒷부분에 가면 각 사회 내의 씨족들이 명망의 서열에 따라 순위가 정해지고 서로 치열한 경쟁을 벌이는 양상을 보게 될 것이다. 그러한 불평등의 싹이 빙하 시대 후기에 이미 존재했을 가능성이 있다.

루소의 "자연 상태"

루소는 불평등의 기원을 이해하기 위해서, 오래전 인간이 필요한 모든 것을 자연에서 얻을 수 있었고 각 개인은 오로지 힘과 민첩성과 지능의 측면에서만 차이를 보이던 시기로 돌아가야 한다고 생각했다. 사람들은 "무정부적 자유"(정부나 법이 없는 상태)와 "개인적 자유"(권력을 가진 주인이나 직접적인 상급자가 없는 상태)를 모두 누렸다. 루소가 "자연 상태"라고 일컫는 이 시기의 개인들은 자존감을 보인 반면 자기애를 멀리했다.

대다수 인류학자는 "자연 상태"라는 용어를 좋아하지 않는다. 인류학자들은 고대 현대인이 이렇다 할 문화를 갖지 못한 채 자연에 지배당하면서 행동한 시기가 존재한 적 없다고 생각한다. 인류학자들은 자연 선택의 결과로 문화를 형성할 **능력**이 생겼다는 데 대해서는 수긍하면서도 인간 스스로 문화의 **내용**을 결정했다고 주장한다. 따라서 많은 인류학자는 진화심리학자들이 인간의 사회적 행위

중 어떤 것이 "대뇌 피질에 구조적으로 내장되었는지" 이야기를 꺼내려 할 때면 발끈한다.

하지만 인류학자에게 덜 논쟁적인 질문 하나를 던져 보자. 평등함의 수준이 매우 높아서 불평등 연구의 출발점으로 삼기에 가장 좋은 인간 사회 형태는 무엇인가? 이 경우 많은 인류학자는 "대가족보다 큰 집단을 형성하지 않은 수렵채집 사회"라고 답할 것이다.

이 장에서는 그런 사회 네 곳을 살펴볼 것이다. 빙하 시대 유럽만큼 추운 환경에서 살았던 전통적인 카리부 에스키모 사회, 넷실릭 에스키모 사회, 가장 초기의 많은 인류 조상처럼 아프리카 사냥 동물의 세계에서 살았던 전통적인 바사르와족 사회, 하즈다족 사회, 이렇게 네 곳이다. 이 네 종족 집단의 21세기 후손은 살펴보지 않을 것이며, 대신 인류학자들이 처음 이들을 접했던 당시의 생활 방식을 살펴볼 것이다. 어떤 채집 집단이든 인류학자들이 맨 처음 이들을 묘사할 당시 서구 문명과의 접촉으로 인한 변화가 적으면 적을수록 이 집단에 대한 묘사를 바탕으로 먼 옛날의 삶을 재구성하는 데 유용할 것이다.

씨족을 이루지 않은 채집 생활 사회를 맨 처음 찾은 서구인 중 일부는 이들이 석기 시대 이후 시간이 정지된 채로 머물러 있는 석기 시대 집단이라고 간주하기도 했다. 이런 생각은 매우 순진하고 상대를 비하하는 것이어서 반발을 불러왔다. 이내 수정주의자들은 요즘 시대의 채집 생활자가 확장되는 문명의 희생자일 뿐이기 때문에 과거에 대해 알려 주는 바가 없다고 주장했다. 이러한 수정주의는 너무 멀리 간 것이었고, 이렇게 극과 극을 오가던 추가 지금은 보다 균형 잡힌 입장으로 돌아왔다.

균형 잡힌 입장을 가장 잘 표현하는 대변자 중에는 채집 생활자들과 여러 해를 함께 보낸 인류학자들이 있었다. 북극 사냥꾼을 위해 평생을 바친 고故 어니스트 S. ("타이거") 버치 주니어는 산업화된 국가가 소수 민족을 집어삼키는 추세 때문에 거의 모든 채집 사회가 변화를 겪었다고 인정했다. 하지만 그렇다고 해서 선사 시대 채집 생활자를 이해하는 데 요즘 시대의 채집 생활자가 도움이 되지 않는 것은 아니다. 버치에 따르면 우리에게 필요한 작업은 가령 씨족을 이루지 않은 채집 생활자처럼 뚜렷한 특징을 지닌 사회 형태를 선별한 뒤, 고대 집단과 현대 집단 양쪽 모두와 비교할 수 있는 모델을 구축하는 것이다. 이 작업이 잘 진행된다면 모델의 양상을 시대와 관계 없이 씨족을 이루지 않은 모든 채집 생활 사회에 적용하게 될 것이다. 다시 말해서 1만 년 전의 채집 생활자가 1900년의 채집 생활자도 여전히 행하는 무언가를 그 옛날에 하고 있었다는 사실이 드러날 경우 이런 행동은 서구 문명의 영향과는 무관할 것이다.

우리가 이 장에서 살펴볼 가장 중요한 행동 중 하나는 이웃 집단 간에 광범위하게 형성되어 있던 협력 관계이다. 또한 먼 옛날 이와 유사한 연결 관계를 보여 주는 고고학 증거도 함께 살펴볼 것이다.

빙하 시대를 살아남다

고고학자들은 빙하 시대 유럽에 살던 그라베트인과 막달레니아인을 요즘 시대의 에스키모(또는 그들 스스로 부르는 명칭으로는 이누이트)와 비교하는 경우가 많다. 고기 냉동 보관, 동물 뼈로 지은 거처, 에스키모 여자들이 쓰는 울루ulu를 닮은 칼, 동물 기름을 사용한 등불, 상아 조각, 순록에 많은 것을 의존하는 방식 등이 모두 현존하는 북극 사람들을 연상하게 했다. 분명 유럽의 빙하 시대는 1만 년 전에 끝났다. 하지만 아주 최근인 1920년에도 세상 끝에는 여전히 토착 채집 생활자들이 있었고, 이들은 산업화된 서구의 영향을 거의 받지 않은 채 빙하 시대를 연상시키는 조건 속에서 생계를 이어가고 있었다.

에스키모가 아메리카 대륙의 북극 지방에 처음 들어간 사람들은 아니었다. 고고학 기록을 보면 이 지역에 가장 먼저 들어간 거주자 중에는 북쪽 삼림 사냥꾼이 있었으며 이들은 나중에 등장한 캐나다의 아타파스카족과 유사한 행동을 보였다. 하지만 대략 4,000년 전 "북극 소도구 전통"*이 등장하여 이후 에스키모 문화의 전조가 되었다. 이 작은 도구를 사용하는 사람들은 반지하 가옥에서 따뜻하게 지냈으며 이 가옥은 기본적으로 나중에 나온 이글루에 잔디를 입힌 형태로, 입구가 터널로 되어 있었다.

약 2,500년 전 서쪽으로 매켄지 강에서 동쪽으로 허드슨 만에 이르는 캐나다 북극 지역에 보다 설득력 있게 최초의 에스키모 문화로 인정할 만한 새로운 문화가 들어섰다. "도싯 문화"**라고 불리는 이 문화는 기름을 사용하는 등불로 북극의 밤을 밝히고, 얼음을 자

---

* 기원전 2500년 무렵 알래스카 반도, 브리스틀 만, 베링 해협 동쪽 연안에 발달한 넓은 문화 독립체로, 세형돌날 기술을 바탕으로 한 독특한 도구 문화를 지녔다.

** 그린란드와 남쪽으로 뉴펀들랜드에 이르는 캐나다 동부 극지방의 선사 문화. 기원전 8000년경에서 기원후 1300년경까지 지속되었다.

르는 칼로 이글루를 지으며, 뼈로 썰매용 신발을 만들어 신고, 뿔이나 바다코끼리 상아로 만든 못을 이용하여 얼음 위를 걸으며, 아마도 카약*의 모델이었을 것으로 보이는 배를 남겼다.

하지만 이후 수천 년이 지난 뒤에야 에스키모의 풍부한 문화의 전모가 서구에 모습을 드러냈다. 에스키모 인류학의 위대한 선구자는 대담한 크누드 라스무센이었다. 그린란드의 덴마크 정착지에서 자란 라스무센은 어린 시절 현지 에스키모인과 대화하는 법을 배웠다. 1920년대에는 자신이 가진 언어 능력을 이용하여 캐나다 북극 지방의 에스키모를 연구했다. 지난 80년 동안 활동했던 모든 에스키모 전문가는 그에게 지적 부채가 있다.

물론 1920년대의 에스키모는 도싯 문화에 대해 전혀 알지 못했다. 우리가 아는 모든 사회가 그렇듯이 에스키모 사회는 자신들의 세계가 어떻게 존재하게 되었는가에 대한 그들 나름의 우주론적 설명을 갖추고 있었다. 또한 그러한 우주론이 그들의 사회 논리를 정당화하는 도덕적 근거가 되었다.

예를 들어 캐나다 북극 지방의 중부에 거주하는 넷실릭 에스키모는 지구가 항상 존재해 왔다고 믿었다. 하지만 신화의 시간 동안 인간은 북극의 겨울 같은 영원한 어둠 속에서 살았다. 햇빛도, 동물도, 어떤 기쁨이나 고통도 없었다. 그러다 카약에서 떨어진 한 고아 소녀 눌리아유크가 바다 밑바닥으로 가라앉아 바다의 주인이 되었다.

---

* 에스키모가 사용하는 가죽 배. 대개 한 사람이 타도록 되어 있으며 여름에 바다에서 사냥을 할 때 주로 쓴다.

이 태고의 시기에는 인간과 동물 모두 말을 할 수 있었고 둘 사이에 별 차이가 없었다. 마침내 북극토끼가 "낮"이라고 외치자 빛이 나왔다. 하지만 야행성인 북극여우가 "어둠"이라고 소리친 탓에 어쩔 수 없이 낮과 밤이 번갈아 가며 나타났다.

처음에는 넷실릭족이 없었고 오직 툰릿tunlit, 즉 "오래전의 사람"만 있었는데 이들은 땅을 사람이 살 수 있는 곳으로 만든 초인이었다. 넷실릿이 도착했을 때 툰릿은 떠났지만 물고기를 잡을 수 있는 작살, 걸어서 카리부를 몰 수 있는 긴 돌벽, 물고기를 잡기 위한 둑, 카약에서 카리부를 사냥할 수 있는 기술을 발명해 놓은 뒤였다.

넷실릭의 우주론에서는 점차적인 차별화 과정이 일어나 태고의 혼돈으로부터 신, 인간, 동물이 창조되었다. 삶에 의미를 부여하기 위해 기쁨과 고통이 생겨났다. 시각적인 세계가 구체적으로 모습을 드러내면서 도덕 질서가 확립되었다. 이 도덕 질서는 사악함을 통제하고 자제력을 진작하기 위한 일련의 금지 조항으로 이루어져 있었다.

인간과 동물은 호흡을 하기 때문에 공기의 영혼과 상호작용할 수 있었고, 그 덕분에 식물이나 바위보다 많은 힘을 부여받았다. 인간이 동물과 다른 것은 이름이 있기 때문이다. 사람의 이름에는 마법의 힘이 있어서 인간을 카리부나 바다표범보다 우월한 존재로 만들어 주었다. 바람과 날씨에서 공기의 영혼이 움직이는 것을 느낄 수 있었으며, 다른 영혼에 비해 신비롭고 힘이 강한 영혼 세 개가 있었는데 그중 한 가지가 공기의 영혼이었다. 세 영혼 중 다른 하나는 앞에서 언급한 바 있는 바다의 주인이었다. 바다의 주인은 여성으로 모든 바다 생물의 영혼을 통제했다. 마지막은 달의 영혼으로 육지에 사는 모든 동물의 영혼을 통제했다.

많은 채집 사회가 그랬듯이 에스키모도 인간이 다시 태어난다고 믿었다. 이들에게 죽음이란 영혼이 한 육체에서 다른 육체로 순환하는 과정이었기 때문에 죽음 앞에서 냉정했다. 더러 나이 든 에스키모인은 배고픔과 추위에 맞선 투쟁에 지칠 경우, 갓난아이로 다시 돌아올 것이라고 믿으면서 스스로 목숨을 끊었다. 이런 믿음은 매우 강해서 갓 태어난 아기에게 죽은 조상의 이름을 붙여 주었고 심지어는 "할머니"나 "할아버지"라고 부르기도 했다.

에스키모인은 아이를 좋아했지만 풍토상의 이유로 기아가 만연했기 때문에 배고픔의 압박이 심한 시기에는 환생에 대한 믿음으로 영아 살해가 실용적 판단이 될 수 있었다. 가족은 식구 한 명을 더 먹여 살릴 여력이 없다고 생각될 때 갓난아기가 얼어 죽도록 그냥 바깥에 내다 놓았다. 실제로 이는 아기의 영혼에게 "부디 다음에 다시 와라. 지금은 좋은 때가 아니야."라고 말하는 것이었다. 아기 안에 환생한 영혼이 모욕당하지 않도록 아기에게 이름을 짓기 전에 이 일을 행했다. 실제로 이름의 마법이 없는 상태에서 작은 생명체는 아직 인간이 아니었다. 아기의 울음소리를 들은 다른 가족이 아기를 먹여 살릴 방법이 있다고 여기는 경우 아기를 데려다 키웠다.

캐나다 중부 및 동부 지방의 대다수 에스키모 집단은 씨족을 이루지 않은 사회를 형성하여 살았고 그들의 한 해는 카리부를 사냥하고 작살로 바다표범을 잡는 시기와 물고기를 잡는 시기로 나뉘었다. 남자들이 바다표범과 카리부를 잡는 동안 그 시체를 고기와 가죽과 뼈와 유용한 기관으로 나누어 처리하는 힘든 임무는 여자들이 맡았다. 혼인은 가장 중요한 경제적 동반 관계였고, 낮은 인구 밀도와 근친상간 금지로 이따금 배우자를 찾기 힘든 경우에도 혼인 제도는 유지되었다.

허드슨 만의 카리부 에스키모는 오랫동안 행해진 여아 살해로 혼인 가능한 여성이 매우 부족했을 것이다. 그리하여 모든 사냥꾼이 언젠가 아내를 얻을 수 있도록 하려는 생각에서 아기 때 정혼을 하는 가족도 있었다. 에스키모의 혼인은 다양한 경제 상황에 맞게 조정할 수 있도록 유동성을 지녔다. 타이거 버치에 따르면 크게 다음 네 가지 형태가 있었다. 하나는 서구인에게도 익숙한 형태로, 한 남자와 여자가 서로 이끌려 혼인하는 방식이었다. 하지만 두 번째 형태는 남자 한 명이 아내 두 명을 두는 혼인이었다. 유능한 사냥꾼이 두 아내를 부양할 정도의 사냥감을 잡고 이렇게 잡은 동물을 처리하는 데 두 명의 아내가 필요한 경우에 이러한 일부다처 관계를 선호했다. 첫 번째 관계가 안정된 뒤에야 두 번째 아내를 들였으며 대개는 첫 번째 부인이 지배적인 위치를 차지했다.

오랫동안 여아 살해가 이루어져 적당한 신부가 부족한 지역에서는 세 번째 혼인 형태를 취하는데, 아내 한 명에 남편 두 명을 두는 방식이었다. 두 사냥꾼이 잡은 동물을 처리하는 일이 여성에게는 큰 부담이 되지만 그렇다고 남자 스스로 잡은 동물을 처리할 수는 없는 일이었다. 두 남편은 아이의 공동 아빠 노릇을 했다.

마지막으로 두 부부가 성 관계를 공유하는 공동 혼인 형태도 있었다. 두 남자가 사냥을 함께하고 가까운 친구인 경우에 이런 방식을 택했다. 아내들에게 공동 혼인 관계를 강요하는 경우도 있고 아내들이 자발적으로 공동 혼인 관계를 맺는 경우도 있었다. 이런 공동 혼인 관계의 이점은 두 부부에게서 태어난 모든 아이가 형제자매가 됨으로써 식량 공유, 보호, 상호 부양의 의무에서 장기적인 관계를 맺는다는 데 있었다.

카리부 에스키모의 평등주의

1921~1924년 동안 인류학자 카이 버킷 스미스가 카리부 에스키모를 찾았을 때 허드슨 만 서쪽 지역 2만 6천 제곱킬로미터에 약 437명이 살고 있었다. 이곳은 이끼류와 작은 덤불만 있는 북극 황야 지대였으며, 카리부 에스키모인의 주식은 카리부, 바다표범, 바다코끼리, 북극토끼, 뇌조, 연어, 송어, 강꼬치고기로 빙하 시대 막달레니아인의 식량과 다르지 않았다.

남자는 겨울철 이글루를 짓고 사냥과 낚시를 했으며 썰매 개를 몰았다. 반면 여자는 여름철 천막을 짓고 불을 관리했으며 가죽으로 옷을 지었다. 그들은 많은 채집 생활자와 마찬가지로 잉여 산물을 축적하지 않았다. 땅에 대해 독점적 권리를 주장하는 이도 없었다. 덫과 둑은 공동 재산이었다. 기근에는 모든 식량을 이웃과 나누었다. 사냥에 성공할 경우 화살에 있는 표식으로 실제 누가 카리부를 잡았는지 확인할 수 있었다. 그런 다음 규칙대로 고기를 나누는데 카리부를 잡은 사람이 앞부분을 가져가고 사냥에 함께 참여한 동료들은 나머지 부분을 가져갔다.

음식을 나누는 일은 매우 중차대한 일이었기 때문에 에스키모는 비웃음을 이용하여 식량 비축과 탐욕을 막았다. 에스키모가 탐욕스러운 개인을 풍자하는 노래를 부르거나 가면을 쓰고서 인색한 이웃을 조롱하는 춤을 추는 것을 본 적이 있는 사람이라면 유머가 인간 사회에서 어떤 중요한 역할을 하는지 깨달을 수 있다. 누군가 문제를 일으켰을 때에는 조용하게 일을 처리했으며, 심한 경우에는 야영지를 옮길 때 혼자 남겨 두고 떠나기도 했다. 정말 위험하고 공격적인 개인은 가족 손에 죽임을 당했다. 하지만 이웃이 죽이면 그 이웃은 가족의 복수를 피하기 위해 도망가야 했다.

북극의 삶에는 많은 압박이 따랐지만 지금까지 묘사한 것과 같은 행동이 씨족을 이루지 않은 사회에 드물지 않게 일어났다. 에스키모 사회는 정말로 평등주의적인 사회였으며, 음식을 비축하거나 남보다 우위에 서려는 그 어떤 작은 시도도 꺾어 버렸다. 유능한 사냥꾼과 음식을 제공하는 착한 사람이 널리 존경받았다. 하지만 아무리 그런 사람이라도 마음씨가 넉넉해야 하고 허세를 부려서는 안 되었다.

에스키모는 실용적인 지식과 마법이 공존하고 인간과 동물의 영혼이 결코 죽지 않는 세계에서 살았다. 돌출된 암석은 사람이나 동물이 죽어 돌로 변한 것이며, 이들이 이제는 호흡을 하지 못하기 때문에 더 이상 공기의 영혼과 상호작용을 하지 못하는 것이라고 보았다.

넷실릭 에스키모의 네트워크

매니토바 주의 수목 한계선 부근에서 겨울을 난 카리부는 봄이 되면 북쪽으로 이동하여 북극 연안으로 갔다가 9월쯤 되면 다시 남쪽으로 내려온다. 먼 옛날에는 카리부가 넷실릭 에스키모의 땅을 통과해야 했는데, 이들은 동글동글한 바위로 긴 벽을 쌓아 카리부가 활잡이 쪽으로 향하도록 했다.

인류학자 아센 발릭치가 묘사한 넷실릭 에스키모 땅은 툰드라 지대로, 호수와 강이 있고 북극 해안 쪽에는 바닷물 만이 있었다. 이 만에는 고리무늬바다표범이 흔했고 카리부가 남쪽으로 내려간 겨울에는 사냥이 훨씬 수월했다. 만이 꽁꽁 어는 이 계절에는 바다표범이 숨 쉬는 구멍 앞에서 작살을 들고 기다리고 있다가 바다표범을 잡을 수 있었다. 또한 넷실릭 에스키모는 바다송어나 북극곤들매기 같은 이동성 어류를 창이나 작살로 잡았으며 돌과 가죽 끈으로 만든 올가미를 던져 바닷새를 잡았다.

캐나다 중부 및 동부 지방의 다른 에스키모 집단과 마찬가지로 넷실릭 에스키모도 씨족을 형성하지 않았다. 여아 살해가 빈번했지만 여성이 적을 때에는 미연에 대비책을 세웠다. 그런 때에는 어린 여자 아기 부모에게 일찍 정혼을 하자고 청했다. 이는 사회 논리의 모순을 보여 주는 좋은 예이며, 아래와 같은 원칙으로 정리할 수 있다.

1. 남자 아기는 커서 사냥꾼이 되기 때문에 귀히 여긴다.
2. 북극에는 여자가 채집할 식물이 거의 없기 때문에 여자 아기는 키울 필요가 없다.
3. 사냥꾼에게는 카리부와 바다표범을 처리할 아내가 필요하다.
4. 지금은 여자가 충분치 않아 지역 내 남자들 중 일부가 아내를 갖지 못한다.

5. 2번 전제보다 4번 전제가 앞서므로 이제 여자 아기는 필요 없는 존재가 아니며 나아가 신부 노역을 제공받을 수 있는 가치를 지니게 되었다.

바다표범을 나누는 관계

이제 니카이투라수악투트niqaiturasuaktut라는 넷실릭 에스키모의 중요한 사회적 전략에 대해 말할 시점이 되었다. 이 신기한 단어는 고기를 나누는 넷실릭 에스키모인의 동반 관계를 지칭하는 것으로, 1956년 펠리 만 선교단에 참여했던 한 신부가 처음으로 소개했으며 그 속에는 넷실릭 에스키모에만 국한되지 않은 의미가 함축되어 있다.

넷실릭 에스키모 남자가 어릴 때 어머니는 그에게 남자 동반자 집단을 정해 주는데 이상적인 인원수는 12명이다. 소년의 가족과 함께 야영 생활을 하는 집단의 성원 및 가까운 친척은 동반자로 적합하지 않다. 일상적 상황에서 아들과 가까운 관계를 맺지 않을 사람을 선택하는 데 목표를 두기 때문이다.

마침내 당사자 소년이 커서 사냥꾼이 된다. 그는 얼음에 있는 숨구멍 옆에서 기다리다가 기회를 포착하여 바다표범을 작살로 잡았다. 그리고 의식이 열리는데, 잡은 동물을 깨끗한 눈 위로 옮겨 놓고 조심스럽게 가죽을 벗겼다(그림 1). 죽은 동물이지만 이 동물이 나중에 환생했을 때 고마워하는 마음을 갖고 다시 잡혀 주도록 죽은 동물에게 물을 주었다.

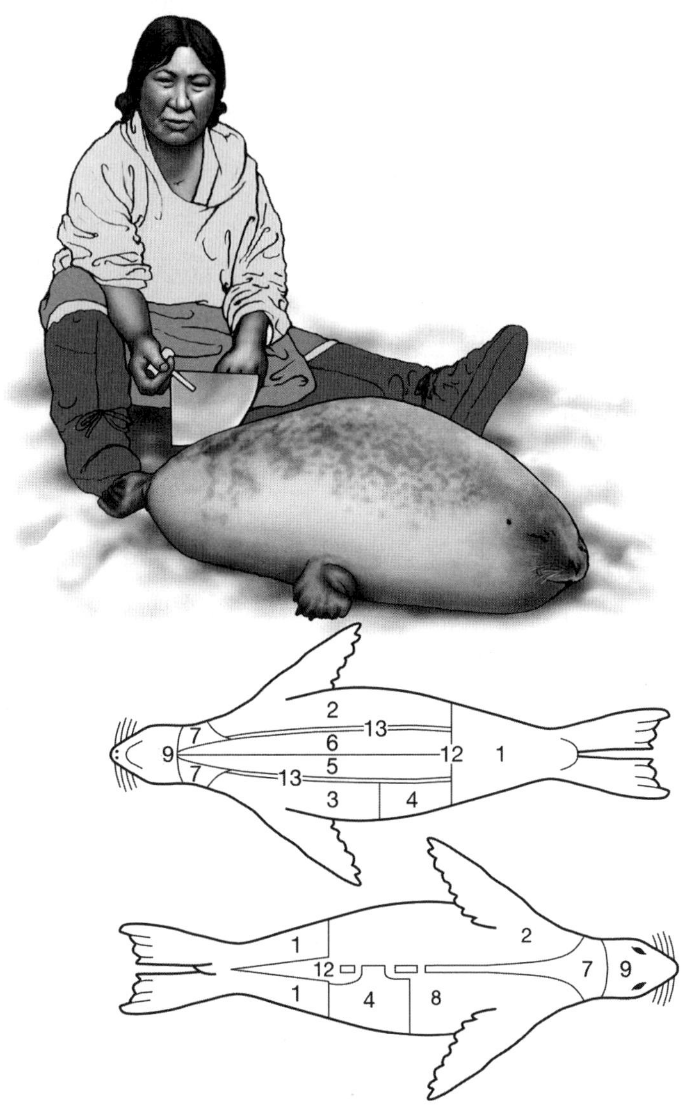

그림 1 | 넷실릭 에스키모 가족들은 바다표범 고기를 나누어 먹는 관습을 통해 사회적 연결망을 형성했다. 죽은 바다표범을 깨끗한 눈밭 위에 놓고 물을 준 뒤 에스키모 여자가 울루 칼을 이용하여 껍질을 벗기고 14개 부위로 나누었다.(그림에는 11개 부위만 나와 있다. 나머지 3개 부위가 뱃속에 있기 때문이다.) 14개 부위 중 12개는 고기를 나누는 동반자들에게 주었다.

그런 다음 작살 사냥꾼의 아내가 바다표범을 세로로 길게 갈라 고기와 지방을 나누고 사전에 정해진 14개 덩이로 잘랐다. 그중 12개는 사냥꾼의 동반자로 선정된 사람들에게 돌아갔다. 나머지 두 개는 사람들이 가장 탐탁지 않게 여기는 부위인데 이것이 작살 사냥꾼 본인에게 돌아갔다. 오크파티가okpatiga, 즉 "내 것의 뒤쪽 4분의 1"이라고 소개되는 첫 번째 동반자는 바다표범의 오크파트okpat("뒤쪽 4분의 1" 부위)를 받았고 타우눈가이투가taunungaituga, 즉 "내 것의 위쪽"이라고 소개되는 두 번째 동반자는 타우눈가이토크taunungaitok("앞쪽 4분의 1" 부위)를 받았다. 그다음 동반자들은 배, 옆면, 목, 머리, 내장 등등을 받았다.

고기를 나누는 넷실릭 에스키모의 동반 관계가 세습되기도 했다. 두 성인 사냥꾼이 지속적인 동반 관계를 유지할 때 각자의 아들을 미래의 동반자로 정해 주었다. 또한 한쪽 동반자가 죽을 경우 같은 이름을 쓰는 사람이 그 자리를 대신할 수 있었다. 이는 같은 이름을 쓰는 두 사람이 신비한 힘으로 연결되어 있다는 전제에서 논리적으로 나온 행동이다.

이제 바다표범 고기를 나누는 동반 관계에 어떤 의미가 함축되어 있는지 살펴보자. 넷실릭 에스키모는 씨족을 이루지 않았으며 그 문제에 관한 한 대가족 범위를 넘어서는 큰 사회 집단을 형성하지 않았다. 하지만 이들은 자원이 부족할 때 함께 자원을 공유하기 위해 믿을 만한 광범위한 협력 관계를 구축해야 한다고 느꼈다. 그리하여 이름이 지닌 마법의 힘과 언어만을 이용하여 그러한 연결망을 만들어 냈고 존경받는 지인을 자기 아들의 "뒤쪽 4분의 1", "신장" 등등으로 정했다. 이 연결망이 잘 운영되면 그중 일부는 세습으로 이어질 수 있도록 했다.

고기를 나누는 동반자 12명은 분명 하나의 씨족에 비유할 만한 작은 집단이라 할 수 있다. 하지만 동반 관계가 몇 개쯤 있었을지를 고려할 때, 아울러 형제 집단이 제각기 다른 동반 관계에 속할 가능성이 있었다는 점을 고려할 때 아마도 수천 제곱킬로미터에 걸쳐 상호 협력 연결망을 형성한 정도였으리라고 그려 볼 수 있다.

고고학의 발견

넷실릭 에스키모 자료를 보면 씨족을 이루지 않은 채집 생활자가 때로는 비非친족 협력자로 이루어진 광범위한 연결망을 형성했다는 것을 엿볼 수 있다. 그렇다면 고고학은 이와 유사한 연결망을 고대 사회에서 찾아낼 수 있을까?

이에 답하기 위해 우리는 1만 1000년 전 빙하 시대 말기 콜로라도 주에 있었던 선사 시대 폴섬 문화로 눈을 돌리고자 한다. 콜로라도에는 카리부가 없었지만 대신 오늘날의 물소보다 20퍼센트 정도 큰 고대 들소가 있었다. 고대 들소의 습성이 현대의 들소와 비슷했다고 가정하면 이 짐승들은 여름에 북쪽 하이 평원High Plains으로 이동했다가 겨울이면 다시 남부의 평원으로 돌아왔을 것이다.

고고학자 마크 스티거와 데이비드 멜처는 콜로라도 주 거니슨 부근 해발 2,600미터에서 폴섬 사냥꾼이 살았을 것으로 추정되는 겨울 야영지를 발굴했다. 그곳에는 원형 오두막 유적이 있었는데, 크기가 우크라이나 중부 지방 메지리치 촌락에 있던 매머드 사냥꾼의 가옥과 대략 같았다. 보존 상태가 가장 좋은 오두막을 보면 지면에서 30센티미터쯤 파 놓은 양푼 모양의 바닥이 있었다. 또한 일련의 기둥 구멍은 오두막에 원뿔형 지붕이 있었음을 말해 준다. 이 지붕은 나뭇가지에 점토 반죽을 발라 만든 것으로 바람과 눈을 막아 주었다. 지금까지 발견된 오두막이 호의 모양으로 배치된 것으로 볼 때 공동 활동이나 의식을 벌이는 열린 공간을 중심으로 오두막이 둥그렇게 배열되지 않았을까 추측된다. 이런 배열 형태는 채집 생활자들에게 공통적으로 나타난다.

이보다 600미터 아래, 콜로라도 주와 와이오밍 주 경계선 부근의 산맥 언덕에는 폴섬 문화의 전설적인 유적지 린든마이어가 있다. 1만 1000년 전 낮은 산등성이에 수많은 사냥 야영지가 펼쳐져 있었고 그 아래에는 이동하는 들소가 몰려들기 좋은 습지 초원이 내려다보였다. 1930년대 프랭크 H. H. 로버츠가 발굴한 린든마이어 유적지를 에드윈 N. 윌름센이 각고의 노력을 기울여 다시 분석했다. 윌름센이 내린 가장 흥미로운 결론은, 각기 나름대로 도구 제조 방식을 갖추고 광범위한 협력자 연결망도 독자적으로 꾸린 최소 두 개 이상의 다른 집단이 린든마이어에 모여 살면서 함께 협력하여 사냥을 했다는 점이다.

폴섬 사냥꾼들은 아틀라틀이라는 고대 멕시코 명칭으로 알려진 투창기를 소유했다. 이들이 가지고 다니던 창 촉은 수석으로 되어 있으며 기술적 걸작으로 평가된다. 폴섬 사냥꾼은 창 촉에서 작은 박편 같은 것을 깎아 냄으로써 좌우로 균형 잡힌 날카로운 창을 만들었다. 그런 다음 마지막 손질로 창 촉의 각 면에 긴 홈을 파서 나무 창대에 끼우기 쉽도록 했다.

린든마이어 유적지에 있던 두 집단이 이런 형태의 창 촉을 사용했다. 1구역으로 불리는 야영지의 사냥꾼들은 창날의 어깨 부분을 둥그스름하게 만들고 창 촉의 긴 세로축과 직각이 되게 작은 박편들을 조금씩 겹치도록 깎아 냈다. 하지만 이 구역에서 100미터쯤 떨어진 곳에서 야영한 사냥꾼들은 창날의 어깨 부분이 더 각지도록 만들고 창날에는 세로축과 45도 각도를 이루는 작은 박편들을 서로 겹치지 않도록 깎아 냈다. 다시 말해서 독자적인 창 제조 기술을 가진 서로 다른 지역 출신의 여러 집단이 이곳 린든마이어 유적지에 모인 것이다.

차이점은 여기서 끝나지 않는다. 각 집단은 대다수 석기 가공물을 수석으로 제작했지만 소량의 흑요석을 린든마이어로 가져왔다. 자연적으로 생긴 화산 유리인 흑요석은 수석만큼 쉽게 구할 수는 없지만 아주 날카로운 날을 만들 때 이 돌을 선호했다.

흑요석의 화학적 미량 원소를 분석하면 그 돌이 어디서 왔는지 추적할 수 있다. 린든마이어에서 발견된 흑요석을 대상으로 이런 분석을 한 결과 놀라운 사실이 드러났다. 1구역의 흑요석은 대부분 린든마이어에서 남쪽으로 530킬로미터 떨어진 뉴멕시코 주 헤메스 부근의 화산 쇄설류에서 나온 것이었다. 한편 2구역에서 나온 흑요석은 대부분 북서쪽으로 580킬로미터 떨어진 옐로스톤 공원의 화산 쇄설류에서 나온 것이었다. 린든마이어에 야영했던 두 집단은 창 촉 제조 방식이 제각기 달랐을 뿐만 아니라 먼 지역의 자원을 구하기 위해 이들이 속해 있던 교역 연결망도 확연히 달랐다.

고고학자들은 폴섬 사회에 씨족이 있었다는 증거를 찾지 못했다. 린든마이어 유적지의 경우 윌름센은 1구역의 각 야영지마다 대략 14명에서 18명 정도의 사람이 있었던 것으로 재구성했고 2구역의 경우는 각 야영지마다 13명에서 17명 정도 있었던 것으로 재구성했다. 이 대가족들은 분명 교역 연결망을 맺고 있었고 최고의 사냥 장소를 다른 가족과 공유했다. 이들이 고기를 나누는 방식이 넷실릭 에스키모의 방식과 유사한지 여부는 알지 못한다. 하지만 우리가 살펴본 바로는 비非친족으로 이루어진 광범위한 연결망이 최근에 발전된 것이 아니라 소규모 채집 사회의 오래된 습성이었다고 충분히 결론 내릴 만했다.

온대 기후의 채집 생활자

분명 모든 채집 생활자가 얼음과 씨름하며 살았던 것은 아니다. 3만 년 전에서 1만 8000년 전까지 가장 혹독하게 추웠던 시기에도 적도 부근의 아시아와 아프리카는 온대 기후였을 것이고 아무리 춥다고 해도 얼음이 얼지는 않았을 것이다. 따뜻한 위도 지역에는 먹을 수 있는 식물이 수천 가지나 있었고 이 지역 여자의 경제적 역할은 북극 지방과 많이 달랐다. 한 사회의 식량 중 많은 부분을 여자가 담당한 경우도 있었다.

대략 1,600년 전까지만 해도 사하라 사막 남쪽 아프리카의 많은 곳에 채집 생활자가 살았다. 인류학자들은 이들 중 대다수가 사용한 언어의 자음에 오늘날 우리가 구두점으로 표기할 수밖에 없는 흡착음*이 들어 있었다고 보았다. 이런 "흡착음 말"을 쓰는 사람들은 오늘날 대체로 사람들이 잘 살지 않는 외진 지역에 들어가 살고 있다. 이들은 이른바 반투 대이동으로 철기를 사용하는 농부, 가축 몰이꾼, 금속 세공인이 등장해 대규모 사회를 형성하자 여기에 맞서 자신들의 영토를 수호할 수 없었다. 이 장의 나머지 부분에서는 복잡한 사회의 형성 추세에 밀려 영토가 축소되어 버린 채집 집단 두 곳을 살펴볼 것이다.

바사르와족 이름의 신비한 힘

한때 아프리카 남부 지역에는 흡착음 말을 사용하는 사람이 20만 명쯤 있었을 것이다. 1970년대 무렵에는 4만 명으로 줄었고 대부분은 나미비아와 보츠와나 국경 지대에 위치한 칼라하리 사막에 살았다. 인류학자들은 이들을 좋아했지만 이들을 지칭할 만한 정치적으로 올바른 명칭을 정할 수 없었다. 수 세기 동안 부시맨으로 불러 왔지만 이런 명칭으로 불러서는 안 된다는 데 모두들 의견을 같이했다. 그리하여 학자들은 쿵 산족, 도브 쿵족 등과 같이 현지에서 사용하는 집단 명칭으로 그들을 부르기 시작했고, 마침내 누군가가 그들 모두를 가리켜 중립적 용어인 "바사르와족"으로 부를 수 있겠다고 정했다. 독자들이 이 장을 다 읽고 난 무렵에는 물론 바사르와족도 정치적으로 올바르지 않은 명칭이 될 것이다.

어떤 명칭으로 부르든 바사르와족은 지구 상에서 가장 철저한 채집 생활자에 속한다. 로나 마샬, 조지 실버바우어, 리처드 리 같은

---

* 숨을 들이쉬면서 소리를 내는 닿소리로 혀 차는 소리 등이 이에 속한다.

인류학자들이 1950년대와 1960년대의 선구자들이었다. 안타깝게도 1980년대 무렵이 되면서 많은 바사르와족은 보츠와나 사회의 최하층 계급으로 전락했다. 따라서 이 책에서 바사르와족 사회를 설명하는 데에 가장 초기 연구 결과에 많이 의존했다.

칼라하리 사막은 바사르와족에게 덤불, 사바나, 모래 평원, 모래 언덕으로 이루어진 끝없는 지형을 제공했다. 기반암에 움푹 패인 구덩이가 생기면 샘이 만들어졌다. 일 년 강우량이 25센티미터밖에 되지 않는 세계에서 샘은 물 공급지와 중요 지형지물의 역할을 했다. 남부 아프리카인이 덤불 초원이라 일컫는 땅에서는 활엽수가 자랐고 이보다 더 건조한 가시 초원에서는 아카시아 나무가 자랐다. 모래 언덕에는 리친노덴드론*Ricinodendron* 나무가 서 있었으며 이 열매가 쿵족의 식물 식량 절반을 담당했다. 경토층 지역에 자라는 콤미포라속*Commiphora* 식물은 딱정벌레가 좋아하는 먹이로 쿵족은 이 딱정벌레의 번데기를 화살의 독으로 이용했다.

니아에니아에 쿵족은 아주 오래전 지구에 초자연적인 트릭스터* 가 있었고 이 트릭스터가 동쪽 하늘의 전능한 존재가 되었다고 믿었다. 위대한 트릭스터는 은움n/um이라는 마법을 사용하여 태양, 달, 별, 비, 바람, 번개, 샘, 식물, 동물, 인간을 창조했다. 이렇게 만들어진 최초의 인간 "아주 오래전의 사람"에게는 그들 나름의 독자적인 은움이 있었다. 쿵족은 결국 이 마법을 잃어버렸지만 그들의 의식 노래 중에는 여전히 은움이 깃들어 있어 사람들에게 깊은 감

* 문화인류학에서 도덕과 관습을 무시하고 사회 질서를 어지럽히는 신화 속의 인물이나 동물 따위를 이르는 말.

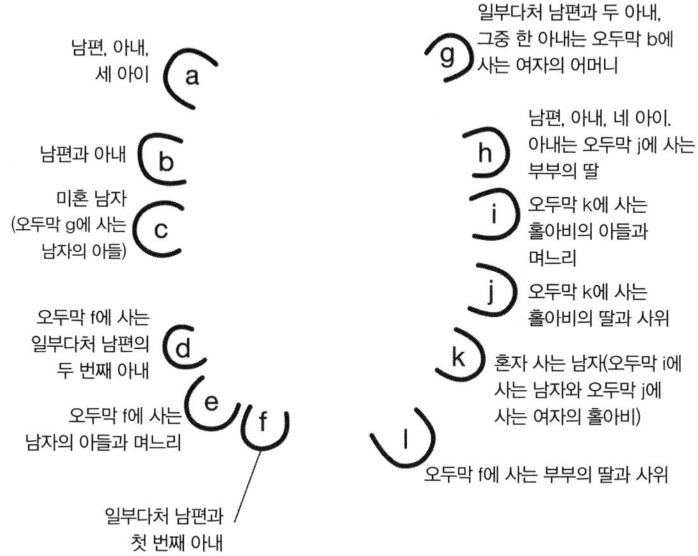

그림 2 | 나미비아와 보츠와나의 국경 지대에 사는 바사르와족 채집 생활자는 대가족을 두었지만 씨족을 이루지는 않았다. 1968년의 건조기 동안 35명의 쿵족이 위 그림과 같은 야영지에 단출하게 살았다. 이 야영지에 사는 남자 12명, 여자 10명, 아이 13명은 각기 다른 대가족의 성원이었다. 이들은 춤과 그 밖의 의식 활동이 치러지는 열린 공간을 중심으로 둥글게 원을 이루어 오두막 12채를 지었다. 오두막 f, g, j에 사는 남자가 각기 혼인과 혈통으로 맺어진 대가족 세 곳의 가장 높은 어른이었다. 이 야영지에서 나이 든 남자는 존경을 받았지만 그렇다고 실질적인 권력이나 권위를 갖지는 않았다. 이 사회는 지금까지 연구한 여느 사회와 같이 평등한 사회였다.

동을 주었다. 이 밖에 은움을 지닌 것으로는 의식에 사용하는 불, 태양, 비, 일런드영양과 기린, 타조 알, 벌과 꿀, 피, 우유, 몇몇 약초가 있었다.

"아주 오래전의 사람"은 죽어서 가우와시//gauwasi, 즉 죽은 자의 영혼이 되었다. 이 영혼은 '높은 하늘'에 살면서 트릭스터의 명령을 행했다. 사람들은 가우와시에게 기도를 드려 동정을 불러일으켰으며, 좋지 않은 일이 일어날 때는 화난 가우와시에게 간곡하게 청했고 가우와시의 노여움을 두려워했다. 따라서 많은 채집 생활자의 창조 신화에서 그랬듯이 쿵족은 천상의 존재로부터 권위를 부여받은 앞선 종족에게서 도덕과 적절한 행동을 배웠다.

많은 수렵채집 생활자와 마찬가지로 쿵족은 원뿔형 오두막을 원형으로 배열하여 지었고 가운데 공간에 불을 피워 특정한 날의 밤이면 이 불 주위에서 춤을 추었다(그림 2). 각 오두막은 주로 물건을 저장하는 데 쓰였고 쿵족은 비가 올 때만 실내에서 잠을 잤다. 핵가족이 사는 오두막이 있는가 하면 홀아비나 과부가 사는 곳, 같은 성별의 청소년만 사는 곳도 있었다. 뛰어난 사냥꾼이 두 아내를 두는 경우 나뭇가지와 짚으로 만든 거처를 제각기 두었다.

신랑은 몇 년간 처가 옆에 살면서 처가에 신부 노역을 갚기에 충분한 사냥감을 공급해야 했다. 남편이 두 번째 아내를 얻으면 이 노역은 중단되었다. 많은 경우 첫 번째 혼인은 부모가 정해 주며 때로는 아이 때 약혼을 하기도 한다.

1950년대에 쿵족은 대가족보다 큰 집단을 형성하지 않았지만 한때 이른바 쿠시[!ku-si]라는 명칭으로 불리는 큰 단위의 성원 자격이 세습되었다는 암시가 있다. 쿠시가 무엇인지는 알 수 없지만 가계나 씨족이었을 가능성이 있다. 이 장 뒷부분에 가서 다시 이 가능성을 살펴볼 것이다.

꽤 큰 규모의 쿵족 야영지에는 대가족 너댓이 모여 살았는데 이 대가족들은 가장 위 세대에서 형제자매나 혼인 관계로 연결되어 있었다. 야영지의 우두머리는 대개 나이 든 남자였으며 크사우[kxau]라고 불렀다. 크사우는 은오레n!ore라 불리는 영토를 관리하는 사람이었다. 이 영토의 면적은 260제곱킬로미터 내지 650제곱킬로미터인데 크사우가 이 땅의 주인은 아니었다. 크사우가 하는 일은 은오레의 식물 음식을 해당 집단 사람만 이용하도록 관리하는 것이었다. 간혹 배고픈 이웃 집단에서 식물 음식을 함께 나누어 먹자고 청원하는 일은 있었다. 야영지나 샘의 이름은 크사우의 이름을 따서 지었다. 이 촌장들은 강제적 권한을 지니지 않으며 질투심을 살까 염려하여 어떠한 특권도 받아들이지 않았다.

쿵족의 사회 논리에는 "우리가 먼저 왔다."라는 전제가 깔려 있으며 이후 이 책에서 여러 차례 이 전제를 만나게 될 것이다. 특정 샘 주변에 가장 먼저 와서 살았던 사람들이 해당 지역에 대해 특권을 가지며 다른 이들이 그곳에 살도록 허용할지 여부를 결정했다.

쿵족은 각 은오레 안에서 다음과 같은 일정으로 살아갔다. 여자는 식물을 채집했다. 이는 실패의 가능성이 낮은 활동이며, 이 활동으로 얻은 음식은 직계 가족만 나누어 먹었다. 남자는 큰 사냥감을 사냥했으며, 이는 실패 가능성이 높은 활동이었다. 꽤 괜찮은 동물을 잡았을 때에는 야영지의 모든 사람이 함께 나누어 먹도록 했다.

남자는 — 혼자 사냥하기도 하고 형제, 사촌, 또는 처남, 동서, 사위와 함께 무리지어 사냥하기도 했다 — 쿠두, 누, 일런드영양 주변 9미터까지 접근하여 독 화살을 쏜 뒤 짐승이 쓰러져 죽을 때까지 쫓아가 잡았다. 각 사냥꾼은 자기만의 독특한 화살을 만들어 썼으며 짐승을 죽인 화살의 주인이 고기를 어떻게 배분할지 결정할 수 있었다. 넷실릭 에스키모를 연상시키는 의식을 치르며 죽은 짐승을 가슴, 왼쪽 엉덩이, 오른쪽 엉덩이, 등 위쪽 등 모두 11개 부위로 나누었다.

쿵족 사냥꾼은 루소가 말한 자연 상태의 인간과 마찬가지로 힘과 민첩성, 활 솜씨 면에서 차이를 보였다. 따라서 쿠두가 특정 유능한 사수의 화살에 맞아 죽은 것으로 밝혀지는 일이 반복적으로 일어날 가능성이 있었다. 유능한 사냥꾼이 실력자로 부상하는 일이 없도록 쿵족이 얼마나 많은 노력을 기울였는가 하는 점에 주목할 필요가 있다. 첫째, 쿵족은 선물을 주는 제도를 이용하여 서로 화살을 교환했으며, 이 제도는 훅사로hxaro라고 불렸다. 리처드 리가 언젠가 함께 사냥하는 네 남자의 화살통을 살펴본 일이 있었다. 한 사람을 제외한 모든 사람이 저마다 4명에서 6명이 제각기 만든 화살을 가지고 있었으며 두 사람은 자신이 직접 만든 화살을 하나도 갖고 있지 않았다. 이렇게 해서 각 사냥꾼은 자신이 직접 쏘았든 그렇지 않든 간에 동물을 잡은 이력이 있는 자기만의 화살을 가졌을 것이다.

두 번째 행위는 에스키모에게서도 이미 보았던 것인데, 유머를 이용하여 우월 의식을 막는 것이다. 한 사냥꾼이 커다란 동물을 잡아 자기 야영지로 끌고 가는 길에 도움을 청하면 사람들은 이렇게 말한다. “이 삐쩍 마른 뼈 자루를 끌고 갈 값어치가 있다고 생각하는 거야?” 어떤 사냥꾼도 뽐내서는 안 되며 다른 성원과 나누어 먹지 않는 것은 용납되지 않았다.

여기서 다시 우리는 평등한 사회의 가장 기본적인 전제 중 하나를 보게 된다. 남들에게 좋은 사람으로 평가받고 싶으면 넉넉하게 베풀어야 한다는 것이다. 이 이상에 어긋난 행동을 하는 경우 유머로 그 사실을 일깨워 준다. 그런데도 나누어 먹지 않으려고 고집을 피운다면 사람들은 대놓고 그를 싫어할 것이다.

클라시스 강 하구나 와디 쿠바니야의 채집 생활자와 달리 쿵족은 사실상 식량을 보관하지 못하도록 막는 '즉시 보상 경제'를 실시했다. 식량을 보관할 경우 축적으로 이어질 수 있기 때문이다. 하지만 선물을 주는 흑사로 제도에서는 후일 보상을 기대했다.

쿵족의 각 성원은 저마다 선물을 교환하는 일련의 상대가 있었다. 인류학자 폴린 위스너에 따르면 선물 상대의 약 70퍼센트가 친인척인 반면 30퍼센트는 친인척 관계가 아니라 일종의 명예 친족이었다.(또는 그렇게 소개했다.) 쿵족은 상대에게 선물을 주면서 2년 안에 자기도 그만한 가치가 있는 선물로 보답받게 될 것이라고 기대했다. 선물에 보답을 하지 않는 것은 고기를 나누어 먹지 않는 것만큼이나 비난받을 행동이었다.

선물의 내재적 가치가 중요한 것은 아니었다. 흑사로의 실제적인 가치는 그 제도를 통해 때로는 80킬로미터 밖에 살기도 하는 선물 상대를 연결망으로 묶음으로써 식량이 부족할 때 그들의 야영지를 찾아갈 수 있다는 데 있었다. 가족 전체가 다른 야영지를 찾아가 반년씩이나 머물면서 음식과 물을 나누어 먹기도 한다. 그러고 나면 이 방문객들이 살 거처를 짓고 야영지 주인의 은오레에서 채집도 할 수 있었다.

흉년이 들었을 때 친척이 아닌 이들이 자기네 지역에 와서 머물도록 기꺼이 허용하는 것은 아마도 생존에 매우 중요한 일이었을 것이다. 학자 중에 특히 동물 행동에 관한 배경 지식을 갖춘 이들은 이런 넉넉한 마음을 이타주의로 보았다. 심지어는 이런 행동을 하게 만드는 유전자(또는 여러 유전자)가 있을 것이라고 주장한 이도 있었다. 하지만 우리는 손님을 받아들이는 그런 행동을 다르게 해석할 방법도 있을 것이라는 생각이 들었다. 씨족 집단이 없는 상태의 사냥꾼은 사회적 압력에 의해 잉여 식량을 축적하지 못했으므로, 그 대신 사회적 의무를 축적했던 것이 아닐까 하고 짐작했다. 다시 말해서, 이타주의라고 일컫는 그런 행동은 장차 상황이 역전되었을 때 자신들을 손님으로 받아달라고 지금의 손님에게 의무를 지우는, 자기 잇속을 차리는 투자인 것이다.

흑사로 교환을 할 때 쿵족은 받은 선물보다 더 가치 있는 선물로 보답하지 않도록 금했다. 흑사로 상대를 많이 둔 사냥꾼은 존경을 받지만, 상대와 짝이 될 수 없을 만큼 큰 선물을 주어 상대를 수치스럽게 해서는 안 된다. 이 사실을 여기서 언급하는 것은 뒤에 나올 내용에서 사치스러운 선물로 불평등의 인상을 만들어 내는 사회를 보게 될 것이기 때문이다.

이름이 같은 사람

쿵족이 상대를 연결망으로 묶기 위해 이용하는 제도가 흑사로만 있는 것은 아니었다. 구나!gu!na, 즉 "이름이 같은 사람"의 연결망도 있으며 이는 이름에 신비한 힘이 들어 있다는 전제를 바탕으로 한 것이다.

로나 마샬은 니아에니아에 쿵족에게서 남자 이름 46개, 여자 이름 41개를 발견했다. 첫째 아이에게는 같은 성의 조부모 이름을 붙이는 경우가 많았다. 이름에는 너무도 신비한 힘이 들어 있어서 아무 관계도 없는 사람이 누군가의 형제자매와 같은 이름을 받게 되면 **동등한 형제자매로** 취급된다. 의도적으로 먼 친척이나 인척의 이름을 따서 아이 이름을 지을 경우, 아이의 친척에게 쓰는 용어를 같은 이름을 쓰는 그 사람의 친척을 부를 때도 쓸 수 있었다.

니아에니아에 쿵족의 이름 연결망은 남쪽으로 130킬로미터, 동쪽으로 100킬로미터 내지 130킬로미터, 북쪽으로 185킬로미터까지 퍼져 있었다. 먼 야영지를 찾은 방문객이라도 함께 쓰는 이름을 대기만 하면 그 이름을 쓰는 구나 가족의 환대를 받을 수 있었다.

씨족을 이루지 않은 채집 생활자가 자기 구역을 벗어나 멀리까지 상호 원조, 협동, 음식 나누기의 연결망을 형성하는 모습을 여기서 다시 한번 확인할 수 있다. 이들은 비싼 선물이 아니라 이름의 신비한 힘과 언어를 바탕으로 이런 연결망을 만들었다.

따라서 쿵족은 씨족을 이루지 않은 채집 사회가 가진 적응적 모순 중 하나를 보여 주며, 이는 다음 세 가지 사항 속에 드러난다.

1. 대가족보다 규모가 큰 단위를 이루지 않을 경우 많은 융통성이 허용된다. 자원은 늘기도 하고 줄기도 하므로 필요에 따라 은오레 내에서 야영지를 옮길 수 있고 가족이 뭉치거나 흩어질 수 있다.
2. 하지만 자신의 은오레를 떠나 친인척 관계가 없는 이웃의 환대를 받아야 생존할 수 있는 시기도 있다. 대가족보다 규모가 큰 친족 집단을 두지 않는다면 이런 상황에서 큰 어려움을 겪는다.
3. 쿵족은 흑사로 선물 상대, 이름이 같은 구나 등 명예 친족의 연결망을 광범위하게 형성함으로써 이런 모순에 대처했다. 쿵족에게 이 두 연결망은 평등을 바탕으로 한 것이었다. 이후 우리는

농경 사회가 이름의 신비한 힘과 선물을 불평등의 원천으로 바꾸어 놓는 것을 보게 될 것이다.

하드자족: 더 큰 사회 단위를 만들다

에야시 호수는 탄자니아의 동아프리카 지구대에 있는 기수호*이다. 호수의 동쪽은 바위투성이의 건조한 사바나에 바오바브나무와 아카시아가 군데군데 흩어져 있다. 이 사바나가 황폐화되지 않았던 시절에는 코끼리와 코뿔소, 얼룩말과 기린, 그 밖에 좀 더 작은 사냥감인 일런드영양과 임팔라와 가젤 등이 살았을 것이다.

동부 지역 하드자족은 에야시 호 주변 2,600제곱킬로미터의 면적에 한때 400명이 살았다. 1958년에 이들을 연구하기 시작한 제임스 우드번에 따르면 하드자족은 자신들의 세계가 사분면으로 나뉘고 각각의 사분면에 "시푼가 산 사람", "만골라 강 사람", "서쪽 지역 사람", "바위 지대 사람"이 산다고 믿었다. 50~100명의 하드자족이 각 지역을 근거지로 삼았지만 모든 사회 집단은 유동성이 매우 컸다. 일 년 중 일부는 각 가족 단위로 흩어져 좀 더 작은 야영지에서 살았다. 코르디아 열매와 살바도라 열매가 익을 때면 흩어졌던 가족이 나무 숲에 모여들어 큰 야영지를 이루어 살았다. 건조기는 큰 사냥감을 잡는 철이라 이보다 큰 야영지를 이루었고 모두들 솜씨 좋은 사냥꾼 가까이에 모여 살기를 원했다.

* 민물과 바닷물이 섞인 호수.

하드자족이 계속 이동하면서 살았기 때문에 인류학자 중에는 야영지(영구적인 집단으로 볼 수는 없었다.)가 씨족을 이루지 않은 채집 생활자에게 유일하게 의미 있는 사회 단위라고 보는 이들도 있었다. 평균적인 하드자족 야영지에는 성인 18명이 있었지만 경우에 따라서는 사냥꾼 한 명이 머무를 때도 있었고 100명이 넘는 사람들이 모여 살 때도 있었다. 하드자족이 야영지를 옮기는 이유는 여러 가지였다. 근래에 잡은 큰 사냥감 가까이에 모이기 위한 목적일 때도 있었고 누군가 죽어서 야영지를 떠날 때도 있었다. 화살대로 쓸 나무나 화살 독을 구하기 위해 이동하기도 했고, 다른 하드자족과 교역하려고 야영지를 옮기기도 했다.

하드자족 야영지의 특성은 철마다 달랐다. 여름철 비가 내리는 동안에는 바위로 된 거처에 살았고, 건기에는 야외 임시 오두막이나 방풍림에서 살았다. 장기적으로 머무는 야영지는 대개 샘 부근 1~2킬로미터 내에 위치했고 숲속이나 보호받기 좋은 암석 노출부 부근에 있는 경우가 많았다. 이런 야영지의 경우 하드자족 여자가 짚으로 원뿔형 거처를 지었는데 두 시간 이상 걸리는 경우는 드물었다. 젊은 여자는 대개 어머니가 사는 거처 가까이에 자기 집을 지었다. 가까이 살아야 남편이 장모에게 고기를 제공하여 신부 노역을 치를 수 있었기 때문이다. 그렇다고 “장모 회피” 풍습에 어긋날 만큼 가까이 살지는 않았다.

젊은 남자는 장모에게 고기를 공급하는 것 외에도 신부 값으로 긴 구슬끈을 주어야 했다. 두 명의 아내를 둔 유능한 사냥꾼은 구슬끈이 두 배 필요했다. 비슷한 사회적 의무가 빙하 시대에도 존재했다고 한다면, 당시 왜 그렇게 많은 조개껍질들이 먼 거리를 가로질러 교역되었으며, 또 구슬로 만들어졌는지를 설명할 수 있을 것이다.

에스키모나 쿵족과 마찬가지로 하드자족도 후한 인심과 환대를 존중했다. 이들 세계의 어느 구역도 배타적인 영역으로 간주되지 않았다. 누구나 사냥을 하고 야생 식물을 채집할 수 있으며 물을 퍼갈 수 있었다. 자신이 속하지 않은 다른 야영지에 머물며 사는 사람을 후예티huyeti, 즉 "방문객"이라고 불렀는데 아무도 그를 거부하지 않았다. 실제로 어떤 방문객은 꿀과 같이 사람들이 아주 좋아하는 물품을 가져감으로써 야영지 주인의 환심을 사기도 했다.

식량을 나누는 일은 하드자족에게 매우 중요했지만, 인류학자 크리스틴 호크스, 제임스 오코넬, 니컬러스 블러튼 존스에 따르면 여자보다 남자가 식량과 관련한 압박이 더 심했다고 한다. 쿵족 여자는 위험성이 낮은 식물 채집에 종사했고 수확한 식량은 대부분 가족용이었다. 남자는 위험성이 높은 큰 동물 사냥에 종사했고 잡은 고기를 모든 사람들과 나누어야 했다. 어떤 동물을 잡든 야영지 전체 사람들에게 주어야 했으며 그렇지 않을 경우 천벌과 사회적 응징을 받았다.

잡은 고기는 즉시 먹었다. 앞서 살펴보았던 빙하 시대 채집 생활자와 달리 하드자족은 고기를 훈제하거나 보관하지 않았다. 쿵족처럼 이들 역시 즉시 보상 전략을 따랐고 고기를 나누어 먹음으로써 사회적 유대를 쌓았다. 무게로 볼 때 고기와 꿀은 하드자족 식량의 20퍼센트밖에 되지 않았지만 사회 구조를 강화하는 데 이만큼 큰 역할을 한 식량은 없었다.

이 장에서 살펴본 다른 채집 생활자와 마찬가지로 하드자족 역시 합의에 기초한 평등한 사회였고 지도자의 역할은 강압적이지 않았으며 실제로 몇몇 존경받는 어른이 충고를 하는 정도에 그쳤다. 하지만 규모가 좀 더 큰 하드자족 야영지의 구성에서는 가계와 씨족의 기원으로 볼 만한 시나리오가 존재했다.

앞서 보았듯이 하드자족 여자는 어머니 집 근처에 자기 오두막을 지었다. 하드자족 부부는 일부일처제였으므로 남편의 어머니보다는 아내의 어머니와 같은 야영지에 살았을 가능성이 다섯 배나 높았다. 이는 곧 하드지족 야영지가 나이 많은 여자 한 사람, 그녀의 결혼한 딸과 그 남편, 그녀의 결혼한 손녀와 그 남편으로 이루어졌다는 의미이다. 우드번은 이러한 사회 집단 구성이 **모계 혈통**, 즉 여자 쪽 후손으로 이어지는 가계와 동일한 가계 구성이라고 지적했다. 다시 말해서 몇몇 하드자족 야영지 거주자들은 적절한 상황이 되었을 때 하나의 가계를 구성할 수도 있는 바탕을 마련한 것이다.

한 사회가 보다 큰 규모의 다세대 협력자 집단을 형성할 필요가 있을 때 가계나 씨족은 넷실릭 에스키모의 바다표범 나누기 상대나 쿵족의 같은 이름 상대보다 훨씬 유용한 해결책이 될 수 있다. 우리는 앞서 쿵족이 성원 자격을 세습하는 쿠시라는 보다 큰 사회 집단을 형성했을 가능성이 있다고 지적한 바 있다. 따라서 과거 어느 시점에 큰 규모의 채집 생활 야영지에 형성된 족보상의 집단이 다세대로 이루어진 사회 단위로 변화했을 가능성이 있다.

쿵족의 경우 나중에 상황이 악화되었을 때, 가령 보다 강력한 이웃 부족에 의해 칼라하리 사막으로 내몰렸을 때 그러한 큰 규모의 단위가 해체되어 여러 대가족으로 나뉘었다. 따라서 고고학자들은 일부 빙하 시대 채집 생활자가 잠시 가계나 씨족을 형성했다가 상황의 악화로 인해 해체되었을 가능성도 주의 깊게 유념해야 한다.

소규모 채집 사회가 평등을 유지한 방법

이 장에서 우리는 가장 큰 사회 단위가 대가족의 규모를 넘지 않았던 사회만 살펴보았다. 이 사회에서는 한결같이 사회적 압력, 반감, 조롱 등의 수단을 동원하여 특정 인물이 우월 의식을 갖지 못하도록 막았다.

모든 사람이 평등하게 살아가도록 하기 위한 그러한 시도는 인간의 가장 가까운 친척이라 할 유인원의 행동과 뚜렷한 대조를 이룬다. 인간과 침팬지의 DNA는 98퍼센트가 동일하지만 침팬지는 결코 평등주의자가 아니다. 이들에게는 우두머리 수컷이 있으며 이 우두머리 수컷은 다른 성원을 괴롭히는 이인자 수컷이나 경쟁자를 폭력으로 제압한다.

인류학의 목적 중 한 가지는 유인원과 인간의 행동 차이를 통해 무엇이 인간적인 것인지 알 수 있다는 희망을 안고 두 종의 행동 차이를 밝히는 것이다. 지금은 고전이 된 한 연구에서 인류학자 마샬 살린스는 성, 식량, 집단 방어가 유인원과 초기 인류의 세 가지 기본 욕구라고 주장했다. 차이가 있다면 각 욕구 중 어디에 우선순위를 두는가 하는 점이다.

유인원의 경우 최우선 순위는 성이고 그다음이 식량과 방어이다. 침팬지는 짝짓기가 극도로 난잡하며 수컷은 짝짓기 상대를 놓고 끊임없이 경쟁을 벌인다. 수컷은 자신이 잡은 원숭이를 기꺼이 다른 수컷과 나누어 먹지만 짝짓기 상대를 나누려고 하지는 않는다. 유인원은 강한 호르몬 작용 때문에 무리의 우두머리 지위와 그에 따라 얻게 되는 암컷을 놓고 격렬한 싸움을 벌인다.

반면 인간 채집 생활자의 경우는 식량이 최우선순위이고 그다음이 방어와 성이다. 유인원 사회의 난잡한 성관계 대신 혼인 관계를 맺으며, 이는 호르몬의 작용으로 인한 성관계라기보다는 식량을 함께 구하는 협력 관계에 가깝다. 예를 들어 우리는 앞서 에스키모 남편 두 명이 한 명의 아내를 공유하면서도 수컷 침팬지와는 달리 질투심을 드러내거나 폭력을 휘두르지 않는다는 사실을 살펴본 바 있다.

엄밀히 말해 인간의 혼인은 경제적 협력 관계이기 때문에 처음부터 많은 융통성을 지녔다. 전통적인 채집 생활자는 혼인이 "가족을 보존하기" 위한 것이므로 한 남자와 한 여자의 관계로 제한되어야 한다는 주장을 받아들이지 않을 것이다. 예를 들어 전통적인 에스키모인은 가족이 한 남자와 한 여자, 또는 한 남자와 두 여자, 한 여자와 두 남자, 심지어는 두 여자와 두 남자로 이루어질 수 있다고 여겼다. 이런 융통성은 가족 제도를 위협하기는커녕 오히려 어떤 경제 상황에서든 그에 적합하게 적응함으로써 가족 제도를 강화했다.

그렇다고 남자 채집 생활자가 성 활동 면에서 아무 경쟁도 하지 않았다는 의미는 아니다. 경쟁을 벌이는 무대가 있긴 해도 그들이 믿는 우주론 때문에 그 무대가 그들 삶의 중심이 되지는 않았다.

인류학자 윌리엄 S. 로플린은 한때 알래스카의 아낙투벅 패스에서 78명으로 구성된 전통적인 에스키모 수렵 집단과 함께 생활한 적이 있었다. 그의 연구 내용 중에는 에스키모의 혈액형 항원 연구가 들어 있었다. 이 집단을 이끄는 지도자는 나이 많은 남자였는데 로플린의 설명에 따르면 뛰어난 카리부 사냥꾼이었다. 항원 연구에 따르면 집단 내 아이 7명이 이 남자의 자식이었으며 이 아이들은 이후 10명의 자식을 낳아 이 남자는 모두 17명의 살아 있는 후손을 거느렸다. 다시 말해서 존경받는 이 나이 든 남자는 집단 인구의 20퍼센트에게 자기 유전자를 물려준 셈이다.

진화생물학자들은 이 카리부 사냥꾼이 자기 유전자를 물려주기 위해 다른 남자와 경쟁을 벌였고 이 경쟁에서 훌륭한 성공을 거두었다고 말할 것이다. 하지만 이 남자가 경쟁을 의식이나 했을지 몹시 의심스럽다. 그에게는 집단에 태어난 모든 아기가 어느 조상이 환생한 영혼이었을 것이기 때문이다.

이 아낙투벅 패스 일화에서 다시금 떠오르는 질문 하나가 있다. 인간 행동 가운데 유전자의 지배를 받는 것이 얼마나 되는가 하는 물음이다. 다행히 이제 우리는 답을 알고 있다. 강경한 진화생물학자가 주장하는 것보다는 훨씬 적지만, 인류학자가 인정하고 싶은 것보다는 아마도 많을 것이라는 사실이다.

조상과 적

바사르와족과 하드자족처럼 씨족을 이루지 않은 채집 생활자에게 살인은 개인적인 문제였다. 가해자는 친족이나 희생자의 가족 손에 죽임을 당할 수 있었다. 그렇지 않은 경우 가해자는 친족이 희생자의 친족에게 식량과 귀중품을 주어 달래는 동안 숨어 지내기도 했다.

하지만 씨족이 형성되면서 사회 논리에 중요한 변화가 생겼다. 아마도 "우리 대 저들"이라는 세계관이 형성된 것 같다. 씨족 A 출신의 사람이 씨족 B의 누군가를 살해할 경우 이는 희생자가 속한 씨족 전체에 대한 범죄로 간주되었다. 그 결과 집단의 반응이 요구되었다. 레이먼드 켈리가 "사회적 대리"라고 일컬은 원칙에 따라 씨족 B는 씨족 A의 구성원 중 애초 살인과 무관한 여자나 아이, 혹은 아무나 죽임으로써 자기 씨족 성원의 죽음을 복수할 수 있었다. 실제로 씨족 B의 영역을 무단 침입하는 등 씨족 B에게 모욕으로 여겨지는 일을 저지르기만 해도 씨족 A의 성원을 죽일 수 있었다.

"사회적 대리"는 고고학 기록상 얼마나 오래전부터 나타났을까? 답은 저 먼 빙하 시대부터이다. 그 시대에는 씨족 또는 같은 조상에서 내려온 후손 집단에 관한 여러 증거가 점차 쌓여 가고 있었다.

제벨 사하바

집단 폭력에 관한 가장 오래된 고고학 증거는 나일 강 유역에서 나왔다. 제벨 사하바는 와디 할파에서 3킬로미터 떨어져 있는, 나일 강 동쪽의 사암 메사*이다. 고고학자 프레드 웬도프는 메사 아래쪽에서 빙하 시대 후기의 매장지를 발견했다. 이곳은 와디 쿠바니야 유적지처럼 채집 생활자들이 계절적 홍수로 생긴 만입灣入 지역에 많은 것을 의존하여 살던 곳으로, 메기와 틸라피아가 모여 있고 자주색 열매 풀이 조밀하게 얽혀 자랐다.

약 1만 5000년 전 다른 채집 생활자 집단 몇몇이 나일 강변의 길게 뻗은 지역을 차지하고 있었다. 웰름센이 린든마이어 유적지에서 두 집단의 차이를 확인한 바 있듯이 나일 강변의 이 집단들도 석기 모양으로 구분할 수 있다. 하지만 린든마이어 유적지의 두 집단이 평화롭게 공존했던 것과 달리 나일 만을 둘러싸고 경쟁을 벌였던 이 집단들은 그렇지 않았다.

제벨 사하바의 매장지에는 남자, 여자, 아이까지 모두 58구의 주

* 위가 평평하고 주변이 절벽인 탁상형 대지. 서부 영화의 배경으로 종종 등장한다.

검이 나왔다. 주검 24구에는 폭력의 흔적이 보였다. 대개는 창이나 화살의 일부인 116개의 수석 인공 가공물이 주검의 몸속에 박혀 있었고 더러는 뼈에 박힌 채로 남아 있는 것도 있었다. 말 그대로 화살이 벌집처럼 박힌 희생자가 있는가 하면 폭력 상해의 이력을 보여 주는 묵은 상처가 남은 이도 있었다. 방어하다 다친 팔뚝 골절, 부러진 쇄골도 보였고 한 남자의 엉덩이에는 화살촉이 박혀 있었다.

과잉 살해의 사례도 빈번하게 보였다. 주검 21번인 한 중년 남자는 수석 무기로 19군데 상처를 입었고 골반 윗부분, 위쪽 팔뚝, 정강이, 갈비뼈, 목 아래에 총알 같은 발사체가 발견되었다. 주검 44번인 젊은 여자는 수석 무기로 21군데를 찔렸고 그중 세 군데는 얼굴을 뚫고 해골 아래 부분까지 파고들어간 창 돌기에 의한 것이었다. 아이라고 봐주지 않았다. 주검 13번과 14번인 두 아이는 함께 매장되어 있었는데 경추에 수석이 박혀 있고 두 아이 모두 필시 **치명적인** 일격을 받은 것으로 보였다.

켈리에 따르면 씨족을 이룬 집단 간의 무장 투쟁은 정면 대결과 매복의 두 범주로 나뉜다. 정면 대결은 남자로 구성된 싸움 집단 간에 벌어졌다. 반면 매복에서는 아무 의심도 하지 않는 남자와 여자, 아이가 죽는 경우가 많았다. 켈리는 제벨 사하바의 지형 특성이 매복의 증거를 지워 버렸다고 보았다. 그의 묘사에 따르면 몇몇 희생자는 많은 적이 쏜 화살에 맞아 마치 "바늘꽂이"처럼 되었다. 이는 매복에서 흔히 보이는 현상이었다.

웬도프는 켈리의 의견에 동의하면서 두 가지 요인이 제벨 사하바에 매복의 역사를 불러왔다고 보았다. 첫째, 이 시대 나일 강에 형성된 만입 지역은 자원이 풍부했지만 주변이 온통 사막이라 접근이 제한되어 있었다. 둘째, 만입 지역에 있는 물고기와 열매 풀을 차지하려고 여러 집단이 경쟁을 벌이고 있었고 필요한 경우 폭력을 써서라도 이 자원을 지킬 각오가 되어 있었다.

이런 유형의 매복은 아주 소규모로 행해졌기 때문에 전쟁으로 간주될 정도는 아니었다. 하지만 아주 험악한 수준까지 나아갈 수 있었고 일단 한쪽에서 매복을 시작하면 유혈의 복수전이 반복되어 오랫동안 지속되기도 했다. 유혈의 복수전은 대체로 씨족이 형성되는 과정과 동시에 진행되는 경향이 있지만 경험 법칙상 예외도 있다. 나중에 살펴볼 열대 지역 안다만 제도처럼 자원이 풍부한 지역에서는 비록 씨족을 이루지 않은 채집 생활자라도 켈리가 지적했듯이 "이웃을 적으로 삼을 만했다". 하지만 우리는 제벨 사하바의 경우 씨족을 이룬 사회에서 일어난 일이라고 추측한다. 이곳이 매장지라는 사실이 한 가지 이유이다.

물론 네안데르탈인도 더러 주검을 매장하는 일이 있었다. 하지만 같은 사회 단위에 속한 여러 세대의 남자와 여자와 아이가 함께 묻힐 수 있도록 만든 제대로 된 매장지는 오로지 제벨 사하바처럼 후대에 형성된 매장지에서만 볼 수 있다. 서면 증서가 없는 시대에 채집 생활자는 매장지를 조성한 다음 자기네 조상이 태곳적부터 그곳에 묻혀 있었다고 주장함으로써, 자원이 풍부한 만입 지역에 대해 권리를 주장할 수 있었다. 이는 "우리가 먼저 왔다."는 것을 알리는 그들만의 방식이었다.

안다만 섬사람들

안다만 제도는 벵골 만 열대 지대에 위치해 있다. 수천 년 전 이곳에는 수렵채집 생활자가 살고 있었는데 아마도 버마(지금의 미얀마)에서 배를 타고 넘어왔을 것이다.

서구 탐험가가 처음 이곳을 접했을 때 안다만 제도의 채집 생활자는 대가족보다 큰 규모의 지속적인 사회 집단을 이루지 않았다. 그럼에도 불구하고 이들에게서는 규모가 큰 사회 특유의 행동 몇 가지가 보였다. 결혼하지 않은 젊은 남자가 머무는 미혼 남자 오두막을 지었고 존경받는 원로들을 위해서 별도의 특별한 매장 형태를 갖추었다. 또한 씨족을 이룬 사회에서 그랬듯이 매복 활동도 벌였다. 몇몇 인류학자는 이 섬의 풍부한 식량 자원 때문에 이런 집단 폭력이 일어났다고 보았다. 식량 자원이 풍부하면 이웃과 좋은 관계를 유지해야 할 필요성이 적었기 때문이다.

인류학자 A. R. 래드클리프 브라운은 1906년에서 1908년까지 안다만 제도에 머물렀다. 그가 알아낸 바에 따르면 4,300제곱킬로미터 면적의 가장 큰 섬에 한때 이런 채집 생활자가 5,000명가량 살았다. 1920년대 무렵에 남아 있는 사람은 겨우 800명이었다.

안다만 제도의 기본 사회 단위는 핵가족이었다. 하지만 여기에는 일반적이지 않은 경우도 있었는데, 대개 열 살 전후의 아이를 자식의 친구로 입양했다. 한 가족은 자신들이 부양할 수 있는 만큼 여러 아이를 입양했고 이들의 생물학적 부모가 자기 아이를 자주 찾아와 만날 수 있었다. 남자아이는 사춘기가 되면 집을 떠나 다른 아이들과 함께 미혼 남자 오두막에서 함께 살았지만 생물학적 부모와

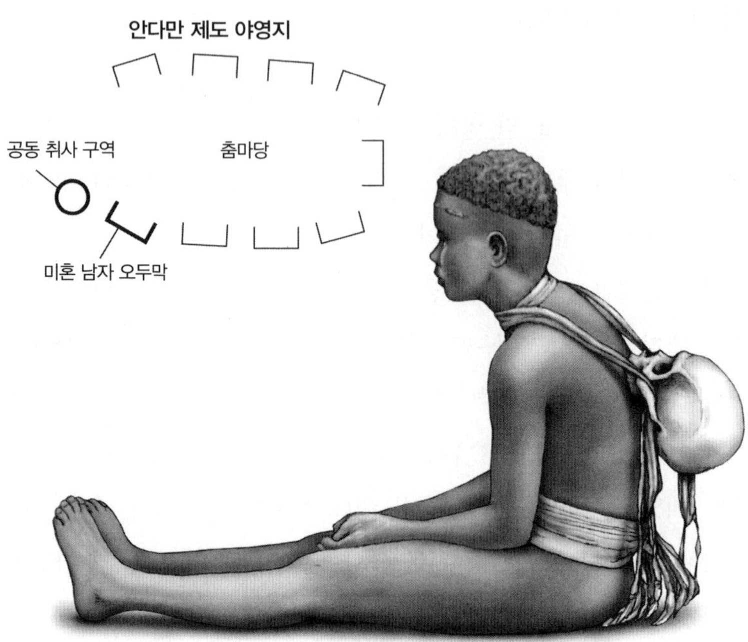

그림 3 | 안다만 제도의 전통적인 채집 생활자는 춤을 추기 위한 공간을 가운데 남겨 놓고 원형 또는 타원형의 배열로 오두막을 지었다. 미혼 남자 오두막과 공동 취사 구역을 둔 곳도 있었다. 안다만 섬사람들은 통상적으로 조상의 두개골이나 다른 뼈를 보존했다. 이런 행위는 세계 곳곳의 초기 선사 시대 촌락에서도 발견되었다.

입양한 부모 모두의 뜻에 계속 순종했다. 분명 안다만 사회에서는 "온 마을이 한 아이를 키웠던" 것이 확실했다.

한 야영지에 모여 사는 집단의 규모는 20명에서 50명 정도 되었지만 건축학상으로 흥미로운 양분 현상이 보였다. 내륙 지방의 집단은 버드bud라는 벌집 형태의 공동 주택을 지었다. 모든 가족의 거처를 하나의 원 모양으로 밀집 구성하여 거적으로 모든 집의 지붕을 하나로 뒤덮는 형태였다. 비를 피하기 위해 굳이 지붕이 없어도 되는 건기에는 모든 가족이 야외나 얕은 동굴에 흩어져 살았다. 반면 해안 지방의 집단은 바사르와족과 동일한 야영지를 두었다. 모닥불을 피우거나 춤을 추는 열린 공간을 가운데 두고(그림 3, 위) 그 주위에 각자의 작은 거처를 배열했다.

많은 채집 생활자에게는 지켜야 할 규칙이 있었다. 모든 여자는 자신이 채집한 야생 마를 소유하고 직계 가족을 위해 이를 갈무리했다. 작살로 잡은 큰 물고기는 이것을 잡은 남자가 소유했다. 화살로 잡은 야생 돼지는 맨 처음 화살을 맞힌 남자가 소유했지만 여기에는 예외가 있었다. 젊은 미혼 남자가 돼지를 잡았을 때는 나이 많은 다른 사냥꾼이 고기를 배분하고 가장 좋은 부위는 연장자들에게 돌아갔다.

나이 많은 사람을 존중하는 이런 관습은 안다만 사회의 특징이었다. 젊은이는 연장자에게 인사할 때 "선생님"이나 "부인"에 해당하는 존칭어를 사용했다. 따라서 나이가 많다는 것은 불평등한 대접을 낳는 원천이었고 이러한 불평등은 상호 선물을 주는 관습으로 발전했다. 안다만 섬사람들에게도 쿵족의 흑사로와 같은 제도가 있었지만 나이 많은 사람이 나이 어린 사람에게 선물을 받을 경우 그보다 가치가 적은 선물로 보답할 수 있었다.

안다만 제도에 있는 13개 소수 민족은 마이올라maiola라고 불리는 원로 집단에게 저마다 경의를 표했다. 또한 마이아 이글라maia igla라고 불리는 비공식 수장도 소수 민족마다 각각 한 명씩 있었다. 이 직책을 맡기까지 오랜 준비 기간이 따르지만 마이아 이글라는 실질적인 권한을 갖지 않았고 단지 설득 권한만 지녔다. 그의 아내 역시 해당 집단 여자들에게 비슷한 영향력을 지녔다.

그보다 나이 적은 남자는 수장을 위해 일을 하면서 원로가 될 순번을 기다렸다. 마이아 이글라의 지위는 아버지에게서 아들로 자동 세습되지 않았지만, 죽은 수장의 성장한 아들이 촌락 사람의 존경을 받는 경우 우선순위가 부여되었다. 존경받기 위해서는 친절하고 넉넉한 마음씨를 보여야 하며 좀처럼 화를 내지 않고 사냥과 전투에도 뛰어난 기량을 보여야 했다. 그런 사람을 에르쿠로er-kuro, 즉 "명망가Big Man"라고 칭했는데 이런 표현은 보다 규모가 큰 사회에서 자주 사용되었다.

집단 폭력

래드클리프 브라운은 안다만 제도에 머무는 동안 13개 소수 민족 중 두 집단, 즉 내륙 지역의 자라와족과 해안 지역의 아카베아족이 서로 철천지원수임을 알게 되었다. 안다만 제도의 자료를 바탕으로 다시 연구 작업을 펼친 레이먼드 켈리는 이들의 적대 관계가 1792년에서 1858년 사이에 시작되었다고 밝혔다. 이 시기에 아카베아 집단이 자라와 집단의 영토를 빼앗았다. 그 후 상대 집단이 돼지를 사냥하거나 꿀을 채집하거나 조개를 줍는 장면을 목격할 경우 수가 많은 무리가 적은 쪽을 공격했다. 대개 벌거벗고 돌아다녔던 자라와족은 그러한 공격이 빈번해지자 화살을 막기 위해 나무껍질로 만든 갑옷을 걸치게 되었다.

아카베아와 자라와는 서로 다른 언어를 사용했기 때문에 화해 의식을 치르기 힘들었다. 이러한 언어 장벽이 없는 지역에서는 휴전 협상을 벌였다. 적을 죽인 사람은 정글로 들어가 몇 달 동안 정화

기간을 가져야 했다. 그가 없는 동안 두 집단의 여자들은 두 집단의 나머지 남자들이 한동안 적대 행위를 중단하고 함께 춤을 추거나 사냥을 하도록 주선했다.

안다만 섬사람들은 씨족을 이루지는 않았지만 씨족 사회 특유의 행동 방식 몇 가지를 보였다. 그중 하나는 통과의례 때 일부러 상처를 입히는 고통스러운 의식이었다. 이렇게 하면 강인함을 얻을 수 있다고 여겼다. 두 번째는 미혼 남자 오두막을 둔 점이다. 원래의 목적은 십 대 남자아이가 십 대 여자아이와 함께 잠을 자지 못하도록 하기 위한 것이었지만 이 오두막은 의식과도 관련이 있었다. 예를 들어 미혼 남자는 종종 집단 전체의 의식용 식사를 마련하는 일에 참여했다. 보다 규모가 큰 사회에서 "남자 숙소"를 지을 때 이런 미혼 남자 오두막을 원형으로 삼았다.

세 번째 흥미로운 행위는 특정 원로가 죽었을 때 불평등한 우대를 했다는 점이다. 대다수 안다만 섬사람들은 땅에 묻힌 반면 영향력 있고 존경받는 몇몇 사람은 나무에 설치한 단 위에 시신을 모셨다. 시신에서 살이 다 없어지고 뼈만 남을 때까지 죽음을 애도했다. 그 뒤에는 뼈를 수습하여 씻은 뒤 색칠을 하고 갈무리한 다음 장신구로 만들었고, 질병을 막아 준다고 믿었기 때문에 선물로 주거나 몸에 걸치고 다녔다(그림 3, 아래).

씨족을 이루지 않은 안다만 제도 채집 생활자에게서 씨족 사회의 대표적인 의식 제도가 그렇게 많이 나타나는 이유는 무엇일까? 앞서 말했듯이 많은 인류학자는 이런 행위가 안다만 제도의 풍부한 자원과 관련이 있다고 보았다. 하지만 그게 전부일까 하는 의심이 들었다. 우리는 매장 절차에 차별을 두고 상호적인 선물 제공에 예외를 허용한 사회 논리의 원칙을 간파할 수 있었다. 이러한 논리는 안다만 제도의 자연환경과 관련된 것이 아니라 젊은이보다 연장자가 더 존경받을 자격이 있다고 보는 전제와 관련이 있었다.

오스트레일리아와 태즈메이니아

18세기 오스트레일리아에 유럽인이 도착했을 때 그곳에는 이미 사람이 살고 있었다. 4만 5000년도 넘는 오래전에 오스트레일리아에 들어간 수렵채집 생활자의 후손이 대략 30만 명으로 늘어났고 "부족tribe"이라 불리는(더 적당한 말을 찾지 못했다.) 300개 집단으로 나뉘어 있었다. 오스트레일리아 남동쪽에 있는 태즈메이니아 섬에도 채집 생활자가 8천 명가량 있었을 것이다.

오스트레일리아 채집 생활자는 모두 씨족에 속해 있었다. 많은 부족이 씨족보다 규모가 큰 사회 단위 한 쌍을 두었으며, 이 사회 단위는 각각 여러 개의 씨족으로 구성되었다. 쌍을 이루는 이 사회 단위는 프랑스어로 "한쪽 절반"을 뜻하는 무아에티moietie, 즉 반족半族이라고 불리는데 사회적 상황이나 의식 상황에서 서로에 대해 "충실한 상대역"을 해 주었다. 따라서 사회는 가족이 모인 씨족, 씨족이 모인 반족으로 이루어져 있으며 각 사회 단위는 저마다의 의식을 가졌다. 하지만 이렇게 포개진 사회 단위들이 씨족을 이루지 않은 사회의 단계에서 발생한 것인지, 아니면 지역 상황에 따라 언제든 택할 수 있는 대안으로 존재한 것인지는 알 수 없다.

오스트레일리아 원주민인 애버리지니(그들 스스로도 이를 정치적으로 올바른 명칭으로 여긴다.)를 관찰한 인류학자들은 역설적인 사실을 발견했다. 애버리지니는 한때 간단한 바람막이에서 살았고 이들이 사용한 많은 석기 도구는 9만 년 전 카르멜 산 동굴에서 사용된 석기 도구와 닮았다. 수만 년의 시간을 건너뛰어 석기 시대의 삶에 대한 통찰을 관찰자에게 제공해 주는 것 같았다. 다른 한편 고고학자와 인류학자들이 머지않아 깨닫게 되었듯이 애버리지니는 오스트레일리아에 들어온 이후 지속적으로 변화를 겪었다.

인류학자 A. P. 엘킨이 내놓은 한 지도를 보면 오스트레일리아 북서 지방에서 시작된 몇 가지 혁신이 남동쪽으로 뻗어 내려가는 양상이 보인다. 빙하 시대 서부 유럽의 동굴 벽화를 연상시키는 벽화는 대개 킴벌리 북부 지방에만 제한되어 나타났다. 오스트레일리아 북부 지역과 중부 지역의 애버리지니는 통과의례의 일환으로 할례를 행했지만 이 관습이 퀸즐랜드와 뉴사우스웨일스까지 퍼지지는 않았다. 뉴사우스웨일스와 태즈메이니아의 통과의례에서는 이빨 한 개를 뽑았다. 오래전 무덤의 증거를 보면 이 통과의례가 할례보다 더 오래된 것으로 추정된다.

북쪽 지역의 몇몇 애버리지니는 안다만 섬사람들처럼 나무 위에 설치한 단에 주검을 모시는 매장 풍습을 지녔다. 하지만 이 풍습이 남쪽 지역까지 내려가지는 않았다. 오스트레일리아 원주민은 창을 변형해 부메랑을 만들었지만 태즈메이니아에는 부메랑이 전혀 없었다.

친족 분류 체계인 이른바 '분족'과 '하위 분족'이 널리 퍼진 점도 자못 흥미로운데 서구 학자들 입장에서는 이 방식을 파악하기가 쉽지 않다.* 이런 독특한 체계 덕분에 애버리지니 중 누구를 만나든 그가 어느 일가에 속하는지 알아보고 그에 맞게 처신할 수 있다. 친족 용어를 부족 전체의 단계에 이를 때까지 확장하여 사용하기 때문에 이런 일이 가능하다. 이런 확장 과정에는 근친상간 금지가 수반되어 하위 분족 체계에서 이성 여덟 명 중 결혼할 수 있는 상대는 대략 한 명꼴로 남게 된다.

분족 및 하위 분족의 분류 체계는 오스트레일리아가 원조이지만 실제로 하위 분족은 일종의 혁신으로 19세기에도 여전히 확산되고 있었다. 인류학자 M. J. 메짓에 따르면 노던 준주準州의 왈비리족은 1850년이 되어서야 분족을 채택했으며 그 후 20년에서 30년쯤 지난 뒤에 하위 분족을 채택했다. 이런 분류 용어는 약 20년에 걸쳐 150킬로미터 정도 확산되었으며 앨리스스프링스 지역의 아란다족은 1896년 무렵 왈비리족을 모방하여 하위 분족을 채택하기 시작했다.

메짓은 확산이 이렇게 빠른 속도로 진행된 데는 나름의 이유가 있다고 보았다. 애버리지니는 이웃 부족이 혁신을 자랑스럽게 드러낼 때 자기네 부족에게만 그런 혁신이 없는 것을 좋아하지 않았던 것이다. 또한 메짓은 이에 못지않게 흥미로운 사실도 발견했다. 우리가 알기로 왈비리족은 150년 전에야 하위 분족을 사용하기 시작했는데도 기원 신화를 수정하여 네 번째 창조 단계에 하위 분족을

---

* 분족 체계section system는 애버리지니 특유의 사회 구조를 설명하는 인류학 용어이다. 대부분의 애버리지니 사회는 2, 4, 8개의 집단으로 나뉘는데 각각 무아티에(반족), 분족, 하위 분족 체계를 기준으로 했다. 반족 안에서 세대에 따라 분족으로 나뉘었으며 분족이 다시 친족 관계 등에 따라 하위 분족으로 나뉘었다. 각각의 분족 및 하위 분족 집단은 규정된 상호 행동 양식에 따라 관계를 맺었고 같은 집단의 성원과 결혼할 수 없었다.

갖게 된 것처럼 꾸몄다는 점이다.

오스트레일리아는 많은 사실을 일깨워 주었다. 19세기 애버리지니가 오래전 시대에 대한 통찰을 제공한 점은 분명하다. 하지만 이들이나 다른 어느 누구도 시간의 흐름 속에 가만히 멈추어 있지는 않았다. 애버리지니는 처음 오스트레일리아에 들어온 순간부터 새로운 사회 조직 방식을 만들어 내었고 유럽인이 오스트레일리아에 들어오기 시작했을 때에도 이 사회 조직 방식 중 몇 가지가 계속 확산되었다. 애버리지니는 또한 일반적인 통념과 달리 우주론과 종교가 영구불변의 것이 아님을 보여 주었다. 사회와 사회 상황이 달라지면 그에 따라 우주론도 수정되었다.

앞서 말했듯이 오스트레일리아의 혁신 중에 태즈메이니아까지 퍼지지 않은 혁신이 많다. 빙하 시대 말기 해수면이 상승하면서 태즈메이니아 섬이 고립되었고 그 결과 고대의 습성 몇 가지가 바뀌지 않은 채 그대로 남았다. 태즈메이니아 사람들은 창과 나무 몽둥이로 사냥했지만 투창기와 부메랑은 쓰지 않았다. 젊은이의 통과의례 때 상처를 입히거나 이를 뽑았지만 할례에 관해서는 알지 못했다. 화장과 간단한 매장 풍습이 있었지만 나무에 단을 설치하여 시신을 모시는 방법은 사용하지 않았다. 안다만 섬사람들과 마찬가지로 태즈메이니아 사람들 일부는 죽은 친족의 뼈를 목에 매고 다녔다. 벌거벗고 다니는 것을 좋아했지만 빙하 시대 조상들처럼 조개껍질에 구멍을 뚫어 만든 긴 목걸이를 즐겨 착용했다.

오스트레일리아 애버리지니는 수렵채집 생활자 가운데 가장 광범위한 연구 작업이 이루어진 축에 속한다. 하지만 애석하게도 태즈메이니아인은 그렇지 못했다. 이 섬에 처음으로 유럽 식민지가 생긴 것은 1803년이었고 1877년 무렵에는 사실상 거의 모든 태즈메이니아 애버리지니가 병들어 죽거나 무관심 또는 극심한 학대로 죽었다. 따라서 우리는 여행자나 유럽 식민주의자가 태즈메이니아에 관해 남긴 설명을 모아서 종합해야 한다. 이 설명 속에 그려진 태즈메이니아 사람들의 모습은 흡사 올림픽 경기 선수와 해군 특수부대 대원을 합쳐 놓은 것 같았다.

가령 남편과 아내의 경제적 협력 관계를 보자. 태즈메이니아 남자는 보통 5.5미터짜리 나무창을 35미터 정도 던지는 것으로 알려져 있으며 이 창을 들고 손과 무릎으로 기어 캥거루에게 몰래 접근한다. 또 어떤 때에는 덤불에 불을 놓은 뒤 동물이 모습을 드러내면 창으로 잡기도 한다. 태즈메이니아 남자는 아직 불이 살아 있는 잉걸불에 캥거루를 던져 털을 그슬린 다음 여러 부위로 잘라 "마치 소금 속에 넣듯이" 재 속에 고기를 파묻는다. 부메랑의 전신인 와디waddy라고 불리는 나무 투창기로 새를 잡기도 하는데 이 새도 잉걸불 위에 얹어 깃털을 그슬렸다.

한편 태즈메이니아 여자는 유칼리나무를 파내어 발판을 만들거나 로프를 이용하여 "마치 전화선 설치 기술자처럼" 유칼리나무에 기어 올라가 주머니쥐를 잡는 것으로 전해진다. 수영 실력도 뛰어나서 물속에 들어가 바위에 붙은 전복을 나무 끌로 땄다. 태즈메이니아 여자는 흑고니 알, 펭귄 알, 슴새 알, 오리 알을 즐겨 먹었다. 한 태즈메이니아 여자는 한 끼 식사에 거무스름한 슴새의 커다란 알을 50개에서 60개 정도 먹어 쿨 핸드 루크*를 겸연쩍게 만들었다. 그들은 이 알을 먹을 때 유칼리나무 수액을 발효한 현지 음료수를 함께 마셨다.

인류학자들이 인터뷰를 시작할 당시에는 대다수 태즈메이니아인이 죽고 없었기 때문에 그들의 사회 조직에 관해 대략적인 사실밖에 얻지 못했다. 하지만 격렬한 싸움을 벌인 부족들은 있었다. 전사들은 공격 의사가 없다는 듯 두 손을 머리 위에 얹은 채 발가락 사이에 은밀히 창을 끼우고서 덤불을 헤치며 적 가까이 다가갔다. 불이 이글거리는 횃불을 "선물"로 받아드는 것은 싸우자는 도전을 받아들이는 것이다. 애버리지니를 경계하지 않았던 식민 개척자들은 아픔을 겪으면서 이를 깨달았다.

1890년대 오스트레일리아에 살던 많은 사람들은 태즈메이니아인들의 죽음에 큰 충격을 받고, 정부를 압박하여 다시는 유사한 집단 학살이 오스트레일리아에서 벌어지지 않도록 이른바 '애버리지니 보호관'이라 불리는 직책을 신설하도록 했다. 초기 보호자 중 F. J. 길런이라는 이름의 한 행정 장관은 멜버른대학교 생물학 교수 볼드윈 스펜서와 공동으로 팀을 조직하여 오스트레일리아 중부 지역의 애버리지니에 관한 중요한 책 두 권을 썼다. 스펜서와 길런의 선구적인 연구 작업은 곧 A. R. 래드클리프 브라운과 W. 로이드 워너 같은 인류학자에게 영감을 주어 오스트레일리아 토착 문화가 사라지기 전에 기록해 두도록 했다. 스펜서와 길런은 아란다족과 너무도 가까이 지낸 탓에 결국은 부족의 일원이 되었다. 다행히 이를 뽑는 통과의례는 없었다.

당연한 이야기이지만 행정 장관 한 명이나 인류학자 한 명이 해

---

* 1967년에 나온 미국 감옥 영화 《쿨 핸드 루크》의 주인공 이름. 영화에서 쿨 핸드 루크가 삶은 달걀 50개를 먹는 내기를 해서 이기는 장면이 나온다.

줄 수 있는 것보다 이후 애버리지니 스스로 보여 주었던 바가 훨씬 중요하다. 1960년대 어느 날 빌 커츠먼이라는 오스트레일리아인은 뉴사우스웨일스 주 바렐런에 있는 한 테스니장 담장 너머에서 어린 애버리지니 소녀가 테니스장 안을 들여다보는 것을 보았다. 커츠먼은 소녀에게 테니스 시합을 좋아하면 코트 안으로 들어와서 보라고 했다. 나중에 밝혀진 바로 이 어린 소녀는 위라주리족 성원이었고 이름은 이본 굴라공이었다. 테니스에 뛰어난 적성을 보여서 18살에는 윔블던에서 시합을 가졌다. 이후 굴라공은 그랜드 슬램을 14차례 거머쥐었고 오스트레일리아 오픈 대회 네 번, 프랑스 오픈 대회 한 번, 1971년과 1980년 윔블던 선수권 대회에서 우승했다.

우리는 지구 상의 모든 인간이 수렵채집 생활자의 후손이라는 점을 기억해야 하며 수렵채집 생활자 중 어느 누구라도 깔보아서는 안 된다.

오스트레일리아 중부 지역

오스트레일리아 중부 지역의 풍경에는 아카시아 숲이 있는 넓은 평원, 마른 강바닥에 줄지어 선 유칼리나무, 해발 750미터에서 1500미터 높이까지 드문드문 솟아 있는 산맥이 펼쳐진다. 돌출된 바위, 온천, 샘마다 고유한 이름과 신성한 역사를 간직하고 있다. 야생 마를 비롯한 다른 덩이줄기를 막대로 캘 수 있고 오리와 펠리컨과 저어새와 따오기가 노니는 호수도 있다. 애버리지니는 월리wurley라고 불리는 타원형 거처와 미아미아mia-mia라 불리는 임시 별채를 쓴다.

밤이 되면 둥그스름하게 파 놓은 구덩이에 들어가 잠을 자며 간혹 캥거루 가죽을 덮고 자기도 한다. 낮에는 와디 쿠바니야의 채집 생활자처럼 뜨거운 재 속에 사초 알뿌리를 넣어 요리하기도 한다.

앞서 설명한 바 있듯이 많은 오스트레일리아 부족은 한 쌍을 이루는 두 개의 반족으로 나뉘어 있었다. 각 반족은 다시 여섯 개 이상의 씨족으로 나뉘고 각 씨족은 저마다 다른 조상의 후손임을 내세웠다. 특정 반족 내 특정 씨족의 남자는 다른 반족에 속한 특정 씨족의 여자와 혼인해야 했다. 아라바나족의 경우를 살펴보면 들개 씨족의 남자는 쇠물닭 씨족 여자와 결혼했고, 매미 씨족 남자는 까마귀 씨족 여자와 결혼했다. 적합한 씨족 소속의 여자라도 신랑 어머니의 오빠의 딸로 분류되는 경우에만 혼인할 자격이 있었다.

당연한 이야기이지만 분족 및 하위 분족 체계 때문에 이성의 선택 범위가 확 줄어들었다. 이 문제를 해결하기 위해 적합한 여자아이를 어린 나이에 미래의 남편과 약혼시켰는데 여자아이가 십 대가 될 때까지는 계속 부모와 함께 살았다. 때로는 친척이 이 남자아이에게 할례를 해 줄 남자를 주선하기도 하는데 이때 할례를 해 준 남자에게 태어날 미래의 딸이 이 남자아이의 적합한 신부인 누파nupa가 되었다. 이런 의식을 통해 남자아이는 장차 때가 되었을 때 누구를 찾아야 하는지 알았다. 분족 체계는 또한 일부다처 제도에 영향을 미쳤다. 두 아내를 부양할 수 있겠다고 판단한 사냥꾼이 결국 두 번째 부인으로 맞아들일 상대는 첫째 아내의 동생인 경우가 많았다. 다른 사람은 자격이 되지 않기 때문이었다.

오스트레일리아 중부 지역의 부족 집단은 저마다 채집 권리를 지닌 구역이 있었다. 하지만 바사르와족의 영토가 그랬듯이 꽤 오랜 세월 동안 이웃 부족과 영토를 공유하기도 했다. 각 지역마다 남자 상급자가 무리를 이끌었으며 아란다족은 이 상급자를 알라툰자alatunja라고 불렀다. 이 직책은 일정한 제한 조건 내에서 아버지에게서 아들로 세습되었으며 아들이 없는 경우에는 남자 형제나 남자 형제의 아들에게 세습되었다. 알라툰자는 자신이 속한 후손 집단에 한정해 권한을 행사할 수 있었으며 남자 연장자로 구성된 소집단의 충고에 귀 기울여야 했다.

규모가 큰 농경 사회에서는 지도력의 세습이 종종 사회적 불평등과 연관된다. 하지만 알라툰자의 경우는 세습의 기원이 달랐다. 아버지가 아들에게 수장의 역할을 물려주면 해당 집단에서 행하는 의식의 비밀이 외부 사람에게 알려지지 않도록 보호할 수 있었다. 이 비밀이 얼마나 중요했는지 이해하기 위해서는 오스트레일리아 중부 지역의 사회 논리를 살펴볼 필요가 있다.

아기는 태어날 때 순수 상태를 벗어나 때문은 세속적 세계에 들어선다. 여자는 평생 동안 세속적 상태를 벗어나지 못한다고 여겨지며 남자는 어릴 때까지만 세속적이라고 여겨진다. 그때까지는 아직 자기 씨족의 신성한 구전 지식을 알지 못하기 때문이다. 따라서 남자 연장자는 젊은 남자에게 관심을 두지 않는다. 그러다 마침내 젊은 남자는 통과의례를 시작으로 교육을 받게 되는데, 이 교육이 그를 순수 상태로 되돌려 준다. 아들을 귀히 여기는 것은 그들이 전사가 되고, 씨족에 신부를 데려오며, 승리를 안겨 주고, 마침내는 연장자가 되기 때문이다. 이들에게 전수되는 신성한 지식을 여자에게는 알려 주지 않는다. 하지만 여자는 그들만의 독자적인 의식의 비밀을 갖고 있었다.

여기서 우리는 많은 씨족 사회에 공통된 하나의 전제를 보게 된다. 처음부터 아란다족, 아라바마족, 먼진족, 왈비리족으로 태어나는 것이 아니라 오랜 노력의 시기를 거쳐야만 한 집단의 완전한 성원이 된다는 점이다.

아란다족이 되는 과정에서 젊은 남자는 신성한 물건이 숨겨진 장소로 인도된다. 예를 들어 아카시아 나무 판에 긴 끈이 달린 의식용 악기 불로러를 젊은 남자에게 보여 준 뒤, 이 불로러가 돌아가면서 웅웅 소리를 내는 것을 보게 한다. 이 소리는 조상의 목소리라고 여겨졌다. 추링가churinga, 즉 "신성한 물건"이라고 불리는 이 악기는 세계 역사가 시작되던 초기에 만들어진 것이라고 한다. 처음으로 이 악기를 다루게 된다는 것은 오래전 영웅의 삶을 공유하는 의미를 지닌다.

충돌, 화해, 죽음

루소가 살던 시절에는 인간만이 자신이 죽는다는 사실을 유일하게 아는 생명체이기 때문에 종교가 생겼다고 여겼다. 이러한 설명이 교육받은 서구인에게는 그럴듯하게 들릴지 몰라도 대다수 수렵채집 생활자에게는 그렇지 않다. 예를 들어 오스트레일리아 애버리지니에게는 필연적인 자연적 죽음이라는 게 없었다. 죽음은 살인이나 마법 때문에 일어났다. 적을 죽이는 방법 중에는 특별한 막대로 적이 있는 방향을 겨냥한 뒤 막대에 대고 노래를 불러 마법의 힘을 불어넣는 방법이 있었다. 죽은 사람의 팔뼈를 날카롭게 다듬은 막대는 특히 치명적이었다. 이 뼈로 누군가를 가리키면 "심장이 산산조각 나게 해 주십시오."라는 주술을 부릴 수 있었다.

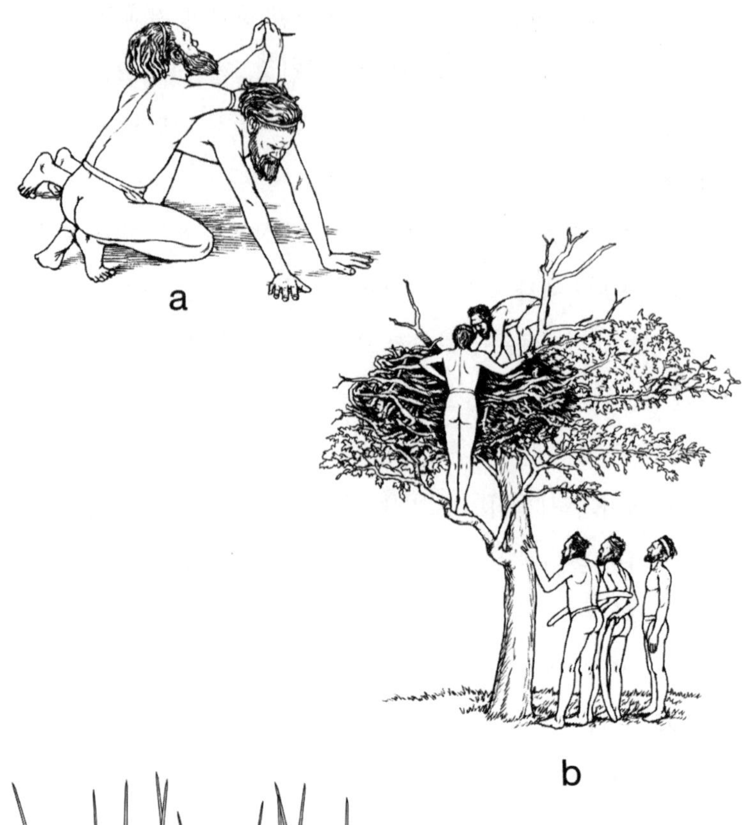

그림 4 | 여기 실린 그림은 한 세기도 더 된 사진을 토대로 그린 것으로, 오스트레일리아 애버리지니가 행했던 주술과 집단 보복의 모습을 담고 있다. 그림 a에서 씨족 A의 두 남자는 씨족 B의 남자에게 뼈를 겨냥하여 흑주술을 행하고 있다. 그림 b에서는 희생자의 부족 사람들이 희생자 주검을 안치한 나뭇가지 무덤을 살피면서 그의 죽음을 불러온 자가 누구인지 알아보고 있다. 그림 c에서는 씨족 B의 보복 집단이 씨족 A에게 복수하기 위해 길을 나서고 있다. 소규모 습격은 이렇게 시작되어 이후에 전쟁의 시초가 된다.

죽어 가는 사람은 누군가의 마법 때문에 죽어 간다고 믿으면서 그 사람의 이름을 작은 소리로 속삭였다. 그러고 나면 복수자가 밤에 눈에 띄지 않도록 온몸에 숯을 칠하고 발자국 소리가 나지 않게 에뮤 깃털로 만든 슬리퍼를 신은 뒤 가해자를 죽이러 나섰다. 집단 공격의 경우에는 레이먼드 켈리가 말한 사회적 대리 원칙이 적용되었다. 복수자 무리는 가해자 측 집단의 성원을 죽이기 위해 투창기, 방패, 부메랑, 몽둥이를 들고 130킬로미터나 되는 먼 곳으로 떠났다. 가해자 측 집단이 적대 행위를 중지하고 싶을 경우에는 나머지 성원을 살려 주는 대가로 최소 두세 명의 성원을 복수자 집단에게 넘겨주기도 한다. 그림 4에 뼈를 겨냥하는 모습부터 집단 보복을 행하는 모습까지 전체 과정이 나와 있다.

많은 부족이 이웃을 적으로 두었지만, 죽음을 두려워하지 않고 멀리까지 돌아다닐 수 있는 사람이 있었다. 바로 신성한 전령이었다. 전령은 가령 죽은 친족의 팔뚝 뼈에 빨간 칠을 해서 들고 다니면서, 여느 때 같으면 적대적인 공격을 해 올 집단을 만났을 때 이 뼈를 보여 주며 친족의 마지막 장례식에 함께 가자고 청한다. 전령은 신성한 임무를 띠는 탓에 공격을 당하지 않는다. 하지만 죽은 자의 아버지는 장례식이 끝난 뒤 이 뼈를 자기 여자 형제의 아들에게 주었다. 이들은 주술이 죽음을 불러왔다고 여기면서 죽은 자의 복수를 한다.

오스트레일리아의 매장 의식은 부족마다 다르다. 씨족 사회에서는 조상의 중요성이 높아지므로 이런 경향이 매장 의식에 반영되는 일도 종종 있다. 와라문가족은 나무 위의 단에 시신을 안치한 뒤 신성한 전령이 들고 갈 뼈 하나만 남겨놓고 모든 뼈를 해체하여 묻는다. 마지막 뼈까지 모두 묻었을 때 죽은 자는 환생할 수 있다. 루리 차족은 때로 적을 죽인 뒤 시체를 먹기도 하며, 희생자가 환생하지 못하도록 팔뚝 뼈를 부수는 방식으로 모욕을 가한다.

먼진족의 장례식에서는 죽은 자를 묻은 뒤 나중에 다시 파내어 뼈에서 살을 발라내고 뼈를 신성한 유물로 간직한다. 이 의식에 주목하는 이유는 고고학자들이 서아시아 지역의 초기 촌락 사회에서 이런 의식을 찾아냈기 때문이다. 이는 해당 고대 사회에 씨족이 있었음을 강하게 암시하는 증거이다.

채집 씨족 사회에서 불평등의 가능성

씨족이나 반족이 형성되었다고 해서 급격하게 불평등이 늘어나는 것은 아니다. 분명 애버리지니 사회의 씨족 남자는 양성평등을 믿지 않았다. 통과의례를 거친 남자와는 달리 여자는 의식 절차에 의해 순수해질 수 없다고 보았기 때문이다. 하지만 자격을 갖춘 신부를 얻기 위해 남자는 여자 집안에 넉넉한 선물을 준비해야 했다. 또한 몇몇 수장이 지위를 아들에게 물려주는 경우가 있긴 해도 권한이 제한되어 있었고 주로 씨족의 의식 비밀을 보존하기 위한 목적이었다. 젊은 애버리지니 성원은 나이 든 연장자를 존중했지만 그들 자신도 언젠가 그렇게 될 것이라고 굳게 믿었다. 이보다 더 중요한 사실은 씨족 간에 서열이 있었다는 증거가 전혀 없다는 점이다.

하지만 북부 아넘랜드의 먼진족 사이에서는 명망의 현격한 차이를 가져올 제도의 맹아가 잠재해 있었다. 마리쿠타트라mari-kutatra라고 불리는 부족 간 교역 체계인데 의식에 사용할 물품 중 많은 것을 이 체계를 통해 얻었다. 교역되는 품목으로는 나무창, 앵무새 깃털, 밀랍, 수지, 붉은 황토, 구슬 등이 있었다. 먼 곳에서 온 교역 물품일수록 귀중품으로 높이 평가했고 물품을 들여온 사람은 사업가로서 명성이 올라갔다. W. 로이드 워너가 연구 활동을 벌일 당시에는 아직 마리쿠타트라를 통해 어느 누구도 다음 장에서 살펴볼 "명망가"가 되지는 않았다. 하지만 사회에 몇 가지 논리의 변화만 일어나도 그런 방향으로 나아갈 수 있었다.

종교와 예술은 왜 생겨났을까?

지금까지 살펴본 수렵채집 사회에는 저마다 독특한 특징이 있었다. 하지만 공통된 일련의 원칙이 있으며 그중 몇 가지를 열거하면 다음과 같다.

1. 넉넉하게 베푸는 것은 훌륭한 행동이며 이기주의는 비난받아야 할 행동이다.
2. 선물 자체보다 선물을 통해 형성된 사회 관계가 더 소중하다.
3. 선물을 받으면 반드시 보답해야 한다. 하지만 합당한 이유로 선물 보답이 늦어지는 것은 용인된다.
4. 이름에는 신비한 힘이 있으며 아무렇게나 이름을 지어서는 안 된다.
5. 모든 인간은 환생하기 때문에 조상의 이름은 각별한 존경심을 담아 다루어야 한다.

6. 살인은 용납되지 않는다. 살인자의 친족은 그를 처형하거나 희생자의 가족에게 배상해야 한다.

7. 근친상간을 저질러서는 안 된다. 배우자는 직계 친족 외부로부터 구해야 한다.

8. 신부를 데려오는 신랑은 신부 가족에게 부역이나 선물을 제공해야 한다.

9. 혼인은 융통성 있는 경제적 협력 관계이다. 복수 배우자와의 변형 관계는 용인된다.

사회 성원 간의 어떤 불평등도 포함하지 않은 이런 원칙 외에 약간의 불평등을 용인하는 몇 가지 전제도 있었다. 정리하면 다음과 같다.

10. 남자는 여자보다 고결하며 의식을 통해 순수 상태가 될 수 있다.

11. 젊은이는 연장자를 존경해야 한다.

12. 나중에 온 사람은 먼저 온 사람을 존중해야 한다.

가계, 씨족 또는 조상에 기반한 혈연 집단을 형성한 사회에서는 다음과 같은 새로운 전제가 확립되었다.

13. 가계 규모가 커져 분리될 때는 상위 가계가 먼저이므로 하위 가계가 상위 가계에 존경을 표해야 한다.

14. 가족으로 태어났지만 씨족 성원이 되기 위해서는 통과의례를

거쳐야 한다.

15. 유감스러운 점은 통과의례에 시련이 따른다는 사실이다. 좋은 점은 의식의 비밀을 배우고 집단의 완벽한 성원이 되며 덕을 쌓게 된다는 사실이다.

16. 자신이 속한 가계나 씨족 성원에게 살인이나 심각한 모욕 등 공격이 가해질 경우 이는 사회 단위 전체에 대한 공격으로 간주된다. 공격을 가한 집단의 성원(또는 성원들)에게 집단적으로 대응해야 한다.

17. 무력 충돌이 벌어진 뒤에는 반드시 화해 의식을 가져야 한다.

앞서 열거한 원칙 중 많은 부분이 사실상 모든 사회가 공유하는 "문화적 보편"으로 간주된다. 집단 중심주의가 또 하나의 광범위한 사회적 태도로 확립되었다는 사실이 놀라울 것은 없다. 각 집단은 저마다 자기네 행동이 적절하고 이웃 집단의 행동은 적절하지 못하다고 믿는다. 하지만 채집 생활자는 이러한 차이에 대해 철학적인 태도를 보이는 경향이 있었다. 그들은 각각의 집단마다 기원과 조상이 다르다고 믿었기 때문에 다른 집단을 변화시키려고 하기보다는 서로에게 적응했다. 따라서 규모가 큰 사회에서와 달리 집단 중심주의가 편협함으로 이어지지 않았다.

인간의 삶에서 우연한 사고란 없으며 모든 일은 이유가 있어서 일어난다는 사고방식도 또 다른 원칙으로 널리 퍼져 있었다. 병이 나는 것은 영혼을 노하게 했기 때문이며, 죽는 것은 누군가 주술을 행했기 때문이다. 사냥이 실패하면 이는 사냥 주술이 잘못된 것이며, 흉작이 드는 것은 잘못된 제사를 드린 결과이다.

물론 맨 나중에 설명한 전제는 빙하 시대 이후에도 사라지지 않았다. 우리는 파워볼 복권*이 무작위로 생성된 숫자에 의해 당첨 여부가 결정된다고 생각한다. 하지만 종종 당첨자가 새로 산 캠핑용차 옆에서 인터뷰를 할 때 초자연적인 힘의 작용으로 행운을 거머쥐었다고 말하는 것을 듣는다. 당첨자는 마지막으로 이렇게 덧붙인다. "난 모든 게 이유가 있어서 일어난다고 믿어요."

우주론과 사회 논리

우주론은 보편적인 관습이다. 우주와 우주에 있는 존재가 어떻게 생겨났는지를 설명하는 이야기는 모든 사회마다 있다. 우주가 시작될 때는 어떤 인간도 없었기 때문에 이야기는 필연적으로 신화가 된다. 인류학자의 정의에 따르면 **신화**는 사실이라고 간주되는 민간 설화이며 신성한 것으로 취급된다. **전설** 역시 사실이라고 믿기는 하지만 신성한 것으로 취급하지 않는다는 점에서 신화와 다르다.

대다수 채집 생활자의 창조 신화는 혼돈의 땅에서 시작하며 이 혼돈의 땅은 형태가 없거나 텅 비어 있다. 종종 빛조차 없다가 영혼이나 생명체가 빛을 요청하는 신화도 있다. 흙이나 진흙, 식물이나 동물, 또는 대충 형체만 있는 짐승으로 최초의 인간을 창조했다. 태초의 인간은 초능력이나 마법, 또는 동물과 직접 이야기하는 능력을 지니는 경우가 많았다. 인간이 최종적인 형태를 갖추게 되면서

* 로또 복권과 비슷한 방식의 복권.

일종의 징벌로 이런 능력을 잃어버렸다.

하지만 창조 신화는 단순한 민간 설화 이상의 의미를 지닌다. 신화는 사회 집단의 헌장 기능을 한다. 어떻게 생활을 꾸려 가고 서로에게 어떻게 처신해야 하는지 알려 주는 초자연적 영혼의 지시가 신화 속에 담겨 있다. 지금까지 살펴본 채집 생활자 사회에서는 우주론을 토대로 많은 사회 논리의 원칙을 만들었다.

하지만 동일한 우주론에서 또 다른 보편적 전제가 마련되었는데, 신성한 존재, 신성한 물체, 신성한 장소가 널리 있다는 전제이다.

신성하다는 개념이 아주 오래전부터 있었다는 점에 대해 자주 의문이 제기된다. 많은 서구 학자들은 수렵채집 생활자처럼 실용적인 사람들이 신성한 존재를 믿는 불합리함에 에너지를 쏟았다는 사실을 믿지 못한다. 니컬러스 웨이드의 최근 연구에 따르면, 많은 생물학자와 심리학자들은 종교가 유전적인 기반을 지녔을 수도 있다고 결론을 내린다.

인류학자는 종교와 관련한 유전자가 존재할 가능성에 대해 회의적인 입장을 보인다. 그들은 신성하다는 개념이 오직 논리만으로도 생길 수 있으며 여러 가지 방식이 있다고 생각한다.

예를 들어 멕시코 남부 지방의 사포텍 인디언을 살펴보자. 이들은 바람을 페[pèe]라고 부른다. 사포텍 인디언은 바람이 눈에 보이지 않지만 얼굴에 느껴지고 나무가 바람에 휘는 것이 눈에 보이며 폭풍이 치는 동안 바람이 울부짖는 소리를 들을 수 있기 때문에 바람이 존재한다고 확신한다. 또한 바람처럼 보이지 않지만 살아 있는 사람의 몸 안으로 흘러들어 갔다가 나오는 호흡과 바람 사이에 유사성이 있다고 생각한다. 사포텍 인디언이 바람을 신성한 힘이라고 믿는 데에는 특별한 유전자가 필요하지 않다. 모든 인간 집단이 그렇듯이 사포텍 인디언의 합리성도 한계를 지닌다. 그들은 "그건 아무도 모르는 일입니다."라는 말을 하지 않기로 했고, 그들에게 페는 "바람", "숨", "신성한 생명력"을 의미하게 되었다.

앞서 보았듯이 수렵채집 생활자에게는 자연적인 것과 초자연적인 것 사이에 경계가 없으며 물 흐르듯 자연스럽게 이어진다. 넷실릭 에스키모는 작살로 바다표범을 잡는 법뿐 아니라 죽은 바다표범에 물을 주고 방광을 다시 바다로 돌려보내는 법도 배우면서 자랐다. 이후 환생한 바다표범은 사냥꾼의 친절을 기억하고 다시 그의 작살에 잡혀 준다. 이는 아주 논리적으로 보인다.

뉴기니 사회에서 신성한 존재의 힘을 직접 경험한 바 있는 인류학자 로이 라파포트는 우리에게 종교 연구의 기본 틀을 제공해 주었다. 라파포트는 모든 종교에 세 가지 구성 요소가 있다고 주장한다. 우선 **근원적인 신성한 명제**가 있다. 뒷받침할 경험적 증거가 없는데도 결코 반박해서는 안 되는 것으로 여겨지는 믿음을 말한다. 이 명제에서 두 번째 구성 요소인 **의식**이 나온다. 의식의 목적을 이루기 위해서는 반복적으로 올바르게 의식을 거행해야 한다. 의식을 제대로 치르면 세 번째 구성 요소가 완성된다. **경외감을 불러일으키는 체험**이 바로 세 번째 요소이다. 이 체험은 의식에 참여한 사람의 감정을 깊이 흔들어 놓기 때문에 차갑고 단단한 논리에서는 불가능한 방식으로 신성한 명제를 입증한다.

고고학자에게는 의식이야말로 그 자체로 타당성이 입증되는 핵심 요소이다. 의식에는 용품과 의상, 염료, 악기가 필요하고 의식은 여러 번 반복해서 치러지기 때문에 고고학 흔적을 남긴다. 빙하 시대를 논할 때 이미 이런 고고학 흔적을 살펴본 바 있다.

최근 들어 몇몇 저명한 서구 학자 사이에서 종교가 꼭 필요한 것은 아니었다는 주장이 나오고 있다. 하지만 라파포트는 종교처럼 보편적인 제도가 분명 인간 사회의 존속에 기여하는 바가 있었을 것이라고 믿으며 그렇지 않았다면 오래전에 사라지거나 다른 무언가로 대체되었을 것이라고 주장한다. 근원적인 명제를 바탕으로 사회 논리의 제1원칙을 세우려면 일정한 **위엄**이 필요하며, 신성한 존재를 인정하지 않고는 다른 어떤 것으로부터도 위엄을 얻지 못했을 것이다.

무엇보다도 서구 학자를 괴롭히는 것은 종교가 종종 학문이나 사회 발전과 충돌을 일으킬 때가 있다는 점이다. 이런 상황은 인간이 이성적인 생각을 하는 존재라는 일반적인 가정과 충돌한다.

이런 문제가 생긴 데는 부분적으로 많은 학자가 맨 처음 인류에게 언어와 지능이 생긴 이유를 잘못 이해한 탓도 있다. 인간의 그런 특성이 채집 생활의 정황 속에서 처음 생겨났기 때문에 학자들은 언어와 지능의 목적이 수렵채집을 보다 잘하게 하는 데 있다고 가정한다. 요컨대 우리 조상은 수백 가지 식물과 동물을 분류하고, 사냥하는 동안 상대방에게 큰 소리로 지시 사항을 알리며, 얼핏 보아서는 식욕이 당기지 않는 식물을 이용하여 음식을 만들기 위해 필요한 기술을 발명해 냈다.

이런 가정에는 문제가 있다. 초기 인류 조상이 동물과 아프리카 사바나를 공유하던 시절 이 동물 중에는 사냥을 하고 식물을 이용하여 음식을 만드는 점에서 인간보다 훨씬 뛰어난 종이 있었다. 그래서 우리는 다른 시나리오를 제시하고자 한다. 인간의 언어와 지능이 진화한 것은 채집 생활을 보다 잘하기 위해서가 아니라 사회적 관계를 보다 잘 구축하기 위해서였다는 시나리오이다.

우리 조상들이 몇몇 학자의 생각만큼 실용적인 사람이었다면 신성한 존재라는 개념이 필요하지 않았을 것이다. 하지만 우리 조상들은 말을 하고 지능을 가진 존재이기도 하지만 다른 한편으로 어쩌면 지구 상에 존재하는 생명체 가운데 가장 감정적이고, 도덕적이며, 미신적이고 (때로는) 가장 비이성적인 존재이기도 했다.

우리 조상들이 식물과 동물에 관해 놀라운 지식을 갖추었던 것은 분명하지만 무엇보다도 중요한 것은 사회적 지능이었다. 그들은 자신들이 접하는 모든 살아 있는 인간뿐만 아니라 초자연적인 존재까지 포함하는 모든 조상까지도 구분했다. 그 결과 채집 생활자는 친척이라 할 유인원에 비해 훨씬 큰 규모의 사회를 형성하고, 음식을 나누고 협력하는 개인들을 더 큰 관계망으로 조직할 수 있었다. 우리는 이런 입장을 좀 더 강조하기 위해 유인원과 초기 인류를 비교 분석했던 마샬 살린스의 고전적인 연구 이후에 나온 몇 가지 자료를 살펴보고자 한다.

유인원의 서열 순위와 인류 조상의 서열 순위

우리와 DNA가 98퍼센트나 같은 침팬지의 경우 사회적 불평등이 매우 심하다. 우두머리 침팬지가 모든 침팬지를 지배하고 이인자가 우두머리를 제외한 다른 모든 침팬지를 지배하는 등 '서열 순위'가 맨 아래까지 이어진다.

누가 우두머리가 될지 미리부터 정해진 것은 아니다. 침팬지는 무리를 이루어 살며 무리에 속한 개별 침팬지 간에 일련의 상호작용이 일어나면서 사회 구조가 생겨난다. 더러 대립적인 양상으로 치닫기도 하는 이런 상호작용을 통해 누가 일인자이고, 누가 이인자이며, 누가 삼인자가 되는지 정해진다. 이런 서열 순위가 영구적인 것은 아니다. 이인자들이 연합하여 무력으로 일인자를 내몰기도 한다. 승리를 거둔 이인자 중 하나가 물러난 일인자의 뒤를 이어 지도자의 지위에 오른다.

영장류 학자 존 미타니, 데이비드 와츠, 마틴 밀러에 따르면 수컷 침팬지는 함께 콜로부스 원숭이를 사냥하고 고기를 나누는 과정에서 연합 세력을 형성하는 법을 깨우친다. 이렇게 먹이를 나누는 행위가 인간 채집 생활자 사이에 고기를 나누는 행위의 전신이 되었는지도 모른다. 하지만 침팬지의 이런 행위는 결코 무리의 범위를 넘어서지 않는다. 두 침팬지 무리의 성원이 두 영역의 접경 지대에서 만나 먹이를 나누는 모습을 본 사람은 없을 것이다. 실제로 무리 A에 속한 수컷들이 매복을 하다가 무리 B에서 떨어져 나온 수컷 침팬지를 죽이는 모습은 목격된 바 있다. 따라서 침팬지 무리는 자기 영역의 먹이가 고갈되었을 때 이웃 무리에게 가서 도움을 청하지 못한다. 그들은 인간 채집 생활자처럼 훗날 어려운 시절에 대비하기 위해 이웃 집단에게 사회적 의무를 쌓아 놓지 않는다.

인간 채집 생활자와 유인원 간에 가장 커다란 차이를 낳은 것은 인간이 이빨 대신 창으로 사냥하는 기술을 갖추었기 때문이 아니다. 인간은 자연 선택을 통해 언어와 문화를 얻음으로써 자기 지역 집단을 벗어나 낯선 사람도 친척으로 만들 수 있었다. 인간은 언어를 이용하여 씨족 성원, 분족 성원, 선물 상대, 같은 이름을 쓰는 사람을 지정하고 상호 의무와 신부 교환 제도를 확립함으로써 지구

구석구석까지 뻗어 나갈 수 있었다.

우리의 빙하 시대 조상들은 대결에 기반한 지도력을 일시적으로 무너뜨렸다. 크리스토퍼 보엠이 일깨워 주었듯이 채집 생활 집단의 수장은 결코 악당이 아니었다. 그들은 마음씨가 넉넉하고 겸손하며 외교적인 성향을 지녔다. 그들 집단의 구성원이 악당에 맞서 연합 세력을 구축하는 데에 탁월한 능력을 지닌 사람들이었기 때문이다. 악당은 결국 꾐에 빠져 덤불에 들어갔다가 독화살을 맞아 죽을 운명이었다.

하지만 유인원을 연구한 사람들에 따르면 유인원 사회가 안정성을 확립할 수 있었던 것은 서열 순위 덕분이다. 그렇다면 서열 순위가 없는 채집 생활 사회는 어떻게 안정성을 확립했을까?

몇몇 인류학자는 인류의 유인원 조상의 특성인 서열 순위가 최초의 인류가 생기는 과정에서 자연 선택을 통해 제거되었다고 주장한다. 이런 견해를 표명하는 사람들은 농경이 발생한 뒤 수 세기 동안 일부 사회에서 사회적 서열을 재확립함으로써 권력의 범위 안에서 할 수 있는 모든 일을 처리했다는 주장을 내세운다.

어떻게 이런 입장을 지니게 되었는지 이유는 이해되지만 우리는 선의의 비판자 역할을 하고자 한다. 같은 증거를 다르게 해석할 수 있다고 보기 때문이다.

수렵채집 생활자를 살펴보면 침팬지만큼 뚜렷한 서열 순위가 보인다. 하지만 인간의 서열 순위에서는 눈에 보이지 않는 초자연적 존재가 최고의 자리를 차지한다. 이 존재는 너무도 강력해서 음모나 세력 연합으로 물리칠 수 없으며, 불복종하는 인간에게 커다란 불행을 안겨 줄 힘을 지녔다. 이인자 역시 눈에 보이지 않는 조상이며, 최고의 존재가 지시하는 일을 수행하고 살아 있는 후손이 해를 입지 않도록 보호해 준다. 얼핏 보기에 인간 채집 생활자에게 서열 순위가 없는 것처럼 보이는 이유는 살아 있는 인간 중 어느 누구도 이 체계에서 일인자(초자연적 존재)나 이인자(조상)의 지위에 오를 수 없는 것처럼 보이기 때문이다.

인간 사회의 서열을 확인하는 작업은 이 책 후반부에 가서 인간 사회에 불평등이 나타나기 시작하는 것을 살필 때 보게 될 것이다. 그 대목에 가면 세습 지도자가 되려는 이가 숭배 대상인 조상이나 심지어는 초자연적인 존재와 자신을 연결하려고 시도하는 것을 보게 될 것이다. 또한 이집트와 잉카 문명을 다룰 때쯤이면 실제로 스스로 신이라고 주장하는 왕을 만나게 된다. 인간이 이전부터 자연적이거나 초자연적인 서열 순위에 속해 있다고 여기지 않았다면 불평등을 정당화하는 이런 전략이 유효하지 않았을 것이다.

천상의 일인자는 근원적인 신성한 명제의 근본 바탕이고 이인자인 조상은 많은 의식에서 중심을 이루었다. 그 둘의 지배를 받는 살아 있는 인간은 감정을 지닌 존재이기에 경외감을 일으키는 체험을 함께 나눌 수 있었다.

종교적 성향을 띤 보수주의자들은 세속의 법이 근원적인 신성한 명제에서 유래했다고 오래전부터 주장해 왔다. 보수주의자들은 채집 생활자에 관해 밝혀진 사항이 자신의 견해를 뒷받침한다는 것을 알면 만족스러워하겠지만 근원적인 신성한 명제가 영원불변의 것이 아니라는 사실을 안다면 그다지 만족스럽지 않을 것이다. 아란다족의 창조론에서 한때 인간은 통과의례에서 이빨을 뽑아야 한다고 전해 들었다. 그러다 나중에는 할례를 해야 한다고 전해 들었다.

그보다 더 시간이 흐른 뒤에는 분족과 하위 분족을 형성해야 한다고 전해 들었다. 구전으로 내려오는 종교는 이처럼 혁신과 변화된 상황에 따라 끊임없이 변화를 겪었다.

따라서 종교 그 자체에는 문제가 없다. 종교가 도덕과 윤리, 가치, 초기 인류 사회의 안정을 확립하는 데 일정한 역할을 했다는 점은 많은 자료에서 입증되었다. 다만 몇몇 주도적 학자들이 당혹스러워하는 것은 오늘날의 거대 다국적 종교가 중요한 과학적 사실을 받아들이지 않으려 하기 때문이다.

오늘날의 주요 종교가 사회적 과학적 발전에 발맞추어 나가지 못하는 이유는 그들의 신성한 명제가 이제는 활자로 분명하게 적혀 있기 때문이다. 세계의 위대한 일신교 중에는 아람어를 쓰는 사회* 의 근원적인 신성한 명제를 거의 그대로 보존한 경우가 있는데, 이 사회의 사람들은 아주 오래전에 살았기 때문에 코페르니쿠스, 갈릴레오 갈릴레이, 아이작 뉴턴, 찰스 다윈, 프랜시스 크릭, 제임스 왓슨에 대해 한 번도 들어 보지 못했다. 그들의 신성한 명제가 활자 형태가 아니라 구전으로 전해져 왔다면 종교적인 우주론도 과학적인 우주론과 보조를 맞추기 위해 수 세기에 걸쳐 천천히 변화되었을 것이다. 하지만 누구도 예상하지 못한 게 있었다. 활자 인쇄가 발명되고 코페르니쿠스 이전의 세계관이 시대에 뒤떨어진 유물이 되어 버렸다는 점이다. 따라서 오늘날 다국적 종교가 이따금씩 사회적 과학적 혁신에 어긋나는 것처럼 비친다면 여기에는 구텐베르크의 책임도 조금은 있을 것이다.

* 지금의 시리아, 팔레스타인 지역을 뜻한다.

빙하 시대에는 근원적인 신성한 명제가 경전으로 전해지지 않고 의식을 통해 전해졌다. 우리는 이런 과정이 어떻게 이루어졌는지 몇 가지 사례를 알아 보기 위해 스펜서와 길런이 19세기에 오스트레일리아 아란다족과 와라문가족을 설명하는 내용으로 돌아가고자 한다. 이 부족들의 근원적인 신성한 명제는 그들의 창조 신화에 나와 있다. 아란다족에 따르면 알체링가Alcheringa, 즉 '꿈의 시대'라고 일컫는 시기에 창조가 이루어졌다.

알체링가 시대에 지구는 일부만 형성되었고, 네 단계에 걸쳐 창조가 진행되었다. 첫 번째 단계에서 스스로 창조된 운감비쿨라ungambikula라는 존재가 아직 미발달 단계의 반인반수 생물체를 발견했다. 이 생물체가 나중에 진짜 인간이 되는데, 아직 첫 번째 단계에서는 팔다리도 없고 소리도 듣지 못하며 아무것도 보지 못한 채 막 바다에서 생겨난 특징 없는 세계에 살고 있었다. 운감비쿨라는 수석 칼을 이용하여 이 생명체의 팔다리가 움직이도록 풀어 주고 손가락과 발가락을 만들어 주었으며 콧구멍을 내 주고 칼자국을 내어 입을 벌리게 해 주었으며 사물을 볼 수 있도록 닫힌 눈꺼풀도 잘라서 벌려 주었다. 그리하여 이 반인반수 생물체에서 최초의 인간이 나오고 들개, 에뮤, 매미, 까마귀도 나오게 되었으며 반인반수 생물체는 후대에 형성된 씨족들의 토템이나 마스코트가 되었다.

초기 인간은 지구를 떠돌아다니면서 영혼의 인간을 낳는 의식을 행했다. 각각의 의식은 샘이나 돌출된 바위 같은 신성한 지형지물을 창조했고 여기에 영혼들을 심어 놓았다. 마침내 영혼 중 일부가 사람이 되었지만 나머지는 "영혼 아이spirit children"가 모여 있는 저장소에 남아 이후에 환생하기를 기다렸다. 아무 의심도 없이 신성한 지형지물 옆을 지나가는 여자는 영혼에 의해 잉태할 위험이 있었다. 모든 아기의 근원적인 원천이 되는 이 영혼들은 영혼이 거하던 사람이 늙어 죽으면 다시 영혼이 모이는 지형지물로 돌아갔다.

두 번째 단계에서 아란다족은 수석 칼로 할례를 하는 법을 배웠다. (남성 독자는 이후 내용을 건너뛰기를 권한다.) 이전까지는 시뻘건 불쏘시개 막대로 할례를 행했지만 이제는 새로 배운 방식으로 할례를 행하게 되었다. 세 번째 단계에서 아란다족은 의식에 따른 요도 절개를 배웠다. 이는 남성 기관을 훨씬 고통스럽게 훼손하는 의식이었다. 네 번째 단계에서는 분족과 하위 분족 체계를 배웠다. 우리는 오래전에 있던 창조 신화에 두 번째 단계, 세 번째 단계, 네 번째 단계가 나중에 덧붙여진 것으로 이해한다. 오스트레일리아 북서 지역의 오래된 바위 그림에 알체링가 시대의 인간 존재처럼 아직 형체를 제대로 갖추지 않은, 입이 없는 존재가 그려진 것으로 보건대 신화의 첫 번째 단계는 아주 오래전의 일이었을 것이다. 빙하 시대 유럽의 동굴 벽화처럼 생긴 이런 동굴 벽화는 아마 창조 신화를 가르치기 위한 시각적 수단이었을 것이다.

초기 인간과 그들의 동물 조상이 이곳저곳을 다니면서 사람이 죽은 장소나 신성한 일을 표시하기 위해 지형지물을 남긴 결과 땅은 점차 현재의 모습을 갖추게 되었다. 그들이 돌아다니는 동안 나이 든 사람 몇몇이 허약해지자 나이 어린 사람의 팔에서 피를 뽑아 영양 음료를 만들어 이들에게 공급했다.

이 이야기는 1890년대 아란다족이 스펜서와 길런에게 전해 준 우주론이다. 모든 우주론이 그렇듯이 이 우주론도 아란다족의 도덕과 윤리에 토대를 마련해 주었다. 이런 연유로 아란다족은 조상의 창조 과정에 연관된 식물이나 동물의 명칭을 따서 이름을 지었다. 또한 이런 우주론은 영아 살해의 상처를 덜어 주었다. 단지 환생한 영혼이 자신이 살던 신성한 지형지물로 돌아가는 것일 뿐이라고 생각했기 때문이다. 건강한 사람의 피를 늙고 병든 사람에게 주는 사혈 의식의 관습도 그들의 우주론에서 비롯된 것이다.

당연히 아란다족의 연장자는 새로운 세대가 날 때부터 집단의 우주론을 배워야 한다고 믿었다. 어린아이가 충분히 자라 할례를 할 나이가 되었을 때가 바로 이런 신성한 구전 지식을 가르칠 수 있는 적절한 시기이다. 나이 어린 남자는 나이 든 남자에게서 남자의 구전 지식을 배우고 나이 어린 여자는 나이 든 여자에게서 여자의 구전 지식을 배운다.

젊은이에게 구구절절 긴 강의를 해 보려고 한 사람이라면 누구나 젊은이가 늘 주의 깊게 듣지는 않는다는 것을 안다. 하지만 나이 어린 사람에게 뮤직비디오를 계속 틀어 주면 모든 가사를 암기한다. 미술, 음악, 춤, 취하게 만드는 음료를 함께 곁들이면 그들은 질리지 않고 경외감의 체험을 할 수 있었다.

아란다족에게는 미술, 음악, 춤을 통합한 추링가 일핀티라churinga ilpintira라고 알려진 비밀 의식이 있었다. 이 의식은 사막의 은밀한 장소에서 열리며 남자 무리가 메마른 땅을 평평하게 다지는 작업으로 시작한다. 한 명 또는 그 이상의 남자가 팔 정맥에서 피를 뽑는데 종종 0.5리터나 되는 많은 피를 뽑기도 한다. 이 신성한 피는 땅을 적시고 물감을 만드는 데 쓰인다. 예술가의 임무를 맡은 남자들은 몸에 흰색, 노란색, 검은색을 칠한 뒤 피로 새의 솜 깃털을 몸에 붙여 전설 속의 조상으로 변신한다. 나뭇가지를 씹어 만든 붓으로 흰색 점토와 붉은 황토, 노란 황토, 숯을 천천히 땅에 바른다. 그림이 형태를 갖추어 갈 때 연장자들은 조상의 신화적 업적을 담은 노래를 부른다. 아직 미숙한 남자들은 이를 지켜보면서 배운다.

아란다족의 땅 그림은 원, 사각형, 점, 선 등의 기하학적 형태로 이루어져 있다. 각각의 형태는 알체링가 시대의 조상 이야기를 전한다. 에뮤 씨족 사람은 에뮤의 계란, 내장, 깃털, 똥을 상징하는 노란색, 흰색, 검은색 형체를 그렸다. 뱀 씨족 사람은 자신들의 토템 조상이 신화적 풍경 사이로 스르르 기어 나오는 모습을 그렸다. 그림, 노래, 화가의 치장한 몸이 동일한 설명을 보강해 준 결과 반복을 통해 이야기가 설득력 있게 전달된다. 의식이 여러 차례 반복되면서 모든 사람이 확실하게 씨족의 창조 신화를 기억하게 된다.

추링가 일핀티라라는 비밀 의식을 통해 수렵채집 생활자에게 우주론, 종교, 그림이 얼마나 중요한 의미를 지녔는지 알 수 있다. 빙하 시대 채집 생활자는 언어를 사용했지만 글로 적지는 않았다. 따라서 신화의 가르침은 시청각을 통해 전수되었다. 미술, 음악, 춤을 결합한 의식을 거행함으로써 신화와 그 속에 담긴 도덕적 가르침을 확실하게 각인시킬 수 있었다. 그런가 하면 시간이 지나면서 이야기의 몇 가지 측면이 바뀔 여지가 있었다.

우리는 미술, 음악 춤이 제각기 독립적으로 생겨났을 것이라고 보지 않는다. 그보다는 신성한 구전 지식을 그 어떤 강의보다 효과적으로 머릿속에 심어줄 수 있는 하나의 통합된 형태로 발전했을 가능성이 훨씬 높다. 의구심이 든다면 고등학교 시절로 되돌아가서 수학 선생님의 대수 강의와 주크박스에서 가장 많이 들었던 노랫말

그림 5 | 오스트레일리아 중부 지역의 많은 수렵채집 생활자는 미술, 음악, 의상, 춤을 이용하여 창조 신화를 다음 세대에게 전수했다. 100년 된 사진을 토대로 그린 이 장면에서 와라문가족의 남자들은 신화 속 뱀 이야기를 그림으로 그리고 노래로 불렀다. 땅 그림에는 구불구불한 뱀의 몸체가 등장하는데 이 뱀은 동심원으로 표시된 장소에 영혼 아이를 두었다. 무릎 꿇은 남자들은 신화 속의 생명체와 장소를 상징하도록 몸을 치장했다. 나이 어린 남자는 자기 씨족의 신성한 구전 지식을 익힐 때까지 나이 든 사람에 비해 덕이 부족한 것으로 간주되었다.

중 어느 쪽이 더 기억에 남아 있는지 스스로에게 물어보라. 직각 삼각형의 빗변을 기억하지 못하는 많은 베이비부머 세대도 "키 큰 샐리"의 "날랜 몸"은 결코 잊지 않을 것이다.*

오늘날 서구 사회는 미술과 음악과 춤의 원래 목적을 잊고 있다. 이제 우리는 미술을 개성 있는 "천재", 즉 "자기 표현"의 행위 속에서 "뿜어져 나오는" 재능을 타고난 사람들의 것이라고만 여긴다. 재능이 없는 사람은 나설 필요가 없는 것이다.

사실 초기 인류 사회에서는 모든 사람이 화가이고, 노래꾼이고, 춤꾼이었다. 고고학 자료를 보면 사회 규모가 커지면서 미술의 용도도 늘어났음을 알 수 있다. 각각의 반족, 씨족, 분족, 하위 분족마다 성원에게 암기시켜야 할 나름의 신성한 구전 지식이 있었다. 그렇다고 개인의 재능이 인정받지 못한 것은 아니었다. 스펜서와 길런이 밝혀낸 바에 따르면 몇몇 애버리지니 부족은 재능 있는 노래꾼이나 춤꾼에게 귀중품을 주어 보답함으로써 그들이 다른 집단의 의식에도 참여하도록 격려했다. 심지어 쇼 비즈니스가 수렵채집 사회에서 시작되었던 것으로 보이기도 한다.

아란다족의 이웃인 와라문가족에게도 이와 유사한 땅 그림 의식이 있었다. 스펜서와 길런은 이 의식 중 하나에 초대받았고 그때 장면이 그림 5의 삽화에 담겨 있다. 땅 그림은 토템인 뱀이 영혼 아이를 창조하는 과정을 설명하고 있다.

추링가 일핀티라는 비밀스러운 의식 정보를 전수하는 것 외에 경

* 1956년 리틀 리처드Little Richard가 미국에서 발표해 큰 인기를 얻은 노래 〈롱 톨 샐리Long Tall Sally〉의 가사.

외감의 감정을 불러일으키는 목적이 있었다. 라파포트는 유인원 어미와 새끼 간에 느끼는 사랑과 의존의 깊은 유대 관계가 인간의 감정으로 발전했을 것으로 추정한다. 하지만 인간의 감정은 이보다 훨씬 강렬한 양상으로 발전했다. 지능을 갖춘 사람의 마음을 움직여 비합리적인 것을 행하도록 할 만큼, 그리고 사회를 강화하는 이타적 행위에 나서도록 할 만큼 강렬한 것이었다. 몇몇 부족이 그랬듯이 여러 날에 걸쳐 춤추고, 마시고, 노래하는 동안 영혼의 세계로 들어가는 문이 열렸고 이로써 영혼의 세계가 존재한다는 것을 확인할 수 있었다.

이 모든 이야기가 잘 이해되지 않는다면 이는 에드워드 O. 윌슨이 썼듯이 종교의 궁극적인 동기가 우리의 의식意識이 미치지 못하는 깊은 곳에 감추어져 있기 때문일 것이다. 그렇기에 종교라는 과정을 통해 "개인의 직접적인 이해를 집단의 이해 관계보다 하위에 두도록 설득할" 수 있었다.

유인원 사회의 끊임없는 대결 상태에서 벗어난 인간 채집 생활자는 서로 협력하는 유사 친족으로 이루어진 광범위한 관계망을 형성했다. 그들은 노래, 춤, 미술을 곁들인 의식을 통해 우주론과 신성한 명제를 다음 세대에 전수했다. 그림은 수천 마디의 말보다 기억하기 쉽고, 우리 조상은 현대의 영화 제작자처럼 행복, 슬픔, 두려움, 긴장감을 불러일으키기 위해 음악을 이용했다. "예술을 위한 예술"이란 비교적 최근에 생긴 개념이다. 석기 시대 미술은 중세 시대의 종교 미술이 그랬듯이 반드시 다루어야 할 의제가 있었다.

덧붙여서

천상의 영혼과 조상을 가까이 모시고 살았던 사회에 불평등의 요소가 잠재해 있었다는 점을 덧붙이면서 이 장을 마치기로 한다. 살아 있는 인간 중 어느 누구도 일인자나 이인자가 되지 않는 이상 운동장은 기울어지지 않고 평평했다. 알체링가 시대에는 에뮤, 매미, 들개, 쇠물닭이 평화롭게 공존했고 이 동물의 이름을 딴 살아 있는 씨족 역시 모두 평등한 존재로 간주되었다.

하지만 이후 내용에서 우주론을 수정하여 불평등을 만들어 낸 사회를 보게 될 것이다. 우주의 두 형제 중 자기네가 형의 후손이라고 주장함으로써 동생의 후손보다 높은 지위를 누리는 가계를 보게 될 것이다. 그런가 하면 다른 모든 사람은 이인자 조상의 후손인 반면 자기네는 천상의 일인자에서 내려왔다고 주장하는 가계도 있었다. 이렇게 신성한 존재와 보다 가까운 관계에 놓이는 사회 단위는 미래의 지도자를 배출할 수 있는 자격을 가졌다. 따라서 신성한 존재라는 개념이 한때는 이타심을 북돋우고 지위 대결을 완화함으로써 인간 사회를 강화했다면 앞으로는 세습 상류층을 창출하는 방향으로 조작될 것이다.

농경 이전의 불평등

루소에 따르면 자존감이 사라지고 그 자리에 자기애가 들어설 때 불평등이 시작된다. 채집 생활자는 야망과 탐욕을 억누르기만 하면 존경받을 수 있다고 생각했다. 이들은 음식을 나누고 선물을 받으면 보답해야 한다고 생각했지만, 받은 선물에 비해 너무 큰 선물로 보답하여 상대를 부끄럽게 해서는 안 된다고 여겼다. 하지만 씨족보다 규모가 큰 단위가 생겨나자 많은 사회에서 사회 논리의 변화가 일어났다. 그런 큰 규모의 단위에서도 루소의 표현을 빌리면 "다른 사람에게 존중받기를 원하는" 성원들이 살아갈 수 있도록 서로 협력했을 것이다.

두 가지 행위만 살펴보도록 하자. 씨족을 이루지 않은 사회에서는 개인과 가족 간에만 신부 노역과 신부 값을 치렀다. 하지만 몇몇 씨족 사회에서는 신부 씨족과 신랑 씨족 간에 더 큰 선물을 요구하게 되었다. 더러는 첫날밤을 치른 이후로도 오랫동안 선물을 건넸다.

몇몇 경우 신부의 씨족은 자기네가 "생명의 선물", 즉 미래의 아기를 주는 것이므로 우위에 놓인다고 생각했다. 그런 씨족은 비싼 신부 값을 요구하여 신랑이 자기 씨족 사람에게 신부 값을 빌리느라 빚에 몰리도록 만들었다.

답례 선물을 건네는 관습에도 비슷한 변화가 일어났다. 씨족을 이루지 않은 사회에서는 동일한 가치를 지닌 선물로 답례하기 위해 많은 신경을 썼다. 친족에게서 너무 비싼 선물을 받음으로써 수치심을 느끼는 일이 없기를 바랐다. 하지만 많은 씨족 사회는 경쟁 관계에 있는 씨족에게 기꺼이 비싼 선물을 제공하여 수치심을 안겼다. 넉넉하게 베푸는 것이 좋은 일로 여겨지는 한, 다른 씨족보다 더 많이 베풀어서 그들보다 우월한 위치에 놓일 수 있었기 때문이다. 어떤 경우는 경쟁 관계에 있는 씨족에게 과도한 선물과 잔치를 베풀어 창피를 주느라 스스로 빈곤한 처지에 몰리기도 했다.

루소는 농경과 축산이 이루어지면서 자기애가 보편화되었다고 추론했다. 그는 농경이 시작되면서 더 똑똑하고 힘 좋고 부지런한 개인이 이웃을 능가할 만큼의 잉여 농산물을 생산했고 그 결과 자연적 불평등이 심화되었다고 여겼다. 오늘날의 인류학자 중에도 농경 및 축산 사회가 불평등을 낳을 가능성을 키웠다는 논지에 동의하는 사람이 많다.

하지만 앞 내용에 몇 가지 예외가 있다. 루소가 살던 시절에는 알려지지 않은 게 많았다. 어떤 수렵채집 사회는 농경이 시작되기도 전에 자기애가 발달했다. 이들은 야생의 식량만으로도 부와 불평등을 낳았다.

이 장에서는 채집 생활자가 어떻게 자기들만의 방식으로 루소의 자연 상태에서 벗어나게 되었는지 몇 가지 과정을 살펴볼 것이다. 북아메리카 서부 지역의 원주민 사회만 살펴보아도 이런 과정을 입증할 자료를 찾을 수 있다. 먼저 조개껍질 장신구의 이동 경로에서 부유한 중개상을 맡았던 캘리포니아 인디언부터 시작해서, 귀족과 노예로 분화되었던 알래스카 고기잡이꾼을 마지막으로 살펴볼 것이다.

북아메리카 서부 지역의 사회를 살피는 과정에서 초창기 유럽인의 관찰 내용에만 국한하지 않을 것이다. 그런 관찰 내용에 앞서 수천 년에 걸친 선사 시대가 있었기 때문이다. 이번 장은 사회인류학과 고고학이 협력할 수 있음을 보여 주는 사례가 될 것이다. 사회인류학은 빙산의 윗부분에 해당하는 역사적 내용을 상세하게 제공할 것이고 고고학은 비록 그 정도로 상세하지는 못하더라도 빙산의 감추어진 거대한 아랫부분에 해당하는 선사 시대 내용을 제공해 줄 것이다. 두 학문을 종합할 때만 빙산의 전체 모습을 볼 수 있다.

캘리포니아 해안 지역의 추마시족

캘리포니아에는 한때 아주 다양한 수렵채집 생활자가 살고 있었다. 캘리포니아의 센트럴 밸리가 가계나 씨족을 형성한 사회의 터전이었다면 캘리포니아의 사막은 씨족을 형성하지 않은 소규모 집단의 근거지였다. 샌와킨 밸리의 요쿠츠족은 오스트레일리아 애버리지니와 마찬가지로 세습 지도자가 있었고 토템 마스코트를 지닌 씨족을 형성했다. 북쪽으로 새크라멘토 밸리에는 이들과 언어적 친족 관계에 있는 윈툰족이 살았다. 윈툰족의 몇몇 지도자는 지위를 세습했을 뿐만 아니라 이웃을 희생시켜 자기 집단의 영토를 넓힘으로써 영향력의 범위를 확립해 나갔다. 하지만 이러한 영향력은 일시적인 것이었다. 주로 개별 지도자의 카리스마에 달려 있었고 불평등의 정도도 미미할 따름이었다.

많은 고고학자가 캘리포니아 인디언 집단에서 불평등이 생겨난 과정을 설명하는 데에 힘을 쏟았다. 기록 자료가 가장 많은 사례는 추마시족이었다. 이들은 한때 샌루이스 오비스포에서 말리부 캐니언에 이르는 캘리포니아 해안 지역에 거주했고 샌타바버라 해협의 여러 섬까지 진출했다. 고고학자 진 아놀드가 이끈 장기 프로젝트에서 밝혀낸 바에 따르면 역사 시대의 추마시족은 7,500년 동안의 사회적 변화를 거쳐 형성된 최종 산물이었다.

샌타바버라 본토 지역은 이제 현대적 건물이 밀집해 있기 때문에 아놀드는 샌타크루스 섬을 중심으로 연구 활동을 벌였다. 이곳에는 스페인 선교 시설이 들어선 적이 없기 때문에 역사 시대 추마시족 촌락 중 적어도 다섯 군데는 상대적으로 원상태를 그대로 간직하고 있었다. 각 촌락에는 125명 내지 250명 정도의 사람이 아주 큰 집을 짓고 살았다. 주로 기둥, 짚, 갈대 매트로 지은 집이었으며 같은 집에 거주하는 사람은 부계 혈통으로 이어져 있었다. 아놀드 팀은 최소 35군데에서 이런 다가구 거주지의 목적으로 형성된 깊은 원형 구덩이를 발견했다.

7,500년 전 샌타바버라 지역과 채널 제도에는 유목채집 생활자가 살고 있었으며 이들의 채집 활동은 내륙의 도토리 숲과 태평양의 해산 자원을 대상으로 이루어졌다. 고고학 기록을 통해 알 수 있

는 이후 5,000년 동안 이 사회들은 평등했던 것으로 보인다. 부들을 엮어 캘리포니아 타르 갱의 천연 아스팔트로 방수 처리를 한 단순한 기술의 배로는 많은 물고기를 잡는 데 한계가 있었기 때문이다.

채널 제도의 선사 시대는 대략 기원후 500년에서 700년 사이에 전환점을 맞은 것으로 보인다. 중심이 된 혁신은 커다란 원양용 나무판자 카누였다. 채널 제도로 떠내려온 삼나무 목재가 이 카누의 재료로 쓰였다. 아놀드가 발굴한 유적지 한 곳에서는 전복 껍질 용기에 보관된 본토의 아스팔트와 200개가 넘는 삼나무 판자가 발견되었다.

토몰tomol이라고 불리는 추마시 나무판자 카누를 제작하는 데 한 사람의 일일 작업량 기준으로 500일분이 소요되었다. 그렇게 만든 카누의 길이는 5.5미터 내지 6.5미터가량 되었고, 아스클레피아스 노끈으로 삼나무 판자를 이어 붙인 뒤 아스팔트와 송진으로 틈을 메웠다. 전에 있던 부들 배는 길이가 겨우 2.5미터로 두세 명밖에 타지 못했지만 토몰에는 사람이 12명까지 타거나 화물을 1톤까지 선적할 수 있었다. 이 카누는 해안에서 100킬로미터까지 나갈 수 있었고 채널 제도에서 본토의 해안까지 20킬로미터 내지 50킬로미터 정도 거리를 손쉽게 운항할 수 있었다.

토몰로 인해 기원후 500년에서 1150년에 걸쳐 고고학 기록에 변화가 나타나기 시작했다. 첫째, 역사 시대 추마시족 조상들은 황새치와 참치를 잡아들이게 되었다. 이는 매우 큰 물고기로 부들 배를 이용했다면 배가 전복했을 것이다. 둘째, 나무판자 카누(토몰)를 이용하여 이후 배의 틈새를 메우는 데 사용할 본토의 아스팔트를 1톤이나 실어 나를 수 있었다. 셋째, 채널 제도 거주민은 캘리포니아 해안을 따라 형성된 조개껍질 교역에서 제작자와 중개상이 되었다.

1150년에서 1300년 사이의 샌타크루스 섬 수석 자료에서는 조개껍질을 자르고 구멍을 뚫는 데 쓰는 절단용 날이나 송곳이 점차 늘어났다. 섬 거주민은 대추고둥, 전복, 멕시코대합으로 많은 목걸이를 만들었다. 이런 조개껍질 장신구를 찾는 본토 사람들의 수요는 한이 없었고 이를 얻기 위해서라면 도토리, 잣, 식용 씨앗을 몇 양동이라도 기꺼이 내놓으려 했다.

인류학자 A. L. 크로버에 따르면 남부 캘리포니아 지역 절반에서 사용된 조개껍질 귀중품의 대부분을 추마시족이 공급했을 가능성이 있다. 조개껍질 목걸이는 신부 값뿐만 아니라 교환 수단으로도 사용되었는데 북아메리카 동부 지역 인디언이 쓰던 웜펌wampum처럼 화폐 기능을 했다. 유럽인이 캘리포니아에 처음 들어왔을 무렵 추마시족이 만든 조개껍질 한 개는 카탈리나 섬의 가브리엘리노족에게는 1/3 더 가치가 있었고, 캘리포니아 본토의 살리난족에게는 무려 네 배의 가치가 있었다.

추마시족에 대한 최초의 목격담은 스페인 이주민에게서 나온 것으로, 이들 중에는 1700년대 말 샌타바버라의 선교 시설을 찾아온 사람이 많았다. 추마시족은 실제 명칭을 지닌 씨족을 형성하지는 않았던 것 같지만 부계 혈통으로 내려오는 가계를 형성했다. 스페인 사람들의 주장에 따르면 추마시족의 큰 촌락마다 서너 명의 "우두머리"가 있었고, 이들 중 한 명은 다른 사람보다 지위가 높아 워트wat나 워차wocha, 즉 "최고 추장"이라고 불렸다고 한다. 통상적으로 추장의 역할은 촌락의 승인을 거쳐 아버지에서 아들로 이어졌다. 하지만 적합한 남자 상속인이 없을 경우에는 전 추장의 여형제나 딸이 직무를 물려받을 수 있었고, 적합한 남자가 나올 때까지 그녀의 가계가 계속 지도력을 유지했다.

대다수 추마시족 남자는 몸에 특유의 문양을 그렸으며 허리까지 오는 가죽 망토를 입을 때 말고는 벌거벗고 다녔다. 반면 추장은 특별한 곰 가죽 망토나 조끼를 입을 권리가 있었으며 보통 사람과 구분되도록 발목까지 내려오는 가죽 망토를 걸쳤다. 추장은 두세 명의 부인을 둘 수 있었던 반면 보통 사람은 부인을 한 명만 둘 수 있었다. 신부를 데려오기 위해서는 조개껍질 귀중품이나 해달 가죽, 토끼털 담요 등으로 신부 값을 치러야 했기 때문에 부인을 둘 이상 두는 것은 부의 상징이었다.

추장은 나무판자 카누를 독점 소유했다. 또한 수렵이나 씨앗 채집 구역에 들어갈 수 있는 접근권을 장악했으며, 습격 시기에는 지휘관 역할을 맡았고 여러 의식을 주관했다. 전시 지휘관과 의식 주재자의 역할은 상호 연관성을 지녔는데, 추장이 주관하는 의식을 거부하는 것은 모욕으로 간주되며 집단 폭력으로 처벌받을 수 있었기 때문이다.

추장은 추종자들로부터 음식과 조개껍질 귀중품을 받았다. 어떤 추장은 자기 촌락 범위를 벗어나는 지역까지 영향력을 미쳤다고 하지만 스페인 저자들은 추장의 권위가 절대적인 것은 아니었다고 강조한다.

나무판자 카누 덕분에 추마시족은 큰 고기를 잡을 수 있었다. 하지만 이보다 훨씬 중요한 것은 조개껍질 장신구가 광범위한 통화 형태로 확립되기 시작할 그 무렵에 많은 물량의 조개껍질 장신구를 운반할 능력을 지니게 되었다는 점이다. 추마시족 추장은 카누를 독점함으로써 바다 조개껍질을 장신구로 만드는 낮은 지위의 공예 기술자를 많이 고용할 수 있었다. 그런 다음 중개상의 역할을 기반으로 조개껍질의 가치를 높였다.

가계나 씨족을 형성한 사회의 대다수 지도자는 가외 노동이 필요할 때 친족 사람을 불러 모았다. 하지만 아놀드는 역사 시대의 추마시족 지도자가 이보다 더 나아갔고 친족이 아닌 공예 기술자의 노동까지 장악했다고 보았다. 조개껍질 교역은 수익성이 매우 높았기 때문에 다른 후손 집단의 성원까지도 추장의 권위에 복종해야 하는 지위를 기꺼이 받아들였다.

추마시족의 다양성과 관용

추마시족이 우리에게 주는 교훈이 그 밖에 또 있다. 스페인인들의 목격담에 따르면 추마시족 남자 중 일부는 여자가 입는 무릎 길이의 벅스킨 겹치마를 입고서 여자처럼 일하고 살았다고 한다. 이 남자들을 호야joya라고 칭했는데, 스페인어로 "보석"이라는 뜻이다.

추마시족은 공동체의 일부 성원이 반대 성으로 살아가는 것을 자연의 계획의 일부로 받아들였다. 하지만 스페인인들은 이를 보고 아연실색했다.

스페인 군인 페드로 파게스 중위는 1770년대 말에 샌루이스 오비스포 선교 시설에 머물면서 샌타바버라 해안 지역의 추마시족 사회를 여행했다. 그는 "이곳과 먼 내륙 지역에 여자처럼 치장하고 옷을 입은 인디언 남자"를 주목했다. 파게스는 각 촌락마다 이런 남자가 두세 명씩 있다고 추산했다. 그의 표현을 빌리면 "이곳 사람들은 다른 사람이 자기 몸을 비정상적이고 혐오스럽게 모욕하도록 허용했다. 이들은 호야라고 불렸으며 사람들은 이들을 매우 존중했다."

책 뒷부분에 가서 성전환 아메리카 원주민의 많은 사례를 보게 될 텐데, 이들은 "두 개의 영혼을 지닌 사람"으로 종종 지칭되었다. 이들의 사회에서는 두 개의 영혼을 지닌 사람이 반대 성의 삶을 살아야 하는 운명을 초자연적으로 타고났다고 여겼다. 사회에서는 이들을 인정했을 뿐만 아니라 보통 사람에 비해 영혼의 세계와 훨씬 더 깊은 조화를 이룬 것으로 간주했다.

아메리카 원주민의 관용과 유럽인 이주자의 편협성이 매우 극명한 대조를 보인다. 파게스 중위가 그토록 경악한 이유가 그런 남자가 존재한다는 사실 때문인지, 아니면 그들이 사회에서 "매우 존중받는다"는 사실 때문인지는 확실히 알 수 없다.

밴쿠버 섬의 채집 생활자

이제 태평양 해안을 따라 북쪽으로 올라가 사회적 불평등이 세습되고 그 정도도 추마시족보다 훨씬 심했던 지역으로 가 보자. 북아메리카 북서부 태평양 연안 사회의 복잡성은 종종 그 지역의 어류 자원 때문인 것으로 알려졌지만, 그 외에도 다른 이야기가 있을 것이다. 그 사회에는 적어도 두 가지 형태의 불평등이 관련되어 있었다. 종종 한 친족 집단 전체가 다른 집단보다 높은 지위를 가지기도 했다. 그런 경우에는 지위가 높은 친족 집단의 수장이 족장을 맡았다.

그와 달리, 동일 친족 집단 내의 개별 상류층이 다른 성원이나 족장보다 높은 지위를 차지하기도 했다. 이 두 체계에서 족장은 손님들에게 음식과 선물을 푸짐하게 내놓는 의식을 주최함으로써 그 부와 지위를 과시했다.

이 의식을 어떻게 해석할지 두 가지 상반되는 입장이 있다. 한 인류학자 집단에서는 족장이 그와 같은 "공로 잔치"를 발판으로 명망을 쌓을 수 있었다고 해석한다. 이 학자들의 주장에 따르면 가장 화려한 행사를 치른 족장은 그에 맞먹는 푸짐한 행사를 치르지 못하는 족장에게 수치심을 안겨 주었다. 이 시나리오는 그에 걸맞은 답례를 하지 못할 정도의 선물을 받았을 때 수치심을 느껴야 한다는 원칙에 바탕을 두고 있다.

하지만 다른 인류학자들은 공로 잔치가 높은 지위를 가져다주는 원인이 아니라 높은 지위를 보여 주는 징후라고 해석한다. 이들은 유럽인 여행자가 맨 처음 북아메리카 북서부 태평양 연안에 닿았을 당시 지금 논의하는 이런 의식이 비교적 수수하게 치러졌고 높은 지위로 올라서는 중요한 경로 구실을 하지 않았다는 점을 지적한다. 손님에게 음식과 선물을 대접한 것은 사실이지만 손님이 가령 아버지가 아들에게 족장 칭호를 물려주는 등의 중요한 행사에 목격자 역할을 함으로써 주최자에게 보답한다는 의미는 없었다.

나중에 가서 이런 잔치가 경쟁적 색채를 띠게 된 것은 무엇 때문이었을까? 분명 습격을 억제하기 위한 목적이었을 것이다. 밝혀진 바에 따르면 유럽인의 발길이 닿기 이전 시대의 북아메리카 북서부 태평양 연안 족장들은 육로를 이용하거나 18미터짜리 전투 카누를 타고 습격 작전을 펼쳤다. 이런 습격은 종종 자원을 둘러싸고 벌어졌지만 때로는 이웃 집단이 선물에 답례를 하지 않거나 빌려 간 것을 돌려주지 않을 때, 또는 후한 인심을 베푼 데 보답하지 않을 때 일종의 징벌로 이루어지기도 했다. 어떤 경우에는 승리자가 포로를 잡아다가 노예로 삼았다.

하지만 식민 정부는 무엇보다도 이런 전쟁 행위를 억눌렀다. 유럽과 미국 정부 당국이 전쟁을 억누를 경우 공로 잔치는 경쟁적인 상류층이 자신을 드러낼 수 있는 대안적인 출구가 되었다. 그런 잔치는 주최자가 경쟁자에게 선물과 잔치를 호화롭게 베푸는 과시의 장으로 발전했고 비싼 소유물을 처분하고 노예를 희생시킴으로써 부를 자랑스럽게 드러냈다.

이런 과시 중에 가장 널리 알려진 것으로 밴쿠버 섬에 사는 콰키우틀족의 포틀래치*가 있다. 인류학자 웨인 서틀스에 따르면 포틀래치는 1849년 이전까지는 수수한 의식이었다. 하지만 이후 두 가지 과정으로 인해 이 행사가 경쟁 수단으로 바뀌었다. 첫째는 식민 당국의 전쟁 억제였다. 둘째는 유럽과 미국에서의 모피 교역으로, 콰키우틀족 지도자는 이 교역으로 상당한 부를 쌓았다.

19세기 후반의 포틀래치가 대단히 화려했다는 것은 틀림없다. 하지만 콰키우틀족 사회의 세습적 불평등을 낳은 근본 원인이 포틀래치에 있다고 보아서는 안 된다. 수렵채집 생활자에게도 잔치가 있었듯이, 잔치를 벌이지 않은 사회는 없다. 잔치를 여는 것만으로 세습적 불평등이 생긴다면 인류학자가 연구 대상으로 삼을 만한 평등사회는 하나도 남아 있지 않을 것이다.

---

* 북아메리카 북서부 태평양 연안 인디언 사이에 이루어지던 선물 분배 행사.

역사 시대의 누트카족

밴쿠버 섬의 서쪽 해안은 일본 해류가 흘러 기후가 따뜻하다. 약 250 센티미터나 되는 연간 강우량 덕분에 울창한 상록수 숲이 형성되었고 해안에는 바다표범, 바다사자, 쇠돌고래, 고래가 헤엄치고 있었다. 연어도 알을 낳기 위해 강 상류로 헤엄쳐 올라왔다. 넙치가 아주 많았고 지방이 풍부한 물고기인 율라칸도 풍부했다. 육지에는 엘크, 사슴, 곰이 돌아다녔고 좁은 해협에는 오리와 거위가 가득했다. 유럽 탐험가들은 바로 이런 환경에서 살아가고 있던 콰키우틀족과 누트카족을 만난 것이다.

와카시어를 쓰는 이들 두 종족 중 누트카족이 더 남쪽에 살았다. 누트카족은 대략 10개 집단으로 이루어져 있었으며 각 집단은 해안을 따라 제각기 작은 만을 하나씩 차지하고 살았다. "누트카"라는 명칭 자체는 종족 이름이 아니라 지명이었기 때문에 1978년 이들은 집단 모두를 총칭하는 누차눌트라는 이름을 채택했다.

19세기의 누트카족은 일 년에 두 차례 정착지를 옮겼다. 작은 만의 위쪽에 위치하여 환경의 보호를 받는 장소는 겨울 촌락으로 쓰였으며 이곳에 폭 9~12미터에 길이 12~30미터나 되는 커다란 판자 집을 지었다. 여름 촌락은 대개 해안가에 있었다. 매년 연어가 떼 지어 무작정 상류로 헤엄쳐 올라갈 때면 누트카족이 거점에 모여들어 연어를 수천 마리씩 잡았다.

거의 매년 누트카족은 즉시 먹을 수 있는 양보다 훨씬 많은 연어를 잡았다. 연어를 건조하거나 훈제해 많은 양을 보존했으며 수십 리터나 되는 율라칸 기름을 용기에 저장해 두었다. 숲은 판자, 지붕널, 카누, 깎아 만든 상자, 궤, 나무껍질 옷감, 덮개를 만들 수 있는 나무 공급처였다. 잉여 식량, 조개껍질 귀중품, 해달 가죽, 공예품을 동쪽의 눈 덮인 산과 프레이저 강 고원에 있는 자원과 바꿀 수 있었다.

누트카족은 하윌ha'wil이라는 세습 족장을 필두로 하는 지역 집단이 기본 사회 단위를 이루었다. 하윌을 비롯한 그의 일가는 남들과 구별되는 옷을 입고 정교하게 만든 모자를 썼으며 가장자리에 바다사자 모피를 댄 예복을 입었고, 전복, 뿔조개, 천연 구리로 만든 장신구를 착용했다. 족장은 천한 노동을 하지 않았다.

각 족장은 부인을 여럿 두었으며, 자식에게 높은 지위를 보장하기 위해 다른 족장 집안의 여자를 부인으로 삼으려 애썼다. 지위가 아주 높은 여자아이의 경우는 여덟 살 내지 열 살 때부터 결혼 상대가 정해졌다. 대개는 족장의 장남이 서열이 가장 높고 둘째 아들이 그 뒤를 잇는 식으로 순위가 정해졌으며 조카는 아들보다 순위가 아래였다. 다시 말해서 대가족 내에서 족장과 족보상의 거리가 멀수록 순위가 내려갔다. 상위 가계, 즉 족보상 거리가 가까운 가계가 하위 가계보다 지위가 높았다. 이 책 뒤에 가서 남태평양 섬들의 많은 농경 사회가 이와 비슷한 서열 체계를 둔 것을 보게 될 것이다.

족장과 촌수가 먼 친척의 아이는 특권이 적었지만 명예로운 호칭으로 불렸다. 이들은 자기보다 지위가 높은 상대와 혼인함으로써 자식의 지위를 높일 수 있었다. 족장은 촌수가 먼 친척 중에서 전쟁 지휘관이나 대변인을 뽑아 이들이 힘든 과제를 잘 해결함으로써 명성을 높이도록 길을 터 주었다.

비천한 출생의 많은 누트카족 사람은 족장 가족을 위해 공예 기술자, 고기잡이, 사냥꾼으로 일했다. 이들은 자신이 제공하는 노역에 대해 다양한 방식의 보답을 받았으며 자식에게 전문 기술을 물려주기 위해 애썼다.

사회 계층에서 맨 밑바닥을 형성하는 것은 앞서 잠깐 언급한 바 있는 노예였다. 적의 촌락을 습격하여 포로로 잡아 온 여자와 아이가 노예가 되었다. 노예는 사거나 팔 수 있었고 심한 학대를 받았으며 심지어는 죽임을 당하기도 했다. 한편 공로 잔치가 벌어질 때 넉넉한 마음을 보여 주려는 행위의 일환으로 노예를 풀어 주기도 했으며 값이 적당하면 친척이 몸값을 지불하고 노예 신분에서 빼 주는 일도 있었다.

1930년대에 누트카족을 방문한 필립 드러커는 나이 든 사람과 인터뷰를 하고 기록 문서를 찾는 방식으로 1870~1900년의 누트카족 삶을 재구성하고자 했다. 드러커는 사회인류학자인 동시에 민족역사학자이자 고고학자였기 때문에 그가 서술해 놓은 내용은 우리에게 많은 도움이 되었다. 그 결과 드러커는 우리가 묻고 싶은 많은 질문에 답해 주었다.

1870~1900년 시기의 누트카족은 바사르와족이나 아란다족 같은 채집 사회에 비해, 심지어는 추마시족에 비해서도 놀라운 정도의 불평등을 보였다. 하지만 드러커가 재구성한 내용에서 우리는 누트카족의 불평등에 내재된 많은 원칙이 평등한 채집 사회의 기존 원칙에서도 충분히 나올 수 있다는 점을 알게 되었다. 단지 사회 논리의 적절한 변화만 수반되면 충분했다.

많은 평등한 채집 사회에서는 부계와 모계 양쪽 모두를 후손으로 간주했으며 역사 시대의 누트카족 역시 마찬가지였다. 평등한 채집 사회의 개인 중에는 영적 치유자나 샤먼이 되겠다고 나서는 사람이 있었고 누트카족 사회에도 이와 비슷한 사람이 있었다. 말하자면 이런 행위 덕분에 역사 시대 누트카족과 그들의 평등 사회 선조 사이에 연속성이 유지되었다.

이 책 앞부분에서 우리는 평등한 채집 생활자 사이에서 자원 구역과 샘에 대한 이용권이 대체로 가장 오래전부터 사용한 지역 집단의 것으로 인정받았다는 점을 살펴보았다. "우리가 먼저 왔다."는 것이 제1원칙이었던 것 같다. 누트카 족장 가족은 이러한 원칙을 확대하여 먼저 사용해 왔다는 점을 바탕으로 특정 만에 대한 권리를 확립했고, 해당 만에 있는 판자 집, 강변의 낚시 구역, 연안의 바닷물에 대한 소유권을 인정받았다. 족장은 또한 상당한 지적 재산권도 주장했다. 이 지적 재산권은 투파티tupa'ti라고 불렸고 의식, 춤, 노래, 개인의 이름, 집 기둥에 새기는 조각이나 토템 기둥이 여기에 포함되었다. 족장 집안이 지닌 권리는 그들의 먼 조상이 초자연적 체험을 하는 동안 획득한 것이라고 했다.

이제 그러한 불평등이 어떻게 생겨났을지 살펴보자. 우리는 넉넉한 마음과 상호 답례가 평등한 채집 생활자에게 매우 중요했다는 사실을 앞서 확인했다. 그들은 모든 선물에 반드시 답례가 따른다고 예상했다. 어려움에 처한 손님에게 음식을 제공했고 후한 인심이 언젠가 보답을 받을 것으로 기대했다. 친족에게 신부 값의 일부를 빌려 주지만 언젠가는 친족이 빚을 갚을 것이라고 생각했다. 하지만 시간이 흐르면서 상습적으로 답례를 하지 않는 일이 벌어졌고 처음에는 불평을 하다가 나중에는 분노가 따랐다. 갚지 않은 빚이 쌓이면 습격과 압수로 이어졌다.

어떤 학자들은 북아메리카 북서부 태평양 연안의 풍요로운 경제에서 빚과 선물이 점차 누적된 결과, 채무 불이행을 습격과 포로 생포, 노예화로 징벌하는 수준까지 나아갔다고 추정한다. 레이먼드 켈리의 사회적 대리 원칙을 확대 적용해 보면 실제 채무자가 반드시 포로로 잡혀 갈 필요는 없었다. 채무자가 속한 촌락이나 가계, 씨족의 여자와 아이를 노예로 데려올 수도 있었던 것이다.

누트카족 같은 사회에서도 여전히 상호 답례는 중요했지만 불평등의 등장으로 부의 이전이 새로운 형태로 이루어졌다. 족장은 모든 연어 낚시 구역을 소유하는 것으로 여겨졌기 때문에 그 구역에서 고기를 잡은 사람은 식량으로 족장에게 공물을 바칠 의무가 있었다. 족장은 이 공물에 답례할 필요가 없었지만, 축적된 잉여 산물로 추종자들에게 주기적으로 잔치를 베푸는 방식으로 공물에 감사를 표했다.

이런 잔치는 족장의 넉넉한 마음을 보여 주는 것 외에도 추종자들이 변함없이 족장에게 충성하도록 묶어 두는 의미가 있었다. 공물은 분명 불평등을 보여 주는 징후였지만 그 속에 담긴 불균형한 관계가 넉넉히 베푸는 잔치에 가려 은폐될 수 있었다. 이러한 잔치는 매우 중요해서 추종자들은 인색한 족장을 버리고 그보다 마음이 후한 경쟁자를 족장 자리에 앉히기도 했다.

우리는 아란다족 같은 채집 생활자 사이에서도 다른 모든 사람이 동의하기만 하면 지도자 지위가 세습될 수 있다는 사실을 앞서 보았다. 누트카 족장은 세습되는 특권이 더 많았음에도 성원의 동의를 구할 필요가 없었다. 하지만 족장이 직위를 물려주는 방식을 보면 추종자들의 지지를 구하고자 하는 바람이 담겨 있었다.

직함과 특권을 자식에게 물려줄 때가 되면 누트카 족장은 일련의 잔치를 베풀기 시작한다. 잔치가 한 번 벌어질 때마다 특권을 상속인에게 넘겨주며 마침내 마지막 의식에서 직위를 장남에게 물려주고 다른 자식에게는 그보다 작은 선물을 준다. 그중 많은 부분은 세습 재산으로, 여러 소유자를 거쳐 내려온 긴 역사를 지니고 있으며 잔치에 모인 손님에게 이 역사를 찬가로 불러 주었다.

잔치를 벌여 놓고 직위와 선물을 양도하는 이유는 목격자가 있는 가운데 양도가 이루어져야 했기 때문이다. 잔치에 온 손님이 이런 역할을 맡았고 그들에게 베푸는 음식과 선물은 이런 역할을 해준 데 따른 보답으로 간주되었다.

유럽과 미국의 모피 교역과 습격 억제의 영향으로 포틀래치가 점점 화려해지기 오래전에는 이러한 직위 양도가 포틀래치의 원래 목적이었을 것이다. 실제로 여기에도 경쟁이 있었지만 드러커에 따르면 경쟁 관계에 있는 족장 간의 경쟁은 아니었다. 각 족장이 지닌 특권은 자신의 먼 조상에게서 물려받은 것이고, 족장은 그런 조상을 능가해야 한다는 점에서 주로 압박을 느꼈다.

분명 평등한 채집 생활자에게도 조상은 중요했다. 하지만 누트카족은 어느 시점엔가 창조 신화를 수정하여 족장의 조상이 직위와 특권을 얻는 과정을 창조 신화에 포함했다. 이렇게 수정된 창조 신화 때문에 조상이 보여 주었던 부의 과시를 비슷하게 이어가거나 그것을 능가해야 할 필요가 생겼다.

누트카 족장은 특정 의식을 자신의 행사로 채택하기도 했으며, 그중에는 고래 사냥도 있었다. 그림 6에는 1904년 브리티시컬럼비아 주의 쥬윗 호에 누트카족이 사냥 주술에 사용하던 건물이 나와 있다. 이 건물에는 뛰어난 작살잡이의 실물 크기 나무 조각상과 고

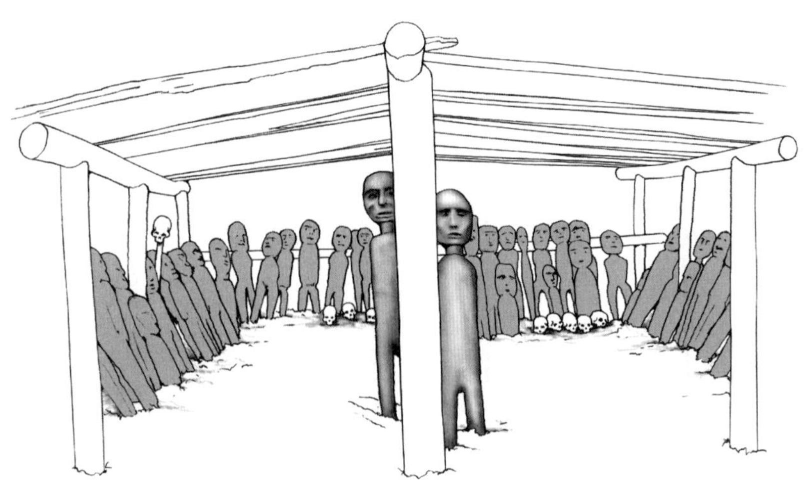

그림 6 | 누트카족의 전통적인 사냥 주술에서 조상은 중요한 역할을 했다. 밴쿠버 섬에서 나온 100년 된 사진을 토대로 그린 이 그림에는 과거의 뛰어난 고래잡이에게 바치는 의식용 건물이 나와 있다. 건물 안에는 실물 크기의 위대한 작살잡이 목조 조각상과 죽은 조상의 해골을 모신 커다란 침상이 있었다. 9,000년 전 서아시아의 촌락 사회에서 이와 비슷한 조각상을 제작하고 씨족 조상의 해골을 전시했다.

래 목재 조각, 죽은 조상의 해골을 모신 커다란 침상이 있었다. 건물의 삼면을 따라 마치 보초를 세우듯 해골을 진열해 놓았다. 유쿼트 지역 집단의 족장은 이 성지를 찾아와 고래가 연안 가까이 오도록 구슬리는 사냥 주술을 행했다. 의식을 행하는 동안 족장의 부인은 오래전 고래잡이의 해골이 놓인 침상 중 하나에 누워 있었다.

우리는 앞서 평등한 채집 생활자도 한증막이나 미혼 남자 오두막 같은 수수한 의식용 건물을 지었다는 것을 살펴보았다. 그중에는 죽은 친척의 해골을 보관한 곳도 있었다. 누트카족은 단지 좀 더 많은 해골을 모셔 놓고 이를 위해 건물을 좀 더 크게 지은 것뿐이었다. 이 책 뒷부분에 가서 특별한 건물에 조상의 해골을 모셔 놓은

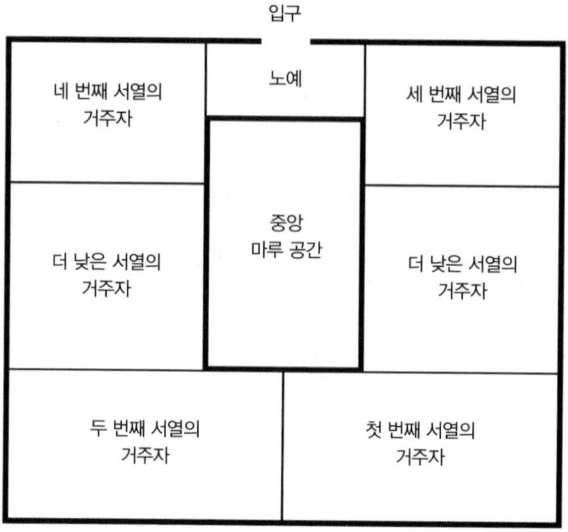

입구

노예

네 번째 서열의 거주자

세 번째 서열의 거주자

중앙 마루 공간

더 낮은 서열의 거주자

더 낮은 서열의 거주자

두 번째 서열의 거주자

첫 번째 서열의 거주자

그림 7 | 누트카족은 길이가 21미터나 되는 커다란 다가구 판자 집에 살았다. 이 집 안에서 잠을 자는 위치는 각 거주자의 세습 지위에 따라 달랐다. 족장, 즉 첫 번째 서열의 거주자는 장식 칸막이를 세워 놓고 안쪽 오른편에서 잠을 잤다. 두 번째 서열의 거주자는 안쪽 왼편에서 잤다. 나머지 거주자의 위치는 그림에 나온 대로이다. 노예는 입구 바로 앞에서 잠을 자야 했고 이곳은 적의 습격이 있을 시 가장 공격당하기 쉬운 곳이었다.

초기 농경 사회를 살펴볼 것이다. 그런 행위는 야생 식량을 먹고 살든 아니면 농작물을 먹고 살든 고대 사회에 널리 퍼져 있었다.

이제 지적 재산권의 문제로 시선을 돌려 보자. 평등한 채집 생활자 사이에서도 이름은 신비한 힘을 지닌 것으로 간주되었다. 누트카족 사이에서 몇몇 이름과 칭호는 족장 가계만의 특권이 되었다. 족장은 이러한 이름과 칭호를 다른 이들에 붙여 줄 권리를 자손에게 물려주었다. 또한 특정 초자연적 존재의 이미지를 사용할 권리, 중세의 문장과 유사한 상징을 소유할 권리, 독립적으로 서 있는 형상과 토템 기둥을 세울 권리, 목재 기둥에 조각을 새기고 집에 칠을 입혀 꾸밀 수 있는 권리도 세습했다. 족장은 하층 가계 출신의 재능 있는 사람이 족장을 위해 공예품을 만들어 유명해지도록 길을 터줌으로써 이들을 후원했다.

앞서 지적했듯이 족장은 수십 명이 겨울을 날 수 있는 커다란 집을 소유했다. 이 집에서 각자가 앉는 자리에도 서열이 있었다. 지위가 가장 높은 사람은 장식 칸막이로 사생활이 보호되는 안쪽에서 잠을 잤다. 집 안 안쪽에서 문을 마주 보고 섰을 때 뒤쪽 오른편 구석이 족장의 자리였다. 두 번째 서열의 사람은 뒤쪽 왼편 구석에 자리 잡았다. 문 쪽 구석은 각각 세 번째와 네 번째 서열 사람의 몫이었고 다섯 번째와 여섯 번째 서열은 중앙의 벽 쪽에 자리 잡았다. 노예는 대개 정문 입구 바로 앞에서 잠을 잤는데 이곳은 적의 습격이 있을 시 가장 쉽게 공격을 당할 수 있는 곳이었다(그림 7).

누트카족의 불평등은 어떻게 형성되었을까

누트카족 지역을 연구하는 고고학자들은 만만치 않은 과제와 맞닥뜨리게 된다. 밴쿠버 섬의 많은 강우량으로 인해 판자 집과 지붕널, 조각을 새긴 기둥, 조상의 해골을 모셔 놓은 침상이 곤죽처럼 범벅이 되어 버리기 때문이다. 헌신적인 고고학자들은 이러한 장애에도 불구하고 북아메리카 북서부 태평양 연안에서 사회적 불평등의 기원을 찾기 위해 활동하고 있다.

고고학자 게리 쿠플랜드, 테런스 클라크, 아만다 파머에 따르면 북아메리카 북서부 태평양 연안의 커다란 다가구 가옥은 2,000년의 역사를 지니고 있다. 밴쿠버 섬의 북쪽, 침시아족 인디언 땅에 있는 맥니콜 크리크 유적지에는 기원후 1년에서 500년 사이에 사람이 거주했다. 이곳에 거주했던 사람 중 일부는 매끄럽게 다듬은 연옥 공예품을 남겼다. 연옥은 옥처럼 생긴 돌로 사치품에 쓰였다. 보다 세세한 증거가 워싱턴 주 북서 해안 지역의 오제트 유적지에서 나왔으며 이곳은 여름 촌락으로 기원전 60년에서 기원후 1510년까지 사람이 살았다. 오제트 유적지의 가옥은 가로 20미터, 세로 12미터나 될 만큼 컸고 가옥 내에서 그리고 가옥과 가옥 간에 사치품의 양이 달랐다.

1번 가옥에는 분명 적어도 11개 가구가 거주했으며 각 가구는 별도의 화구를 갖추고 있었다. 집 안쪽에서 문을 바라보고 섰을 때 뒤쪽 오른편 구석에서 가장 많은 사치품이 발견되었다. 두 번째로 사치품이 많은 곳은 뒤쪽 왼편이었다. 고고학자들이 안쪽에서 입구 방향으로 작업을 해 나가는 동안 입구로 갈수록 사치품이 적었다. 이 지점에서는 아마 낮은 서열의 가족과 노예가 잠을 잤을 것이다. 드러커가 설명한 누트카 족장의 판자 집과 고고학 증거가 정확하게 일치한 것이다.

밴쿠버 섬의 동쪽에 있는 프레이저 강 고원은 이곳보다 강우량이 적었고 고고학 유적지의 보존 상태가 훨씬 좋았다. 프레이저 강의 선사 시대 사회는 연어 떼에 접근할 수 있는 그들만의 구역을 확보하고 있었는데 아마도 기원후 800년에서 1200년 사이에 불평등의 시기를 거쳤을 것이다. 프레이저 강 고원에서 나온 증거가 반드시 누트카족의 불평등의 기원을 밝혀 주는 것은 아니지만 그래도 고고학자들은 이 증거 덕분에 한 가지 가능성을 추측해 볼 수 있었다.

프레이저 강 지류에 형성된 커다란 촌락 두 군데에서 열쇠를 찾을 수 있다. 고고학자 브라이언 헤이든은 1980년대 중반 키틀리 크리크 유적지를 발굴하기 시작했고 안나 마리 프렌티스는 21세기 초에 브리지 강 유적지를 발굴하기 시작했다. 두 유적지에는 반지하 가옥의 붕괴로 생긴 웅덩이가 곳곳에 널려 있었다. 작은 구덩이도 있었지만 지름이 18미터가 넘는 구덩이도 있었다.

프렌티스는 기원후 400년 무렵 브리지 강 유적지에 사회적 불평등이 존재했지만 기원후 800년에서 1200년 사이까지는 아직 불평등이 뚜렷하지 않았던 것으로 보고 있다. 그 후 세 가지 과정이 진행되었다. 첫째, 매끄럽게 다듬은 연옥을 비롯하여 사치품의 획득이 늘었다. 둘째, 브리지 강 유적지의 가옥이 17개에서 29개로 늘어난 반면 키틀리 크리크 유적지는 40개 내지 60개의 가옥을 포함하는 곳으로 확대되었다. 셋째, 큰 가옥의 전체 크기가 커지면서 그에 따라 작은 가옥의 수가 줄었다. 이 과정에서 읽어 낼 수 있는 한 가지 가능성은 작은 가구가 더 이상 경제 활동을 영위할 정도의 자원을 축적하지 못했다는 것이다. 그 결과 이 가구들의 식구는 큰 가구의 하인이나 아랫사람으로 점차 흡수되었다.

프렌티스와 동료들은 기원후 800년에서 1200년 사이에 점차 많은 빈곤 가족이 음식과 거처, 보호를 제공받는 조건으로 부유한 가구에 복종하는 지위를 기꺼이 받아들였을 것으로 보고 있다. 그 후 성공한 가족은 자원과 사치품, 지적 재산권을 자식에게 물려줌으로써 자신이 축적한 부를 지켜 나가고자 했다. 이는 물자를 축적하고 홀로 쌓아 두는 것을 절대 반대했던 평등한 채집 사회의 논리에 중대한 변화가 생겼음을 의미한다.

인류학자들이 이른바 **부채 노역**, 나아가 **부채 노예**라고 일컫는 용어가 프렌티스의 설명에는 명시적으로 나오지 않지만 분명 그녀는 이 과정을 묘사하고 있다. 가난한 이웃에게 음식과 귀중품을 빌려주는 데서 첫 단계가 시작된다. 두 번째 단계로 가면 빚에 대해 담보권을 행사한다. 부유한 이웃에게 음식과 거처를 제공받은 가족은 이제 초라한 처지에 놓였고 부유한 이웃이 지닌 사치품과 세습 특권에 대해 어떤 주장도 할 수 없었다.

프렌티스는 기원후 1200년 이후 브리지 강에 연어가 있었음을 보여 주는 유물이 감소했다고 밝혔다. 환경 악화 때문인지, 남획 때문인지, 아니면 두 가지 원인이 겹친 탓인지는 확실하지 않다. 원인이 무엇이든 키틀리 크리크와 브리지 강 촌락은 모두 버려졌다. 이러한 결과에서 알 수 있는 사실은 설령 채집 사회에서 더러 세습적인 지위의 격차가 생겼더라도 야생 식량으로 귀족층을 유지하기에는 본질적인 한계가 있었을 것이라는 점이다.

역사 시대의 틀링깃족

이제 태평양 해안을 따라 위쪽으로 길게 뻗은 알래스카 남동 지역으로 옮겨가 보자. 이곳은 해안선이 복잡한 곳으로 깊은 피오르와 만, 물살이 빠른 강, 바위섬으로 이어져 있다. 이 해안 지역의 아메리카 원주민은 나데네어를 쓰는데 이 언어로 "인간"을 뜻하는 말이 틀링깃이다.

사회인류학자이자 고고학자였던 고故 프레데리카 드 라구나는 1740년에 1만 명의 틀링깃족이 살고 있었을 것으로 추산했다. 안타깝게도 1838년 이 수가 5,500명으로 감소했다. 누트카족과 마찬가지로 틀링깃족도 겨울에는 험한 환경으로부터 보호받을 수 있는 만 지역에 가옥을 지었고 여름에는 수렵 어로 야영지에서 살았다. 이들의 겨울 촌락에는 적어도 여섯 가구와 그에 속한 노예가 함께 살 수 있는 커다란 판자 집이 있었다. 가옥 앞에는 중요한 조상을 기리기 위한 토템 기둥이 세워져 있었다.

오스트레일리아의 몇몇 채집 사회와 마찬가지로 틀링깃족 사회도 큰까마귀 반족과 늑대 반족으로 나뉘어 있었다. 각 반족에는 모계 혈통으로 이어진 30개가량의 씨족이 있었다. 씨족은 다시 가계, 즉 "여러 가구의 집단"으로 나뉘었다.

각 가계는 같은 시조에서 내려온 후손 집단이라고 주장했다. 하지만 실제로 이 체계는 유동적이었다. 가계가 빠른 속도로 커지면 둘로 나뉘거나 아니면 많아진 사람 수를 바탕으로 스스로 새로운 씨족을 선언했다. 가계의 인원이 일정 기준 이하로 줄면 보다 번성한 씨족에 흡수되기도 했다. 프렌티스와 동료들이 프레이저 고원의 몰락하는 가구를 대상으로 이와 유사한 시나리오를 제시한 바 있다.

각 씨족 내의 가계는 서열이 있었고 틀링깃 족장은 씨족 내 가장 서열이 높은 가계의 수장이 맡았다. 그와 가까운 친척들은 일종의 귀족으로, 그들이 착용하는 모자, 담요, 망토, 귀 장신구, 입술 피어싱, 문신 등으로 신분을 나타냈다. 각 씨족 내의 서열이 낮은 가계는 평민 취급을 받지만 누트카족의 경우와 마찬가지로 기술이나 전투 무공을 통해 명성을 쌓을 수 있었다. 사회 계층의 맨 밑바닥은 노예로 살아가는 전쟁 포로였다.

그림 8 | 서열이 높은 틀링깃 족장 가족이 가장 귀하게 여기는 지적 재산권은 조상에게서 물려받은 문양과 상징이다. 이 모티브를 족장의 예복에 수놓고 집 기둥에 새겨 놓으며 생활 공간을 가리는 칸막이에도 그려 놓았다. 위의 그림은 90년도 넘는 사진 두 장을 토대로 그린 것으로, 족장의 예복에는 곰과 연어가, 족장의 집 기둥에는 큰까마귀와 연어가 새겨져 있다. 삼나무 칸막이에 그려진 그림은 비의 신이 의인화된 빗방울에 둘러싸여 있는 모습을 표현한다.

씨족과 가계는 겨울 촌락 부지, 고기잡이 및 수렵 구역, 목재 공급처, 이웃 사회와 연결되는 교역 통로, 세습 재산, 다양한 개인 이름에 대해 권리를 가졌다. 하지만 드 라구나의 주장에 따르면 틀링깃족 귀족층은 그중에서도 특히 문장을 선호했다. 담요를 짤 때 문장 문양을 넣거나, 카누나 토템 기둥에 문양을 새기거나, 판자 집의 생활 공간을 나누는 나무 칸막이에 문양을 그렸다(그림 8). 문양은 초자연적 존재나 천상의 존재, 조상 영웅, 곰과 바다사자와 고래 등의 토템 동물을 바탕으로 만들었다.

각 가계의 문장은 먼 조상이 획득한 것으로 전해졌고 문장을 지닌 사람은 이것을 획득한 역사를 노래로 만들어 찬양했다. 틀링깃족 귀족은 잔치 때 문장을 자랑스럽게 과시했으며 상대 반족의 손님은 과시를 지켜보는 증인 역할을 해 준 것에 대해 보답을 받았다. 틀링깃족 문장의 몇 가지 모티브는 해안 지역의 이웃인 하이다족 및 침시아족과 동일했다. 그다지 놀라운 일은 아니다. 틀링깃족의 씨족이 이웃들과 활발한 교역을 벌였고, 점차 줄어드는 하이다족과 침시아족의 남은 사람을 더러 흡수하기도 했기 때문이다.

틀링깃족의 가옥은 누트카족의 가옥과 마찬가지로 잠자는 구역이 여러 개로 나뉘어 있었다. 가옥 소유자는 장식이 그려진 나무 칸막이 안쪽에서 살았다. 이 칸막이 앞에는 집 소유자와 그의 가족이 앉는 단이 있었으며, 이는 영광스러운 자리였다. 집 소유자가 죽으면 의식용 의복을 입히고 얼굴에는 씨족 상징을 그려 이 단에 나흘 동안 모셨으며 그의 옆에 귀중품을 진열했다.

서열이 가장 높은 가계의 수장이 죽으면 그의 죽음을 애도하는 사람들과 미망인은 여드레 동안 단식했다. 시신은 화장했다. 장작더미를 쌓아 올리고 시신의 나무 유골함을 만든 사람에게는 선물을 하사했다. 더러 수장의 귀중품, 심지어는 노예 중 한 명을 불 속에 같이 던져 넣기도 했다. 그런가 하면 수장의 넉넉한 마음을 보여 주는 의미에서 노예 한두 명을 풀어 주기도 했다.

누트카족 가옥에서는 노예가 문 바로 앞에서 잠을 잤다. 틀링깃족은 노예를 이렇게 일차 방어선으로 이용하는 것 외에도 출입구를 아주 작게 만들어 침입자가 두 손과 두 발로 기어서만 들어올 수 있게 했다. 더러는 나무 기둥으로 목책을 세워 추가로 방어벽을 만드는 촌락도 있었다.

틀링깃족도 누트카족의 잔치에 맞먹는 잔치를 열어 주최자의 자식이 귀한 신분임을 인정받는 자리로 삼았다. 장신구를 달 수 있도록 남자아이와 여자아이의 귀에 구멍을 뚫었고 여자아이의 손에 문신을 새겼으며 이 의식을 도운 노예는 보답으로 풀어 주었다. 아이 때 이런 잔치를 통해 영광스러운 예우를 받은 사람만 진정한 귀족으로 대접받았다.

잔치 그 자체에서 귀한 신분이 생겨났다기보다는 아버지가 아이에게 부여해 주는 칭호 덕분에 귀한 신분을 갖게 되는 것이라고 드 라구나는 강조했다. 다시 말해서 누트카족이 그랬듯이 공로 잔치는 기존 서열을 인정하는 데에 역할이 있는 것이지, 잔치 때문에 평등사회에 서열이 생긴 것은 아니다. 하지만 잔치를 많이 열고 선물을 후하게 많이 나누어 줄수록 명성이 높아졌다.

큰 잔치를 열 정도의 부를 축적하는 것은 매우 벅찬 일이었기 때문에 어떤 귀족은 빈곤한 친지를 끌어들여 자신에게 물품을 기부하면 빚을 탕감받을 수 있게 해 주었다. 잔치를 여는 주최자의 부인도 자기 씨족 사람들에게 물품을 기부하도록 종용했는데, 부인의 씨족은 대개 주최자의 반대쪽 반족에 속했다. 드 라구나에 따르면 경쟁관계에 있는 씨족은 누가 더 많이 먹고 춤을 잘 추는지를 두고 경쟁을 벌였고 이들 사이에는 긴장이 흘렀다. 잔치 마지막 날 주최자는 자기 가계의 역사를 암송하면서 모피, 구리 귀중품, 담요, 심지어는 노예를 선물로 주었다.

요컨대 틀링깃족의 공로 잔치에서는 두 가지 형태의 불평등이 발견되었다. 생활 곳곳에 영향을 미치는 가장 중요한 불평등은 세습 귀족이었다. 귀족은 중요 조상에게서 칭호와 특권을 물려받아 증인이 보는 앞에서 자식에게 물려주었다. 두 번째 형태의 불평등은 후천적인 명망prestige이며, 이는 첫 번째 불평등만큼 생활 곳곳에 영향을 미치지는 않았다. 의욕적인 귀족은 남들보다 잔치를 많이 베풀고 선물도 많이 주었다. 그런 과시를 통해 살아생전 높은 명성을 누리지만 이를 자식에게 물려줄 방법은 없었다. 자식이 아직 나이가 어려서 자기 힘으로 쌓아 놓은 명성이 없기 때문이다.

누트카족의 잔치가 그랬듯이 틀링깃족의 잔치도 식민 정부의 전쟁 억제가 시작되면서 점차 규모가 커졌을 가능성이 있다. 과거 18세기에 틀링깃족은 18미터나 되는 전투 카누를 만들어 창, 단검, 전투용 몽둥이, 활과 화살로 무장한 채 습격에 나섰다. 나무 조각으로 만든 갑옷을 입고 보호용 투구의 작은 틈으로 밖을 내다보았다. 틀링깃족은 적군 남자의 머리 가죽을 벗기거나 머리를 잘라 가져갔으며 여자와 아이는 노예로 끌고 갔다.

후천적 명망과 세습 귀족을 구분하는 것은 매우 중요하다. 나중에 가서 농경 사회, 특히 동남아시아와 뉴기니의 농경 사회에서 이 구분을 다시 논의할 것이다. 잔치를 열어 명성을 얻을 수 있었던 것은 오래전부터 평등 사회에 넉넉한 인심을 베푸는 사람에게 호감을 보이는 전통이 있었기 때문이다. 또한 채무자를 하인이나 노예로 데려다 부릴 수 있었던 것은 오래전부터 평등 사회에 선물에 답례를 하지 않거나 빚을 갚지 않은 사람에게 반감을 보이는 전통이 있었기 때문이다. 주인과 하인의 관계가 세습되면 루소가 가정한 자연 상태의 "개인적 자유"가 약화된다. 노예의 경우에는 그런 자유가 완전히 박탈되었다.

틀링깃족이 주변의 평등 사회에 미친 영향

틀링깃족에게는 두 부류의 이웃이 있었다. 남쪽으로 해안 지역에 하이다족과 침시아족이 살았고 이 사회에도 세습 귀족이 있었다. 동쪽으로는 눈 덮인 산맥 너머에 아타파스카어를 쓰는 채집 사회가 있었다.

틀링깃족, 하이다족, 침시아족 간의 교역은 애초 선물 교환에서 시작되었다. 같은 반족에 속하는 씨족 간의 선물 교환이 먼저 생기고 이후 반족 간의 선물 교환이 이루어졌으며 마침내 이보다 먼 사회 집단 간에 선물 교환이 이루어졌다. 틀링깃족은 내륙 지역에서는 천연 구리를, 남쪽 지역에서는 뿔조개를, 북쪽 지역에서는 바다코끼리 상아를, 아타파스카어 부족에게서는 동물 모피를 얻고자 했으며 노예는 지역에 상관없이 가능한 곳이면 어디서든 데려오려고 했다.

하이다족과 침시아족 사회에도 귀족과 평민과 노예가 있었기 때문에 틀링깃족은 이 사회를 어떻게 대해야 하는지 정확히 알고 있었다. 하지만 동쪽으로 갈수록 수렵 및 고기잡이를 하는 평등 사회를 자주 접하게 되었고, 평등 사회의 교역 상대를 틀링깃족과 같은 계층 사회에 통합하는 것이 힘든 과제로 다가왔다. 이런 통합으로 몇몇 아타파스카어 부족이 급격하게 변화되었다. 이제부터 아타파스카어를 쓰는 이들 세 집단, 투촌족, 타기시족, 테슬린족을 살펴볼 것이다.

캐나다 북서부의 유콘 내륙 지역에 사는 투촌족은 틀링깃족의 영향을 가장 적게 받았고, 변형되지 않은 아타파스카어 채집 사회가 어떤 모습이었을지 가장 잘 엿볼 수 있는 기회가 될 것이다. 투촌족 가족은 모계 혈통으로 내려오는 씨족에 속했으며 이 씨족이 모여 다시 한 쌍의 반족을 형성했다. 따르는 무리가 많은 교역 상인이나 훌륭한 사냥꾼이 수장 자리를 맡는 경향이 있지만 수장은 실질적인 권위보다는 모범을 보임으로써 집단을 이끌었다. 아들은 어머니의 씨족에 속해 있지만 모두 동의하면 수장의 아들이 자리를 계승하기도 했다.

투촌족 사회에는 주목할 만한 측면이 두 가지 있었다. 첫째는 씨족, 반족, 신부 노역, 여러 명의 부인을 둔 수장 등의 제도가 오스트레일리아 중부 지역의 애버리지니 같은 다른 씨족 채집 사회를 연상시킨다. 둘째, 장례 잔치를 열고 모계 혈통을 이어 가는 점으로 미루어 볼 때 북아메리카 북서부 태평양 연안에 불평등이 심화되기 전에 이미 이런 습성이 존재했을 가능성이 있다.

타기시족은 유콘의 고산 삼림 지대와 초원에 살았다. 강과 호수에서 물고기를 잡고 사냥감 몰이 울타리를 이용하여 사냥을 했으며 덫을 놓아 모피 동물을 잡았다. 투촌족 사회가 그랬듯이 오래전 타기시족 사회에도 아타파스카어 이름을 가진 한 쌍의 반족이 있었고 각 반족은 모계 혈통으로 이어지는 씨족으로 구성되었다. 타기시족은 틀링깃족이 교역단을 파견했던 아타파스카어 부족 중 하나였다.

18세기 무렵 유럽과 미국의 모피 무역상이 해안 지역의 틀링깃족 사회에 들어왔다. 이 상인들이 첫 번째 목표로 삼은 것 중 하나가 해달이었는데, 해달의 모피는 오래전부터 틀링깃 귀족의 의복 가장 자리를 장식하는 데 쓰이고 있었다. 틀링깃족은 유럽과 미국의 교역상이 가져온 물품으로 한층 부유해졌지만 18세기 말 무렵 해달 수가 줄어들었다. 다행히 틀링깃족은 교역 상대인 타기시족과 테슬린족이 강 수달, 비버, 밍크, 여우, 담비, 오소리를 구할 수 있다는 것을 알았다. 문제는 유럽인과 미국인이 이런 모피를 직접 손에 넣지 못하도록 막는 데 있었다.

따라서 틀링깃족은 300명에 이르는 전사 부대를 동원하여 산맥을 넘어가는 교역로를 봉쇄하기 시작했다. 1850년대 무렵 틀링깃족은 알래스카 해안 지역과 유콘 사이의 모든 왕래를 통제했다. 틀링깃족 교역단은 타기시족 구역으로 들어가 타기시족 여자를 부인으로 맞아들이거나 딸을 타기시족 남자와 혼인시켰다. 타기시족에게 건넨 신부 값에는 유럽과 미국의 교역 물품이 들어 있었고, 틀링깃족에게 건네진 신부 값에는 모피가 들어 있었다.

시간이 흐르면서 타기시족은 반족 명칭을 까마귀(내륙 지역에서 이에 상응하는 반족은 큰까마귀 반족이다.)와 늑대로 바꾸었다. 가장 뛰어난 타기시족 덫 사냥꾼은 자신에게 틀링깃족 이름을 붙였고 이들의 장례 잔치는 차츰 포틀래치를 닮아 갔다.

하지만 틀링깃족과 교역을 했던 집단 가운데 가장 많은 영향을 받은 곳은 테슬린족이었다. 테슬린족은 원래 유콘 강의 지류인 타쿠 강에 살았지만 모피 교역을 하기 위해 유콘 강 상류 지역으로 옮겨 왔다. 이들은 교역 상대를 따라하면서 틀링깃어를 배웠고 자기 씨족과 반족에 해안 지역 씨족과 반족의 이름을 갖다 붙였다. 어떤 가족은 자기네가 틀링깃족 교역상의 딸의 후손이기 때문에 지위가 높다고 주장하기 시작했다. 가족들끼리 서로 늑대 문장이나 까마귀 혹은 큰까마귀 문장을 사용할 권리를 놓고 싸우는 일도 있었다. 유콘 강에서 결코 볼 수 없는 해안 지역의 동물이 등장하는 노래와 신화도 채택했다. 장례 잔치도 포틀래치를 닮아 갔다. 아울러 노예를 두기 시작했다. 이들의 우주는 아타파스카어 부족의 영혼과 틀링깃족의 초자연적인 존재가 한데 융합하는 양상을 띠었다. 인류학자 캐서린 매클렐런의 말을 빌리면 이 아타파스카어 부족 집단은 "내륙의 틀링깃족"이 되었다. 테슬린족의 사례에서 우리는 지위를 채택할 준비가 갖추어진 평등한 채집 사회가 기존에 지위를 과시하던 교역 상대를 모델로 삼는다는 사실을 알 수 있다.

이처럼 평등 사회에서 지위 사회로 바뀌는 바탕에는 사회 논리의 제1원칙, 즉 우리와 교역하는 상대는 명예 친족이라는 원칙이 깔려 있었다. 이 원칙 덕분에 교역 상대는 아무 위험 없이 무사히 우리 구역으로 들어올 수 있다. 만일 내가 교역 상대의 딸과 결혼한다면 이 원칙은 더욱 공고해진다. 상호 선물 교환으로 시작된 교역에 신부 값 거래까지 더해진다. 이제 나는 자유롭게 부유한 친족을 따라 할 수 있고 비상시에는 그들에게서 물자를 빌릴 수도 있다.

몇 가지 형태의 사회적 불평등이 한 지역에 확립되면 모방을 통해 확산되기도 한다는 사실을 내륙 지역의 틀링깃족에게서 알 수 있다. 하지만 내륙 지역의 틀링깃족이 순수한 형태를 그대로 보여주는 사례가 아니라는 점을 기억해야 한다. 이들의 경제는 부분적으로는 모피 교역의 산물이었고, 이는 서구 문화가 아메리카 원주민 경제에 침투한 결과였다.

또한 틀링깃족은 그들 못지않은 지위 체계를 지닌 하이다족과 침시아족 등 해안 지역의 이웃과도 마찬가지로 활발한 교역을 이어

갔다는 사실을 잊어서는 안 된다. 틀링깃족, 하이다족, 침시아족은 서로 상대 집단 내의 몰락하는 가계를 자기네 씨족으로 흡수했고 통상적으로 서로의 문장을 차용했다. 이들은 사치품 유통망을 확립했으며 멕시코와 페루의 고대 지위 사회에서도 이와 유사한 유통망을 찾아볼 수 있다.

채집 사회에서 형성된 불평등의 한계

씨족을 이루지 않은 채집 생활자는 대체로 루소가 말한 "개인적·무정부적 자유"를 누렸다. 하지만 씨족을 이룬 채집 생활자는 마침내 타인의 자유를 빼앗는 방법을 알게 되었다.

야생 자원은 본질적으로 한 지역의 사람이 충분한 자원을 얻는 반면 이웃 지역의 사람은 그렇지 못한 상태를 낳는다. 씨족을 이루지 않은 채집 생활자는 고기를 나누는 협력 관계, 흑사로 협력 관계, 같은 이름을 쓰는 친족, 그 밖에 여러 전략을 만들어 안전망을 구축했다. 보다 규모가 큰 채집 사회의 반족, 씨족, 가계는 이보다 훨씬 큰 연결망을 지니는 상호원조 체제를 마련했다. 하지만 사회가 커지고 분화되면서 이러한 사회 단위는 "우리가 먼저 왔다."는 원칙을 이용하여 때때로 상위 가계와 하위 가계를 구분했다.

아란다족에서 하위 가계 사람보다 상위 가계 사람을 훨씬 진지하게 대했듯이 일반적으로 하위 가계보다는 상위 가계를 훨씬 진지하게 대하는 경향이 있었다. 또한 안다만 제도에서 상위 가계 사람은 하위 가계 사람이 건넨 선물보다 가치가 떨어지는 선물을 답례로 건넬 수 있었으며 이처럼 하위 가계와 상위 가계의 운동장이 기울어져 있는 경우도 있었다.

고고학자들의 추론에 따르면 샌타바버라 해안과 채널 제도, 밴쿠버 섬, 알래스카의 길게 뻗은 지역에서 부채를 갚지 못한 가계가 어쩔 수 없이 영구적인 종속적 지위를 받아들이게 되었다. 후원자의 환심을 사는 방법으로는 공예품을 제작하거나 전투에서 무공을 세우는 두 가지 경로가 있었다.

우월한 가계는 우주론을 수정하여 자신들의 특권이 조상에게서 내려온 것임을 강조했다. 북아메리카 북서부 태평양 연안에서는 이러한 특권을 공개적인 잔치 자리에서 자식에게 넘겨주었으며 이 잔치에서 증인 역할을 한 손님에게 푸짐한 선물을 주었다. 루소의 표현을 빌리면 우월한 가계는 가난한 친척에게 음식과 거처, 이따금씩 선물을 제공하는 것에 대한 보답으로 불평등을 인정하는 계약에 서명하도록 했다.

선사 시대 수렵채집 생활자 사이에 세습적 불평등이 얼마나 자주 생겨났을까? 이 물음에 답하기 위해 고고학자들은 후천적 명망과 세습 귀족 신분을 구분할 수 있어야 한다. 틀링깃족에게서 보았듯이 때로 한 잔치에서 이 두 가지 형태의 불평등이 동시에 드러나는 경우도 있기 때문이다. 명망은 넉넉한 인심을 베푸는 잔치 주최자에게 생기고, 귀족 신분은 아버지의 칭호와 문장, 세습 재산을 물려받은 자식에게 돌아간다. 따라서 고고학자들은 아이의 시신 옆에 귀족의 상징처럼 보이는 물품이 함께 매장된 사례를 특별히 주목한다.

농경을 채택하지 않고도 자연 상태에서 벗어난 채집 생활자가 있었다는 것을 루소가 알았더라면 흥미를 보였을 것이다. 몇몇 수렵 채집 생활자는 우월한 집단으로 보이고 싶은 욕망에서 우주론과 선물 교환, 사회적 의무, 부의 이전, 하위 가계의 낮은 지위 등을 조종하여 세습 지위에 기초한 사회를 만들어 냈다.

THE CREATION OF INEQUALITY

2부

명망과 불평등 사이

농경과 야망

우리는 루소가 일부 채집 생활자가 세습적 불평등을 만들어 냈다는 사실을 알지 못했다고 변명해 줄 수 있다. 1753년에는 틀링깃족과 누트카족 같은 사회가 유럽에 알려지지 않았기 때문이다. 게다가 대부분의 세계에서는 루소의 말이 옳았다. 농작물이나 가축을 기르기 전까지는 불평등의 징후가 보이지 않았다.

농경에서 성공을 거두었다고 항상 불평등으로 이어진 것도 아니다. 수천 년 동안 농사를 지으면서도 여전히 평등 사회로 남아 있는 곳도 많았다. 그런가 하면 이 장에서 보겠지만 다른 몇몇 사회에서는 미미한 정도의 후천적 명성을 허용하면서도 세습 지위에 대해서는 반발을 보였다.

지위가 나타나기 시작한 뒤에도 평평한 운동장을 유지하고자 하는 광범위한 욕구를 완전히 억누르지는 못했다. 이 책 뒤에 가서 살펴보겠지만 몇몇 사회는 수십 년에 걸쳐 평등과 세습 지위 사이를 왔다 갔다 했다. 이런 사회 중 일부는 결국 불평등을 영속적으로 확립했다. 불평등 사회가 처음 생길 때에는 소수였지만 틀링깃족처럼 주변의 평등 사회에 극적인 영향을 미치는 일이 자주 있었다.

어떤 채집 사회가 농경에 적합했을까

농경은 후일 보상 활동이다. 따라서 후일 보상 경제 활동이 이루어졌던 채집 사회에서 농경이 시작되는 경우가 많았을 것이다. 빙하시대 말기에 많은 수렵채집 생활자는 생산성을 높이기 위해 야생 초목을 불태웠고, 수확하고 남은 덩이줄기를 다시 심었으며, 여분의 씨앗을 넓은 지역에 뿌렸고, 울타리를 세워 야생 동물을 임시 우리 속에 가둬 두었다. 대다수 농경과 동물 몰이는 이러한 행위의 연장선상에서 시작되었다. 다시 말해서 많은 채집 생활자는 식물 재배를 처음으로 시도할 때 이것이 행동상의 극적인 변화라고 느끼지 않았을 것이다.

반면 농경의 도입은 행동상에 중요한 변화를 유발한 것으로 알려져 왔다. 1960년대 쿵족과 이웃하여 살던 칼라하리 사막의 채집 생활자 가나족은 반투어를 쓰는 이웃 부족처럼 집에서 콩, 멜론, 염소를 키우기 시작했다. 인류학자 엘리자베스 캐시던은 1970년대 무렵 다음과 같은 변화에 주목한 바 있다.

1. 가나족은 우기 동안 야영지를 옮겨 다니지 않고 사실상 정착 생활을 하기 시작했다.

2. 가족들은 고기를 나누어 먹지 않고 저장하기 시작했다.

3. 사람들은 성공한 가족이 식량을 축적해도 눈감아 주었다.

4. 가족들은 귀중품을 획득하고 보관하고 거래하면서도 주위의 비판을 받지 않게 되었다.

5. 사람들은 반투어를 쓰는 이웃 부족에게서 소를 사들이기 시작했다.

6. 이웃 쿵족은 일부다처 혼인이 여전히 5퍼센트 정도밖에 되지 않았던 반면 가나족 남자 사이에서는 25퍼센트로 증가했다.

7. 혼인을 원하는 남자는 신부 가족에게 무려 염소 10마리나 되는 값을 치르는 경우도 있었다.

8. 부가 점차 늘어나는 나이 든 남자는 부인을 두세 명씩 두는 일이 많았고 스스로 전체 집단을 대변하는 "수장" 행세를 하기 시작했다. 이전과 달리 재산 축적에 대한 금지가 점차 사라져 가고 있었기 때문에 이런 행동이 허용되었다.

이런 행동의 변화로 미루어 볼 때 채집 생활자들의 평등 논리를 넘어설 수 있는 가능성이 농경 속에 잠재되어 있다. 하지만 가나족의 변화가 정치적으로 달라진 20세기의 세계에서 일어났다는 것을 염두에 두어야 한다. 따라서 우리는 산업화 이전의 세계에서도 농경을 채택한 뒤 유사한 변화가 일어났는지 물어야 한다. 이에 답하기 위해 뉴기니 섬으로 시선을 돌려 보자.

뉴기니 섬의 초기 농경 생활

앞서 오스트레일리아와 안다만 제도의 채집 생활자가 야생 마를 채집했다는 것을 살펴본 바 있다. 아마도 빙하 시대가 끝나면서 동남아시아와 태평양 섬의 몇몇 사회가 마를 비롯한 여타 토종 식물을 돌보고 관리하면서 식물의 생장을 돕기 시작했을 것이고, 그러다 결국 집 옆 텃밭에 이 식물들을 심기 시작했을 것이다. 아직 수렵채집 생활을 하던 오스트레일리아 중부 지역의 애버리지니는 그렇지 않았지만, 한때 빙하 시대에 해수면이 낮아지면서 오스트레일리아와 연결되어 있던 뉴기니 섬에서는 이러한 과정이 일어났다.

뉴기니 섬은 세계에서 두 번째로 큰 섬으로 면적이 77만 7천 제곱킬로미터가 넘는다. 눈 덮인 산맥이 섬 중앙을 길게 가로지르며 양 옆으로 높은 고원이 펼쳐져 있다. 중앙의 고원 지대 북쪽과 남쪽으로는 열대림으로 덮인 습지 저지대가 형성되어 있다.

야생 작물을 돌보는 데서 발전하여 이를 텃밭에 키우기 시작하는 과정이 정확히 언제 완결되었는지는 고고학자들 사이에서 의견이 일치하지 않는다. 가내 작물이 뉴기니의 토종 식물인지 아시아 본토에서 배로 들여온 것인지도 분명하지 않다. 주 작물 중에는 껍질 안쪽의 하얀 부분을 가루로 만들 수 있는 사고야자, 칼라의 친척 식물로 탄수화물이 많은 뿌리를 먹을 수 있는 토란, 뿌리에 탄수화물이 많은 또 다른 식물인 마, 판다누스나 카라 열매 식물, 플랜틴과 바나나, 우리에게 친숙한 코코야자 등이 있었다.

고고학자들은 뉴기니 고원 지대 사람들이 6,000년 전쯤부터 이 식물들을 적극적으로 돌보기 시작했을 것으로 추정한다. 뉴기니 고원 지대 사람들은 그로부터 2,000년 뒤 배수로를 파서 이 나무들의 생장을 도왔다. 이 같은 활동은 후일 보상을 기대하며 노동을 투자했음을 의미하며, 어쩌면 적극적인 식물 재배도 있었을 것이다. 사고야자는 해안 습지대에서 잘 자랐을 것이고 마는 보다 건조한 고원 지대에서 잘 자랐을 것이다. 그러다 두 종 이상의 식량이 선박을 통해 유입되었다. 가축용 돼지(아마 3,000년 전 인도네시아에서 들여왔을 것이다.)와 고구마(신세계에서 최초로 발견한 뒤 바다로 들여왔다.)였다. 고구마는 해발 1,800미터 이상 고지에서 재배할 경우 마보다 훨씬 잘 자랐으므로 그 결과 뉴기니 산악 지역의 인구가 증가했다.

식물을 재배하기 위해서는 땅을 고르고 씨를 뿌리고 배수로를 만드는 작업 외에도 많은 것이 필요했다. 주술도 필요했다. 뉴기니 사람들은 토란 같은 몇몇 관개 작물을 여성으로 여겼고 마 같은 밭작물은 남성으로 여겼다. 고원 지역에서는 텃밭에 여성 식물을 심을 경우 코르딜리네라는 주술 식물을 심어서 원치 않은 여성성을 중화하고자 했다. 코르딜리네를 남성 식물로 여겼기 때문이다.

식물 재배만으로 뉴기니 사회에 불평등이 생긴 것은 아니었다. 하지만 식물 재배로 인해 그들의 우주론과 행동에 다음과 같은 변화가 생겼을 가능성이 있다.

1. 창조 신화를 수정하여 영혼 조상이 인간에게 (다른 가르침 외에) 식물 재배법을 가르쳐 주었다고 주장했다.
2. 즉시 보상 경제에서 살던 부족도 경작과 재배에 노동을 투자하는 데 정당성을 부여하면서 후일 보상 경제로 전환했다.
3. 식량 비축 금지가 완화되어 식량 재배자는 마와 고구마 같은

식량을 저장하기 시작했다.

4. 남자는 잡은 고기를 모든 사람과 나누고 여자는 가족을 위해서만 식물을 채집하던 이전의 행동 양식이 바뀌었다. 이제 남자들은 사치스러운 잔치에 손님을 초대하기 위해 부인에게 잉여 농산물을 생산하라고 압박을 가했다.

5. 신부 값이 상승했다.

뉴기니 사회

앞서 말한 가나족과 마찬가지로 뉴기니 섬의 식량 재배자도 이제는 식물 생장기에 야영지를 옮겨 다니지 않았다. 일단 땅을 갈고 밭을 만들자 기둥과 이엉으로 튼튼한 집을 짓고 오랜 시간을 보내기 시작했다. 이제 **자치 촌락**을 이루어 살았던 것이다. 자치 촌락이란 다른 촌락과 경제적 동맹을 맺더라도 정치적으로는 독립되어 있는 정착지를 말한다.

커다란 다가구 공동 주택을 짓고 사는 부족이 있는가 하면 가족마다 제각기 집을 짓고 사는 부족도 있었다. 뉴기니 사회는 그들만의 방식대로 반족, 씨족, 씨족 분파 또는 가계를 형성하여 살았고 때로 교환혼* 집단을 형성했는데 오스트레일리아 애버리지니의 교환혼 방식보다 길게 이어졌지만 양측이 정확하게 대칭을 이루지는

* 두 혈연 집단 사이에 남녀를 서로 교환하여 결혼하는 방식. 예를 들어 집단 A가 집단 B에 신부를 주기로 계약하면서 집단 B도 집단 A에 신부를 주기로 계약을 맺었다.

않았다.

뉴기니 남자는 앞서 오스트레일리아에서 보았던 것처럼 성 불평등을 믿었다. 여자는 결코 남자처럼 덕을 갖추지 못한다고 여긴 것이다. 인류학자 레이먼드 켈리는 에토로족에게서 "덕의 위계 체계"를 발견했는데 이 체계의 전제는 에토로족의 우주론에서 연유했다. 논리 단계는 다음과 같다.

1. 베푸는 것은 매우 덕스러운 행동이다.
2. 남자는 고기와 정액을 제공하며 이는 곧 생명력을 기증하는 것이다.
3. 여자는 고기와 정액을 받아들이므로 생명력을 주기보다는 받아들이는 쪽이다.
4. 따라서 남자가 여자보다 많이 베풀며, 이를 논리적으로 연장하면 남자가 여자보다 덕이 많다.

에토로족 남자는 애초부터 여자보다 덕을 갖춘 상태에서 삶을 시작하는 것 말고도 두 가지 지위 중 하나를 획득함으로써 명망을 얻을 수 있었다. 첫째는 타파딜로tafadilo(존경받는 남자 연장자 중 한 명으로, 촌락의 결정을 내리고, 적에 대한 습격을 지휘하며, 주술을 사용했다는 혐의를 해결하고, 사형 집행을 인가한다.)이며 둘째는 영매(예언을 하고, 질병을 치료하며, 강신술 회합을 열고, 의식을 주재한다.)이다.

여자는 애초부터 남자보다 덕을 갖추지 못한 상태에서 삶을 시작하고, 덕을 쌓을 방법도 거의 없다. 여자는 남자에게 아이를 낳아줄 때에만 남자의 정액을 점차 고갈시킨 잘못(남자는 정액이 고갈되면 노쇠한다.)을 용서받는다. 아이를 낳지 못하는 여자는 덕의 위계 체계에서 어머니보다 서열이 낮다.

뉴기니 섬의 몇몇 부족과 달리 에토로족 사회에는 "명망가" 같은 존재가 없었다. 존경의 위계 체계에서 가장 높은 사람은 타파딜로와 영매였고 그다음은 보통 남자, 그다음은 어머니, 그 아래가 아기를 낳지 못한 여자였다. 존경의 위계 체계에서 가장 낮은 사람은 마녀이며 이들은 질병이나 죽음을 불러오기 위해 생명력을 훔쳤다는 혐의를 받았다. 주술을 행한 죄가 밝혀졌을 때 희생자의 친족에게 보상하지 않으면 추방당하거나 죽임을 당할 수 있었다.

다른 뉴기니 집단 중에는 존경의 위계 체계가 이보다 훨씬 광범위한 곳도 있었다. 침부족은 인구 밀도가 높은 것으로 유명한데 1960년대 무렵 1제곱킬로미터당 인구가 193명이었다. 많은 수렵채집 생활자가 1제곱킬로미터당 0.4명도 안 되는 인구 밀도를 보였고 에토로족 사회의 전체 인구 밀도가 1제곱킬로미터당 1.16명인 점을 감안할 때 침부족의 인구 밀도는 대단히 높았다. 분명 적대적인 이웃으로부터 자신을 지키기 위해 한데 밀집해 살다 보니 이렇게 높은 인구 밀도를 보이게 되었을 것이다.

인류학자 폴라 브라운에 따르면 침부 남자는 적어도 네 종류의 명망 중 하나에 속해 있었다.

1. 농작물을 많이 기르지 못해 아내를 데려올 신부 값을 모으지 못하고 지역 거래에서 아주 작은 역할밖에 하지 못하는 남자는 "하찮은 사람" 또는 "아무것도 아닌 인간"이라는 뜻으로 요고yogo라고 불린다.

2. 가정을 충분히 부양하고 지역 거래에서 맡은 의무 양을 채우는 대다수 기혼 남자는 침부족 사회의 평균 주민이다.

3. 침부족 남자의 20퍼센트는 거래나 연설 활동에서 평균 이상의 적극성을 보이고 식물 재배와 돼지 사육도 평균 이상으로 잘한다. 이들은 부인을 두 명 이상 거느리는 경우가 많고 부양 가족도 평균보다 많다. 브라운은 이들을 가리켜 "저명인사"라고 부르며, 적어도 서른 살은 되어야 진정한 "저명인사"가 된다. 쉰 살이 넘는 저명인사는 대개 아들, 사위, 동서나 처남 등의 추종 집단을 거느리며 추종 집단은 식량과 노동을 제공하여 저명인사가 명성을 쌓도록 도와준다.

4. 명망의 위계 체계 꼭대기에는 욤바 폰도[yomba pondo], 즉 "명망가"가 있다. 이들은 침부족 남자의 5퍼센트도 안 되며 각 가계나 씨족 분파에서 대개 한두 명 정도만 나온다. 대다수 남자 저명인사가 연설을 하지만, 외부인이 있을 때는 명망가만 연설자로 선택받는다. 이들은 집단 활동을 시작하도록 지시하거나 거부권을 행사하기도 하며, 지역 거래에서 주된 역할을 한다. 나중에 살펴보겠지만 의식용 남자 숙소를 건축할 때도 명망가가 이를 지휘하는 책임을 맡았다. 또한 명망가는 심부름을 해 주는 "하찮은 사람"을 일정 수 부양했다. 그러므로 맨 처음 수행원을 거느린 사람은 아마도 초기 명망가들이었을 것이다.

명망의 사다리 구조가 대단해 보여도 실은 명망가조차 강한 영향력을 발휘하는 정도에 그쳤다. 명망가는 실질적 권한을 지니는 공직에 오르지 않았다. 이들의 명성은 전적으로 그들이 이룩한 업적을 바탕으로 했다. 더욱이 야심 있는 젊은 연령층의 남자들이 끊임없이 명망가의 위치를 넘보는 상황에서 욤바 폰도는 명망을 유지하기 위해 끊임없이 도전을 물리쳐야 했다. 브라운에 따르면 개별 명망가, 가계, 씨족 사이에 누가 고구마를 가장 많이 수확하고, 돼지를 가장 많이 기르며, 잔치를 가장 호화롭게 열고, 교역 물품을 가장 많이 비축하는지 경쟁이 벌어지는 가운데 침부족 사회는 늘 유동적인 변화를 보였다.

브라운이 방문했을 당시 침부족 사회의 경쟁이 매우 치열해 보였더라도 사실 한때는 이보다 훨씬 더 치열했다. 이전의 명망가들은 대담한 전쟁 지휘관이었다. 이들은 적군을 암살하거나 돼지나 귀중품을 빼앗거나 복수를 감행하기 위해 다른 부족을 상대로 습격 작전을 이끌었다. "예전에 침부족 남자는 강한 전사였습니다. 지금은 꼭 여자나 아이 같아요." 브라운은 이런 이야기를 듣곤 했다. 섬의 일부를 장악한 네덜란드와 오스트레일리아 정부 당국은 당연히 뉴기니에서 전쟁과 인간 사냥, 식인 행위를 억제하고자 했다.

돌이켜 보면 식민지 이전 시대의 뉴기니 남자는 어떻게 하면 명망을 쌓을 수 있는지 적어도 세 가지 방법은 알고 있었고 이 세 가지를 모두 활용했던 것으로 보인다. 첫 번째 방법은 인심을 넉넉히 베푸는 것이 훌륭한 일이라는 전제를 바탕으로 한다. 부인, 가계 성원, 씨족 성원의 노동을 동원하여 마, 고구마, 돼지, 다른 물품을 남아돌도록 생산하고 성대한 잔치를 벌이는 방법이다. 두 번째 방법은 앞서 일부 채집 생활자 사이에서 본 바 있는 보복 공격에서 발전한 것인데, 적 집단을 상대로 인간 사냥과 돼지 강탈 습격을 벌이는 것이다. 세 번째 방법은 앞서 3장에서 설명한 오스트레일리아 먼진족의 교역망과 같은 것에서 발전한 것으로, 진주조개 껍질, 개오지 껍질, 앵무새 깃털, 극락조 깃털, 그 밖에 이국적인 교역 물품을 엄청나게 많이 손에 넣는 방법이다. 이제 많은 인류학자는 식민지 당국의 전쟁 억제로 뉴기니 남자들이 전쟁 지휘를 통해 명망을 쌓을 방법이 차단되면서 교역 물품을 얻기 위한 경쟁이 배가되었다고 여긴다. 이러한 활동으로 뉴기니 남자들의 사업 수완이 우리를 매료할 만한 수준으로 발전했다.

뉴기니 지도자들이 여러 전략을 결합하여 활용한 결과 사회에 놀라운 다양성이 생겼지만, 다른 한편으로 이러한 다양성은 사회가 공유하는 여러 원칙의 토대 위에 서 있었다. 식물과 돼지를 기르는 뉴기니 부족은 채집 사회의 강력한 요구, 즉 지도자는 겸손을 유지하고 화를 잘 내지 않으며 폭력을 억누르기 위해 애쓰고 축적한 것을 모두 나누어 주어야 한다는 요구를 넘어서게 되었다. 이전까지는 동료들에게 좋은 평판을 얻고 싶은 욕망 때문에 야망을 억눌렀지만 이제 식물 재배 사회로 오면서 이런 야망에 몸을 맡기고 교만의 죄를 저질렀다.

옛 전쟁 시대를 그리워하다

평화를 찾은 뉴기니 부족들조차 "남자가 강한 전사였던" 시절에 대해 향수를 갖고 있다. 침부족 사회에서 전투는 개인적 명망을 얻는 원천이었지만 다른 한편으로 전투 때문에 씨족들은 동맹 세력이 되지 못하고 서로 경쟁했다. 전투의 원인에는 살인, 식량이나 귀중품 절도, 선물에 답례하지 않는 것, 여러 가지 모욕(오늘날 젊은 세대가 "업신여김"이라고 일컫는 것)이 있었다. 습격 무리는 창, 활과 화살,

돌도끼, 몽둥이, 커다란 방패를 들고 나섰다. 침부족 전투에서는 대체로 200명 중 10명도 채 안 되는 사람들이 서로 맞붙어 싸웠고 그러는 동안 60명 내지 70명은 멀리서 화살을 쏘았으며 나머지는 측면에서 전투에 끼어야 할지 말지 살피면서 기다렸다. 약간의 부상자가 생기면 정식으로 휴전하고 희생자에 대한 배상을 치렀다.

에토로족은 레이먼드 켈리에게 예전에 있었던 한 습격에 관한 일화를 전해 주었다. 이 습격에서 에토로족은 이웃 부족인 페타미니족 및 오나바술루족과 연합하여 오랫동안 적대 관계에 있던 칼룰리족의 롱하우스*를 불태웠다. 이 전투에서 에토로족은 단 두 명이 죽은 반면 칼룰리족은 불타는 집에서 탈출하느라 많은 사람이 죽었다. 이후 에토로족은 칼룰리족의 사상자가 훨씬 많았던 것에 대한 보상으로 개오지 껍질 목걸이 54개와 돌도끼 3개를 주었다.

물론 전설적인 습격들은 식민 시대의 화평 이전에 있었다. 하지만 뉴기니 섬의 남쪽 해안 지역에서 마린드족과 함께 생활한 인류학자 브루스 노프트는 식민지 독립 후의 우주론에서도 여전히 인간 사냥을 정당화하고 있다는 것을 알게 되었다. 노프트에 따르면 마린드족은 식민지 이전 시대에 인간 사냥에 대단히 열광했다. 무려 여섯 군데나 되는 큰 촌락이 쿠이미라브kui-mirav, "인간 사냥터"를 습격하는 활동에 참여했다. 사람들은 이 활동을 너무도 흥미진진하게 즐겨서, 농사를 짓지 않는 인간 사냥 철에는 촌락 전체가 텅 비었다. 이 활동에서 단 한 가지 빠진 게 있다면 옆에서 구경하는 관

---

* 한 동의 가옥을 벽으로 막아 다수의 가족이 독립된 생계를 영위하면서 공동으로 사는 주거 형태.

객이 없었다는 점이다.

습격자는 사고야자 가루를 식량으로 준비하여 숲 속의 특정 길을 따라가거나, 카누를 타고 내륙 물길을 따라갔다. 1884년 마린드족의 근거지에서 거의 270킬로미터나 떨어진 곳에서 30척 내지 40척의 카누를 나누어 타고 가던 마린드족 전사 1,200명이 한 영국 선박을 만난 일이 있었다. 적은 아무 의심도 하지 않았고, 적보다 수적으로 우세했던 전사들은 같은 촌락 출신의 남자들을 묶어 여러 소대를 편성했다. 이들은 밤을 틈타 적의 정박지를 에워싼 뒤 새벽에 공격을 감행했다. 한 전사가 몽둥이로 한 명의 머리를 박살 낸 뒤 목을 베었다. 전사는 희생자의 입에서 마지막으로 터져 나온 외침을 그의 이름이라고 여겼을 테고 그 이름을 미래에 태어날 마린드족 아이에게 붙였을 것이다. 아이와 젊은 여자는 살려 두었다. 일부다처 세계에서 젊은 여자를 찾는 수요는 늘 많았기 때문이다.

마린드족 전사는 카누 가득 사람의 머리를 싣고 돌아왔으며 그 수가 일 년에 대략 150개 정도 되었다. 머리는 전리품으로 간직했고 다른 신체 부위는 식용으로 먹었을 것이다. 인간 사냥은 무차별적인 공격 행위라기보다는 죽음에 맞서는 일종의 의식이었고, 머리를 벤 사람에게 행운과 풍성한 수확을 가져다준다고 믿었다.

중개상 역할을 했던 침부족

대다수 식량 재배 부족은 앞서 수렵채집 사회에서 보았던 넉넉한 인심과 상호 답례를 여전히 높이 평가했다. 사실 이런 행위는 가계,

씨족, 반족을 이루는 사회에서 더 확대되었다. 이제 규모가 커진 이 단위들이 제각기 상호적인 관계에 놓였기 때문이다. 한 사례로 침부족을 살펴볼 것이다.

침부족은 부계 혈통을 따랐다. 가족을 넘어서 15명에서 60명에 이르는 친족 남자와 그들의 가족이 한 가계를 형성했다. 이 가계가 다시 씨족을 구성하며 각 씨족은 600명에서 700명 정도의 성원으로 이루어졌다.

한 지역에서 가장 규모가 큰 후손 집단은 때로 자기 집단이 특정 남자 조상을 시조로 두고 있다고 주장했으며 그 밑에 있는 각 하위 집단도 이 시조의 아들이 자기 집단을 세웠다고 주장했다. 이들은 모두 공동 시조를 매개로 친척 관계에 있으며 결혼 상대를 외부 씨족에서 구해야 했다. 이런 관습 때문에 신부 씨족에게 많은 혼인 대금을 치러야 했으며 진주조개 껍질, 개오지 껍질이 촘촘히 박힌 머리띠, 앵무새 깃털로 만든 머리 장식, 극락조 깃털, 특별한 신부용 도끼, 돼지를 혼인 대금으로 주었다. 젊은 남자는 그런 대금을 치를 능력이 없었기 때문에 신랑의 가계와 씨족 성원이 신부 대금의 많은 부분을 빌려 주었다. 신랑이 나이 들어 귀중품이 생기면 당연히 이를 갚아야 했다.

침부족의 여러 씨족, 심지어는 부족 전체가 이웃 부족을 초대하여 깊은 인상을 남기는(그리하여 결국은 보답을 받는) 잔치를 베풀었다. 폴라 브라운은 지름이 18미터에서 45미터나 되는 커다란 잉여 식물 더미를 자랑스럽게 과시하듯 쌓아 놓았다가 나누어 주는 장면을 묘사해 놓았다. 6년 또는 7년마다 한 번씩 침부족 사람들은 수백 명에 이르는 손님을 초대하여, 죽은 조상에게 돼지를 제물로 바치는 모습을 지켜보게 했다. 그러고 나면 이 고기를 요리하여 손님에게 나누어 주었다. 주최 집단은 언젠가 답례 잔치에 초대받기를 기대하며 모두들 이를 잊지 않았다. 돼지를 얻어먹고 이에 걸맞지 않은 것을 내놓는다면 무기를 동원한 강력한 응징을 받게 된다. 습격이 성공하면 승리한 집단은 전쟁 보상금을 치러야 하는데 이때에도 교역 물품이나 돼지가 들어갔다.

명망가도 호화 잔치를 이용하여 명망을 높였다. 이들은 부인이 많을수록 마와 고구마를 많이 기르고 돼지를 많이 키울 수 있다는 것을 재빨리 깨달았다. 나중에 가서 살펴보겠지만, 타의 추종을 불허할 정도로 많은 식량을 모은 명망가는 경쟁 상대가 보답하지 못할 만큼 많은 식량을 주어 모욕감을 안겨 줄 수 있었다. 이를 위해 명망가들은 이웃 부족을 상대로 돼지 절도 습격을 이끄는 한편 자신의 씨족 성원에게 식량을 기증하라고 압력을 가했다. 여기에는 위험도 따랐다. 야심 많은 사람의 "신용이 바닥날 경우", 즉 갚을 수 있는 수준보다 더 많이 빌릴 경우 명망을 잃고 채권자에게 예속된 상태로 수년을 보내야 하기 때문이다. 앞서 보았듯이 일부 고고학자는 이런 형태의 부채 노역이 프레이저 고원과 북아메리카 북서부 태평양 연안에서 불평등으로 이어졌다고 보고 있다.

엥가족: "돼지 한 마리, 꼭 한 마리만"

인류학자 폴린 위스너와 그녀의 동료인 엥가족 성원 아키 투무가 기록한 내용에서는 오랫동안 복잡하게 뒤얽혀 내려온 경쟁적인 교역과 잔치의 역사를 보여 주고 있다. 이 이야기는 아홉 세대에서 열두 세대 전 엥가족 사회에 고구마가 처음 들어왔던 때로부터 시작된다. 대략 220년에 걸쳐 엥가족의 인구는 2만 명에서 10만 명으로 늘어났다.

많은 뉴기니 부족과 마찬가지로 엥가족도 한 명의 공동 조상에서 부계로 내려온 여러 씨족으로 구성되어 있었다. 카몽고kamongo, 즉 명망가라고 불리는 사람들이 있었으며 이들은 분쟁을 조정하고 연설을 행하며 조개껍질과 깃털, 아로마 향유, 의식용 북, 돼지의 교역을 담당함으로써 명성을 쌓았다.

여자는 고구마 재배로 노동량이 늘었지만 야심 있는 남자에게 더욱 가치 있는 존재로 비쳤다. 더구나 여자가 기른 고구마를 돼지에 먹여 살을 찌울 수 있었고 그럴수록 남자의 명망도 커졌다. 인구가 늘어나면서 새로운 의식과 교환 체계도 생겼다.

케펠레kepele라는 이름의 오래된 통과의례가 이제는 조상을 기리는 숭배 의식으로 발전했고, 이어서 중요한 공식 거래 체계로 확립되었다. 케펠레의 목표 중 하나는 엥가족을 단결시키고 이웃 부족과 통합하는 데 있었기 때문에 누구든 너무 큰 선물을 주어 상대가 걸맞은 답례 선물을 하지 못하는 일이 없도록 매우 노력했다. "돼지 한 마리, 딱 한 마리만" 주도록 규정한 의무 조항 속에는 케펠레에 참여한 모든 사람의 평등이 표현되어 있다. 다시 말해서 케펠레는 명망가들 사이에서 벌어지던 치열한 경쟁에 균형추 역할을 했다.

또 다른 제도로 아주 서서히 발전해 온 테tee라는 순환 체계가 있었다. 테는 원래 신부 값과 장례 선물에 자금을 대어, 가까운 친족 집단 내에서는 유통되지 않는 귀중품을 얻고 부를 축적하는 방법이었다. 하지만 인구가 늘어나고 부족 간 전쟁이 심화되면서 테는 전쟁 배상금을 지불하기 위해 귀중품을 모아 두는 방법으로 활용되기에 이르렀다. 이런 변화로 인해 예상치 못한 결과가 생겼다. 단지 푸짐한 배상금을 받아 내려는 목적에서 전쟁을 하는 집단이 생기기 시작한 것이다.

새로운 전투의 목표는 복수가 아니라 부를 얻는 것이었기 때문에 아무도 전투에서 죽는 것을 원치 않았다. 점차 전쟁은 의식으로 바뀌었고, 토지와 농작물보다는 돼지로 배상금을 받는 경우가 늘어났다. 1915년에서 1945년을 지나면서 엥가족은 사람을 죽이는 것보다는 돼지를 죽이는 것이 더 낫다고 깨닫게 되었고 테는 점차 물품 교환의 순환 체계로 정착했다.

순환 체계가 한창 활발할 때는 375개가 넘는 씨족이 참여했다. 첫 번째 씨족이 서쪽으로 가는 교역 상대에게 돼지, 진주조개, 도끼, 소금, 기름, 화식조라는 이름의 날지 못하는 식용 새를 주면 이 품목들은 다시 서쪽에 있는 두 번째 씨족에게 건네지고, 이어서 세 번째 씨족, 네 번째 씨족의 순으로 계속 건네진다. 그리하여 마지막으로 품목을 받은 씨족은 다시 서쪽에서 동쪽으로 진행되는 반대 순환을 시작한다. 각 씨족은 받은 돼지의 절반을 도축한 다음 요리한 돼지고기를 동쪽으로 보내는데, 원래 돼지를 건네주었던 씨족에게 요리한 돼지고기를 전한다.

오스트레일리아 당국에서는 전쟁이 줄어드니 당연히 좋아했다. 엥가족으로서도 비록 명망가들의 명성이 올라가긴 해도 평등과 늦은 답례라는 두 가지 가치를 그런 대로 지킬 수 있었다.

하겐 산 부족들: "너한테 돼지 한 마리가 있을 테니, 나는 두 마리로 올릴 거야"

뉴기니 섬의 고지대, 엥가족의 바로 동쪽이자 침부족의 서쪽에 하겐 산 지역 부족들이 살고 있었다. 1960년대에 1,370제곱킬로미터의 면적에 대략 6만 명에 이르는 멜파족이 거주했다. 인류학자 메릴린 스트래선의 탁월한 연구에 묘사된 바에 따르면 하겐 산 여자는 텃밭을 돌보고 가족의 주된 부의 원천인 돼지를 길렀다. 남자는 나무를 베어 내고 배수로를 팠으며 적을 상대로 전쟁을 했다. 남자는 모카moka라고 불리는 거대한 물물교환 체계에도 참여했는데 인류학자 앤드루 스트래선이 이 물물교환 체계를 연구한 바 있다.

엥가족의 테 순환 체계와 마찬가지로 모카 역시 틀림없이 전쟁 배상금을 주기 위해 부를 형성하는 방법의 하나로 시작되었을 것이다. 오스트레일리아 정부가 전쟁을 억제하면서 모카는 인명 희생 없이 남자들이 경쟁을 벌일 수 있는 방법으로 중요성이 높아졌다. 하지만 모카에서는 돼지를 딱 한 마리만 주라고 강권하지 않았다. 모카에서는 "너한테 돼지 한 마리가 있을 테니 나는 두 마리로 올릴 거야."라고 말하라고 참가자를 부추겼다. 물물교환은 이제 내기 게임이 되었고 이 게임이 끝날 무렵 누군가는 망하고 누군가는 명성을 얻어 부상할 것이었다.

하겐 산 남자도 침부족처럼 명망의 위계 체계가 있었다. 인구의 약 15퍼센트는 결국 수익을 내지 못하는 "하찮은 사람"으로 전락하여 명망가 옆에 심부름꾼으로 붙어살았다. 이들은 친족에게 실패자로 취급되어 신부를 데려올 돈을 기증받을 수 없었기 때문에 아무도 결혼하지 못했다.

인구의 70퍼센트가 보통의 남자로, 대개 부인을 한 명 두고 교역에 최소한만 참여했다. 나머지 15퍼센트는 명망가로 평균 두세 명의 부인을 두었고, 통칭 "조가비 화폐"로 불리는 귀중품을 거의 모두 장악하면서 교역에서 큰 성공을 거두었다.

대략 열 살쯤 되면 모든 남자아이가 가족을 떠나 공동 남자 숙소에서 살았다. 기숙사처럼 생긴 이 원형의 구조물은 분명 예전 채집사회의 미혼 남자 오두막에서 발전했을 것이다. 일단 남자 숙소에 들어간 아이는 여자 형제와 완전히 다른 의식을 치르며 생활했다. 이때부터 남자아이는 여자와 함께 있는 시간을 줄였다. 여자와 접촉하면 생명력이 고갈되었기 때문이다. 여자는 양쪽으로 입구가 나 있는 타원형의 롱하우스에서 살았다. 한쪽 입구는 여자와 아이가 다니는 입구이고 다른 한쪽은 부의 원천으로 여기는 돼지가 드나드는 입구였다.

좋았던 옛 시절 명망가들은 적의 촌락을 공격하기 위해 습격을 지휘했다. 그 후 중재와 배상 국면이 시작되면 사람을 죽인 자는 희생자 집단에게 산 돼지, 돼지고기 요리, 과일, 화식조 알, 조개껍질 귀중품을 선물했다. 이런 배상 물품을 받은 사람은 다시 동등한 가치를 지니는 물품으로 돌려주는데 이때 추가로 양을 얹어서 돌려주었다. 현대 악덕 사채업자가 붙이는 "수수료" 같은 것이다. 이렇게 추가로 얹어 주는 분량을 모카라고 불렀다. 승리자는 모카를 추가로 받고 다시 그 위에 수수료를 얹어 돌려준다. 이렇게 "너한테 돼지 한 마리가 있을 테니 나는 두 마리로 올릴 거야."의 방식을 서로 주고받는데 이 방식을 가리켜 "우리 사이에 돼지 길을 만든다."라

그림 9 | 뉴기니 멜파족의 한 명망가가 경쟁 관계에 있는 사업가를 응시하고 있다. 그의 앞에는 수지를 딱딱하게 굳혀 만든 둥그런 전시용 접시 위에 진주조개 껍질 귀중품이 진열되어 있다. 연구가 진행된 1960년대에는 경쟁 상대가 건넨 조개껍질 두 개와 돼지 한 마리에 이처럼 조개껍질 여덟 개에서 열 개로 되돌려 주는 사람이 경쟁 상대를 이기고 오마크라는 대나무 기록 막대 한 개를 더 달 수 있었다. 그림 속의 명망가는 50개가 넘는 오마크를 목에 늘어뜨리고 있는데 이로써 명성이 매우 높은 사람임을 확인할 수 있다.

고 하며, 서로 간에 반격을 막기 위해 만들어진 것이었다.

전쟁이 억제되면서 귀중품과 깃털, 소금, 돌도끼, 동물 모피, 붉은 황토를 주고받는 공식 교환이 증가했고 늘 모카가 포함되었다. 한 사람이 교역 상대에게 진주조개 껍질 두 개와 돼지 한 마리를 주면, 받은 사람은 진주조개 껍질을 여덟 개 내지 열 개 되돌려 주고 구운 돼지고기를 나누어 먹었다. 돼지 새끼를 받은 사람은 다 큰 돼지나 구운 돼지 옆구리 살("부가 가치가 늘어난" 돼지)로 되돌려 준다. 마지막에 상대가 모카를 추가하여 돌려줄 수 없을 만큼 큰 선물을 준 사람이 명망을 얻는다.

마침내 하겐 산의 명망가들은 여덟 개에서 열 개의 조개껍질을 모카로 건네주는 행사 때마다 대나무 "기록 막대"를 착용하기 시작했다. 그림 9에는 오마크omak라는 기록 막대를 길게 늘어뜨린 한 명망가가 나와 있는데 명망가들은 이 기록 막대로 자신이 명성을 지닌 사람임을 모든 이에게 알린다. 명망가들은 선물을 언제 주는 게 좋은지 시기를 정하는 데 노련한 역량을 보였으며, 친족을 잘 설득하여 자신이 물자를 축적하는 데 도움을 주도록 납득시키는 능력도 뛰어났다. 하지만 명령을 내리거나 억지로 강요할 권한은 없었다. 명망가의 아들이 아버지의 명망을 물려받을 수도 없었다. 아들은 스스로 명망을 쌓아야 했다.

하지만 앤드루 스트래선은 비록 명망가가 세습되는 지위는 아니더라도 부친이 역할 모델을 하는 경우에 확실히 도움이 된다고 밝혔다. 그가 통계 표본으로 삼은 명망가 88명 중 49명(56퍼센트)의 부친이 명망가였다. 이보다 훨씬 중요한 사실은 사람들이 정말로 뛰어난 명망가로 여겼던 32명 중 23명(72퍼센트)의 부친이 명망가였다는 점이다.

살아생전 오마크를 자랑스럽게 걸고 다녔던 명망가는 죽을 때도 특별한 대우를 받았다. 친족은 명망가의 손과 다리를 묶어 시신을 구부정한 자세로 만든 뒤 단 위에 하루 동안 놓아 두었다. 그런 다음 제물로 조개껍질과 깃털을 넣어 함께 매장했다. 그 뒤에 명망가의 해골을 파내어 사당 기둥에 세워 놓고 그를 중요한 조상으로 모셨다. 명망가가 되고자 하는 지망생은 해골이 보관된 사당에서 의식을 거행했다. 가장 명성 높은 명망가가 죽으면 촌락 전체가 일시적으로 방향 상실에 빠졌다. 모두들 그가 주술에 의해 죽임을 당했다고 굳게 믿었던 것이다.

의식용 건물

하겐 산의 명망가가 남긴 업적 중 하나는 친족을 조직하여 공식 거래용 풀밭 광장인 모카 페네moka pene를 만들었다는 점이다. 모카 페네는 나무를 모두 베어 낸 구역으로 카수아리나 관목과 마법을 지닌 코르딜리네로 둘러싸여 있었다. 이곳을 시작점으로 하여 의식용 건물과 의식 공간이 길게 들어서는 경우가 더러 있었다. 명망가는 사람들을 지휘하여 모카 페네 앞쪽에 의식용 둔덕을 지었고 그 너머에 의식용 남자 숙소를 지었다. 이 남자 숙소는 젊은 남자가 잠을 자는 공동 숙소와는 달랐다. 남자 숙소 뒤편에는 돼지를 제물로 바치는 오두막이 위치했다. 마지막으로 모카 페네에서 의식 공간 너머 반대쪽 끝에 씨족 묘지가 있었다. 이 묘지에는 마법의 돌이 묻혀 있으며 묘지 주변에는 조상을 상징하는 나무가 심어져 있었다.

모카 페네, 의식용 둔덕, 의식용 남자 숙소, 제물 오두막, 신성한 나무와 마법의 돌이 있는 묘지를 정연하게 배치해 놓은 의미를 살펴보자. 어느 고고학자든 이곳을 보면 "복합 의식 공간"이라고 생각할 것이며, 불평등 수준이 높은 사회의 세습 지도자가 사람들을 지휘하여 이 공간을 지었을 것이라고 가정한다. 실제로 이 공간을 만든 사회는 지도자가 명성을 갖긴 해도 실질적인 권한은 갖지 않았다. 이 사회는 조상으로부터 결정적인 지원을 받는 사회였다. 조상은 눈에 보이지 않는 이인자로 후손을 대신하여 천상의 일인자에게 로비 활동을 벌였다. 하겐 산의 명망가들은 촌락에 행운을 가져다주는 적의 머리를 모으지 못하게 되자 모카를 통해 그런 대로 명성을 얻었고 더러는 사람들에게 자신의 해골을 숭배 대상으로 삼도록 했다.

아삼 지역 안가미 나가족의 명성 쌓기

아삼은 인도 동쪽 끝에 있는 주이다. 버마(현재의 미얀마)와의 국경 지역은 숲이 우거진 산악 지대로, 대개 티베트버마어를 쓰는 다양한 부족이 쌀과 기장을 재배하고 소와 돼지를 기르며 살았다. 제각기 안가미, 로타, 아오, 렝그마, 세마, 코니아크 등의 부족 이름을 갖고 있지만 이 산악 지대 사람들을 통칭하여 나가족이라고 일컫는다. 오늘날 이들은 나갈랜드라는 자치 주를 이루고 있다.

나가족 사회는 뉴기니 사람들과 함께했던 역사가 전혀 없는데도 앞서 논의한 것과 유사한 행동이 많이 나타났다. 나가족 중 많은 수가 자치 촌락을 이루어 살았으며, 씨족으로 나뉘어 있고, 기숙사 형태의 남자 숙소를 지었고, 적을 상대로 매복 활동을 벌였고, 적의 머리를 베어 가져왔으며, 일련의 이름 있는 의식에 물자를 제공함으로써 차츰 명성의 단계를 높여 나갔다. 가장 인상적인 의식 중에는 몇 톤이나 되는 돌을 촌락까지 끌고 와서 영구적인 기념비로 세우는 것도 있었다.

나가족 촌락은 인간 사냥을 통해 생명력을 축적했다. 생명력은 인간에게서 그들이 키우는 쌀과 기장으로 전해졌다가 다시 이 작물을 먹는 인간과 동물에게로 전해지는 무언가였다. 동물을 제물로 바치거나 적의 목을 베면 생명력을 회복할 수 있었다. 적의 목을 베어 촌락으로 돌아온 전사는 정화 의식을 거친 뒤 명망의 휘장을 두르도록 허락받았다. 세마 나가족은 목을 베어 온 사람에게 수퇘지 엄니 목걸이를 걸어 준다. 렝그마 나가족과 로타 나가족은 목을 베어 온 사람에게 특별한 천으로 된 옷을 입도록 허용한다. 코니아크 나가족은 특별한 문신을 새기게 해 주며 사람 머리 전리품처럼 생긴 펜던트를 걸게 해 준다.

마지막에 적의 머리를 어떻게 처리하는지는 부족마다 다르다. 안가미 나가족은 적의 얼굴이 아래를 향하도록 하여 머리를 땅에 묻었다. 코니아크 나가족과 아오 나가족은 적의 머리를 남자 숙소에 보관했다. 로타 나가족, 렝그마 나가족, 세마 나가족은 촌락 주변의 나무 위에 전시해 두었다. 사람 머리를 하나도 베어 오지 못한 남자는 겁쟁이 취급을 받기 때문에 부인을 얻는 데 어려움이 있었다.

여기서는 안가미 나가족을 중점적으로 살펴볼 것이다. 이들은 렝그마 나가족, 로타 나가족, 세마 나가족의 남쪽에 있는 버마 국경선 부근에 살았다. 안가미 나가족은 촌락 주위에 벽을 쌓고 도랑을 파서 촌락을 방어했다. 씨족마다 제각기 남자 숙소가 있으며 더러는 요새를 갖춘 곳도 있었다. 부계 혈통으로 내려오는 씨족은 때로 다툼 끝에 둘로 나뉘기도 했다. 하지만 전쟁과 분열의 한편에서도 필요하면 외부인을 입양하면서, 씨족이 줄거나 소멸하지 않도록 애썼다. 한 촌락에 사는 씨족 내에서 서로 다툼을 벌이더라도 다른 촌락이나 종족에 맞서 싸울 때는 힘을 합쳤다.

안가미 나가족은 전쟁에 나갈 때 사고야자 나무로 만든 1.5미터짜리 창, 코끼리 가죽으로 만든 방패, 마체테*처럼 생긴 다오dao라는 칼을 들고 갔다. 또한 전사마다 판지panji 즉 날카로운 대나무 못이 가득 든 가방을 들고 다녔다. 습격을 끝내고 후퇴할 때 땅에 뿌려 둔 판지가 추적자의 발을 찔러댈 것이므로 추적당할까 봐 염려하지 않았다.

포로의 목을 베는 일이 종종 있지만 포로를 고문하지는 않았다. 하지만 한 가지 예외가 있었다. 안가미 나가족을 30명이나 창으로 찌른 뒤 붙잡힌 로타 나가족 전사 차카리모였다. 안가미 나가족의 전쟁 지도자는 차카리모를 나무에 묶고 어린 남자아이들이 그를 잘게 조각내도록 내버려 두었다. 차카리모는 312개 조각으로 잘려 죽었다고 한다.

안가미 나가족과 관련해서 선구적인 기록을 남긴 이는 존 H. 허턴으로, 1차 세계대전 이전에 안가미 나가족과 함께 살았다. 허턴은 안가미 나가족의 우주가 영혼으로 가득 차 있으며, 그중 가장 중요한 영혼이 케페노퓌라는 것을 알게 되었다. 모든 살아 있는 존재의 창조자인 케페노퓌는 하늘에 살고 있으며 가장 성공한 사람은

* 밀림에서 길을 내거나 그 밖의 다른 용도로 사용하는 기다랗고 큰 일자 낫이나 칼.

죽은 뒤 하늘로 올라갔다. 풍요의 영혼, 사냥꾼에게 사냥감을 가져다주는 영혼, 죽음을 불러오는 악의적인 영혼도 있었다. 개인은 이보다 중요도가 낮은 영혼의 보호를 받았다.

안가미 나가족은 자신들이 땅에서 나온 두 형제의 후손이라고 믿었다. 두 형제는 두 개의 후손 집단을 만들었는데, 이는 한 쌍의 반족을 뜻하는 것으로 보인다. 형인 테보가 먼저 나왔으므로 그 후손은 동생인 테크로노의 후손보다 먼저 먹을 수 있었다. 이 신화는 우리가 이미 익숙하게 아는 원칙, 즉 씨족이나 가계가 둘로 나뉠 때 한쪽은 상위, 다른 쪽은 하위로 간주된다는 원칙에 정당성을 부여했다.

안가미 나가족 남자는 뉴기니 섬 남자처럼 두 가지 경로로 명성을 얻었다. 두 경로는 생명력을 얻는 것과 연관이 있었다. 안가미 나가족 남자는 적의 머리라는 형태로 촌락에 생명력을 공급함으로써 페후마pehuma, 즉 "전쟁 지도자"가 될 수 있었다. 식민 통치 이전에는 이 경로를 통해 널리 이름이 알려진 전설적인 페후마가 탄생했으며, 이들 중 몇몇은 장남에게 지위를 물려주기도 했다.

또 하나의 경로는 케모보kemovo, 즉 일종의 "신성한 사람" 또는 "의식을 주관하는 사람"이 되는 것이었다. 촌락마다 둘 이상씩은 있었을 것이다. 안가미 나가족 남자는 우선 부를 축적한 뒤 일련의 풍성한 의식 잔치를 열어 부를 나누어 줌으로써 케모보가 될 수 있었다. 매번 이전 잔치 때보다 깊은 인상을 남겨야 했다. 이 잔치를 통해 장차 케모보가 될 사람은 자신이 남아돌 정도의 생명력을 가졌으므로 이를 사람들에게 기꺼이 나누어 주려고 한다는 메시지를 전했다.

각 의식마다 안가미 나가족 고유의 이름이 붙어 있지만 아삼어에서 차용한 용어 젠나genna로 모든 의식을 통칭했다. 젠나에서 핵심이 되는 것은 첫째 감정적인 반응을 이끌어 내는 춤과 음악, 둘째 주최자가 제물로 내놓은 돼지와 소에서 나온 넉넉한 고기, 셋째 경외감을 불러일으키는 체험을 한층 북돋아 주기 위해 끝없이 제공되는 주zu, 즉 쌀 술이었다.

일련의 젠나를 모두 마치기까지 수년이 걸리기도 했다. 맨 처음 여는 가장 손쉬운 잔치는 크레가기kreghagi이며, 남는 쌀이 있는 사람이면 누구나 열 수 있었다. 주최자는 의식 전문가의 축복을 받은 뒤 암소를 제물로 바쳐 손님들을 배불리 먹였다. 이 잔치가 끝나면 주최자는 특별한 머리 모양을 할 수 있는 자격을 얻었다.

이에 비해 다음에 이어지는 테사thesa 등의 잔치는 만만치 않았다. 수백 킬로그램의 쌀로 술을 빚고 손님들에게 황소 네 마리와 돼지 두 마리를 대접해야 했다. 이 잔치를 마치면 주최자는 집을 특별하게 꾸밀 자격을 얻었다. 이보다 훨씬 규모가 큰 잔치 레쉬lesü에서는 테사 때보다 세 배나 많은 쌀을 비축해야 했다. 뿐만 아니라 황소 열 마리와 돼지 다섯 마리를 제물로 바쳐야 했다. 이 잔치를 마치면 특별한 목재 뿔로 집을 장식할 수 있고 "뿔이 있는 집"이라는 칭호를 얻었다.

레쉬 잔치를 치른 사람만이 다음 단계인 치쉬chisü, 즉 "돌 끌기"로 넘어갈 자격을 얻었다. 이는 한 달 동안 계속되는 잔치로, 이를 마치면 케모보가 될 수 있었다. 이 의식을 치르기 위해서는 황소 열두 마리, 돼지 여덟 마리, 네 배나 많은 분량의 쌀을 내놓아야 하며, 쌀은 대부분 술을 만드는 데 쓰였다. 치쉬가 한창 무르익어 절정에 이르면 커다란 돌을 주최자의 촌락까지 끌고 가서 거대한 돌기둥 기념비를 세웠다. 이 기념비는 최고에 이르렀던 주최자의 젠나를 후세에 길이 전했다.

이러한 장관을 연출하기 위해 주최자는 같은 씨족의 모든 젊은 남자, 남자 숙소에서 함께 지냈던 모든 동창생, 심지어는 촌락 남자 전체의 힘을 빌리기도 했다. 50명이나 되는 씨족 남자가 이 일을 하기 위해 나온다는 것은 흔치 않은 일이었고 촌락 전체가 참여하는 경우에는 인원수가 수백 명에 이르기도 했다. 돌을 끄는 사람은 모두 의식용 복장을 갖추어야 했다. 이 복장에는 염색한 면 킬트*, 소라고둥 껍질로 만든 커다란 목걸이, 놋쇠와 코끼리 상아로 만든 완장, 열대 지방 코뿔새 깃털이 포함되기도 했다.

먼 곳에서 가져온 기념석이어야 높이 평가되었다. 로타 나가족은 목재 기둥으로 만든 무거운 들것 위에 돌을 얹어 운반했는데, 이를 끌고 가려면 한 줄당 각 12명씩 모두 여섯 줄로 늘어선 남자가 필요했다. 이보다 훨씬 큰 돌을 끌고 간 안가미 나가족은 지렛대를 이용해 기념석을 무거운 통나무 썰매 위에 얹었다. 썰매를 끌고 가는 길에는 목재 굴림대가 깔려 있었고 수백 명의 남자가 열대 덩굴식물로 만든 튼튼한 줄을 이용하여 몇 시간씩 큰 소리로 노래를 부르며 정글 숲길을 따라 썰매를 끌었다. 이 길의 끝에는 수십 리터의 술이 기다리고 있다는 것을 모두 알고 있었다.

촌락에 도착하면 참가자들은 구멍을 판 뒤 이 구멍에 대고 썰매를 기울여 돌의 밑동이 구멍 속으로 미끄러져 들어가게 했다. 기념석이 똑바로 세워지면 이곳은 중요한 영혼들의 거처가 되고, 주최자가 열었던 치쉬(그림 10)의 기억이 생생하게 살아 있도록 해 주었

---

* 치마처럼 생긴 남자용 하의.

그림 10 | 100년 전 아삼의 안가미 나가족은 몇 가지 경로로 명성을 쌓았다. 예를 들어 점차 규모가 늘어나는 일련의 풍성한 의식 잔치를 치를 만큼 많은 잉여 농산물을 축적하여 케모보, 즉 "신성한 사람"이 될 수 있었다. 연이은 행사에서 마지막 의식은 한 달 동안 지속되며 그 절정에 치쉬, 즉 "돌 끌기" 행사가 있었다. 무려 50명에서 100명에 이르는 많은 인원이 먼 돌산에서 주최자의 촌락까지 수 톤이나 되는 돌을 끌고 와 푸짐한 부상을 받았다. 촌락에 세워진 돌은 중요한 영혼의 거처이자 주최자의 업적을 기리는 기념비 역할을 했다. 그림에 보이는 것은 마람 촌락에 세워진 치쉬 돌이다.

다. 이제 주최자는 스스로를 신성한 사람으로 부를 수 있었다.

케모보는 일반 주민의 매장 방식과 달리 촌락에 둥글게 모여 앉는 자리인 테후바tehuba에 묻힐 수 있었다. 테후바는 지름이 9미터 내지 14미터 정도 되는 둥근 단으로, 높이가 허리까지 오는데 그 아래에 촌락의 첫 번째 케모보 묘가 있고 이후 대부분의 케모보도 이 단 아래 매장되었다.

치쉬 의식은 예전에 있던 전제, 즉 바위 지형지물에 영혼이 거하고 있다는 전제를 이어받았고 여기에 또 하나의 전제, 즉 촌락에 그런 지형지물을 만든 의식 주최자는 자신의 남다른 생명력을 입증했다는 전제를 덧붙였다. 또한 나가족 논리의 순환성에 의해, 주최자는 영혼과 좋은 관계를 맺고 있었던 덕분에 치쉬를 치르는 데 필요한 식량을 축적할 수 있었다고 설명되었다.

하겐 산의 일자형 복합 의식 공간이 그렇듯이 나가족의 돌 기념석도 고고학자에게 주의를 촉구한다. 많은 치쉬 돌은 멕시코의 올멕 유적, 콜롬비아의 산아구스틴 유적, 심지어는 마야 유적의 조각 기념비와 무게 면에서 공통점을 보이기 때문이다. 세 사회에는 매우 막강한 상류층이 있었던 것으로 추정된다. 따라서 나가족 기념비는 나가족 사회의 지도력이 오로지 업적만을 토대로 형성되었다고 해서 이 사회를 과소평가해서는 안 된다고 경고한다.

후천적 명성의 목표와 한계

이 장에서 논의한 사회들은 야심 있는 사람이 명망의 측면에서 불평등을 만들도록 허용하면서도 실질적인 권한은 제한했다. 전쟁 지도자는 적이 촌락 사람의 머리를 베어 가서 경쟁 촌락의 생명력을 늘리면 존경을 잃었다. 명망가는 누군가 그에게 감당하기 힘든 선물을 건네면 존경을 잃었다. 케모보는 신성한 사람이 되었지만 머지않아 다른 누군가 등장하여 더 큰 돌을 끌고 오고, 더 많은 황소를 제물로 바치며, 더 많은 술을 내놓을 것이다.

성과 기반 사회의 지도자가 아들에게 뒤를 잇게 하려면 아주 많은 것이 필요했으며 이는 매우 중요한 의미를 지녔다. 물론 지도자는 아들에게 역할 모델이 되어 어떻게 하면 명성을 얻는지 모범을 보여 주었다. 하지만 틀링깃족과 누트카족 족장이 통상적으로 자식에게 칭호와 특권을 부여했던 것과 달리 성과 기반 사회의 지도자는 그럴 수 없었다. 더욱이 성취를 이룬 남자 주변에는 언제나 야심 찬 경쟁자가 가득했고 이들은 명망가나 전쟁 지도자, 나아가 신성한 사람이 되겠다는 각오를 단단히 하고 있었다.

농경이 시작되자 이 같은 성과 기반 사회가 일반화되었다. 이를 입증하기 위해 성과 기반 사회에 가장 널리 퍼져 있던 관습, 즉 남자 숙소 또는 씨족 숙소에 관심을 집중할 것이다. 우선 현존하는 몇몇 사회의 의식용 가옥을 살핀 뒤 멕시코, 페루, 서아시아의 고대 사회에서 이와 유사한 건축물을 지었다는 것을 입증할 것이다. 이 과정에서 앞서 말한 원칙을 그대로 따르고자 한다. 기원전 8000년과 기원후 900년에 똑같은 일이 이루어졌다면 이 행동이 세계 역사에 반복적으로 나타난 것으로 본다는 원칙이다.

성과 기반 사회의 의식용 건물

채집 생활자는 각각의 거처를 타원형으로 배치함으로써 의식 공간을 마련하는 경우가 종종 있었다. 이렇게 배치할 경우 가운데 빈 공간에서 잔치를 열거나 춤을 출 수 있었다. 더러는 공동 화로 주변에 이런 공간을 마련하기도 했다.

농경 촌락에서는 별도의 건물을 지어 그 안에 의식 공간을 마련함으로써 제대로 형식을 갖추는 경우가 많았다. 원주민이 살던 북아메리카에서는 그러한 건물을 한증막이나 키바*, 의식용 오두막으로 썼다. 이어지는 장들에서 몇 가지 사례를 보게 될 것이다. 다른 지역에서는 남자 숙소가 의식용 건물로 쓰였을 가능성이 있다.

남자 숙소의 평면도는 제각기 달랐다. 둥근 형태가 있는가 하면 직사각형도 있었다. 남자들이 앉도록 긴 좌석을 둔 곳이 있는가 하

* 북아메리카 남서부 아나사지 문화 특유의 원형 지하 구조물. 종교의식이나 회의에 썼다.

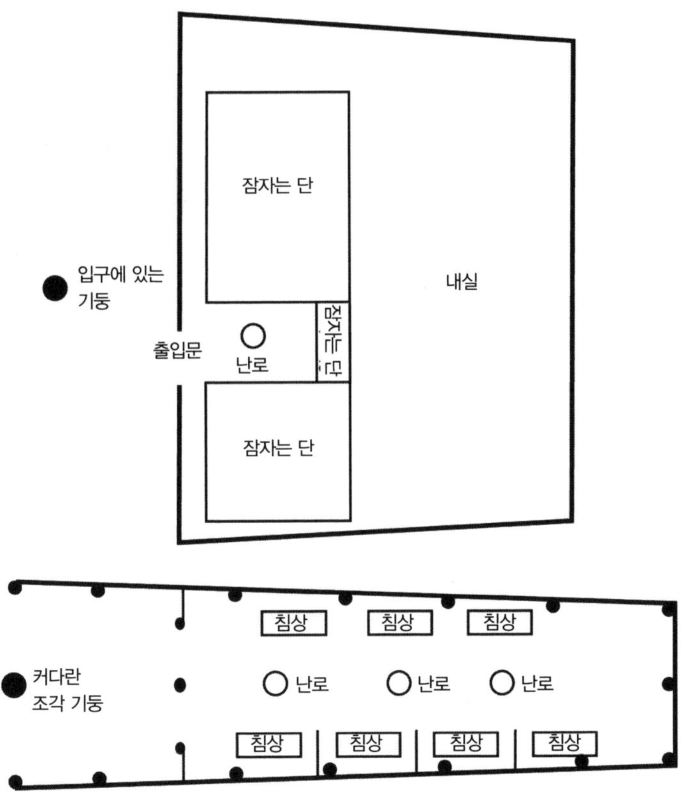

그림 11 | 100년 전 아삼 지역의 렝그마 나가족은 성장기에 있는 모든 젊은 남자가 모여 잠을 자는 남자 숙소를 지었다. 위쪽 그림은 동부 지역 렝그마 나가족의 남자 숙소로 가로 4.2미터(기둥은 제외), 세로 6미터이며 잠을 자는 커다란 단을 두었다. 아래 그림은 서부 지역 렝그마 나가족의 남자 숙소로 9미터(현관 부분은 제외) 길이에 여러 개의 침상을 나란히 놓았다.

면 잠을 자도록 침상이나 단을 설치한 곳도 있었다. 심지어는 한 종족 집단 내에서도 건축학적인 다양성이 보였다. 그림 11에는 20세기 초 아삼 지역 렝그마 나가족의 남자 숙소 평면도가 나와 있다.

동부 지역 렝그마 나가족의 남자 숙소에는 함께 잠을 자는 단이 설치되어 있던 반면 서부 지역 렝그마 나가족의 남자 숙소에는 침상이 줄지어 있었다. 나중에 보겠지만 많은 선사 시대 남자 숙소에는 앉거나 잠을 자는 긴 좌석이 있었다.

이 장에서는 구세계 사회에 있던 세 가지 형태의 남자 숙소를 살펴볼 것이다. 남자 숙소에는 각각의 사회가 후천적 불평등으로 나아가는 과정에서 발생한 작은 차이점이 반영되어 있다. 남자 숙소의 유형도 고고학 기록으로 구분이 가능하다. 따라서 남자 숙소를 통해서 성과 기반 사회가 언제 처음으로 등장했는지 시기를 규정할 수 있다.

우리가 살펴볼 세 사회가 모든 남자 숙소의 차이점을 망라했다고는 할 수 없지만 그래도 이를 대표한다고 볼 수 있다. 아삼 지역의 아오 나가족 사회는 기숙사형 남자 숙소를 두었고 모든 젊은 남자가 아오 나가족 사회의 규칙을 배우는 동안 이곳에서 잠을 잤다. 그중에서 뛰어난 사람이 자체 승진 활동을 시작할 때 남자 숙소에 함께 있던 사람들과 동창생의 지원을 받을 수 있었다.

두 번째로 검토할 사회는 뉴기니의 오크 산악 부족 사회이다. 이 사회는 남자 숙소를 커다랗게 한 채로 짓지 않고 통과의례를 마친 남자만 들어가는 작은 집 여러 채를 일정 구역에 옹기종기 지었다. 이곳에 들어갈 수 있는 권리는 스스로 획득해야 하며 이 과정에서 "하찮은 남자"를 솎아 냈다. 우리 견해로 볼 때 이런 배타적 남자 숙소를 둔 사회는 사회적 불평등의 격차가 훨씬 컸을 가능성이 있다. 요컨대 벌써부터 소수의 남자에게만 주요 의식 절차에 관한 정보를 독점적으로 허용해 주었던 것이다.

마지막으로 솔로몬 제도에서 가장 큰 부갱빌 섬의 시우아이족을 살펴볼 것이다. 시우아이족의 남자 숙소는 명망가가 세웠는데 명망가는 부족 내에서 악마가 선택한 출중한 사람으로 알려졌다. 명망가는 악마에게 피를 제공했으며, 악마는 명망가를 보호하는 한편 그에게서 영양분을 공급받았다. 우리 견해로 볼 때 이러한 남자 숙소는 사실상의 신전으로 전환될 가능성이 가장 높았다. 전형적인 남자 숙소의 경우에는 통과의례를 거친 남자들이 긴 좌석에 앉아 조상을 찬양하는 장소였지만, 시우아이족의 남자 숙소는 강력한 초자연적 존재의 혜택을 받는 장소로 여겨졌다.

마지막 가능성이 고고학자의 흥미를 끄는 이유는 세계 여러 지역, 우선 세 곳만 예로 들면 서아시아, 멕시코, 페루에서 일정 시기가 되자 남자 숙소 대신 신전이 들어섰기 때문이다. 또한 이 시기즈음에 세습적 불평등의 증거가 함께 나타났다.

아오 나가족의 아리추

이웃 안가미 나가족과 마찬가지로 아오 나가족도 성과 기반 사회였다. 야심 있는 남자는 점점 규모를 늘려가며 일련의 의식 잔치를 주최함으로써 두각을 나타낼 수 있었다. 남자 숙소 동창생뿐만 아니라 씨족 전체가 이 잔치에 물자를 내놓았고 잔치의 영광을 함께 누렸다. 잔치 행사가 열리기 여러 주 전부터 씨족 여자들은 술을 빚을 쌀을 빻았다.

촌락의 방어용 목책 안쪽에 남자 숙소를 지었으며 아오 나가족의 언어로 아리추arichu, 아삼어로 모룽morung이라고 불렀다. 폭 6미터, 길이 15미터에 달하고 정면 박공이 지면에서 9미터 위로 솟아 있는 웅장한 건물이었다. 아리추는 기숙사형 남자 숙소였기 때문에 침상이 벽을 따라 늘어서 있었다. 습격이 있는 동안 적의 창이 벽을 뚫고 들어와 잠자는 젊은 남자를 찌르지 못하도록 처마가 길게 땅까지 내려와 있었다. 세로로 세워 놓은 가장 큰 기둥에는 인간 형상, 호랑이, 코뿔새, 코끼리 등이 새겨져 있었다. 6년 주기로 아리추를 다시 지었으며, 이때에는 행운을 빌기 위해 이웃 촌락을 습격하여 적의 머리를 베어 오고 동물을 제물로 바쳤다.

아리추를 가장 먼저 설명한 사람은 20세기 초 아삼 지역에 살았던 제임스 P. 밀스였다. 밀스의 기록에 따르면 각 촌락의 남자아이는 나이를 기준으로 세 살 단위씩 묶은 동년배 집단으로 나뉘며, 평생 동안 같은 동년배 집단에 속해 있었다. 12세에서 14세까지의 남자아이는 "여물지 않은 사람"으로 불리며 처음으로 남자 숙소에 들어갔다. 15세에서 17세까지는 "여물고 있는 아이"로 불리며 12세에서 14세까지의 새로운 집단을 맞아들였다. 이후 18세에서 20세가 되면 "아리추 지도자"가 되며 인간 사냥 습격 때 나이 든 친족을 따라 동행할 수 있었다. 이렇게 3년 단위의 단계를 두 개 이상 거치면 대부분 기혼 남자가 되며 "씨족 지도자" 대접을 받았다. 27세에서 29세의 남자는 "고문관"이 되며 의식 잔치 때 가장 큰 몫의 고기를 받았다. 마침내 36세에서 38세가 되면 "장로"에 오르며, 이 명칭에는 덕이 계속해서 높아졌다는 의미가 함축되어 있었다.

중년으로 접어든 지 한참이 지난 뒤에도 사람들은 여전히 스스로를 동년배 집단의 구성원이자 남자 숙소의 동창생이라고 여겼다.

밀스에 따르면 아리추에 들어간 아오 나가족 소년은 이튼이나 해로 같은 영국 학교에서 영국 소년이 거치는 것과 동일한 사회화 과정을 거쳤다. 다시 말해서 아오 나가족 남자는 "남자 숙소가 있어야 아이를 키울" 수 있었다.

오크 산악 부족의 의식용 남자 숙소

이제 뉴기니 섬의 서쪽 고지대를 살펴보자. 이곳에는 오크 산악 부족으로 불리는 1만 5천 명의 원주민이 대략 1만 400제곱킬로미터의 면적에서 토란을 재배하고 돼지를 기르고 사냥과 고기잡이를 하면서 생활했다. 많은 오크 산악 부족 성원은 자신들이 아페크의 후손이라고 여겼다. 아페크는 여자 창조주이자 조상이었으며 인간을 낳고 이들의 의식 생활을 설계했다. 인류학자 모린 앤 매켄지에 따르면 오크 산악 부족은 조상을 공경했으며, 사냥과 전쟁, 식량 재배, 돼지 사육이 잘되게 해달라고 조상에게 빌었다. 또한 조상을 계속 접할 수 있도록 의식용 건물에 죽은 자의 해골이나 뼈를 보관했다.

오크 산악 부족은 여자의 의식과 남자의 의식을 나누었다. 따라서 다른 성의 의식용 건물에는 들어갈 수 없었다. 매켄지가 들어가 살았던 텔레폴 촌락에는 다섯 종류의 의식용 건물이 있었다. 세 종류는 남자의 것이고 두 종류는 여자의 것이었다(그림 12). 몇 가지 예를 들면 다음과 같다.

카벨 암kabeel am, 즉 "코뿔새 집"은 남자 초년생을 위한 건물이었다.

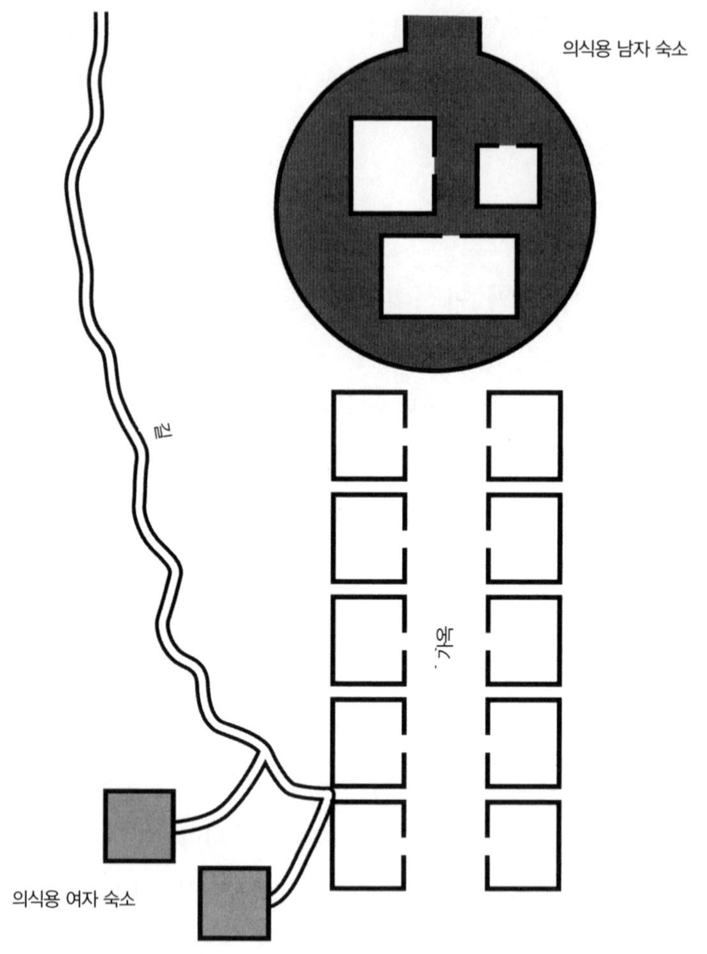

그림 12 | 뉴기니 섬의 전통적인 산악 부족은 남자 숙소를 여러 채 지었다. 이 덕분에 논리적으로 모순되는 우주론의 각 부분과 관련된 유물을 따로따로 보관할 수 있었다. 예를 들어 텔레폴 촌락에는 남자 초년생을 위한 작은 의식용 건물 세 채, 여자를 위한 작은 의식용 건물 두 채가 있었다.

욜람yolam 또는 오겐 암ogen am, 즉 "조상의 집"은 이전에 통과의례를 치른 남자용 건물이었다.

카티밤katibam, 즉 "나이 든 남자 숙소"도 이전에 통과의례를 치른 남자용 건물이었다.

둔감dungam 또는 암 카팁am katib은 여자가 아이를 낳는 동안 그 안에 격리되는 오두막이었다.

우난 암unan am은 여자를 위한 의식 장소였다.

텔레폴에서 그리 멀지 않은 곳에 또 다른 오크 산악 부족 촌락인 박타만이 있었다. 이 촌락에는 다음과 같은 네 종류의 의식용 남자 숙소가 있었다.

카티암katiam은 사냥 전리품을 전시하고 작물 수확량을 늘리기 위해 제물을 바치는 건물이었다. 조상의 여러 가지 뼈를 이곳에 보관했을 것이다.

욜람, "조상의 집"은 전쟁 및 수확 증대와 관련한 의식 용도로 쓰였다. 신성한 불을 두 개 밝히고 각기 다른 씨족의 조상 해골을 이곳에 두었다.

"토란 집"은 남자 연장자를 위한 거주 공간이었다.

"어머니의 집"은 이름과 달리 남자 조상을 공경하기 위한 장소였다.

한동안 박타만에 살았던 인류학자 프레드리크 바르트는 오크 산악 부족이 왜 각기 다른 주제의 의식용 남자 숙소를 네 종류나 두었는지 이유를 알려 주었다. 모든 우주론에는 논리적 모순이 있으며 오크 산악 부족의 우주론 역시 예외는 아니었다. 의식용 건물을 네 종류로 나누어 놓으면 우주론의 각기 다른 구성 요소에서 비롯된 유물을 별도의 건물에 보관할 수 있었다.

오크 산악 부족의 종교에서는 조상이 중심에 놓이기 때문에 죽은 친족의 뼈를 의식에 사용하는 경우가 많았다. 욜람에 보관된 것 중 많은 해골이 이런 목적에 맞게 장식되어 있었다. 하지만 바르트의 말에 따르면 죽은 개인이 누구인가는 중요하지 않았고 해골은 그저 일반적인 조상을 대표했다. 이런 상황은 이고르 코피토프가 알아낸 사실과도 부합한다. 코피토프는 오크 산악 부족과 유사한 아프리카 부족들 내에서 "조상"이 포괄적인 범주를 뜻한다는 사실을 알아냈다. 조상은 죽으면서 개인적 특성을 잃고 촌락의 또 다른 연장자층을 형성했다.

후천적인 불평등은 미묘한 양상을 띨 때가 있다. 오크 산악 부족 사회에서는 남자 숙소에 들어갈 수 있는 사람이 누구인가를 따져 보면 불평등이 확실하게 나타났다. 오크 산악 부족 남자는 한 번에 한 단계씩 의식의 비밀을 전수받았으며 모든 과정을 마치는 데 10년에서 20년 정도 걸렸다. "하찮은 사람"은 절대로 의식의 비밀을 전수받지 못했다. 두각을 나타내는 소수의 남자들만이 신화와 우주론에 관한 지식의 대부분을 독점하면서, 스스로를 낮은 차원의 종교적 상류층으로 규정하고 다른 사람들과 거리를 두었다.

박타만에 사는 동안 바르트는 비밀을 전수받은 남자 11명이 실제로 카티암에 살고 있는 것을 보았다. 비밀의 일부만 전수받은 남자 15명은 카티암에서 열리는 의식에 참석하지만 그곳에 사는 것은 허용되지 않았다. 비밀을 전혀 전수받지 않은 남자 128명은 카티암의 문턱을 넘는 것조차 허용되지 않았다. 그러므로 오크 산악 부족 남자의 80퍼센트가 여자와 마찬가지로 카티암에 들어가지 못한 셈이다.

또한 비밀을 모두 전수받은 남자만이 욜람에 들어가 의식을 거행할 수 있었다. 촌락의 연장자는 욜람에 모여 적의 촌락을 습격하는 계획을 세우고 성공을 비는 의식을 치렀다. 오크 산악 부족의 적도 물론 이를 알고 있었다. 그래서 오크 촌락을 습격할 때 남자 숙소를 가장 먼저 불태우는 경우가 많았다.

바르트가 지적했듯이, 이처럼 아주 많은 의식 정보가 소수의 남자에게만 집중되어 있었다면 그에 따른 영향이 생길 수 있었다. 더러는 연장자가 전체 우주론을 후대에 미처 전하지 못한 채 죽었다. 그런가 하면 오랜 기간에 걸쳐 훈련이 이루어지는 탓에 젊은 남자를 가르치는 스승들이 세부 사항을 잊어버리기도 했다. 바르트는 이런 과실 때문에 우주론이 수정되고 의식이 바뀌었다는 것을 알게 되었다. 구전으로 내려오는 종교는 앞서도 지적했듯이 활자 경전을 갖춘 종교에서는 도저히 가능하지 않은 방식으로 변화가 일어날 수 있었다.

솔로몬 제도의 카포소족

뉴기니 섬에서 동쪽의 태평양으로 965킬로미터 떨어진 지점에 솔로몬 제도가 있다. 솔로몬 제도에서 가장 큰 섬은 부갱빌 섬이며 이곳 사회는 뉴기니 섬과 마찬가지로 돼지, 사고야자, 토란, 마, 고구마를 재배했다.

1938년 부갱빌 섬의 650제곱킬로미터 면적에 시우아이라 불리는 종족이 살고 있었다. 오스트레일리아의 지배 아래에 들어가기 전까지 시우아이족은 여기저기 흩어져 있는 작은 촌락에 한 가구에서 아홉 가구씩 모여 살았고 촌락은 숲 속의 작은 길로 연결되어 있었다.

시우아이족은 모계 쪽 혈통에 비중을 두었다. 텃밭을 책임지는 공동 관리자가 모계 혈통으로 이어졌기 때문이다. 그 결과 모계 족보는 네다섯 세대까지 거슬러 올라가는 반면 부계 족보는 그렇지 못했다.

남자는 덕이나 힘, 야망 면에서 여자보다 우월하다고 여겨졌지만 남자의 사회적 지위를 올려 줄 돼지를 기르는 것은 이들의 부인이었다. 게다가 모계 혈통의 텃밭에서 얻는 자본금 없이는 남자가 명망의 직접적 원천이 되는 돼지나 조개껍질 귀중품을 축적할 수 없다는 데 더 큰 아이러니가 있었다.

시우아이족이 주고받는 선물은 모두 네 가지 형태였다. 친족과 친구 사이에 일반적으로 주고받는 선물, 신랑 친족과 신부 친족 사이에 주고받는 신부 값과 지참금, 사회적 의무를 강요하기 위한 강압적 선물, 경쟁자에게 모욕감을 주기 위한 경쟁적 선물 등이다. 이 가운데 네 번째 형태의 선물은 하오콤haokom, 즉 야망을 가진 사람들이 주고받았으며 이들은 포투potu, 즉 명성을 얻고자 했다. 이들이 성공하면 명망가가 되었다.

뉴기니 섬의 침부족과 마찬가지로 시우아이족에도 명망의 위계 체계가 있었다. 맨 아래는 하층민으로, 명성 있는 사람을 대신해서 육체노동을 하기 때문에 "다리"라고 불렸다. 중간층은 그런대로 성공한 남자이며 사회 대다수를 구성했다. 맨 위는 명망 있는 층으로, 그중 몇몇이 두각을 나타내 무미mumi가 되었다. 무미는 명망가 가운데에서도 최고의 인물로, 지능과 근면성, 카리스마와 사교 능력, 넉넉한 마음과 행정 능력을 지녔다. 뉴기니 섬의 하겐 산에서도 그랬듯이 아버지가 무미이거나 어머니가 무미의 딸인 사람은 역할 모델을 둔 덕분에 상층까지 올라갈 가능성이 높았다.

인류학자 더글러스 올리버는 1938~1939년 시우아이족과 함께 지내는 동안 폴라 브라운이 침부족에게 들었던 것과 똑같은 향수 어린 논평을 우연히 들은 바 있다. 시우아이족이 말하기를 전쟁을 억제하기 전인 좋았던 옛 시절에 "진정한 무미"가 있었다고 했다. 오래전에는 "전쟁에서 죽인 사람의 해골을 부족의 남자 숙소에 줄줄이 늘어놓았던" 지도자가 있었다. 오늘날의 시우아이족은 경쟁 부족에게 선물이나 잔치를 베풀어 수치를 안겨 주는 방식으로 "말로 싸우는" 데 그친다.

1938년 무렵에는 일반적으로 지지자, 전달자, "다리"를 끌어모으는 한편 마누누manunu, 즉 "부"를 축적하여 명성을 쌓았다. 부인을 여럿 둔 남자일수록 텃밭이 많았고 가족이 키우는 돼지도 많았다. 그는 사업가적 수완을 발휘하여 조개껍질 귀중품을 사 모았고 조개껍질 귀중품으로 더 많은 돼지를 사 올 수 있었다. 명망이 높아지면 남자의 의식 모임에서 환영을 받았고, 이를 기반으로 남자 숙소인 카포소kaposo에 들어갈 수 있었다. 그의 희망은 언젠가 자기 소유의 남자 숙소를 세울 자원을 모으는 것이었다.

명성 있는 사람에게는 당연히 경쟁자가 있었다. 그는 친족, 처남이나 동서에게 압력을 가해 식량 작물, 돼지, 조개껍질을 축적함으로써 경쟁 상대를 제거하고자 했다. 그의 전략은 무미내muminae라고 불리는 대규모 돼지 잔치를 열기 위해 계획을 세운 뒤 마지막 순간에 경쟁 상대 중 한 사람이 명예 손님으로 참석할 것이라고 공표하는 것이다. 이 소식은 남자 숙소에서 목재로 만든 슬릿드럼 소리가 둥둥둥 울려 퍼지는 가운데 퍼져 나간다. 이 안에는 도전의 메시지가 담겨 있었다. "수십 마리나 되는 아주 많은 돼지를 잡을 것이며 명예로운 나의 경쟁자는 이를 되갚을 길이 없기 때문에 수치심으로 거의 죽을 지경이 될 것"이라는 내용이 들어 있었기 때문이다.

최고 자리에 오르는 과정에서 무미는 초자연적인 도움을 받았다. 카푸나kapuna 또는 호로모룬horomorun, 아니면 이 둘 모두가 무미에게 도움을 주었다. 카푸나는 인간처럼 생긴 초자연적 존재이며, 무미의 어머니로 이어지는 모계 혈통의 조상이다. 호로모룬은 악의적인 영혼으로 "모든 악마의 무미"이며 매우 강력한 힘을 지녀서 죽음을 불러오기도 했다. 이 악마는 남자 숙소에서 시간을 보내면서 누가 미래의 지도자감인지 확인한 다음 그 사람을 일시적으로 병들게 함으로써 그에게 지지를 보내고 싶다는 바람을 알렸다.

장차 무미가 될 사람은 병이 나은 뒤에 호로모룬과 유대감을 형성하여 악마의 주술로 보호받았다. 이에 대한 보답으로 무미는 악마가 가장 좋아하는 음료인 돼지 피를 악마에게 주었다. 잔치가 열릴 때마다 호로모룬은 인간 손님이 접대받기 전에 먼저 이 음료수를 양껏 마셨다. 영양분을 충분히 공급받은 악마는 이 파우스트 식의 관계에서 무미의 명망이 높아짐에 따라 더욱 강력한 힘을 가졌다. 무미는 악마의 선택을 받았기 때문에 어느 누구도 무미의 성공을 질투하지 못했다.

무미는 다른 정착지로 연결되는 주요 도로 중간 어디쯤에 악마가 즐겁게 지낼 수 있는 남자 숙소를 지었다. 무미는 자신의 친족이 과업을 완수하는 데 도움을 준 다른 정착지 사람들에게 자신이 축적해 놓은 조개껍질 귀중품을 대가로 주었다.

올리버는 쿠이아카라는 이름의 한 명망가가 1930년대 말 자신의 카포소를 만드는 것을 지켜보았다. 이를 세우는 데 85명의 사람이 동원되어 도합 3,600시간* 분에 해당하는 작업을 했으며 쿠이아카는 이에 대한 대가로 돼지 18마리, 엄청난 양의 찐 토란, 코코야자 열매 2천 개의 과즙을 내놓았다. 옛 시절에는 적의 촌락에서 남자 목을 베어 와 남자 숙소 집회실에 보관하는 방식으로 남자 숙소에 제물을 봉헌했다.

시우아이족 남자 숙소의 결정적인 특징은 나무로 만든 슬릿드럼이 아홉 개 내지 열 개 정도 있었다는 점이다. 이 슬릿드럼은 높이 90센티미터에 지름 30센티미터인 것부터 높이 4.5미터에 지름 1.5미터인 것까지 크기가 다양했다. 나무 몸통의 속을 파내 만든 이 북은 제각기 다른 명칭을 지니며 소리도 달랐다. 가장 큰 북은 무게가 몇 톤씩 나갔고 이런 북을 조달하는 것은 나가족의 돌 끌어오기와 맞먹는 위업이었다.

올리버는 거대한 나무 몸통을 운반하는 작업을 목격한 적이 있었다. 이 작업에는 모두 200명이 동원되었다(그림 13). 이들은 숲에

---

* 한 사람이 3,600시간을 일한 만큼의 노동량(3,600man-hours)이므로 85명의 인원이 약 42시간을 일한 것이다.

그림 13 | 부갱빌 섬의 전통적인 시우아이족 사회에서는 무미라 불리는 명망가가 남자 숙소인 카포소를 지었다. 무미가 비범한 업적을 이룰 수 있는 것은 악마의 초자연적인 도움 덕분이었다. 거대한 나무 몸통을 남자 숙소까지 끌고 와 슬릿드럼을 만들면 무미가 그에 대한 대가를 지불했다. 70년 된 사진을 토대로 그린 이 그림에서는 장차 슬릿드럼을 만드는 데 쓰일 나무를 운반하며 강을 건너고 있다.

너비 7.6미터의 길을 냈고 이 과정에서 파괴된 귀중한 코코야자 나무에 대해 대가를 지불해야 했다. 여러 정착지의 남자들이 밧줄과 썰매를 이용하여 며칠씩 거대한 통나무를 운반하며 강과 늪지대를 건너는 등 사투를 벌였다. 수고한 사람들에게는 돼지고기와 코코야자 과즙을 제공했다. 하지만 악마가 먼저 양껏 마신 다음이었다.

무미의 죽음은 모두 주술 때문이라고 생각했다. 안가미 나가족의 신성한 사람이 그랬듯이 무미도 영예로운 곳에 묻히지 못했다. 무미는 악마와 가까웠기 때문에 그에게는 흑주술이 가득 들어 있다고 믿었다. 무미는 아들에게 부나 명망을 물려줄 수 없었다. 무미의 시신도, 그가 축적한 조개껍질 귀중품도 모두 화장했다. 이것을 만지면 병에 걸린다고 두려워했기 때문이다.

후천적 불평등과 남자 숙소

지금까지 살펴본 세 사회에서는 남자 숙소가 후천적 불평등의 원천과 어떤 관계에 있는지 제각기 다른 양상을 띠었다. 아오 나가족의 아리추는 모든 소년에게 개방되어 있었고 남자 숙소에서 잠을 잔다고 명망이 생기지 않았다. 아오 나가족 남자는 결혼을 하고 남자 숙소를 나간 뒤 부인의 노동으로 부를 축적하여 잔치를 열 수 있을 때에야 비로소 명성을 쌓고자 노력했다. 하지만 이 시점이 되면 남자 숙소의 현재 성원뿐만 아니라 이전 성원의 도움도 얻을 수 있었다.

반면 오크 산악 부족의 경우에는 카티암에 들어가는 것만으로도 명망을 얻는 원천이 되었다. 카티암에 들어갈 수 있다는 것은 비밀을 전수받고 의식 지도자들의 소규모 집단에 입회했다는 의미이며 이런 자격은 다섯 명 중 한 명만 얻을 수 있는 영광이었다. 오크 산악 부족의 남자 숙소는 나가족의 남자 숙소보다 작으며, 제각기 의식 기능이 다른 탓에 한 번에 무려 네 곳이나 되는 남자 숙소를 이용하기도 했다.

마지막으로 안가미 나가족의 돌 기념비가 이것을 세우는 데 물자를 제공한 사람과 관련이 있었듯이 시우아이족의 카포소도 이것을 세우는 데 물자를 제공한 사람과 깊은 관련이 있었다. 카포소 안에는 돼지 피를 마시는 악마가 살며 이 악마는 자신이 지지하는 명망가를 흑주술로 보호했다. 이 주술은 매우 강력해서 죽은 무미가 지녔던 조개껍질 귀중품까지도 불태워야 할 정도였다. 무미의 명성에는 앞서 세습 귀족 사회에서 보았던 전제, 즉 지도자는 우리에 비해 초자연적 존재와 훨씬 가깝다는 전제가 깔려 있었다.

끝으로 이 장에서 살펴본 세 사회의 지도력이 제한적이었다는 점을 지적해 두고자 한다. 이 지도자들은 명망이 있을 뿐 실질적인 정치권력은 없었다. 사람들에게 남자 숙소를 지으라고 물자를 내놓을 수는 있어도 명령을 내릴 수는 없었다. 또한 무엇보다 중요한 점은 아들에게 명망을 물려줄 수 없었다는 것이다. 아들은 자기 힘으로 명망을 쌓아야 했다.

선사 시대의 의식용 가옥

20세기 초의 촌락 사회는 성과를 기반으로 지도력을 확립하는 경우가 흔했다. 이 사회들은 놀랄 만큼 안정되었으며 여러 후손 집단으로 구성되었다. 후손 집단들은 신부와 선물을 교환했고, 조상을 공경했으며, 모든 사람이 평등하게 태어난다고 믿으면서도 다른 한편으로 명성을 쌓고자 하는 유능한 친족을 후원했다.

이런 사회는 선사 시대에도 널리 퍼져 있었고 우리의 조상도 아마 이런 사회 중 한 곳에 살았을 것이다. 일단 무엇을 찾아야 하는지 알기만 하면 서아시아, 이집트, 중앙아메리카와 남아메리카, 북아메리카, 아프리카의 고고학 기록에서 확인할 수 있다. 이 지역들에서 농경 생활과 촌락 사회를 채택하는 순간 성과 기반 사회가 일반화되었기 때문이다.

성과 기반 촌락이 처음으로 등장한 것은 언제였을까? 서아시아는 1만 년 전, 안데스 산맥 지역은 4,500년 전, 멕시코는 3,500년 전일 것이다. 이 세 지역 중 똑같은 곳은 한 곳도 없지만, 그럼에도 일련의 공통된 행동 양식을 확인할 수 있다. 그중 하나는 의식을 치르는 장소를 별도로 둔 점이며, 몇몇 곳에서는 남자 숙소가 의식용 건물로 쓰였다.

앞서 보았듯이 남자 숙소는 다양한 양상을 띠었다. 명망가가 남자 숙소를 짓기도 하고 씨족이나 촌락 전체가 남자 숙소를 짓기도 했다. 모든 남자아이가 들어갈 수 있는 기숙사 형태가 있는가 하면 소수만 들어가는 곳도 있었다. 또한 남자 숙소는 젊은이를 전사로 키우는 데 한몫을 담당했기 때문에 그 안에 조상의 유해뿐만 아니라 적의 촌락에서 베어 온 머리를 보관하기도 했다. 이러한 의식용 건물은 지도력을 기반으로 명망을 쌓을 수 있는 사회에 일반적으로 나타났으며, 이 경우 습격, 인간 사냥, 교역, 교환을 통해 지도력을 인정받거나 의식 잔치, 기념석 끌어오기, 공공건물 건축에 비용을 댐으로써 지도력을 인정받았다.

이 장에서는 서아시아, 안데스 산맥, 멕시코까지 세 지역을 살펴볼 것이다. 이 지역의 초기 의식용 건물 중 몇몇에는 남자 숙소와 비슷한 특징이 많이 드러나 있다. 앉거나 잘 때 이용하도록 긴 좌석을 둔 점, 해골이나 뼈를 전시해 놓은 점, 움푹 꺼진 구역이 있는 점, 집 바깥 면에 흰색 회반죽을 칠한 점과 그 밖에 일반 주거 가옥에서 볼 수 없는 몇 가지 다른 특징도 있었다. 서아시아의 사례가 가장 오래된 것이므로 이 지역부터 시작하기로 하자.

서아시아: 채집 사회에서 성과 기반 사회로

빙하 시대 중에서도 가장 추웠던 2만 년 전에 대체로 서아시아의 높은 산악 지역은 나무가 자라지 않은 스텝 지대였다. 하지만 요르단 강 유역은 따뜻한 피난처였다. 이 유역의 중요 지형지물 중 하나가 갈릴리 호라 불리는 기수호였는데 이 호수는 해수면보다 180미터 이상 낮은 지대에 위치했다. 호수 주변의 경사면은 참나무, 피스타치오, 아몬드, 무화과, 올리브 나무로 지중해성 초원 지대를 이루었다.

호수의 남서쪽에는 이스라엘 고고학자들이 오할로 2지구라고 부르는 선사 시대 야영지가 있다. 오할로의 채집 생활자는 나뭇가지와 짚으로 만든 거처에서 살았는데 하드자족과 쿵족의 원뿔형 오두막과 그리 다르지 않은 가옥이었다. 몇몇 거처에는 풀로 만든 침상이 있었고 옥외에 화로가 있었다.

2만 년 전의 채집 생활자가 수확한 야생 식물의 종류는 140종이 넘었다. 나일 강의 만입 지역에서 구근이나 덩이줄기를 채집한 사람들과 달리 이 지중해성 초원 지대에 살던 사람들은 고칼로리의 열매와 달콤한 과일을 주로 채집했다. 도토리, 아몬드, 피스타치오, 야생 올리브, 야생 무화과, 포도, 그리고 산딸기 등이었다. 하지만 고고학 기록으로 남아 있는 쓰레기 더미를 보면 그중 적어도 20퍼센트는 다른 수렵채집 생활자가 쳐다보지도 않았을 야생 풀의 열매였다. 그중 절반을 차지하는 것은 참새귀리의 씨앗으로, 식욕을 돋아 주는 음식은 아니었다. 나머지는 알칼리그라스, 크리핑폭스테일, 네 종류의 야생 곡식이었다.

네 종류의 야생 곡식 중 두 가지인 야생 보리와 엠머 밀은 후대 메소포타미아의 가장 중요한 농작물의 조상이다. 그리하여 고대 뉴기니 섬에서 사고야자, 토란, 마, 플랜틴을 재배하기 시작한 것과 유사한 과정이 진행될 수 있는 무대가 마련되었다. 즉, 처음에는 야생 곡식을 집중적으로 개발하는 시기가 이어지다가 이후 밀과 보리를 경작하게 된 것이다.

1만 년 전 빙하 시대가 끝나자 서아시아 전역에 곡식이 자랄 수 있는 조건이 개선되었다. 기온이 올라가면서 참나무, 피스타치오, 큰 열매를 맺는 풀들이 고지대에서도 자랐다. 빙하가 녹고 해수면이 올라가고 지구 대기의 이산화탄소 양이 180ppm에서 280ppm으로 올랐다. 불과 수천 년 사이에 50퍼센트 가까이 증가한 것이다. 식물은 이산화탄소 양이 많은 환경에서 잘 자라기 때문에, 농경을 시험해 보기에 좋은 시기가 찾아온 셈이었다.

적어도 초기 열매 채집자 중 일부는 바사르와족이나 안다만 섬사람들처럼 가옥을 원형 또는 타원형의 구조로 배치했다. 이를 뚜렷하게 보여 주는 사례가 이라크 북부 지역 믈레파트 유적지에 있다. 티그리스 강의 한 지류에 위치한 믈레파트는 해발 290미터이며 모술 시에서 32킬로미터 떨어져 있다. 1만 년 전 믈레파트의 채집 생활자들은 폭 60미터, 길이 90미터 정도 되는 땅에 나무와 풀을 모두 베어 낸 뒤 단단한 점토로 덮었다. 그 위에 타원형의 공간을 중심으로 가옥 열 채를 빙 둘러 배치했으며 타원형의 공간에서는 춤을 추거나 다른 의식 활동을 벌일 수 있었다(그림 14, 위). 오두막은 지름 5미터에서 8미터까지 크기가 다양했고 각 오두막에 있던 석기 도구도 달랐다. 이런 차이점으로 보건대 그림 2의 바사르와족 오두

이라크 믈레파트에 있는 원형 배열 구조의 오두막

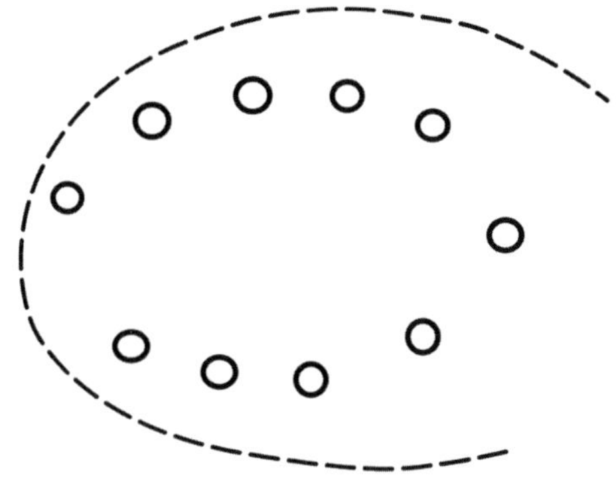

요르단의 와디 함메 27 유적지에 위치한, 조각 돌기둥이 있는 남자 숙소

그림 14 | 빙하 시대가 끝나자 지중해에서 티그리스 강 상류 지역에 걸쳐 정착지가 생겼다. 이 정착지들은 대개 의식 활동을 위한 타원형 또는 원형 공간을 가운데 두고 그 주위에 오두막을 둥글게 배치했다. 일부 정착지에는 남자 숙소로 보이는 건물이 들어서 있었고, 회반죽을 칠한 공간에 긴 좌석과 조각 돌기둥 등이 있었다. 위의 그림에는 이라크 믈레파트의 고고학 유적이 나와 있는데 길이가 90미터쯤 되는 타원형의 점토 바닥(점선 구역) 위에 오두막 열 채가 들어서 있었다. 아래 그림은 요르단 와디 함메 27 유적지에서 나온 것으로, 긴 좌석 한 개와 조각 돌기둥이 있는 것으로 보아 필시 남자 숙소였을 것이며 지름은 14미터쯤 되었다.

막 거주자처럼 믈레파트 오두막도 거주자가 제각기 남자, 여자, 기혼자, 미혼자 등으로 달랐을 것이다. 믈레파트의 채집 생활자는 염소 풀이라고 불리는 야생 곡식을 주로 먹었고 이보다 양은 적지만 야생 보리, 밀, 호밀도 먹었다. 또한 피스타치오와 렌즈콩을 채집했으며 가젤을 사냥했다.

이제 눈을 돌려 나투프인을 살펴보자. 이들에 관해서는 연구가 많이 이루어졌다. 이스라엘, 요르단, 레바논, 시리아 등지에 살았던 이들은 1만 2000년 전에서 1만 년 전까지 밀과 보리를 경제 활동의 중심으로 삼았다. 나투프인은 곡식을 수확하기 위해 목재 또는 뼈 손잡이에 수석 날을 끼워 낫을 만들었다. 곡식을 보관하기 위해 바구니를 짰으며 구덩이에 회반죽을 칠해 방수 처리를 했다. 또한 죽을 끓이기 위해 곡식을 막자사발에 갈았다.

머지않아 나투프인은 야생 곡식이 해발 고도에 따라 각기 다른 시기에 익는다는 것을 알았다. 해수면 높이에서는 4월 말에 곡식이 익고 해발 600미터에서 760미터까지는 5월 중순에, 해발 1,370미터에서는 6월 초에 익었다. 채집 생활자들이 해수면 높이에서 수확을 시작해서 계속 높은 지대로 이동하면 곡식 수확기를 늘릴 수 있었다. 나투프 정착지 가운데 낮은 지대에 있는 정착지가 가장 오래 유지되었던 것으로 보이며 이곳에서 나온 쓰레기 속에는 서아시아에서 겨울을 보내는 물새의 잔해가 포함되어 있었다. 높은 산악 지역에서는 더러 동굴에서 지내기도 했다. 이제 이들의 야영지를 따라가 보자.

지중해에서 불과 3킬로미터 떨어진 카르멜 산의 절벽에 엘와드 동굴이 있다. 나투프인은 이 동굴 입구에 거처를 마련하고 동굴 아래쪽 경사면을 계단식으로 평평하게 만들어 주거 면적을 늘렸다. 또한 휴대용 막자사발 외에도 절벽의 바위에 움푹한 구덩이를 파서 씨앗을 가는 용도로 썼다. 나투프인은 낫으로 곡식을 수확하고, 활과 화살로 가젤과 사슴을 사냥했으며, 뼈 작살로 물고기를 잡고, 목가리개 모양의 덫을 깎아 만들어 전혀 경계심이 없는 물새를 잡았다. 빙하 시대 우크라이나의 매머드 사냥꾼이 그랬듯이 나투프인도 집에서 개를 길렀다.

엘와드 동굴의 채집 생활자는 장신구를 좋아해서 가젤 뼈로 펜던트를 조각하고 개오지 껍질 목걸이도 만들었다. 하지만 이들이 애용했던 장신구는 관 모양의 바다 조개인 뿔조개였다. 하드자족이 걸고 다녔던 신부 값 목걸이가 연상될 정도로 나투프인은 뿔조개 껍질을 목에 주렁주렁 달고 다녔다.

엘와드에서는 50구가 넘는 나투프인 주검이 발견되었으며 그중 많은 수가 뿔조개 껍질을 걸고 있었다. 동굴 입구 안쪽에 남자, 여자, 아이들이 바로 누운 자세로 묻혀 있었다. 절벽 끝 경사면에 추가로 늘인 대지에는 그보다 많은 남자, 여자, 아이들이 묻혀 있었고 그중 몇몇은 팔다리를 잔뜩 오그린 자세로 있어서 필시 친족이 팔다리를 묶었거나 아니면 보자기로 온몸을 꽁꽁 쌌을 것으로 보인다. 주검 중에는 온전한 형태를 갖춘 것도 있지만 뼈의 일부만 있는 것도 있었다. 이런 뼈는 전에 매장했던 것을 파내어 친족의 무덤에 다시 함께 묻은 뼈였다.

보존 상태가 별로 좋지 않아 흔적만 남은 한 거처의 땅 밑에서 재매장한 주검 두 구, 그리고 머리쓰개를 쓰고 팔찌와 뿔조개 껍질 밴드를 찬 주검 한 구가 나왔다. 여기서 그리 멀지 않은 곳에서도 남자로 보이는 주검 한 구가 발견되었다. 그의 머리에는 조개껍질 밴드가 일곱 줄 둘러져 있고 옆에는 주검 두 구가 함께 있었는데 매장했던 것을 파내어 다시 함께 묻은 것이었다. 또 다른 남자 주검 역시 정교하게 만든 머리쓰개를 쓰고 뿔조개 껍질 밴드를 착용했을 뿐만 아니라 뼈와 조개껍질로 만든 목걸이를 했으며 옆에는 분명 재매장한 것으로 보이는 또 다른 성인 주검과 아이 주검이 함께 묻혀 있었다.

이제 해발 243미터에 위치한 갈릴리의 우거진 숲으로 더 올라가 보자. 바다에서 불과 13킬로미터 떨어진 이곳의 헤요님 동굴에 또 다른 나투프인 집단이 야영을 했다. 엘와드 동굴에서와 똑같이 이곳의 나투프인도 동굴 안과 아래쪽 경사면을 변형해서 사용했다.

헤요님 동굴에 살던 나투프인은 좀 더 튼튼한 거처를 지었다. 바닥은 움푹 파여 있고, 회반죽을 바르지 않은 채 돌만 차곡차곡 쌓아올려 야트막한 벽을 둘렀으며 나뭇가지로 지붕의 뼈대를 만들었다. 대부분 화로를 갖춘 이 원형 오두막 중 다섯 채는 동굴 안쪽에 모여 있었다. 동굴 바깥 경사면에 대지를 낸 곳에는 곡식 저장용으로 쓰였을 구조물이 한 채 있었다.

오퍼 바 요세프, 안나 벨퍼 코헨을 비롯한 세 세대에 걸친 이스라엘 고고학자들이 동굴 내부와 바깥을 발굴했다. 이곳에서 나온 유해는 흥미로운 이야기를 전해 준다. 인류학자 퍼트리샤 스미스가 17구의 해골을 분석한 결과 그중 여덟 구, 즉 거의 절반이 선천적으로 세 번째 어금니인 사랑니가 없는 것으로 드러났다. 유전적 이상이 이처럼 높은 빈도수를 보이는 것은 헤요님 동굴에 살던 사람들이 적은 유전자 풀에서 짝을 이루었다는 것을 의미한다.

이러한 근친상간에 대해서는 몇 가지 설명이 가능하다. 앞서 한 채집 사회에서 우월한 남자 한 명이 무리의 20퍼센트에게 유전자를 물려준 사례를 본 바 있다. 또한 사냥꾼이 자매 사이인 여러 여자를 부인으로 두는 경우도 보았다. 마지막으로 오스트레일리아 사회 중에는 혼인에 관한 규칙 때문에 인구의 8분의 1 중에서만 혼인 상대를 골라야 하는 경우도 있었다. 인구가 적은 채집 사회에서는 이런 과정의 전체 또는 일부라도 작용할 경우 유전적 이상이 일어날 빈도가 높아졌을 것이다.

헤요님의 나투프인도 뿔조개 껍질로 몸을 치장했는데 여기에는 또 다른 이야기가 숨어 있다. 이 뿔조개 중에는 서쪽으로 불과 13킬로미터 떨어진 지중해산 뿔조개도 있지만 더러는 남쪽으로 640킬로미터나 떨어진 홍해산 뿔조개도 있었다. 이 홍해산 뿔조개는 분명 다른 집단과의 물물교환을 통해 이곳 갈릴리까지 왔을 것이다. 13킬로미터만 걸어가면 뿔조개를 얻을 수 있는데 굳이 다른 뿔조개를 입수한 이유가 무엇일까? 문제는 조개껍질의 내재적 가치가 아니라 교환을 통해 형성되는 사회적 관계였다.

이제 좀 더 위쪽으로 올라가 보자. 이곳은 예루살렘에서 북서쪽으로 40킬로미터 떨어진 개울이 흐르는 협곡이다. 이곳 유대 산악지대의 해발 300미터 되는 지점에 슈크바 동굴이 있다. 고고학자 도로시 개로드는 슈크바 동굴에서 많은 낫과 화로를 발견했지만 놀랍게도 분쇄용 석기와 저장 구덩이는 보이지 않았다. 이는 나투프인이 이곳에서 밀과 보리를 수확하는 기간에만 머문 뒤 최대한 많은 곡물을 아래에 있는 항구적 야영지로 옮겼을 가능성을 제기한다.

고도가 낮은 곳에 위치한 장기적인 야영지를 잘 보여 주는 사례가 요르단 강 유역의 아인 말라하에 있다. 나투프인은 훌레 호 위쪽 경사면에 살았는데 이 호수는 갈릴리 호의 북쪽에 갈대숲을 경계로 하여 민물이 모여서 만들어진 호수였다. 정작 호수는 해발 60미터 밖에 되지 않았지만 그 옆으로 곡식과 참나무, 피스타치오, 아몬드 나무가 자라는 산이 있었다.

장 페로, 프랑수아 R. 발라 등 여러 세대에 걸친 고고학자들은 아인 말라하에서 일련의 야영지를 잇달아 발굴했다. 나투프인은 원형 또는 초승달 모양의 오두막에서 살았으며 오두막의 아래쪽 절반은 땅속에 있었다. 각 구조물의 지하 구역에는 건식으로 돌을 쌓아 만든 벽이 둘러져 있고 이 벽에 지붕을 떠받치는 기둥이 고정되어 있었다. 오두막 크기는 지름 4미터에서 8미터까지 다양했다. 아주 많은 오두막이 발굴되었기 때문에 그중에는 핵가족이 살 만한 크기가 있는가 하면 아마도 둘째 부인이나 과부, 홀아비가 혼자 살기에 딱 알맞을 법한 곳도 있었고 미혼 남자 숙소로 보일 만큼 아주 큰 오두막도 있었다.

페로가 발견한 한 건물은 다른 건물에 비해 두드러진 점이 있었다. 바깥쪽 경계 면은 지름이 대략 6.5미터 정도 되며 안에는 폭이 60센티미터가 넘는 긴 좌석이 가로놓여 있었다. 일반적인 주거 가옥과 달리 건물과 좌석에 회반죽이 입혀져 있고 바닥에는 판석이 빈틈없이 깔려 있었다. 벽에 작은 난로가 있고 근처에 남자 해골 하나가 놓여 있었다. 우리는 이 건물이 미혼 남자 오두막 또는 남자 숙소의 가장 오래된 사례일 것으로 추정한다.

나투프의 남자 숙소는 모든 젊은 남자를 위한 기숙사였을까 아니면 통과의례를 거친 소수 남자의 의식용 건물이었을까? 아인 말라하에 있는 이 건물은 아주 작아서 통과의례를 거친 남자만 수용했을 것으로 보인다. 하지만 요르단 와디 함메 27에 있는 야영지에는 이보다 큰 나투프 의식용 건물이 있었던 것 같다. 이 건물의 지름은 14미터이며 폭 3미터짜리 긴 좌석 한 개가 벽을 따라 놓여 있었다. 건물 안에 둥그렇게 움푹 파인 바닥에는 기하학적 무늬가 새겨진 깨진 돌기둥이 있었다(그림 14, 아래). 와디 함메의 건물은 회반죽을 칠한 아인 말라하의 건물과 비교해 크기가 두 배였다. 따라서 이 시기 서아시아에는 개방적인 남자 숙소와 배타적인 남자 숙소 두 가지 모두 존재했을 가능성이 있다.

남자 숙소로 보이는 건물, 여러 세대가 묻힌 매장지, 조개껍질 귀중품의 거래에 더해, 잔치를 열어 많은 양의 고기를 나누어 먹은 증거가 나투프인에게서 발견되었다. 그중 가장 오래된 사례는 하下갈릴리의 힐라존 타치티트 동굴에서 나왔다.

나투프인이 살았던 이 동굴 중앙에는 작은 지하 구조물 두 개와 매장 구덩이 세 개가 있었다. 매장 의식을 치르는 과정에서 적어도 세 마리의 야생 소와 70마리가 넘는 거북을 요리해 먹었다. 이는 통상적으로 나투프 야영지 한 곳의 거주자들이 장례식에서 먹을 법한 양보다 훨씬 많으며, 사회적 연결망이 상당한 규모로 형성되었을 가능성을 암시한다.

성과 기반 사회와 조상 의식

1만 년 전 이스라엘의 하이파 만에서 이라크의 티그리스 강에 이르는 지역에서는 적어도 세 가지의 중요한 과정이 진행되고 있었다.

첫 번째는 밀과 보리 재배종이 등장하는 과정이다. 이 종은 종자 분산* 계통이 아닌 인간이 보다 수월하게 곡물을 수확하고 타작할 수 있는 순화종이었다.

첫 번째 과정이 두 번째 과정을 불러왔다. 장기적으로 머물던 야영지가 점차 여러 세대에 걸친 항구적인 촌락으로 이행했다. 이 과정에서 원형의 오두막은 점차 사라지고 보다 큰 직사각형 가옥이 들어섰다. 직사각형 가옥에는 각기 저장실이 있었으며 벽이 무게를 지탱할 수 있는 경우에는 2층을 올리기도 했다.

정주 생활이 시작되면서 세 번째 과정이 촉진되었다. 울타리와 덫 우리로 무리 동물을 잡은 뒤 가두어 놓고 낙인을 찍고 새끼를 기르기 시작했다. 촌락에 염소, 양, 돼지가 몇 마리씩 함께 살게 되었다. 야생 소는 덩치가 크고 위험했지만 가축화가 진행되면서 크기가 작아지고 성질도 온순해졌다.

세 가지 과정이 진행되는 동안 조상 의식이 확대되었으며 남자 숙소도 점차 튼튼하고 화려하게 지었다. 의식용 건물을 여러 채 짓는 촌락도 있었다. 그 이유는 (아오 나가족의 경우처럼) 씨족마다 독자적인 의식용 건물을 짓거나 아니면 (오크 산악 부족의 경우처럼) 사회의 우주론에서 모순되는 부분을 제각기 분리했기 때문일 것이다.

이 가운데 가장 웅장한 의식용 건물은 클라우스 슈미트가 발굴한 것으로, 터키 유프라테스 강 상류 동쪽의 괴베클리 테페 유적지에 있다. 이곳은 높은 석회암 산등성이에 위치해 있어 멀리 15킬로미

---

* 식물이 종자를 멀리 퍼뜨리기 위한 방식. 과실이 터져 새 종자를 방출하거나 바람, 동물, 곤충 등을 이용하여 종자가 이동한다.

괴베클리 테페에 있는 원형 의식용 건물

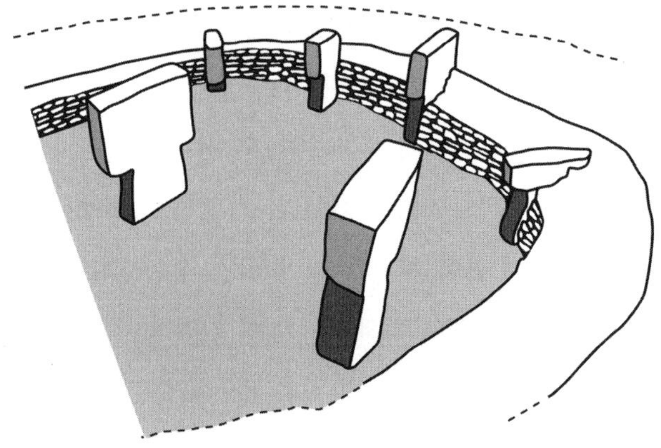

네발리 코리에 있는 직사각형 의식용 건물

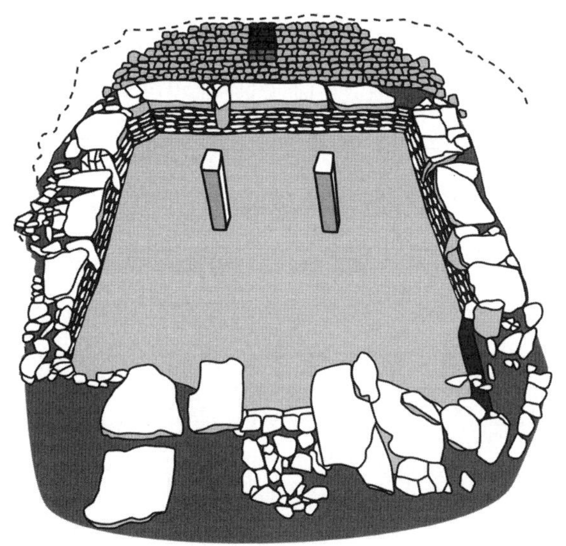

그림 15 | 초창기 서아시아 지역의 몇몇 웅장한 남자 숙소(또는 씨족 숙소)가 터키 유프라테스 강 상류 지역에서 발견되었다. 이 건물들은 회반죽 없이 돌을 쌓아 올리는 공법과 거석 돌기둥을 이용하여 지었다. 괴베클리 테페 유적지에 사용된 기둥은 대개 T자형이며, 네발리 코리 유적지에 사용된 돌기둥은 일자형이다. 네발리 코리의 의식용 건물에 앉거나 잠자는 용도의 긴 판석 좌석이 놓인 것을 눈여겨보라.

터 밖에서도 눈에 들어왔다. 이곳을 선택한 이유는 산등성이 꼭대기에서 거대한 석회암 덩어리를 캐낸 뒤 돌기둥으로 다듬어 의식용 건물을 짓는 데 쓸 수 있었기 때문이다.

괴베클리 테페 유적지의 초기 의식용 건물은 약 1만 년 전에 지어진 것으로 원형이나 타원형이었다. 각 건물의 아래쪽 절반은 땅속에 있었고 그 주위에 회반죽 없이 돌을 쌓아 만든 벽이 있었다. 실내에는 건물 입구만 빼고 좌석이 놓여 있었다.

이 건물들에서 가장 특징적인 것은 T자 모양의 거대한 석회암 기둥이 지붕을 떠받치고 있다는 점이다. 대개 가장 큰 기둥 두 개를 바닥의 중앙에 설치하고 이보다 약간 작은 기둥을 벽 사이사이에 세워 놓았다(그림 15, 위). 많은 기둥에는 얕은 돋을새김으로 동물의 사실적인 이미지를 새겼는데, 건물에 따라 여우, 사자, 소, 수퇘지, 백로, 오리, 전갈, 뱀 등 제각기 다른 형상을 새겼다. 어떤 기둥은 새로운 형상을 새겨 넣을 수 있도록 이전 형상을 평평하게 간 흔적이 있었다. 아오 나가족의 남자 숙소에 있는 호랑이, 코뿔새, 코끼리 등이 새겨진 조각 기둥이 곧바로 연상될 것이다.

촌락 거주자들은 이런 의식용 건물의 사용 기간이 지나면 일부러 흙이나 가내 쓰레기로 건물을 묻었다. 촌락의 가장 중요한 의식 장소에 외부인이 마음대로 들어가지 못하도록 하고 싶은 마음에서 그랬을 것이다.

약 9,500년 전 괴베클리 테페에 살던 사람들은 건축 양식을 바꾸어 직사각형 의식용 건물을 지었다. '사자 기둥 건물'이라는 별명이 붙은 이 새로운 구조물은 일부가 땅속에 있었다. 바닥은 대략 가로 5.2미터, 세로 6미터였으며 석조 건축 벽이 두꺼워 외부 크기는

10미터가 넘었다. T자형 기둥으로 지붕을 받쳤으며 그중 한 기둥에 사자가 조각되어 있어 사자 기둥 건물이라는 별명을 얻었다. 앞으로 살펴보겠지만 이때 이후로 유프라테스 강 상류 지역의 의식용 건물은 대체로 직사각형으로 지어졌다.

괴베클리 테페 유적지의 놀라운 의식용 건물 복합 단지를 세운 이 사회 집단에서는 가내 농작물과 가축을 키운 증거를 거의 찾아볼 수 없었다. 이들은 낫으로 야생 곡물을 수확하고 아몬드와 피스타치오를 채집했으며 가젤과 수퇘지, 야생 소를 사냥했다.

여러 씨족이나 후손 집단이 제각기 의식용 가옥을 짓고 장식하는 과정에서 괴베클리 테페의 산꼭대기에 위치한 의식용 건물 복합 단지가 유지되었을 가능성을 고려해야 한다. 아마 각 후손 집단은 제각기 가장 우아한 의식용 건물을 짓기 위해 서로 경쟁했을 것이다. 동물 조각은 공통의 우주론이나 기원 신화와 관련이 있는 것으로 보인다. 괴베클리 테페에 살던 사람들은 조상의 뼈를 전시하는 대신 신화 속 조상이었음직한 형상을 석회암 조각상으로 만들었다.

거대한 T자형 돌기둥을 캐내어 건물까지 갖고 내려오는 과정은 이 대역사를 조직해 낸 지도자에게 분명 커다란 명성을 안겨 주었을 것이다. 산꼭대기 채석장에 미처 완성되지 못한 T자형 돌기둥이 남아 있는데 무게가 약 50톤에 이른다. 비록 안가미 나가족이나 멕시코의 올멕족처럼 먼 곳에서 돌을 끌고 오지는 않았지만 그래도 무게상으로는 그들이 세운 여느 돌 기념비보다 무거웠다.

이제 조금 더 이동해서 네발리 코리로 가 보자. 이곳은 터키 유프라테스 강 상류에 위치해 있다. 네발리 코리 유적지는 괴베클리 테페의 '사자 기둥 건물'과 대략 같은 시기의 것으로, 나가족의 남자 숙소를 더 많이 연상시키는 의식용 건물이 몇 채 있었다.

네발리 코리는 토로스 산맥의 굽이치는 산등성이 사이 해발 490미터 경사면에 세워졌고 그 아래쪽에 작은 강이 흘렀다. 이곳에 살던 주민들은 초기 경작 단계의 밀을 주식으로 삼았다. 석회암층 덕분에 언제든지 건물을 지을 돌덩이를 마련할 수 있었다.

네발리 코리 사람들은 나투프인처럼 해골을 보관하는 한편 괴베클리 테페 사람들처럼 석회암 조각상도 만들었다. 해골을 묘사한 조각상이 있는가 하면 두 팔을 가슴에 포갠 사람 조각상도 있었다. 동물 조각상도 있고 심지어는 동물의 특성과 인간의 특성이 합쳐진 조각상도 있었다. 한 조각상에는 두 명의 사람이 이름을 알 수 없는 동물과 춤을 추는 장면이 담겨 있는데 아마도 오스트레일리아 애버리지니가 말하는 알체링가 시대 같은 신화 속 시대의 한 장면일 것이다.

고고학자 하랄트 하웁트만이 네발리 코리에 회반죽 없이 돌을 쌓아 만든 직사각형의 의식용 건물 두 채를 발견했다. 두 채 모두 절반은 땅속에 있었으며 회반죽으로 마감한 지하 바닥까지 돌계단이 이어져 있었다. 2호 구조물이라 불리는, 둘 중 더 오래된 건물은 한쪽 면이 13.7미터였지만 앉거나 잠을 자는 좌석이 설치되어 바닥 면적은 그보다 좁았다. 여러 개의 석회암 기둥이 지붕을 떠받치고 있었을 텐데 그중 두 개는 중앙에 세워졌고 나머지는 벽을 따라 세워졌다.

3호 구조물이라 불리는, 나중에 지은 의식용 건물은 한 면이 13.4미터였다. 앉거나 잠을 자는 좌석이 판석으로 덮인 채 형체가 뚜렷하게 남아 있으며 나머지는 돌계단 구역만 빼고 모두 바닥이다. 괴베클리 테페에서와 마찬가지로 이 구조물도 석회암 기둥으로 지붕을 떠받쳤을 것이다(그림 15, 아래).

3호 구조물이 오로지 초년생만을 위한 공간이었다면 좌석에 대략 40명 내지 50명 정도가 앉을 수 있었을 것이다. 반면 나가족의 기숙사 같은 곳이었다면 젊은 남자 15명 정도가 잠을 잘 수 있었을 것이다. 하지만 우리는 이 구조물의 용도를 알지 못한다.

괴베클리 테페와 네발리 코리를 지나는 강은 유프라테스 강으로 흘러들고 유프라테스 강은 다시 터키 쪽 상류로부터 남쪽으로 흘러 시리아 북부 지역의 대大만곡부로 들어간다. 유프라테스 강이 내려다보이는 해발 300미터 높이의 절벽에는 아부 후레이라 유적지가 있다. 앤드루 M. T. 무어가 발굴한 이 고고학 유적지는 8천 제곱미터의 원형 오두막 야영지가 11만 3300제곱미터의 커다란 직사각형 가옥 촌락으로 서서히 바뀌는 과정을 보여 주고 있다.

1만 년 전 처음 아부 후레이라에 들어와 살던 사람들은 야생 호밀, 보리, 그리고 두 품종의 야생 밀을 수확했다. 또한 활과 화살을 들고 무리 동물에게 몰래 접근하여 사냥했으며 주로 가젤을 잡았다. 주거 단위는 대가족이었지만 커다란 집에 모여 살지 않고 개방 공간을 중심으로 다섯 채에서 일곱 채 정도의 작은 원형 오두막을 지어 모여 살았다.

그 후 2,000년이 지나면서 아부 후레이라는 직사각형 가옥으로 이루어진 촌락으로 바뀌었다. 이 무렵 아부 후레이라의 경제는 재배 밀, 재배 보리, 야생 호밀, 렌즈콩, 완두, 잠두, 리넨을 짤 수 있는 아마 또는 아마씨를 바탕으로 했다. 촌락 사람들은 사초莎草와 골풀의 구근을 캐고 피스타치오와 야생 케이퍼 열매를 땄다. 또한 초

시리아의 아부 후레이라 유적지에 위치한 애프스가 있는 건물

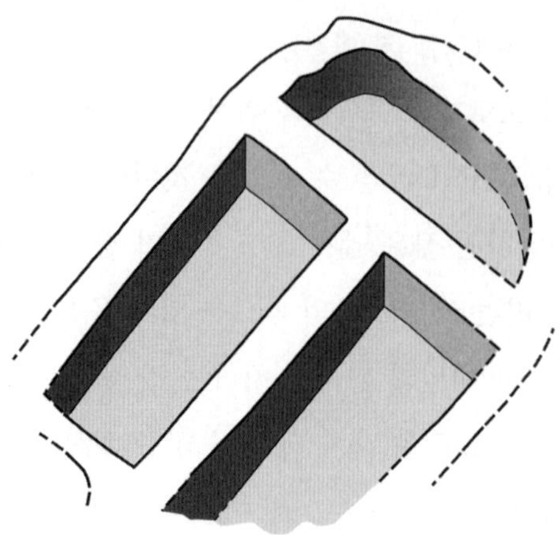

터키 차요뉴의 '두개골 건물'

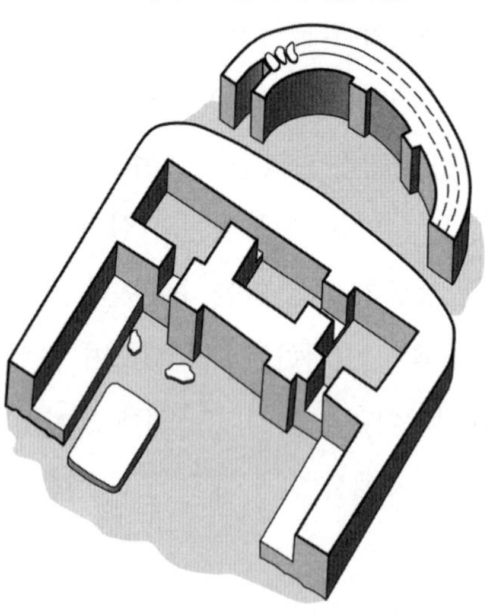

그림 16 | 서아시아의 몇몇 초기 의식용 건물에는 조상의 유골을 전시해 놓은 애프스 모양의 공간이 있었다. 위에 있는 그림은 시리아 아부 후레이라의 애프스가 있는 건물이며 30명이 넘는 사람들의 유골이 보관되어 있었다. 아래 그림은 터키 차요뉴의 애프스가 있는 '두개골 건물'이며 400명이 넘는 사람들의 유골이 보관되어 있었다. '두개골 건물'에는 앉는 좌석과 직사각형의 돌 제단이 있으며 돌 제단 표면에서 인간과 소의 피에 들어 있는 헤모글로빈이 검출되었다. 건물이 훼손되어 전체 규모는 알 수 없다.

기 가축용 양과 염소를 길렀으며 야생 클로버와 알팔파를 캤는데 아마도 가축에게 사료로 먹였을 것이다.

무어가 일부만 찾아낸 건물은 필시 의식 장소였을 것이다. 전체 규모는 알 수 없지만 벽이 진흙 벽돌 네 장 두께(일반 가옥 벽의 두 배)이며 각 모서리가 정확히 동서남북을 가리켰다. 기본적으로 직사각형 형태인 이 건물의 한쪽 끝에 교회의 애프스*처럼 생긴 초승달 모양의 방이 있었다(그림 16, 위). 이 애프스는 안치실, 즉 죽은 사람의 유해를 보관하던 곳으로 보인다. 애프스 안의 커다란 구덩이에는 남자, 여자, 소년, 소녀, 아이 등 모두 25명에서 30명의 뼈가 들어 있었으며 두개골이 없는 유골이 많았다. 건물 안 어딘가에 또 다른 매장지가 있고 분리한 두개골을 그곳에 보관해 놓았을 것이다. 8,000년 전에 지어진 이 건물은 분명 뉴기니 섬의 "조상의 집"과 비슷한 용도로 쓰였을 것이다.

아부 후레이라에 묻힌 한 젊은 남자는 가슴에 화살을 맞은 상처가 있었다. 이런 형태의 사회에 습격이 있었다는 것은 알고 있지만, 한 가지 놀라운 점은 이 남자가 많은 화살을 맞은 게 아니라 딱 한 발을 맞고 죽었다는 점이다. 그의 때 이른 죽음을 보면서 왜 서아시아의 초기 촌락에 목책이나 그 밖의 방어 수단이 별로 보이지 않는지 의문이 들었다. 한 가지 떠오르는 답이 있었다. 고고학자가 늘 촌락 외곽까지 발굴 작업을 하는 것은 아니며 방어 수단은 대개 촌락 외곽에 만든다는 점이다. 촌락 외곽을 조사하는 고고학자가 때로 도랑이나 벽 같은 것을 발견하는 경우가 있다.

* 건물이나 방에 부속된 반원 또는 반원에 가까운 다각형 모양의 내부 공간.

예를 들어 이라크 북부 지역의 텔 마그잘리야 촌락을 보자. 8,500년 전 이곳에 살던 사람들은 티그리스 강 서쪽의 완만하게 경사진 평원에 밀과 보리를 심었다. 고고학자 니콜라이 바데르는 예전에 마그잘리야 촌락 주변에 방어벽이 있었다는 것을 알게 되었고 대략 60미터가량의 흔적을 찾아낼 수 있었다. 벽의 하층 부분은 1.5미터 높이로 군데군데 바로 세워 놓은 돌덩이로 이루어져 있었고 상층 부분은 단단하게 반죽한 흙으로 되어 있었다.

그에 못지않게 인상적인 방어벽이 텔 에스술탄 유적지에서 발견되었다. 이스라엘 사람들에게는 예리코로 알려진 곳이다. 이 큰 촌락은 요르단 강이 사해로 흘러들어 가는 지점 부근에 해발 275미터 높이의 덥고 건조한 지역에 위치해 있다. 촌락의 식수와 관개수로 이용하는 물의 수원지는 아인 에스술탄 샘에서 형성된 오아시스였다.

약 8,000년 전 예리코는 4.2미터 높이로 쌓은 돌벽과 도랑으로 촌락을 방어했다. 그 밖에 감시탑이 있었는데 이 탑은 7.5미터 이상이 보존되어 남아 있다. 탑 옆에는 저장 시설이 있었으며 그중 일부 시설에는 검게 탄 곡물이 오늘날까지 남아 있었다.

촌락 사회가 종종 습격을 벌였다는 사실을 선뜻 인정하지 않는 몇몇 고고학자는 예리코의 벽이 방어용 목적이 아니라는 설명을 내놓았다. 이와 같이 선사 시대를 평화의 시기로 규정하려고 시도하는 사람들은 세계적으로 성과 기반 사회에 보이는 습격의 증거를 과소평가할 뿐만 아니라 텔 마그잘리야 같은 동시대 유적지에 뚜렷한 방어벽이 있었다는 사실도 가볍게 보아 넘겼다.

진흙 벽돌 가옥으로 이루어진 촌락이었던 예리코에는 오스트레일리아의 몇몇 애버리지니의 것과 유사한 여러 매장 단계가 있었

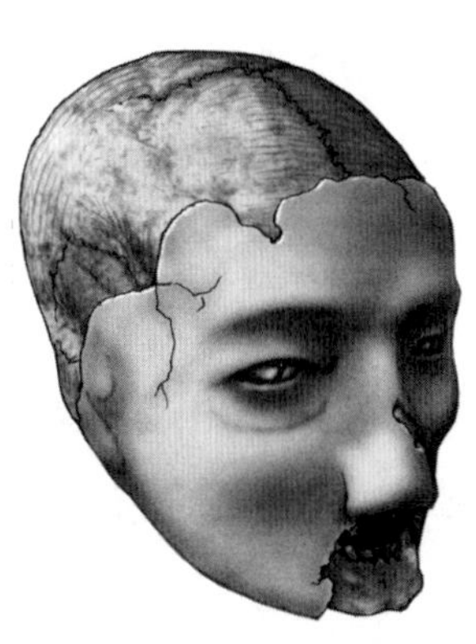

사해 부근 예리코에서 발굴된,
석회 반죽을 덧입힌 인간 두개골

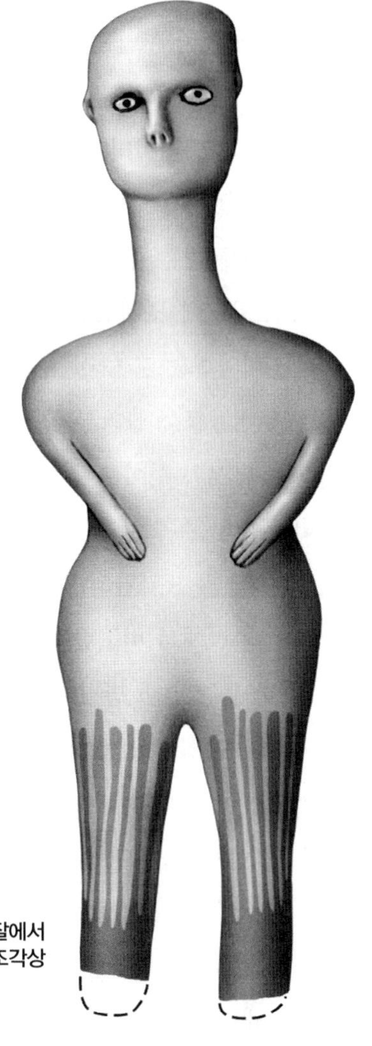

요르단의 아인 가잘에서
발굴된 석고 조각상

그림 17 | 서아시아의 초기 농경 사회 촌락에서는 조상이 의식의 중심이었다. 왼쪽 그림은 사해 부근 예리코에서 나온 것으로 남자 조상으로 추정된다. 회반죽으로 얼굴 생김새를 손보고 조개껍질로 눈을 표시했다. 오른쪽 그림은 조상의 모습을 표현한 90센티미터 높이의 석조 조각상으로 요르단 아인 가잘에서 발굴되었다. 이 조각상은 누트카족이 조상의 모습을 표현한 목조 조각상과 비슷했다(그림 6).

다. 맨 먼저 사람들은 개인으로 땅에 묻혔다. 그로부터 며칠 뒤 무덤을 열어 해골, 어쩌면 팔다리뼈도 같이 안치실에 다시 묻었다. 고고학자 캐슬린 케니언은 부분적으로 부패된 시신을 많이 발견했는데, 그녀의 표현을 빌리면 "두개골을 떼어 낼 목적으로 시신을 뒤진 흔적이 있었다".

한 무더기를 이룬 두개골 일곱 개가 유난히 눈에 띄었다. 회반죽을 입히고 안구에 조개껍질을 박아 눈을 나타내는 등 생김새를 손본 두개골이었다(그림 17, 왼쪽). 생물인류학자들은 석회 반죽을 덧입힌 이 두개골들을 살펴본 뒤 모두 성인 남자의 것이라고 했다. 부계 혈통을 따르는 서아시아 사회의 경향을 고려할 때 이는 그리 놀랄 일이 아니다.

고고학자들은 요르단의 암만 시 외곽 지역에 위치한 초기 시대 촌락 아인 가잘에서 비슷한 두개골을 찾아냈다. 아인 가잘은 9,000년 전 자르카 강의 한 만입 지역에 형성되었는데 자르카 강은 샘에서 솟아나오는 물을 수원으로 하는 간헐 하천으로 건조한 지역을 가로질렀다. 1,500년 뒤 아인 가잘은 면적이 12만 제곱미터가 넘을 정도로 확대되었고 당대에 가장 큰 촌락으로 발전했다. 아인 가잘 사람들은 평균 크기 가로 5.5미터, 세로 8미터인 가옥에서 대가족을 이루어 살았다. 보리와 밀, 콩, 병아리콩, 렌즈콩을 재배했으며 염소, 소, 돼지를 기르고 활과 화살로 가젤을 사냥했다.

암만 시가 성장하면서 일부가 파괴된 아인 가잘의 한 의식용 건물은 길이가 15미터 정도 되었다. 안에는 각기 다른 크기의 방이 네 개 있었으며 벽에는 석회 반죽을 유난히 두텁게 입혔고 황토로 붉은 칠을 해 놓았다. 이 건물은 아오 나가족의 기숙사형 아리추만큼 넓지만 부분적인 파손으로 인해 어떤 유형의 건물인지 확인되지 않는다.

고고학자 게리 롤레프슨이 밝혀낸 바에 따르면 아인 가잘에는 예리코와 마찬가지로 여러 매장 단계가 있었다. 맨 처음에는 주거지 바닥 밑에 많은 시신을 묻었다. 그러고 나서 나중에 시신을 파내어 두개골을 떼어 냈다. 그다음 두개골을 다른 곳에 무더기로 묻었다. 아인 가잘의 한 구덩이에서는 석회 반죽으로 얼굴 생김새를 손본 두개골 네 개가 발견되었다.

아인 가잘에는 석회암을 회반죽으로 변형하는 가마가 있었으며, 회반죽의 대부분은 대체로 벽에 칠하는 데 쓰였다. 하지만 적어도 일부는 조상의 흉상이나 조각상을 만드는 데 쓰였으며 높이가 90센티미터나 되는 조각상도 있었다. 조각상에는 분홍색(아마도 황토를 희석해서 칠했을 것이다.)이 칠해져 있었고 아스팔트에서 나온 타르로 검은 눈동자를 그려 넣었다(그림 17, 오른쪽). 으스스하게 생긴 수척한 모습의 아인 가잘 조각상은 그림 6에 나온 누트카족의 조상 조각상을 연상시켰다.

마지막으로 동쪽으로 이동하여 보아즈차이 강으로 가 보자. 이 강은 티그리스 강의 지류로 터키 에르가니 시 부근 토로스 산맥이 발원지이다. 9,000년 전 에르가니 지역은 참나무, 피스타치오, 아몬드, 능수버들이 자라는 사바나 삼림 지대로 그 아래에는 풀이 우거진 계곡이 있었다. 해발 820미터인 이곳에 차요뉴라는 고대 촌락이 있었으며, 초기 시대 서아시아 지역의 의식용 건물에 관해 일련의 가장 상세한 모습을 확인할 수 있다. 로버트 J. 브레이드우드, 할레트 참벨, 메흐메트 외즈도안 등 여러 세대의 고고학자들이 이 의식용 건물을 연구한 바 있다.

차요뉴에서 가장 오래된 건물은 거의 1만 년 전에 지어진 것으로 반지하 타원 형태였다. 땅속으로 들어가 있는 부분의 벽은 납작한 돌 판으로 되어 있었고 갈대에 점토를 바른 둥근 지붕을 얹었다. 당시 차요뉴 사람들은 야생 밀과 재배 밀, 완두콩, 병아리콩, 렌즈콩을 먹고 살았으며 고기는 야생 돼지, 양, 염소, 소, 그 밖의 동물을 사냥해서 먹었다. 이후 차요뉴에는 진흙이나 진흙 벽돌로 벽을 쌓은 직사각형 가옥이 들어섰다. 그릴처럼 생긴 토대 위에 집을 올렸기 때문에 그 아래로 공기가 순환하여 집에 습기가 차지 않았다.

차요뉴에서 이제껏 확인된 것 중 가장 오래된 의식용 건물은 '벤치 건물'이라는 별명으로 불리며 전형적인 남자 숙소처럼 생겼다. 한 면이 4.2미터에서 4.8미터 정도 되는 단일 공간에 삼면을 따라 깨끗한 모래 바닥에 커다란 돌 좌석이 죽 늘어서 있다. '판석 건물'이라 불리는 두 번째로 오래된 의식용 건물은 네발리 코리의 남자 숙소를 연상시켰다. 중앙에 거대한 돌기둥 두 개를 수직으로 세워 평평한 지붕을 떠받쳤고 기둥을 세운 부분만 빼고 바닥 전체에 판석을 깔았다. 하지만 이 건물을 지은 사람들은 벽을 따라 기둥을 세우지 않고 돌을 쌓아 올린 벽에 버팀벽을 설치했다. 그 결과 가로 10.5미터, 세로 5.5미터인 건물을 가로질러 목재 지붕보를 올릴 수 있었다.

차요뉴에서 세 번째로 오래된 의식용 건물은 아부 후레이라의 애프스가 있는 남자 숙소처럼 직사각형 건물 끝에 안치실로 쓰이는 초승달 모양의 방이 붙어 있었다(그림 16, 아래). 애프스 안의 한 구덩이 속에 70개의 사람 두개골이 보관되어 있었고 그 때문에 '두개골 건물'이라는 별명이 붙었다.

이 건물의 직사각형 공간 중앙에 있는 커다란 방에는 두 면의 벽을 따라 좌석이 놓여 있었다. 한 좌석 앞에는 석회 회반죽을 입힌 바닥에 커다란 돌 탁자 또는 제단이 놓여 있었다. 이 방과 애프스 사이에는 "지하 저장고"라고 불리는 작은 방이 세 개 있으며 그중 몇몇 방에는 인간 뼈와 두개골이 높이 쌓여 있었다. 모두 합쳐 약 400명의 유골이 '두개골 건물'에 보관되어 있었다.

'두개골 건물'에는 특히 주목할 만한 세부 사항이 두 가지가 있었다. 첫째, 돌 탁자 혹은 제단의 표면에 있던 잔류물을 가져다 법의학 분석을 한 결과 인간과 소의 헤모글로빈 결정이 검출되었다는 점이다. 이는 인간과 소의 피를 뿌리는 의식이 있었음을 의미한다. 둘째, 이 의식용 건물에 큰 화재가 있었던 흔적이 남아 있다는 점이다. 앞서 여러 사회에서 적의 습격 시 남자 숙소가 최우선 목표가 된다는 점을 지적한 바 있다.

8,700년 전 차요뉴에는 많은 변화가 있었다. 이제 곡물 경작, 양과 염소를 치는 일이 경제 활동으로 확립되었다. 고고학자들은 차요뉴 주민들이 가옥을 2층으로 올렸을 것으로 추정하는데 그러려면 점토 반죽에 돌을 박아 튼튼한 토대를 세워야 했을 것이다. 아래층 공간에는 여덟 개에서 열두 개의 작은 저장실이 있는 경우가 많았다. 저장실은 기어서 들어가야 하는 작은 구멍으로 연결되어 있고 위층으로는 위로 젖히는 출입문으로 이어져 있었다. 위층은 대가족이 살 수 있는 정도의 면적이었다. 이 대가족들은 많은 잉여 곡물을 생산한 뒤 이를 아래층 저장실에 보관해 놓더라도 그 양이 얼마나 되는지 이웃에게 드러나지 않을 것이라고 안심할 수 있었다.

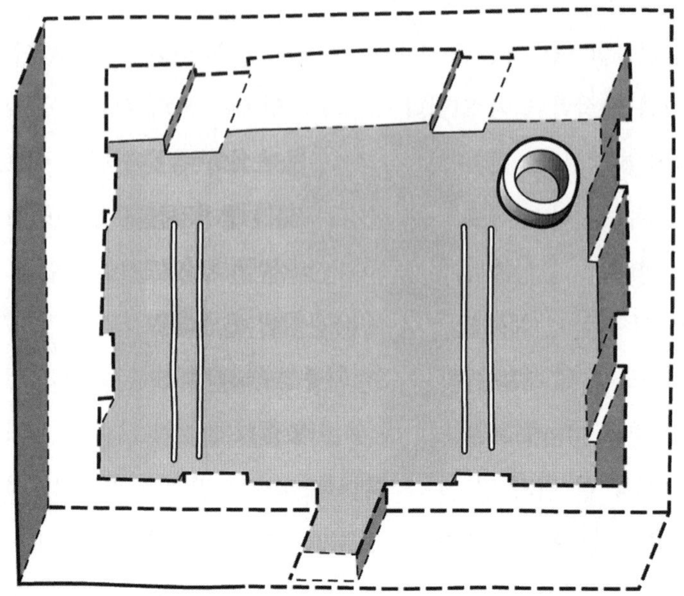

그림 18 | 터키 차요뉴 유적지에 있는 '테라초 건물'은 폭 9미터, 길이 12미터 크기였다. 직사각형 형태이며 각 모서리는 동서남북을 가리켰다. 무거운 원형 대야에서 인간의 헤모글로빈 흔적이 발견된 이 의식용 건물은 8,700년 전에 지어졌다. 아마도 남자 숙소에서 신전으로 막 이행한 시기의 것으로 보인다.

다시 말해 의욕적인 가족이 이웃 동료 농부들보다 훨씬 많은 작물을 수확할 수 있는 단계가 열린 것이다. 그리하여 이 가족들은 아삼이나 뉴기니 섬에서 높은 성취를 이룬 자들처럼 자신의 잉여 산물(그리고 친족의 잉여 산물)을 이용하여 명성을 쌓을 수 있었다.

이 무렵 차요뉴 사회에는 이처럼 잉여 산물과 명성에서 격차가 생기기 시작한 징후가 보였다. 이제 촌락에는 의식용 건물에서 그리 멀지 않은 곳에 가로 50미터, 세로 25미터 면적의 광장이 생겼다. 이 광장 북쪽에 있는 주거지는 규모가 크고 고급 귀중품도 많이 있었다. 한편 광장 서쪽에 있는 주거지는 규모가 작고 사치품의 증거도 거의 보이지 않았다.

이 시기 동안 차요뉴 지도자의 지휘 아래 새로운 건물이 건립되었다. 이 건물은 '테라초 건물'이라 불리며 크기는 대략 폭 9미터, 길이 12미터가량 되었다(그림 18). 이 건물의 각 모서리는 동서남북을 가리키며 두꺼운 돌 벽에 장식 무늬가 있는 버팀벽을 세웠다. 붉은 돌 부스러기 수천 개를 점토와 함께 섞어 바닥에 바른 다음 광택을 내었으며 이 때문에 '테라초* 건물'이라는 명칭이 붙었다. 법의학 분석 결과 또 한 번 인간의 헤모글로빈 결정이 나왔으며, 이번에는 무거운 원형 대야 가장자리에서 검출되었다.

'테라초 건물'에는 좌석도 안치실도 없었으며 조상의 유골도 전시되지 않았다. 이런 특징은 서아시아 사회의 발전 단계에서 중대한 이행이 이루어진 징후로 보인다. 즉 남자 숙소를 둔 사회에서 실질적인 신전을 둔 사회로 이행한 것이다. 이런 이행과 관련해서는 충분한 논의가 필요하므로 나중에 별도의 장에서 다시 논의할 예정이다.

멕시코 고지대: 채집 사회에서 성과 기반 사회로

빙하 시대 말기 멕시코 중부 고지대의 기후는 오늘날에 비해 서늘하고 건조했다. 1만 년 전 기온이 상승하기 시작했고 많은 산악 계

* 테라초는 대리석을 골재로 한 콘크리트를 말한다.

곡 지역이 오르간파이프선인장, 아카시아, 메스키트로 이루어진 가시나무 숲으로 뒤덮였다. 숲의 하층에는 온갖 식용 식물로 가득한 멋진 지대가 펼쳐졌다.

멕시코 고지대 채집 생활자는 즉시 보상 전략을 따랐다. 여름 우기 때와 겨울 건기 때면 자주 야영지를 옮겨야 했다. 수확물이 줄어드는 계절에는 4명에서 6명씩 가족 단위로 흩어져 살았고 풍요로운 계절에는 여러 가족이 모여 25명에서 30명 규모의 야영지를 형성했다.

아직은 토기가 발명되지 않았기 때문에 멕시코 채집 생활자는 호리병박을 이용하여 물을 길어 왔다. 이들은 호리병박이 워낙 친숙했기 때문에 호리병박의 친척인 야생 호박을 경작 가능한 식물로 인식했고, 단백질이 풍부한 호박씨와 호리병박처럼 생겨 쓰임새가 많은 껍질을 얻기 위해 호박을 재배하게 되었다.(하지만 야생 호박은 먹을 수 없는 열매였고, 심지어 몇몇 종은 고약한 냄새까지 났다.)

이 지점에서 우리는 서아시아의 나투프인과 멕시코 고지대의 이른바 고대 수렵채집 생활자 사이에 커다란 차이점을 볼 수 있다. 서아시아의 경우 야생 밀, 보리, 염소 풀이 매우 밀집해서 자라고 탄수화물을 풍부하게 공급했기 때문에 때로는 이 식물들만으로도 촌락 사람들 모두가 먹고 살 수 있었다. 호박과 호리병박은 그러한 정주 생활을 가져다주지 못했다.

하지만 멕시코 고지대의 유목 채집 생활자는 조금씩 식물 재배를 늘려 가기 시작했다. 약 8,000년 전에는 콩과 토마토, 고추도 재배했다. 이들이 재배한 품종은 잡초처럼 회복력이 강한 식물이라서 범람원이나 습한 협곡에서도 잘 자랐다. 고대 고고학 유적지에 아

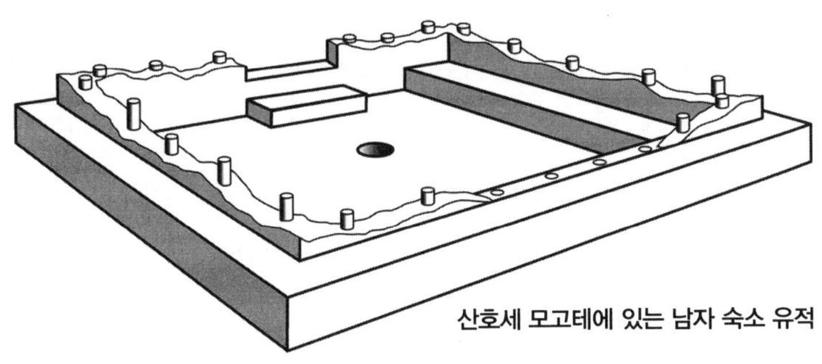

그림 19 | 채집에서 농경으로 넘어가는 기나긴 이행기 동안 멕시코 고지대에 있던 사회는 행동 방식의 면에서 초기 서아시아와 많은 공통점을 보였다. 그중 하나는 의식용 공터를 중심으로 하여 그 주위에 오두막이나 거처를 배열했다는 점이다. 또 다른 하나는 남자 숙소 건물이다. 위쪽 그림은 멕시코 게오시이에서 발견된 길이 20미터의 의식용 공간 잔해이며, 둥근 돌을 두 줄로 평행하게 늘어놓아 경계선을 표시했다. 아래쪽 그림은 멕시코에 있는 산호세 모고테에서 나온 남자 숙소 잔해이며 석회 가루가 들어 있는 구덩이와 좌석이 있었다. 이런 형태의 건물은 평균 크기가 가로 6미터, 세로 4미터였다.

보카도 열매가 있는 것으로 보아 과일나무도 재배했을 것으로 추정된다.

멕시코시티에서 남쪽으로 400킬로미터 떨어진 오악사카 밸리*

---

* 흔히 한국어로 ‘계곡’이나 ‘골짜기’로 번역되지만, 밸리Valley가 지역 고유의 사회가 생길 정도로 광범위한 지역을 의미하는 경우에 한해 원어를 그대로 사용했다.

의 유적지 두 곳에서는 여러 가족이 함께 야영하는 풍요로운 계절에 고대 의식을 거행했음을 보여 주는 증거가 나왔다. 게오시이는 약 25명에서 30명이 여름 우기 동안 모여 살던 야영지였다. 이곳에서는 여름 우기에 호리병박과 호박을 심고 메스키트 열매 꼬투리와 팽나무 열매를 딸 수 있었다. 게오시이는 해발 1,645미터 고원 지대의 강 범람원에 위치했다. 북쪽으로 2.5킬로미터를 가면 해발 1,950미터 높이의 절벽이 있고 그 아래에 길라 나키츠라는 작은 동굴이 있었다. 잣처럼 생긴 피뇽과 도토리를 딸 수 있는 이른 건기 동안 이 동굴에서 4명 내지 6명 정도로 구성된 한 가족이 야영을 했다. 게오시이와 길라 나키츠 동굴 모두 8,600년 전부터 사람이 살았다.

길라 나키츠 동굴에서는 의식을 올린 증거가 전혀 나오지 않았다. 하지만 게오시이는 채집 생활자들이 의식용 공터를 중심으로 거처를 배열한 야영지의 전형적인 특징을 한 가지 이상 보여 준다. 발굴자 프랭크 홀은 이곳에서 폭 7미터, 길이 20미터의 직사각형 공간을 발견했는데 둥근 돌을 두 줄로 나란히 늘어놓아 경계선을 표시해 놓았다(그림 19, 위). 작은 춤마당처럼 생긴 이 의식용 공간은 아무것도 없는 깨끗한 빈터였고 양옆으로 고대 거주지에서 나온 잔해가 수북하게 있었다. 따라서 의식을 올리는 보람이 있을 만큼 충분한 수의 사람이 모여 살 때마다 즉흥적으로 의식을 올렸을 가능성이 있다.

이후에 멕시코에 등장한 사회는 피의 희생 제의를 올린 것으로 유명했으며, 고대 채집 생활자 역시 그때부터 이런 희생 제의를 거행했던 것으로 보인다. 이를 가장 잘 보여 주는 증거는 오악사카가 아니라 테우아칸 밸리의 콕스카틀란 동굴에 있다. 이 동굴은 게오시이에서 북서쪽으로 약 160킬로미터 떨어져 있다. 이 동굴의 제14층에 7,000년 전 사람이 살았던 야영지 잔해가 있으며 고고학자 리처드 맥니시는 이곳에서 제물로 바친 아이 두 명을 잡아먹은 흔적을 발견했다. 한 아이는 목이 잘린 채 담요와 망에 싸여 있었고 두개골은 부근에 있는 바구니에 담겨 있었다. 목이 잘린 또 다른 아이 역시 담요와 망으로 싸여 있었지만 두개골은 바로 옆에 놓여 있었다. 이 아이의 두개골은 불에 태우거나 구운 뒤 살점을 긁어내고 그 안의 뇌를 먹을 수 있도록 두개골이 반으로 쪼개진 상태였다. 아이들 옆에는 말린 식물을 담은 바구니가 9개 내지 10개 정도 놓여 있었다. 이 점으로 미루어 보건대 풍성한 수확을 감사드리는 의식에 아이를 제물로 바쳤던 것으로 보인다.

멕시코 지역의 초기 재배 식물 중에는 유목민의 생활 방식에 변화를 가져오거나 대가족보다 규모가 큰 사회 단위를 부양할 만큼 충분한 생산성을 지닌 식물이 없었다. 그러다 테오신트*라는 그저 평범하게 생긴 야생 풀을 재배하기 시작하면서 상황이 바뀌었다. 테오신트는 겉보기에 옥수수처럼 생겼지만 옥수수 속대 대신 과피라고 불리는 아주 단단한 껍질 속에 알갱이가 한 줄로 이어져 있다. 테오신트를 먹으려면 과피째 절구에 넣어 부수거나 알갱이를 팝콘처럼 튀겨야 했다.

유전학자들은 고대 채집 생활자가 최초로 경작한 테오신트 종이 멕시코 게레로 주 발사스 강 유역을 원산지로 하는 종이라고 믿는

---

* 벼과에 속하는 키가 크고 억센 일년초. 옥수수와 근연 관계이며 때로 사료로 재배된다.

다. 처음에 재배하기 시작한 테오신트 개체군은 아마 600그루를 넘지 않았을 것이다. 테오신트 경작자들은 과피가 연해서 알갱이를 쉽게 얻을 수 있는 돌연변이종이 있다는 것을 알아챘다. 그런가 하면 또 다른 변이종은 알갱이가 두 줄이고, 그 안에 담배 필터 크기 정도의 작은 옥수수 속대가 들어 있었다. 이 밖에도 알갱이에 탄수화물과 단백질이 더 많이 함유된 맛이 더 좋은 변이종도 있었다. 서쪽의 게레로에서 동쪽의 오악사카에 이르는 초기 경작자들은 제각기 선호하는 변이종을 선택함으로써 테오신트에서 옥수수를 개발해 냈다.

약 6,250년 전 길라 나키츠 동굴을 다녀간 소규모 집단이 알갱이가 두 줄 달려 있는 작은 옥수수 속대를 버리고 갔다. 중부 멕시코의 인디언은 추수 때마다 가장 좋은 것을 종자로 남겨 둠으로써 옥수수 속대의 길이를 점점 늘리고 알갱이 줄도 처음에는 네 줄로, 다음에는 여덟 줄로 늘려 나갔다. 그러다 마침내 고대 재배자들은 여러 달 동안 보관할 수 있는 탄수화물 공급원을 얻게 되었고, 이 덕분에 야영지에 머물 수 있는 기간도 늘어났다.

옥수수의 생산성이 점차 높아지면서 멕시코에 있는 큰 규모의 우기 야영지가 점차 나투프 정착지와 비슷한 모습으로 발전했다. 테우아칸 밸리의 서쪽 입구에 해당하는 아텍스칼라 캐니언의 한 하안단구에 고대 야영 생활자는 타원형의 반지하 가옥으로 구성된 정착지를 세웠다. 리처드 맥니시와 앙헬 가르시아 쿡이 보고한 한 가옥은 하안 단구 아래 60센티미터 깊이에서 발굴되었으며 크기는 가로 5.2미터, 세로 4미터였다. 지붕 한가운데를 목재 하나가 가로지르고 그 양 끝에 세운 수직 기둥과 양쪽 벽에서 비스듬히 연결되는 작은 기둥 여러 개가 지붕을 떠받치고 있었다. 또한 돌 판을 이용하여 가옥의 지하 부분을 보강했으며 바닥에 얕은 화로 구덩이를 만들었다. 집 주변에는 옥수수 알갱이를 갈아 가루로 만드는 돌로 된 막자사발과 갈판이 널려 있었다. 아텍스칼라 캐니언 야영지에는 약 4,500년 전부터 사람이 살았다.

장기간 머무는 야영지가 점차 촌락으로 발전하면서 가족들이 건기 동안 흩어져 살 이유가 없어졌다. 여자, 아이, 노인이 집에 머무는 동안 남자들이 소규모 무리를 지어 사냥 여행을 떠나 사슴을 잡아 돌아왔다. 이처럼 남자들만 머물던 야영지 한 곳이 쿠에바 블랑카 동굴에 있었으며 이 동굴은 길라 나키츠에서 그리 멀지 않은 오악사카 산악 지역에 있었다.

농경으로 인해 몇 가지 변화가 생겼음에도 쿠에바 블랑카에서는 칼라하리 사막의 바사르와족 사냥꾼이 무기를 나누어 가지던 것과 똑같은 행위가 여전히 남아 있었다. 쿠에바 블랑카의 사냥꾼은 투창기(아틀라틀)로 쏘아 날리는 작은 화살에 자기만의 독특한 수석 화살촉을 달았던 것으로 보이며, 바사르와족 사냥꾼이 화살을 교환했던 것처럼 분명 동료와 화살을 교환했다. 쿠에바 블랑카 동굴 안에서 발견된 각 사냥꾼의 작업 공간마다 다양한 화살촉이 발견되었다. 심지어는 북쪽으로 네댓새 동안 가야 닿을 수 있는 테우아칸 밸리에서 만들어진 게 틀림없는 화살촉까지도 쿠에바 블랑카에서 발견되었다. 이 증거로 볼 때 보츠와나 쿵족의 흐사로와 유사한 상호 교환 제도가 고대 멕시코에도 존재했을 것이다.

약 3,600년 전 멕시코 고지대는 앞서 차요뉴와 아부 후레이라에서 보았던 것과 비슷한 이행 과정을 거쳤다. 타원형의 반지하 오두막으로 이루어진 야영지 대신 직사각형의 가옥으로 이루어진 지속성 있는 촌락이 들어선 것이다. 이 초기 멕시코 가옥은 소나무 기둥으로 틀을 세운 뒤 이엉으로 지붕을 올리고 식물 줄기 다발에 점토를 발라 벽을 만들었다. 가옥 크기는 가로세로 3미터, 5.2미터로 핵가족 한 가구가 살기에 충분한 면적이었다. 또한 집집마다 바깥에는 저장 구덩이와 흙 화로가 갖추어진 야외 작업 공간이 있었다. 고지대 촌락 생활은 농경과 야생 식물 채집, 사슴 및 토끼 사냥으로 유지되었으며 여기에 추가적인 고기 공급원으로 개를 길렀다. 이제 촌락 사람들은 토기를 제작하고 진주층 같은 귀중품을 활발하게 거래했다.

많은 뉴기니 섬 사회에서 그랬듯이 이곳의 초기 촌락에서도 남자의 의식과 여자의 의식은 각기 달랐다. 가정은 여자의 의식을 치르는 공간이었다. 여자들은 의식 현장에 조상의 상징으로 진열할 작은 조각상을 만들었다. 이 작은 조각상이 아마도 죽은 사람의 영혼이 다시 찾아오는 물질적 육체 구실을 했을 것이며, 의식을 치르는 동안 이 조각상에 음식을 바치고 호의를 베풀어 달라고 간청했을 것이다. 남자의 의식은 주거 공간이 아닌 곳에서 치러졌으며 더러는 남자 숙소처럼 보이는 곳에서 치러졌다.

오악사카 밸리 아토약 강에 있는 산호세 모고테는 150명에서 200명 규모의 촌락이었다. 촌락 서쪽 경계에 소나무 기둥으로 목책을 세워 놓았으며 몇몇 건물에는 불에 탄 흔적이 있었다. 촌락 간에 습격이 있었음을 알려 주는 이 증거로 볼 때, 산호세 모고테는 씨족 또는 후손 집단을 형성하고 켈리가 말한 이른바 사회적 대리 원칙이 통용되는 사회였을 것이다.

산호세 모고테에 있는 남자 숙소는 평균 가로 6미터, 세로 4미터 크기이며 기숙사 용도로 쓰기에는 너무 작았다. 분명 통과의례를 모두 거친 사람만 제한적으로 들어갈 수 있었을 것이다. 이러한 의식용 장소는 통상적으로 일반 가옥에 비해 기둥 수가 두세 배나 많았다. 각 건물의 토대에는 낮은 기단이 있었고, 이 기단을 우묵하게 파서 건물 바닥을 만들었다. 식물 줄기 다발에 점토를 발라 벽을 세웠고 이 벽과 바닥에 회반죽을 칠했다. 벽이 어느 정도 보존된 건물에서는 벽면을 따라 좌석이 배열된 것을 볼 수 있었다(그림 19, 아래). 모든 남자 숙소는 똑같이 동쪽에서 북쪽으로 8도 가량 기울어진 방위로 지어졌는데 이런 배치는 틀림없이 의식의 의미와 관련이 있었을 것이다. 건물 안과 주변에서는 의식 복장의 일부였을 것으로 추정되는 도자기 가면 파편이 발견되었다.

바닥 중앙에 파 놓은 저장 구덩이에는 곱게 빻은 석회 가루가 들어 있었다. 오악사카 지방에 훗날 들어선 인디언 사회에 관한 정보를 토대로 할 때 석회 가루는 야생 담배, 흰독말풀, 나팔꽃 등의 의식용 식물과 한데 섞기 위한 용도였을 것이다. 곱게 빻아 석회 가루와 혼합한 야생 담배는 남자의 육체적 힘을 키워 준다는 믿음이 있었으며 이 때문에 습격에 나서기 전에 사용하기 적합한 약물이었다.

이 시기에는 대체로 시신을 똑바로 누운 자세로 매장했다. 하지만 특별한 대접을 받은 시신이 세 구 발견되었다. 모두 중년의 남자인 이들은 앉은 자세로 매장되었으며, 팔다리가 심하게 구부려져 있어 매장하기 전 한동안 시신을 묶어 두었던 것으로 보인다. 세 사람 중 둘은 남자 숙소 부근에 매장되었다. 이러한 양식으로 보건대 많은 성과 기반 사회에서 그랬듯이 일부 사람은 죽을 때 남과 다른 대접을 받을 권리를 가졌다.

테오신트는 생산성이 매우 뛰어난 종인 옥수수로 변화하기까지 아주 많은 유전적 변화를 거쳐야 했기 때문에 멕시코 고지대 사람들은 서아시아에 비해 훨씬 오랜 시간을 보낸 뒤에야 씨족 또는 후손 집단으로 구성된 정착형 성과 기반 촌락을 형성했다. 하지만 일단 멕시코에 이런 사회 형태가 생긴 뒤에는 사회 제도 면에서 서아시아와 많은 공통점을 보였다. 남자 숙소, 조상 의식, 촌락 간 습격, 지역 간 조개껍질 귀중품 교환, 사후에 저명한 개인을 인정하는 방식 등이 그러했다.

멕시코 고지대는 약 3,150년 전 무렵까지 성과 기반 사회의 특징을 유지했으며, 이 시점 이후부터 고고학 기록에서는 세습적인 사회적 불평등의 징후가 나타나기 시작했다. 이 시점에서 그리 오래 지나지 않아 남자 숙소는 신전으로 대체되었고 신전에서 피의 희생제의가 열렸음을 입증하는 증거가 나타났다. 이러한 사회적 변화 속에 담긴 의미는 나중에 다른 장에서 논의할 것이다.

안데스 산맥 중부: 채집 사회에서 성과 기반 사회로

오랫동안 고고학자들은 고대 사회의 형성과 몰락을 자연환경으로 설명하는 수많은 이론을 제시했다. 이 모든 이론의 무덤이 페루였다.

연간 강우량이 13밀리미터만 되어도 습한 해로 여겨지는 페루의 해안 사막 지역에서 시기적으로 때 이르게 복잡한 사회가 등장했다. 해발 3,810미터 페루 알티플라노 고원의 얼어붙은 툰드라 지대도 마찬가지였다. 두 팔을 벌리면 양쪽 절벽에 손이 닿을 것처럼 좁은 이곳 협곡에서 오늘날 우리는 웅장한 유적을 발견하게 된다. 그런가 하면 빙하가 녹은 물에서 시작된 강물이 아마존 정글까지 흘러들어 가는, 안데스 산맥의 동쪽 경사면에 있는 열대 지역에서도 이러한 유적을 발견할 수 있다.

빙하 시대가 끝날 무렵 페루의 고대 채집 생활자는 몇 가지 대안적인 생활 방식을 고안했다. 해안 사막 지역에 위치한 사회에서는 페루 해류*를 이용했다. 이 해류는 세계에서 가장 큰 어장의 하나를 이루는 영양이 풍부한 용승류**로 어류와 갑각류가 매우 풍부하여 일부 해안 지역에서는 나투프인에게서 보았던 것만큼 커다란 야영지가 이 해류에 의지하여 유지되었다. 많은 야영지에서 연체동물 껍데기, 물고기, 바다사자 뼈, 집게발, 성게 더미가 무더기로 발견되었다.

페루 남부 지역의 일로 시 부근에서 발견된 거대한 조개 더미는 지름 25미터의 반지 모양이었다. 이는 고대 페루 사람들이 멕시코 일부나 서아시아의 채집 생활자처럼 거처를 원형으로 배열했음을 강하게 암시한다. 7,500년 전보다 훨씬 이전에 처음 사람이 살기 시작한 이 '반지' 유적지가 특이하게 반지 모양을 띠게 된 것은 지

---

* 남태평양 아열대 순환의 일부이며 페루 해안을 따라 적도 쪽으로 흐르는 한류.

** 바다 깊은 곳의 심층수가 바다 표면까지 솟아올라 오는 현상. 플랑크톤과 영양분이 풍부해 세계적인 황금 어장을 이룬다.

금으로부터 5,000년 전이었다.

안데스 산맥 고지대의 채집 생활자에게는 두 가지 자원이 있었다. 이들은 투창기를 들고 숲이 우거진 계곡이나 다발 풀이 자라는 고지대 초원에서 사냥감을 노렸다. 해발 2,400미터에서 3,000미터에 이르는 고지대에서는 흰꼬리사슴과 낙타과에 속하는 야생 동물인 과나코를 쫓아다녔다. 해발 3,600미터에서 4,200미터에 이르는 고지대에서는 남부 안데스 사슴인 우에물에 속하는 타루카, 낙타보다 크기가 작은 친척인 비쿠냐를 노렸다. 고지대 사냥꾼은 더러는 노천 야영지에서 살기도 하고 더러는 깊거나 얕은 동굴에서 살기도 했다. 이들은 빙하 시대 유럽인처럼 파차만카스pachamancas, 즉 흙 화덕에 사냥물을 넣어 천천히 요리했다.

고대 시기가 처음 시작될 때 페루의 수렵채집 생활자는 즉시 보상 전략을 따랐던 것으로 보인다. 하지만 그들에 관해서는 아직 알지 못하는 것이 많다. 서아시아에서는 여러 재배종을 생산하기 전까지 채집 생활자가 수천 년에 걸쳐 밀과 보리의 야생 조상종을 수확했다는 증거가 있다. 안데스 산맥에서 가장 초기에 심은 재배 식물이 무엇인지는 알지만 이 식물들의 야생 조상종을 수확하던 시기에 대해서는 잘 알지 못한다. 많은 야생 조상종이 자랐던 고지대에서 식물이 쉽게 보존되지 않는다는 점도 부분적으로 문제가 되었다. 관련된 지역이 광활하고 안데스 산맥 사람들의 입맛이 다양한 것도 그에 못지않게 중요한 문제였다. 이들이 선택한 재배종 중에는 해안 지역이 원산지인 것도 있고, 산간 계곡이 원산지인 것도 있으며, 고지대 툰드라, 심지어 브라질이나 파라과이 같은 먼 곳에서 온 것도 있었다.

페루의 태평양 해안 지역은 세계에서 가장 극심한 사막에 속한다. 수천 제곱킬로미터에 달하는 이 해안 지역은 고대에도 경작이 불가능했을 것이다. 하지만 안데스 산맥의 눈 덮인 꼭대기 곳곳에서 시작된 강들이 여러 갈래를 이루며 바다로 흘러들어 갔다. 베이지색 사막 위에 기다랗게 초록색 선의 오아시스를 그리는 이 강들은 충적토의 범람원을 형성했을 뿐만 아니라 습지, 샘물, 대나무 숲을 만들어 냈다. 재배종 식물이 일단 해안 지역으로 들어오면 고대 고기잡이꾼은 군데군데 형성된 습기 있는 땅을 텃밭으로 가꿀 수 있었다.

멕시코와 마찬가지로 페루에서 최초로 재배한 식물은 호리병박이었고 머지않아 호박도 재배했을 것이다. 하지만 페루에서 초기에 재배한 호박은 멕시코에서 초기에 재배한 종과 달리 콜롬비아에서 자라는 야생 조상종에서 온 것이었다. 거의 1만 년 전 이 호박을 원산지에서 옮겨 와 에콰도르와 페루에서 재배하게 되었다.

에콰도르 남서 지역과 페루 북서 지역의 해안 평원에는 목화가 자라고 있었고 머지않아 이를 재배하게 되었다. 호리병박과 목화를 함께 재배하게 되었다는 것은 이제 고대인이 낚싯바늘과 창을 이용한 고기잡이에만 머물지 않았다는 것을 의미한다. 면 밧줄로 그물을 짜서 여기에 호리병박으로 만든 부낭을 달아 사용할 수 있었다. 특히 멸치와 정어리를 잡는 데 그물이 유용했으며, 이 두 가지 작은 어종은 수가 엄청나게 많았다.

안데스 산맥의 주요 재배종 중에는 뿌리, 구근, 덩이줄기, 그 밖에 땅속에서 자라는 부분을 얻기 위한 것이 많았다. 야생 카사바(마니오크)는 브라질의 마투그로수 주, 혼도니아 주, 아크리 주가 원산지이며 아마 이 지역에서 처음으로 재배하기 시작했을 것이다. 이 지역에서는 잭콩(작두콩)도 키웠을 것이며 멕시코에서 재배한 고추와 다른 종의 고추도 재배했을 것이다. 페루는 이 외래종들을 받아들였다. 볼리비아 남동 지역과 파라과이 북부 지역 사이에 있는 삼림 및 사바나 환경에서는 야생 땅콩이 자랐다. 7,000년 전 이 야생 땅콩이 페루에 도착했다.

페루의 높은 고원은 식용 덩이줄기가 풍부하게 자라는 땅으로, 덩이줄기는 땅속에서 자라는 탓에 서리의 피해를 입지 않았다. 이 가운데 가장 많이 알려진 것이 야생 감자이며 아마 고지대 남부 지역 어디쯤에서 재배하기 시작했을 것이다. 감자와 카사바는 안데스 농경인이 정착 생활을 하는 데 필요한 탄수화물의 공급원이 되었다. 고원 지역에서 나는 또 다른 식물로는 잡초처럼 생긴 퀴노아*가 있었으며, 씨앗을 갈아 가루로 만들 수 있었다. 고대를 거치는 동안 이 식물은 태평양 해안 지역에까지 전해졌다.

아마존 정글과 안데스 산맥의 고지대 툰드라 지역에서 자라는 몇몇 식물이 아직 재배종으로 받아들일 만큼 충분한 유전적 변화를 거치기 전에 이미 페루 북부 해안 지역에 전해졌다. 이를 재배 식물로 간주하는 유일한 근거는 분명 원산지에서 수백 킬로미터나 떨어진 곳으로 이 식물들을 옮겨 왔기 때문이다. 곡류의 이러한 확산으로 미루어 보건대 고대 채집 생활자는 먼 거리를 이동해 다녔으며 물자를 교환하고자 하는 교역 상대가 있었다.

이와 같은 재배종이 해안 지역까지 확산되는 동안 고지대에서는

* 안데스 지역의 주요 곡물로 쌀보다 조금 작고 둥글고 영양이 풍부하다.

또 다른 사육 과정이 진행되었다. 사냥꾼들은 수천 년 동안 과나코를 뒤쫓고 포위하고 막다른 구석으로 몰아댔지만 이제는 사로잡은 동물을 우리에 가두고 그 새끼를 길들이기 시작했다. 나투프인이 동굴에 원형 오두막을 지었던 것처럼 고대 고지대 사람들은 동굴에 동물 우리를 지었다.

가장 오래된 동물 우리는 4,000년 전보다 훨씬 이전에 아르헨티나 쪽 안데스 산맥의 푸나puna, 즉 고도가 높은 툰드라 지역에 있는 작은 동굴인 잉카 쿠에바 7호 입구에 돌 벽으로 지은 우리였다. 이 우리에 갇혀 있던 동물의 똥 덩어리가 동굴 바닥에서 발견되었다. 페루 아야쿠초 부근의 푸나에 위치한 투쿠마차이 동굴에도 잉카 쿠에바 7호만큼 오래된 우리가 있었다.

물론 동굴에만 우리가 있었던 것은 아니다. 고고학자 마크 알덴데퍼는 앞서 언급한 '반지' 유적지에서 내륙으로 80킬로미터 들어간 오스모어 강(모케과 강) 단구에서 고대 야영지를 발굴했다. 해발 2,900미터에 위치한 아사나는 수천 년 동안 과나코와 우에물을 뒤쫓던 사냥꾼들이 계속해서 야영지로 사용해 온 곳이었다. 오래전인 6,800년 전에 아사나의 사냥꾼들은 아마도 의식용 한증막으로 쓰였을 타원형의 작은 구조물을 지었다. 이 구조물 가운데 가장 잘 보존된 것을 보면 바닥이 점토로 되어 있고, 물을 담는 대야가 있으며, 여러 바위에 불 때문에 생긴 금이 있었다. 이러한 한증막에서는 뜨겁게 달군 바위에 물을 부어 정화 의식을 올리기 위한 사우나를 만들었다.

아사나에서 나중에 생긴 한 야영지는 잉카 쿠에바 7호와 대략 같은 시기에 사람이 살았는데 이곳에는 외관상 분명 동물 우리가 틀림없는 나무 기둥 구조물이 있었다. 우리 안에서 비록 똥 덩어리라 할 만한 것은 나오지 않았지만 우리 안의 토양을 가져와 법의학 분석을 한 결과 동물 분뇨의 분해 산물이 검출되었다.

동물을 사로잡아 가두어 둔 가장 강력한 증거가 고고학자 제인 휠러에 의해 텔라르마차이 동굴에서 발견되었다. 이 동굴은 페루 중부 지역 후닌 호 부근의 툰드라 지대에 위치했다. 이곳에서는 아주 높은 새끼 사망률을 보여 주는 증거가 나왔는데, 이는 현대 수의학이 생기기 오래전 집단 사육에 특징적으로 나타나는 현상이다.

마침내 낙타과의 재배종 두 가지가 페루에 등장했다. 하나는 과나코에서 파생한 라마로, 짐을 나르는 동물이었다. 다른 하나는 주로 고급 털을 얻기 위해 기르는 알파카로 최근 나온 DNA 증거에 의하면 비쿠냐의 유전자가 들어 있었다. 두 동물 모두 3,600년 전보다 오래전에 현재와 같은 모습을 갖추었을 것이다.

특히 짐을 나르는 동물로 라마가 등장함으로써 지역 간 물자 이동이 급격하게 늘었다. 고지대 감자를 실은 라마 대상隊商이 태평양 해안 지역까지 내려가 그곳에서 감자와 말린 멸치를 교환했을 것이다. 이러한 교환으로 모든 지역에서 모든 종류의 물자를 구할 수 있게 되었다.

이 모든 과정이 진행되는 동안 옥수수는 집단에서 집단으로 서서히 확산되면서 멕시코에서 남쪽으로 내려와 페루에 전해졌다. 약 4,000년 전 페루 북부 해안 지역에 옥수수가 전해졌을 무렵에는 감자, 카사바, 호박, 콩, 땅콩, 그 밖의 작물에 한 종이 더 보태진 데 지나지 않았다. 고대 페루인은 옥수수를 주산물로 여기지 않았고, 단 맛이 나는 옥수수 알로 치차chicha, 즉 옥수수 술을 만들 수 있을 것이라고 생각했다. 이때부터 치차는 나가족의 쌀 술처럼 의식의 중요한 일부가 되었다.

야영지에서 의식용 건물을 갖춘 성과 기반 촌락으로

페루 해안 지역 사회 역시 멕시코나 서아시아와 비슷한 변화를 거쳤다. 이들은 원형의 반지하 오두막에서 생활하던 반半유목민 사회를 거쳐 직사각형 가옥의 자치 촌락을 이루어 생활하는 성과 기반 사회로 발전했다.

페루 중부 해안 지역의 산바르톨로 만에서 내륙으로 4킬로미터 들어간 곳에 팔로마 고대 유적지가 있다. 로버트 벤퍼와 제프리 퀼터는 이곳에서 30명 내지 40명이 모여 살던 반半영구적 정착지를 발견했는데 이곳 사람들이 살던 거처는 오할로에 있던 것과 같은 형태였다. 팔로마 유적지 사람들은 6,500년 전에서 5,000년 전에 이르는 시기 동안 호박, 콩, 호리병박을 길렀지만 실제 주식량은 멸치와 정어리였으며 그 밖에 큰 물고기와 갑각류로 영양분을 보충했다.

팔로마 유적지 사람들은 조상의 시신이 천천히 부패하도록 하기 위해 소금을 이용했다. 팔다리를 완전히 구부린 상태로 시신을 갈대 거적에 싸서 묻었다. 200구의 뼈를 분석한 결과 남자의 비율이 불균형하게 높았으며, 이는 여아 살해가 있었음을 암시한다. 남자들은 내이와 중이에 손상을 입은 비율이 매우 높았는데 아마도 평생 동안 차가운 바닷물 속에 잠수하여 연체동물을 잡느라 이러한 손상을 입었을 것이다.

팔로마로부터 15킬로미터 떨어진 지점에서 칠카 강이 태평양과 만나며, 여기서 내륙으로 3킬로미터쯤 들어가면 5,500년 전에서

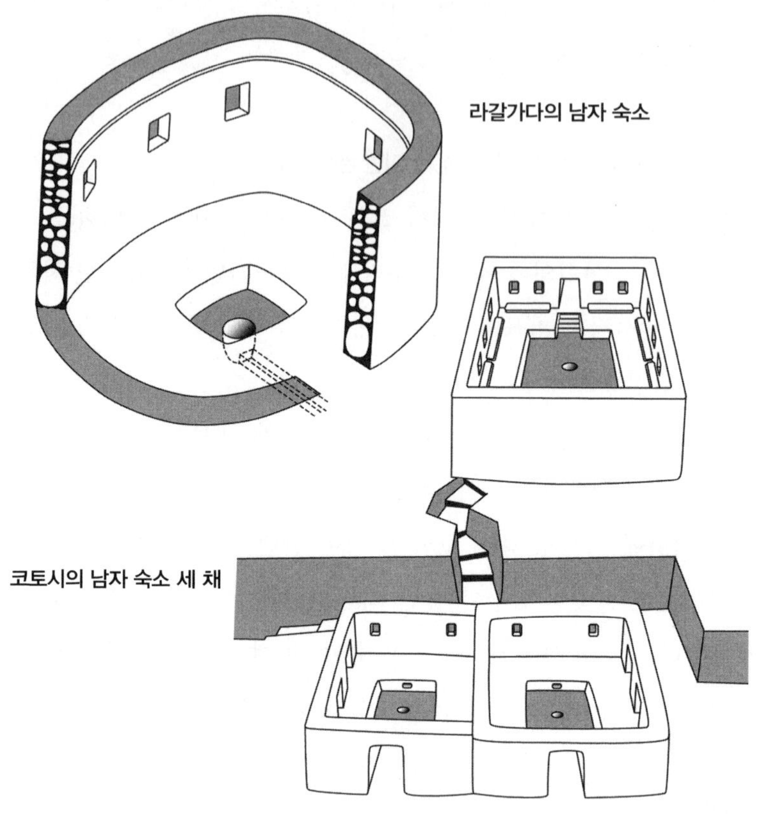

그림 20 | 페루의 초기 남자 숙소는 흰색 칠을 한 경우가 많았고 벽에 장식용 벽감이 있었으며, 움푹 파인 바닥 주변에 앉거나 잠을 자는 좌석이 있었고 바닥 가운데 화덕이 있었다. 위쪽 그림은 라갈가다의 남자 숙소로, 크기가 가로 2미터, 세로 2.7미터였다. 아래쪽 그림은 코토시의 남자 숙소 세 채로 가장 큰 것은 한 면의 길이가 9미터였다.

4,500년 전에 사람이 살았던 또 다른 고대 야영지가 있다. 이 칠카 야영지에서 고고학자 크리스토퍼 도넌이 많은 원뿔형 오두막을 발견했다. 대개는 식물 줄기로 만든 오두막이었지만 최소한 한 오두막 안에 세워 놓은 기둥은 해변으로 쓸려 온 고래 갈비뼈로 만든 것

이었다. 칠카 야영지에서 살던 가족들은 면 그물 또는 연체동물 껍질로 만든 낚싯바늘로 물고기를 잡았다. 또한 강 부근의 지하수면이 높은 점을 이용하여 지표면 바로 아래 습기 먹은 흙을 갈아 작은 채소 텃밭을 만들었다.

이 무렵 페루의 수많은 강이 태평양에 닿기 전에 거쳐 오는 들쭉날쭉한 협곡은 소규모 관개에 아주 적합한 곳으로 여겨졌다. 각 협곡에 살던 농경 생활자들은 물길을 바꾸어 작은 운하를 만들었으며 운하가 강물보다 천천히 흐르는 탓에 대부분의 하안 단구에 물을 댈 수 있었다. 라갈가다 촌락은 바로 이런 곳에 위치해 있었다.

페루 북부 해안 지역에서 가장 거대한 강은 산타 강이었다. 산타 강은 바다에서 80킬로미터 거슬러 올라간 지점에서 타블라차카 강이라는 지류와 합류하는데 이 지류는 해발 1,000미터 높이의 흙먼지 가득한 협곡 사이를 흐르며 협곡의 모양을 변화시켰다. 약 4,400년 전 타블라차카의 한 단구에 라갈가다 촌락이 들어섰으며 이 촌락에 살던 가족들은 호리병박, 호박, 고추, 강낭콩, 잭콩, 리마콩, 땅콩, 목화, 그 밖에 구아버와 아보카도 등의 과수 작물에 관개수를 댔다. 옥수수가 전해졌지만 아직 드물어서 주 식량으로 여겨지지 않았다. 촌락 사람들은 또한 사슴을 사냥하고, 교역을 통해 해안 지역의 말린 물고기와 갑각류를 들여왔다.

라갈가다에서 재배하는 대다수 작물이 식량이었던 반면 촌락에 부를 가져다준 것은 목화였다. 식물 잔해를 분석한 식물학자 C. 얼 스미스 주니어에 따르면 "라갈가다에서 찾아낸 목화 양으로 볼 때 분명 수출용 생산이 있었다."고 한다. 게다가 라갈가다에서 목화를 직물로 짜서 수출함으로써 부가 가치를 올렸다고 믿을 만한 근거도 있다.

고고학자 테런스 그리더와 알베르토 부에노 멘도사에 따르면 라갈가다 촌락 사람들은 핵가족이 살 수 있는 크기의 원형 가옥에서 살았다. 이 가옥은 돌에 진흙 반죽을 발라 벽을 세우고 뾰족한 지붕에 이엉을 엮어 얹었다. 가옥의 경우 초기의 원형 설계가 유지되었기 때문에 의식용 건물을 쉽게 식별할 수 있었다. 의식용 건물은 처음에는 모서리를 둥글게 굴린 직사각형이었다가(그림 20, 위) 이후 시간이 흐르면서 완벽한 직사각형 형태를 띠었다.

라갈가다의 의식용 건물은 규모가 작으며 그중 몇몇은 항시적으로 사용했던 것 같다. 의식용 건물에서 나온 잔해가 쌓여 흙 둔덕 두 개를 만들었으며 각기 '북쪽 둔덕', '남쪽 둔덕'으로 불렸다. '북쪽 둔덕'이 먼저 생기고 '남쪽 둔덕'이 나중에 생겼는데, 이때부터 동시에 두 둔덕에 사람이 살았다. 두 둔덕에는 활석이라는 광물으로 진주빛 흰색 칠을 한 의식용 건물이 여러 채 있었다.

라갈가다에 의식용 건물이 여러 채 있었던 사실과 관련해서 최소한 세 가지 시나리오를 상정해 볼 수 있다. 오크 산악 부족과 같은 이유로 라갈가다 사람들 역시 우주론에서 모순을 일으킬 여지가 있는 부분을 제각기 다른 장소로 분리했을 것이라는 게 한 가지 시나리오이다. 두 번째 시나리오는 라갈가다에 다수의 가계 또는 후손 집단이 존재했고 이들이 제각각 남자 숙소를 지었을 가능성이 있다는 것이다. 세 번째는 오크 산악 부족처럼 남자와 여자의 의식 장소가 별도로 분리되어 있었을 가능성이다. 하지만 이 시나리오 중 어느 것이 옳은지 판단할 자료가 없다.

라갈가다에 맨 처음 세워졌던 의식용 건물은 크기가 겨우 가로 2미터, 세로 2.7미터였다. 현재 한쪽 벽이 1.5미터가량 남아 있으며 자연석 파편에 진흙 반죽을 발라 벽을 세운 뒤 점토 반죽을 입히고 흰색 칠을 했다. 벽에는 벽감이 한 줄로 배치되었고 아카시아 나무로 지붕을 올린 뒤 점토 반죽을 발랐다. 바닥에는 직사각형으로 움푹 파인 구역이 있었으며 그 주변에 앉거나 잠을 자는 좌석이 빙 둘러 배치되어 있었다. 움푹 파인 바닥 구역에는 한 가지 중요한 특징이 있었다. 바로 원형 화덕인데, 바닥 밑에 있는 통풍구를 통해 외부와 연결되었다. 의식의 비밀이 밖으로 새어 나가지 않도록 하기 위해 건물 문을 닫았을 때도 이 통풍구를 통해 산소를 공급함으로써 화덕에 불을 계속 피울 수 있었다. 고고학자 마이클 모즐리는 움푹 파인 바닥과 화덕이 안데스 산맥에 널리 퍼진 우주론 중 하나를 반영한다고 보았다. 이 우주론에서는 최초의 인간이 동굴과 샘과 땅속 구멍을 통해 땅위로 올라왔다고 믿었다.

약 4,000년 전 '북쪽 둔덕'과 '남쪽 둔덕'에 나중에 들어선 의식용 건물도 좌석, 움푹 파인 바닥, 중앙의 화덕 등 초기 형태를 그대로 유지했다. 하지만 나중에 생긴 의식용 건물은 벽 장식에 작은 변화가 생겼다. 그 이유는 두 가지 중 하나인데 다른 사회 단위가 지은 건물이었거나 아니면 의식상의 다른 필요를 위한 건물이었기 때문이다.

몇몇 의식용 건물의 바닥에서는 흰색, 초록색, 오렌지색 열대 조류의 깃털이 발견되었다. 교역을 통해 이 깃털을 구한 뒤 의복이나 몸을 장식하는 데 사용했을 것이다. 중앙 화덕에 불탄 채로 남아 있던 제물 속에서는 탄화한 고추가 발견되었다. 의식에 참여한 사람들이 그 연기를 들이마시지 않았기를 바란다.

각 의식용 건물을 더 이상 사용하지 않게 되면 불에 태운 뒤 남자, 여자, 아이의 시신을 보관하는 마지막 안식처로 사용했다. 면직물이나 잠자리 매트로 둘둘 감싼 시신이 많았으며 그 속에 새나 뱀 문양이 들어간 면 가방이 함께 들어 있는 경우도 있었다. 호리병박으로 만든 그릇이나 돌 잔이 함께 묻힌 경우도 있고, 터키옥이 박힌 뼈 핀으로 장식한 경우도 있었다. 이렇게 버려진 의식용 건물에는 일부러 흙을 퍼다가 남아 있는 벽 높이까지 메워 놓았다.

라갈가다의 의식용 건물에 다양한 매장 양식이 존재했다는 것은 남자와 여자 모두 이 건물을 사용했다는 것을 암시하는 것일까? 이곳의 의식용 건물은 푸에블로 인디언*의 의식 건물과 비슷했을까? 꼭 그렇지는 않았을 것이다. 우리 모두 알다시피 이곳에 묻힌 여자와 아이는 단지 가계 내 남자 수장의 가족이었을 것이다. 좌석, 움푹 파인 바닥, 진주빛 흰색 회반죽 칠 등 라갈가다 건물의 많은 특징은 다른 여느 곳의 의식용 건물과 흡사하다는 느낌을 준다. 폐기 후 일부러 흙으로 건물을 메운 점은 괴베클리 테페의 의식용 건물을 연상시키며, 사람 시신을 보따리로 묶은 점은 아부 후레이라와 차요뉴의 안치실을 연상시킨다.

라갈가다의 것과 유사한 의식용 건물이 산타 강의 또 다른 지류에 위치한 해발 2,700미터 높이의 우아리코토에서 발견되었다. 고고학자 리처드 버거와 루시 살라사르 버거가 우아리코토에서 발견한 작은 의식용 방에도 역시 앉거나 잠을 자는 좌석, 중앙의 화덕, 제물이 타도록 산소를 공급하는 바닥 밑의 통풍관이 갖추어져 있었다.

---

* 미국 애리조나 주, 뉴멕시코 주 등지에 사는 아메리칸 인디언 종족의 하나이며 선사 시대 아나사지족의 후예로 대부분 농경 생활을 한다.

우아리코토에서 동쪽으로 이동하여 안데스 산맥의 정상 너머로 내려가면 아마존 강 유역에 닿는다. 이 경사면의 해발 2,000미터쯤, 아직은 고지대이지만 40킬로미터만 더 가면 안데스 산맥 동쪽의 열대 경사면에 닿을 수 있는 지점에 히게라스 강이 있다. 히게라스 강의 하안 단구에 위치한 페루 도시 우아누코에서 5킬로미터 거리에 남자 숙소로 보이는 의식용 건물을 갖춘 초기 촌락이 있었다.

이즈미 세이이치와 소노 도시히코가 발굴한 코토시 유적지는 4,000년 전에 세워졌다. 라갈가다와 마찬가지로 이 유적지에서도 여러 개의 의식용 건물이 동시에 사용되었다. 코토시의 의식용 건물은 직사각형이며 라갈가다의 것보다 다소 컸다. 반죽 없이 돌을 쌓아 올린 다음 그 위에 점토 반죽을 바른 이 건물은 마찬가지로 지하 통풍관이 연결된 화덕이 중앙에 있고 움푹 파인 바닥 주위에 앉거나 잠을 자는 좌석이 빙 둘러 배치되었으며 벽에 파 놓은 장식용 벽감도 비슷하게 생겼다.

코토시 유적지에서 가장 오래된 의식용 건물은 '흰색 건물'이라 불리며 먼저 지은 것과 나중에 지은 것이 나란히 붙어 있었다(그림 20, 아래). '흰색 건물'의 위쪽 경사면에 좁은 계단이 꼬불꼬불 연결된 두 번째 의식용 건물이 있었다. 반죽 없이 자갈을 쌓아 올려 지은 이 건물은 네 귀퉁이가 둥그스름한 정사각형 모양으로 한 면의 길이가 대략 9미터쯤 되며 기숙사형 남자 숙소로 보일 만큼 넓었다. 벽에는 장식용 벽감이 한 줄로 있었을 뿐만 아니라 팔짱을 낀 사람 팔 모양의 점토 띠 장식도 있었다. 이 특이한 띠 장식 때문에 '팔짱 건물'이라는 별명이 붙었다.

이제 라갈가다, 우아리코토, 코토시가 속한 사회가 위치했던 넓은 영역을 고도별로 살펴보자. 라갈가다는 목화를 재배했고 부근 해안 지역에서 많은 물고기를 잡았다. 우아리코토 지역은 목화를 재배하기에는 고도가 너무 높고 추웠지만 라갈가다와 비슷한 고도에 있는 촌락으로부터 면직물을 구할 수 있었다. 코토시처럼 열대 숲 부근에 자리 잡은 촌락은 우아리코토나 라갈가다 같은 촌락에 열대 조류의 깃털을 공급할 수 있었다. 안데스 산맥 지역의 초기 촌락은 이러한 상호작용망으로 연결되어 있었다.

약 3,500년 전 코토시와 라갈가다의 의식용 건물이 사실상의 신전으로 대체되었다. 좁고 기다란 계단을 거쳐 올라가야 하는 라갈가다 '북쪽 둔덕'의 큰 신전은 거대한 U자 형태를 띠었으며, 라갈가다의 초기 의식용 건물에 비해 규모가 훨씬 커서 50명이나 수용할 수 있었다. 마이클 모즐리가 언급한 내용을 바꾸어 말하자면 이런 건축적 변화는 작은 규모의 사적인 의식이 보다 큰 규모의 공적 행사로 이행하는 것을 반영한다. 이런 변화는 멕시코와 서아시아에서도 발견되는데 이에 관해서는 뒷부분에 가서 그 보편적 의미를 살펴볼 것이다.

아메리카 인디언 사회의 명망과 평등

멕시코, 페루, 서아시아의 초기 촌락 사회는 계속해서 세습 지위 사회로 나아갔고 다시는 예전 상태로 돌아가지 않았다.

하지만 성과 기반 사회가 모두 그와 같은 변화를 겪은 것은 아니다. 많은 농경 사회가 불평등을 심화하는 온갖 시도에 맞서 저항했다. 이들은 유능한 개인이 명망 높은 지위에 오를 수 있도록 허용하면서도 세습 상류층을 형성하지 못하도록 막았다. 개인적 야망과 공공의 선 사이에서 계속 균형을 찾아 나감으로써 자신들의 생활 방식을 오랫동안 유지했다.

이 가운데 가장 많이 알려진 사회로는 북아메리카의 테와족, 호피족, 만단족, 히다차족 사회가 있었다. 이 장에서는 이 부족들의 선사 시대 기원을 살펴보고 이들이 명망과 평등 사이에서 어떻게 균형을 찾을 수 있었는지 고찰할 것이다.

미국 남서 지역의 농경과 촌락 생활

옥수수가 수천 년에 걸쳐 한 집단에서 다른 집단으로 전해지면서 멕시코에서 남쪽으로 이동하여 페루까지 전파되는 과정을 앞서 살펴보았다. 아울러 옥수수는 집단 간의 전파를 통해 멕시코 서부 지역의 산맥을 넘어 북쪽으로도 전파되었고 이 과정에서 호박과 콩도 함께 전해졌다.

애리조나 주와 뉴멕시코 주 경계 지역에 있는 모고욘 고지대는 이 멕시코 식물들을 잘 받아들였다. 이 지역은 해발 1,370미터에서 1,980미터에 이르는 산악 지역으로, 향나무와 잣나무가 울창한 숲과 바위투성이 협곡이 번갈아 나타났다. 이 지역에 살던 아메리카 원주민은 씨앗과 열매를 채집하는 오랜 전통을 지녔으며 이런 생활 방식에서는 멕시코 씨앗 작물을 손쉽게 받아들일 수 있었다.

약 2,800년 전 한 무리의 채집 생활자가 '박쥐 동굴'에서 야영을 했는데, 이곳은 뉴멕시코 주의 샌오거스틴 평원 위에 솟아 있는 화산 절벽에 위치했다. 이 무리는 잣, 호두, 향나무 열매, 프리클리페어선인장 열매, 그 밖에 수십 종의 토종 식물 열매를 채집해 먹었다. 이러한 야생 먹거리 중에는 호박 씨, 콩, 옥수수 속대 조각도 섞여 있었다. 고고학자 W. H. 윌스에 따르면 이 멕시코 식물들은 원산지에서 수천 킬로미터나 떨어져 있었기 때문에 필시 이 지역에서 직접 재배했을 것이다.

미국 남서 지역에 옥수수, 콩, 호박 등이 전해지긴 했어도 이 지역의 건조한 기후 때문에 정착 생활이 확립되기까지는 오랜 시간이 걸렸다. 처음에는 재배 작물이 잣과 토끼 같은 전통적인 야생 식량의 보조 수단에 지나지 않았다. 얕은 동굴은 밤을 보내고 식량을 저장하는 장소로 여전히 인기가 있었다. 하지만 미국 남서 지역의 원주민은 점차 나투프인의 것과 유사한 야영지를 형성하기 시작했다. 이들은 원형의 반지하 거처를 지었으며, 풀이나 바구니 세공물을 바닥에 깐 저장 구덩이를 만들었다.

시간이 지나면서 이러한 야영지는 보다 지속성 있는 촌락으로 바뀌었고 돌 판을 깐 반지하 가옥이 들어섰다. 뉴멕시코 서부 지역에 있는 고고학 유적지 두 곳에는 1,500년 전에 사람이 살았으며, 반지하 가옥이 60채 이상 있었다. 원형 가옥과 직사각형 가옥이 섞여 있는 것으로 보아 미국 남서 지역도 멕시코, 페루, 서아시아와 비슷하게 가옥 형태의 변화를 겪었을 것이다. 저장 구덩이가 집 바깥에 있었다는 점은 수확물이 아직 사유화되지 않았다는 것을 의미한다.

샤비크에스체에도 하나의 큰 방으로 이루어진 건물이 있었다. 방은 대체로 반지하로 되어 있었으며 벽을 따라 긴 좌석 한 개가 놓여 있었는데, 이는 미국 남서 지역 양식의 초기 의식용 건물을 보여 준다는 점에서 중요한 의미를 지닌다. 이는 대가족보다 규모가 큰 사회 단위가 등장했음을 보여 주는 정황 증거이다.

뉴멕시코 주 보호 구역 부근에 있는 슈 유적지는 뚜렷한 차이점을 보였다. 슈에는 대략 40채의 반지하 가옥이 있었으며, 그중에는 바닥 면적이 75제곱미터가 넘는 것도 있었다. 이 정도 크기의 집이라면 가족 전체가 너끈히 살 수 있었을 것이다. 또한 슈 유적지의 가족들은 저장 구덩이를 집 안에 만듦으로써 수확물을 사유화했다. 이 저장 구덩이는 샤비크에스체에 있던 것보다 크며, 평균 230킬로그램 정도의 옥수수를 보관할 수 있었다. 윌스가 계산한 바로는

5인 가족이 석 달 동안 넉넉하게 먹을 수 있는 양이었다.

슈 유적지에는 후기에 들어선 차요뉴 사회와 동일한 행위 양식이 있었을 것이다. 가족들은 큰 가옥을 지었고, 얼마나 많은 식량을 저장해 놓았는지 외부에 알리지 않았으며, 자기보다 근면하지 않은 이웃보다 더 많은 식량을 생산하기 위해 노력했다. 슈 유적지에는 샤비크에스체 유적지처럼 다른 가옥에 비해 유난히 큰 의식용 건물이 있었다.

이 무렵 미국 남서 지역은 앞서 멕시코, 페루, 서아시아에서 보았던 것처럼, 씨족이나 후손 집단으로 이루어져 있고 정치적 자치권을 가진 촌락 사회로 발전했던 것으로 보인다. 따라서 습격을 벌인 촌락이 있었다고 해도 놀랄 일은 아니다. 고고학자 스티븐 르블랑의 설명에 따르면 1,500년 전에서 1,000년 전까지 이 지역에는 전쟁이 "만연했다". 방어하기 좋은 가파른 산등성이나 메사 지역으로 거주지를 옮긴 촌락도 있었고 나무 기둥으로 목책을 세워 주변을 에워싼 촌락도 있었다.

미국 남서 지역의 전쟁에는 매복과 정면 대결 모두 이용되었던 것으로 보인다. 르블랑에 따르면 몇몇 집단 매장 시신의 경우 남자 희생자들이 몽둥이에 얻어맞아 두개골이 깨진 것을 알 수 있다. 반면 살인자들은 뉴기니 섬의 마린드족처럼 젊은 여자들은 살려 두었던 것 같다. 그런가 하면 매복이 있었을 것으로 추정되는 몇몇 경우에는 남자뿐만 아니라 여자도 함께 죽임을 당했다. 1,500년 전에 사람이 살았던 몇몇 건조한 동굴에서 고고학자들은 남자 시신 옆에 그가 적을 죽이고 가져온 전리품, 즉 사람 머리 가죽이 함께 묻힌 것을 발견했다. 사막 환경에서 건조된 덕분에 온전한 상태로 보존되었을 것이다.

두개골을 부수고 머리 가죽을 벗기는 것 외에도 의식의 일환으로 인육을 먹었다. 콜로라도 주 만코스 부근에 900년 된 촌락에서 한 사례가 발견되었다. 이곳에서 생물인류학자 팀 화이트는 거의 30명 가까이 되는 남자, 여자, 아이를 도륙하여 요리한 흔적을 발견했는데, 아마도 학살 이후 이러한 행위가 이루어졌을 것이다. 다시 말해서 미국 남서 지역에서 나온 증거는 사람 머리 대신 머리 가죽을 수집했다는 사실만 다를 뿐 세계 여타 다른 지역의 성과 기반 사회와 관련해서 알고 있는 사실과 일치했다.

시간이 지나면서 미국 남서 지역의 역사 시대 푸에블로 촌락과 연관이 있는 직사각형 형태의 지상 구조물이 고고학 기록에 등장하기 시작했다. 1,240년 전에서 1,140년 전 사이 콜로라도 주 돌로레스 지역에서는 반지하 가옥이 사라지고 지상에 방이 여러 개 붙어 있는 아파트 형태의 구조물이 들어섰다. 더러는 널따란 거주용 방이 쭉 늘어서 있고 그 뒤쪽에 이보다 훨씬 큰 저장실이 있는 경우도 있었다. 유일하게 남은 원형 구조물들은 사실상 의식용으로 쓰였던 것으로 보인다. 이 구조물들은 역사 시대 푸에블로 인디언 씨족이 지은 키바의 전신이었다.

고고학자 스티븐 플로그에 따르면 미국 남서 지역의 선사 문화 인구가 최고에 달했던 것은 900년 전이며 이후 서서히 감소했다. 감소 기간 동안 많은 촌락이 버려진 가운데 더러는 피난민을 받아들인 곳도 있었는데, 이 시기는 고고학자들에게 역사 시대 푸에블로 인디언 사회의 기원에 관한 통찰을 제공했다. 가령 애리조나 주의 블랙메사는 900년 전에 버려졌다가 그로부터 250년 후 아마도 역사 시대 호피족의 조상이었을 사람들이 들어와 살기 시작했다. 이 장의 뒷부분에 가서 호피족 촌락인 올드 오라이비를 살펴볼 것이다.

올드 오라이비는 서부 푸에블로 인디언 촌락의 하나였다. 동부 푸에블로 인디언은 제각기 다른 기원을 가진 것으로 알려져 있다. 예를 들어 많은 고고학자는 콜로라도 주 메사 버드에 웅장한 절벽 주거지를 떠난 사람들이 남쪽과 동쪽으로 이동하여 뉴멕시코 주 북부의 리오그란데 강 상류 쪽으로 향했다고 추정한다. 그들은 이곳에서 다른 이주자와 함께 동부 푸에블로 문화를 창조했다. 많은 푸에블로 촌락에 전해지는 전설 속 역사에는 다양한 지역 출신의 무리들이 도착한 사실이 설명되어 있는데, 이는 결코 우연이 아니다. 종종 도착한 순서에 따라 무리들의 권한과 책임이 결정되었다.

오늘날 동부 푸에블로의 전신이라 할 수 있는 것 중 하나가 샌타페이 부근의 아로요 혼도 유적지이며 700년 전에서 600년 전에 이곳에 사람이 살았다. 아로요 혼도에는 2층 건물 24채에 모두 1,200개의 방이 있었고 의식용 광장이 13개 있었다. 이곳에 살던 사람들은 촌락이 화재로 파괴된 뒤 현존하는 리오그란데 푸에블로 중 한두 곳을 건설했을 것이다. 리오그란데 푸에블로 중 하나인 산후안 촌락을 이 장 뒷부분에 가서 살펴볼 것이다.

미국 남서 지역에서 불평등은 어느 단계까지 나아갔을까

19세기와 20세기에 푸에블로 사회를 찾은 인류학자들은 이곳이 평등 사회이면서(모든 사람이 태어날 때부터 평등하게 시작한다.) 동시에 성과 기반 사회(통과의례를 거치면서 점점 더 소수의 사람만 배타적인 의식 모임에 입회하게 되고 이를 통해 개인은 명망이 높은 지위에 오른다.)라고 보았다.

하지만 많은 고고학자는 미국 남서 지역에서 선사 시대의 특정 시기 동안 아메리카 원주민 사회에 역사 시대 푸에블로 공동체보다 훨씬 심한 불평등이 있었을 것이라고 추정한다. 이 특정 시기는 1,150년 전에서 880년 전 사이로, 규모나 매장 의식, 귀중품의 축적에서 동시대 다른 유적지와 구별되는 고고학 유적지가 그 증거였다.

이러한 이례적인 유적 중 하나가 푸에블로 보니토이며, 이 유적은 샤비크에스체 촌락에서 멀지 않은 차코 캐니언에 있다. 푸에블로 보니토에 대해 다양한 견해가 존재한다고 말한다면 그나마 온건한 표현이 될 것이다. 주로 미국 남서 지역의 유적지에 익숙한 고고학자들에게 푸에블로 보니토는 멕시코와 페루의 고대 도시만큼이나 대단한 장관으로 보였다. 그런가 하면 멕시코와 페루에 익숙한 대다수 고고학자에게 푸에블로 보니토는 그저 큰 촌락 정도밖에 되지 않았다. 이 장에서 우리는 이 지역에 관한 전문가인 스티븐 플로그와 린다 코델이 확립한 신중한 중간 입장을 따를 것이다.

차코 캐니언은 총 길이 32킬로미터의 협곡이며 이 지역에는 수로로 물을 댈 수 있는 넓은 충적토 지대가 있었다. 인근 산에는 땔감과 건축재로 이용할 소나무가 숲을 이루었으며 협곡에는 돌 벽을 쌓을 사암이 수없이 많았다. 고고학자 그윈 비비안은 이 지역에 총 길이 36미터에 이르는 석조 댐이 있었다고 보고했다. 적어도 열 개에 달하는 고대 수로가 있었으며 각각의 길이가 최소 600미터에서 최대 4,800미터까지 되었다. 지면 위로 흐르는 빗물을 모아 두었다가 수로로 흘려보내는 관개 체계가 여럿 있어서, 통상 연간 강우량이 228밀리미터밖에 되지 않는 밭에 물을 대 주었다.

차코 캐니언의 정착지에는 씨족 단위 한 개밖에 살지 못하는 소규모 촌락이 많았으며, 이 밖에 여러 씨족이 모여 사는 촌락이 아홉 개 있었다. 소규모 촌락 단위에는 키바가 하나밖에 없었지만 큰 촌락에는 키바가 여러 채 있었던 것으로 보아 각 씨족 단위별로 독자적인 의식용 건물을 갖고 있었을 가능성이 높다. 큰 촌락은 뚜렷하게 두 구역으로 나뉘었으며, 이는 씨족이 모여 한 쌍의 반족을 형성했다는 것을 암시한다. 이러한 이중 조직을 가진 큰 촌락에는 더러 지름이 10미터에서 20미터에 달하는 의식용 건물이 있었다. 이른바 '큰 키바'라 불리는 이 키바는 아마도 반족 내의 모든 씨족이 함께하는 의식 공간이었을 것이다.

이제 외부인의 시선으로 푸에블로 보니토를 살펴보자. 수만 제곱미터의 면적에 총 4층으로 구성된 푸에블로 보니토에는 돌로 축조해 만든 방이 650개 있었으며 제각기 다른 기능을 지녔다. 촌락은 반달 모양이며 볼록한 면에 꽉 막힌 벽을 둘러 외부 세계와 경계를 지었다. 반달 안쪽에 두 구역으로 나뉜 커다란 광장이 있었고 각 구역에 하나씩 '큰 키바'가 있었다. 유적지 곳곳에 이보다 작은 키바가 36개 흩어져 있었으므로 씨족별로 키바가 한두 개씩 있었을 것이다.

고고학자들의 추산에 따르면 푸에블로 보니토의 방마다 벽을 쌓는 데 모두 44톤의 사암이 들어갔다. 차코 캐니언에 있는 큰 촌락 아홉 개를 짓는 데 들어간 지붕 들보와 바닥 목재를 모두 합치면 20만 그루의 소나무를 베어야 하며, 그중에는 110킬로미터나 떨어진 숲에서 베어 온 소나무도 있었다.

이 협곡에서 자체 재배한 옥수수만으로는 푸에블로 보니토를 짓는 데 들어간 노동력을 먹여 살리기에 부족했을 것이라는 몇 가지 정보가 있다. 이 유적지에서 나온 고대 옥수수를 대상으로 화학적 동위 원소 분석을 한 결과 일부는 차코 캐니언의 지하수와는 다른 성분을 지닌 지하수로 재배되었다는 것이 입증되었다. 예를 들어 푸에블로 보니토에서 발견된 옥수수 중에는 하류 쪽으로 80킬로미터 떨어진 추스카 산에서 재배된 것이 있는가 하면 몇몇 옥수수 속대는 북쪽으로 90킬로미터 떨어진 샌후안 강과 아니마스 강의 범람원에서 나온 것도 있었다.

차코 캐니언의 큰 촌락은 9만 제곱킬로미터가 넘는 지역에서 자원을 활용했기 때문에 고고학자들은 이곳에서 고대 도로를 발견했을 때 별로 놀라지 않았다. 이 도로는 협곡에 있는 여러 촌락을 연결할 뿐만 아니라 더러는 협곡 밖 100킬로미터까지 뻗어 있기도 했다. 하지만 도로를 따라가 본 고고학자들은 그 끝에 아무것도 없다는 것을 알게 되었다. 어떤 도로는 자연의 윤곽선을 무시한 채 돌 절벽에 계단을 깎아 길을 내더라도 그냥 시선이 가는 그대로 곧장 뻗어 나간 경우도 있었다. 많은 고고학자는 도로가 의식의 일환이었으며, 우주론적인 지형지물과 인간 거주지의 중심부를 연결해 놓은 신성한 풍경의 일부라고 추정했다.

성과를 기반으로 한 지도력이 확립되어 있었다면 도로와 토목 공사를 진행할 역량이 충분했으며, 더러는 대규모 공사까지도 가능했을 것이다. 하지만 푸에블로 보니토의 경우에는 미국 남서 지역의 역사 시대 푸에블로 인디언보다 훨씬 높은 수준의 불평등이 존재했을 것이라는 단서가 있다. 애석하게도 그중 일부는 100년 전보다도 더 오래전에 오늘날과 같은 발굴 기술을 가지고 있지 않은 아마추어 고고학자들이 발굴했다. 현재 플로그는 푸에블로 보니토에서 한 세기 동안 이루어진 작업의 자료를 편집하고 재분석하면서 그의 통찰을 전해 주고 있다.

1896년 조지 H. 페퍼가 푸에블로 보니토의 몇몇 방에 묻혀 있는 주검을 발굴했다. 그는 33호 방에서 14구의 주검을 발견했는데 그중 두 구는 특이한 목재 바닥 아래 놓여 있었다. 또한 시신 두 구 옆에는 수백 개의 터키석 펜던트, 수천 개의 터키석 구슬, 소라고둥 나팔, 40개가 넘는 조가비 팔찌, 터키석을 재료로 전체에 모자이크 장식을 한 원통형 바구니가 함께 놓여 있었다. 목재 바닥 위에 놓인 12구의 주검 옆에도 터키석과 조가비로 만든 구슬, 팔찌, 펜던트, 나무로 만든 커다란 피리 일곱 개, 나무로 만든 의식용 지팡이 수십 개가 있었다. 또한 주변에 있는 다른 몇몇 방에서 색깔 깃털 가운으로 감싸인 주검도 몇 구 발견되었다.

페퍼가 발견한 주검의 경우가 특이하기는 해도 푸에블로 보니토의 다른 곳에서도 이보다 적으나마 귀중품이 발견되었다. 고고학자 제임스 저지는 차코 캐니언의 공예 기술자가 터키석을 장신구로 가공하는 과정에서 "점차 지배적인 역할"을 맡게 되었다고 설명했다. 터키석은 남동쪽으로 100킬로미터 떨어진, 뉴멕시코 주 과달루페 부근의 세릴로스 광산에서 캐 왔다. 이 광산에서 불과 1.5킬로미터 떨어진 작은 촌락들에서 차코 양식으로 만든 도자기가 발견되었는데, 아마도 이 촌락들이 푸에블로 보니토의 공예 기술자에게 원료를 공급했을 것이다. 또한 푸에블로 보니토는 구리 종, 초콜릿, 멕시코산 마코앵무새의 진홍색 깃털, 캘리포니아 만에서 나오는 조가비 나팔, 뉴멕시코 주 헤메스산産 흑요석, 이 밖에 운모와 셀레나이트 광석도 입수했다.

푸에블로 보니토 같은 촌락이 생기려면 사회적 불평등이 어느 단계까지 진행되어야 할까? 페루와 서아시아의 초기 촌락으로 다시 가 보자. 푸에블로 보니토의 건축물은 아인 가잘이나 예리코의 건축물만큼 인상적이지 않으며 아인 가잘의 경우는 푸에블로 보니토보다 최소 10배나 넓은 면적을 포괄한다. 또한 차코 캐니언의 키바는 괴베클리 테페, 네발리 코리, 차요뉴의 의식용 건물만큼 대단한 장관을 연출하지 않으며 관개 수로도 고대 페루의 수로에 비하면 길이가 짧았다.

푸에블로 보니토에는 한 쌍의 반족이 각각 독자적인 '큰 키바'를 두었고 반족은 다시 여러 씨족으로 나뉘어 씨족마다 한두 개의 좀 더 작은 키바를 두었다는 증거가 있다. 이 책 뒷부분에서 보겠지만 이러한 증거만으로는 지도력이 세습되었다고 판단할 수 없다. 이 장 뒷부분에서 살펴볼 호피족 사회는 한 씨족이 가장 중요한 의식을 "소유하고" 촌락 지도자의 지위를 독점했다. 이처럼 의식에서 우위를 점하는 경우 적절한 상황만 갖추어진다면 사회 일부 단위가 조개껍질 귀중품과 마코앵무새 깃털을 축적할 수 있었을 것이다.

플로그는 페퍼가 발견한 사치품이 차코 사회 상류층의 등장을 입증하는 증거로 볼 수 있다고 지적했다. 엄청난 양의 터키석을 놓고 볼 때 일견 타당한 견해처럼 보인다. 하지만 조가비 나팔, 피리, 의식 지팡이는 의식의 권한을 나타내는 품목에 훨씬 가깝다. 사실이 어떻든 차코 캐니언에 등장하기 시작한 사회적 불평등은 900년 전부터 조금씩 완화되었다.

몇몇 고고학자는 차코 사회의 쇠퇴 원인이 기후 악화에 있다고 생각했다. 고고학 유적지에서 나온 나무줄기의 나이테를 분석한 결과 기원후 1050년에서 1130년 사이 푸에블로 보니토가 가장 강성했던 시기에 평균보다 많은 비가 내렸고, 푸에블로 보니토가 쇠퇴한 기원후 1130년에서 1180년 사이에는 평균보다 적은 비가 내렸다.

우리는 기후 자료를 놓고 논쟁을 벌이지 않을 것이다. 모든 설명을 환경 탓으로만 돌리고 싶지 않기 때문이다. 이 책 뒤에 가서 보게 될 아시아의 몇몇 사회에는 세습적 불평등이 등장했음에도 주기적으로 불평등을 없애고 보다 평등한 생활 방식으로 회귀했던 사례가 있다. 아시아의 이런 사례 중에는 가뭄 탓으로 돌릴 만한 것이 없었다. 많은 사회에서 보았듯이 평등한 대우를 원하는 지속적인 욕구가 존재하고 이 욕구가 세습적인 특권을 주기적으로 무력화했을 뿐이다. 이와 비슷한 과정이 미국 남서 지역에서도 일어났을 가능성이 있다.

동부 푸에블로족과 서부 푸에블로족

미국 남서 지역에 발을 내디딘 스페인 이주자들은 동쪽으로 리오그란데 강 상류에서 서쪽으로 콜로라도 강에 이르는 지역까지 여러 푸에블로족 공동체를 발견했다. 수많은 돌과 화살로 스페인인들을 맞이한 촌락도 있었지만, 살던 곳을 버리고 외딴 지역으로 피신한 촌락도 있었다.

많은 푸에블로족 공동체가 외관상으로는 비슷해 보이지만 전혀 다른 종족 집단과 언어 집단으로 구성되어 있었다. 호피족은 유토아스텍어에 속하는 언어를 사용하므로 유트족과 아스텍족의 먼 친척이었다. 테와족은 카이오와타노아어에 속하는 언어를 사용하므로 평원 인디언*의 일부 집단과 언어학적 친족이었다. 아코마족과 코치티족은 케레스어를 썼다. 주니족의 언어는 다른 어느 부족의 언어와도 달랐다.

모든 푸에블로족 사회에는 유능한 개인이 존경받는 위치에 오를 수 있는 제도가 있는 한편 세습적 불평등이 발전하지 못하도록 막는 일련의 자체적인 보호 장치도 있었다. 하지만 인류학자들은 동부 푸에블로족(뉴멕시코 주 중부 및 동부 지역)과 서부 푸에블로족(뉴멕시코 주 서부 지역과 애리조나 주)의 몇 가지 근본적인 차이에 주목해 왔다. 씨족이 핵심 단위인 서부 푸에블로족은 중앙집권적인 사회적 노동 통제가 그다지 많이 보이지 않았다. 반면 한 쌍의 반족 체제로 많은 사회적 구조물을 세웠던 동부 푸에블로족은 훨씬 강화된 중앙집권적 노동 통제를 보였다.

인류학자 에드워드 도지어(그 자신이 뉴멕시코 주 산타클라라 촌락 출신으로 테와어를 사용했다.)가 이러한 차이에 관해 한 가지 설명을 내놓았다. 그의 지적에 따르면 대다수 서부 푸에블로족은 빗물이나 하천 범람을 이용한 농법에 의존하며 이는 대가족, 가계, 씨족 단위

* 북아메리카 대평원(그레이트 플레인스) 지역에서 생활한 인디언.

로 관리할 수 있는 수준의 노동이었다. 반면 동부 푸에블로족의 농법은 운하 관개 체계에 의존하는 것으로, 이러한 관개 체계를 건설하고 관리하는 데는 보다 공식적인 노동 통제가 요구되었다.

호피족, 주니족, 아코마족을 비롯한 많은 서부 푸에블로족은 모계 혈통을 따르며, 테와족, 티와족, 케레스족 등을 포함하는 많은 동부 푸에블로족은 부계 혈통을 따르거나 아니면 모계와 부계 양쪽 혈통을 동등하게 취급했다. 이 밖에 인류학자 프레드 에건이 지적한 동부 푸에블로족과 서부 푸에블로족의 차이는 다음과 같다.

동부 푸에블로족인 테와족은 안가미 나가족과 마찬가지로 점차 명망의 단계를 높여 가는 의식 모임을 개최하여 존경을 얻을 수 있었다. 한 집단이 영구적으로 의식 상류층을 형성하지 않도록 하기 위해 테와족은 촌락을 두 분파로 나누고 각기 문화 영웅*의 이름을 따서 '여름 사람들'과 '겨울 사람들'이라고 불렀다. 각 분파별로 독자적인 수장과 갖가지 의식 보조자를 두었으며 이들에게 반년 동안 촌락을 운영하도록 허용했다. 테와족은 혈통을 엄격하게 따지지 않았으며 반드시 다른 씨족 성원과 혼인해야 하는 것도 아니었다. 대신 모든 사람은 마투이matu'i라는 친족 집단에 속해 있었다. 마투이는 같은 증조부모에서 내려오는 후손들의 집단으로 씨족 전체에 총 네 개가 있었다.

반면 서부 푸에블로족은 모녀 및 자매 관계가 사회 집단의 핵심이었다. 더러 남매 관계의 유대가 매우 강해서 남편이 헛 껍데기처

---

* 문화를 창시하거나 사회의 이상을 구현한 신화적이고 전설적 존재로, 인간 생활에서 빼놓을 수 없는 기술이나 지식을 맨 처음 가르쳐 주고 제도나 관습을 제정하는 역할을 맡는다.

럼 느껴지기도 했다. 이혼은 드문 일이 아니었다. 여자가 집을 소유했고 집에 저장해 놓은 작물도 여자가 관리했다. 주니족은 모계 가족이 가장 중요한 단위였고 호피족은 씨족이 그러한 역할을 맡았으며 의식 정보도 씨족의 관할하에 있었다.

서부 푸에블로 씨족 내의 가계는 제각기 명망의 정도가 달랐으며 각 촌락마다 의식에서 우위를 차지하는 씨족이 한 개씩 있었다. 하지만 촌락마다 두각을 나타내는 씨족이 달랐다. 영구적인 상류층이 형성되지 못했던 이유는 씨족, 비밀스러운 의식 모임, 키바 관리 집단이 각기 독립적으로 구성되어 있어서 권력을 공유했기 때문이다. 또한 유럽과 미국의 식민 통치자가 습격 행위를 억제하기 전까지 촌락마다 전통적인 적이 있었고 전쟁 지도자가 되면 명성을 얻을 수 있었다는 점도 주목할 가치가 있다.

모든 푸에블로 촌락마다 미국 남서 지역 특유의 의식 거행 장소인 키바가 있었다. 키바는 여전히 반지하 구조였는데, 고대 가옥 형태를 모델로 삼았던 탓도 있지만 인류가 지하세계에서 올라와 땅에서 살게 되었다는 우주론의 전제 때문이기도 했다. 서부 푸에블로족인 아코마족과 많은 동부 푸에블로족의 키바는 푸에블로 보니토처럼 원형이었던 반면 호피족과 주니족 같은 서부 푸에블로족의 키바는 직사각형이었다. 키바는 좌석, 움푹 파인 바닥, 신성한 화덕 등 남자 숙소와 많은 공통점이 있었다. 하지만 푸에블로 사회는 뉴기니 섬에서 보았던 것과 달리 남자의 의식과 여자의 의식이 분리되지 않았다.

주니족의 몇몇 키바 벽에는 사슴, 새, 그 밖의 여러 동물이 등장하는 벽화가 그려져 있으며, 괴베클리 테페 유적지의 동물 조각 기

등을 이차원으로 옮긴 것이라 할 수 있다. 호피족의 키바는 여러 층으로 포개져 있는데 이는 초기 인간이 지하세계에서 땅 위로 올라오는 각각의 단계를 요약해 놓은 것이다. 아코마족은 조상들이 태고에 태양, 달, 은하수, 무지개로 만들어진 키바를 이용했다고 상상했다. 서부 푸에블로족의 키바는 조상이나 초자연적 존재로 분장한 춤꾼이 들어갈 수 있었으며 이 춤꾼을 주니족에서는 샬라코shalako라 부르고, 호피족에서는 카치나katcina라고 불렀다.

이어지는 내용에서는 동부 푸에블로족과 서부 푸에블로족에서 가장 많이 알려진 집단을 한 곳씩 골라 살펴볼 것이다. 이 집단들이 가르쳐 준 교훈은 각 사회가 이주자를 얼마나 많이 받아들였든, 어느 성별에 힘을 실어 주었든, 조상을 어떻게 칭했든 관계없이 의식 전문가에 의해 운영되는 자치적 촌락 사회가 불평등을 제한하면서도 유능한 사람에게 지도력과 존경을 얻을 수 있는 길을 제공했다는 점이다.

테와족: '완성된 사람'과 '마른 식량 사람'

죽음을 알지 못했던 아주 오래전에는 인간과 동물과 초자연적 존재가 함께 살았다. 이들의 고향은 멀리 샌타페이 북쪽에 있는 샌디플레이스 호수 아래 지하세계였다.

초자연적 존재 가운데 장차 테와족의 어머니가 될 존재가 둘 있었다. 여름 어머니인 '파란 옥수수 여자'와 겨울 어머니인 '흰 옥수수 여자'였다. 두 어머니는 한 남자를 보내 지상으로 올라가는 길을 찾아보라고 했다. 하지만 세상은 축축한 물기로 가득하고 아직 완성되지 않아서 아지랑이와 안개밖에 보이지 않았다. 그러다 세계의 기본 방위 네 가지를 모두 찾은 결과 한 지점에 이르게 되었고 그곳에서 어떤 동물이 그에게 활과 화살, 옷을 주었다. 그는 사냥 지도자인 '산山 사자'가 되어 지하세계로 돌아왔다. '산 사자'는 두 남자를 테와족의 여름 지도자와 겨울 지도자로 임명했다. '산 사자'와 두 지도자가 최초의 세 파토와patowa, 즉 '완성된 사람'이 되었으며 완전한 테와족이 되었다.

그 후 지하세계의 사람들은 형제 여섯 쌍을 파견하여 지구를 탐험하도록 했다. '파란 사람'은 북쪽으로, '노란 사람'은 서쪽으로, '빨간 사람'은 남쪽으로, '흰 사람'은 동쪽으로, '짙은 색 사람'은 꼭대기로, '여러 가지 색의 사람'은 무지개 쪽으로 갔다. 이들 모두 호수로 돌아왔지만 이 시점 이후로 각각의 기본 방위는 그 방향으로 갔던 사람의 색깔과 관련을 갖게 되었다.

이제 테와족은 호수에서 나오려고 시도했지만 아직은 완벽한 형체를 갖추지 못했다. 이들은 나오려는 시도를 중지하고 '따뜻한 광대', '차가운 광대', '머리 가죽 지도자', '여자의 의식 모임' 크위요kwiyoh의 성원으로 각각 변했다. 마침내 완전한 테와족이 된 이들은 호수에서 나와 남쪽으로 이동했다. 이렇게 이동하는 동안 '겨울 사람들'은 사냥을 해서 살아남았고 '여름 사람들'은 옥수수를 재배하고 야생 식물을 채집하며 살았다. 이들은 마침내 뉴멕시코 주 북부 지역에 테와어를 쓰는 촌락 여섯 곳을 건설했다.

테와족의 우주론은 왜 각각의 촌락이 '여름 사람들'과 '겨울 사람들'이라는 두 분파로 나뉘어 있는지 설명해 준다. 또한 왜 '따뜻한 광대', '차가운 광대', '머리 가죽 지도자', '의술 지도자', '여자의 의식 지도자'가 각기 포함된 의식 모임이 두 분파에 두루 존재하는지도 설명해 준다. 창조 설화를 보면 아무도 완전한 테와족으로 태어나지 않으며 의식을 통해 성취를 이룸으로써 점진적으로 테와족이 되었다. 테와족은 일련의 의식 모임에 입회하는 과정 속에 조상이 지상으로 올라오기까지의 각 단계를 요약해 놓았다.

테와족의 이러한 창조 설화는 1960년대 인류학자 알폰소 오티즈가 산후안 푸에블로에서 기록한 것이다. 산후안에서 나고 자란 오티즈는 멀리까지 가서 창조 설화를 채록할 필요가 없었다. 자기가 살던 촌락에서 나이 든 사람 옆에 앉아 이야기를 들었다.

앞서 지적했듯이 채집 생활자는 아무 예정 없이 즉석에서 의식을 열곤 했으며, 큰 규모의 집단이 함께 살 수 있는 자원이 확보될 때마다 언제든 즉석에서 의식을 열었다. 이와 달리 정착해서 살아가는 농경 생활자는 매년 일정한 때가 되면 달력에 의거해 의식을 미리 계획해서 열 수 있었다. 테와족에게는 이런 형태의 의식이 40개 내지 50개 정도 있었다. 그들은 춘분과 추분, 하지와 동지를 기준으로 의식 일정을 정했다. 의식 활동은 대체로 추분에서 춘분 사이에 집중되었는데 이 기간에 농경 활동이 적었기 때문이다.

테와족은 춘분이 지나면 옥수수, 고추, 콩, 멜론, 호박, 호리병박을 심었고 늦은 봄에는 야생 식물을 채집했다. 이른 가을에 채소 작물을 수확했으며 이 시기가 지나면 모든 사람이 관개 수로를 정리하는 일에 나섰다. 추분이 지나면 잣을 채집하는 시기였다. 이른 겨울이 되면 촌락 관리자들은 저장해 놓은 식량을 재분배하기 시작했다. 동지가 지나면 공공복지의 일환으로 촌락에서 가장 가난한 가족에게 식량을 주었다.

에토로족, 침부족, 하겐 산 부족들과 마찬가지로 테와족에게도 덕의 위계 체계가 있었다. 이 위계 체계에는 살아 있는 인간을 위한 세 가지 "존재" 단계와 영혼의 세계를 위한 세 가지 "이행" 단계가 있었다.

위계 체계의 맨 아래 단계에 보통의 테와족이 있었다. 이들은 삶의 과정을 거치는 동안 촌락의 의식이나 정치에서 어떠한 역할도 맡을 자격이 없으며 '마른 식량 사람'이라고 불렸다. 이는 세상의 물기가 다 마른 뒤에야 맨 나중에 걸어서 도착한 조상을 가리키는 명칭이었다. 위계 체계의 맨 위에는 파토와, 즉 '완성된 사람'이 있었다. 이들은 의식과 종교적 위계 체계의 맨 위까지 올라감으로써 완전한 테와족이 된 사람이었다. 파토와는 가장 덕이 높은 사람으로 대우받았다. 테와족 의식 조직의 핵심부를 형성하는 파토와는 일반 보조자의 도움을 얻어 모든 공적 의식을 관리하고 지휘했다.

'완성된 사람'과 '마른 식량 사람' 사이, 덕의 중간 단계에 토와에[Towa é], 즉 "사람들"이 있었다. 이들은 세상이 아직 축축하던 시절에 세상을 탐험하도록 파견된 용감한 여섯 형제를 상징했다. 이들은 '완성된 사람'과 '마른 식량 사람' 사이에서 중개 역할을 하면서 테와족 사회의 중추를 이루었다.

'완성된 사람'이 되기까지 최소한 여덟 개의 의식 모임을 거쳐야 했다. 맨 처음이 '여자의 모임'이며, 그다음이 '머리 가죽 모임'이었다. 과거에는 "머리 가죽 지도자"가 있었으며 이들의 전문 기술 덕분에 나바호족 같은 전통적인 적을 습격할 때 확실한 성공을 보장받을 수 있었다.

그다음 의식 단계는 '사냥 모임'이고 그 뒤를 이어 '따뜻한 광대 모임'과 '차가운 광대 모임'이 있었다. "따뜻하다"와 "차갑다"는 실제 온도를 나타내는 것이 아니라 여름과 겨울의 이분법을 가리킨다. 그다음이 '곰 의술 모임'인데 이 모임의 성원은 곰처럼 스스로를 치유한다고 해서 이런 이름을 지녔다.

마지막으로 계절에 따른 단계인 '여름 모임'과 '겨울 모임'이 있었다. 맨 위 단계까지 오른 사람은 파토와가 되었다. 1960년대에는 '완성된 사람'과 그들을 돕는 일반 보조자가 52명이었으며 전체 촌락 인구 800명 중에서 대략 6퍼센트에 해당되었다. 이는 과거의 기준으로 볼 때 적은 수치였다. 오티즈에 따르면 기원후 1900년 이전에는 파토와가 되는 사람의 비율이 훨씬 높았다.

몇몇 인류학자는 '완성된 사람'을 가리켜 "부업 사제"라고 규정하기도 했으며, 이들은 촌락에 평화와 조화로운 삶이 유지되는 가운데 각 절기가 예년처럼 지나가도록 애썼다. 이들은 가장 존경받는 초자연적 존재인 '파란 옥수수 여자'와 '흰 옥수수 여자'를 상징하는 지상의 사람들이었으며, 죽은 뒤에 이들의 영혼은 영광스러운 찬미를 받았다. 이들의 영혼은 여전히 호수 아래 머물고 있는 결코 마르지 않는 초자연적 존재를 상징하기 때문이었다.

토와 에에게도 영혼이 있었으며 우리가 곧 보듯이 의식과 관련된 풍경 속에 그들만의 마지막 안식처가 있었다. '마른 식량 사람'은 중요도가 낮은 영혼이 되었는데, 이 영혼은 '더 이상 존재하지 않는 마른 식량'으로 알려졌다.

아주 옛날 산후안 촌락 중심에 있던 한 키바는 '땅의 배꼽'이었다. '땅의 배꼽'에서 네 개의 직선 방향으로 뻗어 나가면 각각의 신

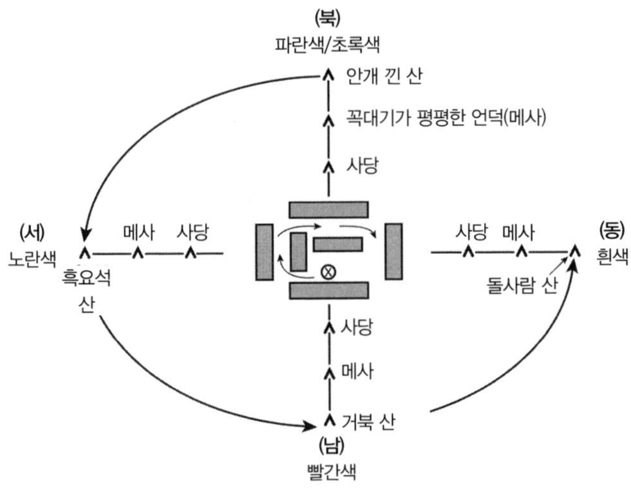

그림 21 | 산후안 푸에블로의 테와족은 신성한 풍경 한가운데 살았다. 그 중심은 '땅의 배꼽'(X로 표시된 곳)이며 여러 개의 춤마당(회색 직사각형)으로 둘러싸여 있다. 여기서부터 뻗어 나가는 길은 사당과 꼭대기가 평평한 언덕을 지나 130킬로미터나 되는 먼 곳의 산까지 이어진다. 산들은 네 가지 세계 기본 방위에 위치해 있으며 저마다 한 가지 색깔과 연관성을 갖는다. 한 사람의 영혼이 사당으로 갈 것인지 아니면 산 정상 또는 산 호수에 갈 것인지는 그가 의식과 종교적 성취에서 어느 단계까지 올라갔는가에 따라 정해졌다. 화살표는 의식의 동선을 가리킨다.

성한 산에 닿으며, 이 산들은 동서남북에 해당하는 테와족 세계의 네 모서리에 위치해 있었다. 신화 속의 형제들이 지하세계를 출발하여 가장 먼저 본 산이 이 산들이었다. 산마다 호수나 연못이 있었고 '완성된 사람'의 영혼이 이곳에 가서 초자연적 존재와 함께 살았다. 각 산의 정상에는 죽은 토와 에의 영혼이 경비를 서며 지켰다. 토와 에는 산까지 가는 도중에 메사를 만들었다. 산후안 촌락과 각각의 메사 사이에는 기본 방위 네 가지마다 사당이 있었으며, '마른 식량 사람'의 영혼은 이 사당으로 갔다.

이와 같이 테와족 세계는 네 부분으로 이루어진 신성한 풍경 속에 산, 메사, 사당, 키바가 세심하게 배치되어 있으며 이것들이 모두 도로나 시선으로 이어져 있었다(그림 21). 이러한 풍경이 존재했다는 사실 때문에 푸에블로 보니토에 관한 일부 고고학자의 의견이 신빙성을 얻기도 했다. 이 고고학자들은 푸에블로 보니토가 하나의 도로 체계의 중심이라고 보았으며 이 도로 체계를 훨씬 오래전에 있던, 훨씬 웅장한 신성한 풍경과 연결되어 있는 것으로 재구성했다.

호피족: 씨족들의 영원한 다툼

블랙 메사는 그랜드 캐니언의 동쪽, 애리조나 북부 지역에 1,830미터에서 2,130미터의 높이로 솟아 있다. 언덕 여기저기에 잣나무와 향나무가 흩어져 있지만 농경을 할 수 있을 만큼 식물 생장 철이 길지는 않다. 호피 서드 메사는 블랙 메사에서 반도처럼 뻗어 나온 곳으로, 바로 이곳에 올드 오라이비 촌락이 있었다.

테와족과 마찬가지로 호피족도 한때 지하세계에 살았다. 어느 날 위에서 발자국 소리가 나는 것을 들은 호피족이 조사에 나섰지만 지상은 여전히 춥고 어두웠다. 마침내 호피족은 발자국 소리가 마사우우masau'u, 즉 '해골'이라는 초자연적 존재의 것임을 알게 되었다. 멀리서 불이 빛나는 것을 보고 다가간 호피족은 그곳에서 옥수수, 콩, 호박, 그 밖의 농작물이 자라는 밭을 보았다. '해골'은 호피족을 보자 먹을 것을 주고 불로 몸을 따뜻하게 데워 주었다.

이제 길을 떠날 수 있을 만큼 힘이 강해진 호피족은 방랑을 시작했다. 이 당시 이미 호피족은 모계 혈통으로 내려오는 씨족으로 나뉘어 있었고 이들의 지도자는 곰 씨족의 수장이라는 의미로 마치토 machito라고 불렸다. 마치토의 지휘 아래 이들은 올드 오라이비에 닿았고 '해골'이 이곳의 땅을 나누어 주었다. 머지않아 다른 씨족도 속속 도착했고 그곳에 정착하도록 허락해 준다면 이로운 의식을 올리겠다고 제안했다.

곰 씨족의 성원은 가장 좋은 땅을 골랐고 곰 발톱이 새겨진 경계석을 세웠다. 몽위mongwi, 즉 촌장에 임명된 마치토는 다른 씨족이 선량한 세속적 행위를 보이고 제대로 된 의식을 치른다는 조건하에 그들이 땅을 경작하도록 허락했다.

마치토와 그가 이끄는 곰 씨족에게 할당된 터는 매우 넓어서 이를 이용하여 전쟁 지도자를 지원할 수 있었다. 오라이비 촌락에 뒤늦게 도착한 코콥 씨족 성원은 전쟁 지도자를 도와 적의 습격을 막아낸 공로로 촌락에 정착할 수 있었다. 따라서 코콥 씨족은 올드 오라이비를 방어하는 일이 자신들의 주된 책임 중 하나라고 여겼다.

호피족의 창조 설화는 1930년대 초 인류학자 미샤 티티에프가 기록한 것이다. 티티에프는 알폰소 오티즈처럼 아메리카 인디언 출신이 아니라 러시아 이민자의 아들이었다. 하지만 그는 오라이비 촌락 사람들과 아주 친해져서 마침내 태양 씨족의 성원으로 받아들여졌다.

호피족의 우주론에서는 곰 씨족이 지도적인 역할을 맡는 것에 대해 정당성을 부여했다. 이는 널리 퍼져 있는 사회 논리, 즉 "우리가 먼저 왔다."는 원칙을 바탕으로 한 것이다. 또한 오라이비 촌락의 기원 신화는 미국의 남서 지역 고고학자들이 오래전부터 제시해 왔던 시나리오, 즉 역사 시대의 푸에블로 촌락 중에는 여러 종족이 모여 형성된 곳이 많으며 선착순으로 토지를 분배했고, 나중에 도착한 사람들은 자중하는 모습으로 자리를 잡아야 했다는 시나리오를 뒷받침한다.

호피족의 모계 사회에서 딸은 평생 어머니 집에 살았다. 남편은 처가로 옮겨 와 함께 살았다. 전형적인 대가족은 한 여자를 중심으로 모계 쪽 조부모, 부모, 이모와 이모부, 결혼하지 않은 남자 형제와 자매로 구성되어 있었다. 인접한 여러 개의 방으로 이루어진 한 구역에 이러한 대가족이 모여 살았다.

오라이비 촌락의 가족들이 모여 모두 39개 정도의 가계를 형성했으며, 이 가계가 모여 21개 씨족을 구성했다. 이 씨족들은 다시 아홉 개의 더 큰 단위를 형성했다. 이렇게 형성된 큰 단위가 두 개밖에 없다면 이 단위 역시 산후안 푸에블로의 '여름 사람들'과 '겨울 사람들'처럼 반족이라고 간주했을 것이다. 하지만 오라이비에는 이 단위가 아홉 개나 있었기 때문에 인류학자들은 씨족들의 모임이라는 뜻을 지닌 고대 그리스 단어를 빌려 와 이 단위를 프라트리phratry라고 지칭했다.

티티에프는 오라이비 촌락에 더 이상 쓰이지 않는 씨족 명칭이 많다는 것을 알아냈다. 이는 전에 있던 씨족이 사라졌다는 것을 의미한다. 많은 씨족이 평화롭게 키바를 공유했다. 하지만 씨족이란 필연적으로 다툴 수밖에 없는 운명이라는 예언을 입증하듯 싸움이 끊이지 않는 씨족도 있었다.

오라이비 촌락에는 씨족 건물과 키바 둘 다 있었다. 씨족 건물은 31개로, 여자들은 이곳에 티포니tiponi, 즉 씨족의 물신을 보관해 두

그림 22 | 미국 남서 지역의 성과 기반 촌락 사회는 남자 숙소를 짓는 대신 지붕을 통해 출입하는 반지하 키바를 지었다. 100년 된 사진을 토대로 그린 이 그림에서는 애리조나 주 올드 오라이비 푸에블로에 있는 한 키바에서 호피족 남자 세 명이 나오고 있다.

는데 이는 이 장 뒤에 가서 논의할 평원 인디언의 신성한 꾸러미에 해당한다. 또한 키바는 13개로, 그중 여덟 개는 큰 의식을 거행할 수 있는 규모이고 다섯 개는 작은 행사 정도만 열 수 있는 규모였다. 이 키바들 가운데 최소한 아홉 개는 이와 관련이 있는 산 사당을 두고 있어서 테와족의 것과 유사한 신성한 풍경을 구축했다. 티티에프는 과거에 씨족마다 특정한 의식을 "소유"했고 대개는 자기 관할에 있는 키바에서 이러한 의식을 열었다고 주장했다.

호피족의 키바는 직사각형의 반지하 건물로, 지붕에 출입구가 있어 사다리를 타고 내려갔다(그림 22). 바닥 한가운데에는 시파푸sipapu가 있으며, 이는 인간이 지하세계에서 나올 때 이용했던 구멍을 상징했다. 또한 키바에는 화덕과 함께 속에 빈 공간이 있는 좌석이 있었다. 이 좌석은 신성한 물건을 감추는 데 이용되었을 것이다. 키바는 의식을 올리기 위한 공간인 반면 씨족 건물은 사적인 모임을 갖고 의식용 비품을 전시하기 위한 공간이었다.

테와족과 마찬가지로 호피족도 태양과 달의 현상에 맞추어 의식 일정을 정했다. 가장 중요한 의식은 호피족이 지하세계를 떠난 것을 기념하는 의식이었다. 호피족 우주론에 따르면 그들의 조상이 지하세계를 떠날 때 카치나katcina라고 불리는 많은 영적 존재를 데려왔다. 카치나는 호피족이 방랑하는 동안에도 계속 함께 다녔지만 적의 공격을 받아 죽은 뒤 지하세계로 돌아갔다. 카치나는 매년 동지에서 하지 사이에 지상으로 돌아와 호피족과 영적 세계의 중개 역할을 맡을 수 있었다.

해마다 때가 되면 두 씨족에서 춤꾼 두 명을 선발했고, 이들은 카치나가 지상에 남겨 두고 갔다고 알려진 신성한 가면과 복장을 걸치고 카치나로 변신했다. 오스트레일리아 애버리지니의 불로러가 그렇듯이 카치나의 복장도 아주 오래되어 이 복장이 언제 만들어졌는지 기억하는 사람은 하나도 없었다. 통과의례를 거치기 전 아이들은 경외감을 느끼면서 카치나를 바라보았고 카치나가 초자연적 존재라고 믿었지만, 통과의례를 거친 뒤에는 호피족 사람이 카치나 복장을 한 것이라는 걸 깨달았다.

서드 메사의 호피족은 옥수수, 콩, 호박, 호리병박, 멜론을 재배했다. 호피족은 늘 잉여 산물을 만들려고 애썼으며 일 년치 생산량을 저장하여 가뭄에 대비하는 것을 이상으로 삼았다. 이들은 지하수에 의존했고, 메사의 경사면 덕분에 흐르는 빗물도 대부분 저장할 수 있었다. 탄수화물 공급원이 확보되었으므로 사냥 지도자가 토끼몰이를 조직하여 단백질을 공급했다.

추수가 끝난 뒤 벌이는 또 하나의 활동으로 습격이 있었다. 오로지 자기방어를 위해 싸운다는 것이 호피족의 공식 입장이었다. 하지만 옛날에는 전사 조상에게 도움을 청하는 기도를 올린 뒤 활과 화살, 도끼, 창, 투창 등을 들고 기운차게 전투에 나섰다. 오라이비의 전통적인 적으로는 아파치족과 유트족이 있었으며 이들의 머리 가죽을 가져와 기둥에 걸어 놓고 의식의 일환으로 이들에게 "음식을 주었다". 적을 죽이고 머리 가죽을 수거해 온 자는 니나nina라고 불렸으며 그가 가져온 머리 가죽은 그의 "아들"로 대접받았다. 1,500년 전의 건조한 동굴에서 머리 가죽이 발견되었던 것처럼 죽은 니나 옆에 머리 가죽을 함께 묻었다. 호피족 가운데 머리 가죽을 수거해 온 자는 나흘 밤낮 동안 키바에 은둔하면서 희생자의 영혼이 복수할 수 없도록 금식과 정화 의식을 치렀다.

불평등과 분쟁

이제 올드 오라이비 사회에 불평등이 생기게 된 원인을 살펴보자. 원칙적으로 불평등은 의식 지도자의 지위에서 비롯되었으며, 각기 다른 시기에 온 것으로 알려진 여러 씨족의 도착 순서를 근거로 삼았다. 문화 영웅인 마치토가 오라이비에 가장 먼저 도착했기 때문에 그가 이끄는 곰 씨족이 의식에서 두드러진 우위를 차지했다. 티티에프가 체류할 당시 곰 씨족 다음이 피크야스 씨족이었다.

하지만 의식의 권한이 반드시 세속적 권한으로 이어지지는 않았다. 곰 씨족에서 늘 선발되는 촌장은 적절한 행위를 촉구할 수 있었고 촌장의 자문 역할을 하는 21개 씨족장이 이에 동의할 수 있었다. 전쟁 지도자는 불복종하는 자를 처벌로 위협할 수 있었다. 하지만 종합적으로 고려했을 때 힘의 독점이나 명령 이행을 강요할 권력은 없었다. 최고 권위자가 의식 지도자였기 때문에 잘못에 대한 궁극적인 처벌은 초자연적인 성격을 띠었다.

심지어는 씨족들의 모임인 프라트리 내에서도 씨족 간의 유대 관계가 매우 약해서 다툼이 만연했다. 가령 1934년에 피크야스 씨족과 파트키 씨족(둘 다 제8프라트리에 속했다.)이 싸움을 시작했다. 파트키 씨족은 자신들이 소유한 의식 덕분에 피크야스 씨족보다 의식상에서 우위를 차지할 자격이 있다고 주장했다. 사실 파트키 씨족은 피크야스 씨족의 조상이 뒤늦게 도착했으며, 테와어를 쓰는 하노 촌락 출신이고, 따라서 "진정한 호피족"이 아니라고 공격했다. 이 분쟁으로 오래된 예언 하나가 사실임이 확인되었다. 이 예언에서는 피크야스 씨족에게 파트키 씨족을 조심하라고 경고한 바 있다.

가장 유명한 오라이비 촌락의 싸움은 1906년에 일어났으며 지금도 열띤 토론의 주제가 되고 있다. 이 싸움에 관련된 당사자는 곰 씨족과 거미 씨족이며 둘 다 제2프라트리에 속했다. 티티에프가 전하는 바에 따르면 거미 씨족은 의식의 권한에서 곰 씨족과 동등한데도 오라이비 촌락에 수장을 내지 못한다고 주장했다. 곰 씨족은 자신들이 의식상에서 두드러진 우위를 차지하는 것에 대한 정당성을 마치토의 전설에서 찾고자 했다. 제6프라트리에 속한 코콥 씨족이 거미 씨족의 편을 들었다. 다른 씨족 중에서도 어느 한 편을 선택하는 씨족이 점차 늘어났고 결국은 오라이비 촌락 인구의 절반이 상황을 정리하고 부근의 호트빌라로 옮겨 갔다.

두 씨족의 싸움이 수십 년 동안 치열하게 이어진 끝에 오라이비 촌락은 둘로 쪼개졌다. 많은 학자는 이 분쟁의 밑바탕에 여러 가지 원인이 있다고 보았다. 인류학자 제럴드 레비가 가능성 있는 여러 가지 원인을 검토한 바 있다. 인구 성장, 가뭄, 농토 침식에 따른 불안정한 영향뿐만 아니라 백인 목장주, 선교사, 미국 기병대 등 모든 이들이 호피족의 삶에 개입함으로써 생긴 영향까지도 원인에 포함되어 있었다.

모든 사회적 격변에 관해서는 여러 가지 원인을 찾을 수 있지만 여기서는 널리 알려진 몇 가지 원칙에만 초점을 맞추고자 한다. 성과 기반 사회는 분열하든가 아니면 파생 집단을 낳았다. 고고학 기록을 보면 한 지역에 몇몇 촌락이 등장하고, 성장하고, 분열하고, 서열이 낮은 집단을 보내 새 촌락을 찾아보도록 하는 한편 서열이 높은 집단은 그대로 모체 집단에 남는 일이 숱하게 나타났다.

의식 지도자 대우를 받는 일부 씨족이 있었지만 그렇다고 분열을 막을 수 있는 세속적인 권한을 갖지는 못했다. 의식 권한의 위계 체계는 덕의 위계 체계와 별반 다르지 않았으며 성과 기반 사회의 규모가 커질수록 그러한 위계 체계로 사회를 단합하기가 힘들어졌다. 특히 상당한 규모를 갖춘 집단이 위계 체계에서 자신의 위치가 불공평하게 낮다고 여길 경우에는 더더욱 힘들었다.

대평원에 위치한 성과 기반 촌락 사회

앞서 보았듯이 옥수수는 멕시코에서 미국 남서 지역으로 건너왔다. 미국 남서 지역에서 옥수수가 성공적으로 자라는 데 가장 걸림돌이 되는 것은 가뭄이었는데 아메리카 원주민은 관개로 이 문제를 해결했다. 하지만 미주리 강을 따라 노스다코타 주에서 세인트루이스 주에 이르는 지역은 사정이 달랐다. 이 지역에서 옥수수가 자라는 데 큰 걸림돌이 되는 것은 서리의 위협이었다.

미국 중서부와 대평원에 가장 먼저 들어온 옥수수는 낟알이 익기까지 180일 내지 220일이 걸리는 멕시코산 품종이었다. 이 품종들은 따뜻한 남서 지역에서는 성공적으로 자랐지만, 추위에 민감한 탓에 미국 중부 지역처럼 생장기가 짧은 곳에서는 자라기 힘들었다. 옥수수가 중서부 지역에 들어온 것은 적어도 2,000년 전이지만 처음에는 주산물이 될 수 있을 만큼 잘 자라지 않았다.

대평원과 중서부 지역에서 자랄 수 있는 품종은 이른바 북부 경립종이라 불리는 새로운 옥수수 종류로 낟알이 익는 데 겨우 160일밖에 걸리지 않았다. 고고학자 데이비드 브로즈는 오하이오 주 북부 지역과 온타리오 주 서부 지역의 인디언이 최초의 중대한 실험을 시도했고 그 결과 새로 진화한 옥수수가 등장했다고 주장한다. 이 지역은 이리 호의 물 덕분에 기후가 양호했다. 호수 주변의 땅은 습기로 촉촉했고, 원주민은 성장 기간이 160일인 옥수수를 실험하는 동안 이 호수에서 물고기를 잡아 생활을 유지할 수 있었다. 낟알이 여덟 줄에서 열두 줄 정도 되는 경립종 옥수수가 1,000년 전에서 900년 전쯤 정착하자 중서부 지역의 사실상 거의 모든 아메리카 원주민 집단이 옥수수 경작에 더욱 열을 올리게 되었다.

들소와 버펄로의 땅인 대평원은 1,000년 동안 수렵채집 생활자의 근거지였다. 이제 미주리 강을 따라 식물 재배자들이 북쪽으로 올라와 사우스다코타와 노스다코타까지 이르렀다. 중부 미주리 전통이라고 알려진 한 선사 시대 사회가 들소 견갑골로 만든 괭이를 이용하여 미주리 강과 이 강의 큰 지류 주변 범람원을 경작하기 시작했다. 이들은 옥수수, 콩, 호박, 호리병박, 해바라기, 담배를 심었으며 강에서 물고기와 홍합을 잡았고 강 저편 초원에서 버펄로를 사냥했다.

약 1,000년 전에 사람이 살았던 가장 초기의 중부 미주리 촌락은 이들의 식량 물자를 약탈하기 위해 초원에서 몰려드는 약탈 채집 생활자에게 속수무책으로 당하곤 했다. 그 결과 촌락 사람들은 촌락 주변에 방어용 도랑을 파고 목책을 세웠다. 일반적으로 촌락에는 15채에서 100채 사이의 가옥이 있었고 모두 대가족이 살기에 넉넉한 면적이었다. 집에는 화덕과 저장 구덩이가 있었으며 방어를 위해 출입문을 좁게 만들었다. 의식 오두막이라 불리는 의식용 건물은 삼나무 기둥으로 틀을 세웠고 초원 잔디를 입혀 단열층을 만들었다.

중부 미주리 전통 촌락 사람들은 먼 거리에 있는 다른 지역과도 활발하게 귀중품 교역을 벌였다. 이들은 슈피리어 호의 천연 구리, 멕시코 연안 지역의 소라고둥, 태평양의 뿔조개, 그 밖에 담배 파이프를 만드는 데 쓰이는 붉은 점토인 캐틀리나이트도 입수했다.

1541년 프란시스코 바스케스 데 코로나도가 인솔하는 스페인 탐험대가 현재의 캔자스 주에 들어왔다. 이후 한 세기에 걸쳐 스페인 사람들이 타던 말이 대평원으로 도망쳤고 그 결과 아메리카 원주민 집단의 생활 방식을 바꾸어 놓았다. 식물 재배 활동을 접고 포획한 말을 이용하여 버펄로 사냥에 열을 올리는 부족이 늘었다. 하지만 계속해서 미주리 강의 범람원을 경작한 부족도 있었다. 이 장에서는 후자의 부족을 살펴볼 것이다.

1700년대 후반에 미주리 강을 따라 현재의 노스다코타 주까지 들어온 모피 무역상이 만단족과 히다차족이라는 두 아메리카 인디언 부족을 발견했다. 1804년에는 루이스와 클라크 원정대가 두 부족을 만났다. 그로부터 29년 뒤 독일 탐험가, 비트노이비트의 막시밀리안 왕자가 미주리 강 상류의 포트 클라크에 도착했다. 그는 수 언어를 사용하는 세 동맹 부족 만단족, 히다차족, 크로족에 매료되었다. 만단족과 히다차족은 미주리 강변 식물 재배 촌락에서 생활한 반면 크로족은 말을 타고 다니는 버펄로 사냥꾼이 되었다. 비록 생활 방식은 달랐지만 이 세 집단은 샤이엔족, 블랙풋족, 라코타족과 같은 이동 기마 부족의 공격으로부터 자신들을 방어하기 위해 동맹을 맺었다.

만단족과 히다차족에 관해 최초로 상세한 내용을 알려 준 사람은 샤르보느라는 이름의 프랑스 덫 사냥꾼으로, 막스밀리안 왕자가 그를 인터뷰했을 당시 히다차족과 함께 37년을 살았다. 1907년 무렵 미주리 강 상류 지역 사회를 찾아가기 시작한 로버트 H. 로위 등의 인류학자는 막시밀리안과 샤르보느가 전해 주는 역사적으로 중요한 진술과 자신들의 개인적인 관찰 내용을 종합했다.

이러한 선구적인 기록을 바탕으로 할 때 식민지 이전 시대의 만단족과 히다차족은 성과 기반 사회였던 것으로 보인다. 이 부족들은 모계 혈통으로 이어지는 씨족으로 구성되어 있었다. 지도자의 위치에 오르기 위해서는 존경받는 원로 지위를 획득해야 하며, 습격 활동과 의식 주최 등이 이러한 지위를 얻기 위한 주요 경로였다.

수 언어를 쓰는 촌락 사회의 생활은 소피니[xo'pini], 즉 성공과 명성의 중심에 있는 생명력 또는 초자연적 본질을 끊임없이 추구하는 과정이었다. 몇몇 인류학자는 소피니를 "힘"으로 해석하지만 우리의 견해로 볼 때 소피니는 고대 폴리네시아 사람들이 마나라고 일컬은 전기와 비슷한 마법적 생명력을 연상시킨다. 소피니는 초자연적 존재나 명성이 높은 사람에게서 얻을 수 있었다.

예로부터 내려오는 상호성 원칙에 따라 소피니를 얻으려면 대가를 치러야 했다. 자기 손가락의 끝마디를 자르거나 살을 꼬챙이에 꿰어 공중에 매달리는 등 자해를 통한 고통으로 대가를 치르는 경우도 자주 있었다. 고통을 느끼는 동안 환영을 보는데, 이 환영 속에 영혼이나 신성한 동물이 등장하여 앞날의 운명을 알려 준다.

환영을 본 남자나 여자는 초자연적 존재와의 만남과 관련이 있는 물건을 한데 모아 꽁꽁 싸서 신성한 꾸러미를 만들었다. 어떤 꾸러미들은 개인적인 용도에만 쓰였다. 가령 습격 활동에 나서는 전사는 신성한 꾸러미에 들어 있는 소피니가 자신을 보호해 줄 것이라는 희망으로 꾸러미를 들고 다녔다. 하지만 기원을 알 수 없을 만큼 아주 오랫동안 내려온 꾸러미는 씨족이나 부족의 것이 되었으며, 이 경우에는 기원이 신화 속 시간으로까지 거슬러 올라가기 때문에 꾸러미 속에 담긴 생명력이 훨씬 컸다. 씨족은 꾸러미의 기원과 관련된 이야기를 만들고 거기에 곡을 붙이며 꾸러미와 관련된 의식을 올렸다. 여러 세대에 걸쳐 씨족 원로가 간직해 온 꾸러미도 있었다.

이런 꾸러미는 호피족이 간직하던 씨족의 물신에 상응할 정도로 대평원의 신성한 상징이라고 할 수 있었다.

신성한 꾸러미는 결코 작은 크기가 아니었다. 기록에 따르면 한 만단족 사람의 꾸러미 속에는 다음과 같은 내용물이 들어 있었다. 천연 구리로 만든 반지 두 개와 초승달 모양 조각, 호리병박 딸랑이 한 개, 까치 꽁지깃 여섯 개, 부엉이 꽁지깃 열두 개, 만단족의 한 존경받는 조상이 죽인 샤이엔 전사의 머리 가죽, 회색 곰의 두개골과 왼쪽 앞다리, 버펄로의 턱수염 한 묶음, 버펄로의 두개골 한 개와 뿔 한 개, 버펄로 새끼의 머리 가죽, 독수리 덫에 미끼로 사용된 박제 산토끼 한 마리 등이었다.

이에 비해 히다차족의 유명한 꾸러미에는 인간 두개골 두 개, 버펄로 두개골 한 개, 의식에 쓰이는 담배 파이프 한 개, 거북 등껍질 하나, 독수리 날개로 만든 부채 한 개가 들어 있었다. 인간 두개골 두 개는 인간의 모습을 한 거대한 독수리의 것이었다고 전해진다.

방금 전 묘사한 히다차족의 신성한 꾸러미에는 재미있는 역사가 전해져 온다. 이 꾸러미는 처음에 '물을 막는 사람' 씨족에 속해 있던, '작은 발목'이라는 이름의 사람이 소유한 꾸러미였다. '작은 발목'이 갑자기 죽자 아들 '늑대 우두머리'가 사람들의 설득에 넘어가 꾸러미를 그리스도교 선교사에게 팔았다. 1907년 이 꾸러미는 뉴욕에 있는 헤이재단 아메리카인디언박물관에 가게 되었다.

1930년대에 흙먼지 바람과 모래 강풍을 동반한 가뭄이 들자 '물을 막는 사람' 씨족의 많은 성원은 신성한 꾸러미를 내다 판 대가로 초자연적 존재에게 벌을 받는 것이라고 믿었다. 씨족의 대표단은 프랭클린 델러노 루스벨트에게 중재를 해 달라고 청했고 1938년 헤

그림 23 | 만단족과 히다차족의 신성한 꾸러미에는 소피니(강한 생명력)가 들어 있었다. 1938년 히다차족의 '물을 막는 사람' 씨족은 30여 년 동안 잃었던 신성한 꾸러미를 되찾았다. 이 꾸러미에는 다른 품목 외에도 사람 두개골 두 개가 들어 있는데 전설에 따르면 인간의 모습을 한 거대한 독수리의 것이었다. 70년 된 사진을 토대로 그린 이 그림에서는 '어리석은 곰', '늑대 끄는 사람'이라는 이름의 씨족 원로 두 명이 꾸러미를 일부 풀어 두개골을 보여 주고 있다.

이재단은 의료용 버펄로 뿔과 교환하는 조건으로 히다차족에게 꾸러미를 돌려주었다. 그런데 어찌 된 영문인지 꾸러미가 포트 버솔드로 돌아가자 가뭄이 그쳤다(그림 23).

개인이 가진 신성한 꾸러미는 더러 주인과 함께 매장되는가 하면 의식이 열리는 상황에서 "취득할" 수도 있었다. 가령 아버지가 의식을 주최하면 이 의식에서 아들이 아버지의 꾸러미를 취득할 수 있었다. 하지만 아들 자신이 꾸러미를 취득하는 환영을 보았을 경우에만 가능했다.

아들이 환영을 보았다는 사실이 알려지면 그는 일 년이라는 기간을 두고 꾸러미를 취득하기에 충분한 자원을 축적했다. 뉴기니 섬의 부족 사람들이 모카라는 중요한 일을 무사히 치르기 위해 친척에게서 물자를 빌렸듯이 그도 친척이나 동년배 집단에게 물자를 빌렸다. 꾸러미를 파는 사람은 이전까지 자신이 얻었던 모든 재산을 다른 이들에게 분배해야 했다. 대평원에서 부를 추적하는 것은 눈총을 사는 일이었다.

대평원의 많은 잔치와 의식은 세대 간에 꾸러미를 물려주는 데 초점이 있었다. 원칙적으로는 모든 꾸러미를 네 차례에 걸쳐 팔 수 있었다. 하지만 처음 세 차례 때는 가짜 꾸러미가 동원되었다. 숫자 4가 신성한 수이기 때문에 네 번째 취득 단계에 가서야 진짜 꾸러미를 사용했다. 신성한 꾸러미를 소유한 사람은 소피니가 증가하며, 꾸러미를 많이 획득할수록 생명력이 늘어났다.

남자나 여자 모두 꾸러미를 간직할 수 있었다. 하지만 여자는 습격 활동에 참여하지 않기 때문에 남자만큼 많은 소피니를 축적할 필요가 없었다. 또한 여자에게는 또 다른 전략이 있었다. 다름이 아니라 명성 높은 원로와 이따금씩 잠자리를 같이 함으로써 그의 생명력 중 일부를 획득할 수 있었다. 물론 이로 인해 원로는 소피니 저장량이 고갈되며, 게다가 평생에 걸쳐 습격 활동을 하느라 이미 생명력을 써 버렸기 때문에 노화가 촉진되었다. 이는 앞서 보았던 뉴기니 섬의 전제, 즉 여자가 남자의 생명력을 흡수하기 때문에 남자가 늙고 약해진다는 전제에 상응하는 대평원 방식의 전제라는 생각이 들었다.

이제 소피니를 추구하는 과정에 관련된 몇 가지 사회 논리를 살펴보자. 다음과 같은 단계로 요약할 수 있다.

1. 고통을 느끼는 동안 환영 속으로 들어간다.
2. 환영을 보면 신성한 꾸러미를 만들 수 있다.
3. 오랫동안 간직해 온 꾸러미는 신화적인 유래를 지니며 씨족 전체의 생명력을 담보하는 원천이 된다.
4. 꾸러미에 들어 있는 물건은 신화와 전설을 들려주기 위한 기억의 보조 수단이다.
5. 꾸러미는 의식을 고무하며 새 의식 오두막을 짓게 만든다.
6. 각각의 새로운 의식은 젊은 사람에게 자해로 인한 고통을 느끼도록 영감을 불어넣는다.
7. 6단계가 끝나면 다시 1단계로 돌아가며, 이렇게 계속 순환한다.

대평원의 식물 재배 사회는 저마다 독특한 특징을 지니면서도 다른 성과 기반 사회에 통용되는 일반적인 원칙도 공유했다. 명성을 추구하는 남자는 희생을 감수하고 친척에게 식량과 재산을 빌려 의식을 주최하며 자신의 지휘 아래 의식 오두막을 건설한다. 하지만 성공한 사람이 영구적인 상류층이 되지 않도록 하기 위해 사회는 그들이 재산을 축적하지 못하도록 막으며, 이들에게 실질적인 정치 권력을 주지 않은 채 솔선수범을 통해 사회를 이끌도록 격려했다.

만단족의 명망 쌓기

만단족의 세계는 세 가지 차원으로 이루어져 있었다. 인간이 사는 땅, 땅 위의 세계, 땅 아래 세계 이렇게 세 가지였다. 이런저런 모든 존재는 세 가지 차원 중 한 곳에서 살았다.

만단족이 사는 땅은 '첫 번째 창조자'와 '혼자인 인간'이 만들어 낸 것이다. 땅은 땅 아래 세계에 있는 물 위에 떠 있으며, 땅 아래 세계에서는 샘물이 끊임없이 솟아올랐다. 땅 위의 세계는 거대한 오두막으로 이 오두막의 네 기둥이 하늘을 떠받쳤다. 이 오두막의 지붕을 따라 태양이 움직였다. 태양에게는 '일출의 여자', '정오의 여자', '일몰의 여자'로 불리는 세 자매가 있었으며, 이 세 자매가 사는 곳에 이르면 태양은 잠시 멈춰 담배 한 대를 피웠다.

만단족의 이 같은 우주론을 기록한 사람은 인류학자 알프레드 바우어스였다. 그는 노스다코타 주에 있는 '낚싯바늘 모양 촌락'이라는 곳에서 1870년대 만단족의 생활 모습을 기억하는 촌락 원로들의 이야기를 듣고 기록했다.

유럽 교역상과 덫 사냥꾼이 천연두를 옮기기 전까지는 만단족 인구가 9천 명에 이르렀을 것으로 추정된다. 하지만 안타깝게도 1910년 무렵 만단족의 인구는 200명도 채 되지 않는 수준으로 감소했다. 바우어스는 1929년에서 1931년까지 생존자를 찾아가 직접 이야기를 듣고 루이스와 클라크, 막시밀리안, 샤르보느, 그 밖의 사람들이 남긴 중요한 기록과 생존자의 구술 내용을 종합했다.

오래전 모든 만단족 촌락의 중심에는 커다란 삼나무 기둥이 있었으며, 지름 45미터의 원형 의식 마당 한복판에 이 기둥이 서 있었다. 테와족에게 '땅의 배꼽' 키바가 매우 중요한 의미를 지녔던 것만큼이나 만단족에게는 이 기둥이 중요한 의미를 지녔다. 원형 의식 마당 주변에 각 가구가 나무 기둥으로 틀을 세우고 그 위에 초원 잔디를 입혀 주거 오두막을 짓고 살았다. 오래전에는 직사각형 오두막이었지만 유럽인이 이곳에 들어왔을 무렵에는 둥근 모양이었다. 하지만 의식 오두막은 여전히 예전의 직사각형 형태를 간직하고 있었다.

대다수 만단족 촌락은 도랑을 파고 삼나무 기둥으로 목책을 세워 촌락을 방어했다. 방어물 안쪽에 옥수수를 말리고 시신을 자연 기후에 그대로 내놓기 위한 비계가 세워져 있었다. 만단족은 촌락 외곽의 풍경도 바꾸었다. 얕은 강물에 메기 덫을 설치하고, 가지뿔영양을 사냥하기 위한 사냥감 몰이 울타리를 세웠으며, 독수리를 잡아 깃털을 얻기 위해 초원에 덫을 놓았다.

밭이 더 이상 비옥하지 않거나 땔감을 구할 수 없을 때가 되면 만단족은 촌락을 옮겼다. 숲이 우거진 강가에 위치해 있어 오랫동안 터를 잡고 살아온 정착지라도 여름 버펄로 사냥철이 되면 잠깐 촌락을 버리고 떠나기도 했다. 트라보이travois, 즉 여러 마리의 개가 끄는 썰매에 이삿짐을 실은 사람들이 대평원으로 옮겨 가서 사냥이 끝날 때까지 티피라는 원뿔형 천막에서 생활했다. 겨울이 되어 다시 촌락으로 돌아온 만단족은 강을 따라 미루나무 숲 속에 울타리를 세웠다. 그러면 아무 의심도 하지 않은 채 추위를 피할 곳을 찾아다니던 들소를 울타리 안에 가둘 수 있었다.

바우어스가 알아낸 바로는 생존 만단족은 모계 혈통으로 이어지는 최소 16개 씨족을 이루고 있었다. 그중 아홉 개가 모여 서쪽 반족을 형성하고 일곱 개가 모여 동쪽 반족을 형성했다. 이는 테와족이 여름 반족과 겨울 반족으로 나뉘었던 것과 같았다. 씨족별로 저마다 신성한 꾸러미가 있었으며 의식 절차를 거쳐 한 세대에서 다음 세대로 꾸러미를 전했다. 특정 꾸러미를 소유하면 그에 따른 특정 의식을 올릴 권리가 생기며 각 씨족은 이러한 특정 의식에 사용되는 노래, 구호, 춤, 복장에 대해 저작권을 갖는다고 여겼다.

누트카족이나 틀링깃족과 마찬가지로 만단족도 지적 재산권에 대한 개념이 확고하게 자리 잡고 있었다. 차이점이 있다면 누트카족과 틀링깃족의 귀족은 지적 재산권을 자손에게 손쉽게 물려줄 수 있었던 반면 만단족의 젊은이는 대가를 치르고 이를 얻어야 했다. 이 점은 성과를 기반으로 하는 지도자 지위와 세습되는 지도자 지위를 가르는 매우 중요한 차이였다.

신성한 꾸러미 중에는 독수리 덫이나 메기 덫, 들소 몰이에서 풍성한 수확을 얻도록 보장하는 의식에 대해 권한을 부여하는 것도 있었다. 이러한 활동을 하고자 하는 사람은 누구든 이 꾸러미를 소유한 씨족에게서 권한을 사들여야 했다. 생명력을 얻기 위해 사들이는 개인적인 꾸러미도 있었다. 이 경우에 밭작물이나 들소 가죽

덧옷을 대가로 치렀으며, 말이 대평원에 들어온 이후로는 말로 대가를 치르기도 했다. 좋은 말 한 마리를 얻으려면 전투모 세 개를 내놓아야 하며, 전투모 한 개를 만드는 데 끝이 까만 독수리 깃털 108개가 필요했고 이를 얻기 위해서는 독수리 아홉 마리를 잡아야 했다. 이 때문에 독수리 덫사냥이 중요한 일이 되었으며, 이 일을 하기 위해서는 독수리 덫사냥 꾸러미를 가진 사람에게 대가를 지불해야 했다.

이론적으로 보면 모든 씨족이 신성한 꾸러미를 갖고 있기 때문에 평평한 운동장이 확보되었다. 하지만 실질적으로 모든 의식이 동등한 중요성을 지니지는 않았다. 만단족의 가장 중요한 의식은 오키파Okipa였다. 나흘 동안 이어지는 이 의식에는 땅의 창조 과정이 요약되어 있었다. 서쪽 반족에 속한 왁시 에나 씨족이 신성한 오키파 꾸러미를 갖고 있었기 때문에 올드 오라이비 촌락의 곰 씨족처럼 의식에서 중요한 지위를 누렸다.

만단족은 인류학자들이 연령 등급이라고 일컫는 체계 안에서 한 번에 한 단계씩 승급하면서 점차 만단족 성원이 되어 갔다. 이 체계는 아오 나가족의 동년배 집단과 같은 양상을 띠는 동시에 테와족의 의식 모임 같은 업적 등급의 양상도 띠었다. W. 레이먼드 우드와 리 어윈이 정리한 목록을 보면 만단족 남자의 연령 등급 모임은 열한 개, 여자의 연령 등급 모임은 일곱 개였다.

연령 등급 중 몇 가지는 특별히 언급할 가치가 있다. '검은 입' 모임은 나이 든 사람의 연령 등급 모임으로, 이 모임의 성원은 불굴의 전사임을 입증해 보인 사람들이었다. 여자에게 해당되는 가장 중요한 연령 등급 모임으로는 '거위' 모임이 있으며, 이 모임 성원은 의식과 관련된 아주 특별한 정보를 소유했다. 이 밖에 폐경기를 지난 여자는 명망 높은 '흰 버펄로 암소' 모임에 들어갈 자격을 지녔다.

만단족 소년과 소녀의 경우 부모나 조부모가 나서서 아이가 다음 연령 등급 모임에 들어가도록 입회 자격을 사들였다. 이렇게 함으로써 어린아이는 이후 스스로 노력하여 원로의 지위에 올라갈 수 있었다. 모든 촌락은 원로에 의해 운영되기 때문에 원로가 되는 것이 모든 이의 목표였다. 하지만 원로들은 여론의 동의를 얻어 촌락을 이끌었으며 어느 세력도 기분 상하는 일이 없도록 비상한 노력을 기울였다.

남자 원로 중에서 용감한 전사를 뽑아 촌락의 '전쟁 지도자'로 삼았으며, 능숙한 의식 전문가를 뽑아 '평화 지도자'로 삼았다. 억울한 일이 생기지 않도록 한 쌍의 반족에서 각기 두 지도자를 뽑았다. 촌락이 적의 공격을 당하기 전까지는 '평화 지도자'가 '전쟁 지도자'보다 지위가 높지만 적의 공격이 있을 때에는 이들의 관계가 역전되었다.

남자아이와 여자아이가 여덟 살 또는 아홉 살 무렵이 되면 자기 운명의 환영을 보고 싶은 희망을 안고 금식을 시작했다. 또한 손가락 마디를 절단하거나 등 또는 가슴의 살에 꼬챙이를 찔러 공중에 매달리는 방식으로 고행을 했다. 이때 떨어져 나온 살점이나 손가락 마디를 영혼의 세계에 제물로 바치기도 했다. 아이가 나이를 먹으면 (가족의 도움을 받기도 하면서) 오키파 같은 의식을 주최할 권한을 사들이기 위해 식량과 귀중품을 축적하기 시작했다.

여자는 대체로 의식을 통해 명망을 얻었지만, 남자는 경쟁 부족의 말을 훔치거나, 적을 죽여 머리 가죽을 벗기거나, 전투에서 쿠스틱으로 적을 친 뒤 살아남아 이를 알림으로써* 명망을 얻을 수 있었다. 적의 머리 가죽을 벗겨 온 남자는 한쪽 각반에 검은 칠을 하고 다른 쪽 각반에는 노란색이나 흰색을 칠할 수 있었다. 또한 발목에 코요테 꼬리를 달고 다니거나 머리에 독수리 깃털을 꽂을 수 있었다.

많은 가계는 자기 집안의 젊은 여자가 성공한 전사와 혼인하기를 원했으며, 신랑의 생명력을 증강하려고 적극적으로 신성한 꾸러미를 사들였다. 하지만 전투를 통해 지위를 얻는 것은 위험 부담이 컸다. 전사가 목숨의 위험을 무릅쓸 때마다 그가 축적해 놓은 소피니를 소비해야 하며 전투에 이끌고 간 사람이 죽을 경우 존경을 잃었다. 실제로 습격 활동에서 많은 만단족 남자가 목숨을 잃었기 때문에 미혼 여자가 어쩔 수 없이 두 번째 부인으로 들어가야 하는 일도 있었다.

한 해의 가장 중요한 행사는 오키파이며 특별한 의식 오두막에서 나흘간 정성껏 의식을 올렸다. 이 의식에서는 만단족 세계의 창조 과정을 표현하며, 의식이 거행되는 오두막은 '개 굴 언덕Dog Den Butte'을 상징했다. 이 언덕은 신화에 나오는 장소로 한때 얼룩무늬 독수리가 모든 살아 있는 생명체를 이곳에 가두어 놓았다. 변장한 춤꾼이 얼룩무늬 독수리, 문화 영웅인 '혼자인 인간', '창조 첫째 날', '밤', 그 밖에 들소, 곰, 비버, 백조, 뱀 같은 중요 동물을 연기했다. 의식을 열기 위해서는 왁시 에나 씨족에게서 노래와 춤에 대한 허가권을 사들여야 했으며 이 씨족은 영구적인 지적 권리를 갖

* 대평원 인디언 사이에서 명망을 얻는 방법의 하나로 쿠 카운트counting coup라고 한다.

고 있었다. 만단족의 많은 젊은이는 오키파를 기회로 삼아 이 기간 동안 로프 끝에 달린 꼬챙이에 살을 꿴 채 의식 오두막 지붕에 몸을 매닮으로써 고통을 통해 대가를 치르고 생명력을 얻었다.

명망과 평등 사이의 균형

만단족의 삶은 개인에게 사회적 출세를 허용하면서도 세습 상류층이 등장하지 못하도록 막았다. 개인 차원에서 단식을 하거나, 스스로를 고문하거나, 살을 제물로 바치거나, 신성한 꾸러미를 사들이거나, 의식을 주최하거나, 의식 관련 지식을 축적하거나, 적의 머리 가죽을 벗기거나 쿠 스틱 때리기로 용맹을 과시함으로써 소피니를 축적할 수 있었다. 하지만 공동체 차원에서 '전쟁 지도자'와 '평화 지도자'를 한 쌍의 반족에서 각각 선출하고, 각 씨족은 신성한 꾸러미와 의식에 대한 권리를 소유하며 원로는 여론의 합의를 바탕으로 촌락을 이끌었다. 분명 한 씨족이 오키파에 대한 지적 권리를 갖긴 했어도 누구든 대가를 지불하면 의식을 주최할 수 있었다.

히다차족의 명망 쌓기

히다차족은 미주리 강과 그 지류인 나이프 강을 따라 만단족의 북쪽에 살았다. 천연두로 많은 사람이 죽기 전에는 인구가 4천 명이 넘었다.

천연두로 인구가 많이 줄어든 이후에도 히다차족은 전통적인 조직을 상당 부분 그대로 유지했다. 모계 혈통으로 내려오는 씨족 일곱 개가 한 쌍의 반족을 구성했으며 한 반족에는 네 개 씨족, 다른 반족에는 세 개 씨족이 모여 있었다. 남자는 열두 개 연령 등급 모임을 거쳐 원로 지위까지 올라가는데 모임별로 일련의 노래, 춤, 복장에 대한 지적 권리를 가졌다. 만단족과 다른 점이 있다면 전사가 '검은 입' 모임의 성원을 구성하지 않고 촌락 원로가 되기 전 마지막 연령 등급 모임에 속하는 남자 연장자가 '검은 입' 모임의 성원이 되었다는 점이다.

히다차족 여자에게는 네다섯 개의 연령 등급 모임이 있었다. 가장 나이 많은 연장자 모임은 '거위' 모임과 '흰 버펄로 새끼' 모임이었다. 하지만 가장 명망 높은 모임은 '신성한 여자' 모임으로, 이들은 종교 관련 구전 지식의 면에서 최고 수준을 보였다.

히다차족에게는 낙스피케Naxpike라는 중요한 의식이 있었으며 만단족의 오키파와 마찬가지로 나흘 동안 열렸다. 하지만 오키파처럼 세계 창조의 과정을 표현하는 것이 아니라 신성한 낙스피케 꾸러미의 기원 신화를 극화하여 표현하는 의식이었다. 이 꾸러미는 히다차족의 문화 영웅인 '긴 팔'을 상징했다. '긴 팔'은 '하늘 사람'의 지도자로 '봄 소년'이라는 신화 속 인물의 고행을 지도했다. 나흘간의 의식이 열리는 동안 낙스피케 꾸러미가 다음 세대에 전해지는데 꾸러미를 파는 사람은 '긴 팔'로 분장을 하고 사는 사람은 '봄 소년'으로 분장했다. 오키파와 마찬가지로 낙스피케도 젊은이가 손가락 마디를 자르거나 살을 꼬챙이에 꿰어 공중에 매달리거나 뜨거운 철로 낙인찍는 것을 견딤으로써 소피니를 얻을 수 있는 기회로 여겨졌다.

히다차족 체계에서 연령 등급을 높이려는 사람은 다음 등급으로 올라갈 권리를 앞선 집단에게서 사들이고, 현재의 연령 등급에 들어올 권리는 뒤에 오는 집단에게 팔았다. 만단족의 경우와 마찬가지로 히다차족 연장자도 공평하고 민주적인 원로가 되기 위해 노력했다. 히다차족은 때로 한 쌍의 반족에서 각각 여러 명의 '평화 지도자'와 '전쟁 지도자'를 선출했다. '평화 지도자'는 촌락의 가장 중요한 신성한 꾸러미를 보관하며, 가능한 경우에는 아들이 적당한 때 꾸러미를 사도록 함으로써 가족 내에서 지도자의 지위를 유지하고자 했다.

히다차족 아기는 오스트레일리아 애버리지니의 아기와 동일한 기원을 갖는 것으로 여겨졌다. 히다차족 아기는 어떤 신성한 언덕에 살던 영혼에서 시작하는데, 이 영혼은 아무 의심도 하지 않은 순진한 여자의 몸속에 들어갈 기회를 기다리면서 이 언덕에 살았다. 히다차족은 사실상 아기가 태어나는 순간부터 성인 역할에 적응할 준비를 시키면서, 단식을 하거나 고통을 견디거나 생명력을 축적하거나 운명을 결정해 줄 환영을 보도록 노력하라고 장려했다. 히다차족 남자는 몸에 커다란 문신을 하고 전투 무리를 이루어 출정한 뒤 머리 가죽을 벗겨 오거나 말을 훔쳐 왔다. 남자는 아내를 얻기 위해 말을 선물해야 하며 처갓집을 위해 사냥도 해야 했다. 이는 앞서 하드자족에게서 보았던 것과 유사한 의무였다.

많은 식구를 둔 가족이 열심히 일해서 작물을 더 많이 수확하고, 덫으로 더 많은 독수리를 잡고, 말과 전투모를 더 많이 거래하고, 신성한 꾸러미를 사들여 생명력을 더 많이 얻을 수 있었다는 사실로 보아 히다차족 사이에 후천적 불평등이 존재했을 가능성이 있다. 하지만 특정 성원이 축적할 수 있는 부나 지위에는 한계가 있었다. 가진 것을 나누어야 한다는 끊임없는 압력이 있었으며, 남보다 잘난 척을 하면 친족들에게까지 비웃음을 샀다. 용맹스럽고 의식과 관련한 전문성을 지니면 존경받았지만 결국 각자에게 주어진 과제는 영혼의 도움으로 보게 된 환영 속의 모습을 따라 자기 운명대로 살아가는 것이었다.

두 개의 영혼을 지닌 사람

앞서 보았듯이 대평원의 여러 사회에서는 여덟 살밖에 되지 않는 어린아이에게도 단식과 고행을 통해 자기 운명의 환영을 보도록 장려했다. 대다수 젊은이의 경우 한 종류의 창문이 영혼의 세계로 열려 있으며 특정 성과 관련된 과정을 밟았다. 벅스킨 각반을 찬 남자는 말을 훔치고 버펄로를 사냥하고 쿠 스틱을 휘둘렀다. 벅스킨 치마를 입은 여자는 밭을 갈고 버펄로 가죽으로 덧옷을 만들고 가족이 먹을 음식을 요리했다.

히다차족 남자아이 중에는 "촌락의 늙은 여자"라 불리는 영혼의 꿈을 꾸기 시작하는 경우가 더러 있었다. 이 꿈은 아이의 미래를 예고하는 환영으로 간주되었으며 아이가 "두 개의 영혼을 지닌 사람"이 될 운명임을 뜻했다. 이후 이 아이는 여자 옷을 입고 여자가 하는 일을 했다. 남자와 살림을 꾸릴 수 있으며 심지어는 아이를 입양하기도 했다.

인류학자 레이먼드 드말리의 추산에 따르면 100명 규모의 히다차족 촌락에서 두 개의 영혼을 지닌 사람은 열두 명 정도였다. 이들은 여자의 연령 등급 체계에 편입되며 더러는 '신성한 여자' 모임의 존경받는 성원이 되기도 했다. 히다차족 중에서 사실상 이들만이 유일하게 모든 의식에 참여할 수 있었다. 대평원의 사회 논리로 볼 때 두 개의 영혼을 지닌 사람은 신비한 기운을 가지며 초자연적 세계와 보다 밀접한 관계를 갖는 것으로 여겨졌다.

물론 두 개의 영혼을 지닌 사람이 히다차족에만 있는 것은 아니었다. 앨버타 주의 블랙풋족과 서스캐처원 주의 어시니보인족에서부터 노스다코타 주의 만단족, 사우스다코타 주의 퐁카족과 라코타족, 콜로라도 주의 아라파호족 등 대평원 사회에 널리 퍼져 있는 특징이었다. 실제로 100군데가 넘는 아메리카 원주민 사회에 여자 옷을 입고 여자로 살아가는 남자가 있었을 것으로 추산된다. 또한 전체 사회 중 3분의 1이나 되는 곳에 남자 옷을 입고 남자로 살아가는 여자가 있었을 것으로 추산된다.

블랙풋족의 언어로 두 개의 영혼을 지닌 사람을 뜻하는 단어는 단순히 "여자처럼 행동한다"는 의미만 가진다. 블랙풋족은 그러한 남자가 독특한 영적 힘에 사로잡혀 있다고 믿었다. 드말리가 밝혀낸 바에 따르면 두 개의 영혼을 지닌 사람은 결코 기피의 대상이 아니었고 오히려 "여성의 일을 하는 데 강한 육체적 힘을 이용할 수 있고 예술적 능력을 지닌 탓에 아내로서 수요가 많았다". 더러 둘째 아내를 둘 만한 여력이 있다고 생각하는 기혼 남자가 두 개의 영혼을 지닌 사람을 식구로 받아들이기도 했다.

앞서 에스키모의 혼인이 하나의 경제적 협력 관계이며 한 남자와 한 여자, 한 남자와 두 여자, 한 여자와 두 남자, 두 여자를 공유하는 두 남자 등 네 가지 혼인 형태가 있다는 것을 살펴보았다. 이제 여기에 두 가지 형태가 더해졌다. 첫째, 한 남자와 두 개의 영혼을 지닌 사람, 둘째, 한 남자와 한 여자와 두 개의 영혼을 지닌 사람.

이로써 신세계 토착민의 혼인 형태는 최소한 여섯 가지가 되었다.

만단족은 두 개의 영혼을 지닌 사람이 여성의 일에 더 적합하다고 보았기 때문에 이들에게 습격에 따라나서라고 하지 않았다. 아라파호족은 이들에게 특별한 형태의 생명력이 있다고 믿었다. 퐁카족의 젊은이는 꿈속에 달이 나타나 활과 화살, 그리고 여자의 가방끈 중 하나를 선택하라는 꿈을 꾸는데, 이때 가방끈을 선택한 젊은이는 여자 옷을 입고 여자로 살아갈 운명으로 정해졌다.

대평원의 여자 중에도 자신을 남자로 여기는 환영을 보는 이들이 있었다. 예를 들어 블랙풋족에는 "남자의 마음을 가진 여자"가 있으며 이들은 남자의 습격 무리에 동참하고 적의 말을 훔치며 남자 옷을 입고 심지어는 아내도 두었다. 이러한 행동을 근거로 또 다른 일곱 번째 혼인 형태를 확인할 수 있다. 즉 한 여자와 한 여자가 만나는 혼인 형태로, 그중 한쪽은 남자의 마음을 지닌 여자였다.

대평원 사회 중에 성전환자를 경멸하거나 배척한 곳이 없었다는 사실은 매우 의미심장하다. 이들의 운명은 영혼의 세계에서 미리부터 정해졌으며 대평원 사회는 이들을 위한 자리를 마련했다. 이들은 힘든 일을 해 내는 사람으로 귀하게 여겨졌으며 신성한 존재를 보다 깊이 이해하는 사람으로 존경받았고 이들이 보여 주는 솜씨는 감탄의 대상이 되었다.

유럽과 미국의 선교사들이 대평원에 들어오면서 당연히 이 모든 것이 바뀌었다. 그들은 두 개의 영혼을 지닌 사람을 "베르다체berdache"라고 일컬으며 낙인을 찍었다. 이 단어는 "남창"을 뜻하는 스페인어 바르다헤bardaje를 변형한 것이다. 두 개의 영혼을 지닌 사람은 박해받고 숨어들었다.

대평원 인디언은 두 개의 영혼을 지닌 사람이 살아가는 삶의 방식이 선택의 문제가 아니라 그들 스스로도 통제할 수 없는 힘에 기인하는 것으로 보았다. 선교사의 경멸적인 태도와 비교할 때 이 같은 견해는 오늘날 사회과학자의 입장에 훨씬 가깝다. 대평원 사회 가운데 결혼제도를 유지하기 위해 오로지 한 남자와 한 여자의 혼인 형태만을 허용한 곳은 한 군데도 없었다.

균형과 장기적 안정

테와족, 호피족, 만단족, 히다차족의 전통적인 공동체에는 배울 만한 교훈이 있었다. 네 부족 모두 개인의 야망과 공동체 정신 사이에 균형을 유지했다. 이 부족들은 유능한 개인이 존경받는 지위에 오르도록 사회적으로 용인되는 방식을 마련하는 한편 세습 귀족으로 발전하지 못하도록 노력했다.

고고학자들은 고대 세계의 많은 지역에서 아주 오랜 시기 동안 안정을 누렸던 사회를 찾아낼 수 있다. 이러한 시기를 보다 심도 있게 연구한 결과 사회적 안정은 정치적 자치권을 지닌 성과 기반 촌락 사회가 가져다준 산물임이 밝혀졌다.

반면 세습 귀족을 형성하려는 초기의 시도가 심한 불안정을 초래할 우려가 있었다. 특권과 평등 사이에서 일어나는 사회 논리의 모순 때문에 장기간 사회가 동요했고 다음 장에서 살펴보듯이 유혈 사태가 벌어지기도 했다.

THE CREATION OF INEQUALITY

3부

불평등의 세습

농경 사회의 세습적 불평등

뉴기니 섬, 솔로몬 제도, 미국 남서 지역 푸에블로족과 대평원 촌락에서 지도자의 지위는 전통적으로 성과를 기반으로 했다. 이 사회들에서는 세습 귀족이 없었다. 만단족 지도자의 경우 아들에게 신성한 꾸러미를 팔 수 있었지만 누트카족 족장처럼 귀족 칭호를 아들에게 선물할 수는 없었다.

고고학 기록은 많은 성과 기반 사회가 제각기 시기를 달리하면서, 세습 특권을 허용하는 방향으로 사회 논리를 바꾸었을 것이라고 알려 주고 있다. 하지만 애석하게도 고고학에서는 결과만 보여 줄 뿐 논리를 보여 주지 않는다. 논리를 재구성하기 위해서는 현존하는 사회에 관한 연구에 의지해야 한다. 이 장에서는 씨족 내의 한 야심적인 분파가 사회의 세습 상류층으로 올라서기 위해 노력하는 과정이 드러난 한 촌락부터 살펴볼 것이다. 해당 씨족 분파가 이러한 목적을 이루기 위해서는 이전까지 공유하던 지적 재산권에 대해 자신들이 권리를 가진다는 것을 씨족 내 경쟁 분파에게 납득시켜야 했다.

아바팁의 권한

세피크 강은 파푸아뉴기니를 가로질러 동쪽으로 흐르다가 북쪽으로 방향을 튼 뒤 비스마르크 해로 흘러들어 간다. 세피크 강 하류와 그 지류를 따라 펼쳐진 초원에는 몇몇 부족만 언급하더라도 마를 재배하는 아벨람족, 농경과 고기잡이를 하는 이아트물족, 이들의 이웃인 마남부족의 밭과 촌락이 자리 잡고 있었다.

아벨람족은 고전적인 명망가 사회였고 이아트물족은 조개껍질 귀중품을 축적하는 데 열을 올렸다. 하지만 마남부족은 달랐다. 이들은 잉여 생산 단계가 매우 낮아서 친족의 도움을 받더라도 명망가가 될 정도의 조개껍질과 돼지를 축적하지 못했다.

1970년대 인류학자 사이먼 해리슨은 대략 1,600명의 마남부족이 흩어져 살았던 촌락 아바팁에 들어가 살았다. 그는 몇 가지 경로로 지도자 지위에 오를 수 있는 한 사회를 발견했다. 첫째, 근면, 사냥 솜씨, 힘, 넉넉한 인심, 토론 기술을 바탕으로 존경을 얻는 세속 정치 지도자가 있었다. 둘째, 점차 수준이 높아지는 여러 단계의 신성한 지식을 전수받은 의식 지도자가 있었다. 이 밖에 과거에는 인간 사냥과 전투 등을 통해 명성을 쌓는 세 번째 경로가 있었지만, 역시나 식민지 당국에서 이를 억제했다.

아바팁에 사는 개인은 가계를 이루며, 가계가 모여 씨족 분파를 형성하고, 씨족 분파가 모여 씨족을 구성했다. 정치 지도자는 씨족의 원로 집단에서 나왔으며 오로지 세속의 권력만 지녔다. 이들은 경쟁자와의 토론에서 승리를 거둠으로써 명성을 얻었다. 반면 의식의 권한은 심부크simbuk라고 불리는 사람들의 수중에 있었으며 이들은 모두 라키laki, 즉 의식과 관련된 소모임의 수장을 각각 맡고 있었다.

심부크는 자기 소모임의 의식에 관한 비밀을 지키기 위해 장남에게 지위를 물려주고 싶어 했다. 하지만 이러한 움직임에 나서려면 장남이 모든 단계의 전수 과정을 거쳐야 했다. 이 장애물을 통과하지 못하면 계승 순위는 심부크의 차남에게 넘어가며, 차남이 없을 경우에는 심부크의 여자 형제 아들에게 넘어갔다. 심부크가 의식의 권한을 가족 내에서 계속 유지할 때조차 세속의 권력은 거의 갖지 못했다.

모두 16개에 이르는 씨족 분파는 아바팁 사회에서 가장 역동성을 지닌 단위였다. 각 씨족 분파는 커다란 나무 기둥과 들보, 첨탑, 슬릿드럼이 있는 독자적인 남자 숙소를 두었다. 남자 숙소에 보관된 물품은 모두 조상의 영혼을 나타냈다. 건물 안에 들어간 남자는 신성한 지식의 세 단계 중 어느 단계까지 전수받았는가에 따라 세 화덕 중 한 곳에 앉았다.

아바팁 사회의 가장 큰 긴장 요인은 세속 지도자와 의식 지도자 간의 경쟁 관계에 있었다. 각 씨족 분파는 자기네 인구가 줄어들 경우 토론에서 이기기 힘들어지므로 인구를 늘리기 위해 무척 애를 썼다. 토론자로서 명성을 얻기 위해 오랫동안 분투해 온 세속 지도자는 그들 대부분이 아직 보잘것없었던 이십 대의 나이에 이미 부모에게서 지위를 물려받은 심부크를 부러워했다.

심부크 중에는 더러 토론 능력을 키워 세속 영역과 의식 영역 모두에서 지도자가 되는 경우도 있었다. 이러한 사람은 시기의 대상이 되기 때문에 살해당할 위험을 감수해야 했다. 세속 영역의 토론자 중에는 의식 승계 과정에서 벌어지는 논쟁을 이용하여 애초 자격이 되지 않는 심부크 지위를 꿰차는 이도 있었다.

그 직후 심부크 지위를 빼앗은 사람은 이전까지 알려지지 않았던 조상 세 사람을 족보에서 발견했다고 공표했다. 그는 새로 발견된 조상들을 근거로 내세우면서, (자신이 속한) 하위 가계가 새로운 이름으로 독립된 가계를 구성해야 한다는 선언을 정당화했다. 이러한 전략을 인구 성장과 결합하여 활용하면 하위 가계가 상위 가계와 동등한 지위를 획득할 수 있었다.

가계 또는 씨족 분파가 지위를 높이고자 할 때는 논쟁이 벌어졌다. 이때 남자 숙소 부근에 있는 공식 토론 마당에서 논쟁을 벌였다 (그림 24). 각 경쟁 씨족 분파의 남자는 덩굴 경계선 양편에 얼굴을 마주 보고 앉았다. 각 씨족 분파는 카누를 뒤집어 놓고 이를 북으로 사용했고, 중요 조상을 상징하는 막대기, 창, 화살도 세워 놓았다. 각 씨족 분파의 여자는 춤을 추었고 토론 참가자를 위한 음식을 만들었다.

각 토론자는 의견을 말하는 동안 마법의 힘을 지닌 코르딜리네 잎 묶음을 들고서, 주장의 핵심 사항이 나올 때마다 극적인 효과를 위해 잎을 하나씩 마당에 던졌다. 그의 손에 잎이 들려 있는 동안에는 아무도 그를 방해할 수 없었다. 마침내 모든 잎을 마당에 다 던지고 나면 토론자의 말을 방해할 수 있었다. 토론자가 불같이 화를

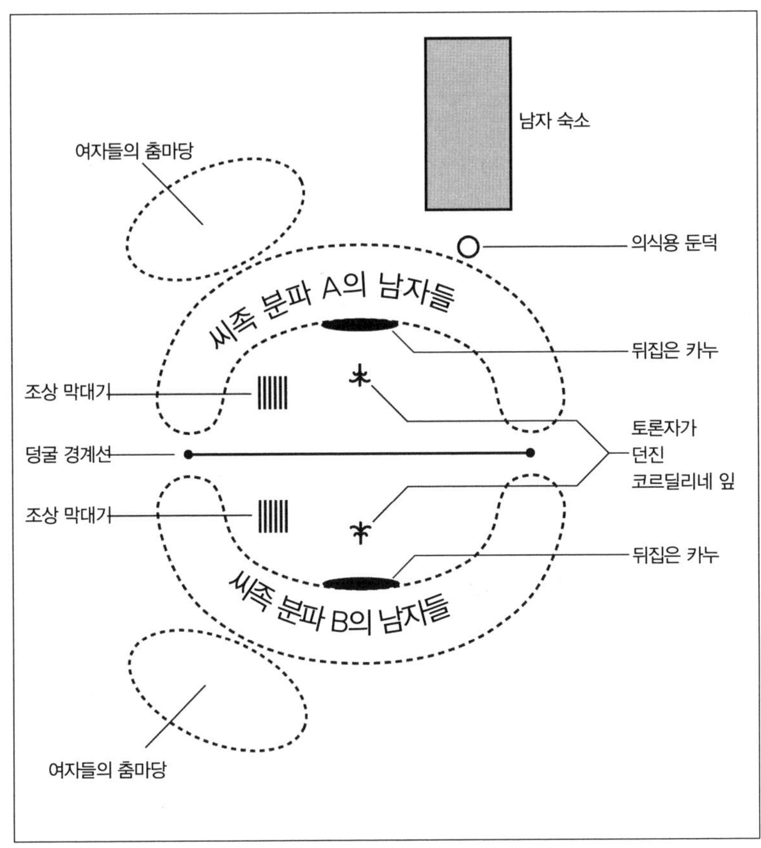

그림 24 | 뉴기니 섬 아바팁 촌락의 공식 토론 마당. 1970년대 경쟁 관계에 있는 씨족 분파가 이곳에서 신성한 조상의 이름의 소유권을 놓고 토론을 벌였다. 각 씨족 분파에 속한 남자들이 덩굴 경계선을 사이에 놓고 마주 보고 앉았다. 각 씨족 분파는 뒤집어 놓은 카누를 북으로 이용하면서 토템 조상을 상징하는 막대기, 창, 화살을 세워 놓았다. 토론자는 마법의 힘을 지닌 코르딜리네 잎 묶음을 들고서, 이를 마당에 하나씩 던지면서 자기 주장의 핵심을 납득시켰다. 말리야우 분파는 신성한 이름을 모두 독점하여 사실상의 상류층이 되고자 했다.

낼 때면 구경꾼들은 유머를 이용하여 폭력 상황으로 번지지 않도록 막았다.

세속 지도자에게 연설 솜씨가 요구되었다면 의식 지도자에게는 비상한 암기력이 요구되었다. 또한 이름이 신비한 마법의 힘을 지닌다는 잘 알려진 원칙도 이용되었다.

아바텝의 모든 남자와 여자는 자신이 신화 속 조상과 같은 이름을 가진다고 여겼다. 이름 자체에는 신비한 힘이 없지만 이 이름이 가리키는 신화가 신비한 힘을 지녔다. 각 씨족 분파는 천 개 내지 2천 개 정도의 이름을 "소유"하며 이는 해당 씨족 분파의 과거, 현재, 미래 성원의 이름을 모두 합친 것이었다. 아바텝 전체를 통틀어 모두 3만 2천 개의 이름이 있는 셈이었다. 각 씨족 분파는 자기네 이름을 빼앗기지 않도록 철저하게 보호했으며 시간이 지나면서 자기네 씨족 분파가 더욱 많은 이름을 가질 수 있도록 이름의 개수를 늘리기 위해 노력했다.

해리슨이 아바텝에 체류하는 동안 가장 크고 강력한 씨족 분파는 말리야우였다. 이 씨족 분파의 성원은 246명이었으며, 이는 촌락 전체의 15퍼센트에 해당하는 것으로 세 세대에 걸친 계획적인 인구 성장의 소산이었다. 말리야우에는 높은 찬사를 받는 연사가 여섯 명 있으며 연령대는 40세에서 70세에 걸쳐 있었다. 이 씨족 분파는 논란이 되는 여러 이름의 소유권을 놓고 40년 동안 공격적인 토론을 벌였고 수의 우세를 발판으로 소유권을 하나씩 가져왔다.

말리야우 분파의 목적은 바로 모든 이름을 독점하는 것이며 그에 따라 모든 의식의 권한을 독점하는 것이었다. 이들은 족보상 상위에 속하는 지위 몇 가지를 빼앗았으며, 그 후 족보 기록을 수정하여 자신들의 찬탈 행위를 합법화하고자 했다. 이들은 경쟁 세력인 낭군도 분파가 한때 권리를 가졌던 신화 속 어느 촌락의 조상을 끌어들였다. 낭군도 분파에서 이의를 제기했고 말리야우 분파는 토론을 벌여 승리했다. 한 낭군도 연사가 쓰러져 죽자 말리야우 분파에서는 마법으로 그를 죽였다고 주장했다. 그들 식의 표현으로 하자면 "다른 분파를 깔아뭉개는" 것이 목표였다.

말리야우 분파는 아바텝 촌락이 전통적으로 분리해 놓았던 세속 권한과 의식 권한 사이의 경계를 없애기 위해 애썼다. 이들의 목표는 정치 지도자와 의식 지도자의 역할을 통합하여 말리야우 분파 출신 남자만 맡을 수 있는 하나의 직위를 만드는 것이었다. 나머지 열다섯 개 분파는 말리야우의 시도가 성공하지 못하도록 애썼다.

영속적인 상류층을 형성하고자 했던 이 시도는 식민지 당국의 개입으로 인해 무산되었던 같다. 하지만 말리야우 분파의 시도가 성공했다면 올드 오라이비의 곰 씨족보다 훨씬 선망받는 분파가 되었을 것이다. 오라이비 촌락의 지도자 대다수를 배출했던 곰 씨족조차도 다른 모든 씨족의 의식을 자기 것으로 가져오지는 못했다.

세습 지위와 사회 논리

아바텝 촌락에 관한 해리슨의 연구는 루소의 가장 중요한 결론이라 할 만한 내용에 힘을 실어 주었다. 즉 다른 사람에게 우월한 사람으로 인식되고 그런 사람으로 대우받고자 하는 인간의 노력에서 불평등이 시작되었다는 내용이다. 인구 증가, 집약 농업, 환경의 혜택 등과 같은 요인이 아무리 뒷받침되더라도 인간의 힘으로 사회 논리를 적극적으로 조정하지 않는 한 세습적인 불평등은 생기지 않는다. 말리야우 분파는 자신이 원하는 특권을 다른 분파에게서 빼앗아 올 수 있었을 것이다. 하지만 이를 지속적으로 유지하기 위해서는 결국 우주론의 변화를 통해 — 예를 들어 자기 분파가 전설 속 조상이나 초자연적 존재의 후손이라고 주장함으로써 — 정당성을 확보해야 했을 것이다.

아바텝 촌락이 별개의 사례는 아니었을 것이다. 선사 시대에는 사회 내 한 집단이 스스로를 우월한 지위로 조작하는 사례가 숱하게 많았을 테지만 고고학자로서는 이 과정을 입증할 방법을 찾는 것이 문제이다. 또한 아바텝의 토론과 같은 방식은 산업화 이전 시대 정치 운동의 전신이었을 것이라고 추정된다.

이어지는 내용에서는 특권 상류층이 등장했다가 타도되었다가 주기적으로 다시 부활했던 아시아의 한 사회를 살펴볼 것이다. 이와 같은 반복적인 순환을 목격한 인류학자들은 사회 논리에 일어난 몇 가지 변화를 확인해 준 바 있다.

버마 고지대의 카친족

이 책 앞부분에서 인도 아삼 지역의 전통 부족인 아오 나가족과 안가미 나가족을 살펴본 바 있다. 버마 국경 지역에는 이 부족들의 이웃인 카친족이 살았다. 세 부족은 티베트버마어를 사용했다.

공교롭게도 나가족과 카친족은 여러 사회의 다양한 집단을 총괄하는 포괄적인 용어이며 이 집단들 중에는 세습 지위가 있는 곳도 있고 없는 곳도 있었다. 게다가 몇몇 카친족 집단은 세습 특권과 평등 사이를 오락가락한 역사를 지니고 있었다. 고고학자들은 이러한 반복적 변화를 "순환적 변동"이라고 일컬었다.

카친족의 순환적 변동을 세상에 가장 먼저 알린 사람은 인류학자

에드먼드 리치이며 그는 1940년대 초 버마 북부 지역의 팔랑 지구에 머물렀다. 카친족 내부에서는 모든 사회 단위가 평등한 지위를 가질 때 그 사회를 두고 굼라오gumlao라는 용어를 사용한다. 또한 사회 단위 사이에 상대적으로 지위의 격차가 생길 때는 굼사gumsa라는 용어를 사용한다.

핵심 사회 단위는 부계 혈통으로 내려오는 집단이었으며 카친족 내부에서는 이 사회 단위를 팅거htinggaw라고 하는데 "한 가구의"라는 뜻이다. 리치는 이 사회 단위를 가계라고 언급했다.

한때 버마 북부 지역의 고원에는 30만 명이 넘는 카친족이 살고 있었을 것이다. 팔랑은 숲이 우거진 고원의 해발 1,770미터에 위치하며 연간 강우량은 3,000밀리리터에서 3,800밀리미터에 이르렀다. 카친족은 숲 속을 군데군데 벌채하여 쌀, 기장, 메밀, 마, 토란을 턴자taungya, 즉 화전 농법으로 재배했다. 턴자 농법이란 벌채로 새로운 땅을 끊임없이 만들어 내는 한편 오래 경작한 밭이 다시 비옥해질 수 있도록 12년에서 15년 정도 휴경 기간을 갖는 장기 휴경 제도이다. 또한 카친족은 제부 소,* 물소, 돼지, 닭을 길렀다. 하지만 그중 큰 동물은 의식을 올리는 동안 제물로 바친 뒤에야 먹었으며, 이때는 많은 손님이 잔치에 참여하여 고기를 나누어 먹었다. 이러한 의식 잔치는 앞서 안가미 나가족에게서 보았던 것과 닮았다.

팔랑의 우주론에서는 양성적인 신 챠눈워이션이 세계를 창조했다. 이 창조주는 영혼의 형태로 환생했는데 모든 낫nat, 즉 초자연적 영혼 가운데 가장 강력한 존재인 샤딥으로 환생했다. 샤딥은 가 낫

* 뿔이 길고 등에 혹이 있는 소.

ga nat("땅의 영혼") 가운데 최고 수장이자 모든 무 낫mu nat("하늘의 영혼")의 부모였다.

하늘의 영혼 가운데 가장 어린 영혼이 마대였다. 카친족은 말자 상속 제도, 즉 가장 어린 아들이 모든 재산을 상속받는 제도를 따르기 때문에 가장 어린 영혼인 마대가 샤딥의 자손 가운데 가장 중요한 존재라고 이해했다. 카친족의 순환적 변동에서 지위 사회, 즉 굼사가 되었을 때 이러한 우주론적 전제는 사회 논리에서 주로 말자 상속 제도를 정당화하는 데 사용되었다.

마대의 딸인 영혼 프러 응가가 한 인간과 결혼했다. 이로써 그녀의 남편은 카친족의 첫 번째 족장의 조상이 되었다. 카친족이 지위 사회일 때는 이러한 우주론적 전제가 족장 가계의 고귀한 지위에 정당성을 부여했다. 이 때문에 족장은 마대에게 직접 동물을 제물로 바치며, 또한 마대를 통해 땅의 최고 영혼 샤딥에게 제물을 바쳤다.

그러한 제물은 천상에 있는 마대의 가계에게 지속적으로 신부 값을 지불하는 것으로 여겨졌는데, 이는 마대가 자기 딸을 인간과 혼인시켜 주었기 때문이다. 마대(지위가 높은 낫)와 그의 사위(인간) 간의 이러한 관계를 바탕으로 카친족의 사회 논리가 지닌 또 다른 원칙이 성립되었다. 즉, 신부를 내주는 가계는 신부를 맞아들이는 가계보다 우위에 놓인다는 원칙이었다. 신부를 내주는 가계는 마유mayu라고 불리며 신부를 맞아들이는 가계는 다마dama라고 불렸다.

카친족이 굼라오, 즉 평등 사회일 때는 다음과 같은 방식으로 혼인에서 평평한 운동장이 유지되도록 했다. 가계 A의 남자가 가계 B의 여자와 혼인하고, 가계 B의 남자가 가계 C의 여자와 혼인하며,

가계 C의 남자가 가계 A의 여자와 혼인하고, 계속해서 이런 식으로 혼인이 이루어진다. 이렇게 하면 어떤 가계도 영구적으로 열등한 지위에 놓이지 않았다.

하지만 팔랑의 우주론에는 지위 사회를 정당화하는 부분도 있었다. 하늘 낫 '천둥'의 딸인 '폭풍'이 낮은 지위의 인간 고아와 결혼했다. 이후 그녀의 남편은 카친족의 모든 지위가 낮은 가계의 조상이 되었다. 따라서 이 가계들의 모든 성원은 '폭풍'에게 먼저 공물을 바친 뒤에야 '천둥'에게 동물을 제물로 바칠 생각이라도 할 수 있었다. 이 가계들은 또한 마대나 샤딥에게 직접 제물을 바칠 수 없었다.

당연히 인간 조상도 이 우주론에서 일정한 역할을 했다. 모든 가계의 조상은 마샤 낫masha nat("조상 영혼")이 되며 각 가정마다 이들을 모시는 사당이 있었다. 카친족은 조상 영혼이 후손을 대신해서 천상의 낫에게 탄원을 올린다고 생각했다. 카친족이 지위 사회일 때 족장은 집안 사당을 두 개씩 두어 한 사당에서는 인간 조상을 모시고 다른 사당에서는 마대를 모셨다. 반면 지위가 낮은 가정에는 사당이 하나뿐이며 이 사당에서 인간 조상에게 간청을 드리거나 인간 조상을 질책한 뒤 힘이 약한 낫에게 제물을 바쳤다.

카친족의 동물 제물은 낫 갈러nat galaw("제사 음식")라고 불리는데 그 밑바탕에는 선물 교환이라는 오래된 원칙이 깔려 있었다. 카친족은 낫이 보답해 줄 것이라고 기대하면서 낫에게 제물을 바치고 빚을 안겼다. 낫은 제물로 올라온 동물에서 오로지 응사nsa, 즉 "호흡 또는 본질"만 취하고 고기는 인간이 잔치에서 나누어 먹도록 남겨 놓았다. 물소나 제부 소 크기의 동물을 제물로 올린 경우에는 여러 손님을 다 먹일 수 있었고 잔치를 연 사람은 넉넉한 인심을 베푼 덕에 명망을 쌓을 수 있었다.

카친족이 지위 사회일 때는 의식에 또 다른 단계가 들어갔다. 제물로 바친 모든 동물의 뒷다리를 세습 족장에게 주는 과정이었다. 이는 일종의 공물 형태이며, 족장이 마대와 가계 계보상의 관계를 갖고 있다는 사실에서 정당성이 생겼다. 높은 낫이 동물의 본질을 취하고 족장 가족은 고기를 먹었다. 몇몇 카친족의 표현에 나타나 있듯이 "넓적다리를 먹는 족장"이 통치를 하는 것이다.

족장은 유명 방문객을 접대할 때 종종 자기 집을 이용했다. 이는 추종 세력을 불러 모아 집을 짓거나 수리하는 데 정당성을 부여했다. 평등 사회에서 씨족이 남자 숙소를 수리하는 것과 마찬가지의 의미를 지녔던 것이다.

존경받는 사람이 동물을 제물로 바치고 그 고기를 잔치에 내놓을 때, 이를 기념하는 방식은 안가미 나가족을 연상시켰다. 잔치를 연 사람이 지름 13미터에서 18미터 정도 되는 원형 춤마당을 만들기도 했다. 그의 집 앞에는 제물 기둥을 세웠다. 제물을 바칠 낫의 상징으로 이 기둥을 장식했으며 제물로 바치는 동물의 두개골을 기둥에 걸었다. 족장이 직접 마나우manau라는 큰 축하식을 여는 경우에는 돌 기념비를 세워서 기념하기도 했다. 족장은 이미 특권을 가진 존재로 태어났기 때문에 명성을 쌓으려고 하지 않았다. 대신 누트카족과 틀링깃족의 족장처럼 모든 이의 높은 기대를 충족함으로써 자기 가계의 지위를 재확인시켰다.

카친족의 높은 족장은 자신의 위대함과 호화로운 접대를 기념하는 기념비와 함께 팅누htingnu라고 불리는 집(그림 25)에서 살았다.

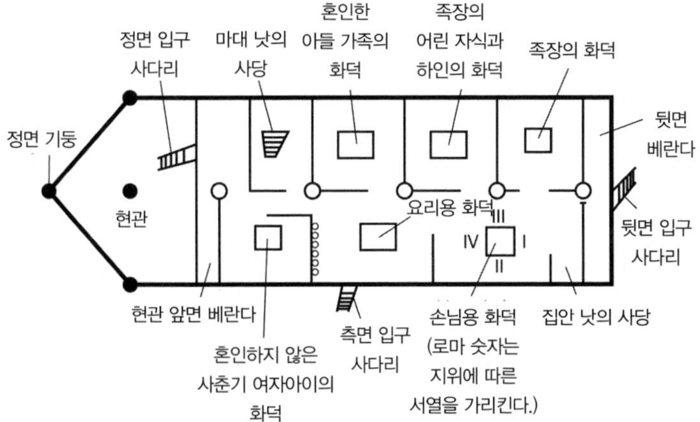

그림 25 | 20세기 초 버마 고지대의 카친족은 성과 기반의 지도력이 확립된 평등 사회와 세습 족장을 둔 지위 사회를 오락가락했다. 촌락이 굼사(지위 사회)일 때 카친족은 이 그림에 나온 것과 같은 커다란 집을 족장에게 지어 주었다. 현관은 지면이지만 집의 나머지 부분은 방어를 위해 지면 위로 올려 지었다. 모든 카친족은 집안의 낫(조상 영혼)에게 기도를 드릴 수 있었지만 오직 족장만이 고귀한 조상을 두었으므로 최고의 낫 마대에게 직접 기도를 올릴 수 있었다. 족장은 유명한 손님이 거처할 방을 별도로 두었으며 손님의 상대적인 지위에 따라 제각기 앉는 자리가 정해졌다.

대나무와 짚으로 지은 팅누는 길이가 30미터나 되는 것이 있을 만큼 아주 커서 족장의 여러 부인과 자식, 지위가 낮은 가계 출신의 충성스러운 추종자, 하인, 노예가 함께 살 수 있었다. 팅누에는 별도의 특별한 화덕이 손님을 접대하기 위해 마련되어 있었다. 손님이 앉는 위치는 사회적 지위에 따라 서열이 정해져 있었다. 누트카족의 판자 집에서 잠자는 위치가 정해져 있던 것과 매우 유사하다는 점이 주목을 끌었다.

평등 사회와 지위 사회의 순환적 변동

굼라오 지도자와 굼사 지도자 간에는 매우 큰 격차가 있었다. 굼라오 사회에서는 모든 촌락이 자치권을 지녔다. 반면 굼사 사회에서는 족장이 한 번에 60개가 넘는 촌락을 감독하기도 했다. 하지만 족장 혼자서 높은 지위를 누리는 것이 아니라 족장의 가계 전체가 높은 지위를 누린다는 사실을 잊고 지낼 수는 없었다. 이런 사정 때문에 형제 간에 복잡한 역학 관계가 생겼다.

몇몇 인류학자는 장기간 휴경에 따른 사회적 적응 방식의 일환으로 말자 상속 제도가 생겼을 것이라고 보았다. 화전 농경을 하기 위해서는 아주 많은 땅을 벌목해야 하기 때문에 막내아들은 늙은 부모를 부양하도록 남겨 두고 손위 아들은 새로운 숲으로 이주하도록 장려했을 것이다.

이주하기로 결정한 손위 형제는 일군의 추종자를 이끌고 다른 곳으로 가서 개간지를 만들었다. 그 뒤 족장 가계의 조상 낫에게 제물을 바칠 권리를 동생에게 사들여서 독자적인 하위 가계를 만들고 "넓적다리를 먹는 족장"이 되었다. 이주를 거부한 손위 형제에게는 두 가지 선택지가 있었다. 의식 전문가가 되거나 아니면 손아래 동생에게 빌붙어 사는 종속적 위치로 남았다.

종속적 위치에 남은 손위 형제가 불만을 품고 정치적 경쟁자가 되기도 했다. 리치에 따르면 1940년 팔랑 지구의 다섯 촌락에서 족장으로 인정한 사람이 있었지만 다른 네 촌락은 그의 경쟁자를 족장으로 인정했다. 이렇게 갈라진 계파 간에는 혼인이 허용되지 않았다. 리치는 이 촌락들이 종국에 가서 세습 지위가 붕괴되고 성과 기반 사회로 회귀했을 것으로 보았다.

이러한 자료를 밑바탕으로 깔고, 이제 굼라오 사회와 굼사 사회의 논리적 전제를 살펴보자. 평등한 성과 기반 사회에서 가계 지위가 서열화한 사회가 생기기 위해서 어떤 변화 과정을 거쳐야 하는지 알아내는 것이 목표가 될 것이다.

리치에 따르면 굼라오 사회의 밑바탕에 깔린 전제는 다음과 같다.

1. 모든 가계는 평등하다고 여겨진다.
2. 일정 구역에 생긴 촌락은 정치적 자치권을 지닌다.
3. 촌락마다 촌장이 있으며 촌장에게 공물을 바칠 의무가 없다.
4. 부채에는 이자라고 부를 만한 분할 상환금이 붙는데, 그리 많지는 않다.(뒤에 가서 이에 관해 상세하게 논할 것이다.)
5. 신부 값은 모두 같다.
6. 가계 A의 남자는 가계 B의 여자와 혼인하고, 가계 B의 남자는 가계 C의 여자와 혼인하며, 가계 C의 남자는 가계 A의 여자와 혼인한다.
7. 모든 형제자매는 동등하다. 누가 먼저 태어났든 차이가 없다.
8. 가계 규모가 커져 분가하는 경우 손아래나 손위 구분 없이 동등하다.
9. 각자 자기가 사는 곳에 충성한다.
10. 각 수장은 원로회의의 자문을 받는다.
11. 땅은 그곳에 처음 들어간 가계가 관리한다. 늦게 온 가계는 땅을 얻기 위해 협상해야 한다.
12. 모든 사람은 집안 조상에게 그리고 중요도가 낮은 하늘 영혼

중 하나와 중요도가 낮은 땅 영혼 중 하나에게 제물을 바친다.

13. 각 가계의 수장은 상기한 영혼 이외에도 지역 영혼에게 제물을 바치며, 아울러 최고의 영혼인 마대를 제외한 하늘 영혼 중 하나에게, 최고의 영혼인 샤딥을 제외한 땅 영혼 중 하나에게 제물을 바친다.

이와 달리 굼사 사회의 밑바탕에 깔린 전제는 다음과 같다.

1. 모든 가계는 각기 다른 지위를 갖는다.
2. 촌락은 이제 자치권을 갖지 못하며, 일정 구역 내에 있는 모든 촌락은 단일 족장의 지배를 받는다.
3. 족장의 가계에 속하지 않는 사람은 제물로 바친 모든 동물의 넓적다리 하나를 족장에게 주는 형식으로 공물을 바쳐야 한다.
4. 높은 세습 지위를 갖는 개인은 자신이 진 부채에 대해 남들보다 많은 보상금(이자)을 내야 한다.
5. 상류층 신부의 가족은 남들보다 높은 신부 값을 요구할 수 있다.
6. 신부를 내주는 쪽은 신부를 맞아들이는 쪽보다 우월한 지위를 갖는 것으로 여겨진다.
7. 손위 아들이 집을 떠나 다른 곳에 새로운 가계를 세우도록 장려하기 위해 모든 재산은 막내 아들에게 남겨 준다.
8. 규모가 커져 분가하는 가계는 상위 가계와 하위 가계로 나뉘며 상위 가계가 우위에 놓인다.
9. 자기가 사는 곳보다 자기가 속한 가계에 충성한다.

10. 세습 족장은 가계 수장으로 구성된 자문회의의 조언을 듣는다.

11. 모든 땅은 족장이 속한 가계에서 관리한다.

12. 지위가 낮은 사람은 여전히 자기 집안 조상과, 지위가 낮은 하늘 영혼과 땅 영혼에게 제물을 바친다. 족장만이 유일하게 가계가 속한 지역 영혼에게 제물을 바치며, 아울러 최고의 하늘 영혼 마대, 그의 딸 프러 응가, 최고의 땅 영혼 샤딥에게 제물을 바친다. 족장만이 가장 높은 하늘 영혼과 땅 영혼에게 제물을 바치도록 허용하는 것은 이제 이 영혼들이 족장 가계의 먼 조상으로 여겨지기 때문이다.

성과 기반 지도력에서 세습 지위로

카친족 가계 간에 지위 격차가 생기기 위해서는 사회 논리의 어떤 전제가 바뀌어야 하는지 이해했다. 이제 이런 일이 어떻게 일어났는지 세 가지 시나리오를 살펴보자.

첫 번째 시나리오는 리치가 제시한 것인데, 샨족이라는 좀 더 복잡한 이웃 사회와의 상호작용과 관련이 있다. 샨족은 카친족과 몇 가지 중요한 차이점을 보였다. 샨족은 고지대의 장기 휴경 및 화전 농경을 하지 않고 강 유역 저지대에서 지속적인 논농사를 했다. 샨족의 농업은 생산성이 매우 높아서 귀족, 평민, 노예 가계가 있는 토후국을 부양할 수 있었다. 카친족이 땅의 영혼과 하늘의 영혼에게 제물을 바치는 동안 샨족 통치자는 불교를 받아들였다.

세습 귀족은 사치품이라 불리는 귀중품을 과시함으로써 자기 지위를 알리려고 노력했다. 샨족이 사들인 사치품으로는 비취, 호박,

거북 등껍질, 금, 은이 있었다. 카친족 고지대 지방은 이러한 물품을 자원으로 갖고 있었다. 게다가 카친족은 만성적으로 쌀이 부족했던 반면 샨족은 잉여 산물이 있었다는 점이 상당히 중요했다.

뫵 컴이라 불리는 지역의 사오파saohpa, 즉 샨족 제후의 가족은 여러 세대에 걸쳐 샨족 귀족 여자를 카친족에게 보내 비취 광산을 지배하는 카친족 지도자와 혼인시켰다. 신부가 지참금으로 논을 가져가기도 했다. 카친족 족장은 이에 대한 보답으로 사치품의 원료를 제공했다.

리치에 따르면 이와 같이 다른 부족 간에 혼인이 이루어진 결과 굼라오에서 굼사로 이행이 촉진되었다. 샨족 아내를 둔 카친족 지도자의 명망이 높아졌고 샨족 제후의 행동 양식을 본뜨고 싶은 마음이 생겼다. 초기에 카친족 족장은 불교로 개종하고 샨족처럼 옷을 입으며 샨족의 의식과 상징을 채택했을 것이다. 이런 과정은 사회 논리상에 심각한 모순을 불러일으키는 가운데 진행되었다. 카친족의 마유-다마 관계에서는 신부를 맞아들이는 다마 가계가 열등한 위치에 놓이는데 이는 샨족의 사회 논리와 양립할 수 없었기 때문이다. 샨족의 제후는 부인을 여러 명 두었고 매번 결혼을 할 때마다 샨족 제후가 누군가의 다마가 되는 일은 생각할 수 없었다.

야심적인 카친족 지도자는 샨족처럼 행동하는 것을 명망의 상징이라고 여겼지만 결과적으로는 추종 세력의 적의를 불러일으켜 이들이 지도자를 추방하도록 재촉했을 뿐이다. 그 결과 세습적 불평등이 생겨 몇 세대 정도 이어지다가 붕괴되는, 본질적으로 불안정한 상황이 반복되었다.

리치의 시나리오는 역사적 사실에 근거를 두고 있는 점에서 강

점이 있다. 하지만 그의 시나리오는 카친족 족장이 샨족의 행동 양식을 모방한 것은 설명해 주지만 샨족 제후의 개입에 너무 많이 의존한다. 이 책에서는 앞서 아바텝 지역에 대한 해리슨의 설명 방식을 더 선호한다. 해리슨의 설명에서는 한 씨족 분파가 경쟁 분파에게서 모든 의식의 권한을 빼앗아오려고 시도하는 과정이 그려져 있다. 아바텝 이야기는 제후를 둔 이웃 부족의 개입을 상정하지 않는 점에서 강점이 있다.

그런 맥락에서 인류학자 조너선 프리드먼이 제시한 두 번째 시나리오는 카친족의 행동 양식에 근거를 두면서도 나가족의 여러 집단에 관해 알려진 사항을 보강했다. 프리드먼의 시나리오는 카친족의 굼라오 사회처럼 모든 가계가 평등한 지위를 누리는 사회에서 출발한다. 지역 가계마다 독자적인 조상 영혼이 있었으며 이는 서너 세대에 걸친 짧은 계보로 정리되었다. 또한 한정된 영역을 관할하는 촌락 낫이 있었다. 이보다 높은 차원에서는 땅의 낫과 하늘의 낫이 있는데, 카친족이 평등 사회일 때는 모든 가계가 조상 영혼의 중재를 통해 이 낫들에게 제물을 바칠 수 있었다.

프리드먼의 시나리오에서는 한 가계가 다른 모든 가계를 대상으로 촌락 낫이 자기네 조상이라는 사실을 납득시킬 때 세습 지위가 생겼다. 이러한 움직임을 통해 카친족의 특정 사회 단위가 족장 가계, 즉 모든 지역을 다스리는 낫의 후손 가계로 바뀌었다. 이 시점에 이르러 카친족은 우주론을 수정하여 가장 지위가 높은 가계가 마대의 후손이고 지위가 낮은 가계는 그보다 중요도가 낮은 낫인 천둥의 후손이라고 주장하게 되었다.

프리드먼은 장차 족장 가계가 될 집단이 특권을 갖더라도 이런 상황이 다른 가계의 마음에 들도록 하는 것이 가장 어려운 과제라는 점을 알고 있었다. 그의 시나리오에서 장차 족장 가계가 될 집단은 낯익은 전제를 이용해서 다른 가계의 마음을 샀다. 이 전제는 부갱빌 섬의 시우아이족 같은 성과 기반 사회에서 이미 보았던 것인데, 탁월한 성공을 거둔 사람이 초자연적 존재와 특별한 관계를 맺고 있다는 전제이다.

카친족 사회에서 누구보다 열심히 일해 가장 많은 잉여 산물을 생산한 가계는 가장 명망 높은 제물을 내놓고 많은 손님을 대접할 수 있었다. 하지만 동료 가계는 이러한 성공이 열심히 일한 대가라고 여기지 않았으며, 낫에게 적절한 제물을 바침으로써 풍성한 수확을 거두어들인 것뿐이라고 믿었다. 부를 노동(그리고 다른 사람의 노동에 대한 지배)의 산물로 여기는 것이 아니라 적절한 천상의 영혼을 흡족하게 해 준 결과라고 여긴 것이다. 그 결과 사회 논리에서 "그들이 낫을 흡족하게 해 주었을 것"에서 "그들이 우리에 비해 높은 낫의 후손일 것"이라는 방향으로 중대한 변화가 일어났다.

한 가계가 그 지역을 다스리는 낫의 후손으로 대우받게 되면 이 가계가 그 지역의 땅을 관리하는 것이 이치에 맞는다. 다른 여러 가계에게서 공물을 받을 자격도 생긴다. 오직 이 가계만이 사회를 대신해서 가장 높은 낫에게 간청을 드릴 수 있기 때문이다.

이 책 뒤에 가서 보듯이 프리드먼의 시나리오는 멕시코 고지대의 고고학 기록과도 일치한다. 멕시코 고지대에서는 세습 지위를 보여주는 아주 초기의 증거에서 땅의 영혼과 하늘의 영혼을 의미하는 것처럼 보이는 묘사가 함께 등장했다.

안타깝게도 프리드먼의 시나리오를 도저히 받아들일 수 없을 만큼 지나치게 단순화하는 고고학자들이 있다. 이들은 세습적 불평등이 경쟁적으로 잔치를 주최하는 과정을 통해 생겼다고 주장한다. 이와 같은 지나친 단순화는 여러 문제점을 지닌다. 앞선 장에서 보았듯이 성과 기반 사회에서 경쟁적인 잔치가 늘어난 것은 전투를 통해 더 이상 명망을 쌓지 못하게 되면서부터였다. 경쟁적인 잔치는 세습 지위를 만들어 내는 것이 아니라 개인 명망가를 낳았으며 명망가는 자손에게 명성을 물려줄 방법이 없었다. 앞 장에서 말한 것을 다시 반복한다. 잔치를 여는 것만으로 세습적인 불평등이 생겼다면 아마도 인류학자가 연구할 만한 성과 기반 사회는 하나도 남지 않았을 것이다.

부채 노예

나가족과 카친족을 비롯한 티베트버마어를 사용하는 부족에서 지위 사회가 어떻게 생겨났는지 설명하는 세 번째 시나리오가 있다. 이 시나리오에 깔려 있는 전제는 카친족의 혼인 및 마유-다마 체계에 관한 리치의 설명에서 찾을 수 있다.

1940년대에 그런대로 부유한 카친족 신랑이라면 신부 가계에 소 머리 네 개 외에도 슬릿드럼, 검과 창, 외투와 담요, 도자기 그릇 등의 귀중품을 추가로 주었을 것이다. 협상가가 소와 귀중품을 상징하는 기록 막대를 이용하여 중재에 나선 가운데 신부 값을 둘러싼 흥정이 오랫동안 이어지는 경우가 많았다.

신랑이 신부 값을 치르느라 빚을 지는 일도 많았다. 이러한 사정은 부유한 신랑이나 보통 신랑이나 마찬가지였는데, 부유한 신랑의 경우는 신부 값이 비쌌기 때문이다. 카친족의 논리에는 모순이 내재되어 있었다. 원래 신부 값은 신부 가족의 명망을 반영한 것이지만 실제로는 신랑이 이 정도 내놓을 수 있을 것이라고 믿는 신부 가족의 생각이 반영된 것이다. 따라서 명망 높은 신랑은 재산이 보통 수준인 남자에 비해 훨씬 많은 빚을 지기도 했다.

카hka라는 카친족 단어가 "부채"와 "불화"의 뜻을 동시에 지니는 것은 결코 우연이 아니다. 오랫동안 갚지 못한 부채가 남아 있기도 하고 또한 그럼으로써 사회적 관계가 지속되기도 했지만 결국 빚을 갚지 못한 경우 그에 따른 여파가 있었다.

찰스 디킨스가 살던 시절의 영국에는 빚을 갚지 못한 사람을 가두는 채무자 감옥이 있었다. 카친족의 처벌도 그에 못지않게 단호했다. 부채 노예로 삼는 것이다. 빚을 갚지 못한 카친족은 부채 상환을 위해 노예처럼 일해야 하는 속박된 신분이 되었다. 리치가 추산한 바에 따르면 오래전에는 전체 카친족 중 마얌mayam, 즉 노예가 50퍼센트나 되었으며 부채를 연장해 주는 족장이나 촌장이 대부분의 노예를 거느렸다. 레이먼드 켈리가 말한 "사회적 대리"와 유사한 규칙이 적용되어 채무자의 가계 전체가 부채를 갚아야 하는 책임이 있었다. 이 때문에 마얌 지위의 수가 늘어났다.

카친족 사회의 노예는 분명 1860년 이전 미국 가재家財 노예제의 전형에는 들어맞지 않았다. 마얌의 지위는 서출 자식 또는 노동으로 신부 노역을 갚는 가난한 사위의 지위에 더 가깝다. 부채 노예는 같은 카친족으로 간주되긴 해도 지위가 아주 낮은 가계에 속했다. 이들은 결국 노동을 해서 부채를 갚거나 아니면 노예가 없는 가계에 장가를 들었다.

우리는 카친족과 (앞서 보았던) 북아메리카 북서부 태평양 연안의 원주민 사회에서 부채 노예가 가계 간의 불평등을 낳았을 것이라는 세 번째 시나리오를 살펴보았다. 이 시나리오는 인간 사회에서 가장 달갑지 않은 불평등이 자연에서 비롯된 것이 아니라 사회 자체의 발전에서 비롯된 것이라는 루소의 결론을 뒷받침한다.

부채 노예 시나리오의 강점 중 하나는 리치가 실제로 목격한 사실을 토대로 한다는 점이다. 하지만 한 가지 의문이 남는다. 사회의 순환적 변동이 일어나 지위 격차가 있는 사회에서 지위 격차가 없는 사회로 바뀌면 부채 노예는 어떻게 되었을까 하는 점이다. 리치가 밝혀낸 바에 따르면 일부 카친족 족장은 지위가 낮은 가계에 속한 가족보다 자신의 개인 노예의 충성심에 더 많이 의존했다고 한다. 따라서 굼사 사회가 와해되면 충성스러운 노예는 주인과 가까운 관계를 계속 유지할 수 있도록 주인의 확대 친족으로 흡수되었을 것이다.

코니아크 나가족의 순환적 사회 변동

카친족이 살던 고지대에서 서쪽으로 이동하여 국경선 너머에 있는 아삼 지역으로 가 보자. 이곳은 아오 나가족과 로타 나가족이 사는 구역의 북쪽에 해당한다. 숲이 우거진 해발 1,200미터의 고지대가 이곳에 펼쳐지며 4월에서 9월 사이 4천 밀리미터의 장맛비가 내려 땅을 흠뻑 적신다. 인도 나갈랜드의 이 지역에 코니아크 나가족이 살고 있었다.

코니아크 나가족은 쌀, 기장, 토란을 재배하며 물소와 돼지, 그리고 미탄이라 불리는 우람한 소를 길렀다. 코니아크 나가족의 제도는 이웃 부족인 아오 나가족 및 안가미 나가족의 제도와 공통점이 많았다. 모룽(남자 숙소), 적의 머리 베어 오기, 의식 잔치를 열어 명망 쌓기 등이다. 하지만 카친족과 마찬가지로 오랫동안 지위 사회와 평등 사회를 오락가락하는 순환적 변동을 보인 점에서 아오 나가족이나 안가미 나가족과는 차이가 있었다.

순환적 변동의 특성상 몇몇 코니아크 나가족 촌락은 성과 기반 사회의 제도와 지위 사회의 제도가 혼재되어 나타났다. 그러한 촌락을 방문해 보면 한 사회 체제가 다른 사회 체제로 이행하는 동안 촬영한 스냅 사진을 보는 것 같은 기분이 들었다.

티베트버마어를 쓰는 많은 사회가 그랬듯이 코니아크 나가족이 사는 세계에는 영혼이 함께 살고 있었다. 영혼은 인간에게 우호적인 것도 있고 적대적인 것도 있었는데, 적절한 의식을 통해 영혼에 다가갈 수 있었다. 영혼 가운데 가장 높은 존재는 카친족의 가장 높은 낫에 해당하며 "땅"과 "하늘"의 뜻을 지닌 갖가지 지역적 명칭을 갖고 있었다. 무한한 나가족으로 묘사되는 이 최고의 영혼은 '천둥'과 '번개', '땅', 인간, 그리고 쌀을 창조했다. 또한 도덕 질서의 궁극적인 수호자로서 덕 있는 사람에게 보상을 주고 악한 사람을 처벌했다.

1920년대 존 H. 허턴과 제임스 P. 밀스가 코니아크 나가족을 방문했다. 또한 인류학자 크리스토프 폰 퓌러 하이멘도르프는 1936~1937년 동안 그들과 함께 살았으며 1962년에 다시 돌아와 그들의 삶이 어떻게 바뀌었는지 살펴보았다. 퓌러 하이멘도르프는 1,300명의 나가족이 사는 와크칭 촌락에서 대부분 머물렀지만 니아우누를 비롯한 다른 촌락 20곳도 방문했다. 이러한 여행 덕분에 퓌러 하이멘도르프는 성과 기반 사회에서 지위 사회로 이행하는 과정을 단계별로 볼 수 있었다.

코니아크 나가족은 리[li], 즉 "씨족"이라고 불리는 후손 집단으로 나뉘어 있으며 각 리는 한 명의 원로가 이끌었다. 모두 부계 혈통으로 내려오며 같은 리에 속하는 사람과는 혼인하지 못했다. 촌락은 거주 구역으로 나뉘어 있으며 거주 구역마다 남자 숙소가 있었다. 와크칭 촌락은 모두 다섯 개 거주 구역으로 되어 있었고 거주 구역별 가구 수는 40개에서 82개까지 제각기 달랐다. 씨족은 여러 거주 구역에 흩어져 살았으며 같은 거주 구역에 여러 씨족이 모여 사는 경우에는 남자 숙소를 함께 사용했다. 남자 숙소의 수장은 거주 구역 내에서 지위를 물려주며 집단적으로 촌락 자문회의를 구성했다.

코니아크 나가족의 모룽은 간단히 말하면 모든 나가족 남자 숙소 중에서 가장 인상적인 건물이라 할 수 있다. 길이 25미터, 폭 11미터에 달하며 건물 앞쪽에 7미터 길이의 현관이 있었다. 인방*과 문설주에는 코끼리와 호랑이가 새겨졌다. 실내에는 젊은 남자들이 잠을 자는 대나무 침상이 있었으며 일정 나이에 도달한 젊은 남자는 모두 이곳에서 잠을 잤다. 현관의 삼면을 따라 좌석이 놓여 있어서 나이 든 동창생들이 소년 숙소에 들어가지 않고도 이곳에 모일 수 있었다. 족장이 속한 씨족에서 세운 모룽은 특히 우아하며 슬릿드럼, 적의 머리를 담는 바구니, 성원을 의식에 불러 모으는 마림바**

* 기둥과 기둥 사이, 또는 문이나 창의 아래나 위로 가로지르는 나무.

** 실로폰의 일종으로 분류되는 타악기.

가 있었다.

카친족과 마찬가지로 코니아크 나가족에게도 사회 조직에 두 가지 양식이 있었다. 퓌러 하이멘도르프가 설명했듯이 "지위의 차이를 의식하지 않고 상당 기간 동안 살 수 있는 촌락"이 있었으며 코니아크 나가족 말로 텐코thenkoh라고 불렀다. 반면 씨족에 세습 지위가 뚜렷이 존재하는 촌락은 텐두thendu라고 불렀다. 퓌러 하이멘도르프가 잘 알던 촌락 중 와크칭은 텐코였고 니아우누는 텐두였다.

세습 지위가 최소한 네 등급으로 나뉘어 있던 니아우누 촌락부터 살펴보자. 가장 높은 등급에 속하는 사람은 "큰 앙"인 왕함wangham이었고 두 번째 지위는 "작은 앙"인 왕사wangsa, 중간 지위 사람은 왕수wangsu였다. 위계 체계의 맨 아래에는 "평민"인 왕펭wangpeng, 부채 노예, 포로가 있었다. 니아우누는 텐두 촌락이기 때문에 지위가 높은 사람을 의복이나 사치품으로 알아볼 수 있었다. 오로지 상류층 여자만 머리를 길게 기르고 빨간색과 흰색 줄무늬가 있는 치마를 입을 수 있었다. 또한 놋쇠 귀걸이, 팔찌, 큰 팔찌가 널리 퍼져 있었다. 지위가 높은 남자는 정교한 얼굴 문신을 할 수 있었지만 텐코 촌락에서는 남자가 문신을 할 수 없었다.

족장은 정략혼인을 통해 혈통의 고귀함을 보존해야 했다. 큰 앙의 지위를 가진 두 사람이 결합해야만 미래의 족장을 낳을 수 있었다. 큰 앙이 낮은 지위의 신부를 맞아들일 경우 그 아들은 작은 앙이 되었다. 이들은 공물을 바치는 작은 촌락의 부副족장 자리에만 어울렸다. 1962년에 니아우누 촌락을 다스린 니에크퐁이라는 이름의 큰 앙은 앙 지위를 가진 아내가 두 명이었고 평민 출신의 아내는 24명이었다.

족장의 역할은 작은 앙인 부副족장의 도움을 받아 지역을 관리하고, 자기 촌락의 일을 감독하며, 쌀, 돼지, 물고기, 물소 등의 공물을 받고, 범죄자를 처벌하며, 분쟁을 해결하고, 적에 대한 공격을 지휘하는 일이었다. 족장은 당당하고 위엄을 지녔으며 경호원, 추종자, 하인으로 이루어진 수행원 집단을 데리고 다녔다. 평민은 족장 앞에 나가 절을 하지만 얼굴을 똑바로 쳐다볼 수 없었다. 평민은 족장을 위해 논을 갈고 족장이 집을 지을 때 나서서 도왔다. 족장의 집은 길이가 110미터나 되기도 했으며 안에는 남자 숙소의 홀만큼이나 우아한 홀이 있었고 오로지 족장만 앉을 수 있는 조각 의자도 있었다.

텐두, 즉 족장 체제가 순환적 변동을 거쳐 텐코 사회가 될 때 카친족처럼 평등주의적인 사회 전복으로 변화가 시작되는 경우는 별로 없었다. 코니아크 나가족의 만성적인 문제는 앙에 비해 평민의 인구 성장 속도가 훨씬 빠르다는 점이었다. 더러는 촌락의 족장 가문이 말 그대로 모두 죽고 없는 경우도 있었다. 이런 일이 생기면 촌락은 족장 가문보다 지위가 낮은 지도자를 두는 선에서 만족하거나 아니면 텐두 사회가 새로운 앙을 내놓을 수 있을 것이라는 믿음을 접어야 했다. 족장이 될 만한 앙 가문이 없을 때 지위 구조는 붕괴하고 촌락은 보다 민주적인 성과 기반 사회로 돌아갔을 것이다.

설령 촌락이 새로운 앙을 구하더라도 이 지도자가 백성의 충성을 얻지 못할 수도 있었다. 그런 경우에는 경쟁 촌락의 도움을 얻어 인기 없는 앙을 몰아내기도 했다. 자기 촌락 족장 가문 사람을 죽이는 것은 금지되어 있지만 다른 집단 출신의 "청부 살인자"를 고용하여 죽이는 경우는 있었다. 이는 매우 위험한 일이었다. 코니아크 나가족은 큰 앙이 마법의 힘을 갖고 있다고 믿었기 때문이다.

퓌러 하이멘도르프에 따르면 촌락이 텐코 사회로 바뀌었을 때도 씨족 간의 지위 격차는 완전히 사라지지 않았다. 다만 의복이나 행동에서 격차를 강조하지 않았을 뿐이다. 이제는 남자 숙소의 지도자들이 촌락을 이끌어갔기 때문이다. 남자 숙소는 과거에 위성 촌락이 족장에게 바치던 공물을 그대로 징수했다. 이와 같은 공물 징수는 위성 촌락이 이전에 중심 촌락의 소유였던 땅을 여전히 사용하고 있다는 점에서 정당화되었다.

또한 텐코 사회에서는 자치 촌락의 제도인 명성을 높이는 "공로 잔치"도 되살아났다. 야심 있는 남자는 미탄 소나 들소를 제물로 바치고 손님에게 많은 쌀 술을 제공했다. 잔치 주최자는 한 무리의 남자들에게 보수를 주어 거대한 슬릿드럼을 촌락까지 끌고 오게 했다. 이 슬릿드럼은 특별한 창고에 잘 보관해 두었다.

큰 앙 족장이 있는 촌락은 공로 잔치를 열 필요가 없었다. 모든 사람은 태어날 때부터 지위가 정해지기 때문이다. 족장이 호화로운 잔치를 열기는 하지만 이 잔치의 목적은 단지 족장의 위대함을 확인하는 데 있었다. 앙은 거대한 슬릿드럼을 끌고 오는 작업을 조직하지만 이를 공공의 특별 창고가 아닌 자기 집으로 가져갔다.

따라서 텐두-텐코 사회의 순환적 변동에서는 성과 기반 사회의 제도와 지위 사회의 제도가 혼재되어 나타나는 흥미로운 현상이 보였다. 족장, 사치품, 공물 징수가 남자 숙소, 공로 잔치와 공존했다. 촌락이 어떤 사회 양식인가에 따라 슬릿드럼을 끌고 와서 공공 창고에 두거나 족장의 집에 두었다. 큰 앙이 없는 촌락은 이웃 촌락에 청하여 앙을 구하기도 했지만 새로운 앙이 일을 제대로 하지 못하

그림 26 | 1930년대 아삼 지역의 코니아크 나가족은 성과 기반의 지도력 사회와 세습 족장을 둔 지위 사회를 오락가락하는 순환적 변동을 보였다. 롱카이 촌락이 텐두(지위 사회)일 때 세습 명망과 후천적으로 획득한 명망이 모두 나타났다. 왼쪽 그림은 롱카이 촌락의 세습 족장이 한 손에 창을 다른 손에 마체테처럼 생긴 다오를 들고 휘두르며 의식 예복을 입고 춤을 추는 모습이다. 오른쪽 그림은 롱카이 촌락 평민이 전투에서 용맹을 떨쳐 특별한 문신을 하고 사람 머리 모양의 펜던트를 걸고 있는 모습이다.

는 경우에는 결국 청부 살인자를 고용했다. 이어지는 내용에서 보듯이 고고학 기록에서는 이행기에 이와 같이 제도가 혼재되어 나타나는 양상이 보였다.

인간 사냥과 영토 확장

지금까지 살펴본 다른 모든 나가족과 마찬가지로 코니아크 나가족도 인간 사냥에 나섰다. 모든 남자는 마체테처럼 생긴 칼인 다오를 가졌으며 이 칼을 이용하여 덤불을 베고 소를 도살하고 적의 머리를 베었다. 코니아크 나가족은 전투에 나갈 때 1.5미터의 창, 두개골을 부수는 몽둥이, 물소 가죽으로 만든 방패로 무장했다. 사람의 머리는 농작물의 생산성을 높이고 촌락의 재산을 늘려 주는 강력한 마법의 힘을 갖고 있었다. 사람 머리를 베어 온 남자는 특별한 문신을 할 수 있으며 사람 머리 모양으로 생긴 놋쇠 펜던트를 걸 수 있었다(그림 26).

젊은 여자는 죽이지 않고 살려 주었던 뉴기니 섬의 마린드족과 달리 코니아크 나가족은 오로지 한 가지 규칙, 즉 이가 날 정도의 나이만 되면 남자든 여자든 좋은 목표라는 규칙밖에 없었다. 따라서 성별, 연령, 지위에 관계없이 모든 사람의 목을 베었다. 적의 머리를 들고 촌락으로 돌아온 전사는 열광적인 환영을 받았고 목욕을 한 뒤 촌락 사람들의 춤으로 예우를 받았다. 가져온 머리는 모든 잔치 때마다 쌀과 맥주를 “먹일” 수 있도록 슬릿드럼 근처에 있는 바구니에 담아 두었다. 맨 나중에 가면 이 머리를 남자 숙소의 기둥에 걸어 놓았다.

코니아크 나가족 사회는 습격이 빈번했기 때문에 물 공급이 든든하고 방어하기 쉬운 산등성이에 촌락을 세우는 일이 많았다. 어떤 촌락은 출입문이 있는 목책을 세우고 대나무로 만든 감시탑을 세웠다. 언덕에 촌락을 세우는 경우 깊은 협곡 때문에 거주 구역이 나뉘는 일도 있었다. 판지(날카로운 대나무 꼬챙이)를 박아 촌락에 접근하지 못하도록 막았다.

촌락의 규모는 50가구에서 250가구까지 제각기 달랐으며 쌀과 기장을 보관하는 곡물 창고를 꼭 잠가 두었다. 촌락 사람들은 춤을 추기 위한 원형의 무대 단을 설치하고 남자 숙소 부근에 비석을 세웠다. 촌락 외곽에는 묘지가 있었는데, 부패 중인 주검이 단 위에 널려 있고 하얗게 탈색된 해골이 사암 그릇에 담겨 있었다. 열대 지방의 열기 속에서 엿새 동안 분해 과정을 거치고 나면 두개골을 몸에서 떼어내 속을 비우고 깨끗하게 씻은 뒤 향후 3년 동안 유골 몫의 쌀과 술을 줄 수 있는 장소에 보관했다. 코니아크 나가족이 조상의 두개골을 간수하는 방식은 예리코나 아인 가잘, 차요뉴 같은 고대 서아시아 유적지 촌락 사람들의 행동을 연상시켰다.

큰 앙이 죽으면 그의 주검은 통상적인 대나무 상여 대신 나무 관에 넣어 분해했다. 두개골은 깨끗하게 씻은 뒤 안구가 있던 자리에 흰색 나무 중과피를 채워 넣어 눈을 표시했다. 그런 다음 공예 기술자가 큰 앙이 생전에 했던 것과 똑같은 문신을 두개골에 그려 넣고 송진을 사용하여 앙의 머리카락을 두개골에 붙였다. 용맹스러운 전사 족장의 유해는 늘 무기와 함께 묻었다. 죽은 자의 땅인 임부로 가는 길에 그가 죽인 사람들의 영혼을 만날 것이므로 무기를 지녀야 했다.

코니아크 나가족의 전투는 인간 사냥에서 비롯되었다. 하지만 세습 지위가 확립되면 습격에 또 다른 목표가 생겼다. 바로 영토 확장이었다. 퓌러 하이멘도르프의 기록에 따르면 그가 1962년에 방문하기 열두 세대 전 마이푸파라는 이름의 큰 앙이 니아우누의 텐두 촌락을 세웠다. 그런 다음 마이푸파는 니아우누를 다른 촌락 네 곳의 "중심 촌락"이라고 선언했고 향후 그의 가계 사람이 네 곳의 위성 촌락을 다스릴 것이라고 했다.

마이푸파가 위성 촌락이라고 주장한 네 촌락 중 한 곳은 민통이라고 불렸으며 경쟁 앙의 가계가 다스리던 곳이었다. 마이푸파는 니아우누 전사를 보내 민통을 습격했다. 이들은 족장의 가족(후계 상속자인 자식까지 포함하여)을 모두 없애고, 지위가 높은 다른 씨족 성원도 학살했으며 평민도 적어도 절반가량 죽였다. 그다음 마이푸파는 자기 가계의 하위 무리에서 새로운 족장을 뽑아 앉혔다.

습격을 통해 족장의 영토를 확장하는 것은 세습 지위 사회가 생겨나는 곳이면 언제 어디서든 전략으로 자리 잡았다. 적의 머리를 손에 넣고 원한을 갚는 수단이었던 습격은 정치적 세력 확장의 도구로 변질되었다. 이제 전쟁은 예전 같은 양상을 띠지 않았다.

세습 지위의 형성

불평등이 형성되는 과정을 직접 목격한 기록만 한 것은 없다. 마남부족, 카친족, 코니아크 나가족의 투쟁은 지위가 창조되는 과정에 인간의 색채를 입혔다.

그들의 투쟁을 살펴보면 세습적 불평등이 단지 인구 성장이나 잉여 농산물 때문에, 또는 조개껍질과 돼지를 많이 축적한다고 해서 저절로 나타나는 것이 아님을 알 수 있다. 불평등은 종합적으로 조직된다. 사회의 한 분파가 자신과 자신의 상속자에 대해 특권을 요구하는 것만으로도 충분하지 않았다. 장래의 귀족은 영향력, 즉 모종의 혜택이 필요했다. 이러한 영향력을 갖추지 못할 경우 사회의 나머지 세력이 귀족의 특권을 도로 빼앗을 것이기 때문이었다. 아마 이러한 이유 때문에 그렇게 많은 사회가 수천 년에 걸쳐 성과 기반 사회로 남아 있었을 것이다.

선사 시대 농경 사회에서 세습 지위의 증거가 최초로 나타난 것은 언제일까? 이는 고고학자가 답하기에 어려운 질문이다. 고고학자는 직접 관찰 대신 추론에 의존하기 때문이다. 게다가 많은 선사 시대 사회에서는 세습적 불평등과 후천적 불평등이 한데 결합되어 있었기 때문에 답을 얻기가 더욱 힘들다. 이 때문에 고고학자는 불평등한 대우의 징후가 보일 때마다 이것이 평생의 업적 덕분에 생긴 것인지 아니면 타고난 권리인지 물어야 한다.

그렇기는 해도 7,300년 전에서 7,000년 전의 메소포타미아, 3,200년 전에서 3,000년 전의 페루와 멕시코에서는 세습 지위의 징후가 나타났던 것으로 보인다. 이 책 뒤에 가서 증거를 제시할 것이다.

이 책에서는 남자 숙소의 존재가 성과 기반 지도력 사회를 알려주는 지표라고 보았다. 따라서 남자 숙소의 쇠퇴 및 신전의 등장을 세습 지도력 사회의 지표로 이용할 수 있다. 지금까지 살펴본 사회에서 남자 숙소가 사라지고 신전이 들어서는 이행 과정을 살펴보면, 이는 평범한 사람들의 조상이 차지하는 비중이 작아지고 수장의 가계 족보에서 천상의 영혼의 비중이 커지는 것과 연관이 있는 것으로 보인다.

족장 사회에서 권력의 세 가지 원천

앞서 농경 촌락 사람들이 투쟁 없이 자신의 평등을 포기하지 않았다는 것을 보았다. 사회의 한 집단이 상류층의 지위를 획득하는 순간 그들의 특권은 도전받으며 패권을 향한 여정을 다시 시작하지 않을 수 없었다. 아마도 산업화 이전 세계에서는 지위의 격차가 있는 사회와 없는 사회를 오락가락하는 순환적 변동이 일반적이었을 것이다. 하지만 결국에는 몇몇 사회에서 지도자 역할이 영구 세습되었다.

세습 지위가 발달한 곳 중 하나는 남태평양이었다. 분명 폴리네시아의 대다수 섬에는 이미 불평등이 일정 정도 나타난 지역에서 이주한 사람들이 살고 있었다. 하지만 최초의 카누가 도착한 이후 많은 섬에서 계속해서 불평등의 정도가 심해졌다.

인류학자 어빙 골드먼은 폴리네시아의 18개 사회를 면밀히 살펴본 바 있다. 그는 족장 권력의 일반적인 세 가지 원천을 밝혀냈다.

애초 그는 폴리네시아의 세습 지도력을 몇 가지 구성 요소로 해부한 다음 이 요소들을 다른 방식으로 재조합함으로써 폴리네시아 사회의 다양성을 설명하려 했다. 하지만 나중에 드러났듯이 그는 전 세계의 지위 사회를 비교할 수 있는 방법을 알려 주었다.

족장 권력의 중심 개념은 폴리네시아인이 마나mana라고 일컫는 생명력이다. 골드먼의 정의에 따르면 마나란 사람과 사물 속에 스며 있는 초자연적 에너지로, 냄새도 없고 색깔도 없으며 눈에 보이지도 않는다. 지금까지 살펴본 모든 사회가 생명력의 존재를 믿었으며 그것을 축적하는 방법이나 잃는 방법을 보유하고 있었다. 하지만 폴리네시아에서 지위가 높은 사람은 날 때부터 저절로 남들보다 많은 마나를 갖고 있었다.

마나를 가장 많이 갖고 있는 사람은 족장이었다. 그는 대단히 많은 생명력을 갖고 있어서 타푸tapu라고 묘사되었는데 영어의 "taboo"(터부)가 이 말에서 유래했다. 인간이든 사물이든 타푸에 가까이 갈 때는 극도로 조심해야 한다. 몇몇 폴리네시아 족장은 마나가 아주 많아서 적절하지 않은 방식으로 그의 몸에 손이 닿으면 마치 전기 충격기에 맞은 것처럼 갑작스러운 충격을 받기도 했다.

폴리네시아에서 권력의 두 번째 원천은 토훙가tohunga였다. 이 말은 보통 "전문 지식"으로 번역된다. 토훙가는 행정 능력이나 외교 능력을 지칭하기도 하고 의식 관련 기술이나 제작 기술을 지칭하기도 했다. 타고난 재능이 관련되어 있지만 개인이 교육, 훈련, 도제 실습을 통해 기량을 높일 수도 있었다. 때로 족장은 자신을 위해 사치품을 제작하는 공예 기술자에게 인센티브를 제공하기도 했다.

골드먼이 말한 권력의 세 번째 원천은 토아toa였다. 토아는 "철

목"으로 알려진, 내구성 있는 나무를 일컫기도 하지만 용기와 강인함을 나타내는 상징이기도 했다. 토아는 일반적으로 전사에게 적용되며 특히 전투에서 두각을 나타내는 사람에게 적용되었다. 토아의 핵심적인 특징은 이를 통해 사회적 유동성이 일정 정도 허용된다는 점이다. 비천한 출신의 전사가 명망을 얻어 중요 인물로 취급되고 심지어는 족장까지도 그를 중요하게 여기는 수준까지 갈 수 있었다. 전투에서 용맹을 보여 준 족장은 전설이 되었다.

폴리네시아의 모든 족장 체제는 마나, 토아, 토훙가 세 가지 모두를 기반으로 삼았다. 하지만 이 중 어느 것을 더 강조하는가는 섬마다 달랐다. 마오리족과 티코피아족의 경우는 족장이 신성한 권한과 족보상의 높은 서열을 기반으로 삼았다. 사모아 제도와 이스터 섬의 족장은 정치적 기량과 군사력에 더 의존했다. 사회적 불평등의 정도가 가장 심했던 통가와 하와이의 족장 가족은 신성한 권한, 족보상의 높은 서열, 군사력, 정치적 경제적 기량 등 가능한 모든 전술을 이용했다.

카친족이나 코니아크 나가족과 달리 폴리네시아 사회는 지위의 격차가 있는 사회와 그렇지 않은 사회를 오락가락하지 않았다. 하지만 이 섬 사회에는 그들만의 독특한 순환적 변동이 있었다. 바로 지위 경쟁이었다. 일부다처제인 족장 가족에는 형제, 이복형제, 그 밖에 순서와 관계없이 지위가 동등한 사촌들이 있었다. 때로는 족장 후계자가 야심 있는 손아래 경쟁자보다 적은 수의 전사를 거느리는 경우도 있었다. 그럴 때는 암살, 축출, 찬탈이 일어나 기존의 족장 가계가 무너지고 그 자리에 다른 가계가 들어섰다.

골드먼이 말한 세 가지 원칙은 당연히 이전의 성과 기반 사회에 전례가 있었다. 이 전례들은 사회 논리의 변화로 인해 다음과 같이 바뀌었다.

1. 성과 기반 사회에서는 각기 자기만의 독특한 방식으로 생명력을 추구했다. 나가족은 적의 머리에서 생명력을 얻었고 만단족은 고행을 통한 고통에서 생명력을 얻었다. 하지만 폴리네시아의 족장은 날 때부터 생명력을 소유했고 어떤 행동을 하느냐에 따라 생명력을 늘리거나 상실했다.
2. 성과 기반 사회의 지도자는 여러 가지 전문 기량을 갖추었다. 아바팁 촌락의 경우에는 수천 개나 되는 신성한 이름을 암기했으며 하겐 산 부족들은 거대한 물물교환 체계인 모카를 개발했다. 또한 이들은 상아 조각이나 독수리 덫사냥 기술을 숙달했다. 하지만 폴리네시아의 족장 체제에서는 일부 공예 기술자가 다른 공예 기술자보다 더 존중받았다. 예를 들면 전투 카누 제작자, 사치품 공급자, 이스터 섬에 있는 것과 같은 거대한 조각상 제작자가 존중받았다.
3. 성과 기반 사회에서도 전쟁에서 용맹을 떨치면 명성을 얻을 수 있었다. 족장 체제에서는 전쟁이 영토 확장의 수단으로 바뀌었다. 인접 지역의 물품을 얻기 위해 협상하는 데 지친 족장은 인접 지역을 그냥 자기 밑에 예속시키고 원하는 물품을 공물로 바치라고 요구했다. 이 때문에 군사적 기량의 가치가 올라갔다.

이 장에서는 세습 지위 사회 세 곳을 살펴볼 것이다. 세 사회의 공통적인 특징은 다음과 같다. 첫째, 신성한 권한이 다른 무엇보다 중요했다. 둘째, 전쟁이 만연했고 공예를 후원하는 족장은 명망이 올라갔다. 셋째, 족장이 지닌 마나, 토아, 토홍가 덕분에 족장은 거의 왕과 같은 권력을 지녔다.

또한 지위 사회가 많이 등장하면서 생긴 한 가지 변화, 즉 남자 숙소가 신전으로 대체된 점에도 주목할 것이다. 이러한 변화 속에는 중요한 사회적 정치적 이행 과정이 반영되어 있었다. 남자 숙소는 씨족 혹은 명망가가 지었으며 남자들이 모여 앉아 조상과 교감을 나누는 특성이 강했다. 반면 신전은 실제 신이 하루 종일 또는 일정 기간 거처하는 곳으로서의 성격이 강했다. 통과의례를 거친 씨족 남자가 아니라 사제 훈련을 받은 사람이 신전을 지켰다. 족장이 신전 건축을 지휘하는 경우가 많았는데, 이는 어쨌든 족장의 조상 가운데 초자연적 영혼이 있었기 때문이다.

티코피아의 선사 시대

작은 섬 티코피아는 폴리네시아 서쪽 가장자리에 위치한다. 1929년 인류학자 레이먼드 퍼스가 방문했을 때 티코피아 섬에는 20개 남짓한 가계가 네 개 씨족을 이루고 있었다. 씨족별로 족장 가계로 간주되는 가계가 하나씩 있었으며 여기서 씨족의 아리키ariki, 즉 세습 족장을 배출했다. 게다가 네 개 씨족과 그 족장 사이에도 지위가 달랐다. 족장은 기본적으로 도덕과 종교에 관한 권한을 지녔다. 이는 성과 기반 사회에 나타났던 덕의 위계 체계가 한층 강화된 형태였다.

티코피아 섬은 가로세로 길이가 겨우 5킬로미터, 2.5킬로미터밖에 되지 않는다. 1929년 이 섬에는 모두 1,200명이 살고 있었고 토란, 마, 바나나, 코코넛, 빵나무를 재배하고 고기잡이를 하며 살았다. 빵나무 열매는 반죽 형태로 구덩이에 보관했다.

티코피아족이 퍼스에게 들려준 바에 따르면 수 세기에 걸쳐 사모아 제도, 통가 제도, 푸카푸카 섬에서 카누 몇 척 규모의 사람들이 이곳으로 왔다. 티코피아 섬에서는 카누를 타고 오는 사람을 받아들였고 족장의 보호 아래 두었다. 하지만 바다를 건너오는 사람들이 모두 우호적이었던 것은 아니다. 특히 통가 제도에서 온 무리는 "난폭하고 무자비하고 심지어는 사람을 잡아먹기도 했다". 다행히 티코피아족은 이들을 물리쳤다.

일찍이 테 아타푸라는 이름의 우호적인 통가 사람이 티코피아에 왔다. 마침 그때 타우마코라는 티코피아 씨족의 족장 가계가 끊길 위기에 놓여 있었다. 타우마코 족장은 테 아타푸를 입양했고, 테 아타푸는 지위가 높은 여자와 혼인하여 씨족을 살려 냈다. 그로부터 수 세기가 지난 후에도 타우마코 씨족은 자신들이 통가 사람들과 먼 인척 관계에 있다고 말했다. 퍼스는 티코피아 사회가 "여러 섬에서 온 수많은 요소가 한데 융합되어 생긴 산물"이 아닐까 추측하게 되었다. 하지만 고고학 연구로 뒷받침되지 않는 한 자신의 추론을 확인할 길이 없다고 생각했다.

다행히 고고학이 구조의 손길을 뻗쳤다. 퍼스가 처음으로 티코피아 섬을 찾은 지 거의 반세기가 지난 1977년 고고학자 패트릭 커치와 식물학자 더글러스 옌이 티코피아 섬에 도착했다. 이들의 발굴 작업으로 티코피아 섬의 역사는 거의 3,000년이나 더 거슬러 올라갔다.

커치와 옌은 2,900년 전 티코피아 섬에 사람들이 들어와 살았다는 것을 밝혀냈다. 처음에는 남서 지역의 저지대에 사람이 살기 시작하다가 점차 테 로토라는 해안까지 퍼져 갔다. 그 당시 티코피아 섬의 야생 식물과 동물은 자연 상태 그대로였다. 이주자들이 남긴 쓰레기 더미에는 물고기, 커다란 연체동물, 많은 바다거북, 그 밖에 무덤새라고 불리는 야생 가금류가 들어 있었다.

이주자들은 길들인 돼지, 닭, 개도 함께 데려왔다. 이들이 쓰던 도구를 보면 비록 열대 기후 탓에 실제 작물의 잔해가 남아 있지는 않지만 재배 식물도 함께 들여왔다는 것을 알 수 있다. 이주자들은 거대한 트리다크나대합조개 껍질로 손도끼를 만들어 해상용 카누를 제작했다. 토란, 마, 빵나무 열매를 먹기 위해 개오지 조개껍질로 "껍질 벗기는 칼"도 만들었다. 불을 놓아 밭을 개간하면서 이동 농경을 실시했고, 흙 화로를 이용하여 요리를 했으며 낚시와 그물로 물고기를 잡았다. 이주자들이 처음 이곳에 올 때 이용했던 장거리 카누 항해가 이제는 먼 섬의 흑요석과 돌도끼를 지속적으로 공급받는 데 이용되었다.

이후 800년 동안 이주자들은 티코피아 섬의 자연환경에 심각한 영향을 미쳤다. 섬의 원시림이 급격하게 줄었고 무덤새가 멸종 위기로 내몰렸으며 바다거북의 수가 줄었고 연체동물 자원이 감소했다. 섬의 인구가 늘어나면서 티코피아족은 돼지 사육을 늘려 야생 자원의 손실을 만회했다.

티코피아 섬의 고고학 기록상에서 1,000년 전에서 800년 전 사이에 또 다른 변화가 보이기 시작했다. 그중 몇 가지는 다른 섬 출신 이주자들이 도착했음을 나타냈다. 화전 및 이동 경작이 사라지고 지속적인 경작이 정착되면서 집약 농업이 시작되었다. 토란과 빵나무 열매를 먹을 때 쓰던 개오지 조개껍질로 만든 껍질 벗기는 칼이 사라지고 위고둥 껍질로 만든 칼을 사용했다. 섬사람들은 빵나무 열매 반죽을 보관할 수 있는 구덩이도 만들기 시작했다. 코코넛과 감람 열매가 쓰레기 더미에서 발견되었다. 집약 농업이 시작되면서 돼지는 점차 사라졌다. 아마도 굶주린 돼지가 밭을 망가뜨리는 위협 요인이 되었을 것이다.

대략 600년 전 한 가지 중요한 혁신이 이루어졌다. 바로 통가 제도와 비슷한 양식의 신전이 들어선 것이다. 산호 지층에서 캐낸 재료를 깎아서 장식한 돌로 석조 기단을 쌓고 그 위에 신전을 세웠다. 신전과 함께 통가 제도 양식의 봉분도 생겼다. 토대는 직사각형 모양이고 표면이 석판으로 되어 있었다. 티코피아족은 심지어 봉분을 뜻하는 통가어 단어 파이토카fa'itoka를 차용해서 쓰기도 했다. 다시 말해서 커치와 옌이 발굴한 고고학적 발견은, 통가 출신 이주자가 티코피아에 와서 몰락 위기에 놓였던 타우마코 씨족을 되살렸다는 씨족 사람들의 말을 뒷받침해 주었다. 이 고고학 자료는 티코피아 사회가 비록 고유의 독특함을 지니긴 해도 여러 섬의 행동 방식이 결합된 것이라는 퍼스의 짐작도 뒷받침해 주었다.

1929년의 티코피아 섬: 한 명의 족장보다 네 명의 족장이 낫다

티코피아족이 자신들의 기원과 관련해 퍼스에게 들려준 이야기는 커치와 옌이 알아낸 것과 달랐다. 티코피아족은 이 섬에 처음에는 아투아atua, 즉 인간의 모습으로 가장할 수 있는 영적 존재가 살았다고 믿었다. 그 후 오래지 않아 인간이 나타났다. 그다음에 중요도가 낮은 신 또는 수호신 역할을 하는 신이 생겼고, 이어서 타파키와 카리시라는 푸 마Pu Ma, 즉 중요한 쌍둥이 신이 생겼다. 이 쌍둥이 신이 카피카라는 족장 가계의 후원자가 되었다. 이와 같이 티코피아 섬의 우주론에서는 왜 카피카 가계가 가장 높은 지위를 갖는지 설명하고 있다.

티코피아 섬의 여러 씨족은 제각기 지위가 다르고 각 씨족 내에서도 가계 간에 지위가 달랐다는 점을 떠올려 보라. 씨족 A의 족장은 카피카 가계 사람이며 이 씨족 내에는 여섯 개의 평범한 가계가 있고 18개 촌락에 분산되어 살았다. 씨족 B의 족장은 타푸아 가계 사람이며 이 씨족 내에도 다섯 개의 평범한 가계가 있고 14개 촌락에 분산되어 살았다. 씨족 C의 족장은 타우마코 가계 사람인데, 알다시피 이 가계에는 통가 제도 상류층 방문객의 영향이 속속들이 배어 있었다. 이 씨족 역시 일곱 개의 평범한 가계가 모두 16개 촌락에 흩어져 살았다. 가장 규모가 작은 씨족 D의 족장은 판가레레 가계 사람이며 이 씨족에는 평범한 가계가 하나뿐이고 네 개 촌락에 흩어져 살았다. 평범한 가계는 의식 분야의 원로가 이끌었으며 이들은 자기 씨족의 족장에게 자문 역할을 했다.

티코피아 섬에는 항상 네 명의 족장이 있었기 때문에 단일화된 중앙 권력이 없었다. 퍼스는 티코피아 사회의 성격을 규정하면서, 소수 특권층의 지배를 뜻하는 그리스어를 사용하여 "느슨한 조직의 과두제"라고 했다. 씨족의 세습 족장인 아리키는 귀족의 자격으로 — 부가 아니라 덕과 마나를 기반으로 하여 — 다스리며 한 씨족의 족장이 다른 세 씨족에게 자기 뜻을 강요할 수 없었다.

일반적인 상황에서는 아리키 카피카(씨족 A의 족장)가 "동급 중에서 최고"라는 사실을 외부인이 알기 힘들 것이다. 하지만 퍼스는 1952년 두 번째로 섬을 방문했을 때 네 족장 간의 상대적인 지위가 드러나는 의식을 목격했다. 씨족 사람이 모두 지켜보는 가운데 식민지 관리들이 네 족장에게 선물을 나누어 주는 의식이었다. 의식은 신성한 카누 오두막 앞에 있는 의식 마당에서 열렸다. 각 족장은 마당에 앉은 평민의 머리가 내려다보이도록 코코야자 나무로 만든 격자 세공 의자에 앉았다.

퍼스는 족장의 상대적인 지위에 따라 각기 앉는 위치가 정해지며, 이 지위는 각 씨족의 수호신이 어느 정도의 중요성을 갖는지 그리고 가계의 족보가 얼마나 오랫동안 이어져 왔는지에 따라 정해진다고 기록했다. 가령 아리키 카피카는 19대에 이르는 영광스러운 조상을 두고 있다고 주장한 반면 아리키 판가레레는 겨우 8, 9대밖에 내세우지 못했다.

아리키에게는 대단한 경의를 표했다. 평민이 아리키에게 선물을 전할 때는 아리키의 무릎에 코를 대고 "나는 당신의 똥을 열 번 먹습니다."라고 말했다. 족장의 경우 영혼 조상 앞에 "나는 당신의 똥을 먹습니다."라고 말함으로써 자기를 낮추었다. 족장이 이처럼 자기를 낮추는 행위는 족장이 지닌 마나의 궁극적인 원천이 영혼 세계라는 점에서 합당한 근거가 있었다. 족장은 영혼 조상과의 관계를 통해 밭의 자연적인 비옥도와 기후, 자기 백성의 건강, 물고기 수를 관리했다. 족장이 고등어를 소리쳐 부르면 고등어가 가까이 왔다. 족장이 빵나무에게 말을 걸면 열매가 열렸다. 족장이 화가 나서 누군가를 가리키면 그 사람이 병들어 죽었다.

각 족장의 권한은 출신 촌락의 범위를 넘어 자기 씨족 성원이 사는 모든 정착지에까지 미쳤다. 인류학자들은 한 족장이 다스리는 영토를 가리켜 더러 "족장 사회"라고 일컫는다. 이때 이 용어는 사회 형태를 가리키는 것이 아니라* 영토를 지칭한다. 티코피아 사회는 그저 지위 사회라고 해야 할 것이다. 사실은 지위 사회의 한 형태, 즉 가계나 씨족 등 집합적 단위의 상대적인 지위에서 서로 차이가 나는 형태일 뿐이다. 뒤에 이어지는 장에서는 족장 가계 내에서도 개인 간에 훨씬 복잡한 지위의 격차가 존재하는 지위 사회를 살펴볼 것이다.

티코피아 섬의 의식 건물은 이 사회가 평등 사회에서 족장 체제로 나아가는 연속선상에 위치해 있다는 사실을 보여 준다. 앞서 약 600년 전쯤 이 섬에 통가 제도 양식의 신전이 들어섰다는 것을 지적한 바 있다. 이 건물에서 사람들은 신을 달래고 완벽하게 암송한 기도문을 낭송했다. 하지만 티코피아 섬에서 씨족은 여전히 중요한 단위였기 때문에, 성과 기반 사회의 특성이 강했던 시대로부터 이어져 내려온 미혼 남자 숙소도 그대로 있었다.

티코피아 사회가 이전의 성과 기반 사회와 연결되어 있다는 것을 나타내는 또 다른 고리는 포라pora였다. 포라는 타우마코 씨족에 새로운 아리키가 추대될 때마다 열리는 커다란 잔치를 말한다. 포라가 열릴 때면 어마어마한 음식을 장만하며 이 가운데 특히 토란 푸딩이 인기가 있었다. 타우마코 씨족이 신전을 재건축할 때도 포라

* 사회 형태로서의 족장 사회는 미국의 고고학자 서비스 등이 정의한 국가 이전 단계를 말하는 것으로, 부족 사회와는 본질적으로 다른 사회적 통합 수준을 보여 주며 특히 경제, 사회, 종교 활동을 조정하는 기관의 출현을 특징으로 한다. 군장 사회라고도 부른다.

를 열었다. 그러므로 족장이 세습 권한과 마나를 소유하긴 해도 성과 기반 사회의 지도자가 그랬듯이 넉넉한 인심을 널리 과시해야 했다.

또 한 가지 언급해야 할 티코피아 섬의 제도가 있는데 죽은 자와 관련된 것이다. 핵가족이 사는 커다란 집에서는 처마나 집 아래, 의식을 올리도록 별도로 정해 놓은 측면 쪽에만 죽은 자를 묻었다. 무덤 위에는 코코야자 잎으로 매트를 만들어 덮어 놓았으며 이곳을 밟고 지나가는 것은 금기였다. 묻힌 주검이 일정 수에 이르면 이 집을 "죽은 자의 집"으로 선언했다. 이 집은 몇몇 고대 촌락에서 발견된 것과 같은, 티코피아 식 시신 안치소라 할 수 있었다. 이후 이 집에 살던 사람들은 새로 집을 지어서 옮겨 갔다.

티코피아 섬은 지위 사회에서 신부 값이 어떤 방식으로 올라가는지 여러 사례를 보여 주었다. 신랑 가족은 딸을 잃게 되는 신부 부모에게 선물을 하며, 그 밖에 대개는 다른 씨족 성원인 신부 어머니의 남자 형제와 신부와 피가 섞이지는 않아도 친족으로 분류될 수 있는 사람들에게 선물을 보냈다. 혼인과 관련해서 가족, 가계, 씨족 차원에서 이루어지는 거래가 무려 15가지나 되었다. 우리의 관점에서 보았을 때 가장 중요한 것은 신부가 속한 씨족의 족장에게도 선물을 보냈다는 사실이다. 티코피아족이 주장하기로는 신부의 노동력을 상실하는 것에 대한 보상이라고 했다. 결국 세습 족장인 아리키가 — 카친족의 경우에 "넓적다리를 먹는 족장"과 마찬가지로 — 음식과 귀중품 중 일정 몫을 떼어 갔던 것이다.

티코피아 섬에 나타난 불평등의 한계

골드먼은 티코피아를 "전통적인" 또는 그리 심하지 않은 지위 사회로 보았다. 지도력은 대개 종교적 권한이나 가계 족보상의 훌륭한 내력을 기반으로 했으며, 무력은 거의 또는 전혀 사용하지 않았다. 각 족장은 평민 가계가 계속 행복하게 살도록 해 주는 것 외에도 다른 아리키 세 사람의 의견을 참작해야 했다. 또한 다른 섬에서 온 침입자를 몰아낼 때만 전쟁을 일으킬 수 있었다.

티코피아 사회는 명백히 세습 족장을 두었지만 그럼에도 성과 기반 사회의 많은 제도를 그대로 간직했다. 미혼 남자 숙소와 신전이 공존했으며 통가 제도 양식의 봉분에 죽은 자를 매장하는가 하면 나중에 시신 안치소가 될 주거 가옥 아래 매장하는 사람도 있었다. 평민은 머리 높이가 아리키보다 낮게 오도록 앉아야 하는 반면 아리키는 평민에게 넉넉한 인심을 보여 주는 잔치를 베풀어야 했다. 족장이 자기 구역 전체와 밭을 관리하지만 섬 전체를 관할하는 중앙 권력은 없었다. 족장이 네 명이라는 사실이 견제와 균형 장치로 작용하여 어느 한 야심적인 지도자가 티코피아 전체를 장악하지 못하도록 막아 주었다.

골드먼이 말한 불평등의 세 가지 원천 가운데 마나가 단연 중요했다. 군사적 기량을 뜻하는 토아는 주로 적대적인 이주자가 있을 때 중요성이 부각되었다.

지금까지 전문 기술 즉 토훙가의 측면에서는 티코피아 섬을 주목하지 않았다. 분명 조개껍질 손도끼로 카누를 제작하는 일은 존경받는 직업이었고 지속적으로 밭을 경작하는 데도 전문 기술이 필요했다. 하지만 다음에 살펴볼 중앙아메리카 사회의 금세공품과 다색 도자기 수준에 이를 정도의 공예 기술이 티코피아에는 보이지 않았다.

신중한 결론으로 끝맺고자 한다. 지금까지 살펴보았듯이 커치와 옌은 티코피아의 역사를 3,000년이나 더 거슬러 올라가는 훌륭한 연구 결과를 내놓았다. 하지만 네 족장의 지위 서열의 형태가 언제 처음으로 나타났는지 고고학상의 연속적인 사건 속에서 정확한 시점을 찾지 못했다. 퍼스가 1952년에 목격한 의식에서는 이런 형태가 명확하게 드러났지만, 고고학 기록으로는 보이지 않았을 것이다. 분명 몇몇 종류의 불평등은 고고학만으로는 그 정체를 밝혀낼 수 없다.

파나마와 콜롬비아의 지위 사회

1500년대 초 파나마와 콜롬비아를 탐험한 스페인인들은 세습 족장이 이끄는 아메리카 원주민 사회 수백 곳을 접하게 되었다. 이 탐험가들 중 많은 사람이 일지를 기록했고 스페인에 보고서를 보냈다. 이 저자들이 사회과학자로서 훈련받은 것은 아니지만 그래도 이전까지 서구의 어느 관찰자도 본 적 없는 사회를 직접 목격한 증인이었다. 따라서 이들의 기록은 율리우스 카이사르가 남긴 갈리아 기록이 고전 고고학에서 중요한 의미를 갖는 것만큼이나 라틴아메리카 고고학에서 중요한 의미를 갖게 되었다.

파나마와 콜롬비아는 각 지역의 족장 가족이 먼 곳에 있는 다른 족장 가족과 상호 방문했기 때문에 두 지역을 동시에 논의할 수 있다. 콜롬비아의 금세공품과 파나마의 다색 도자기는 폴리네시아 사람들이 토홍가라고 일컫는 전문 기술을 높은 수준으로 갖추어야 만들 수 있는 물건이었다.

콜롬비아 서부 지역의 카우카 밸리는 폭 60킬로미터에 길이는 480킬로미터이다. 이 지역은 카우카 강에 의해 형성되었으며, 카우카 강은 바위투성이 산맥 사이를 지나 북쪽의 카리브 해로 흘러들어 간다. 유럽인이 발을 딛기 전 이곳에는 최소한 80개의 다양한 지위 사회가 있었다. 이 사회들을 기록한 초기 문서가 1535년 스페인에 들어오기 시작했고 이후 민족역사학자 허먼 트림본과 인류학자 로버트 카네이로가 이 기록을 연구했다.

최근 카우카 밸리는 메데인 마약 카르텔의 중심지로 유명해졌지만 고대에는 옥수수, 카사바, 목화 재배가 경제 활동의 중심이었다. 스페인인이 들어오기 전 카우카 밸리의 인구는 대략 50만 명에서 70만 명 사이였다.

카우카 관련 자료에서 가장 경이로운 점은 80개나 되는 지위 사회의 사례에서 찾을 수 있는 다양성이다. 이 가운데 가장 큰 곳이 북쪽(하류)의 구아카와 남쪽(상류)의 포파얀이다. 중간 지역의 킴바야는 중간 규모였다. 북쪽의 카티오는 이웃한 구아카 사회에 비해 그리 대단하지 않았다. 이 사회들은 대부분 자치 촌락으로 지내다가 위협이 있을 때만 "전쟁 족장" 아래 하나로 뭉쳤다. 카티오에 대해 좀 더 알게 된다면 이들이 평등 사회와 지위 사회를 주기적으로 오락가락했다는 것을 알 수 있다.

킴바야는 80개 촌락으로 이루어져 있으며 각기 다른 다섯 개의 지위 사회로 조직되어 있었다. 다시 말해 다섯 명의 킴바야 족장이 평균 16개 촌락으로 이루어진 족장 사회를 다스렸다. 가장 큰 촌락은 주민 수가 1천 명을 넘었다.

가장 규모가 큰 구아카와 포파얀은 스페인인이 들어왔을 때 영토가 확장세에 있었다. 구아카의 주민 수는 4만 8천 명에서 6만 명 사이이며 대족장 아래 통일되어 있었다. 대족장 아래 부副족장들이 있었고(대족장의 형제, 이복형제, 사촌이 맡는 경우가 많았다.) 그들은 대족장에게 예속된 촌락을 관리했다. 위계 체계상으로 이 촌락들보다 더 아래에 소규모 촌락들이 있었다. 소규모 촌락에는 족장 가계 사람이 없었으며 촌락 사람 모두 부족장에게 복종했다.

스페인인들의 설명에 따르면 카우카에서 가장 세력이 강했던 사회는 다음과 같은 지위로 나뉘어 있었다. 맨 위가 세습 족장이며 이 지위는 아들에게 계승되고 아들이 없는 경우에는 세습 족장의 여자 형제의 아들에게 계승되었다. 세습 족장 밑에는 "혈통에 의한 귀족", 즉 족장 가계의 다른 성원이 있었다. 이 가계 성원 중 한 명이 "전쟁 족장"에 임명되는데 세습 족장의 남동생이 임명되는 경우가 많았다. 그 밖에 "전쟁 지휘에 의한 귀족"이 있는데 이들은 평민 가계 출신으로 전투에서 뛰어난 공을 세운 것에 대한 보상으로 귀족이 되었다. 지위가 조금 더 낮은 귀족으로 "부에 의한 귀족"도 있었다. 이들은 기본적으로 평민 출신이며 식량과 귀중품 축적에 성공한 이들이었다. "부에 의한 귀족" 중 일부는 교역이나 공예 기술을 바탕으로 지위를 높였을 가능성이 있다.

지위 체계의 맨 아래는 자유 평민이나 노예였다. 평민은 대개 농사를 지었다. 노예는 대개 포로이며 끊임없이 일어나는 습격 과정에서 카우카 전사들에게 잡혀 왔다.

규모가 큰 지위 사회의 중요 성원으로는 사제가 있었다. 사제는 신전에서 일하며 중요한 공공 의식을 감독하고 신성한 차원에서 족장의 권한에 정당성을 부여했다. 사제는 정치적 결정에 직접 개입하지 않았지만 수천 가지나 되는 의식 절차를 암기하고 희생제를 감독했다. 또한 족장의 장례식을 주관했다.

이제 카우카 밸리의 지위 사회에서 전쟁과 공예 기술이 어떤 상대적 역할을 했는지 살펴보자. 그들이 전쟁을 벌인 데는 많은 근본적인 원인이 있지만 그중 두 가지를 고르라면 정치적 세력 확장에 대한 열망과 노예에 대한 한없는 욕구를 꼽을 수 있다. 하문디, 릴레 등 상류 지역 촌락을 비롯한 몇몇 사회는 스페인인이 들어왔을 무렵 세력 확장 전쟁을 벌이고 있었다. 가령 릴레의 한 족장 페테쿠이는 릴레의 다른 다섯 족장을 이기고 이들의 영토를 단일 족장 사회로 통합했다.

설령 정치적 통일을 하지 못하는 경우에도 족장은 노예를 얻기 위해 적의 촌락을 습격했다. 노예 중 일부는 금 광산에서 강제 노역을 했고 여기서 찾은 광석은 카우카 사회 금세공 기술자의 손을 거쳐 명망을 나타내는 물품으로 바뀌었다. 또 다른 노예는 족장의 장례식에 희생 제물로 바쳐졌다.

족장이 소집할 수 있는 전사의 수는 그가 지배하는 촌락 수에 따라 달랐다. 소규모 전투라고 해도 200명에서 400명의 전사가 참여했고 그중 많은 수가 포로의 손목을 묶기 위한 특별한 끈을 가지고 갔다. 세력이 강했던 구아카 사회는 1만 2천 명의 전사 병력을 조직할 수 있었고 이들에게 한 사람의 목숨도 살려 두지 말라는 명령을 내렸다. 촌락을 불태우고 남자, 여자, 아이를 죽이거나 포로로 붙잡았다. 전사는 전리품으로 머리를 베어 갔고 식인 풍습도 흔해서 인간 고기가 교역 상품으로 거래되었다. 앞서 말한 릴레 촌락의 족장은 전쟁 포로의 피부 가죽으로 만든 북을 680개나 가지고 있었다고 한다. 이러한 행위는 공포 전술의 하나로, 적을 향한 족장의 경멸을 드러내고 족장에 저항하려는 사람들의 사기를 꺾으려는 의도를 갖고 있었다.

카우카 사회의 많은 족장은 금 광산이나 사금 강을 소유했다. 족장은 자신을 위해 금으로 된 관, 머리띠, 귀걸이나 코걸이, 펜던트, 홀 등을 만드는 공예 기술자와 후원자-피후원자의 관계를 맺었다. 카우카 사회의 족장이 금으로 치장한 것은 놀랄 거리도 안 된다. 놀라운 것은 족장 가계 사람만 금장식을 한 게 아니라는 점이다. 비록 족장에게만 허용되는 품목이 있긴 했지만 그런 품목만 아니라면 혈통에 의한 귀족, 전쟁 지휘에 의한 귀족, 부에 의한 귀족 모두 능력껏 많은 금을 가질 수 있었다.

금을 생산하는 사회 가운데 가장 유명한 곳은 킴바야 족장 다섯 명이 다스리는 곳이었으며, 구아카 사회에 비하면 영토는 그리 넓지 않았다. 킴바야의 공예 기술자가 지닌 전문 기술은 이들을 후원하는 족장의 명망을 높여 주었다.

카우카 사회의 야심적인 족장은 전쟁 전술에 관한 한 군사 자문가의 말에 귀를 기울이긴 해도 일반적으로 원로회의의 견제를 받지 않았다. 세력이 강한 족장은 해먹이나 가마를 타고 이곳저곳을 다녔다. 또한 이엉을 얹은 목재 가옥에서 살았으며 주변에는 하인, 노예, 전령, 그리고 외국인과 거래할 때 옆에서 도와주는 통역사가 있었다. 사회의 많은 부분을 차지하는 평민은 밭을 경작했다.

족장은 주로 거주하는 가옥 외에도 적의 두개골이나 건조한 머리 등 전리품을 보관하는 별채를 소유했다. 몇몇 카우카 사회에서는 죽은 족장의 시신을 훈제하거나 미라로 만들어 보존한 뒤 후계자의 집에 보관했다. 그런가 하면 석관이나 수직굴 방식의 무덤에 족장을 묻고 멋진 공물, 죄수와 하인을 제물로 함께 묻는 사회도 있었다.

카네이로는 16세기 자료를 논하면서 카우카 밸리의 지위 사회와 인접한 남아메리카 지역의 성과 기반 사회에서 보이는 전략의 차이를 다음과 같이 지적했다.

1. 남아메리카 지역의 많은 성과 기반 사회는 솔로몬 제도에 있는 부갱빌 섬의 시우아이족과 마찬가지로 명망 있는 사람이 죽었을 때 그의 재산을 모두 파괴했다. 하지만 카우카 사회는 아들이 아버지의 재산을 물려받도록 허용했고 세대를 거치면서 재산이 불어났다.
2. 성과 기반 사회에서는 포로를 데려와 고문하거나 죽였다. 카우카 사회는 포로를 상품으로 간주했으며 목숨을 살려 두어 노예로 삼았다(또는 노예로 매매했다).
3. 성과 기반 사회(아울러 티코피아처럼 정도가 심하지 않은 지위 사회)에서는 범죄자를 추방하는 경향이 있었다. 카우카 밸리의 지위 사회에서는 범죄자를 노예로 삼아 노예 노동력을 늘렸다.

우리는 카네이로가 지적한 사항에 네 번째 항목을 덧붙이고자 한다. 카우카 밸리의 족장들에게 귀족으로서의 권위와 도덕적 권위가 있긴 했지만 티코피아 섬의 족장에 비해 전쟁과 공예를 훨씬 많이 이용했다. 이들은 자신의 통제권 아래 있는 촌락 수를 공격적으로 늘려 나갔고 이웃 족장을 토론으로 제압할 생각은 전혀 하지 않았다. 또한 킴바야 금세공 기술자 같은 공예 기술자를 후원하고 보호하면서 이들이 제작한 물품을 공물, 장신구, 세습 부, 족장이 주는 선물의 공급원으로 삼았다.

파나마의 지위 사회

파나마에 도착한 스페인인들은 세습 족장이 다스리는 36개 지역을 발견했다. 하지만 파나마의 족장들은 구아카와 포파얀의 족장만큼 강력한 힘을 지니지는 않았다.

파나마의 평민은 화전식 농경을 했고, 이 때문에 밭을 휴경지로 남겨 두고 새로운 열대 우림 지역을 화전으로 경작하기 위해 이동할 때는 촌락도 함께 옮겼다. 숲의 나무를 베고 불을 놓는 일은 남자가 했지만 실제로 작물을 심고 수확하는 것은 여자였다. 파나마의 농업은 옥수수 같은 멕시코 작물과 카사바와 고구마 같은 남아메리카 작물을 혼합하여 경작했다. 옥수수로 술을 만들었으며 이는 남아메리카의 또 다른 관습이었다. 여자가 농사를 짓는 동안 남자는 사슴과 페커리*를 사냥했으며 사냥한 고기를 훈제하고 소금에 절여 보관했다. 촌락 사람들은 물고기, 바다거북, 바다소, 게, 조개뿐만 아니라 이구아나와 열대 조류도 많이 먹었다.

이곳저곳 옮겨 다니는 평민들의 정착지에는 식물 줄기에 진흙 반

---

* 중남미에 서식하는 멧돼지의 일종.

죽을 입혀 벽을 만들고 원뿔형의 이엉지붕을 얹은 원형 가옥이 있었던 반면 족장은 훨씬 영구적인 가옥을 짓고 살았다. 족장은 평민처럼 새로운 땅을 개간하면서 이곳저곳 옮겨 다니지 않아도 되었기 때문에 보이오bohío라고 일컫는 튼튼한 복합 주거 가옥을 지을 수 있었다. 코모그레라는 이름의 족장은 하인 및 경호원과 함께 가로 140미터, 세로 70미터나 되는 보이오에 살았다. 보이오의 여러 건물에는 목재 들보를 사용했고 석벽으로 보강했다. 복합 가옥은 천장에 인상적인 조각이 새겨져 있었고 마루가 장식되어 있었으며 창고, 지하실, 그리고 이전 족장들의 시신이나 미라를 보관하는 방도 있었다.

인류학자 메리 헬름스는 16세기 스페인인의 목격담을 읽으면서 파나마 사회에 최소한 다섯 개의 사회적 지위가 있다는 것을 알아냈다. 사회적 지위의 근거가 되는 원칙은 카우카 사회(파나마 사회와 인접해 있다.)의 원칙과 매우 흡사해 보이며 심지어는 태평양 제도에 있는 사회의 원칙(남아메리카 지역과는 별개로 형성된 원칙이었다.)과도 유사해 보였다.

파나마 사회에서 가장 높은 지위는 케비quevî이며 족장과 그의 본부인이 이 범주에 속했다. 그 아래는 사코스sacos라고 알려진 지위인데 족장 가계의 다른 성원이 속해 있으며 카우카 밸리의 "혈통에 의한 귀족"과 같았다. 그 아래 지위는 사브라스çabras이며 이들은 전쟁에서 용맹을 떨친 덕분에 지위를 얻은 평민으로 카우카 밸리의 "전쟁 지휘에 의한 귀족"에 해당한다. 이와 같이 이름을 떨친 전사에게는 여자와 노예를 내려 주었으며 이들의 아들이 족장을 위해 용맹스럽게 싸우는 경우 칭호를 물려받을 수 있었다. 하지만 족보상의 자격이 없기 때문에 사브라스의 지위가 오른다고 해서 사코스가 될 수는 없었다.

사브라스가 되지 못한 평민도 금세공 전문 기술이나 다색 도자기 제작을 통해 일정 정도 명성을 얻을 수 있었다. 고고학자 리처드 쿡과 그의 동료들은 파나마 지역 자체에 금이 매우 많아서 콜롬비아에서 금을 들여올 필요가 없었다는 주장을 제기한 바 있다. 하지만 파나마는 금을 자급자족할 수 있었으면서도 수련 중인 족장이 취임하기 전에 콜롬비아로 원정대를 이끌고 가서 교역 관계를 맺고 오도록 했다. 교역 물품보다는 외교 관계 자체가 중요해서 원정대를 보냈을 것이다.

사회적 위계 체계의 맨 밑에는 파코스pacos라고 불리는 노예가 있었으며 대개는 전쟁 포로 출신이었다. (노예 지위를 나타내기 위해) 노예의 앞니 하나를 뺐으며 얼굴에는 주인을 확인할 수 있는 문신을 새겼다. 파나마 사람들이 이런 경우에만 신체 표시를 사용한 것은 아니었다. 개별 족장을 위해 싸우는 모든 전사는 어느 권력자의 휘하에 있는지 알아볼 수 있도록 얼굴과 몸에 색칠을 했다.

파나마 지위 사회의 밑바탕에 깔린 원칙을 살피는 동안 폴리네시아 사회의 마나, 토아, 토홍가의 개념과 유사한 것이 많이 보였다. 예를 들어 파나마 사람들은 푸르바purba를 믿었으며, 이것은 개인이 지닌 눈에 보이지 않는 불멸의 본질을 일컬었다. 푸르바는 족장에게 상속되며 족장은 소수에게만 전해지는 지식을 독점함으로써 푸르바를 키워 나갔다. 푸르바는 의식이 거행되는 동안 케비(족장과 그의 본부인)가 쓰는 특별한 족장 언어에 반영되어 있었다.

그리고 니가niga가 있었다. 이는 전쟁에서 용맹스러운 행위를 보여 주고 사회에 이익이 되는 공공 활동을 함으로써 생성되는 힘의 아우라였다. 족장이 평민보다 많은 니가를 갖고 있긴 했지만 누구나 노력한다면 자기 지위를 높일 수 있는 니가를 충분히 가질 수 있었다.

마지막으로 쿠르긴kurgin이 있었으며 이는 타고난 재능을 일컬었다. 쿠르긴은 개인에 따라 제각기 다르며 훈련을 통해 키울 수 있었다. 생명력, 용맹함, 전문 기술과 관련한 파나마 사회의 원칙이 전 세계 다른 지위 사회에 있던 원칙과 너무도 유사하다는 사실이 매우 인상적이었다.

파나마에는 카우카 밸리의 사제처럼 막강한 힘을 지닌 사제가 없었지만 테키나tequina라고 불리는 의식 전문가가 있었다. 테키나는 독한 담배와 옥수수 술의 힘을 빌어 무아지경에 들어갈 수 있었으며, 이런 무아지경 속에서 영혼의 세계와 교신하고 미래를 예언하며 날씨를 다스리고 작물이 잘 자라도록 했다.

이제 티코피아 사회의 족장과 파나마 사회의 족장이 행동 방식면에서 어떤 중요한 차이를 보였는지 살펴보자. 우리는 앞서 고고학자가 티코피아 사회의 다양한 지위 양상을 알아내기는 힘들 것이라고 넌지시 비친 바 있다. 티코피아 사회의 족장은 그리 화려하지 않았으며 사치품을 호화롭게 사용하지도 않았다. 사회 성원은 족장에게 경의를 표해야 했지만 족장이 가마를 타고 다니지는 않았다. 또한 족장의 장례식에 노예나 하인을 제물로 바치지도 않았다.

이와 대조적으로 파나마 사회의 족장은 화려한 행동 양식을 보여주었기 때문에 고고학자가 활약할 수 있는 무대가 마련되었다. 족장의 가계는 틀링깃족 족장이 그랬듯이 뚜렷하게 구별되는 문장으로 집과 도구를 장식했다. 족장은 금 장신구를 축적하고 죽은 뒤에는 이 장신구를 함께 매장했다. 족장은 영원한 생명을 가진 것으로 여겨졌기 때문에 장례식에 많은 정성을 들인 반면 죽은 평민은 공기가 되어 날아가게 놓아 두었다. 게다가 족장과 함께 묻힌 아내, 첩, 하인, 노예는 족장의 영원한 삶 속에 함께했다. 그런 이유로 많은 성원이 족장의 장례식에 제물이 되겠다고 자청했고 덕분에 고고학자들은 족장의 무덤을 보다 쉽게 식별할 수 있었다.

파나마 동부의 다리엔 지역에서는 족장의 주검을 말려 특별한 가옥에 보존했다. 이 가옥에는 족장의 유해뿐만 아니라 족장 조상의 유해도 연대 순서에 따라 벽 쪽에 나란히 놓여 있었다. 카리브 해 연안에 코모그레 족장이 다스리는 지역에는 예복을 갖추어 입은 상태로 건조한 역대 족장의 주검이 지위 순서대로 줄에 매달린 채 복합 가옥 보이오의 가장 안쪽 깊숙한 방에 보관되어 있었다.

1519년 스페인인 가스파르 데 에스피노사가 파나마의 태평양 연안 아수에로 반도에서 대족장 파리타의 시신을 보게 되었다. 파리타의 주검은 불의 열기로 건조되었으며 금 투구, 네다섯 개의 금목걸이, 팔과 다리에 차는 금 관, 금 흉갑, 그리고 걸을 때 딸랑거리는 종이 달린 금 허리띠를 착용하고 있었다. 그의 시신이 보관된 안치실에는 이전 족장 세 명의 주검도 함께 있었는데 모두 천 보자기에 싸인 채 해먹에 매달려 있었다. 파리타의 머리 쪽에는 제물로 바쳐진 한 여자가 있었으며 발치에도 다른 한 명의 여자가 있었다. 두 여자 모두 금으로 장식되어 있었다. 옆방에는 적 사회에서 데려온 살아 있는 전사 20명이 장례식의 제물이 되기 위해 기다리고 있었다.

곤살로 페르난데스 데 오비에도라는 이름의 한 정복자가 또 다른 파나마 족장의 장례식을 목격한 바 있다. 족장이 아직 살아 있긴 해도 급격하게 생명이 꺼져 가는 동안 장례식 준비가 시작되었다. 족장의 죽음이 다가오자 친척과 협력자들이 직사각형 모양의 구덩이를 팠다. 깊이는 3미터가 넘었고 가로세로 길이는 3.5미터, 4.5미터였다. 그들은 이 구덩이에 긴 의자를 놓은 뒤 화려한 색상의 담요로 덮었다.

마침내 죽은 족장을 잘 차려입은 상태로 의자에 누인 뒤 사후 세계에서 먹을 물과 옥수수, 과일, 꽃을 놓아 주었다. 족장과 함께 묻히기로 자원한 여자들이 족장 시신의 양 옆으로 의자에 앉았다. 이들 역시 화려한 옷과 보석으로 차려입었으며 금으로 장식했다.

그 뒤 이틀 동안 춤추고 노래하는 장례식이 이어졌다. 족장과 여자들을 찬양하는 노래를 불렀으며 여자들 중에는 아내와 첩도 있었을 것이다. 장례식이 열리는 동안 많은 술을 마셨다. 벤치에 앉아 있는 여자들이 완전히 술에 취하자 인부가 재빨리 흙과 나무로 구덩이를 메워 여자들을 질식시켜 죽였다. 그런 다음 그 위에 나무를 심었는데, 아마 묻힌 위치를 알아내지 못하도록 감추려는 목적이었을 것이다.

페르난데스 데 오비에도가 전해 들은 바로는 족장 한 명이 죽을 때 무려 40명 내지 50명이나 되는 아내와 하인을 함께 묻기도 했다. 어떤 경우에는 희생자가 빨리 의식을 잃도록 약초로 만든 음료를 제공했다. 파나마 족장의 장례식을 전하는 이런 16세기의 증언이 이제는 새뮤얼 커클런드 로스럽과 올가 리나레스 같은 고고학자들 덕분에 발굴 작업으로 확인되었다.

파나마 태평양 연안 지역에 중요 고고학 유적지 시티오 콘테가 있다. 이곳은 족장의 무덤 중심지로 1,500년 전에서 1,100년 전 사이에 전성기를 이루었다. 이곳에서 로스럽은 우아한 금 장신구, 다색 도자기, 인간 제물이 함께 묻힌 무덤 60개를 발견했다. 가령 무덤 26호에는 족장 한 명과 제물로 바쳐진 21명의 아랫사람이 함께 묻힌 것으로 보였다. 아랫사람들은 몸을 쭉 편 자세로 무덤 바닥에 묻혀 있었다. 이들 중에 금 장신구를 한 사람도 몇몇 있었으며 아마도 상대적으로 중요한 인물이었을 것이다. 족장은 아랫사람들의 주검을 층층이 쌓아 놓은 단 위에 앉아 있었는데 마치 오래전에 허물어진 나무 벤치나 의자에 앉은 것처럼 보였다. 중앙아메리카의 대다수 족장은 어디를 가든 의자에 앉은 채 하인들이 의자를 들고 가도록 했다. 티코피아 섬 족장이 머리를 높이 두기 위해 코코야자 나무로 만든 격자 세공 의자에 앉던 것과 같았다.

잠비아의 벰바족: 모계 사회의 남자 족장들

나일 강 유역에서는 농경과 가축 사육이 오랜 역사를 지녔다. 하지만 나일 강 상류에서 남쪽으로 내려간 아프리카 지역에는 수천 년 동안 바사르와족과 하드자족을 닮은 수렵채집 생활자가 살고 있었다. 척박한 열대 토양 때문에 농경이 확산되지 못했고, 소에게 수면병을 옮기는 체체파리 때문에 목축도 확산되지 못했다.

약 2,400년 전 아마도 사하라 사막을 횡단하는 교역로 덕분에 철 가공 기술이 아프리카 서부 및 중부 지역에 들어왔다. 철제 도구를 사용한 결과 열대 토양을 갈아 수수와 기장 같은 작물을 재배할 수 있었다. 양과 염소에서 우유를 얻고 체체파리가 없는 곳에서는 소도 길렀다.

대체적으로 볼 때 그다음 몇 세기에 걸쳐 반투어를 쓰는 사람들의 확산에 힘입어 철 가공 기술이 급속도로 퍼져 나갔다. 반투어의 본산지는 콩고 삼림 지대의 북쪽이었던 것으로 보이지만 1,700년 전 반투어를 쓰는 사람들이 동쪽으로는 탄자니아의 빅토리아 호수로, 남쪽으로는 짐바브웨와 남아프리카공화국의 경계에 있는 림포푸 강으로 퍼져 나갔다. 그 후 500년에 걸쳐 반투어를 쓰는 사람들은 림포푸 강 건너에 체체파리가 없는 것을 알고 강을 건너갔으며 남아프리카공화국의 넓은 스텝 지대를 소 목축 지역으로 바꾸어 놓았다.

반투족은 수렵채집 생활자들이 살던 수만 제곱킬로미터의 땅을 빼앗았고 수렵채집 생활자들은 칼라하리 사막 같은 외진 곳으로 들어갔다. 반투족이 수렵채집 생활자를 몰아낼 수 있었던 한 가지 이유는 이들이 씨족 사회를 이루어 살았을 뿐만 아니라 세습 족장 아래 계층에 따라 조직되어 있어서 수렵채집 생활자가 이들과 맞서기가 불가능했기 때문이다.

세습 지위가 나타나는 흔적 중에 가장 초기의 것은 콩고민주공화국 키살레 호수 근처에 있는 상가의 12세기 묘지에서 나왔다. 이 묘지에서 나온 인공물 중에 철제 종 파편이 있었는데, 역사학자 앤드루 로버츠에 따르면 철제 종은 오래전부터 족장의 지위를 나타내는 상징이었다고 한다. 비슷한 종이 14세기 또는 15세기 족장 사회 중심지인 그레이트 짐바브웨에서 나왔다. 이곳은 유명한 고고학 유적지로 이곳의 명칭을 따서 한 나라의 이름을 정했다.

상가 묘지는 루바족이라 불리는 반투어 부족의 영토 안에 있다. 이 사실은 중요한 의미를 지니는데 그 이유는 다른 몇몇 반투어 부족의 역사 전설* 속에 자신들이 루바 지역에서 현재의 장소로 옮겨 왔다는 내용이 들어 있기 때문이다.

그런 집단의 하나로 벰바족이 있었다. 이들은 반투어를 쓰는 집단으로 오늘날의 잠비아 땅에 살고 있었다. 인류학자 오드리 리처즈가 이곳을 처음 찾았던 1933년 당시 벰바족은 말라위 호, 므웨루 호, 방웨올루 호, 탕가니카 호에 둘러싸인 탕가니카 고원 해발 1,200미터 지점에 살고 있었다. 이들은 손가락 조*Eleusine corcana*, 수수나 기장*Sorghum bicolor*, 다양한 콩과 식물, 그리고 신세계에서 들여온 옥수수와 호박을 재배했다. 잠비아에는 체체파리가 있어서 벰바족은 소를 기를 수 없었다. 대신 사냥과 낚시로 단백질을 보충했다. 벰바족은 상대적으로 척박한 토양에서 화전 농법으로 농경을 했기 때문에 이전에 경작하던 밭이 회복되는 동안 4년이나 7년 주기로 촌락을 옮겨야 했다. 그 결과 14만 명의 벰바족 인구가 5만 5천 제곱킬로미터의 면적을 필요로 했다.

이 지역의 벰바족 사회는 16세기 카우카 밸리의 사회 중 가장 규모가 컸던 곳만큼이나 대단했다. 모두 14만 명에 이르는 주민이 한 명의 대족장인 치티무쿨루chitimukulu의 통치 아래 있었다. 대족장은 우무숨바umusumba 즉 족장 촌락에 살았으며 이곳은 세속의 수도이자 의식 중심지였다. 대략 150에서 400가구를 자랑하는 이 촌락은

* 원어는 'historical legend'로 역사를 담고 있는 전설이라는 뜻이다.

벰바족 사회에서 단일 정착지로는 가장 크며 외부에서 들어오는 공물로 유지되므로 족장이 움직일 필요가 없었다.

치티무쿨루는 정치적 위계 체계에서 가장 꼭대기에 위치했다. 그 아래에는 여러 음푸무mfumu, 즉 지역 족장이 있으며 이들은 이칼로icalo라고 불리는 지역 단위를 이끌었다. 대족장의 촌락 주변에 있는 지역은 대족장이 직접 관리하기 때문에 음푸무가 필요하지 않았다. 마지막으로 음푸무보다 아래에는 개별 촌락이나 작은 구역을 다스리는 부족장이 있었다. 부족장은 휴경지가 생길 때면 해당 지역 내의 다른 곳으로 옮겨 다녔다.

앞서 보았듯이 부계(또는 부계와 모계 모두)를 따르는 지위 사회에는 족장 승계와 관련하여 여러 가지 규칙이 있었으며, 장자 상속(첫째 아들이 직위를 물려받는다.)에서 말자 상속(막내아들이 직위를 물려받는다.)까지 다양한 양상을 띠었다. 벰바족의 경우는 달랐다. 이들의 족장은 남자이지만 모계 혈통으로 내려오는 씨족에서 족장을 선정했다. 이들의 체계를 살펴보도록 하자.

벰바족은 태어나면 모계 가계, 즉 "집안"의 성원이 되었다. 이러한 몇 개 집안이 모여 모계 씨족을 구성하며, 씨족은 총 30개였다. 벰바족의 사회 논리로 볼 때 아이는 여자의 피로 만들어졌다. 남자는 자손에게 피를 물려줄 수 없었기 때문에 아버지와 자식 사이에는 연관성이 없었다.

30개의 벰바족 씨족은 서로 간에 서열이 정해져 있으며 여자의 지위는 그녀가 속한 씨족의 지위에 따라 정해졌다. 이 책 앞에서 설명한 많은 사회와 마찬가지로 벰바족도 각 씨족이 먼저 온 순서를 근거로 지위를 정했다. 벰바족이 리처즈에게 들려준 바에 따르면 이들은 오늘날의 콩고민주공화국에 해당하는 루바족 지역에서 잠비아로 이주해 왔다. 리처즈는 벰바족 족장이 종교 의식을 거행하는 동안 사용하는 언어의 많은 부분이 루바어라는 사실이 그들의 기원을 뒷받침한다고 보았다. 루바어를 알고 있다는 것은 족장의 씨족이 가장 먼저 왔다는 것을 벰바족 내에 확인시켜 주었다. 여기서 다시 "우리가 먼저 왔다."는 원칙을 접하게 된다.

1933년의 벰바족 상황

리처즈가 연구한 벰바족의 30개 씨족은 제각기 동물이나 식물, 또는 비 같은 자연 현상에서 씨족 이름을 따왔다. 악어 씨족이 가장 지위가 높으며 대족장과 음푸무를 배출했다. 대족장은 악어 씨족 성원 중에서 가장 지위가 높은 여자의 아들 중에서 선출했다. 결정 과정에서 아버지는 거의 역할을 하지 못했는데, 이는 아버지가 다른 씨족 성원이며 단지 운이 좋아 악어 씨족 여자와 결혼한 것뿐이었기 때문이다.

대족장의 어머니 칸다무쿨루candamukulu는 벰바족 고위 자문회의에 속해 일하며 휘하에 몇 개 촌락을 다스렸다. 대족장의 여자 형제에게는 각자 관할 촌락이 할당되며 자기가 선택할 수 있는 만큼 많은 남자와 성관계를 가졌다. 심지어는 낮은 지위의 남자와도 성관계를 가졌는데 그 사이에서 낳은 자식도 상류층 여자의 혈통을 이어받은 것으로 간주되었기 때문이다.

치티무쿨루는 벰바족의 모든 영토를 관리했다. 그는 세속의 권한과 고등 판관의 지위를 가질 뿐만 아니라 의식 전문가이기도 했다. 예비 대족장은 수년 동안 음푸무로 일하면서 행정 능력을 기르고 업무 수행 능력을 평가받아야 했다. 치티무쿨루는 의식에 관한 금기를 준수해야 하며 높은 덕성과 순수성을 지녀야 했다. 벰바족 농업의 성공 여부가 치티무쿨루의 생명력이 얼마나 많이 비축되어 있는가에 달려 있었기 때문이다. 치티무쿨루는 공물에 의존하여 살며 프랑스인이 코르베corvée라고 일컫는 일종의 부역 노동을 백성에게 요구할 수 있었다. 치티무쿨루는 자기를 화나게 하는 사람은 누구든 팔다리를 잘라 불구로 만들 권리가 있었다. 그러므로 "악어 씨족이 이빨로 보통 사람들을 물어뜯는다."라고 평민들이 말하는 것을 종종 들을 수 있었다.

족장은 상류층 여성의 자손이지만, 다른 한편 벰바족은 새 족장과 이전 족장 사이에 허구적 연결 관계를 만들기도 했다. 새 족장이 취임할 때 선임 족장들의 칭호, 휘장, 권리, 의무를 물려받았다. 결국 새 족장은 이전 족장들과 매우 밀접한 연관을 갖게 되기 때문에 — 이름과 내력까지 그대로 물려받을 정도였다 — 그가 자기 삶에서 일어난 일을 말하는지 아니면 선임자들의 삶에서 일어난 일을 말하는지 알기 힘들었다. 이 과정에서 족장은 25명에서 30명 정도 되는 선임 치티무쿨루의 구전 내력을 암기하는 보좌역의 도움을 받았다.

벰바족 사회 체제에서 상류층 형제, 이복형제, 사촌이 지도자 지위를 놓고 다투는 일은 없었다. 그 대신 악어 씨족의 여자들이 아들을 지도자에 올리려고 서로 경쟁했으며 야심적인 어머니를 둔 지역 족장이 지도자 자리를 찬탈하는 사례도 있었다. 그런 경우 지도자 자리를 찬탈한 사람은 당연히 자신이 제1대 치티무쿨루에게까지 거슬러 올라가는 오랜 특권적인 혈통에 어느 정도 속해 있다고 주장하면서 역사를 새로 써야 했다.

벰바족 사회에서 족장이 죽은 뒤 그를 대우하는 방식을 보면 파나마와 콜롬비아의 장례식이 연상된다. 족장의 시신을 일 년 동안 건조한 뒤 제물로 바쳐진 희생자의 주검과 함께 신성한 숲에 묻었다. 족장의 무덤은 바바킬로babakilo라고 알려진 상류층 원로회의의 감독 아래 관리되었고 이 원로회의는 30명 내지 40명으로 구성되었다.

가장 전제적인 족장조차도 권력 분점으로부터 자유롭지 않았다는 점에서 바바킬로 제도를 살펴볼 필요가 있다. 바바킬로의 지위는 세습되었기 때문에 족장이 이 자리에 자기 세력을 앉힐 수 없었다. 바바킬로에 속한 원로들은 족장에게 정책 자문을 했다. 이들은 깃털로 만든 특별한 머리 장식을 썼으며 공물을 바치지 않았고 품격 있는 장례식으로 예우받았다. 족장은 오로지 자격을 갖춘 사람 중에서 선출되었던 반면 원로는 지위를 물려받았기 때문에 족장이 권력을 남용할 경우 원로회의가 쉽게 족장을 몰아낼 수 있었다.

또 다른 세습 지위로는 군사 지도자가 있었다. 벰바족은 체체파리 때문에 소를 부의 원천으로 삼을 수 없었고 이 때문에 전쟁이 매우 중요한 의미를 지녔다. 또 다른 부의 원천으로는 상아(주로 코끼리 엄니), 곡식, 철, 소금이 있었다. 리처즈에 따르면 앞서 살펴보았던 많은 사회와 마찬가지로 식민지 정부의 제재를 받기 전까지 전쟁이 매우 만연해 있었다.

벰바족은 웅장한 신전을 세우지는 않았지만 영토 곳곳의 신성한 장소에 사당을 두었고 사당마다 사제와 경비원을 두었다. 사제는 의식을 거행할 때 루바어를 사용했고 벰바족 의식을 비밀스럽고 엘리트주의적인 것으로 지켜 나갔다. 이러한 비밀스러움 때문에 악어 씨족과 평민 가계의 격차를 확고하게 굳힐 수 있었다.

악어 씨족은 의식의 순수성을 유지하는 데 필요한 강력한 생명력과 함께, 세습 전쟁 지도자를 뒷받침하는 정복에 관한 열정을 과시했다. 폴리네시아인이 토홍가라고 일컬었던 일종의 전문 기술이 벰바족에게서는 몇 가지 형태로 나타났다. 루바어를 익히고 이전 족장의 업적을 나열한 긴 목록을 암기하는 것이 한 가지 기량이었다. 또 다른 한 가지는 공예 기술이었는데 그 가운데 목재 조각, 바구니 세공, 철 가공이 가장 중요했다.

철 가공 기술자는 사회에서 특별한 역할을 맡았다. 그들이 무기와 농기구를 공급했을 뿐만 아니라 성스러운 대지에서 철을 추출해 다른 어떤 장인도 만들어 내지 못하는 온도로 그것을 다루었기 때문이다. 그들의 특별한 기술에는 무언가 마법 같은 것이 있었다.

벰바족 불평등의 특성

인류학자들은 치티무쿨루가 다스렸던 영토를 대족장 사회라고 규정할 것이다. 이 용어는 정치적 위계 체계가 세 단계로 구성된 지위 사회의 영토를 가리켰다. 맨 윗 단계에 대족장이 있으며 이들은 규모가 큰 영구적 촌락에서 생활했다. 위계 체계의 두 번째는 음푸무이며 이들은 이칼로라는 지역 단위를 이끌었다. 세 번째 단계는 부副족장이며 이들은 각 지역 내에서 거점을 옮겨 다니는 규모가 작은 촌락을 다스렸다. 공물은 맨 아래 부족장에서 위 단계인 지역 단위 족장에게로, 그다음 대족장에게로 올라갔고, 명령과 정책은 동일한 지휘 체계에서 하향식으로 내려왔다.

대족장은 "이빨로 평민을 갈갈이 찢을" 수 있는 악어 씨족에서 나왔다. 그렇지만 대족장이라도 원로회의와 권력을 나누어 가졌으며 원로의 지위는 세습되었기 때문에 족장이 원로회의의 성원을 교체할 수 없었다. 사회의 주요 전쟁 지도자 역시 지위가 세습되었다. 따라서 전쟁 지도자에게 원로회의에 맞서 대족장의 편을 들라고 강요하지 못했다.

족장의 권한은 궁극적으로 지위가 높은 그의 어머니에게서 나왔다. 하지만 대족장에 오르기 전에 지역 단위 족장을 맡음으로써 행정 능력을 입증해야 했다. 모든 치티무쿨루는 백성의 신체를 불구로 만들 수 있는 권력을 가질 만큼 잠재적으로 전제 군주가 될 가능성이 있었지만, 그런 그조차도 일정한 제약 내에서 활동해야 했다.

이제 벰바족 사회와 티코피아 섬 사회의 차이점을 살펴보자. 티코피아 섬 사회의 아리키는 지위가 가장 높았음에도 여전히 네 명의 족장 가운데 한 명일 뿐이었다. 이 사회의 평민은 수사법상으로 족장의 똥을 먹겠다고 제안했지만 그럼에도 족장의 장례식에 사람을 제물로 바치지는 않았다. 족장은 평민 가계 출신의 원로에게서 자문을 받았으며 평민 가계 성원이 행복하게 살아가도록 최선을 다했다. 화난 족장이 특정 백성을 지목하거나 범죄자를 추방할 수 있었지만, 자신을 화나게 했다는 이유만으로 권력을 휘둘러 백성의 신체를 훼손하고 불구로 만들었다면 비판을 받았을 것이다.

벰바족 사회의 대족장은 14만 명을 다스리는 최고 지도자였다. 그는 티코피아 섬 사회의 아리키에 비해 권력을 남용할 가능성이 아주 많았다. 평민 씨족 출신의 원로는 대족장을 견제할 방법이 없었다. 아마도 이런 이유 때문이었겠지만 벰바족 족장이 다스리는 사회는 정치 자문역과 전쟁 지도자의 지위를 세습하도록 함으로써 족장이 이들을 좌지우지하지 못하도록 막았다.

벰바족 사회가 권력 분점 제도를 두기는 했지만 어떤 중요한 한계점에 이른 것으로 보였다. 물론 정치적 위계 체계상에 많은 단계가 있고 관료로 여길 만한 여러 범주의 인사가 있었기 때문에, 족장을 왕으로 바꾸고 족장 사회를 왕국으로 변화시키는 데 아주 많은 사회 논리의 변화가 필요하지는 않았을 것이다. 이 책 뒤에 가서 반투어를 쓰는 또 다른 집단인 남아프리카공화국의 줄루족에게서 이러한 변화가 일어난 것을 보게 될 것이다.

아메리카 대륙: 신전의 출현

약 3,500년 전 멕시코와 페루의 고지대에는 성과 기반 사회가 널리 퍼져 있었다. 이 사회들 중 많은 곳은 산업화 이전 세계에 자주 보이는 남자 숙소 같은 작은 규모의 의식용 구조물을 지었다.

제3세계의 몇몇 지역에서는 20세기에 들어선 지 한참이 지나도록 여전히 남자 숙소를 짓는 곳도 있었다. 하지만 멕시코와 페루는 그렇지 않았다. 두 나라에서는 성과 기반 사회에서 세습 지위 사회로 바뀌는 시점이 찾아왔다. 그런 변화가 시작되자 사회의 지도자는 신전을 세우기 시작했다. 신전과 작은 규모의 의식용 가옥이 한동안 공존했지만 결국은 의식용 가옥이 사라졌다.

분명 초기 지위 사회의 신전은 오늘날 산업 국가에 들어선 일반적인 교회나 이슬람교 사원, 유대교 회당과는 달랐다. 초기 신전 중에는 표준 형태에 맞지 않아 신전이라고 볼 수 없는 것도 있었다. 이어지는 내용에서는 몇 가지 고고학 사례를 살펴볼 것이다.

오악사카 밸리: 남자 숙소가 신전으로

3,200년 전에서 2,900년 전 사이 멕시코 오악사카 밸리에서 중요한 변화가 일어났다. 코니아크 나가족이나 카친족의 것에 비견할 만한 세습 지위의 흔적이 12개가 넘는 증거에서 나타났다. 이러한 변화는 인구 성장이 두드러졌던 시기에 일어났다. 지역의 촌락 수가 19개에서 40개로 거의 두 배나 늘었고 대략적인 인구도 700명에서 2천 명으로 거의 세 배가 늘었다. 게다가 계곡 인구의 50퍼센트가 산호세 모고테라는 커다란 촌락 한 곳에 모여 살았으며 60만 제곱미터의 면적 곳곳에 복합 주거 구역 여러 곳이 흩어져 있었다.

산호세 모고테에 거주하는 특권층 가족은 다른 지위 사회에서 나타나는 몇 가지 행동 방식을 보였다. 이들은 자녀의 두개골 모양을 변형시켜 조상이 귀족임을 분명하게 나타냈으며 상류층 자녀를 묻을 때 사치품을 함께 묻었다. 이러한 물품 가운데 땅과 하늘을 주제로 조각을 새긴 도자기가 있었다. 카친족의 족장 가족이 샤딥이라는 땅의 최고 영혼과 마대라는 하늘의 최고 영혼이 자신들과 특별한 관계에 있다고 주장했던 점을 떠올려 보라. 오악사카 밸리의 촌락 사람들에게도 땅과 하늘에 관한 비슷한 이분법이 있었던 것 같다. 이들은 가장 극적인 형태, 또는 "분노한" 형태로 두 천상의 영혼을 묘사했다. 땅의 영혼은 '지진'이고, 하늘의 영혼은 '번개'였다. 상류층 성인 남자를 매장할 때는 이러한 조각을 새긴 그릇을 함께 묻었지만 성인 여자를 매장할 때는 그릇을 함께 묻지 않았다. 이 사실로 볼 때 땅 또는 하늘 그릇과 함께 묻힌 아이는 높은 지위의 부모를 둔 아들이었을 가능성이 높다.

사치품에는 철광석 표면을 매끄럽게 연마한 거울도 들어 있었다. 대부분의 철은 산호세 모고테에서 걸어서 하루 정도 걸리는 범위에 있는 노두에서 캤으며 대개 이를 거울로 제작하는 일은 같은 거주 구역에 사는 공예 기술자에 의해 이루어졌다. 대부분의 거울은 현지의 남자와 여자들이 지니고 다녔지만(혹은 매장할 때 함께 묻었다.) 오악사카에서 만든 철 물품은 인근 지역 족장에게 팔리기도 했다.

철광석 거울은 족장 가족만 지녔던 것으로 보이지만 비취/사문석, 운모, 바다 조개껍질과 같은 다른 귀중품은 그렇지 않았다. 이러한 상황은 콜롬비아 카우카 밸리의 양상과 유사하다. 그곳에서는 "혈통에 의한 귀족"뿐만 아니라 "전쟁 지휘에 의한 귀족", 그리고 "부에 의한 귀족"도 금을 축적했다. 산호세 모고테의 상류층은 다른 성원에 비해 비취/사문석, 진주층 장신구를 더 많이 가졌지만 지위가 낮은 사람도 적으나마 일정량을 가졌다.

산호세 모고테의 남동쪽에 1만 2천 제곱미터 면적의 촌락 산토도밍고 토말테펙이 있는데, 이곳에서 발견된 묘지는 상류층 남자와 비非상류층 남자가 죽었을 때 각기 어떤 대우를 받는지 보여 주었다. 이 묘지에는 60개가 넘는 무덤이 있었으며 한 명 이상이 묻힌 무덤도 있었기 때문에 묘지에 묻힌 유골은 모두 80개 가까이 되었다. 남자와 여자가 쌍으로 묻힌 경우가 많았으며 이로 미루어 보아 부인과 남편을 따로따로 묻기보다는 부부를 함께 묻었을 것이다. 어떤 부부의 경우 남편은 번개를 주제로 조각을 새긴 그릇을 갖고 있었고 여자는 철광석 거울을 갖고 있었다. 또한 형체 일부가 유실된 유골이 완전한 형체의 유골과 함께 묻힌 경우도 있었다. 이는 죽은 사람을 파내어 부부나 친척끼리 함께 묻었다는 것을 의미한다.

이 묘지에서 발견된 주검 가운데 중년 남자 여섯 명의 무리는 유난히 달랐다. 이들 모두 온몸을 완전히 오므린 자세였기 때문에 아마도 헝겊으로 꽁꽁 싸맸던 것으로 짐작된다. 묘지 전체로 보면 겨우 12.7퍼센트의 면적이지만 번개를 묘사한 도자기의 50퍼센트와 비취/사문석 목걸이의 88퍼센트가 이들과 함께 묻혀 있었다. 파냈다가 다시 묻은 유골 잔해 대부분이 이 여섯 명의 무덤에 다시 묻혔는데, 이는 이들 중 몇몇이 부인을 한 명 이상 두었을 것이라는 사실을 암시한다. 아마도 이들은 촌락의 지도자였을 것이며, 매장하기 전에 시신을 헝겊으로 꽁꽁 묶어 한동안 보관하면서 예우하고 어쩌면 특정 방식으로 건조하거나 훈제했을 것이다.

이 시기에 산호세 모고테 촌락 사람들은 남자 숙소와 신전을 둘 다 지었다. 다시 말해서 이 시기는 의식용 건물이 한 형태에서 다른 형태로 넘어가는 이행기이며, 티코피아 섬에서 보았던 상황을 연상시켰다.

남자 숙소는 여전히 단순한 방 형태였으며 회반죽이 칠해져 있었다. 산호세 모고테의 규모가 커지고 주거 구역이 확실하게 나뉨으로써 각 주거 구역별로 독자적인 남자 숙소를 세웠다는 것을 쉽게 알 수 있다.

여자들의 의식이 치러지는 주된 장소는 여전히 가정 안이었다. 여자들은 가정 내에서 물을 가득 채운 얕은 그릇에 콩이나 옥수수 알을 던져 마치 점쟁이가 찻잎을 읽는 것처럼 물 위에 떠 있는 곡식 알을 읽으면서 의식을 거행했다. 말하자면 사포텍족의 전통적인 점占이라고 할 수 있었다. 또한 여자들은 조상의 모습을 담은 작은 도자기 인형을 수백 개 만들어 조상의 영혼이 다시 깃들도록 형체를 제공했다. 때로는 의식을 거행할 때 직접 말을 걸기 위한 목적도 있었을 것이다. 이 도자기 인형을 놓아두고 의식 절차에 따라 "음식을 제공했으며" 후손을 대신해서 더 높은 영혼에게 간청해 달라고 청했다.

도자기 인형에는 사회적 지위도 반영되었던 것 같다. 몇몇 도자기 인형은 권력자의 자리처럼 보이는 곳에 앉아 있었다. 이 앉아 있는 남자 형상은 때로 두개골이 변형되어 있고, 치아가 가지런하며, 실패 모양의 경옥 귀 장신구나 다른 장신구를 하기도 했다. 고고학자들은 족장 가계의 남자가 앉았을 것으로 보이는 다리 네 개 달린 의자의 소형 모형도 발견했다. 하지만 이보다 훨씬 많은 수의 도자기 조각상이 경의를 표하거나 복종하는 자세로 두 팔을 가슴 앞에 포갠 채 서 있었다. 도자기 형상을 배열해 놓은 한 진열 장면에서는 앉아 있는 남자 권력자가 경의를 표하는 세 남자 위에 자리 잡고 있었다. 이 장면은 아랫사람이 층층이 깔린 단 위에 앉은 자세로 묻힌 파나마 족장의 무덤을 연상시켰다.

이 시기의 혁신 중 하나가 신전이었다. 흙으로 만든 피라미드형 기단 위에 건물을 지어 신전이 촌락보다 높은 곳에 위치하도록 했다. 이는 남자 숙소와 관련 있는 그 어떤 것과도 다른 형태였다. 각 기단의 외부는 회반죽 없이 돌을 모양에 따라 차곡차곡 쌓아 올린 벽으로 되어 있었다. 기단의 내부는 흙으로 메운 뒤 어도비* 점토 벽으로 보강했다. 신전 건물 자체는 소나무 기둥, 식물 줄기에 점토를 바른 벽, 이엉지붕, 반질반질한 점토 바닥으로 되어 있어서 영구

* 짚과 점토를 섞어 햇볕에 말려 만든 벽돌.

적이지 않은 건물이었다. 초창기 신전은 표준 형태에 맞지 않았으며 기단으로 올라가는 계단은 한 줄로 좁게 나 있었다.

산호세 모고테 족장이 다스리던 영토의 크기를 가늠할 수 있는 뜻밖의 단서가 한 신전 기단에 쌓인 돌에서 발견되었다. 산호세 모고테 유적지는 기반암이 응회암이며 대부분의 돌이 응회암이었지만 석회암이나 온천 침전물로 된 둥근 돌도 많았다. 이는 5킬로미터 내지 8킬로미터 떨어진 인근 촌락에서 구할 수 있는 돌이었다. 아마도 산호세 모고테의 지도자는 이제 인근 촌락의 노동력까지 신전 공사에 차출할 수 있었던 것 같다. 이러한 특징은 그 어떤 남자 숙소에서도 볼 수 없는 것으로, 남자 숙소의 경우는 후손 집단 등 좀 더 작은 사회 단위의 힘으로 건물을 지었다.

산호세 모고테의 족장은 얼마나 넓은 영토를 다스렸을까? 한 고고학 조사에서 밝혀낸 바에 따르면 산호세 모고테 주변에 12개 내지 14개의 소규모 촌락들이 둘러싸고 있었으며 마치 1만 2천 제곱미터 내지 2만 제곱미터에 이르는 위성들이 60만 제곱미터 면적의 태양에 의해 인력으로 연결된 것 같은 모습이었다. 거리상으로 볼 때 최소한 한나절 거리 너머까지 족장의 권한이 미쳤을 것이다.

오악사카 밸리의 순환적 변동

세계 다른 많은 지역에서 그랬듯이 오악사카 밸리의 족장 사회도 확장과 축소의 순환적 변동을 거쳤다. 약 2,900년 전 이 지역에는 인구나 위성 촌락의 수, 신전 규모 면에서 산호세 모고테에 필적할 만한 촌락이 없었다. 하지만 이후 두 세기가 지나는 동안 산호세 모고테와 경쟁할 만한 촌락이 등장했다. 그중 하나가 북쪽으로 16킬

그림 27 | 멕시코 우이트소에 있는 이 신전은 2,800년 전에 세워진 것으로 방 하나로 된 건물이며 이전의 남자 숙소에 있던 좌석이나 석회를 채운 구덩이가 없었다. 신전은 흙으로 만든 기단 위에 세웠으며 이 기단에는 폭 7.5미터의 계단이 있고 향로가 있었다.

로미터 떨어진 우이트소 촌락이었으며 웅장한 신전을 두고 있었다. 또 다른 촌락으로는 남쪽으로 32킬로미터 떨어진 곳에 산마르틴 틸카헤테가 있었다.

이렇게 부상했던 족장들이 자원과 위성 촌락으로 둘러싸인 산호세 모고테의 장악력에 어느 정도 영향을 미쳤는지는 가늠하기 힘들다. 다만 산호세 모고테로 들어오는 철광석의 양이 감소한 점에서 한 가지 단서를 찾을 수 있다. 우이트소가 북쪽 끝에 있는 철광석 공급지에 접근하지 못하도록 막았고 틸카헤테가 남쪽 끝에 있는 공급지에 접근하지 못하도록 막았기 때문이다.

2,800년 전 우이트소에 세워진 신전은 산호세 모고테의 여느 신전 못지않게 인상적이었다(그림 27). 토대가 되는 피라미드형 둔덕은 2미터 높이에 한 변의 길이가 15미터가 넘었다. 외부 벽은 둥근

돌이나 자갈 사이에 단단한 점토를 발라 고정해 놓았고 내부는 흙을 쌓은 뒤 어도비 점토 벽으로 보강했다. 이 둔덕 위에 신전이 있었으며 어도비 점토로 된 기단 위에 두툼한 식물 줄기와 점토로 벽을 세운 건물이었다. 기단의 높이는 1미터, 길이는 최소한 11미터였으며 폭 7.5미터의 계단을 통해 신전으로 올라갔다. 계단의 폭이 넓었던 것으로 보아 이전의 신전 건물에 있던 한 줄짜리 좁은 계단에 비해 훨씬 많은 사람이 신전에 들어갈 수 있었을 것이다.

이 무렵 오악사카 밸리의 고고학 기록에서 남자 숙소를 볼 수 없다는 점은 매우 중요한 의미를 지닌다. 이제 지위 사회로 완전히 이행한 것이다.

경쟁 족장들이 도전하는 상황에서 산호세 모고테의 상류층은 위성 촌락들을 묶어 두기 위해 다양한 전략을 구사했다. 지위가 높은 여자를 위성 촌락의 지도자와 결혼시키는 것도 한 가지 전략이었던 것 같다. 히포가미(여자가 자기보다 지위가 낮은 남자와 결혼하는 것을 가리키는 그리스어)라고 불리는 이 전략은 위성 촌락 지도자의 지위를 높여 주었다. 샨족 신부가 카친족 족장의 지위를 높여 주었던 것과 같은 방식이었다.

히포가미를 아주 잘 보여 주는 증거가 파브리카 산호세에서 나왔다. 이곳은 산호세 모고테에서 동쪽으로 5킬로미터 떨어진 2만 제곱미터 면적의 촌락이었다. 이곳에 있는 염천鹽泉에서 지역 전체에 소금을 공급했기 때문에 산호세 모고테에 경제적으로 중요한 위성 촌락이었다.

2,800년 전에서 2,600년 전 사이 파브리카 산호세에서 가장 호화로운 무덤은 여성의 무덤이었다. 이 여성들 중 몇몇은 산호세 모고

테의 지위가 높은 가문에서 보았던 것과 동일한 두개골 변형이 있는 것으로 보아 그곳 출신이었을 가능성이 높다. 무덤 39호에는 펜던트 한 개, 비취/사문석 구슬 53개, 그리고 계곡 바깥 지역에서 수입한 우아한 흰색 도자기 물그릇 한 개가 묻혀 있었다. 무덤 54호에는 고급 회색 도자기 그릇 여섯 개, 바다 조개로 된 공물, 조상의 모습을 닮은 속이 빈 커다란 도자기 조각상이 함께 묻혀 있었다.

2,700년 전에서 2,500년 전 사이 산호세 모고테는 이전 시대의 시련을 회복하고 오악사카 밸리의 가장 영향력 있는 족장 사회 중심지로서 위치를 공고히 다졌다. 삼각 별 모양의 지역 2,100제곱킬로미터에 70개 내지 85개 정도의 촌락이 들어서 있었다. 산호세 모고테는 삼각 별 모양의 북쪽 줄기에 위치해 있었으며 주변에 18개에서 23개 정도의 작은 위성 촌락을 거느렸다. 동쪽 줄기에서 가장 중요한 족장 사회 중심지는 예구이였으며 여덟 개에서 열 개 정도의 자체 위성 촌락을 거느렸다. 남쪽 줄기에 있는 산마르틴 틸카헤테는 여전히 가장 넓은 족장 사회 중심지였으며 여덟 개에서 열 개 정도의 위성 촌락을 거느렸다.

이 세 족장 사회의 경쟁이 대단히 치열해서 세 개의 줄기가 만나는 지역 중심부는 사실상 완충 지대 혹은 무인 지대로 남겨져 있었다. 77제곱킬로미터에 이르는 이 중심부는 분명 사람이 살기 힘든 위험한 지역으로 간주되었을 것이다.

이 시기에 산호세 모고테는 지역에서 가장 규모가 크고 웅장한 신전을 지었다. 먼 거리에서도 신전이 보이도록 촌락에서 가장 눈에 잘 띄는 12미터 높이의 언덕을 신전 부지로 삼았다. 약 2,600년 전에 지어진 이 신전은 폐기된 남자 숙소의 잔해 위에 세워졌다.

신전 자체는 식물 줄기 다발에 점토 반죽을 발라 회반죽을 하얗게 칠한 두꺼운 벽으로 되어 있었다. 신전은 어도비 점토 벽돌로 쌓은 가로 14미터, 세로 13미터의 기단 위에 세워졌으며 바닥이 기단 속으로 움푹 파였다. 네 모서리 아래에는 커다란 그릇이 묻혀 있었다. 북동쪽과 남서쪽 모서리에는 갈색 그릇이, 북서쪽과 남동쪽 모서리 아래에는 회색 그릇이 묻혀 있었다. 아마도 신전의 개관식 때 축하객에게 음식을 담아 내놓았을 것으로 보이는 이 그릇들은 헌납 공물로 바쳐져 이곳에 묻혔다. 신전 바닥에는 의식 절차상 사혈을 하기 위한 용도로 만든 가오리 뼈 모조품이 부러진 채 놓여 있었다. 커다란 칼날 모양의 수입 흑요석을 깎아 만든 것이었다.

앞서 언급한 어도비 점토 벽돌 기단은 다시 이보다 큰 석조 기단으로 지탱되고 있었으며 가장 초기 건축 단계에서는 한 변의 길이가 17미터이고 높이는 1.8미터가 넘었다. 이후 이 기단의 크기는 최소한 두 배 이상 커졌다. 마지막 단계에 오면 가로세로 길이가 28미터, 21미터에 달하며 무게가 거의 0.5톤에 이르는 석회암 덩어리로 기단을 쌓았다. 이 바윗덩어리는 5킬로미터 가까이 떨어진 채석장에서 캐 왔다. 이를 운반하려면 뗏목을 이용하여 강을 건넌 뒤 언덕 위까지 끌고 올라가야 했을 것이다.

신전을 지은 사람들에게는 안타까운 일이지만 이렇게 대단한 신전도 습격에는 대비하지 못했다. 신전의 역사 말기에 심각한 화재로 건물이 부서지고 점토 반죽이 유리 덩이로 변해 버렸다. 점토가 유리 덩이로 변해 버린 것으로 보아 필시 고의적인 방화였을 것이다.

이와 같이 신전이 훼손되자 산호세 모고테 촌락 사람들은 몇 가지 대응책을 세웠다. 우선 북쪽으로 얼마 떨어지지 않은 곳에 새 신

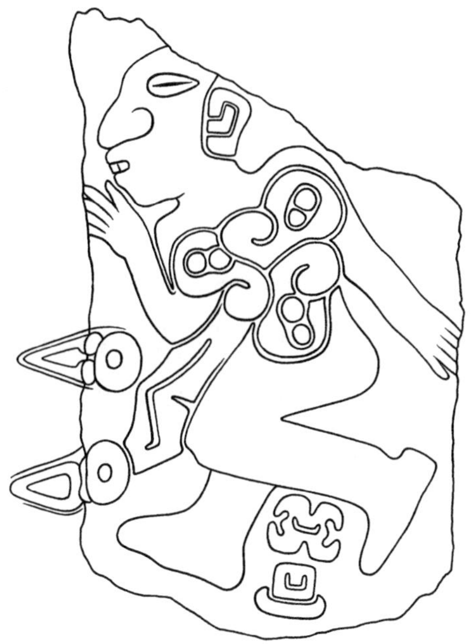

그림 28 | 멕시코 산호세 모고테에서 발견된 이 석판 조각은 2,600년 된 신전의 이전 건물과 신축 건물 사이를 잇는 통로의 문지방 역할을 했다. 상류층이었던 적의 상형 문자 이름을 새겨 놓았으며, 심장이 제거된 적의 몸에서 흘러나오는 핏줄기가 석판 가장자리를 따라 측면까지 이어져 있었다. 이 기념석의 길이는 1.5미터가 채 되지 않았다.

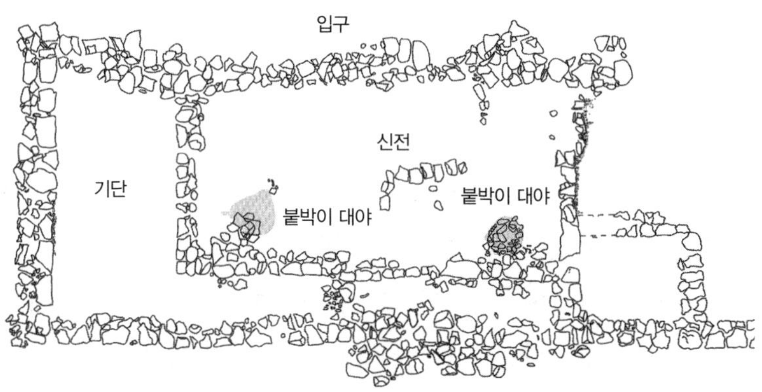

그림 29 | 2,500년 전 멕시코 틸카헤테에 세워진 신전의 석조 토대. 가로세로 길이가 6.5미터, 2.5미터인 이 신전에는 불을 피우는 붙박이 대야가 두 개 있었고 향을 피우는 향로도 여러 개 있었다.

전을 지었다. 새 신전은 석조 토대 위에 보다 튼튼한 어도비 벽돌로 벽을 쌓아 지었다. 그 아래 기단은 이전 신전에서 사용했던 것과 같은 종류의 석회암 덩이로 세웠지만 이번에는 훨씬 높게 쌓았다. 새 신전의 목재 기둥에 대해 방사성 탄소 연대 측정을 한 결과 2,590년 전에 신전을 세운 것으로 밝혀졌다.

이전 신전이 불탄 것에 대한 두 번째 대응책으로 폭력적인 보복이 있었을 것이다. 이러한 보복 행위를 후세에 길이 전하기 위해 석판 조각에 새겨 기념했으며, 이 석판 조각을 새 신전 측면에 나 있는 좁은 통로 초입에 설치하여 통로의 문지방으로 삼았다. 이 통로를 지나가는 사람은 누구나 석판 윗면에 새겨진 형상을 밟고 다녔을 것이다. 조각에는 벌거벗은 한 남자가 입을 벌리고 두 눈을 감은 채 어색한 자세로 등을 대고 누워 있었다(그림 28). 석판에 새겨진 복잡한 문양은 제물 의식이 열리는 동안 남자의 가슴을 열어 심장을 제거하는 모습을 묘사하고 있다. 피를 나타내는 리본 모양의 줄기가 문양에서 이어져 나와 기념석의 경계선까지 연결되다가 마지막에는 양식화된 두 개의 핏방울 모양으로 끝났다. 제물로 바쳐진 희생자의 두 발 사이에는 사포텍어 상형 문자로 표기한 그의 이름이 보였다. 기념석에 희생자의 이름을 새겼다는 사실로 미루어 볼 때 그는 중요한 적, 다시 말해 경쟁 족장 가문의 사람이었을 것이다.

희생자가 어느 촌락 출신인지는 알 수 없다. 우리가 아는 것은 다음 한 세기가 지나는 동안 경쟁 중심지였던 산마르틴 틸카헤테가 중요한 의미를 지니는 독자적인 신전을 세웠다는 사실이다(그림 29). 2,500년 전에 세워진 이 신전을 발굴한 사람은 고고학자 찰스 스펜서와 엘사 레드먼드였다. 틸카헤테 신전은 맨 먼저 기단을 세웠다. 기단은 벽을 세워 안쪽을 흙으로 채운 석조 구조물로 높이가 1미터이며 가로세로는 12미터, 7.5미터였다. 이 기단 위에 가로 6.5미터, 세로 2.5미터인 방 하나로 된 신전을 세웠다. 특징적인 것은 번제 제물*을 바치기 위한 붙박이 대야가 설치되어 있었다는 점이다. 또한 후기 사포텍 신전으로 가면 일상적인 활동으로 향을 피우는데, 이처럼 향을 피우는 화로도 이 신전과 관계가 있었다.

오악사카 밸리의 지위 사회

앞서 보았듯이 3,200년 전에서 3,100년 전 사이에 오악사카 밸리에 지위 사회가 등장했다는 것을 의미하는 여러 겹의 증거가 있다. 골드먼이 말한 족장 권력의 세 가지 원천 중에서 우리는 종교적 권한이 가장 높았을 것으로 판단한다. 첫째 이유로는 가장 분명하게 상류층으로 보이는 가구와 무덤이 그들보다 지위가 낮은 이웃에 비해 땅과 하늘을 나타내는 조각을 새긴 그릇을 훨씬 많이 갖고 있었다. 둘째 이유는 신전이 점차 남자 숙소를 대체했다는 점이다. 이는 족장의 가계 혈통에 있는 초자연적인 영혼(또는 영혼들)에 대한 숭배가 촌락 전체의 관심사로 자리 잡았다는 것을 의미한다.

하지만 오악사카에서 벌어진 일이 아무것도 없는 진공 상태에서 일어난 것은 아니었다. 멕시코 중부 및 남부 지역 전역에 걸쳐 족장 사회가 등장했으며 이는 콜롬비아 카우카 밸리에 비해 몇 배나 넓은 면적이었다. 북쪽(현재의 멕시코시티 지역)의 멕시코 분지에서 남쪽 태평양 연안 치아파스에 걸쳐 사회적 불평등이 점차 커지고 있

* 제단 위에서 구워 신에게 바치는 제물.

었다.

이처럼 부상하는 지위 사회가 모두 상호 관계를 맺고 있었다는 것을 보여 주는 증거가 있다. 땅과 하늘을 주제로 한 그릇이 이 사회들의 상류층 사이에서 활발하게 교환되었다는 사실이다. 예를 들어 그릇의 점토에 포함된 광물을 분석한 결과를 보면 멕시코 분지, 푸에블라 밸리와 오악사카 밸리, 베라크루스 만 연안의 촌락 사이에서 조각을 새긴 도자기가 교환되었을 것으로 짐작된다.

이 교환 제도는 아마도 틀링깃족, 하이다족, 침시아족 사이에서 문장이 통용되던 것이나 파나마와 콜롬비아의 족장 가문 사이에 도자기와 금세공품이 돌아다니는 것과 유사했을 것이다. 다름 아닌 이런 방식의 교환이 이루어지는 과정에서 족장 가문은 솜씨 좋은 장인의 후원자가 되었다. 멕시코 사례에서 우리가 느낀 인상은 비록 멕시코 분지가 이 시대에 가장 강력하고 규모가 큰 지위 사회의 근거지는 아닐지라도 이곳의 공예 기술자가 가장 우아한 도자기 그릇과 도자기 조각상을 제작했다는 점이다. 이 때문에 도공은 멕시코에서 킴바야의 금세공 기술자와 같은 위상을 지니게 되었을 것이다.

이 시대의 모든 지위 사회는 코니아크 나가족이나 카친족과 같은 순환적 변동을 겪었을 가능성이 있다. 앞서 보았듯이 2,850년 전부터 2,700년 전까지 경쟁 족장들이 부상하면서 오악사카 밸리에서 가장 규모가 큰 지위 사회의 우위가 흔들렸다. 이 사회가 우위를 되찾긴 했지만, 이 과정에서 웅장한 신전을 세운다든가, 새로운 위성 촌락을 끌어들인다든가, 상류층 여자를 위성 촌락의 지도자와 결혼시킨다든가, 전투 부대를 보내 경쟁 촌락의 상류층을 잡아 와 제물로 바친다든가 하는 복합적인 전략을 구사해야 했다. 이렇게 습격에 의존하는 일이 늘어나면서 멕시코 고지대 사회는 어빙 골드먼이 말한 "이행기적" 유형, 다시 말해 주로 종교적 권한을 기반으로 하던 사회에서 종교적 권한과 군사적 팽창과 공예 기술자에 대한 후원이 결합된 보다 강력한 권력 유형으로 바뀌었다.

이제 오악사카 밸리의 사회는 중대한 경계점에 이르렀다. 경쟁 관계에 있는 세 족장 사회는 사람이 살지 않는 완충 지대를 사이에 두고 서로 노려보았다. 이 가운데 가장 북쪽에 있는 사회가 가장 컸지만 규모의 이점만으로는 다른 세력을 제압하기에 부족했다. 이후 이곳에는 전례가 없는 일이 벌어지면서 수 세기에 걸친 싸움 끝에 멕시코 최초의 왕국 중 하나가 탄생했다. 이 주목할 만한 과정에 관해서는 이 책 뒤에 가서 설명할 것이다.

페루 중부 지역: 의식용 가옥에서 신전으로

지난번에 페루의 라갈가다 유적지를 설명할 때는 활석 반죽을 바른 의식용 가옥이 커다란 U자형 신전으로 막 바뀐 상태였다. 이 시점은 대략 3,500년 전이며 오악사카 밸리에 처음 신전이 들어서기 500년 전의 일이었다.

사실 페루 중부 해안 지역의 몇몇 사회는 라갈가다보다 먼저 신전을 짓고 있었다. 우선 수페 밸리로 시선을 돌려보자. 이곳은 리마에서 북쪽으로 145킬로미터 떨어져 있다. 리오수페 강은 저 높은 안데스 산맥에서 시작해서 라갈가다 촌락을 유지해 주던 것과 같은 흙먼지 많은 협곡 사이를 흘러 내려온 뒤 바다에서 25킬로미터 내지 32킬로미터 떨어진 지점에서 해안 평야로 이어졌다. 25킬로미터 길이에 이르는 이 마지막 범람원이 후기 고대 시대에 높은 인구 밀도의 정착지를 유지시켜 주었으며 이 정착지 중 몇몇에서 신전으로 보이는 건물을 지었다.

루스 샤디가 이끄는 한 고고학 팀이 수페 밸리에서 25제곱킬로미터 면적의 지역을 조사했고 후기 고대 시대(4,500년 전에서 3,800년 전 사이)의 유적지 18곳을 찾아냈다. 그중 규모가 큰 세 곳이 에라데 판도(80만 제곱미터), 카랄(60만 제곱미터), 푸에블로 누에보(55만 제곱미터)였다. 강 하구 가까이에는 아스페로 유적지가 있었으며 이곳은 15만 제곱미터 면적으로 기념비적인 건축물이 자리하고 있었다.

수페 밸리의 후기 고대 사회는 농경, 고기잡이, 수렵채집이 혼합된 생활을 했다. 내륙 지역의 식물 재배자가 해안 지역의 고기잡이에게 목화와 호리병박을 가져다주고 고기잡이는 말린 멸치와 정어리를 식물 재배자에게 보답으로 준 흔적도 보였다.

아스페로 촌락은 얕은 분지에 위치했으며 바다 쪽으로 튀어나온 바위 언덕이 주변을 둘러싸고 있었다. 15개에서 20개 사이의 인공 둔덕이 지금도 지저분한 쓰레기 더미 위로 솟아 있다. 이 가운데 가장 큰 둔덕 두 곳이 고고학자 로버트 펠드먼에 의해 발굴되었다. 각 둔덕 꼭대기에는 방이 여러 개인 웅장한 건물이 있었다.

건물 중 한 곳은 계단을 통해 올라가는데 가운데에 화덕이 있는 커다란 마당이 있었다. 이 마당은 제물로 바쳐진 두 명의 인간과 연관이 있었다. 한 명은 호리병박 그릇을 들고 있는 성인이며 보따리 안에 온몸이 꽁꽁 묶인 자세로 묻혀 있었다. 다른 한 명은 어린 아기인데 면직물에 감싸인 상태로 바구니 안에 들어 있었다. 아기는 500개의 바다 조개와 점토 또는 식물 재료로 뒤덮인 모자를 쓰고 있었으며 함께 묻힌 바구니는 다리가 네 개 달린 돌 대야로 덮여 있었다. 제물로 바쳐진 아이는 중요한 가문의 자식이었을 것이다.

경사로를 통해 올라가는 두 번째 건물은 가로 27미터, 세로 18미터가 넘었고 높은 벽으로 둘러싼 출입구가 있었으며 그 옆으로 여러 개의 작은 방과 뜰이 있었다. 진흙 벽돌로 쌓은 벽은 직사각형의 벽감과 벽돌 프리즈로 장식되어 있었고 벽감 안에는 굽지 않은 점토 조각상이 13개 들어 있었다. 펠드먼은 이 건물을 신전이라고 단언하는 데 머뭇거렸다. 4,500년 전에 지어진 이 의식용 건축물이 아직은 표준 형태에 잘 맞지 않는다는 것이 부분적인 이유였다. 하지만 건물을 바닥에서 올려 지은 점, 진흙 벽돌로 복잡한 장식을 만든 점, 가정용 쓰레기가 없는 점 등 모든 점에서 볼 때 이 건물은 일종의 신전이었을 것으로 짐작된다.

리오수페 강 왼편에서 내륙으로 20킬로미터 들어간 곳에 후기 고대 유적지 카랄이 있으며 이곳 덕분에 초기 페루 신전과 관련해 훨씬 많은 사례를 확보할 수 있었다. 모래 평야와 움푹 들어간 지형 사이사이에 바위 언덕이 드문드문 솟아 있는 풍경 속에 정착지가 구불구불 뻗어 있었다. 정착지의 중앙 저지대 주변으로 눈에 두드러지는 건물 12개가 빙 둘러싸고 있었을 것이다.

카랄의 배치 구조는 지금까지 본 여느 촌락과도 달랐다. 공공건물마다 여러 개의 방이 있는 주거 복합 건물이 붙어 있는 듯했다. 주거 복합 건물은 양식과 방위가 각기 달랐으며 마스터플랜 아래 하나로 통합된 느낌이 전혀 들지 않았다. 대신 여러 개의 사회 단위가 모인 것 같은 인상이었으며, 각 사회 단위가 저마다 의식용 복합 건물을 세운 것 같았다. 주요 건물 중에는 피라미드형 둔덕 위에 세워진 신전이 있는가 하면 마치 의식의 이동 행렬을 나타내는 듯 여러 구성 요소가 일렬로 늘어선 선형 구조의 복합 건물도 있었다.

가장 인상적인 몇몇 건물은 자연적으로 돌출된 바위 주변에 세워져 있었다. 이렇게 기반암을 이용하여 노동력을 절약하는 것은 소위 '채석장 피라미드'라고 불리는 건물에서 뚜렷이 나타나는데, 이 건물의 경우 자연 언덕이 건물의 핵심부를 이루고 언덕에서 돌을 캐내는 방식으로 건물의 계단과 테라스를 만들었다. 노출된 암석이 없을 때 카랄의 건축 설계자는 페루 고고학자들이 이른바 쉬크라shicra라고 일컫는 기법에 의존했다. 쉬크라는 돌을 가득 채운 성긴 그물망 자루를 말한다. 이 자루를 차곡차곡 쌓아 벽이나 테라스를 만들 수 있었다. 오늘날 모래주머니를 이용하여 강가에 제방을 쌓는 것과 같은 방식이었다.

유적지의 남쪽 끝에 세워진 소위 '원형 극장 건물'은 거친 석조 공사와 쉬크라 축조 기법을 결합했다. 이 건물은 행렬의 이동 경로를 규정하려는 목적으로 설계된 것처럼 보였다(그림 30). 선형 구조의 복합 건물은 길이가 150미터가 넘었다. 경배자들은 보관실이 늘어선 통로를 통해 안으로 들어갔을 것이다. 그런 다음 몇 개의 좁은 돌계단을 이용하여 지름이 27미터가 넘는, 움푹 들어간 원형 마당으로 내려갔을 것이다. 이 원형 극장 같은 마당의 반대편에도 계단이 있으며 이 계단으로 올라간 경배자들은 좁은 출입구를 통해 직사각형의 출입실을 거쳐 갔을 것이다. 이 지점부터 이동 행렬은 서너 차례 더 나오는 좁은 출입구와 계단을 거치면서 계속 올라가게

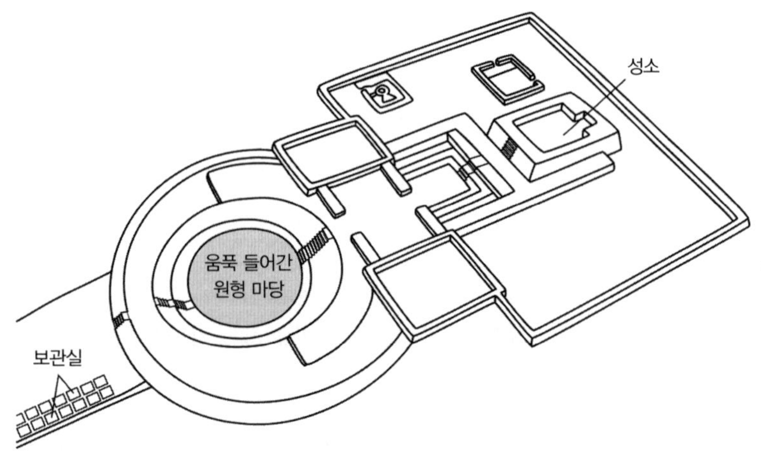

그림 30 | 페루 카랄 유적지에 있는 이른바 '원형 극장 건물'은 경배자들이 150여 미터나 되는 길을 따라 한 의식 장소에서 다음 의식 장소로 이동하다가 마침내 가장 높고 가장 제한된 성소에 이르도록 행렬의 이동 경로를 통제하기 위해 설계된 것처럼 보였다.

된다. 그러다 마침내 복합 건물의 가장 안쪽에 있는 성소에 닿는데 이 방은 폭이 80미터 이상 되는 기단 위에 서 있다. 선형 구조의 복합 건물 안에 들어 있는 모든 문과 계단은 사람들로 하여금 예닐곱 단계를 거친 다음에야 맨 끝에 있는, 쉽게 접근할 수 없는 방에 닿도록 설계된 것처럼 보였다.

카랄에 있는 건물 가운데 '원형 극장 건물'에만 움푹 들어간 원형 마당이 있는 것은 아니었다. 카랄에서 가장 큰 피라미드의 계단 아래에도 지름이 18미터 정도 되는 좀 더 작은 마당이 있었고, 이 피라미드 꼭대기에는 신전 복합 건물이 세워져 있었다. 이런 마당은 경배자들이 성소로 들어가기 전에 예비 의식을 치르는 무대가 아니었을까 하는 추측이 든다. 고대 세계에서는 신전 안에 머물러 있는 생명력이 매우 크다고 여겼기 때문에 세속 세계를 벗어나 신전으로 들어갈 때면 예비 의식을 치러야 하는 곳이 많았다.

카랄에 있는 피라미드 구조의 복합 건물과 선형 구조의 복합 건물은 신전에서 최고 수준의 완성 형태를 보여 주었다. 하지만 카랄에는 이전의 성과 기반 사회를 연상시키는 의식용 구조물도 있었다. 이 구조물은 흰색 회반죽을 바른 원형의 방으로 되어 있으며 방 한가운데에는 지하 관을 통해 산소가 공급하는 화덕이 있었다. 즉 라갈가다의 의식용 가옥을 원형으로 만든 것 같은 모양이었다. 그러므로 카랄은 소규모로 개인적 의식을 치르던 사회에서 대규모 공공 행사로 의식을 치르는 사회로 이행하는 과도기에 있었던 것으로 보인다.

카랄 유적지에서 가장 흥미로운 양상의 하나는 방이 여러 개인 주거 복합 건물과 의식용 건물 간에 명확한 연결 관계가 있다는 점이다. 많은 주거 건물이 자갈로 토대를 쌓고 아카시아나 버드나무 목재로 기둥을 세웠으며 식물 줄기에 점토 반죽을 발라 벽을 만들었다. 샤디는 피라미드형 신전과 가장 가까운 곳에 있는 주거 복합 건물에 지위가 높은 대가족이 살았을 것으로 보고 있다.

의식 행렬을 고려한 점뿐만 아니라 신전의 수를 보아도 카랄에서 권력의 주요 원천은 영적 권한이었다는 것을 명확히 알 수 있다. 아스페로와 마찬가지로 카랄에도 인간 제물 의식이 있었다. 카랄에서 가장 큰 피라미드 둔덕에서 건물 개축 작업으로 성토 공사를 하는 동안 등 뒤로 두 손이 묶인 성인 남자 제물을 흙 속에 함께 파묻었다.

카랄의 의식에서는 음악도 일정한 역할을 했다. '원형 극장 건물'

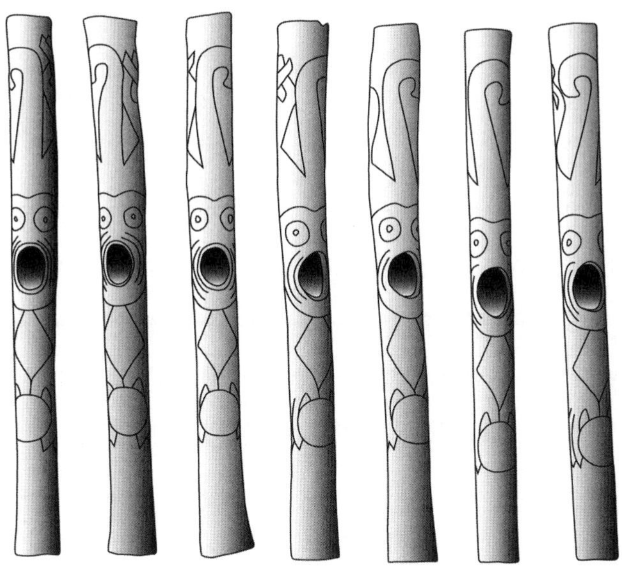

그림 31 | 카랄에서 나온 뼈 피리는 길이가 대략 16센티미터 정도이며 영혼 또는 신화 속 조상의 입에서 소리가 나오는 것처럼 조각했다.

의 발굴 작업에서는 뼈로 된 피리가 30개 넘게 나왔다. 피리의 소리 구멍은 영혼 또는 신화 속 조상의 입 모양을 본떠 조각했다(그림 31).

카랄에서 가장 큰 주거 복합 건물은 '구역 A'라고 불리는데 '원형 극장 건물'까지의 거리와 '채석장 피라미드'까지의 거리가 똑같은 지점에 위치해 있다. 이 주거 복합 건물에는 식물 줄기와 점토를 섞어 만든 방이 여럿 있으며 이곳에서 나온 쓰레기가 카랄에서 어떤 작물을 키웠는지 알려 주는 주된 출처가 되었다. 촌락 사람들은 관개 수로를 이용하여 물을 끌어옴으로써 리오수페 강의 범람원을 호박, 콩, 고구마, 고추를 키우는 밭으로 바꾸었다. 카랄의 과수원에는 아보카도, 구아버 외에도 페루 토착 명칭밖에 없는 여러 종의 과실수가 있었다. 또한 옷감과 낚시 그물을 만들기 위해 목화를 재배하는 한편 용기와 그물 부낭으로 쓰기 위해 호리병박도 재배했다.

카랄은 바다에서 얼마간 떨어져 있었음에도 물고기와 조개가 풍족했다. '구역 A' 건물에서만 멸치 표본 2만 개 이상, 정어리 표본 7천 개 이상이 나왔다. 아스페로 같은 촌락에서 이런 작은 물고기를 건조해 바구니에 담아 카랄로 수출했다. 메기, 가다랑어, 심지어는 별상어 같은 큰 물고기도 카랄의 쓰레기 더미에서 더러 몇 통씩 나왔다.

대략 4,300년 전부터 카랄은 옥수수를 재배하는 지역과 관계를 맺고 있었다. 하지만 앞서 살펴보았던 초기 안데스 산맥 촌락 여러 곳에서 그랬던 것처럼 카랄에서도 옥수수는 주요 작물이 되지 못했다. 아마 카랄은 의식 용도로 쓰는 치차(옥수수 술)를 만들기 위해 고지대의 교역 상대에게서 충분한 양의 옥수수를 구했을 것이다. 이 고지대 교역 상대가 카랄에 차르키charki, 즉 말린 라마 고기를 공급했다는 단서도 있었다. 차르키(이 말에서 영어의 "jerky"(육포)가 나왔다.)에 뼈 부위가 포함되는 일이 자주 있는데 이 부위 덕분에 육포를 다시 물에 불렸을 때 육즙이 많이 나오게 할 수 있다. 카랄의 쓰레기 더미에서 이런 부위를 볼 수 있었다.

카랄 사회의 불평등

카랄 사회의 불평등이 어느 정도였는지 평가하기 어렵게 만드는 몇 가지 요인이 있다. 한편으로 신세계 내에서 보았을 때 그 정도 규모의 의식용 건축물은 때 이른 것이었고, 멕시코의 경우를 보면 이보다 1,000년이 훨씬 지나서야 그에 비견할 만한 규모의 건물이 등장했다. 하지만 다른 한편 카랄 자체는 리오수페 강 유역에서 가장 큰 촌락 축에도 들지 못했고, 위성 촌락의 위계 체계에서 가장 꼭대기에 있었다는 증거도 없다. 카랄 사람들이 커다란 돌을 이곳저곳으로 옮기긴 했지만 안가미 나가족이나 로타 나가족 같은 평등 사회에서도 그런 작업은 있었다. 카랄에는 보고된 무덤 자료도 거의 없어서 상류층 자녀가 사치품을 받았는지 여부도 확인할 수 없다.

우리의 견해로 볼 때 카랄에서 가장 중요한 증거 중 하나는 주요 신전 복합 건물이 다가구 주거 복합 건물과 분명한 연관성을 지니고 있었다는 점이다. 이것이 의미하는 바는 카랄 사회가 비교적 규모가 큰 후손 집단으로 구성되어 있었으며 각 후손 집단이 저마다 독자적인 신전을 설계하고 세우고 관리했다는 점이다. 돌출된 바위를 확보할 수 있었던 사회 단위는 이를 피라미드로 만들었다. 반면 이를 확보할 수 없었던 사회 단위는 쉬크라를 이용하여 선형 구조의 복합 건물을 지었다. 양쪽 집단 모두 세속 세계와 신성한 세계의 접점 지대에 움푹 들어간 마당을 두었다.

페루 해안 지역에서 족장 사회 간의 전쟁

폴리네시아 사회를 분석하면서 어빙 골드먼은 군사력이 종교적 권한과 결합할 때 가장 강력한 지위 사회가 등장한다고 결론지었다. 그러한 결합 현상이 페루 해안 지역에도 카랄 이후 수 세기 안에 일어났던 것으로 보인다.

페루 해안 지역에서 인간 사냥은 이미 오랜 역사를 지니고 있었다. 리마에서 남쪽으로 105킬로미터 떨어진 후기 고대 유적지인 아시아에서 나온 증거를 살펴보자. 아시아 촌락 사람들은 돌과 점토를 이용하여 여러 개의 방으로 된 복합 구조물을 지어 살았고, 관개 수로로 물을 끌어와 카랄에서 재배한 것과 동일한 작물을 재배했다. 고고학자들은 아시아에 있는 무덤 구역을 발굴하는 과정에서 뜻밖의 것을 발견했다. 사람의 잘린 목 네 개가 보따리 하나에 곱게 싸여 있었던 것이다. 이 가운데 한 두개골에는 얼굴 가죽을 벗겨 내다가 생긴 절개 상처가 남아 있었다.

하지만 아시아에서 사람 머리가 전리품으로 나왔다고 해도 그 정도로는 세로 세친 유적지에 묘사된 습격의 잔혹함을 받아들일 만큼 충분한 예비 교육이 되지는 못했다. 이 고대 족장 사회 중심지는 리마에서 북쪽으로 290킬로미터 떨어진 카스마 밸리에 위치했다.

약 3,500년 전 카스마 밸리의 촌락들은 관개용수로 호박, 콩, 목화, 뿌리 작물을 재배했고 간단한 도자기를 제작했다. 세로 세친의 면적은 4만 8천 제곱미터가 넘었으며 세친 강과 목세케 강이 합류하는 지점에서 멀지 않았다.

세로 세친 사회의 지도자는 여러 개의 방으로 된 신전을 세웠으며 신전에는 출입 마당과 성소가 있었다. 신전은 세 단짜리 석조 기단 위에 세워졌으며 기단은 한 변의 길이가 50미터가 넘었다. 신전으로 들어가는 길에 거대한 벽을 세웠고 이 벽 사이로 나 있는 출입 통로 하나로만 들어갈 수 있었다. 벽은 촌락 뒤편 언덕에서 캐온 돌을 수직으로 세워 쌓았는데 돌 모양이 일정하지 않아서 생긴 틈에 작은 돌을 하나씩 채워 넣었다. 큰 돌과 작은 돌 모두에 대학살의 상세한 장면이 조각으로 새겨져 있었다(그림 32).

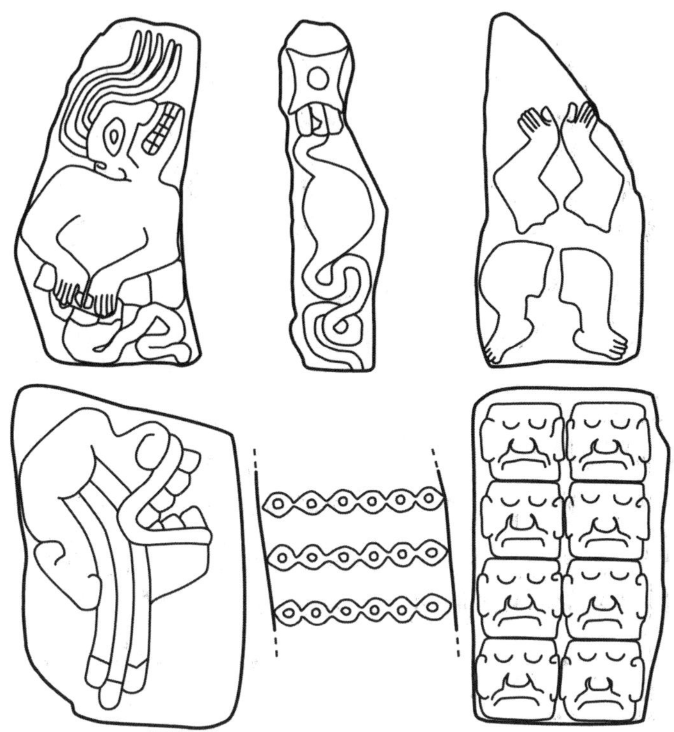

그림 32 | 페루 세로 세친에 위치한 신전의 벽은 대학살 장면을 담은 석조 조각으로 되어 있다. 위 줄에는 잘린 몸통, 쏟아져 나온 내장, 잘린 팔다리가 보인다. 아래 줄에는 눈을 뽑아낸 뒤 피가 쏟아져 나오는 모습, 몇 줄로 늘어놓은 눈알, 사람 머리 전리품을 쌓아 놓은 모습이 보인다.

세로 세친에 세워져 있는 큰 돌 중에는 몽둥이를 든 전사의 모습을 묘사하는가 하면 허리가 잘린 적의 모습, 때로는 내장이 쏟아져 나온 채 매달려 있는 모습도 묘사해 놓았다. 잘린 팔과 다리를 묘사하는가 하면 척추를 새겨 놓기도 했다. 사람 머리 전리품은 특히 선호하는 주제였다. 기다란 돌에는 사람 머리를 여러 층으로 높이 쌓은 모습을 새겼으며 작은 돌에는 하나씩 새겼다. 눈꺼풀 아래로 피가 흐르는 사람 머리도 있었는데 다름이 아니라 눈이 뽑혀 나간 것을 표현한 것이다. 놀랄 일도 아니지만 어떤 돌에는 눈알을 늘어놓은 모습을 새겼다. 모두 합치면 한때 신전 돌담장에 700개나 되는 섬뜩한 석조 조각이 있었을 것이다.

이처럼 미술을 이용한 데는 당연히 선전의 목적이 있었다. 페루 해안 지역의 몇몇 사회는 이제 16세기의 카우카 밸리 사회와 맞먹을 정도의 군국주의적 색채를 띠었다. 분명 이 사회들에는 전쟁 지도자, 즉 "전쟁 지휘에 의한 귀족"이 있었을 것이며 이들의 역할은 적을 정복하는 데 있었다. 세로 세친의 신전 돌담장 같은 전시용 조각은 잠재적 경쟁 세력에게 보내는 경고이며, 장차 무슨 일이 벌어질지 알려 주는 역할을 했다. 이 선전이 제대로 효과를 발휘했다면 일어날 수도 있는 전투를 굳이 치르지 않아도 되게 해 주었을 것이다.

페루 고지대 지위 사회의 등장

대략 2,800년 전에서 2,200년 전 페루 중부 지역의 많은 지위 사회는 앞서 스페인 정복 이전의 멕시코와 콜롬비아에서 목격한 바 있는 양상을 보이기 시작했다. 족장 가문이 매우 넓은 범위의 지역에서 사치품을 교환하기 시작한 것이다. 킴바야의 금세공품, 코클레의 다색 도자기, 땅과 하늘을 주제로 하는 초기 멕시코 도자기처럼 페루 중부 지역의 도자기와 금세공품도 같은 양식과 상징적 내용을 공유했다. 그들이 공유한 양식은 무엇보다도 전사로서 족장의 역할을 강조했다. 그리하여 사람 머리 전리품뿐만 아니라 재규어와 카이만* 같은 위험한 동물도 등장했다. 이 동물들은 모두 아마존 저지대에 사는 동물이었지만 이제 안데스 산맥을 종횡으로 넘어 다니는 교역로가 있었기 때문에 해안 사막 지역에서 관개용수로 농경 생활을 하는 이들도 이런 동물을 잘 알고 있었다.

안데스 산맥 해발 2,100미터 높이, 헤케테페케 강의 상류 부근에 쿤투르 와시 유적지가 있다. 이곳 사람들은 자연적인 산봉우리를 깎아 계단이 있는 피라미드형 신전 기단을 만들었으며, 네 개의 테라스와 인위적으로 높인 정상의 면적이 12만 제곱미터가 넘었다.

도쿄대학교의 탐사대가 쿤투르 와시 사회에서 지위가 높은 지도자 세 명의 무덤을 발굴했다. 개별 지도자의 시신이 각각의 무덤에서 발견되었는데 2.5미터 깊이의 원통형 수직 갱도 아래에 숨겨져 있었다. 첫 번째 무덤은 50세 내지 60세 정도 된 남자의 무덤이었는데, 그물 자루에 사람 머리 전리품이 들어 있는 이미지를 돋을새김으로 조각한 금관 혹은 머리띠를 하고 있었다. 또한 이 무덤에는 도자기 병 두 개, 컵 한 개, 커다란 소라고둥 트럼펫 세 개, 돌을 매끄럽게 갈아 만든 귀 장신구 두 개, 같은 방식으로 만든 펜던트 두 개, 그 밖에 여러 가지 돌 구슬이 들어 있었다. 두 번째 무덤의 주인은 재규어 또는 퓨마의 얼굴을 돋을새김으로 조각한 판이 포함된 금관 또는 금 머리띠를 하고 있었으며 고양이와 뱀을 주제로 복잡한 무늬를 그려 넣은 금 가슴받이 두 개, 돋을새김을 한 직사각형 금 장식판 두 개, 도자기 그릇 두 개를 지니고 있었다. 세 번째 무덤의 주

* 앨리게이터과의 악어.

인은 나이 든 여자인데 금으로 된 귀 장신구 두 개, 돌로 만든 귀 장신구 두 개, 도자기 컵, 주둥이 부분이 등자 모양으로 생긴 독특한 그릇 한 개를 지니고 있었다. 이 무덤 바닥에는 삭아 없어진 의복에 달려 있었던 것으로 보이는 구슬 7천 개가 깔려 있었다.

정리하자면 지금 우리가 다루는 지위 사회의 상류층은 16세기 파나마 족장과 같은 정도로 금 장신구를 달았던 것이다. 파나마 족장들은 자신들을 위험한 포식 동물로 상징화하는 것을 좋아했고 족장의 도상*을 솜씨 좋게 다루는 장인을 기꺼이 후원했다.

차빈 데 우안타르

앞서 우리는 페루가 환경 결정론적 이론의 무덤이라는 의견을 내비친 바 있다. 페루 모스나 밸리의 해발 3,168미터에 위치한 족장 사회 중심지인 차빈 데 우안타르는 그 어느 곳보다 이 점을 잘 보여주었다. 가파른 협곡 지역에서 가능한 농경 생활만으로는 그처럼 대단한 중심지의 존재를 설명할 수 없다. 이 정도 고도에서는 서리가 일상적으로 생기기 때문에 농경은 주로 감자와 다른 토종 뿌리 작물을 중심으로 일 년에 한 번만 수확할 수 있었다. 라마와 알파카를 기를 수 있었지만 한 해 동안 목초지를 여기저기 옮겨 다니는 경우에만 가능했다.

차빈 데 우안타르를 이해하려면 이 유적지가 태평양 연안 지역과 안데스 산맥, 아마존 강 유역을 연결하는 교역로에 위치해 있었다는 점을 주목해야 한다. 차빈에서 태평양까지 가려면 라마 대열

---

* 종교나 신화적 주제를 표현한 미술 작품에 나타난 인물 또는 형상.

을 따라 엿새 동안 걸어야 했을 것이다. 차빈에서 아마존 정글까지는 반대 방향으로 엿새가 걸렸다. 즉 차빈은 연안 지역, 고지대, 열대 우림이라는 중요한 문화권 세 곳의 물자를 운반하는 장거리 이동 경로의 중간 지점이었던 것이다.

차빈 데 우안타르는 2,900년 전에 세워졌다가 그로부터 약 700년 뒤에 쇠퇴했다. 고고학자 리처드 버거가 추정하는 바에 따르면 전성기 시절 차빈은 2천 명 내지 3천 명 규모의 촌락이었다. 그 시절 차빈의 신전 중심지만 해도 면적이 4만 8천 제곱미터가 넘었으며 신전과 연관 있는 주거 가옥도 100개가 넘었다.

차빈의 주요 신전은 비록 몇 가지 세부 사항을 이전 사회에서 빌려 오긴 했지만 이제까지 살펴본 여느 신전과도 달랐다. '구舊 신전'이라고 불리는 첫 번째 형태는 약 2,800년 전에서 2,500년 사이에 화강암 돌 판으로 지었다. 이 신전은 U자 모양으로 되어 있으며 절두형 피라미드가 양옆에 붙어 있었다. 또한 신전 앞에는 움푹 들어간 원형 마당이 있었다. 하지만 '구 신전'의 가장 놀라운 특징은 기단 부분으로, 비밀스러운 방과 "갤러리"라고 알려진 창 없는 통로가 있어 기단 내부가 벌집 모양을 이루었다는 점이다. 갤러리는 계단, 통풍구, 배수관과 연결되어 있었다. 안데스 산맥 사람들은 지하의 관을 통해 화덕 구덩이에 산소를 공급하는 오랜 전통이 있었기 때문에 아마 차빈의 건축가들도 안쪽 깊숙한 곳의 갤러리에 공기를 공급하는 데 별 어려움이 없었을 것이다.

갤러리 중 가장 어둡고 으스스한 곳 깊은 안쪽에 조각을 새긴 4.5미터 높이의 거대한 돌기둥이 서 있었다. 정확히 말하면 돌기둥이 너무 커서 그 끝이 갤러리 천정을 뚫고 올라가 더 높은 곳에 있는

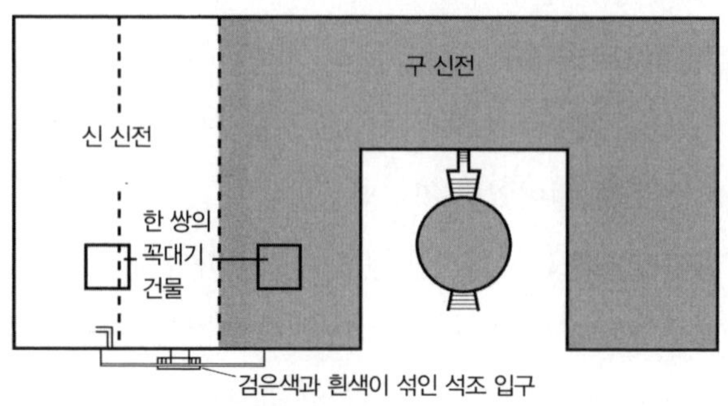

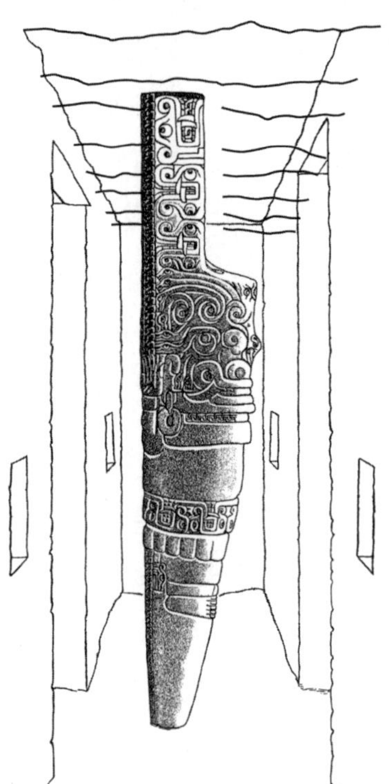

그림 33 | 페루 차빈 데 우안타르의 '구 신전'에는 여러 개의 지하 갤러리가 벌집 모양을 이루고 있었다. 이 갤러리 중 한 곳으로 들어가면 4.5미터 높이의 무시무시한 인간 형상을 만날 수 있는데 아마 이 이미지는 신탁으로 여겨졌을 것이다.

숨겨진 통로까지 뻗어 있었다. 돌기둥에는 무시무시하게 생긴 인간 같은 형상이 새겨져 있었다. 으르렁거리며 입을 벌린 채 손끝에는 손톱이 달려 있고 긴 머리카락의 끝에는 뱀의 머리가 달려 있었다 (그림 33).

이 놀라운 돌기둥과 관련하여 많은 해석이 있지만 우리는 그 가운데 고고학자 크레이그 모리스가 내놓은 해석이 가장 설득력 있다고 여긴다. 후기 페루 사회 전문가인 모리스는 안데스 산맥의 많은 신전이 유명했던 것은 그 신전들에 신탁을 내리는 곳이 있었기 때문이라고 지적했다. 안데스 산맥 지역의 신탁지(그리스의 델포이에 상응하는 곳)에서는 수수께끼 형식으로 미래를 예언하고 여행자의 질문에 답을 해 주었다. 모리스는 차빈의 '구 신전' 내부 깊숙한 곳에 숨겨진 이 돌기둥이 안데스 산맥의 가장 초기 신탁지 중 하나였을 것으로 추정했다. 신탁은 보이지 않는 사제가 큰 소리로 일러 주었을 것이며, 아마 돌기둥 끝이 뚫고 올라간 위층 통로에 사제가 몸을 숨기고 있었을 것이다.

태평양 연안 지역에서 아마존 정글까지 라마 대상을 이끌고 가는 도중 차빈 데 우안타르 협곡을 지나게 된 대상의 우두머리를 상상해 보자. 그에게는 대답을 들어야 할 몇 가지 질문이 있다. 모종의 대금을 치르면(아마 교역 물품으로 대금을 치렀을 것이고 신전의 다른 갤러리 중 한 곳에 이 물품을 맡겨 두었을 것이다.) 의식 전문가가 횃불에 불을 붙이고 여행자를 어두운 갤러리로 안내하여 무시무시한 인간 형상 앞으로 데려간다. 횃불이 꺼질 듯 불안하게 흔들리는 가운데 육체 없는 목소리가 여행자의 질문에 수수께끼로 답한다. 이제 여행자는 대답을 들은 데서 오는 만족감뿐만 아니라 위험할 만큼 엄청난 생명력을 지닌 곳에서 안전하게 돌아왔다는 안도감을 느끼며 지상으로 나온다.

2,500년 전에서 2,300년 전 사이 차빈 데 우안타르의 상류층은 '신新 신전'을 세웠다. '구 신전'을 흡수하여 통합한 신전이었다. '신 신전'은 높이 9미터가 넘는 거대한 석조 건물이며 흰 화강암과 검은 석회암으로 기둥을 세운 입구를 통해 안으로 들어간다. 원래 있던 신탁지가 중요성을 상실한 대신 '신 신전'에는 두 개의 스텔라stela, 즉 단독으로 서 있는 돌 기념비가 있었다. 스텔라 중 하나는 높이가 1.8미터가 넘으며 그로테스크한 초자연적 존재가 새겨져 있었다. 입은 고양이처럼 생겼고 두 손에는 권위를 상징하는 지팡이를 들고 있으며 긴 머리카락 끝에는 뱀의 머리가 달려 있었다. 다른 스텔라는 높이가 2.5미터가 넘으며 카이만 한 쌍이 새겨져 있고 측면에는 가시국화조개, 소라고둥, 호리병박, 고추, 카사바가 새겨져 있었다.

'신 신전'의 정면 전체에는 장부*로 이어 놓은 석조 머리 상이 장식되어 있었으며, 건물 벽에서 인간이나 동물의 무서운 얼굴이 툭 튀어나와 있었다. 신전 벽 9미터쯤 되는 높이에 튀어나와 있는 이 석조 머리 상은 건물에 가까이 다가가는 사람을 위협적으로 내려다보았다.

초기 페루 사회의 세습적 불평등

2,500년 전 페루 사회는 해안 지역이든 고지대든 관계없이 어병 골

---

* 한 부재의 구멍에 끼울 수 있도록 다른 부재의 끝을 가늘고 길게 만든 부분. 모양에 따라 다양한 형태가 있다.

드먼이 족장 권력의 원천으로 제시한 사항에 많은 것을 투자했다. 상류층 가문은 초자연적 조상의 후손임을 주장했으며 위험할 정도로 강한 생명력을 소유했고 적을 제물로 바치고 신체를 훼손하는 권한을 지녔다. 또한 돌 기념비를 조각하고, 금에 돋을새김을 넣어 사치품을 제작하였으며, 족장의 상징이 들어간 도자기 공예 기술자를 후원하고 이들에게 보상을 해 주었다. 족장의 상징으로는 재규어나 퓨마, 맹금류, 뱀, 카이만 등을 양식화한 표현을 사용했다. 이 동물들은 모두 사나운 포식성과 관련 있었다. 신전을 중심으로 한 이 시대 종교에는 질서정연하게 통제된 행렬, 인간 제물, 신탁을 이용했을 가능성이 포함되어 있었다. 페루는 사회 논리의 작은 변화만으로도 왕국을 창조할 수 있는 수준까지 이르렀다. 이러한 변화에 관해서는 나중에 설명할 것이다.

족장 없는 귀족 사회

앞에서 티베트버마어를 쓰는 사회에서 많은 사실을 알아냈지만, 추가로 알아야 할 것이 있다. 이 장에서는 다시 인도 아삼 지역으로 돌아가 다플라족, 미리족, 아파타니족의 세 사회를 살펴볼 것이다.

1960년대 아삼 구릉 지대에는 전설 속 조상의 후손인 약 4만 명의 다플라족이 살고 있었다. 다플라족은 화전 농법으로 건답 쌀농사와 기장 농사를 지었으며 돼지, 염소, 황소, 미탄 소를 길렀다.

다플라족은 뉴기니 섬의 에토로족처럼 최대 12가구가 살 수 있는 롱하우스에서 살았다. 에토로족과 마찬가지로 응축된 지도력도 거의 보이지 않았다. 이들에게는 세습 지도자가 없었으며 수장과 원로가 있었지만 롱하우스 간에 불화가 생기는 것을 막지 못했다. 습격으로 잡아 온 포로를 노예로 부렸던 점으로 보아 다플라족 사회에 일정 정도의 불평등이 존재하긴 했지만 노예가 열심히 일해서 자유를 살 만큼 물자를 충분히 모을 수 있었다.

미리족은 다플라족과 같은 조상의 후손이었다. 두 집단은 자신들을 지칭할 때 니쉬Nisü라는 하나의 종족 명칭을 사용했으며 행동 방식에도 공통점이 많았다.

아파타니족도 다플라족이나 미리족과 연관 관계가 있었지만 전통적인 사회 논리에 변화를 가함으로써 뚜렷하게 다른 사회를 형성했다. 이들은 이웃인 다플라족이나 미리족의 농법을 능가하는 형태의 농경을 도입함으로써 자신들의 변화를 뒷받침했다.

켈레 강 유역은 히말라야 산맥 기슭의 해발 1,500미터 구릉 지대에 위치한다. 인류학자 크리스토프 폰 퓌러 하이멘도르프에 따르면 1944년 겨우 일곱 개의 아파타니족 촌락이 폭 3킬로미터, 길이 10킬로미터의 유역을 차지하고 있었다. 습지가 많은 유역 곳곳에 900미터가 넘는 산이 솟아 있어 촌락이 다른 지역으로 뻗어나가는 데 한계가 있었다. 1961년 퓌러 하이멘도르프가 두 번째로 방문했을 때 인구가 10,745명으로 늘어나 있었고 모두 2,520가구를 이루어 살았다.

가장 규모가 큰 아파타니족 촌락에는 500개 내지 700개의 가옥이 있었고 가장 규모가 작은 촌락에는 가옥 수가 200개가 되지 않았다. 각 촌락은 여러 개의 구역으로 나뉘어 있었고 각 구역에는 하나 또는 하나 이상의 할루halu, 즉 씨족이 거주했다. 할루는 부계 혈통을 따랐으며 다른 씨족에서 신부를 데려와야 했다. 각 구역마다 별도의 의식용 건물이 있었고, 나고nago라고 불리는 이 건물에서 의식을 거행하고 전리품(팔 등의 신체 부위)을 전시했다. 촌락마다 라팡lapang이라고 불리는 세속적 성격의 공공 구조물도 있었다. 이 구조물은 사람들이 앉을 수 있는 탁 트인 커다란 단이었으며 안가미 나가족의 구조물과 비슷하게 생겼다.

아파타니족 사회의 경우 미테mite와 무라mura라는 두 종류의 씨족에서 불평등을 찾아볼 수 있었다. 미테는 세습 귀족이고 무라는 이전에 노예 집단이었다. 무라 중 일부는 영국 식민지 정부가 노예 제도를 폐지했을 때 자유를 얻었다. 그런가 하면 나가족 사회의 부채 노예와 마찬가지로 열심히 일해 빚을 상환함으로써 자유를 얻은 무라도 있었다. 하지만 천덕꾸러기로 귀족 씨족에 입양된 경우에도 무라는 여전히 지위가 낮은 사람으로 간주되었다.

아파타니족 사회에 세습 귀족이 존재하긴 해도 코니아크 나가족의 큰 앙 같은 족장은 없었다. 촌락 일을 관리하는 평의회가 있었으며 불리앙buliang이라고 불리는 이 평의회는 귀족, 모든 미테 주민, 부유한 가계 출신의 인격자와 능력자로 구성되었다. 평의회에 들어갈 수 있는 사람은 원로, 중년 남자, 미래의 지도자로 평가받는 몇몇 젊은 남자들였다. 촌락 업무를 처리하는 것에 대한 보상으로 불리앙 구성원은 쌀로 만든 술과 고기를 선물로 받았다. 이 선물을 줄 때는 큰 잔치를 열었으며 촌락의 구역마다 돌아가면서 잔치를 열었기 때문에 비용을 나누어 부담할 수 있었다.

아파타니족 사회가 귀족과 노예 출신으로 나뉘어 있긴 해도 두 집단의 관계는 놀라울 만큼 협조적이었다. 사실 많은 무라 씨족이 미테 씨족과 의식용 건물을 함께 사용했으며 의식 절차에 관한 정확한 가르침을 미테 씨족에게서 얻었다.

하자 촌락에서는 귀족인 나다 씨족이 두수와 도라라는 두 개의 무라 씨족과 좌석 연단을 공유했다. 퓌러 하이멘도르프는 귀족과 노예 출신이 서로의 지위에 대해 최소한의 배려만 보이면서 함께 앉아 음식을 먹는 장면을 자주 목격했다. 그럼에도 무라는 미테로 올라가거나 미테 사람과 혼인할 생각을 하지 못했다.

일정 시점에서 몇몇 노예 출신 씨족이 폐쇄적인 세습 신분을 형성했을 가능성이 있다. 예를 들어 인도의 카스트처럼 무라만이 관여하는 특정 공예 기술이 있었다. 도자기 제작은 미치-바민 촌락의 노예 출신 네 개 씨족이 독점했다. 또한 철 가공 기술은 무라와 매우 밀접한 연관성을 지녔기 때문에 아무리 귀족이라도 이 작업에 관계하는 사람은 사회적 지위가 낮아진 것으로 간주되었다.

가장 극단적인 경우는 촌락에서 돼지 거세 작업을 하는 무라 여자였다. 이 직업적 전문 기술은 매우 혐오스러운 일로 간주되어 이 작업을 하는 사람은 잔치와 종교 의식에 참여할 수 없었으며 심지어는 다른 가족의 집에 들어가지도 못했다. 이 여자들을 기피 대상으로 취급하는 방식을 보면 인도에서 가장 비천한 일을 떠맡는 불가촉천민이 연상되었다. 퓌러 하이멘도르프가 일러 준 바에 따르면 한 가지 차이점이 있었는데, 아파타니족의 우주론에서는 의식을 더럽히는 것과 순수성에 관한 개념이 인도 사회만큼 강력한 기능을 하지는 않았다.

아파타니족 사회의 상층부는 티코피아 섬의 네 족장처럼 서로 간에 미묘한 차이가 있었다. 원칙적으로는 모든 미테 씨족이 평등했지만 실제로는 "동급 중에서 최고"에 해당하는 몇몇 씨족이 있었다. 이 차이는 손위 조상의 후손인가 손아래 조상의 후손인가에서 연유했다. 514가구가 사는 항 촌락에서는 두 미테 씨족을 다른 씨족보다 상위 씨족으로 대우했다. 이 두 씨족은 테니오 씨족과 타블린 씨족이었으며 촌락 인구 중 약 2퍼센트를 차지했다. 이들이 상위 씨족으로 대접받은 이유는 항 촌락의 모든 가족의 전설 속 선조인 아토 틸링의 후손이었기 때문이다.

아파타니족 대 다플라족과 미리족

수 세기에 걸쳐 아파타니족, 다플라족, 미리족 사이의 관계는 평화적인 상호 방문을 통해서 원활히 물자를 교환하는 시기가 있는가 하면 다른 한편 습격, 납치, 개인적 살인 등과 같은 적대적인 상호작용이 일어나는 시기도 있었다. 아파타니족 촌락의 경우는 강력한 중앙 권력이 없었기 때문에 주거 구역 가운데 다플라족과 교역을 하는 곳도 있고 불화를 일으키는 곳도 종종 있었다. 불화의 이유는 여러 가지였다. 뒤에 가서 설명하겠지만 아파타니족은 집약적 쌀농사를 지었으며, 식용이나 제물용 동물을 구하기 위해 잉여 쌀 생산물로 다플라족과 자주 교역했다. 또한 빌린 쌀을 갚지 못하는 다플라족 가족을 부채 노예로 만들 수 있었다. 빚이 쌓이면 대납의 의미로 소를 징발하거나 포로로 잡아 왔다.

퓌러 하이멘도르프가 전해 들은 과거의 습격에서는 10명 이상의 남자가 죽고 그와 동일한 수의 여자와 아이가 포로로 잡혔다. 전리품으로 삼은 것 중에는 손, 눈, 혀가 들어 있었으며 습격 무리가 돌아올 때 의식 절차에 따라 이 전리품을 땅에 묻었다. 습격은 새벽에 몰래 감행하는 형태였다. 공격을 벌이기에 앞서 확실한 성공을 위해 개와 닭을 제물로 바쳤으며 습격이 끝난 뒤에는 평화 조약 협상을 벌였다.

그림 34 | 인도 아삼 지역의 아파타니족은 전통적으로 귀족과 노예로 나뉘어 있었다. 왼편에 보이는 젊은 여자는 귀족 가문을 나타내는 장신구를 하고 있다. 오른편에는 무거운 통나무에 발이 묶여 움직이지 못하는 포로의 모습이 보인다. 이 포로의 친척이 몸값을 지불하지 않을 경우 포로를 노예로 삼았다.

분명 아주 오래전에는 아파타니족, 다플라족, 미리족 사이에 끝없는 부족 전쟁의 악순환이 이어졌을 것이다. 하지만 세월이 지나면서 어떤 시점에 이르자 아파타니족의 전략이 바뀌기 시작했다. 퓌러 하이멘도르프가 맨 처음 방문했을 무렵에는 복수 대신 이익을 취하기 시작했다. 다플라족의 공격을 성공적으로 막아 낸 아파타니족은 포로를 죽이지 않았다. 그 대신 아주 무거운 통나무에 구멍을 내고 그 구멍에 다플라족 포로의 발을 넣어 발목을 움직이지 못하게 족쇄를 채웠다(그림 34). 그런 다음 포로의 가족이 몸값을 가져올 때까지 포로에게 음식을 주면서 대접했다. 몸값은 더 많은 논을 사들이는 데 투자되었다.

아파타니족 사이에서는 폭력 대신 평화적 수단으로 목적을 이룸으로써 명망을 얻는 방법이 정착되었다. 아파타니족에게 다른 선택지가 없었다면 분명 전투를 벌였을 것이다. 하지만 이들은 결국 전쟁보다 부를 선호하게 되었다.

아파타니족의 성공에 감추어진 비밀

아파타니족의 우주는 티베트버마어를 사용하는 다른 산악 부족들과 유사했다. 찬둔과 디둔이라는 하늘의 부부가 세계를 창조했으며 남편인 찬둔이 땅을, 아내인 디둔이 하늘을 만들었다. 아파타니족을 비롯한 인간은 두 번째 영혼 부부에 의해 창조되었다. 중요도가 낮은 영혼은 돌출된 바위나 다른 특징적인 자연물 속에 살았다. 지위는 사후까지 이어져 귀족과 노예 출신은 죽은 뒤에도 땅에서 가진 지위 그대로 살아갔다.

찬둔이 창조한 켈레 강 유역은 습지와 늪이 많고 강과 그 지류가 종횡으로 흐르고 있었다. 아파타니족이 이를 말끔하게 정리된 풍경으로 바꾸어 놓았다. 5천만 제곱미터의 유역 바닥에 댐과 계단식 논이 들어선 결과 수답이 펼쳐진 아열대 천국으로 변했다. 아파타니족은 높은 지대에 대나무와 소나무, 과실수를 심어 지반을 안정시켰다. 이보다 훨씬 먼 오르막 경사면에는 사람이 돌보지 않는 우림에 난초와 나무고사리, 진달래 등이 자라고 있었다. 1940년대 무렵 이곳의 풍경은 최고의 관리 상태에 있었다.

다플라족과 미리족은 언덕에서 자라는 건답 쌀농사에만 의존한 탓에 만성적인 식량 부족에 시달렸다. 지금까지 살펴본 다른 부족 사회처럼 이들 역시 땅에 대한 사적 소유 개념이 없었다. 땅은 살아 있는 존재였다. 땅에 이것저것 키울 수는 있지만 땅을 소유할 수는 없었다. 씨족은 성원에게 특정 지역을 사용할 권리를 나누어 줄 수 있지만 이 성원이 옮겨 가면 해당 지역을 재분배했다. 이곳저곳의 땅을 소유한다는 것은 이곳저곳의 하늘을 소유하는 것처럼 상상도 못할 일이었다. 농사를 지은 사람은 수확한 쌀을 사적으로 소유할 수 있었다. 이는 노동의 결실이었기 때문이었다. 하지만 쌀이 자라는 땅을 사적으로 소유할 수는 없었다.

이웃 부족과 달리 아파타니족에게는 세 가지 땅 — 씨족 땅, 촌락 땅, 개인 땅 — 이 있었다. 아파타니족이 만든 거의 모든 계단식 논은 개인 땅이었으며 그런 기준에 따라 이 논은 개인적 부의 원천이 되었다. 아파타니족의 사회 논리로 볼 때 가족이 노동을 투자하여 늪을 논으로 바꾸었다면 이는 그들이 창조한 것이었다. 또한 가족은 곡물 저장고, 대나무 숲, 여러 가지 식물을 키우는 텃밭도 소유했다. 다른 한편 씨족 땅은 공공건물, 묘지, 동물을 키우는 목장, 삼림 자원의 용도로 따로 정해 놓았다. 삼림 자원으로는 집 건축에 이용되는 소나무가 있었으며 세심하게 관리되었다.

쌀 논농사는 노동 집약적이었다. 아파타니족이 재배한 쌀은 모두 여섯 종이었다. 먼저 모판에서 기른 뒤 관개용수를 이용한 계단식 논에 옮겨 심었으며 인간과 짐승의 분뇨를 거름으로 주었다. 농사에 들어가는 노동력은 파탕patang이라 불리는 노동 집단에서 제공했으며 아파타니족 사람은 모두 어릴 때부터 파탕에 속해 있었다. 남편과 아내, 자식, 친척, 노예 출신 성원이 함께 힘을 합쳐 댐과 수로, 계단식 논을 만들고 벼를 옮겨 심고 텃밭을 가꾸었다. 파탕을 먹여 살리는 일은 논 주인의 책임이었으며 부유한 가구에서는 노동 집단을 추가로 고용하여 넓은 땅에 농사를 지었다. 이 과정에서 추가 노동의 대가를 받은 파탕 성원은 자기 몫의 땅을 더 구입할 수 있었다.

토지의 사유화가 인정되자 아파타니족은 다른 것에 거의 투자를 하지 않았다. 대여섯 명으로 구성된 가족이라면 6천 제곱미터 내지 8천 제곱미터의 논에서 일 년 치 양식(약 300바구니 분량)을 생산할 수 있다는 것을 알았다. 더 많이 심으면 잉여 농산물이 나왔고 잉여 농산물은 곧 더 큰 부를 의미했다. 많은 아파타니족 가족은 이제 4천 제곱미터의 땅도 목초지로 남겨 두지 않았다. 필요한 동물은 다플라족에게 쌀을 주고 구할 수 있었기 때문이다.

아파타니족은 소와 돼지, 개를 제물로 바쳤으며 미탄 소로 신부값을 지불했고, 쌀이 부족한 이웃 부족에게서 사 온 동물로 공로 잔치를 열었다. 목화가 들어온 이후에도 아파타니족의 옷감 짜는 이들은 논을 목화밭으로 바꾸지 않았다. 이들은 다플라족에게 목화를 재배하도록 했으며 잉여 쌀을 주고 목화를 사들였다. 심지어는 솜을 만들 때 빼낸 목화씨를 다플라족에게 돌려주기도 했다.

노예 출신 성원이 무라 씨족을 이루는 한편 습격이나 부채 등을 통해 주기적으로 새 노예를 들여왔다. 노예는 잉여 쌀과 마찬가지로 부의 원천이 되었다. 과거에 귀족이 잉여 쌀을 모두 논을 사는 데 투자했다면 이제 노예 한 명을 팔아 잔치에 쓸 미탄 소를 추가로 구할 수 있었다. 심지어 무라 씨족은 아주 절실한 경우 자기네 성원 중 한 명을 노예로 팔아 미탄 소를 사기도 했다.

아파타니족이 복수 전략 대신 몸값을 받는 전략으로 바꾼 것은 노예 한 명이 지니는 교환 가치 때문이었다. 습격을 통해 명망 높은 포로를 잡았을 경우에는 그의 가족에게서 몸값을 받았고 지위가 너무 낮아 몸값을 받을 수 없는 경우에는 노예로 팔았다. 여기서 나온 이익은 더 많은 논을 사는 데 쓰였다. 아파타니족이 자동차 범퍼 스티커를 붙이고 다니지는 않았지만 만일 이런 것이 있었다면 "전쟁을 하지 말고 돈을 벌라."는 문구가 가장 인기를 끌었을 것이다.

아파타니족 사회의 논리

아주 옛날 아파타니족은 분명 다플라족이나 미리족과 사회 논리의 많은 부분을 공유했을 것이다. 다플라족과 미리족의 씨족 성원은 땅에 농사를 지을 권리는 있지만 땅을 실질적으로 소유할 권리는 없었다. 농사를 짓기 위해서는 야생 초목을 베고, 불을 지르고, 씨앗을 심고, 잡초를 뽑고, 작물을 수확하는 등 노동이 들어가므로 여기서 나온 농작물은 노동의 산물이었고 따라서 농작물을 개인적으로 소유할 수 있었다. 하지만 땅을 개인적으로 소유할 수는 없었다.

다른 숲을 화전으로 이용하는 동안 예전 땅은 휴경지로 놓아 두었으며 일정 기간이 지나 땅이 다시 비옥해지면 이 땅을 같은 씨족 내 다른 가족에게 배정해 주었다.

하지만 불모의 늪을 비옥한 논으로 만들기 위해서는 엄청난 노동이 들어갔다. 사방댐을 세우고 경사면에 계단식 논을 만들며 논의 둑을 높여 물을 채워야 했다. 논을 만드는 데 이렇게 많은 노동이 들어가기 때문에 아파타니족 가족은 땅을 이용할 권리를 다른 가족에게 넘겨주려고 하지 않았다. 이들은 논 자체도 농작물처럼 재산으로 간주했고, 이 땅을 휴경지로 놓아 두었다가 다른 가족에게 배정하지 못하도록 논에 거름을 주며 비옥도를 유지했다. 시간이 흐르면서 땅은 여전히 찬둔의 창조물로 남아 있었지만 수답은 인간 노동의 창조물로 간주되었다.

사유화로 인해 집약적 노동과 부 창출의 동기가 생겼으며 다른 활동에 땅을 이용하지 않고 쌀을 생산하는 데만 집중했다. 그 결과 많은 아파타니족 가족은 말하자면 카우카 밸리의 "부에 의한 귀족"처럼 되었다. 하지만 사유화로 인해 오랫동안 내려온 공동 소유권의 원칙이 흔들렸다. 생산성이 낮은 땅을 씨족 땅으로 배정했으며 농업 노동자였던 노예는 일종의 자본으로 간주되면서 땅을 사기 위해 노예를 파는 경우도 있었다.

이 책 앞부분에서 지위 사회에 전쟁이 만연했다는 사실을 확인한 바 있다. 영화 《언터처블》에 나오는 숀 코네리의 표현을 빌리면 그들의 철학은 "저들 때문에 우리 중 한 명이 병원에 가면 우리는 저들 중 한 명을 영안실로 보낸다."는 식이었다.

하지만 아파타니족은 끝없는 피의 복수가 필연적인 것이 아니라는 것을 보여 주었다. "사회적 대리" 원칙을 적용하여 포로에게 앙갚음을 하는 대신 포로를 수익 대상으로 삼았다. 이러한 행동은 논리적 모순을 야기했다. 이제 부를 향한 욕망이 씨족에 대한 충성심이나 사회적 대리의 원칙보다 앞서게 되었다. 이러한 모순적 상황으로 인해, 특히 수익이 줄어들 우려가 있는 경우 사람들은 다른 구역의 싸움에 휘말리지 않으려 했다.

아파타니족의 불평등

카친족 사회에는 넓적다리를 먹는 족장이 있었고, 코니아크 나가족 사회에는 큰 앙이 있었다. 아파타니족 사회에는 세습 지위와 부가 있었지만 족장은 없었다. 이들은 지위 사회의 또 다른 형태를 보여 주었다. 이런 형태는 선사 시대에도 존재했을 가능성이 있지만 고고학 기록으로 이를 밝혀내기는 매우 힘들다.

아파타니족 사회에는 모든 촌락 지도자를 배출하는 하나의 세습 귀족 집단이 있었다. 하지만 이들은 강력한 개인으로서가 아니라 평의회를 통해 지도력을 발휘했다. 앞서 보았듯이 고대 그리스인은 이러한 체제를 가리켜 과두제, 즉 특권적 소수에 의한 지배라고 일컬었다.

아파타니족 사회가 지위를 기반으로 했다고 규정했지만 이 사회가 사실상 계층화되었다고 주장할 수도 있다. 미테 씨족과 무라 씨족이 혼인할 수 없었던 것으로 보아 이런 가능성도 있었을 것이다. 이처럼 상류층과 비非상류층 사이에 장벽이 있어 서로 섞이지 않았다는 점은 이 책 뒷부분에서 보겠지만 진정한 계층 또는 세습 계급으로 발전한 사회에 나타나는 특징이기 때문이다. 하지만 일부 미테 씨족 중에는 무라 씨족의 가족이 포함된 경우도 있었던 것으로 보아 아파타니족 사회가 완전히 계층화되지는 않았을 것이다.

앞서 보았듯이 대부분의 성과 기반 사회에서는 개별 가족이 부를 축적하는 데 반대하고 이들에게 압력을 가해 다른 가족에게 부를 분배하도록 했다. 아파타니족 사회는 비록 다른 사회에서 부의 재분배 목적으로 이용되는 공로 잔치를 그대로 유지하긴 했지만 부를 다른 가족에게 분배하지는 않았다. 다른 사회와 달리 아파타니족 사회는 부를 우러러보았으며 부유한 사람을 촌락 평의회의 성원으로 선출하는 경우가 점점 많아졌다. 씨족 땅이라는 개념을 유지하긴 했지만 이 땅을 의식용 건물이나 좌석 연단으로 쓰는 경우가 늘었고 반면 부유한 가족은 가장 질 좋은 논을 사들였다. 부유한 가족이 이익을 추구함에 따라 씨족의 연대 의식이 흔들렸다.

고고학자는 이런 형태의 사회를 어떻게 알아볼 수 있을까? 족장의 무덤은 사치품을 근거로 식별할 수 있겠지만 평의회에 속한 귀족 성원의 무덤은 어떻게 알아볼까? 사람 머리 전리품과 손은 알아볼 수 있지만 몸값을 받기 위해 데려온 포로는 어떻게 알아볼까? 글로 기록된 자료가 없는 상태에서 땅의 일부분이 사유 재산이었다는 것을 어떻게 알 수 있을까?

공교롭게도 이러한 물음은 그저 수사적 의문으로만 그치지 않는다. 우리는 세계 최초의 문명 중 하나가 아파타니족과 같은 제도를 두었다는 것을 알고 있다. 주요 전문가들은 이 문명을 과두제라고 규정한 바 있다. 이 문명사회에는 원로회의가 있었다. 또한 세습 귀족, 땅을 가질 수 있는 평민, 땅을 가질 수 없는 평민, 노예가 있었다. 다른 공예 기술자에 비해 명망 높은 사람으로 여겨지는 공예 기술자가 있었다. 이 문명사회에는 개인 소유의 토지, 공공 토지, 신전 부지로 할당된 토지가 있었다. 채무자나 전쟁 포로를 노예로 삼았지만 노예는 대가를 지불하고 자유를 살 수 있었다.

이 문명사회를 세운 이들은 바로 남부 메소포타미아의 수메르인이었다. 이들에게는 글이 있었기 때문에 우리는 이들에 관한 이 모든 사실을 알게 되었다. 하지만 수메르 문명의 발원지가 되었던 이전 사회에는 글로 된 기록이 없었다. 이어지는 장에서 보겠지만 이런 사회의 제도를 알아내는 작업은 고고학자들의 해석 능력을 한계점까지 몰아붙일 것이다.

초기 메소포타미아 사회의 신전과 불평등

앞서 보았듯이 신세계의 몇몇 지역에서는 신전이 등장하면서 남자 숙소를 대체했다. 우리가 살펴보았던 사례에서는 이런 이행 과정에 세습적 불평등의 증거가 함께 나타났다. 우리로서는 이 사실이 그다지 놀랍지 않다. 족장 사회에 상류층이 등장하면서 자신들의 우주에서 가장 고귀한 천상의 영혼에게 건물을 지어 바치기 시작하는 것을 보았기 때문이다.

이제 구세계에서 이에 견줄 만한 이행 과정을 찾아볼 순서가 되었다. 우리는 메소포타미아를 살펴보기로 했다. 소규모 의식용 가옥 대신 최초로 신전을 짓기 시작한 곳이 메소포타미아 사회이기 때문이다. 8,700년 전 터키 차요뉴의 '테라초 건물'을 필두로 티그리스 강과 유프라테스 강 유역의 촌락들은 점차 신전 형태의 구조물을 세웠다. 수 세기 동안 초기 신전과 남자 숙소 또는 씨족 숙소를 닮은 원형 건물이 공존했다. 마침내 6,500년 전에서 6,000년 전

사이가 되면서 신전만 남았다.

메소포타미아 지역에서 초기 신전의 사례를 찾는 일은 어렵지 않다. 문제는 신전을 세운 사회에 세습적 불평등의 징후도 함께 나타났는지 여부를 판단하는 일이다. 메소포타미아 고고학을 살펴보기에 앞서 왜 티코피아 사회와 아파타니족 사회를 논했는지 그 이유를 알 수 있을 것이다. 두 사회를 논의하는 과정에서 고고학으로 알아내기 힘든 특정 유형의 불평등도 있다는 것을 미리 알고 대비할 수 있었기 때문이다.

지위를 발견하는 작업에 내포된 전반적인 어려움 외에도 남부 메소포타미아와 북부 메소포타미아의 차이가 있다. 북부 메소포타미아의 많은 고대 촌락은 사회적 불평등을 보여 주는 여러 단서를 제공했다. 예를 들면 상류층 아이의 무덤에 사치품이 함께 묻힌 점, 상류층 가족이 먼 지역과의 교환 활동을 통해 다색 도자기를 갖고 있었던 점, 족장 사회 중심지 주변에 작은 위성 촌락들이 모여 있었던 점, 습격 활동에서 상류층 가옥을 불태운 점 등이다.

북부 메소포타미아

북부 메소포타미아의 농업에서 핵심이 되는 곳은 레바논과 유대 산악 지대 사이에 말안장처럼 움푹 들어간 이른바 시리아 안장 지대였다. 이 지형 덕분에 지중해의 겨울바람이 이 지역을 통과하여 멀리 동쪽의 이라크까지 닿을 수 있었다. 습기를 머금은 이 바람은 자그로스 산맥을 만나 위로 올라가면서 온도가 낮아지고 비를 뿌렸다.

이 비가 북부 메소포타미아와 남부 메소포타미아에 핵심적인 차이를 가져왔다. 연간 강우량이 300밀리미터 이상 되는 지역에서는 대개 관개용수 없이 곡물을 재배할 수 있었지만 연간 강우량이 300밀리미터가 되지 않는 지역 대부분은 관개 작업이 필요했다. 메소포타미아의 모든 지역에서 밀, 보리, 양, 염소를 키웠지만 중점 대상은 달랐다. 비가 많이 오는 북부의 선사 시대 촌락은 밀과 염소를 더 많이 길렀고 비가 적고 더운 남부의 선사 시대 촌락에서는 보리와 양을 더 많이 키웠다. 보리는 밀보다 열과 염분에 강했고 양은 염소와 달리 수분을 증발시키는 능력이 있어서 열을 발산할 수 있었다.

이제부터 살펴볼 고대 촌락 중 몇몇은 이라크 북부 지방 티그리스 강 유역에 위치한 오늘날의 모술 시 부근에 있었다. 모술 시 자체는 연간 강우량이 380밀리미터 정도 되었다. 12월에서 3월까지 비가 가장 많이 내리기 때문에 겨울 밀이 인기 작물이었다. 옛날에는 모술 시에 녹색, 청동색, 담황색의 세 가지 색깔이 있었다고 한다. 겨울 비 덕분에 생긴 녹색이 5월까지 지속되고 그다음에는 밀이 익어 가는 청동색이 펼쳐졌다. 여름과 가을에는 땅이 뜨겁게 달궈지면서 흙먼지 자욱한 담황색으로 바뀌었다.

대가족의 성장

약 7,500년 전 모술 평원의 촌락들은 식량을 얻기 위해 밀, 보리, 렌즈콩, 완두콩을 재배했으며, 리넨 천을 짜기 위해 아마를 길렀고, 양, 염소, 소, 돼지를 목축했다. 이 일들을 하기 위해서는 핵가족 수준을 넘어서는 분업이 필요했다. 결혼한 아들이 분가하지 않고 아

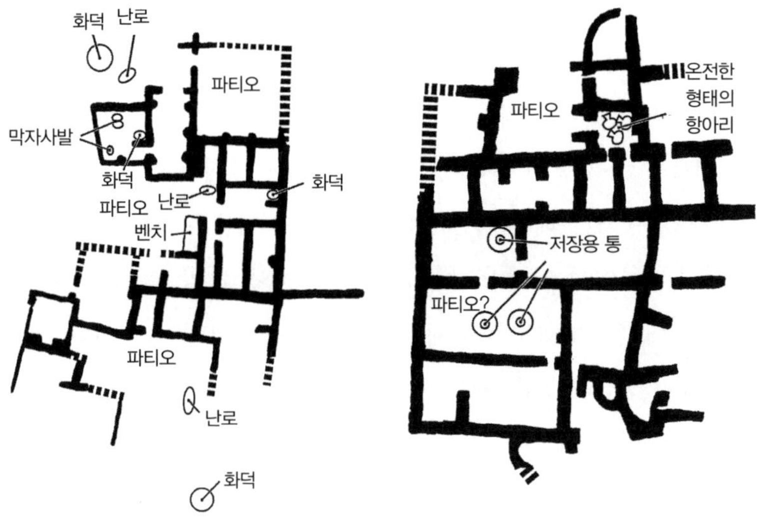

그림 35 | 약 7,200년 전 북부 메소포타미아 텔 하수나 촌락에는 12명 내지 20명으로 이루어진 대가족이 사는 가옥이 들어섰다. 이 가족들은 여러 개의 주방과 수천 킬로그램의 곡물이 들어 있는 개별 소유의 저장용 통을 두고 있었다. 왼쪽에 보이는 가옥은 제4층 촌락에서 발견되었으며 오른쪽의 가옥은 제5층에서 발견되었다. 밀, 보리, 양, 염소 형태의 자본을 형성함으로써 이 정도로 규모가 큰 대가족이 사회적으로 발달할 수 있었다. 가옥 안에 있는 파티오의 평균 면적은 15제곱미터이고 잠을 자거나 작업을 하는 방의 평균 면적은 10제곱미터였다.

버지 집에 그대로 머물러 사는 경우가 늘었다. 그 결과 15명 내지 20명 규모의 대가족이 생겼고 농경과 목축을 병행할 수 있었다. 이 가족들은 여러 개의 저장 창고를 지었고 앞서 차요뉴 같은 유적지에서 보았듯이 저장 물자의 사유화가 증가했다.

모술 시 남쪽 35킬로미터 지점에 위치한 하수나 촌락은 단일 가정에서 다가구 가정으로 이행하는 전형적인 예를 보여 주었다. 하수나 촌락의 가장 초기 진흙 벽돌 가옥은 방이 세 개 내지 다섯 개 정도 되는 핵가족 가옥이었다. 그러다 시간이 조금 지나면서 마당 또는 파티오*를 중심으로 이런 가옥을 한데 붙여서 짓기 시작했다. 대략 7,300년 전쯤 되면 마당 양옆으로 15개 내지 20개 정도 되는 방이 붙어 있는 불규칙한 복합 건물이 하수나 촌락에 들어섰다. 복합 건물의 한 부분이 다른 부분에 비해 훨씬 계획적인 형태를 띠는 경우가 종종 있는데 마치 이 부분이 최초의 핵을 이루고 다른 방이 나중에 덧붙여진 것처럼 생겼다. 그러다 마침내 약 7,000년 전 처음으로 대가족이 살도록 설계된, 방 15개 내지 20개짜리 집단 주거 구조물이 생겼다(그림 35).

나중에 지은 이 가옥들은 비교적 표준화된 세 개의 단위로 나눌 수 있었다. 평균 면적 15제곱미터의 마당 또는 파티오, 잠을 자거나 작업을 하는 평균 면적 10제곱미터의 방, 평균 면적 2제곱미터의 저장실이다. 주방을 여러 개 두는 경우가 많았으며 이는 여러 쌍의 부부가 함께 살면서 부인들이 제각기 자기 난로를 관리했다는 증거이다.

발굴자 시턴 로이드와 푸아드 사파르에 따르면 하수나의 몇몇 층에는 흔치 않은 형태의 의식용 건물도 보였다. 둥근 지붕이 있는 원형 건물이었다. 서아시아의 고고학자들은 이런 형태의 건물을 톨로스tholos(복수형은 톨로이tholoi)라는 그리스어 명칭으로 부르지만 사실 톨로스가 지칭하는 고대 그리스의 원형 묘실과는 아무런 연관성이 없다.

7,300년 전에서 7,000년 전에 사람이 살았던 초가 마미 촌락에는

---

* 위쪽이 트인 건물 내 안뜰.

규모가 더 큰 사회 단위를 암시하는 단서가 있다. 초가 마미 촌락은 하수나에서 남동쪽으로 약 320킬로미터 떨어져 티그리스 강 동쪽 산기슭에 위치했으며, 자그로스 산맥에서 발원한 작은 강의 선상지에서 관개 농업을 했다. 발굴자 조앤 오츠는 초가 마미 촌락에서 가옥의 일부가 아닌, 훨씬 크고 육중한 벽의 흔적을 발견했다. 그녀는 친척 관계에 있는 여러 가족 집단이 이 두꺼운 벽을 이용하여 촌락의 다른 집단과 자신들을 격리했을 가능성이 있다고 보았다. 이처럼 벽을 둘러친 주거 구역이 있었다는 것은 씨족 또는 같은 조상을 둔 후손 집단 등 보다 큰 사회 단위가 존재했음을 암시한다.

초가 마미 촌락은 방어의 필요성도 느꼈을 것이다. 오츠는 촌락 끝에서 망루처럼 보이는 진흙 벽돌 구조물을 발견했다. 누구든 낯선 사람이 촌락에 접근할 경우 이 망루에서 보였을 것이다.

텔 에스사완의 방어 활동과 사치품

이 시기에 텔 에스사완만큼 습격에 대비해야 할 필요성이 분명했던 곳은 없었을 것이다. 텔 에스사완은 티그리스 강 바로 옆에 위치했는데, 초가 마미에서 서쪽으로 160킬로미터 떨어진 지점, 그리고 오늘날의 이라크 도시 사마라에서 남쪽으로 불과 10킬로미터 떨어진 지점이다. 이 부근의 티그리스 강은 저수위 때 폭이 240미터였고 홍수 때는 폭이 600미터 가까이 되었다. 강 양옆으로는 높은 역암 절벽이 가로막고 있었고, 강은 절벽 사이로 구불구불 흐르면서 일 년에 두 차례 관개 작물을 재배할 수 있는 범람원을 형성했다.

텔 에스사완 촌락은 티그리스 강의 동쪽 절벽을 따라 230미터에 걸쳐 있었다. 촌락은 절벽 배후로 100미터 지점까지 닿았고 총 면

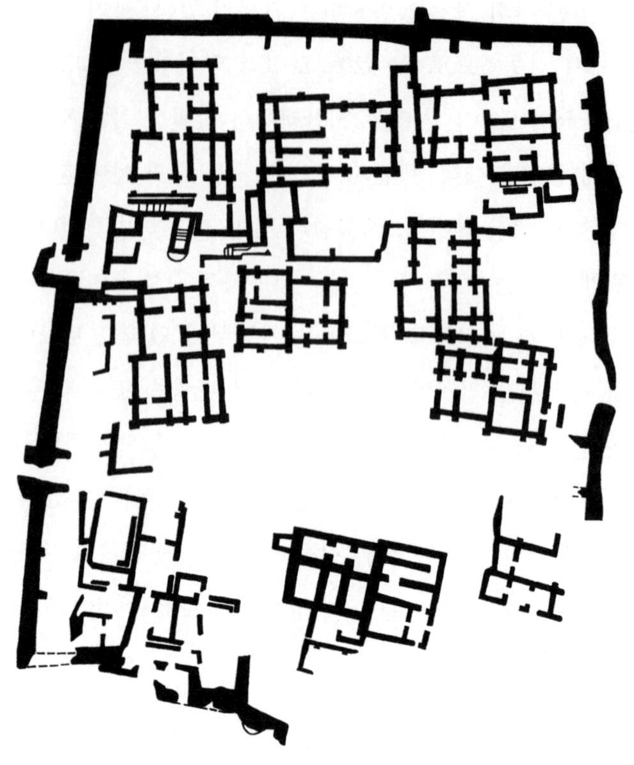

그림 36 | 바그다드 부근 티그리스 강 유역에 위치한 텔 에스사완 촌락은 삼면을 도랑과 벽으로 둘러싸서 방어하고 나머지 한 면은 강가의 절벽을 이용했다. 북쪽(왼쪽)과 남쪽(오른쪽)의 방어용 도랑 사이의 거리는 48미터였다.

적이 최소 2만 5천 제곱미터였다. 마른 도랑 두 개가 50미터 정도 떨어진 채 촌락을 관통하여 서쪽으로 흐르다 티그리스 강으로 흘러 들어 갔다. 텔 에스사완 촌락 사람들은 이 도랑을 깊이 파서 방어용으로 만든 뒤 땅 아래의 역암을 3미터 깊이까지 절단하여 두 도랑 사이를 연결하는 남북 방향의 도랑을 만들었다(그림 36).

그리하여 서쪽은 강가 절벽으로, 북쪽과 동쪽, 남쪽은 도랑으로 둘러싸서 촌락 중심지를 방어했다. 도랑 바로 안쪽에 진흙 벽돌 벽을 쌓았는데, 워낙 튼튼하게 지은 벽이라 이라크 고고학자들이 발견할 당시에도 90센티미터 높이까지 벽이 남아 있었다. 도랑과 벽을 합친 장벽의 전체 높이가 최소 4미터 정도 되었기 때문에 텔 에스사완은 튼튼한 방비 상태를 유지했다. 도랑 속에 들어 있는 파편을 보면 방어의 필요성이 절실했다는 데 추호의 의심도 들지 않는다. 도랑 속에는 조밀한 점토를 이용하여 달걀 모양으로 만든 투석구sling용 돌덩이가 대량으로 발견되었다.

조그만 가죽 양쪽에 줄을 매달아 들고 다니도록 만든 간단한 투석구는 아마도 지금까지 알려진 것 중에 가장 오래된 무기일 것이다. 이 무기의 기원은 가장 초기의 사냥꾼과 목동까지 거슬러 올라간다. 보호해야 할 양 떼가 없는 우리도 다윗과 골리앗 이야기를 통해 투석구를 잘 알고 있다. 하지만 투석구가 전쟁 무기로서 예전에 얼마나 중요했는지에 관해서는 일반적으로 거의 알려져 있지 않다.

고고학자 만프레트 코르프만의 연구에 따르면 "메소포타미아, 페르시아, 그리스, 로마에서 투석구를 다루는 사람은 궁수에 필적하는 전사였다". 이 시대의 투석구 전사가 200미터 이상 무기를 쏘아 던지는 것은 드문 일이 아니었으며, 이는 제법 먼 거리에서도 많은 수의 무기를 쏠 수 있었다는 것을 뜻한다. 90미터 밖에서 쏘아 던져도 투석구용 돌덩이는 놀란 라이언*의 속구에 육박하는 속도로 날아가 진행 방향에 있는 사람을 쓰러뜨릴 수 있었다. 텔 에스사완의 투석구용 돌덩이는 양 끝이 뾰족한 달걀 모양으로 만들어져 가죽

* 미국 메이저리그의 전설적인 야구 투수.

그림 37 | 10센티미터 높이의 이 설화석고 조각상은 텔 에스사완의 한 무덤에서 발견되었다. 아스팔트로 머리카락을 만들고 눈에는 조개를 박아 넣고 터키석 목걸이를 한 이 조각상은 아마 어느 상류층 조상을 묘사했을 것이다. 이런 귀중한 조각상을 아이와 함께 묻었다는 사실은 텔 에스사완 촌락이 세습 지위 사회였을 가능성을 높여 준다.

안에 쏙 들어갔으며 정확도가 높고 속도도 빠르며 멀리 날아갈 수 있었다.

텔 에스사완을 노리는 적들은 관개 농업에 알맞은 최적의 위치를 탐냈을 것이다. 이 촌락의 주된 작물은 여섯 줄 보리와 두 줄 보리였는데, 더운 기후의 관개 농사에서 잘 자라는 곡물이었다. 텔 에스사완에서 재배한 아마는 씨의 길이가 4밀리미터가 넘었는데, 진단 결과 이는 관개 농업으로 아마를 재배했다는 것을 알려 주는 증거였다.

텔 에스사완에서 가장 흥미로운 가옥은 T자 모양이며, 좁고 긴 통로와 이보다 폭이 넓은 거의 정사각형 모양의 방이 결합되어 있었다. 이 건물에는 여덟 개 내지 열여섯 개의 방이 있으며 내부 면적이 평균 65제곱미터가 넘었다. 가재 도구를 생산하는 곳처럼 보이는 방도 있었고 곡물과 농기구가 들어 있는 방도 있었으며 그런가 하면 집안의 사당인 것으로 보이는 방도 있었다.

하지만 텔 에스사완에서 가장 큰 탄성을 자아내는 곳은 바닥 아래에 있는 무덤이었다. 아름다운 채색 도자기, 석기 그릇, 대리석 또는 설화석고로 만든 작은 조각상, 터키석 구슬, 그 밖에 천연 구리, 뿔조개, 조개 진주층으로 만든 물품 등 빼어난 걸작이 들어 있었다. 한 가지 의미심장한 점은 아이의 무덤에 사치품이 가장 많이 들어 있었다는 점이다(그림 37). 가령 무덤 92호에는 작은 설화석고 조각상 세 개(눈에 조개를 박아 넣었다.), 터키석과 홍옥수 구슬, 우아한 도자기 병 세 개가 아이와 함께 묻혀 있었다. 무덤 94호에는 아이와 함께 또 다른 설화석고 조각상이 묻혀 있었다. 이 조각상은 눈에 조개를 박아 넣었고 돌과 아스팔트 구슬로 만든 작은 목걸이를 하고 있었다. 이 아이들은 너무 어렸기 때문에 스스로의 힘으로 이런 사치품을 얻지는 못했을 것이다. 아마도 부모의 지위가 높았을 것이다.

공예 기술의 전문화와 호화 도자기 교역

이 시기에 제작된 몇몇 도자기는 파나마 코클레의 교역용 도자기에 견줄 만큼 매우 우아했다. "사마라 토기"라고 불리는 이 도자기는 최소한 7,300년 전에서 7,000년 전까지 북부 메소포타미아의 많은 지역에 퍼져 있었다. 사마라의 도공은 메소포타미아에서 최초로 자기 제품에 "도공 마크"를 새겼는데, 작은 채색 상징을 그려 넣어 도자기 제작자가 누구인지 표시했다. 사마라 도공 마크가 많이 발견되었지만 이 표시가 도공 개인을 가리키는지 아니면 도공 가계 또는 촌락 전체를 가리키는지는 알 수 없다.

사마라 도공이 분명 뛰어난 기술을 가졌음에도 7,000년 전에서 6,500년 사이가 되면 우아한 이색 채색 양식과 다색 채색 양식의 도자기가 점차 사마라 도자기를 대신하게 되었다. 시리아에 있는 유명한 유적지 이름을 따서 "할라프 물건"이라고 불리는 이 채색 양식 도자기는 북부 메소포타미아 전역으로 퍼져 나갔다.

할라프 도자기와 관련된 고고학 유적지에서는 사회적 불평등을 나타내는 세 가지 양상의 증거가 나왔다. 첫째, 사치품이 묻힌 아이 무덤이 많이 발견되었다. 둘째, 몇몇 큰 촌락이 그보다 작은 위성 촌락들에 대해 권위를 갖고 있었다는 징후가 보였다. 마지막으로 틀링깃족이나 하이다족처럼 멀리 떨어진 상류층 가문 간에 선물 교환이 있었다는 증거가 나왔다.

할라프의 매장 관습은 사마라 사회보다 훨씬 복잡한 양상을 띠는데, 이는 사회적 지위가 여러 층으로 나뉘어 있었다는 것을 의미한다. 고고학자들이 확인한 바로는 "일반" 무덤, 특별한 화장, 몇몇 사람의 두개골을 다시 옮겨 담은 아름다운 채색 그릇이 있었고 그 밖에 수직 갱도와 방으로 이루어진 많은 무덤이 있었는데 이는 지위가 높은 개인을 위해 마련된 무덤으로 짐작된다.

고고학자 니콜라이 메르페르트와 라우프 문차예프가 하수나 서쪽에 있는 한 쌍의 고대 촌락 야림 테페 1지구와 2지구에서 많은 할라프 무덤을 발견했다. 무덤의 종류는 다음과 같았다.

1. "일반 무덤"(예를 들어 야림 테페 2지구 8층과 9층에 있는 무덤)에는 반듯하게 누운 성인과 아이의 시신이 묻혀 있었다. 석기 잔이나 도자기 그릇 한 개가 함께 묻힌 무덤도 몇 개 있었지만 대부분은 아무것도 들어 있지 않은 경우가 많았다.

2. 사람들은 야림 테페 1지구를 떠난 뒤 시신을 원형 묘실에 묻어 묘지로 이용했다. 이곳에는 몸을 잔뜩 구부린 시신이 많았는데 아마도 보따리 안에 꽁꽁 묶여 있었을 것이다. 무덤에는 도자기 그릇, 설화석고 그릇, 철광석을 매끄럽게 간 핀이나 도끼, 돌 펜던트, 조개나 돌로 만든 구슬 등이 함께 묻혀 있었다. 대부분은 성인의 무덤이었지만 56호 무덤에는 네 살짜리 아이가 돌로 된 지팡이 손잡이와 함께 묻혀 있었다. 이 손잡이를 성인 무덤에서 발견했다면 지위의 상징으로 간주했을 것이다.

무덤 60호에는 성인 한 명이 커다란 황소의 두개골, 도자기와 설화석고 그릇, 철광석 핀, 200여 개에 달하는 가젤의 복사뼈와 함께 묻혀 있었다. 복사뼈는 점을 치거나 제비뽑기를 하기 위한 도구였는데 말하자면 주사위의 선사 시대 판 전신이라고 할 수 있었다.

3. 야림 테페 2지구의 7층에서 9층까지는 특별한 화장 묘가 많았

화장터의 무덤 40호에서 나온 목걸이

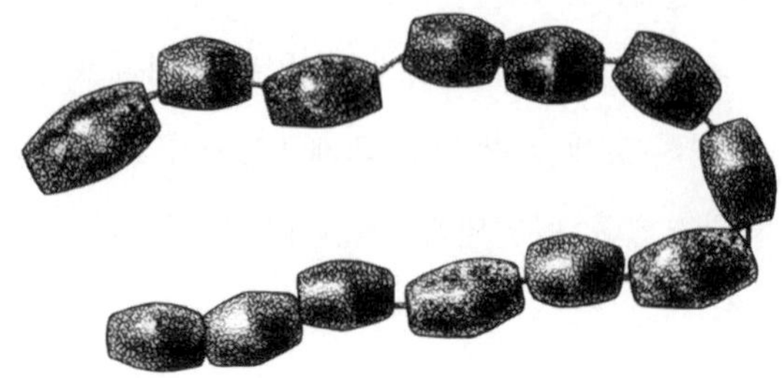

화장터의 무덤 43호에서 나온 설화석고 그릇

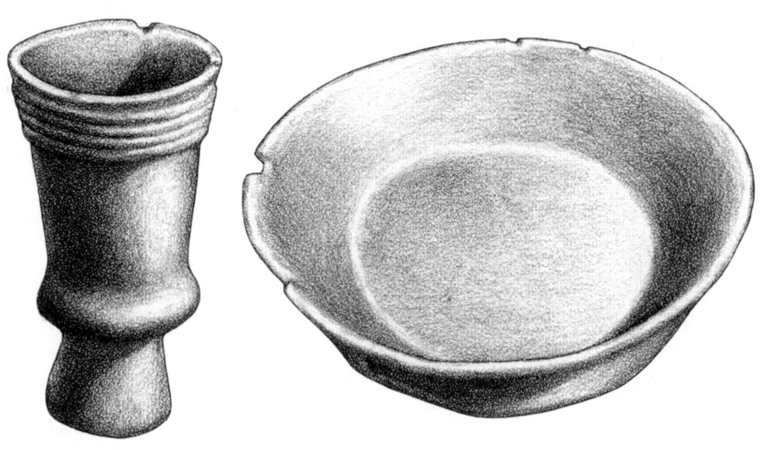

그림 38 | 이라크 야림 테페 2지구, 상류층 자녀가 묻힌 화장터 무덤에서 나온 사치품. 매끄럽게 다듬은 흑요석 구슬 목걸이는 열 살에서 열세 살 남짓 되는 화장한 아이와 함께 발견되었다. 설화석고 잔과 그릇은 열 살 남짓의 화장한 아이와 함께 발견되었다. 어린아이를 이렇게 특별하게 대우했다는 것은 세습 지위를 암시한다.

다. 가장 흥미로운 점은 화장한 아이의 유골이 사치품과 함께 묻힌 경우가 여럿 있었다는 점이다. 타원형의 화장터에서 발견된 무덤 40호에는 열 살에서 열세 살쯤 되어 보이는 아이의 새까맣게 탄 주검이 있었다. 화장한 아이의 유골은 채색 할라프 통에 매끄럽게 다듬은 흑요석 구슬 목걸이와 함께 담겨 있었다. 또한 구덩이 속에는 깨지고 불에 탄 냄비, 석기 그릇, 아마도 목걸이였을 것으로 보이는 여러 개의 구슬, 매달기 위해 구멍을 뚫어 놓은 도장이 들어 있었다. 구멍 뚫린 도장이 지닌 의미는 이후 아르파치야 유적지를 설명할 때 분명하게 드러날 것이다.

무덤 43호에는 화장한 열 살 아이의 유골이 채색 할라프 통에 담긴 채 톨로스 바닥 아래에 묻혀 있었다. 근처에서 발견된 화장터에도 받침대가 있는 설화석고 잔, 설화석고 그릇, 그 밖에 도자기 그릇 세 개가 있었다(그림 38).

이 아이들 중 어느 누구도 그처럼 많은 노동이 들어간 공물을 받을 만큼 충분한 성취를 이루었을 가능성은 희박하다. 설화석고 그릇을 제작하려면 대리석처럼 단단한 돌덩어리를 잘라 내고 표면을 매끄럽게 다듬어야 했다. 여기에 들어간 공예 기술로 볼 때 무덤 40호와 43호의 주인은 지위가 높은 가족의 아이였을 것이다.

4. 마지막으로 야림 테페 2지구의 9층에 있는 몇몇 무덤에는 따로 떨어진 사람 두개골이 묻혀 있었다. 그중 한 곳(무덤 56호)에는 사람 두개골 세 개가 있었는데 두 개는 성인의 것이고 하나는 아이의 것이었다. 사람 두개골을 왜 이런 식으로 묻었는지 이유는 알 수 없지만 두개골을 전시하던 서아시아의 오랜 역사와 일맥상통하는 방식이다.

야림 테페 사회에 관한 세부적인 사항은 알지 못하지만 두 촌락에서 유아와 아이를 비롯하여 시신을 대우한 여러 가지 방식을 볼 때 세계 다른 지역의 초기 지위 사회에 나타났던 것과 같은 정도의 불평등이 있었을 것으로 짐작된다. 더욱이 야림 테페 2지구에 있던 작은 조각상을 보면 이곳의 몇몇 여자가 할라프 도자기에 있는 것과 동일한 무늬를 문신했다는 것을 알 수 있다. 많은 지위 사회에서 이는 명망을 나타내는 표시였다.

걸출한 할라프 지도자의 권력이 근거지 촌락을 넘어선 지역에까지 영향을 미쳤다는 정황적 증거가 있다. 오늘날의 모술 시 동쪽에 있는 지역과 서쪽에 있는 지역에서 고고학자 이스마일 히자라는 큰 규모의 할라프 촌락(8만 제곱미터)이 이 촌락에 종속되어 있었을 좀 더 작은 공동체들(8천 제곱미터 내지 2만 8천 제곱미터)로 둘러싸여 있는 사례를 무수히 발견했다.

고고학자 패티 조 왓슨은 할라프 도자기를 사용한 많은 지역이 이와 같이 "중심 대 배후 지역"의 특징을 보였을 것으로 보고 있다. 할라프 도자기를 사용한 지역은 서쪽의 유프라테스 강에서 시작하여 시리아의 발리크 강과 카부르 강을 지나고 이라크의 티그리스 강을 지나 동쪽으로 자그로스 산맥에 이르기까지 최소 640킬로미터에 걸쳐 있었다. 이 드넓은 지역에는 비옥한 충적토 농경지 사이사이에 오로지 양과 염소를 목축하는 데만 적합한 땅이 어우러져 있었다.

상류층 간의 장거리 교역

이렇게 광범위하게 퍼져 있는 모든 할라프 사회가 어떤 식으로 상호작용을 했는지를 알기 위해 왓슨은 고고학자 스티븐 르블랑과 협력 작업을 폈다. 이들은 세 가지 색깔까지 사용하기도 하는 할라프 도자기의 특이한 무늬 목록을 이용했다. 왓슨과 르블랑은 임의의 할라프 촌락 두 곳이 밀접하게 상호작용을 할수록 도자기 무늬를 공유할 가능성이 높다고 보았다.

르블랑은 시리아, 터키, 이라크에서 일곱 곳의 할라프 촌락을 선택했다. 이 유적지들은 고고학 발굴 작업에서 채색 무늬가 들어간 수천 점의 도자기 파편이 나온 곳이었다. 르블랑은 각 촌락과 쌍을 이루는 촌락을 찾기 위해 유사성을 통계상의 척도로 삼은 다음 무늬를 공유한 정도를 측정했다. 그런 다음 유사성의 정도를 두 촌락 간의 거리와 비교했다.

쌍을 이루는 두 촌락의 거리가 가까울수록 공유하는 무늬가 많다는 결과가 나왔다면 르블랑도 놀라지 않았을 것이다. 하지만 결과는 그렇지 않았다. 르블랑의 표본에서 가장 큰 할라프 촌락 두 곳이 가장 강한 유사성을 띠는 것으로 나타났고, 이 두 촌락은 제각기 자기 지역의 정치적 사회적 중심지였을 가능성이 높았다. 예를 들어 유프라테스 강 유역의 텔 투를루와 카부르 강 유역의 텔 할라프, 그리고 카부르 강 유역의 텔 할라프와 티그리스 강의 동쪽에 있는 아르파치야 유적지 사이의 유사성이 가장 강했다. 쌍을 이루는 이 촌락들 간의 거리는 190킬로미터에서 270킬로미터 사이였다. 이와 대조적으로 아르파치야와 이보다 규모가 작은 촌락 바나힐크(겨우 120킬로미터 거리였다.)의 유사성은 훨씬 약했다.

다시 말해서 가장 큰 할라프 촌락 간의 교환 활동이 예상했던 것보다 훨씬 활발했으며 특히 두 촌락 사이의 거리를 감안한다면 전혀 뜻밖이었다. 이러한 상황은 앞서 살펴본 파나마의 족장 사회 중심지와 유사하다. 파나마에서는 지위가 높은 젊은 남자가 족장이 되기 전에 콜롬비아 상류층과 장거리 교역 관계를 맺었다. 할라프 족장들이 서로 신부와 사치품을 교환했을 가능성이 있으며 솜씨 좋은 도공이 족장의 수행단에 포함되었을 것이다. 왓슨은 가장 큰 할라프 촌락이 아마 "족장 사회 중심지" 즉 지역의 실력자나 족장이 거주하는 촌락이었을 것이라고 주장했다.

할라프의 다색 도자기의 확산 과정을 코클레의 다색 도자기, 틀링깃족과 하이다족의 문장, 킴바야의 금세공품, 하늘과 땅을 주제로 조각을 새긴 멕시코 그릇의 확산 과정과 비교할 수 있다. 이러한 전문 기술 제품은 족장 가문에게 건네기에 적합한 선물로 자리 잡은 뒤부터 급속하게 확산되었다. 할라프의 경우는 특히 흥미로운데, 정착 농경 사회의 지도자뿐만 아니라 범람원 사이의 초원에서 살아가는 목축 사회의 지도자와도 연관성이 있었기 때문이다.

할라프의 공공건물

할라프 도자기를 쓰는 사회는 다양한 공공건물을 지었다. 이 가운데는 의식용 건물도 있었고 세속적인 활동과 관련된 것도 있었지만, 건물을 발굴한 고고학자조차 정체를 알 수 없는 건물도 있었다.

시리아에 있는 유프라테스 강의 한 지류 유역에 텔 아스와드 유적지가 있는데 고고학자 맥스 맬로원이 이곳에서 여러 개의 방으로 된 가로 6미터, 세로 5미터 규모의 건물을 발견했다. 그는 이 건물을 할라프 신전이라고 보았다. 앞서 설명한 야림 테페 2지구 촌락에서는 메르페르트와 문차예프가 가로 8.5미터, 세로 4미터가 넘는 점토 벽 건물을 발견했다. 이 건물에는 주거 가옥의 가정용 물품 파편이 전혀 없었으며 신전처럼 생겼다.

하지만 야림 테페 2지구 6층에 있는 방 22개짜리 초기 복합 건물은 세속의 공공건물처럼 보였다. 십자 구조로 배치된 이 건물의 중앙에는 지름이 2.5미터가 넘는 톨로스가 있었으며 네 개의 구획으로 나뉘었다. 톨로스의 벽에는 원래 설화석고 판이 덧대어져 있었던 것으로 보인다. 메르페르트와 문차예프는 이 건물이 촌락 한가운데 위치한 커다란 공공 창고였을 것으로 짐작했다.

야림 테페 2지구에 있는 할라프 톨로스는 상당히 다양했다. 가장 규모가 큰 톨로스 67호는 지름이 5미터가 넘었다. 메르페르트와 문차예프는 이 건물이 의식용 건물이었을 것이라고 보았는데, 톨로스의 바닥 아래 공물이 묻혀 있었기 때문이다. 하지만 이보다 규모가 작은 톨로스 중에는 가정용품을 보관하는 곳도 있었던 것으로 보인다. 따라서 톨로스라는 용어를 너무 자주 사용할 경우 이런 원형 건물이 모두 같은 목적으로 지어진 것이 아니라는 사실을 흐릴 것이다.

아르파치야

르블랑이 연구 대상으로 삼았던 할라프 유적지 중 한 곳이 아르파치야였다. 이곳은 여러 층으로 된 텔*로, 모술에서 그리 멀지 않다. 아르파치야에서는 여러 차례 발굴 작업이 진행되었으며, 1930년대에 맥스 말로원, 1970년대에 이스마일 히자라가 발굴 작업을 한 바 있다.

아르파치야는 진흙 벽으로 된 가옥, 톨로스, 밀과 보리의 흔적이 있는 곡물 창고, 반구형 화덕, 도자기 가마로 이루어진 촌락이었다. 폭이 가장 넓은 곳이 1.2미터밖에 안 되는 좁은 길이 길게 이어져 있었으며, 길 위에는 이 지역 강에서 가져온 자갈이 깔려 있고 그 밑에는 배수를 돕기 위해 깨진 도자기 파편이 두껍게 깔려 있었다.

아르파치야에는 촌락의 다른 구역과 분리하기 위해 담을 쌓은 뒤 그 안에 특별한 톨로스를 여러 채 지은 구역이 있었다. 이 격리 구역 안에 있는 톨로스는 야림 테페에 있던 원형 건축물보다 훨씬 복잡한 구조였다. 이곳의 톨로스는 열쇠 구멍 형태로 되어 있으며 이글루 입구처럼 생긴 출입구를 통해 둥근 방으로 이어졌다(그림 39). 히자라는 이렇게 담을 쳐 놓은 구역 전체가 7,000년 전에 세워졌으며 의식용 목적에 쓰였을 것이라고 추정했다.

할라프 다색 도자기가 절정의 인기를 누리던 시기에 사람이 살았던, 좀 더 후대에 형성된 층에서 맬로원은 틀림없이 지위가 높은 가족의 가옥이었던 구조물을 발견했다. 지금까지 남아 있는 방이 열두 개가량 되며 길고 좁은 마당 한 개, 직사각형 모양의 많은 거실 또는 침실, 최소한 네 개 이상의 저장 장소가 있었다. 이 집에는 두 가지 색 및 다색으로 이루어진 매우 아름다운 도자기 세트가 있었으며, 그 밖에도 돌 그릇, 검은색 동석 부적, 작은 조각상, 석회암과 석영과 바다 조개껍질로 만든 구슬, 염료를 만드는 팔레트, 염료를

---

* 아랍어로 언덕을 뜻하며, 터키어로는 테페라고도 한다. 서아시아에서 소아시아, 이집트의 일부에 걸쳐 평원 한복판에 만들어진 인공 둔덕을 말한다. 이 지역에서는 돌과 햇볕에 건조한 벽돌로 집을 짓기 때문에 촌락이 폐허가 되면 돌과 벽돌이 무너져 쌓인다. 그 후 같은 곳에 다시 촌락이 생겼다가 폐허가 되면 더욱 높게 쌓이면서, 이 현상이 몇 번이고 반복되어 작은 둔덕을 이룬다.

야림 테페 3지구에서 나온 톨로스 137호

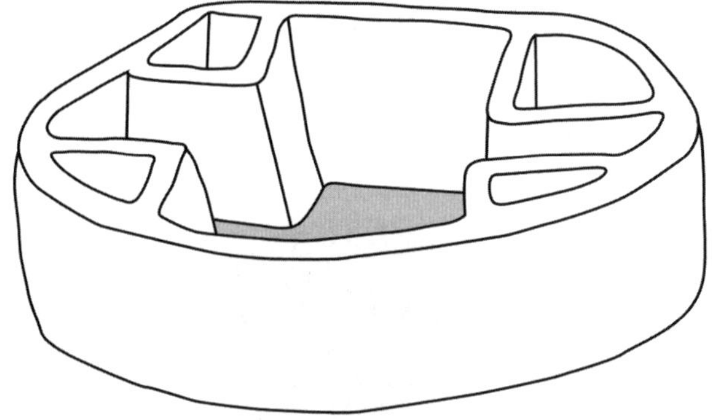

아르파치야 TT 7~8층에서 나온 톨로스

그림 39 | 할라프 시기의 촌락에 있던 원형 또는 열쇠 구멍 형태의 모든 건축물을 가리켜 고고학자들은 톨로스라고 일컫지만 이 건축물의 기능이 모두 같았던 것은 아니다. 아르파치야 TT 7~8층에서 나온 톨로스처럼 의식의 기능을 가졌던 것으로 보이는 것도 있지만 야림 테페 3지구에서 나온 톨로스 137호처럼, 폐기된 후 가정용 쓰레기가 가득 차서 원래 기능을 파악할 수 없는 것도 있었다.(아르파치야에서 나온 톨로스는 총 길이가 18미터가량 되었다.)

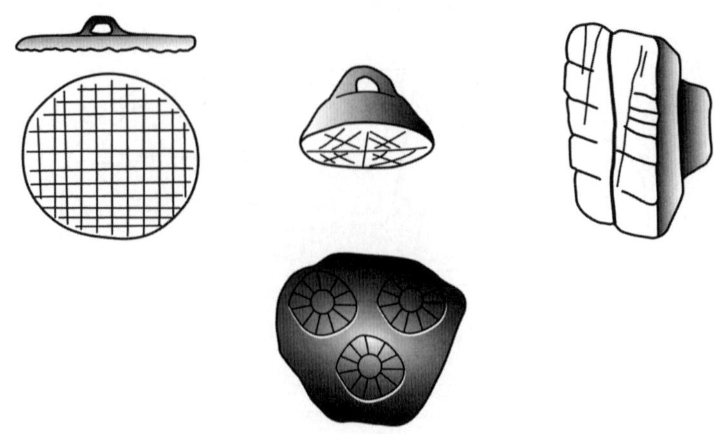

그림 40 | 이라크 북부 지역에 있는 아르파치야에서는 교역 물품을 출하할 때 점토 덩이를 붙여 함부로 개봉하지 못하도록 했다. 그런 다음 출하를 감독하는 사람이 특징적인 각인을 점토 덩이에 새겼다. 도장에 구멍을 뚫어 도장 주인이 줄에 매달고 다니도록 만든 경우가 많았다. 위쪽에 보이는 것이 돌 도장이며 그 아래에는 특징적인 각인을 새긴 회색 점토 덩이가 보인다. 아마 물품을 받은 뒤 이 덩이를 제거했을 것이다. 이 시기 도장의 크기는 대체로 우표보다 크지 않았다.

섞는 그릇, 펜던트처럼 구멍이 뚫린 수많은 돌 도장이 있었다. 어떤 방에는 터키산 수입 흑요석 조각으로 만든 날과 박편이 가득 들어 있었다.

맬로원의 말을 빌리면 이 가옥은 “침입자에게 약탈당하고 불탔기” 때문에 전체 규모를 재구성하기 힘든 상태였다. 이 상류층 가족은 일정 몫 이상의 다색 도자기와 설화석고 그릇, 터키 흑요석을 소유했기 때문에 분명 약탈의 중요한 목표였을 것이다.

아르파치야에서 발견된 사실 가운데 가장 흥미로운 점은 지도자가 물품의 교환 과정을 꼼꼼하게 확인했다는 점이다. 이들은 출하물에 점토로 도장을 찍는 방식으로 교환 물품을 확인했다. 점토가 아직 마르지 않은 상태에서 공식 역할을 지닌 누군가가 조각이 새겨진 돌 도장을 찍어 특징적인 각인을 남겼다. 출하물이 목적지에 닿기 전까지는 아무도 도장이 찍힌 점토 덩이를 깨뜨릴 수 없었다(그림 40).

이후 메소포타미아의 출하 봉인 작업은 보다 복잡한 절차를 거쳤을 테지만 할라프 시기에는 아직 비교적 간단했다. 아르파치야에서 발견된 가장 일반적인 봉인 형태는 끈을 묶은 매듭 위에 타원형의 점토 덩이를 손으로 빚어 붙인 다음 여기에 각인을 새기는 방식이었다. 점토 덩이를 깨뜨리기 전까지는 매듭을 풀 수 없었다. 아르파치야에서 발견된 많은 도장에는 고리가 달려 있거나 구멍이 뚫려 있어, 각인을 새기는 권한을 가진 사람이 목에 걸고 다닐 수 있었다.

이제 야림 테페 2지구 무덤 40호에서 발견된 도장 펜던트의 의미를 명확하게 알 수 있다. 그곳에 묻힌 화장한 아이는 촌락의 공직을 맡기에는 너무 어린 나이였다. 아이가 묻힌 무덤 40호에 도장이 있었다는 사실로 볼 때 할라프 사회에는 아버지의 지위를 물려받기 위해 일정한 훈련을 받는 아이들이 있었다.

테페 가우라의 촌락들

북부 메소포타미아에서 신전으로 유명한 촌락은 테페 가우라였다. 이 유적지는 아르파치야 북쪽에 완만한 경사를 이루는 평원에 위치해 있으며, 이 평원은 나중에 아시리아 제국의 곡창 지대 중 한 곳이 되었다.

테페 가우라 촌락은 할라프 도자기의 전성기인 7,000년 전쯤에 세워졌다. 그 후 여러 세기를 거치는 동안 사람들이 살다가 떠나고 다시 들어와 살면서 진흙 벽돌 가옥으로 이루어진 촌락이 여러 개의 층을 형성했고 이렇게 쌓인 잔해가 평원에 무려 21미터 높이의 언덕을 만들었다.

E. A. 스파이저와 찰스 바체는 8년에 걸쳐 20층 이상이나 되는 건물 잔해를 계속 파헤치면서, 평원 아래로 지하 4.5미터 깊이까지 멈추지 않고 발굴 작업을 계속했다. 그들은 상층(1층에서 10층까지)에 있던 모든 촌락을 놀랍게도 100퍼센트 발굴했으며 하층(11층에서 20층)에 있는 촌락들은 3분의 1까지 발굴했다.

이 장의 목적과 관련해서는 가우라 깊은 곳에 있는 (따라서 오래된) 11개 층이 많은 사실을 알려 준다. 이 층들에 관해서는 아서 토블러가 발표한 바 있고 그 후 앤 퍼킨스가 다시 연구했으며 또한 미첼 로스먼이 보다 상세한 내용을 발표했는데, 그때마다 매번 새로운 통찰이 나왔다. 다시 말해 테페 가우라는 계속 이어지는 고고학계의 선물 같은 것이었다.

가장 깊은 곳에 있는 20층은 할라프 채색 도자기가 가장 큰 인기를 누리던 전성기에 사람이 살았다. 아마도 스파이저의 발굴 작업에서 가장 흥미로운 발견은 지반을 형성하는 충적토 평원 밑으로 파내려 간 우물 또는 물탱크일 것이다. 이 우물은 약 24명의 마지막 안식처가 되었는데 이들 대다수는 수직 통로 속으로 내던져진 것처럼 보였다. 이렇게 서둘러 처리된 유해 가운데 한 가지 예외가 있었는데 수직 통로 맨 위에 있던 유골이었다. 이 유골은 옆으로 누운 자세로 무릎을 끌어당긴 채 두 손을 얼굴에 대고 있었으며 가마 또는 상여의 잔해로 보이는 목재 기둥 자국이 찍힌 층에 묻혀 있었다. 많은 사회에서 시신을 가마에 안치하여 매장하는 것은 명망의 상징이었다.

아마도 6,500년 전에서 6,000년 전까지 거슬러 올라가는 19층에서 15층까지는 8천 제곱미터 내지 1만 2천 제곱미터 규모의 촌락에 관한 생활상을 다섯 단계에 걸쳐 연속적으로 보여 주었다. 이 무렵 할라프의 채색 양식은 쇠퇴기에 접어들고 있었다. 그 자리를 대신했던 것은 다소 단순한 형태의 채색 양식으로, 이라크 남부 지역에 있는 텔 알우바이드 유적지 지명을 따서 명칭을 붙였다.

20층에서 15층까지 여섯 개 층 모두에서 스파이저는 촌락 전체의 약 3분의 1을 발굴했다. 각 층마다 세부 사항은 달랐지만 최소한 다섯 개 형태의 구조물이 반복적으로 나타났다. 그 형태는 다음과 같다.

1. 다섯 개에서 스무 개 정도의 방이 있는 진흙 벽돌 가옥. 거실 또는 침실, 주방, 보관 시설, 마당으로 이루어져 있었다.
2. 도자기 가마. 이것은 더러 가옥의 마당에 설치된 경우도 있고 집에서 얼마간 떨어진 보관 공간 부근에 있는 경우도 있었다.
3. 나즈막한 벽을 평행하게 철로 침목처럼 세워 놓은 공간. 이 벽 덕분에 썩기 쉬운 물자가 들어 있는 보관 공간 아래로 공기가 순환되었을 것이다.
4. 지름 약 4.5미터인 톨로스. 원형인 것도 있고 열쇠 구멍 모양인 것도 있었다. 17층 촌락의 평면도로 볼 때 커다란 집단 주거 구조물마다(달리 말하면 15명 내지 25명당) 한 개의 톨로스가 있었

을 것이다. 이 톨로스가 의식 용도였든 아니면 공공 용도였든 간에 촌락 전체가 아닌 개별 대가족 또는 개별 가계를 위한 구조물이었을 것으로 추정된다.

5. 평면도로 볼 때 틀림없이 신전으로 보이는 진흙 벽돌 건축물. 각 건물마다 중앙에 긴 방이 있는데 메소포타미아 고고학자들은 라틴어에서 이름을 빌려와 이 방을 셀라cella라고 불렀다. 셀라의 양옆으로 작은 부속실이 두 줄로 늘어서 있었다. 각 신전은 비밀이 보장되는 대기실을 통해 들어가도록 되어 있었다. 셀라에는 대개 점토를 단단하게 반죽하여 만든 단이 있으며 이 단 위에서 공물을 불에 태워 바쳤다.

가장 초기의 가우라 신전(19층 촌락에 위치한 신전)은 길이가 9미터가 넘었다. 중앙 셀라의 길이만 해도 8미터였다. 18층 촌락에 위치한 신전은 가로세로 크기가 10.5미터, 7미터였으며 아마도 의식 용품을 보관했을 작은 보관실 두 개가 있었다. 신전이 두 개 이상 있는 층은 없었기 때문에 두 건축물이 촌락 전체를 위한 용도로 쓰였을 것이라고 결론 내릴 수 있다.

다시 말해서 가우라에 있는 우바이드 시대 층들은 두 종류의 의식 행위가 있었음을 나타낸다. 각 가계별로 자체 톨로스를 지어 관리한 반면 촌락 전체 차원에서는 신전을 지어 관리한 것이다. 따라서 톨로스에서 올리는 의식은 개별 사회 분파의 조상과 연관이 있었고 신전에서는 천상의 영혼에게 의식을 올렸다.

테페 가우라는 6,000년 전에서 5,500년 전 사이에 일련의 급격한 변화를 겪었다. 14층으로 대표되는 시기 동안 이 지역의 인구는 급

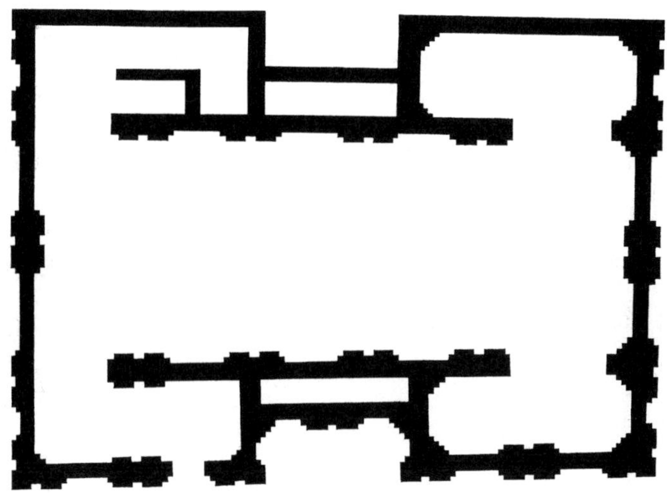

그림 41 | 이라크 북부 테페 가우라 13층에서 나온 북쪽 신전으로, 가로세로 길이가 12미터, 8.5미터였다. 고고학자들은 신전의 중앙에 있는 방을 셀라라고 불렀다. 벽의 단조로움을 덜기 위해 벽돌로 장식 효과를 낸 것을 주목해 보라.

격하게 감소했다. 가우라의 13층에 다시 사람이 살기 시작했을 당시에는 촌락의 성격이 많이 달랐다. 이 시점에 이르면 둔덕이 주변 평원에 비해 6미터 이상 높게 솟아올라 있어 맑은 날이면 몇 킬로미터 밖에서도 촌락이 보였다. 이제 가우라가 인근 지역의 대표적인 지형지물이 되었다는 이점을 이용하여 이곳의 지도자는 지역적으로 중요한 의미가 담긴 세 채의 신전을 지었다.

이 세 채의 신전이 비록 가로 18미터, 세로 15미터의 중앙 파티오를 공유하긴 하지만 신중한 발굴 작업을 통해 드러난 바에 따르면 모두 다른 시기에 지어졌으며 사용된 벽돌의 크기도 달랐다. 세 신전의 모서리뿐만 아니라 파티오의 모서리도 모두 동서남북 기본 방위를 가리키고 있었다. 토블러는 신전 세 채의 건축 순서를 다음과 같이 재구성했다.

1. 동쪽 끝에 위치한 신전을 제일 먼저 지었다. 이 건물의 정면은 19미터가 넘으며 표준화된 55센티미터 길이의 벽돌로 지었다.
2. 북쪽 끝에 위치한 신전을 두 번째로 지었다. 이 건물에는 표준화된 22센티미터 길이의 벽돌이 사용되었다. 이 신전은 규모가 가장 작지만 신전 세 채 가운데 보존 상태가 가장 좋으며 가로세로 길이는 12미터, 8.5미터였다(그림 41).
3. 가운데 있는 세 번째 신전은 앞의 두 건물 사이 공간에 위치했다. 정면은 길이가 14미터이지만 다른 치수는 이후에 진행된 침식 과정 때문에 알 수 없다. 이 신전은 이제 세 번째로 표준화된 진흙 벽돌을 사용했으며 벽돌 길이는 48센티미터였다. 중앙의 신전이 완성된 이후 북쪽 신전의 정면이 가려졌고 아마도 중앙 신전이 북쪽 신전을 대신했을 것이다.

진흙 벽돌로 신전을 지을 경우 건물이 상당히 단조로운 모습을 띨 우려가 있었다. 테페 가우라의 건축가들은 오목하게 들어간 기둥이나 벽기둥, 벽감 등을 설계하여 장식 효과를 내는 복잡한 벽돌 공사로 이 문제를 해결했다. 이러한 설계는 벽이 튀어나오거나 들어간 곳에 빛과 그림자의 무늬를 만들어 냄으로써 단조로움을 덜어주었다. 또한 벽에 흰색 회반죽 칠을 했으며 경우에 따라서는 밝은 빨강색이나 자주색 칠을 했다.

중앙 신전의 건축 작업이 시작될 무렵 동쪽 신전은 폐기된 상태로 쓰레기를 버리는 곳으로 이용되고 있었다. 이 건물의 잔해에서 고고학자들은 뜻밖의 발견을 했다. 중앙 신전을 짓는 데 사용된 벽돌의 10분의 1 크기인 소형 진흙 벽돌이 거의 100개 가까이 나왔다. 토블러는 이 모형 벽돌이 신전에서 보았던, 오목하게 들어간 복잡한 형태의 기둥과 벽기둥을 가장 만족스럽게 짓는 방법을 고안하기 위해 사용되었을 것으로 확신했다. 다시 말해 청사진이 없던 우바이드 시대의 건축가들이 어떤 방식으로 작업을 했는지 이를 통해 알 수 있다. 그들은 최종적인 완성 건물의 모형을 10분의 1 크기로 만들어 벽돌을 쌓는 기술자에게 견본을 제시했다.

여러 개의 정교한 도자기 잔과 향로 한 개가 동쪽 신전의 셀라에 남아 있었다. 이 잔에는 신전 정면에 있는 벽감의 배치 형태를 그대로 재현한 기하학적 모양이 작게 그려져 있었다. 향로에는 구멍과 삼각형 창을 파서 무늬를 만들었으며 테두리에는 신전 벽감처럼 움푹 들어간 곳이 군데군데 있었다. 분명 이 용기들은 신전에서 의식을 거행하는 숙련된 전문가, 더 나은 표현을 찾는다면 "사제"가 사용했을 것이다.

가우라 12층의 시련기

테페 가우라의 13층이 폐기되면서 이곳은 더 이상 신전 중심지의 역할을 하지 못하게 되었다. 그 후 12층 A지구가 작은 촌락으로 되살아났다. 이 시기의 가우라 둔덕은 꼭대기 면이 약간 오목하게 파인 원뿔형의 인공 둔덕이 되었으며 주변 평원보다 9미터 이상 높았다.

약 5,700년 전 12층 촌락에 살던 사람들은 가우라의 높은 지형

그림 42 | 방어하기 좋은 지형에 위치했고 접근로가 제한되었으며 경비 초소가 있었음에도 테페 가우라 12층 촌락은 공격을 받아 불에 탔으며 땅에 묻지 못한 유골을 남긴 채 버려졌다. 회색으로 표시된 가옥에 가장 중요한 두 가족이 살았다.('흰색 공간'의 면적은 53제곱미터이다.)

을 이용하여 이곳을 인구 130명 내지 240명이 사는 방어하기 좋은 조밀한 형태의 촌락으로 바꾸었다. 촌락 사람들은 언덕 꼭대기 4천 제곱미터 면적에 다 함께 모여 살기로 했다. 아마도 높은 지형이 그들에게 일정한 안전을 제공했기 때문일 것이다. 좁고 구불구불한 두 개의 길 중 하나를 통해서만 촌락에 들어갈 수 있었다. 이 두 개의 길이 갈라지는 지점에 큰 망루가 있었으며 이 망루는 모두 합쳐 면적이 24제곱미터인 세 개의 진흙 벽돌 방으로 이루어져 있었다. 망루 뒤편으로 여섯 개의 작은 방이 곡선을 이루며 일렬로 늘어서 있었고 여기를 지나면 촌락으로 들어갔다(그림 42).

스파이저는 12층 촌락의 절반을 발굴하여 최소한 103개의 방을 발견했다. 이 방들은 대부분 여러 개의 방으로 이루어진 커다란 복합 건물 여덟 채에 속해 있었으며 이 건물에는 마당, 거실 또는 침실, 화덕, 저장실이 있었다.

굽은 길의 남쪽과 동쪽 영역은 가장 흥미로운 구역이었다. 이곳의 배치도는 일정 정도 촌락 전체의 의도를 암시했다. 원래 이 구역은 남동에서 북서 방향으로 뻗은 길에 의해 둘로 나뉘어 있었다. 이 길의 북서쪽 끝에는 가장 크고 정교하게 지은 가옥이 위치했으며 길은 이 지점에서부터 서쪽으로 휘어, 한 변의 길이가 7.5미터 이상 되는 야외 광장으로 이어졌다.

이제 야외 광장과 접해 있는 가장 큰 가옥을 살펴보자. 이 가옥은 원래 한 변의 길이가 12미터이고 좌우 균형을 이루었다. 하지만 이후 다른 구조물을 덧붙여 지은 결과 균형이 깨졌다. 이 가옥의 안마당(회반죽이 두텁게 입혀져 있어 '흰색 공간'이라고 불린다.)은 면적이 53제곱미터이며 광장으로 통하는 두 개의 문이 있었다. 이 마당 옆으로 각기 다른 크기의 방이 있었는데 토블러에 따르면 이 방들은 분명 거주 구역으로 쓰였다. 구석에 화덕이 있는 주방 하나, 거실이나 침실로 사용되었을 널찍한 방 몇 개, 작은 보관실 몇 개도 그중에 포함되어 있었다. 이 가옥은 13명에서 19명 정도 되는 상류층 대가족이 살던 집이었을 것이다.

북서에서 남동 방향으로 뻗은 길을 따라 6미터 남짓 걸어가면 두 번째로 큰 가옥이 나오며 이 집의 평면도도 비슷하게 생겼다. 내부 마당(공간 26호라고 불린다.)의 면적은 30제곱미터가 넘으며 양옆으로 거실, 침실, 주방, 보관실이 이어져 있었다. 토블러는 이 건물이 촌락의 "저명인사"를 위한 주거 공간이었다고 설명한다.

12층 촌락은 방어 대책을 충분히 세웠음에도 습격을 당해 부분적으로 불에 탔으며 최소한 네 구의 유골을 땅에 묻지 못한 채 잔해 속에 남겨 두었다. '흰색 공간'이 있는 가옥이 가장 큰 타격을 입었다는 것은 중요한 의미를 지닌다. 건물 북단 전체가 불에 탔으며, 마루에는 재와 검게 탄 쓰레기가 38센티미터나 쌓여 있었다. 이 가옥에는 아기 한 명과 12세 내지 14세짜리 어린이 한 명이 죽어 있었다. 망루로 이어지는 굽은 길 부근에도 어린이 두 명이 땅에 묻히지 못한 채 버려져 있었다. 두 구의 시신 중 하나는 12세 내지 14세 정도로 추정되는데, 견갑골 사이에 "아마도 투석구에서 날아왔을" 돌 한 개가 박혀 있는 상태였다. 이 습격이 있은 뒤 테페 가우라는 최소한 한 세기 동안 버려져 있었던 것으로 보인다.

지금까지 살펴본 많은 부족 사회나 족장 사회에서 그랬듯이 가우라 12층 촌락의 적들도 아이를 만만한 대상으로 삼았던 것 같다. 이 사회들에서는 몰래 공격하는 방식으로 습격을 감행하는 경우가 많았으며 사상자는 주로 여자와 아이였다. 아마 성인 남자들이 밭에서 일을 하거나 가축 떼를 돌보기 위해 촌락 밖으로 나가 있는 때를 맞추어 공격했을 것이다. 남자들이 주기적으로 촌락을 비우는 곳에서는 망루를 세워 남은 사람들이 가까이 접근하는 낯선 사람들을 확실히 볼 수 있도록 대책을 세웠다. 가우라에도 그러한 망루가 있었다.

지위 사회가 공격을 당할 때는 중요한 신전이나 촌락 지도자의 집이 습격의 일차 대상이 되었다. 강력한 지위 사회에서는 희생자를 강압적으로 예속시켰을 것이고, 정도가 심하지 않은 지위 사회는 방어에 나선 이들을 쫓아내고 살인이나 방화도 조금만 저지른 뒤 촌락을 떠나는 선에서 만족했을 것이다. 가우라에서는 몇몇 희생자를 땅에 묻지도 않은 채 잔해 속에 버려두고 촌락을 버렸다. 이런 사실로 볼 때 12층 촌락 사람들 대다수가 도망가서 동맹 촌락에 들어간 뒤 다시는 이곳으로 돌아오지 않은 것으로 짐작된다.

북부 메소포타미아의 초기 지위 사회

북부 메소포타미아에서는 어빙 골드먼이 규정한 권력의 세 가지 원천이 모두 발달했다. 가정의 사당, 후손 집단의 톨로스, 촌락 전체를 위한 신전 등 신성한 생명력이 담긴 건물이 있었다. 도공의 마크가 들어간 다색 그릇, 매끄럽게 다듬은 대리석 및 설화석고 용기, 축적 모형을 이용하여 설계된 벽돌 공사 등에서는 전문 기술도 분명하게 보였다. 방어용 도랑, 벽, 망루, 투석구용 돌덩이, 불탄 건물이 자주 보이는 점으로 보아 습격과 방어 시에 발휘할 수 있는 기량을 높이 평가했을 것이다.

설화석고 잔과 조각상을 함께 묻은 아기와 어린이, 외국산 재료로 만든 다양한 목걸이, 상류층 가족 간에 주고받은 공예품 등에서는 일정 정도의 세습 지위가 있었음을 엿볼 수 있다. 지팡이 손잡이, 도장 펜던트를 어린아이와 함께 묻었다는 것은 촌락의 몇몇 공직자가 자식에게 직위를 물려주고자 했다는 것을 의미한다.

마지막으로 세속적인 공공건물이 있었다는 증거가 있다. 이 건물에는 공공 집회를 위한 장소나 곡물을 공동 보관하는 곳이 있었을 것이다. 또한 교역 물품을 출하할 때 봉인 작업을 책임지는 사람이 있었다는 것은 관료제의 맹아를 암시한다. 정리하자면 커다란 집에 살거나, 공예 기술자를 후원하거나, 죽은 아이를 위해 사치품을 함께 묻는 등 특권층 가족이 있었다는 증거가 상당히 보이긴 하지만 다른 한편으로 코니아크 나가족의 큰 앙처럼 모든 가능한 권력을 한 가족이 독점 소유하는 것이 아니라 사회의 여러 성원이 공유했다는 것을 보여 주는 단서도 있었다.

남부 메소포타미아

북부 메소포타미아와 남부 메소포타미아 간에 칼로 자른 듯이 명확한 경계선은 없다. 다만 모술에서 남쪽으로 이동하다 보면 점점 더 건조한 지역이 나타날 뿐이다. 바그다드의 연간 강우량은 평균 127밀리미터이며, 여기서 남쪽으로 더 내려가 티그리스 강 하류와 유프라테스 강 하류 사이의 거대한 충적 평야에 이르면 이보다 훨씬 더 건조하다.

남부 메소포타미아는 비록 황량한 풍경이 펼쳐지는 곳이지만 수많은 초기 촌락의 근거지였다. 작물을 키우는 수원은 기본적으로 두 가지였다. 자그로스 산맥에서 발원하여 서쪽의 티그리스 강으로 흘러들어 가는 지류에서 물을 끌어오는 방법이 한 가지였다. 그런가 하면 가장 규모가 큰 촌락을 비롯하여 몇몇 촌락에서는 유프라테스 강 하류에서 물을 끌어올 수 있었다. 하지만 티그리스 강 하류는 대체로 범람원 지역 내에서 수심이 깊기 때문에 중력을 이용하는 이 시대의 용수로로는 물을 끌어올 수 없었다.

유프라테스 강은 터키에 있는 눈 덮인 산에서 시작된다. 이 물줄기는 발리크 강이나 카부르 강과 같은 시리아에 있는 강과 합류하면서 불어난다. 이 두 강은 중요한 마지막 지류이다. 유프라테스 강이 시리아를 벗어나 일단 이라크로 들어서면 더 이상 합쳐질 지류 없이 사실상 이 수량 그대로 흘러간다. 그렇다고는 해도 애초 수량이 어마어마해서 유프라테스 강은 남부 지역을 흐르는 내내 몇몇 자연 제방에 흐름이 막힐 뿐 주변 평원보다 계속 높은 수위를 보인다. 그러다 페르시아 만까지의 거리가 560킬로미터 이상 되는 지점에서 삼각주를 형성하기 시작한다. 오늘날 이라크의 히트 시 부근이다.

남부 메소포타미아의 선사 시대 농부 앞에는 다음과 같은 도전이 놓여 있었다. 거대한 강은 9월과 10월에 수위가 가장 낮고 11월에는 일정한 수위를 유지하다가 12월부터 수위가 높아지기 시작해서 4월이나 5월이 되면 홍수 단계에 이른다. 히트 시를 지나는 강의 수위가 높을 때와 낮을 때의 차이는 어마어마하다. 9월에는 1초당 25만 리터이지만 5월쯤 되면 강이 불어나 1초당 180만 리터가 넘는다. 문제는 남부 메소포타미아에서 매우 중요한 의미를 지니는 보리가 5월이면 이미 모든 수확이 끝난다는 점이다. 그러다 10월이 돌아오면 물이 필요해진다.

따라서 남부 메소포타미아의 농부는 10월에 유프라테스 강의 둑을 수석 괭이로 허물어 자신들의 용수로에 물을 채우는 전략을 이용했다. 남부 지역의 초기 촌락에서 나온 수백 개의 괭이 날을 보면 충적토에 의해 생긴 광택이 흘렀다. 유프라테스 강 하류는 대다수의 수석 노두와 멀리 떨어져 있기 때문에 자그로스 산맥의 수석을 들여와 괭이 날을 만들어야 했다.

수확용 낫을 만드는 데 필요한 수석 날을 구하는 일 역시 그에 못지않게 어려웠다. 이 문제를 해결하기 위해 남부 메소포타미아 촌락 사람들은 아주 뜨거운 불에 도자기 점토를 구워 새로운 형태의 낫을 제작했다. 아주 뜨거운 불로 점토를 달구면 유리처럼 되어 날카로운 낫을 만들 수 있지만 유리처럼 쉽게 깨졌다. 이 날은 결국 흙 속에서 깨져 버렸다.

고대의 낫 파편은 지금도 충적토 지면에서 발견되기 때문에 고고학자 헨리 라이트는 6,000년 전에 사람이 살았던 촌락에서 얼마만큼 넓은 면적을 경작할 수 있었는지 계산해 보기로 했다. 그는 점토 낫 파편이 가장 가까운 우바이드 시대 촌락으로부터 최고 5킬로미터 떨어진 지점에서까지 발견된다는 사실을 알아냈다.

또한 고고학자들은 우바이드 시대 촌락의 쓰레기 더미에서 엄청난 양의 소뼈도 발견했다. 소뼈가 이 정도로 많았다는 것은 당시 사람들이 황소에 나무 쟁기를 매어 보다 넓은 면적의 땅을 경작했을 가능성을 제기했다.

당시의 유프라테스 강은 티그리스 강과의 합류 지점에 가까워질 때 망상 하천으로 바뀌었다. 어떤 때는 하나의 물길로 흐르다가 또 어떤 때는 여러 개의 물길로 나뉘었다. 자연 침하 지대에 강물이 넘쳐 흐르면서 갈대와 식물 줄기, 사초, 부들, 골풀 등이 가득한 습지로 변했다. 강폭이 180미터 이상 되기도 하는 큰 물길에는 주기적으로 숭어, 멸치, 도미, 심지어는 상어 같은 해수어가 들어왔다. 우바이드 시대의 사람들은 배를 이용하여 이런 물고기를 잡았을 뿐만 아니라 페르시아 만으로 배를 타고 나가 아라비아 및 이란 해안 지역의 사람들과 교역 활동을 하기 시작했다.

많은 아파타니족 가족이 논농사에 중점을 두었던 것과 마찬가지로 유프라테스 강 하류의 몇몇 공동체도 관개 보리농사에 집중하면서 다른 필요 물자는 이웃 촌락에서 구했던 것으로 보인다. 유프라테스 강 하류 사람들은 자그로스 산맥 사람들에게 염소를 기르게 하고 빗물을 이용한 고지대 밀농사를 짓게 했으며, 유프라테스 강 서쪽의 스텝 지대 사람들에게는 양을 기르게 했다. 유프라테스 강 하류의 촌락 사람들은 햇빛과 관개용수를 이용하여 그 당시 세계에서 가장 많은 보리 잉여 농산물을 수확했을 것이다.

에리두의 신전

에리두 침하 지대는 폭이 32킬로미터 되는 충적 분지이며 유프라테스 강의 남서쪽, 칼데아의 우르 유적에서 가까운 곳에 있다. 아주 옛날에는 이 침하 지대가 강 유역의 늪이었을 것이며 오늘날에 비해 페르시아 만 해안까지의 거리가 훨씬 가까웠을 것이다. 이 침하 지대에 텔 아부 샤라인이라는 고고학 유적이 높이 솟아 있다.

인공 둔덕의 윗부분 9미터 내지 12미터는 지구라트, 즉 계단식 신전 피라미드 유적으로 이루어져 있으며 메소포타미아 고대 도시 에리두에 속해 있었다. 이 지구라트는 기원전 2112년에서 기원전 2094년 사이 우르남무(우르 제3왕조의 왕)에 의해 건립되었거나 혹은 복원되었다.

1946년 텔 아부 샤라인에 도착한 고고학자 푸아드 사파르와 시턴 로이드는 자신들이 고대 에리두의 유적 위에 서 있다는 사실을 깨달았다. 하지만 이들은 지구라트의 남쪽 모서리 아래로 선사 시대 공동체가 잇달아 묻혀 있는 특별한 상황이 펼쳐질 것이라고는 예상하지 못했다. 사파르는 층층이 쌓여 있는 촌락을 적어도 19개를 지나 12미터 이상 파내려 갔고 마침내 이곳에 최초로 온 사람들이 정착했던 모래언덕까지 닿았다. 둔덕을 파내려 가는 동안 사파르는 거의 2,000년 동안 사실상 신전 위에 또 다시 신전을 세운 것이나 다름없는, 17개나 되는 신전의 흔적을 발견했다.

사파르는 위에서 아래로, 즉 발견 순서대로 신전에 번호를 매겼다. 가장 오래된 신전 17호는 진흙 벽돌로 지은 방 하나짜리 구조물로 한 변의 길이가 대략 3미터였다. 이 신전은 아마 사마라 도자기가 북부 메소포타미아에서 여전히 인기를 끌던, 7,000년 전보다 더 이전의 어느 시기에 세워졌을 것이다. 하지만 에리두에서는 사마라 채색 양식이 쓰이지 않았다. 남부 메소포타미아에는 독자적인 채색 양식이 있었으며 어쩌면 그들만의 민족적 정체성도 갖고 있었을 것이다. 고고학자 조앤 오츠는 이 시대 도자기를 가리켜 '우바이드 1기'라고 일컬었다. 그녀의 견해로 볼 때 이 도자기는 훗날 이 지역에 나타난 우바이드 양식의 선구자 격이었기 때문이다.

사파르가 완전한 평면도를 복원해 낸 신전 중에서 가장 오래된 것은 신전 16호였다. 이 신전은 가로 2미터, 세로 3미터 크기의 방 하나짜리 직사각형 건물로 되어 있었으며 한쪽 면에 한 변의 길이가 90센티미터 이상 되는 작은 방이 딸려 있었다(그림 43, 위). 방의 중앙에는 공물을 바치는 점토 단이 있으며 작은 방에는 점토 제단이 있었다. 처음 발견 당시 중앙의 점토 단 위에는 불에 태운 제물에서 나온 재가 여전히 덮여 있었다.

그다음이 신전 15호인데 크기는 신전 16호보다 크지만 보존 상태가 그보다 좋지 못했다. 아마 예전의 크기는 가로세로 7미터, 8미터였을 것이다.

이후 몇 세기에 걸쳐 할라프 도자기가 아르파치야 같은 북부 촌락에서 전성기를 구가하는 동안 에리두의 건축가들은 계속해서 신전을 지었다. 하지만 여기서 중요한 사실은 이들이 북부 메소포타미아의 톨로스 같은 건물은 짓지 않았던 것 같다는 점이다. 또한 할라프 도공이 어떤 것을 만들어 내고 있는지 모를 리 없었을 텐데도 이들은 오츠가 우바이드 2기라고 지칭한 독자적인 남부 메소포타미아 채색 양식을 지속적으로 추구했다.

에리두에 신전 11호를 지을 당시 이 지역 건축가들은 벽기둥, 버팀벽, 부속실 등 이후 메소포타미아 신전의 표준 형태가 되는 장식 요소를 이미 채택하고 있었다. 신전 11호에는 길이가 12미터 이상 되는 중앙실이 있었다. 이전의 몇몇 신전에서 보았던 것처럼 이 신전의 단 위에도 불에 태운 제물에서 나온 재가 남아 있었다. 오츠가 우바이드 3기라고 규정한 이 신전의 도자기는 아마도 6,000년 전에 만들어졌을 것이다.

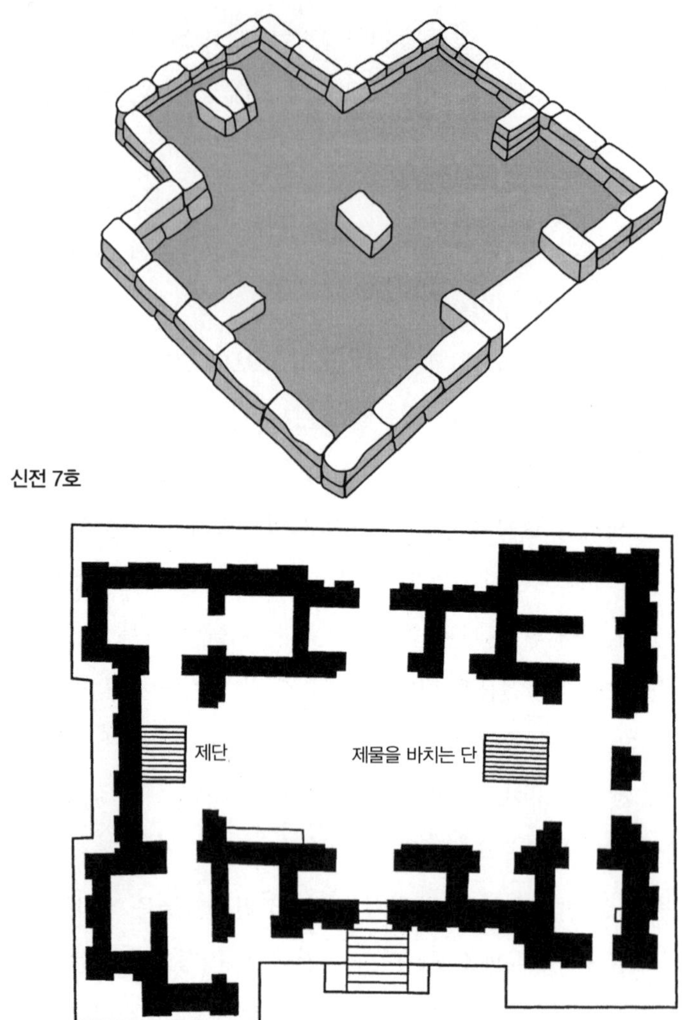

그림 43 | 이라크 남부 지역의 에리두 유적지에서는 메소포타미아에서 알려진 것 가운데 가장 긴 기간에 걸쳐 연속해서 세워진 선사 시대 신전들이 나왔다. 위에 보이는 신전 16호는 가장 초기 것 중 하나로 가로세로 크기가 2미터, 3미터였다. 아래 보이는 신전 7호는 테페 가우라 13층의 북쪽 신전과 같은 시대의 것이며, 가로세로 크기는 20미터, 15미터였다.

신전 9호에서 신전 8호로 넘어가는 어느 시점에 에리두의 건축가들은 테페 가우라 13층의 것과 닮은 신전을 짓기 시작했다. 신전 8호의 벽 두께는 60센티미터가 넘으며 길고 좁다란 형태의 셀라 측면에는 이보다 작은 방이 이어져 있었다.

에리두의 신전 가운데 가장 완벽에 가까운 상태로 보전된 것은 신전 7호였다(그림 43, 아래). 가로세로 크기가 20미터, 15미터인 이 신전은 1.5미터 가까이 되는 높이의 진흙 벽돌 기단 위에 세워져 있으며, 네 모서리는 정방위를 가리켰다. 일곱 계단을 올라가면 건물의 남동 면에 있는 정면 현관문에 닿았다. 건물의 남쪽 모서리 부근에 두 번째 문이 있는데 아마 신전에서 일을 보는 사제를 위한 출입문이었을 것이다. 이 출입문은 셀라 끝에 있는 제단과 바로 연결되었다. 반면에 정면 현관문을 이용하는 경배자는 셀라에 들어가기 전 대기실에서 기다려야 했을 것이다. 신전 7호의 점토 단 위에는 불에 태운 제물에서 나온 것으로 보이는 생선 뼈가 여기저기 흩어져 있었다. 전반적으로 볼 때 에리두 신전 7호의 평면도는 테페 가우라 13층에 있는 북쪽 신전의 평면도와 놀랄 만큼 유사했다(그림 41 참조).

신전 7호와 그 후에 지은 신전 6호는 오츠가 우바이드 4기라고 지칭한 채색 양식과 관련이 있었다. 이는 우바이드 양식의 최종 발전 단계이며 이 시기가 되면 에리두 도자기와 가우라 도자기 간에 강한 유사성이 보였다. 특히 향로가 비슷한데, 에리두 신전 6호에서 수많은 향로가 발견되었다. 종합하자면 이 증거들은 북부 메소포타미아와 남부 메소포타미아가 의식용 건축물과 도자기에 관한 한 대체로 같은 생각을 하고 있었다는 것을 의미한다.

어부들이 살았던 것으로 보이는 구역

사파르는 텔 아부 샤라인의 주거 건축물에 관해 더 많이 알아보려는 노력의 일환으로 의식용 건물에서 얼마간 떨어진 곳에서 일련의 발굴 작업을 벌였다. 대다수 주거 건물은 신전에 사용된 것과 비슷한 진흙 벽돌로 지은 것으로 보였다. 하지만 지구라트에서 남동쪽으로 80미터 조금 못 미친 곳에 있는 주거 구역은 달랐다. 신전 11호에서 신전 9호 사이의 시기쯤에 지은 이 구역의 우바이드 3기 주거 건물은 갈대 벽 양쪽에 두터운 점토를 입힌 뒤 회반죽을 칠했다. 즉 이 구역의 건물은 멕시코와 페루에서 보았던 갈대-점토 가옥의 메소포타미아 판이었다.

사파르는 이러한 갈대-점토 가옥 중 어느 곳에서도 이 장 앞에서 설명한 것과 같은 유리화한 점토 낫이 발견되지 않은 점을 의미 있게 보았다. 하지만 이 갈대 가옥들에는 그물 추 24개와 함께 상당량의 생선 뼈가 쌓여 있었다. 이를 바탕으로 사파르와 로이드는 자신들이 발견한 주거 구역에 유프라테스 강 하류의 물길과 늪지대에서 물고기와 물새를 전문적으로 잡는 가족들이 살았다고 추론했다. 이러한 형태의 가옥이 별개의 종족 집단과 연관이 있는지 아니면 그저 전문 직업과 관련이 있는지는 분명하지 않았다.

에리두에서 발견된 우바이드 묘지

신전 지역 바깥을 발굴하는 과정에서 사파르와 로이드는 대략 신전 6호와 같은 시대인 우바이드 4기의 묘지를 발견했다. 묘지로 지정된 곳은 촌락의 북서쪽 외곽 부근이었다. 고고학 팀은 겨우 193개의 무덤을 발굴할 시간밖에 없었다. 사파르는 이 묘지에 그보다 네

다섯 배 많은 무덤이 있는 것으로 추정했다.

가장 규모가 큰 무덤은 촌락 아래쪽에 있는 깨끗한 모래밭으로 내려가는 길에서 발굴되었다. 시신 주변에 진흙 벽돌 벽을 사방으로 쌓음으로써 직사각형 상자 같은 것을 만들어 놓았다. 시신은 깨끗한 모래층에 반듯하게 누워 있었고 부장품이 함께 들어 있었다. 그런 다음 상자에 흙을 채우고 진흙 벽돌 뚜껑으로 봉했다.

대다수 무덤에는 시신이 한 구씩만 들어 있었다. 하지만 가족 무덤도 상당수 발견되었으며, 이 경우에는 진흙 벽돌 뚜껑을 열어 먼저 묻은 시신의 남편이나 아내를 합장했다. 더러는 아이의 시신을 부모 중 한쪽 또는 양쪽과 함께 묻은 경우도 있었다. 하지만 그보다는 아이를 별도의 작은 벽돌 상자에 넣고 소형 도자기를 부장품으로 함께 묻은 경우가 훨씬 많았다.

통상적인 매장 의식과 다른 사례로 벽돌 상자 없이 묻힌 개인이 상당수 있었다. 사파르는 이런 무덤이 "좀 더 낮은 사회적 지위의" 사람들을 의미할 가능성이 있다고 믿었다. 무덤 97호도 특이했다. 여기에는 성인의 완전한 유골 한 구와 함께 다른 사람의 두개골 열두 개가 함께 묻혀 있었다.

에리두 묘지에서는 접시, 컵, 술잔, 큰 잔, 주둥이가 달린 병 등 상당한 "식기 세트"를 부장품으로 함께 묻은 무덤도 드물지 않게 발견되었다. 큰 잔은 우바이드 4기 도공이 만든 고급 제품에 속했다. 큰 잔은 두께가 달걀 껍질만큼 얇았고 테두리가 우아한 나팔꽃 모양으로 되어 있었으며 채색 무늬가 들어간 가로 띠가 둘러져 있었다.

구슬 목걸이와 팔찌가 들어 있는 무덤이 많았으며, 한 곳(여자의 무덤으로 보인다.)에는 장식이 들어간 벨트와 긴 끈을 줄줄이 늘어뜨린 치마에서 나왔을 구슬 달린 술이 있었다. 한 성인 남자는 점토로 만든 돛단배 모형과 함께 묻혔는데, 이 모형에는 돛대와 밧줄을 꽂는 구멍이 있었다. 무덤 185호는 시턴 로이드의 마음을 끌었는데, 그곳에는 15세 내지 16세쯤 되는 아이가 충직한 개와 함께 묻혀 있었기 때문이다. 심지어 이 개의 입 부근에는 뼈도 한 개 있었다.

1980년대에 고고학자 헨리 라이트와 수전 폴록이 에리두의 우바이드 시대 무덤을 재분석했다. 이들은 지위의 격차를 보여 주는 결정적 증거를 찾지 못했다. 하지만 라이트와 폴록은 묘지의 20~25퍼센트밖에 발굴되지 않았다는 점을 염두에 두고 신중한 태도를 보였다. 앞서 북부 메소포타미아 야림 테페에서 보았던 것을 감안할 때 이들의 신중한 태도는 현명했다.

야림 테페에서는 지위가 높은 사람과 "보통" 사람이 각기 다른 묘지에 묻혔다는 점을 상기해 보라. 야림 테페 1지구에서는 수직 갱도와 방으로 이루어진 공간에 고급 사치품이 부장품으로 묻힌 무덤들이 발견되었다. 대다수 일반 무덤(성인 두 명과 아이 한 명이 묻혀 있던, 에리두 방식의 가족 무덤도 포함된다.)은 야림 테페 2지구에서 발견되었다. 따라서 사파르가 발굴한 무덤이 에리두의 모든 사회적 범주를 포괄한다는 보장은 없다.

이번에는 아파타니족에게서 보았던 것을 바탕으로, 왜 신중한 태도를 취해야 하는지 또 다른 이유를 살펴보자. 아파타니족의 경우 족장은 없지만 귀족이 있었고, 귀족 씨족 중에서 뽑힌 부유한 사람들이 평의회를 구성하여 사회를 이끌었다. 아파타니족 귀족이 묻힌 묘지에는 같은 씨족의 부유한 성원도 많이 묻혔고, 그중 누가 평의회의 일원이었는지는 고고학자가 판단하기 힘들 것이다.

게다가 아파타니족의 귀족 씨족에서는 노예 출신을 아랫사람으로 들이기도 했기 때문에 고고학자의 작업은 더더욱 어려움에 봉착한다. 이러한 아랫사람이 에리두에서는 사파르가 말한 "좀 더 낮은 사회적 지위의 사람"으로 대우받았을 가능성도 있다.

우리는 남부 메소포타미아의 우바이드 사회에 지위 격차가 없었을 것이라는 주장에 대해 회의적이다. 하지만 남부 메소포타미아의 우바이드 사회에 고고학적으로 알아내기 힘든 형태의 지위가 있었다는 사실을 알게 된다고 해도 그리 놀라지 않을 것이다.

텔 우카이르의 세속적 공공건물

바그다드 남쪽으로 80킬로미터, 그리고 티그리스 강과 유프라테스 강 사이의 중간 지점에 텔 우카이르라는 우바이드 4기 촌락이 있었다. 이 유적지에는 A와 B 두 개의 둔덕이 있으며 그 사이에는 한때 수로가 지나갔을 것으로 보이는 길다란 침하 지대가 가로놓여 있었다.

텔 우카이르의 둔덕 두 곳 중 더 오래된 둔덕 A는 약 4만 8천 제곱미터 면적에 걸쳐져 있다. 분명 늪지대 위에 세워졌을 이 둔덕의 맨 아래 층에는 갈대 또는 부들로 짠 두터운 매트층이 있었다. 약 5,600년 전 이곳은 길과 진흙 벽돌 가옥이 있는 큰 규모의 우바이드 촌락으로 성장했다. 시턴 로이드와 푸아드 사파르는 농경 공동체에서 발견될 법한 깨진 수석 괭이와 유리화한 점토 낫을 여러 개 발견했다. 하지만 그 밖에도 낚시 그물용 돌 추와 엄청난 양의 민물 홍합 껍질 더미를 발견했다.

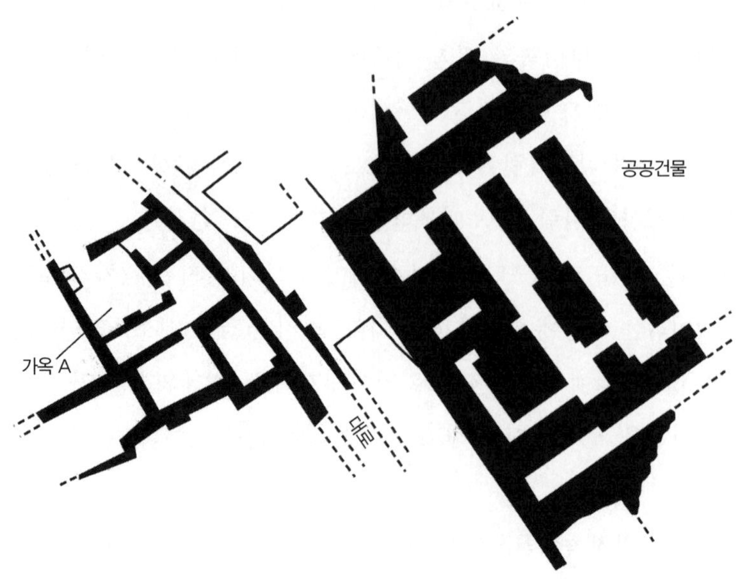

그림 44 | 남부 메소포타미아 우바이드 시대의 모든 공공건물이 신전은 아니었다. 텔 우카이르의 한 공공건물은 가옥 A 건너편에서 발견되었는데, 신전의 평면도를 갖추지 않은 것으로 보아 아마 세속적인 기능에 쓰였을 것이다. 이 건물의 전체 규모는 알 수 없지만 벽 두께가 거의 90 센티미터 가까이 되었다.

텔 우카이르에 있는 우바이드 가옥은 대체로 벽이 진흙 벽돌 한 장 두께였다. 하지만 로이드와 사파르는 대로를 사이에 두고 일반 가옥 건너편에서 벽 두께가 거의 90센티미터나 되는 큰 건물 한 채를 발견했다. 이 가옥에 사용된 진흙 벽돌은 단순하게 수평 방향으로 쌓여 있지 않고 벽을 튼튼하게 짓기 위해 서로 맞물리도록 쌓여 있었다. 이 가옥에는 방이 열 개 이상 있었던 것 같다. 길고 좁다란 방이 몇 개 있긴 했지만 신전의 평면도나 단, 제단을 암시하는 것은 없었다(그림 44).

고고학자들은 텔 우카이르의 대로변으로 보이는 곳에 위치한 이 커다란 구조물이 세속적인 공공건물이라고 보았다. 하지만 이 안에서 어떤 활동이 이루어졌는지는 알 수 없다. 이 건물과 관련하여 중요한 것은 우바이드 사회에 세속적 위계 체계와 종교적 위계 체계가 제각기 존재했다는 징후가 보인다는 사실이다. 이 책 앞에서 보았듯이 권력을 얻는 이 두 경로가 비록 부분적으로라도 분리될 경우 역동적인 경쟁의 원인이 될 수 있으며, 이는 정치적 야망에 동력을 불어넣는 엔진 역할을 했다.

텔 아바다의 상류층 가옥

티그리스 강의 큰 지류인 디얄라 강은 이란의 높은 산에서 시작된다. 자그로스 산맥의 길고 평행한 산줄기를 타고 내려오다가 산기슭에서부터 물길을 형성하여 티그리스 강을 향해 서쪽으로 흐른다. 디얄라 강 유역은 북부 메소포타미아와 남부 메소포타미아 사이의 경계 지대에 놓여 있다. 이 지역 농부는 연간 강우량이 254밀리미터밖에 되지 않기 때문에 관개 농사에 의존하여 밀과 보리를 재배했다. 부근에 있는 자그로스 산맥의 산기슭은 양과 염소를 기를 수 있는 목초지 역할을 했다.

디얄라 강 유역의 관개 농사는 사마라 시대부터 진행되었으며 후기 우바이드 시대로 오면 몇몇 촌락의 경우 규모가 5만 6천 제곱미터가 넘는 곳도 있었다. 약 2만 8천 제곱미터 면적에 깊이가 6미터쯤 되는 텔 아바다는 평균보다 약간 큰 촌락이었을 것이다. 1970년대 후반 고고학자 사바 압부다 자심은 놀랍게도 이 유적지의 80퍼센트를 발굴할 수 있었다.

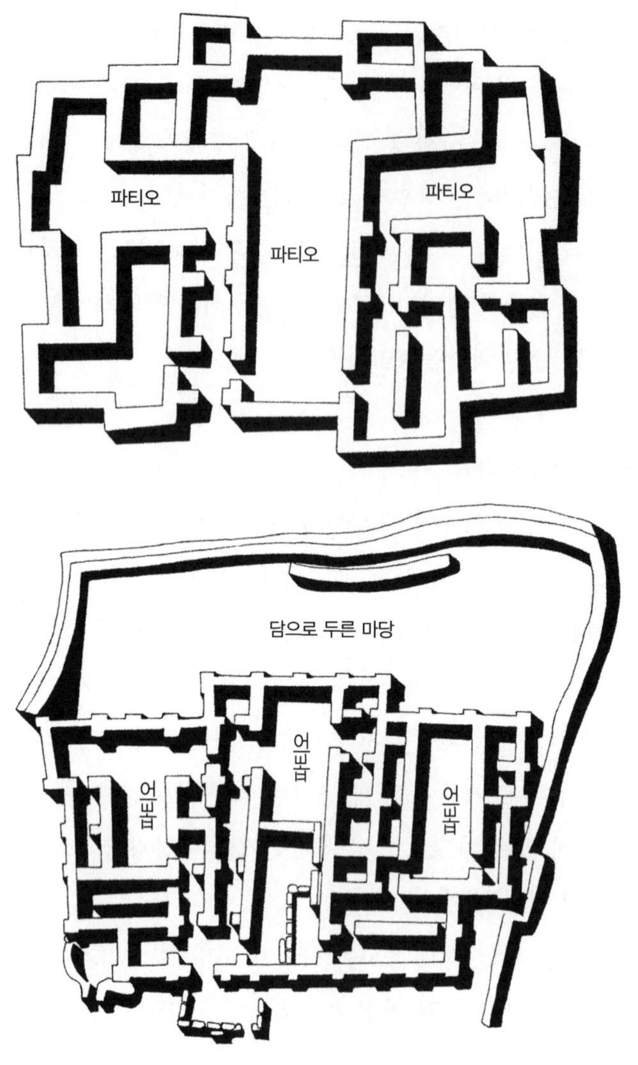

그림 45 | 이라크 디얄라 강 지역에 있는 텔 아바다 유적지에서는 우바이드 3기 상류층 가족의 가옥이 여러 채 나왔다. 모든 가옥에는 여러 개의 파티오 또는 마당이 있었다. 더러는 여기 보이는 가옥 위에 2층을 올렸을 가능성도 있다.(상단의 집은 폭이 14.5미터였다.)

약 7,000년 전에서 6,000년 전 사이 텔 아바다에서는 엠머 밀과 빵 밀, 보리를 재배했고 양과 염소, 소, 돼지를 길렀다. 이 지역 농부는 자그로스 산맥의 풍부한 수석 자원을 손쉽게 이용할 수 있었기 때문에 유프라테스 강 하류에서 점토를 뜨거운 불에 달구어 유리화한 낫을 사용했던 것과 달리 수석 날이 달린 낫으로 곡식을 수확했다.

6,500년 전으로 거슬러 올라가는 두 번째 지층에 있는 촌락은 특히 보존 상태가 좋았다. 이곳에서 자심은 열한 채의 독립 주거 단위와 그 사이로 나 있는 도로와 좁은 골목길을 발견했다. 이 가옥들에는 분명 규모가 큰 대가족이 살았을 것이며 T자형 파티오 주변에 작은 방이 여러 개 붙어 있는 건축 형태가 반복적으로 나타났다(그림 45). 비록 아래층만 보존되어 있지만 위층으로 올라가는 계단이 있는 것으로 보아 예전에는 2층 건물이었을 것이다.

가장 규모가 큰 가옥 중의 하나는 외벽에 버팀벽을 대고 세 개의 T자형 파티오 또는 마당 옆에 20개 내지 25개의 방이 붙어 있었다. 야외 활동을 할 수 있는 커다란 뒷마당도 있었으며, 마당 가장자리에 담을 쌓아 집을 통해서만 마당으로 들어갈 수 있었다. 아울러 대기실을 두어 곧바로 집으로 들어가지 못하게 함으로써 사생활을 보호하기 위한 추가 장치도 마련했다.

텔 아바다에서 나온 인공품을 보면 그 집안이 특권층 가족이었다는 생각이 한층 강해진다. 인공품에는 고급 대리석을 다듬어 만든 우아한 홀笏 6개가 포함되어 있는데 이는 분명 직위나 지위를 나타내는 상징이었을 것이다. 아울러 돌로 만든 화장 팔레트도 있었다. 이는 상류층 가족에서나 볼 법한 개인 치장 행위가 있었음을 의미한다.

두 번째 지층에서 나온 채색 도자기가 공예 전문가의 솜씨라는 점은 그리 놀랄 일이 아니다. 무엇보다도 흥미로운 점은 도자기에 두 가지 채색 양식이 보인다는 것이다. 조앤 오츠에 따르면 이 시기 동안 디얄라 강 유역에는 "할라프 전통을 따르는 도공과 우바이드 전통을 따르는 도공이 모두 있었으며 어쩌면 한 촌락에서 함께 작업을 했을 가능성도 있다". 이는 규모가 큰 몇몇 선사 시대 사회의 경우 여러 민족 집단의 미술 양식에 정통했다는 것을 보여 주는 단서로, 이번이 처음도 아니고 그렇다고 마지막도 아니다.

텔 엘오우에일리의 방 세 개짜리 건물

에리두에서 북쪽으로 48킬로미터, 유프라테스 강 반대편에 우바이드 촌락 텔 엘오우에일리가 있었다. 텔 엘오우에일리 지역은 큰 강에서 시작하여 동쪽으로 흐르는 여러 물길을 이용해 관개용수를 끌어와야 하는 곳이었다. 발굴자 장 루이 우오가 발견한 주 곡물은 여섯 줄짜리 보리였다. 확인된 동물 뼈의 절반 이상이 소였는데, 소는 식용뿐만 아니라 쟁기를 끄는 데도 이용할 수 있었다. 텔 엘오우에일리 촌락 사람들은 인근 물길에서 사는 잉어, 메기, 숭어, 심지어는 상어도 먹었다.

우오는 유적지 상층에서 흥미로운 2층짜리 건물을 발견했다. 벽을 버팀벽으로 받쳐 놓은 데다가 케이슨과 테라스 벽으로도 지지해 놓았다. 건물의 위층은 대칭을 이루는 세 개의 방으로 나뉘어 있으며 각 방의 크기는 가로 9.5미터, 세로 3미터였다. 아래층에는 곡물 보관실로 쓰였던 것 같은 수십 개의 방이 있었다.

6,000년 전에서 5,600년 전 사이에 지어진 이 건물에 대해 고고학자들 사이에서는 해석이 분분하다. 하지만 대다수는 아래층에 수톤의 곡물이 보관되었다는 사실을 근거로 이를 공공건물로 간주한다. 이 해석이 옳다면 우바이드 4기 사회에는 큰 공공 기관이 있었고 이 기관은 관할 아래 있는 모든 가족에게 곡물을 걷어 재정을 충당했을 것이다.

우바이드 4기 시대의 장거리 교역

우바이드 4기 공동체가 교환 활동에 참여했다고 해도 그리 놀랄 일이 아니다. 하지만 이들의 교환 활동은 다른 지역에 있는 교역 상대를 방문하는 수준을 넘어섰다. 실제로 우바이드 4기 사회들은 유프라테스 강 상류의 시리아와 터키 지역에 교역 활동을 위한 집단 거주지를 두기 시작한 상태였다.

남부 메소포타미아 사람들은 터키의 토로스 산맥에 구리, 은, 납, 금 광맥이 노출된 곳이 있다는 것을 알았다. 이 광물 자원에 닿으려면 유프라테스 강을 따라가다가 상류의 여러 지류로 올라가야 했다. 교역 지역의 사람들을 설득하기만 하면 그곳 촌락에 거점을 마련하고 집을 지을 수 있었다.

터키 유프라테스 강 상류에 데이르만 테페 촌락이 있었으며, 이곳의 한 주거 구역에 조앤 오츠가 "순수 우바이드"라고 단언한 채색 도자기가 있었다. 시리아 북부 지역 유프라테스 강의 대만곡부 유역에 위치한 텔 아브르에도 우바이드 4기 사람이 거주한 흔적이 있었다. 하지만 이 촌락들은 실제적인 광맥 노출부에 위치한 게 아니었다. 교역 물품을 배에 싣고 유프라테스 강을 따라 내려갈 수 있는 곳이었다.

각 촌락은 자기네에 이득이 없는 한 촌락 한복판에 방문객을 위한 집단 거주지를 허용하지 않았을 것이다. 따라서 단순히 우바이드 4기 상류층이 금, 은, 납, 구리, 목재, 터키옥, 청금석을 원했다고만 말해서는 안 된다. 유프라테스 강 상류에 있는 사회가 그에 따른 보답으로 무엇을 원했는지도 물어야 한다. 다행히 이 책의 앞에서 설명한 많은 사회의 행동 양식 속에 두 가지 사항으로 구성된 답이 제시되어 있다.

첫 번째 사항은 틀링깃족과 이들의 교역 상대였던 아타파스카어 부족의 행동 양식에 근거를 두었다. 틀링깃족은 어떤 방식으로 아타파스카어 부족에게서 모피를 구했던가? 아타파스카어 부족 여자와 혼인을 하고 자기네 여자 형제와 딸을 아타파스카어 부족 수장과 정혼시켰다. 아타파스카어 부족은 어떤 반응을 보였던가? 많은 사람이 "내륙 지역의 틀링깃족"이 되어 사돈 관계를 바탕으로 세습 지위를 주장했으며 틀링깃족의 문장을 사용할 권리를 얻었다.

두 번째 사항은 샨족 및 카친족과 관련이 있었다. 샨족 상류층이 카친족 지역에서 나는 비취를 원했을 때 카친족 지도자는 보답으로 무엇을 원했던가? 명망 높은 신부와 관개 농사로 지은 샨족의 쌀이었다. 신부와 쌀을 얻은 카친족 지도자는 사돈 관계에 있는 샨족 상류층처럼 옷을 입고 행동했으며 불교로 개종하고 샨족의 상징을 채택했다.

만약 내가 터키의 은 광산에 터전을 잡고 있었다면, 내게 높은 명망을 안겨 줄 신부를 데려오는 집단에게 촌락 내에 집단 거주지를 짓도록 허용했을 것이다. 게다가 가끔씩 메소포타미아 보리를 선물로 받아 술을 더 만들 수 있다면 어느 쪽도 손해가 아니었을 것이다.

남부 메소포타미아 사회의 특징

남부 메소포타미아의 사회적 불평등을 밝혀 줄 법의학적 증거는 북부 메소포타미아에서 발견된 증거에 비해 그다지 흥미롭지 않다. 설화석고 조각상과 함께 묻힌 아기도 없고, 설화석고 잔과 흑요석 목걸이, 돌 지팡이 손잡이, 또는 공무용으로 보이는 도장을 부장품으로 지닌 아이 무덤도 없었다. 텔 아바다에서 나온 대리석 홀과 화장 팔레트 정도가 사치품을 보여 주는 가장 유효한 증거였다.

우리는 남부 메소포타미아 사회가 명망의 차이만이 존재하는 성과 기반 사회였다고 보는 데 회의적이지만, 애석하게도 불평등을 나타내는 정황 증거에만 의존할 수밖에 없다.

우선 주거의 차이를 살펴보자. 텔 아바다의 몇몇 가족은 아래층에 20개 내지 25개 방이 있는 2층짜리 진흙 벽돌 가옥에 단독으로 살았다. 사생활을 보호하려는 욕구가 매우 강했기 때문에 대기실을 두어 이를 통하지 않고는 집으로 들어가지 못하도록 했으며 심지어는 여덟 개의 문과 몇 개의 파티오를 거쳐야만 들어갈 수 있는 방도 있었다.

이 커다란 벽돌 가옥과 대조적으로 에리두에 어부들이 사용하는 갈대 오두막이 있었다. 분명 이 오두막에 사는 사람들은 직업적인 전문성을 지녔을 것이다. 하지만 그들이 텔 아바다에 있는 커다란 가옥의 거주자와 같은 지위를 지녔을 것이라고 보기는 힘들다.

또한 에리두의 묘지를 보면 대다수 사람이 벽돌 상자 안에 묻혔지만 몇몇 소수는 그냥 모래 속에 묻혔다. 이는 미묘한 차이이긴 해도 그냥 일축해 버릴 수 있는 것은 아니다.

마지막으로 에리두의 신전 7호가 있다. 잘 지은 이 신전에는 입구가 두 개 있었다. 계단 위에 있는 입구는 분명 일반 경배자가 드나드는 입구였다. 하지만 성소 끝에 있는 제단으로 이어지는 다른 출입구는 신전에서 일을 보는 사제 같은 사람을 위한 출입구였다. 산업화 이전 사회에서 사실상의 사제가 신전을 관리하는 경우에는 대부분 세습적인 불평등이 있었다. 실제로 사제의 수장은 상류층에서 뽑히는 경우가 많았고 일반인에게는 허용되지 않는 훈련 과정을 거쳤다.

어빙 골드먼이 규정한 권력의 세 가지 원천의 측면에서 볼 때 남부 메소포타미아의 우바이드 사회는 의식 및 종교 권한에 가장 큰 중점을 두었던 것으로 보인다. 신전이 남자 숙소를 대체하는 과정에서 신 또는 천상의 영혼이 씨족 조상과 중요도가 낮은 영혼을 뒷전으로 밀어내고 전면에 부상했다. 귀족에게 사회를 이끌 권리를 갖게 해 준 가장 높은 신을 위해 신전을 짓는 것은 귀족 자신에게 이익이 되었다.

골드먼이 규정한 권력 원천과 관련해 계속 말해 보면 종교 권한 다음으로 전문 기술이 있었다. 도장이 있고 이를 점토에 찍어 봉인했던 것으로 보아 물품 이동을 관리하는 데 전문 기량을 발휘하는 관리가 있었음을 암시한다. 어부, 가죽 세공 기술자, 설화석고 조각가, 할라프 도공, 우바이드 도공이 존재했다는 것 역시 공예 전문 기술이 있었다는 것을 암시한다. 세속적인 공공건물을 지었다는 것은 전문 지식을 갖춘 평의회나 의회가 존재하여 정책 결정의 부담을 나누어 가졌다는 것을 함축한다.

북부 메소포타미아와 달리 방어벽, 도랑, 망루, 불탄 상류층 가옥 등이 보이지 않기 때문에 남부 메소포타미아의 경우 골드먼이 말한 세 번째 권력 원천, 즉 군사적 기량이 얼마나 중요했는지는 알 수 없다. 다음 장에 가면 장차 메소포타미아에 군사적 기량이 중요한 의미를 갖게 된다는 것을 알 수 있다.

초기 메소포타미아에 등장한 지도력의 특징

지금부터는 북부 메소포타미아와 남부 메소포타미아의 차이를 보다 큰 맥락 속에서 다른 지역과 비교해 볼 필요가 있다.

고고학자 콜린 렌프루는 5,000년 전에서 3,500년 전 사이 유럽 선사 시대에 나타났던 지위 사회 간에 몇 가지 흥미로운 차이가 보이는 데 주목한 바 있다. 이 사회들 중 일부는 기념비적인 웅장한 공공건물을 세우면서도 지도자 개인의 권력을 강화하는 증거는 거의 보이지 않았다. 그런가 하면 지도자의 무덤에 부와 지위를 나타내는 물품을 가득 채우면서도 웅장한 공공건물은 별로 남기지 않은 사회도 있었다. 현명하게도 렌프루는 이 두 가지를 다른 사회 형태로 간주하지 않고 하나의 연속선상에 놓인 양 극단으로 취급하여 각기 "집단 지향성"과 "개별 권력화"라고 칭했다.

렌프루가 처음 주장을 제기한 이후 많은 동료 고고학자가 "공동 전략", "개별 협상", "인적 연결망" 등과 같은 대비되는 용어를 사용하여 유사한 이론 체계를 내놓았다. 하지만 안타깝게도 이 학자들 중 다수는 렌프루가 피해 갔던 잘못에 그대로 빠져 버렸다. 하나의 연속선에 모든 가능한 전략이 들어 있는데도 이 연속선의 양 극단을 실제로 접하게 되면 마치 상호 배타적인 사회 형태를 발견한 것처럼 행동했던 것이다.

티베트버마어를 쓰는 사회들만으로도 렌프루가 말한 연속선의 사례를 여러 개 댈 수 있다. 코니아크 나가족의 경우 텐두, 즉 지위 사회일 때는 개별화한 권력으로서 큰 앙이라는 족장이 사회를 이끌었다. 연속선의 다른 극단에는 아파타니족이 있었다. 이 사회의 지도력은 집단 지향적이었다. 코니아크 나가족과 아파타니족 모두 세습적 불평등이 있었으며 두 사회 모두 노예를 두었다. 하지만 코니아크 나가족의 큰 앙은 전설 속에 이름을 남겼고 아파타니족 평의회 성원은 과두제 내에서 집단 지향성을 갖는 성원일 뿐이었다.

큰 앙이 지닌 부의 원천은 공물과 사치품이었던 반면 아파타니족 귀족은 개인적으로 소유한 논에서 부를 얻었다. 두 사회에서 부자는 곧 귀족이었기 때문에 이러한 빈부 격차가 용인되었다. 렌프루는 자신이 규정한 집단 지향적 사회가 평등 사회라는 주장을 결코 하지 않았다. 연속선의 양 극단이 표현 방식만 다를 뿐 모두 세습적 불평등을 지녔다고 이해했다.

메소포타미아에서 느낀 인상은 북부와 남부 모두 제도 면에서 많은 공통점을 지니지만, 북부 사회의 권력이 보다 개별화한 반면 남부 사회의 권력은 보다 집단 지향적이라는 점이다. 나중에야 알게 된 사실이지만 남부 메소포타미아는 향후 한 명의 통치자를 둔 상태에서 원로회의가 이 통치자의 결정에 영향력을 행사하는 방식으로 나아간다. 이러한 후기 메소포타미아 사회는 여러 행정가로 구성된 다층적 위계 체계로 운영될 것이며, 행정가 중에는 신임을 얻은 평민도 일부 섞이게 된다.

남부 메소포타미아의 우바이드 사회가 평등 사회일 정도로 집단 지향성이 강했다고 생각하는 메소포타미아 고고학자는 별로 없다. 우리 역시 몇 가지 근거에서 그럴 가능성이 없다고 믿는데 그중 하나는 분명하게 남자 숙소가 신전으로 대체되었다는 점이다. 현존하는 많은 사회에서 보았듯이 이 과정에는 사회 논리의 변화가 반영되며, 유사한 사례가 카친족의 지위 사회인 굼사이다. 카친족 사회에서 지위가 낮은 가족은 예전처럼 씨족 조상이나 중요도가 낮은 영혼을 모시고 의식을 치르지만 상류층은 더 높은 신이나 천상의 영혼에게 직접 기도를 드리는 것이 허용되었다. 앞에서도 언급했듯이 높은 신은 남자 숙소나 톨로스, 그 밖에 다른 형태의 씨족 가옥을 찾지 않았다. 높은 신은 자신에게 공물을 바치는 신전이나 사당을 찾았다. 더러는 불에 태운 제물 형태로 공물을 바치는 일도 있었다.

마지막으로 부의 문제가 남아 있다. 우바이드 사회의 커다란 집에 살았던 가족은 세습 귀족이었을까 아니면 단지 농토를 많이 소유했던 것뿐일까? 우리 짐작으로는 "둘 다"일 것이다. 여러 차례 확인했듯이 평등 사회에서는 빈부 격차를 잘 용인하지 않았다. 반면 세습 지위는 빈부 격차에 정당성을 부여했다. 요컨대 귀족 개념이 없는 사회라면 "부에 의한 귀족"도 있을 수 없었다.

미국의 족장 사회

미시시피 강은 멤피스에서 뉴올리언스까지 가는 동안 습지대와 전쟁 이전의 대저택, 그리고 예전에 물길이 있던 U자형 만곡을 지난다. 자동차 창문을 닫고 에어컨을 켠 여행자는 바비큐와 대형 샌드위치 간판, 델타 블루스, 그리고 두 개의 주 사이에 관리가 잘된 상태로 남아 있는 남북전쟁의 전적지를 지나치게 된다. 61번 고속도로는 내처즈에서 남쪽으로 몇 킬로미터 내려간 지점에서 세인트캐서린 강이라는 지류를 건너는데 이때 여행자가 문자 메시지라도 확인한다면 역사적으로 중요한 족장 사회의 중심지를 보지 못하고 그냥 지나칠 것이다.

예전에 족장 사회 중심지였던 이곳은 오늘날 파더랜드 유적지로 불리며, 세인트캐서린 강의 자연 절벽이 이 촌락 한쪽에 방어벽처럼 둘러져 있다. 이곳은 '거대한 태양'이라는 이름의 나체스족 족장이 다스리는 수많은 정착지 중 하나였다. 약 800년 전에 세워진 파더랜드 유적지에는 1682년 프랑스인이 도착할 당시에도 사람들이 살고 있었다. 프랑스인들은 로잘리 요새라고 불리는 주둔지를 건설했다. 이들은 나체스족과 교역을 했으며 유용한 증언 기록을 남겼다. 하지만 1729년 프랑스인들이 자꾸 성가시게 굴자 인디언은 이들을 모두 학살하고 떠나기로 했다.

1698년 나체스족 인구는 약 3,500명이었으며 이 가운데 1천 명 정도가 전사였다. 프랑스인은 나체스족 정착지가 아홉 개에서 열두 개쯤 있을 것이라고 추산했으며 그중 한 곳만 빼고는 모두 규모가 크지 않았다. 고고학자들은 '나체스족 그랜드 빌리지'라고 알려진 가장 큰 공동체가 오늘날 파더랜드 유적지 자리에 위치했다고 보았다. 프랑스인은 파더랜드에 상류층 가옥 한 채, 오래된 신전 한 채, 신축한 신전 한 채가 있으며 모두 둔덕 기단 위에 자리 잡고 있다고 설명했는데 이 설명은 그대로 들어맞았다.

1718년 앙투완 르 파주 뒤 프라츠라는 프랑스 엔지니어가 그랜드 빌리지를 방문했다. 당시 그곳에는 '거대한 태양'과 그의 형제가 살고 있었다. 그 형제는 전쟁 족장으로 '문신 새긴 뱀'이라는 이름으로 불렸다. 뒤 프라츠는 '문신 새긴 뱀'과 친구가 되었다. '문신 새긴 뱀'은 식물 줄기와 점토로 지은 길이 9미터, 높이 6미터의 가옥에 살았고 이 가옥의 흙 둔덕 정상에서 촌락 전체가 내려다보였다. 둔덕 옆으로 의식 광장이 있었고 한 프랑스 저자의 기록에 따르면 길이 300보, 폭 250보 정도 되는 규모였다. 이 광장의 남단에 또 다른 흙 둔덕이 있었으며 그 위에 가로 20미터, 세로 12미터 규모의 신전이 있었다. 식물 줄기와 점토로 지은 이 신전은 방이 두 개였다. 세인트캐서린 강 반대편에 약 30개 내지 40개 대가족이 살던 가옥들이 있었으며 인원수를 모두 합치면 400명 이상 되었다.

뒤 프라츠는 나체스족과 함께 4년을 살았으며 1725년 '문신 새긴 뱀'의 장례식에도 참석했다. 그의 기록이 너무도 상세해서 몇몇 고고학자는 '문신 새긴 뱀'의 유골을 찾아 뒤 프라츠의 기록이 사실이라는 것을 확인하려고 했다. 문제는 나체스족 귀족의 경우 살이 썩을 동안만 땅에 묻었다가 이후에는 뼈를 깨끗이 씻어 신전 안에 있는 바구니에 보관한다는 데 있었다. 보관용 뼈 바구니에서 어느 것이 '문신 새긴 뱀'의 유골인지는 확인하기 힘들었다.

고고학자들은 파더랜드 유적지 남단에 있는 둔덕이 촌락을 둘러보기 위한 장소였다고 믿는다. 실제로 이 언덕에서는 층층이 포개진 여러 채의 신전 유적이 나왔다. 이 신전들 아래에는 20개가 넘는 무덤이 있었으며 완전한 형체를 갖춘 유골에서부터 다시 묻은 팔다리뼈, 홀로 떨어져 있는 두개골까지 여러 형태의 유골이 나왔다. 누가 '문신 새긴 뱀'인지는 알 길이 없었다.

고고학자 로버트 S. 네이첼은 이 둔덕의 무덤 15호를 보고 "누가 봐도 이 둔덕에 묻힌 사람 중 가장 중요한 사람"이라고 설명한 바 있다. 이 성인 남자의 중요도로 볼 때 전쟁 족장이라기보다는 '거대한 태양'일 가능성이 있었다. 그의 뼈는 수거되어 바구니에 담기지 않았기 때문에 1730년 촌락을 버리고 떠나기 직전에 죽은 것으로 보인다.

무덤 15호에 들어 있는 사치품을 보면 나체스족이 프랑스인과 활발하게 교역을 벌였다는 것을 알 수 있다. 우선 이 남자는 유럽에서 만든 꼬불꼬불한 철사 스프링을 귀 장신구로 달았다. 그리고 그의 무기 중에는 화승총 한 개, 펜나이프 세 개, 철 도끼 한 개가 포함되어 있었다. 그의 부장품 중에는 놋쇠 화덕, 철 냄비, 주석 도금을 입힌 놋쇠 팬, 철 괭이, 유리구슬을 꿴 줄 여러 개가 있었다. 그의 화살촉 중에는 이 지역에서 나는 수석으로 만든 것도 있지만 구리로 만든 것도 있었다. 그가 소유한 것 중 가장 토착적인 것은 아마도 방연석 덩어리 두 개일 텐데, 이것은 오래전 아메리카 인디언이 귀하게 여기던 자원이었다.

식민지 시대 동안 나체스족은 매우 인상적인 집단이었으며 1682년 이전에는 그보다 훨씬 강력했을 것이다. 하지만 나체스족이 미국 남동 지역의 유일한 집단은 아니라는 점을 강조해야 한다. 1,200년 전 동부 경립종 옥수수가 진화하기 시작하면서 남동 지역은 여러 족장 사회를 키워 낸 인큐베이터 역할을 했다. 미시시피 강 하류와 수십 개의 지류, 그리고 대서양으로 흘러들어 가는 버지니아 주와 플로리다 주의 수십 개 강 주변에는 개별화된 권력을 지닌 찬란하고 팽창주의적인 지위 사회가 100개 이상 자리하고 있었다.

역사 시대의 나체스족

나체스족은 미국 남동 지역의 대다수 지위 사회와 마찬가지로 모계 혈통을 따랐다. 이는 벰바족의 악어 씨족과 마찬가지로 족장의 아들이 아버지의 뒤를 잇지 못한다는 의미였다. 족장, 즉 '거대한 태양'이 죽으면 '하얀 여자'라는 이름을 가진 가장 중요한 여자 형제의 아들에게 직위를 넘겨주었다. 여기서 하얀색은 피부색을 말하는 것이 아니라 평화를 상징하는 색깔을 의미한다.

나체스족의 우주론에서 최초의 '태양'들은 '천상의 세계'에서 온 남자와 여자였다. 이 태초의 한 쌍 중 남자는 실제로 태양의 남동생이었다. 그는 나체스족에게 신전을 세우라고 명령했다. 신전이 완성되자 그는 태양의 불을 가져와 이 불이 신전에서 영원토록 불타게 하라고 부탁했다. 프랑스인의 목격담에 따르면 신전의 불이 절대로 꺼지지 않도록 지키는 당번이 있었다.

태양의 남동생은 후계자를 어떤 방식으로 선출할지 나체스족에게 설명한 뒤 자신은 지상에서 죽음과 부패를 겪을 필요가 없도록 돌로 변했다. 이처럼 스스로 돌로 변하는 이야기는 미 남동 지역 인디언 사회의 우주론에 널리 퍼져 있었을 것이다. 이 장의 뒷부분에 가서 설명하게 될 고대 족장 사회 중심지 에토와에서 고고학자 루이스 라슨은 한 쌍의 돌 조각상을 발견한 바 있는데, 아마도 천상의 세계에서 왔다가 돌이 된 한 쌍을 상징할 것이다.

역사학자 찰스 허드슨은 식민지 시대의 기록을 분석하여 나체스족의 지위 체계를 재구성했다. 조금 전에 설명한 나체스족의 우주론은 '태양'의 지배 권한에 정당성을 부여하는 데 이용되었다. '태양'은 근친상간을 피하기 위해 다른 가계 출신의 여자와 혼인해야 했다. 그가 이미 가장 높은 지위의 가계에 속해 있으므로 이는 곧 낙혼을 뜻했다. 여자 '태양'의 아들이 '태양'이 되었으며 낙혼한 남자 '태양'의 자식은 '고귀한 사람'으로 대우받는 데 그쳤다. 이런 이유 때문에 '하얀 여자'에게서 태어난 자식이 다음 '거대한 태양'이 되어야 했다. 벰바족의 악어 씨족 여자가 그랬듯이 '하얀 여자'도 아무 남자와 잠자리를 할 수 있었으며 자기 뜻대로 결혼하고 이혼할 수 있었다. 요컨대 '하얀 여자'의 지위가 가장 높았다.

남자 '태양'의 자식이 단지 '고귀한 사람'이 되는 데 그쳤듯이 남자 '고귀한 사람'의 자식은 그저 '명예로운 사람'이 되는 데 그쳤다. '고귀한 사람'과 '명예로운 사람'은 족장이 될 수는 없지만 전쟁 무공을 세움으로써 명망을 쌓을 수 있었다. 콜롬비아 카우카 밸리 사회의 "전쟁 지휘에 의한 귀족"과 같은 것이었다. 경우에 따라서는 자기 힘으로 노력해서 '전쟁 족장'의 직위까지 올라가는 일도 있었다. '전쟁 족장'은 지휘 체계에서 '거대한 태양' 다음 서열이었다.

지위 체계의 맨 밑바닥에는 '악취 풍기는 사람'이라고 불리는 평민이 있었다. '악취 풍기는 사람'은 '명예로운 사람'과 혼인할 수 있었다. 이를 통해 계층 간에 유전자와 특권이 어느 정도 섞이고, '악취 풍기는 사람'이 격리된 사회 계층이 되지 않도록 막을 수 있었다. 또한 나체스 미혼 여자에게 자유로운 성관계를 갖도록 격려한 점도 유전자가 섞이도록 하는 데 추가로 도움이 되었다. 미혼 여자가 이렇게 자유로운 성관계를 맺다가 결과적으로 사생아를 낳을 경우 영아 살해를 할 수 있도록 허용했다. 하지만 아이의 아버지는 영아 살해에 관여할 수 없었다. 그렇게 되면 이 남자는 다른 씨족의 성원을 죽이는 것이고 이는 불화를 불러올 수 있었다.

'거대한 태양'은 엄청난 생명력을 지녔다. 하지만 허드슨에 따르면 그는 "통치한다기보다는 군림했다". 자문회의와 권력을 공유했으며 실질적인 관리는 대부분 지위가 낮은 감독관이 했다.

'거대한 태양'은 붉은 왕관에 흰 깃털이 장식된 특별한 머리 장식을 썼다. 평민은 그와 함께 식사할 수 없으며 심지어는 그가 식사한 그릇에 손을 댈 수도 없었다. 그에게 다가가는 사람은 "호우"라고 세 번 외쳐 자신이 와 있다는 것을 알리고 경의를 표해야 했다. 족장을 알현하고 나올 때는 뒷걸음질로 나와야 하며 그동안 계속 "호우"라고 외쳐야 했다. 이러한 행위 때문에 '거대한 태양'은 신전처럼 성스러운 존재처럼 여겨졌다. 이곳에서는 신전을 지날 때도 "호우"라고 외쳐야 했기 때문이다.

엄청난 생명력을 지닌 '거대한 태양'조차도 예비 의식을 거치지 않고는 그랜드 빌리지의 신전에 들어갈 수 없었다. 우선 신전 앞에 있는 광장에 발걸음을 멈춘 뒤 복종의 자세로 허리를 낮게 숙였다. 그런 다음 세계의 네 가지 기본 방위로 차례차례 천천히 몸을 돌렸다. 각 방위를 향해 있는 동안 머리 위에 흙을 한 줌 뿌려 자신을 낮추었다. 이는 티코피아 섬의 족장이 신의 똥을 먹겠다고 말하는 것에 해당하는 나체스족 방식이었다. 보이지 않는 천상의 영혼이 '거대한 태양' 같은 권위를 지닌 사람에게조차 지배 위계 체계상의 최고 위치였다는 것을 알 수 있다.

'거대한 태양'이 신 앞에 몸을 낮추기는 해도 동료 인간에 관한 한 사실상 법 위에 있었다. 여자도, 아이도, '악취 풍기는 사람'도 그의 가옥에 들어갈 수 없었다. 백성은 그에게 많은 식량을 주어야 하며 반대급부로 그는 백성이 곤궁한 처지에 있을 때 넉넉하게 베풀어야 한다. 후하게 베푸는 데 필요한 자원을 마련하기 위해 그의 아래 있는 주요 전사들은 경립종 옥수수를 재배하는 특별한 밭을 경작하여 족장의 저장 창고를 채웠다.

나체스족 식량 생산지는 미시시피 강과 그 지류의 범람원이었다. 이곳에서 인디언은 사이짓기*로 옥수수, 콩, 호박, 호리병박, 해바

---

* 한 농작물을 심은 이랑 사이에 다른 농작물을 심어 가꾸는 일.

라기를 재배했다. 이들은 큰 무리를 이루어 사슴을 사냥했는데 동물 주위에 U자 대형을 형성한 뒤 점차 거리를 좁히면서 둥근 대형을 이루어 동물을 둘러쌌다. 잡은 사슴은 '거대한 태양'에게 공물로 바쳤으며 '거대한 태양'은 그에 대한 보답으로 사냥을 조직한 이들에게 고기를 나누어 주었다. 그 밖에도 나체스족은 야생 칠면조를 먹었으며, 강과 늪 같은 지류에서 고기를 잡았고, 히코리 열매와 감, 야생 과일을 따먹었다. 또한 특별히 재배한 독한 담배를 피웠으며 호랑가시나무로 만든 카페인이 가득한 의식용 차를 마셨다. 방문객에게는 사슴고기 덩어리를 넣은 옥수수 죽을 대접했는데 이는 나체스족이 즐겨먹는 강장 음식이었다.

'전쟁 족장'은 나체스족에게 매우 중요했다. 경쟁 부족이나 집단 간의 보복 행위로 인해 습격과 화해가 끊임없이 반복하는 악순환이 계속되었기 때문이다. 사절단이 사상자에 대한 보상금과 관련하여 잠정적인 안을 제시했다. 이 보상금이 충분하지 않다고 판단할 경우 '전쟁 족장'은 전쟁의 색깔인 붉은색으로 된 막대기에 깃발을 매어 적이 있는 방향을 가리켰다. 화살과 전투 몽둥이로 무장한 습격 무리는 사람 머리나 머리 가죽을 들고 돌아왔다. 나체스족은 포로 중 일부는 노예로 삼고 다른 일부는 고문해서 죽였다.

매장 의식에는 지위의 격차가 반영되었다. '악취 풍기는 사람'의 시신은 나무 단에 올려놓은 채 뼈만 남을 때까지 그냥 놓아두었다. 반면에 '거대한 태양'은 살아생전에 가마를 타고 다녔던 것처럼 죽은 뒤에도 시신을 가마에 태워 옮겼다. 수십 명의 사람을 제물로 삼아 함께 순장하기도 했다.

1725년에 뒤 프라츠는 오랜 친구인 전쟁 족장 '문신 새긴 뱀'의 장례식을 목격했다. '거대한 태양'은 비통한 슬픔을 가누지 못한 채 동생의 장례식에서 자신도 따라 죽겠다고 했다. 나체스족의 모든 불이 꺼졌고 '거대한 태양'이 삶을 이어가기로 하자 다시 불을 붙였다.

'문신 새긴 뱀'은 깃털 머리 장식을 쓰고 얼굴에 붉은 칠을 한 채 발에는 다른 세상으로 떠날 때 필요한 모카신을 신고 사흘 동안 안치되었다. 그가 쓰던 총, 전투 몽둥이, 활과 화살을 그의 침대에 매달았다. 그의 주변에 의식용 담배 파이프 여러 개를 늘어놓고 그가 죽인 적을 상징하는 의미에서 46개의 식물 줄기를 고리로 엮어 놓아두었다.

마침내 정교한 예복 차림의 사제가 장례 의식을 시작했다. '문신 새긴 뱀'의 시신을 가마에 실었고, 신전을 지키는 여섯 명의 수호자가 가마를 운반했다. 이들은 고리 모양으로 된 길을 따라 신전으로 향했다. 연속적으로 이어진 고리를 하나씩 따라가다 보면 신전에 가까워졌다. 이렇게 빙빙 돌아서 길을 가는 동안 많은 사람을 제물로 바칠 시간적 여유가 생기는데, 이들은 사후 세계에서 '문신 새긴 뱀'과 함께하기 위해 자원하거나 선택된 자들이었다.

'문신 새긴 뱀'의 여러 아내 중 두 명도 의복을 갖추어 입고 제물이 되었다. 그 밖에 그의 여자 형제 중 한 명, 가장 아끼던 전사, 가장 중요한 하인, 그 하인의 아내, '문신 새긴 뱀'의 전투 몽둥이를 제작한 공예 기술자, 또한 뒤 프라츠가 '전쟁 족장'의 "의사"와 "간호사"라고 설명했던 의식 치유사 두 명도 제물이 되었다. 낮은 지위의 사람 몇몇도 목숨을 바침으로써 영광을 얻기 위해 자원했고, 목숨을 내놓기 싫은 사람 중에 자식을 대신 바치는 이들도 있었다.

제물이 되는 희생자 개개인에게는 담배 여섯 모금을 피우게 했다. 이 정도 양이면 정신이 멍해지는데 그 후 두 명의 집행자가 이들을 목매달아 죽였다. '문신 새긴 뱀'과 두 아내는 신전에 묻혔지만 고위 인사는 부근에 묻혔다. 제물이 된 '악취 풍기는 사람'은 멀리 떨어진 비계 위에 누였다. 한참 지난 뒤 '문신 새긴 뱀'과 아내들, 대다수 고위 인사의 주검을 파내어 유골을 깨끗하게 씻은 뒤 이전 '태양'들의 유골 근처에 있는 신전에 보관했다.

나체스족은 언어나 역사 면에서 파나마의 족장 사회와 아무 관련이 없었지만 고위 신분의 매장 풍습은 놀랄 만한 유사성을 보였다. 두 사회 모두 세습 족장은 엄청난 생명력을 지니고 있어서 이들과 가까웠던 많은 지지자가 족장과 함께 죽고자 자원했다. 제물이 된 고귀한 나체스족 여자에게는 특별한 대접이 기다리는데, 사후 세계에 가면 '거대한 태양'과 함께 식사를 할 수 없다는 금지 규정이 풀리게 되었다.

마운드빌에 관한 인류학적 시나리오

1904년 인류학자 프랭크 스펙은 치카소족이라고 불리는 아메리카 인디언 집단을 방문하기 위해 오클라호마 준주를 찾았다. 치카소족은 미 정부에 의해 오클라호마로 강제 이주당하기 전까지 미시시피 강에 살았다. 이들은 밍코minko라 불리는 세습 족장 아래 지위 사회를 형성하고 있었다. 모계 혈통으로 내려오는 씨족 간에 지위 차이가 있었으며 각 씨족 내에서도 가계나 씨족 분파 간에 지위 차이가 존재했다.

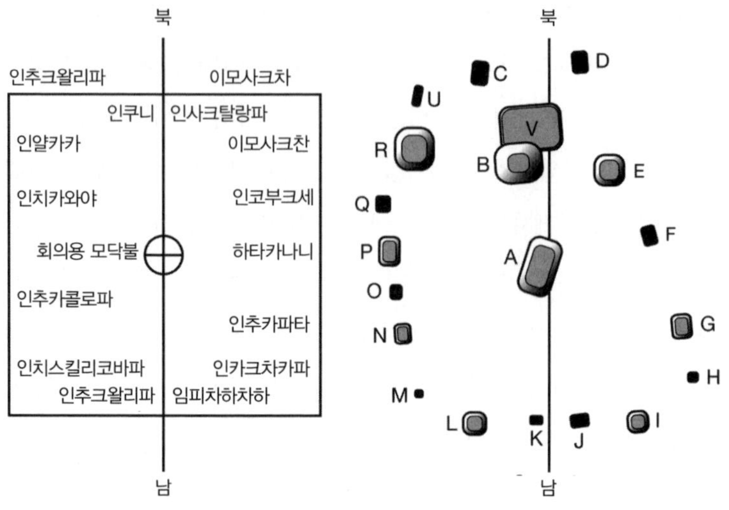

그림 46 | 미 남동 지역의 많은 아메리카 인디언 사회 안에는 두 개의 커다란 계파가 있으며 이 계파 안에서 각 씨족 또는 씨족 분파의 세습 지위는 족보상으로 족장 가계와 어느 정도로 가까운가에 따라 정해졌다. 때로 정착지의 배치 구조에서 지위 서열이 감지되기도 했다.
왼편에 보이는 것이 한 세기 전 치카소족 "회의 마당"의 배치도였다. 남북으로 그은 선이 인추크왈리파와 이모사크차로 불리는 두 계파를 구분 지었다. 서쪽에 위치한 여섯 개 씨족 분파와 동쪽에 위치한 일곱 개 씨족 분파는 북에서 남으로 내려갈수록 서열이 낮아졌다.
오른쪽에는 선사 시대 족장 사회 중심지인 마운드빌이 750년 전에 어떤 모습이었을지 촌락의 배치 구조가 나타나 있다. 족장의 가옥(B)을 떠받치는 흙 둔덕과 중앙 신전(A)을 떠받치는 흙 둔덕을 지나면서 남북으로 이어지는 선이 주거 둔덕과 시신을 모신 둔덕을 크게 두 구역으로 나누었다. 둔덕 R, P, N, L(서쪽)과 둔덕 E, G, I(동쪽)는 북쪽에서 남쪽으로 내려갈수록 부피가 작아졌는데, 아마 이 둔덕에 집을 짓고 살던 가족들의 상대적 지위를 나타낼 것이다. 검게 보이는 둔덕들 위에는 영안 신전이 있었을 것으로 짐작된다.(마운드빌의 광장은 남단에서 북단까지 길이가 480미터쯤 되었다.)

미 남동 지역의 많은 인디언 사회가 그랬듯이 치카소족 역시 일 년 중 많은 시간을 농장과 소규모 촌락에 흩어져 살았다. 하지만 때때로 모든 씨족 분파가 전략 회의를 열 목적으로 공동 야영지에 모였다. 이렇게 주기적으로 모이는 야영지에서 각 씨족 분파의 지도자는 각자의 상대적인 지위에 따라 정해진 자리에 앉았다.

카비치라는 이름의 한 치카소족 원로는 스펙에게 전통적인 회의 야영지의 배치도를 그려 주었다. 우선 직사각형의 광장이 있고 그 중심에 신성한 회의용 모닥불이 피워져 있었다. 남북으로 선을 그어 야영지를 두 구역으로 나누었으며 각 구역에 있는 두 계파를 인추크왈리파와 이모사크차라고 불렀다. 인추크왈리파의 여섯 가문은 분리선의 서쪽에 자리하고 이모사크차의 일곱 가문은 동쪽에 자리했다. 두 계파 내에서 지위가 가장 높은 씨족 분파는 광장의 북단에 자리했고 그다음이 두 번째로 지위가 높은 씨족 분파, 그다음이 세 번째로 지위가 높은 씨족 분파로 이어지며 위치가 정해졌다. 가장 지위가 낮은 씨족 분파는 남단에 자리했다. 회의 야영지의 배치도는 그림 46 왼쪽에 나와 있다.

스펙의 기록을 본 고고학자 버넌 제임스 나이트 주니어는 치카소족의 배치도가 선사 시대 족장 사회 중심지 마운드빌에서 발견된 흙 둔덕의 배치 형태를 해석하는 데 도움이 될 것이라고 깨달았다.

마운드빌은 앨라배마 주 터스컬루사 부근에 있는 블랙워리어 강 유역의 고고학 유적지로 면적은 75만 제곱미터이다. 1,100년 전에 세워져 스페인 탐험가들이 도착했을 당시에도 여전히 사람이 살고 있었다. 마운드빌은 촌락 북쪽에 강을 따라 낮은 절벽이 있어 자연 방어벽 역할을 했고 남쪽 경계선에 나무 기둥으로 목책을 세워 요새화했다. 이 목책에서 30미터 내지 40미터 떨어진 곳에 망루를 갖춘 보루가 있었다.

많은 족장 사회 중심지가 그랬듯이 마운드빌도 확장과 축소를 반복하는 순환 과정을 겪었다. 1,100년 전에서 900년 전까지 처음 두 세기 동안에는 비교적 크지 않은 규모였다. 그 후 마운드빌은 급속도로 성장하기 시작하여 800년 전에서 700년 전 사이에 전성기를 맞았다. 이후 150년에 걸쳐 이곳의 지도자들은 여러 집단 간의 경쟁 속에서 권력을 유지하기 위해 애썼다. 마운드빌 사회는 550년 전에 붕괴했지만 1540년 에르난도 데 소토가 앨라배마에 도착했을 무렵에는 재건에 성공한 상태였다.

대략 800년 전 전성기를 누리던 마운드빌 사회는 블랙워리어 강 유역의 50킬로미터 가까이 되는 범람원을 지배했을 것이다. 또한 중요도가 큰 촌락 일곱 개 내지 여덟 개를 배후 지역으로 갖고 있었다. 이 촌락들은 자체적으로 둔덕을 세울 만큼 중요성을 지녔으며 공공건물을 갖추지 않은 아주 많은 농장이 있었다. 고고학자들은 이러한 형태가 벰바족 사회처럼 족장의 촌락, 족장의 부하 귀족이 운영하는 소규모 촌락, 지위가 낮은 사람들이 거주하는 더 작은 촌락의 세 단계 행정 구조를 보여 주는 것이라고 간주했다.

발굴 작업을 통해 짐작할 수 있는 바로는 마운드빌의 목책이 약 800년 전에 세워졌다는 것이다. 목책 안쪽 구역에는 최소한 29개의 인공 둔덕이 있었다. 이 가운데 많은 수가 북쪽에서 남쪽까지 480미터가 넘는 광장의 윤곽선을 형성했다.

그림 46의 오른쪽에는 750년 전에서 700년 전 사이의 마운드빌이 어떤 모습이었는지 나타나 있다. 흙 둔덕의 배치 형태를 본 나이트는 치카소족 회의 야영지의 배치도와 흥미로운 유사점이 있는 것을 발견했다.

마운드빌 촌락 광장의 북단에 있는 둔덕 B 위에는 아마도 대족장의 가옥이 있었을 것이다. 신전이 세워져 있는 둔덕 A는 치카소족의 회의용 모닥불처럼 중앙에 위치해 있다. 둔덕 A와 B를 지나 남북을 가로지르는 선이 광장을 이등분한다.

주거 둔덕이 광장의 양편으로 늘어서 있으며 북에서 남으로 내려갈수록 둔덕의 부피가 작아졌다. 둔덕 R, P, N, L이 광장의 서편 윤곽선을 이루고 둔덕 E, G, I가 동편 윤곽선을 이루었다. 아마도 이 둔덕들 위에는 가옥이 서 있었을 것이고 북에서 남으로 내려갈수록 그곳에 사는 가족의 지위도 점점 낮아졌을 것이다. 가옥 사이사이에 둔덕이 있으며 이 둔덕들에는 지위가 높은 사람의 무덤, 머리 없는 유골, 두개골, 아기 무덤 등이 있었다. 이 둔덕들은 가옥과 모종의 관계가 있는 영안 신전에 속해 있던 것으로 보인다.

나이트가 신중한 해석을 내리긴 했지만 마운드빌의 배치 형태는 치카소족 회의 야영지의 배치도와 닮았다. 분명 치카소족 야영지에는 큰 신전도 없고 둔덕 B에 상응하는 족장 가옥도 없었다. 둔덕 B는 높이가 17미터이며 이 정도 크기의 둔덕을 쌓으려면 총 8만 5천 세제곱미터의 흙이 필요했다. 하지만 이러한 차이는 인구수가 훨씬 더 많다든가 마운드빌에 사람이 살았던 기간이 수 세기나 더 길다든가 하는 점에서 비롯되었을 수도 있다. 나이트가 카비치라는 인디언 원로가 그려 준 배치도를 이용한 것은 고고학 유적지를 만든 현존 사회를 재구성할 때 사회인류학이 어떻게 쓰일 수 있는지 보여 주는 한 가지 사례이다.

마운드빌의 사회적 불평등은 매장 의식에도 나타났다. 둔덕 C와 둔덕 D(광장의 북쪽)에는 지위가 높은 사람의 무덤이 있었고 둔덕 M(광장의 남쪽)과 둔덕 U(광장의 북쪽)에는 보통 사람의 무덤이 빽

빽하게 모여 있었다.

가장 인상적인 사치품은 700년 전에서 550년 전 사이에 묻힌 사람들에게서 발견되었다. 둔덕 C에 묻힌 성인 남자는 구리 도금 구슬로 만든 팔찌와 발찌, 얇은 동판으로 된 목가리개 세 개, 진주 목걸이 한 개, 자수정 펜던트 한 개, 들소 뿔로 만든 핀으로 머리카락에 매달아 놓은 구리 장신구 한 개, 그 밖에 상류층 남자가 선호했을 것으로 보이는 구리 날 도끼 한 개를 지니고 있었다. 지위가 높은 다른 사람은 구리 귀 장신구, 돌로 만든 화장 팔레트, 방연석 결정체, 조개껍질 구슬과 함께 묻혔다. 명망을 나타내는 이 물품들로 볼 때 마운드빌 사회는 콜린 렌프루의 용어로 개별화된 지위가 존재하는 사회가 분명했다.

조지아 북부 지역의 순환적 변동

조지아 주 북부 지역의 고대 족장 사회는 카친족이나 코니아크 나가족과 같은 순환적 변동을 겪었다. 고고학자 데이비드 할리에 따르면 조지아 북부 지역의 지위 사회 가운데 한두 세기 이상 강력한 세력을 유지한 곳은 거의 없었다. 이처럼 주기적 몰락의 과정을 거친 이유는 파벌 투쟁, 군사적 패배, 공물을 과도하게 요구하는 족장에 대한 반란, 허약한 지도력 때문이었다. 게다가 이러한 문제에 가뭄까지 겹치면서 상황이 악화되는 일도 이따금씩 있었다.

족장 사회 중심지는 위성 공동체에 비해 지속 기간이 긴 경향이 있었지만 이조차도 쇠퇴와 재편의 시기를 거쳤다. 권력을 유지하기 위해 자주 이용하는 전략은 족장 집안 간의 혼인이나 군사적 동맹을 바탕으로 인접 지위 사회와 연맹을 구축하는 것이었다.

조지아 북부 지역의 경우 사회 규모가 커질수록 그 주변에는 인적이 드문 완충 지대가 더 넓게 형성되었다. 기존 지위 사회가 약해지거나 쇠퇴의 기미가 조금이라도 나타나면 야심적인 경쟁자가 이 완충 지대에 세력 기반을 만들었다. 이러한 패턴이 조지아에만 있는 특이한 현상은 아니었다. 유사한 아프리카 사회들을 연구했던 인류학자 이고르 코피토프는 야심적인 지도자가 사람이 살지 않는 기존 사회 사이의 경계 지대에 새로운 영역을 구축하는 일이 자주 있었다는 것을 알아냈다.

할리는 대다수 족장 사회의 영토가 겨우 18킬로미터 내지 19킬로미터 정도의 폭을 지녔다고 설명했다. (뒤에서 설명할) 에토와 족장 사회 중심지처럼 예외적인 경우에는 29킬로미터 내지 30킬로미터의 규모를 지니기도 했다. 경쟁적인 사회 사이에 놓여 있는 인적 드문 지대는 폭이 8킬로미터 내지 32킬로미터 정도 되었다. 이 지대는 군사적인 완충 역할 이외에도 흰꼬리사슴의 서식지로 적당한 이차림으로 뒤덮인 경우가 많았다.

조지아 북부 지역에서 가장 잘 알려진 지위 사회로는 고대 에토와를 중심지로 한 사회(750년 전에서 675년 전 사이에 전성기를 누렸다.)와 역사 시대의 쿠사, 오쿠트(기원후 1500년에서 1580년 사이에 유럽 탐험가가 두 사회를 방문했다.)가 있었다. 이 장에서는 에토와와 쿠사를 살펴볼 것이다.

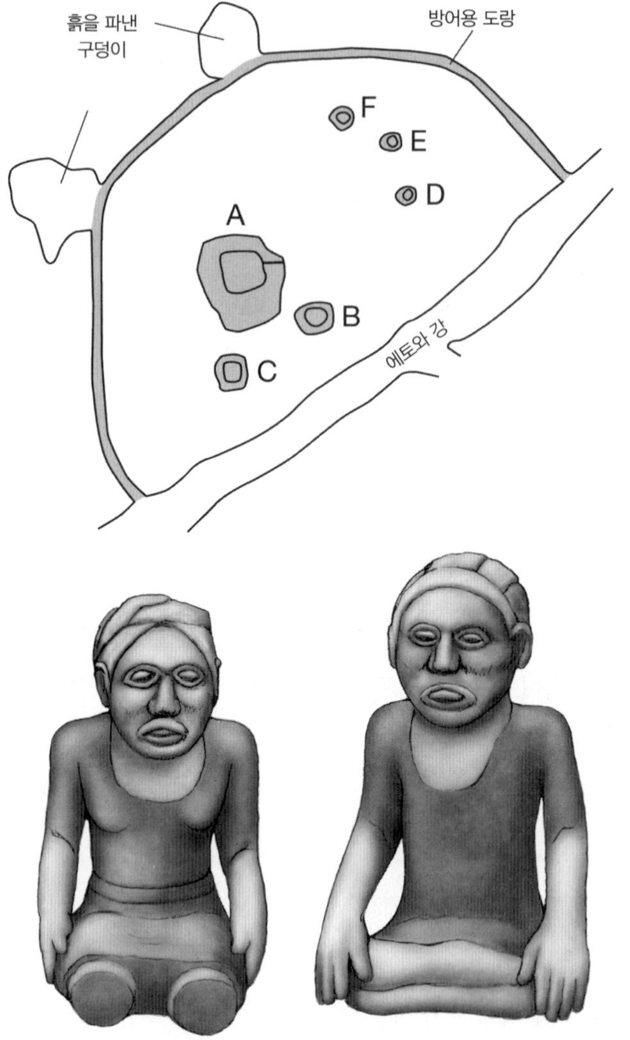

그림 47 | 에토와 유적지는 조지아 북부 지역에 위치한 족장 사회 중심지로, 선사 시대 지위 사회로서 중요한 의미를 지닌다. 위에 보이는 것은 방어용 도랑과 둔덕 A~F로 이루어진 에토와의 전체적인 배치도이며, 도랑으로 둘러싸인 지역의 면적은 20만 제곱미터였다.
아래 보이는 대리석 조각 한 쌍은 둔덕 C의 아랫부분에 있던 통나무 무덤에 감추어져 있었다. 이 조각상은 에토와 족장 가계를 세운 신화 속 부부를 상징하는 것으로 보인다.

에토와의 성장

선사 시대 족장 사회 중심지인 에토와는 조지아 주 카터즈빌 부근 에토와 강 유역에 위치해 있다. 유적지 주변에는 반원 모양의 방어용 도랑(한때 이 도랑의 양끝은 에토와 강과 맞닿아 있었다.)이 있었고 도랑 안쪽 면적은 20만 제곱미터였다(그림 47, 위). 에토와는 전성기 때 30킬로미터 내지 50킬로미터까지 뻗어 있는 족장 영토의 최고 중심지였고 영토 주변에는 완충 지대가 있어 경쟁 세력과 떨어져 있었다. 에토와에서 뻗어 나간 강 유역에 소규모 촌락이 적어도 세 곳 정도 흩어져 있었으며, 상류 유역에 세 곳, 하류 유역에 세 곳이 더 있었다. 에토와의 배후 지역에는 이동 농장도 있었다.

고고학자들은 100년 넘게 에토와를 연구해 왔다. 1890년대 사이러스 토머스, 1920년대 워런 G. 무어헤드에서 시작된 연구는 이후 1960년대 루이스 라슨에게로 이어졌고, 그다음 21세기 초 애덤 킹이 횃불을 이어 갔다. 에토와 촌락을 맨 처음 세운 종족의 이름은 알 수 없지만 스페인 탐험가가 도착했을 무렵 이 종족은 쿠사 영토 안에 있었다.

에토와에서 가장 큰 흙 구조물은 둔덕 A이며, 한때 20미터 높이로 약 11만 3260세제곱미터의 흙이 쌓여 있었다. 둔덕 A 꼭대기에서 의식 광장까지 흙 경사로가 이어져 있었다. 둔덕 A 남쪽에 둔덕 B와 둔덕 C가 있었으며 둘 다 규모가 컸다. 광장 반대편에 둔덕 D, 둔덕 E, 둔덕 F라 불리는 보다 작은 둔덕이 있었다. 초기 발굴자들이 내린 결론에 따르면 둔덕 B와 둔덕 D, 둔덕 E 위에 가옥이 있었다. 둔덕 C가 가장 많은 주목을 받았는데 이 둔덕 위에 한때 신전이 있었기 때문이다. 신전 아래의 둔덕에는 화려한 사치품이 묻힌 많은 무덤이 있었다.

킹에 따르면 에토와는 약 1,000년 전에 세워졌으며 처음에는 미미한 규모였다. 이 당시에는 아직 큰 둔덕이 세워지지 않았다. 초기에 살던 거주자는 동부 경립종 옥수수의 혜택을 막 누리기 시작했으며 이와 더불어 강에서 거북이, 메기, 민어과 어류, 민물꼬치고기 등을 잡는 한편 사슴 사냥을 병행했다.

라슨은 둔덕 C가 축조되기 이전의 여러 지층에 가옥 여섯 채와 일련의 의식용 건물이 층층이 포개져 있는 것을 발견했다. 의식용 건물 중 하나는 길이가 30미터 이상이었으며 아마도 시신 안치소였던 것으로 보인다. 또 다른 건물은 길이 12미터에 바닥에 붉은 황토 안료가 입혀져 있었다. 둔덕 A와 둔덕 B는 900년 전에서 800년 전 사이에 지어졌으며 이후 에토와는 쇠퇴의 길로 들어섰다.

750년 전에서 675년 전 사이 새 지도자들이 나타나면서 에토와는 다시 활기를 띠었고 공공건물이 들어서는 인상적인 국면으로 접어들었다. 둔덕 A와 둔덕 B를 더 크게 만들고 둔덕 C는 여러 층을 구성하는 방식으로 대략 5.5미터 높이까지 쌓았다. 이 무렵 방어용 도랑을 팠으며 새로이 형성된 이 경계 바로 안쪽에 보루와 목책을 세웠다.

둔덕 C에는 세습 상류층의 무덤이 가득했다. 라슨은 "중요 귀족"(통나무 무덤에 묻혔다.)과 "하급 귀족"(보다 단순한 모양의 무덤에 묻혔다.)을 알아볼 수 있다고 여겼다. 많은 에토와 무덤에는 아마도 지위를 반영하는 것으로 보이는 의복과 도구 일습이 표준화된 형태로 들어 있었다.

이제 둔덕 C에서 나온 주목할 만한 무덤 몇 개를 살펴보자. 기둥으로 지붕을 떠받치고 바닥에 호두나무 널빤지를 깐 무덤 57호에는 강건한 성인 남자가 묻혀 있었다. 그는 양 귓불에 구리를 입힌 실패 모양 나무 귀 장신구를 하고 있었으며 그 밖에 여러 개의 조개껍질 목걸이와 조개껍질 목가리개 하나를 걸치고 있었다. 또한 한때 의복에 붙어 있었을 수많은 진주가 발견되었다. 부장품으로는 소라고둥 껍질 잔 여덟 개, 돋을새김 조각을 새긴 구리 판 대여섯 개, 구리 도끼 두 개가 있었다.

무덤 25호와 무덤 64호에서는 세습 지위를 보여 주는 증거가 나왔다. 무덤 25호에 묻힌 성인의 머리에는 구리판이 덮여 있었다. 무덤 64호에 묻힌 다섯 살짜리 아이 역시 머리에 작지만 비슷하게 생긴 구리판이 덮여 있었다. 무덤 64호의 주인이 명성을 쌓을 만큼 충분한 나이가 되지 않았던 것으로 보아 분명 귀족 태생의 자격으로 구리판을 머리에 썼을 것이다.

라슨이 밝혀낸 바에 따르면 에토와 촌락 상류층의 표준적인 부장품은 조각을 새긴 조개껍질, 테네시 수석을 쪼개 만든 상징적인 "검", 돌 화장 팔레트, 방연석, 상어 이빨, 구슬로 만든 팔과 다리 밴드, 돌도끼와 구리 도끼, 운모와 바다거북 껍데기를 잘라 낸 것, 돋을새김을 새긴 동판이었다.

마지막으로 무덤 15호가 있었다. 이 무덤은 둔덕 C의 꼭대기로 이어지는 경사로 아래 부분에 있는 통나무 무덤으로, 이 안에는 네 명의 개인에게서 제각기 해체되어 나온 유골과 함께 구리를 입힌 실패 모양 귀 장신구, 구리로 된 머리 장신구, 무기용으로 쓰는 날카로운 뿔, 조개껍질 구슬, 담배 파이프가 들어 있었다. 그 밖에도 그림 47 아래에 보이는 주목할 만한 조각상이 들어 있었다. 이 대리석 조각상 중 하나는 가부좌를 틀고 앉은 남자이며 다른 하나는 무릎을 꿇은 여자였다.

대리석 조각상에 대한 킹의 해석을 보면, 천상의 세계에서 땅으로 내려온 최초의 '태양'들이 한 쌍의 남자와 여자였다는 나체스족 창조 신화가 떠오른다. 이 태초의 존재는 땅 위에서 할일을 마쳤을 때 스스로 돌로 변했다.

킹은 무덤 15호의 대리석 조각상이 이와 유사한 "시조 부부"이며 원래는 영안 신전에 모셔 놓았을 것이라고 추측했다. 통나무 무덤에 있던 해체된 유골은 대략 에토와의 목책이 불탔던 시점에 급히 묻은 것으로 보였다. 따라서 이 유골들은 습격에서 희생당한 상류층 희생자였을 가능성이 있다. 그런 상황에서 이 무덤은 신성한 조각상을 숨기기에 편리한 장소였을 것이다.

목책이 불타고 시조 부부의 석상이 숨겨진 뒤 에토와는 거의 한 세기 동안 버려져 있었다. 나중에 가서 잿더미 위에 촌락을 다시 세우기는 했지만 위대한 시기는 지나가 버렸다.

쿠사 연맹

조지아 북부 지역의 몇몇 지위 사회는 꽤 오랜 기간 지속된 덕분에 16세기 스페인 탐험가가 이 사회들을 발견하고 목격담으로 기록할 수 있었다. 그 사례가 바로 쿠사였다. 1540년에 데 소토가, 그리고 1566년과 1568년 사이에는 후안 파르도가 이곳을 방문한 바 있다. 찰스 허드슨과 데이비드 할리를 비롯한 학자들이 쿠사 역사를 연구 주제로 삼아 공동 연구 작업을 진행했다.

쿠사는 미 남동 지역의 다른 지위 사회와 마찬가지로 연맹을 통해 세력을 키웠다. 이 과정에서 이들은 군사 동맹과 귀족 간 혼인을 전략으로 이용했다. 이렇게 형성된 연맹은 이전보다 넓은 지역에서 공물을 요구할 수 있었다. 지도자들은 서로 선물을 보내고 담배를 함께 피웠으며 아내를 교환했다. 애석하게도 이들 간에는 상충되는 안건으로 많은 파벌이 존재했기 때문에 대다수 남동 지역 연맹이 붕괴의 길을 걸을 수밖에 없었다.

허드슨에 따르면 16세기 쿠사 사회의 영토는 치아하 촌락(테네시 주 녹스빌 부근)에서 탈리시 촌락(앨라배마 주 버밍햄 부근)까지 걸쳐 있었다. 이는 대략 400킬로미터에 해당하는 거리이며 한 명의 족장이 통치하기에는 지나치게 넓은 면적이었다. 쿠사는 틀림없이 모종의 연맹으로 이루어져 있었을 것이며 할리는 이 연맹에 가입했을 것으로 추정되는 11개 쿠사 유적지 군락을 확인했다.

쿠사 연맹의 중심 도시는 쿠사와티 강과 토킹록 강이 합류하는 조지아 주 카터스 부근에 있었다. 오늘날 리틀 이집트 유적지로 알려진 이 공동체는 한창 시절 면적이 4만 제곱미터에 이르렀다. 스페인인들의 묘사에 따르면 쿠사 연맹의 대족장은 수백 명의 전사를 거느린 채 가마를 타고 이동했다. 대족장은 피라미드형 둔덕 꼭대기에 모두 세 채의 가옥을 소유한 것으로 전해지며 오늘날 그중 두 개의 둔덕만 남아 있다. 고고학자들은 족장의 둔덕이 가로 110미터, 세로 60미터에 달하는 광장의 북쪽과 동쪽에 위치했을 것이라고 여긴다.

쿠사 연맹의 많은 촌락은 요새화되어 있었다. 조지아 주 플로이드 카운티에 있는 쿠사 강을 따라 내려간 곳에 킹 유적지가 있으며 이곳이 고대 피아치 촌락일 것이다. 리틀 이집트 유적지에서 남쪽으로 불과 하루 이틀 거리에 있는 에토와는 16세기 당시 규모가 많이 줄어들었다. 당시에는 이타바라는 지명으로 불리는 쿠사 위성 촌락이었을 것이다. 쿠사 연맹에 속한 가장 흥미로운 촌락 중 한 곳은 고대 치아하 촌락으로, 쿠사 연맹 영토의 북방 경계선에 위치했다. 치아하는 테네시 주 프렌치 브로드 강에 있는 한 섬에 위치했으며 목책을 세워 방어벽을 만들었다. 강 북쪽으로 폭이 48킬로미터 정도 되는 완충 지대가 쿠사 연맹과 이들의 적인 치스카 사회 사이에 가로놓여 있었다.

이 장에서 살펴본 지위 사회는 모두 대단히 인상적이었다. 하지만 영국인의 목격담에 따르면 1607년 당시 남동 지역에서 가장 강력한 지위 사회는 포우하탄이라는 이름의 족장이 이끄는 곳이었다. 그가 다스린 촌락은 웨로워코모코라고 알려져 있으며 버지니아 주 글로스터 카운티에 위치한 퍼튼 만 옆에 있었다. 포우하탄과 그의 밑에 있는 부副족장, 그리고 그의 동맹 세력은 체서피크 만 서쪽의 광활한 지역을 다스렸지만 웨로워코모코 유적지는 겉으로 보기에 별로 인상적이지 않았다. 이곳에는 마운드빌이나 에토와, 또는 리틀 이집트 유적지에서 보았던 것과 같은 기단 둔덕이 없으며, 고고학자들이 유적지의 정치적 중요도를 판단할 때 기념비적인 구조물에만 의존해서는 안 된다는 사실을 깨우쳐 준다. 포우하탄이 얼마나 큰 세력을 지녔는지 알 수 있었던 것은 오로지 영국인의 목격담 덕분이다. 게다가 이 영국인은 포우하탄의 딸 포카혼타스에 관한 낭만적인 이야기를 덤으로 들려주기도 했다.

미국 남동 지역의 불평등

미국에서 볼 수 있는 많은 족장 사회의 전성기 모습은 파나마의 족장 사회 그리고 콜롬비아 카우카 밸리에서 가장 큰 곳을 뺀 나머지 족장 사회와 비슷했다. 미 남동 지역의 족장은 가마를 타고 다녔으며 죽은 뒤에는 한 무리의 부하가 따라 죽어 사후 세계에 함께할 것으로 기대했다. 족장 밑에는 상급 귀족과 하급 귀족이 있었으며 이들 중에는 업적을 바탕으로 높은 명망을 쌓은 이들도 있었다. 전쟁에서 무공을 세우면 지위가 격상되었으며 세습 귀족은 솜씨 좋은 장인을 후원하고 많은 보상을 주었다. 잠비아의 벰바족이 그랬듯이 미 남동 지역의 지위 사회는 비록 모계 혈통을 따라 귀족 신분을 물려받았지만 족장은 남자가 맡았다.

미 남동 지역의 사회는 야심적인 귀족이 주로 이용하던 두 가지 보편적인 전략을 알려 주었다. 하나는 기존 족장 사회 영토 사이에 있는 완충 지대에 새로운 지위 사회를 세우는 것이고, 다른 하나는 연맹을 결성하여 보다 강력한 사회를 세우는 것이다. 이 연맹들은 비록 넓은 지역을 포괄하긴 했지만 고대 멕시코나 페루의 경우처럼 왕국으로 발전한 곳은 한 군데도 없었다. 한 가지 명백한 이유는 유럽 식민 정복자가 도착하면서 많은 사람이 구세계의 질병으로 죽었기 때문이다. 유럽인이 들어오지 않았다면 남동 지역 사회 중 일부는 이 책 뒤에서 설명할 과정을 거쳐 마침내 왕국으로 나아갔을 것이다.

남태평양: 지위에서 계층으로

세계 대부분의 족장 사회에서 지위는 위로는 족장에서 아래로는 가장 낮은 자유민까지 하나의 연속선을 형성했다. 하지만 적당한 조건이 갖추어질 경우 지위 사회는 더러 계층 사회로 이행하기도 했다. 그 결과 연속선상에 보이지 않는 금이 생기고 이로써 통치자와 피통치자 사이에 보다 선명한 균열이 생겼다.

대체로 사회 계층은 인류학자들이 **계급 내혼**이라고 일컫는 행동 방식에 의해 분리되었다. 이는 각 계층의 성원이 자기와 같은 계층과 혼인해야 한다는 의미였다. 귀족 태생의 남자가 평민 아내를 들일 때 그녀가 낳은 자식은 귀족이 되지 못했다. 계층화로 인해 빈번하게 나타나는 결과는 첫째, 귀족이 긴 족보를 지니게 되었다는 것, 둘째, 통치자들이 가장 지위가 높은 상류층 배우자를 맞이하기 위해 서로 경쟁했다는 것, 셋째, 통치자의 형제자매 중 한 명이 가장 신분이 높은 혼인 상대를 맞이하는 경우 일반적인 근친상간 금지 규정을 기꺼이 무시했다는 것 등이다.

전통적인 유럽 귀족 사회 내에 왕자에서부터 공작, 백작, 남작, 후작으로 내려가는 단계적 차이가 있었던 것처럼 귀족 계층 내에도 분명 명망의 단계적 차이가 있었다. 이러한 단계적 차이의 많은 부분은 계층 사회 이전에 있던 지위의 연속선이 잔재로 남은 것이다.

이 책에서 사용하는 **계층** 또는 **계급**이라는 용어는 오늘날 미국 사회를 설명할 때 쓰는 "상층 계급", "중간 계급", "하층 계급" 같은 표현과는 전혀 다르다는 점을 우선 밝혀두고자 한다. 미국 사회는 세습 귀족 계층이 없으며 상층 계급, 중간 계급, 하층 계급 같은 용어는 부의 연속선에서 임의적인 구분을 나타내기 위한 것이다. 족보는 기준이 되지 않으며, 단지 부의 증가 또는 감소만으로 한 경제 계급에서 다른 경제 계급으로 넘어갈 수 있다.

폴리네시아 사회의 다양성

앞서 보았듯이 어빙 골드먼은 태평양 제도의 사회를 세 범주로 나누었다. 그가 규정한 "전통적인" 범주, 즉 권력이 가장 미약한 범주에서는 족장의 권한이 주로 많은 마나, 즉 생명력을 기반으로 했다. 한편 "개방적인" 폴리네시아 사회는 마나와 군사적 힘을 결합했다. 권력이 가장 강한 사회, 즉 "계층화된" 사회에서는 족장이 무기로 삼을 만한 모든 권력의 원천을 이용했고 많은 사회가 지위의 연속선상에 앞에서 언급한 단계적 차이의 선을 그었다. 계층화된 사회로 이행하는 과정은 당연히 사회 논리의 변화를 통해 정당성이 확득되어야 했다.

타히티 섬 사람들은 아리이 누이ari'i nui, 즉 신성한 위대한 족장이 티이 신과 히나 신의 직계 후손이라고 찬양했다. 반면 마나후네manahune, 즉 평민은 누군가 육체노동을 할 사람이 있어야 하므로 신이 마법을 이용하여 존재하도록 해 주었을 뿐이다. 그러나 이것만으로 완전한 계층화로 나아가지는 않았다. 중간 범주가 여전히 존재했기 때문이며 이 중간 범주는 라아티라ra'atira로, 부유한 평민 또는 지주층이었다. 타히티 섬의 논리에서는 라아티라가 귀족과 평민의 혼인으로 생긴 결과라고 설명했다. 이 밖에 타히티 섬 사람들이 아리이 리이ari'i ri'i("작은 족장")라고 부르는 신분도 있었으며 이들과 아리이 누이의 관계는 코니아크 나가족의 큰 앙과 작은 앙의 관계와 같다. 타히티 섬의 논리에서는 아리이 리이가 위대한 족장과 라아티라의 혼인에서 생긴 자식이라고 설명했다.

타히티 섬 사회에서 지주층이라는 중간 범주만 없어지면 지위 사회에서 계층 사회로 전환할 수 있었을 것이다. 이 장 뒤에 가서 살펴보겠지만 후기 하와이 사회의 족장들이 바로 이와 같은 과정을 통해 사회 계층을 만들어 냈다.

첫 단계로 접어든 서사모아 제도

고고학자들은 폴리네시아의 다른 섬에 비해 사모아 제도, 통가 제도, 피지 제도에 먼저 사람이 들어와 살기 시작했다고 믿는다. 사람들이 몇 척의 카누를 타고 태평양으로 멀리 나가기 전에, 이 섬들에서 일종의 폴리네시아의 조상 사회가 생겨났던 것이다. 이 조상 사회는 골드먼이 말한 전통적인 유형, 즉 신성한 생명력이 족장 권한의 주된 근거가 되는 유형과 유사했을 것이다.

사모아 제도의 섬 중 면적이 1,800제곱킬로미터 이상 되는 곳은 하나도 없었다. 큰 섬들은 두 그룹으로 나뉘어 하나는 서사모아 제도(우폴루 섬, 사바이 섬, 투투일라 섬)로, 다른 하나는 마누아 제도 또는 동사모아 제도(오푸 섬, 올로세가 섬, 타우 섬)로 불렸다. 초기 사모아 제도는 매년 토란을 세 차례나 수확할 정도로 풍요의 땅으로 여겨졌다. 또한 사모아 제도 사람들은 마와 고구마, 플랜틴, 돼지, 닭을 길렀으며 낚시에 능했다.

기원후 1200년 이전에 제도의 모든 섬에는 알리이[ali'i](타히티 섬의 아리이, 티코피아 섬의 아리키에 상응하는 사모아의 지도자)가 이끄는 전통적인 지위 사회가 있었던 것으로 보인다. 사모아 제도의 족장 가계는 다른 어느 신보다도 많은 마나를 가져다준 하늘 신 탕가로아의 후손임을 자임했다.

사모아 제도 사람들은 자신들의 지위 체계가 동사모아 제도에서 시작되었다고 믿었다. 사모아 제도의 족장은 '하늘' 신의 첫 번째 후손이며 다른 모든 알리이는 여기서 분리되어 나간 하위 가계였다. 따라서 논리적으로 볼 때 동사모아 제도의 투이 마누아, 말 그대로 "마누아의 주인"이 모든 족장 가운데 가장 뛰어나다는 결론이 나왔다. 투이 마누아의 근거지 촌락은 말하자면 동사모아 제도의 수도 격이었다. 이 수도 너머에 반[半]자치적인 여러 촌락이 있었으며 촌락마다 하급 족장, 권력을 공유하는 평의회(포노[fono]), 대변인/행정가(툴라팔레[tulafale])가 있었다. 한 촌락에는 300명 내지 500명이 살고 있었으며 이들 중 10퍼센트 내지 20퍼센트만이 상류층 가족이었다.

전통적인 사모아 제도 사회에서 알리이 간에 벌어지는 경쟁은 대부분 아오a'o, 즉 칭호 때문이었다. 이 경쟁을 보면 아바팁에서 신성한 이름을 둘러싸고 벌이던 싸움이 떠오른다. 이러한 경쟁은 아마도 성과 기반 사회의 경쟁적인 분위기에서 시작되어 이후 지위 사회에서 새로운 출구를 발견하게 되었을 것이다.

사모아 제도에 있는 15명 내지 20명의 신성 족장 가운데 가장 지위가 높은 투이 마누아를 잠깐 살펴보자. 백성은 그의 앞에서 엎드렸다. 그가 한 번 쳐다보기만 해도 나무에 달린 과일이 시들 수 있었다. 그의 육체, 가옥, 개인 소지품, 심지어는 그가 식사한 그릇에도 위험할 정도로 많은 마나가 들어 있었다. 그의 수행원에는 자문관과 대변인 외에도 시종, 잔을 올리는 사람, 나팔수, 전령, 이발사, 어릿광대가 있었다. 그는 '하늘' 신에게 제물을 바쳤으며 타울라taula, 즉 사제가 '하늘' 신을 모시는 신전을 돌보았다.

구전 역사에 따르면 약 800년 전 사모아 제도 사회에 엄청난 변화를 몰고 온 일이 일어났다. 카누를 탄 많은 전사가 통가 제도에서 800킬로미터 이상 항해하여 우폴루 섬, 사바이 섬, 투투일라 섬 등 서사모아 제도를 침입했다. 통가 제도 사람들은 네 세기에 걸쳐 이 섬들을 지배했다. 마침내 사모아 제도 사람들은 무력으로 이들을 몰아냈다.

통가 제도 침입자를 몰아내는 데 필요한 군사 기량을 키우는 과정에서 서사모아 제도는 골드먼이 말한 개방 사회로 바뀌었다. 전쟁 지도자가 보다 중요해졌으며 아오의 칭호가 일종의 전리품이 되었다. 우폴루 섬에서는 새로운 전쟁 정복 칭호인 타파이파가 생겼다. 서사모아 제도에서 이 칭호를 가진 사람은 동사모아 제도의 투이 마누아에 상응하는 지위를 누렸다.

골드먼에 따르면 마누아 제도는 통가 제도 사람들에게 한 번도 침입당한 적이 없었기 때문에 보다 평화적인 길을 걸었다. 족장 사이에 경쟁은 여전히 있었지만 신성한 생명력, 유창한 언변, 칭호의 축적 등 보다 전통적인 방식을 따랐다.

서사모아 제도의 사례는 신성한 권한을 기반으로 하는 지위 사회가 어떻게 군사력을 우위에 놓는 사회로 변해 가는지 한 가지 가능성을 보여 준다. 하급 족장은 토아(전투 기량)를 이용한 정복 활동으로 지위가 상승했으며 신성 족장이 지닌 마나는 영향력이 약해졌다. 사모아 제도는 전반적으로 자연환경이 풍요로웠기 때문에 자원을 둘러싸고 전투를 벌이는 일은 드물었으며 대체로 명망 높은 칭호를 축적하기 위한 목적으로 전투를 벌였다.

결국에 가서는 사모아 제도의 모든 섬을 자기 휘하에 정복하려는 족장이 생겼다. 18세기에 타마파잉가라는 이름의 귀족이 모든 섬을 정복했노라고 선언했지만 곧 암살당하고 말았다. 이후 말리에토아 바이이누포라는 이름의 족장이 섬 전체를 정복하는 데 성공했다. 하지만 그는 전통에 충실했고 자원보다는 사모아 제도의 중요한 칭호 네 가지를 손에 넣는 데 목표를 두었다. 이 장 뒤에 가서 보겠지만 그에 상응하는 하와이 족장의 경우에는 농지에 더 많은 관심을 가졌다.

통가인들의 침입으로 군사력 우위 사회가 되자 사모아 제도 사람들은 전설적인 전사로 변모했다. 미식축구 경기를 본 적 있는 사람이라면 이런 일이 결코 놀랍지 않을 것이다. 마누 투이아소소포(190센티미터 115킬로그램), 티애나 "주니어" 서(190센티미터 113킬로그램), 에드윈 물리탈로(190센티미터 154킬로그램), 크리스 푸아마투마아팔라(180센티미터 114킬로그램), 조 살라베아(190센티미터 131킬로그램)가 전투 카누의 노를 저어 오는 모습을 그려 보라. 그 뒤에는 체구가 조금 작은 사람들이 따르지만 그들 역시 위협적인 모시 타투푸와 트로이 폴라말루이다. 이제 살려면 필사적으로 도망쳐야 한다.*

통가 제도의 순환적 변동: 돌 기념비, 봉분, 전제 권력

바로 앞 내용에서 티코피아 섬과 사모아 제도가 통가 제도 전사들의 침입을 받았다는 것을 알았다. 사실 티코피아 섬, 사모아 제도, 푸투나 섬, 로투마 섬, 우베아 섬은 모두 한두 번쯤은 통가 제도 족장에게 공물을 바쳤다.(이 공물을 "보호금"이라고 부를 수도 있다.) 통가 제도의 여섯 개 주요 섬은 인구의 3분의 1 또는 4분의 1이 전사였던 것으로 추산된다. 통가 제도 전사들은 누구였을까? 또한 어떤 과정을 거쳐 그렇게 공격적인 팽창주의자가 되었을까?

100개가 넘는 섬이 있는 통가 제도는 사모아 제도-통가 제도-피지 제도로 연결되는 구역에 속했다. 통가 사회도 처음에는 틀림없

* 여기 열거된 프로 미식축구 선수는 대개 사모아 제도나 하와이 등 남태평양 섬에서 태어난 사람들이다.

이 골드먼이 말한 전통적인 유형으로 시작했다. 하지만 시간이 지나면서 계층화된 유형에 점점 더 가까워졌다. 유럽인이 처음 발견했을 당시 통가 제도의 족장은 콜롬비아의 구아카와 포파얀의 족장만큼 정치적 권한이 강했다. 다시 말하면 통가 사회는 왕국으로 발전하기 직전 단계에 이르렀다.

통가 제도에서 가장 큰 세 개의 섬은 통가타푸 섬, 바바우 섬, 에우아 섬이었다. 전성기 때 세 섬의 인구는 2만 5천 명에 육박했다. 그중에서도 가장 큰 통가타푸 섬은 길이가 40킬로미터이며 멋진 석호가 있었다. 통가 족장 사회 중심지 중에서 가장 큰 라파하가 바로 이곳 석호에 있었다.

통가타푸 섬에는 마와 토란, 고구마를 재배하는 농장이 있었으며 코코야자 나무와 플랜틴, 바나나, 빵나무가 자라는 숲도 있었다. 섬 사람들은 돼지와 닭을 키웠으며 토종 비둘기를 사냥했다. 물길의 출구에 물고기를 잡기 위한 둑도 만들었다.

우리 입장에서는 다행스럽게도 통가타푸 섬은 사회인류학과 고고학이 긴밀한 협조 아래 연구를 진행한 곳 가운데 하나였다. 통가 사회를 간략하게 살펴보는 과정에서 사회인류학자 에드워드 기퍼드와 고고학자 W. C. 맥컨의 연구뿐만 아니라 사회인류학자 어빙 골드먼과 고고학자 패트릭 커치의 개략적 설명도 참조했다.

커치에 따르면 3,000년 전보다 더 오래전에 통가타푸 섬에 사람이 들어와 살기 시작했다. 여러 세기 동안 석호 주변에 정착지가 들어서다가 인구가 늘어남에 따라 점차 내륙으로 들어갔다. 통가타푸 섬은 기념비적인 커다란 흙둑이 있는 것으로 유명한데 기원후 900년 또는 1000년까지도 통가 사회에서 그런 흙둑이 나타날 징후는 보이지 않았다.

고고학자들은 이 흙둑 중 일부는 랑기langi, 즉 고위 족장과 그들의 친족을 매장한 봉분의 초기 사례일 것이라고 추정했다. 랑기는 몇 가지 형태가 있으며, 산호 석회암으로 벽을 만든 뒤 그 안에 흙을 채워 넣었다. 그 밖에 파이토카, 즉 지위가 낮은 집단을 위한 공동 봉분도 있었다.(티코피아인은 통가 제도 사람들이 들어온 이후 이런 형태의 둔덕을 쌓기 시작했다.)

통가타푸 섬에 전해지는 구전 역사는 우리의 시선을 기원후 950년으로 향하게 한다. 이는 바로 랑기가 고고학 기록에 나타나기 시작한 때였다. 구전 전설에 따르면 10세기 이전까지 통가타푸 섬은 "벌레 통치자"라고 불리는 사람들이 이끌었다. 마침내 '하늘 신'이 인간 여자와 짝을 지음으로써 반신반인의 상류층이 태어나기 시작했다. '하늘 신'이 아끼는 아들 아호에이투가 최초의 투이 통가, 즉 "통가의 주인"에 지명되었다. 그의 이복형제들은 하급 족장의 지위로 밀려난 것에 화가 나서 아호에이투가 여전히 하늘에 있는 동안 그를 암살했다. 그는 땅에 떨어져 닿기 전에 부활했고 땅으로 내려와 마지막 "벌레 통치자"를 몰아내고 그 자리에 앉았다.

950년에서 1865년까지 투이 통가 직위에 올랐던 사람은 39명이며 이들 대다수는 장남에게 태어난 장남이었다. 최초의 투이 통가는 종교적 권한과 세속적 권한을 모두 지녔다. 구전 역사에서는 대부분 어느 투이 통가가 어느 랑기에 묻혀 있는지 상세하게 전해 주었다. 그런 정보를 아는 것은 모든 고고학자의 꿈이다.

통가 지도자의 삶은 그 자리가 얼마나 역동적이고 치열한 경쟁 속에 있었는지 생생한 사례를 통해서 보여 준다. 반신반인인 아호에이투에 관해서는 알려진 바가 거의 없다. 10대 투이 통가인 모모는 헤케타에 최고 중심 촌락을 세웠다.

모모의 계승자인 투이타투이는 헤케타에 보기 드문 기념비를 세웠다. 삼석탑이라고 불리는 이 기념비는 출입구처럼 생겼으며 거대한 돌 세 개로 이루어졌다. 곧추 서 있는 거석 두 개는 족장의 두 아들 라파와 탈라이하아페페를 의미했으며, 돌 한 개당 높이는 4.5미터 내지 5미터, 무게는 30톤 내지 40톤에 달했다. 이 두 개의 돌 위에 가로놓인 상인방*은 떼려야 뗄 수 없는 두 아들의 관계를 상징했으며 길이 6미터, 폭 1.5미터였다. 돌도끼로 돌을 깎아 내고 나가족이 썼던 것과 같은 썰매로 돌을 운반한 뒤 흙 경사로를 이용하여 돌을 똑바로 세웠다. 이 삼석탑이 서 있는 한 투이타투이의 아들들은 감히 싸우지 못했다고 한다.

12대 투이 통가는 최고 중심 촌락을 석호 가에 있는 라파하로 옮겼으며 그 후 여섯 세기 동안 계속 유지되었다. 15대 투이 통가가 기원후 1200년에서 1250년 사이에 서사모아 제도에 많은 전사를 보낸 족장이었을 것으로 추정된다. 하베아 1세(19대)와 하베아 2세(22대)는 암살당했다. 이 살인 음모를 꾸민 사람은 경쟁 관계에 있던 통가 족장이었지만 전하는 바에 따르면 피지 사회의 "청부 살인자"에게 암살을 지시했다고 한다. 통가 사람이 대족장의 몸에 손을 대는 것은 금기였기 때문이다. 1450년이 되면 이런 금기도 힘을 잃었는지 23대 투이 통가는 동포들에게 암살당했다. 아들 카우울루포누아 1세는 끝내 살인자들을 찾아내어 아버지의 원수를 갚았다.

---

* 건물 입구를 이루는 기둥 위에 수평으로 걸쳐 놓은 가로대.

1470년경 카우울루포누아 1세는 24대 투이 통가가 되었으며 장남 바카푸후를 계승자로 선포한 다음 통가 역사를 뒤바꾸어 놓은 중대한 결정을 내렸다. 차남 모웅가모투아를 위해 투이 하아 타칼라우아라는 칭호를 만든 것이다. 이로써 카우울루포누아 1세는 통치 권한을 신성 족장(투이 통가)과 세속 족장(투이 하아 타칼라우아)으로 나누었다.

두 명의 족장을 두는 것은 장차 있을지도 모르는 암살에 대비할 좋은 방법으로 보였다. 두 사람을 살해하는 것은 어렵기 때문이다. 하지만 시간이 지나면서 세속 족장 계열이 점차 적극성을 보이고 강력한 힘을 갖게 되었다. 반면 신성 족장은 골드먼의 견해로 볼 때 점점 나태하고 방종한 바람둥이로 타락해 갔다. 예를 들어 29대 투이 통가인 울루아키마타는 200명의 여자를 첩으로 두었고 자기 자신을 위해 라파하에서 가장 장관을 이루는 봉분을 만들었다.

여기서 지위 사회에 광범위하게 나타난 한 가지 과정을 볼 수 있다. 하위 가계가 상위 가계에서 분리되어 나와 오랜 기간의 노력 끝에 힘과 영향력 면에서 상위 가계를 능가하는 과정이다.

통가 족장 가계의 분할이 여기서 끝난 것은 아니었다. 1610년 이전의 어느 때에 7대 투이 하아 타칼라우아는 동생에게 투이 카노쿠폴루라는 칭호를 주고 족장의 일상적인 행정 업무를 맡겼다. 안타깝게도 투이 하아 타칼라우아 가계는 겨우 13대를 이어가다가 대가 끊겼다. 그리하여 신성한 투이 통가와 세속적인 투이 카노쿠폴루 가계만 남았다. 1865년 39대 마지막 투이 통가가 죽었다. 이로써 통가 제도는 19대 투이 카노쿠폴루 휘하에 들어갔고, 그는 즉시 국왕 조지 1세로 이름을 바꾸었다.

통가의 사회적 위계 체계

이제 통가 사회를 살펴보자. 골드먼은 이 사회를 계층화된 사회의 범주에 포함했는데, 상급 족장과 평민 간의 불평등이 매우 컸다는 점을 감안할 때 합리적인 판단이다. 족장은 평민과 완전히 다른 존재로 여겨졌기 때문에 신체 부위를 가리키는 용어도 달랐다. 족장 앞에서는 무릎을 꿇거나 순종의 자세를 취했다. 족장은 더러 매트 위에 가부좌를 틀고 앉아 평민이 복종의 표시로 족장의 발바닥을 만지도록 했다. 머리 장식을 하고 특별한 상징으로 문신을 새긴 족장도 많았다. 아프리카 벰바족 족장처럼 평민이 자신을 화나게 했을 때 팔다리를 자를 수 있는 권한을 지니기도 했다.

투이 통가가 지닌 마나는 매우 위험해서 통가 사람들은 그의 머리카락, 피, 노폐물을 묻는 흙 둔덕을 별도로 만들었다. 족장은 그만이 사용하는 특별한 목욕 웅덩이, 부채, 파리채를 갖고 있었다. 수확기에는 언제나 첫 과실을 공물로 받았고 물고기를 잡을 때도 맨 처음 잡은 것은 그가 가졌다. 돼지 등심, 머리 고기, 가슴, 우둔살만 족장의 식사용으로 쓰였으며 일상적으로 땅과 닿는 다른 부위는 쓰지 않았다.

상급 족장의 자식은 별도의 가옥에 하인을 두고 살았다. 족장의 딸은 햇빛에 노출되지 않도록 했으며 꽃으로 향기를 내고 쿠쿠이나무 열매 기름으로 몸을 문질러 주었고 과식하지 못하도록 했다. 젊은 딸은 족장이 혼인을 통해 동맹 관계를 맺는 데 매우 중요했기 때문에 애인을 두지 못하도록 밤이면 두 다리를 묶어 놓았다.

기퍼드는 통가 사람들이 세습 권력을 얼마만큼 숭배하는지 구체적으로 보여 주는 일화를 소개했다. 앞서 19대 투이 통가가 피지 사회의 청부 살인자로 추정되는 사람에게 암살당했다고 말했다. 실제로 투이 통가는 목욕하던 도중 몸이 반으로 잘려 죽었으며 상반신만 발견되었다. 이 때문에 그의 시신은 불완전한 상태였다. 루페라는 이름을 가진 하급 족장이 죽은 대족장의 상반신에 자기 하반신을 붙일 수 있도록 목숨을 내놓고 몸을 절반으로 자르겠다고 제안했다. 친족은 그의 말을 받아들였다.

상급 족장이 죽으면 그의 마타풀레matapule, 즉 칭호를 가진 의식 수행원이 장례를 책임졌다. 한 사람이 장례 일을 보는 동안 다른 이는 족장의 봉분에 쓸 돌을 캐서 끌고 오는 작업을 감독했다. 족장의 시신에 기름을 바르고 파리채로 계속 부채질을 해 주면서 며칠 동안 안치해 놓았다. 고대 이집트에서 파라오의 시신을 미라로 만들 때와 마찬가지로 족장의 뇌와 내장을 제거했다. 장의사는 통상적으로 장례 작업에 대한 대가로 야자나무 매트와 타파 천*을 선물로 받았다. 하지만 8대 투이 하아 타칼라우아의 무덤을 다시 열었을 때 그의 장의사가 족장과 함께 묻히는 영광을 누렸다는 것이 발견되었다.

족장의 장례식에서 맨 처음 열리는 잔치는 아주 호화롭게 치러야 하며 그 후 10일 내지 20일에 걸쳐 보다 규모가 작은 잔치가 열렸다. 잔치에서는 돼지고기를 사용했으며 의식용 음료로는 카바kava, 즉 향이 있는 후추 식물의 뿌리로 만든 음료를 마셨다. 평민은 애도의 의미로 머리카락을 태웠으며 상류층은 슬픈 노래를 불렀다. 밤새 횃불을 밝혔으며 채색한 돌로 족장의 봉분을 장식했다.

* 남태평양 제도에서 빵나무 등의 껍질로 만든 종이 같은 천.

이러한 설명을 들으면 통가 사회가 대단히 계층화된 것처럼 들리지만 사실 통가 사회는 아직 계급 내혼을 하는 두 개의 계층으로 철저하게 분리되지 않았다. 대신 통가 사회를 하나의 커다란 나무에 비유할 수 있으며 몸통인 고귀한 신분에서 큰 줄기와 가지, 잔가지가 뻗어 나간 형태라고 할 수 있다. 기퍼드의 표현을 빌리면 각 부계 혈통은 "혈통에 속한 족장이 핵을 이루는 가운데 지위가 낮은 친족이 그 주위에 무리 지어 있는 양상이며 이들 중 가장 지위가 낮고 멀리 떨어져 있는 사람이 평민이었다".

하지만 통가 족장은 별도의 계층에 속하는 것처럼 스스로를 지칭했다. 족장은 자신을 가리켜 중요한 주인이라는 뜻의 투이tui 또는 하급 족장인 에이키eiki라고 불렀으며 반면에 평민은 투아tua라고 불렸다. 또한 노예를 뜻하는 포풀라popula가 있었는데 그들은 대개 전쟁 포로였다. 또 호포아테hopoate는 "낯선 사람"이라는 뜻으로 대부분 난파선에서 살아남은 사람들이었다. 그 밖에 관료의 직위였을 것으로 보이는 몇 가지 용어가 있었다. 마타풀레는 칭호를 가진 수행원으로 타파 천을 입을 수 있었다. 타캉가takanga는 특권이 거의 없고 칭호를 갖지 않은 수행원이었다. 지방 총독과 집사도 있었는데 지역에서 일어나는 문제를 지속적으로 족장에게 알리는 역할을 했다. 에이키시이eikisi'i는 유명한 전사라는 뜻으로 고대 콜롬비아의 "전쟁 지휘에 의한 귀족"처럼 하급 족장의 특권이 부여되었다.

통가 사회의 권력 공유

이 책 앞에서 가장 강력한 권한을 지닌 족장조차도 자문관이나 고문과 권력을 공유했다는 것을 보았다. 투이 통가의 자문 역을 맡은 것은 "네 채의 집"이라고 알려진 팔레파falefa, 즉 네 명의 각료 집단이었다. 이들의 집은 족장 집 부근에 있었다. 이들은 투이 통가를 보좌하고 그의 결정에 영향력을 미쳤으며 투이 통가의 개인 텃밭에서 이루어지는 작업을 감독하고 그와 함께 카바를 마셨다. 더러 투이 통가가 암살당할 때 매수되기도 했다.

어느 형제자매 집단이든 여자가 남자보다 많은 마나를 갖고 있다는 전제를 바탕으로 또 다른 권력 분담이 이루어졌다. 따라서 투이 통가의 직위는 남자에게 돌아가지만 그의 여자 형제 중 투이 통가 페피네라고 알려진 여자의 지위가 더 높았다. 그녀는 통가 사회 전체에서 여왕 대접을 받았으며 그녀의 장녀인 타마하도 삼촌인 투이 통가보다 지위가 높았다. 기퍼드의 보고에 따르면 강력한 권력을 지닌 투이 통가가 가마를 타고 이동하고 백성의 팔다리를 자를 수 있을 만큼 대단한 권력을 지니기는 해도 타마하는 그의 머리 위에 발을 올려놓을 수 있었다.

높은 신분 내에서 남자 형제와 여자 형제 사이에 이처럼 불평등이 있었던 탓에 배우자를 선택할 때 논리적 모순이 생겼다. 즉, 투이 통가의 장남보다 투이 통가 페피네와 타마하의 장남이 더 높은 지위를 지니는 것이다. 패트릭 커치에 따르면 이와 같은 문제를 피하기 위해 투이 통가 페피네를 통가 사회 체계 밖에 있는 사모아나 피지의 족장과 혼인시켰다. 또 다른 전략은 가계상으로 신성한 투이 통가 가계와 분리된 투이 하아 타칼라우아 같은 세속 족장과 타마하를 결혼시키는 것이다.

이처럼 지위를 놓고 다투는 데 따라 몇 가지 결과가 나타났다. 커치에 따르면 하나는 통가, 피지, 사모아의 고귀한 가문이 장기간에 걸쳐 혼인 관계를 맺었다는 점이다. 그 결과 세 사회가 서로를 잘 알았고, 덕분에 앞서 언급한 통가의 침략 행위도 보다 쉽게 이루어질 수 있었다. 또 다른 결과는 근친상간의 금기가 느슨해진 점이다. 통가어에서 사촌은 "형제", "자매"로 불리지만 서로 혼인할 수 있었다.

통가 사회의 땅과 권력

통가 사회가 다른 섬을 침략했던 배경의 중심에는 사모아 족장과 통가 족장의 야망이 서로 달랐다는 중요한 차이가 있다. 앞서 보았듯이 사모아 제도의 알리이는 높은 칭호를 축적하고자 했고 통가 족장은 농토를 원했다.

사모아와 피지의 경우는 토지가 씨족이나 촌락의 공동 재산이었다. 반면 통가 사회는 모든 농토를 투이 통가가 장악했고 하급 족장에게 관리를 위임할 수 있었다. 평민은 상급 족장의 땅을 경작해도 좋다는 허락을 받을 수 있었지만 결국 족장은 원하는 것을 무엇이든 가져갈 수 있었다. 통가타푸 섬 한 곳만 해도 일곱 개 구역을 투이 통가의 땅으로 별도 지정해 놓았다.

대다수 족장은 가장 좋은 어장도 장악했다. 해안 지대에 사는 평민만 고기를 잡을 수 있었으며 내륙 지대에 사는 평민은 마나 토란, 과일을 주고 물고기와 교환해야 했다. 카친족이 제물로 올린 동물고기의 넓적다리를 족장에게 바쳤듯이 이들 역시 고기잡이를 할 때마다 맨 처음 잡은 물고기를 투이 통가에게 바쳤다.

밭과 어장을 통해 부를 창출할 수 있었기 때문에 이는 통가 족장이 서사모아 제도처럼 자원이 풍부한 지역을 침입하게 만드는 추가적인 동기가 되었다. 또한 족장이 자원을 독점했기 때문에 하급 귀족은 추종자를 거느릴 방도가 없었고 이 때문에 신성한 생명력을 기반으로 하는 전통적인 지위의 연속선이 약화되었다.

통가 사회에서 전쟁의 역할

지금까지 살펴본 많은 사회에서 그랬듯이 토아, 즉 군사적인 기량은 비非상류층 출신 전사에게 명망을 얻을 수 있는 길을 열어 주었다. 적의 목을 10개 이상 베어 오는 사람은 누구나 칭호를 가진 수행원이나 하급 족장의 지위까지 오를 수 있었다. 그 정도 지위에 오르면 상급 족장과 함께 카바를 마실 수 있었다.

통가 사회의 전쟁은 사모아에 비해 공식적인 틀을 갖추었다. 한 번에 200명에 달하는 전사를 동원하여 각기 마탕가matanga(중대)와 콩가카우kongakau(연대)로 편성했다. 전투 지휘관은 대개 중간 급의 족장이 맡았으며 그의 명령을 전달하는 보좌관(하급 족장이나 칭호를 가진 수행원)을 거느렸다. 족장은 가마에 타고 전투를 지켜보았으며 실제로 전투에 참가하는 경우는 거의 없었다.

정찰대의 뒤를 이어 연대가 북소리에 맞추어 적의 영토로 진격했다. 전투에 앞서 카바를 잔뜩 마시고 상대를 기죽이는 험담을 쏟아냈다. 공격자는 활과 화살, 창과 몽둥이를 지녔으며 방어자는 끝이 뾰족한 막대기가 가득 든 위장 덫을 만들었다. 가장 심한 군사적 모욕은 포로의 가슴 위에 앉아 코코야자 과즙을 마시는 것이었다.

통가 사회의 불평등 논리

이제 통가 사회의 논리에 들어 있는 몇 가지 전제를 정리해야 할 시점이 되었다. 이 전제의 많은 부분은 오래전 골드먼이 확인했던 것이고 우리는 여기에 몇 가지만 덧붙였을 뿐이다.

1. 신성 족장(투이 통가)은 '하늘 신'과 인간 여자의 후손이다.
2. 반신반인의 태생을 가진 덕분에 이들은 모든 경작지와 최고의 어장에서 나오는 생산물을 가질 자격이 있다.
3. 상위 가계는 거기서 갈라져 나온 하위 가계보다 지위가 높다.
4. 첫째 자식은 나중에 태어난 같은 성性의 형제자매보다 지위가 높다.
5. 형제자매 가운데 자매와 이들의 딸이 형제나 그들의 아들보다 지위가 높다.
6. 하지만 각 가족의 가장은 남자가 맡는다.
7. 마찬가지로 정치적 직위도 남자가 맡는다.
8. 한 가족에 속한 두 사람은 같은 지위를 가질 수 없다.
9. 통가어에서는 사촌을 형제자매로 분류하는데도 자식에게 높은 지위를 확보해 주기 위해 사촌 간의 결혼을 허용한다.
10. 족장의 자식이 최고 지위를 가질 수 있도록 족장보다 지위가 높은 여자 형제는 다른 족장 사회 성원과 혼인해야 한다.
11. 족장은 가능한 범위 내에서 가장 지위가 높은 여자를 첫째 부인으로 맞아들여야 한다.
12. 전제 11번을 충족하기 위해 족장은 다른 족장 사회에서 첫째 부인을 데려오거나 가까운 친족과 혼인하는(전제 9번) 경우가 있다.
13. 통가 족장은 대단히 높은 수준의 마나를 지니고 있기 때문에

통가 사람들은 감히 족장을 암살하지 못한다.

14. 하지만 다른 섬 출신의 암살자를 고용하여 통가 족장을 죽일 수 있다.

15. 신성 족장과 공존할 세속 족장의 가계를 새로 구성하여 권한을 나눌 경우 정치적 암살이 훨씬 힘들어진다.

16. 하지만 세속 족장은 찬탈의 위협을 제기한다.

17. 찬탈의 위험을 줄이기 위해 신성 족장은 세속 족장에게 할당되는 토지(다른 자원도 포함)를 제한해야 한다.

앞에서 언뜻 내비쳤듯이 통가 사회는 진정한 계층화 직전 단계까지 와 있었다. 이제 지위의 연속선에 선을 그어, 상류층에 해당하는 나무의 몸통과 평민에 해당하는 가지나 잔가지를 분리하기만 하면 되었다.

이제 진정한 사회 계층의 형성 과정으로 넘어가기 전에 통가 족장 사회의 중심지 라파하를 보다 상세하게 살펴볼 필요가 있다. 라파하의 건축물과 피라미드형 봉분에 관해서는 많은 사항이 알려져 있어서 고대 세계 다른 지역의 웅장한 족장 사회 중심지를 이해하는 데 기본 틀을 제공해 준다.

라파하의 고고학과 역사

12대 투이 통가가 세운 종교적 중심지이자 공공 중심지인 라파하는 통가타푸 섬의 석호를 따라 1,500미터 길이로 뻗어 있다. 처음에는

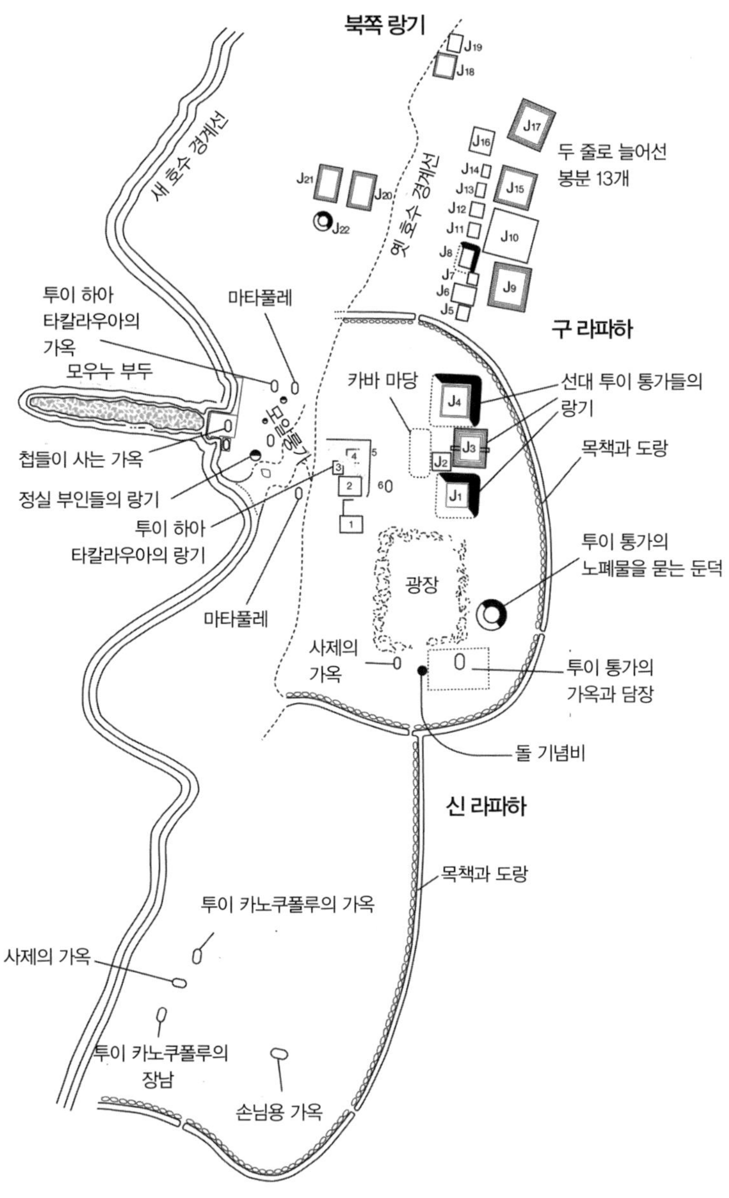

그림 48 | 통가의 공공 및 의식 중심지 라파하는 석호를 따라 1,500미터 길이로 뻗어 있었다.

길이 550미터의 타원형 구역으로만 이루어져 있었으며 한쪽 면은 석호에 접하고 다른 면은 깊이 3미터, 폭 6미터의 방어용 도랑으로 둘러싸여 있었다. 도랑을 만들 때 파낸 흙으로 주변에 높은 둑을 쌓았으며 나무 기둥으로 목책을 세워 장벽을 높게 둘렀다. '구舊 라파하'로 알려진 이 울타리 구역은 투이 통가 가계의 소유였다.

라파하의 확장 과정에는 세 가지 변화가 작용했다. 한 가지 변화는 자연적인 것으로, 호수 경계가 서쪽으로 물러났고 그에 따라 투이 하아 타칼라우아 가계가 이용할 수 있는 토지가 늘었다. 두 번째 변화는 인위적인 요인이 작용한 결과로 투이 카노쿠폴루 가계가 구성된 뒤 추가로 남쪽 땅이 신新 라파하에 편입되었다. 세 번째 변화는 랑기, 즉 상류층 봉분이 더 많이 만들어진 것과 관련이 있다.

그림 48은 W. C. 맥컨이 1929년에 그린 라파하 지도의 변형 판이다. 공중에서 보면 피라미드형 봉분, 광장, 돌 기념비, 상류층 가옥이 선형 배열로 보인다는 점에 주목하라. 라파하가 특별한 의미를 지니는 것은 제임스 쿡 선장이 1773년과 1777년에 방문한 이후로 그곳의 건물이나 거주자에 관한 여러 목격담이 남아 있기 때문이다.

우선 구 라파하를 살펴보자. 그 중심지에는 커다란 풀밭 광장이 90미터 길이로 펼쳐져 있었다. 이 광장의 남쪽으로 중요한 가옥 두 채가 있었다. 하나는 투이 통가의 가옥으로, 길이가 15미터이며 옆에 하인들이 사는 작은 가옥이 있었다. 족장 가옥은 다른 사람이 들어가지 못하도록 막아 놓은 갈대 울타리 안쪽에 위치해 있으며 울타리가 사람 머리보다 높아서 일반인이 밖에서 안을 들여다볼 수 없었다. 이 울타리 출입구에 돌 기념비가 서 있으며 그 밖에도 높이

90센티미터, 두께 30센티미터의 화산암 석비와 에우아 섬의 호우마 족장에게서 받은 선물이 있었다.

광장 부근에 있는 다른 두 지표도 언급할 필요가 있다. 투이 통가의 개인 담장에서 서쪽으로 30미터 떨어진 곳에 신성 족장 가족의 수호신 타우파이타히를 모시는 사제의 가옥이 있었다. 또한 족장의 가옥 담장에서 북쪽으로 조금 떨어진 곳에 투이 통가의 머리카락과 피, 노폐물을 의식에 따라 묻어 놓은 흙 둔덕이 있었다.

풀밭 광장 북쪽으로 몇 가지 건축물이 있었다. 맥컨의 지도에 랑기 J1~J4라고 나와 있는 네 채의 건축물은 선대 투이 통가가 묻힌 직사각형의 봉분이었다. 봉분들 서쪽 바로 옆에 투이 통가의 카바 광장이 있었다. 이 광장은 투이 통가가 자문관 및 부하 족장과 함께 카바를 마시는 곳이었다.

구전 역사에서는 구 라파하의 몇몇 봉분이 누구 것인지 알려 준다. 랑기 J4에는 33대 투이 통가인 투이 풀로투 1세의 유골이 있다고 한다. 전하는 바에 따르면 그는 얼굴을 아래로 한 채 묻혔으며 그의 남동생 토케모아나가 그의 등 뒤에 묻혔다. 투이 풀로투 1세의 여자 형제(그보다 지위가 높은 여자 형제)는 별도의 랑기에 홀로 묻혔다. 35대 투이 통가인 투이 풀로투 2세는 랑기 J1에 묻힌 것으로 전해진다.

구 라파하의 마지막 지표는 로아마누라고 불리는, 담장으로 둘러싸인 구역이며 석호의 옛 경계선 부근에 있었다. 이곳은 과거의 투이 하아 타칼라우아가 묻힌 곳으로 이들의 랑기는 투이 통가의 것보다 작았다. 투이 하아 타칼라우아는 석호의 옛 경계선의 서쪽에 거주했지만 구 라파하에 묻히기를 원했다.

다음으로 투이 하아 타칼라우아 가계를 위해 만들어 놓은 모알룽가를 살펴보자. 맥컨의 지도에서는 구 라파하 서쪽에 가옥과 봉분이 옹기종기 모여 있는 것처럼 보이며 호수 경계선이 물러나면서 드러난 땅 위에 세워져 있다. 가장 특색 있는 것 중 하나는 모우누라고 불리는 부두이며 석호 안으로 150미터 내지 180미터 길이로 뻗어 있다. 이 부두는 우베아 섬이 원산지인 돌 판으로 만들었다고 전해진다. 당시 통가인들은 랑기를 축조하기 위해 배로 몇 척이나 되는 분량의 돌 판을 라파하까지 800킬로미터나 실어 왔다.

투이 하아 타칼라우아의 가옥은 내륙으로 45미터 들어간 지점에 있었다. 그의 마타풀레, 즉 칭호를 가진 수행원 중 한 명이 부근에 살았다. 부두와 가까운 곳에 세속 족장의 많은 첩들이 사는 커다란 가옥이 있었다. 거기서 바로 남쪽으로 일종의 해변 별장 같은 가옥이 있으며 족장은 첩 중에 누구든 밀회를 즐기고 싶을 때 이곳으로 데려갈 수 있었다. 이 "공동 가옥" 옆에는 이웃 족장이 선물한 지름 3미터의 돌 기념비가 서 있었다. 남쪽으로 더 내려가면 투이 하아 타칼라우아의 귀족 부인들의 봉분이 있었다. 모알룽가의 남단 지표 역할을 하는 곳은 두 번째 마타풀레의 가옥이었다.

신 라파하라고 불리는 구역은 비록 구 라파하만큼 조밀하게 모여 있지는 않지만 나름의 지표를 갖고 있었다. 신 라파하에는 투이 카노쿠폴루의 가옥이 있었고 그로부터 남쪽으로 30미터 떨어진 곳에 그의 가족 수호신을 모시는 사제의 가옥이 있었다. 그 밖에도 투이 카노쿠폴루의 장남과 장녀의 가옥도 있었다. 하지만 신 라파하에서 가장 큰 구조물은 손님용 가옥이었다.

마지막으로 구 라파하의 북쪽에 최소한 18개의 랑기가 있었다.

평행선으로 배열된 13개를 포함하여 이 봉분들 중 15개는 석호의 옛 경계선 동쪽에 있었다.

북쪽 봉분에서 가장 큰 네 개 중 하나인 랑기 J9는 라파하에 최초로 만들어진 봉분으로 보인다. 전하는 바에 따르면 12대 투이 통가인 탈라타마가 세웠다고 한다. 그는 최초의 신성 족장이 되어 라파하에 최고 중심 촌락을 세웠다. 이는 라파하 최초의 랑기를 방어용 도랑 밖에 세웠음을 의미한다.

투이 통가의 신성한 풍경

이 책 전체를 통해서 우리는 고고학과 사회인류학이 협력할 때 보다 많은 기여를 한다고 주장해 왔다. 행동 방식 속에 있는 원칙이 첫째, 세계 여러 지역에서 둘째, 과거뿐만 아니라 현재에도 작용한다는 점을 보여 줄 때 이 원칙이 보다 명확하게 드러난다는 사실도 알게 되었다. 이를 실례로 보여 주기 위해 우선 기퍼드의 사회인류학과 맥컨의 고고학이 결합하여 라파하에 관해 무엇을 알아냈는지 살펴볼 것이다. 그다음에는 고대 세계 다른 지역의 유사한 족장 사회 중심지를 살펴볼 것이다.

우선 라파하는 거대했다. 북쪽에서 남쪽까지 거의 1.5킬로미터나 되었다. 그러면서도 결코 "도시"는 아니었다. 평민이나 공예 기술자의 도시 공방이 대거 몰려 있었다는 증거가 없기 때문이다. 라파하는 고고학자들이 말하는 이른바 "공공-의식 중심지"였던 것으로 보인다.

많은 공공-의식 중심지가 그렇듯이 라파하도 점점 커져 갔다. 구 라파하는 투이 통가 가계를 위한 것이었다. 몇 미터나 되는 봉분 수백 개가 차례차례 늘어나면서 북쪽으로 뻗어 갔다. 석호의 경계선이 서쪽으로 물러나면서 생긴 땅을 새로 만들어진 투이 하아 타칼라우아 가계에서 사용할 수 있게 되었다. 이후 투이 카노쿠폴루 가계에 땅을 배정한 뒤 남쪽으로 550미터 정도 늘어났다. 이러한 확장 과정을 볼 때 중요 족장 가계 세 개가 저마다 전용 공간을 고집했음을 알 수 있다.

골드먼이 폴리네시아 사회를 대상으로 구분한 가장 권력이 강한 사회에서는 족장이 군국주의 및 전문 기술을 마나와 결합했으며 통가 사회가 이 사회의 범주에 꼭 들어맞았다. 하지만 맥컨이 작성한 라파하 도면에서는 신성한 풍경의 인상이 풍겼다. 이후 왕국을 논의할 때 보게 될 군대 막사도 장인의 집중 현상도 보이지 않았다. 의식 광장과 봉분이 길게 배열되어 있었으며 가장 규모가 큰 봉분은 세속 족장이 아니라 신성 족장의 것이었다. 투이 통가만이 가옥 주변에 다른 사람이 들어오지 못하도록 담을 둘렀다. 텅 빈 공간을 둔 것은 틀림없이 고요하고 공원 같은 분위기를 조성하기 위한 목적이었을 것이다.

통가 족장이 곁에 가까이 두고 싶어 했던 사람 또는 대상은 아내, 첩, 하인, 마타풀레(칭호를 가진 수행원), 선물로 받은 돌 기념비, 수호신을 모시는 사제였다. 투이 통가의 팔레파 자문관이 사는 가옥과 족장의 수호신을 모신 신전은 맥컨의 지도에 보이지 않지만 기퍼드의 설명에는 나와 있다. 분명 지위가 낮은 가계의 가옥이나 파이토카(공동 봉분)는 라파하에 포함되지 않았다.

인류학과 역사학의 설명에서는 통가 족장의 세속적이고 군사적인 권력을 강조한다. 반면 라파하에 관한 고고학의 설명은 몇몇 특권층의 사생활과 방종한 삶을 위해 "의도적으로 조성한 환경", 의식을 진행하고 함께 모여 카바를 마시기 위한 장소, 우아한 피라미드형 봉분의 형태로 반신적 통치자를 기리는 기념물 등을 알려 준다.

라파하와 라벤타

3,000년 전에서 2,400년 전 멕시코 만의 열대 해안 지역은 몇몇 웅장한 지위 사회의 근거지였다. 그중 특히 화려한 몇몇 사회는 파팔로아판 강, 코아트사코알코스 강, 토날라 강 등 멕시코 베라크루스 주와 타바스코 주에 걸쳐 있는 세 강 유역에 퍼져 있었다.

타바스코 주의 서부 해안 지역은 토날라 강의 충적토가 쌓이면서 멕시코 만 쪽으로 계속 확장하고 있다. 해안에서 내륙으로 20킬로미터쯤 들어가면 해안 평야에 새롭게 쌓인 충적층으로 대부분 덮이고 오늘날 그 일부만 남아 있는 언덕에 라벤타 고고학 유적지가 있다. 라벤타는 한때 토날라 강으로 유입되는 수렁과 늪으로 둘러싸여 천혜의 지형지물로 보호받았다. 라벤타에서 내륙으로 들어가면 연간 강우량이 2,500밀리미터가 넘는 열대림이 있었다.

이전에 고고학자 로버트 하이저는 1만 8천 명이나 되는 사람이 라벤타 가까이에 살고 있었다고 추정하면서 이 정도면 라벤타를 주요 공공-의식 중심지로 볼 수 있다고 여겼다. 이들은 이모작을 했을 가능성이 크며 비가 내리기 시작하는 5월 직전에 주요 작물을 파종하고 건기인 2월 직전에 보조 작물을 심었을 것이다. 열대림을 베고 불태우고 경작하고 오랫동안 휴경지로 묵히는 과정에서 소규모

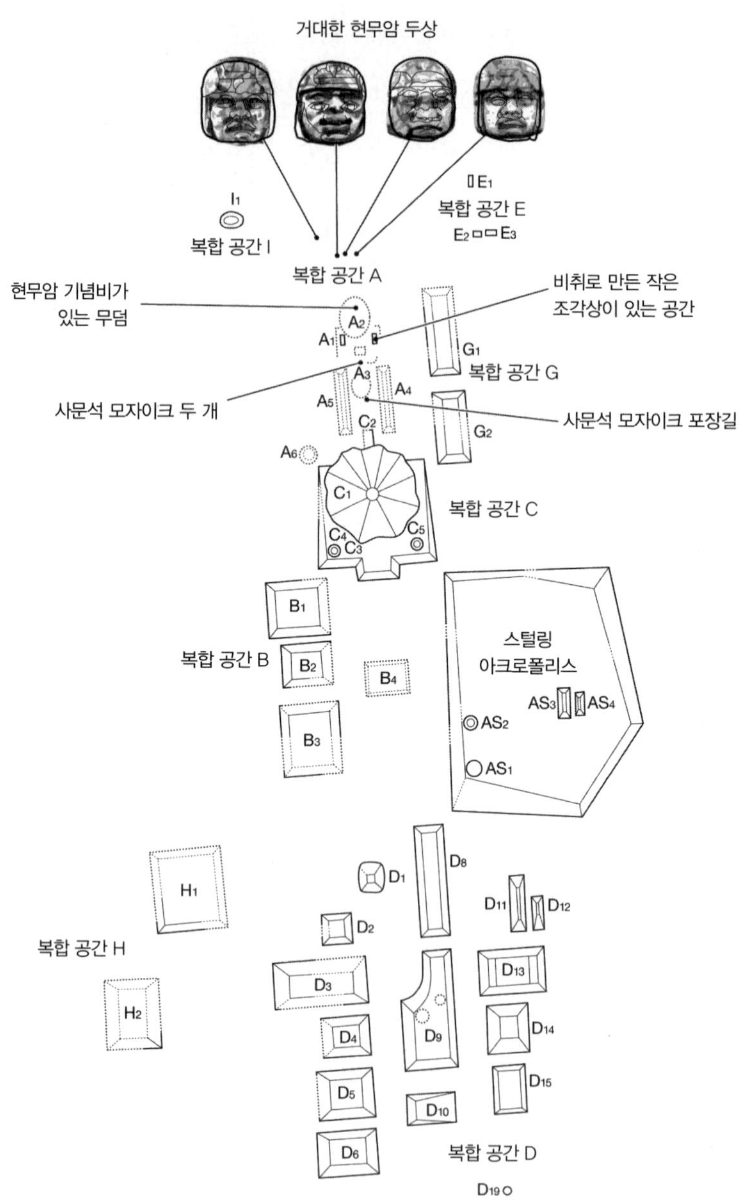

그림 49 | 멕시코에 있는 공공-의식 중심지 라벤타는 총 길이가 1,500미터 이상이었다. 복합 공간 A 하나만도 길이가 270미터에 달했다.

농경 촌락은 주기적으로 옮겨 다녔을 것이다. 이렇게 정착지를 옮기는 과정에서 라벤타가 하나의 고정점이 되었을 것이다.

라파하와 마찬가지로 라벤타도 피라미드형 둔덕과 윗면이 평평한 단, 돌 기념비, 족장 무덤이 길게 선형으로 배치된 형태를 띠었다. 또한 라파하처럼 라벤타 역시 점진적으로 규모가 조금씩 커졌다. 복합 공간 A(구 라파하에 상응하는 곳)는 길이가 겨우 275미터밖에 되지 않았으며 정북 방향에서 서쪽으로 8도 벗어나 있었다. 면적이 2만 제곱미터가량 되는 이 복합 공간은 3,000년 전에서 2,600년 전 사이에 단계별로 건설되었다. 남쪽으로 바로 옆에 복합 공간 C라고 불리는 흙 피라미드가 있었다. 이 지점에서 남쪽으로 내려간 곳에 있는 라벤타의 여러 둔덕과 광장은 아직 완벽하게 연구되지 않았으며 몇몇은 너무 최근 시기의 것이라 여기서 논하기에는 부적절하다. 다만 선형으로 배치된 라벤타의 공공 건축물이 결국에는 전성기의 라파하처럼 1,500미터 길이까지 뻗어 나갔다는 점만 언급해 두기로 한다.

적어도 4세대에 걸친 고고학자들이 라벤타에서 연구 작업을 펼쳤다. 그중에는 1920년대에 프란스 블롬과 올리버 라 파지, 1940년대에 매슈 스털링, 1950년대에 필립 드러커와 로버트 하이저, 로버트 스퀴어, 그리고 21세기에 레베카 곤살레스 라우크가 있었다.

그림 49에 복합 공간 A의 배치도가 나와 있다. 남쪽에서 시작해 보자. 그곳에는 야트막하고 기다란 흙 둔덕 A4와 A5 사이로 길쭉한 광장이 있다. 이 광장의 북쪽 절반에 둔덕 A3가 자리하고 있다. A3의 남쪽 바로 아래에 단단한 변성암인 수입 사문석으로 커다란 모자이크 포장길을 깔아 놓았다.

북쪽에 두 번째 광장이 있으며 돌담으로 경계선을 만들어 놓았다. 돌담은 기둥 모양의 현무암으로 되어 있는데, 이 현무암은 자연적으로 기둥 모양이 된 돌이었다. 두 번째 광장에는 흙으로 만든 다섯 개의 단이 있었으며 차례대로 A1-c부터 A1-g까지 번호가 매겨져 있다.

고고학자들은 두 번째 광장 남단에 있는 흙 단 A1-d와 A1-e 아래에 사문석 바위 덩어리로 거의 똑같이 만든 모자이크 두 개가 묻힌 것을 발견했다. 각기 '땅'을 의인화한 거대한 가면을 닮았으며 세계의 기본 방위 네 가지를 상징하는 요소가 덧붙여져 있었다. 같은 광장 북단에는 사문석 덩어리로 만든 또 다른 거대한 공물이 묻혀 있었다.

드러커와 스퀴어, 하이저는 흙 단 A1-f 아래에 작은 돌 조각상 열여섯 개(그중 열다섯 개는 비취로 만들어졌다.)와 혀를 누르는 기구처럼 생긴 비취 날 여섯 개가 의식 현장에 배열된 형태로 묻힌 것을 발견했다. 작은 조각상은 두개골이 의도적으로 변형된 남자를 묘사한 것처럼 보이는데, 두개골을 변형하는 것은 지위를 나타내는 표시였을 것이다. 유일한 사암 조각상은 여러 개의 비취 날 가운데 하나에 등을 기댄 채 서 있었으며, 비취 날은 그것이 발견된 광장의 현무암 돌담 기둥을 상징했을 것이다. 이 장면은 비취 조각상 열한 개가 지켜보는 가운데 비취 조각상 네 개가 사암 조각상 옆을 지나 줄지어 행진하는 것 같은 모습이었다. 어쩌면 실제 행사를 기념하는 장면일지도 모르지만 그 의미를 둘러싸고 의견이 분분하다. 한 줄로 걷고 있는 네 명의 남자는 비전을 전수받은 운 좋은 신참자일까, 제물이 될 운명의 포로일까?

방금 전 설명한 광장의 북쪽 바로 위에 둔덕 A2가 솟아 있었다. 이는 흙으로 만든 피라미드로, 라파하에 있던 랑기와 비슷하게 생겼다. 실제로 이 둔덕에는 족장 무덤이 있었다. 무덤 A는 현무암 기둥으로 벽과 지붕을 만들었으며 마치 커다란 링컨 로그스*로 만든 상자처럼 생겼다. 이 무덤의 주인은 조각을 새긴 사암 석관 안에 모셔져 있었을 것이다. 하지만 고고학자로서는 실망스럽게도 어느 시점엔가 무덤을 열어 유골을 다른 곳으로 옮겼다. 바닥에는 젊은 사람 두 명의 유골이 그대로 놓여 있는데, 그전에 다른 곳에 매장했다가 파내어 이 무덤으로 옮겨 놓았을 것이다. 무덤에는 이 유골들 외에도 가부좌를 틀고 철광석 거울을 든 비취 조각상을 비롯한 총 네 개의 비취 조각상, 가오리 뼈 모양으로 조각한 비취 사혈 도구 한 개, 진짜 가오리 뼈 몇 개, 조개껍질 모양으로 만든 비취 펜던트 한 개, 철광석 거울 한 개, 수많은 작은 비취 방울이 함께 발견되었다. 석관에도 비취 귀 장신구 두 개, 재규어 이빨 모양의 비취 펜던트 두 개, 비취로 만든 송곳 또는 사혈 도구 한 개, 작은 비취 조각상을 비롯한 또 다른 사치품이 추가로 들어 있었다. 이 무덤의 원래 주인이 누구였든 분명 투이 통가만큼 신성한 생명력으로 가득한 사람이었을 것이다.

통가 족장처럼 라벤타의 족장도 돌 기념비를 세우는 것을 좋아했다. 여기에 사용된 돌은 대부분 타바스코 해안 평야에는 나지 않는 외국산이었다. 그 가운데 특히 주목할 만한 것은 서쪽으로 80킬로미터 떨어진 툭스틀라 산맥에서 나는 현무암 기둥과 덩어리였다.

---

* 조립식 통나무집을 만드는 장난감 브랜드.

고고학자들은 당시 사람들이 20톤 내지 25톤이 나가는 현무암 기념비를 해안까지 끌고 온 뒤 뗏목을 이용하여 토날라 강까지 운반했을 것이라고 추정한다. 라파하의 몇몇 랑기에 사용된 돌을 운반하기 위해 800킬로미터나 되는 뱃길을 이용한 사례가 있긴 하지만, 이 정도 거리도 엄청난 것이다.

라벤타의 현무암 기념비 가운데 가장 많이 언급되는 것이 바로 둔덕 A2에서 북쪽으로 45미터 떨어진 곳에서 발견된 네 개의 두상이다. 2.5미터 높이로 서 있는 이 삼차원 기념비에는 넓적한 코와 두툼한 입술을 가진 투구 쓴 남자의 얼굴이 새겨져 있다. 거대한 두상을 의뢰한 사람은 당연히 라벤타의 족장일 테지만 라파하에 있던 인상적인 돌 기념비 중 몇몇은 이웃 족장이나 하급 족장이 투이 통가에게 선물로 준 것이라는 점도 염두에 두어야 한다.

외지에서 라벤타로 들여온 다른 돌 중에는 서쪽으로 56킬로미터 떨어진 곳에서 구할 수 있는 석회질 이회암 판석, 그리고 서쪽으로 멀리 수백 킬로미터 떨어진 푸에블라와 오악사카 밸리에서 나는 사문석도 있었다. 분명 라벤타의 족장은 신성한 권한을 물려받았고 또 자신이 반신적인 조상을 두었다고 주장했겠지만, 그럼에도 엄청난 양의 외국산 돌을 구해 오는 능력은 의심의 여지없이 더 많은 명성을 얻을 수 있는 방법이었다.

곤살레스 라우크는 둔덕 A2에서 북동쪽으로 약 180미터 떨어진 곳에 여러 건물이 군집해 있는 복합 공간 E가 특성상 거주 구역이었을 것이라고 추정한다. 이 정도 거리로 미루어 볼 때 라벤타에 거주하는 족장 가족도 라파하에 살던 족장 가족처럼 사생활을 확보할 수 있을 만큼 의식용 건물에서 멀찌감치 떨어져 살았을 것이다.

우리는 라벤타도 통가의 경우와 마찬가지로 신성 족장 가계와 세속 족장 가계가 각기 별도의 가옥을 갖고 있었는지 궁금했다. 토날라 강과 코아트사코알코스 강 유역에서 추가로 발견된 돌 기념비는 두 족장 가계가 분리되어 있었을 것이라는 암시를 준다. 어떤 기념비는 신성한 권한의 상징을 지닌 채 가부좌를 틀고 앉은 족장을 묘사한 것처럼 보이고, 다른 기념비는 전투용 투구나 갑옷, 전투 몽둥이 같은 것을 지닌 족장을 묘사한 것처럼 보인다. 그런가 하면 사제 같은 평온한 모습을 한 사람이 보이지 않는 청중을 향해 아기를 내미는 모습을 담은 기념비도 있었다. 이러한 기념비가 최고 지위를 갖는 특정 가계의 다양한 역할을 묘사한 것일 수도 있지만, 다른 한편 가장 권력이 강력한 지위 사회에서 보았던 것처럼 신성한 권한과 세속적 권한이 분리된 상황을 반영한 것일 수도 있다.

라파하와 마찬가지로 라벤타도 인위적으로 신성한 풍경을 조성했다. 또한 라파하가 그랬듯이 이곳 역시 규모는 제법 있어도 "도시"는 아니었다. 기존 족장 가계 외에 새로운 족장 가계가 생기면서 점진적으로 규모가 커진 공공-의식 중심지였다. 다만 한 가지 라파하와 다른 점이 있다면 라벤타의 설계자들은 전체 건물이 일관되게 천문학상의 배열 상태를 유지하도록 심혈을 기울였다는 점이다. 통가의 경우에는 이를 덜 중요시했다.

두 족장 사회 모두 광장, 둔덕, 돌 기념비, 상류층 무덤이 선형 배열을 유지하도록 만들었으며 수 톤의 돌을 외부에서 들여왔다. 라파하의 경우는 거대한 랑기의 표면에 쌓기 위한 용도였고 라벤타의 경우는 거대한 모자이크 보도와 돌담을 세우기 위한 용도였다. 비록 11대 투이 통가가 세운 삼석탑만큼 큰 기념비는 없지만 그래도 라벤타에 세운 삼차원 돌 기념비의 수가 더 많았다. 마지막으로 한 가지 아쉬움을 덧붙이면서 끝맺고자 한다. 통가 사회에 관해서는 기퍼드가 자료를 남겨 주었지만, 라벤타 사회와 관련해서는 인류학과 역사학의 자료가 거의 없어서 안타깝기 그지없다.

하와이: 지위 사회에서 계층 사회로

하와이 섬은 폴리네시아 제도 중에서 가장 외딴 지역에 위치해 있지만 가장 큰 섬 중 하나이다. 고고학자들은 기원후 300년 또는 500년 이전까지 이곳에 사람이 들어와 살지 않았을 것이라고 추정한다. 오아후 섬, 카우아이 섬, 몰로카이 섬, "빅 아일랜드"(하와이 섬)에 가장 먼저 사람들이 들어오기 시작했다. 이들이 3,700킬로미터나 떨어진 마르키즈 제도에서 왔다고 추정할 만한 근거가 몇 가지 있다.

고고학자 패트릭 커치에 따르면 하와이 제도에 최초로 정착한 사람들은 이미 지위의 격차가 존재하던 사회에서 왔다. 예를 들어 오아후 섬에 들어온 사람들은 아홉 살 여자아이를 사치품처럼 보이는 물품과 함께 묻었다. 또한 이 여자아이의 무덤에는 염색한 타파 천에서 나왔을 것으로 보이는 붉은 얼룩이 있었다. 타파 천은 고귀한 태생이나 칭호를 가진 수행원만 입을 수 있었다.

하와이 제도에 최초로 들어온 사람들 앞에는 비옥한 열대 천국이 펼쳐졌다. 그들은 마, 고구마, 토란, 빵나무, 야자 나무, 돼지 등을 기를 수 있었다. 하와이 제도 사람들은 최대한 많은 자원을 이용할 수 있도록 아후푸아ahupua'a라는 자원 구역을 설정했으며 이 구역은 피자 조각 모양이었다. 피자의 크러스트에 해당하는 폭이 가장 넓은 부분은 바다에서 시작되며, 해안 평야를 지나 산기슭, 산악 지역 등 내륙 지역으로 들어갈수록 조각의 폭이 좁아졌다. 따라서 각 아후푸아는 이 지역에서 이용할 수 있는 모든 형태의 토지를 포괄하며, 친족을 기반으로 하는 공동 토지 소유 집단 단위로 각각의 아후푸아를 이용했다. 각각의 조각은 알리이(티코피아 섬의 아리키, 타히티 섬의 아리이에 해당하는 하와이 제도의 족장)라고 불리는 세습 족장이 다스렸으며 기본적으로 가계에서 지위가 가장 높은 남자가 맡았다.

가장 큰 다섯 개 섬(하와이, 마우이, 몰로카이, 오아후, 카우아이)에는 제각기 여러 개의 지위 사회가 있었다. 카훌라웨, 라나이, 니하우처럼 보다 규모가 작은 섬에는 두 명 이상의 족장이 존재할 수 없었으며 더러는 큰 섬의 관리를 받기도 했다. 하와이 섬의 경우는 다섯 개 내지 일곱 개 구역(북부 코나와 남부 코나, 북부 코할라와 남부 코할라, 힐로, 카우, 푸나)으로 나뉘어 있으며 각 구역마다 족장이 있었다. 이 가운데 코나와 코할라를 다스리는 족장의 권력이 가장 강했다.

기원후 1100년에서 1400년 사이 하와이 제도의 족장 사회는 카친족, 코니아크 나가족, 사모아 제도, 통가 제도처럼 역동적인 순환적 변동을 보였다. 가장 극심한 변동을 보였던 것은 하위 족장 가계와 상위 족장 가계의 관계였다. 하위 족장 가계의 수장은 미약한 신성 권력을 가졌지만 그럼에도 휘하에 지지 세력을 모음으로써 무력으로 상급 족장을 몰아낼 수 있었다. 몇몇 찬탈자는 이복형제를 살해하거나 제물로 바치기도 했다. 통가의 삼석탑을 세운 족장은 바로 이런 형제 살해를 막고자 했던 것이다.

선사 시대 후기로 오면서 두 가지 핵심적 변화가 일어났다. 첫째 하와이 제도의 족장들이 여자 형제나 이복 여자 형제와 결혼하기 시작한 것이다. 이 여자들은 높은 수준의 마나를 지니고 있어서 이들에게서 태어난 자손은 높은 지위를 가질 수 있었다. 하와이 사람들은 자신들의 우주론을 수정하여 족장의 조상이었던 신들 역시 남매끼리 혼인을 했다고 선언함으로써 족장이 여자 형제와 혼인하는 것을 정당화했다.

두 번째 변화에서는 진정한 사회 계층이 형성되었다. 초기 하와이 사회는 통가와 마찬가지로 상급 족장, 하급 족장, 지주층, 땅 없는 평민 등으로 서열이 이어지는 지위의 연속선을 형성했다. 그런데 하와이 족장들은 작물이 자라는 모든 토지가 주요 족장의 재산이라고 선언함으로써 지주층을 없앴다. 그 결과 세습 귀족인 알리이와 평민인 마카아이나나maka'ainana라는 두 계층만 사실상 남게 되었고 이전에 지주층이 가교 역할을 하던 중간 지대가 공백으로 남아 격차가 벌어졌다. 이 시점부터 하와이 족장들은 작물이 자라는 토지를 이용하여 동맹 세력에게는 보상을 안겨 주고 경쟁 세력은 토지를 이용하지 못하도록 했다.

하와이 사회에서 토지 없는 평민층의 형성 과정을 보면, 가장 심한 불평등은 위에 있는 사람에게 새로운 특권을 부여함으로써 생기는 것이 아니라 아래 사람이 가지고 있던 특권을 박탈함으로써 생긴다는 생각이 들게 된다.

1450년 이후부터는 하와이 사회에 관한 세세한 사실이 풍부하게 알려지기 시작했다. 우선 새뮤얼 카마카우, 캐슬린 멜런, 허버트 고웬 등과 같은 작가들이 하와이 사람들의 구전 역사를 채록하여 편찬한 자료가 있다. 다른 하나는 패트릭 커치 같은 고고학자들의 연구 자료이다. 게다가 우리는 마샬 살린스, 발레리오 발레리, 어빙 골드먼 같은 사회인류학자들 덕분에 하와이 사회를 이해할 수 있는 이론적인 틀도 갖추었다. 이 장과 다음 장에서는 이 모든 작가에게 의지할 것이다.

선사 시대 후기로 오면 하와이 사회는 평민이 인간 가계 시조의 후손에 지나지 않는 반면 알리이의 족보는 '하늘 신'과 '땅 여신'까지 거슬러 올라간다는 것을 근거로 내세워 계층화를 정당화했다. 하지만 골드먼은 알리이가 단일 계급으로 간주되지 않았다는 점을 강조한다. 유럽 귀족과 마찬가지로 알리이 내부에도 거의 12개에 달하는 단계적 차이가 있으며 이러한 차이가 그들의 어휘에 반영되어 있었다. 지위가 가장 높은 알리이 남매가 혼인하여 낳은 자손은 니아우피오niaupio라고 불렸으며 반신적인 존재로 간주되었다. 백성들은 이들은 말할 것도 없고 심지어는 진열된 그들의 사치품 앞에서도 몸을 엎드려야 했다. 어느 누구도 상급 족장의 옷을 만지거나 그의 소지품에 그림자를 드리워서는 안 되었다. 그럴 경우 죽음의 형벌이 기다렸다. 우리는 영국 여왕 앞에서 절을 올리는 것을 순종의 행위로 간주하지만 니아우피오가 요구하는 행위에 비하면 아무것도 아니다.

니아우피오의 자손은 피오pio라고 불렸다. 또한 니아우피오 또는 피오 남자와 하위 족장 가계 출신의 여자 사이에서 태어난 자식은 워히wohi, 니아우피오 또는 피오 여자와 하위 족장 가계 출신의 남자 사이에서 태어난 자식은 파파papa라고 불렸다. 여기서부터 칭호 속에 담긴 명망이 점차 작아지기 시작하여 맨 마지막 단계에 알리이와 마카아이나나 사이에서 태어난 후손이 있었다.(예를 들면 족장과 평민 출신 첩 사이에 태어난 자식이 이에 해당했다.) 이들은 비록 귀족 신분은 아니지만 일반 평민보다는 예우를 받았다.

커치의 말을 달리 설명하면 하와이 사회는 땅에서 일하고 땅의 세습 주인에게 공물을 바치는 평민, 즉 영원한 하층 위에, 갖가지 칭호를 가진 알리이가 다층적인 피라미드 구조를 이루면서 군림하는 형태였다. 대족장에게 바치는 공물로는 돼지, 개, 닭, 타파 천, 진주, 상아, 열대 조류의 깃털이 있었다. 수확 의식에 때를 맞추어 공물을 바쳤기 때문에 종교 의식의 맥락 속에서 조공이 이루어졌고 그 결과 보다 매끄럽게 일이 진행되었다.

알리이아이모쿠ali'i-ai-moku, 즉 하와이 제도의 대족장 밑에는 알리이아이아후푸아ali'i-ai-ahupua'a, 산악 지역에서 바다까지 뻗어 있는 피자 조각 모양의 땅을 다스리는 부副족장이 있었다. 또 그 아래에는 코노히키konohiki라고 불리는 하급 귀족이 있었으며 이들은 자기 손으로 밭을 가꾸고 고기를 잡았다. 이 관리들이 최소 세 단계로 된 하와이의 행정 위계 체계를 구성했으며, 이는 가장 강력한 족장 사회의 전형적인 형태로 알려져 있다.

하와이의 종교와 정치

원사 시대* 하와이의 심화된 불평등은 종교의 역할에도 영향을 미쳤다. 초기 하와이 사회는 티코피아 사회가 그랬듯이 남자 숙소와 사당, 신전이 뒤섞여 있는 이행기적인 양상을 보였다. 통가와 마찬가지로 사제는 전통적으로 의식 전문 기술을 가진 가문에서 나왔다. 하지만 경쟁이 심화되고 찬탈이 빈번해지면서 사제가 통치자의 족보에 정당성을 부여해야 할 필요성이 커졌다. 대족장들 가운데 최초로 세습 권한을 둘로 나누어 장남에게는 땅을 지배하는 권한을 물려주고, 차남에게는 종교적 권한을 물려준 사람은 릴로아였던 것으로 추정된다.

15세기와 16세기 무렵 하와이 사람들은 헤이아우스heiaus라고 불리는 신전을 세우기 시작했다. 돌을 쌓아 만든 기단 위에 세운 신전이었다. 초기 헤이아우스는 대체로 풍요로운 농사를 기원하기 위한 것이었지만 커치의 설명에 따르면 적어도 한 곳은 루아키니luakini, 즉 전쟁 신전으로 재건축되어 인간 제물을 바치는 신전으로 이용되었다. 이 신전에서 일하는 사제는 두 개의 사회 계층 모두에서 나왔다. 하급 사제는 여전히 평민이지만 고위 사제인 카후나누이kahunanui, 즉 "빅 카후나"는 귀족층에서 나왔다.**

솔직히 독자들은 평생 "빅 카후나"라는 표현을 들으면서도 그 뜻은 이제야 처음 알았을 것이다.

하와이의 전쟁과 정치

통가에서 그랬듯이 하와이에서도 무력 충돌은 정치 권력 찬탈과 영토 확장의 두 가지 목적으로 이용되었다. 토아의 역할이 매우 컸기 때문에 콜롬비아 카우카 밸리에서 그랬듯이 하와이에서도 "전

* 선사 시대와 역사 시대 사이의 중간 시대. 주로 고고학에서 연구하며 문헌 자료가 단편으로 남아 있는 시기이다.

** 어떤 조직의 맨 위에 있는 지도자나 사장을 일컫는 관용어.

쟁 지휘에 의한 귀족"이 생겨났다. 대족장이 명목상으로 총사령관을 맡았다. 그는 자신을 상징적으로 "머리"라고 칭했으며, 그 아래 부副족장은 그의 "어깨와 가슴", 사제는 그의 "오른손", 대변인이나 대행은 "왼손", 전사는 그의 "오른발", 그가 통치하는 사회에서 밭일을 하는 농부는 그의 "왼발"로 불렸다. 명성을 날린 전사는 땅을 하사받았으며 자기보다 지위가 높은 여자와 혼인할 수 있었다.

호나우나우: 코나의 라파하

1475년 빅 아일랜드의 코나 지구를 다스리던 대족장이 길이 220미터, 폭 120미터의 공공-의식 부지를 조성했다. 공공-의식 부지 호나우나우의 북쪽과 서쪽은 바다로 막혀 있었고 동쪽과 남쪽은 높이 3.5미터, 길이 300미터의 벽으로 둘러싸여 있었다. 통가의 라파하처럼 호나우나우 역시 차츰차츰 규모가 커졌으며 몇 채의 신전이 들어섰다. 그 가운데 하나인 할레오케아웨 신전은 통가의 봉분과 유사하게 이전 코나 족장의 시신을 모시는 장소로 쓰였다. 이보다 큰 신전은 알레알레아라고 불렸는데 처음 건립된 후 여섯 차례나 개조 공사를 했다.

호나우나우와 라파하의 커다란 차이 중 하나는 코나 족장의 경우 공공-의식 중심지에서 지속적으로 살지 않았다는 점이다. 커치가 밝혀낸 바에 따르면 하와이 족장들은 일 년 동안 자기 영토 내의 이곳저곳을 돌아다니며 생활했다. 이는 백성이 공물과 강제 노역의 부담을 골고루 나누어 지도록 하기 위한 것이었다. 족장을 떠받드는 데 많은 비용이 들었다는 것을 이를 통해 알 수 있으며, 아마 정복 활동을 벌여 지속적으로 추종 세력을 늘려야 했던 것도 이 때문이었을 것이다.

하와이 사회의 불평등

골드먼이 지적했듯이 하와이 제도의 빅 아일랜드에 들어선 사회는 18세기 무렵 족장 사회에서 왕국으로 이행하기 위한 제반 조건을 갖추었다. 모든 경작지를 족장 가계의 재산으로 선포함으로써 지주층을 없앤 결과 지위의 연속선이 사실상 두 계층으로 분리되었다. 이로써 알리이아이모쿠는 족보상의 자격에 대해서가 아니라 정치적 군사적 충성에 대한 보상으로 땅을 이용할 수 있었다. 벰바족 족장과 마찬가지로 하와이 대족장들도 잠재적으로 권력 찬탈자가 될 가능성이 있는 알리이를 건너뛰어 충성스러운 평민을 중요한 자리에 앉히기도 했다. 그 결과 족장의 친족이 아닌 관료 집단이 생겨났다. 이런 관리에게는 압력을 가하기가 쉽지 않았고 뇌물도 잘 통하지 않았다.

하와이 족장들은 출생 지역을 벗어나서 주기적으로 옮겨 다니면서 살았고 이는 알리이아이모쿠를 떠받드는 데 따르는 부담을 골고루 분산하기 위한 목적이었다. 백성이 공물과 부역에 대해 불평한다는 사실을 지역 관리에게서 전해 듣게 되면 족장은 다른 알리이의 수중에 있는 땅과 노동력을 빼앗고 싶은 동기가 생겼다.

이처럼 야심 많은 족장은 족장 사회의 규모를 키우는 데만 몰두했다. 하지만 다음 장에서 보게 되듯이 유난히 공격적인 지도자가 연이어 등장한 결과 마침내 하와이는 군주제 사회로 바뀌었다.

4부

왕국과 제국의 불평등

왕국은 어떻게 탄생하는가

이제 하와이를 영구적으로 바꾸어 놓은 과정이 여러 세대에 걸쳐 어떻게 진행되었는지 보게 될 것이다. 적어도 800년 전에서 700년 전부터 빅 아일랜드의 몇몇 족장은 영토를 확장해 다른 섬까지 손에 넣고자 애쓰기 시작했다. 초창기에는 이런 시도가 별 성공을 거두지 못했다. 하지만 그 뒤에도 족장들은 계속해서 시도했다.

예를 들어 기원후 1270년 무렵 칼라누이후아라는 이름의 빅 아일랜드 족장이 마우이 섬과 몰로카이 섬을 정복하고 오아후 섬을 침공했다. 그는 카우아이 섬까지 무리하게 공격을 감행한 나머지 포로로 잡히고 말았다.

제도의 다른 지역까지 세력을 확장하기 전에 족장은 우선 근거지 섬의 지배권을 강화할 필요가 있었다. 특히 빅 아일랜드는 너무 많은 지구로 나뉘어 있어 섬 전체를 장악하기가 더욱 어려웠다. 하와이 제도의 통일과 관련한 상세한 이야기 중에는 15세기에 태어난 우미라는 이름의 남자에 관한 일화가 있다.

우미는 빅 아일랜드의 계층화와 관련하여 앞서 언급한 바 있는 알리이아이모쿠, 즉 대족장 릴로아의 차남이었다. 릴로아는 세습 권한을 둘로 나누어 장남 하카우에게는 모든 경작지를 물려주고 차남 우미에게는 종교적 권한을 물려주었다.

구전 역사가인 새뮤얼 카마카우에 따르면 하카우는 릴로아가 정실 귀족 아내에게서 낳은 아들이었던 반면 우미는 사생아였다. 어느 날 릴로아는 아카히라는 이름의 평민 여자가 목욕하는 모습을 보게 되었다. 아니, 적어도 우미의 전설에서는 그렇게 시작했다. 아카히의 미모에 반한 릴로아가 그녀를 유혹했다. 둘의 관계가 끝나기 전 릴로아는 아카히에게 족장의 허리 옷과 상아 펜던트, 깃털 망토를 주면서 혹여 아들을 낳으면 이 물품을 아들에게 전해 주라고 말했다.

아카히는 우미를 낳았지만 오랫동안 아버지가 누구인지 비밀에 묻어 두었다. 마침내 우미가 어느 정도 자랐을 때 아카히는 우미에게 펜던트와 망토, 허리 옷을 내주고 릴로아에게 보냈다. 릴로아는 아카히에게 주었던 사치품을 알아보았고 우미를 아들로 받아들였다.

릴로아의 두 아들이 어른이 되었을 때 우미는 하카우보다 체격이 훨씬 컸고 사실상 모든 면에서 뛰어난 기량을 보였다. 하지만 임종을 앞둔 릴로아는 하카우를 족장 후계자로 지명했고 우미는 쿠카일리모쿠 신을 지키는 수호자로 임명했다. 우미는 하카우가 자신에게 악감정을 품고 있다는 것을 알았다. 그리하여 릴로아가 죽자 힐로 지구의 족장에게 보호를 요청했다.

시간이 지나면서 우미는 많은 존경을 받았지만 하카우는 폭군으로 미움을 샀다. 마침내 여러 빅 카후나(고위 사제)와 하급 족장이 모여 하카우를 몰아내고 그 자리에 우미를 앉히려고 했다. 이들은 현실적인 이유에서 우미의 어머니가 평민이라는 사실을 일부러 묵살했다. 우미와 그의 지지 세력은 사제의 도움을 받아 의식 현장에 몰래 무기를 반입했고 하카우는 의식이 진행되는 동안 암살되었다.

하카우가 죽었다는 소식을 접하자 코나, 코할라, 힐로, 카우 그리고 푸나 지구의 귀족은 자기 지역을 자치 지구로 선포했다. 우미가 섬 전체를 장악하고 싶으면 독자적인 힘으로 섬을 정복해야 하는 상황이 되었다.

우미는 다음과 같은 전략을 따랐다. 먼저 우미는 하카우와 경호원의 시신을 신전 제단에 올려놓은 뒤 이들의 죽음은 신에게 바치는 제물이라고 주장했다. 그런 다음 우미는 귀족 태생인 이복 여자 형제 카푸키니와 결혼했고, 이어서 과거 자신에게 망명을 허락해 주었던 힐로 지구의 족장 딸과도 혼인했다. 하지만 힐로 지구의 족장이 우미에게 이의를 제기하자 우미는 둘 사이의 논쟁을 명분으로 삼아 장인을 물리쳤다. 그다음에는 푸나 지구를 정복했고 이어서 카우 지구를 상대로 장기간의 군사 작전을 펼쳤다. 코나와 코할라 지구는 이보다 수월하게 접수했다. 15세기 중반 무렵 우미는 빅 아일랜드 전체를 장악했다.

분명 우미의 전설은(대다수 구전 역사가 그렇듯이) 낭만적 요소가 다분하고 이상화되어 있다. 하지만 이런 한계에도 불구하고 하와이 사람들이 어떤 전제를 중요하게 여기는지 이 전설에서 많은 것을 확인할 수 있다.

1. 족장의 이복형제는 운명적으로 족장의 경쟁자가 될 수밖에 없었다.
2. 손위 상속자가 폭군일 경우 손아래 상속자가 그를 권좌에서 내모는 일은 정당화되었다.
3. 평민 어머니를 둔 동생일지라도 대중적 지지가 있으면 형의 지위를 빼앗을 수 있었다.
4. 하지만 이렇게 권력을 빼앗은 경우 가장 지위가 높은 여자와 혼인하고 높은 수준의 업적을 증명해 보여야 했다.
5. 이웃 족장의 영토를 정복하여 자신의 족장 사회로 통합하는 것은 업적으로 간주되었다.
6. 더 많은 영토를 정복하여 통합할수록 족장의 명성도 올라갔다.
7. 권력 찬탈과 정복 활동을 위해서는 하급 족장과 사제, 전사, 충성스러운 평민의 지지가 필요했다. 이들이 족보상으로 경작지를 소유할 자격을 갖추지 못한 경우에도 충성에 대한 대가로 이들에게 토지를 줄 수 있었다.

이러한 전제가 하와이 이외의 지역에서도 통용되었을까? 물론 그렇다. 또한 이어지는 내용에서는 세계 다른 지역에 건설된 최초의 왕국 역시 권력 찬탈의 결과물임을 보게 될 것이다.

칼라누이후아도, 우미도 하와이 제도 전체를 통일하는 데까지 나아가지는 못했다. 하지만 하와이의 지도자들은 결코 시도를 멈추지 않았다. 18세기 후반을 거치면서 마침내 어느 권력 찬탈자가 유리한 전략적 이점을 확보하게 되었고 그 덕분에 이전 족장들이 500년에 걸쳐 지속적으로 시도했던 작업을 성공할 수 있었다. 그의 역사 역시 우미의 전설만큼이나 낭만적이고 이상화되었지만 그에게는 한 가지 중요한 차이점이 있었다. 그의 역사 중 많은 부분이 하와이 구전 역사와는 별개로 유럽과 미국의 목격자의 증언을 통해 확인된다는 점이다.

하와이 제도의 통일

여러 구전 역사에 따르면 18세기 초 알라파이라는 이름의 한 귀족이 빅 아일랜드 코할라 지구의 족장 자리에 올랐다. 이전 족장들이 무수히 그랬듯이 그 역시 빅 아일랜드 전체를 통일하는 작업에 착수했고 마침내 18세기 중반 이 일을 해냈다.

하지만 알라파이가 군사적으로 승리하긴 했어도 하와이 제도 전체에서 가장 존경받는 족장이 되지는 못했다. 이러한 괴리는 족보상으로 우월한 자격을 갖추었던 마우이 섬의 대족장 카헤킬리에게도 해당되었다. 카헤킬리는 통가의 상급 신성 족장과 마찬가지로 대단한 마나를 지니고 있었기 때문에 백성은 그의 창이나 깃털 망토, 심지어는 그의 신성한 침이 담긴 타기 앞에서도 엎드려 절했다.

알라파이에게는 빅 아일랜드 코나 지구에 사는 케오우아라는 이름의 조카가 있었다. 케오우아는 알라파이의 아름다운 조카 케쿠이아포이와와 사랑에 빠졌고 알라파이의 축복 아래 그녀와 결혼했다.

이제부터 멜로드라마가 펼쳐진다. 케쿠이아포이와의 미모가 출중하다는 이야기를 들은 마우이 섬의 카헤킬리(그가 쓰는 타기에도 마나가 가득할 만큼 대단한 마나를 지닌 사람이었다.)가 그녀를 자신의 궁전으로 초대했다. 카헤킬리는 결혼한 몸이었지만 그의 정실부인은 친족을 방문하느라 자주 궁전을 비웠다. 카헤킬리는 잠시 주어진 기회를 이용하여 케쿠이아포이와를 임신시켰다. 적어도 전설에서는 그렇게 전하고 있다.

케쿠이아포이와는 아무 일도 없었던 것처럼 코나로 돌아왔다. 그녀가 임신한 아이는 공식적으로 남편 케오우아의 핏줄로 받아들여졌다. 하지만 그녀의 임신 소식이 알라파이의 귀에까지 들어갔다.

임신한 여자는 모두 희한한 식욕을 보인다고들 하지만 케쿠이아포이와의 식욕은 그 수준을 넘어섰다. 임신 6개월에 접어들었을 때 케쿠이아포이와는 한 족장의 눈알을 먹고 싶다고 했다. 하지만 식인 상어의 눈알을 먹는 선에서 만족해야 했다. 이 일을 알게 된 알라파이는 카후나들에게 케쿠이아포이와의 식욕에 담긴 의미를 해석해 달라고 했다. 카후나들은 그녀의 뱃속에 든 아이가 "족장들을 죽일" 운명을 타고났다고 결론을 내렸고 이에 알라파이는 두려움에 휩싸였다.

예전에 이복형 하카우로부터 우미를 숨겼던 것처럼 케쿠이아포이와와 그녀의 아기도 알라파이의 손이 닿지 않는 곳에 숨어야 했다. 1758년 무렵의 어느 날 케쿠이아포이와가 아들을 낳았다. 이 아들은 유모의 손에 맡겨졌고 북부 코할라에 바다와 접하지 않은 신성한 와이피오 밸리에서 오랫동안 숨어 지냈다.

알라파이는 늙고 힘이 떨어지면서 아이에 대한 두려움도 약해졌다. 그는 케쿠이아포이와의 아들 — 공식적으로는 알라파이의 조카의 아들 — 을 자신의 최고 중심 촌락으로 데려와도 좋다고 허락했고 족장 칭호를 내려주었다. 알라파이는 아이의 이름을 카메하메하, "외로운 자"라고 지었다.

그 무렵 케쿠이아포이와의 남편이 몸져누웠다. 그는 형제이자 카우 지구의 족장인 칼라니오푸우에게 카메하메하를 친아들처럼 키워 달라고 부탁했다. 칼라니오푸우는 휘하에 있는 가장 뛰어난 전사에게 카메하메하를 훈련하는 일을 맡겼다. 멜로드라마는 계속 이어졌다. 카메하메하는 첫째, 족장의 모든 기량을 익혔고 둘째, 칼라니오푸우의 나이 어린 아내 중 한 명과 불륜 관계를 가졌으며 셋째, 어느 젊은 여자를 만났다. 카아후마누라는 이름을 지닌 이 여자는 장차 그가 총애하는 아내가 되었다.

빅 아일랜드의 최고 통치자 알라파이가 죽자 아들 케아웨아오팔라가 뒤를 이었다. 하지만 그는 불안정한 폭군임이 드러났다. 그가 속한 코할라 지구의 부副족장들은 그를 몰아내기로 결정했고 반란은 카우 지구까지 퍼져 갔다. 카우 지구에서는 칼라니오푸우가 봉기를 이끌었고 곁에 있던 피후견인 카메하메하와 함께 전쟁에 나갔다. 이들은 케아웨아오팔라를 코나 지구의 해안까지 함께 쫓아가 죽였다. 이 봉기로 칼라니오푸우는 코나 지구와 카우 지구를 모두 다스리게 되었다.

이 전투 소식이 마우이 섬의 신성 족장 카헤킬리에게 전해졌고 그는 자신이 카메하메하의 생물학적 아버지라고 확신했다. 그리하여 자신의 이복형제인 쌍둥이를 코나 지구로 파견하여 아무도 카메하메하를 해치지 못하도록 보호했다.

칼라니오푸우는 벌써부터 마우이 섬을 침공하여 이 섬의 아름다운 동부 지구 하나를 수중에 넣으려고 계획을 세우고 있었다. 이에 필요한 전사를 모으고 카누를 만드는 데 일 년이 걸렸다. 1778년 그 해 제임스 쿡 선장이 하와이 제도에 도착했다. 이 시점부터는 영국과 미국의 문서를 바탕으로 하와이의 구전 역사를 보강할 수 있다.

칼라니오푸우가 마우이 섬을 침공하여 하나 지구에 발판을 마련했다. 하지만 1781년 죽음이 가까워진 칼라니오푸우는 상속 권한을 셋으로 나누기로 결정했다. 가장 지위가 높은 아내에게서 태어난 키왈라오가 그의 직위를 물려받고, 그보다 지위가 낮은 아내에게서 태어난 아들인 '불타는 망토의 케오우아'는 토지를 물려받았다. 피후견인이자 조카인 카메하메하는 전쟁 신 쿠카일리모쿠를 모시는 관리자로, 또한 어린 시절 숨어 살았던 신성한 와이피오 밸리를 지키는 관리자로 지명되었다.

'불타는 망토의 케오우아'는 카메하메하가 상속 지분을 가져간 것에 질투를 느끼고 공격을 감행했으며 카메하메하가 반격을 가하자 전면전이 펼쳐졌다. 이 전쟁에서 키왈라오가 죽었고 '불타는 망토의 케오우아'는 도망갔다. 1783년 카메하메하는 빅 아일랜드에서 가장 강력한 권력을 지닌 귀족이 되었고 주변에 지지 세력이 몰려들기 시작했다.

카메하메하가 빅 카후나에게 조언을 구하자, 새로운 신전을 세우고 그 제단 위에 족장의 신체를 바치라는 이야기를 들었다. 그는 커다란 신전을 세우도록 지시했고 '불타는 망토의 케오우아'에게 그곳에서 평화 회담을 갖자고 초청했다. 케오우아가 카누에서 내리자 카메하메하의 전사 중 한 명이 그를 죽였다. 그의 시신은 그를 따르는 귀족 추종자의 시신과 함께 새로 봉헌한 신전 제단 위에 놓였다.

다음 순서는 카메하메하의 혼인이었다. 그는 오래전 칼라니오푸우의 촌락에서 만났던 카아후마누를 선택했다. 물론 이 당시에는 카아후마누도 어엿한 성인으로 자랐다. 구전 역사가 캐슬린 멜런에 따르면 카메하메하의 신부는 키 182센티미터에 몸무게가 136킬로그램 가까이 되었다.

칼라니오푸우는 하와이 제도를 통일하고자 했던 꿈을 이루지 못한 채 1782년에 죽었다. 심지어 마우이 섬에 확보했던 교두보마저 잃었다. 이제 통일의 숙원은 카메하메하에게 넘어왔다. 그는 이전의 하와이 지도자들이 갖지 못했던 군사적 우위를 확보해야 한다고 생각했다. 하와이 제도의 여러 항구에 정박해 있는 서구 선박의 머스킷 총과 대포가 바로 군사적 이점이 될 수 있었다. 이 선박들은 원래 영국 배였지만 이 당시는 미국 독립 전쟁의 결과로 미국 재산이 되어 있었다.

영국 선원 존 영은 엘리너호의 갑판장이었지만 배가 출항할 때 해변에 남은 상태였다. 하와이 제도 사람들은 엘리너호의 선원이 무장하지 않은 섬사람을 죽인 데 격분하여 또 다른 배 페어아메리칸호를 몰수함으로써 보복을 꾀했다. 그들은 배에 있던 총과 탄약을 빼앗고 항해사 아이작 데이비스를 포로로 잡았다. 카메하메하는 영과 데이비스가 서구의 무기 제조 기술과 군사 전술을 알고 있다는 것을 알아차렸다. 그는 두 사람의 목숨을 살려 주었을 뿐만 아니라 믿을 만한 자문관으로 삼았다. 이들은 카메하메하가 하와이 제도를 통일하기 위한 군사 작전을 펼칠 때 옆에서 함께 싸웠으며 카메하메하는 이에 대한 보답으로 이들에게 직위와 아내, 토지를 하사했다.

1790년 카메하메하는 마우이 섬을 침공했다. 그 무렵 이 섬의 대

족장 카헤킬리는 마우이 섬을 아들에게 넘겨주고 족장 자리에서 물러나 오아후 섬에 있었다. 카메하메하의 대포 맛을 본 카헤킬리의 아들은 마우이 섬을 침략자에게 넘기고 오아후 섬에 머물고 있던 아버지와 합류하기로 했다.

카메하메하가 몰로카이 섬을 침공했을 때는 저항이 훨씬 약했다. 1794년 카헤킬리가 죽자 카메하메하는 전투 카누 1천 척, 전사 1만 2천 명, 외국인 자문관 16명, 그 밖에 풍족한 병참 물자를 가지고 오아후 섬을 침공했다. 그는 카헤킬리의 아들을 무찌르고 그의 심장을 신전의 제단에 바쳤다.

카메하메하는 이제 카우아이 섬과 몇몇 작은 섬을 제외하고 거의 모든 섬을 장악했다. 카아후마누는 여전히 총애하는 아내로 남아 있었지만 카메하메하는 왕조를 세우기 위해서 가장 고귀한 신분의 여자와 혼인해야 한다고 생각했다. 적임자는 마우이 섬 귀족 여자의 여덟 살짜리 손녀 케오푸올라니라고 판단했다. 케오푸올라니의 할머니는 경제적 지원과 정치적 보호에 대한 보답으로 카메하메하를 손녀의 정혼자로 정했다.

이제 카메하메하는 카우아이 섬을 공격하기 위해 전투 카누를 만들고 식량을 비축했다. 이 작업을 추진하기 위한 장소로 오아후 섬 북서 해안에 있는 아나훌루 밸리를 선정했다. 이곳은 외떨어진 지역으로 이런 준비 작업을 진행하기에 이상적인 곳이었다. 사회인류학자 마샬 살린스와 고고학자 패트릭 커치의 공동 연구에서 밝혀낸 바에 따르면 아나훌루 밸리의 바닥에서 꼭대기까지 인공으로 계단식 밭을 조성했고 카메하메하의 인부들을 먹여 살리기 위한 농업 활동을 집중적으로 벌였다. 저항해 봤자 소용없다는 것을 깨달은 카우아이 섬의 족장이 1810년 항복했다. 이제 카메하메하는 하와이 제도 전체를 지배하게 되었다.

카메하메하의 왕국

이제 카메하메하는 자신이 장악한 영토가 너무 넓어 하나의 족장 사회로 관리하기에는 힘들다는 것을 깨달았다. 앞서 보았듯이 빅 아일랜드의 대족장은 전통적으로 일 년 내내 각 지구를 돌아다니며 살았다. 그 덕분에 족장의 백성은 그를 떠받드는 부담을 나눌 수 있었고 족장도 각 지구와 친밀한 관계를 맺을 수 있었다.

하지만 과거에 족장에게 반기를 드는 일이 빈번했던 것으로 보아 10,432제곱킬로미터 면적의 빅 아일랜드를 지배하기는 쉽지 않았을 것이다. 이제 카메하메하는 총 길이 2,400킬로미터에 16,635제곱킬로미터 면적의 육지와 그 사이 넓은 바다가 길게 펼쳐진 하와이 제도 전체를 관리해야 했다. 그는 각 섬의 토박이보다는 자신에게 충실한 인물을 섬의 관리자로 임명할 필요가 있었다. 그리하여 원래는 빅 아일랜드 카우 지구 토박이였던, 카아후마누의 아버지를 마우이 섬의 관리자로 파견했다. 또한 카메하메하가 전쟁터에 나갈 때는 본거지를 존 영에게 맡기는 일도 많았다.

이제 하와이 제도에 네 단계의 행정 위계 체계를 갖춘 정치적 위계 체계가 들어섰다는 사실은 매우 의미심장하다. 과거에는 각 섬의 대족장이 섬을 지배했고(1단계), 그 아래 부副족장이 있었으며(2단계) 이들이 다시 하급 귀족을 감독했다(3단계). 이제 1단계에는 하와이 제도 전체를 통틀어 카메하메하 혼자 우뚝 서 있으며 각 섬의 관리자가 2단계를 구성하고 부副족장이 3단계를 구성하며 하급 귀족이 4단계를 구성했다.

이제 알리이아이모쿠(대족장)라는 직함은 카메하메하에게 더 이상 어울리지 않았다. 만일 서구 방문객이 없는 상태에서 하와이 제도의 통일을 이루었다면 직위에 어울릴 만한 새로운 하와이어 명칭을 만들었을지도 모른다. 하지만 영어권 사람을 폭넓게 접했던 그는 자신을 카메하메하 1세 국왕으로 부르기로 했다.

하와이 제도의 통일 과정을 상세하게 설명한 데는 한 가지 이유가 있다. 비록 세부적인 사실에서는 폴리네시아의 정황이 많이 들어가 있지만 그럼에도 광범위한 지역에 걸쳐 작은 규모의 사회가 군주제로 발전하는 과정을 잘 보여 주는 사례이기 때문이다. 여기서 "과정"이라는 용어를 사용한 것은 이행 과정이 완결되기까지 여러 명의 지도자를 거쳐야 했기 때문이다. 한 명의 지도자가 이런 이행 과정을 시도하여 성공한 적은 거의 없다. 하와이 제도의 경우에는 우미, 알라파이, 칼라니오푸우, 그리고 카메하메하가 제각기 중요한 역할을 담당했다. 이 연속적인 과정에서 왕국의 성립 시점을 정확히 언제로 볼 것인지는 사람마다 의견이 다르다. 나중에 보겠지만 페루 해안 지역에서 군주제가 성립되는 시점과 관련해서도 여러 의견이 존재한다.

또한 이 장과 다음 여러 장에서 아프리카 남부 지역의 줄루족, 아프리카 서부 지역의 아샨티족, 마다가스카르의 메리나족, 파키스탄과 카슈미르 국경 지대의 훈자 지구를 살펴봄으로써 상류층 사이의 경쟁 관계를 통해 토착 왕국이 형성되는 것을 보게 될 것이다. 더러는 수 세기 동안 이어지기도 하는 상당히 긴 기간에 걸쳐 일련의 경쟁적인 지위 사회가 다툼을 벌였다. 일시적으로 정치적 통일을 이룩하는 시기가 몇 번 있더라도 장기적으로는 교착 상태를 보였다. 궁극적으로는 한 지위 사회의 공격적인 지도자(대개는 적극적인 의욕을 보이는 권력 찬탈자)가 예기치 않게 이웃을 압도할 이점을 확보했다. 그는 이 이점을 가차 없이 밀어붙여 모든 경쟁자를 굴복시키고, 자신의 족장 사회를 이전까지 그 지역에 등장했던 어떤 곳보다도 규모가 큰 사회로 탈바꿈시켰다. 또한 권력 기반을 공고히 하기 위해 각 지역에 있던 과거의 충성심을 허물어뜨리고 자신을 향한 충성을 강조하는 새로운 이데올로기로 대체했다. 아울러 자신이 족보상의 자격을 갖추었다고 적극적으로 입증해 주는 사제에게 보상을 안겨 주고, 그에게 통치자가 될 만한 신성한 자격이 있다고 보증하도록 집단의 우주론을 수정했다.

권좌에 오르는 과정은 잔혹할지 몰라도, 새로운 왕이 되면 자애로운 이미지를 가꾸었다. 예를 들어 카메하메하는 통치 과정에서 평화와 번영에 강조를 두었다. 백성이 농업에 힘쓰도록 격려했고 대중 앞에서 직접 텃밭을 일구는 모범을 보임으로써 역할 모델이 되고자 했다.

카메하메하는 1819년에 죽었고, 가장 지위가 높은 아내인 마우이 섬의 케오푸올라니에게서 태어난 아들 리홀리호에게 왕국을 물려주었다. 카메하메하의 시신은 알려지지 않은 비밀 장소에 감추었다. 전하는 바에 따르면 바다에서만 볼 수 있는 동굴이라고 하며, 그런 곳에 시신을 안치함으로써 그의 마나가 지속적으로 물고기 떼를 해안으로 끌고 올 수 있었다고 한다.

리홀리호의 나이가 어린 탓에 어머니가 섭정을 맡아 왕위 계승이 순탄하게 이루어지도록 했다. 하와이 제도의 사회 논리에 나타난 주요 변화 중 하나는 리홀리호가 일으킨 변화였다. 아마도 그의 어머니가 고안해 낸 생각이었을 것이다.

많은 위계적인 사회에서 통치자는 무질서로 물든 세계에서 질서를 상징했다. 하와이 제도도 예외는 아니었다. 새로운 통치자가 취임하기에 앞서 고의적인 혼란의 시기가 이어졌고 이 기간 동안 백성은 의식과 관련한 모든 금기를 어겼다. 무엇보다도 하와이 제도에서는 평소 남자와 여자가 함께 식사하는 것이 금기였다. 충분한 시간이 경과한 뒤 새로운 통치자가 등장하여 질서를 회복하고 모든 금기를 원 상태로 돌려 놓을 것이었다.

적절한 시점이 되자 왕자 리홀리호가 등장했다. 하지만 그의 어머니가 주최한 잔치에서 그는 금기에 맞서 여자와 함께 식사를 했다. 랠프 카이켄달과 윌리엄 대븐포트 같은 학자들에 따르면 이런 행위를 비롯한 여타 행동을 통해 리홀리호는 종교적 관습에서 지위를 분리하고 하와이 제도를 보다 세속적인 왕국으로 변화시켰다.

줄루족의 통일

앞서 벰바족을 살펴보면서 아프리카 반투족의 이동에 대해 언급한 바 있다. 철 가공 기술을 가진 농부와 가축 몰이꾼이 콩고 북쪽에 있는 근거지를 벗어나 곳곳으로 퍼져 갔다. 약 1,700년 전 이들은 남쪽으로 퍼져 나가 짐바브웨와 남아프리카공화국 국경 지대에 있는 림포푸 강까지 이르렀다. 기원후 800년 무렵에는 림포푸 강을 건너 남쪽의 아카시아 목초지로 들어섰다. 이곳에서 그들은 소 방목에 적합한 환경을 발견했다. 체체파리가 그다지 문제 되지 않는 곳이었다.

이러한 철기 시대 이주 생활 사회에 이미 일정 정도의 세습적 불평등이 있었을 것으로 추정한다. 림포푸 강을 건넜던 반투어 사용 집단 중에 줄루족의 조상이 있었다. 이들은 남아프리카공화국 동부 목초지까지 퍼져 갔다. 포르투갈 탐험가 바스쿠 다 가마가 나탈이라고 이름 붙인 곳이었다. 초기 줄루족은 족장과 전사가 존재하는 씨족 기반 사회였기 때문에 조상 때부터 수천 년 동안 나탈에 살고 있던 수렵채집 생활자를 몰아내는 데 별 어려움이 없었다.

고고학자 팀 매그스에 따르면 철기 시대 후기(기원후 800~1200년) 무렵 나탈 지역 사회는 방어하기 좋은 언덕 위쪽에 많은 정착지가 몰려들면서 규모가 커지고 더욱 복잡성을 띠게 되었다. 다시 말해서 원사 시대 하와이에서 보았던 것과 다르지 않은, 족장 사회 간의 경쟁이 진행되고 있다는 증거가 보였다. 유럽 식민 개척자가 문서 자료를 남겨 놓은 18세기 무렵에는 나탈에 무려 50개나 되는 지위 사회가 있었던 것 같다. 역사학자 존 라이트와 캐럴린 해밀턴에 따르면 이 가운데 권력이 가장 강했던 곳은 맙후두, 은드완드웨, 음테트와로 알려진 족장 사회였다. 이들의 이웃이었던 줄루족은 그리 두드러지지 않았다.

일반적인 줄루족 정착지는 연장자 한 명을 중심으로 하는 농장이었으며 연장자는 여러 명의 부인을 두었다. 부인 한 명과 그녀에게서 태어난 자식이 벌집 형태의 오두막 한 채씩을 차지하고 살았으며, 오두막은 밤에 소를 가두어 두는 울타리 주변을 방어벽처럼 빙 둘러싸고 있었다. 농장 전체도 목책으로 둘러싸여 있었다. 남자가 소몰이를 하는 동안 여자는 기장과 수수, 멜론을 재배했다. 줄루족이 이 농장을 부르는 명칭은 알지 못하며 다만 아프리칸스어*로 크랄kraal이라는 명칭만 알고 있다.

구전 역사, 유럽인의 목격담, 인류학 연구를 바탕으로 줄루족이 어떻게 발전했는지 재구성할 수 있었다. 인류학자 맥스 글럭먼에 따르면 여러 크랄의 가족을 통합하여 부계 혈통의 씨족을 형성했다. 또한 여러 씨족이 한 명의 족장 아래 통합되었고 가장 상위 후손 집단의 세습 지도자가 족장이 되었다. 족장은 영토를 여러 구역으로 나누어 통치했으며, 각 구역은 족장의 형제나 이복형제가 맡아 관리하면서 부副족장 역할을 했다.

각 구역 간의 다툼은 흔한 일이었고 대개는 한 형제가 독립을 선언하여 자기 밑의 백성을 데리고 새로운 장소로 옮겨 가는 것으로 끝났다. 또 다른 결말은 형제를 살해하거나 권력을 찬탈하는 것이었다. 여러 명의 부인을 둔 족장은 상속자의 암살을 막기 위해 부인을 각 구역으로 흩어져 살게 했고 그 주변에 충성스러운 추종자를 두어 보호했다. 족장이 죽으면 부인들은 자기 아들을 후계자로 만들기 위해 영향력을 행사했다.

소는 원사 시대 나탈에서 부의 주요 원천이었으며 어떤 족장이나 가계 또는 씨족도 충분할 만큼 많은 소를 소유하지 못했다. 족장은 부족장과 관리에게 소를 나누어 주었고 뛰어난 전사에게도 소로 보상을 해 주었다. 소에 대한 수요가 그만큼 많았기 때문에 소를 훔치는 일이 이웃 집단을 습격하는 주된 이유가 되었다.

---

* 오늘날의 남아프리카공화국 지역에 정착한 네덜란드 이주민들이 사용한 말.

전쟁이 치열해지면서 나탈의 사회적 행위에 차츰 변화가 생겼다. 라이트와 해밀턴에 따르면 족장은 자기 영토에 사는 적정 연령의 모든 젊은 남자를 주기적으로 모집했다. 젊은 남자를 조직하여 이부토ibutho(복수형은 아마부토amabutho)라는 집단을 구성했으며 이들은 다 함께 통과의례를 치렀다. 비록 서로 다른 크랄 출신이 모여 있었지만 각 이부토마다 고유의 이름과 휘장을 사용하면서 평생 동안 연대 의식을 지녔다. 족장은 차츰 이부토를 전사, 집행자, 공물 징수자 단위로 삼아 의존하게 되었다. 평화 시기에는 이부토에게 코끼리 사냥을 시켜 족장의 상아 비축을 늘렸다. 의식 관련 활동으로 시작된 일이 차츰 족장의 부와 영토를 늘리는 수단으로 바뀐 것이다.

1787년 줄루족 족장 센장가코나가 난디라는 여자에게서 사생아 아들을 얻었다. 이 아들에게 "샤카"라는 조롱 섞인 이름을 붙였는데 이는 여자의 생리를 멈추게 함으로써 임신한 것처럼 보이게 만드는 내장 기생충 이름이었다. 센장가코나는 난디를 셋째 부인으로 들였지만 줄루족은 그녀를 홀대했고 샤카가 여섯 살이 되었을 때 그녀의 고향 촌락으로 쫓아냈다. 이후에도 학대가 계속되었고 마침내 1802년 난디는 이웃 음테트와로 피신했다.

음테트와의 족장 딩기스와요는 폭력적인 이력을 지닌 사람이었다. 이전 족장의 아들인 딩기스와요는 한때 아버지 살해 음모를 꾸민 죄로 음테트와를 떠나 피신하기도 했다. 마침내 음테트와로 돌아왔을 때 아버지는 죽고 동생이 족장 자리에 올라 있었다. 딩기스와요는 동생을 죽이고 족장 자리에 오른 뒤 음테트와의 영토를 확장하기 시작했다. 이웃 부족들이 끊임없이 싸움을 벌이는 것은 "창조자의 의지에 반하는 일"이며 딩기스와요 자신은 "이웃 부족들이 평화 속에 살아가도록 하려는 것"이라고 주장하여 정복 활동의 명분으로 내걸었다.

이 무렵 건장하고 탄탄한 체격의 십 대 소년으로 성장한 샤카는 딩기스와요가 가장 신뢰하는 전사 중 한 명이 되었다. 글럭먼뿐만 아니라 E. A. 리터와 존 셀비 같은 학자들도 샤카가 권좌에 오르기까지의 과정을 설명해 놓았다.

딩기스와요는 줄루족과 그 밖의 다른 많은 이웃 집단을 무너뜨렸다. 승리가 이어지는 동안 그를 맹목적으로 아꼈던 어머니는 그가 죽인 경쟁자의 두개골을 하나씩 자기 오두막에 모으기 시작했다. 하지만 평화를 확립하고자 하는 목적에 충실했던 딩기스와요는 늘 자신의 우위를 이용하지는 않았다. 가령 1813년 딩기스와요는 은드완드웨의 족장 즈위데보다 2,500명 내지 1,800명이나 적은 병력으로 그를 무찔렀으며 즈위데를 죽이지 않기로 결정했다. 이 결정으로 그는 훗날 값비싼 대가를 치르게 된다.

딩기스와요가 즈위데의 목숨을 살려 준 것은 아마 나탈에 전통적으로 내려오는 기사도 정신의 영향이었을 것이다. 다음에 열거한 사항은 그 당시 나탈의 전투 원칙 중 몇 가지를 설명한 것이다.

1. 나탈의 전사는 샌들을 신으며 적과 적당히 떨어진 지점까지 전진한 다음 뾰족한 쇠촉이 달린 창을 던졌다.
2. 군대 편성은 단순했으며 연령을 기반으로 한 일련의 의식 집단에서 전사를 차출하여 대열을 조직했다.
3. 패배를 인정하고 창을 버리는 적은 목숨을 살려 주었다.

4. 여자와 아이도 전장에 나와 전투를 지켜보았지만 어느 편이 이기든 이들을 해치지 않았다.

딩기스와요가 은드완드웨를 무찌를 수 있었던 이유 중 하나는 샤카가 이끄는 병사들이 맹렬하게 싸워 준 덕분이었다. 딩기스와요는 이런 무공을 인정하여 1816년 센장가코나가 죽자 샤카를 줄루족의 새 족장 자리에 앉혔다. 이제 29세가 된 샤카는 260제곱킬로미터 면적의 영토와 군사 500명을 통솔하게 되었다.

샤카가 취한 맨 처음 행동은 어렸을 때 어머니를 학대했던 줄루족 사람들을 벌하는 일이었다. 운이 좋은 사람은 두개골을 맞아 죽었고 운이 나쁜 사람은 하이에나가 출몰하는 언덕에 끌려가 몸에 말뚝이 박힌 상태로 하이에나가 점심 식사를 위해 다가오는 동안 서서히 죽어 갔다.

전투 경험이 쌓이면서 샤카는 전통적인 전투 방식에 불만을 갖게 되었다. 그는 곧 다음과 같은 전략을 세웠고 이는 음테트와족과 줄루족에게 전략적 우위를 가져다주었다.

1. 창을 던지고 회수하는 일을 불만스럽게 여긴 샤카는 대장장이에게 손잡이가 짧고 창날이 넓은 찌르기용 창을 새로 만들게 했고 이 창의 이름을 익스와ixwa라고 지었다. 적의 가슴에 창을 찔렀다가 뺄 때 나는 소리에서 따온 것이다.
2. 전사들이 보다 빠르게 달릴 수 있도록 샌들을 벗게 했다. 이후 전사들은 적의 코앞까지 돌진하여 싸움을 벌임으로써 적을 놀라게 했다.

3. 부하들이 거친 소가죽 방패와 익스와를 들고 근접전을 펴도록 훈련시켰다.

4. 방패와 방패가 연결되도록 전사들을 세워 모두 네 개 대형을 조직함으로써 새로운 전투 대열을 편성했다. 중앙에는 "머리"라고 알려진 노련한 베테랑 전사 집단이 포진했고 이들이 전투의 중요 부분을 담당했다. 이들 뒤에는 "가슴"이라고 알려진 예비 집단이 포진했으며 신호를 기다렸다가 전투에 참여했다. "머리" 양 옆으로 "뿔"이라고 알려진 곡선 형태의 대열이 길게 늘어서 있었으며 이들은 적을 에워싸기 위한 용도였다.

5. 수적 열세로 인한 영향을 최소화하기 위해 군대의 진형도 새로 편성했다. 그중 하나는 완전한 원을 이루는 대형으로 전사들이 포위되었을 때 이 진형을 이용했다. 또 다른 하나는 "노래기"라고 불리는 것으로 방패가 맞물리도록 길게 한 줄로 늘어서는 진형이었다. 혹시 매복이 있을지 모르는 지역을 통과할 때 이 진형을 이용했다.

6. 이부토를 재편했다. 오래전부터 이부토는 연령을 기반으로 한 의식 집단이었으며 같은 족장 사회 내 서로 다른 크랄 출신의 젊은 남자로 구성되었다. 이 무렵 이전까지 자치 지역이었던 많은 사회를 자기 휘하에 예속시킨 샤카는 어느 지역 출신이든 상관없이 같은 연령의 전사를 모두 한 부대에 배치함으로써 이부토의 체계를 확대했다. 샤카가 직접 통솔하는 이 공포의 "연령 부대"는 지역에 뿌리를 둔 충성심을 없애고 오로지 샤카에게만 의지하는 전사를 만들어 냈다. 샤카는 이들을 엄격한 금욕주의로 훈련시켰고 자기 허락 없이는 혼인하지 못하도록 했다.

7. 전통적으로 창을 버리는 적은 목숨을 살려 주었다. 딩기스와요가 즈위데를 죽이지 않은 것도 이 때문이었다. 임피 에봄부impi ebombu, 즉 "붉은 전쟁"이라고 일컬어지는 샤카의 새로운 정책에서는 이 기사도를 폐지했다. 그의 부대는 적을 모조리 죽였으며, 쫓아갈 수 있는 경우에는 후퇴하는 전사까지 뒤쫓아 모두 죽였고, 전투를 지켜보기 위해 나와 있던 적의 여자와 아이도 살해했다.

혼자 싸울 때나 딩기스와요 곁에서 싸울 때 샤카는 이러한 혁신을 이용하여 자기 앞에 있는 모든 이를 무찔렀다. 1816년에는 이랑게니를 괴멸했고 1817년에는 부텔레지를 정복했다. 이 무렵 그의 영향권 아래 놓인 지역은 모두 1천 제곱킬로미터나 되었다.

1817년 딩기스와요는 응그와네를 공격하기 위해 약 4,500명의 전사를 모았으며 샤카와 그의 부하 1천 명도 합류했다. 이 전투에서는 딩기스와요가 승리를 거두었지만 1818년에는 과거 목숨을 살려주었던 오랜 숙적 은드완드웨의 족장 즈위데에게 포로로 붙잡혀 죽임을 당했다.

샤카는 딩기스와요의 뒤를 이어 음테트와-줄루 연합군의 지도자가 되었다. 딩기스와요를 무찌른 뒤 대담해진 즈위데는 이제 샤카까지도 제거할 계획을 세웠다. 약 8천 명의 은드완드웨 전사가 화이트 움폴로지 강을 걸어서 건넜다. 이들 앞에는 그코클리 언덕이 버티고 있었고 샤카와 그의 전사 4천 명이 이 언덕을 하나의 요새로 만들어 놓은 상태였다.

2대 1의 수적 열세에서도 샤카는 뛰어난 군사 전략을 이용하여 이 결정적 전투에서 승리를 거두었다. 셀비에 따르면 샤카는 "워털

루에서 웰링턴이 썼던 영국군의 유명한 방진 전술" 같은 것을 생각해 냈다. 그는 베테랑 병력을 꽉 짜인 원 모양으로 배치한 뒤 예비 병력은 덤불에 숨어 있으라고 지시했다. 그런 다음 700명의 유인용 병사를 내보내어, 식량으로 이용하기 위해 요새에 갖고 있던 소 떼를 데리고 도망치는 척하도록 시켰다. 은드완드웨는 이 계략에 걸려 병력의 3분의 1을 나누어 소 떼를 쫓도록 했다. 언덕 요새에 보이는 것보다 두 배나 많은 방어 병력이 있다는 것을 알아차리지 못한 은드완드웨는 남은 3분의 2 병력으로 언덕을 공격했다.

은드완드웨는 창을 던지는 전술을 썼지만 샤카 군대는 이를 대부분 피한 뒤 돌격하여 근접 거리에서 적군 1천 명을 죽였다. 고도의 훈련을 받은 샤카군 전사는 반복되는 공격 속에서도 흔들림 없이 굳건히 자리를 지키고 있었고 적당한 시점이 되자 숨어 있던 샤카군의 예비 병력이 나와 전투에 합류했다. 은드완드웨는 패하고 말았다.

이 전투를 비롯하여 몇 차례의 승리를 거둔 샤카는 30개 족장 사회를 1만 8천 제곱킬로미터 면적에 이르는 하나의 통일된 왕국으로 변모시켰다. 불과 12년 만에(고고학자에게는 사실상 보이지도 않을 정도로 짧은 기간이다.) 샤카는 하급 족장의 사생아에서 출발하여 줄루족의 왕이 되었다.

1820년 샤카는 신新 불라와요라고 불리는 곳을 수도로 정했다. 그곳에 지름 1.5킬로미터의 왕족 크랄을 조성했으며, 주위에 방책을 세워 방어벽을 치고 모두 1,500개의 가옥을 지었다. 또한 신 불라와요에 5만 명의 전사를 주둔시키는 한편 52만 제곱미터의 부지를 정해 소를 길렀다.

샤카가 수정한 이데올로기에서는 줄루족이 정복 활동이 아니라 족보상의 상위 서열 자격으로 통치하는 것으로 되어 있었다. 하지만 샤카는 측근 자문관에게 "당신은 오로지 줄루족을 죽임으로써 그들을 통치할 수 있으며 (…) 오직 죽음에 대한 두려움만이 그들을 한데 묶어 놓을 수 있다."는 신념을 털어 놓은 바 있다.

족보상의 자격이 부족했던 샤카는 권력을 빼앗길지 모른다는 두려움을 늘 안고 있었다. 왕은 "형제에게 독살되지 않도록 그들과 함께 식사해서는 안 된다."는 말을 자주 하기도 했다. 샤카는 많은 첩을 두었지만 아들에게 권좌를 빼앗길 것을 두려워한 나머지 부인이 임신을 하면 누구든 사형에 처했다. 그는 상속자를 남기지 않았다.

어린 시절 함께 학대를 견뎠던 사랑하는 어머니 난디가 1827년에 죽었다. 그는 어머니의 죽음에 깊은 애도를 표하기 위해 일 년 동안 어떤 농작물도 심지 말고 어떤 소의 젖도 짜지 말며 어떤 부부도 성관계를 가져서는 안 된다고 명령을 내렸다. 심지어 충분한 슬픔을 표하지 않는 것처럼 보이는 백성 7천 명을 사형에 처했다.

이 "지옥의 해" 동안 나탈에 많은 불만이 쌓이자 샤카의 이복형제인 딩간과 음판데가 주변의 설득에 넘어가 그를 암살하기로 했다. 1828년 이들과 만난 자리에서 아무 의심도 하지 않았던 샤캬는 창에 찔려 죽었다. 그 후 딩간은 줄루족의 왕으로 지명되었다.

물론 이 무렵 유럽의 나탈 식민지화 과정은 돌이킬 수 없는 상태였다. 1838년 보어인은 줄루족을 투겔라 강 북쪽으로 몰아냈다. 또한 1880년 피비린내 나는 전쟁 끝에 영국은 줄루족을 정복했고 그로부터 30년 뒤인 1910년 줄루란드는 남아프리카 연방에 양도

되었다.

1994년 콰줄루나탈 주는 줄루족의 자치 지역이 되었다. 피터마리츠버그에 의회를 설치했으며 줄루족 왕은 급료를 받았다. 자치 정부는 매년 왕에게 새로운 부인을 얻어도 좋다고 허용했지만 왕은 대개 거절했다. 그 대신 오늘날 줄루족 왕은 금욕과 HIV/AIDS 예방을 장려하기 위한 연례 의식을 열고 있다.

샤카의 왕국

"미국 역사에서 아무개가 최악의 대통령이 아니었나?"라는 말을 동료들에게 종종 듣곤 한다. 그러면 우리는 점잖게 "최소한 그 사람은 자기 어머니의 죽음을 애도하지 않았다는 이유로 7천 명의 시민을 사형에 처하지는 않았잖아?"라고 덧붙인다.

샤카의 왕국과 카메하메하의 왕국에 어떤 차이가 있었는지 잠시 살펴보자. 카메하메하의 전임자 중 몇몇은 네 개의 행정단계로 이루어진 정치적 위계 체계를 만들기도 했던 반면 샤카가 자란 사회는 각 크랄의 수장 위로 겨우 두 단계의 위계 체계밖에 없었다. 나탈의 지도자들은 군사력에 많이 의존했다. 그들에게는 폴리네시아의 지도자가 지녔던 신성한 힘이 없었을 뿐만 아니라 신성한 생명력의 차이를 기준으로 몇 단계씩 나뉘는 지위의 연속선도 없었다.

하지만 줄루 왕국의 백성 사이에는 얼마나 오랫동안 샤카에게 충성을 바쳤는가를 기준으로 네 개의 명망 단계가 나뉘어 있었다. 가장 높은 명망 단계는 왕과 줄루족의 지배층 가계, 그리고 처음부터 샤카를 포용했던 (음테트와 같은) 동맹 집단의 지배층 가계였다. 두 번째 단계에는 중요도가 높은 족장, 그리고 샤카가 차츰 세력을 키워 가던 시기에 정복한 사회의 귀족층이 있었다. 이들은 줄루족 왕과 보조를 같이해 온 덕분에 자신들의 과거 영토를 그대로 유지할 수 있었다.

줄루족 백성의 세 번째 단계는 샤카가 정복한 지역 가운데 가장 아끼는 사회에 속한 낮은 지위의 성원이었다. 이들은 한때 다른 종족에 속해 있었지만 이제는 같은 기원에 뿌리를 둔 것으로 간주되었다. 이들 중 뛰어난 자는 관료에 임명되었다.

가장 낮은 네 번째 단계는 줄루족 편에 섰거나 샤카의 후기 정복기에 예속된 지역 사람들이었다. 라이트와 해밀턴에 따르면 이들은 "극빈자", "천민", "머리 모양이 이상한 사람" 등으로 불렸다. 이들은 완전한 줄루족 백성이 될 수 없었으며 비록 한때는 세습 족장의 지도 아래 있었더라도 열등한 종족으로 간주되었다.

훈자 지구의 통일

이제 세계의 지붕으로 눈을 돌려 보자. 인더스 강의 상류 지류인 훈자 강은 파키스탄의 지배권 아래에서 '북부 지역'이라고 불리는 카라코람 산맥에서 발원한다. 눈 덮인 7,620미터 정상에 서면 멀리 아프가니스탄과 힌두쿠시 산맥이 보인다. 남쪽으로는 카슈미르가 있으며 동쪽에는 중국의 신장 자치구가 있다.

인류학자 호마윤 시드키에 따르면 300년 전 훈자 지구에는 요새화한 촌락 세 곳이 있었다. 각각 발티트, 알티트, 가네시라고 불리는 이 촌락들에는 독자적인 소규모 관개 체계가 있었고 보리, 밀,

기장, 살구, 채소 등을 재배했다. 밭은 해발 2,400미터에 위치했으며 그보다 높은 지대에서는 염소와 양, 소를 길렀다. 인간과 동물 분뇨를 농작물 거름으로 이용했으며 가축 떼를 먹이기 위해 알팔파를 재배했다.

기원후 1790년 이전 훈자 사회에는 남자인 가계 수장과 씨족 원로, 그리고 트랑파trangfa라고 불리는 촌락 수장이 있었다. 세 촌락 모두 명목상으로는 툼thum이라고 불리는 한 명의 족장 치하에 있었지만, 족장은 원로 및 수장들과 권력을 나누어 가졌다. 티코피아 사회의 족장이 그랬듯이 툼의 권한도 신성한 생명력에 근원을 두고 있었다. 그는 파리pari, 즉 초자연적인 산신과 특별한 관계를 가진 것으로 전해졌다. 이러한 관계를 통해 툼은 얼음을 녹이고 비를 불러오는 힘을 부여받았으며, 이 두 가지는 농경에 필수적인 요소였다.

툼의 초자연적인 힘은 비탄bitan이라고 불리는 종교 전문가에 의해 확증되었다. 비탄은 정식 사제가 아니며 신전을 관리하지도 않았다. 이들은 산신을 대신하는 지상의 대변자, 예언자, 신탁을 전하는 사람이었다. 훈자 지구를 다녀온 사람들의 기록에 따르면 비탄은 염소 피를 마시고 향나무를 태운 연기를 마심으로써 신들린 무아지경의 상태로 들어갔다.

툼은 대체로 특정 상류층 가계에서 나왔지만 확실한 계승 규칙은 없었다. 족장이 죽으면 아들 및 족장의 형제 간에 싸움이 시작되어 그들 중 한 명이 경쟁자를 모두 죽이거나 추방한 뒤에야 싸움이 끝났다. 권력 투쟁에서 승리한 사람이라도 긴장을 늦출 수는 없었다. 비를 내리게 하거나 얼음을 녹이는 능력이 없다고 판명될 경우에는 암살당하거나 권좌에서 쫓겨났다.

훈자 지구에서 권력을 공고히 다지기 위한 시도는 1500년대부터 주기적으로 있었으며 경쟁 파벌을 제거하는 형태로 나타났다. 1600년대 후반 마요리라는 이름의 훈자 족장이 하마차팅과 오센쿠츠 파벌의 힘을 빌어 디람헤라이 파벌을 학살했다. 동맹 관계를 맺은 세 파벌은 희생 파벌의 토지와 가축을 나누어 가졌다. 그 뒤 마요리의 아들 아야쇼 2세가 오센쿠츠 파벌의 도움을 받아 아버지의 동맹 세력이었던 하마차팅 파벌을 학살했다. 이번에도 승리자들은 희생자의 토지와 가축을 나누어 가졌다. 아야쇼 2세가 이전 동맹 세력이었던 오센쿠츠를 학살하고 그들의 토지와 가축을 모두 손에 넣을 때까지 피비린내 나는 싸움의 순환이 계속되었다.

이 시점에 훈자는 하나의 파벌 아래 통일되었지만 그럼에도 지위 사회의 수준을 넘어서지 못했다. 툼이 권력을 강화하기 위해 추가 계획을 세웠을 수는 있지만 그 내용이 무엇이었든 18세기 중반까지는 실행에 옮기지 못했다. 1759년 카라코람 산맥과 주위의 투르키스탄이 중국 황제 건륭제의 지배 아래 들어갔기 때문이다. 1760년 이후 훈자는 중국에 금을 공물로 바쳐야 했고 중국은 그에 대한 보답으로 훈자 지도자에게 차와 비단, 말을 하사했다.

1790년 무렵 실림 칸이라는 이름의 남자가 형 구티 미르자의 툼 지위를 찬탈했다. 구티 미르자로서는 불행하게도 족장 재임 기간 동안 가뭄이 끊이지 않았고 백성은 더 이상 그가 산신을 다스린다고 믿지 않았다. 구전 역사에 따르면 그 무렵 동생 실림 칸이 여름 중순에 "화살대가 푹 빠질 정도의 높이까지" 눈이 내리도록 했다. 이는 대중의 지지가 실림 칸에게 쏠릴 만한 커다란 업적이었다.

실림 칸은 미르mir 칭호를 얻었다. 이는 툼에 해당하는 페르시아의 직위, 즉 파미르였다. 마요리와 아야쇼 2세가 경쟁 파벌 대부분을 제거한 상태였기 때문에 실림 칸은 발티트, 알티트, 가네시 세 촌락을 빠른 시일 안에 자신의 통치 아래 둘 수 있었다. "하향식" 전략을 적용하여 충성스러운 부하를 각 촌락의 수장으로 지명했다. 그런 다음 자신을 대신하여 세 촌락 모두를 감독할 와지르wazir, 즉 대신을 두었다.

미르 실림 칸은 주변 지역으로 세력을 확장하고자 하는 의도가 확실했다. 이를 위해서는 전임자들이 갖지 못한 몇 가지 이점을 확보해야 한다는 사실을 그는 알고 있었다. 그는 언덕 요새, 망루, 든든한 방어 시설을 갖춘 곡물 창고를 지었다. 그런 다음 이제껏 카라코람 산맥에서 보지 못한 대규모 관개 수로 체계를 만들기 시작했다. 이 수로 중 몇몇은 높은 산의 빙하를 이용하여 예전에는 경작지로 사용하지 못했던 훈자 강 유역의 길게 뻗은 땅에 물을 댔다.

첫 번째 수로를 완성하는 데 7년이 걸렸다. 실림 칸은 한 가구당 남자 한 명씩 부역에 나오라고 요구했으며, 이들은 산양의 뿔로 만든 조악한 곡괭이와 살구나무 삽을 사용했다. 미르는 인부들에게 새벽에서 해질녘까지 땅을 파라고 시켰고 지위가 높은 가족에게는 일꾼이 먹을 음식을 제공하라고 요구했다. 완성된 수로는 발티트 위쪽 개울에서 물을 끌어다가 가네시에서 계곡을 따라 내려오는 황무지에 물을 대었다. 실림 칸은 이곳에 새로운 촌락 하이다라바드를 세웠다.

가장 긴 두 번째 수로는 사마르칸트 수로라고 불리며, 강 위쪽에 높이 솟아 있는 울타르 빙하에서 물을 끌어왔다. 이 수로는 아주 먼 하류 끝의 황무지에 물을 대기 위한 것이었다. 실림 칸은 이곳에 새로운 촌락 알리아바드를 세웠다. 미르는 가네시 사람들이 사마르칸트 수로의 물길을 바꾸어 그들 근거지 부근의 메마른 땅에 물을 대도록 허용해 주었다. 이윽고 하사나바드라는 이름의 새로운 촌락이 가네시에서 분리되어 나왔다.

마침내 미르 실림 칸은 또 다른 산악 빙하에서 물을 끌어오는 세 번째 수로 건설 작업을 지휘했다. 이 수로는 상류 쪽 알티트 부근의 황무지에 물을 대기 위한 것이었다. 물이 많아진 덕분에 알티트 촌락 사람들은 새로운 촌락 아마다바드를 세울 수 있었다.

이 수로들 덕분에 유례없는 번영의 시기가 도래했지만 다른 한편 전통적인 훈자 사회에 변화를 몰고 왔다. 관개 체계는 미르 실림 칸이 만든 것이기 때문에 훈자 군주 가문의 재산이 되었다. 이전까지 쓸모없던 땅에 새로 들어선 촌락에는 이전의 역사가 없었고 실림 칸의 새로운 추종자가 들어와 살았다. 이들은 종족 면에서도 족보상으로도 이질적이며, 공동의 조상 아래 모인 집단이 아니라 동일한 거주지를 바탕으로 결집된 사람들이었다. 새로 형성된 이 집단은 막 탄생한 왕국의 수혜자로 오로지 미르에게만 충성심을 보였다.

자신의 정치적 중요도가 높아진 것을 인식한 실림 칸은 이전까지 신성한 생명력의 유효성을 확증해 주던 예언가들을 외면했다. 불교로 개종한 카친족 족장을 연상케 하는 행동을 보이면서 미르는 이슬람교로 개종했다. 이제 물은 초자연적인 힘이 가져다주는 것이 아니라 수력학 전문 기술을 통해 공급되는 것으로 바뀌었다. 실림 칸의 군주제에서는 이슬람교를 장려했고 예언가의 신들린 무아지경은 민간 신앙으로 전락했다.

관개 체계가 만들어지면서 실림 칸의 영토 안으로 들어오려는 대대적인 이동이 일어났다. 이윽고 실림 칸은 동쪽에 이웃 심샬 밸리와 북쪽의 파미르 산맥까지 영토를 확장했다. 무엇보다도 그는 남동쪽에 있는 나가르 영토를 자신의 통치 아래 두고 싶어 했다. 수로 체계를 건설하기 오래전 한 나가르 족장이 실림 칸의 족장 사회보다 자기 남근이 훨씬 크다고 공언함으로써 미르 실림 칸을 "모욕"한 일이 있었기 때문이다.

실림 칸은 파미르 산맥까지 영토를 확장함으로써 키르기스 유목민에게 이전까지 중국에 바치던 공물을 자신에게 바치라고 강요했다. 그는 북쪽으로 더욱 세력을 확장해 나갔고 사리콜의 작은 왕국을 공격하여 이 촌락의 사람들을 노예로 삼았다.

이제 실림 칸은 실크로드를 오가는 대상을 습격하기에 좋은 위치를 차지했다. 전임자들은 중국에 공물을 바쳤지만 실림 칸은 이제 중국에게서 보호금을 받아 냈다. 대상으로부터 훔친 사치품은 훈자 사회에 부를 가져다주었다. 콜롬비아에 "부에 의한 귀족"이 형성된 것과 유사하게 훈자 사회에서도 대상을 습격하여 획득한 약탈품이 명망을 얻는 또 하나의 통로가 되었다.

1824년에 실림 칸을 이어 가잔파르 칸(1824~1865년)이 미르가 되었다. 가잔파르 칸은 훈자의 수로 체계와 왕국의 통치 영역을 확장하여 마침내 그의 전임자가 적의를 보였던 나가르 사회를 복속시켰다.

훈자 왕국

마요리가 경쟁 파벌을 살해한 일에서 시작하여 가잔파르 칸에 이르러 영토 확장이 정점에 달할 때까지 훈자에서 군주제가 탄생하는 전체 과정은 150년이 걸렸다. 이 역시 족장에서 왕으로 바뀌는 과정이 한 차례의 시도로 이루어지는 것이 아니라 여러 통치자들의 공로가 쌓여 최종 성과로 나타나는 일련의 과정임을 또 한 번 보여주는 증거였다.

앞서 보았던 하와이와 줄루족의 사례와 마찬가지로 훈자의 통일 과정에서도 공격적인 한 가계가 다른 경쟁 가계를 압도하는 우위를 확보해야 했다. 훈자의 경우 결정적인 우위는 관개 체계였으며, 이 덕분에 불모 지대를 경작지로 바꾸어 미르의 통치권 아래 둘 수 있었다. 이는 세 가지 중요한 결과를 가져다주었다. 첫째, 씨족 원로와 가계 수장의 권한이 축소되었다. 둘째, 초자연적 힘에 의거한 정통성이 힘을 잃고 그 자리에 진정한 정치 권력이 들어섰다. 셋째, 중앙집권적인 통제가 종족 단위의 충성심을 누르고 승리를 거두었다. 그 결과 왕족 가계를 둔 군주제가 탄생했다. 이 밖에도 부유층 귀족이 형성되었고 대신, 각 지구와 촌락의 수장, 세금 징수관, 여러 언어를 구사할 줄 아는 외교관 등 관료층이 생겼으며 농부, 가축몰이꾼, 노예로 구성된 평민 노동 계층이 존재했다.

마다가스카르의 통일

마다가스카르는 세계에서 네 번째로 큰 섬으로, 아프리카에서 동쪽으로 640킬로미터 떨어진 인도양에 위치해 있다. 시간이 흐르면서 이곳은 지위 사회에서 왕국이 탄생하는 과정을 연구하기에 좋은 장소가 되었으며 사회인류학자와 고고학자 간에 모범적인 협력 작업이 이루어졌다.

하와이와 마찬가지로 마다가스카르에도 풍부한 구전 역사가 있으며 대부분 탄타란 니 안드리아나Tantàran 'ny Andriana, 즉 "왕들의 역사"라고 불리는 기록으로 편찬되었다. 역사학자 머빈 브라운에 따르면 이 기록은 전통이 전설이 되는 시점, 즉 최초의 왕이 신의 아들이었다고 알려진 14세기까지 거슬러 올라가 메리나족의 통치자를 기술해 놓았다.

1960년대에 마다가스카르에서 연구를 시작한 사회인류학자 콘래드 코탁은 이내 그곳에서 고고학자 헨리 라이트와 공동 연구를 펼칠 가능성을 보았다. 라이트는 마다가스카르 학자 장 에메 라코토아리소아뿐만 아니라 고고학자 로버트 듀어, 수전 쿠스, 조 크로스랜드와 한 팀을 이루고 있었다. 이어지는 내용에서는 이들의 연구 결과에 의지할 것이다.

메리나족은 앞서 설명한 다른 지위 사회처럼 족장 사회로서 순환적 변동을 거치면서 세력이 점점 커졌다. 14세기에서 16세기 사이 이곳을 방문한 유럽인의 보고에 따르면 마다가스카르 고지대에 강력한 권력을 지닌 지위 사회가 있었다. 듀어와 라이트의 고고학 조사를 통해 이 사회의 존재가 입증되었으며, 이들이 밝혀낸 바에 따르면 각 족장 사회 중심지 주변에 다섯 개 내지 열 개의 하위 촌락들이 둘러싸고 있었다.

구전 역사에 따르면 바짐바족과 호바족이라 불리는 두 종족 집단 사이에 전쟁이 일어났다. 호바족이 쇠도끼와 석궁을 획득하여 브라운이 말하는 이른바 "결정적 우위"를 차지하면서 이웃 바짐바족을 압도하자 전쟁은 더욱 치열해졌다.

16세기 말 무렵 랄람보라는 이름을 가진 야심적인 호바족 족장이 마다가스카르 고지대를 통일하고자 나섰다. 서구 역사학자들은 이들이 유럽의 화약 무기를 입수한 덕분에 바짐바족에게 승리를 거둘 수 있었다고 보았다. 이는 하와이 제도의 카메하메하가 확보한 이점과 비슷했다. 하지만 랄람보가 통치하던 사회의 논리에서는 그가 지닌 강력한 삼피sampy 덕분에 승리를 거둘 수 있었다고 보았다. 삼피는 만단족의 신성한 꾸러미처럼 개인의 생명력을 증대해 주는 강력한 부적이었다. 훈자나 폴리네시아 사회에서 그랬듯이 호바족 지도자 역시 신성한 힘을 지니고 있거나 그런 힘을 획득한 존재로 비쳤다는 것을 알 수 있다.

랄람보는 자신의 영토를 이메리나*라고 일컬은 최초의 족장이었으며 그의 후계자는 최고 중심 촌락을 지금의 마다가스카르 수도인 타나나리베**로 옮겼다. 이 시점부터 마다가스카르에 네 개의 이메리나 귀족 지위가 생겼다고 전해지는데, 족보상으로 대족장과 어떤 관계인가에 따라 지위가 정해졌다.

17세기에 안드리아마시나발로나라는 이름의 한 젊은 귀족이 지지 세력에게 더 많은 권력을 나누어 주겠다고 약속함으로써 형을 대족장 자리에서 몰아내는 데 성공했다. 안드리아마시나발로나는 부역 노동을 동원하여 타나나리베 부근에 있는 거대한 습지를 논으로 바꾸었다. 이러한 움직임은 관개 수로를 건설했던 실림 칸을 연

* 왕국 및 왕의 영토를 뜻한다.

** 오늘날 마다가스카르의 수도 안타나나리보의 옛 이름.

상시킨다.

이 지역 고고학 연구를 보면 이 시기에 습격 활동이 격렬하게 벌어졌다는 것을 알 수 있다. 듀어와 라이트의 조사를 통해 드러난 당시의 전반적인 풍경은 거대한 다각형 요새가 우뚝 솟아 있고 그 주변에 방어 도랑을 만든 경우도 많았으며, 이보다 규모가 작은 요새화된 공동체가 다시 주변을 둘러싸고 있었다. 또한 이 지역의 많은 소규모 유역이 논으로 바뀌었다는 징후도 보였다. 카메하메하가 오아후 섬의 아나훌루 밸리에 계단식 경작지를 조성했던 것과 마찬가지로 메리나족 족장은 쌀 생산을 증대함으로써 영토 확장을 위한 자원을 확보했다.

앞서 보았듯이 족장 계승 과정에 나타나는 문제로 인해 주기적으로 지위 사회가 와해되는 현상이 나타났다. 구전 역사에 따르면 안드리아마시나발로나가 그런 상황을 야기했다. 그는 장남(장자 상속)이나 막내아들(말자 상속)에게 모든 영토를 넘겨주지 않고 아들 네 명 모두에게 고루 나누어 주었다. 이들은 이내 형제의 땅을 서로 차지하려고 경쟁을 벌였다.

중앙집권화된 통제 체계가 이렇게 해체됨으로써 권력 찬탈의 기회가 생겼다. 1745년 무렵 네 개의 지역 중 최북단에 위치한 지역에서 람보아살라마라는 이름의 젊은이가 태어났다. 그는 당시 해당 지역을 다스리던 족장 안드리안자피의 조카였으며 예언가는 이 젊은이가 위대한 인물이 될 것이라고 예언했다. 이 때문에 삼촌이 두려움을 느끼자 람보아살라마는 어린 카메하메하가 그랬듯이 한동안 숨어 살았다.

안드리안자피는 사람들의 미움을 받는 폭군이 되었다. 1787년

메리나족 족장 12명이 람보아살라마 주위에 결집하여 안드리안자피의 직위를 빼앗는 데 필요한 도움을 제공했다. 그러자 람보아살라마는 안드리아남포이니메리나 즉 "이메리나가 원하는 왕자"라고 이름을 바꾸었다.

권력 찬탈자는 족보상의 자격으로 직위를 획득하는 것이 아니라 전략이나 무력으로 직위를 획득하기 때문에 정통성을 확보하기 위해 노력해야 하는 경우가 많았다. 안드리아남포이니메리나의 새 이름에는 메리나족 사람들이 그를 원했다는 의미가 내포되어 있었다. 그는 또한 자신이 통치자의 운명을 타고났다고 주장했으며 이를 뒷받침하기 위해 메리나족의 빈타나vintana 개념을 이용했다. 빈타나란 시간과 장소를 절묘하게 배열하여 사건이 숙명적으로 일어나도록 만드는 과정을 말한다. 그는 생명력인 하시나hasina를 키우기 위해 특별한 부적을 지니고 다녔다.

안드리아남포이니메리나의 통치는 수수하게 시작되었다. 그가 맨 처음 살았던 "왕의 거처"는 가로 6미터, 세로 3.5미터 크기였으며 가장 큰 가구는 12명의 아내가 자는 침대였다고 전해진다. 하지만 시간이 흐르면서 안드리아남포이니메리나는 안드리아마시나발로나가 아들 네 명에게 나누어 주었던 지역 전체를 통일했다. 이후 10년에 걸쳐 안드리아남포이니메리나는 마다가스카르 중부 고원 지대 전체로 정치 권력을 확장했다. 그는 "내 논의 경계선은 저 바다가 될 것"이라고 호언장담했다. 1810년에 그의 뒤를 이은 아들 라다마가 아버지의 호언장담을 실현했다.

앞서 보았던 다른 사례와 마찬가지로 메리나족의 군주제도 일련의 공격적인 통치자가 등장하고 몇 차례 일시적 후퇴를 반복하면서 하나의 점진적인 과정으로 탄생했다. 그 과정에서 사회 논리도 적절하게 변화했다. 호바족이 랄람보의 초창기 승리를 강력한 삼피, 즉 부적의 힘으로 돌린 일을 떠올려 보라. 그 후 메리나족 통치자는 지역의 부적을 모두 독차지했으며 자신들만 사용하는 "왕의 부적" 종류도 만들어 냈다. 이러한 왕의 부적을 삼피 마시나sampy masina라고 불렀으며 이는 하시나 즉 생명력의 배분 방식에 중대한 변화가 생겼음을 의미했다. 코탁에 따르면 메리나족 귀족은 자신들이 날 때부터 평민보다 훨씬 많은 하시나를 갖고 태어난다고 주장했으며 이는 사회 계층화에 정당성을 부여했다.

메리나족 사회의 상층은 세습 귀족으로 안드리아나andriana라고 불렸다. 평민은 "진정한 호바hova" — 처음부터 이메리나의 중심에 있던 열 개 촌락의 후손 — 와 마인티mainty, 즉 왕의 하인과 이전에 노예 출신이었던 사람으로 나뉘었다. 평민 계급 안에 다시 지위를 두 개로 나눈 점은 줄루족이 존경받는 평민과 천민을 구별했던 것을 연상시킨다. 안데보andevo로 알려진 집단은 메리나족 성원이 되지 못한 노예였으며 대개는 전쟁터에서 포로로 잡혀 온 사람이었다.

듀어와 라이트는 메리나 왕국의 구조가 고고학 기록에도 나타나 있다는 것을 알았다. 1760년에서 1810년 사이 메리나 왕국의 중심 지역이 재편되어 정착지들이 네 단계의 위계 체계로 구분되었다. 맨 위 단계는 요새화된 35만 제곱미터 규모의 수도였다. 그 아래 단계가 요새화된 10만 제곱미터 규모의 도시이며 이곳으로 들어가는 입구를 수 톤짜리 돌로 막아 놓을 수 있었다. 위계 체계의 세 번째 단계는 촌락이며 네 번째 단계는 그보다 더 작은 소규모 촌락이었다. 메리나족과 다른 종족 집단의 경계 지역에는 특별한 군사 정착지도 만들었다. 세습 귀족의 무덤은 각 도시의 방어벽 안쪽에 있었던 반면 평민 계급의 무덤은 방어벽 밖에 방치되어 있었다.

마지막으로 앞서 살펴본 다른 군주제와 마찬가지로 메리나 왕국도 충성스러운 평민을 더러 관료에 임명했다. 이는 통치자가 귀족 성원을 항상 신뢰한 것은 아니기 때문이며 또한 평민은 애초부터 더 높은 지위를 찬탈할 족보상의 자격이 없다고 믿었기 때문이다.

왕국의 불평등

서로 다른 네 개 지역에 나타난 초기 군주제를 살펴보았으니 이제 다음의 물음을 생각해 보자. 전제적인 대족장의 통치 아래 있을 때보다 전제적인 왕의 통치 아래 있을 때 불평등이 더 심화되었을까?

요컨대 노예는 틀링깃족 같은 채집 생활 사회에도 존재했다. 뉴기니의 몇몇 촌락 사람들은 시시한 인간으로 취급받았으며, 하와이의 족장은 수천 명이나 되는 백성의 토지를 빼앗았고, 벰바족 족장은 자신을 화나게 하는 사람의 팔이나 다리를 잘랐다.

왕국에서는 이러한 불평등의 많은 부분이 지속되었다. 게다가 부분적으로는 왕국이 탄생한 결과 새로운 불평등이 생기는가 하면 특정 불평등이 심화되기도 했다.

앞에서 살펴본 네 가지 사례 중 어느 하나도 단순히 지위 사회의 외형이 커져서 왕국이 탄생한 적은 없었다. 그런 성장을 촉발하는 사회적 스테로이드제 같은 것은 없다. 그 대신 네 곳의 왕국 모두 한 집단이 경쟁 관계에 있는 지위 사회를 무력으로 통일함으로써 탄생했다. 마치 대결을 통해 우두머리 침팬지가 생겨나듯이 족장 간의 경쟁이 왕국의 탄생을 가져오는 엔진 역할을 한 것처럼 보였다.

앨라배마와 파나마와 콜롬비아를 비롯한 고대 세계 많은 지역에서는 그러한 족장 간 경쟁이 무한히 지속되었다. 하와이, 나탈, 마다가스카르, 훈자 밸리에서는 경쟁하는 사회 중 한 곳이 결국 유리한 이점을 확보했다. 이는 새로운 무기인 경우도 있고, 새로운 군사 전략인 경우도 있으며 새로운 관개 체계나 새로운 논인 경우도 있었다. 게다가 이러한 이점을 활용하는 통치자들은 매우 공격적인 성향을 보였다. 불만을 가진 권력 찬탈자이거나 상류층 조상을 두었으면서도 상속자 계열에 끼지 못한 경우가 많았고, 이복형제를 죽이고 나아가 필요하다면 이복 여자 형제와도 혼인할 각오가 되어 있었다.

이들과 그 뒤를 이은 상속자는 이웃 집단을 정복하고 경쟁 관계에 있던 지위 사회를 더 큰 영토의 속주로 삼았다. 투항한 이웃 족장이 계속해서 속주의 관리자로 남도록 허용했다. 저항하는 족장은 살해하거나 추방했으며 그 자리에 승리자가 신뢰하는 협력자를 앉혔다.

정복당한 많은 속주는 이전 족장 사회 시절부터 내려오는 세 단계 행정 체계를 그대로 유지했다. 통일을 이룩한 자는 이제 속주로부터 공물을 받았다. 또한 모든 지역을 포괄하는 행정 단계를 새로 만들었으며, 이제 "족장"은 일개 속주의 직위이므로 그보다 높은 "왕"의 직위를 만들어야 했다.

새로 탄생한 왕 중 몇몇은 자신의 거처를 궁전으로 바꾸고 수도를 옮기거나 확대했으며, 족장의 수행단을 궁정의 신하로 바꾸었고, 직접 기념비를 세우고, 자신의 무덤을 어느 누구의 것보다 크게 만들도록 지시했다. 이 모든 행위 덕분에 고고학자는 왕국의 존재를 확인할 수 있다.

왕은 백성이 이전까지 땅에 대해 갖고 있던 충성심을 와해시키고 그 대신 왕가에 충성심을 갖도록 전략을 수립했다. 줄루족의 경우 이 과정은 샤카가 정복한 모든 사회의 젊은이를 포괄하도록 이부토를 확대하는 데서 시작되었다. 샤카가 왕이 된 후에는 이 과정을 더욱 확대했고, 모든 평민을 줄루족 국가의 백성으로 만들기 위해 애썼다.

이 대목에서 새로운 불평등 — 종족 차별 — 이 표면화되었다. 우리는 자기 민족 중심주의가 보편적 현상임을 알고 있다. 심지어 평등 사회의 촌락 사람들도 자기네 행동 방식이 이웃의 행동 방식보다 훨씬 뛰어나다고 생각한다. 하지만 샤카와 안드리아남포이니메리나 같은 왕들은 많은 주변 지역을 자기 영역으로 통합했다. "진정한 줄루족" 또는 "진정한 호바족" 등 완전한 백성으로 대우받는 평민이 있었던 반면 "극빈자", "천민", "머리 모양이 이상한 사람" 등으로 여겨지는 평민도 있었다. 사회가 종족의 차이를 포용할 수 있는 능력에 비해 왕이 외부인을 자기 노동력으로 끌어들이려는 의지가 훨씬 강했고 그 결과 이등 백성이 생긴 것이다.

이 장에서 살펴보았던 왕 중에는 권력 분점을 약화함으로써 불평등을 심화한 경우도 있었다. 벰바족 사회에서 평의회 성원의 직위는 세습된 반면 족장은 동료 귀족의 손으로 선출된 점을 상기해 보라. 평의회 성원이 족장의 지배를 받지 않았기 때문에 벰바족 족장은 그들의 조언을 진지하게 받아들여야 했다.

하지만 몇몇 초창기 왕은 자기 입맛에 맞게 주요 자문 위원을 뽑았다. 12명의 메리나족 족장은 안드리아남포이니메리나가 삼촌의 지위를 찬탈하는 과정에서 도움을 주었고 안드리아남포이니메리나는 이들을 측근 자문 위원으로 삼았다. 왕이 된 뒤에는 "땅의 남편"이라고 불리는 귀족 70명으로 평의회를 추가로 구성하기도 했다. 그는 매년 대중 앞에서 카바리kavary라 불리는 대중 연설을 했는데, 이는 "백성과 함께 정책 결정을 하기 위한 것"이었다고 전해진다. 하지만 이와 같이 권력 분점을 공개적으로 과시하는 것은 대개 허울뿐이었다.

카메하메하는 출신지인 코나 지구의 다섯 족장을 자문 위원으로 삼았으며 초기에는 중요한 결정을 내릴 때 그들의 승인을 구했다. 하지만 랠프 카이켄달에 따르면 이 다섯 명이 자리에서 물러나자 카메하메하는 그 뒤를 이은 자문 위원들의 말에 별로 귀 기울이지 않았다. 미르 실림 칸은 대신에게 권력을 위임했고 마리카marika라고 불리는 훈자 평의회와 권력을 분점하기로 되어 있었다. 하지만 호마윤 시드키가 지적했듯이 미르가 직접 마리카의 의장을 맡았고 "어느 누구도 감히 순서를 무시한 채 나서서 발언하지 못했다".

1세대 왕은 아무리 전제적인 군주라도 정치적 지지 세력이 필요했다. 그리하여 최소한 권력 분점의 시늉이라도 해서 지지를 끌어내는 경우가 많았다. 하지만 왕은 자신의 전임자였던 족장에 비해 자문 위원을 자기 입맛에 맞게 뽑거나 그들의 의견을 무시할 가능성이 높았다.

최초의 왕국이 성립되는 과정에서 생긴 문제점

이 장에서 살펴본 네 개 왕국이 탄생하는 과정에는 이전까지 독립해 있던 사회를 무력으로 통합하는 과정이 필요했다. 그런데 무력은 반드시 필요했던 것일까?

미 남동 지역에서 규모가 큰 몇몇 족장 사회, 가령 쿠사 같은 곳이 자발적인 연맹체를 구성한 사례를 본 바 있다. 초기 왕국 중에도 그와 같이 자발적으로 형성된 곳이 있지 않을까?

이러한 가능성을 닫아 버리기 전에 우선 의심을 품어 보자. 쿠사, 그리고 이 문제에 관해서 널리 알려진 이로쿼이 연맹이 있는데, 이 사회들이 해당 지역에서 최초로 등장한 족장 사회가 아니었다는 점에 주목할 필요가 있다. 이 연맹들이 부상할 즈음 북아메리카에는 1,000년 전보다 훨씬 오래전부터 지위 사회가 있어 왔다. 특정 사회 형태가 한동안 존재한 적이 있고 사람들이 그 사회 조직의 원형을 이해한다면 그런 사회 형태를 만들기 위한 여러 대안이 나올 수 있으며, 그중에는 자발적인 경로도 있을 수 있다.

인류학자 로버트 카네이로는 사회가 자발적으로 자치권을 넘겨주는 일은 거의 없다고 강조했다. 우리는 한 씨족이 사회의 의식 권한이나 세속 권한을 손에 넣으려고 할 때 매번 다른 씨족의 저항에 부딪혔다는 것을 알고 있다. 콜롬비아 카우카 밸리에 있는 카티오의 여러 촌락은 적대적인 이웃 촌락에게 위협당하지 않는 한 어느 족장도 자신의 권한을 넘겨주지 않았다. 많은 고고학자는 쿠사와 이로쿼이 연맹의 경우에도 스페인, 프랑스, 영국의 식민 개척자가 위협적인 존재로 여겨진 뒤에야 연맹을 결성했을 것으로 추정한다.

각 지역에 최초로 등장한 지위 사회는 참고할 만한 견본이 없었으며 최초의 왕국 역시 사정은 마찬가지였다. 해당 지역에서 최초의 왕국이 생성되는 과정에서 생긴 문제점 중 하나는 이웃 사회가 스스로의 자유를 포기하고 왕국의 속주가 됨으로써 무엇을 얻는지를 전혀 알지 못한다는 데 있었다. 따라서 최초의 왕국이 탄생하는 과정은 2세대, 3세대, 4세대 왕국이 탄생하는 과정과 완전히 달랐다.

고고학자 찰스 스펜서는 한 지역에서 최초의 국가가 탄생하려면 하와이, 줄루족, 훈자, 메리나족에게서 보았던 것과 같은 영토 확장이 필요하다는 주장을 수리적 방식으로 뒷받침했다. 왕국은 국가의 한 형태이기 때문에(분명 가장 초기 형태이며 군사 독재와 의회 민주주의는 나중에 생겨났다.) 여기서 스펜서의 연구를 살펴볼 필요가 있다. 하지만 세세한 수리적 내용은 생략할 것이다.

스펜서는 포식자-피식자 관계에 관한 동물학 문헌에서 등식을 빌려 와, 족장이 추종 세력에게서 뽑아낼 수 있는 자원이 한계에 도달하고 사회의 성장 곡선이 가파른 상승선에서 평평한 수평선으로 바뀔 때 세 가지 현상이 나타난다고 설명했다. 그러한 상황에 놓인 족장은 다음과 같은 일을 하게 된다.

1. 백성에게 더 많은 자원을 요구하며, 이는 반란으로 이어지기도 한다.
2. 기술 향상을 통해 생산을 증대한다. 그 결과 부를 늘릴 수는 있지만 그렇다고 사회정치적 복잡성이 커지는 것은 아니다.
3. 자원을 얻을 수 있는 영토를 확장한다. 그러려면 이웃 사회를 자기 지배하에 예속시켜야 한다.

3번 방식이 채택되고 그 결과 늘어난 영토가 일정 한계를 넘어서서 이전과 같은 방식으로 관리할 수 없는 지경이 되면 족장은 부득이 관리 방식과 정치 이데올로기에 변화를 꾀하며, 국가가 형성되기 시작한다. 1번과 2번 방식에서는 이러한 변화가 일어날 가능성이 적다.

최초의 국가가 탄생하는 과정에 무력이 그토록 자주 등장하는 이유는 경쟁 족장이 자발적으로 영토와 주권을 넘겨주지 않기 때문이다. 이 장에서 살펴보았던 네 가지 사례를 보면 국가가 형성되는 과정에 수천 명이 죽고 그 밖에도 수천 명의 사람이 노예로 전락했다.

유감스럽게도 최초의 국가가 탄생하는 일이 아름답다고 말한 사람은 아무도 없었다.

풀리지 않은 물음

앞서 보았듯이 군주제는 지위 사회에서 생겨난다. 그리고 어빙 골드먼이 알려 주었듯이 지위 사회에는 몇 가지 형태가 있다. 티코피아 족장은 신성한 권한에 의존했다. 킴바야족의 부는 금세공 전문 기술에서 나왔으며 줄루족은 원하는 것을 무력으로 빼앗는 세속적 전사였다. 또한 통가 족장은 흘깃 쳐다보기만 해도 평민을 병들게 할 수 있었지만 족장의 누이는 족장의 머리에 발을 올려놓을 수 있었다.

군주제 역시 여러 형태를 띠었던 것으로 밝혀졌다. 인류학자 허버트 루이스는 에티오피아의 전통적인 군주를 상세하게 관찰한 적이 있다. 그가 밝혀낸 바에 따르면 카파의 왕은 신성 군주로 여겨졌고, 아비시니아의 왕은 신성한 존재로 여겨지지는 않았지만 신성한 요소와 온갖 터부로 둘러싸여 있었다. 한편 갈라족(또는 오로모족)의 왕은 강력한 권력을 지닌 인간일 뿐이었다.

다음 장에서 살펴보겠지만 광범위한 지역에서 다양한 형태의 왕이 나타났다. 이집트의 파라오는 신적인 존재였으며, 마야의 왕은 신성한 자질을 지녔고 때로는 신화 속 조상이 환생한 것으로 여겨지기도 했다. 반면 초기 메소포타미아 왕은 단지 강력한 권력을 지닌 인간일 뿐이었으며 때로는 왕을 가리켜 수호신의 "소작인"이라고 말하기도 했다.

여기에 한 가지 풀리지 않은 중요한 물음이 있다. 특정 형태의 군주제와 그 군주제가 탄생했던 이전 족장 사회 간에 논리적 연결성이 있을까? 신성한 군주는 종교적 권한이 가장 중시되었던 사회를 통일한 데서 비롯되었을까? 세속적인 왕은 종교 전문가가 그저 주술사 정도에 지나지 않았던 군국주의적인 지위 사회를 통일한 데서 비롯되었을까? 아니면 통일한 지위 사회가 어떤 형태였든 상관없이 임의로 어떤 군주제든 나올 수 있었던 것일까?

우리는 이 물음에 대한 답을 알지 못한다. 사회인류학자와 고고학자가 현재 이에 관한 연구를 진행하지 않기 때문이다. 이 물음 역시 그들이 풀어야 할 숙제이다.

신세계의 1세대 왕국

바로 앞 장에서는 네 개 왕국의 탄생 과정을 설명했다. 야심적인 지도자가 연이어 등장하여 끊임없이 통일을 시도한 결과 마침내 이전까지 독립해 있던 여러 지위 사회를 통일함으로써 왕국이 탄생했다. 이 과정에 참여한 지도자는 본보기로 삼을 만한 모범도 없었고 군주제가 어떻게 생겼는지 참고할 견본도 없었다. 그러므로 이 네 가지 사례 모두 해당 지역의 1세대 왕국이라고 규정할 수 있다.

하와이, 줄루족, 훈자, 메리나족에 관해 그렇게 많은 사실을 알 수 있었던 것은 기록 문서가 있었기 때문이다. 네 왕국 모두 세계 역사에서 늦게 탄생했고 그 과정을 서구 관찰자가 지켜보았다. 서구와의 접촉으로 영향을 받지 않은 더 초기의 사례가 있다면 좋지 않을까?

이 장에서는 다른 영향 없이 자연 상태에서 왕국이 탄생한 사례를 찾기 위해 2,000년 전보다 훨씬 이전까지 거슬러 올라간다. 좋은 소식은 멕시코, 과테말라, 페루의 고고학 기록에서 그런 사례를 발견할 수 있다는 점이고, 나쁜 소식은 그 사례들이 너무도 오래전의 것이라서 목격담이 없다는 점이다. 따라서 고고학적 추론에 상당 부분 의존해야 했다.

우리는 멕시코와 페루의 1세대 국가가 대개 왕국이었다고 믿지만, 실제적인 군주가 관여해 있는지 확실하지 않을 때는 "국가"라는 포괄적인 용어를 사용할 것이다. 예를 들어 오늘날의 멕시코시티 부근 테오티우아칸을 중심으로 형성된 초기 멕시코 국가는 미술 작품에 군주가 등장하지 않았다. 이와 달리 초기 마야 통치자는 마야어로 "왕"을 뜻하는 단어가 상형 문자로 비문에 새겨져 있었기 때문에 그들이 군주였다는 사실을 알 수 있다.

신세계를 연구의 시작점으로 삼은 데는 한 가지 이유가 있다. 멕시코 고지대, 페루 해안 지역, 마야 저지대에서 연구 활동을 펼친 많은 고고학자가 초기 왕국이 어떻게, 그리고 언제 생겼는지 밝히려는 특별한 의도를 가지고 연구를 기획했기 때문이다. 즉, 그들은 우리를 위해 미리 준비해 두고 있었다.

사포텍 국가

대략 2,500년 전 멕시코 오악사카 밸리에는 최소한 세 개의 지위 사회가 외견상으로 서로 충돌하면서 살아가고 있었다. 북쪽으로는 산호세 모고테라는 족장 사회 중심지가 있었으며 최소한 2천 명의 주민으로 구성된 사회를 다스렸다. 남쪽에 위치한 족장 사회 중심지는 산마르틴 틸카헤테였으며 700명 내지 1천 명으로 이루어진 사회를 다스렸다. 동쪽으로는 예구이라는 족장 사회 중심지가 대략 700명 내지 1천 명을 다스리고 있었다. 주민 수에서는 차이가 나지만 이 지위 사회들 중 어느 곳도 상대 집단을 자기 휘하에 예속시키지 못했다. 따라서 서로의 경계 지역에 사람이 살지 않는 완충 지대를 남겨 두었다. 이들은 주기적으로 상대의 신전을 불태우고 제물로 바쳐진 적 지도자를 묘사한 돌 기념비를 세웠다. 이 경쟁적인 족장 사회 중심지들을 보면 하와이 제도의 빅 아일랜드가 우미, 알라파이, 카메하메하 같은 인물에 의해 통일되기 전까지의 양상이 떠오른다.

마침내 산호세 모고테의 지도자들이 우위를 확보할 수 있는 무언가를 해냈다. 이들은 족장 사회 중심지와 그 위성 촌락에서 2천 명의 인원을 끌어모아 앞서 언급한 완충 지대 내의 산꼭대기로 이동했다. 지면에서 400미터 높이로 솟아오른 산의 남쪽과 동쪽은 가파른 경사면으로 보호받고 있었다. 이곳에 도착한 사람들은 보다 쉽게 올라갈 수 있는 북쪽과 서쪽 경사면에 3킬로미터의 방어벽을 쌓기 시작했다. 그들은 이 산을 차지함으로써 다른 경쟁 세력을 정복할 수 있는 근거지로 삼았다.

다른 많은 지위 사회가 그랬듯이 이 근거지에 맨 처음 도착한 이들은 사람이 살지 않는 완충 지대에 새로운 족장 사회 중심지를 건설했다. 이 중심지가 들어서고 약 200년 정도 지나자 산 정상의 촌락은 내적인 인구 성장과 더불어 이주민의 추가 합류로 인구가 5천 명으로 늘었다. 이곳은 오악사카 밸리 최초의 도시가 되었으며 이곳의 잔해는 오늘날 몬테 알반 유적지로 알려져 있다.

새로 형성된 이 도시의 토기는 옥수수 토르티야를 대량 생산하기 위한 구이용 판인 코말comal이 처음으로 사용되었다는 것을 알려 주는데 이는 우연의 일치라고 볼 수 없다. 이 도시를 세우고 관리하던 노동자들은 지도자에게서 토르티야를 배급받았을 것으로 추정된다.

고고학자 찰스 스펜서와 엘사 레드먼드 덕분에 몬테 알반이 남쪽으로 하루 정도 걸리는 곳에 있는 족장 사회 중심지 산마르틴 틸카헤테와 지속적으로 갈등한 것에 관해 상당 부분을 알 수 있었다. 두 공동체에는 라파하와 라벤타의 광장을 연상시키는 공공-의식 광장이 있었다. 하지만 몬테 알반의 광장은 정남-정북 방향으로 배치되었던 반면 틸카헤테의 광장은 정북 방향에서 25도 기울어졌다. 두 공동체의 족장 가계는 천문학적으로 어떤 배열이 적합한가를 둘러싸고 이견을 보였으며 이는 사회의 지도력이 적어도 부분적으로는 천상의 권위에 의거했음을 의미한다.

몬테 알반이 규모를 늘려가자 틸카헤테는 자체 규모를 24만 제곱미터에서 52만 제곱미터로 두 배 이상 늘리는 식으로 대응했다. 아마도 위성 촌락에서 계획적으로 방어 세력을 끌어들였을 것이다. 하지만 약 2,280년 전 몬테 알반이 틸카헤테를 습격하여 광장에 있는 건물을 불태웠다.

틸카헤테는 항복하지 않고 버텼다. 2,250년 전에서 2,000년 전 사이 틸카헤테는 규모를 71만 제곱미터로 늘리고, 보다 방어하기 좋은 언덕 위로 광장을 옮겼다. 새 광장은 저항의 의미로 이전 방위를 그대로 유지했다. 또한 틸카헤테는 쉽게 오를 수 있는 경사면에 방어벽을 추가로 쌓았다.

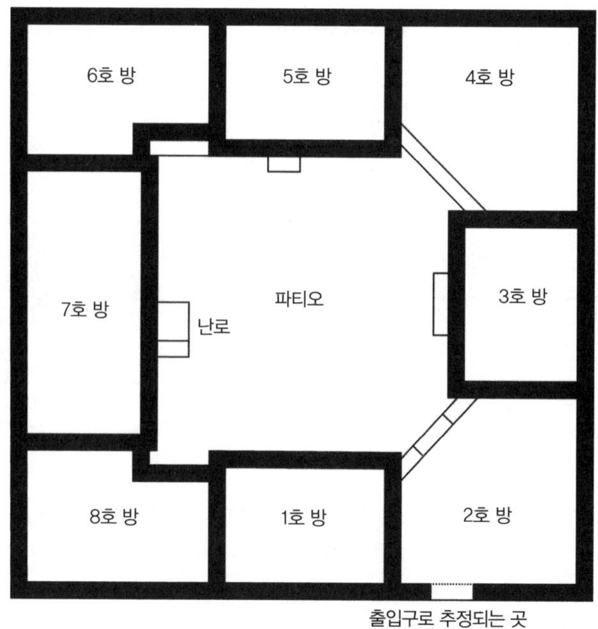

그림 50 | 몬테 알반과 틸카헤테의 경쟁 관계는 틸카헤테가 정복당하고 그곳의 대저택이 불타는 것으로 끝났다. 한 변의 길이가 16미터인 이 대저택은 중앙 파티오를 중심으로 방이 여덟 개 있었다. 이 대저택은 여러 노동 집단이 각기 다른 점토 재료로 만든 어도비 벽돌을 사용하여 지었다.

하지만 몬테 알반은 장기간의 군사 작전을 펼칠 태세를 갖추었다. 몬테 알반의 지도자는 고리 모양으로 형성된 155개 위성 촌락에 농부, 공예 기술자, 전사 수천 명을 모았으며 이 위성 촌락은 대부분 몬테 알반에서 도보로 한나절 거리 내에 있었다. 위성 촌락 중 많은 수가 산기슭에 위치했으며 관개 수로를 이용하여 옥수수 생산을 보다 많이 늘릴 수 있었다. 이러한 전략은 하와이 제도 오아후

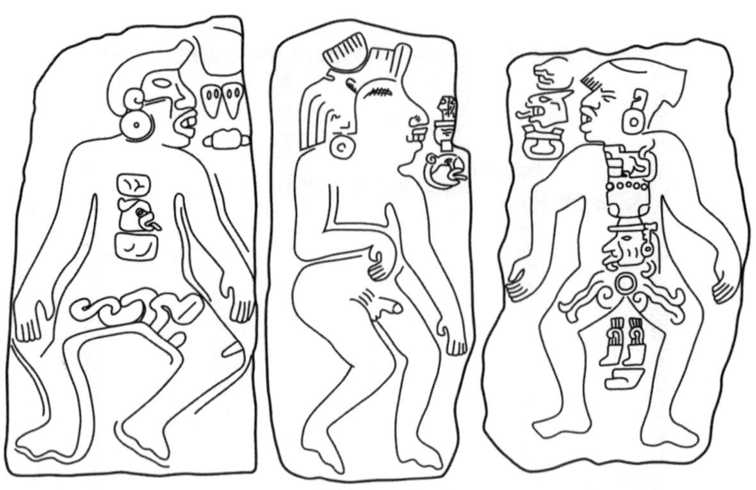

그림 51 | 몬테 알반에 있는 건물 L의 정면에는 살해되었거나 제물로 바쳐진 적들의 모습이 석조 조각으로 새겨졌다. 대부분은 벌거벗은 모습이며, 피가 소용돌이치는 문양으로 생식기 훼손을 나타낸 경우도 많았다. 또한 위의 세 가지 사례에는 희생자의 이름을 포함하는 것으로 보이는 상형 문자 비문이 새겨져 있었다.

섬에 계단식 경작지를 조성했던 카메하메하의 전략을 연상시킨다.

마침내 몬테 알반이 재차 틸카헤테를 공격하여 통치자의 대저택과 공동체의 주요 신전을 불태웠다. 두 건물의 잔해에서 나온 숯은 대략 2,000년 전의 것으로 밝혀졌다. 틸카헤테는 이 공격에서 살아남지 못했다. 촌락은 폐허가 되었고 정복자들은 부근의 산 위에 몬테 알반과 연결된 2단계에 해당하는 행정 중심지를 건설했다. 이 무렵 몬테 알반은 오악사카 밸리 전체를 정복한 상태였고 예전의 경쟁 지역을 1세대 왕국에 속한 지구로 탈바꿈시켰다.

틸카헤테에 있던 통치자의 대저택은 한 변의 길이가 16미터였고 중앙의 파티오를 중심으로 모두 여덟 개의 커다란 방이 있었다(그림 50). 벽은 어도비 벽돌로 쌓았으며 그 아래에는 여러 층으로 쌓아 올린 석조 기단이 있었다. 이 가옥은 부역 노동으로 지은 것처럼 보였다. 크기와 색상, 점토 재료가 다른 세 종류의 벽돌이 스펜서와 레드먼드에 의해 확인되었으므로 최소한 세 개 노동 집단이 건축에 참여했을 것이다.

같은 기간 몬테 알반은 군사적 통일을 기념하는 일련의 돌 기념비를 세웠다. 몬테 알반의 중앙 광장 서쪽에 접한 가장 중요한 구조물 중 하나가 건물 L이었다. 이 건물의 정면은 페루 세로 세친의 건물 정면처럼 살해당한 적들의 모습으로 뒤덮였는데, 살해당한 사람의 수나 섬뜩한 모습은 그만큼 잔혹하지 않았다. 석조 조각 중 가장 큰 조각에는 널브러진 시체 여러 구가 묘사되었으며, 시체 가운데 심장이 제거되거나 생식기가 훼손된 것도 있었다. 그보다 작은 몇몇 조각에는 잘린 머리를 그려 넣었다. 또한 여러 돌 기념비에 희생된 중요 인물의 상형 문자 이름이 새겨져 있는 것 같았다(그림 51).

건물 L의 남동쪽 모서리에는 여덟 개의 상형 문자로 긴 비문을 새긴 석조 조각 두 개가 더 있었다. 이 조각에는 우리가 알고 있는 사포텍 인디언 달력 두 개에 날짜를 알리는 상형 문자도 들어 있었다. 하나는 365일로 이루어진 세속 달력이고 다른 하나는 260일로 된 의식 책력이었다. 여기에 새겨진 글은 한 통치자를 언급하는 것으로 보이는데, 그는 건물 L의 건립을 추진했을 뿐만 아니라 조각에 새겨진 적들을 죽이는 데 공로를 세운 것으로 되어 있었다. 이처럼 공적을 한 사람에게 돌렸다는 것은 초기 사포텍 국가가 과두제가 아닌 군주제였을 가능성에 더욱 힘을 실어 준다.

비록 하와이 제도의 10,432제곱킬로미터 면적 빅 아일랜드에 비하면 대단하지 않지만 3,340제곱킬로미터 면적의 오악사카 밸리를 통일한 것은 의미 있는 업적이었다. 하지만 몬테 알반의 지도자들은 이제 겨우 영토 확장을 시작한 단계였다. 실제로 측정 가능한 방사성 탄소 연대로 볼 때 이들은 틸카헤테를 정복하기 이전부터 약한 이웃 집단 몇몇을 예속시켰던 것으로 보인다.

약 1,800년 전 몬테 알반의 도시 면적은 4제곱킬로미터에 이르고 고고학자 리처드 블랜턴의 추산에 따르면 인구가 1만 5천 명 정도 되었다. 이 시기의 공격적인 영토 확장은 수 세기 동안 지속되었을 것이며 마침내 사포텍의 통치자는 약 2만 제곱킬로미터의 지역에서 공물을 받게 되었다.

1세대 국가를 연구하는 데는 한 가지 커다란 문제가 따른다. 4제곱킬로미터 면적의 도시와 2만 제곱킬로미터 면적의 공물 징수 지역이 너무 넓어 개별 고고학자가 이를 세밀하게 조사할 수 없다는 점이다. 오악사카 밸리를 연구하는 고고학자들은 연구 협력단을 구성했다. 그런 다음 협력단 성원들이 몬테 알반을 비롯하여 그곳의 정치적 위계 체계 속에 포함되어 있던 도시, 촌락, 소규모 촌락 수백 개 등 오악사카 밸리에 대해 협동 작업을 벌여 전면적 조사를 진행했다. 첫 조사에 나섰던 몇몇 베테랑은 이제 오악사카 밸리 너머까지 범위를 확대하여 쿠이카틀란, 에후틀라, 미아우아틀란, 솔라데 베가, 페놀레스, 틸란톤고, 우아멜룰판 등의 지명을 가진 지역까지 연구하고 있다. 몇 안 되는 협력단 명단에는 리처드 블랜턴, 스티븐 코발레브스키, 게리 페인먼, 린다 니컬러스, 로라 핀스텐, 앤드루 발칸스키, 찰스 스펜서, 엘사 레드먼드가 올라 있다.

영토 확장 전략

고고학 기록을 보면 사포텍의 영토 확장 전략이 세 가지였다는 것이 분명하게 드러난다. 몬테 알반에서 남서쪽으로 60킬로미터 떨어진 솔라 데 베가 지역은 사람이 드문드문 살고 있어서 단지 이주민을 보내는 것만으로도 손쉽게 합병할 수 있었다. 몬테 알반에서 남쪽으로 50킬로미터 떨어진 에후틀라 지역은 아마도 귀족 가문 간의 정략 혼인으로 동맹을 맺어 평화롭게 접수했던 것으로 보인다. 이렇게 몬테 알반에 합병된 에후틀라는 이후 번영을 이루었다. 이곳의 공예 기술자는 태평양 해안 지역의 조개를 들여와 사포텍의 수도 사람들이 착용할 장신구를 만들었다.

하지만 몬테 알반에서 북쪽으로 80킬로미터 떨어진 쿠이카틀란 지역에는 다른 전략이 필요했다. 평균 고도 해발 1,463미터 내지 1,676미터에 충적토 층이 형성되어 있는 온대 오악사카 밸리와 달리 쿠이카틀란은 평균 고도 해발 487미터 내지 670미터의 건조한 열대 유역에 위치했다. 쿠이카틀란은 오악사카 밸리에서 재배하지 못하는 목화와 열대 과일을 관개 농사로 재배할 수 있었다.

쿠이카틀란 지역의 여러 촌락 지도자들은 사포텍에 자치권을 넘겨주지 않으려고 했다. 그러나 이들로서는 안타까운 일이지만 이곳 주민들은 지위 사회로만 조직되어 있었다. 몬테 알반의 숙련된 전사들은 이들을 간단히 해치운 뒤 나무 선반에 지역 희생자 61명의 두개골을 진열해 놓고 돌아갔다. 사포텍에서 야가베토yàgabetoo로 알려져 있던 이 선반은 합병에 저항하는 사람들을 위협하기 위한 것이었다.

사포텍은 쿠이카틀란의 풍경을 재편하고 쿠이카틀란 주민 중 살아남은 사람을 범람원에서 산기슭으로 이주하게 했다. 그 결과 새로 건설한 운하와 수로를 이용하여 범람원에 자유롭게 물을 댈 수 있었다. 미르 실림 칸이 훈자에서 그랬듯이 사포텍도 쿠이카틀란에 관개 체계를 늘렸고 아마 결과에서도 비슷한 양상이 나타났을 것이다. 운하를 건설한 사람이 이 운하를 어떻게 사용할지, 누구에게 사용을 허락할지 결정권을 가졌기 때문이다.

또한 미르 실림 칸이 자기 영토에 요새를 지었던 사실을 상기해 보라. 사포텍 역시 유사한 행동을 취했다. 사포텍은 쿠이카틀란의 북단, 테우아칸 밸리로 이어지는 고갯길 부근에 키오테펙 요새라고 불리는 언덕 꼭대기 보루를 지었다. 이 요새에 있던 토기와 무덤은 전형적인 몬테 알반 양식이었다. 하지만 스펜서와 레드먼드는 요새의 북쪽에서 폭이 약 6.5킬로미터 되는 무인 지대를 발견했다. 대략 2,200년 전에서 1,800년 전으로 거슬러 올라가면 이 완충 지대 너머의 도자기 양식은 몬테 알반의 양식과 달랐다.

키오테펙 요새는 누구의 사기를 꺾기 위한 것이었을까? 분명 이 요새는 몬테 알반의 영토 확장과, 이 책 뒤에서 살펴볼 보다 큰 규모의 1세대 국가 테오티우아칸의 영토 확장을 구분하는 표지였을 것이다.

왕국 탄생의 연쇄 반응

몬테 알반이 원하는 모든 지역을 합병하지 못한 것은 분명하다. 사포텍은 다른 지역을 같은 편으로 끌어들이는 외교 전략에 의존하여, 자기보다 약한 이웃 집단을 상대로 세력을 확장하는 데 성공했다.

하지만 북서쪽 산악 지역은 사람이 제법 많이 사는 지역이 군데

군데 이어져 있었고 이곳 주민은 사포텍 국가에 흡수 통합되려는 마음이 없었다. 그중에는 틸란톤고 밸리, 노칙스틀란 밸리, 우아멜룰판 밸리 등이 있었다. 스페인이 이곳을 정복할 무렵 이 지역들에는 믹스텍어를 쓰는 사람들이 살고 있었다.

앤드루 발칸스키, 스티븐 코발레브스키, 베로니카 페레스 로드리게스가 진행한 전면적 조사로 미루어 볼 때 사포텍족이 몬테 알반 정상으로 이주한 뒤 북서쪽의 주변 집단 사이에 하나의 연쇄 반응이 촉발되었다. 북서쪽 지역의 지도자들 역시 방어하기 쉬운 산 정상에 지지 세력을 집결했다.

맨 처음으로 언덕 꼭대기에 공동체가 들어선 곳은 틸란톤고 밸리의 라프로비덴시아였고 대략 몬테 알반과 같은 무렵에 세워진 것으로 보인다. 그로부터 수 세기가 지난 뒤 몬테 알반이 틸카헤테를 정복하는 데 힘을 쏟는 동안 라프로비덴시아는 그보다 훨씬 높은 언덕 꼭대기에 훨씬 큰 규모로 자리 잡은 몬테 네그로에 흡수되었다. 몬테 네그로 주민은 지도자가 거주하는 상류층 저택을 지었으며 신전도 많이 세웠다. 그러다 돌연 몬테 네그로 사람들은 촌락을 버리고 떠났는데 그 무렵 독자적인 왕국이 형성되는 과정에 있었던 것으로 보인다. 몬테 네그로와 같은 시기 노칙스틀란 밸리의 언덕 꼭대기에는 세로 하스민이라는 공동체가 형성되었다.

방어하기 좋은 언덕 꼭대기 정착지 가운데 가장 규모가 큰 곳은 우아멜룰판 밸리에 위치한 공동체 우아멜룰판이었다. 발칸스키는 몬테 알반이 산호세 모고테에서 발전했던 것처럼 우아멜룰판 역시 산타크루스 타야타라는 이름의 이전 족장 사회 중심지에서 발전한 것으로 보았다. 즉 주변에 있던 믹스텍 사회가 몬테 알반을 저지하기 위해 세력을 한곳에 모으고 요새를 구축했던 것이다. 그 결과 정치적 통합을 이루고 맹아 단계의 독자적인 왕국을 세울 수 있었다.

사포텍 국가의 불평등과 행정 위계 체계

이제 사포텍 국가가 내부적으로 어떻게 운영되었는지 관심을 돌려 보자. 앞서 말한 전면적 조사 활동 덕분에 행정 위계 체계의 여러 단계를 밝혀내는 수확을 얻었다.

몬테 알반이 틸카헤테를 무너뜨리고 두 세기가 지난 1,800년 전 오악사카 밸리에는 모두 518개의 공동체가 있었다. 그중 가장 큰 곳은 몬테 알반이었고(1단계) 주민 수는 약 1만 5천 명이었다. 위계 체계의 2단계는 인구 약 900명 내지 2천 명 사이의 도시 여섯 개로 구성되었다. 몬테 알반과 2단계 도시에 궁전과 우아한 무덤이 있었던 것으로 보아 귀족 태생이 이곳을 맡았을 것이다. 여섯 개 도시는 상호 소통이 원활하도록 모두 몬테 알반에서 도보로 하루 거리 내에 있었다. 규모가 큰 이 정착지에는 모두 여러 개의 신전이 있었다.

3단계에는 인구 약 200명에서 700명 규모의 촌락이 최소한 30개 있었다. 이 작은 공동체에는 궁전이 없었지만 몇몇 곳에는 최소한 한 개의 신전이 있었다. 마지막으로 가장 낮은 4단계는 소규모 촌락 400개로 이루어졌으며 신전이나 궁전이 있었던 증거가 보이지 않는다. 4단계 정착지까지 합치면 오악사카 밸리의 대략적인 인구는 4만 명이 훨씬 넘었다.

몬테 알반에 있던 돌 기념비, 도자기 조각상, 무덤 벽화는 모두 사포텍이 군주제 국가였음을 확인해 준다. 통치자는 옥좌에 앉은

그림 52 | 몬테 알반의 무덤 103호의 골호에는 용맹한 전사로 활약한 왕가의 조상이 머리가 잘린 적군의 머리카락을 움켜쥔 모습이 그려져 있다. 이 조상은 장식비단날개새 꼬리 깃털로 만든 머리 장식과 비취 장신구를 착용했을 뿐만 아니라 적군의 얼굴 가죽을 말려서 만든 가면을 쓰고 있었다. 이 단지는 높이 50센티미터 크기였다.

모습으로 그려지며 더러는 재규어처럼 분장을 하거나 먼 지역 운무림에 사는 장식비단날개새의 깃털을 걸치기도 했다(그림 52). 하지만 기원후 1521년 스페인이 오악사카 밸리를 정복하기 전까지는 사포텍 사회를 설명해주는 목격담이 전혀 없다.

스페인인의 기록을 토대로 할 때 사포텍 사회는 최소한 세습 귀족과 평민, 이렇게 두 개의 주요 계층으로 나뉘었다고 결론지을 수 있다. 귀족 계층의 꼭대기에는 왕(코키coqui)과 정실부인(소낙시xonaxi)이 있었다. 코키타오coquitào, 즉 "위대한 주군"이라고 일컬어지기도 하는 통치자는 키우이타오quihuitào라 불리는 "아름다운 왕궁"에 살았다.

고고학자 알폰소 카소가 몬테 알반에서 많은 궁전과 왕 무덤을 발굴했다. 전형적인 왕궁은 중앙의 파티오를 중심으로 주변에 여덟 개 내지 열두 개의 방이 배치되어 있는 구조였다. 파티오 바닥 밑에는 계단을 통해 내려가는 왕 무덤이 있었다. 왕의 후손이 이 계단으로 내려가면 왕이 죽은 기념일에 자손을 얻을 수 있었다고 한다.

대략 2,400년 전에 만들어진 무덤 104호와 105호가 가장 웅장한 위용을 자랑한다. 무덤 105호의 벽에는 상형 문자 이름과 함께 왕가의 남자와 여자(아마도 죽은 군주의 친족이나 조상일 것이다.)의 모습을 담은 다색 벽화가 그려져 있었다. 무덤 104호의 입구는 커다란 돌로 막혀 있으며 이 돌에는 분명 왕가의 조상이었을 사람들의 상형 문자 이름이 새겨져 있었다. 이처럼 왕가의 족보를 새기거나 그려 놓음으로써 죽은 통치자의 후손에게 통치 자격이 있다는 것을 확실하게 밝혔다.

지배 계급은 티하 코키tija coqui(왕가 가계)와 티하 호아나tija joana(상급 귀족의 가계), 티하 호아나우이니tija joanahuini(하급 귀족 가계)로 이루어졌다. 스페인인들은 이를 유럽의 여러 귀족 직위에 비유했다.

사포텍의 평민 계층도 명망 면에서 단계적 차이가 있었으며 지주 평민, 토지를 갖지 못한 농노, 노예로 나뉘었다. 자유 평민은 티하 페니케체tija peniqueche, 즉 "도시민의 가계"에 속했고 평지, 산기슭, 산악 지역 곳곳에 흩어져 있는 토지 구획에 대해 공동 권리를 지녔다. 이 토지 구획은 하와이 사회에서 해안 지역부터 산악 지역까지 토지를 피자 조각 모양으로 분할하여 이용권을 나누어 주었던 것과 같은 맥락을 지닌다.

사회적 불평등은 호칭, 의복, 음식, 그 밖의 행동 양태로 표현되었다. 귀족에게는 "각하"에 해당하는 호칭을 붙였다. 하지만 귀족도 왕 앞에서는 절을 하고 샌들을 벗어야 했다. 귀족은 밝은 색 면 망토를 입고 깃털 머리 장식을 올렸으며 귀와 입술에 비취 장신구를 달았다. 몇몇 남자 귀족은 15명에서 20명 정도의 아내를 두기도 했다. 이들은 사슴 고기를 먹었으며, 저지대에서 들여온 식물로 초콜릿 향이 나는 음료를 만들어 마셨다.

반면에 평민은 용설란 섬유질 망토를 걸쳤으며 장신구도 많이 착용할 수 없었다. 사슴 고기 대신 개, 칠면조, 토끼, 작은 사냥감을 먹었다. 평민 중에서 아주 부유한 남자만 두 번째 아내를 둘 수 있었다.

사포텍 통치자는 믿을 만한 평민을 관료에 임명하기도 했다. 게다가 몇몇 사회 기관에서는 귀족과 평민이 정기적으로 협력하기도 했다. 군대 장교는 귀족 태생이 맡고 보병은 평민 중에서 징집했다. 장교는 면을 누벼서 만든 갑옷을 입었으며 무공을 세운 장교에게는 퓨마, 재규어, 매, 독수리로 분장할 수 있는 의복을 보상으로 주었다. 보병은 허리 옷만 걸친 채 전쟁터에 나갔다.

종교 지배층에서 가장 높은 사제는 귀족 태생이 맡았다. 귀족 가문에서 형에게 밀려 아버지의 직위를 물려받지 못한 동생이 사제를 맡는 경우가 많았다. 귀족 계층의 모든 성원과 마찬가지로 이들 역시 평민에게는 허락되지 않는 종교 교육을 받았다. 이러한 교육 격차가 불평등을 유지하는 데 일조했다.

지위가 높은 사제의 보좌역은 특별한 훈련을 받은 평민이 맡았다. 스페인인들의 증언에 따르면 이 하급 사제들은 실질적으로 "신전의 내실에서 생활했다".

신전은 요오페yohopèe, 즉 "생명력이 가득한 집"이라고 불렸으며, 폴리네시아인의 마나 또는 메리나족의 하시나에 해당하는 신성한 생명력의 개념이 사포텍에도 있었다는 사실을 일깨워 준다. 번개, 흐르는 피, 뜨거운 초콜릿 잔에 생기는 거품 등 움직이는 모든 것에 페(생명력)가 들어 있었다. 흰독막풀*Datura*, 나팔꽃, 독한 담배, 환각을 일으키는 버섯처럼 영혼 세계의 환영을 불러일으키는 모든 식물은 신성한 것으로 간주되었다. 사포텍의 사제는 사혈, 인간 및 동물을 바치는 희생제, 의식용 약물 사용을 훈련받았다. 귀족은 특별한 의식을 치렀다. 그들은 사후에 반신적인 조상으로 변신하여 구름 속에서 살며 사포텍 우주에서 가장 강력한 존재인 코시요(번개) 역할을 했기 때문이다.

사포텍 통치자가 매우 강력한 권력을 지니긴 했지만 이러한 권력의 일부를 행정 위원회와 나누어 가졌다. 귀족으로 구성되었을 것으로 보이는 이 위원회는 요오우엑시하yohohuexija라고 불리는 특별한 건물에서 모임을 가졌다. 이 건물의 존재는 장차 고고학 증거로 확인되어야 할 것이다.

페루의 모체 국가

앞에서 페루를 마지막으로 살펴보았을 때 우리는 그곳에 아주 일찍부터 지위 사회가 등장했다는 점에 깊은 인상을 받았다. 이 사회들은 군국주의적 성향을 보였고 페루에서 가장 큰 1세대 왕국이 탄생할 때도 무력 충돌이 여전히 하나의 요인으로 작용했다. 무력 충돌은 두 가지 형태로 나타났다. 해안 지역의 족장 간에 벌어진 싸움이 한 가지였고, 다른 하나는 고지대 족장들이 해안 지역 강 유역의 관개 체계를 손에 넣기 위해 벌인 싸움이었다.

약 2,500년 전 북부 지역의 모든 주요 강 유역과 페루 중부 해안 지역에는 지위 사회가 형성되어 있었다. 주요 족장 사회 중심지 중 많은 곳이 이른바 "중부 유역"이라 불리는 상류 쪽에 위치했으며 이곳은 안데스의 협곡에서 여러 강이 모습을 드러내는 지점이었다.

중부 유역은 낮은 지대의 유역에 비해 폭이 좁으며 적은 노동력과 전문 기술로도 관개 체계를 만들 수 있었다. 강에서 손쉽게 물을 끌어와 낮은 곳으로 흘려 보내 감자와 카사바 밭에 물을 댈 수 있었다. 해발 고도가 600미터에서 1,200미터 정도 되는 상류 쪽으로 더 올라가면 직물을 만드는 목화와 의식에 쓰이는 코카나무 잎을 관개 농사로 재배하기에 아주 좋은 조건이 마련되었다.

고고학자들은 페루 해안 지역의 여러 유역을 대상으로 전면적인 조사 활동을 벌였고 이 다음에 무슨 일이 일어날지 잠정적으로 상황을 재구성했다. 하지만 어떤 경우든 우리가 원하는 단계별 사건 연대기까지는 확보하지 못했다.

고고학자 브라이언 빌먼에 따르면 약 2,400년 전 고지대 사회가 해안 지역 유역을 습격하기 시작하면서 이곳에 한바탕 폭력이 휩쓸고 지나갔다. 고지대 족장들은 앞서 말한 목화와 코카나무 밭을 장악할 정도의 많은 전사를 거느리고 있었던 것 같다.

해안 지역 족장들은 공격적인 고지대 사회의 위협에 맞서 더러는 단일 지도자 아래 많은 지위 사회를 통일하기도 했다. 데이비드 윌슨의 조사 활동에서는 2,200년 전에서 2,000년 전 사이 카스마 밸리에 네 개 행정 단계의 정치 위계 체계를 지닌 큰 규모의 사회가 존재했다는 증거가 나왔다. 하지만 이 사회는 결국 와해되었다. 아마도 적의 세력이 너무 강해 몰아내지 못했을 것이다.

빌먼에 따르면 2,000년 전에서 1,800년 전 사이 고지대 침입 세력은 모체, 비루, 네페냐, 카스마, 치욘, 루린 밸리 등 중간 지역까지 밀고 내려왔다. 이들의 공격으로 해안 지역의 인구 중심지 중 많은 곳이 다른 곳으로 이주했다. 그중 한 곳이 모체 밸리에 있던 세로 아레나였다. 이곳은 방어하기 좋은 산등성이에 위치했다. 고고학자 커티스 브레넌에 따르면 전성기의 세로 아레나는 2제곱킬로미터의 면적에 2천 채나 되는 구조물이 꽉 들어차 있었다.

세로 아레나 같은 인구 중심지 여러 곳을 버리고 떠난 모체 밸리의 토착 인구는 바다 가까이로 이동하여 고도로 밀집한 단일 공동체 아래 통합되었다. 이 공동체는 세로 오레하라고 불렸으며 이제 단일 지도자 아래 통일된 이 해안 사회는 처음으로 고지대 침입 세력을 물리치는 데 성공했다.

고지대의 적을 몰아내고 상류 쪽에 있는 관개 경작지를 되찾자 세로 오레하의 지도자들은 새로운 장소로 수도를 옮겼다. 이곳은 고고학자들에게 라스 우아카스 데 모체로 알려진 곳이며, 여기에 100만 제곱미터 면적의 도시 중심지를 건설했다. 이 도시 중심지는 네 단계 정치 위계 체계의 맨 꼭대기 구실을 했다. 그 아래에는 14만 제곱미터에서 50만 제곱미터에 이르는 도시 다섯 개가 있고, 다음은 5만 제곱미터에서 14만 제곱미터에 이르는 큰 촌락 여섯 개, 그리고 그 밑으로 소규모 촌락 수십 개가 있었다.

페루 모체 왕국의 탄생은 수 세기에 걸친 기나긴 과정이었으며, 고지대 침입 세력과 해안 지역의 이웃 사회가 이 과정에 연루되어 있었다. 페루 북부 해안 지역을 연구하는 고고학자 사이에서는 아직도 최초의 왕국 수도가 세로 아레나(기원전 200~기원후 1년)인지, 세로 오레하(기원후 1~200년)인지, 라스 우아카스 데 모체(기원후 200~400년)인지를 둘러싸고 의견이 분분하다. 우리는 이 상황이 오악사카 밸리를 둘러싸고 벌어졌던 상황과 비슷하다고 본다. 오악사카 밸리를 연구하는 고고학자들은 최초의 사포텍 왕국이 등장한 시기를 몬테 알반이 세워진 시기(기원전 500년)로 볼 것인지, 경쟁 세력을 상대로 공격을 시작한 시기(기원전 300년)로 볼 것인지, 아니면 틸카헤테를 마침내 무너뜨린 시기(기원전 30년)으로 볼 것인지 의견이 엇갈릴 때가 있다. 또한 하와이에서 우미, 알파이, 칼라니오푸우, 카메하메하 등 여러 통치자가 연이어 등장한 시기와 관련해서도 비슷한 물음을 던진 바 있다. 이렇게 연속적인 시기 동안 각 통치자는 군주제에 더욱 근접한 사회 형태를 만들어 나가다가 마침내 증거가 명확해지는 단계로 접어들었던 것 같다.

모체와 사포텍의 유사성은 여기서 끝나지 않았다. 몬테 알반의 지도자들과 마찬가지로 라스 우아카스 데 모체의 지도자들도 국지적 승리를 거두는 데 만족하지 않았다. 그들은 이제 해안 지역에서 가장 효율적인 군사 조직을 갖추었다. 그리하여 고지대 적을 뒤쫓는 대신 군사 조직을 이용하여 해안 지역의 이웃 사회를 정복해 나갔다. 기원후 200년에서 600년 사이 계속 세력을 확장한 모체 왕국은 마침내 해안 지역의 15개 유역을 장악하게 되었다. 그 결과 북쪽의 피우라에서 남쪽의 우아르메이까지 580킬로미터 길이로 좁다랗게 길게 뻗은 제국이 탄생했다. 모체가 성공할 수 있었던 부분적인 이유는 호전적인 고지대 군대의 근거지에서 그들과 대결하는 대신 다른 해안 지역 유역을 정복하는 것이 훨씬 쉬울 것이라고 판단한 데 있었다.

모체 남부 지역

헤케테페케 강과 치카마 강 사이에는 파이안 평원이라고 불리는 거대한 황무지가 놓여 있으며 이 건조한 장벽 지대가 모체 제국을 북부와 남부로 나누었다. 모체 밸리는 남쪽 절반의 중심부에 위치했다. 모체 제국의 수도 라스 우아카스 데 모체에는 거대한 피라미드 두 개가 있었으며 그 중간에 인구가 밀집한 주거 구역이 있었다. 모체 제국의 매우 놀라운 특징 가운데 하나는 엄청나게 많은 노동력을 동원했다는 점이다. 빌먼이 추산한 바에 따르면 모체 밸리 한 곳에서만도 새로운 관개 수로를 만들기 위해 5,600만 리터에 달하는 흙을 파냈으며 124만 세제곱미터가 넘는 기념비적인 공공 건축물을 세웠다.

모체의 수도에 있는 우아카huaca, 즉 신성한 피라미드는 거대한 공사의 표본이다. 고고학자 마이클 모즐리의 계산에 따르면 두 개의 우아카 중 작은 것은 원래 길이 95미터, 폭 85미터, 높이 20미터 규모였으며 어도비 벽돌이 5천만 개 이상 들어갔다. 이 모든 것이 인공으로 지어졌으며, 피라미드처럼 생긴 언덕에 장식을 입히는 보다 수월한 방식을 피했다.

두 개의 모체 피라미드 중 큰 것은 신세계에 세워진 어도비 구조물 가운데 가장 규모가 컸다. 스페인인들에 의해 부분적으로 파손되기 전 이 피라미드는 길이 342미터, 폭 160미터, 높이 40미터 크기였으며 1억 4300만 개의 어도비 벽돌이 사용되었다. 피라미드 공사에 투입된 수십 개 노동 집단은 자기 집단에서 만든 벽돌의 윗면에 제각기 특징적인 "제조자 표시"를 새겼다. 아마도 자기 집단에 할당된 벽돌 양을 모두 채웠다는 것을 증명하기 위한 목적이었을 것이다.

모체 북부 지역

파이안 평원 북쪽으로 또 다른 대여섯 개의 유역이 모체 북부 지역을 이루고 있었다. 이 유역들마다 해당 지구의 수도가 있었지만, 후대 통치자가 이따금씩 수도를 옮기는 경우가 있었기 때문에 몇몇 유역에는 대규모 행정 중심지의 잔해만 폐허로 남은 곳도 있었다.

모체가 어떤 형태의 국가였는지에 관한 모든 의문은 람바예케 밸리에 있는 시판 유적지에서 답을 찾을 수 있다. 이곳에서 월터 앨바와 크리스토퍼 도넌이 웅장한 무덤 여러 개를 발굴했고 그 결과 모

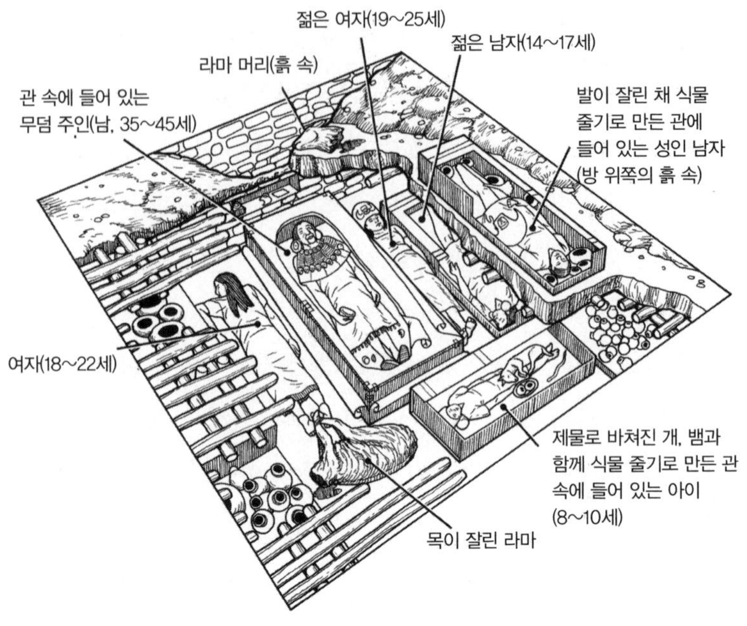

그림 53 | 페루 시판에 있는 무덤 2호에서는 모체 통치자가 판자로 만든 관 속에 들어 있었으며, 동물과 사람이 제물로 바쳐져 함께 묻혔다.

체 국가가 군주제였다는 것, 나아가 콜린 렌프루의 용어를 빌리면 개별화된 군주제였다는 것이 밝혀졌다.

시판의 왕 무덤은 어도비 벽돌로 쌓은 단 안쪽 깊숙이 숨겨져 있었다. 이 무덤의 주인들은 삼대에 걸친 모체 통치자였던 것으로 보인다. 무덤 안에는 호화로운 사치품, 제물로 바친 동물, 죄수, 하인이거나 낮은 지위의 친족 혹은 둘 다에 해당하는 사람들이 함께 묻혀 있었다.

무덤 3호가 가장 먼저 지어졌다. 중앙에 자리한 사람은 남자 통치자로 몇 겹의 천과 돗자리에 싸여 있었다. 홀 두 개와 서 있는 전사 조각상 한 개, 금, 은, 동으로 만든 여러 물품이 함께 묻혔다. 그의 목걸이 중에는 커다란 금 구슬 열 개로 된 것이 있었는데 구슬마다 거미 한 마리와 그 거미줄에 인간의 머리 한 개가 걸려 있는 모습이 그려져 있었다. 또 다른 구슬 세트에는 부엉이 머리가 묘사되었으며, 반은 인간이고 반은 게의 모습을 한 금도금 구리 조각상도 있었다. 틀림없이 전사가 왕의 상징이었을 것이다.

무덤 2호의 주인은 35세 내지 45세의 남자로 앞의 무덤에서 돗자리로 시신을 쌌던 것과 달리 판자 관에 모셔졌다(그림 53). 그는 금, 은, 터키석으로 만든 코 장신구와 귀 장신구를 달았고 함께 묻힌 물품으로는 수백 개의 동 원반, 수천 개의 조개껍질 구슬, 구리 종, 구리 실내화, 사람 머리 전리품을 축소한 모형을 동으로 제작한 목걸이, 금도금한 동 부엉이 머리 장식이 있었다.

통치자의 왼쪽으로 두 번째 자리에는 십 대 소년이 식물 줄기cane로 만든 관에 들어 있었으며 관 속에는 커다란 구리 원반 두 개가 함께 있었다. 통치자의 발치에는 8~10세 정도 되는 아이가 식물 줄기 관 속에 들어 있었으며 개와 뱀이 함께 있었다. 통치자의 바로 왼편에는 19~25세의 여자가 누웠는데 동 머리 장식을 올리고 금도금한 구리 원반을 이어 붙인 직물을 걸치고 있었다.

많은 사람과 동물을 죽여 통치자와 함께 묻었다. 통치자의 오른편에는 18~22세의 여자가 얼굴을 아래로 한 채 누웠으며 아마 하인이나 노예였을 것이다. 이 여자의 발 부근에 목이 잘린 라마가 있었다. 무덤 천장 위쪽에 또 다른 식물 줄기 관이 묻혔으며 이 안에는 발목이 잘린 남자가 들어 있었다. 또한 동 왕관과 커다란 동 자루가 달린 깃털 머리 장식이 들어 있었던 것으로 보아 아마도 그는 발목이 잘린 비교적 높은 지위의 포로였을 것이다.

무덤 1호는 맨 마지막에 지어졌다. 무덤 방에는 벽을 따라 어도비 점토로 만든 좌석이 늘어서 있었다. 통치자의 판자 관은 구리 끈으로 꽁꽁 묶였는데 이는 로프를 이용하여 관을 무덤 속까지 내리기 위한 것이었다. 이런 매장 의식이 더러 모체 채색 용기에 묘사되어 있기도 하다. 관 양옆 무덤 바닥에 제물로 바쳐진 라마가 있었다.

관 속에 든 통치자는 온통 금, 은, 동, 터키석으로 뒤덮여 있어서 발굴자들이 실제 시신까지 닿는 데 오랜 시간이 걸렸다. 이 통치자는 동판 머리 장식을 썼으며 목걸이는 껍질을 까지 않은 땅콩 모양의 금은 구슬로 엮었다. 홀 역시 금과 은으로 만들었다. 그의 가슴 위에는 귀금속으로 만든, 게와 사람 머리 전리품 축소 모형이 수십 개 쌓여 있었다.

이 통치자와 함께 순장된 사람은 모두 여섯 명이었다. 제물로 바쳐진 라마 바로 위쪽에 아마도 전사였을 건장한 체격의 남자가 식물 줄기 관에 들어 있었다. 그의 관 속에는 커다란 전투 몽둥이와 원형 방패, 초승달 모양의 머리 장신구도 들어 있었다. 제물로 바쳐진 또 다른 라마 위쪽에도 35~45세의 남자가 개 한 마리와 함께 식물 줄기 관 속에 있었다. 이 남자는 구슬로 만든 가슴 덮개를 걸쳤으며 동으로 만든 공물 몇 점도 함께 있었다.

다른 식물 줄기 관 세 개에는 15세에서 20세 사이의 여자가 있었다. 몇 군데 관절이 탈구된 것으로 보아 아마 이전에 죽은 사람을 파내어 다시 통치자와 함께 묻은 것으로 보인다.

그림 54 | 모체 그릇에 그려진 세밀화의 장면에서 승리를 거둔 통치자가 피라미드 꼭대기에 앉은 가운데 벌거벗은 전쟁 포로들이 통치자 앞에 있다. 다른 모체 그릇에 그려진 장면에서는 포로를 제물로 바치고 있으며, 앞의 장면에서 통치자가 들고 있던 것과 똑같은 잔에 포로들의 피를 채우고 있다. 도나 매클렐런드의 재산권과 크리스토퍼 B. 도넌의 허락하에 복사하여 수록함.

모체 제국의 불평등과 행정 위계 체계

모체는 지속적으로 세력을 확장하여, 모체어를 사용하지 않는 다른 종족의 여러 독립 왕국을 통합하는 데까지 나아갔을 것이다. 이처럼 다른 왕국을 통합하는 것은 제국이라고 판단할 만한 기준이 된다.

오악사카 밸리에서 보았듯이 규모가 작은 왕국 가운데 평화적으로 모체와 동맹을 맺은 곳이 있는가 하면 정복되어야 하는 곳도 있었다. 그 결과 각 지역의 수도 가운데 어떤 곳은 특유의 건축 양식과 도자기 양식을 그대로 간직했고, 어떤 곳은 모체의 강요에 의해 완전히 새로운 행정 중심지로 탈바꿈한 것처럼 보였다.

모든 제국에는 유효 기간이 있으며 모체 역시 기원후 600년 이후 연이어 등장한 2세대 국가에 의해 힘을 잃기 시작했다. 모체는 문자 체계가 없었고 유럽의 목격자가 도착하기 오래전에 이미 사라져 버렸다. 우리는 모체에 관해 고고학 유적을 통해 추론할 수 있는 사실만 알 뿐이다.

그런 출처 중 하나가 호화 도자기에 세밀화로 그려진 상세한 장면이다(그림 54). 여러 장면에서 모체 통치자가 가마를 타고 이동하거나 경사로 또는 계단 끝 높은 곳에 우뚝 앉아 있는 모습을 볼 수 있다. 전사가 포로의 머리카락을 움켜쥐고 전투 몽둥이로 두개골을 부수거나 신체를 자르는 모습도 볼 수 있다. 남자 사제가 포로의 목을 세로 방향으로 베는 동안 여자 사제가 구리 잔에 피를 담는 모습도 있다. 크리스토퍼 도넌과 루이스 하이메 카스티요가 헤케테페케 밸리의 산호세 데 모로에서 사제로 보이는 두 여자가 예복 일체를 갖추어 입은 채 구리 잔과 함께 묻힌 것을 발견했으므로 아마 몇몇 장면은 실제로 일어났을 것이다.

벰바족 족장은 자신을 화나게 하는 백성의 신체를 훼손했지만 모체 왕에 비하면 그는 겨우 임시 자격증을 딴 정도였다.

모체 통치자의 판자 관 속에는 엄청난 보물이 있었으며 통치자는 자신을 전사의 모습으로 나타내고 싶어 했다. 이보다 지위가 낮은 가계 출신의 귀족은 식물 줄기 관에 묻혔으며 사치품의 수도 훨씬 적었다. 가장 높은 지위의 사제는 무덤으로 판단하건대 여자든 남자든 모두 귀족 태생이었다. 아주 뛰어난 전사는 통치자와 같은 무덤에 묻히는 영광을 누렸던 것 같다. 시저 샐러드 위에 뿌려 놓은 빵 조각처럼 적의 신체 부위를 왕의 무덤 위에 흩뿌려 놓았다. 모체 국가 내에 있던 소수 종족은 이등 시민 대우를 받았을 가능성이 있지만 목격 기록이 없으니 확인할 길은 없다.

칼라크물: 초기 마야 왕국

다음에 살펴볼 1세대 왕국은 미라도르 분지에서 탄생했다. 이곳은 마야 저지대에 위치한 숲이 우거진 침하 지대이다. 미라도르 분지는 과테말라 북부 지역과 멕시코 캄페체 주의 경계에 걸쳐 있다. 이 지역의 열대 환경은 오악사카의 온대 고지대나 페루의 해안 지역 사막과는 대조를 보이지만 사회적 정치적 역학 관계는 비슷했다.

약 2,800년 전 마야 저지대에는 규모가 큰 촌락이 여럿 있었으며 그중에는 면적이 40만 제곱미터 이상 되는 곳도 있었다. 그 후 1,000년에 걸쳐 지위 사회를 보여 주는 증거가 점점 많이 나왔다. 비취와 진주층으로 만든 사치품이 널리 유통되었고 지도자들은 부역 노동을 동원하여 돌 피라미드 꼭대기에 신전을 세웠다. 고고학자들이 전사 특유의 상처가 있는 젊은 남자의 시신을 무더기로 발견한 것으로 보아 분명 무력 경쟁이 치열했을 것이다.

벨리즈에 있는 쿠에요 유적지에 2,400년 전 습격이 있었다. 이 때문에 몇몇 공공건물의 정면이 파괴되었으며 파손되기 쉬운 상부 구조가 불탔다. 그 부근에는 도살된 흔적이 있는 남자 26명의 집단 무덤이 있었다. 손목이나 팔뚝 골절을 입었다가 나은 흔적도 있었는데 분명 이전 전쟁에서 입은 상처일 것이다.

이 무렵 미라도르 분지에서 나크베가 족장 사회 중심지로 등장했다. 대략 동서 방향으로 배치된 나크베에는 공공건물로 구성된 복합 단지 두 개가 둑길로 연결되어 있었다. 고고학자 리처드 핸슨은 이 복합 단지에 높이가 무려 7미터나 되는 여러 개의 단과, 45미터 높이로 솟은 피라미드가 포함되어 있는 것을 발견했다. 나크베에서 가장 초기에 세워진 돌 기념비에는 족장 예복을 갖추어 입은 남자 두 명이 묘사되었으며 그중 한 사람은 조상의 머리를 가리키고 있었다.

나크베가 성장할 수 있었던 비결은 집약 농업에 있었다. 핸슨은 가장자리에 야트막한 돌 벽을 쌓고 부근의 습지 침하 지대에서 유기질 토양을 가져다 가득 채워 넣은 특별한 밭을 발견했다. 나크베의 족장 가계는 끊임없이 숲을 베어 내고 이전까지 경작하던 밭을 한동안 놀려야 하는 화전 농사 대신 지속적인 생산성을 확보할 수 있는 인공적 풍경을 만들기로 한 것이다. 2,200년 전 나크베가 쇠퇴하기 시작할 무렵 이미 하나의 정형화된 양식이 확립되어 있었고 마야의 다음 세대 족장 사회 중심지가 이 양식을 따르게 된다. 그러한 양식으로는 거대한 석조 피라미드, 둑길로 연결된 광장, 의식과 관련이 있는 구기 마당, 조각을 새긴 돌 기념비 등이 있었다.

나크베를 합병한 최고 중심지는 북서쪽으로 12킬로미터 떨어진 엘미라도르였다. 약 1,850년 전 엘미라도르는 지역에서 가장 큰 공동체로 성장했고 대략 43만 제곱미터의 면적에 걸쳐 있었다. 고고학자 윌리엄 폴란과 이언 그레이엄, 원격 탐사 전문가 W. 프랭크 밀러가 엘미라도르에서 뻗어 나가 위성 공동체로 연결되는 도로를 발견했다. 이 가운데 한 도로가 남동쪽으로 뻗어 나크베로 이어졌으며, 북쪽으로 뻗어 칼라크물이라는 곳과 연결되는 도로도 있었다. 이런 상황은 흡사 족장 사회의 순환적 변동을 나타내는 것 같았다. 한때 나크베의 위성 촌락이었던 엘미라도르가 판세를 역전하고 나크베를 위성 촌락으로 삼았기 때문이다.

엘미라도르는 앞서 나크베에서 보았던 동서 방향 배치를 그대로 따랐다. 이곳의 지도자는 의식적 의미를 지닌 이 축의 서쪽 끝에 자연 언덕이 있는 것을 이용하여, 이 언덕 위에 마야 지역에서 가장 큰 석조 신전 복합 공간 중 하나를 지었다. 이 복합 공간의 중앙에는 높이 55미터의 피라미드가 있었고 그 꼭대기의 평평한 면에 그보다 작은 피라미드 세 개가 있었으며 그 위에 각각 신전이 세워졌다. 그중 가장 큰 신전의 계단 옆면에는 회반죽을 바른 기괴한 모양의 얼굴 여덟 개가 걸려 있었다. 이 얼굴에는 모두 재규어의 발톱이 들어갔으며, 따라서 이 건물에 엘티그레*라는 별칭이 붙었다. 단타**라고 불리는 두 번째 복합 공간은 60미터 이상 높이로 솟아 있었다.

엘미라도르의 다른 구역에 광장이 하나 있는데 아마도 마야 지역에서 알려진 최초의 궁전이 이곳에 있었을 것이다. 궁전이 있었을 것이라는 점, 과도한 부역 노동의 증거, 높이 쌓은 도로 체계로 엘미라도르와 소속 공동체를 연결한 점 등을 종합해 볼 때 당시 이 지역에서는 권력 강화 과정이 진행되고 있었을 것이다.

앞서 보았지만 하나의 왕국이 탄생하기까지 공격적인 통치자가 여러 대에 걸쳐 등장해야 하는 경우가 많았다. 이 사례에서도 나크

---

* 호랑이를 뜻하는 스페인어.

** 맥을 뜻하는 스페인어. 맥은 코가 뾰족한 돼지 비슷하게 생긴 동물이다.

베와 엘미라도르의 대를 이은 통치자들이 마야 사회를 군주제 직전까지 끌어올렸다. 하지만 약 1,750년 전 엘미라도르도 나크베와 같은 운명을 걸었다. 엘미라도르의 위성 공동체 중 한 곳인 칼라크물이 두각을 나타내면서 이전 권력자를 몰아내고 이 분지를 장악했다.

종종 그러듯이 부근의 위성 공동체는 엘미라도르를 옆에서 지켜보면서 국정 운영의 핵심 교훈을 배웠다. 칼라크물은 한 단계 더 나아가, 700년이나 지속되는 왕국을 탄생시켰다. 게다가 칼라크물의 지도자가 상형 문자 기념비를 세운 덕분에 칼라크물이 개별화된 군주제 국가였음을 확실히 알 수 있다.

칼라크물 왕국의 규모

칼라크물은 주변 저지대보다 30미터 이상 높은 언덕 위에 자리 잡았다. 나크베와 엘미라도르가 세력을 떨칠 당시 칼라크물이 어느 정도 규모였는지는 알 수 없다. 다만 엘미라도르가 쇠락하기 시작하자 칼라크물이 공격적으로 나오면서 마침내 마야 저지대에서 가장 큰 도시 중 하나가 되었다는 사실밖에는 알지 못한다.

칼라크물은 기원후 400년에서 700년까지 황금기를 누렸다. 30제곱킬로미터의 면적에 6,250개가 넘는 건물이 들어서 있었으며 인구는 대략 5만 명에 이르렀다. 칼라크물은 117개의 석비(입석 기념비)를 세웠는데, 마야 도시 중에서 가장 많았다. 그중 많은 석비에 적힌 상형 문자 글귀가 왕과 그의 업적을 언급했으며, 여기에 사용된 달력은 16세기 스페인인이 사용하던 것보다 훨씬 정확했다.

칼라크물은 네 단계 행정 위계 체계로 관리되는 영토의 수도였

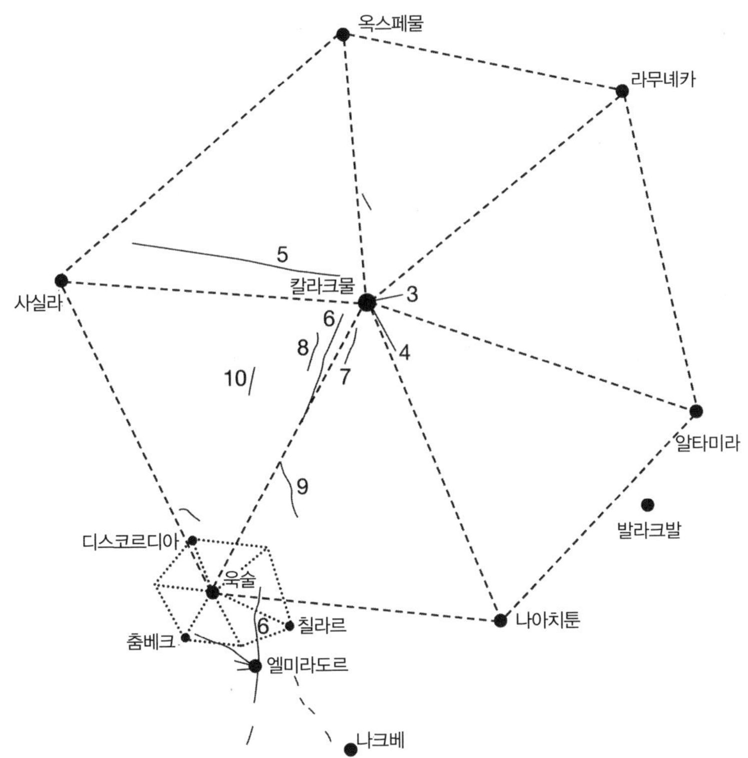

그림 55 | 전성기 시절 마야 도시 칼라크물의 주위에는 규모가 작은 도시 여섯 개가 둘러싸고 있었으며 이 작은 도시들이 정치 위계 체계상에 2단계를 구성했다. 위의 그림에서 점선으로 표시된 선은 각 도시 간의 직선거리를 나타낸다. 숫자와 함께 짙은 선으로 표시된 것은 수도와 그곳에 예속된 중심지를 연결하는 스페인 정복 이전의 실제 도로 중 일부이다. 또한 이 그림에는 이전의 최고 중심지였던 나크베와 엘미라도르도 보인다.(나아치툰 같은 2단계 도시와 칼라크물 사이의 거리는 약 32킬로미터였다.)

다. 전성기에는 이 도시 주변에 나아치툰, 옥스페뭘, 발라크발, 욱술 등의 지명을 가진 정착지를 비롯하여 행정 위계 체계의 2단계에 해당하는 도시 여섯 개가 자리 잡고 있었다. 2단계 도시 사이의 거리나 칼라크물과의 거리 모두 걸어서 하루 범위(약 32킬로미터)였다. 칼라크물과 이 도시들은 잘게 으스러뜨린 석회암을 높이 쌓아서 만든 도로로 연결되었다. 2단계 도시 주변에도 저마다 3단계 정착지들이 배치되는 식으로 위계 체계가 짜여 있었다(그림 55).

2단계 도시가 다스리는 지역까지 포함하여 총 3,900제곱킬로미터 면적의 영토가 칼라크물 왕국의 중심 지역을 이루었다. 하지만 칼라크물 왕국의 정치적 영향력이 미치는 영역은 이보다 훨씬 넓어서 2만 6천 제곱킬로미터에 달했다. 마야의 하위 도시가 상형 문자를 새길 때 종종 대군주를 언급한 점에서 이를 확인할 수 있다. 칼라크물의 하위 도시는 "칼라크물 신성 군주의 보호 아래"라고 번역할 수 있는 글귀를 새겼다. 때로는 무려 240킬로미터나 떨어진 곳에서도 이와 비슷한 글귀를 사용했다. 하지만 칼라크물이 이렇게 먼 지역까지 합병하려고 시도함으로써 마야의 다른 1세대 왕국과 직접적인 충돌을 일으키기도 했다.

칼라크물의 커다란 광장 위로 세 채의 거대한 건물이 솟아 있었다. 구조물 1호와 2호는 피라미드였다. 구조물 2호는 엘미라도르에 있는 엘티그레와 비슷하게 생겼으며, 밑면의 한 변이 120미터이고 광장 위 45미터 높이로 솟아 있었다.

구조물 3호는 누가 봐도 틀림없는 궁전이며 5미터 높이의 단 위에 세워졌다(그림 56). 궁전은 가로세로 26미터, 16미터 크기였으며 모두 12개의 방으로 나뉘었다. 천장은 둥근 아치형이었고 창문처럼 생긴 작은 환기구가 사생활을 보호하면서 공기의 순환을 도왔다. 12개 방 중 최소한 여덟 개는 거주용이었을 것이며 다른 방은 일종의 홀이었다. 뒤쪽에 알현실 같은 곳이 있었는데 세 개의 계단과 네 개의 출입구를 지나야 들어갈 수 있었다.

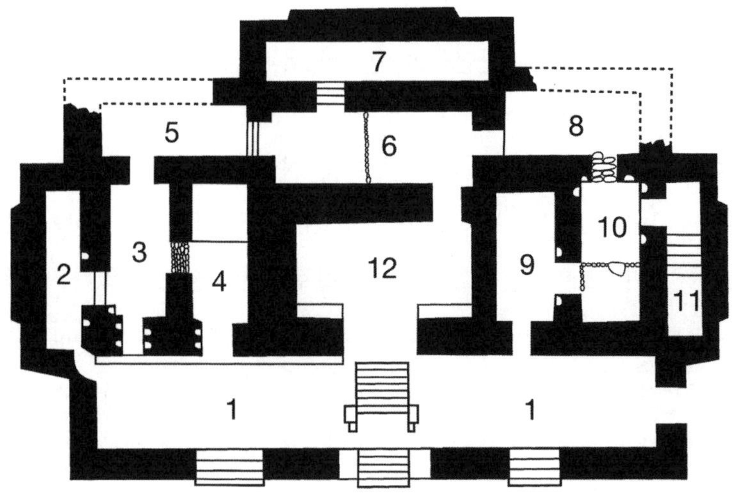

그림 56 | 칼라크물에 있는 구조물 3호는 방 열두 개짜리 마야 궁전이며 가로세로 길이는 26미터, 16미터였다. 방 2호에서 5호까지, 다시 8호에서 11호까지는 거주용이었다. 방 12호는 출입용 홀이었으며 방 7호는 알현실이었던 것 같다. 방 6호 아래에 있던 무덤에 마야 통치자가 묻혀 있었다.

윌리엄 폴란과 그의 동료들은 내실 바닥 아래에서 기원후 400년쯤에 묻힌, 이름을 알 수 없는 왕의 무덤을 발견했다. 30세의 이 통치자는 실패 모양으로 된 비취 귀 장신구를 했고 비취 모자이크 가면 세 개가 함께 묻혀 있었다. 가슴에 놓인 비취 명판 세 개에는 상형 문자가 새겨져 있었다. 그 밖에 다른 공물로는 우아한 도자기, 진주 한 개, 가시국화조개 껍질 두 개, 의식용 사혈에 쓰이는 노랑가오리 뼈가 있었다. 또한 이 무덤에는 영혼이 들락날락할 수 있도록 벽에 통로를 뚫어 놓았다. 일종의 영혼 통로였다. 뒤에 가서 보겠지만 고대 이집트인들도 파라오의 영혼을 위해 이와 비슷한 배치 구조를 만들었다.

칼라크물과 다른 1세대 국가의 관계

사포텍 및 믹스텍과 관련하여 언급한 것과 비슷한 연쇄 반응이 마야 저지대 전체에 파문처럼 퍼져 나갔다. 1세대 왕국이 생겨나자 주변 사회는 흡수 통합되지 않으려고 서둘러 세력을 응집했다. 마야 저지대에 초기에 등장한 왕국 중 가장 규모가 큰 것은 칼라크물과 티칼이었으며 이 두 도시는 128킬로미터 떨어져 있었다. 두 왕국 간의 격렬한 관계는 마야 달력의 정확한 날짜까지 기입되어 상형 문자로 기록되어 있다.

티칼의 왕가를 처음 세웠다고 알려진 사람은 약스 에브 수크라는 이름의 왕으로, 기원후 100년 직전에 이곳을 통치했다. 티칼의 북쪽 광장 밑에 있는 무덤 85호에서 발견된 뼈가 그의 것으로 알려져 있다. 이 시기 그의 상대였던 칼라크물의 통치자 이름은 여러 초기 기념비가 심하게 부식되어 알지 못한다.

6세기에 칼라크물은 우위를 점하기 위해 군사 동맹을 맺었다. 562~572년 사이에 '하늘 증인'이라는 이름을 가진 칼라크물 통치자가 멀리 떨어진 도시 카라콜에 티칼을 무찌르도록 도와 달라고 원조를 청했다. 579년과 611년에 각각 두 차례 공격을 감행한 결과 칼라크물의 그다음 통치자가 멕시코 치아파스 주에 있는 도시 팔렌케를 상대로 승리를 거두었다. 그 뒤를 이은 유크눔 티찬은 카라콜의 통치자와 함께 행사에 참여함으로써 둘 사이에 맺었던 군사 동맹을 더욱 강화했다.

기원후 650년 유크눔 체엔 2세라는 이름의 칼라크물 통치자가 티칼에서 남서쪽으로 약 112킬로미터 떨어진 도시 도스 필라스를 함락했다. 그 당시 도스 필라스의 군주는 티칼 통치자의 아들이었기 때문에 칼라크물이 티칼에 간접적으로 한 방 먹인 셈이었다. 도스 필라스의 젊은 왕자는 도주하여 이웃 도시 아구아테카에 피신했다. 상형 문자 기록에 따르면 이 왕자가 도스 필라스에 돌아왔을 때는 칼라크물의 봉신이 되어 있었다.

이 승리로 대담해진 칼라크물 통치자는 657년 티칼을 공격했고 그곳의 통치자 누운 우홀 차아크는 어쩔 수 없이 망명을 가야 했다. 이때가 칼라크물의 정치 권력이 절정에 달한 시점이었다. 677년 도스 필라스의 봉신이 칼라크물 통치자와 합세하여 티칼에 재차 공격을 개시했다. 이들의 상형 문자 기록에 따르면 이 공격에서 티칼 통치자의 부사령관을 포로로 잡았다.

칼라크물로서는 애석하게도 이 왕국의 황금기는 695년 8월에 끝이 났다. 상형 문자 기록에 따르면 티칼 통치자 하사우 찬 카위일 1세가 "불의 발톱"이라는 뜻으로 해석되는 이름의 칼라크물 통치자를 무찔렀다. 이때 이후로 티칼이 칼라크물보다 우위를 차지했다.

849년 칼라크물의 마지막 통치자 중 한 명인 찬 페트가 티칼, 세이발, 모툴 데 산호세의 왕과 정상 회담을 가졌다. 그 당시 칼라크물의 정치 권력은 대폭 축소된 상태였다. 비록 909년에 마지막 기념비 하나를 세우기는 했지만 그 후 오래지 않아 이 도시는 역사의 현장에서 멀어졌다.

마야 사회의 불평등

마야 사회는 세습 귀족과 평민으로 나뉘어 있었으며 각 계층 내에도 지위의 격차가 있었다. 모든 가계는 부계 혈통으로 이어졌으며 가계의 지위도 제각기 달랐다. 통치자는 대부분 남자였지만 예외도 있었다. 1단계 도시city에서 가장 지위가 높은 가계 출신의 여자는 대개 2단계 도시town에서 가장 지위가 높은 가계 출신의 남자보다 지위가 높았다. 왕가의 여자는 아들이 너무 어려 권력을 잡지 못하는 경우에 섭정을 맡았다.

스페인 사람들이 16세기 마야의 귀족 칭호 위계를 적어 놓은 기록이 있다. 그중 몇몇 칭호는 이전의 상형 문자 기록에도 등장하기 때문에 1,000년 이상 사용되었다는 것을 알 수 있다. 그런 사례로는 아하우ajaw, 즉 "군주"와 쿠울 아하우k'uhul ahaw, 즉 "신성 군주"가 있다.

칼라크물 왕가 출신 중에 멕시코 치아파스 주에 있던 약스칠란의 통치자와 결혼한 여자가 있었는데, 이 여자는 익스 카안 아하우ix kaan ahaw("칼라크물의 여주인"), 익시크 쿠울ixik k'uhul("신성한 여자"), 라킨 칼로옴테lak'in kaloomtè("동쪽 통치자")의 세 가지 이름으로 알려져 있었다. 그녀는 약스칠란 통치자의 아들을 낳았다. 741년 남편의 통치가 끝나자 칼라크물 여자는 752년에 아들이 통치자의 자리에 오를 수 있도록 거의 10년 가까이 약스칠란의 왕좌를 지켰다. 이 기간 동안 그녀의 아들은 군사 경험을 쌓았고 마침내 때가 되었을 때 전쟁에서 기량을 펼칠 수 있었다. 이 덕분에 그는 경쟁자, 가령 아버지의 다른 부인에게서 태어난 모든 이복형제를 능가할 수 있었다.

약스칠란 부근 지역에서는 하위 도시의 영주를 사할로브sajalob', 즉 "지방 부副군주"라고 불렀다. 이들 중 지위가 가장 높은 사람이 바아 사할b'aah sajal, 즉 "수석 부군주"에 지명되었다. 부군주가 맡은 임무 중에는 지역 공물을 징수하여 수도에 전하는 일, 전쟁 포로를

그림 57 | 이 석조 벽면 장식판에서는 왕좌의 높이와 계단 높이를 이용하여 마야의 사회적 위계 체계를 전달하고 있다. 약스칠란의 신성 군주 이트삼나아 발람은 왕좌에 가부좌를 틀고 앉아 있다. 그의 부군주 아 차크 마악스는 계단 맨 위에 무릎을 꿇고 통치자에게 고위층 포로 세 명을 바치고 있다. 맨 아래에는 팔뚝 위쪽이 묶인 채 비취 귀 장신구 대신 천 조각을 매단 포로들이 보인다.

아아우의 궁전에 보내는 일 등이 있었다.

부군주는 전쟁터에서 종종 대군주 옆에서 함께 싸웠다. 예를 들어 약스칠란의 한 상인방에는 신성한 왕 '새 재규어 대왕'과 그의 수석 부군주 '노란 수석'이 적군 귀족 두 명을 사로잡는 모습이 조각으로 새겨져 있다. 전쟁이 끝나면 승리자에게 제각기 "〔포로 이름〕을 잡은 사람"이라는 칭호를 주었다. 고위층 포로를 잡은 경우에만 이와 같은 칭호를 주었으며 귀족의 경력에도 이 칭호가 등재되었다.

기념비 중에는 존경과 굴욕의 장면을 담은 것도 있다. 약스칠란의 한 벽면 장식판에는 783년 한 부군주가 신성 군주에게 전쟁 포로를 바치는 장면이 조각되어 있다(그림 57). 약스칠란 왕이 왕좌에 앉아 있고 부군주가 계단 맨 위에서 무릎을 꿇고 있으며 그 아래 계단에는 두 팔이 묶인 채 비취 귀 장신구 대신 천 조각을 매단 포로들이 무릎을 꿇고 있다. 통치자의 얼굴은 명상에 잠긴 듯 고요해 보이는 반면 포로들은 얼굴을 찡그리고 있다. 상형 문자 기록은 글을 읽을 줄 아는 소수 상류층에게 정보를 제공했다. 하지만 글을 배우지 못한 대다수 마야인은 그림에 의존하여 내용의 골자를 파악하거나 하급 사제가 기록을 읊어 주는 행사에 참여해야 했다.

마야 평민이 글을 읽는 능력만 갖지 못한 것은 아니었다. 아무리 유명한 전쟁 지휘관이라도 신성한 구전 지식을 모르기 때문에 부군주의 자리를 빼앗을 수 없었다. 마야 군주가 그를 시험하면 바로 무지를 알아차렸다. 스페인인의 기록에 따르면 16세기 유카탄에서 일련의 공무 관련 수수께끼에 대답하지 못하는 권력 찬탈자는 바로 탄로가 났다.

마야 사회의 권력 분점을 보여 주는 한 예가 포폴 나아popol naah 즉 의사당에서 열리는 귀족 의원의 모임이었다. 유능한 평민도 수석 공예 기술자, 수석 조각가, 기념비 조각가, 필경사, 화가 등과 같은 중요 직위에 오를 수 있었다. 또한 종교적 위계 체계 내에서 "불을 지키는 사람"이나 "신성한 책을 지키는 사람"(신성한 책은 나무껍질 종이나 사슴 가죽에 적힌 상형 문자 기록을 가리킨다.) 등 낮은 서열의 직위를 맡을 수 있었다.

마야 평민 가계는 대개 특정 남자 조상에게서 물려받은 성으로 확인할 수 있었으며 농경지에 대해 공동 권리를 가졌다. 또한 마야에는 토지 없는 평민, 농노, 노예가 있었으며 노예는 대개 전쟁 포로였다.

신세계의 1세대 왕국에 관한 몇 가지 단상

사포텍, 모체, 마야의 군주제는 모두 지위 사회로부터 형성되었다. 이들은 유럽 방문객도 없고, 군주제가 어떤 모습인지 알려 주는 견본도 없는 상태에서 군주제를 탄생시켰다. 따라서 이 고대 사회가 하와이, 줄루족, 훈자, 메리나족과 매우 흡사한 방식으로, 즉 많은 경쟁 사회를 무력으로 통일함으로써 군주제를 탄생시켰다는 점은 매우 의미심장하다.

이 모든 사례를 보면 일정 정도 세습적 불평등이 이미 확립된 사회로부터 출발했다. 많은 상류층 행위자 간의 경쟁적인 상호 관계가 왕국 탄생의 엔진이 되었다. 이 행위자 중 한 명이 경쟁력 있는 우위를 확보할 때 균형이 한쪽으로 기울었다. 온대 고지대든, 해안 사막 지역이든, 열대림 지역이든 과정은 비슷했으며, 환경이나 종족 집단과는 무관했다.

지금까지 살펴본 신세계의 군주제 세 곳에는 또 다른 공통점도 있었다. 일단 왕국의 조직 기구를 만들고 나서 이웃 집단으로 세력을 확장했다는 점이다. 많은 집단이 새로이 탄생한 군주제의 중앙집권적 통제와 군사 전략에 맞서 스스로를 지킬 수 없었기 때문에 영토 확장이 손쉽게 진행되었다. 그 결과 초기의 많은 신세계 왕국은 초창기에 영토 규모가 최고에 이르렀다. 예를 들어 사포텍은 대략 기원후 200년에 가장 넓은 영토를 가졌다. 그 후 외곽의 속주가 떨어져 나가 제각기 독자적인 왕국을 형성했다. 모체의 경우는 기원후 600년 무렵에 똑같은 일이 일어났다.

앞서 보았듯이 마야와 사포텍 사회에서는 정치적 공고화 과정이 연쇄 반응을 촉발했다. 몬테 알반, 몬테 네그로, 우아멜룰판은 서로가 접근하지 못하도록 막았다. 칼라크물과 티칼은 상대의 2단계나 3단계 공동체를 떼어 내려고 애썼다. 두 왕국이 직접 맞붙어 싸운 일은 좀처럼 없었다. 기원후 900년 무렵 두 왕국은 반복적인 무력 충돌로 세력이 약해졌고 종국에는 와해되고 말았다.

이제 구세계 최초의 왕국도 같은 탄생 과정을 거쳤는지 알아보아야 할 것이다. 우선 파라오의 땅부터 시작하고자 한다.

전갈 왕의 땅

세계에서 가장 긴 강은 두 개의 큰 지류를 갖고 있다. 백나일 강은 우간다의 빅토리아 호수에서 시작하며 청나일 강은 에티오피아 타나 호수 부근에서 시작한다. 두 지류는 열대 여름비가 내리면 강물이 불어난다. 백나일 강과 청나일 강은 수단 하르툼에서 합류하며 다시 아트바라 강이 나일 강에 강물을 쏟아 놓는다. 이 강물을 마지막으로, 나일 강이 지중해에 이를 때까지 더 합류되는 강물은 없다.

나일 강의 길이는 거의 6,300킬로미터이며 아마존 강이나 미시시피 강보다도 길다. 홍수 때면 청나일 강에 강물이 가득 차서 백나일 강의 흐름을 막는다. 청나일 강의 수량이 최고조에 이르고 난 뒤에야 백나일 강이 강물을 쏟아 내기 때문에 만수위가 오랫동안 지속된다. 수력발전 댐이 없던 옛날에 나일 강의 범람 시기가 되면 수량이 거의 170조 리터에 달했다.

물론 나쁜 소식은 카이로보다 하르툼 부근에서 나일 강의 수량이 더 많다는 점이다. 우간다에서 북쪽으로 올라가면서 강수량이 급격하게 감소한다. 하르툼에는 매년 130밀리미터에서 180밀리미터의 비가 내리지만 카이로에는 겨우 25밀리미터 내지 50밀리미터만 내린다. 하르툼에서 지중해까지 2천 킬로미터를 가는 동안 나일 강은 강우량보다 증발량이 많은 사막을 지난다.

그 결과 사막 옆으로 기다랗게 녹색 충적토 지역이 형성된 페루 해안 지역 유역처럼 환경상의 뚜렷한 대조가 나타난다. 지리학자 조지 크레시의 추산에 따르면 이집트 영토에서 4퍼센트 빼고는 모두 사막이다. 휘발유나 전기 펌프를 사용하기 전 나일 강은 100만 제곱킬로미터 중에서 겨우 3만 제곱킬로미터의 땅에만 물을 댈 수 있었다.

고대 이집트인은 나일 강의 충적토를 케메트kemet, 즉 "검은 땅"이라고 불렀으며 그 옆에 있는 "붉은 땅"은 데세레트deseret라고 불렀는데 영어의 "desert"(사막)가 여기서 왔다. 와디 쿠바니야와 제벨 사하바의 채집 생활자는 검은 땅에서 식물을 채집하고 붉은 땅에서 사냥을 했다.

농경과 목축의 등장

11,000년 전 나일 강 유역의 수렵채집 생활자는 나투프인의 야영지처럼 생긴 곳에 살기 시작했다. 이 야영지 중 하나가 와디 오르에 있었다. 이곳은 이집트 와디 할파의 정남쪽에 나일 강으로 뻗어 있는 사막 협곡이다. 이 야영지 주민은 나무 기둥으로 원뿔형 지붕을

떠받친 지름 3미터의 원형 오두막에서 살았다. 이들이 사용한 도구를 보면 먹을 수 있는 씨앗이나 구근을 채집하고 활과 화살로 사냥을 했음을 알 수 있다. 와디 오르에서는 야생 말과 야생 소 이외에도 나일 강에서 하마와 거북을 잡아먹었다.

나일 강 유역의 경제에 한 몫을 담당하게 된 재배 식물과 가축은 지역산과 외래산 두 가지가 있다. 지역산에는 아프리카 토종 수수와 기장, 소와 돼지, 대추야자가 있고 외래산으로는 밀, 보리, 아마, 양, 염소가 있으며 모두 서아시아에서 왔다. 외래산은 오늘날 요르단인과 이스라엘인, 팔레스타인인이 사는 지역에서 이집트로 들어왔을 것이다. 우리는 이 지역을 일반적인 명칭인 남부 레반트로 지칭할 것이다.

파이윰 오아시스

파이윰은 풍화로 생긴 거대한 침하 지대로 카이로에서 남쪽으로 95킬로미터, 나일 강에서 서쪽으로 25킬로미터 떨어져 있었다. 파이윰 오아시스의 수원지는 나일 강의 작은 물길이었다. 이 물길은 나일 강에서 갈라져 나와 평행하게 190킬로미터 정도를 흐르다 파이윰에서 호수를 이루었다. 호수 주변에 야생 사냥감과 초기 농경인이 모여들었다.

몇 세대에 걸쳐 고고학자들이 이 초기 농경인을 연구한 바 있다. 거트루드 케이턴 톰프슨과 지질학자 엘리너 가드너가 1920년대에 선구적으로 파이윰에 관한 고고학 연구를 시작했다. 그 후 윌리크 웬드리치와 레네 카퍼르스는 7,000년 전 파이윰에서 농업이 이루어졌다는 사실을 발견했다.

파이윰 농부는 바닥이 점토로 된 원형 오두막에서 살았다. 호숫가의 물기 많은 토양을 이용하여 밀과 아마, 두 종의 보리를 재배했다. 양 떼와 염소 떼를 몰았으며 호수에서 물고기를 잡고 야생 사냥감을 잡았다. 주변의 건조한 사막 덕분에 이들이 쓰던 바구니와 목재 도구까지 보존된 경우도 있다. 파이윰 농부는 돌괭이로 땅을 갈고, 뾰족한 막대기로 구멍을 판 뒤 곡식을 심고, 수석 날이 달린 낫으로 곡물을 수확하고, 나무 쇠스랑으로 타작하고 돌로 곡물을 갈았다. 그런 다음 곡물 가루에 물을 섞은 뒤 토기 냄비에 넣어 죽처럼 끓였다.

케이턴 톰프슨이 발견한 가장 흥미로운 것 중 하나는 호수 위로 솟은 건조한 절벽에서 165개에 이르는 일련의 지하 곡물 저장고를 발굴했다는 점이다. 이 저장 구덩이 중 최소한 56개는 안쪽이 바구니 세공으로 마감되어 있었고 더러는 진흙 반죽을 입힌 뚜껑으로 봉해 놓았다. 케이턴 톰프슨은 각 곡물 저장고의 용량이 8천 제곱미터 내지 1만 2천 제곱미터 규모의 밭에서 수확한 밀이나 보리를 저장할 정도였다고 추산했다.

비르 키세이바와 나브타 플라야

파이윰과 나일 삼각주에는 곡식 농사가 퍼져 있던 반면 남쪽으로는 다른 생활 방식이 형성되고 있었다. 이집트와 수단 국경 지대 부근, 와디 할파의 서쪽 사막에 살던 세계 최초의 소 목축민은 사람이 살기 힘든 환경을 어떻게 이용할지 깨닫고 있었다.

비르 키세이바 부근의 사막에는 넓고 얕은 침하 지대가 여러 개 이어져 있으며, 여름이면 일시적으로 이 침하 지대에 빗물이 가득

고였다. 지질학자들은 이 침하 지대를 가리켜 플라야playa라고 하는데 이는 스페인어로 "해변"이라는 의미이다. 고고학자 프레드 웬도프와 로무알트 실트, 안젤라 클로스에 따르면 7,000년 전보다 훨씬 오래전에 가축 몰이를 하는 몇몇 무리가 비르 키세이바에서 소 목축을 했다.

여름철에 침하 지대가 플라야 호수가 되면 호숫가에서 자란 풀과 허브가 소의 먹이가 되었다. 호수가 마르면 가축 몰이꾼은 침하 지대의 중앙으로 이동하여 우물을 얕게 파서 지하수를 개발했다. 가축 몰이꾼은 타조 알 껍질을 물병으로 이용하여 플라야와 오아시스 사이를 왔다 갔다 했으며 가젤과 사막멧토끼, 북아프리카 야생 당나귀를 사냥했다.

바람이 한풀 꺾인 사막 침하 지대 중에 나브타 플라야라고 불리는 곳이 있었으며, 웬도프와 그의 동료들은 이곳에서 경계선이 확실히 드러난 오두막과 저장 구덩이를 발견했다. 저장된 식량은 계절에 따라 구할 수 있는 야생 수수, 풀 씨앗, 덩이줄기, 콩과 식물, 과일 등이었다. 나브타 플라야 중앙에 파 놓은 선사 시대 우물은 비르 키세이바에 있던 우물보다 훨씬 크고 깊었다. 더러는 옆에 계단을 깎아서 사람이 걸어 들어갈 수 있는 우물도 있었다.

웬도프 팀이 이 오두막과 우물 때문에 놀라지는 않았다. 이들에게 놀라움을 안겨 준 것은 나브타 플라야가 분명 이 지역의 의식 중심지 역할을 했다는 점이다. 수직으로 세운 사암 덩어리를 남북 방향으로 정렬해 놓은 점이 의식과 관련된 특징이었다. 이 배열의 북쪽에는 그보다 작은 사암을 수직으로 세워 플라야 퇴적층에 둥그렇게 둘러 놓았다. 아울러 나브타 플라야에는 인공 둔덕도 일곱 개 있었다. 그중 한 둔덕에는 다 자란 암소가 묻혀 있었으며 다른 둔덕에는 소 몇 마리의 뼈가 묻혀 있었다.

파이윰, 나브타 플라야, 비르 키세이바의 문화적 유산을 살펴보자. 파이윰에서는 이후 파라오를 뒷받침한 곡물 경제의 초기 단계를 볼 수 있었고 나브타 플라야와 비르 키세이바에서는 아프리카 동부 지역과 남부 지역에 있는 소 목축 사회의 조상으로 추정되는 사람들을 확인했다. 현대 아프리카 소의 미토콘드리아 DNA를 분석해 보면 아프리카 야생 소를 가축으로 길들인 종임을 알 수 있다. 누에르족, 투르카나족, 풀라니족, 소말리족, 줄루족은 플라야의 초기 소 몰이꾼에게 일정한 신세를 졌다.

이집트 최초의 지위 사회

약 7,000년 전에서 5,000년 전까지 2,000년 동안 나일 강 유역의 인구는 엄청난 비율로 늘었다. 열대 아프리카의 유기질 토양을 수톤씩 북쪽으로 싣는 나일 강이 매년 강둑 위로 범람하여 비옥한 충적토 층을 새로 쌓았다. 또한 전년도에 생긴 소금이 이 홍수에 씻겨 나가, 관개 수로의 염류화를 방지했다.

1월에서 4월까지 나일 강은 수위가 낮았다. 5월 중순쯤 되면 하르툼 부근의 촌락 사람들은 강물이 불어나는 것을 알 수 있었다. 하류 쪽으로 더 내려와 아스완 부근에서는 6월은 되어야 강물이 범람하는 것을 볼 수 있었다. 7월 초쯤에는 수위가 높아진 강물이 오늘날 카이로가 있는 곳까지 이르렀다. 여기서 나일 강은 수십 개의 지류로 나뉘어 삼각주 위로 부채처럼 퍼져 나갔다. 9월이 되면 홍수가 심해져서 모든 농토가 물에 잠기고 낮은 지역의 침하 지대는 늪이 되었다. 그러다 마침내 11월이 되면 물이 빠지고 식물을 심을 수 있는 새로운 점토층이 생겼다.

오늘날에는 나일 강이 우간다에서 시작한다는 것을 알지만 고대 이집트인은 그렇지 못했다. 그들의 우주론에서는 모든 물이 눈[Nun], 즉 지하에 있는 거대한 저수지와 연결되어 있었다. 매년 나일 강이 범람하는 이유는 눈의 물이 아스완 부근에 있는 동굴에서 콸콸 솟아오르기 때문이었다. 이집트인은 '소티스'라는 별을 관찰함으로써 홍수의 시작을 예측했는데, 이 별은 매년 70일 동안 사라졌다가 6월 23일경 동트기 전에 다시 나타났다.

이 장에서 설명하는 일들이 일어난 뒤 오랜 세월이 지난 기원후 1세기에 로마의 자연학자 플리니우스가 이집트를 방문했다. 그는 이 시기의 이집트인이 나일로미터[nilometer]라는 기구로 나일 강의 범람 수위를 측정했다고 기록했다. 강물이 불어나는 단위를 엘[ell]이라고 일컬었으며, 강물의 수량으로 수확량을 매우 정확하게 예측했기 때문에 나일 강 부근의 농부가 세금을 얼마나 내야 하는지 미리 결정할 수 있었다. 플리니우스의 말을 빌리면 겨우 12엘밖에 안 되는 범람은 기근을 의미했고 13엘은 충분함을, 14엘은 기쁨을, 15엘은 든든함을, 16엘은 풍요로움을 의미했다.

7,000년 전에서 5,000년 전 사이 각기 다른 시기에 부와 지위를 과시하는 사회가 나일 강을 따라 등장했다. 북부 메소포타미아와 남부 메소포타미아의 지위 사회와 마찬가지로 이집트 사회도 건축이나 매장 의식, 공예 면에서 각기 다른 명칭을 붙일 수 있을 만큼

다양성을 보였다. 이집트 사회의 다양성을 전체적인 맥락 속에서 이해하기 위해서는 몇 가지 지리적 지형지물을 설정해야 한다.

이집트와 수단 국경 지대를 따라 형성된 건조 지역은 누비아라고 불린다. 이곳에서 나일 강은 지반이 화강암으로 된 매우 단단한 지역을 통과하면서 나일 강의 다섯 폭포라고 불리는 빠른 급류를 만들어 낸다. 와디 할파 부근에 있는 제2폭포가 비르 키세이바와 나브타 플라야의 동쪽에 위치한다. 아스완 부근에 있는 제1(또는 가장 북쪽)폭포가 바로 눈의 물이 지표면으로 솟아오른다고 전해지는 지점이다. 이 폭포에서 지중해까지는 1,200킬로미터이다.

아스완 북쪽에서 나일 강은 한동안 직선으로 흐르다가 동쪽으로, 북쪽으로, 서쪽으로 방향을 틀면서 나일 강 대만곡부라고 불리는 둥근 고리 모양을 만들어 낸다. 대만곡부는 왕가의 계곡을 비롯하여 카르나크, 룩소르, 아비도스 같은 고대 도시 등 유명한 역사적 장소가 있는 곳이다. 대만곡부의 북쪽에서 나일 강은 통치자 아크나톤의 수도인 텔 엘아마르나를 지나간다.

제1폭포에서 아마르나까지가 상이집트(상류에 있다는 의미에서)이며 이집트 1세대 왕국의 형성에서 중요한 역할을 했다. 하이집트(하류에 있다는 의미에서)는 아마르나의 북쪽에 위치하며 고대 멤피스, 기자 피라미드, 나일 강 삼각주, 오늘날의 카이로가 여기에 포함된다.

상이집트와 하이집트의 초기 촌락은 공통점이 아주 많았다. 그중에는 원형 가옥, 밀과 보리와 아마 재배, 양과 염소와 소 사육, 구리 세공, 남부 레반트와의 활발한 교역, 동물 매장 의식 등이 있었다.

이제 차이점을 살펴보자. 상이집트의 대다수 촌락은 죽은 자의 얼굴이 서쪽, 지는 해를 바라보도록 묻었다. 그들의 부장품을 보면 아주 이른 시기부터 은, 라피스라줄리(서아시아에서 나는 파란색의 준보석), 누비아의 금, 홍해의 산호, 동아프리카의 상아 등을 사용했다는 것을 알 수 있다. 이 촌락들의 상류층은 점판암이나 실트암에 형상을 새긴 팔레트 위에 여러 화장품을 가루로 갈아 사용했다.

하이집트의 많은 초기 촌락은 죽은 자의 얼굴이 동쪽, 떠오르는 해를 바라보도록 묻었다. 상이집트에 비하면 사치품을 별로 많이 사용하지 않았다. 규모가 크고 여러 종족이 모여 사는 촌락도 더러 있었으며 이런 경우 촌락 내에서 가옥 형태가 몇 가지로 뚜렷하게 구분되었다. 이곳에서 사용된 구리는 요르단 남부 지방과 시나이 반도에서 나온 것이었다. 물이 풍족한 삼각주 덕분에 상이집트보다 돼지를 많이 기를 수 있었다.

상이집트와 하이집트 사이에는 단위 면적당 촌락 수가 적은 강 유역이 가로놓여 있었는데 이는 경쟁하는 지위 사회 사이에 인적이 드문 경계 지대가 형성된 것과 같았다.

하이집트

24만 제곱미터 면적의 메림데 베니살라메 촌락이 한때 삼각주 서부 지역의 한 나일 강 지류에 자리 잡고 있었다. 이곳 주민은 밀과 보리와 렌즈콩을 재배하고 양과 염소와 소 떼를 몰았으며 수백 마리의 돼지를 길렀다. 그러다가 6,000년 전 지류의 흐름이 바뀐 뒤에 촌락을 버리고 떠났다. 그전까지 나일 강의 하마, 악어, 물새도 메림데 주민의 식량이 되었으며 서쪽의 사막에서 영양과 가젤과 타조를 사냥했다.

1920년대에 고고학자 헤르만 융커가 처음으로 발견한 메림데는 그 후 시간이 지나면서 더 많은 부분이 발굴되었다. 옹기종기 모인 여러 채의 원형 오두막에 대가족이 모여 살았다는 흔적도 보였다. 고리버들을 엮어 오두막 지붕을 얹었으며 중앙에 커다란 기둥을 세우고 가장자리에 작은 기둥을 둥그렇게 세워 지붕을 떠받쳤다.

어떤 경우에는 몇 채의 오두막이 모여 일종의 집단 주거 공간을 이루고 갈대 울타리를 둘러 주변의 다른 집단 주거 공간과 구분되도록 해 놓았다. 이 주거 공간에는 파이윰의 곡물 저장고처럼 안쪽 면을 바구니 세공으로 마감해 놓은 곡물 저장고, 항아리 입구가 지면에 오도록 땅속에 묻어 놓은 커다란 물 단지, 곡식의 겉껍질을 벗겨 내는 탈곡 마당이 있었다.

원형 오두막으로 이루어진 메림데의 주거 공간은 오늘날 아프리카 중부와 동부의 많은 씨족 기반 사회에 있는 주거 공간을 연상시킨다. 이러한 주거 공간은 같은 시기에 북부 메소포타미아에 있던 사마라 사회나 할라프 사회의 주거 형태와 극명한 대조를 보인다. 북부 메소포타미아 사회의 경우는 지위를 나타내는 징후가 훨씬 많았고 직사각형 형태의 커다란 대가족 가옥을 지었다.

하이집트에서 가장 큰 촌락 중 한 곳은 카이로 부근의 나일 강 동쪽에 위치한 마아디였다. 이 촌락이 있던 곳에 오늘날의 카이로 시가 들어섰기 때문에 유적지의 전체 규모를 파악하기는 힘들다. 6,000년 전에서 5,000년 전 사이에 사람이 살았던 마아디는 시기적으로 메소포타미아의 우바이드 사회와 겹친다.

마아디에는 최소한 세 가지 형태의 가옥이 있었다. 이는 지위나 종족의 차이가 있었다는 것을 의미한다. 가장 단순한 형태의 가옥은 둥근 오두막이나 타원형의 거처였으며 능수버들 나무로 기둥을 세웠다. 바닥은 지면 아래로 움푹 파인 경우가 많았으며 오두막 안으로 쉽게 내려갈 수 있도록 하마 뼈를 계단으로 이용했다.

이러한 타원형 오두막 사이사이에 통나무와 진흙으로 지은 직사각형 건물이 있었다. 가장 규모가 큰 것은 가로세로 약 5미터, 3미터인데 이 건물이 의식용 가옥인지 아니면 특권층 가족의 주거용 가옥인지는 알 수 없다.

마지막으로 마아디의 한 구역에는 정말 특이한 가옥이 무리지어 있었다. 지면 아래로 2미터 내지 3미터가량 파여 있는 지하 가옥이었다. 경사진 통로를 통해 안으로 들어가며 통로에는 계단을 만들어 놓았다. 주거용 방의 가장자리에는 돗자리 매트로 된 지붕을 지탱하기 위해 기둥을 바닥 깊숙이 박아 놓았고 각 방마다 바닥 한가운데에 땅속으로 움푹 들어간 화덕이 있었다.

마아디의 이 지하 가옥은 남부 레반트의 네게브 지역 베에르셰바 부근에 있는 쉬크밈 촌락의 지하 가옥과 놀랄 만큼 흡사하다. 게다가 이 유사성은 단순히 우연의 일치에 불과한 것이 아니다. 쉬크밈에서 발견된 것과 비슷하게 생긴 도자기가 마아디 가옥에서도 발견되었다. 따라서 네게브 교역 상인이 마아디에 작은 집단 거주지를 형성하고 살았을 가능성이 있다.

물론 모든 교역은 쌍방향이다. 남부 레반트 가자 지구에 그저 "H 유적지"라고만 알려진 선사 시대 촌락이 있는데, 이 촌락이 하이집트 물품을 보관하는 교역용 집단 거주지였던 것으로 보인다.

마아디에 절실히 필요했던 것 중 하나가 구리였으며 이는 외국에서 들여와야 했다. 안드레아스 하웁트만에 따르면 마아디의 구리 인공품을 대상으로 미량 원소 분석을 한 결과 대부분의 구리가 요르단 남부 지방의 페이난 광산에서 나온 것이었다. 구리 광석 중 일부는 운송을 위해 주괴로 만들었다가 나중에 녹여서 손도끼, 도끼, 낚싯바늘, 핀, 구리 선, 구리판 등으로 주조했다.

구리는 무거웠지만 마아디 사람들에게는 새로운 종류의 운송 수단이 있었다. 바로 당나귀였다. 야생 당나귀는 북아프리카가 원산지이며 사람들은 수천 년 동안 야생 당나귀를 사냥해 왔다. 약 5,500년 전 이집트인은 야생 당나귀를 길들였다. 안데스 산맥에서 짐을 실은 라마 행렬이 그랬던 것처럼 이곳에서도 짐을 실은 당나귀 행렬 덕분에 교역 활동이 활발해졌다. 고고학적으로 말하면 눈 깜짝할 순간에 당나귀가 레반트까지 퍼져 나가고 메소포타미아까지 전해지기 시작했다.

다양한 가옥 형태가 있었다는 것 외에도 하이집트가 여러 종족으로 구성된 사회였을 것이라는 다른 흔적도 있다. 마아디에는 묘지가 최소한 세 군데 있었으며 비록 무덤 주인이 묻힌 시기가 조금씩 다르긴 해도 해골에 일정 정도 해부학적인 특징이 보인다. 예를 들어 남쪽 묘지에 있는 무덤 주인은 키가 좀 더 크고 체격도 건장해서 아프리카 동부나 중부 지역 사람과 생물학적인 연관성을 보였다. 다른 묘지에서는 지중해 연안 사람들과 생물학적 연관성을 가진 해골이 나왔다. 후대의 이집트 국가에서는 미술 작품에 항시적으로 아프리카와 지중해 사람이 묘사되곤 했다.

마아디 남쪽 묘지에는 사치품의 측면에서 별것 없는 무덤이 많지만 머리에 상아 빗을 꽂거나 광택을 낸 석조 꽃병, 우아한 화장 팔레트와 함께 묻힌 사람들이 있었다. 마아디 사회에는 지위의 격차가 있었을 뿐만 아니라 사후 세계에 대한 믿음과 종족 정체성이 서로 다른 사람들이 이웃하여 살았다. 이와 같은 다양성을 지니게 된 것은 생산성이 유난히 높은 나일 강 삼각주가 다른 황폐한 지역의 정착민을 자석처럼 끌어들였기 때문일 것이다. 이처럼 다양한 집단을 통합할 수 있었던 한 가지 방식이 직업의 전문화였다. 농부, 가축 몰이꾼, 도공, 교역 상인, 구리 세공 기술자 모두 서로의 상품을 필요로 했다.

방어용 목책과 도랑으로 보이는 시설이 마아디에서 발견되었고, 이로 미루어 볼 때 삼각주에 모인 사람들이 늘 평화로웠던 것은 아니었다. 페루의 중부 유역에 있던 목화 및 코카나무 경작지가 그랬듯이 나일 강 삼각주도 야심 있는 주변 사회가 탐내던 곳이었다. 나중에 가서야 사정을 알게 되었지만 야심 있는 주변 사회 중에는 상이집트에 위치한 세력도 있었다. 이제 이들을 살펴보기로 하자.

상이집트

상이집트에는 나일 강의 충적토 층이 흙 절벽 사이에 녹색 리본 모양으로 형성되어 있다. 촌락은 주로 절벽에서 이어지는 돌출된 암석 지대 위에 형성되었는데, 충적토 층과 거리는 가까우면서도 지대가 높아서 홍수에 잠기지 않았다.

아마르나와 대만곡부 사이 나일 강의 동쪽에 전형적인 작은 촌락 헤마미에가 있었다. 이곳 사람들은 곡식과 콩, 아마를 재배하고 양, 염소, 소, 돼지를 길렀다. 또한 강에서 물고기를 잡고 야자열매를 수확했으며, 앞서 와디 쿠바니야에서 보았던 것과 같은 사초 구근을 채집했다. 이들은 진흙 반죽으로 돔 형태의 지붕을 올린, 지름 1미터 내지 2.5미터 크기의 원형 오두막에 살았다. 오두막 242호에서부터 9미터 길이의 진흙 벽이 뻗어 있는데 아마도 집단 주거 공간의 경계를 표시해 놓은 벽일 것이다. 또 다른 오두막에는 오늘날 이 지역에서 연료로 쓰이는 양이나 염소의 말린 똥이 가득 들어 있었다.

고고학자 페크리 하산과 T. R. 헤이스가 나일 강 대만곡부 안에 있는 유적지를 조사했다. 이들이 알아낸 바에 따르면 5,800년 전에서 5,500년 전 대부분의 촌락은 인구가 50명에서 250명 규모였다. 5,500년 전에서 5,200년 전에는 촌락 수가 줄어든 대신 규모가 커졌고 사치품의 증거도 더 많이 나왔다. 상이집트에 형성되기 시작한 상류층은 보다 크고 방어하기 좋은 정착지에 추종 세력을 모으기 시작한 게 분명했다.

대만곡부에 자리 잡은 곳 중 가장 규모가 큰 공동체는 나카다이며, 룩소르에서 북쪽으로 약 30킬로미터 떨어져 있었다. 나카다 사람들은 나일 강과 홍해 해안 지역 사이에 있는 누비아 산악 지역에서 금을 캘 수 있다는 것을 알았다. 약 5,600년 전에서 5,400년 전에 나카다의 상류층 가족은 마당과 진흙 벽돌 벽이 있는 직사각형 집에서 살았던 반면 평민 가족은 여전히 원형 오두막에서 살았다. 나카다 사람들은 아마와 양모로 직물을 짰고 도자기를 만들 때 돌림판을 이용했으며 보리와 밀로 술을 빚었다.

1890년대에 선구적인 고고학자 플린더스 페트리 경이 나카다에서 연구를 시작했다. 그는 이 공동체가 오래전에 "북부 도시"와 "남부 도시"로 분리되었음을 발견했고 각기 다른 선사 시대 묘지 세 곳을 찾아냈다. 페트리 경은 묘지 세 곳에서 2,200개라는 어마어마한 수의 무덤을 발굴했고 나카다 사회에 세습 지위가 있었다는 사실을 한 점의 의혹도 남기지 않고 밝혔다. 나카다 사회의 상류층은 진흙 벽돌로 된 무덤에 묻혔으며 함께 묻힌 부장품으로는 금과 은으로 된 방울, 상아 빗과 팔찌, 청금석, 에게 해 또는 터키산 흑요석, 사하라 사막에서 나는 청록색 돌 천하석, 손잡이가 은이나 상아로 된 수석 단검, 물고기를 비롯하여 다른 생명체의 형태를 본떠 만든 화장 팔레트, 매력적인 돌에다 조각을 새긴 화병 등이 있었다.

어떤 귀족은 살아생전 하인이나 노예였을 낮은 지위의 사람과 함께 묻히기도 했다. 나카다의 평민 무덤은 단순하게 생겼으며 도자기 그릇이 들어 있는 경우는 있었지만 사치품을 보여 주는 증거는 거의 또는 전혀 없었다.

나카다의 무덤 1863호는 주목할 만하다. 이 무덤에는 어린 여자아이의 시신과 함께 돌 화병 한 개, 화장 팔레트 두 개, 상아 팔찌 여러 개, 뼈로 된 빗, 수단에서 들여온 도자기 접시, 메소포타미아에서 들여온 도장이 묻혀 있었다. 이 여자아이가 짧은 생애 동안 그런 공물을 받을 만큼 업적을 쌓지는 못했을 것이므로 필시 지위가 높은 가문에서 태어났을 것이다.

나카다의 남부 도시에서 페트리는 진흙 벽돌을 두텁게 쌓아 올린 요새 벽처럼 보이는 벽을 발견했다. 이 벽으로 미루어 보건대 향후 추가적인 고고학 증거가 나와서 족장 사회 간의 경쟁, 농부와 공예 기술자와 전사의 집중화, 이들을 부양하는 데 필요한 집약적 농업 등을 입증할 것으로 예상된다.

순환적 변동과 통일

상이집트는 족장 사회의 순환적 변동을 보여 주는 명확한 사례를 제공한다. 이집트학 연구자 배리 켐프에 따르면 5,500년 전에서 5,200년 전 사이 최소한 세 곳의 지위 사회가 경쟁을 벌이고 있었다(그림 58). 첫 번째 사회는 대만곡부에 위치하며 나카다를 최고 중심지로 두었다. 두 번째 사회는 대만곡부에서 하류 쪽으로 내려가 아비도스 지역에 위치했고 티스라고 불리는 도시를 최고 중심지로 두었다. 세 번째 사회는 상류 쪽, 대만곡부와 제1폭포 사이에 위치했다. 이 사회의 최고 중심지는 네켄이며 그리스식 이름인 히에라콘폴리스로 더 많이 알려져 있다. 이 사회들은 매우 강력한 권력을 두었던 것으로 보이는데, 어빙 골드먼이라면 계층화된 사회로 분류했을 만큼 강력했다.

나카다가 가장 먼저 전성기를 이룬 것으로 보이며 5,400년 전에서 5,200년 전 사이에 세 사회 중 가장 강력했다. 그렇지만 나카다 남부 도시에 방어벽이 세워져 있던 것으로 보아 히에라콘폴리스 같은 공격적인 이웃 사회에 대한 우려 역시 갖고 있었을 것이다. 이는 상당히 근거가 있는 두려움이었다. 대략 5,200년 전에서 5,000년 전쯤 되면 히에라콘폴리스가 나카다를 앞선 것으로 보이기 때문이다.

고고학자 마이클 호프먼, 해니 햄로시, 랠프 앨런은 히에라콘폴

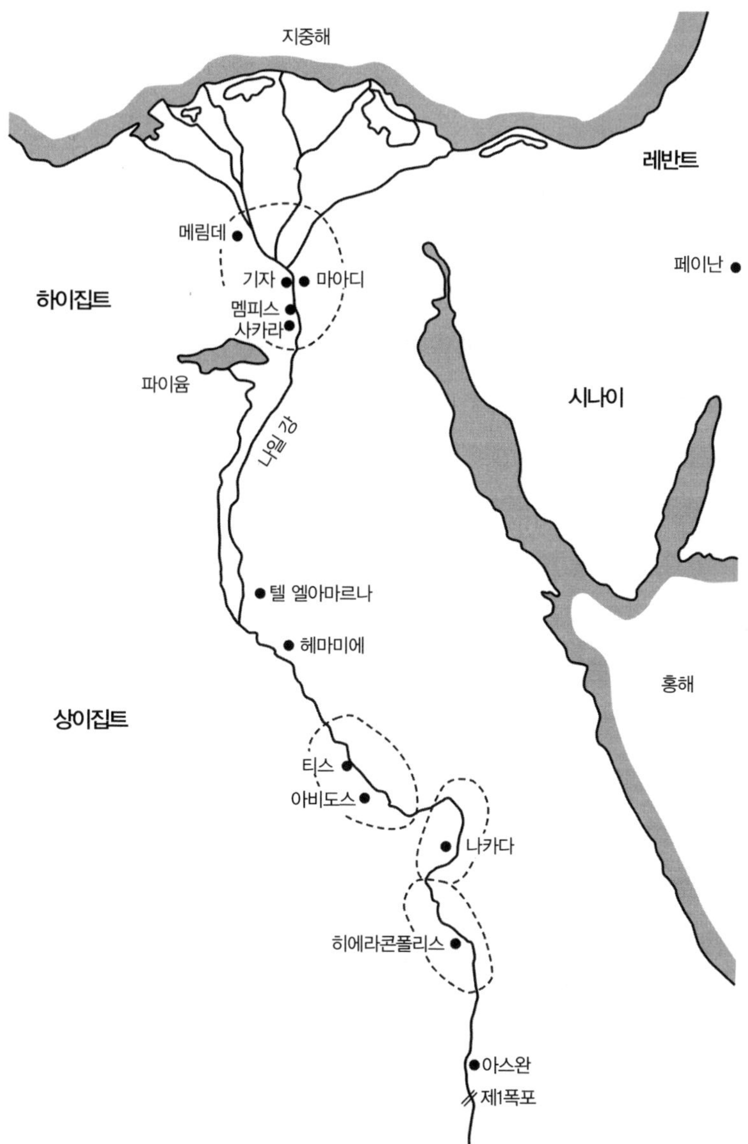

그림 58 | 이집트 최초의 왕국은 독립 상태의 여러 사회를 하나씩 통일함으로써 형성되었다. 먼저 상이집트에서 히에라콘폴리스, 나카다, 티스가 통일되었다. 다음은 상이집트와 하이집트의 통일이었으며 이로써 이집트 선왕조가 탄생했다. 잘 알려진 몇몇 지역 부근에 점선으로 표시해 놓은 곳이 이 과정과 연관이 있다.(마아디에서 아스완까지의 거리는 690킬로미터다.)

리스 지역을 연구하여 이 사회가 두각을 나타내는 과정을 단계별 시나리오로 제시했다. 이 시나리오는 콤 알아흐마르 주변의 145제곱킬로미터 면적을 포괄하는데, 이 지역에는 한때 히에라콘폴리스였던 고고학 유적지가 제멋대로 뻗어 있었다.

호프먼 팀이 연구했던 이 지역은 수 세기에 걸쳐 농부들이 서서히 들어와 정착한 이후 급속한 성장기를 거쳤다. 5,700년 전에서 5,400년 전 사이 5천 명 내지 1만 명의 주민이 아홉 개 정착지에 나뉘어 거주했다.

인구의 대다수는 히에라콘폴리스 시에 살았으며 이 도시 아래로 길이 10킬로미터에 폭이 최대 3킬로미터에 달하는 충적토 범람원이 내려다보였다. 이 도시에는 부근 지역에서 가장 규모가 크고 부장품이 풍부한 축에 속하는 무덤들이 있었다. 히에라콘폴리스의 공예 기술자는 족장의 후원 아래 상류층 전사를 위한 장식용 지팡이 손잡이, 짙은 자색 도자기, 돌 화병, 수석 단검, 화장 팔레트, 리넨 직물, 많은 양의 술을 만들었다. 히에라콘폴리스에서는 수천 마리의 가축을 사육했지만 말라붙은 인간 대변을 현미경으로 분석한 결과 평민은 주로 곡물 위주의 식사를 한 것으로 밝혀졌다. 다시 말해서 히에라콘폴리스는 상류층으로 갈수록 고기를 더 많이 먹을 수 있는 사회였다.

5,500년 전에서 5,200년 전 사이 히에라콘폴리스의 지도자들은 정착지의 수를 줄이고 방어하기 좋은 곳에 추종 세력을 결집했다. 이러한 변화는 나카다 같은 이웃 사회와의 경쟁이 치열해졌다는 것을 반영한다.

이 시기 초반에 히에라콘폴리스는 신전 한 채를 지었다. 한 변의 길이가 13미터이며 타원형의 큰 마당이 있는 신전이었다. 남부 레반트의 포도주 단지가 있었던 것으로 보아 신전 관계자는 포도주를 수입했을 것이다. 이집트인은 포도주 맛을 알았지만 포도주를 생산하기에는 이집트 기후가 적합하지 않았다. 히에라콘폴리스의 사제가 제물로 바친 동물은 소, 양, 염소, 나일악어, 거북, 물고기 등이었다. 이집트에 최초의 신전이 들어서기 전에 있던 의식용 구조물에 대해서는 유감스럽게도 알려진 바가 거의 없다.

이 시기의 후반부에 가면 히에라콘폴리스의 지도자들은 진흙 벽돌로 방어벽을 짓도록 지시했다. 몬테 알반의 초기 통치자들이 그랬듯이 이들도 이제 이웃을 상대로 세력을 확장할 준비를 갖춘 것이다. 이들은 우선 나카다와 티스가 다스리는 영토를 장악하여 상이집트를 1세대 왕국으로 통일하는 작업에 나섰던 것으로 보인다. 이 왕국은 세력이 매우 강해서 다음 단계에 바로 하이집트로 진격하여 훨씬 규모가 큰 국가를 탄생시켰다.

이집트의 통일 과정은 수 세기에 걸쳐 단계별로 진행되었을 것이다. 하지만 애석하게도 관련된 지역이 넓어서 세세한 과정까지는 알지 못하며, 다만 여러 지역에서 나온 고고학 자료를 종합하여 무슨 일이 일어났는지 추론해야 한다.

호프먼 팀은 히에라콘폴리스가 5,200년 전에서 5,100년 전 사이에 패권을 차지했을 것으로 보았다. 이 시기 동안 히에라콘폴리스는 지속적으로 성장하여 히에라콘폴리스 시에 커다란 궁전과 신전을 여러 채 지었고 사막에 따로 왕가 묘지를 만들었다. 왕가의 이러한 네크로폴리스, 즉 "죽음의 도시"는 히에라콘폴리스의 세습 상류층이 상류층 가계 출신일 뿐만 아니라 독립된 사회 계층을 구성했음을 의미한다. 다시 말하면 나중에 '왕가의 계곡' 같은 왕가 묘지가 생기도록 전례를 세운 것이다.

호프먼의 연구가 이루어지기 오래전인 1898년에 고고학자 제임스 퀴벨과 프레더릭 그린이 히에라콘폴리스에서 석회암으로 만든 장식용 지팡이 손잡이 일부를 발견했다. 손잡이에는 통치자가 관개수로를 파는 장면이 조각으로 새겨져 있었다. 통치자가 그런 육체노동을 직접 했을 리는 없으므로 이 장면은 당연히 상징적인 것이다. 무엇보다도 흥미로운 점은 통치자의 상형 문자 이름을 "로제트 전갈"이라고 밝혔다는 사실이다.*

이 "전갈 왕"이 히에라콘폴리스에 묻혔던 것일까? 이 유적지에서 수많은 왕의 무덤이 나왔지만 이들 중 어느 누구도 로제트 전갈과 관련이 없다. 발견된 것 중 가장 우아한 무덤은 무덤 11호이며 크기는 가로 5미터, 세로 2.5미터였다. 이 무덤에는 침대 다리 끝에 황소의 발이 달린 나무 침대가 있었으며, 그 밖에도 금, 은, 동, 홍옥수, 석류석, 터키석, 청금석으로 만든 장신구, 상아 조각, 인간과 동물 모양을 한 도자기 인형이 들어 있었다.

포착하기 힘든 전갈 왕에 관한 연구를 더욱 혼란스럽게 만드는 또 한 가지가 있다. 아비도스에 있는 또 다른 무덤으로, 한때 티스가 지배하던 하류 지역에 위치했다. 무덤 U-j로 알려진 이 무덤은 진흙 벽돌로 만들어졌으며 가로세로 크기는 9미터, 7미터이고 나무 지붕보는 5,150년 전의 것이었다. 무덤 U-j에는 관이 있는 커다란 방 하나와 부장품이 들어 있는 이보다 작은 방 열한 개가 있었다.

---

* 통치자 옆에 둥근 꽃 모양 장식인 로제트와 전갈 그림이 그려져 있다.

발굴자 귄터 드라이어는 이 무덤이 살아생전 통치자가 살던 궁전의 축소 모형일 것이라고 추정했다. 몰이꾼들이 쓰는 손잡이가 구부러진 지팡이를 이 통치자와 함께 묻었는데, 이 지팡이는 정치 권력뿐만 아니라 백성 중 일부에게 전해 내려오는 목가적 유산을 상징했다.

이 통치자가 다른 무엇보다 좋아했던 몇 가지가 있다. 현지에서 만든 술이 담긴 수많은 항아리와 남부 레반트에서 수입한 포도주가 담긴 항아리 700개가 그의 공물에 포함되었다. 그리고 무덤 U-j에서 주목할 만한 한 가지가 발견되었다. 바로 상아로 된 여러 개의 꼬리표로, 부장품에 부착할 수 있도록 꼬리표마다 구멍이 한 개씩 뚫려 있었다. 이 꼬리표에 적힌 상형 문자는 공물이 어디서 왔는지 지명을 나타냈다. 아울러 "전갈"이라는 이름도 표시되어 있었다.

아비도스에 묻힌 전갈 왕은 누구였을까? 히에라콘폴리스에서 나온 장식용 지팡이 손잡이에 언급된 그 전갈 왕일까? 상이집트를 통일한 통치자일까? 그는 역사 속의 인물일까, 전설 속 인물일까, 아니면 둘 다일까?

나르메르의 팔레트

쿼벨과 그린은 히에라콘폴리스에서 전갈이 새겨진 지팡이 손잡이 외에도 실트암으로 된 독특한 화장용 팔레트를 발견했다. 이 팔레트는 길이 60센티미터이며 전사의 방패처럼 생겼다(그림 59). 팔레트의 양쪽 면에는 "궁전"을 상징하는 직사각형 상징 안에 통치자의 상형 문자 이름이 보였다. 석조 조각가는 "물고기"(느르nr)와 "끌"(므르mr)을 뜻하는 상형 문자를 결합함으로써 수수께끼그림을 이용

그림 59 | 조각을 새긴 화장용 팔레트의 양면. 100여 년 전에 히에라콘폴리스에서 발견되었다. 두 면 모두에 "나르메르"라고 발음할 수 있는 상형 문자 이름이 보인다. 왼편에 보이는 나르메르는 상이집트의 흰 왕관을 쓰고 있으며 포로의 머리카락을 움켜잡고 있다. 오른편에서는 하이집트의 빨간 왕관을 쓴 나르메르가 전쟁터를 시찰하는 가운데 머리가 잘리고 몸이 묶인 적군 10명이 바닥에 누워 있고 양 발 사이에 잘린 머리가 놓여 있다. 이 장면은 상이집트와 하이집트의 통일 과정을 상징화한 것으로 여겨진다.

하여 그의 이름을 적었다. 이집트 글자에는 모음이 없기 때문에 이 글자를 읽는 독자는 모음을 넣어 주어야 하며 그럴 경우 그의 이름은 "나르메르"가 된다.

나르메르 팔레트에 있는 장면을 이해하기 위해서는 나중에 이집트에서 사용된 상징을 고려해야 한다. 상이집트 통치자는 흰 왕관을 썼으며 느스우트nswt, 즉 "사초莎草 통치자"라고 지칭되었다. 상이집트의 상징은 연蓮이며 이곳의 수호신은 네크베트(독수리 여신),

최고 중심지는 히에라콘폴리스였다. 하이집트 통치자는 빨간 왕관을 썼으며 비티bity, 즉 "벌 통치자"로 지칭되었다. 하이집트의 상징은 삼각주 늪에서 자라는 사초인 파피루스였다. 수호신은 와데트(코브라 여신)이며 최고 중심지는 부토였다.

히에라콘폴리스에서 나온 팔레트의 한 면에는 나르메르가 포로의 머리카락을 움켜쥐고 지팡이로 포로의 두개골을 부술 태세를 하고 있다. 그의 뒤에는 하인 한 명이 통치자의 샌들과 물 단지를 들고 있다. 통치자 아래에는 적군 두 명이 널브러져 있다. 통치자의 얼굴 옆에는 하이집트를 상징하는 파피루스 위에 매 한 마리가 포로의 코에 매인 줄을 붙들고 있다. 나르메르는 상이집트의 흰 왕관을 쓰고 있다.

팔레트의 반대 면에서는 나르메르가 하이집트의 빨간 왕관을 쓰고 있다. 그는 여기에서도 샌들을 든 사람을 대동한 채 전투 장면을 시찰하고 있다. 이 장면에는 목이 베인 적군 10명이 나오며 잘린 머리는 두 발목 사이에 놓여 있다. 같은 면의 다른 곳에는 요새화된 도시의 벽을 들이박는 황소가 묘사되어 있다. 이 도시가 어디인지를 상형 문자 스흐sh로 확인할 수 있으며 남부 레반트를 지칭하는 것으로 여겨진다.

나르메르 팔레트나 전갈 지팡이 손잡이는 이전 시대로부터 내려온 가보 물품을 은닉한 곳에서 발견되었기 때문에 그 제작 시기를 알 수 없다. 나르메르 팔레트는 이집트인 스스로 이집트의 통일 과정이 피로 얼룩져 있다고 생각했다는 것을 보여 준다. 먼저 상이집트의 통치자가 삼각주를 정복했고 삼각주를 장악하자 남부 레반트까지 영토를 확장했다.

이집트가 남부 레반트까지 영토를 확장했다는 것을 확인해 주는 독자적인 증거도 있다. 토머스 레비와 데이비드 알론에 따르면 유대와 네게브의 경계 지대에 위치한 고고학 유적지에서 나르메르라는 상형 문자가 들어 있는 이집트 도자기가 발견되었다. 하지만 남부 레반트에서 이집트인의 흔적은 겨우 50년 내지 100년밖에 지속되지 않았다. 그 후 레반트의 정착지들은 요새를 구축하고 자치권을 수호했다.

선왕조

1세대 이집트 국가는 분명 군주제였으며 그것도 개별화된 권력을 지닌 군주제였다. 하지만 안타깝게도 초기의 군주들은 반은 역사이자 반은 전설인 채로 애매모호한 존재였다. 이집트학 연구자들은 어느 정도의 지식에 근거해서, 이집트가 기원전 3100년쯤에 통일되었을 것으로 추측한다.

이때가 이집트 최초의 왕조가 시작된 시기이며 이 왕조는 나일 삼각주 입구에 위치한 멤피스로 수도를 옮겼다. 이집트 국가가 제1 폭포에서 남부 레반트까지 이르다 보니 히에라콘폴리스는 너무 남쪽에 치우쳐 있어 수도 기능을 하기가 힘들었다. 수도를 멤피스로 옮기자 히에라콘폴리스는 중요도가 낮아지긴 했지만 그래도 여전히 상이집트의 중심지 역할을 했다.

오랫동안 나르메르 왕은 제1왕조를 세운 시조로 추정되어 왔다. 하지만 신비에 싸인 전갈 왕을 비롯하여 반半전설적인 여러 왕이 있었다는 단서가 점차 나타나고 있다. 이 가능성 때문에 이집트학자들은 부득이 선先왕조를 제시하게 되었다. 선왕조의 이집트인은 이후 왕조에서 전형적으로 나타난 여러 행동 방식을 보여 주었다. 하마, 악어, 개코원숭이 같은 야생 동물을 묻는 의식도 있었다. 나브타 플라야 사람들과 마찬가지로 가축 소도 묻었다.

일찍이 기원전 3100년 이집트 도자기에 그려진 몇몇 장면에는 열두 명이 넘는 사람이 노를 젓는 배들이 보인다. 그중에는 오두막 비슷하게 생긴 햇빛 가리개 아래에 한 사람이 앉아 있는 배도 있다. 이는 초기 통치자들이 다른 귀족을 방문하거나, 왕국의 속주를 다스리는 관리를 점검하기 위해 나일 강을 따라 오르락내리락 했다는 것을 암시한다.

제1왕조에서 제30왕조까지

이집트 통치자들은 차츰 전설에서 나와 사료에 모습을 드러내기 시작했다. 이집트의 왕들을 왕조로 구분한 최초의 역사학자는 기원전 3세기 역사학자 마네토였다. 그는 같은 가계 내에서 여러 세대에 걸쳐 이어져 내려온 왕들을 지칭하기 위해 **왕조**라는 용어를 만들었다. 왕조가 바뀌는 시기는 수도를 옮기거나 영토를 늘릴 수 있는 기회가 되었다. 하지만 때로는 새로 등장한 통치자가 이전 통치자보다 힘이 미약한 것으로 드러나기도 했다. 그리하여 지위 사회에서 나타난 것과 비슷한 순환적 변동이 왕조에서도 나타났다.

앞서 보았듯이 이집트 국가는 이전까지 자치권을 지니던 영토를 통일함으로써 형성되었다. 각각의 영토는 이제 이집트 국가의 헤스프hesp, 즉 행정 구역이 되었다. 상이집트는 22개 헤스프로 나뉘고 하이집트는 20개로 나뉘었다. 각 헤스프(또는 노모스nomos. 그리스 역사가들은 헤스프를 노모스라고 일컬었다.)에는 총독을 두었으며 총독은 왕에게 충성해야 했다. 강력한 왕의 치하에서는 총독이 보다 복종적이었고, 약한 왕 밑에서는 자치권을 더 많이 가졌다. 이처럼 왕권이 강력해졌다가 약해졌다가 하는 순환적 변동은 오랜 세월 지속된 대다수 국가의 특징이었다. 순환적 변동은 왕과 총독 사이의 불평등의 정도에도 직접 영향을 미쳤다.

마네토는 신전 기록에 나오는 수많은 초기 왕의 목록을 바탕으로 이집트 왕을 30개 왕조로 나누었다. 대단히 흥미로운 점은 초기 기록 중 어느 곳에도 나르메르나 전갈 왕을 언급한 대목이 없다는 사실이다. 초기 기록에서는 제1왕조의 시조를 (이집트어로) 멘Men 또는 (그리스어로) 메네스Menes라고 적었다. 이러한 모호성은 역사와 전설 사이의 경계에서는 그리 놀라운 일도 아니다.

이집트학 연구자들은 제4~6왕조(4,700년 전에서 4,300년 전)를 강력한 통치자의 시기로 분류하고 고왕국이라고 불렀다. 강력한 통치자가 등장한 그다음 시기는 제11~14왕조로, 중왕국(4,000년 전에서 3,600년 전)이라고 불렀다. 그다음 제18~20왕조(3,500년 전에서 3,000년 전)가 강력한 통치자가 등장한 세 번째 시기로 신왕국으로 분류되었다. 중앙집권화한 권력이 등장한 세 차례의 시기 사이에는 "중간기"가 있으며 이때에는 속주의 총독이 보다 많은 자치권을 가졌다. 이러한 기본 뼈대를 바탕으로 다음 내용을 살펴볼 것이다.

우주론과 신성 왕권

고대 이집트는 허버트 루이스가 말한 군주제의 연속선상에서 한쪽 극단에 치우쳐 있다. 네스우nesw, 즉 왕이 신으로 간주되었기 때문이다. 적어도 한 종류의 이집트 우주론에서는 레, 즉 태양이 세계를 만든 신성한 창조주의 하나이자 최초의 통치자였다. 따라서 그 뒤를 이은 모든 왕도 동등한 자격을 가졌다. 또한 왕은 궁전과 동일시되며 제18왕조가 되면서 "파라오"라고 불리게 되는데, 페르아아per-aa, 즉 "궁전"에서 이 명칭이 파생되었다.

왕이 공식 행사에 모습을 나타낼 때면 언제나 "환하게 떠오르다."라는 뜻의 동사 카이khay를 썼다. 이 동사는 떠오르는 태양을 묘사할 때 사용하는 단어였다. 통치자가 하는 말은 무엇이든 마아트ma'at 즉 "진실"과 "명령" 그리고 "정의"의 느낌을 강하게 풍겼다.

또 다른 우주론에서 땅의 남신인 게브와 하늘의 여신인 누트가 네 명의 신성한 아이를 낳았다. 오시리스, 이시스, 세트, 네프티스인데 이 가운데 남성인 오시리스는 지하세계를 대표했고 여성인 이시스는 이집트의 왕좌를 대표했다. 이 둘이 호루스를 낳았으며, 호루스는 앞서 보았던 것처럼 나르메르 팔레트에 있는 통치자와 연관이 있는 매였다. 남매인 오시리스와 이시스가 관계를 맺은 것으로 되어 있기 때문에 여자 형제 또는 이복 여자 형제가 신붓감 중에서 지위가 가장 높을 경우에는 왕이 그녀와 혼인하는 일이 정당화되었다. 강력한 권력을 지닌 폴리네시아 사회에서도 이처럼 족장과 여자 형제의 혼인을 정당화한 일이 있었다.

고대 이집트인에게는 "국가"에 해당하는 단어가 없었다. 국가의 모든 측면이 통치자에게 집중되어 있기 때문에 그런 단어가 필요하지 않았다. 통치자의 안녕은 매우 중요한 사안이므로 심지어는 그의 시신에도 계속 음식을 바쳤다. 이러한 사실에서 우리는 가장 자주 언급되는 이집트의 관습 한 가지를 떠올리게 된다. 바로 통치자의 시신을 미라로 만들어 매장하는 관습이다.

통치자의 영혼에는 카ka, 바ba, 아크akh 이렇게 세 가지 요소가 있었다. 카는 생명력으로, 음식이 공급되는 한 생명력은 계속 유지되었다. 따라서 통치자는 자신의 무덤에 음식을 가져오도록 그에 대한 보수를 미리 내놓는 일도 많았다.

바는 인간의 머리를 지닌 새로 묘사되는 경우가 있으며, 낮 동안 통치자의 육체를 떠났다가 밤이면 돌아오는 능력을 지녔다. 바는 통치자의 왕국 위를 날아다니면서 곳곳을 점검할 수 있었지만 통치자의 육체가 썩어 버리면 밤에 잠들 곳이 없었다. 몇몇 이집트 통치자의 무덤에는 바가 쉽게 드나들도록 영혼의 통로를 만들어 놓기도 했다.(마야의 도시 칼라크물에 이처럼 영혼 통로를 설치한 무덤이 있었다.)

아크는 통치자의 영혼에 속해 있다가 하늘로 올라가 별 속에 섞여 영원히 살았다. 왕은 태양처럼 "환하게 떠오를" 수 있기 때문에 그의 아크도 밤하늘에서 영원히 반짝거렸다.

족장의 시신을 훈제하여 보존했던 고대 파나마인과 마찬가지로 이집트인 역시 밤이면 통치자의 바가 돌아갈 수 있도록 통치자의 시신을 보존하려고 애썼다. 하지만 안타깝게도 아비도스에 있는 전갈 왕의 무덤 같은 곳에 시신을 두면 잘 보존되지 않았다. 게다가 제1왕조와 제3왕조의 많은 왕처럼 거대한 돌이나 진흙 벽돌 단으로 만든 마스타바mastaba 아래 시신을 묻을 경우에는 상황이 더욱 나빴다. 봉인된 마스타바 안에는 습기가 너무 많아 통치자의 시신이 부패했다.

수 세기에 걸쳐 시행착오를 겪은 이집트 장의사는 시신을 보존하기 위한 몇 가지 방법을 생각해 냈다. 이들은 죽은 자의 지위와 부에 따라 각기 다른 방법을 사용했다. 통치자의 경우에는 내장 기관을 제거한 뒤 나트론natron, 즉 탄산수소나트륨 수화물의 한 형태인 글라우버염에 시신을 넣고 말렸다. 나트론이라는 단어는 와디 엘나트룬이라는 사막 협곡의 지명에서 왔으며, 이 사막 협곡에 가면 이런 소금을 톤 단위로 구할 수 있었다. 시신이 다 건조되면 나트론에 적신 리넨 천으로 시신을 꽁꽁 감쌌다.

시신을 건조한다고 항상 실물과 시신이 똑같은 것은 아니었다. 너무 딱딱하게 말라 버리는 경우가 있는가 하면 너무 새까맣게 변해서 역청, 즉 천연 아스팔트에 담가 놓은 것처럼 보일 때도 있었다. 초기 고고학자들은 함께 작업하던 인부들이 이렇게 까만 시신을 보고 무미야mumiya라고 말하는 것을 들었다. 무미야는 역청을 뜻하는 아라비아 말로, 이 말에서 영어 "mummy"(미라)가 나왔다.

장의사들이 미라의 작업 방식을 실험하는 동안 왕의 건축가들은 점점 더 웅장한 마스타바를 짓기 위한 실험을 했다. 마침내 제3왕조의 건축가들이 크기가 조금씩 작아지는 마스타바를 층층이 쌓음으로써 계단식 피라미드를 만들어 냈다.

약 4,800년 전 제3왕조의 통치자 조세르는 사카라에 있는 자신의 무덤 부지에 계단식 피라미드를 세우게 했다. 임호테프라는 이름을 가진 건축가가 처음에는 네 개의 계단으로 된 피라미드를 설계했으며 이 피라미드는 마스타바 바로 위에서 솟아 있었다. 이후 이 건축물을 여섯 개의 계단으로 된 더 큰 피라미드로 증축했으며, 그 결과 높이 62미터에 밑면의 가로세로 길이가 125미터, 109미터인 피라미드가 만들어졌다.

피라미드의 시대가 시작되었다. 그 후 이집트의 왕은 사카라, 다슈르, 메이둠, 기자, 아부 시르 등 하이집트의 나일 강 서쪽 곳곳에 90개가 넘는 피라미드를 세우도록 주문했다. 약 4,600년 전에 건축가들은 계단 대신 경사면으로 된 피라미드를 세우는 법을 배웠다. 이들의 노력은 기자에 위치한 제4왕조의 거대한 피라미드 세 개를 세우면서 정점에 이르렀다. 이 기념물을 본 그리스 사람들은 그들 말로 피라미디아pyramidia라고 하는 끝이 뾰족한 빵을 떠올렸고, 거기서 오늘날 우리가 사용하는 피라미드라는 용어가 생겼다.

이집트의 기자 피라미드와 페루의 모체 피라미드 사이에는 두 가지 공통점이 있다. 둘 다 피라미드 건축을 자신들의 명예로 여겼던 여러 개의 노동 집단에 의해 세워졌다. 모체의 노동 집단은 벽돌에 제조자 표시를 새겨 놓았고 이집트의 노동 집단은 "북부 집단", "승리의 집단", "술 취한 집단" 등과 같은 이름을 자신들이 기증한 돌에 그려 놓았다. "술 취한 집단"이라는 이름을 보니 세계 역사 전반에서 노동에 대한 보상으로 술을 내리는 일이 자주 있었다는 사실이 새삼 떠오른다.

또 다른 유사점은 두 지역 모두 가장 큰 피라미드가 1세대 왕국 때 지어졌다는 사실이다. 페루 국가는 우아카스 데 모체 이후 그만한 규모의 피라미드를 세운 적이 없었고 이집트 왕조도 높이 145미터 밑변 230미터의 쿠푸 피라미드에 비견될 만한 피라미드가 그 후로는 없었다. 기념물에 엄청난 부역 노동을 동원하는 것은 1세대 국가의 전형이었다. 하지만 이후에 등장한 국가는 대체로 다른 것에 우선순위를 두었다.

정치 행정상의 논리적 변화

이집트인들은 자신들이 사는 왕국이 지위 사회로부터 발전했다는 사실을 알지 못했으며, 왕권 제도가 땅만큼이나 오래된 것이라고 여겼다. 이러한 견해는 우주가 변하지 않는다는 우주론과도 부합한다. 이 우주론에 관해서는 이후 이집트 종교를 설명할 때 다시 살펴볼 것이다.

지금까지 살펴본 대다수 사회에서 지배 위계 체계의 맨 꼭대기에 있는 일인자는 초자연적 영혼이나 신이며, 이인자는 조상, 삼인자는 살아 있는 사람 중 지위가 가장 높은 인간이었다. 하지만 이집트 군주제는 우리가 아는 사회 중 최초로 통치자가 사실상 초자연적인 일인자였다.

신성 왕권은 통치자와 그다음으로 중요한 권력자 사이에 엄청난 격차를 벌려 놓았다. 42개 헤스프를 다스리는 총독들이 비록 세습 귀족이라고 해도 결코 태양의 화신은 될 수 없었기 때문이다.

통치자 밑으로 길게 이어지는 행정 위계 체계가 있었다. 분명 서른 개 왕조를 거치는 동안 직위가 올라가거나 낮아지거나 통합되는 등 변화가 있었을 것이다. 이어지는 내용에서 행정 직위에 관해 간략히 요약할 테지만, 어떤 요약도 이 위계 체계를 정확히 담아내지 못할 것이다.

훈자 지역의 후기 국가에서 그랬듯이 이집트에서도 왕의 부사령관은 대신(와지르)이 맡았다. 고왕국 시대에 왕은 대신 자리에 삼촌이나 형제 또는 아들을 지명하는 경우가 많았다. 신왕국으로 접어들면서 많은 통치자는 야심 있는 귀족이 아니라 충성스러운 평민을 지명하는 것이 낫다는 사실을 깨달았다. 야심 있는 귀족은 권력을 찬탈할 수도 있었다.

대신 이외에 고왕국의 많은 직위 역시 왕의 친족이 차지했다. 가까운 남자 친족은 국가의 회계 담당자나 고위 사제가 되었고 그보다 먼 친족은 지역의 공직을 맡았다. 대략 제12왕조까지는 헤스프의 총독 자리가 세습되었다. 하지만 이 시기가 되면서 고귀한 태생보다는 전문 역량이 보다 중요한 기준이 되었다.

전문 기술을 지닌 평민의 등장을 보여 주는 사례가 제6왕조의 관리 우니였다. "왕실 소유지의 하급 관리자"로 시작한 우니는 열심히 노력하여 "상급 관리자"가 되었고 그 후 히에라콘폴리스의 헤스프에서 지방 판사가 되었다. 국왕이 하렘에서 음모를 알아챘을 때 대신을 제쳐 놓고 우니를 비밀 조사관으로 삼았다. 그다음 우니는 군대를 맡았고 시나이 반도와 남부 레반트를 공격하기 위한 군사 작전을 다섯 차례 이끌었다. 마침내 왕은 우니를 남부의 총독으로 임명했다. 평민 출신에게는 대단한 영예였다.

이집트 국가에서 중요한 의미를 지니는 또 다른 직책은 필경사였다. 수많은 상형 문자 기록 덕분에 우리는 명령 체계가 첫째 대신, 둘째 필경사, 셋째 십장什長, 마지막으로 넷째 평민 노동자로 이어졌다는 것을 알게 되었다. 각 헤스프마다 이와 유사한 명령 체계를 갖고 있었다. 따라서 부역 노동과 관련한 명령이 위계 체계를 따라 하달되는 한편 공물도 이 체계를 따라 상부에 전해졌다. 공물이 매우 중요했기 때문에 제15~17왕조부터 왕실 회계 담당자가 일시적으로 대신보다 막강한 힘을 지녔다.

왕은 신이었기 때문에 다른 누구와 권력을 나누는 존재가 아니었다. 이집트에 켄베트kenbet라는 평의회가 있었지만 이 평의회에서 하는 일은 대신의 자문역이었다.

나르메르 팔레트에서 묘사된 바 있는 샌들을 들고 있는 사람을 비롯하여 엄청나게 많은 하인이 통치자의 시중을 들었다. 게다가 왕의 예복과 왕관을 관리하는 사람도 있었고, 그 밖에 왕의 이발사, 의사, 요리사, 전령, 여흥을 돋우는 갖가지 예능인도 있었다.

사회 계층의 맨 밑바닥은 노예이며 대개는 전쟁에서 잡혀 온 포로였다. 노예에게 갖가지 일이 부과되었지만 노예가 피라미드를 세웠다는 세실 B. 데밀의 생각은 순전히 할리우드적인 것이다.* 고고학자 마크 레너의 연구가 알려 주는 바에 따르면 기자의 여러 피라미드는 충성스러운 이집트 평민 집단의 손으로 세워졌으며 징발된 평민은 국가가 비용을 부담하는 특별 막사에 거주했다. 돌을 채석하거나, 상아를 얻기 위해 코끼리를 사냥하거나, 왕실 교역 원정대의 짐꾼 역할을 하거나, 보병으로 전쟁에 참가할 때도 평민 집단을 선발했다. 이들은 모두 국가가 주는 표준 배급을 받았다. 중왕국 무렵이 되면 병사에게 나무로 만든 빵 모양의 교환 증표를 주었으며, 이 증표를 가져가면 진짜 빵으로 교환할 수 있었다.

마지막으로 신성 왕권이 경제에 어떤 영향을 미쳤는지 지적하고 넘어가야 할 것이다. 원사 시대 하와이 족장이 그랬듯이 이집트 왕도 모든 토지와 중요 자원, 외국과의 모든 교역을 장악했다. 이집트의 경제는 왕과 그의 대리인을 통해 원자재와 상품이 어떻게 분배

---

* 세실 B. 데밀은 유명한 영화감독이자 제작자이며 널리 알려진 작품으로 《클레오파트라》(1934년), 《삼손과 데릴라》(1949년), 《십계》(1956년) 등이 있다.

되는가에 달려 있었다. 이는 누비아의 금, 레바논의 삼나무, 레반트의 포도주, 에리트레아의 향료뿐만 아니라 밀, 보리, 소, 아마 등 현지에서 생산되는 상품에도 적용되었다. 제18왕조 이전까지는 상인에 해당되는 단어(스위티swy.ty)가 알려져 있지 않았으며, 심지어는 제18왕조 때에도 외국과의 교역에 참가하도록 특별 허가를 받은 신전 관리에게 이 단어가 주로 쓰였다.

분명 잉여 작물이나 새, 물고기, 야생 사냥감을 교환할 수 있는 지역 시장이 있었다. 하지만 그러한 자유로운 활동은 상명하달식으로 운영되는 통치자의 중앙 통제 경제에서 주변적인 것에 머물렀다. 왕은 각 헤스프의 총독을 통해 모든 곡물과 가축, 어획량에 대해 일정 몫을 요구했다. 왕의 창고로 들어가는 엄청난 자원은 수하에 있는 많은 하인을 먹여 살리는 데 사용되었다.

궁전과 신전의 갈등

이집트인에게 있어 우주의 가장 중요한 특성은 영원하고 변하지 않는다는 점이다. 서구 사회에서는 주로 특별한 사건이나 개인을 축하하지만 이집트인은 고정적이고 영원한 것을 축하했다. 그들이 동물을 매우 의미 있는 존재로 여긴 이유가 이 때문이다. 인간은 개인적인 특별한 속성을 지닌 존재로 보였지만 동물은 세대가 바뀌어도 변하지 않는 것처럼 보였다. 이집트인들은 따오기, 하마, 악어뿐만 아니라 북아프리카에서 최초로 가축화된 동물인 집고양이까지 수천 마리 동물을 미라로 만들어 경의를 표했다.

가장 신성한 동물 중 한 가지는 쇠똥구리였다. 오늘날 동물학자는 쇠똥구리가 동물의 똥을 공 모양으로 뭉쳐 그 안에 알을 낳는다는 것을 알고 있지만 이집트인들은 그 사실을 알지 못했다. 그리하여 쇠똥구리가 알에서 부화하여 공 모양의 똥을 파먹으면서 밖으로 나올 때면 이집트 사람들은 눈앞에서 자연 발생을 목격한다고 믿었다. 자연 발생하는 생물이야말로 영원불멸을 말해 주는 존재였다. 쇠똥구리를 나타내는 이미지나 부적이 이집트에 무수하게 많은 것은 이 때문이다.

앞서 보았듯이 이집트는 이전에 독립 지역이었던 곳을 통일하여 헤스프로 통합하면서 생겨났다. 각 지역마다 독자적인 수호신과 신성한 동물이 있었고, 이집트는 이 수호신과 신성한 동물을 모두 인정했다. 이렇게 합쳐진 목록을 보면 80명이 넘는 신의 만신전을 보는 것 같은 느낌이지만 어느 누구도, 어느 헤스프도 이 모든 신을 다 숭배하지는 않았다. 삼각주에 있는 부바스티스에서는 고양이인 바스트를 숭배하고 파이윰에서는 악어인 소베크를 숭배했다. 그 밖에 다른 지역에서도 따오기, 황소, 독수리, 개코원숭이를 저마다 숭배했다. 신전에서 숭배하는 주요 신 외에 평민 가정에서 그림이나 조각상으로 모시는 작은 신도 있었다. 이집트 사회 자체가 그렇듯이 신 사이에도 위계 체계가 있었다.

이집트 신전은 흐우트 느트르hwt ntr, 즉 "신의 저택"으로 알려져 있었다. 사포텍 국가와 마찬가지로 고위 사제는 귀족 가문에서 나왔고 이들의 조수는 훈련받은 평민이었다. 많은 하급 사제는 석 달 동안 신전 일을 하고 나머지 아홉 달은 세속적인 직업에 종사하는 식으로 돌아가면서 신전에 근무했다. 사제의 업무로는 의식 감독, 동물을 바치는 제물제, 꿈 해석, 천문학 계산이 있었다.

통치자가 신이었던 나라에서 종교는 매우 중요했다. 국가는 세금 징수자를 통해 거두어들인 곡식, 기름, 술, 포도주, 귀금속을 신전에 대 주었다. 신전은 생산성 높은 토지를 소유했지만 징수 대상에 포함되지 않았다. 실제로 많은 통치자는 사후에도 사제가 무덤에 음식을 가져다줄 것이라는 약속에 대한 보상으로 신전에 토지를 증여했다. 왕조가 계속 이어지면서 신전은 갈수록 부유해졌고 고위 사제의 정치적 영향력도 커졌다.

약 3,500년 전 국가, 행정 구역, 지방 등 각 단위의 신전 사제가 단결하여 하나의 통합된 연결망을 형성하기 시작했다. 나일 강 대만곡부에 있는 룩소르에서 아문("숨겨진 존재") 신을 모시는 한 고위 사제가 제18왕조의 통치자 아멘호테프 3세의 대신이 되었다. 또 다른 고위 사제는 아멘호테프의 왕실 회계 담당자가 되었다. 이 정도로는 권력이 충분하지 않았는지 아문의 사제는 누비아 금 광산을 장악했다. 이제 사제는 왕 다음으로 많은 정치 권력과 부를 거머쥐게 되었고 이전 시대의 통치자들은 한 번도 강요받은 적 없는 수준의 권력 분점을 만들어 냈다.

기원전 1380년경 아멘호테프 3세에 뒤이어 아멘호테프 4세가 왕위를 계승했다. 그 후 일어난 일과 관련하여 많은 학자가 분석을 내놓았으며 다양한 해석을 제시했다. 우리는 인류학자 레슬리 화이트의 해석을 따르고자 하며 그의 견해는 사회 논리의 변화를 바탕으로 하는 설명에 힘을 실어 주었다.

오래전 레는 헤스프 차원의 신에 지나지 않았다. 제5왕조 무렵 레 신은 국가 차원의 신이 되었고 제12왕조로 접어들면서는 어느 누구도 레의 최고 지위에 의문을 품지 않았다. 많은 헤스프가 레의 권력을 나누어 가지기를 원했고 그 결과 자기네 지역 수호신의 이름에 레라는 이름을 덧붙였다. 예를 들면 악어 신 소베크는 소베크레가 되었다. 아멘호테프 왕의 수도 룩소르의 최고 신이었던 아문 신도 이제 아문레가 되었다.

아멘호테프 4세와 그의 지지 세력은 점차 커지는 사제의 권력을 축소하기 위해 한 가지 계획을 세웠다. 왕의 이름을 아멘호테프에서 아크나톤("아톤에게 이로운 자")으로 바꾸고, 새로 변화한 모습의 레라고 할 수 있는 '태양 원반', 즉 아톤의 숭배를 공식적으로 선언했다. 그는 룩소르에 있던 궁전을 나일 강 하류 쪽으로 옮겨 아케타톤을 새로운 수도로 정했다. 이곳은 오늘날 텔 엘아마르나 유적지로 알려져 있다.

아크나톤 왕 치하의 이집트는 한동안 유일신 사회가 되었다. '태양 원반' 이외의 것을 숭배하는 것은 부적절한 것으로 치부되었다. 아크나톤은 아문 신을 모시는 사제의 권리를 박탈하고 그들의 신전을 비롯하여 다른 신의 신전도 폐쇄했다. 신전이 소유한 토지와 광산도 몰수하고 아톤 숭배의 수장인 자신에게 모든 자원을 가져오도록 했다.

예전에는 학자들이 아크나톤을 "유일신 종교를 창조한 선지자"로 칭송하는 것을 흔히 듣곤 했다. 하지만 화이트의 분석에서 아크나톤은 그저 상황 판단이 빠른 정치인이며, 이집트 사회의 전제를 약간 수정함으로써 사제 기득권층이 신성한 통치자의 권력을 잠식하지 못하도록 막은 사람이었다. 아크나톤의 전략에서 우리는 나중에 헨리 8세 같은 왕이 보인 행동을 미리 목격할 수 있다. 헨리 8세는 바티칸에 도전해 막강한 권력을 지닌 사제와 주교를 제치고 스스로 영국 성공회를 설립하여 초대 수장이 되었다.

헨리 8세의 행동이 성난 반발을 불러왔다는 점에서 헨리 8세의 비유는 특히 적절하다. 헨리 8세의 딸 메리 1세는 신교도를 화형에 처하고 목을 베는 등 결국 "피의 메리"라는 별명을 얻을 만큼 잔인한 방법으로 가톨릭을 되살렸다. 유혈의 정도는 덜하지만 그래도 비슷한 일이 이집트에서도 일어났다.

아크나톤이 죽었을 때 그의 아들 투탕카텐은 겨우 아홉 살이었다. 소년 왕은 아문 신을 모시는 분노한 사제들과 맞설 힘이 없었다. 그리하여 어쩔 수 없이 이름을 투탕카문("아문의 살아 있는 모습")으로 바꾸었고 사제들이 이전에 소유했던 재산 일부를 돌려주는 한편 아문 신의 숭배도 부활시켰다.

투탕카문에게는 애석한 일이지만 그는 겨우 18년밖에 살지 못했다. 이후 호렘헤브라는 이름의 통치자가 수도를 다시 룩소르로 옮겼으며, 아크나톤의 기념물에 적힌 이름을 자기 이름으로 바꾸고 자신이 아멘호테프 3세를 바로 이어받은 후계자인 것처럼 역사를 바꿔 쓰도록 지시했다.

종족에 관한 고정관념

투탕카문은 18세에 죽었기 때문에 아문 신의 사제들에게 굴복한 뒤 다른 무언가를 할 기회를 갖지 못했다. 그는 왕가의 계곡에 있는 "투트 왕의 무덤" 주인으로 주로 기억된다. 무덤의 보물이 거의 약탈당하지 않은 상태로 보존되었기 때문에 하나의 기록으로 읽을 수 있었다. 그 가운데 별로 언급되지 않은 사실이 하나 있다. 이집트 제18왕조 시기에 종족에 관한 고정관념이 형성되었다는 증거가 그의 부장품에 나타나 있다는 점이다.

앞서 샤카가 건설한 줄루 왕국에서 생김새가 줄루족과 다른 사람을 가리켜 "천민" 또는 "머리 모양이 이상한 사람"이라고 일컬었던 것을 보았다. 신왕국 이집트인도 이와 유사하게 누비아와 레반트 출신 사람들에게 정형화된 고정관념을 가졌던 것 같다.

1922년 투탕카문의 무덤을 연 고고학자 하워드 카터는 처음에 왕실 창고를 발견한 줄 알았다. 문간방에는 침대, 분해된 전차, 금 왕좌, 설화석고 화병, 미라가 된 오리와 소 옆구리 살, 옷과 보석이 가득한 나무 상자가 높다랗게 쌓여 있었다. 문간방 너머에 매장실이 있었고 이곳에서 실물 크기의 조각상 두 개가 투탕카문의 석관을 지켰다. 매장실에 그려진 벽화에는 투트 왕의 장례 행렬, 썰매를 이용하여 석관을 옮기는 장면, 후계자가 의식 절차에 따라 투트 왕을 되살리는 모습이 담겼다.

매장실 너머에도 방이 두 개 더 있었으며 하나는 귀중품 보관실이고 다른 하나는 부속실이었다. 귀중품 보관실에는 사후 세계에서 투탕카문의 시중을 들게 될 하인 조각상 113개가 있었다. 소년 왕을 미라로 만들기 전 뱃속에서 꺼낸 내장 기관과 잘 보존된 머리카락 다발도 있었다. 이 머리카락은 투트 왕의 할머니, 즉 아멘호테프 3세의 부인 것으로 판명되었다. 운 좋게도 그녀의 미라와 DNA 비교를 할 수 있었던 덕분이었다.

그림 60에는 이집트 화가들이 투탕카문과 누비아인, 레반트인을 각기 어떻게 묘사했는지 나타나 있다. 도금한 왕좌 등받이에 그려진 투탕카문은 젊은 파라오에게 어울릴 법한 멋있고 평온한 모습으로 묘사되었다. 의식 지휘봉에 조각되어 있는 누비아인의 형상은 피부가 검게 보이도록 흑단으로 되어 있으며 쇠 귀걸이와 금 완장

그림 60 | 제18왕조 이집트인은 종족에 관해 정형화된 이미지를 만들었다. 맨 위에 보이는 것은 투탕카문과 아내 앙케세나문이며, 이집트 귀족 계층의 전형적으로 멋있고 평온한 모습을 하고 있다. 아래 왼편에 보이는 것은 조각을 새긴 지휘봉에 있던 것인데, 레반트 출신 남자를 상아에 조각하여 피부는 희고 턱수염은 까맣게 묘사했다. 아래 오른편에 보이는 것은 두 번째 지휘봉에 새겨진 것으로 누비아인을 흑단에 조각하여 검은 피부에 쇠 귀걸이를 한 모습으로 묘사했다.

을 하고 있다. 레반트 출신 남자의 형상은 상아로 되었는데 피부를 하얗게, 턱수염을 새까맣게 처리했다. 투탕카문의 전차 옆면에 전쟁 포로를 묘사할 때도 이와 같이 정형화된 모습을 이용했다.

이집트 국가의 성 불평등

지금까지 학자들은 이집트 상형 문자 기록에 나온 단어 수천 개를 확인했다. 그중 "여왕"이라는 단어는 없었다. 수호신 레와 호루스가 남자였듯이 이집트 왕도 남자였다. 고작 "왕의 부인"와 "신의 부인" 같은 문구 정도밖에 발견할 수 없었다. 하지만 대략 300명의 이집트 통치자 중 네 명은 여자였던 것으로 여겨진다.

기원전 1492년 제18왕조의 왕 투트모세 1세가 죽었다. 그의 후계자 투트모세 2세는 결혼하여 아들 투트모세 3세를 두었다. 투트모세 2세는 이후 하트셉수트라는 이름의 이복 여자 형제와 결혼했다. 투트모세 2세가 죽었을 때 아들 투트모세 3세는 아직 나이가 어려 나라를 통치하기 힘들었다.

투트모세 3세는 하트셉수트의 의붓아들이자 조카였다. 일반적인 관례대로라면 어린 투트모세 3세가 나이가 찰 때까지 하트셉수트가 섭정을 맡았을 것이다. 하지만 하트셉수트는 왕위를 빼앗고 투트모세 3세를 나이 어린 섭정으로 삼아 20년에서 22년 동안 이집트를 다스렸다. 그녀는 이복 남매였던 투트모세 2세가 죽었을 때부터 왕위를 잡은 것처럼 통치 기간을 소급 적용했다.

권력을 찬탈한 사람은 합법적인 정당성을 얻기 위해 온갖 노력을 기울인다. 하트셉수트도 예외는 아니어서 자신의 모습을 담은 조각상을 200개나 만들도록 지시했다. 게이 로빈스와 라나 트로이가 지적한 바 있듯이 많은 기념물에서 그녀는 네메스nemes(두건)와 첸지트chenjyt(킬트)를 걸치고 가짜 턱수염을 다는 등 남자 통치자의 차림새를 보여 주었다. 허리까지 벌거벗은 모습으로 등장할 때는 자신의 가슴을 납작하게 묘사하도록 했으며 상형 문자 기록에서는 그녀를 "그"라고 적었다.

하트셉수트는 아버지 투트모세 1세가 죽기 전에 그녀를 왕위에 앉힌 것처럼 역사를 다시 썼다. 다이르 알바리에 장례 신전을 미리 지을 때도 그녀는 스스로를 아문 또는 암소 신 하토르의 자손으로 표현했다.

하트셉수트는 아버지의 믿음직한 집사였던 세넨무트를 계속 곁에 두면서 궁전 관리자로 승격해 더 충성심을 가지도록 했다. 그녀는 세넨무트를 제1폭포의 화강암 채석장으로 보내 거대한 오벨리스크 두 개를 세우는 데 필요한 돌을 구해 오도록 했다. 이 오벨리스크는 나일 강 대만곡부에 있는 카르나크 신전에 세웠다. 그중 한 오벨리스크에는 "왕이 직접〔시크sic〕 자신의〔시크sic〕 아버지 아문레를 위해 거대한 오벨리스크 두 개를 세웠다."라고 새겨져 있다.* 또 다른 오벨리스크에서 하트셉수트는 자신의 모습을 누비아 병사의 몸을 짓밟는 스핑크스로 표현했다.

하트셉수트는 네페루레라는 딸을 낳았다. 이 딸을 후계자로 삼기 위해 기념물에서 딸을 남자아이로 표현했으며, 다른 남자아이처럼 하나로 땋은 머리를 하게 할 정도로 철저했다. 심지어는 네페루레를 흐므트 느트르hmt ntr, 즉 "신의 부인"으로 지칭할 때도 남자아이

* 시크는 남성 대명사 '그'를 뜻한다.

처럼 묘사했다.

유감스럽게도 네페루레가 어린 나이에 죽어 일이 뜻대로 되지 못했다. 그 대신 하트셉수트의 의붓아들이자 조카인 투트모세 3세가 그녀의 뒤를 이었다. 새 왕은 하트셉수트의 기념물에서 그녀의 이름을 지우고 그 자리에 자기 이름을 넣도록 지시했다. 도널드 레드퍼드 같은 이집트학 연구자들은 이처럼 하트셉수트의 흔적을 지운 것이 계모를 향한 투트모세 3세의 분노 때문이라기보다는 투트모세 3세가 자신의 통치를 정당화하기 위해 이전의 남자 통치자와 연결 지으려 애쓴 것으로 보고 있다.

하트셉수트의 장례 신전이 남아 있는 덕분에 우리는 그녀에 관해 많은 것을 알고 있다. 하지만 150년이 훨씬 지난 뒤에 통치자 세티 1세는 이집트 왕의 공식 명단을 작성하면서 하트셉수트의 이름조차 언급하지 않았다. 역시 하트셉수트는 여자였던 것이다.

이집트 국가의 불평등

통치자가 신으로 여겨졌던 까닭에 이집트는 여느 1세대 국가보다 높은 불평등을 보였다. 파라오는 영원히 죽지 않으며 무덤에 들어간 뒤에도 음식을 제공받아야 했다. 이집트 왕이 사제에게 음식을 가져다달라고 계약을 맺는 과정에서 사제 기득권층의 부를 늘려 주었기 때문에 이들은 왕의 정치적 경쟁자로 여겨졌다. 아크나톤은 사제들의 권력을 약화할 정도로 강력한 권력을 지녔다. 하지만 사제들도 투탕카문으로 하여금 자신들의 권력을 복구하도록 만들 만큼 막강한 권력을 휘둘렀다.

이집트 통치자 중에는 일방적으로 남자가 많았다. 더러 강력한 여자가 이집트나 마야 국가에서 섭정을 맡은 적이 있지만 이 경우에도 두 국가 사이에 뚜렷한 차이가 보였다. 마야 왕가의 여자는 죽은 뒤에도 오랫동안 기념물을 통해 찬양되었지만 하트셉수트의 이름은 기념물에서 모두 지워졌고 후대에 가서 왕의 명단에도 오르지 못했다.

다른 많은 왕국이 그랬듯이 이집트 역시 종국에 가서는 전문 역량을 가진 평민이 부패하거나 무능한 귀족보다 공직자 역할에 훨씬 적합하다는 것을 알게 되었다. 중앙 정부가 강력한 힘을 지니고 왕국이라고 불리는 동안에는 대개 이전 왕의 아들이 새 왕이 되었다. 하지만 중앙 정부의 힘이 미약했던 이른바 중간기에는 고귀한 태생의 권력 찬탈자가 일을 도모하여 왕위에 오를 수 있었다.

아직 풀리지 않은 의문

우리는 이집트학 연구자가 고고학자 중에서 가장 운이 좋은 축에 속한다고 생각한다. 어떤 의문에든 답을 얻을 수 있을 만큼 그들이 구할 수 있는 자료는 방대하다. 따라서 우리는 아직 그들의 생각이 미치지 못한 한 가지 물음을 던지고자 한다.

앞서 왕국의 형성 과정을 논의하면서 1세대 왕국의 전신인 족장 사회와 1세대 왕국이 권력 원천의 면에서 연속성을 지니는지 의문을 제기한 바 있다. 이집트 신성 왕권의 역사를 감안할 때 분명 이 물음과 관련되는 자료가 있을 것이다.

나카다와 히에라콘폴리스의 족장은 그 당시에 이미 신성한 존재로 여겨졌을까, 아니면 어빙 골드먼이 규정한 신성한 생명력과 전문 기술과 군사적 기량의 조합을 지니는 데 그쳤을까? 만일 후자라면 신성 왕권이 최초로 등장한 것은 정확히 언제였을까? 이전까지 독립해 있던 여러 지역을 통합하여 다스리게 된 남자에게 네스우(왕)라는 칭호를 붙이는 것을 정당화하기 위해 신성 왕권이 새로이 탄생한 것일까? 아니면 이집트인은 두 단계에 걸쳐, 즉 처음에는 왕이 죽은 뒤에 신이 되었다고 주장하다가 다음에는 왕이 처음부터 신성한 존재로 태어났다고 주장하는 방식으로 신성 군주를 탄생시킨 것일까?

독립적인 지위 사회였던 여러 지역을 한 사람이 통치하게 된 상황을 정당화하기 위해 계획적으로 사회 논리를 바꾸는 과정에서 신성 왕권이 생겼다고 하더라도 우리로서는 전혀 놀랄 일이 아니다. 하지만 아무도 확실하게 알지 못하며, 이집트는 완벽한 시험 사례가 될 것이다. 이집트학 연구자들이 해야 할 일이 지금도 산더미처럼 많은 상황이긴 하지만 이 물음 역시 그들의 "할 일" 목록에 올려준다면 좋겠다.

흑소 가죽과 황금 의자

아프리카 대륙 최초의 왕국은 이집트이며 이후 여러 왕국이 뒤를 이었다. 나일 강 상류의 악숨 왕국처럼 이웃인 이집트 왕국의 전략을 차용한 곳도 있고, 줄루 왕국처럼 철 가공 및 소몰이를 하던 반투족 이주자의 후손이 세운 왕국도 있었다. 그런가 하면 아프리카 중부 및 서부 지역의 모계 중심 농경 사회에서도 왕국이 등장했다. 체체파리 때문에 소몰이를 할 수 없었던 몇몇 아프리카 왕국은 상아와 금, 노예를 부의 기반으로 삼을 수 있다는 것을 알았다.

특정 지역에 등장하는 최초의 왕국은 이후에 등장할 왕국에 모범사례가 되었다. 고고학자들은 이러한 후세대 왕국이 언제 등장했는지 시기를 알 수 있지만 후세대 왕국의 기원과 관련해서는 신화적인 설명밖에 제공하지 못하는 경우가 많다. 하지만 아프리카에서는 유럽인이 실제 벌어진 일을 눈으로 보고 기록할 수 있었던 18세기와 19세기에 많은 왕국이 새로이 형성되었다. 이런 경우 실제 벌어진 일에 관한 토착민의 설명과 서구의 설명을 모두 확보할 수 있다.

이 장에서는 토착민의 설명과 유럽인의 설명을 모두 볼 수 있는 아프리카 왕국 두 곳을 살펴볼 것이다. 한 곳은 줄루족과 관련이 있는 연쇄 반응의 일환으로 등장했으며, 다른 한 곳은 강력한 이웃에게 공물을 바치는 데 지친 어느 야심 있는 귀족이 세운 왕국이었다.

스와지 왕국의 등장

후기 철기 시대에 반투어를 쓰는 수천 명이 림포푸 강을 건너 아프리카 남동 지역까지 진출했다. 18세기 유럽 여행자의 보고에 따르면 나탈에만 50개가 넘는 지위 사회가 있었다. 그중 가장 강력한 사회가 은드완드웨와 음테트와였다.

은드완드웨 북쪽에 있던 한 집단은 자기네 족장 씨족의 시조 이름을 따서 자신들을 들라미니라고 불렀다. 대략 기원후 1500~1700년부터 들라미니는 오늘날 모잠비크로 알려진 지역에서 생활했다. 들라미니 족장은 후계자의 높은 지위를 유지하기 위해 부계로 이어지는 씨족 여자와 혼인할 수 있었지만 평민은 여전히 다른 씨족 여자하고만 혼인해야 했다.

소몰이가 경제 활동의 주축을 이루었던 들라미니는 마침내 농업과 공예에 더 많이 의존하는 템베 집단과 동맹을 맺었다. 이로써 경제 활동이 다양해졌다. 이 동맹은 논리적 협력 관계로도 여겨졌는데, 템베 족장 역시 "여자 형제"(즉 같은 씨족의 여자)와 혼인했고 따라서 "들라미니와 같은 생각을 가진 사람"이었기 때문이다.

들라미니는 모잠비크에서 줄루족처럼 크랄을 이루어 소몰이와 농경을 하면서 살았다. 마침내 들라미니 3세라는 이름의 한 족장이 거처를 내륙 쪽으로 옮겨 퐁골라 강에 자리 잡았다. 그의 백성은 1700년대 후반 다시 이동하여 로밤바에 수도를 세웠다.

그 결과 들라미니는 팽창주의적인 은드완드웨와 음테트와를 가까이에서 접하게 되었고, 마침내 응그와네 2세라는 이름의 족장 치하에서 독자적인 정복 활동을 시작했다. 이들은 머지않아 스스로를 "응그와네의 백성"이라고 칭하고 날로 확장되는 영토를 에쉬셀웨니("불타는 곳")라고 불렀다. 응그와네 2세는 1780년에 사망했으며 로밤바 근처의 동굴에 묻혔다. 이로써 이 동굴은 에쉬셀웨니 통치자의 전통적인 매장지가 되었으며 응그와네 2세는 전설 속에서 숭배의 대상이 되었다.

'응그와네의 백성'은 음테트와, 은드완드웨, 줄루 사회가 관련된 연쇄 반응의 일부였다. 그 결과 경쟁, 정복 활동, 족장 간의 정략결혼, 피난민의 이주가 야기되었고 이 과정에서 적어도 두 개의 왕국이 부상했다. 바로 줄루 왕국과 스와지 왕국이다.

응그와네 2세의 뒤를 이은 아들 은둔구녜는 폭군으로 알려졌다. 은둔구녜는 음테트와의 족장 딩기스와요(줄루 왕 샤카가 이 사람 밑에서 군사 기술을 익혔다.), 그리고 은드완드웨의 족장 지드제(결국 샤카에게 패배하고 만 "즈위데"와 같은 인물로 추정된다.)와 동시대 인물이었다. 샤카가 정복 활동을 벌이는 동안 여기서 도망친 많은 사람이 '응그와네의 백성'으로 피난 옴으로써 이곳의 인구가 늘었다.

1815년경 은둔구녜가 죽자 아들 소부자 1세가 권좌에 올랐다. 소부자 역시 아버지의 폭정을 이어 갔지만 어머니의 영향력으로 그나마 덜 잔인했다. 소부자는 강력한 권력을 지닌 다른 지도자와 혼인 동맹을 맺고자 했다. 지드제의 딸을 정실부인으로 삼았고 자신의 딸 두 명을 샤카와 혼인시켰다. 안타깝게도 두 딸 모두 임신했고 아들에게 권력을 빼앗길지도 모른다는 두려움에 편집증 증상을 보이던 샤카에 의해 처형되었다.

들라미니, 음테트와, 은드완드웨, 줄루의 지도자 사이에 일어난 상호작용으로 연쇄 반응이 더욱 촉진되었다. 아프리카 남동 지역의 모든 지배 계층 가문이 정략결혼으로 얽혔고 상대의 정치적 군사적 전략을 모두 알고 있었다. 경쟁자의 전략을 그대로 따르겠다고 정하면 그렇게 할 수 있었고, 경쟁자의 전략과 반대로 가겠다고 정하는 경우에도 그렇게 할 수 있었다.

샤카는 은드완드웨에게 위협을 받자 그들과 대결하여 탁월한 군사 전략으로 승리를 거두었다. 하지만 퐁골라 강의 비옥한 경작지를 둘러싸고 은드완드웨와 반목하기 시작한 소부자 1세는 다른 전략을 사용했다. 전사의 수가 훨씬 적다는 것을 깨닫고 부인, 추종자, 소떼를 데리고 북쪽으로 도주하기로 한 것이다. 소부자는 정치적 군사적으로 약하다고 판단한 응구니, 소토, 통가 땅으로 들어가 이들에게 공물을 요구했다. 공물을 바치는 집단은 족장과 토지와 자치권을 그대로 유지하도록 해 주었고, 저항하는 집단의 경우 남자는 죽이고 여자는 자기 사람으로 만들었다. 도망친 소수 종족 집단은 끝까지 쫓아가 처벌했다.

소부자 1세는 일련의 정복 활동을 통해 이 지역에서 가장 강력한 통치자 중 한 사람이 되었고, 그가 북쪽으로 이주함으로써 그의 백성과 공격적인 줄루족 사이에 얼마간 거리가 생겼다. 그는 샤카처럼 스스로를 왕이라고 칭하기 시작했다. 왕실 크랄을 조상 응그와네의 수도였던 구舊 로밤바로 다시 옮겼고 영토의 각 지구를 친족에게 맡겼으며, 다른 집단 사람이라도 자청하면 기꺼이 군대에 받아주었다. 모두들 소부자가 특별한 마법의 힘을 지녔다고 믿었다. 그는 전쟁을 벌이고, 생사 문제를 결정하고, 동맹 세력에게 보상하고, 적을 벌할 수 있었다.

1839년 소부자 1세가 죽으면서 둘째 아들 음스와티에게 왕국을 넘겨주었다. 음스와티는 아버지의 뒤를 이어 가장 위대한 왕이자 전사가 되었고 이를 계기로 이들은 자기네 종족의 이름을 바꾸게 되었다. 오늘날 우리는 이 종족을 스와지("음스와티"의 서구식 이름)족으로, 이들의 나라를 스와질란드로 알고 있다.

음스와티 정권

음스와티는 전례가 없을 만큼 막강한 권력과 영향력을 바탕으로 스와지 사회의 원칙에 많은 변화를 만들어 냈다. 그가 일으킨 주요 변화 중 몇 가지를 정리하면 다음과 같다.

1. 이전에는 각 족장이 자기 지역의 여러 친족 집단에서 남자를 소집함으로써 지역을 기반으로 군대를 조직했다. 하지만 음스와티는 모든 지역에서 남자를 징집하여 이를 줄루족처럼 연령 체제로 재편했다. 그는 분명 샤카의 전략을 모방했으며 은드완드웨 출신인 어머니가 그렇게 하도록 격려했다.
2. 왕실 특별 촌락을 세워 각 지역의 집결 중심지로 삼았다. 이제 모든 젊은 남자는 음스와티 국가의 백성이며 출신 지역이나 종족

에 대한 충성을 버려야 했다.

3. 다른 사회에 대한 습격 활동을 원활하게 할 수 있도록 군사 전초 기지를 세웠다.

4. 소떼와 인질을 얻기 위해 이웃 집단을 공격했다. 상류층 인질의 경우는 몸값으로 소나 다른 귀중품을 요구했고 평민 인질은 포로 교환용으로 이용했다. 스와지족은 새로운 토지를 얻는 것보다 부나 군사적 명성을 늘리는 데 더 관심이 많았다.

5. 모든 약탈품은 일단 음스와티에게 보냈고 이후 그가 에마카웨emaqawe, 즉 "영웅"들에게 다시 나누어 주었다. 이 때문에 스와지는 평민이 군사적 기량을 바탕으로 신분 상승을 할 수 있는 또 하나의 사회가 되었다.

6. 강한 권력을 갖지 못한 사회들이 자기네들의 알력 다툼을 해결해 달라고 음스와티에게 요청하는 일이 많아졌다.

7. 스와지 왕국이 이웃 사회 세습 지도자의 정통성 여부를 승인해 주었다. 음스와티는 이웃 집단을 정복할 때마다 패한 족장의 아들 중 한 명을 데려다 자기 아들로 키웠다. 또한 정통성을 가진 모든 족장 후계자들에게 뿔뿔이 흩어진 자기 사회를 재건하도록 허용해 주었다.

8. 줄루 사회(또는 그 밖의 다른 아프리카 사회)에서 도망친 피난민을 스와지 사회에 받아들였으며 충성을 바치는 조건으로 보호해 주었다. 이를 두고 당시 사람들은 피난민이 "음스와티의 안전한 품 안으로 도망쳤다."고 말했다.

9. 스와지 왕은 세속 정부와 종교 의식 모두에서 중심적 인물로 자리 잡았다. 음스와티는 군 사령관이자 최고 사법권자, 최고 의

식 지도자, 모든 관리의 임명권자, 부를 나누어 주는 공적 재분배자의 역할을 동시에 가졌다.

10. 스와지 왕은 어느 미혼 여자든 원하는 여자를 하렘에 들일 수 있었다. 왕의 부유한 친족도 많은 아내를 둘 수 있었다. 그 결과 들라미니 지배 씨족은 머지않아 왕국에서 가장 규모가 큰 씨족이 되었다.

들라미니 씨족이 점점 커지자 그들을 따라하고 싶은 욕구도 커졌다. 그들의 의복 양식, 귀 장식, 방언, 씨족 의식을 널리 모방하게 되었고 시간이 지나면서 이것이 스와지족 전체의 특성이 되었다.

현재 스와지 사회를 구성하는 70개 씨족 중 약 5분의 1만 "진짜 스와지족"으로 여겨지며 약 7분의 1은 지역의 "기존 거주자"이고, 나머지는 이주자이다. 모든 씨족이 저마다 역사를 갖고 있지만 들라미니의 우월한 위치를 인정해야 했다.

음스와티는 1870년경에 죽었다. 후계자인 음반드제니는 영국인과 보어인 이주자를 설득하여 스와지의 자치권을 인정하는 조약을 맺도록 했다. 유럽인 이주자가 몰려드는 속도를 늦추지는 못했지만 그래도 스와지 왕국은 나라 이름을 지키는 만족을 누렸다.

스와지 사회

1930년대에 인류학자 힐다 쿠퍼가 스와지 사회에 와서 함께 생활했다. 시대를 앞서 갔던 쿠퍼는 현장 보고서 초안을 스와지 사람들에게 보여 주고 의견을 구했다. 그 당시는 이런 방식의 작업이 유행하기 훨씬 전이었다. 심지어 쿠퍼는 원고의 초고를 왕인 소부자 2

세에게 보여 주기도 했다. 소부자 2세는 인류학 학술지를 구독하는 군주였다. 소부자는 쿠퍼의 연구에 관해 의견을 개진하고 그녀에게 많은 편의를 제공했다. 그는 다음과 같이 의견을 피력했다. "인류학은 여러 가지 발전 방향을 비교하고 선택할 수 있게 해 준다. 유럽 문화가 다 좋은 것은 아니며 우리 문화가 더 나은 경우도 많다. 우리는 어떻게 살 것인지 선택할 수 있어야 하며 이를 위해 다른 사람들이 어떻게 사는지 알아야 한다. 나는 우리 백성이 유럽인을 흉내 내지 않고 스스로의 법과 관습대로 존중받기를 원한다."

쿠퍼가 연구한 스와질란드는 풀이 무성한 초원과 해발 1,800미터의 산악 지역, 충적토가 있는 강 유역으로 이루어져 있었다. 연간 강우량이 457밀리미터여서 소몰이를 하기에 좋은 목초지가 형성되었다. 대부분 성인 남자와 어린 남자가 소를 몰았으며 줄루족과 마찬가지로 이곳에서도 소가 부의 원천이었다. 산악 지역의 연간 강우량이 1,300밀리미터 이상이었기 때문에 울창한 초목 지대가 형성되어 염소와 사냥감을 이곳에 방목할 수 있었다.

스와지족 여자는 강 유역의 충적토를 이용하여 토종 수수와 기장을 재배했으며 땅콩, 호박, 옥수수 같은 신세계 작물도 들여와 키웠다. 철 가공이 중요한 공예 기술로 꼽혔으며 이를 이용하여 무기와 농기구를 생산했다.

쿠퍼가 머물던 시기에 최소 25개 씨족이 스스로를 "진짜 스와지족"으로 여겼고 들라미니 씨족이 지배층을 구성했다. 이 밖에 적어도 여덟 개 씨족은 스와지족이 처음 도착했을 당시 이미 이 지역에 살던 사람들이었다. 나머지 35개 씨족은 스와지 사회로 통합된 소토, 응구니, 통가 사람들이었다.

전 씨족에 걸쳐 젊은 남자와 여자로 구성된 연령 집단이 있었다. 줄루 사회와 마찬가지로 젊은 남자의 연령 집단이 군대 조직으로 이어져 아들이 아버지와, 형이 동생과 떨어져 살았다. 연령 부대의 사령관은 군대에서 승진한 평민이었고 왕이 임명했다. 하지만 사령관이 사는 곳은 왕의 어머니의 농가였다. 이전의 연령 부대가 5년에서 7년 정도 복무하고 혼인할 시기가 되었을 때 새로운 연령 부대가 발족했다. 통상적으로 남자 나이가 25세에서 35세가 되었을 무렵이었다.

여자의 연령 집단은 절대 나이보다는 생리적 발달 단계에 맞추어져 있었다. 젊은 여자는 팀을 이루어 함께 잡초를 뽑고 곡식을 타작하고 키질을 하고 술을 빚고 새끼를 꼬았다. 노동은 신부로 선택받을 때까지 계속되었다. 그때까지는 임신을 해서는 안 되며, 만일 임신을 했을 경우 그녀의 가족 전체가 가축 한 마리를 몰수당하는 벌을 받았다. 몰수한 가축은 그녀가 속한 연령 집단의 다른 젊은 여자들이 먹었다.

스와지 왕은 아버지로부터 통치 자격을 물려받았다. 하지만 자격이 있는 왕자 중 누가 후계자로 선택받는가는 하렘의 정실부인인 어머니의 지위에 따라 정해졌다. 선택받지 못한 다른 왕자는 스와지 왕국의 속주를 맡았다.

왕자가 왕으로 선택받으면 어머니는 태후가 되었다. 이는 매우 중요한 자리여서 가뭄이나 홍수가 들면 그 책임을 왕과 태후의 사이가 좋지 않은 탓으로 돌렸다. 스와지 왕은 "사자" 또는 "백성의 아이"로 지칭되었다. 태후는 "코끼리 부인" 또는 "백성의 어머니"로 지칭되었다.

왕은 대법원에 해당하는 스와지 최고 법정을 주재하며 사형 선고를 내릴 수 있었다. 실제로 한 왕은 그를 몰아낼 음모를 꾸몄다고 그의 어머니를 사형에 처하기도 했다. 태후는 고등 법원에 해당하는 법정을 주재하며 왕이 사형 선고를 내린 사람을 보호해 줄 수 있었다. 왕은 스와지 군대 전체를 통솔하는 것으로 되어 있지만 그의 사령관은 태후의 농장에서 생활했다. 그곳을 스와지의 수도라고 여겼기 때문이다. 왕의 거처와 태후의 거처 모두 연령 부대의 전사가 경비를 섰다.

태후는 왕의 권력을 견제하는 역할을 했으며 이 밖에 다른 권력 분점 제도가 있었다. 바로 두 개의 평의회였다. 하나는 측근 회의로, 들라미니 씨족 출신 귀족으로 구성되었다. 왕이 행차할 때 이 측근 회의 성원이 수행원으로 포함되었다. 다른 하나는 이보다 규모가 큰 총회였다. 행정 위계 체계의 3단계에서 온 족장, 4단계에서 온 중요 수장, 그 밖에 누구든 회의에 참석하겠다고 나선 성인 남자가 모여 총회를 구성했다.

스와지 왕 옆에는 측근 회의 성원 외에도 인실라insila(복수형은 틴실라tinsila)라고 불리는 특별한 조력자가 있었다. 인실라는 음들룰리 씨족과 모트사 씨족의 존경받는 가문에서 선출하며 왕은 이들과 일종의 "피를 나눈 형제" 관계로 묶여 있었다.

인실라는 또 다른 추상적 개념으로도 쓰이며 여기서 몇 가지 전제가 파생되었다. 쿠퍼는 인실라가 "자아의 본질적인 부분으로, 설령 이를 씻거나 긁어서 제거하더라도 여전히 그 사람과 밀접하게 연결된 채로 남아 있다."고 규정했다. 누군가의 인실라에 대해 소유권을 지닌 사람은 그 인실라의 주인에게 영향력을 미칠 수 있었다.

왕의 후계자가 성인이 되기 전에 앞서 말한 "진짜 스와지족" 중에서 동갑 소년 두 명을 선발했다. 의식 전문가가 비밀 의식을 열어 두 소년의 살을 자르고 왕의 후계자에게서도 같은 부위의 살을 잘랐다. 음들룰리 씨족의 소년(장차 왕의 "우右 인실라"가 된다.)은 오른쪽 옆구리 살을 자르고 모트사 씨족의 소년(장차 왕의 "좌左 인실라"가 된다.)은 왼쪽 옆구리 살을 잘랐다. 그런 다음 의식 전문가는 왕의 후계자 옆구리에서 나는 피를 음들룰리 소년의 살에 대고 문질러 스며들도록 하며 반대로도 행했다. 모트사 씨족 소년에게도 똑같이 이 과정을 행하는데 이때는 왕의 후계자 왼쪽 옆구리에서 나는 피를 사용했다.

피를 옮기는 의식이 끝나면 왕은 두 명의 충성스러운 조력자를 얻었다. 스와지 사람들은 왕에게 닥칠 위험이 인실라에게 대신 닥친다고 믿었다. 인실라는 왕을 대신하여 정치적 알력을 중재함으로써 평화를 유지하도록 도움을 주었다. 스와지의 사회 논리로 볼 때 인실라는 왕과 피를 나누었다는 사실 덕분에 왕을 대신하여 발언할 수 있었던 것이다.

왕은 인실라 의식에서만 다른 사람과 피를 나눈 것이 아니라 첫 번째 결혼에서도 유사한 의식을 치렀다. 왕의 첫 번째 부인은 모두 두 명이며 "진짜 스와지" 씨족인 마트세불라 씨족과 모트사 씨족에서 각각 한 명씩 선발했다. 두 여자는 각기 "우 왕비"와 "좌 왕비"가 되었다. 새로 지은 하렘 구내의 의식용 오두막 안에서 특별 의료 주술사가 왕과 마트세불라 씨족 출신 아내의 오른쪽 옆구리를 각각 살짝 베어 낸 다음 두 사람의 피를 섞었다. 그로부터 몇 주 뒤 왕은 모트사 씨족 출신 왕비와 혼인하며, 이때도 의식을 치르지만 피를 나누지는 않았다. 왕이 결혼하면 그의 인실라도 마찬가지로 결혼해야 했다.

왕의 첫 왕비들이 하렘에서 다른 여자들에게 군림하는 동안 왕은 주변의 권고에 따라 정치적 동맹을 위해 이웃 집단의 귀족 여자와 혼인했다. 스와지 왕의 아내에게서 태어난 공주는 들라미니 이외의 다른 스와지 씨족 수장이나 외국의 통치자 등 동맹 세력의 부인으로 보냈다.

스와지에는 공식적인 국교가 없었다. 신을 모시는 거대한 신전은 짓지 않았지만 조상을 공경하는 의식은 있었다. 줄루족과 마찬가지로 스와지족은 왕이 보통 사람을 뛰어넘는 마법의 힘을 가졌다고 믿었다. 왕의 가족은 그들의 마법을 확인해 주는 의식을 거행함으로써 이러한 믿음을 계속 강화시켰다. 스와지 상류층은 또한 넉넉히 베푸는 사람으로 보이기 위해 노력했다. 이는 군주제 사회에서도 여전히 넉넉한 인심이 제1원칙임을 확인해 준다.

스와지 평민 중 일부는 소를 많이 키워 부를 쌓음으로써 정치적 이익을 얻는 혼인을 하거나 관료에 임명될 수 있는 기회를 얻었다. 그처럼 뛰어난 평민은 대규모 노동 집단을 동원할 수 있었으며 그에 대한 보상으로 잔치를 열어 많은 술을 제공했다.

마지막으로 티푼즈와tifunjwa, 즉 전쟁 포로가 있었다. 스와지에는 노예라는 개념이 낯설었지만 국왕에게 전쟁 포로를 바치면 국왕은 가장 명성 높은 전사나 부인에게 이 포로를 하인으로 내려 주었다. 그 밖에 스와지 사회에는 티그칠리tigcili라고 알려진 아이들이 있었다. 아버지가 죄를 지어 사형당한 집의 아이였으며 이 아이들을 양부모에게 입양 보냈다.

스와지 왕국

쿠퍼는 현존하는 스와지의 사회 조직에 주된 관심을 보였지만 고고학자들에게 유용한 정보도 수집했다. 예를 들어 스와지 왕국의 행정 체계를 도표화하여 네 단계의 위계 체계가 있었다는 것을 밝혀냈다(그림 61). 고고학자들이 고대 서아시아에서 이와 유사한 네 단계로 구성된 국가 위계 체계를 확인하기 30년도 더 전에 쿠퍼가 스와지의 네 단계 조직 체계에 관해 대략적인 윤곽을 밝혀냈다는 점을 지적해 둘 필요가 있다.

스와지 위계 체계의 맨 꼭대기에는 왕과 그의 어머니가 있었다. 왕은 왕실 농장을 두 곳 두고 있었으며 그중 한 곳에는 어머니를 모시고 다른 한 곳에는 자신이 주로 거주함으로써 어머니와의 마찰을 피할 수 있었다. 태후가 사는 정착지가 스와질란드의 수도였다. 왕이 대부분의 시간을 보내는 정착지는 "왕의 촌락"이라고 불렸다. 이 두 정착지가 위계 체계의 제1단계를 구성했다.

제2단계는 여러 "왕실 촌락"으로 구성되었다. 이 정착지에는 스와질란드의 속주를 관리하는 대공이 살았다. 대공은 자기 속주에 한해서 권력을 지니며 권력 찬탈의 기회를 갖지 못하도록 왕과 일정한 거리를 유지해야 했다. 제3단계와 제4단계의 정착지는 각 속주마다 있으며 대공은 적절하다고 판단되는 사람을 자기 백성으로 인정할 수 있었다.

제3단계는 "족장 촌락"으로 구성되며 각 속주마다 서너 개씩 있었다. 현지의 족장은 자기가 속한 지역의 대공에게 보고를 올렸으며 자기 관할에 있는 우무티umuti, 즉 평민 농장을 관리했다.

제4단계는 스와지 사회의 기본적인 건물 구획이라고 할 이런 우

스와지의 네 단계 위계 체계

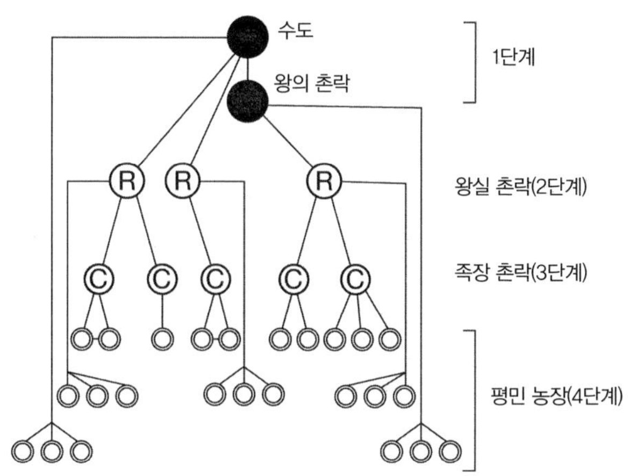

위계 체계의 실제 위치

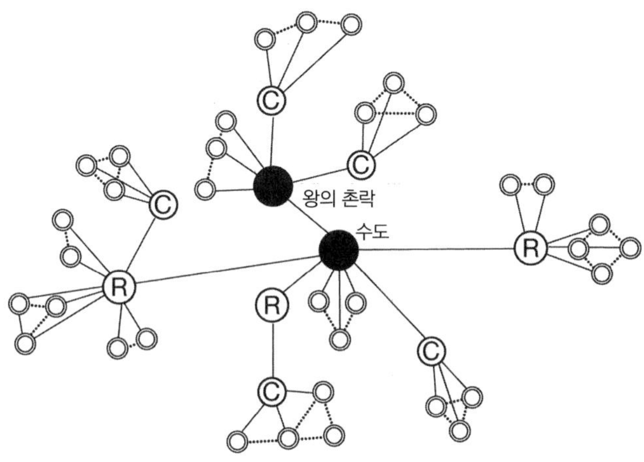

그림 61 | 태후의 촌락을 스와지 왕국의 수도로 간주했다. 태후의 촌락과 왕의 촌락이 함께 정치 위계 체계의 제1단계를 구성했다. 그 아래에 왕실 촌락(R), 족장 촌락(C), 평민 농장이 있었다. 이 그림에서는 각 단계의 위계적 서열과 함께 각 정착지가 배치된 방식과 위치를 확인할 수 있다.

무티 수백 개로 구성되었다. 각 우무티는 대가족이 사는 주거 복합 공간으로 이루어졌다. 가구주 가운데 여유가 있는 사람은 여러 명의 부인을 두었다. 농장은 대개 소 우리인 시바야sibaya, 가구주가 사는 "커다란 오두막" 인들룬쿨루indlunkulu, 부인들이 사는 오두막, 미혼 남자의 구역 릴라우lilawu로 구성되었다. 의식 활동이 이루어지는 작은 오두막이 있는 경우도 있었다. 각 농장의 곡물 비축량은 외부인이 알지 못하도록 꼼꼼하게 관리되었다.

평민 농장에는 평균 7.2명이 거주하는 반면 족장이나 대공의 농장에는 거주자가 22명 내지 23명 정도 되었다. 이렇게 차이가 나는 것은 일부다처제 때문이었다. 기혼 남자의 60퍼센트는 두 번째 부인을 들일 형편이 안 되었지만 소부자 왕의 경우는 주거지에 19명의 부인과 30명의 자식을 두었다.

쿠퍼가 로밤바에 있는 태후의 주거 복합 공간을 묘사한 내용을 토대로 그림 62를 구성했다. 쿠퍼의 설명에서는 로밤바의 주간 인구가 겨우 265명밖에 되지 않으며 이는 몇몇 고대 왕국에서 보았던 거대 도시와 비교하면 놀라운 차이였다.

어느 농장이든 우선 눈에 띄는 것은 소 우리였다. 로밤바에 있는 소 우리가 소부자의 왕국에서 가장 규모가 컸는데, 지름이 55미터이고 떠오르는 해를 바라보도록 동향으로 지었다. 소 우리의 양옆으로는 수도 경비를 맡은 고참 병사들의 막사가 있었다. 그보다 어린 병사들이 있는 세 번째 막사는 이차 방어벽의 의미로 고참 부대 뒤편에 위치했다. 30세대가 넘는 가구가 반원을 이루며 농장의 뒤쪽을 보호했는데 그중 몇몇 가구는 높은 지위에 속했다. 이 반원이 하나의 방벽을 형성하기 때문에 농장을 습격하려는 적군은 이를 뚫

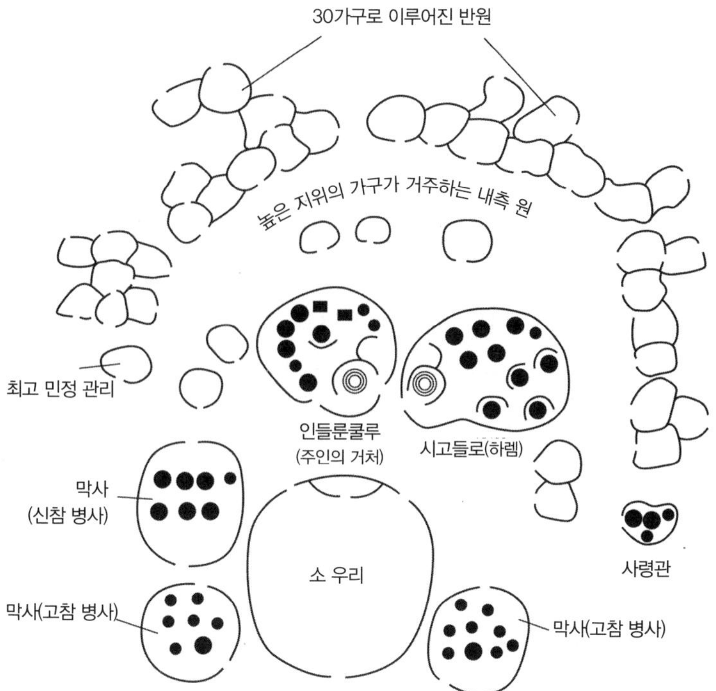

그림 62 | 스와지족 사이에서는 태후의 촌락이 왕국의 수도로 간주되었다. 소 우리만 지름이 55미터였다. 태후는 인들룬쿨루에 기거했으며 벽으로 둘러싸인 이 구역 안에 11개의 오두막이 위치했다. 스와지 왕의 하렘이 부근에 위치했기 때문에 왕의 부인들이 태후의 시중을 들 수 있었다. 촌락은 몇 개 연령 부대의 병사들이 지켰다.

어야 했다.

농장 한가운데 시부야sibuya라고 불리는 마당이 있으며 이곳에 인들룬쿨루와 시고들로가 세워져 있었다. 여기에 있는 인들룬쿨루는 단순히 "커다란 오두막"이 아니라 그 이상으로, 벽으로 둘러싸인 커다란 구역 안에 태후의 감독하에 있는 11개 오두막이 위치했다. 그 중에는 지름 4.5미터의 의식용 오두막 한 채, 고기와 곡물을 보관하는 저장용 오두막 여러 채, 호박을 말리기 위한 단 하나가 있었다.

시고들로sigodlo는 소부자의 부인들이 기거하는 하렘이었다. 이 하렘은 일부러 태후의 농장 안에 두었는데, 스와지족 행위 원칙에 따라 새로 들어온 부인들이 시어머니의 시중을 드는 데 일정 시간을 보내야 했기 때문이다. 이는 신랑이 장모의 시중을 들어야 했던 오래전 아프리카 수렵채집 생활자의 원칙에서 벗어난 것이다.

벽으로 둘러싸인 커다란 구역과 하렘 옆에는 높은 지위의 사람들이 거주하는 오두막이 내측 원을 이루었다. 이들은 태후 가까이 살도록 허용된 것으로 보아 고귀한 태생이었을 것이다. 남쪽으로는 다른 왕국의 대신에 해당하는 최고 민정 관리의 집이 있고, 북쪽으로는 연령 부대를 맡은 군 관리의 집이 있었다.

쿠퍼의 연구는 장차 고고학자가 될 이들에게 수도의 왕실 농장이 어떤 모습인지, 행정 위계 체계의 각 단계에서는 어떤 것을 보게 되는지를 알려 준다. 하지만 그녀가 고고학에 기여한 잠재적 업적은 여기서 그치지 않는다. 그녀는 스와지족 귀족과 관리와 평민의 매장 방식이 어떻게 다른지 기술해 놓음으로써 고고학자들에게 불평등 연구의 한 방법을 알려 주기도 했다. 쿠퍼가 발견한 것 중 하나는 매장 의식에서 흑소와 염소의 색깔이 두드러진 상징으로 활용된다는 사실이다.

전형적인 평민 농장부터 살펴보자. 농장의 우두머리가 죽으면 흑소 가죽에 싸서 개인 소지품과 함께 우리에 묻었다. 그의 첫째 부인은 우리의 입구에 묻거나(그녀가 이곳 정착지 태생일 경우), 아니면 농장 뒤쪽에 묻었다(다른 정착지 태생일 경우). 그 아래에 있는 부인들은 생전에 살던 오두막 뒤편에 개인 소지품과 함께 묻었다.

통치 기구의 관리는 출신 씨족에 관계없이 흑소 가죽에 싸서 왕실 동굴에 묻는 예우를 했다. 왕과 피를 나눈 관계로 묶인 인실라는 특별 대우를 받았다. 인실라가 왕보다 먼저 죽을 경우 그를 죽은 사람으로 취급하지 않았다. 인실라를 죽은 사람으로 취급하면 왕의 안녕에 위협이 될 것으로 여겼기 때문이다. 그렇게 먼저 죽은 인실라는 은밀하게 조용히 묻었으며 부장품도 개인 소지품밖에 넣지 않았다. 친족도 왕이 죽은 뒤에야 비로소 인실라의 죽음을 애도할 수 있었다.

제2단계에 해당하는 왕실 촌락을 다스리는 대공은 흑소 가죽에 싸서 왕실 동굴 중 한 곳에 묻었다. 또한 이들 한 명당 흑염소 한 마리를 산 채로 매장했다. 이렇게 제물로 바쳐진 동물의 뼈는 죽은 자의 지위가 높다는 것을 알려 주는 고고학적 단서가 될 것이다.

태후는 수도에 있는 자기 농장의 소 우리에 묻혔다. 그녀 역시 흑소 가죽으로 싸서 묻었으며 다른 상징적 휘장과 함께 양의 방광을 이마에 얹었다.

이제 스와지 왕 이야기를 할 때가 되었다. 왕의 시신은 방부 처리를 해서 봄까지 안치할 수 있도록 했다. 봄이 되면 왕의 시신을 흑소 가죽으로 싸서 개인 소지품 및 왕의 휘장과 함께 특별한 왕실 숲에 묻었다. 유럽인이 나타나 반대하기 전까지는 살아 있는 흑염소뿐 아니라 수많은 살아 있는 사람도 왕과 함께 묻었다.

쿠퍼가 스와지 사회의 여러 지위와 관련된 매장 방식을 설명한 내용이 사람들의 무관심 속에 묻혀 버리지는 않았다. 마침내 아서 색스라는 이름의 고고학과 학생이 쿠퍼의 연구에 등장한 매장 의식을 주제로 박사 논문을 썼다. 색스의 논문은 출간된 적이 없는데도 암암리에 고전이 되어 지금도 사진 복사본이 고고학자들 사이에 돌아다닌다.

쿠퍼가 고고학에 관심이 있었다는 증거도 없고, 그녀가 그곳에 머무는 동안 스와지 왕국의 기원을 연구하는 고고학 팀도 없었다. 이는 매우 애석한 일이다. 멋진 협동 작업을 펼칠 수 있는 기회였기 때문이다.

스와지 사회의 불평등

스와지 사회는 이전의 족장 사회로부터 물려받은 제도와 왕국 특유의 제도가 혼합된 흥미로운 양상을 보였다. 지위에 차이가 있는 여러 씨족으로 구성되어 있었으며 많은 고대 국가와는 달리 씨족이 해체되지 않았다. 스와지 왕은 수많은 농장을 거느리고 농장 주민은 왕의 저장 오두막을 식량으로 가득 채웠지만 왕 자신이 개인 토지를 소유하지는 않았다. 마술과 주술이 널리 퍼져 있었으나 별도로 부지를 정해 놓고 그곳에 신을 모시거나 신전을 짓는 일은 없었다.

가계, 씨족, 조상 의식 등의 오래된 제도와 함께 제국의 다종족적인 양상도 보였다. 지배 권력은 들라미니 씨족이 독점했으며 다른 "진짜 스와지" 씨족은 통치자의 두 정실부인과 인실라를 배출하는 기반이 되었다. 스와지족이 이 지역에 왔을 때 먼저 와 있던 종족 집단은 소토, 응구니, 통가 등 나중에 도착한 종족 집단과 다른 대우를 받았다.

스와지 사회에는 세습 지위의 격차가 있었지만 평민이 명성을 얻을 수 있는 길도 열려 있었다. 군 지휘관으로 출세하여 여자 포로나 약탈품의 일부를 보상받는 평민도 있었고, 많은 소떼를 기르는 평민도 있었다. 두 경우 모두에서 명성을 쌓은 남자는 능력이 닿는 한 많은 부인을 두었다. 이들은 재력가의 상징인 흑소 가죽에 싸여 묻히기를 열망했다.

고고학자들은 때로 자신들이 경쟁적인 상호작용과 전략적인 혼인 동맹을 통해 여러 개의 왕국이 연쇄적으로 형성되는 과정에 관한 증거를 가지고 있다고 추정한다. 대개 이런 추정은 역사적인 자료로 확인할 수 없는 경우가 대부분이지만, 다행히 줄루, 스와지, 음테트와, 은드완드웨, 소토, 응구니가 관련된 연쇄적인 과정에 관해서는 역사 기록이 여럿 전해지고 있다. 이 기록들은 정착지 주민 수가 265명을 넘지 않아도 고대 국가의 다층적 위계 체계를 갖출 수 있다는 것을 보여 주었다.

아샨티 왕국의 등장

2세대 국가의 형성 과정에서 빈번하게 보이는 시나리오 중 하나는 외딴 지역의 속주가 대군주의 통제에서 벗어나 독자적으로 군주제를 확립하는 것이다. 이 시나리오에서는 대개 반란을 일으킨 속주가 자기를 지배하던 대군주를 연구하여 국정 운영에 관한 지식을 얻는 아이러니를 보였다.

이 점과 관련해서도 아프리카는 또 다시 역사적인 사례를 제공해 주었다. 이번 이야기는 오늘날 가나로 알려진 열대 서아프리카의 황금해안에서 펼쳐졌다.

고고학자들은 서아프리카에서 얼마나 많은 초기 왕국이 연쇄적으로 등장했는지 아직까지 확실하게 알지 못한다. 이 장의 목적을 이루기 위해서는 기원후 8, 9세기까지만 거슬러 올라가도 된다. 니제르 강 삼각주 부근의 고고학 유적지 이그보 우크우에 살던 사람들이 이 시기의 남자 무덤을 발견했다. 이 남자는 대족장 혹은 초기 왕의 모습을 하고 있었다. 목재로 된 무덤에 앉은 자세로 묻혔으며 손에는 부채 혹은 파리채를 들고 구리 왕관, 가슴받이, 구슬로 만든 완장, 구리 발찌를 차고 있었다. 부장품으로 코끼리 몇 마리의 엄니도 들어 있었다.

니제르 강의 서쪽에 보다 작은 강인 오다 강과 오핀 강이 있으며, 이 강들은 남쪽으로 흘러 기니 만으로 흘러들어 간다. 이 두 강에는 니제르 강에서 볼 수 없는 자원이 있었다. 강의 충적토에 금이 있었기 때문이다. 실제로 오핀 강 범람원 중 한 곳은 수위리 시카, 즉 "넘쳐 흐르는 금"이라는 이름으로 알려졌다. 양쪽 강둑에서 흙을 퍼다가 물에 씻으면 금을 얻을 수 있었다.

오다 강과 오핀 강이 있는 지역은 아칸이라는 이름으로 알려졌고 유럽과 북아프리카 상인이 이곳의 금을 사 갔다. 1482년 포르투갈인은 아칸 해안 지역에 최초로 교역소를 세웠다. 이 지역에서는 금뿐만 아니라 상아, 구리, 철, 노예를 부의 기반으로 삼아 많은 왕국이 생겨났다.

역사학자 토머스 매캐스키에 따르면 1660년에서 1690년 사이 아칸에서는 덴키에라라고 불리는 왕국이 지배적인 권력을 지녔다. 덴키에라는 트위어를 썼으며, 덴키에라헤네denkyirahene라는 명칭으로 알려진 통치자가 오다 강에 있는 아반케세소에 수도를 두었다. 그곳에서 통치자는 네덜란드와 영국의 사절단을 맞이했다. 이 당시 아칸에서 포르투갈의 금 독점권은 이미 네덜란드인과 영국인에 의해 무너진 상태였다.

덴키에라 왕국에 공물을 바쳐야 했던 이웃 종족 집단 중에는 오늘날 아샨티의 조상도 있었다. 이들은 트위어를 사용하며 아반케세소의 북쪽, 오다 강과 오핀 강 사이에 살았다. 원사 시대에 아샨티족은 마와 플랜틴을 재배했으며 양과 닭을 키우고 지역의 호수와 강에서 물고기를 잡았다. 충적토에서 땅을 파서 금을 얻었으며 교역 중심지 타포를 장악하기 위해 이웃 집단과 경쟁을 벌였다.

16세기와 17세기 아샨티족에는 주요 모계 씨족 여덟 개와 아비렘폰abirempon이라 불리는 세습 지도자가 있었다. 매캐스키에 따르면 매우 집요하고 야심 있는 아비렘폰이 "마침내 족장의 부를 제도화하고 (…) 경제 활동에서의 고객을 정치적 추종 세력으로 탈바꿈시켰다". 16세기 아샨티 족장은 창, 코끼리 꼬리, 조각을 새긴 나무 의자인 드와dwa를 권력의 주된 상징으로 삼았다.

덴키에라 왕국은 공물을 바치는 이웃 집단이 순종하도록 한 가지 전략을 이용했다. 이웃 집단에서 지위가 높은 사람을 아반케세소의 궁전에 초대해 볼모로 삼는 것이다. 궁전에 머무르는 이는 손님으로 대우받지만 그의 종족 집단이 반란을 일으키는 경우에는 인질이 되었다.

구전 역사에 따르면 1660년대 혹은 1670년대에 아샨티족은 오세이 투투라는 젊은 남자를 아반케세소에 보냈다. 오세이 투투는 오요코 씨족에서 높은 지위를 가진 여자인 마아누의 아들이었다.

오세이 투투가 아반케세소에 머무는 동안 덴키에라 왕국을 지배하던 사람은 보암폰셈이었으며, 그는 40년 동안이나 덴키에라 왕국을 통치했다. 보암폰셈을 지켜본 유럽인 사이에서는 그에 대한 칭송이 자자했고 많은 사람이 그를 가장 성공한 덴키에라헤네로 여겼다. 그의 궁전은 젊은 아샨티 남자가 정치적 외교적 수완을 배우는 데 아주 이상적인 장소였다.

아반케세소에서 몇 년을 지낸 오세이 투투는 동쪽 볼타 강으로 가서 아콰무라는 강력한 집단의 통치자 안사라 사스라쿠의 궁전에서 지냈다. 정치학자 나오미 차잔에 따르면 오세이 투투는 이곳에서 군대 편성의 기본적인 요소를 익혔다. 아콰무의 군대는 전방 부대인 트위포twifo, 중앙 부대인 아돈텐adonten, 우측 부대인 니파nifa, 좌측 부대인 벤쿰benkum, 후방 부대인 키돔kyidom 등 모두 다섯 요소로 구성되었다. 이제 오세이 투투는 나중에 필요하게 될 정치적 군사적 능력을 모두 갖추었다. 그는 아샨티로 돌아오기 전 서구의 화기를 사들였다.

이후 두 가지 사건이 아칸의 역사적인 흐름을 바꾸어 놓았다. 우선 아샨티 족장 오비리 예보아가 금 교역 중심지 타포를 손에 넣기 위해 전투를 벌이던 중 도마아족 병사에게 죽은 사건이 있었다. 두 번째는 보암폰셈의 죽음(1694년 또는 그 무렵)이며 이 사건으로 덴키에라가 은팀 갸카리의 수중으로 넘어갔다. 매캐스키의 설명에 따르면 은팀 갸카리는 "변덕스러운 젊은 남자로 어떤 판단을 내릴지 알 수 없었다".

오비리 예보아는 어머니 덕분에 높은 지위를 가질 수 있었기 때문에 아들에게 후계자 자리를 넘겨줄 수 없었다. 아샨티 남자는 어머니로부터 아부수아abusua, 즉 피를 물려받았다. 따라서 족장과 그의 아들에게 서로 다른 씨족 여자의 피가 흐르기 때문에 족장은 아들에게 자리를 물려줄 수 없었다.

어머니의 지위가 높은 남자들이 앞다투어 오비리 예보아의 후계자가 되고자 열망했고 후계자를 정하는 일은 쉽지 않았다. 결국 결정권은 "신들린" 사제 아노키에의 손으로 넘어갔다. 아노키에는 오세이 투투를 선택했고 이후에도 영적 조언자 역할을 했다.

오세이 투투는 오비리 예보아를 죽인 도마아를 벌하기로 했다. 이들을 무찌른 뒤에도 계속해서 이웃의 타포, 카아세, 아마콤을 정복했고 부근 지역의 금 교역을 장악했다. 오세이 투투는 부근 쿠마시에 수도를 세웠으며 스스로 첫 번째 아산테헤네(아샨티의 왕)에 올랐다.

오세이 투투가 군사적 성공을 거둔 데는 몇 가지 비결이 있었다. 첫째, 그는 다섯 가지 요소로 구성된 아콰무의 군사 조직을 채택했다. 둘째, 수하에 있는 아샨티 귀족을 전투 장교로 활용하고 모든 행정 관리가 군사 작전에 관여하도록 함으로써 군사력을 강화했다. 셋째, 패배한 경쟁 세력 중 누구라도 충성을 맹세하면 자기 휘하 병력을 이끌고 오세이 투투의 군대에 합류할 수 있었다. 마지막으로 오세이 투투 군대의 핵심에는 아콰무의 통치자 안사라 사스라쿠에게서 빌려 온 노련한 화승총 부대가 있었다.

오세이 투투가 권력을 키우는 동안 덴키에라 왕국은 은팀 갸카리 치하에서 어려움을 겪고 있었다. 신들린 사제 아노키에의 권유로 은팀 갸카리의 많은 신하가 자기 왕을 버리고 오세이 투투에게 충성을 맹세했다. 오세이 투투는 이들을 모두 받아들였다.

은팀 갸카리는 오세이 투투가 허락도 없이 자신의 속국 도마아를 공격한 사실을 알고 분노했다. 덴키에라를 버리고 도망간 집단에게 오세이 투투가 피난처를 제공한 것을 알고 분노가 더욱 커졌다. 게다가 이제 아샨티와 도마아가 더 이상 덴키에라에 공물을 보내지 않았다. 그리하여 은팀 갸카리는 아샨티에 전령을 보내 다음과 같은 요구 사항을 전달했다.

1. 아샨티는 커다란 놋쇠 그릇에 금을 가득 채워 덴키에라에 바쳐야 한다.
2. 아샨티는 아산테헤네의 부인들이 착용한 것과 비슷한 긴 목걸이를 은팀 갸카리에게 보내야 한다.
3. 아샨티 왕과 그의 속주를 관리하는 총독은 자신이 아끼는 부인을 사자 편에 보내야 한다. 사자가 이 부인들을 호위하여 데려오면 은팀 갸카리와 혼인을 치를 것이다.
4. 아샨티 왕과 그의 속주를 관리하는 총독은 가장 사랑하는 자식을 은팀 갸카리에게 보내야 한다.

오세이 투투는 덴키에라의 요구 사항을 모두 거부했다. 이는 사실상 전쟁 선포였다. 이후 아샨티와 덴키에라는 3년 동안 팽팽한 긴장 관계로 돌입하여 최후의 일전을 치르기 위한 준비를 갖추었다. 아노키에는 은팀 갸카리 밑에 있는 신하들이 더 많이 자기 나라를 버리고 아샨티로 넘어오도록 권유하는 것만이 오세이 투투가 승리할 수 있는 유일한 희망이라고 조언했다. 전설에 따르면 아노키에는 기적을 행함으로써 수많은 핵심 세력이 변절하도록 했다.

아사비, 안위안위아, 아우 다우가 차례차례 아샨티와 운명을 같이하기로 했다. 아울러 예전에 오세이 투투가 보암폰셈의 궁전에 머물던 시절 개인 하인이었던 덴키에라 남자가 자기 나라를 버리고 오세이 투투 군대의 장군이 되었다. 스와지의 표현대로라면 수백 명의 이주민이 오세이 투투의 "안전한 품 안으로 도망쳤다".

마침내 1701년 은팀 갸카리가 이끄는 덴키에라 병력이 아반케세소를 출발하여 북으로 진격하기 시작했다. 아샨티 군대는 처음에 후퇴하는 척하면서 덴키에라 병력이 오다 강 근처 페이아세까지 뒤쫓아 오도록 했다. 이곳에는 오세이 투투의 주력 부대가 기다리고 있었다. 이어진 페이아세 전투에서 아샨티는 여유 있게 덴키에라 군을 무찌르고 전투 중에 은팀 갸카리의 목을 베었다. 매캐스키에 따르면 그 후 166년이 지난 뒤에도 은팀 갸카리의 두개골이 아샨티 왕 무덤 속 오세이 투투의 관 옆에 보관되어 있었다.

아샨티 왕국은 이제 지역에서 가장 강력한 세력이 되었고, 공물을 바치는 자리에서 공물을 받는 자리로 올라섰다. 이렇게 우위에 올라서자 신생 국가의 새로운 이데올로기를 보여 줄 기적적인 의식이 절실히 요구되었다. 아노키에가 지휘한 기적의 의식에서는 의자를 권력의 상징으로 여기는 사회 원칙을 이용했다.

의식을 준비하기 위해 오세이 투투는 자신이 무찌른 모든 왕과 족장의 의자를 땅에 묻었다. 그 후 아노키에가 날을 정해 왕과 아샨티의 원로, 속주의 총독, 지역 족장이 모여 기적을 지켜보도록 했다. 그날이 되자 아노키에는 신들린 상태에 들어갔고 전설에 따르면 하늘에서 멋진 황금 의자가 내려와 오세이 투투의 무릎에 살며시 내려앉았다.

전해 오는 바에 따르면 이 황금 의자, 즉 시카 드와sika dwa에는 아샨티의 모든 백성의 영혼이 담겨 있다(그림 63). 이때 이후로 아샨티 왕국에서는 왕권이 황금 의자와 연결되고 속주의 총독은 은 의자를 지니며 지역 족장이나 수장은 조각을 새긴 나무 의자를 소유하는 방식으로 행정 위계 체계를 상징했다.

이제 아샨티 왕국의 영토는 수도에서 240킬로미터 내지 320킬로미터까지 뻗어 나갔다. 영토 끝까지 가는 데 소요되는 시간은 숲을 통과해서 가는가 또는 사바나를 지나서 가는가에 따라 달랐다. 아샨티 사람들은 수월하게 숲을 지날 수 있도록 도로를 건설했다. 칼라크물 같은 초기 마야 도시와 2단계 중심지를 연결하는 도로와 비슷했다.

안타깝게도 오세이 투투는 아샨티 왕국이 최대 규모에 이르기 전에 죽었다. 덴키에라를 상대로 승리를 거둔 지 16년이 지난 1717년 아키엠을 정복하기 위한 전투에서 죽었다. 그 후 오세이 투투의 어머니의 증손자 오포쿠 와레가 뒤를 이었다. 오포쿠 와레는 이웃 집단을 상대로 계속 세력을 확장했다. 수많은 경쟁 집단 지도자의 목을 베었고, 이들 중 다섯 명의 두개골이 한 세기 뒤까지 아샨티 왕 무덤에 보관되어 있었다. 또한 영토를 넓혀서 전체 면적이 25만 제곱킬로미터에 이르렀다. 오포쿠 와레가 왕실 수집품으로 수거한 두개골 중에는 오세이 투투의 죽음에 책임이 있는 아키엠 통치자의 두개골도 있었다.

아샨티 왕 무덤은 쿠마시에서 불과 1.5킬로미터 떨어진 반타마 촌락에 있었으며, 진흙 벽으로 둘러싼 커다란 구조물의 형태를 띠었다. 아사만포asamanfo, 즉 조상 영혼이 계속해서 아샨티 백성을 보호하도록 역대 아산테헤네의 유골을 의식 절차에 따라 깨끗이 씻어

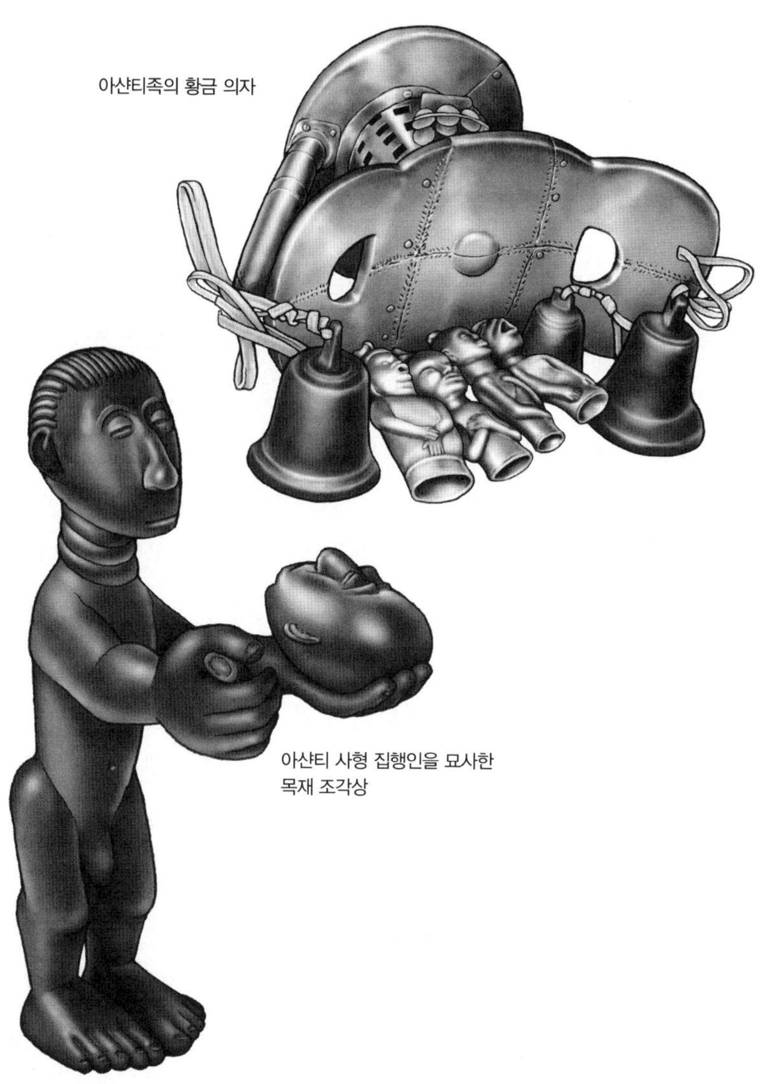

그림 63 | 시카 드와(황금 의자)에는 아샨티의 모든 백성의 영혼이 담겨 있으며, 사용하지 않을 때는 위의 그림처럼 옆으로 뉘어 보관했다. 여기에 보이는 황금 의자에는 왕실의 청동 종뿐만 아니라 왕이 죽인 적군을 묘사한 금 조각상도 달려 있다. 아샨티 왕이 죽으면 사후에 시중을 들도록 많은 사람을 제물로 바쳤다. 이 제물 중 몇몇은 아브라포(사형 집행인)가 목을 베었다.

재조립한 다음 이 무덤에 진열해 놓았다. 각 통치자의 유골 옆에는 그가 목을 벤 가장 중요한 적군의 두개골을 놓아두었으며 이따금씩 이 두개골을 커다란 놋쇠 그릇에 담아 일반 대중에게 보여 주곤 했다. 전시가 끝나면 다시 조심스럽게 가져와 왕 무덤 속 제자리에 놓아두었다.

오포쿠 와레의 뒤를 이은 후계자는 먼 사촌인 쿠시 오보돔이었다. 이후 4대 아산테헤네였던 오세이 크와도는 1765년에서 1774년 사이 왕 무덤에 더 많은 적군의 두개골을 보탰다. 5대 아산테헤네였던 오세이 크와메 역시 적군의 두개골을 추가했다.

1820년 무렵 영국은 아샨티를 식민 지배하에 두고자 시도했다. 하지만 아샨티는 이런 시도가 마음에 들지 않았다. 모두 한 형제였던 5대, 6대, 7대 아산테헤네는 아샨티의 독립을 지키기 위해 싸웠다.

1824년 8대 아산테헤네가 반타마에 있는 왕 무덤에 매우 가치 있는 두개골을 보탰다. 이 두개골은 너무 큰 가치를 지녀서 아샨티 사제는 두개골을 들고 다니다가 훼손할까 봐 함부로 손대지 않았다. 바로 불운한 찰스 매카시 경의 두개골이었다. 그는 목이 베이기 직전까지 황금해안의 영국 총독이었다.

반세기에 걸쳐 치열한 싸움을 펼쳤지만 결국 아샨티는 자치권을 잃고 말았다. 13대 아산테헤네인 아기에만 프렘페 1세가 영국군에게 항복하고 1896년 추방당했다. 구전 역사에 따르면 아샨티 백성은 강력한 무장을 갖춘 영국 병력에 맞서 계속 싸울 경우 황금 의자를 잃을 위험이 있다고 여겼다. 아샨티의 우선순위에는 어떤 의문도 있을 수 없었기에 그들은 의자를 지키는 대신 왕을 포기한 것이다.

의자의 난해한 의미

1896년에서 1901년 사이 많은 아샨티 귀족은 식민지 체제를 잘 활용하는 방법을 깨달았다. 크와베나 쿠오포르라는 이름의 걸출한 인물이 고무 교역으로 큰돈을 벌었다. 그는 식민지 법정을 이용하여 황금 의자에 대한 권리를 확보했다. 1901년 영국은 그를 황금 의자의 소유권자로 지명했다. 그가 황금해안에서 가장 부유한 사람이라는 사실도 부분적인 이유로 작용했다.

식민지 행정 당국은 아샨티족의 순숨sunsum, 즉 민족의 영혼이 황금 의자에 담겨 있다는 사실을 완전하게 이해하지 못했다. 대부분 아샨티 의자에 성별이 있다는 것도 이해하지 못했다. 여자는 남성 의자를 이용할 수 없고 그 반대도 마찬가지였다. 빅토리아 여왕이 자신의 권위를 상징적으로 보여 주기 위해 황금 의자에 앉고 싶어 한다는 말을 들었을 때 아샨티족은 분개했다. 그들은 귀중한 남성 의자를 숨기고 쿠마시에서 영국을 공격했다. 사태가 진정되고 영국인이 자신들의 요구가 부당했다는 것을 깨닫자 아샨티족은 호의의 표시로 메리 공주를 위해 여성 은 의자를 만들었다. 인용에 따르면 아샨티족은 다음과 같이 말했다. "우리는 여왕과 여자를 향한 모든 사랑을 이 의자와 연관시킵니다."

아샨티 사회의 다른 측면과 관련해서도 식민지 당국이 제대로 이해하지 못한 것이 있었다. 그중 하나가 모계로 내려오는 혈통과 관련된 인식이었다. 유럽에서는 통상적으로 장남이 왕의 자리를 승계했으며 후계자를 정하는 문제가 왕의 어머니 씨족에게 귀속되는 일은 없었다.

아샨티의 한 원로가 로버트 래트레이에게 들려준 이야기는 특히 중요한 사실을 알려 준다. 전직 세관원이었던 영국인 래트레이는 유창한 트위어 실력을 지녔으며 황금해안 식민지에서 "아샨티 문화"를 조사하는 책임자가 되었다.

래트레이는 트위어를 알았기 때문에 아샨티 사회에서 태후가 어떤 중요성을 지니는지 이해할 수 있었다. 그는 아샨티의 한 원로에게 왜 영국인이 태후의 역할을 이해하지 못한다고 생각하는지 물었다. 이에 원로는 이렇게 답했다. "백인은 우리에게 이런 질문을 한 번도 한 적이 없어요. 당신네는 남자하고만 상대하고 남자만 인정합니다. 우리는 유럽인이 여자를 하찮게 여긴다고 생각했어요. 우리가 늘 여자를 인정해 온 것과 달리 당신들은 그렇지 않다는 것을 우리는 알고 있습니다."

그제야 래트레이는 빅토리아 사회가 아샨티 사회에 비해 성차별적이라는 사실을 깨달았다. 이외에도 여러 가지 점에서 다른 점이 많았지만 말이다.

래트레이는 아샨티족의 대변자가 되었고, 아샨티 태후, 왕, 족장, "그리고 지금은 모두 무너져 버려 빈약해지고 쇠락한 아샨티 궁중의 모든 경이로운 왕실 조직"을 복구해야 한다고 주장했다. 그리고 "은유적으로 하는 말이지만 실제로 현실에서 심심찮게 보이기도 하는데, 코트나 깃, 넥타이 따위를 얻자고" 과거의 풍요로운 유산을 팔아먹지 말 것을 아샨티 사람들에게 촉구했다. 그는 아샨티족의 미래가 걸려 있는 가장 중요한 바람은 "그들이 처음으로 한 민족이 되었을 때부터 몸에 밴 순숨(민족 영혼)의 방침을 따르고 그것을 기반으로 삼는 것"이라고 여겼다.

분명 래트레이는 공무원이며 빅토리아 시대의 영국 사람이었다.

하지만 역사학자와 인류학자에게는 다행스럽게도 래트레이는 트위어 구사 능력과 아샨티족에 대한 보편적인 인류애를 지닌 덕분에, 아샨티 사회가 유럽인의 간섭이 있기 전까지 어떻게 운영되었는지 이해하려고 노력할 수 있었다.

식민지 이전 시대의 아샨티 사회

아샨티 우주의 최고 창조자는 '하늘 신'이었다. '하늘 신'은 평생 그에게 헌신하는 특별한 사제 집단을 거느렸으며 모든 주거 복합 공간마다 그에게 기도를 올리는 제단이 있었다. 하지만 '하늘 신'은 너무 멀리 있어서 대부분의 일은 아보솜abosom이 위임받아서 했다. 아보솜은 중요도가 낮은 여러 명의 초자연적 영혼으로, 이들의 움직임은 보다 뚜렷하게 나타났다. 타 케세와 타 코라 등이 이 영혼에 속하며 진흙 벽으로 지은 신전에 영혼을 모셨다.

이 밖에도 아사만포(조상 영혼)가 있었는데 이 영혼은 아샨티 사회를 보호해 주었고 사람들은 의식 절차에 따라 영혼을 직접 접하여 도움이나 조언을 구했다. 조상 영혼을 위한 의식은 가족이나 씨족 차원에서 거행했다. 국교 차원에서는 아샨티족의 민족 영혼이 황금 의자에 담겨 있고 역대 왕의 영혼이 아샨티 사회를 보호한다는 전제를 토대로 삼았다.

조상을 공경하는 의식은 아다에adae라고 일컬었으며 왕이 거처하는 곳의 마당에서 42일마다 열렸다. 이 의식에서는 주요 씨족의 죽은 지도자의 영혼을 달래 주었다. 아다에에서는 아샨티 역사를 모두 외우는 전문가가 등장하여 이를 구술로 암송하는 극적인 대목이 있었다. 이 대목이 극적 효과를 자아낼 수 있었던 이유는 구술 전문가 뒤에 아브라포abrafo, 즉 사형 집행인이 서 있었기 때문이다. 만에 하나 구술 전문가가 실수를 하면 아브라포가 그를 끌고 나갔다. **당신**이 갖고 있는 업무 스트레스가 생각날 것이다.

오헤마ohema, 즉 태후가 수장으로 있는 오요코 씨족은 아샨티 사회의 한 분파를 이루며 많은 왕과 귀족이 이 씨족 출신이었다. 태후는 자기 씨족의 다른 성원과 의논하여 매번 관례대로 후계자를 선출했다. 새 통치자를 황금 의자에 앉히기 전 태후는 공개적으로 새 통치자에게 훈계와 조언을 했다. 태후는 새 왕의 수석 왕비도 뽑았다. 왕이 전쟁을 하러 궁전을 비우면 태후가 섭정을 맡았다. 심지어 왕이 돌아온 이후에도 태후는 궁정에서 왕 옆에 앉아 권력을 견제하는 역할을 했다.

태후가 앉은 개인용 나무 의자는 왕의 의자보다 높은 것으로 간주되었다. 왕이 앉는 개인용 나무 의자도, 왕의 발도 직접 땅에 닿으면 안 되었다. 그럴 경우 기근을 불러올지도 모르기 때문이었다. 이런 이유로 왕은 샌들을 신고 다녔으며, 아울러 태양으로부터 보호하기 위해 양산을 썼다.

뛰어난 왕이나 태후, 속주 총독이 죽으면 그가 사용하던 개인용 나무 의자를 검게 그을려 '의자의 집'에 전시했다. 아샨티 왕국의 황금 의자는 왕의 개인 재산 범위를 초월해 있었으며 땅에 닿지 않도록 밑에 코끼리 가죽을 깔아 놓았다.

벰바족 족장과 마찬가지로 아샨티 왕도 지위가 세습되는 고문관 집단을 두었다. 이 밖에도 아샨티 원로에게 조언을 들었으며, 궁정 안에 대변인, 공식 전령, 음악가, 북 치는 사람을 두었다.

이보다 지위가 낮은 아샨티족은 오만oman, 즉 씨족 단위로 조직되었다. 각 씨족은 자체 농장을 관리했다. 아샨티족은 같은 씨족 사람과 혼인하지 못하며 인류학자들이 말하는 "사촌끼리의 결혼"을 선호했다. 예를 들어 남자는 고모의 딸과 혼인할 수 있었는데, 신랑은 어머니의 피를 물려받고 신부는 신랑과 다른 씨족에 속한 신랑의 고모의 피를 물려받았기 때문이다.

아샨티 사회 계층의 맨 밑바닥은 노예였다. 이들은 대개 전쟁 포로였으며 어떤 씨족에도 속하지 않고 아무것도 물려받지 못했다. 노예는 주요 의식에서 제물로 필요할 때까지만 살아 있었으며 그 밖의 노예는 금 광산에서 일했다. 이곳은 매우 위험한 곳이며 언제든지 동굴에 갇혀 죽을 위험이 있었다.

아샨티 공예 기술 가운데 금세공이 가장 많은 관심을 끌었다. 어빙 골드먼이 사용한 폴리네시아 용어로 말하면 금세공은 아샨티에서 토홍가, 즉 전문 기술의 최고 형태였다. 금세공인은 공예 길드 또는 단체로 조직되었으며 아샨티 평민 중 유일하게 금 장신구 착용이 허용되었다. 아버지는 금세공 도구와 기술을 아들, 조카, 또는 씨족 친구에게 물려줄 수 있었다. 금세공 기술자는 특별한 대우를 받았기 때문에 아샨티 평민 사이에 불평등을 낳는 원천이었다.

금은 아샨티에서 매우 중요한 상품이었기 때문에 표준화된 중량 체계가 갖추어져 있었다. 황금해안을 잘 아는 전문가들은 아샨티족이 수 세기 동안 아칸 지역에서 활동했던 포르투갈인과 아랍 상인에게서 몇 가지 무게 단위를 차용했을 것으로 추정한다. 아샨티의 무게 추 중에는 청동을 주조하여 기하학 형태나 동물 형상으로 만든 것이 많았다. 안타까운 일이지만 무게 추에 속임수가 많아서 "족장의 무게 추는 가난한 사람의 무게 추와 같지 않다."는 아샨티

속담을 낳기도 했다.

아샨티의 또 다른 기술은 "말하는 북"을 이용한 장거리 통신이었다. 속이 빈 통나무와 코끼리 귀 가죽으로 이 북을 만들었으며 특정 지위의 족장만 이 북을 소유할 수 있었다. 래트레이에 따르면 트위어가 성조 언어이기 때문에, 즉 서로 같은 소리로 들리는 음절이나 짧은 단어를 음의 높낮이로 구별하기 때문에 북을 이용한 통신이 가능했다. 아샨티의 북을 치는 사람은 트위어 낱말을 흉내 낸 소리를 만들었다. 유명한 사람과 관련된 정보, 위험 통고, 전쟁 소집 등을 이 북으로 알렸다. 래트레이는 영어 알파벳을 이용하여 여러 가지 음을 나타내는 방법을 고안해 아샨티 북의 메시지를 기록했다.

래트레이는 북을 이용한 언어와 트위어를 알고 있었던 덕분에 오드위라Odwira라고 알려진 아샨티 사회의 중요한 의식을 상세하게 설명해 줄 수 있었다. 오드위라라는 명칭은 "정화"를 뜻하며, 조상 영혼이 된 아샨티 왕을 공경하기 위해 매년 9월에 열렸다.

식민지 이전 시대의 오드위라에서는 12명의 인간 제물을 바쳤으며 대개는 의식을 위해 목숨을 살려 둔 사형수였다. 래트레이가 머물던 무렵에는 영국 정부가 인간 제물을 금지했기 때문에 래트레이는 식민지 이전 시대의 의식을 목격한 바 있는 아샨티 상급 관리에게서 정보를 얻었다.

래트레이가 전해 들은 바에 따르면 의식 첫 단계에 왕과 궁중 사람들은 저 유명한 황금 의자와 검게 그을린 조상들의 의자를 든 관리들을 앞세우고 부근에 있는 강까지 행차했다. 강에 도착한 왕은 황금 의자에 신성한 물을 뿌리면서, 선대 왕들이 덴키에라, 아키엠, 도마아에 맞서 적군의 목을 베었던 것처럼 자신도 장차 적군의 목을 베도록 도와달라고 청했다. 아샨티족이 금을 캘 곳을 발견하게 해 달라고도 기도한 뒤 "나의 왕권을 유지하도록 금의 일부를 가지겠다."는 희망을 덧붙였다.

갓 수확한 마 중 일부는 아보솜(초자연적 영혼)을 모신 사당에 바쳤고 다른 일부는 왕과 귀족의 조상에게 바쳤다. 신과 죽은 이의 영혼에게 음식을 바친 뒤에야 왕과 백성이 먹을 수 있었다.

그다음에는 반타마에 있는 왕 무덤으로 갔다. 그곳에 도착하면 제물로 선택된 12명의 사람을 커다란 놋쇠 그릇 앞에 두 손을 뒤로 묶은 채 일렬로 세웠다.

왕이 무덤 안으로 들어가, 오세이 투투를 시작으로 연대순으로 놓인 아샨티 통치자의 유골을 찾았다. 인간 제물은 사후 세계에서 역대 아산테헤네의 시중을 드는 일을 맡았다. 말하는 북에서 "오세이 투투! 아! 아! 아! 슬프도다!"는 메시지가 흘러나왔다. 이를 신호로 사형 집행인은 이렇게 외쳤다. "유령의 나라로 떠나 오세이 투투의 시중을 들라." 그런 다음 첫 번째 희생자의 목을 베었다. 왕이 오포쿠 와레의 관으로 걸어가면 그곳에서 두 번째 희생자에게 사후 세계와 관련된 명령을 내린 뒤 목을 베었다.

희생자 12명을 모두 죽인 뒤 시신을 반타마 뒤쪽 숲으로 가져갔다. 이제 아샨티 왕은 궁전으로 돌아가 노래, 북, 갈대 피리로 여흥을 즐겼다. 이 연주회를 마지막으로 식민지 이전 시대의 오드위라가 끝났다.

래트레이에게 정보를 알려 준 아샨티족은 이렇게 말했다. "아직까지 내 머릿속에 이를 간직하고 있어 아주 기쁩니다."

식민지 이전 시대에 아샨티에서 인간 제물 의식을 거행했던 또 다른 상황으로는 왕가 장례식이 있었다. 반타마에 있는 왕 무덤에서 이 의식을 거행했는데, 이곳에서는 1천 명의 병사가 역대 왕의 유골과 사치품을 지키고 있었다. 아산테헤네의 장례식은 나체스족의 '문신 새긴 뱀'의 장례식과 비슷했으며, 많은 부인과 수행원이 그와 함께 사후 세계로 가기 위해 자청해서 제물이 되었다. 제물 희생자 중에는 일반 사형수와 전쟁 포로도 있었다.

병상에 누워 죽음을 앞둔 왕이 사후 세계에 함께 데리고 가고 싶은 여자의 이름을 태후에게 속삭여 주기도 했다. 태후는 이런 특권을 누릴 여자를 추가로 선택할 수 있었고 다른 한편 자청하는 여자도 있었다. 이 여자들은 모두 찬양의 색상인 흰색 옷을 입고 자신이 가진 가장 좋은 금 장신구를 착용했다. 파나마 족장의 장례식을 연상시키는 의식 과정에서 이 여자들이 야자주에 취해 몽롱한 상태로 들어가면 목을 졸라 죽였다.

전령이나 시동, 그 밖에 파리 쫓는 아이 등 왕의 시중을 들던 어린 남자아이는 커다란 코끼리 엄니에 목을 부딪쳐 부러뜨렸고, 시신에는 기쁨의 상징으로 흰색 점토를 칠했다. 통치자의 죽음을 견딜 수 없었던 많은 귀족 관리가 목을 매달아 죽기를 자청했다. 하인 중에는 숲으로 도망가는 이도 있었지만 그를 대체할 전쟁 포로가 늘 수십 명씩 있었다.

어느 누구도 감히 아산테헤네가 죽었다고 말하지 못했다. 대개는 "힘센 나무의 뿌리가 뽑혔다."든가 "왕이 다른 곳으로 가셨다."는 식의 완곡어법을 썼다. 왕의 시신을 구멍 뚫린 관에 넣고 80일의 밤과 낮 동안 구덩이 위에 놓아두었다. 시신의 부패 과정에서 나오는 액체가 구멍으로 흘러나와 구덩이에 떨어지는 동안 장례식 수행원이 옆에서 부채질을 하여 파리를 쫓았다.

80일째가 되면 부패가 일정 정도 진행되어, 왕의 뼈를 다른 곳으로 옮겨 씻은 뒤 기름으로 문질러 닦을 수 있는 정도가 되었다. 식민지 이전 시대에는 아프리카 물소 중 숲에 사는 아종의 기름을 이용했다. 하지만 래트레이의 기록에 따르면 빅토리아 여왕이 9대 아산테헤네에게 보낸 선물 중에 포마드가 있었고 이때 이후로 "여왕의 기름"이라고 일컬어진 이 포마드를 왕의 뼈에 사용했다.

기름을 바른 뒤 왕의 모든 수만suman, 즉 부적을 적당한 뼈 부위에 붙였다. 그런 다음 주요 뼈를 금줄로 연결했다. 부분적으로 다시 끼어 맞춘 유골을 육각형 관에 담아 검은 벨벳으로 덮고 금 장미 모양 리본으로 장식한 뒤 왕 무덤에 안치했다.

유력 가문 출신의 살아 있는 여자 중에서 남은 평생 왕의 유골에 음식을 가져다줄 여자를 골랐다. 사만 예레saman yere, 즉 "유령의 부인"으로 알려진 이 여자들은 온통 흰색 옷을 입었다. 유령의 부인들은 특별한 하렘에 거처하며, 내시의 보호를 받으면서 살아 있는 동안 덕을 지켰다. 그중 한 사람이 죽으면 즉시 다른 여자로 대체되었다.

아샨티 사회의 불평등

아샨티 사회를 잠비아의 벰바족과 잠시 비교하면서 다음과 같은 물음을 던져 보자. 벰바족 대족장의 통치보다 아샨티 왕의 통치 아래에서 불평등이 더 심각했을까?

두 사회 모두 오늘날 아프리카에서 널리 통용되는 것으로 알려진 사회 제도를 갖고 있었다. 두 사회 모두 이전 사회의 모계 혈통 씨족을 유지했다. 또한 지위가 높은 어머니의 피에서 정통성을 얻는 남자 통치자가 있었다. 두 경우 모두 족장 사회의 수장 여자 또는 태후가 통치자를 평생 동안 감시했다. 두 사회의 통치자는 세습되는 자문관과 권력을 나누었다. 과거 지도자의 업적을 대중 앞에서 공개적으로 암송하는 것을 구전 역사의 한 부분으로 이용했다.

하지만 두 사회에는 일정한 차이가 있었다. 벰바족 족장 사회는 대체로 면적이 겨우 5만 7천 제곱킬로미터였고 정교한 도로 체계를 갖추지 않았으며 세 단계 행정 위계 체계를 가지고 있었다. 반면 아샨티 왕국은 전성기 때 면적이 25만 제곱킬로미터였으며 행정 체계가 네 단계로 이루어졌고 중심과 외곽 속주가 잘 관리된 도로로 연결되어 동심원 형태를 이루었다.

벰바족 족장이 노예와 전리품을 얻기 위해 이웃 집단을 습격하긴 했지만 백성의 압도적 다수는 벰바족이었다. 반면 아샨티 왕국은 제국처럼 도마아, 타포, 아마콤, 덴키에라, 아콰무, 곤자 등 종속된 여러 종족이 한데 모여 있었다. 각 종족 집단의 병사 부대가 아샨티 군대로 편입되는 경우도 많았다.

벰바족은 사당을 세우는 수준에서 만족하고 의식 전문가만 정보를 알고 있었지만 아샨티는 특정 신을 모시기 위해 진흙 벽으로 된 사실상의 신전을 세웠고 전업 사제를 두었다. 황금 의자를 중심으로 한 공식 국교도 갖고 있었다.

벰바족 족장은 수행원을 거느렸지만 아샨티 왕은 오세이 투투가 가서 머물던 덴키에라 왕국처럼 실질적인 궁정을 유지했다. 벰바족의 치티무쿨루와 아샨티의 아산테헤네 모두 백성의 생사를 좌지우지하는 힘을 지녔고, 벰바족 족장 역시 자주 희생자와 함께 묻혔다.

하지만 아샨티 통치자의 장례식에서는 부인, 관리, 하인, 노예, 사형수 등 훨씬 많은 사람을 죽였다. 정작 아샨티 왕의 유골은 특별한 관에 넣어 역대 왕의 유골이 전시된 왕 무덤에 안치했다.

대다수 평민의 경우 벰바족 대족장의 통치 아래 있었을 때에 비해 아샨티 왕 밑에 있을 때 불평등이 아주 조금 커졌다. 두 사회가 지닌 차이점 중에 한 가지 흥미로운 것은 아샨티 왕국이 황금 의자를 숭배했다는 점이다. 1896년 아샨티족은 아산테헤네를 지키는 것보다 황금 의자를 지키는 데 더 깊은 관심을 보였다. 아샨티 왕은 대단한 명망을 누렸음에도 불구하고 이 신성한 가구에 미치지 못하는 존재로 간주되었던 것이다.

그렇다고 그리 놀랄 일은 아니다. 분명 미국 시민 중에도 러시모어 산*이나 자유의 여신상을 포기하느니 차라리 현직 대통령을 넘기려는 사람들이 있기 때문이다.

반 세기가 넘는 식민 지배로 인해 아샨티 사회의 많은 제도가 와해되었다. 19세기 말 아샨티족의 봉기가 실패로 돌아간 뒤 영국 정부는 반타마에 있는 왕 무덤을 불태워 버렸지만 다행히도 이미 아샨티 사제들이 귀중한 것들을 조용히 다른 곳으로 옮긴 뒤였다. 그러자 영국인은 반타마 촌락 전체를 불 질렀다. "어마어마한 불이 타올랐지요." 로버트 베이든파월 경은 1896년의 회고록에서 이렇게 썼다.

1957년 황금해안은 영국으로부터 독립했고 자신들의 미래를 스

---

* 미국 사우스다코타 주 블랙힐스 산맥에 있는 산봉우리이며, 미국 역사상 위대한 대통령 네 명의 두상이 조각되어 있다.

스로 결정하게 되었다. 신생국의 명칭을 "전사 왕"이라는 의미로 가나라고 정했고, 1960년에 다시 가나공화국으로 바꾸었다. 비록 아샨티 왕국의 왕 무덤은 사라졌을지라도 황금 의자와 아샨티족의 민족 영혼은 계속 살아남았다.

21 문명의 탁아소

전 세계에서 그 어느 곳보다 1세대 국가가 일찍 형성된 곳이 서아시아였다. 이 국가들이 형성될 당시에는 히에라콘폴리스가 상이집트에서 승리를 거두며 등장할 수 있을지도 아직 확실하지 않았다. 멕시코와 페루에서는 지속적인 촌락조차 형성되지 않은 시기였다.

30년 전까지는 남부 메소포타미아를 "문명의 요람"이라고 보았다. 하지만 오늘날에는 북부 메소포타미아와 이란 남서 지역에서도 거의 같은 시기에 최초의 국가가 형성되었다는 것이 밝혀졌다(그림 64). 이 세 지역 간에는 상호 교류가 있었으며, 공격적인 성향을 보이는 최초의 국가가 등장하면서 그에 따라 여러 국가가 형성되는 연쇄 반응의 또 다른 사례를 제공했다. 요람이 세 개 있으면 탁아소나 다름없다는 생각을 이 장의 제목에 반영했다.

우바이드 4기는 약 5,700년 전에 끝났다. 그 후 5,700년 전에서 5,200년 전 사이의 우루크기에 이란과 이라크에서 국가가 형성되

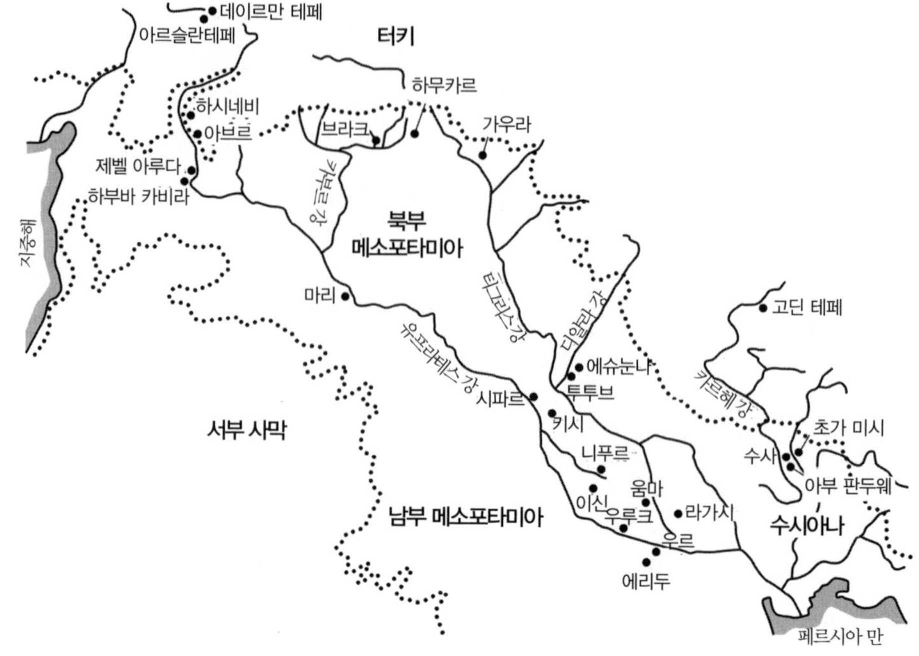

그림 64 | 연쇄적인 국가 형성 과정이 세계에서 가장 먼저 일어난 곳은 북부 메소포타미아, 남부 메소포타미아, 그리고 이란 남서 지역의 수시아나였다. 지도자가 방어하기 좋은 곳에 백성을 집결시킨 뒤 공격적으로 세력을 확장하기 시작하면 이웃 집단은 그 뒤를 따르거나 독립을 잃어야 했다. (이 지도에서 우루크와 하시네비 간의 거리는 1,255킬로미터이며 점선은 충적토 저지대의 대략적인 경계선을 표시한 것이다.)

었다. 네 개의 행정 단계로 구성된 최초의 정치 위계 체계는 이란에 먼저 등장한 것으로 보이지만 규모는 이라크의 초기 국가가 더 컸다. 여기서 "국가"라는 용어를 사용한 이유는 이 사회 중 일부가 군주제보다 과두제에 훨씬 가까웠기 때문이다.

수시아나 평원

수시아나 평원은 거대한 메소포타미아 평원을 이란 남서 지역에 옮겨 놓은 격이라고 할 수 있다. 카르헤 강과 카룬 강 사이에 해발 40~170미터 높이로 펼쳐져 있으며 면적은 대략 2,600제곱킬로미터였다.

수시아나를 메소포타미아의 축소판이라고 묘사하는 경우가 더러 있지만 둘 사이에는 중대한 차이점 두 가지가 있다. 수시아나 평원은 부근 자그로스 산맥에서 내려온 자갈과 흙이 쌓여 형성된 선상지이기 때문에 기저에 자갈층이 깔려 있어서, 습지 형성으로 물이 막히는 문제점이 적었고 관개에 따르는 염류화 문제도 적었다. 또한 남부 메소포타미아보다 강우량이 많으며, 샤우르 강, 데즈 강, 슈르 강, 카룬 강 등에서 수로로 끌어오는 관개용수를 빗물로 보충할 수 있었다.

수시아나에 관해서는 한 세기 전부터 고고학 연구가 이루어졌다. 고대 유적에 대한 조사 작업이 이루어졌을 뿐만 아니라 고고학 정보와 관련된 사회적 정치적 질문의 해답을 얻고자 노력했다. 이런 연구 활동을 추진한 고고학자로는 로버트 매코믹 애덤스, 프랭크 홀, 헨리 라이트, 그레고리 존슨, 제임스 닐리가 있다.

약 6,400년 전에서 6,200년 전 사이에 일어난 일을 살펴보자. 이 시기는 남부 메소포타미아의 우바이드 3기에 해당한다. 이란 남서 지역의 이 시기는 수시아나 D기로 알려져 있다. 이 무렵 수시아나 평원에는 85개 내지 90개 촌락이 있었다. 이 가운데 최소한 20개는 초가 미시에서 쉽게 걸어갈 수 있는 거리였다. 초가 미시는 족장 사회 중심지로 면적은 11만 제곱미터였고 슈르 강 범람원에 위치했다.

핀하스 들러가즈와 헐린 캔터의 발굴 작업으로 드러난 바에 따르면 이곳 칸khan("족장"을 뜻하는 페르시아어)의 가족은 가로 15미터, 세로 10미터보다 큰 진흙 벽돌 건물에 살았을 것으로 추정된다. 아마도 2층으로 되어 있었을 이 건물은 1미터 내지 2미터 두께의 외벽으로 보호되었다. 실내에 있는 방 하나는 수석 단괴를 낫 같은 날로 만드는 곳이었다. 또 다른 하나는 저장 항아리를 차곡차곡 가득 쌓아 놓은 것으로 보아 도공이 쓰던 방으로 보인다.

초가 미시 공동체는 빵 밀과 보리, 귀리, 완두콩, 렌즈콩, 아마를 재배했다. 아마의 경우는 씨앗의 크기로 보아 관개 농사와 관련이 있었을 것이다. 초가 미시에 살던 가족들은 피스타치오, 케이퍼 열매, 토끼풀을 채집했으며 토끼풀은 아마도 양과 염소와 소의 먹이로 사용했을 것이다.

초가 미시에 묻힌 시신 중 적어도 한 명의 젊은 여자에게서 두개골 변형이 보였다. 태어난 직후 바로 두개골을 묶었기 때문에 두상이 길쭉하게 변형되었다. 지위나 미를 나타내는 표시였을 것이다.

유감스럽게도 약 6,200년 전 적이 칸의 집에 불을 질렀다. 불 속에서도 건물의 벽은 천장 높이까지 보존되었지만, 수시아나 평원에서 족장 사회의 지배적 중심지로 자리 잡았던 초가 미시의 역할은 여기서 끝났다.

(칸의 집이 불탄 것과 관련이 있을 것으로 보이는데) 초가 미시 이후로 등장한 족장 사회 중심지는 서쪽으로 29킬로미터 떨어진 샤우르 강 유역의 수사였다. 6,200년 전에서 6,000년 전 사이 수사는 점차

규모가 커져 면적이 15만 제곱미터에 이르고 최소한 20개의 위성 촌락을 거느렸던 것으로 보인다. 이러한 성장을 이룩한 시기는 수사 A기로 이는 메소포타미아의 우바이드 4기에 해당된다.

수사 A기에 수시아나 평원의 촌락 수는 줄어들고 평균 규모는 늘어났다. 이전 시기의 촌락 85개 내지 90개 중에서 여전히 사람이 사는 촌락은 이제 60개밖에 되지 않으며 그나마도 이후 수 세기를 거치는 동안 30개로 줄었다. 새로이 촌락이 생겨나기도 했지만, 당시는 습격에 대비하기에 좋은 큰 정착지에 사람을 집결시켜야 할 필요성이 있었으므로 신규 촌락의 수는 이런 필요성에 따른 흐름을 거스를 만큼 많지는 않았다.

수사 A기 끝무렵 수사의 지도자들은 한 변의 길이가 68미터이고 높이가 9미터 내지 10미터 정도 되는 진흙 벽돌 단을 세웠다. 애석하게도 이 단 위에 세워져 있던 공공건물은 심하게 훼손되어 발굴할 수 없었다. 단 근처에는 무덤이 1천 개가 넘는 묘지가 있었으며 무덤 형태는 사회적 지위의 면에서 폭넓은 다양성을 보였다. 많은 구리와 뛰어난 채색 도자기가 함께 묻힌 무덤이 있는가 하면 달랑 요리용 냄비만 묻힌 무덤도 있었다.

이 묘지를 사용하던 어느 시점에 수사의 거대한 벽돌 기단도 초가 미시에 있던 칸의 가옥과 똑같은 운명을 겪었다. 불에 의해 심하게 파괴되어 기단의 정면이 무너져 내린 것이다. 수시아나 역시 북부 메소포타미아와 마찬가지로 고고학자들이 족장 사회의 순환적 변동, 만성적인 전쟁, 사치품을 사용하는 개별화된 세습 상류층의 증거를 찾을 것으로 기대되는 지역이다.

우루크기

약 5,700년 전 수시아나 평원의 사회는 우루크기로 접어들었다. 특정 시기를 지칭하는 이 명칭은 이라크 남부 지역에 있는 고대 도시 우루크에서 빌려 왔다. 이 무렵 남부 메소포타미아와 이란 남서 지역의 도자기가 매우 유사하여 고고학자들은 두 지역에 똑같이 "우루크"라는 명칭을 붙이는 데 아무런 거부감이 없었다. 두 지역의 도자기가 매우 유사하다는 것은 두 지역의 사회가 서로 활발하게 관계 맺었다는 것을 의미한다.

수시아나와 남부 메소포타미아 사이에 상호 교류가 있었던 것은 분명하지만 그래도 두 지역 사람은 서로 다른 종족 집단에 속했다. 나중에 두 지역에서 각기 다른 글자를 만든 것으로 보아 이는 개연성이 충분하다. 수시아나의 글자에서는 엘람어*의 초기 형태가 보이고 남부 메소포타미아의 글자에서는 수메르어의 초기 형태가 나타난다. 게다가 엘람어와 수메르어는 같은 어족에 속하지도 않는다. 따라서 공동체의 지도자와 교역 상인 중에 분명 2개 언어를 쓰는 사람이 많았을 것이다.

두 지역에서 1세대 국가가 형성된 것은 우루크기의 일이다. 이 과정의 모든 단계를 상세하게 기록하기 위해 수시아나에서 연구 활동을 했던 고고학자들은 이 시기를 초기 우루크기(5,700년 전에서 5,500년 전까지), 중기 우루크기(5,500년 전에서 5,300년 전까지), 후기 우루크기(5,300년 전에서 5,100년 전까지)로 세분화했다.

초기 우루크기는 사회적 정치적 재편의 시기였다. 이보다 앞선

---

* 엘람은 메소포타미아 동쪽에 접하는 이란 남서 지역의 옛 이름이다.

시기에 수시아나에서 가장 강력했던 초가 미시와 수사 모두 공격을 받아 불탔다. 그 결과 일시적으로 인구가 감소했다.

초가 미시보다 수사가 먼저 세력을 회복했다. 수사는 면적이 12만 제곱미터로 확장되었고 세 단계로 구성된 정치 위계 체계에서 최상단의 1단계 공동체로 홀로 자리했다. 2단계에는 6만 내지 7만 제곱미터 면적의 촌락 두 개가 있었고, 3만 제곱미터 미만의 3단계 촌락은 45개가 넘었다.

그레고리 존슨은 수시아나 평원에 사는 인구 중 직접 또는 간접적으로 수사의 통치 아래 있었던 사람이 얼마나 되는지 알고 싶었다. 그리하여 이 물음의 답을 얻기 위해 먼저 초기 우루크기의 정착지를 세 부류로 분류했다. 수사 부근에 있던 정착지, 7만 제곱미터 면적의 아부 판두웨 공동체 부근에 있던 정착지, 마지막으로 이전에 초가 미시의 지배를 받은 지역에 속한 정착지로 나눈 다음 그는 각 부류의 정착지를 크기순으로 정리했다.

여기서 존슨이 수행한 연구의 수학적인 세부 내용을 다루지는 않을 것이다. 그가 밝혀낸 사실을 이해하기 위해서는 다음 내용을 살피는 정도로 충분하다. 지리학자들이 알아낸 바에 따르면 고대와 현대의 정착지 체계에서 가장 규모가 큰 정착지의 인구는 두 번째로 큰 곳의 두 배, 세 번째로 큰 곳의 세 배, 네 번째로 큰 곳의 네 배가 되는 등 반복적인 규칙을 보였다. 지리학자들조차도 왜 이런 "규칙적인" 양상을 보이는지 확실히 알지 못하지만 이런 규칙성이 잘 통합된 사회의 지표라고 추측하고 있다.

물론 지리학자들은 정착지의 서열별 크기가 이상적인 양상에서 벗어나는 지역을 접하기도 한다. 한 지역에서 가장 큰 정착지가 두 번째나 세 번째로 큰 정착지에 비해 몇 배나 큰 곳도 있다. 예를 들어 멕시코 사포텍 왕국의 수도였던 몬테 알반은 2단계 행정 중심지에 비해 일곱 배 내지 열다섯 배 더 컸다. 이런 지역은 수도 도시가 배후 지역을 통합하고 나아가 외부 세계와의 정치적 경제적 상호작용을 모두 독점하는 경향을 보였다.

이것과 정반대인 사례는 두 번째, 세 번째, 네 번째 정착지가 예상보다 큰 경우이다. 지리학자들은 통합의 정도가 매우 약한 지역이거나, 소규모 정착지가 정치적으로 독립된 별개의 사회에 속한 지역에서 이런 현상이 나타난다고 보았다.

존슨은 수사가 규칙적인 양상과 비교해 몇 배나 더 크다는 사실을 알아냈다. 다른 한편 이전에 초가 미시에 예속되어 있던 지역에는 독립된 사회에 속하거나 통합의 정도가 약한 사회에 속한 집단이 포함되어 있었다. 결론적으로 존슨이 계산한 추정치에 따르면 수시아나 평원에 살던 초기 우루크기의 인구는 약 1만 9천 명이며 이 가운데 스스로 수사의 통치를 받고 있다고 생각한 사람은 9,800명이었다.

중기 우루크기와 1세대 왕국의 탄생

불과 두 세기의 기간이지만 중기 우루크기는 수시아나에 매우 중대한 시기였다. 이 시기가 시작될 무렵 수사의 면적은 24만 제곱미터로 넓어졌다. 초가 미시가 쇠퇴한 데다 아부 판두웨는 수사에 비해 규모가 작았기 때문에 수사는 이러한 상황을 이용하여 정치적 지배력을 수시아나 평원 전체로 확대해 나갔고, 그 결과 네 단계 정치 위계 체계를 갖춘 왕국이 탄생했다. 수사는 아부 판두웨와 초가 미시가 성장하기 시작할 무렵에도 여전히 지배적 위치에 있었다.

중기 우루크기의 이 국가가 이란 남서 지역 최초의 국가이자 아마도 세계 최초의 국가였을 것이다. 위계 체계 1단계에 해당되는 곳이 수사였으며, 그 뒤를 초가 미시와 아부 판두웨가 바싹 쫓고 있었다. 2단계에는 4만 내지 7만 제곱미터 규모의 행정 중심지 네 곳이 있었고, 3단계에는 2만 내지 3만 제곱미터의 촌락 17곳이 포함되었다. 4단계에는 지역의 나머지 모든 촌락이 포함되었으며 이 촌락들의 면적은 대부분 1만 5천 제곱미터 미만이었다. 1975년 고고학자 헨리 라이트와 그레고리 존슨은 수시아나에 관한 이러한 증거 자료를 바탕으로, 네 단계 정치 위계 체계의 등장이 1세대 왕국의 탄생을 알리는 한 가지 단서가 된다고 최초로 지적했다.

따라서 5,500년 전의 수시아나 평원은 3,500년 전의 오악사카 밸리에서 벌어진 일을 비교해 볼 수 있는 대상이 된다. 두 지역 모두 이전까지는 경쟁적인 족장 사회들이 자리 잡고 있었다. 이 사회들 가운데 가장 규모가 큰 사회가 다른 사회의 영토를 차지하려고 애썼고 결국에는 성공했다. 그리하여 두 지역 모두에 초기 왕국이 들어섰다.

계속 비교해 보면 두 지역의 초기 왕국은 한동안 강력한 세력을 유지하다가 마침내 핵심 지구가 영토와 공물, 대외 관계를 독자적으로 장악하고자 수도에서 떨어져 나왔다. 몬테 알반의 경우는 왕국의 수도가 되고 나서 여섯 또는 일곱 세기가 지날 때까지 이런 현상이 나타나지 않았다. 하지만 수사의 경우는 후기 우루크기가 시작되면서 이런 현상이 나타났다.

중기 우루크기 지도자들이 1단계 및 2단계 공동체의 대부분에 신전을 세웠다는 사실로 미루어 볼 때 그들은 신성한 권한을 지녔던 것으로 보인다. 이러한 사실은 우루크 건축가들이 신전의 새로운 장식법을 개발한 것에서도 알 수 있다. 에리두, 테페 가우라 같은 이전 시기 촌락에서 신전 정면의 단조로움을 깨기 위해 움푹 들어간 기둥이나 벽기둥, 벽감 등을 만들었던 사실을 떠올려 보라. 우루크 건축가들은 여기서 더 나아가 벽면에 도자기로 만든 수천 개의 원뿔을 박아 넣었고, 밖으로 튀어나온 각 원뿔 윗면에 흰색이나 검은색, 빨간색을 칠했다. 석공은 석고가 마르기 전에 원뿔을 조심스럽게 벽에 박아 넣음으로써 신전 외벽에 여러 가지 색깔의 기하학적 무늬를 만들 수 있었다.

고고학자들이 텔, 즉 유적의 잔해가 쌓여 형성된 둔덕에서 도자기 원뿔을 발견하면 둔덕 아래 어딘가에 무너진 신전이 있다고 판단했다. 수사, 초가 미시, 그 밖에 최소한 여섯 개 공동체의 유적 표면에 그런 원뿔이 흩어져 있었다.

또한 중기 우루크기 정착지에서는 도장과 도장 각인, 공문서용 도장과 교환 증표, 윗면이 비스듬하게 깎인 그릇 등 국가의 행정 업무와 관련된 인공물도 수천 점 나왔다. 도장의 경우는 이보다 1,500년 앞선 할라프 시기의 촌락에서도 사용되었다. 하지만 중기 우루크기로 오면서 도장과 이 도장을 찍는 점토 덩이의 모양이 다양해졌다. 우루크 도장은 원통형으로 생긴 것이 많았으며, 마르지 않은 점토에 도장을 굴리면 점토에 복잡한 장면이 그려지도록 도장 겉면에 조각을 새겼다. 예전에는 매듭 겉에 뭉쳐 놓은 점토 덩이에만 도장을 찍었지만 이제는 이런 용도에만 한정되지 않고 저장실 문에 달린 목재 자물쇠를 감싸고 있는 점토 덩이에도 도장을 찍었다.

우루크기의 행정가는 말하자면 선사 시대의 화물 교환증 같은 것도 고안해 냈다. 공 모양의 점토를 살짝 구운 것이었는데, 안에는 작은 교환 증표가 가득 들어 있었다. 고고학자들은 이러한 공 모양 점토의 명칭을 라틴어에서 빌려 와 불라bulla라고 붙였는데 이는 교황의 칙서에 붙이는 공 모양으로 된 밀랍 봉인을 일컫는 이름이었다. 갖가지 형태로 만들어진 교환 증표는 적하 품목을 나타냈을 것이다. 불라를 받은 사람은 이것을 깨뜨려서 자신이 받은 품목과 교환 증표가 일치한다는 것을 확인해 주었다.

윗면이 비스듬하게 깎인 그릇은 초기 우루크기에 만들어져 이후 시간이 흐르면서 점차 여러 지역에서 널리 쓰이게 되었다. 아마 이 그릇은 이제껏 만들어진 것 중 가장 볼품없는 도자기 그릇에 속할 것이다. 이 그릇은 수천 개씩 대량 생산되었으며 말하자면 우루크기에 사용된 일회용 스티로폼 컵이었다. 주형 틀을 이용하여 제작했던 것으로 보이며, 윗면이 비스듬히 깎인 점은 틀 밖으로 삐져나온 재료를 손가락으로 쳐 내는 과정에서 생겼다. 수시아나에 있는 몇몇 우루크기 유적지에는 이렇게 윗면이 비스듬히 깎인 그릇이 다른 도자기 그릇에 비해 11배에서 47배까지 유난히 많이 버려져 있었다.

고고학자 한스 니센은 이후 시기의 메소포타미아에서 알아낸 사실을 바탕으로, 이렇게 유난히 많이 버려진 그릇이 노동자에게 매일 보리를 배급할 때 사용하던 식기였을 것이라고 주장했다. 우리는 이후 아카드 시기(대략 4,200년 전)에 쓰인 기록을 통해 이 시기의 국가 노동자가 배급을 받았다는 것을 알고 있다. 아카드의 표준 단위는 실라sila였고, 대략 환산하면 0.842리터 정도 되었다.

니센의 주장에 흥미를 느낀 존슨은 수시아나에서 발견된 윗면이 비스듬히 깎인 그릇 수백 개의 용량을 측정하여 0.9리터, 0.65리터, 0.45리터, 이렇게 세 가지 크기가 있다는 것을 알아냈다. 이런 사실은 이 그릇이 정말로 배급 식기였다는 것, 보리를 담는 특정 단위를 기준으로 1단위, 3분의 2 단위, 0.5단위에 해당하는 크기별로 제작되었다는 점을 강력히 보여 준다. 그릇의 조악한 모양은 그릇을 한 번 쓰고 버릴 수 있도록 값싸고 손쉽게 제작했을 것이라는 사실을 반영한다.

여기서 다시 오악사카 밸리 최초의 왕국과 유사한 점이 발견된다. 앞서 우리는 몬테 알반에서 구이용 판을 이용하여 노동자에게 줄 토르티야를 대량 생산했다는 증거를 본 바 있다. 중기 우루크기에 이런 기능을 했던 것이 바로 보리 배급용 그릇이었다. 두 인공물 모두 도시 노동자에게 음식을 제공하기 위한 목적으로 고안된 것이지만 나중에는 소규모 공동체에도 퍼져 나갔다. 노동자 중 일부가 고향 촌락으로 이 그릇을 가져가서 다른 용도로 사용했을 것이다. 오악사카의 토르티야 구이용 판의 경우는 멕시코 고지대의 모든 가정에서 사용하게 되었다.

후기 우루크기의 충돌과 식민화 과정

수시아나 평원이 후기 우루크기로 접어들면서 수사와 초가 미시가 또 다시 충돌하게 되었다. 아마도 초가 미시가 수사와 관계를 끊고 다시 슈르 강 지구에 대한 지배권을 확립하면서 이 지역에 교전이 일어났을 것이다.

이러한 세력 다툼으로 몇 가지 변화가 생겼다. 후기 우루크기로 오면서 초가 미시는 8만 제곱미터에서 18만 제곱미터로 면적이 확장되었다. 반면에 수사는 24만 제곱미터에서 약 9만 제곱미터로 면적이 줄었으며 이는 초가 미시의 절반밖에 되지 않는 규모였다. 후기 우루크기 국면에서 가장 극적인 사건은 이 두 공동체 사이에 무인 지대를 두었다는 점이다. 수시아나 평원 중앙에 폭이 13~14킬로미터 정도 되는 완충 지대가 등장하여, 생산성 높은 데즈 강 범람원에 촌락이 들어서지 않았다. 인구수로는 4,500명 정도 되는 수사의 위성 촌락 16곳도 버려졌다. 6,600명쯤 되는 초가 미시 지역의 촌락도 버려졌다.

초가 미시 지역의 촌락 사람들은 초가 미시로 피신했을 것이며 이 때문에 초가 미시의 규모가 커졌을 것이다. 반면 수사 지역의 촌락 사람들이 어디로 갔는지는 분명치 않다. 존슨은 이들 중 일부가 수시아나를 떠나 남부 메소포타미아로 이주한 것이 아닐까 추측하는데, 이 가능성에 대해서는 뒤에 가서 살펴볼 것이다.

이 시기 원통 도장에 새긴 장면은 점차 군국주의적 색채를 띠었다. 초가 미시에서 나온 한 도장 각인에는 배를 타고 이동하는 통치자가 등장했다. 그는 한 손에 철퇴를 들고 다른 한 손에는 포로 두 명으로 보이는 형체에 매단 끈을 붙잡고 있었다. 또 다른 도장 각인에는 궁수가 등장하는데 그가 들고 있는 무기가 매우 상세하게 묘사되어 있었다. 게다가 밀집 대형으로 행군하는 남자들의 모습을 담은 도장 각인도 있었다.

수사에서 발견되는 도장 각인도 유사한 주제를 드러냈다. 두 손이 등 뒤로 묶인 포로가 길게 줄지어 서 있는 도장 각인이 있는가 하면, 활과 화살로 무장한 수염 기른 남자가 서 있고 그 앞쪽에 화살이 몸을 관통한 남자 세 명이 보이는 도장 각인도 있었다.

존슨은 이러한 충돌로 인해 수시아나의 정치 위계 체계가 네 단계에서 세 단계로 줄었을 것으로 보고 있다. 많은 지역의 사람들이 촌락을 버리고 떠난 결과 2만 내지 3만 제곱미터 규모의 촌락(중기 우루크기의 3단계 촌락)이 더 이상 하나의 행정 단계로 존속하지 못했을 것이라고 그는 지적했다. 이처럼 행정 단계가 축소되긴 했어도, 초가 미시의 권력 수준으로 볼 때 수시아나 지역의 사회가 왕국에서 지위 사회로 격하되지 않았음을 나타내는 다른 증거가 있다. 도장과 도장 각인, 불라, 교환 증표, 윗면이 비스듬히 깎인 그릇 모두 국가 관료가 여전히 존재하며 노동자가 배급을 받았다는 것을 나타냈다. 게다가 후기 우루크기의 행정 관료는 철필로 점토 판에 숫자를 새김으로써 노동자 수를 기록하기 시작했다. 초기 글자를 읽는 일이 그렇게 어렵지만 않아도 이런 기록에 관해 더 많은 것을 알았을 것이다.

전쟁이 벌어지는 동안에도(또한 네 단계 위계 체계가 일시적으로 무너졌음에도) 국가 기구가 존속할 수 있었다는 사실이 그리 놀랄 일은 아니다. 앞서 우리는 칼라크물과 티칼 같은 마야 도시가 서로를 공격하고 상대의 2단계 중심지를 점령하며 심지어는 왕가 일원을 포로로 잡고도 국가 기관이 전혀 파괴되지 않은 것을 살펴본 바 있다. 5,300년 전 초가 미시가 수사의 세력을 빼앗은 것은 4,000년 뒤 티칼이 칼라크물의 세력을 빼앗은 것과 유사하다. 전쟁이 벌어졌다고 해서 사회 계층화와 군주제가 사라지지는 않았다.

수사의 세력이 지속되었다는 것을 보여 주는 추가 증거가 카르헤 강의 상류 지류에서 나왔다. 수사의 후기 우루크기 통치자 중 한 명이 자그로스 산맥의 캉가바르 강 유역에 교역 기지를 설치했던 것으로 보인다. 이곳은 수사에서 북쪽으로 240킬로미터 떨어져 있으며 해발 1,200미터가 넘는 곳이다. 이곳에 위치한 고딘 테페 공동체에서 고고학자 T. 커일러 영과 루이스 러빈이 요새화된 후기 우루크기 집단 거주지를 발견했다. 이 전초 기지 주변은 캉가바르 현지 가족들이 모여 사는 보다 큰 공동체들로 둘러싸여 있었다. 요새의 건축 양식은 현지 양식을 따랐고 그곳에서 발견된 도자기 중 절반도 현지 것이었다. 도자기 중 나머지 절반(윗면이 비스듬히 깎인 그릇도 포함되었다.)은 후기 우루크기 사회의 양식이었고, 원통 도장의 각인 역시 마찬가지였다. 고딘 테페 집단 거주지에는 점토 판에 숫자를 기록하는 행정 관료도 있었다. 점토 판에 표시하는 방식도 수사의 것과 유사했다.

고딘 테페에 있던 요새는 서아시아에서 매우 중요한 교역로 중 한 곳의 핵심 통로를 장악했다. 호라산 로드라고 불리는 이 교역로는 티그리스 강에서 자그로스 산맥을 지나 이란 고원까지 이어졌다. 당나귀 대상이 이 길을 따라 구리, 터키석, 청금석 산지로 향했을 것이다.

남부 메소포타미아

앞서 마지막으로 남부 메소포타미아를 살펴보았을 때 우리는 우바이드 4기 사회를 재구성해 보려고 했고, 그 사회가 지위 사회이긴 하지만 콜린 렌프루가 말한 연속선상에서 집단 지향적인 사회에 가깝다고 결론 내렸다.

남부 메소포타미아는 5,700년 전쯤 우루크기로 접어들었다. 이제 유프라테스 강 하류에서 끌어온 관개 수로를 바탕으로 1세대 국가가 탄생하는 과정을 보게 될 것이다.

다행히 유프라테스 강 하류와 티그리스 강 하류 사이의 지역은 고고학 조사가 가장 많이 이루어진 곳으로 꼽힌다. 이 메소포타미아 지역에서 로버트 매코믹 애덤스가 삼십 년 가까운 세월 동안 총 길이 240킬로미터가 넘는 길쭉한 모양의 지역을 연구했다. 그가 연구한 곳 중에는 시파르, 키시, 니푸르, 아다브, 슈루파크, 자발람, 바드티비라, 그리고 우루크 같은 고대 수메르 도시가 있었다.

고대 우루크

유프라테스 강은 오늘날의 이라크 도시 나시리야 부근에서 동쪽으로 방향을 바꾸어 티그리스 강과 합류한다. 유프라테스 강의 북쪽에 거대한 고고학 둔덕 텔 와르카가 있다. 무려 7,000년 전부터 사람이 살았던 와르카는 이전에 예안나, 쿨라바라고 불리는 한 쌍의 둔덕으로 이루어져 있었다. 와르카가 고대 수메르 도시 우루크로 성장하면서 이 둔덕들을 삼켜 버렸다.

이 지점의 유프라테스 강은 강폭이 150미터에서 200미터 정도 되어 쉽게 건널 수 있다. 강이 이미 삼각주로 들어온 상태이고 겨우 해발 3미터 높이로 흐르며 9월 건기에 1초당 8만 5천 리터 이상의 물을 쏟아 낸다. 우루크는 비옥한 충적토로 둘러싸여 있으며, 관개 수로를 이용하여 유프라테스 강 좌안에서 물을 끌어올 수 있다.

애덤스는 총 780제곱킬로미터 면적에 걸쳐 우루크 지역을 조사했다. 우바이드 1기(약 7,000년 전)에는 이 조사 면적에 촌락이 불과 세 곳밖에 없었다. 우바이드 2기(약 6,500년 전)에는 촌락 수가 일곱 곳으로 늘었고 우바이드 3기(6,400년 전에서 6,200년 전까지)에는 그 수가 그대로 유지되었다. 그러다 약 6,000년 전 우바이드 4기가 되면서 조사 지역의 촌락 수는 11곳으로 늘었다. 이 가운데 가장 규모가 큰 곳은 10만 제곱미터 면적의 도시였고 가장 규모가 작은 곳은 9천 제곱미터 내지 1만 2천 제곱미터 면적의 촌락이었다.

우루크기 동안 인구수가 급격하게 증가했다. 초기 우루크기에 18개로 늘었던 촌락 수가 후기 우루크기로 오면서 108개로 대폭 늘었다. 증가 속도가 매우 빨랐기 때문에 애덤스는 다른 곳에서 이주해 온 인구가 포함되었을 것으로 추측했다. 실제로 존슨의 추론에 따르면 후기 우루크기는 수천 명의 가족이 수시아나를 떠나 남부 메소포타미아로 향했던 시기이기도 하다. 장차 고고학자들은 DNA와 뼈 화학 분석을 이용하여, 이 이주자들이 정말로 수시아나에서 온 사람들인지 판단할 수 있을지도 모른다.

이 시기 동안 가장 눈부신 성장을 보인 곳은 바로 우루크였다. 초기 우루크기에 69만 제곱미터로 늘어난 면적이 후기 우루크기로 오면 무려 100만 제곱미터에 달했다. 이러한 성장 역시 이주민이 유입되었다는 것을 암시한다.

존슨은 네 단계로 이루어진 정치 위계 체계가 후기 우루크기에 등장했다고 여긴다. 우루크 시(100만 제곱미터) 한 곳만 1단계에 해당되고, 2단계는 8만에서 14만 제곱미터 규모의 도시 여덟 곳으로 구성되었다. 3단계에는 2만 8천에서 6만 제곱미터 규모의 모든 촌락이 포함되고 그보다 작은 촌락은 4단계를 구성했다.

애덤스의 경우는 후기 우루크기에 네 단계 위계 체계가 등장했다는 데 다소 회의적이다. 그도 잠다트 나스르기(5,100년 전에서 5,000년 전)로 알려진 이후 시기에는 네 단계 위계 체계가 형성되었다고 확신했다. 이 무렵의 우루크는 면적이 120만 제곱미터가 넘었다. 우루크의 절반 크기도 되지 않는 작은 도시 두 곳이 2단계를 구성했으며 3단계는 20만 제곱미터 규모의 도시 20개로 이루어졌고, 4단계에는 대략 124개 정도의 촌락이 있었다.

여기서 우리가 다루고자 하는 내용에서는 우루크의 네 단계 위계 체계가 후기 우루크기에 등장했는지 아니면 잠다트 나스르기에 등장했는지는 중요하지 않다. 대신 다음의 사항을 살펴보기로 한다.

1. 고고학 기록상으로 알 수 있는 한에서는 우루크 지도자들이 수사와 초가 미시 사이에 있었던 것 같은 국지적 충돌을 통해 국가를 형성했던 것으로 보이지 않는다.
2. 수시아나 평원은 후기 우루크기 동안 가구 수가 수천 개 가까이 줄었다. 대신 우루크 지역은 후기 우루크기와 잠다트 나스르기 동안 수천 가구가 늘었다.
3. 따라서 우리는 국가 형성 과정과 관련하여 수사와 우루크에서 각기 개별적인 사례를 하나씩 골라 다루지 않을 것이다. 대신 멕시코 오악사카 밸리에서 몬테 알반, 라프로비덴시아, 몬테 네그로, 세로 하스민, 우아멜룰판이 관련된 것과 같은 연쇄 반응을 다룰 것이다.
4. 구할 수 있는 정보를 바탕으로 할 때 중기 우루크기에 가장 먼저 결정적인 성장을 보인 수사가 초가 미시와 아부 판두웨를 모두 장악했던 것으로 보인다. 우루크는 다소 늦게 후기 우루크기

와 잠다트 나스르기에 결정적으로 성장했다. 하지만 우루크 지역에서 일어난 각 과정은 수시아나 평원의 각 과정에 비해 규모가 훨씬 컸다.

5. 앞서도 말했듯이 고고학자들은 이전에 우루크를 문명의 요람이라고 일컬었다. 그러한 우루크 중심주의는 이제 지나친 단순화처럼 비친다. 메소포타미아 문명은 여러 도시 국가 사이의 역동적인 경쟁과 동맹 과정에서 생긴 산물이었을 가능성이 높다. 자치권을 지키는 가장 좋은 방법 중 하나는 거대해지는 것이었기 때문이다. 수사, 초가 미시, 우루크 등과 같은 공동체가 도시로 발전하자 연쇄 반응이 촉발되었다.

6. 도시 간 경쟁의 사례로는 다음과 같은 것이 있다. 애덤스에 따르면 후기 우루크기 동안 우루크는 반경 14킬로미터 내지 16킬로미터 사이의 다른 도시가 성장하지 못하도록 억눌렀던 것 같다. 또한 잠다트 나스르기 동안 우루크에서 북동쪽으로 32킬로미터가량 떨어진 지역에 관개 수로가 새로이 건설되었고 그 주변에 몇몇 커다란 공동체가 생겼다. 하지만 이후에 사람들은 이 공동체들을 버리고 떠났으며, 아마도 우루크에서 40킬로미터 떨어진 경쟁 도시 움마로 흡수되었을 것이다.

7. 약 5,000년 전 초기 왕조 시대가 막 시작될 무렵 우루크는 유례없는 성장으로 면적이 390만 제곱미터에 달했다. 애덤스는 지방에 살던 가구들이 도시로 피신한 결과로 이런 성장을 보였을 것이라고 추정한다. 아마도 광범위하게 벌어진 폭력이 이주의 한 가지 원인이었을 것이다. 우루크가 10킬로미터 길이에 달하는 방어벽을 세웠다는 것은 의미심장한 일이기 때문이다. 한스 니센이

밝혀낸 바에 따르면 이 벽에 일정한 간격으로 망루가 세워져 있었고, 도시로 들어가는 출입구가 최소한 두 개 있었다.

8. 도시 발전의 연쇄 반응이 여기서 끝난 것은 아니다. 약 4,700년 전 움마, 슈루파크, 자발람, 바드티비라, 그리고 어쩌면 라르사까지 포함하는 여타 도시가 발전을 이룩하여 남부 메소포타미아에 미치는 우루크의 영향력이 약화되는 상태까지 이르렀다. 이때 이후 메소포타미아 도시는 이미 마야의 사례에서 설명했던 것처럼 우세와 쇠퇴의 과정을 반복하는 순환적 변동을 보이게 되었다.

우루크의 기념비적 건축 프로그램

우루크 유적은 1850년대 이후 여러 차례 발굴 작업이 이루어졌다. 그 어떤 도시에서도 우루크만큼 웅장한 초기 공공건물이 대거 발굴되지 않았다. 사실 우루크 구조물의 사용 주기 때문에 특정 건물의 기능을 판단하기 힘들었으며, 그 정도로 건물을 해체해서 다시 옮기는 경우가 빈번했다.

우루크가 한때 서쪽의 쿨라바, 동쪽의 에안나, 이렇게 두 개의 둔덕으로 이루어져 있었다는 사실을 상기해 보자. 한스 니센은 후대의 잔해 아래에 묻혀 있던 쿨라바를 "우루크라는 커다란 정착지 전체의 핵심"이라고 보았다.

쿨라바 유적에서 식별 가능한 가장 오래된 공공건물은 우바이드 4기의 신전이었다. 에리두와 테페 가우라에서 발견된 신전과 비슷하게 생겼으며 높은 인공 테라스 위에 세워졌다. 우루크기 동안 이 테라스는 계속해서 확대되고 더 높아져서 나중에는 윗부분이 절단된 피라미드 모양이 되었고 높이도 9미터가 넘었다. 그 정상에 있는 '백색 신전'은 먼 거리에서도 보였다.

'백색 신전'은 가로 22미터, 세로 17미터 크기였으며, 전형적인 중앙의 셀라, 연단, 불에 탄 제물, 줄지어 늘어선 작은 방, 여러 개의 입구가 있었다(그림 65). 벽면에 칠한 흰색 석고 도료 때문에 '백색 신전'이라는 별명이 붙었다. '백색 신전'의 네 귀퉁이는 기본 방위를 향하고 있으며, 동쪽 귀퉁이 아래 표범 한 마리와 사자 한 마리를 묻어 신전에 바쳤다.

쿨라바 동쪽에 있는 둔덕 에안나에서도 여러 건물이 나왔으며 훨씬 복잡한 형태를 띠었다. 니센에 따르면 에안나 구역의 가장 오래된 층에서 갈대에 진흙 반죽을 바른 오두막 잔해가 나왔다. 이 발견으로 미루어 볼 때 선사 시대의 우루크는 에리두와 마찬가지로 진흙 벽돌 가옥을 지은 집단과 갈대 건물을 지은 집단 모두를 이웃으로 두었을 것이다.

후기 우루크기가 시작될 무렵 에안나는 야심 찬 장기 공공건물 프로그램의 현장이 되었으며 이 현장 주변을 벽으로 둘러싸서 도시의 나머지 부분과 구분 지었다. 모든 구조물의 기능을 알 수 있다면 우루크 사회의 세속적 위계 체계와 종교적 위계 체계에 관해 보다 확실한 그림을 그릴 수 있을 것이다. 몇 가지 사례만 소개하기로 한다.

1. 쉽게 알아볼 수 있는 신전. 에안나 구조물 중 가장 커다란 것은 건물 D였다. 이 건물은 셀라, 옆으로 늘어선 방, 벽감, 벽기둥 등 이제 우리에게 익숙해진 배치 구조로 되어 있었다. 안타깝게도 건물 D는 완벽한 상태로 발굴되지 않았으며 아마 원래 길이는 53미터가 훨씬 넘었을 것이다.

건물 C(본당과 애프스로 된 신전)

건물 E(회의장)

그림 65 | 우루크 시의 공공건물은 매우 인상적일 만큼 다양한 형태를 띠었다. 위 그림에는 흰색 도료를 칠한 신전, 여러 가지 색깔의 원뿔 모자이크로 장식된 신전, 애프스와 본당으로 구성된 신전, 세속의 집회가 열리는 장소로 쓰였을 건물이 보인다. 이 건물들의 크기는 본문에 설명되어 있다.

여기서 얼마간 떨어진 곳에 별도의 벽으로 둘러싸인 또 다른 신전이 있었다. 신전 벽은 석회암 덩어리로 쌓았으며 바닥은 석회암 판 사이사이를 천연 아스팔트로 메우고 그 위에 흰 석고 층을 발라 포장했다. 벽은 움푹 들어가거나 기둥이 있었고 다른 신전과 마찬가지로 여러 가지 색깔의 원뿔로 장식되어 있었다.

하지만 여기에 장식된 것은 흔히 보는 도자기 원뿔이 아니었다. 많은 노동을 들여 천연 돌을 깎고 매끈하게 다듬은 원뿔로, 붉은 석회암, 검은 석회암, 흰 설화석고 등 사용된 천연 재료의 원래 색깔을 띠었다. 이 갖가지 색상의 원뿔을 섞고 반죽 속에 박아 지그재그, 갈매기 무늬, 다이아몬드 혹은 마름모 모양의 모자이크를 만들었다. 이러한 장식 때문에 '모자이크 신전'이라는 별칭이 붙었다.

2. 본당과 애프스로 된 신전. 예안나의 공공건물은 표준적인 신전처럼 중앙에 셀라가 있으며 옆으로 작은 방이 줄지어 있지만 개중에는 전반적인 형태가 다른 것도 있었다. 건물 C가 가장 완벽한 사례를 보여 주었다. 길이 53미터, 폭 22미터 크기의 인상적인 이 건물은 두 개의 신전을 합쳐 놓은 것 같은 형태였다. 건물의 3분의 2는 셀라가 북서-남동 방향으로 놓였고 나머지 3분의 1에 있는 셀라는 북동-남서 방향으로 놓였다. 건물 C는 오늘날의 성당과 유사하게 3분의 2가 본당이고 3분의 1이 애프스였다. 평면도로 보건대 커다랗고 그다지 신성하지 않은 의식 공간을 지나서 작고 신성한 성소로 들어가는 구조는 아니었을 것이다. 성당의 경우 본당에는 모든 사람이 들어갈 수 있지만 애프스는 사제만 사용하기 때문이다.

건물 C만 특이한 것은 아니었다. 그보다 이른 시기에 더 큰 규모로 지은 '석회암 신전' 역시 애프스처럼 생긴 구역이 있었다. 이 구역의 긴 방향은 본당처럼 생긴 더 긴 구역과 직각을 이루었다. 이 건물은 파괴되어 석회암 판으로 된 바닥까지 무너져 있었지만 이 건물을 발굴한 사람들은 가로세로 길이가 최소한 75미터, 30미터는 되었을 것이라고 추정한다.

3. 주랑이 있는 홀. 건물 C에서 정북 방향으로 '기둥이 늘어선 홀'이 있는데, 오늘날 건물 정면만 겨우 남아 있다. 이 건물로 들어가는 입구에는 지름 2.5미터 내지 3미터의 기둥이 두 줄로 서 있었다. 기둥은 작은 벽돌을 원의 반지름처럼 배열하여 쌓아 올렸으며 빨간색, 흰색, 검은색 원뿔로 장식되었다. 이 건물은 신전이라기보다는 관람 홀처럼 보였다.

4. 회의장. 예안나의 같은 구역에 건물 E가 있으며 오늘날의 우리 눈에는 회의를 갖기 위한 세속의 장소로 보인다. 이 건물에는 폭 30미터의 넓은 공간이 있으며 그 옆으로 크고 작은 방으로 이루어진 복합 공간 네 개가 늘어서 있어 마치 더하기 기호처럼 보인다.

우루크 건물의 개수 자체도 그렇고 건물 형태의 다양성을 보아도 이런 건물을 지은 사회가 어떤 곳이었을지 재구성하고 싶은 마음을 불러일으킨다. 하지만 그러려면 도움이 필요하며, 두 가지 자료에서 도움을 얻을 수 있다. 하나는 후기 우루크기와 잠다트 나스르기의 점토 판에 쓰여 있는 사회정치적 용어이며, 다른 하나는 그보다 나중인 초기 왕조 시대의 정보이다.

초기 왕조 시대(5,000년 전에서 4,350년 전)부터 시작해 보자. 초기 왕조 사회는 통치자가 다른 귀족과 권력을 분점하던 과두제 사회였다. 이러한 권력 분점 제도의 하나가 원로회의였으며 이는 벰바족의 귀족 평의회, 메리나족 왕의 귀족 조언자 70명, 훈자의 마리카와 유사하다. 초기 왕조 시대의 또 다른 제도로는 평민이 의견을 발표할 수 있는 공회가 있었다.

초기 왕조의 통치자는 비록 신성하지는 않지만 경건한 존재로 여겨졌다. 이들이 꾸는 꿈은 도시의 수호신이 내리는 암호화된 지시로 간주되었다. 이 수호신만을 모시는 별도의 신전이 있어야 했으며 수호신의 부인 또는 배우자인 여신 역시 별도의 신전을 필요로 했다. 여기에다가 몇몇 하급 신까지 더하면 이 도시에 왜 그렇게 많은 신전이 필요했는지 이유가 분명해진다.

이제 후기 우루크기와 잠다트 나스르기의 점토 판으로 눈을 돌려보자. 여기에 적힌 글은 아직 초기 단계의 글자여서 읽기가 힘들다. 하지만 점토 판에 보이는 기호 중에는 초기 왕조 시대 단어의 원형으로 보이는 것이 몇 가지 있었다.

이렇게 알아볼 수 있는 몇 가지 단어 중에 "주군" 또는 "영적인 지도자"를 뜻하는 엔en, "위대한 귀족" 눈nun, "원로" 압바ab-ba, "회의" 우킨ukkin 등이 있었다. 이 단어들로 보건대 과두제, 원로회의, 공회의 초기 형태가 후기 우루크기와 잠다트 나스르기에도 존재했을 것으로 보인다. 건물 E와 주랑이 있는 홀이 아마도 회의와 공회가 열리던 건물이었을 것이다. 건물 D와 '모자이크 신전' 같은 표준적인 건물뿐만 아니라 건물 C와 '석회암 신전' 같은 "본당과 애프스로 된" 건물은 우루크 사람들이 다양한 신과 여신을 숭배했음을 나타낸다. 그러므로 그리 놀랄 일도 아니지만 초기 왕조 사회가 후기 우루크기 사회를 가장 잘 설명해 주는 길잡이가 될 것이다.

후기 우루크기 및 잠다트 나스르기 사회의 공직과 직업

초기 왕조 시대의 단어에는 관료와 공예 전문가 둘 다 등장했다. 애덤스가 지적했듯이 이 단어들 중에는 후기 우루크기와 잠다트 나스르기 점토 판에서도 볼 수 있는 것이 많다. 관료를 나타내는 단어로는 회계사인 상가sanga, 공무원 혹은 관리를 뜻하는 라가르lagar, 필경사인 두브사르dub-sar, 집사인 우굴라ugula, 전령인 수칼sukkal, 감독관인 누반다nubanda가 있었다.

초기 점토 판에 적힌 또 다른 중요한 단어로 담가르dam-gar가 있으며 "물자 조달을 담당하는 신전의 대리인"을 뜻한다. 이 단어는 나중에 "상인"을 뜻하게 되고, 이는 곧 신전이 주도하는 통제 위주의 경제 활동에서 기업형 교역이 갈라져 나왔다는 것을 나타낸다는 점에서 중요한 의미를 지닌다. 앞서 보았듯이 이집트에서도 이와 유사한 일이 있었다.

우루크기와 잠다트 나스르기 사회에 이미 평민을 위한 다양한 직업과 공예 전문직이 존재했다는 단서가 있다. 점토 판에서 알아볼 수 있는 단어로는 대장장이 또는 금속 주물공을 뜻하는 시무그simug뿐만 아니라 수석 대장장이 또는 대장장이 감독인 시무그갈simug-gal이 있었다. 우루크 유적에서 금속 주조소와 구리 덩이가 나온 점에서도 대장장이가 존재했다는 것을 확인할 수 있다.

나아가 초기 왕조 시대 문건에는 이전 시대의 유산으로 보이는 직업 관련 단어가 많이 있었다. 초기 왕조 시대 글자에 관한 전문가 베노 란트스베르거는 도공, 석공, 목수, 직공, 가죽 공예가, 요리사

등 도시 기술자에 관한 단어가 이런 범주에 들어간다고 보았다. 란트스베르거는 지방에 위치한 직업으로 어부, 양치기, 농부, 밭일하는 사람, "황소를 살찌우는 사람"을 들었다.

우루크기와 잠다트 나스르기 사회의 점토 판에는 하인(주르zur) 외에 노예를 뜻하는 단어도 있었다. 남자 노예와 여자 노예 둘 다를 표시하는 기호를 보면 이들이 "산악 지역 출신"(즉, 이국 출신)임을 알 수 있다. 이 사실로 미루어 볼 때 여타 사회와 마찬가지로 메소포타미아의 노예도 다른 지역 출신의 포로에서 시작되었을 것이다.

북부 메소포타미아의 계층 사회

이제껏 문명의 요람 두 곳을 살펴보았다. 하나는 이란 남서 지역에 있던 곳이고 다른 하나는 이라크 남부 지역에 있던 곳이다. 오늘날 많은 고고학자는 세 번째 요람이 존재한다고 주장한다. 이라크 북부 지역에 시리아 및 터키와 인접한 곳이다.

6,000년 전에서 5,500년 전 사이에 터키, 시리아 동부 지역, 이라크 북부 지역의 많은 사회가 계층화, 도시 생활, 행정 관료제의 징후를 보이기 시작했다. 북쪽 지역의 이러한 변화 중 몇 가지는 남쪽 지역에 후기 우루크기 국가가 형성되기도 전에 생겼으므로 분명 자생적인 발전이었다. 다시 말해서 북쪽 지역을 그냥 내버려 두었다면 독자적으로 도시와 다층적 위계 체계를 형성하는 방향으로 나아갔을 것이다.

공교롭게도 북쪽 지역은 그냥 남아 있지 못했다. 후기 우루크기가 시작될 무렵 남부 메소포타미아 사회가 북쪽의 여러 사회에 개입하기 시작했다. 고고학자 마르셀라 프랑지판은 이 시기를 네 가지 시나리오로 재구성할 수 있다고 보았다. 그녀의 주장을 다음과 같이 정리했다.

1. 북쪽 지역의 몇몇 공동체는 계속해서 자기 나름의 방식으로 발전해 갔다.
2. 다른 몇몇 공동체는 개별적으로 남부 메소포타미아에서 전략을 차용했지만(그중에는 회계 기법도 포함되었다.) 기본적으로는 별개의 독자적인 정치 중심지를 형성했다.
3. 북쪽 지역의 몇몇 공동체는 이전까지 사람이 살지 않던 곳에 남부 메소포타미아 사람들이 이주해서 만든 거주지였다.
4. 몇몇 경우에는 남부 메소포타미아 출신 사람들이 북쪽 지역의 기존 공동체의 삶에 직접 개입했다. 정착지 한가운데 교역 활동을 위한 집단 거주지를 만드는 것에서부터 북쪽 지역의 공동체를 무력으로 점령하는 것까지 다양한 형태로 개입했다.

이 시나리오들이 오악사카 고지대에서 보았던 것과 너무도 유사하다는 사실이 놀랍다. 초기 사포텍 통치자는 사람이 드문드문 사는 지역에 이주민을 보내거나, 몇몇 인접 지역을 무력으로 점령하거나, 평화적 동맹을 통해 다른 지역을 합병했다. 이미 군주제를 향해 나아가고 있던 믹스텍 통치자는 이러한 과정이 진행되는 동안 사포텍으로부터 몇 가지 전략을 개별적으로 차용하면서도 기본적으로는 독자적인 강력한 도시 중심지를 만들었다. 믹스텍 사람들과 마찬가지로 북부 메소포타미아 사람들도 다른 곳의 문명을 그저 수동적으로 받아들이지는 않았다. 이들은 연쇄 반응의 한 부분에 속했으며 어떤 통치자도 다른 누군가에게 종속된 존재가 되기를 원하지 않았다.

독자적인 길을 걸었던 북쪽 지역의 사회

테페 가우라, 11층~8층

우리가 마지막으로 테페 가우라를 살펴본 것은 12층에 속한 촌락이 공격을 받아 불에 탄 시점이었다. 사람들이 이곳을 버리고 떠난 뒤 얼마간 지나자 둔덕에 다시 사람이 들어와 살기 시작했다. 이 무렵 이라크 북부 지역은 이른바 가우라기期 또는 북부 우루크기로 알려진 시기로 접어든 상태였다.

이 시기 동안 가우라에 층층이 겹쳐 들어선 촌락의 수는 대략 다섯 개 내지 일곱 개 정도였다. 기존에 있던 구조물을 개축해서 올린 건물도 있기 때문에 더 이상 정확한 사실을 알지 못한다. 따라서 11층~8층에 한정하여 논의할 것이다.

11층에 들어선 공동체는 처음에 커다란 대가족 가옥 여러 채와 한 변의 길이가 8미터가량인 신전 한 채로 구성된 촌락에서 시작했다. 그러다 어느 시점에 11층 거주자들은 외부의 위협을 느끼기 시작했다. 평민은 바깥 세계와 접하는 쪽에 있는 가옥의 벽을 꽉 막힌 벽으로 세운 반면 상류층은 촌락 한복판에 지름 18미터가 넘는 원형 요새를 세웠다. 방어벽 안에는 주민이 포위 공격을 당하는 동안 살아남을 수 있도록 커다란 곡물 창고가 있었다. 이 밖에도 11층 촌락에는 망루, 투석구용 돌덩이, 사치품이 들어 있는 진흙 벽돌 무덤이 있었다.

10층과 9층은 밀접한 연관성을 지녔다. 이 시기의 가우라에는 방어용 시설이 별로 없고, 그 대신 거리와 커다란 세속적 공공건물 여러 채가 있었으며 촌락 중심에 최소한 한 채의 신전이 있었다. 약 185명 내지 198명에 이르는 주민 중 공예 활동에 종사하는 사람이 많았으며, 도장 봉인을 이용해 교역 물품 적하를 표시하는 작업에 종사한 사람도 있었다.

가우라 8층에는 여러 신전 외에도 중요한 세속적 건물 몇 채가 있었다. 앤 퍼킨스가 "둥근 천장으로 된 커다란 홀"이라고 묘사한 한 곳은 아마 회의 장소였을 것이다. 미첼 로스먼이 재구성한 또 다른 건물은 방 8개짜리 창고였다. 가우라에는 일반적인 도장 봉인과 공예 활동의 증거가 남아 있었고 아울러 이곳은 터키산 흑요석을 옮겨 싣는 지점으로도 이용되었을 것이다.

이 시점의 가우라는 인구가 100명 이하로 줄었을 테지만 중요한 공공건물이 그렇게 많이 들어선 공동체치고는 의심이 들 만큼 인구수가 너무 적었다. 따라서 우리는 가우라가 그보다 큰 어떤 지역의 필요성 때문에 유지되었을 것이라고 추측한다. 8층에는 방어용 구조물이 없었는데, 나중에 이 촌락이 공격을 받아 불에 탄 것으로 보아 필시 그런 시설을 갖추었어야 했다.

로스먼은 가우라의 상류층 무덤이 점차 사치스러운 양상을 띤 점에 깊은 인상을 받았다. 8층 무렵이 되면 마치 계층 사회의 무덤을 보는 듯하며 각 계층 내에도 지위의 차이가 있었다.

11층~8층에서 가장 단순한 형태의 무덤(모두 301개 중 85개)은 땅속에 바로 묻는 방식이었다. 무덤 중에는 부장품이 하나도 없거나 거의 없는 것이 있는 반면, 암석 결정체나 흑요석, 터키석, 진주층, 홍옥수, 심지어는 금으로 만든 팔찌나 목걸이가 함께 묻힌 것도 있었다.

하지만 다른 78개는 진흙 벽돌 무덤 속에 시신을 안치했다. 시신 중 많은 수가 옷을 입고 있었지만 지금은 옷에 달렸던 금 장식 못과 리본, 장미 매듭 리본만 남아 있다. 개중에는 상아 빗이나 상아를 박아 넣은 머리핀을 지닌 것도 있었다. 또한 대리석이나 사문석, 흑요석을 조각해서 만든 그릇에 사후 세계를 위한 음식을 담아 두었다. 무덤에 묻힌 시신 중에 목걸이, 팔찌, 그 밖에 금, 은, 구리, 터키석, 청금석으로 만든 장신구를 단 것도 있었다. 아마도 직위를 나타냈을 상징물로는 지팡이 손잡이와 도장 봉인이 있었다.

청년, 아이, 유아의 경우에도 단독으로 진흙 벽돌 무덤에 묻힌 경우가 있었다. 그중 유아 한 명이 묻힌 무덤 12호에는 구슬 331개와 다른 장신구가 함께 들어 있었다. 장신구에 사용된 재료는 금, 터키석, 청금석, 상아, 홍옥수 등이었다.

가우라의 벽돌 무덤에 묻힌 사람들이 매우 인상적인 돌 그릇과 직위 상징물을 지니긴 했지만 이국의 재료로 만든 개인 장신구가 벽돌 무덤에만 있었던 것은 아니다. 이와 비슷한 상황을 16세기 콜롬비아와 파나마에서 볼 수 있는데, 그곳에서도 가장 지위가 높은 가족 성원만 금을 착용한 것은 아니었다.

가우라는 남부의 우루크 도시에 대해 알고는 있었지만 그들만의 독자적인 계층 사회를 형성했던 것으로 보인다. 그들은 원통 도장이나 원뿔 모자이크 신전, 숫자가 기록된 점토 판 없이도 이 일을 잘 해냈다. 무엇보다 중요한 것은 개별화된 권력의 통치자들이 명망을 나타내는 물품을 현란하게 사용했던 북부 메소포타미아의 전통을 계속 이어 갔다는 점이다.

아르슬란테페

터키 말라티아 평원은 유프라테스 강 상류에 물이 풍부한 지역으로 이곳에 고고학 유적 둔덕인 아르슬란테페가 있다. 6,000년 전보다 이전에 세워진 아르슬란테페는 계속해서 발전한 끝에 자생적인 고지대 사회의 공공 및 의식 중심지가 되었다.

이곳을 발굴한 마르셀라 프랑지판에 따르면 아르슬란테페에는 각기 다른 유형의 공공건물 몇 채가 있었다. 아마도 중기 우루크기와 같은 시기의 것인 건물 29호는 집회가 열리는 회의장이었던 것으로 보인다. 거대한 돌 판과 진흙 벽돌로 만든 단 위에 세워졌으며 벽은 1.5미터 두께이고 큰 홀의 길이는 18미터 가까이 되었다. 그곳에서 멀지 않은 곳에 또 다른 큰 건물이 있으며 이 건물의 방에는 수십 개의 도장 각인, 대량 생산된 도자기, 그 밖에 공예 활동의 흔적이 있었다.

후기 우루크기에 해당되는 시기에 아르슬란테페에는 기본 비축물자를 갖춘 신전 여러 채가 있었다. 신전 A와 신전 B는 5,300년 전에서 5,100년 전에 세워졌음에도 전형적인 우루크 신전과 닮은 점이 없었다. 중앙에 셀라가 있는 대신 각 신전에는 작은 방을 여러 개 거쳐 들어가는 내실이 있었고 이 내실의 크기는 가로 9미터, 세로 4.5미터였다. 이 신전들은 우루크 신전에서 보이는 복잡한 기둥과 벽의 원뿔 장식이 없으며 이곳 고지대 지역 전통의 산물이었다.

프랑지판은 아르슬란테페 사회가 지배 계급과 평민으로 나뉜 계층 사회라고 분석했다. 통치자는 다색 벽화가 그려진 궁전 같은 저택에 살았고, 관리는 부역 노동을 이용하고 상품의 유통을 감독하며 양털과 양고기의 생산 증대를 꾀했다. 신전 관리는 곡식이 가득한 저장실을 이용했다. 아르슬란테페는 우루크 사람들과 접촉이 있었지만 우루크의 집단 거주지가 되는 대신 독자적으로 최초의 국가를 형성했다.

남부 메소포타미아 출신 이주민이 세운 북부의 공동체

유프라테스 강의 대만곡부를 마지막으로 살펴보면서 초기 촌락 아부 후레이라를 설명한 바 있다. 한편 대만곡부는 그보다 나중에 형성된 제벨 아루다와 남쪽의 하부바 카비라 두 정착지의 근거지이기도 했다. 이 두 정착지는 생김새로 보아 남부 메소포타미아 사람들이 세운 것 같았다.

제벨 아루다

제벨 아루다 공동체는 유프라테스 강이 내려다보이는 가파른 절벽 위 2만 8천 제곱미터 내지 3만 2천 제곱미터 면적에 자리 잡고 있었다. 촌락 한가운데에 벽으로 둘러싸인 구역이 있었으며 그 안에 후기 우루크기 신전이 최소한 두 채 정도 있었다. 이 구역 양쪽에서 네덜란드 고고학 발굴 팀은 상류층 가족이 포함된 커다란 주거 구역을 발견했다. 제벨 아루다의 한 저장실에서 무게가 거의 일정한 구리 도끼 여덟 개도 발견했는데 기예르모 알가세에 따르면 주괴로 활용되던 도끼가 분명하다.

남쪽 하부바 카비라

제벨 아루다에서 남쪽으로 불과 8킬로미터 떨어진 곳에 그보다 훨씬 큰 후기 우루크기 정착지가 있었다. 이곳이 남쪽 하부바 카비라이며, 면적이 20만 제곱미터가 넘었다. 하부바 카비라의 동쪽 끝에는 유프라테스 강변의 절벽이 7.5미터 높이로 있어 천연 방어물 역할을 했고 서쪽은 방어벽을 쌓고 일정한 간격으로 망루를 세워 방어했다.

독일과 벨기에 발굴 팀이 발견한 바에 따르면 하부바 카비라는 요새화된 도시였으며 그 안에는 거리, 거주 구역, 장인 구역, 점토판에 숫자를 기록하는 관료, 공공건물이 있는 광장 한 개가 있었다. 하부바 카비라의 금속 세공 기술자는 동일한 광석에서 은과 납을 동시에 추출하는 시설을 갖추었다.

제벨 아루다와 하부바 카비라는 기존 도시 안에 들어선 공동체가 아니었다. 이 두 곳은 후기 우루크기에 새로 건설되었으며 100년 내지 150년 동안 지속되다가 후기 우루크기 끝 무렵에 버려졌다. 고고학자 조앤 오츠는 이렇게 썼다. "물질문화, 이데올로기, 회계 기법, 공간 사용 방식, 건축 기법의 동질성으로 볼 때, 남부 메소포타미아 사람이 하부바 카비라와 제벨 아루다를 세우고 거기서 살았다는 것 외에 다른 해석은 생각할 수 없다."

그렇긴 해도 남부 메소포타미아 사람들이 대만곡부까지 진출한 배경과 관련해서는 고고학자 사이에 이견이 존재한다. 우루크 사람들이 터키나 지중해 해안 지역과 교역에서 중개상 역할을 하기 위해 직접 정착지를 세운 것일까? 아니면 남쪽에서 정치적 미래를 찾지 못한 우루크 귀족 가계의 일원이 이 정착지를 세운 것일까? 우리가 알기로는 장자 상속이나 말자 상속 때문에 상류층 집안 아들과 그를 따르는 추종 세력이 부득이 다른 곳에 새로운 영토를 마련하는 일도 있었다.

이러한 쟁점을 밝히는 일이 힘들기는 하겠지만 그렇다고 희망이 없는 것은 아니다. 이 쟁점을 해결하기 위해서는 외부에서 들어온 것이 확실한 도자기 그릇의 점토가 남부 메소포타미아에서 온 것인지를 추적하고 아울러 DNA와 뼈의 화학 분석을 통해 이주자가 남부 메소포타미아의 어느 중심지 출신인지 알아내야 한다. 이런 작업이 이루어지고 나면 고고학자들은 제벨 아루다와 하부바 카비라가 후기 우루크기에 성장하는 과정에 있었는지, 인구가 줄고 있는 중이었는지, 또는 커다란 격변을 겪는 중이었는지 물음을 던질 수 있을 것이다.

남부 메소포타미아 출신 이주민이 영향을 미친 북부 사회

하시네비

하시네비 촌락은 터키 남부 지역 유프라테스 강 위로 솟은 석회암 절벽 위, 방어하기 좋은 위치에 자리 잡았다. 북쪽으로는 토로스 산맥이 있고 남쪽으로는 북부 메소포타미아의 스텝 지대가 있었다.

6,000년 전보다 이전에 세워진 하시네비는 차츰 커져서 면적이 3만 2천 제곱미터가 되었다. 사람이 들어와 살기 시작한 처음 이삼백 년 동안 하시네비는 커다란 촌락과 주변의 작은 위성 촌락으로 구성된 사회에 속해 있었다. 발굴자 길 스타인은 세습 지위가 존재했음을 알려 주는 작은 증거를 발견했는데, 하시네비의 한 유아가

은 귀걸이 두 개, 구리 반지 한 개와 함께 단지 안에 묻혀 있었다.

남부 메소포타미아의 중기 우루크기에 해당되는 5,500년 전에서 5,300년 전 사이의 시기에 우루크 거주지로 보이는 곳이 하시네비 북쪽 지역에 들어섰다. 이보다 앞서 데이르만 테페와 텔 아브르 같은 곳에 우바이드 4기 집단 거주지가 있었던 것으로 볼 때 우루크 집단 거주지의 선례가 없는 것은 아니다. 하지만 하시네비 북쪽 지역의 이 집단 거주지는 우루크 도시에서 북쪽으로 무려 1,255킬로미터나 떨어져 있었다.

우루크 집단 거주지에 살던 가족들은 수백 년 동안 가능한 한 고향과 매우 흡사한 생활 방식을 그대로 유지했다. 예를 들어 하시네비 부근에서는 얼마든지 수석을 구할 수 있었는데도 이들은 남부 메소포타미아처럼 아주 뜨거운 불에 구운 점토 낫을 사용했다. 또한 그들은 지역 원주민들에 비해 양과 염소를 많이 먹고 소와 돼지는 적게 먹었다.

우루크 집단 거주지에서는 도장 봉인과 원통 도장을 사용했다. 집단 거주지 앞으로 물품을 별도로 운송했으며 각 적하물마다 도장 각인이 찍힌 점토 불라가 붙었다. 지역에서 나는 점토로 윗면이 비스듬히 깎인 그릇도 독자적으로 만들었다. 이들이 버린 쓰레기 더미에는 우루크 신전을 장식하는 데 쓰였던 도자기 원뿔이 여기저기 흩어져 있었다.

우루크 집단 거주지와 하시네비 사람들은 평화로운 관계를 유지했던 것으로 보인다. 고딘 테페에 있던 우루크 전초 기지는 방어벽으로 둘러싸였던 데 반해 길 스타인은 이곳에서 어떤 방어벽도 찾지 못했다. 하시네비는 우바이드기부터 시작된 갈등 없는 집단 거주지의 전통을 계속 이어 갔다.

텔 브라크

카부르 강은 유프라테스 강이 남쪽으로 흘러가는 동안 마지막으로 큰 물을 쏟아 내는 주요 지류이다. 카부르 강의 여러 상류 지류가 가로질러 흐르는 북부 메소포타미아 스텝 지대는 할라프기의 지위 사회들이 자리 잡은 근거지였다. 우루크가 네 단계 위계 체계를 형성하기 이전에 이 지역에서 적어도 두 개의 공동체가 도시 규모로 성장했다. 이러한 성장은 광범위한 연쇄 반응의 한 부분이었던 것이 분명하지만 이들의 초기 성장이 남부 메소포타미아 사람의 이주 덕분이라고 볼 수는 없다.

이러한 초기 도시 중 한 곳이 텔 브라크이며, 카부르 강의 지류인 야야 강 유역에 있었다. 맥스 맬로원이 1930년대에 처음 발굴한 브라크는 할라프 시대에도 이미 사람이 살았다. 그 후 북부 메소포타미아의 중기 우루크기에 해당하는 무렵에는 40만 제곱미터가 넘는 규모로 성장했으며 위성 공동체로 둘러싸여 있었다. 20세기 말과 21세기 초 조앤 오츠와 데이비드 오츠가 텔 브라크에서 새로운 발굴 작업을 시작했으며 이따금 제프리 엠버링, 헨리 라이트 등과 협력 작업을 벌였다.

초기 우루크기와 중기 우루크기에 해당하는 시기 동안 브라크는 어느 집단에게도 밀리지 않는 수준이었던 것 같다. 5,800년 전에서 5,500년 전 사이에 이미 어마어마한 출입구가 있는 벽을 세웠다. 이후 수 세기를 거치면서 도시 규모는 최대 43만 제곱미터에 달했다. 브라크 통치자들은 거대한 신전 건축을 지시했고 이후 세 차례에 걸쳐 이 신전을 개축했다. 최종 단계의 신전은 약 5,300년 전에서 5,100년 전 사이에 완성되었다.

최종 단계에 이 신전의 규모는 대략 가로 30미터, 세로 24미터였던 것으로 추정된다. 이 신전을 지은 건축가들이 신전에 원뿔 모자이크와 벽감, 벽기둥 등 익히 보던 장식을 한 것으로 보아 우루크 신전을 잘 알고 있었던 것이 분명하다.

하지만 신전을 찬찬히 살펴보면 지역적인 특징도 발견할 수 있다. 이는 남부 메소포타미아에 대해 모종의 종족적인 반감을 가졌다는 것을 암시한다. 우선 신전의 네 귀퉁이 대신 각 면을 기본 방위 방향으로 배치했다. 이는 틸카헤테가 몬테 알반과 다른 천체 방위를 선택했던 일을 연상시킨다. 둘째, 신전 중앙에 있는 셀라가 직사각형 모양이 아니라 세로대의 아랫부분이 긴 라틴 십자가 모양을 닮았다. 셋째, 신전을 지은 사람들은 부근의 산에서 나는 금속을 많이 사용했다. 셀라의 벽에는 사람의 눈을 모티프로 한 구리 벽판이 붙어 있었다. 이 모티프 때문에 '눈 신전'이라는 별칭이 붙었다.

후기 우루크기에 해당하는 시기 동안 텔 브라크에서는 남부 메소포타미아가 이곳 주민의 삶에 점점 더 많이 개입했음을 보여 주는 흔적이 발견되었다. 원통 도장, 도장 각인, 불라, 교환 증표가 점점 흔하게 사용되었고, 우루크에서 널리 사용되던 특징적인 작은 벽돌이 집을 짓는 데 점점 더 많이 쓰였다. 하지만 이렇게 우루크와 접촉이 늘어나던 시기가 브라크에 꼭 이로웠던 것 같지는 않다. 약 5,300년 전에서 5,100년 전 사이 마치 누군가가 인구와 자원과 공물을 빼돌리는 것처럼 도시 규모가 꾸준하게 줄었다.

텔 하무카르

오늘날의 시리아와 이라크 국경선에서 불과 8킬로미터 떨어진 지점, 카부르 강 동쪽의 한 지류 유역에 텔 하무카르가 있었다. 초기 우루크기부터 이미 사람이 들어와 살았던 하무카르는 중기 우루크기 무렵 면적이 13만 제곱미터로 늘었고 방어벽도 세웠다.

이곳을 발굴한 맥과이어 깁슨과 무함마드 마크타시는 중기 우루크기 동안 하무카르에 도장 봉인과 도장 각인은 많았지만 초기 글자가 새겨진 판은 전혀 없었다는 사실을 알아냈다. 이들은 하무카르의 도시 방어벽 안쪽에서 윗면이 비스듬히 깎인 그릇과 지붕이 둥근 화덕, 제과점, 양조장이 있던 증거를 찾아냈다. 분명 밀과 보리, 귀리 등으로 대규모 노동 집단을 위한 식사를 만들었을 것이다.

그러다 느닷없이 하무카르는 중기 우루크기 말 대규모 공격을 받았다. 화재와 파괴로 생긴 파편 층에서 투석구용 돌덩이 수천 개가 발견되었고 이 가운데 많은 수는 충돌로 끝이 뭉툭해졌다. 후기 우루크기가 되면서 남부 메소포타미아 도자기와 인공물을 사용하는 일군의 사람들이 하무카르에 들어와 정착했다.

하무카르 사례를 통해 두 가지를 주장할 수 있다. 첫째, 중기 우루크기에 북쪽 지역에서 자생적인 도시화 및 국가 형성 과정이 진행되고 있었다는 점이다. 둘째, 후기 우루크기가 되면서 남부 메소포타미아가 분명 북부 지역에 비해 군사적 우위에 서 있었다는 점이다. 남부 메소포타미아가 북부에 도시를 건설하지는 못해도 그곳의 도시를 파괴할 힘은 가지고 있었던 것이다. 깁슨과 마크타시의 말을 빌리면 이 상황은 "보다 발전한 〔남부〕 지역이 핵심부가 되고 그 영향력이 주변부의 뒤처진 〔북부〕 지역으로 확대되는 사례가 아니라, 동등하게 맞먹는 두 지역이 오랜 기간 협력과 경쟁 관계에 있다가 결국 남부가 북부의 여러 지역을 자기네 식민지로 만들어 간 사례였다."

사람들은 왜 도시로 모여들었을까

기예르모 알가세가 지적했듯이 약 5,000년 전에서 4,750년 전 사이 북부 메소포타미아에 남아 있는 정착지 중 도시라 불릴 만큼 규모가 큰 곳은 없었다. 몇몇 고고학자는 마치 모든 사회가 도시 건설을 드높은 목표로 삼고 열망했다는 듯이 이런 상황을 가능성이 실현되지 못한 징후로 해석했다. 하지만 우리는 이에 동의할 수 없다.

아주 먼 옛날 우리 조상은 사람들이 서로 어떤 관계인지 모두 알 정도로 규모가 작은 사회에 살았다. 루소의 자연 상태와 가장 동떨어진 곳이 도시일 것이다. 우주 정거장을 제외한다면, 도시보다 더 인위적으로 조성된 환경은 상상하기 힘들 것이다.

그렇다면 왜 사람들은 도시로 모여들었을까? 로버트 매코믹 애덤스가 수시아나의 도시화에 관해 설명한 내용이 신빙성이 있는데, 그는 "보다 크고 방어하기 좋은 정치 단위로 인구를 끌어모으는 것"과 관련지었다. 우루크기에 많은 시골 주민은 자신들이 노출되어 있고 취약하다고 여겼다. 그리하여 도시의 방어벽이 제공하는 안전을 찾아 경작지와 집합적 친족 집단을 떠났다. 그렇지만 또 다른 이들은 수사처럼 타격을 입은 도시를 버리고 도망가서 전통적인 경작 권리도 얻지 못하는 지역으로 이주하기도 했다. 공예 기술을 가진 사람은 도시에서 일을 찾았고 기술을 갖지 못한 이는 신전이나 부유한 가족의 소작농이 되었다. 그런가 하면 보리와 술 배급을 받기 위해 육체노동을 하는 이도 있었다.

새로 생긴 도시의 통치자는 가능한 한 많은 피난민을 받아들이려고 했다. 노동력과 군사력이 많을수록 더욱 웅장한 건물을 지을 수 있었고 다른 도시 사회에 자치권을 빼앗길 가능성이 줄어들었다.

하지만 우루크 도시에서 안전과 일을 찾은 평민들을 놓고 볼 때, 자신이 두 가지 악 중 그나마 덜 나쁜 것을 선택한 것이라고 생각하는 사람도 분명 있었을 것이다. 많은 메소포타미아 평민은 문을 잠그지 않는 메이베리*의 촌락 생활 대신 사우스 브롱크스**에서 문에 잠금장치를 세 개나 걸어 두는 삶을 선택한 셈이다.

경쟁적 상호작용의 역동성

이전 세대의 메소포타미아 고고학자들은 찬란한 대규모 발굴 작업의 유산을 남겨 주었다. 아울러 뿌리 깊은 믿음도 많이 남겨 주었다. 그중 하나가 "문명"은 마치 멕시코 만의 석유 유출처럼 한 지점에서 시작해서 점점 퍼져 나가다가 먼 해안까지 흘러간다는 견해이다. 또 다른 견해는 최초의 도시가 선각자들에 의해 만들어졌으며, 이 선각자들은 도시 생활이 보다 우수하다는 것, 즉 도시가 공예 기

* 미국 버지니아 주 패트릭 카운티에 있는 지명.
** 빈곤, 범죄, 마약, 황폐의 전형이라고 할 수 있는 뉴욕 시의 지구.

술과 노동을 보다 효과적으로 조직하는 방식이자 보다 즐겁게 살아갈 수 있는 곳이며 시골 사람들을 끌어들이는 자석이라는 것을 어떻게든 알고 있었다는 견해이다. 사람들이 우루크를 보고 난 뒤에도 이들을 계속 농장에 묶어 둘 방법이 있었겠느냐는 것이다.

사실 도시화가 내재적으로 우수한 점은 없다. 메소포타미아의 경우 도시화는 모두 권력의 증대와 연관이 있었으며, 실제로 위협이 있거나 그렇다고 느끼는 것에 대한 반응이었다. 초가 미시의 칸은 수사에 있는 경쟁자의 손에 자기 집이 불타는 것을 원치 않았다. 우루크의 지도자는 움마가 자신을 위해 보리를 재배하던 시골 인구를 모두 끌어들이면서 우루크의 희생을 딛고 성장하는 것을 보고 싶지 않았다. 텔 하무카르는 남부 사람들에게 정복당하고 싶지 않았다. 이러한 일이 일어나지 않도록 하려면 세력을 키워야 했다.

경쟁적 상호작용은 사회적, 생물학적 진화를 일으키는 가장 중요한 동력 중 하나이다. 이것은 어떤 종이 더 많은 자손을 남길지를 결정하며, 어떤 침팬지가 무리의 우두머리가 될지, 어떤 족장의 아들이 하와이를 통일할지, 어떤 회사가 가장 큰 시장 점유율을 차지할지, 어떤 팀이 월드컵 우승자가 될지를 결정한다.

메소포타미아의 도시 생활 중 많은 요소가 우루크기 이전에 나타났다. 텔 마그잘리야는 8,500년 전에 방어벽을 쌓았고, 텔 에스사완은 7,300년 전에 방벽과 도랑, 투석구용 돌덩이, 관개 농토가 있었다. 대략 같은 시기에 초가 마미는 촌락의 다른 구역과 구분지어 벽으로 둘러싼 거주 구역이 있었다. 사마라 도자기는 작품에 서명을 남기는 도공에 의해 제작되었다. 아르파치야는 7,000년 전 도로가 있었으며 많은 할라프 유적지와 마찬가지로 점토에 도장을 찍어 물품을 싣는 것을 감독했다.

일찍이 우바이드 1기에 에리두는 장차 수 세기에 걸쳐 신전을 건립하게 될 의식 전용 구역을 정해 두었다. 6,000년 전에서 5,600년 전 사이 텔 엘오우에일리와 텔 우카이르에는 세속의 공공건물이 있었으며 그중 한 곳에는 수 톤에 이르는 곡식 저장 공간이 있었다. 텔 아바다는 지위가 높은 가족이 사는 2층짜리 가옥이 있었고, 에리두에는 갈대와 점토로 지은 어부들의 집이 있었다. 우바이드 4기가 되면 이미 유프라테스 강 상류 지역에 교역 활동을 위한 집단 거주지가 들어섰다.

어느 시기든 도시 생활이 한 공동체에서 시작되어 마치 기름 막처럼 퍼져 나가지는 않았을 것이다. 그보다는 수사와 초가 미시처럼 이웃 집단뿐만 아니라 수시아나, 남부 메소포타미아, 북부 메소포타미아 등 특정 지역 내부에서 장기적으로 벌어지는 경쟁적인 상호작용의 산물로 도시 생활이 형성되었을 가능성이 높다. 경쟁적인 상호작용은 야심적인 지도자를 자극하여 유례가 없는 조치를 취하도록 만들었다. 이는 사회 전체를 변화시키는 것 외에도 승자와 패자를 낳았다. 우리는 파파라치처럼 승자를 뒤쫓는 일에만 몰려다니느라 경쟁 자체가 변화의 실질적인 동력이었다는 사실을 잊고 있었다.

22 수탈과 제국주의

아마도 까만색 머리카락을 가리켰을 테지만 그들은 스스로를 "검은 머리 사람"이라고 불렀다. 초기 왕조 시대인 5,000년 전에서 4,350년 전 사이에 이들은 남부 메소포타미아를 지배했다. 4,350년 전에서 4,150년 전까지 두 세기 동안 이들은 다른 언어를 쓰는 사람들에게 자치권을 빼앗겼다. 4,150년 전에서 4,000년 전 사이인 우르 제3왕조 때 권력을 되찾았지만 결국은 침입 세력과 내부 반란으로 무너지고 말았다.

이 검은 머리 사람들이 살던 곳을 수메르라고 부른다. 이 땅에서는 광범위한 고고학 조사와 발굴이 이루어졌지만 우리가 수메르인들에 관해 아는 것의 대부분은 그들의 기록 문서를 꼼꼼하게 번역해 놓은 금석학 연구에서 얻은 것이다. 이 기록 문서들 덕분에 수메르 통치자들의 통치 기간을 오늘날 21세기 달력의 특정 연도에 표시할 수 있다.

금석학자 이고르 디아코노프의 말에 따르면 수메르 사회는 통치자와 과두제 귀족이 우위를 차지하려고 다투는 귀족 과두제 사회였다. 수메르인은 지구 상에서 최초로 토지를 사유화한 사람들일 것이다. 귀족 가구는 땅을 마구 사들인 데다 대출에 높은 이자까지 붙인 탓에 사적인 부를 형성한 반면 많은 평민이 토지를 갖지 못하고 농노가 되었다.

관료 국가

일반적으로는 수메르인이 최초의 관료 국가를 탄생시켰다고 알려져 있지만 주로 기반을 닦은 것은 후기 우루크기와 잠다트 나스르기의 조상들이었다. 초기 왕조 국가의 불평등에 관해 많은 것을 알 수 있는 것은 수메르인이 아주 많은 기록을 남겨 놓았던 덕분이며, 아울러 쐐기 모양의 철필 자국 때문에 설형 문자라고 불리는 이 시기 글자가 우루크기의 글자보다 훨씬 읽기 쉬웠기 때문이다.

초기 국가 중 많은 곳은 전문적인 지배 계급이 운영하는 고도로 중앙집권화된 강력한 정부를 두었다. 이전 사회에 있던 씨족과 같은 조상의 후손으로 이루어진 집단 대신 정치적 기반을 가진 사회 단위가 그 자리를 대체하기 시작했다. 수메르 사회에 여전히 씨족 같은 사회 단위의 흔적이 감지되기는 하지만 그래도 도시의 많은 사람은 공동의 직업이나 사회 계급별로 같은 거주 구역에 모여 살기 시작했다.

이 국가들에 등장한 매우 극적인 혁신은 중앙 정부가 무력 사용을 독점하면서 법의 규정에 따라 처벌을 집행한 점이다. 성과 기반 사회와 지위 사회는 대체로 개인이나 가족, 씨족, 또는 촌락 차원에서 절도나 살해에 대응했다. 수메르인의 경우 대다수 범죄는 국가에 대한 범죄로 취급되었다. 그러므로 처벌을 행하는 것도 국가의 책임이 되었고 공평함의 외형을 갖추기 위해 처벌 내용을 성문화했다. 이를 위해서는 판관과 집행인을 갖춘 체계가 필요했고 분란을 판결할 때는 이들을 소집했다.

수메르 사회의 개인은 마음대로 폭력을 행하거나 복수를 저지르지 못하도록 제약을 받은 반면 국가는 병사를 소집하고 전쟁을 벌일 권리가 있었다. 초기 왕조 시대에 평민은 필요할 때마다 보병으로 소집되었다. 이 시기의 화가들은 통치자가 전투 마차를 몰고 그 뒤에 투구를 쓴 병사들이 활과 화살, 창을 들고 따르는 장면을 그렸다. 우르 제3왕조 무렵이 되면 중앙아시아 스텝 지대에서 처음 가축으로 길들인 말이 당나귀를 대신하여 마차를 끌게 되었다.

관료제를 유지하는 데는 돈이 많이 들었다. 이에 대한 수메르식 해결책은 바로 세금을 부과하는 것이었다. 모든 공공 거래에 관리가 입회하고 이를 문서로 남겨야 했으며 관리는 자기 몫을 챙겼다. 국가 고용인에게 여전히 보리와 양모, 술을 배급했지만 세금이나 요금, 벌금의 경우에는 표준화된 단위의 은을 사용하는 일이 많았다.

낮은 직급의 관리는 대부분 평민이었으며 나중에 보겠지만 직무를 남용하기도 했다. 관리와 관리가 아닌 사람 간의 차이 때문에 평민 계층 내에도 불평등이 심화되었다. 관리가 부당한 금액을 청구해도 그저 투덜거리며 불평하는 것밖에는 도리가 없었다.

마지막으로 수메르 국가에는 공식 종교라 할 만한 것이 있었다.

각 도시별로 수호신이 있었으며 수호신에게 바치는 신전은 다른 신을 모신 신전보다 규모가 컸다. 신전 활동과 신전에서 일하는 이들을 후원하기 위해 신전 사유지가 있었으며 이곳에서 농작물을 재배하고 가축을 기르고 장인이 일했다. 가장 규모가 큰 신전 토지에서는 어마어마한 부를 생산했다.

많은 경제사학자는 수메르의 신전 토지에서 자본주의 사회의 맹아를 보았다. 초기 왕조 시대에 신전은 이윤을 창출하고 잉여 생산물을 축적하며 돈을 빌려 주고 이자를 받는 기업이었다. 대출에 압류를 행사함으로써 수천 명의 빈궁한 농민을 노예로 전락시키기도 했다. 신전 관리인은 부지불식간에 수메르 귀족이 따라할 선례를 보여 주었다.

수메르 종교의 또 다른 측면을 언급할 필요가 있다. 관용에서 권위주의까지 하나의 선으로 이었을 때 수메르는 극단적인 권위주의에 해당했다. 사회적 행위와 관련된 수백 가지 규정이 신에 의해 정해져 있다고 믿었으며 이런 규정을 반드시 따르도록 하기 위해 신전 사제, 판관, 집행인이 존재했다. 국가는 남자가 할 수 있는 일과 여자가 할 수 있는 일을 정했으며, 누구와 결혼할 수 있는지, 누구와 이혼할 수 있는지, 누구를 때릴 수 있는지 등도 결정했다. 형벌에는 벌금, 체벌, 심지어는 돌로 쳐서 죽이는 벌까지 있었다.

우주론

수메르인은 그들의 국가가 이전의 덜 복잡한 사회에서 생겨났다는 것을 알지 못했다. 그들에게 세계는 아주 먼 옛날의 혼돈에서 시작되었기 때문이다. 우주의 구름과 안개로부터 키(땅)가 나타났으며 땅은 아브주라고 불리는 커다란 민물 바다 위에 떠 있었다. 이 민물 바다는 이집트의 '눈'에 해당하는 메소포타미아의 상응물이었다. 아브주와 티아마트(바다)가 만나 높은 신 아누(하늘)를 낳았다. 우투(태양)와 난나(달) 같은 천체뿐만 아니라 엔릴(바람의 주인) 같은 강력한 힘도 수평선 끝에서 끝까지 하늘을 가로질러 움직였다.

더러 근친상간을 저지르기도 하는 높은 신들의 짝짓기로 다른 신들이 생겨났다. 그중에는 엔키(땅의 주인), 닌후르사그(어머니인 대지), 이난나(하늘의 여왕)도 있었다. 엔릴은 다시 수메르 사회의 농부인 엔텐enten과 양치기인 에메쉬emesh, 짐말을 낳았다.

수메르 사회의 최고 덕목은 복종이었다. 인간 통치자는 도시의 수호신에게 복종했다. 에리두의 수호신은 엔키였고 니푸르는 엔릴, 칼데아의 우르는 난나, 라르사는 우투, 그리고 우루크는 아누와 이난나였다. 인간 사회의 나머지 성원은 통치자에게 복종했다. 오로지 통치자만이 도시의 수호신과 직접 관계를 가질 만큼 강력한 힘을 가졌다. 평민은 자신의 수호신하고만 소통했는데 이 수호신은 해당 평민에게 흥미를 가진 하급 신령이었다. 부갱빌 섬의 명망가가 신의 사랑으로 혜택을 입었듯이, 수메르인도 성취를 이루면 그를 대신하여 신령이 개입해 주었기 때문이라고 믿었다.

신령은 선물을 좋아했고, 자신에게 헌주를 따르고 음식을 공물으로 바칠 것을 요구했다. 부유한 시민은 기도하는 자기 모습을 담은 작은 조각상을 의뢰하기도 했다. 모든 조각상을 신전에 보관했으며 일정한 대금을 치르면 때맞춰 꺼내 놓고 예배자를 대신하도록 했다.

신은 인간 지배 계급과 신성한 존재의 지배 계급 모두에서 최고 위치에 있었다. 예를 들어 라가시 도시에는 '에닌누'라고 불리는 커다란 신전이 있었으며 신 닌기르수가 사는 저택이라고 믿었다. 이곳에는 두 종류의 신전 관리가 있었는데, 하나는 눈에 보이는 관리이고 다른 하나는 눈에 보이지 않는 관리였다.

눈에 보이지 않는 관리로는 우선 문지기와 집사가 있으며 이 둘 모두 하급 신령이었다. 그 아래에 신성한 시종, 고문, 집행인이 있으며 더 내려가면 신성한 마부, 사냥터 관리인, 어장 감독관, 염소치는 자뿐만 아니라 음악가, 가수, 심부름하는 아이가 있었다.

눈에 보이는 관리는 고위 사제에서 시작되며, 그 밑으로 눈에 보이지 않는 신성한 관리별로 각각 그에 대응하는 인간 관리가 차례차례 있었다. 도시의 통치자는 교회의 당연직 수장이었으며 자신의 꿈을 해석하여 닌기르수가 무엇을 원하는지 판단했다. 예를 들어 라가시에서 나온 긴 서사시에 따르면 기원전 2141년에서 2122년까지 도시를 다스린 통치자 구데아가 생생한 꿈 때문에 시달렸다. 구데아는 니나(위계 체계에서 라가시 밑에 있는 2단계 중심지)의 수호신인 여신 난셰가 꿈을 해석하는 데 탁월한 능력이 있다는 것을 알았다.

구데아는 니나까지 순례길에 올랐고, 가는 내내 다른 여러 신전을 들러 자신을 안내해 달라고 기도 드렸다. 난셰는 그의 꿈을 해석해 주었고, 닌기르수가 '에닌누' 신전을 다시 짓기를 원하는 것이라고 설명했다. 구데아는 라가시로 돌아오자마자 바로 '에닌누'를 다시 지으라고 명령을 내렸다. 이러한 경건한 행위가 앞서 말한 서사시에 과장되게 설명되었고 라가시에서 발견된 원통형 점토에 이 시가 새겨졌다.

사회 계급과 토지

수메르에 살던 사람들과 토지는 매우 밀접한 연관을 갖고 있었기 때문에 토지 사용 기록을 바탕으로 사회 계급을 추론할 수 있다. 통치자, 고위 행정 관료, 고위 사제, 최고 법정의 판관은 세습 귀족 중에서 선출했다. 개별 귀족(또는 그가 속한 가문)은 커다란 사유지를 소유했으며 평민과 노예가 귀족 대신 사유지에서 일했다. 사유지가 상당히 많았고, 시간이 흐르면서 부유한 가문은 더욱 더 많은 사유지를 소유했으며 그렇지 못한 이들의 토지는 점점 줄어들었다.

그렇지만 많은 자유 평민은 임루아imru-a, 즉 "씨족"이라는 뜻의 사회 단위에 속해 있었다. 이 집단은 공동 토지를 소유했다. 원래는 이 토지를 양도할 수 없었지만 집단 내 모든 사람이 동의하면 일부를 팔 수 있었던 것 같다.

로버트 매코믹 애덤스는 대다수 자유 평민이 핵가족을 이루어 살았다고 결론 내렸다. 하지만 가족이 모여 두무두무dumu-dumu, 즉 대가족이나 가계로 더 큰 사회 단위를 이루고 이 사회 단위가 모여 앞서 말한 "씨족"을 형성했다.

예를 들어 초기 왕조 시대의 한 문건에서는 539개 두무두무가 모여 일곱 개의 임루아를 형성한 사실, 그리고 이 임루아들 중 몇몇은 신령이나 동물, 직업 명칭을 따서 씨족 명칭을 정했다는 사실을 언급하고 있다. 시간이 지나면서 이렇게 전통적으로 이어져 내려온 씨족 같은 단위가 사라지고 도시 내에서 주거나 직업을 바탕으로 정치적으로 조직된 단위가 그 자리를 대신했던 것 같다.

귀족 족보에 상류층 여자가 언급되고 여자가 고위직을 맡을 수도 있었지만 수메르는 부계 혈통으로 이어지는 사회였다. 수메르 왕은 다른 사회의 군주와 마찬가지로 부인을 여러 명 둘 수 있었다. 왕가의 일부다처제는 직위에 따른 특전일 뿐만 아니라 통치자가 다른 도시의 귀족과 혼인 동맹을 구축하는 외교 전략이기도 했다.

평민의 결혼은 거의 예외 없이 일부일처제였다. 이혼은 허용되었지만 중혼이나 간통은 처벌받았고 아주 혹독한 처벌을 내리는 경우도 많았다. 라가시에서 발견된 한 기록에서는 "예전에는 여자가 두 명의 남편을 두기도 했지만 오늘날의 여자가 〔그런 시도를 하는 경우〕 〔그들의 악행을 새긴〕 돌을 던져 죽였다."라고 밝히고 있다.

무슨 악행을 말하는 것일까? 앞에서 논의한 대다수 사회에서는 일처다부 혼인에 어떤 해악이 있다고 보지 않았다. 환생을 믿는 사회에서는 누가 아버지인지 관심을 두지 않았다. 아이는 조상이 되살아난 것이라고 믿었고 일처다부 혼인에서 태어난 모든 아이를 같은 형제자매로 여겼다.

수메르의 사회 논리는 달랐다. 남자가 여자에게 "씨를 뿌리는" 것으로 여겼고 남성 중심의 상속 제도 때문에 이 씨의 기원이 중요한 관심사였다. 결혼 전에 순결을 잃거나, 간통을 하거나, 두 명의 남편을 둔 여자는 아이의 아버지와 관련하여 용납할 수 없는 의혹을 낳았다. 그리하여 남편의 권리라고 여겨지는 것을 보호하기 위해 국가가 개입했지만 이것이 신의 뜻을 실행하는 것처럼 보이도록 선과 악이라는 관점으로 표현했다.

"아버지의 형제"를 뜻하는 단어가 수메르의 설형 문자 기록에 나온다. 애덤스는 이 사실을 바탕으로, 수메르에서는 한 남자와 그의 삼촌의 딸 사이의 혼인을 가장 선호했던 것으로 추정했다. 인류학자들은 이러한 혼인을 "부계 사촌 혼인"이라고 부르며 오늘날에도 서아시아 일부 지역에서 흔히 보인다.

수메르 사회의 혼인에서는 앞서 보았던 덜 복잡한 사회의 혼인과 마찬가지로 신부와 신랑 양측 친족이 선물을 교환해야 했고 몇 개월에 걸쳐 선물을 교환하기도 했다. 혼인은 법적 구속력을 갖는 계약으로 여겨졌으며 이혼을 하려면 남편이 은으로 위자료를 물었다. 성차별 때문에 여자는 이혼하기가 더 힘들었다.

구약 성서를 쓴 아람어 사용자를 비롯하여, 이후의 서아시아 사회가 혼인은 한 남자와 한 여자 사이에 이루어져야 한다는 관념을 갖게 된 것은 아마 수메르 사회에서 비롯되었을 것이다. 평등 사회의 유연한 혼인 관계가 대략 예닐곱 종류는 되었을 텐데 이 모든 혼인 형태를 한 남자와 한 여자 사이의 법적 계약으로 한정한 것이다. 남자가 자신의 남자 상속자에 대해 다른 누군가의 "씨"가 아닐까 염려할 만한 일은 허용되지 않았다.

이제 사회 집단과 토지의 관계로 돌아가 보자. 가장 부유한 토지 소유자로는 신전을 꼽을 수 있으며 각 도시별로 서너 개의 신전이 있었다. 신전 토지 중 니그엔나nig-en-na라고 불리는 범주는 신전의 피고용인들이 경작했다. 이곳에서 수확한 생산물은 첫째, 신전에서 일하는 농부, 방앗간 일꾼, 직조공, 요리사, 양조공에게 배급이나 임금으로 나누어 주거나 둘째, 기근이나 가뭄에 대한 대비책으로 저장하거나 셋째, 담가르 즉 신전의 대리인이 수입품과 교환하거나 넷째, 신전의 사제, 필경사, 여타 관리의 식량으로 사용되었다.

이 밖에도 두 가지 범주의 신전 토지가 있었으며, 하나는 간슈쿠라gán-shukura라고 불리는 봉토*이고 다른 하나는 소작인 토지인 간

아핀라gán-apin-lá였다. 간아핀라는 평민이 소작 농사를 짓는 토지였으며 수확의 일정량을 떼어 신전에 바쳤다.

토지를 갖지 못한 수메르인이 당연히 수천 명에 이르렀으며 시간이 흐를수록 수가 늘어났다. 때로 구루쉬gurush, 즉 농노라고 언급되기도 하는 사람들 중에 일부는 다른 지구나 지역에서 도망친 사람들이었다. 그런가 하면 단지 빚이나 불운 탓에 토지를 잃은 사람도 있었다. 귀족 가문이 더욱 많은 토지를 손에 넣을수록, 소작 농사를 짓거나 표준 배급을 받고 일하는 농노가 늘었다.

마지막으로 통치자와 신전, 개인이 소유한 노예가 있었다. 남자 노예에 비해 여자 노예 수가 훨씬 많았으며 그들은 주로 실을 잣거나 옷감을 만들고, 요리를 하고 술을 빚었다. 남자 노예는 농업 노동자나 짐꾼으로 일했다. 대다수 노예는 전쟁 포로였지만 수메르 후기로 가면 일부 빈곤한 가족이 자식을 노예로 팔기도 했다.

노예는 사업을 할 수 있었고 돈을 빌리거나 심지어는 돈으로 자유를 살 수도 있었다. 반면에 도망을 시도하면 낙인이 찍히거나 심한 경우 죽임을 당했다. 사실 전투에서 포로로 잡혀 올 당시부터 이미 눈이 먼 사람도 있었다.

* 원어는 prebend로, 교회 일을 보는 사람들을 부양하기 위해 따로 떼어 주는 토지를 뜻한다.

규정, 명령, 의식의 순수성

모든 사회의 언어에는 여러 논리적 전제의 밑바탕이 되는 추상적인 용어가 있다. 폴리네시아인에게는 마나가 있었고, 메리나족에게는 하시나, 이집트인에게는 마아트가 있었다. 수메르인에게는 메[me]와 남[nam]이 있었다.

더러 "명령"으로 번역되기도 하는 메는 사회가 원활하게 돌아가도록 신이 정한 규정을 지칭했다. 금석학자 베노 란트스베르거의 말을 빌리면 "신과 신전으로부터 신비한 방식으로 전해지는 메를 하나의 실체로 여겨 상징물로 나타냈으며 한 신에서 다른 신으로 넘겨줄 수도 있었다". 인간 통치자의 임무는 도시의 수호신이 전하는 규정을 사람들이 고분고분하게 따르도록 하고 자신이 다스리는 사회의 질서가 잘 확립되도록 하는 데 있었다. 통치자는 모든 활동별로 감독관을 임명하고 폭넓게 기록 문서를 작성하게 함으로써 대부분의 명령을 완수했다.

남을 "운명"으로 번역하곤 하지만 실제로는 훨씬 미묘한 의미가 담겨 있었다. 이 책 앞에서 이름이 마법의 힘을 지니기도 한다는 사실을 언급한 바 있다. 란트스베르거의 설명에 따르면 수메르에서는 사물의 본질을 규정하는 이름이 그 사물의 궤적과 운명을 결정했다. 신이 신전과 사람, 동물과 식물, 물의 이름을 선언하며 이는 궁극적으로 운명을 선언하는 것이었다.

통치자가 신성한 존재였던 이집트와 달리 초기 왕조 시대의 통치자는 본질적으로 신의 명령을 행하는 인간 귀족이었다. 후계 통치자가 이전 통치자의 친족이든 아니든 원로회의와 그 밖의 다른 귀족의 지지 없이는 직위를 물려받을 수 없었다. 수메르의 초기 통치자는 가장 강력한 권력을 지닌 전성기에도 자신이 신의 후손이라고 주장하지 않았다. 비문에는 그가 중요 신령과 하급 신령의 "사랑을 받은" 것으로 적었을 것이며 심지어는 도시의 수호신이 그를 통치자로 선택했다는 주장도 하지 않았을 것이다. 하지만 나람신이라는 이름의 통치자가 자리에 오르면서 비로소 메소포타미아 왕들은 통상적으로 스스로를 신성한 존재로 내세우기 시작했다.

신을 기쁘게 해 드려야 했기 때문에 의식의 순수성이 수메르인의 중요한 관심사로 자리 잡았다. 일찍이 우루크기에도 신전 구역 주변에 담을 쌓아 도시의 세속적 영역과 구분 지은 일이 더러 있었다. 수메르 통치자라도 신전에 들어가기 전에는 목욕재계를 하여 세속 세계의 더러운 때를 씻어야 했다.

고대 도시 투투브에 타원형으로 쌓은 신전 담벽이 있는데 의식의 순수성이 얼마나 중요했는지 이보다 더 뚜렷하게 보여 주는 고고학 발견은 없을 것이다. 투투브는 초기 왕조 시대 2기에 티그리스 강과 자그로스 산맥 사이로 흐르는 디얄라 강 유역에 자리 잡은 주요 도시 두 곳 중 하나였다. 이 도시의 유적은 오늘날 텔 카파제로 알려져 있다.

핀하스 들러가즈의 발굴 작업을 통해 투투브에 적어도 5,100년 전부터 사람이 살기 시작했다는 것이 밝혀졌다. 그 후 수 세기를 거치는 동안 집 위에 집이 들어서고 도로 위에 도로가 들어서는 식으로 인간 정착지의 잔해가 쌓여 갔다. 초기 왕조 시대 2기 무렵이 되면 언덕을 이룬 잔해의 높이가 8미터나 되었다.

이 시기에 투투브 통치자는 거대한 신전을 짓기로 결정했다. 아마도 암호화된 형태로 꿈에 나타난 신의 명령을 따르기 위한 일이었을 것이다. 이 "신의 저택"은 타원형의 구역에 자리 잡았고 벽을 경계로 도시의 세속적인 영역과 구분되었다. 다만 한 가지 문제가 있었다. 신전 터로 선택된 장소가 수 세기 동안 세속적인 가옥과 인간이 배출한 쓰레기로 오염된 땅이었다.

통치자가 내놓은 해결책은 인부들을 시켜 무려 3만 제곱미터 면적에 걸쳐 있는 인간 정착지의 흔적을 모두 제거하면서 깨끗한 흙이 나올 때까지 8미터 깊이로 파 내려가는 것이었다. 그런 다음 이렇게 생겨난 구멍을 6만 4천 세제곱미터의 깨끗한 모래로 가득 채웠다. 그리하여 신전을 세울 수 있을 만큼 오염 없이 깨끗한 땅이 마련되었다.

투투브의 '타원형 신전'은 두 개의 동심원 벽으로 둘러싸여 있었다(그림 66). 내벽과 외벽 사이의 한쪽 귀퉁이를 막아서 고위 사제의 거처를 만들었고 이 거처는 궁전과 흡사했다. 이곳의 크기는 대략 가로 40미터, 세로 30미터였으며 방문객은 작은 문으로 들어가 경비실을 지난 뒤 좁은 복도를 거쳐서 이곳으로 들어갔다. 복도 끝에는 두 개의 대기실이 있었으며 그 옆에 욕실이 있어 사제와 방문객이 몸을 깨끗이 씻고 정화한 뒤 안으로 들어갈 수 있었다. 목욕재계가 끝난 사람은 건물의 중앙 공간으로 들어가 공물 탁자에 헌주를 올릴 수 있었다.

중앙 공간은 사제의 거처에서 통행하는 데 중심지 역할을 했다. 이 공간 남쪽에 사제의 응접실이 있으며 긴 의자를 두어 사제가 방문객을 받을 수 있도록 했다. 응접실 뒤편에 설형 문자 판을 보관하는 기록 보관소와 사제의 탈의실 및 침실이 있었다. 중앙 공간의 동

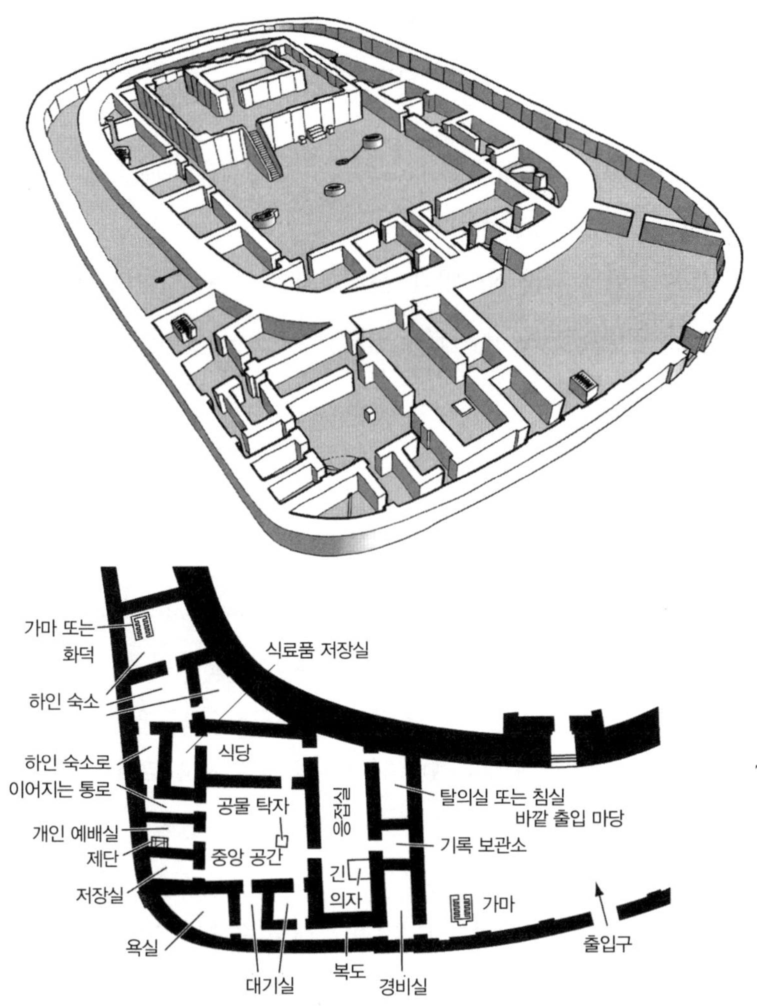

그림 66 | 초기 왕조 시대의 수메르에서는 의식의 순수성이 매우 중요했다. 고대 도시 투투브에 이 '타원형 신전'을 세우기 전에 인부들은 3만 제곱미터 면적에 걸쳐 인간 정착지의 불순한 잔해를 모두 제거한 뒤 깨끗한 모래로 채워야 했다. 고위 사제의 거처(아래 그림에 상세하게 나와 있다.)는 내벽과 외벽 사이의 한 귀퉁이를 막아 만들었다.

쪽에 식당이 있으며 그 뒤편에 하인 숙소와 이어진 식료품 저장실이 있었다. 중앙 공간의 북쪽에는 저장소와 사제의 개인 예배실이 있었다.

영국 군주가 영국 성공회의 수장이었던 것처럼 수메르 통치자도 믿음을 수호하는 사람이었다. 하지만 메(사회의 신성한 규정)를 정하는 것은 왕이 아니라 신이었다. 통치자의 의무는 경건하고 질서 정연한 사회가 유지되도록 하는 것이었다.

정치적 위계 체계

고대 이집트와 마찬가지로 수메르도 여러 개의 주로 구성되었다. 각 주마다 수도가 있고 도시, 큰 촌락, 소규모 촌락의 위계 체계를 갖추고 있어서 디아코노프는 이를 노모스(그리스어로 이집트의 헤스프, 즉 주를 뜻한다.)에 비유했다. 수메르의 주는 이집트에서 노모스를 관리하는 노마르케스nomarchés와 비슷한 행정 관리도 두고 있어서 이런 비유가 적절했다.

노모스가 완벽한 비유는 아니지만 그래도 수메르 주를 지칭할 때 종종 쓰던 "도시 국가"라는 용어보다는 적절하다고 생각한다. 도시 국가라는 용어는 고대 그리스의 도시 국가, 즉 폴리스를 연상시키는 부적절한 비유이다. 대중이 지도자를 선출하는 폴리스는 고대 세계의 다른 어느 사회와도 닮지 않았다.

초기 왕조 시대에 수메르의 여러 주의 수도는 세 개의 지역으로 나뉘어 무리를 이루고 있었다. 남쪽에는 우르, 에리두, 라르사, 바드티비라, 우루크, 움마, 라가시가 모여 있었다. 여기서 상류로 가면 니푸르, 아다브, 슈루파크가 모여 있고, 티그리스 강과 유프라테스 강이 더 가까이 접근하는 상류로 올라가면 키시, 악샤크가 있었다.

니푸르에서 우르까지는 수메르어를 지배적으로 사용했지만 키시의 설형 문자 기록에는 제2언어인 아카드어를 나타내는 단어가 보였다. 초기 금석학자들은 아카드어가 셈어에 속한다는 사실을 알게 되었다. 셈어는 나중에 히브리어와 아랍어가 갈라져 나오는 언어이다. 분명 셈어는 지중해에서 이라크 북부 지역까지 널리 퍼져 있었다. 셈어를 쓰는 사람 중에 정착 공동체에 거주하는 사람도 있었지만 유목민도 있었고 이들이 가축과 함께 돌아다니면서 셈어를 널리 퍼뜨렸다.

초기 수메르 왕들의 긴 명단이 신화로 전해질 뿐만 아니라 이보다 짧긴 해도 개별 주에서도 왕의 명단이 발굴되었다. 여러 주에 설형 문자 판이 수천 개나 남아 있어서 수메르의 주에 관해서도 더 많은 것을 알고 있다. 가장 많은 기록이 남아 있는 주는 라가시를 수도로 하는 주이며 페르시아 만에서 그리 멀리 떨어져 있지 않았다.

라가시 주에는 "자유 시민"(즉, 노예를 제외한 주민)이 약 10만 명이었다. 자유 시민 가운데 약 3만 6천 명이 수도 라가시에 살았으며, 오늘날 텔 알히바로 알려진 라가시 유적은 면적이 520만 제곱미터에 달했다.

행정 위계 체계에서 라가시 밑에 있는 2단계에 이보다 작은 도시 두 곳 기르수, 니나가 있었다. 기르수의 유적은 오늘날 텔로로 알려져 있으며 면적은 370만 제곱미터, 이곳에 사는 자유 시민의 수는 1

만 9천 명이었다. 텔 수르굴 유적지로 알려진 니나는 150만 제곱미터 규모였다. 기르수와 니나 두 곳 모두 6,000년 전부터 이미 사람이 들어와 살았다. 라가시는 초기 왕조 시대에 성장하여 그보다 작은 이 두 도시를 정복했다. 위계 체계 3단계에는 우루, 에닌마르, 키누니르, 구아바 같은 명칭을 지닌 정착지가 있었다. 4단계에 해당하는 촌락 지명은 알려져 있지 않다. 라가시 주의 전체 규모 역시 모르지만 관개 농토만 해도 면적이 2천 제곱킬로미터에 달했다. 나중에 보듯이 라가시 주와 움마 주 경계에 있는 45킬로미터 길이의 기다란 관개 농토를 둘러싸고 수 세기 동안 분쟁이 이어졌다.

라가시에는 신전 토지가 최소한 10개 있었고 그중 가장 큰 곳은 수호신 닌기르수와 그의 부인 바우의 신전이었다. 이보다 작은 곳은 우투(태양)와 난셰(꿈을 해석하는 능력이 탁월한 신)를 모신 신전이었다. 신전 토지는 모두 합쳐 면적이 520제곱킬로미터가 넘었으며 그곳에서 일하는 자유 시민도 5천 명 내지 1만 2천 명이나 되었다.

주의 정치적 위계 체계 맨 꼭대기에는 왕이 있으며 왕을 지칭하는 수메르어가 두 개 있었다. 그중 오래된 것이 엔시ensí이며 그 속에는 "군주", "영적 지도자"를 뜻하는 엔이라는 단어가 포함되었다. 이러한 어원으로 볼 때 초기 수메르 지도자는 일정 정도 의식의 권한을 지녔을 것이다.

두 번째 단어는 루갈lugal, "사람"을 뜻하는 루lu와 "중요하다"라는 뜻의 갈gal이 합쳐서 생긴 단어로, 엔시보다 나중에 등장했으며 몇몇 문맥에서는 엔시보다 높은 지위를 의미하는 것 같았다. 디아코노프는 라가시의 한 엔시가 야심찬 정복 활동을 시작하면서 칭호를 엔시에서 루갈로 바꾸었다는 데 주목했다. 둘 이상의 주를 다스리게 된 통치자가 종종 스스로를 "땅의 루갈" 또는 "우주의 루갈"로 지칭했다. 디아코노프는 특정 주에 대해 지배권을 주장하는 "우주의 루갈"이 있는 경우 이 주의 통치자는 감히 루갈 칭호를 붙이지 못했다는 사실도 알아냈다.

강력한 권력을 지닌 루갈은 일반적인 엔시와 달리 원로회의와 민회를 무시해도 좋다고 여겼다. 디아코노프에 따르면 이런 점 때문에 루갈을 보다 전제적인 후대 왕의 전신으로 볼 수 있다.

루갈이 다스리는 지역의 2단계 도시를 대체로 엔시가 관리했다. 엔시는 이집트의 대신과 같은 직위에 많은 일을 위임했다. 주의 신전 토지는 상가라고 불리는 감독관이 관리했다. 수메르의 복잡한 위계 체계에서는 귀족 행정가가 평민 감독을 지휘하고 평민 감독이 농부, 직공, 짐꾼을 감독했다. 임금과 생산물은 필경사가 점토 판에 기록하여 기록 보관소에 보관했다.

왕, 궁전, 왕의 무덤

수메르인은 왕권이 신화적 시기에 하늘에서 내려왔다고 믿었다. 맨 처음 에리두를 다스린 두 명의 왕은 통치 기간이 합쳐서 64,800년이나 되는 것으로 전해진다. 이후에 등장한 바드티비라의 왕 세 명도 무려 108,000년이나 다스렸고, 슈루파크에서도 왕 한 명이 18,600년이나 통치했다.

신화 속의 통치자 여덟 명이 모두 지난 뒤 거대한 홍수가 밀려와 온 땅을 뒤덮었다. 또 다시 하늘에서 왕권이 내려와야 했고 이번에는 키시가 중심이 되었다. 키시에 맨 처음 등장한 왕의 통치 기간이 불과 1,200년밖에 되지 않은 것으로 보아 분명 홍수 이전 시기의 통치자와는 달랐다.

초기 왕조 시대 1기의 왕조차 여전히 실체 없는 존재였다. 키시의 군주 에타나는 "모든 땅을 안정시킨 사람"으로 묘사되어 있다. 이는 그가 기존의 주 너머까지 영향력을 확대했다는 의미를 담고 있다. 마침내 초기 왕조 시대 2기에 니푸르, 아다브, 기르수, 디얄라 강 유역 등 광범위한 지역 곳곳의 비문에서 피와 살을 지닌 듯한 키시 통치자를 언급하기 시작했다.

이 초기 왕조 시대의 통치자 중에 키시의 메실림이 있었다. 그의 비문을 보면 그가 키시 주 너머에 있는 다른 주까지 다스렸으며 정치적 영향력을 계속 확대했다고 적혀 있다. 나중에 보겠지만 경쟁 관계에 있던 움마와 라가시 사이에 국경 분쟁이 일어나자 메실림에게 중재를 요청한 적도 있었다.

키시 왕의 중요도로 볼 때 고고학자들이 키시에서 어마어마한 궁전 두 곳을 발견한 것은 놀랄 일이 아니다. 도시의 여러 신전과 그리 멀리 떨어지지 않은 곳에 궁전 A가 있었으며, 이 궁전은 최소한 두 개의 건축 단위로 이루어져 있고 가로 90미터, 세로 60미터 크기였다. 두 건축 단위 중 큰 쪽은 버팀벽을 덧대어 놓은 거대한 방어벽으로 둘러싸여 있었다. 왕이 거처하는 구역은 건물의 서쪽 구역 깊숙한 곳에 자리 잡았다. 궁전 남동쪽에 거대한 출입구가 있으며 이곳을 거쳐 직무실과 기록 보관소를 지나야만 왕의 방에 갈 수 있었고 직접 이어지는 통로는 없었다. 두 건축 단위 중 작은 쪽은 좁은 통로를 사이에 두고 떨어져 있었는데 마치 별관 같은 형태를 띠었다. 이곳의 안쪽 깊숙한 곳에 기둥과 여러 가지 장식으로 꾸민 접견실이 있었다.

초기 왕조 시대 키시의 두 번째 궁전은 '평면 볼록 건물'로 알려져 있으며, 뉴욕 시의 유명한 "플랫 아이언 빌딩"*처럼 평면도가 삼각형 모양으로 되어 있었다. 이곳은 궁전 A에서 1.5킬로미터 이상 떨어져 있으며, 메소포타미아의 왕들이 저마다 새로운 터에 독자적인 모양으로 궁전을 짓기를 좋아했다는 사실을 뚜렷하게 보여 준다.

초기 왕조 시대 3기를 거치면서 많은 수메르 왕이 전설에서 역사로 자리를 옮겼다. 그런 통치자 중 한 명이 우르 제1왕조의 시조로 알려진 메산네파다이다. 이 왕조는 이제껏 발견된 초기 왕조 시대 무덤 중 가장 웅장한 무덤이 고대 도시 우르에서 발견된 탓에 많은 흥미를 불러일으켰다.

1927~1928년 고고학자 C. 레너드 울리가 고대 도시 우르의 유적인 텔 알무카이야르에서 초기 왕조 시대 3기의 묘지를 발견했다. 그가 발굴한 1,800개 묘에는 부유한 평민, 정부 관리, 하급 귀족, 그리고 왕족의 유해가 묻혀 있었다. 울리가 왕의 무덤이라고 여긴 16개 묘는 평민의 묘와 대조를 보였다. 평민은 대체로 시신을 돗자리에 싸거나 바구니세공품, 나무, 점토로 만든 관에 넣어 묻었다. 개인 소지품을 함께 묻었으며 몇몇 관료의 경우에는 행정용 도장을 함께 묻기도 했다.

가장 웅장한 무덤 한 쌍(무덤 789호와 800호)은 왕 아바라기와 그의 왕비인 푸아비의 무덤이었다. 왕의 무덤은 파헤쳐져 약탈당했지

* 건물 모양이 다리미를 닮았다고 하여 플랫 아이언 빌딩이라 불린다.

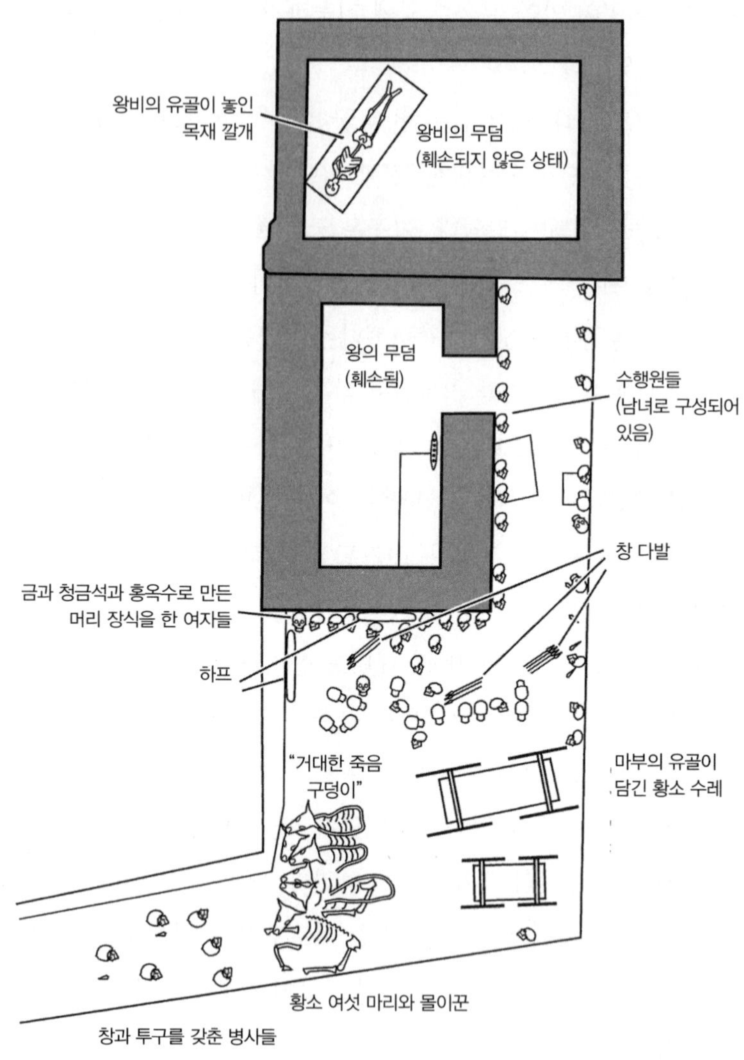

그림 67 | 초기 왕조 시대에 고대 도시 우르에서는 왕과 왕비의 장례식 때 인간 제물을 바쳤다. 위의 그림은 아바라기 왕과 푸아비 왕비의 무덤이다. 병사, 시녀, 몰이꾼, 마부, 음악가를 포함한 70명 이상의 수행원이 사후 세계에서 통치자와 함께하기 위해 제물로 바쳐졌다.

만 왕비의 무덤은 훼손되지 않은 채 고스란히 보존되었다(그림 67).

우르의 왕비는 석회암과 진흙 벽돌로 지은, 가로 4미터, 세로 2.5미터 크기의 무덤 속 높은 단(관을 얹어 놓은 평상) 위에 놓여 있었다. 금으로 만든 잎과 리본, 홍옥수 고리, 청금석 구슬, 청금석 꽃이 장식된 금 빗이 달린 정교한 머리 장식을 쓰고 있었다. 초승달 모양의 커다란 금 귀걸이 한 쌍이 두 귀에 달려 있었으며 상체 전체가 금과 준보석으로 덮여 있었다. 왕비의 오른쪽 어깨에서는 청금석으로 만든 원통 도장 세 개가 발견되었다. 그중 하나는 푸아비라는 이름과 "레이디"를 뜻하는 닌nin이라는 칭호가 새겨져 있었다. 다른 한 인장에는 아바라기라는 이름이 새겨져 있었는데 아마 남편의 이름이었을 것이다.

왕비가 누워 있는 평상 부근 바닥에서 다른 유골 두 개가 발견되었다. 머리 장식으로 미루어 보건대 아마 시녀였을 것이다. 남자 시종의 것으로 보이는 또 다른 유골 하나도 있었다.

왕비의 무덤과 바로 맞닿아 있는 것이 무덤 1237호이며, 넓이가 46제곱미터 이상 되었다. 울리는 이곳을 "거대한 죽음 구덩이"라고 묘사했다. 이 안에는 약 74명이나 되는 희생자의 유골이 있었으며 대개는 젊은 여자였다. 이 밖에 마부와 몰이꾼이 수행인으로 딸린 황소 수레 두 개도 있었다. 모든 동물과 마부, 몰이꾼은 채비를 갖춘 상태로 제물로 바쳐졌다.

죽음 구덩이에서 왕의 무덤에 가장 가까이 있는 벽을 따라 아홉 명의 여자 유골이 늘어서 있었으며 머리에 금과 홍옥수와 청금석으로 만든 머리 장식을 쓰고 있었다. 이 여자들 곁에는 두 대의 하프가 부서진 잔해로 남아 있었다. 또한 울리가 다른 곳에서 리라의 잔해를 발견하기도 했다. 이러한 악기는 수메르 장례식에서 불렸다고 알려진 애도가의 반주를 연주하는 데 쓰였을 것이다.

이 여자들과 수레 두 대 사이에 창 다발을 든 남자들이 있었다. 그리고 수레를 끌고 죽음 구덩이를 출입할 수 있는 경사로가 있었다. 창과 투구를 갖춘 병사 여섯 명의 유골이 이 경사로를 지키고 있었다.

울리는 묘지의 이 구역에서 폭력적인 죽음의 증거를 전혀 보지 못했다. 그의 시나리오에 따르면 모든 병사와 음악가, 몰이꾼, 수행원, 시녀가 자발적으로 죽었으며 아마도 독을 먹은 것으로 보였다. 울리의 시나리오가 개연성이 있기는 하지만 현재 메소포타미아 학자들이 재평가 작업을 벌이는 중이다.

우르의 왕 무덤과 관련하여 호기심을 불러일으키는 점은 페루의 모체 무덤이나 파나마 코클레 족장의 묘만큼 엄청난 인간 제물이 바쳐졌다는 점이다. 이 점으로 볼 때 초기 왕조 시대의 수메르를 모체나 코클레 사회와 비교할 수도 있지만 이러한 행위가 수메르인에게는 이례적인 것이었으며 이후 시대로 이어지지도 않았다.

공직자의 부패와 불법 행위

수메르인은 도시 문명의 놀라운 유산을 남겨 주었다. 유감스럽게도 그들은 관료주의적 부패도 창조해 냈는데, 그에 필적할 부패를 저지르려면 오늘날의 정치인조차 열심히 노력해야 할 정도였다.

지위 사회의 족장은 백성에게서 공물을 받을 것으로 기대했다.

예를 들어 카친족의 "넓적다리를 먹는 족장"은 동물을 제물로 바칠 때마다 뒷다리 고기를 공물로 받았다. 이러한 공물이 정당화되었던 것은 카친족 족장의 조상이 동물의 본질을 먹는 천상에 사는 영혼이라고 믿었기 때문이다. 하지만 수메르에서는 천상에 사는 영혼을 조상으로 두지 않은 관리조차 모든 관인 거래 때마다 과도한 수수료를 요구하기 시작했다. 통치자 중에는 많은 부를 가져다주는 신전 부지를 탐내는 경우도 있었다.

라가시의 초기 왕조 시대 문헌에서는 늘어나는 부패와 불법 행위를 설명하고 있으며, 더러 개혁을 통해 이를 제지하기도 했다. 예를 들어 엔테메나, 에난나툼 2세, 에넨타르지, 루갈란다, 우루카기나가 라가시를 다스렸던 기원전 2404년에서 2342년 사이의 시기를 살펴보자.

앞서 라가시에서 가장 큰 신전 토지가 도시의 수호신 닌기르수와 그의 부인 바우를 모신 곳임을 살펴보았다. 바우의 토지만도 무려 65제곱킬로미터에 달했고 그중 44제곱킬로미터는 농지였다.

모든 신전 토지가 신의 재산으로 간주되긴 해도 이를 운영하는 것은 상가라고 알려진 인간 감독관이었다. 상가의 관리 아래에서 토지는 수익을 창출하는 기업처럼 취급되었는데, 즉 잉여 생산물을 산출하고 외국과 교역에 참여하고 개인 시민에게 대출을 하고 이자율의 장기적인 영향을 계산하고 부채에 대한 압류물 등의 역할을 했다. 초기 왕조 시대가 시작될 무렵 상가의 탐욕을 견제하기 위해 조사가 실시되었다. 필경사가 상가의 회계를 기록했고 상가는 공동체에 이 회계를 해명해야 했다.

하지만 라가시의 엔시들이 서서히 상가 직위를 장남과 상속인에게 넘겨주기 시작했다. 예를 들어 통치자 엔테메나는 아들 에넨타르지를 닌기르수 신전 토지의 상가로 만들었다. 삼촌 에난나툼 2세가 잠시 통치하고 난 뒤 에넨타르지가 라가시의 왕위에 올랐다.

이후 에넨타르지가 보인 행동은 라가시의 사회 논리에 두 가지 흥미로운 변화가 생겼음을 보여 준다. 첫째, 디아코노프의 말을 빌리면 "〔닌기르수〕의 신전 토지가 엔시의 재산으로 간주되기에 이르렀다". 오랫동안 신전 토지를 감독해 온 에넨타르지가 왕위를 이어받아 궁전으로 들어갈 때 그는 신전 토지에 대한 감독권을 그대로 유지했다. 둘째, 이 논리를 확장시켜 신의 부인이 소유하는 신전 토지를 엔시 부인의 재산으로 간주하기에 이르렀다. 따라서 에넨타르지의 부인이 바우의 토지에 대한 감독권을 갖게 되었다. 과거 신의 땅이었던 토지를 사유화하는 과정은 통치자 루갈란다와 그의 부인 바르남타라 치하에도 계속되었다.

금석학자 A. I. 티우메네프가 바우의 토지를 설명해 놓은 내용을 보면 통치자의 부인이 왜 이 재산을 탐냈을지가 명확하게 나타나 있다. 일정 시점을 기준으로 이 토지에서 일하는 사람이 약 1,200명이었으며 그중 250명 내지 300명이 노예였다. 44제곱킬로미터에 달하는 농지에서 나온 생산물을 30개 창고에 보관했고 창고 하나에 들어가는 보리의 양은 9,450톤이었다. 중앙 통제 방식의 방직 시설에서 최소한 205명의 여자 노예가 일했으며 노동자 집단을 위해 술을 빚고 요리를 하는 여자 노예도 있었다. 바우의 토지에서 일하는 행정 관리와 전문 쟁기꾼은 배급을 받고 일한 반면 토지에 거주하는 자들은 소작 농사를 지었다. 닌기르수의 신전 토지는 바우의 토지보다 훨씬 컸을 테지만 그 규모를 짐작하기는 어렵다. 왜냐하면 기록 보관소 문건 중 남은 것이 훨씬 적기 때문이다.

신전 토지를 착복하는 과정을 지켜본 다른 귀족들도 엔시를 그대로 따라했다. 귀족들은 토지를 점점 더 많이 소유했으며, 담보를 잡고 돈을 빌려 준 뒤 담보권을 행사하는 방식을 많이 이용했다. 관료 직위를 가진 평민 역시 마찬가지로 사사로이 이익을 챙겼다.

마침내 라가시 시민들이 엔시와 그의 부인이 신전 토지를 전용한 것에 대해 불평하기 시작했다. 엔시가 개인 양파 밭을 가는 데 신전의 황소를 이용한 것에 대해서도 불평했다. 게다가 궁핍한 어머니들을 부양하기 위해 별도로 떼어 놓은 과수원을 상가가 약탈하고 있다고 비난했다. 부유층은 이 정도로도 충분하지 않았는지 가난한 사람의 연못에서 물고기를 훔치기도 했다.

부패는 임명직 관리 사이에서도 기승을 부렸다. 뱃사공 감독관은 자기 몫으로 가장 좋은 배를 달라고 요구했고 어장 감독관은 고기가 가장 잘 잡히는 곳을 먼저 점유했다. 엔시 밑에 있는 관리들은 눈먼 사람을 고용하여 우물에서 물을 길어 오게 하고는 남은 찌꺼기 음식만 주었다.

양치기가 질 좋은 흰 양을 데리고 양털 깎는 곳으로 와서 양털을 깎이려면 은화 5셰켈이라는 과도한 요금을 물어야 했다. 부인과 이혼하려는 남자 역시 5셰켈을 내야 했다. 시신을 묘지까지 운반하는 관리도 죽은 자의 가족에게 빵 420개와 술 일곱 항아리를 청구했다. 사제가 보리 배급 양을 속이는 일도 많았다. 기시킨티gish-kin-ti, 즉 신전의 공예 기술자가 대금으로 받아야 하는 빵을 받을 때도 구걸하듯 간청해야 했다.

마지막으로 금석학자 새뮤얼 노아 크레이머가 전하는 바에 따르면 다음과 같은 불평이 널리 퍼져 있었다. "닌기르수의 〔땅〕 끝에서 바다까지 세금 징수원이 없는 곳이 없다."

이처럼 부패가 만연한 분위기에서 우루카기나라는 이름의 귀족이 개혁을 약속하면서 영향력 있는 사제들의 환심을 샀다. 또한 평민의 불평을 알고 있던 다른 많은 귀족도 개혁이 필요하다는 데 동의했다.

기원전 2351년 우루카기나가 쿠데타로 라가시의 엔시가 되었고, "통치자〔닌기르수〕의 집", "여자〔바우〕의 집", 그리고 "아이〔닌기르수와 바우의 자손〕의 집"을 원래 주인에게 돌려주기로 약속했다. 사제의 세금도 면제해 주고 평민의 과도한 부채를 상당 부분 탕감해 주었다. 아마도 이것이 정부 차원에서 실시한 최초의 긴급 구제일 것이다.

우루카기나는 왕의 비문에서 자신이 닌기르수에게서 직접 라가시의 왕권을 부여받았다고 주장했다. 그는 관리들이 사제가 정한 배급 양을 속이고 가장 좋은 배를 선취하며 가장 좋은 어장을 점유하지 못하도록 금지했다. 또한 관리원이 흰 양의 털을 깎는 데 5셰켈을 청구하지 못하도록 조치했으며 시신을 운반하는 수수료를 빵 80개와 술 세 항아리로 낮추어 받도록 했다. 빈궁한 어머니들을 위해 별도로 떼어 놓은 과수원에서 귀족이 과일을 따 가지 못하도록 금했다. 신전의 공예 기술자는 더 이상 배급을 달라고 간청하지 않아도 되었다. 부유한 사람은 더 이상 과부나 고아, 눈먼 사람을 이용할 수 없었다.

유감스럽게도 우루카기나가 신전 토지를 반환한 것은 그저 허울뿐이었다. 바우의 토지에서 나온 기록을 보면 이곳 토지는 여전히

에니갈이라는 이름의 감독관이 우루카기나의 부인을 위해 관리하고 있었다. 이 감독관은 이전에 루갈란다의 부인 바르남타라를 위해 이곳을 관리하던 사람이었다.

4,350년 전의 정치인이 선거 공약을 이행하지 않을 줄 누가 알았겠는가?

주들의 갈등

움마 주와 라가시 주의 경계에 총 길이 45킬로미터에 이르는 구에데나라는 이름의 지역이 있었다. 이곳에서는 유프라테스 강의 물을 끌어와 관개 농사를 지었다. 라가시의 통치자가 적어도 10명이나 바뀌었던 150년의 기간 동안 라가시 주와 움마 주는 구에데나를 차지하려고 서로 싸웠다.

라가시의 루갈샤엔구르가 통치하는 동안 두 주의 통치자는 키시의 위대한 통치자 메실림에게 분쟁을 중재해 달라고 요청했다. 메실림은 145킬로미터나 되는 행차 길에 올라, 분쟁의 대상이 되는 경계 지역에 돌 비석을 세웠다. 금석학자 제럴드 쿠퍼에 따르면 메실림은 엔릴 신이 직접 닌기르수(라가시의 수호신)와 샤라(움마의 수호신)의 경계선을 정한 것으로 설명했다. 자신은 단지 신의 명령을 수행했을 뿐이라는 것이다.

움마는 분쟁 지역에 들어선 정착지가 라가시에 우호적이라고 여겼고 그리하여 분쟁은 계속되었다. 라가시의 두 통치자 우르난셰와 아쿠르갈이 재위에 있는 동안 움마의 도발 행위가 여러 차례 있었다. 어느 시점엔가 경계석이 뽑혔고, 움마는 라가시의 영역으로 되어 있는 땅에서 보리를 재배하기 시작했다.

라가시의 에안나툼(기원전 2454~2425년)이 움마를 공격하여 승리를 거두었고, 움마의 통치자 에나칼레와 새로운 국경 조약을 맺었다. 에안나툼은 구에데나에 물을 대는 수로를 개량했으며 전쟁 가능성을 줄이기 위해 움마 측 경계 지역에 완충 지대를 두었다. 에안나툼은 새 조약에 정당성을 부여하기 위해 엔릴, 닌후르사그, 닌기르수, 우투 등 여러 신을 위한 예배당을 건설했다. 또한 에나칼레로 하여금 여러 신에게 맹세하도록 강요하면서, 움마가 구에데나에서 재배한 모든 보리는 라가시에게서 대출을 받은 것으로 간주하며 여기에 이자가 붙는다는 내용에 동의하도록 했다. 나아가 움마의 엔시는 그의 백성이 구에데나에 무단 침입하거나 새로 세운 경계석을 훼손하거나 수로의 흐름을 바꾸는 일이 없도록 하겠다는 맹세도 해야 했다.

에안나툼은 라가시의 2단계 중심지인 기르수 시에 승리를 기념하는 거대한 비석을 세웠다. 이 비석의 한 면에는 에안나툼과 그의 군대가 적군을 밟고 행군하는 동안 독수리가 죽은 사람의 시체를 낚아채어 급히 달아나는 장면이 담겼다.(이 장면 때문에 '독수리 비석'이라는 명칭이 붙었다.) 반대 면에는 에안나툼이 움마 사람들 위로 엔릴 신의 거대한 그물망을 던지는 상징적 장면이 새겨졌다.

에안나툼이 화살에 맞아 부상을 당하는 사고가 있었음에도 그는 자신의 군대가 적군을 3,600명이나 죽였으며, 죽은 사람이 하도 많아 산더미처럼 쌓인 시체를 덮는 데 20개나 되는 봉분을 만들어야 했다고 주장했다. 여기서 한 가지 지적해야 할 점은 수메르

셈법이 60을 기본 단위로 하므로 아마도 이상적인 수의 의미에서 3,600(60×60)이라는 숫자를 내놓았을 것이라는 사실이다.

예안나툼이 승리를 거두었음에도 구에데나를 둘러싼 분쟁은 끝나지 않았다. 움마의 후대 통치자 우를루마는 선대가 한 맹세를 깨뜨리고 구에데나에 있는 수로의 물길을 바꾸기 시작했다. 나아가 외국 용병을 고용하여 경계석을 부수고 예안나툼이 세운 예배당을 파괴했으며 라가시가 "닌기르수의 땅"이라고 여기는 곳을 침입했다고 한다. 라가시의 새로운 통치자 에난나툼 1세(기원전 2424~2405년)가 우를루마를 상대로 전쟁을 일으켰다. 우를루마는 전쟁터에서 도주했지만 추격을 당해 움마에서 죽었다.

수십 년에 걸쳐 라가시에게 철저히 패배를 당해 온 움마에 마침내 전성기가 찾아왔다. 라가시의 우루카기나(기원전 2351~2342년)가 개혁을 시행하느라 분주한 동안 움마에 새로운 통치자가 등장했다. 움마의 한 엔시에게 태어난 아들 루갈자기시는 자신이 태어난 도시 너머까지 진출하고 싶은 야망이 있었다.

루갈자기시가 기원전 2340년 권좌에 올랐다. 그는 기르수를 정복하는 데 성공했으며, 이를 발판으로 구에데나를 장악하고 경계선을 라가시 쪽으로 옮겼다. 움마의 승리로 생긴 한 가지 부차적인 결과는 움마 기술자들이 구에데나에 물을 대는 수로의 물길을 바꿀 수 있었다는 점이다.

로버트 매코믹 애덤스에 따르면 이렇게 물길이 바뀜으로써 라가시 시로 흘러들어 가는 물이 막혔고 이는 보리를 잃는 것보다 훨씬 심각한 비극을 불러왔다. 라가시는 대체 수로를 파서 티그리스 강에서 물을 끌어오려고 필사적인 노력을 기울였지만, 이는 실제로 장기적인 해결책이 되지 못했다.

루갈자기시는 정복 활동을 계속했다. 얼마 지나지 않아 우르와 우루크를 장악하여 라가시를 사실상 고립시켰으며 그는 "모든 땅에서 맞설 세력이 없는 존재"로 여겨졌다. 멀리 북쪽에 있는 니푸르의 한 비문에는 엔릴 신이 루갈자기시를 페르시아 만에서 지중해까지 모든 메소포타미아의 왕으로 삼았다는 내용이 적혀 있다.

여기에 수메르인의 또 다른 유산이 있다. 서아시아의 집단 두 곳이 한 지역의 땅을 놓고 분쟁을 벌일 때 둘의 싸움이 실제로 끝나는 일은 결코 없다는 점이다. 신의 이름을 걸고 맹세를 하든, 휴전을 하든, 아니면 제삼자가 중재를 하든, 무수하게 많은 피를 흘리든, 양측은 결코 물러설 생각을 하지 않는다.

제국의 탄생 과정

어디서 많이 듣던 이야기일 것이다. 어머니가 여자 사제였다는 소문이 있긴 해도, 부모가 누구인지 알지 못하는 한 사람이 있었다. 어머니는 임신 사실을 숨긴 채 몰래 아들을 낳았다. 그런 다음 송진으로 방수 처리를 한 고리버들 바구니에 아기를 담아 강물에 띄워 보냈다. 강에서 물을 긷던 한 정원사가 바구니를 발견하고 아기를 구한 뒤 자기 자식으로 키웠다. 소년은 사회의 위계 단계를 하나씩 밟아 올라가면서 중요한 역사적 인물이 되었다.

모세 출생 이야기의 또 다른 판인가? 그렇지 않다. 이는 메소포타미아를 통일한 통치자로 가장 많이 언급되는 아카드의 사르곤에 얽힌 출생 전설이다. 수메르인이 구약 성서의 저자들보다 훨씬 오래 전에 대홍수에 관한 신화를 알고 있었듯이, 그들은 바구니에 담긴 아기 전설이 모세 이야기에 나오기도 전에 이 전설을 알고 있었다.

사르곤의 출생과 관련하여 타당성 있는 설명이 없는 것으로 보아 그는 아마도 권력 찬탈자였을 것이다. 금석학자들은 그의 모국어가 아카드어라고 확신하지만 그의 실제 이름은 알지 못한다. "사르곤"이라는 이름은 샤루킨("진정한 왕")이라는 칭호를 그냥 우리 식으로 발음한 것이다. 그는 자신이 유프라테스 강 기슭에 있는 도시 아주피라누 출신이라고 주장했지만 고고학자들은 그곳이 정확히 어디인지 모른다. 사라곤이 어린 시절의 대부분을 키시에서 보냈으므로 그가 태어난 도시는 부근 어디쯤일 것으로 추정된다.

전하는 바에 따르면 기원전 2300년 무렵 유프라테스 강에서 아기 사르곤을 건져 올린 사람은 아키라는 이름의 정원사였다. 소년은 양아버지의 뒤를 따라 정원사 도제가 되었다. 소년은 맨손 하나로 출세할 만큼 대단한 재능과 총기를 지녔다. 마침내 그는 키시의 왕 우르자바바의 컵을 드는 시종에 임명되었다.

컵을 드는 시종은 왕의 신임을 받는 자리로, 이 직위 덕분에 어린 사르곤은 통치자 가까이 있을 수 있었다. 어느 날 밤, 적어도 전설에서는 그렇게 말하는데, 사르곤은 여신 이난나(또는 아카드어로 이슈타르)가 피의 강에 빠져 죽는 무서운 꿈을 꾸었다. 사르곤이 잠을 자면서 비명을 지르는 것을 들은 우르자바바가 다음 날 사르곤에게 꿈 이야기를 해 달라고 했다.

제럴드 쿠퍼와 볼프강 하임펠이 우루크에서 나온 한 설형 문자판을 번역했는데 여기에 그다음에 일어난 일이 설명되어 있다. 우르자바바는 꿈 이야기를 듣고 여신 이난나가 자기 자리에 사르곤을 앉힐 계획이라고 해석했다. 설형 문자 판의 저자는 우르자바바의 두려움을 생생한 단어로 묘사해 놓았다.

> 우르자바바 왕(…)은 그 저택에서 두려움에 떨었다.
> 사자처럼 그의 다리 아래로 피와 고름이 가득한 오줌이 질질 흘렀다.
> 그는 퍼덕거리는 바다 물고기처럼 몸부림쳤고 두려움에 사로잡혔다.

이난나가 자신을 몰아내려고 한다는 사실이 고통스러웠던 우르자바바는 금속 세공사 우두머리에게 사르곤을 암살하라고 시켰다. 하지만 이난나가 사르곤을 위험으로부터 보호해 주었고 우르자바바는 다른 전략을 시도할 수밖에 없었다. 그는 메소포타미아에서 가장 막강한 왕인 루갈자기시 앞으로 봉인된 편지 한 장을 쓴 다음 사르곤에게 이 편지를 들려 우루크로 보냈다. 루갈자기시에게 사르곤을 죽여 달라고 부탁하는 내용이 편지에 담겨 있었다. 이번에도 여신 이난나가 개입했고 사르곤은 죽음을 면할 수 있었다.

전설과는 별도로 사르곤은 기원전 2270년 무렵 우르자바바의 왕위를 찬탈한 것으로 보인다. 이후 사르곤은 수도를 아카드 시로 옮기고 자신의 모국어에 이 도시 이름을 가져다 붙였다. 안타깝게도 고고학자들은 아카드가 키시에서 그리 멀지 않은 곳에 있었을 것이라고 추정하지만 고대의 둔덕 중 어느 것이 아카드가 남긴 유적인지 알지 못한다.

여신 이난나의 뜻을 마땅히 존중해야 하지만 아무리 그렇더라도 정원사의 양아들이 고위 사제와 여타 영향력 있는 귀족의 지지 없이 키시의 왕위를 찬탈할 수는 없었을 것이다. 사르곤이 그러한 지지를 얻기 위해 어떻게 했는지 보여 주는 기록을 현재로서는 찾을 수 없다. 그가 왕위를 찬탈하기까지 20년의 시간이 공백으로 남아 있다.

하지만 몇몇 인류학자는 사르곤이 실제로 무공을 세워 출세했다고 판단하며, 이난나의 지지가 있었다는 이야기는 나중에 사르곤에게 정당성을 부여하기 위한 하나의 시도일 뿐이라고 단언하기도 한다. 왕위에 오른 뒤 정복 활동을 펼치는 과정에서 사르곤은 정원사나 컵을 드는 시종 출신답지 않게 군사적 전문 기량을 보여 주었다. 우르자바바가 사르곤을 두려워했던 것으로 보아도 사르곤은 궁전 시종이라기보다 유명한 전사였을 가능성이 높다.

사실이 어떻든 사르곤은 메소포타미아의 모든 지역을 자기 지배하에 두기 위해 나섰다. 물론 사르곤이 이 일을 최초로 시도한 통치자는 아니다. 후기 우루크기에 텔 하무카르 정복에 성공한 남부 메소포타미아의 통치자가 누구였든 그는 여러 주를 통일하려고 시도했다. 키시의 초기 왕조 시대 통치자 메실림은 다른 주에도 주도권을 휘둘렀다. 또한 키시의 왕들은 아다브, 기르수, 니푸르, 디얄라 강 유역 등 먼 곳에도 왕의 비문을 남겼다. 기원전 2492년에서 2465년 사이에 라가시를 다스린 우르난셰는 우르의 통치자를 무너뜨렸고 움마의 통치자 파빌갈투크를 포로로 잡았다. 쿠퍼에 따르면 라가시의 예안나툼 역시 키시의 왕권을 손에 넣었다.

이제 그야말로 메소포타미아 전체를 통일하고자 하는 통치자가 두 명 나타났다. 스스로를 "수메르의 왕"이라고 불렀던 엔샤쿠샨나는 기원전 2432년에서 2403년 사이 전 지역을 거의 통일하기에 이르렀다. 그는 키시와 악샤크를 정복했고 니푸르에서 엔릴 신에게 전리품을 바쳤다. 이미 보았듯이 그로부터 63년 뒤 루갈자기시가 자신이 페르시아 만에서 지중해까지 메소포타미아 모두를 장악했다고 주장했다. 사실을 말한다면 어쩌면 그의 왕국이 메소포타미아 최초의 제국이었을 것이다.

우르자바바가 부탁한 대로 루갈자기시가 사르곤을 죽였다면 아마 아카드 제국은 없었을 것이다. 하지만 사르곤은 군대를 이끌고 루갈자기시에 맞섰다. 당시 루갈자기시의 수도는 우루크에 있었고 사르곤은 우루크를 정복했다. 비문에는 그가 루갈자기시의 목을 들고 돌아왔다고 적혀 있다. 이제 사르곤이 영토를 넓힐 차례가 되었다.

사르곤의 제국주의에 관한 기록은 대부분 그가 죽은 뒤에 쓰였다. 세부적인 사항을 많이 알지는 못하지만 그의 몇 가지 정책이 어떠했는지는 알고 있다. 우선 그는 아카드어를 자기 영토 내의 공식 언어로 삼았다. 수메르의 여러 주를 정복한 뒤에는 아카드인 총독을 파견하여 그곳을 다스리게 했다.

사르곤의 또 다른 정책 중 하나는 외교관과 군 장교로 구성된 회의를 조직한 일이다. 그 수가 5,400명이었고 이들 모두 "그의 앞에서 빵을 먹었다". 5,400이라는 숫자 역시 60을 기본 단위로 하는 데서 비롯된 또 다른 과장이었을 것이다. 하지만 고고학자 J. 니컬러스 포스트게이트는 이것이 메소포타미아 최초의 상설 군사 기관을 언급한 것이라고 주장했다. 사르곤의 군대는 우루크, 우르, 움마, 라가시를 거쳐 계속 남쪽으로 이동했다. 그 후 사르곤은 수메르를 완전히 정복했다는 것을 상징적으로 보여 주기 위해 페르시아 만의 물로 무기를 씻었다.

하지만 사르곤은 이제 막 몸이 풀리는 중이었다. 한 기록에 따르면 그가 통치한 지 11년째 되던 해에는 정복 활동이 지중해 해안 지역까지 뻗어 나갔다. 아카드 군대가 레바논의 삼나무 숲과 터키의 구리 및 은 광산까지 행진했다. 사르곤은 동쪽으로 엘람까지 갔고 수사의 왕을 봉신으로 삼았다. 사르곤은 자신이 수바르투(북쪽), 수메르(남쪽), 엘람(동쪽), 마르투(서쪽) "네 지역의 군주"가 되었다고 자랑했다.

사르곤은 기원전 2215년까지 다스렸다고 전해진다. 몇몇 학자의 추산에 따르면 그 시점에 사르곤은 85세가 된다. 생애 55년째가 되는 해 적들은 사르곤의 지배력이 약해질 것이라고 생각했고 많은 영토에서 반란을 일으켰다. 하지만 사르곤은 모든 반란을 진압했다. 생애 말년에 사르곤은 업적을 정리하면서 장차 자신에 필적할 정도의 정복 활동을 벌일 통치자가 나올 수 있을지 물었다.

> 내 뒤에 어떤 의기양양한 왕이 오든 (…) 그에게 검은 머리 사람을 다스려 보라고 하라. 청동 도끼로 거대한 산을 무너뜨려 보라고 하라. 높은 산은 오르고 낮은 산은 뚫고 나아가 보라고 하라. 바다의 국가들을 세 번 포위해 보라고 하라. 딜문(바레인)을 함락해 보라고 하라.

분명 사르곤은 시대를 통틀어 자신이 가장 위대한 통치자라고 여겼다. 단지 나비처럼 날아서 벌처럼 쏠 수 있다는 주장만 하지 않았을 뿐이다.

일반적으로 메소포타미아 최초의 제국을 탄생시킨 사람이 사르곤이라고 본다. 여기서 제국이란 과거에 독자적으로 왕국을 이루던 지역을 각기 하나의 주로 편입한 거대 국가를 말한다. 하지만 메실림, 엔샤쿠샨나, 특히 루갈자기시 같은 초기 통치자들이 사르곤에게 수행 과업을 정해 주었을 가능성이 있으며 이를 무시하는 것은 잘못일 것이다.

앞에서 하와이 통일이 우미와 알라파이에게서 시작되었음에도 통일의 공적은 카메하메하에게 돌아간 것을 본 바 있다. 샤카 역시 딩기스와요에서 시작된 나탈의 통일을 완성한 것으로 공적을 인정받았다. 사르곤의 경우도 유사하다. 그가 이룬 메소포타미아 통일은 눈부시고 대단히 의미 있는 일이지만, 텔 하무카르 공격을 시작으로 오랫동안 이어진 일련의 시도 중 가장 큰 성공을 이룬 시도일 뿐이라고 할 수 있다.

메소포타미아 국가의 순환적 변동

아카드의 사르곤이 수립한 왕조는 200년 가까이 지속되었다. 사르곤에 이어 두 아들 리무시와 마니시투, 그다음에는 손자 나람신이 왕위를 계승했다. 나람신은 아마도 메소포타미아 최초로 기념비에 신성한 존재로 형상화된 통치자일 것이다. 하지만 자주 그렇듯이 후대의 아카드 통치자들은 왕조의 시조가 지녔던 재능과 동기를 갖추지 못했고 주기적으로 발생하는 기근과 속주의 반란에 잘 대처하지 못했다. 결국 사르곤의 영토에는 아카드인이 야만인으로 취급했던 자그로스 산맥의 구티족 무리가 득시글거렸다. 이어지는 반세기는 "암흑 시대"이며 이 시기를 기록한 문서도 충분하지 않다.

후기 우루크기에 형성된 국가들이 1세대 국가라면 초기 왕조 시대에 새로 등장한 국가들은 2세대 국가로 여길 수 있으며 사르곤의 제국은 3세대 국가가 될 것이다. 사르곤의 세력권은 지위 사회에서 탄생한 것이 아니라 루갈자기시의 팽창주의적 국가를 비롯하여 기존에 존재하던 왕국을 기반으로 탄생한 점에서 1세대 국가와는 달랐다. 나아가 4세대 국가도 생겨났다. 구티족이 몰고 온 암흑 시대의 잿더미에서 수메르어를 쓰는 우르남무라는 이름의 통치자가 기원전 2112년 권력을 잡았다. 이전 통치자들이 세운 국가를 모델로 삼은 그의 국가는 우르 제3왕조로 알려지게 된다. 하지만 안타깝게도 이 4세대 국가는 이전 국가들과 비슷한 운명을 겪었다. 우르남무가 통일한 영토를 후대 왕들이 잘 지켜내지 못했기 때문이다.

우르는 국내외 안팎에서 문제에 직면했다. 외부의 압박은 아무루("아모리족")라고 알려진 이질적인 종족에서 비롯되었다. 아모리족은 셈어를 썼으며 본거지는 유프라테스 강 서쪽의 건조 지대였던 것으로 보인다. 우르남무의 뒤를 이은 슐기 왕은 아모리족이 들어오지 못하도록 240킬로미터에 달하는 방어벽을 세우고자 했다. 하지만 이 방어벽은 효과가 없었고 우르 사람들에게 불행이 닥칠 것이라는 예언을 낳았다.

우르 제3왕조 5대 왕이자 마지막 왕은 입비신이라는 이름의 남자로 기원전 2028년에서 2004년까지 다스렸다. 그가 당면했던 많은 문제가 궁정 문건을 비롯하여 그의 통치 기간에 나온 설형 문자 판에 드러나 있다. 입비신은 아모리족의 침입뿐만 아니라 자국 백성의 반발과 권력 찬탈에도 직면했다.

이용 가능한 여러 기록을 분석한 바 있는 마르크 반 드 미에룹은 아모리족이 그저 유목 야만인 무리 수준이 아니라 그 이상이었다고 지적한다. 많은 아모리족이 도시인이었으며 종족 정체성을 유지한 채로 여러 수메르 도시와 아카드 도시에 살았다. 개중에는 우르 제3왕조에서 관료 직위까지 오른 사람도 있었다. 하지만 반 드 미에룹의 말을 빌리면 일부 설형 문자 기록에서는 아모리족을 "혐오스러운" 종족으로 묘사했다. 이는 이집트와 줄루 왕국 같은 곳에서 목격한 바 있듯이 다른 종족을 조롱조로 정형화한 또 다른 사례일 것이다.

통치 5년째 되던 해 입비신은 우르에 곡식이 떨어져 간다는 사실을 알게 되었다. 왕국의 북부 지역에서 곡식을 실어 와야 했으며 이는 왕실 관리를 보내야 하는 일이었다.

이 일의 책임자로 선택된 사람은 이시비에라였다. 그는 아모리족으로, 우르에서 유프라테스 강을 따라 멀리 올라간 도시 마리에서 태어났다. 이시비에라가 어떻게 왕실 관리가 되었는지는 알지 못한다. 마리에서 이미 어느 정도 지위를 갖고 있던 사람이었을까? 아니면 평민이지만 재능이 뛰어나서 고대 이집트의 우니처럼 관료 서열 체계의 상층까지 올라갔던 것일까? 반 드 미에룹에 따르면 우르 제3왕조의 모든 계층에 아모리 이름을 가진 사람들이 등장하는 것으로 보아 어느 시나리오든 가능한 일이다.

이시비에라는 곡물을 거두어들였다. 하지만 약탈 행위를 벌이면서 돌아다니는 유목민 때문에 곡물을 우르까지 운반할 수 없다고 주장했다. 이윽고 그는 이신 시에 곡물을 쌓아 놓고는 이신 시와 인근 니푸르 시를 방어하는 일에 자신을 책임자로 앉혀 달라고 요구했다. 반 드 미에룹에 따르면 입비신은 반역이 진행되고 있다고 느꼈지만 이시비에라의 요청을 들어주지 않을 수 없었다.

입비신의 우려는 충분히 근거가 있었다. 이윽고 이시비에라는 이신에 자기 왕조를 세웠다. 이런 위업을 세운 것으로 보아 실제로 그는 귀족 출신이었을 가능성이 있다. 이시비에라는 메소포타미아의 종교적 수도인 니푸르를 장악함으로써 우루크 및 라르사와 관계를 맺을 수 있는 영향력을 확보했다. 또한 이시비에라의 군대가 키시를 정복하고 에슈눈나 같은 먼 디얄라 강 지역까지 진출했다. 이시비에라가 우르를 정복하지는 못했지만 이 도시에서 일종의 "보호금"을 받아 냈다.

토지와 공물을 빼앗겨 힘이 약해진 입비신은 다른 도시에서 비싼 가격에 식량을 구입하기 위해 어쩔 수 없이 우르의 신전 재산을 유용하게 되었다. 궁전 일꾼들에게 줄 보리 배급을 모두 삭감했음에도 기근이 더욱 빈번하게 일어나 많은 노동자가 그의 왕국을 버리고 도망갔다. 입비신이 통치하던 마지막 10년 동안 그의 왕국은 아모리족과 엘람인의 공격을 받았다.

적군이 보리, 물고기, 기름의 공급을 끊어 물가가 다섯 배 내지 여섯 배까지 상승하면서 우르에서는 마지막 나날 동안 기근이 점차 극으로 치달았다. 고고학자 J. 니컬러스 포스트게이트가 이 과정을 서술해 놓았다. 가격이 관료 기구의 지침을 무시하고 수요 공급 법칙을 따른 결과 매우 잔인한 결과를 낳았으며 이는 유서 깊은 도시의 붕괴를 촉진했다.

우르의 텅 빈 거리에 흙먼지가 날리는 가운데 익명의 시인이 통탄하며 쓴 비가가 4,000년이 훨씬 지난 지금까지 남아 있다. 수시아나의 엘람인은 아모리족의 습격과 내부 반란으로 야기된 혼란을 틈 타 우르를 약탈하고 입비신 왕을 데려갔다. 많은 우르 신전은 폐허가 되었고 시인은 여신 닌갈을 향해 비가를 읊기 시작했다.

> 아, 닌갈이여, 당신의 마음이 뭐라고 속이던가요? 당신이 어찌 살아 있을 수 있나요?
> 당신의 집은 눈물의 집이 되었습니다. 당신의 마음이 뭐라고 속이던가요? 당신이 어찌 존재할 수 있나요?
> 성지 우르가 바람에 날아가 버렸습니다. 당신이 어찌 존재할 수 있나요?

우리는 수메르인에게 또 한 가지 유산을 빚진 게 틀림없다. 그들은 블루스를 낳았다.

우르가 멸망한 뒤 이신과 라르사 두 도시의 주도 아래 5세대 국가가 탄생했다. 이 지역의 6세대 국가는 바빌론의 함무라비(기원전 1792~1750년)가 세웠다. 이 6세대 국가는 사르곤 제국과 거의 맞먹는 규모의 제국이었으며 이 무렵 수메르어는 한참 전부터 죽은 언어가 되어 가던 중이었다.

메소포타미아가 단지 일시적으로 팽창주의적 국가나 제국을 중심으로 통합되었을 뿐 사실상 작은 왕국 또는 "도시 국가"들의 땅이었다고 설명하는 저자들이 있다. 이와 달리 강력한 중앙집권화 사이사이에 정치적 붕괴와 지역 자치권을 수립하는 과정이 순환적으로 반복되었다고 판단하는 포스트게이트 같은 저자들도 있다.

우리는 후자의 견해가 보다 타당성이 있다고 여긴다. 이 견해에 따르면 메소포타미아는 독특한 길을 걸었다기보다는, 이집트(중앙 집권적 왕국 사이사이에 지방 분권적 중간기가 나타나는 순환적 변동을 보였다.) 그리고 고대 멕시코 및 페루(이 책 뒤에 가서 이 지역의 순환적 변동을 설명할 것이다.)와 비슷한 길을 걸었다. 이 모든 순환적 변동의 중심에는 이제 우리에게 익숙해진 원칙이 자리하고 있다. 더 많은 영토와 권력을 추구하는 모든 지도자에게는 그를 무너뜨리려고 애쓰는 반대편이 있다는 사실이다.

사회 계약

인류의 과거를 재구성한 루소의 시나리오에서 고대 국가는 마지막 단계에 해당했다. 가난한 사람들이 사회 계약을 맺고 영원히 불평등을 받아들이기로 합의하는 단계가 바로 수메르 사회 같은 단계였다.

루소는 오늘날의 고고학자와 금석학자만큼 고대 메소포타미아에 관해 많이 알지 못했지만, 그가 상정한 가설적인 최종 단계에 수메르 사회는 그대로 들어맞는다. 사실 수메르는 계약에 합의한 사회였다. 수메르 사회의 이상은 질서이며 질서를 확립하기 위한 방법은 수백 개의 메(규정)에 복종하는 것이었고, 가난한 사람에게 메란 곧 귀족과 사제를 의미했다.

최하층 수메르인을 제외한 모든 이가 살아가는 동안 수많은 계약을 맺었고 이를 이행하지 않을 경우 처벌이 따른다고 이해했다. 개인의 자유를 대출 담보로 내놓은 많은 계약자는 결국 불평등을 인정하는 계약에 서명한 것이었다. 1753년에 루소가 이런 사실을 알지는 못했지만 그의 본능은 정확했다.

세부 사항까지 관리하는 수메르 사회의 관료제는 엄청나게 많은 설형 문자 판 기록을 남겼으며 이는 오늘날의 “불필요한 요식” 또는 “서류 작업”이라고 할 수 있다. 권위주의적 정부가 평민의 개인적인 삶까지 개입한 결과 여러 가지 혼인 형태가 한 가지로 단일화되었다. 다른 사회였다면 그저 험담거리밖에 되지 않았을 행동에 대해서도 혹독한 처벌을 내렸다.

많은 사회에 세습 귀족이 있었다. 하지만 수메르 이전에 평민 계층 내에 그 정도의 경제적 불평등이 존재한 곳은 없었다. 토지의 사유화가 심화되고 고리 대금까지 결합하면서, 이전 사회의 전통적인 후손 집단이 제공하던 안전망을 약화했다. 수메르 정부도 어떤 상황이 벌어지고 있는지 알았던 것으로 보이며, 주기적으로 빚을 탕감함으로써 이러한 과정의 진행 속도를 늦추었다.

앞서 하와이 대족장이 모든 경작 토지를 족장의 통제권 아래 장악함으로써 지주층을 없앤 사실을 살펴본 바 있다. 이와 달리 수메르 사회에서는 지주층을 늘리고 수천 명의 평민을 소작인으로 만들었다.

부채 노예는 지위 사회에 널리 퍼져 있었지만 토지의 사적 소유는 그렇지 않았다. 이는 메소포타미아 사회를 규정하는 특징적인 요소로, 아마 후기 우루크기부터 시작되었을 것이다. 우선 토지의 유통을 중단하고 도시의 가장 중요한 신전에 토지를 넘겨주는 것이 첫 단계였다. 후기 우루크기에 신전은 엄청난 토지를 소유했으며 초기 왕조 시대에 신전은 그보다 훨씬 넓은 토지를 소유했다.

수메르 왕은 수호신의 사랑을 받고 있다고 주장하는 경우가 많았다. 따라서 신의 토지를 돌보는 일에 자신의 후계자를 임명하는 것은 논리적인 연장선상에 있는 행위일 뿐이었다. 이처럼 신전 토지의 상가로서 오랜 시간을 보낸 왕의 후계자는 재산이 얼마나 소중한지 깨달았다. 그리하여 왕위에 오른 뒤에도 신의 토지를 내놓지 않았고 나아가 신의 부인이 소유하던 토지까지 자신의 부인에게 맡겼다.

수메르 사회의 문서 기록, 표준 도량형, 이자를 받는 토지 임대, 신전 상인의 자본 축적 등이 모두 신전 토지에서 완성되었다. 귀족 역시 이러한 교훈을 놓치지 않았고 이윽고 자기 소유의 토지를 운영했다.

캘리포니아의 추마시족이 어떻게 조개껍질의 가치를 네 배까지 증대했는지 살펴본 바 있다. 수메르의 회계사는 장기 이자가 얼마만큼 부를 낳는 효과가 있는지 계산하는 법을 깨우쳤다. 또한 수메르 신전을 대신해서 교역을 벌였던 유능한 상인은 다른 이들에게 개인 기업가가 되도록 자극을 주었다.

경제사학자 마이클 허드슨은 수메르 신전이 기업의 전신이라고 보았다. 궁전이 소유한 토지가 가져다주는 부를 보면서 다른 귀족들도 평민 후손에게서 얼마나 많은 토지를 빼앗을 수 있을지 알았다. 귀족들은 왕실 가문의 영향력이 부족한 것을 이용해 최고 33.3퍼센트에 달하는 이자로 대출을 늘리는 방법에 의존했다. 앞서 말했듯이 많은 평민이 개인의 자유를 담보로 내놓았고 결국 농노로 전락했다. 개혁 정신을 가진 통치자들이 이를 막아 보려고 시도했지만 허드슨이 지적했듯이 결국은 개인의 부가 더욱 강해져서 왕실의 힘을 무력화하기에 이르렀다.

메소포타미아의 경제 활동이 자본주의적으로 보이긴 해도 아직은 자유방임적인 자본주의가 아니었다. 한참 뒤인 이신, 라르사 왕조와 바빌론 제1왕조에 가서도 정부는 여전히 사소한 가격까지 관리하려고 시도했다. 경제가 몇 가지 시장 요소를 지니긴 했지만 관료가 상품 교환의 지침을 정했다. 은이 표준 가치로 사용되었지만 아직까지는 실질적인 교환 수단으로 자리 잡지 못했다.

국가는 터키에서 메소포타미아로 들어오는 구리의 이동 과정 등 장거리 교역에 특히 관심을 보였다. 하지만 구리 가격은 수요 공급에 따른 변동이 허용되지 않았다. 그 대신 상인 집단이 터키 고지대까지 가서 지역 군주와 직접 협상을 벌여 장기적인 구리 가격을 결정했다. 그런 다음 상인은 일정량의 구리를 위탁 구입하고 이를 메소포타미아로 들여오는 대가로 수수료를 받았다. 상인들의 수익은 교역량에 따라 정해졌고, 구리 가격이 정해져 있었기 때문에 위험 부담이 적었다.

초기 문명에 자유방임적 시장 제도가 드물었다는 점 때문에 두 부류의 경제학자, 즉 형식주의자와 실재론자 사이에 오랫동안 논쟁이 이어졌다. 형식주의자는 수요 공급의 법칙에 따라 사회가 무엇을 할지 정해진다고 생각한다. 반면 실재론자는 경제사학자 칼 폴라니의 사례로 알 수 있듯이 경제가 사회 깊숙이 뿌리 내리고 있으며 특정 형태의 사회적 관계를 구성한다고 여긴다. 실제로 많은 실재론자는 사냥꾼과 채집자의 선물 교환에서부터 경제가 발생해서 성장해 간다고 주장했다.

일전에 형식주의 경제학자와 즐거운 저녁 식사를 한 일이 있었다. 그는 선사 시대의 행위가 수요 공급 법칙에 의해 결정되지 않았다고 믿는 고고학자들이 얼마나 어리석은지 저녁 내내 말해 주었다. 후식까지 마친 그는 고급 시가 담배를 꺼내 양해를 구했다. 우리는 그에게서 시가 담배를 피우는 기쁨을 빼앗아서는 안 된다는 것 정도는 알고 있었다. 이어서 그는 자신이 좋아하는 아바나 시가를 더 이상 구할 수 없게 된 것을 불평했다. 그는 미국의 문화적 가치와 사회 정책 때문에 쿠바의 공급이 더 이상 그의 수요를 만족해 주지 못한다는 생각은 결코 하지 못했다.

아마도 다음과 같은 정도로 토론을 중지하는 것이 가장 좋을 것이다. 실재론자들은 우주론, 종교, 문화적 가치 때문에 수요 공급 법칙의 작동이 제한되었던 수십 가지 일화를 인용할 수 있지만, 형식주의자들은 그들에게 노벨상을 안겨 줄 모든 흥미로운 등식을 만들어 냈다.

제국이 제국에게 남긴 교훈

제국이란 거대 국가의 한 형태이며 고유의 사회적 정치적 논리를 지니고 있다. 세계 많은 지역에서 왕국과 제국이 여러 세대에 걸쳐 형성된 것을 볼 수 있으며, 이 덕분에 3세대 및 4세대 국가가 이전 세대의 국가에서 전략을 차용하는 과정을 확인할 수 있다.

신세계의 두 사회가 적절한 사례가 될 것이다. 아스텍은 멕시코 중부 지역의 5세대 국가에 속하며 잉카는 안데스 산맥의 4세대 제국이었다. 두 지역 모두 이전 세대의 논리를 본보기로 삼았다.

멕시코 중부 지역의 1세대 국가

멕시코 분지는 해발 2,200미터에 위치하며 총 면적은 9,600제곱킬로미터이다. 1519년 이곳에 도착한 스페인인들은 1천 제곱킬로미터에 걸쳐 호수들이 서로 연결되어 있는 것을 발견했다. 가장 생산성이 높은 농지는 호수 지역의 남쪽에 위치했다. 이곳은 연간 강우량이 1천 밀리미터가 넘고 습지가 많았다. 여러 호수들 중 가운데 부분은 염분이 섞여 있었다. 분지의 북쪽 지역은 연간 강우량이 600밀리미터 이하여서 관개 수로로 물을 끌어와야 했다.

하지만 건조한 북쪽 지역은 독특한 환경적인 특징을 지녔다. 오늘날 산후안 테오티우아칸이라고 불리는 지역에는 마르지 않은 샘이 80개나 있으며 이 샘이 지표면에 연간 280억 리터 이상의 물을 공급한다. 현재 운하로 이 물을 모아 4천만 제곱미터 면적에 물을 대고 있다. 2,000년 전 멕시코에서 가장 오래되고 가장 큰 도시였던 테오티우아칸이 이 물 덕분에 유지되었다. 고고학자들은 아직까지도 테오티우아칸을 이끈 국가가 군주제인지 과두제인지 확실히 알지 못한다.

1,500년 전 테오티우아칸의 인구는 대략 12만 5천 명이었다. 인구가 그 정도로 늘 수 있었던 것은 멕시코 분지에 있는 시골 인구의 대다수를 도시로 끌어들였기 때문이다. 이처럼 시골 인구를 계획적으로 도시로 이동시키는 작업이 광범위하게 이루어진 탓에 분지 내에는 2단계 행정 중심지로 삼을 만한 괜찮은 후보지가 거의 남지 않았다. 테오티우아칸의 영향력은 멕시코 북쪽 오늘날의 이달고 주에 있던 여러 국가와 동쪽의 베라크루스에서부터 남쪽의 과테말라 공화국까지 멀리 떨어져 있던 정착지에서도 확인할 수 있다. 테오티우아칸이 보인 행동 가운데 후대 국가들이 어떤 것을 따라했는지 살펴보자.

1. 수도를 네 개 구역으로 구분했고, 도시로 들어오고 나가는 주요 도로를 만들었다.
2. 여러 직업의 공예 기술자가 그들만의 거주 구역을 이루어 살았다. 테오티우아칸에는 여러 가구가 모여 사는 커다란 주거 복합 구조물이 2천 개 이상 있었다. 이 복합 구조물 주변에는 담을 높이 쌓았고 좁은 골목길을 사이에 두고 다른 복합 구조물과 떨어뜨려 놓았다. 이러한 복합 구조물 중 적어도 500개는 공예 활동과 관련이 있었다. 흑요석 공예품을 생산하는 곳이 있었고 특유한 형태의 도자기를 제작하는 곳도 있었다. 그런가 하면 틀을 이용하여 조각상을 찍어 내는 곳, 의식용 가면이나 장례용 꾸러미를 제작하는 곳도 있었다.
3. 더러 몇백 명씩 거주하는 복합 구조물도 있었던 것으로 보인다. 이는 씨족과 비슷한 특성을 지닌 사회 집단과 관련이 있었을 것이다. 아마도 기업적 특성을 띠었을 이 커다란 사회 집단은 훗날 아스텍에서 칼푸이calpulli의 원형 역할을 했을 것이다.
4. 다른 종족 출신의 집단 거주지도 있었다. 예를 들어 오악사카에서 온 사보텍 이주자가 도시의 한 구역에 집단 거주지를 형성하여 살았고 멕시코 만에서 온 교역 상인은 또 다른 구역에 자리 잡고 있었다. 이 집단 거주지 중에는 테오티우아칸의 공예 기술자에게 먼 지역에서 나는 재료를 공급하는 곳도 있었을 것이다.
5. 테오티우아칸의 미술 작품에 묘사된 것 중 최소한 두 개의 초자연적 존재가 아스텍 신의 전신이었다. 하나는 '깃털 달린 뱀'(아스텍족은 케찰코아틀이라고 불렀다.)이고 다른 하나는 번개 또는 비의 화신(아스텍족은 틀라록이라고 불렀다.)으로 퉁방울눈을 하고

있었다.

6. 테오티우아칸의 관리는 이러한 초자연적 존재의 모습이 담긴 신전 피라미드 아래에 아마도 전쟁 포로였을 사람들을 인신 제물로 바쳐 묻었다.

테오티우아칸의 인구가 정점을 찍은 지 몇 세기 뒤부터 인구가 점차 감소하기 시작했다. 기원후 800년 무렵이 되면 공예 기술자가 별로 남지 않았으며 1000년 무렵에는 도시의 모습이 거의 보이지 않았다.

2세대 국가

한창 세력을 떨치던 시절에 테오티우아칸은 초기 메소포타미아에서 우루크가 그랬듯이 부근 도시 중심지의 성장을 막았을 것이다. 하지만 테오티우아칸이 몰락하기 시작하자 그 배후지가 여러 개의 왕국 또는 정치 연합체로 나뉘었다. 이 작은 왕국들 중 많은 수는 예전에 테오티우아칸 도시 외곽에 120킬로미터 내지 160킬로미터 떨어져 둥근 원을 형성했던 여러 속주 중 하나였을 가능성이 높다.

테오티우아칸의 쇠퇴를 틈타 형성된 2세대 왕국 중에는 동쪽에 칸토나(푸에블라 주), 남동쪽에 카칵스틀라(틀락스칼라 주), 남쪽에 소치칼코(모렐로스 주)가 있었다. 이 왕국들의 수도는 기원후 600년에서 900년 사이에 가장 크게 성장했다.

2세대 왕국 중 많은 곳이 적대적 이웃으로부터 자국을 방어하는 데 몰두했다. 예를 들어 소치칼코는 험악한 산꼭대기에 위치했으며 마른 해자를 파고 벽을 쌓아 도시를 방어했고 세 개의 좁은 둑길을 통해서만 들어갈 수 있었다. 도시의 정상에는 광장이 있었으며, 이 광장에 신전 여러 채, 저장 창고가 있는 왕의 성채, 하급 귀족이 사는 거주 구역, 한증탕 시설, 그리고 의식 차원의 구기 경기가 열리는 운동장 여러 개가 있었다.

한 신전의 기단은 테오티우아칸에서 보았던 것과 같은 깃털 달린 뱀과, 여러 정복 지역을 가리키는 상형 문자로 장식되어 있었다. 상형 문자 중에는 카카오나 초콜릿으로 만든 케이크를 사분원으로 잘라 놓은 것 같은, 공물을 나타내는 고대 상징을 입을 크게 벌리고 물고 있는 턱 모양도 있었다.

고고학자들은 소치칼코가 결국은 파벌 또는 종족 간 경쟁으로 몰락했을 것이라고 추정한다. 최후 시기에 소치칼코 왕가 가계는 성채로 통하는 계단을 해체함으로써 성채를 작은 요새로 탈바꿈시켰다. 마지막에 큰 화재가 나는 동안 도주로에 지붕 들보가 떨어지면서 여자와 아이들이 도주로에 갇혔다.

멕시코 분지 동쪽에 소나무가 울창한 고지대에도 방어 문제를 걱정한 것이 분명한 또 다른 도시가 있었다. 칸토나가 위치한 용암 산은 매우 거친 바위투성이 산이어서 이곳을 오르는 사람들의 샌들이 모두 찢겨 나갔다. 게다가 칸토나를 세운 사람들은 마른 해자를 파놓았으며, 경비실에서 감시하는 좁은 둑길로만 다니도록 통행을 제한했다.

고고학자들은 칸토나가 작은 왕국의 연합체로 세워졌으며, 이 왕국들이 인적 자원을 공유함으로써 사실상 난공불락의 도시를 건설했다고 믿고 있다. 칸토나 전역에 흩어져 있는 24개의 구기 경기 운동장에서 이 연합체의 한 가지 모습을 엿볼 수 있다. 이 운동장은 마치 운동장에 관여된 각 집단마다 고유의 구기 경기가 있었던 것처럼 규모나 건축 양식, 천체 방위 면에서 큰 차이를 보였다.

또 다른 2세대 도시는 카칵스틀라였다. 이 도시는 틀락스칼라에 위치한 방어하기 좋은 언덕에 자리 잡았으며, 소치칼코에 있던 엄청난 방어 해자나 벽은 없지만 전투 장면, 포로의 모습, 정복한 도시의 지명 등이 담긴 벽화가 있었다. 길이가 18미터 이상 되는 한 벽화에는 새 모양 투구를 쓴 귀족들이 재규어 가죽을 걸치고 창을 든 병사들에게 위협당하는 장면이 묘사되어 있었다.

'포로 계단'이라고 불리는 카칵스틀라의 한 계단에는 여러 겹의 치장용 재료가 입혀져 있었다. 카칵스틀라의 미술가는 계단 디딤바닥에 포로들의 모습을 그려 놓았는데, 뼈와 가죽만 남은 포로들의 시신으로 볼 때 틀림없이 고의적으로 굶겨 죽였을 것이다(그림 68). 같은 계단의 수직면에는 정복한 도시의 지명이 상형 문자로 새겨졌으며 아마도 이 도시들에서 포로를 데려왔을 것이다.

같은 시기에 세워진 또 다른 공동체는 이달고 주에 위치한 툴라였다. 툴라 지역은 틀림없이 이전에 테오티우아칸에 예속되어 있었을 것이다. 친구 고고학 유적지로 불리는 이 지역의 초기 행정 중심지는 테오티우아칸의 건축 양식을 뚜렷하게 보여 주었다. 사람들이 친구를 버리고 떠난 시기와 툴라가 성장한 시기가 일치했다. 기원후 900년 툴라는 260만 제곱미터가 넘는 도시로 성장했다.

기원후 900년이 지나면서 멕시코 중부 지역의 많은 2세대 국가가 쇠퇴했다. 대개는 이들을 국가로 성장시킨 연합체가 해체되었기 때

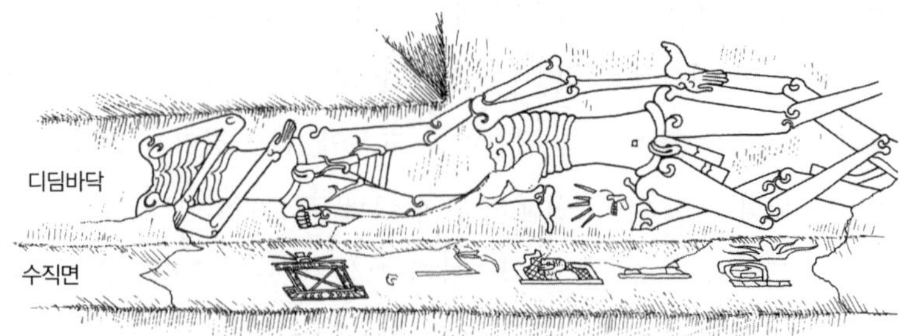

그림 68 | 멕시코 틀락스칼라에 위치한 산꼭대기 성채 도시 카칵스틀라의 '포로 계단'에는 다색 형상이 그려져 있다. 디딤바닥에는 그야말로 뼈와 가죽만 남을 정도로 굶어 죽은 포로들의 시신이 그려져 있고 수직면에는 카칵스틀라가 정복한 지역의 지명이 상형 문자로 적혀 있다. 이러한 군국주의는 멕시코 중부 지역 2세대 국가의 전형적인 특징이었다.

문이지만 툴라는 예외였다. 툴라의 앞날에는 여전히 전성기가 기다리고 있었다.

3세대 국가

1577년 스페인의 펠리페 2세는 멕시코에 있는 모든 식민지 행정 당국을 대상으로 관할 아래 있는 주에 관한 설문지를 나누어 주고 답을 작성하도록 했다. 그 결과 얻은 일련의 문건을 가리켜 『지리 관계*Relaciones Geográficas*』라고 하는데 오늘날 세비야의 한 기록 보관소에 남아 있다. 이 문건은 멕시코 인디언 사회를 알려 주는 정보의 금맥이다. 그러나 이는 빙산의 일각에 불과하다. 이 문건을 집필한 사람들 외에도 스페인 선교사, 병사, 관리 중 깊은 관심을 가진 이들이 인디언 지도자들을 상대로 그 사회의 역사, 관습, 종교적 믿음, 왕, 정복 활동에 관해 인터뷰를 했다.

우리가 아스텍에 관해 알고 있는 많은 것은 이러한 문서와 고고학 자료를 통해 알려졌다. 하지만 전설 속의 역사는 그보다 훨씬 오래전으로 거슬러 올라간다. 전설 속 역사는 아스텍 이전 시대의 사람들에 관해 말하고 있으며, 이들은 바로 기원후 900년에서 1200년 사이 멕시코 중부 지역을 다스렸던 톨텍족이다. 톨텍족은 이후에 등장한 아스텍족처럼 나와틀어를 사용했다.

역사학자 위그베르토 히메네스 모레노 덕분에 우리는 테오티우아칸에서 북쪽으로 56킬로미터 떨어진 곳에 있는 툴라 고고학 유적지가 톨텍의 수도였다는 것을 알 수 있었다. 또한 톨텍이 3세대 국가를 형성했을 뿐만 아니라 다종족 제국이라는 사실도 밝혀졌다.

기원후 700년 당시 툴라에는 이미 사람이 들어와 살고 있었지만 해당 지역 밖까지 영향력을 미치지는 않았다. 이 도시는 리오툴라강의 양 강둑을 따라 위치했으며, 이 강은 해발 2,100미터의 건조한 분지 지대에 관개용수를 공급하는 주된 수원지였다. 위그베르토 히메네스 모레노에 따르면 툴라가 이후 성장할 수 있었던 배경에는 최소한 두 개의 큰 이주 집단이 유입된 점이 작용했다. 엄밀한 의미의 톨텍족이 건조한 북쪽과 서쪽 지역에서 왔다. 남쪽과 동쪽 지역에서는 여러 종족 집단이 한데 모인 노노알카족이 왔다. 멕시코 중부의 오래된 도시들이 몰락한 것이 그 계기였다.

이제 톨텍의 세력 확장 과정을 낭만적으로 설명해 놓은 토착민의 이야기를 적당히 가감하면서 들어보도록 하자.

이 이야기는 믹스코아틀("구름 뱀")이라는 이름을 지닌 한 지도자에서 시작된다. 믹스코아틀은 북쪽에서 큰 무리의 사람들을 이끌고 멕시코 분지로 들어와 오토미라는 종족과 싸움을 벌였으며, 이 과정에서 암살당하고 말았다. 그의 아들 세 아카틀("하나의 갈대")은 오토미족에 복수한 뒤 백성을 이끌고 북쪽으로 향해 다툼이 심하지 않은 툴라에 정착했다. 그가 툴라에 도착한 날짜는 오늘날 달력으로 기원후 968년에 해당한다.

그런 다음 "하나의 갈대"는 두 개의 명예 칭호를 얻었으며, 하나는 토필친("각하" 또는 "경"에 해당한다.)이고 다른 하나는 케찰코아틀("깃털 달린 뱀")이었다. 케찰코아틀이라는 칭호는 통치자가 주요 신과 자신을 연관시킴으로써 통치를 정당화하려고 시도했음을 의미한다.

마침내 툴라는 면적이 13제곱킬로미터에 달할 만큼 성장했다. 테오티우아칸만큼 큰 도로망을 갖추지는 못했지만 구조로 볼 때 일정한 도시 계획 아래 성장했음을 알 수 있다. 툴라의 장인은 테오티우아칸의 장인과 달리 커다란 복합 구조물에 모여 살지는 않았지만 그에 못지않게 기술이 뛰어났다. 커다란 작업장 두 곳에서 흑요석을 이용하여 수천 개의 세모날, 칼날, 칼을 만들었다. 물레가 엄청나게 많이 있었던 것으로 보아 면직물을 대량으로 생산했을 것이다. 해발 2,100미터에서는 목화가 자라지 않으므로 분명 저지대에서 대규모로 목화를 들여왔을 것이다.

실제로 장거리 교역이 있었음을 입증하는 증거가 매우 많기 때문에 아스텍의 포치테카pochteca, 즉 아주 먼 지역까지 교역 사절단을 이끌고 갔던 특별한 사업자 길드의 전신이 톨텍 사회에 있었을 가능성이 높다. 툴라의 한 거주지에 있는 창고에서는 과테말라의 태평양 연안 지역에서 들여온 플럼베이트 도자기와, 코스타리카나 니카라과에서 수입한 파파가요 다색 도자기가 들어 있었다.

툴라의 신전 구역은 벽으로 둘러싸여 도시의 세속 구역과 구분되었으며, 이 벽은 몇몇 수메르 도시에서 신성한 구역 주변에 쌓았던 것과 비슷하게 생겼다. 툴라에서는 이 벽을 가리켜 코아테판틀리coatepantli, 즉 "뱀 벽"이라고 불렀다. 벽에는 구불구불한 물결 모양의 방울뱀이 장식 무늬로 들어가 있었다. 이후 아스텍 사회가 톨텍의 뱀 벽의 아이디어를 차용했다.

아스텍이 채택한 또 다른 톨텍의 창조물은 차크 물이라는 것으로, 비스듬히 누운 남자가 배에 그릇을 얹고 있는 조각품이다(그림 69). 구전 역사에 따르면 이 그릇의 용도는 제물로 바치는 희생자의 심장 등 공물을 담기 위한 것이었다. 희생자의 머리를 최종적으로 보관하는 곳은 촘판틀리tzompantli, 즉 여러 층으로 된 해골 선반이었다.

톨텍이 가장 세력을 떨쳤던 전성기는 기원후 12세기이며, 실로 엄청난 교역 규모를 자랑했다. 남쪽으로는 니카라과와 코스타리카의 산물을 들여왔으며 북쪽으로는 미국 남서 지역이나 멕시코 북서 지역에서 캐낸 터키석도 입수했다.

고고학자 퍼트리샤 크라운과 화학자 W. 제프리 허스트는 뉴멕시코에 있는 푸에블로 보니토 유적지에서 비커 모양으로 된 여러 개의 채색 용기에 담긴 초콜릿 잔여물을 발견했다. 용기는 해당 지역에서 제작된 것이지만 초콜릿은 분명 멕시코에서 들여온 것이다. 용기의 연대를 추정한 결과 톨텍이 북쪽 지역에서 많은 터키석을 수입하던 시기와 일치했다. 필시 터키석에 대한 대가로 초콜릿 콩을 주었을 것이다.

그림 69 | 차크 물이라고 불리는 이 톨텍 조각은 멕시코 이달고 주 툴라에 위치한 어느 명예로운 장소에 있었다. 높이가 60센티미터가 약간 넘는 이 조각은 사제의 수행원이 제물용 칼을 완장에 찬 채 희생자의 심장을 담을 그릇을 들고 있는 모습을 묘사했다. 후대에 아스텍족은 이런 형상의 조각을 톨텍 사회의 여러 관습과 같이 차용했다.

수 세기에 걸쳐 세력을 확장하던 톨텍은 내부 분열로 무너졌다. 구전 역사는 여기서 다시 한번 역사를 미화하면서 내분이 두 신 사이의 경쟁 때문에 일어났다고 설명한다. 전설에 따르면 케찰코아틀(창조, 예술, 공예와 관련된 신)과 테스카틀리포카("연기 나는 거울", 군국주의 및 인간 제물과 관련된 신) 간에 싸움이 벌어졌고, 테스카틀리포카가 케찰코아틀을 속여 공개적인 자리에서 술에 취하게 했다. 이는 툴라를 떠나지 않을 수 없을 만큼 매우 수치스러운 일이었다.

이 전설은 각기 다른 수호신을 섬기는 두 왕실 가문이나 정치 파벌 간의 싸움을 미화한 내용일 것이다. 결국 툴라는 하강 곡선을 그리며 쇠퇴했고 다시는 회복하지 못했다. 톨텍의 마지막 통치자인 우에마크는 기원후 1156년 또는 1168년에 도시를 떠나 멕시코 분지로 옮겨간 것으로 전해진다. 이곳에 도착한 옛 톨텍 상류층은 아스카포찰코, 텍스코코, 틀라코판, 쿨우아칸 등 나와틀어 지명을 가진 호수 인근 지역에 정착했다.

인구가 줄자 툴라는 공격에 취약해졌다. 톨텍족에게 치치멕chichimec, 즉 "개 사람"이라는 경멸조의 이름으로 알려진 북쪽과 서쪽 출신의 여러 종족 집단이 툴라에 들어와 곳곳에 불을 질렀다. 이 치치멕 집단 중 하나는 자신들이 아스틀란("왜가리의 땅")이라고 불리는 늪지대 안의 한 섬에서 왔다고 주장했다. 이러한 지역 출신 사람들을 가리켜 "아스테카"라고 부르게 되는데, 이 말이 아스텍의 어원이다. 하지만 이들은 이주 과정에서 명칭을 "멕시카"로 이름을 바꾸었고 여기서 멕시코라는 말이 생겼다.

4세대 국가

기원후 1200년과 1300년 사이 멕시코 중부 지역에 4세대 국가가 탄생했다. 그중 한 곳도 제국의 지위에 이르지 못했다. 대부분은 작은 왕국이었고 야심 있는 경쟁 세력에게 정복당하지 않으려고 어쩔 수 없이 이웃과 동맹을 맺었다.

고고학 조사에 따르면 이 시기의 왕국 중에는 겨우 세 단계 행정 위계 체계밖에 갖지 못한 곳도 있었다. 하지만 이 사회들은 군주제로 나아가는 루비콘 강을 건넌 적이 있기 때문에 왕권의 과시적 요소를 포기할 마음이 없었다. 비록 영토는 넓지 않아도 독자적인 왕가를 유지하고자 했다.

이 작은 왕국들을 알테페틀altepetl이라고 불렀는데 땅과 물을 뜻하는 나와틀어 두 개를 합친 단어였다. 일반적으로 알테페틀의 인구는 1만 명에서 2만 명 정도였으며 이 가운데 몇천 명이 수도에 거주했다.

전설 속 역사에서는 이 시기의 종족 집단을 가리켜 멕시코 분지에 "들어와" 특정 장소에 "자리 잡았다"고 설명하지만 고고학 기록을 보면 이 지역들 중에는 수 세기 전부터 사람이 살고 있던 곳이 많았다. 그처럼 오랜 기간 사람이 살고 있었다는 것은 농사를 지으면서 각 공동체에 장기적 안정성을 부여한, 나와틀어를 쓰는 평민이 존재했다는 것을 나타낸다. 아마도 전설에서 이주민으로 등장한 사람들은 과거의 가계가 쇠퇴하고 공동체가 지도자 없는 상태로 이행하자 이곳저곳으로 옮겨 다닌 왕실 가계 사람들이었을 것이다. 이들의 모습은 코니아크 나가족의 큰 앙 가문을 연상케 한다. 이후 멕시카가 보인 행동은 이러한 시나리오를 뒷받침한다. 그들은 왕실의 피를 이어받은 지도자를 보내 달라고 다른 공동체에 여러 차례 요청했다.

멕시카의 구전 역사에 따르면 멕시카 지도자들은 독자적으로 알테페틀을 통치할 만큼 충분한 자격이 있는 상류층이 아니었다. 멕시카는 1250년에서 1298년 사이에 아스카포찰코의 봉신으로 살았고 이후 1299년에서 1323년 사이에는 쿨우아칸의 봉신이 되었다. 독자적인 왕실 가계를 세우고 싶었던 멕시카는 쿨우아칸의 통치자에게 딸을 달라고 요청했고, 그녀가 자기네 주요 신의 신부이자 통치권자가 될 것이라고 말했다. 휘하의 봉신이 행복하게 지내도록 해 주는 일에는 고귀한 신분의 혼인 상대를 보내는 것도 포함되었다. 이 덕분에 멕시카는 왕녀를 갖게 되었다.

하지만 구전 역사를 믿는다면 이후 멕시카는 믿기 힘든 실수를 저질렀다. 이들은 왕녀를 신으로 모셔 경배하고자 했다. 이 의식에는 왕녀에게 여신의 옷을 입혀 제물로 바친 다음 그녀의 시신에서 살가죽을 벗겨 내 사제가 살가죽을 쓰고 춤을 추는 과정이 포함되어 있었다.

이 춤 의식에 초대받은 쿨우아칸의 통치자가 딸을 알아보고는 경악을 금치 못했다. 멕시카는 서둘러 도망치지 않을 수 없었고 중앙의 호수에 위치한 두 개의 습지 섬으로 피신했다. 이 섬들은 아스카포찰코, 텍스코코, 쿨우아칸의 영토 사이에 있는 완충 지대에 있었으며, 이런 완충 지대에 새로운 지위 사회가 들어서는 일은 흔했다. 멕시카는 두 섬 중 한 곳의 이름을 테노치티틀란("프리클리페어선인장의 땅")으로, 다른 곳의 이름을 틀라텔롤코("흙 언덕이 있는 곳")로 정했다.

이것이 멕시카의 종말이었을까? 결코 그렇지 않았다.

아스텍: 5세대 국가

멕시카 전설에 따르면 이들이 아스틀란에서 이주하는 동안 가장 중요했던 순간은 어느 동굴에서 우상을 발견한 일이었다. 우이칠로포치틀리("왼쪽에 있는 벌새")의 우상이었는데 이 수호신이 이들에게 멕시카라는 이름을 주었다.

우이칠로포치틀리의 어머니는 과부 여신인 코아틀리쿠에("뱀 치마를 입은 여자")였다. 어느 날 그녀가 툴라 부근에 있는 신화 속의 "뱀 언덕" 코아테펙에서 땅을 쓸던 중 깃털 뭉치에 의해 기적처럼 임신을 했다. 그녀의 딸 코욜사우키(달의 화신)는 어머니의 음란한 행위에 화가 났고 400명의 남자 형제(남쪽 하늘의 별들)에게 어머니의 목을 베라고 시켰다.

훗날 이 사건을 기념하여 코아틀리쿠에의 잘린 목에서 피가 뱀 모양으로 뿜어져 나오는 거대한 조각상을 만들었다. 이 조각상에서는 코아틀리쿠에가 방울뱀 치마를 입은 덩치 큰 미식축구 선수처럼 묘사되어 있어 깃털 뭉치 말고는 어느 누구도 이 여신을 사랑하지 않을 것 같았다. 가장 매력적인 장식품은 잘린 손과 심장으로 만든 목걸이였다.

코아틀리쿠에는 목을 베이고도 전사 아들 우이칠로포치틀리를 낳았으며, 그는 완전 무장을 갖춘 상태로 어머니의 자궁에서 나왔다. 우이칠로포치틀리는 누나 코욜사우키를 칼로 조각낸 뒤 시신을 코아테펙 언덕 아래 던지고 남자 형제 400명을 하늘에서 몰아냈다. 이 신화는 태양이 매일 달과 별을 사라지게 만드는 것을 상징화한 것이다.

멕시카는 호수가의 늪지를 농토로 개간하는 등 힘든 노동과 거래를 통해 살아남았다. 1376년 무렵에는 충분히 시간이 흘렀기 때문에 쿨우아칸의 왕녀를 제물로 삼은 일이 용서될 수 있었다. 테노치티틀란에 거주하던 사람들은 다시 청원을 하여 아카마피치틀리(1376~1395년)라는 이름의 쿨우아칸 왕자를 얻었고 틀라텔롤코는 아스카포찰코에서 왕자를 얻었다. 이렇게 탄생한 두 왕실 가계는 당연히 원래 가계에 비해 하위 가계로(따라서 종속적인 가계로) 여겨졌다.

이 시기에 일어난 커다란 정치적 흐름 중 하나는 아스카포찰코의 왕 테소소목의 세력이 커지고 있는 점이었다. 얼마 지나지 않아 그는 공격적으로 텍스코코로 이동해 그곳의 통치자 네사우알코요틀을 추방했다. 당대에 가장 탁월한 현자이자 시인으로 여겨졌던 네사우알코요틀은 푸에블라와 틀락스칼라에 있는 동맹 세력에게서 피난처를 찾았다. 도망 길에 오르는 네사우알코요틀은 수메르인이 파괴된 우르를 보고 지은 비가만큼이나 감동적인 시를 지었다.

허리를 숙이고, 사람들 옆에서 고개 숙인 채 살아가네.
이 때문에 흐느끼는 나, 비참하도다!
땅 위의 사람들 옆에 혼자 남았네.
생명을 준 이여, 당신의 마음은 어느 쪽으로 정해졌는가?
불쾌한 마음을 떨쳐 내기를! 연민의 마음을 넓게 품기를!
나는 당신 곁에 있고 당신은 신이라오.
당신은 내게 죽음을 안겨 줄 것이오?

1426년에서 1428년 사이 언제쯤 테소소목에 뒤이어 막스틀라가 아스카포찰코의 왕위에 올랐다. 분명 그는 테노치티틀란이나 틀라텔롤코 두 곳 모두에 대해 호감을 갖지 않았다. 그가 맨 처음 보인 행동은 두 섬의 통치자들을 죽일 사람을 물색하는 일이었다.

이러한 정치적 암살로 인해 몇 년 동안 아스카포찰코의 폭정을 향한 분노가 들끓었다. 테노치티틀란과 틀라텔롤코의 지도자들은 망명 중인 텍스코코의 통치자 네사우알코요틀에게 전령을 보내 복수를 계획했다. 아스카포찰코의 남쪽에 있는 도시 국가 틀라코판도 막스틀라에게 특별한 반감을 품고 있던 터라 이들에게 합세했다. 이윽고 멕시코 분지 바깥에 있는 푸에블라와 틀락스칼라 지역의 왕국까지도 이 음모에 가담했다.

첫 번째 반란 행위는 망명한 텍스코코의 통치자를 다시 권좌에 올리는 것이었다. 동맹 세력은 아스카포찰코에 예속된 지역 중 일부는 영토를 빼앗고 다른 영토의 사람들에게는 아스카포찰코에 대한 충성을 버릴 것을 종용했다. 1428년 동맹 세력은 실질적으로 아스카포찰코를 고립시킨 뒤 막스틀라를 끌어내렸다.

세부적인 점에서 차이를 보이긴 해도 아스카포찰코의 경우 오세이 투투가 아샨티 중심의 동맹 세력을 이끌고 덴키에라를 무너뜨렸던 것과 비슷한 과정에 의해 무너졌다. 여기서 오세이 투투 역할을 맡은 멕시카 통치자는 이츠코아틀("흑요석 뱀")이었으며 테노치티틀란의 살해당한 통치자의 뒤를 이어 권좌에 올랐다. 이츠코아틀은 자신의 힘으로 테노치티틀란의 독립을 얻은 것을 축하하기 위해 금 의자를 만들지는 않았다. 하지만 갈대 다발로 만든 공식 의자를 버리고 매트로 만든 왕좌를 사용했으며, 백성에게 보다 영광스러운(비록 수정한 것이지만) 역사를 만들어 주기 위해 재상에게 과거의 멕시카 그림 문자를 모두 불태우라고 지시했다.

테노치티틀란, 텍스코코, 틀라코판 등 큰 도시들은 정치적 군사적 동맹을 유지하는 한 다른 어떤 알테페틀도 자신들에게 맞서지 못할 것이라고 판단했다. 그리하여 이 도시 국가들은 정치적 확장을 위한 군사 작전을 개시했다. 정복 활동을 벌이는 동안 획득한 전리품은 똑같이 다섯 등분으로 나누었다. 테노치티틀란과 텍스코코가 많은 전사를 제공했으므로 각각 두 등분씩 가져가고 틀라코판은 전쟁터까지 물자를 수송한 공을 인정하여 나머지 한 등분을 가져갔다.

테노치티틀란, 텍스코코, 틀라코판의 삼각 동맹 차원에서만 아스텍 제국이 탄생할 수 있었다. 어느 한 알테페틀도 독자적으로 성공을 거둘 만한 정치적 군사적 힘을 갖지 못했다. 만일 독자적으로 성공을 꾀하고자 했다면 아스카포찰코와 같은 운명을 맞았을 것이다. 테노치티틀란, 텍스코코, 틀라코판의 왕실 가문은 동맹을 공고히 하기 위해 통치자들이 서로 삼촌, 조카 또는 사촌으로 연결되도록 혼인 관계를 맺기 시작했다.

다음 세기 동안 멕시코 분지의 인구는 약 150만 명으로 증가했다. 이 수치는 두 가지 자료를 근거로 한 것이다. 하나는 식민 시대 스페인의 문서이고 다른 하나는 윌리엄 샌더스, 제프리 파슨스, 로버트 샌틀리가 멕시코 분지를 대상으로 실시한 상세한 고고학 조사 자료이다.

스페인이 멕시코 분지를 정복했을 당시 이곳에는 최소한 60개의 알테페틀이 있었으며 각 알테페틀의 평균 인구는 1만 5천 명 내지 3만 명이었다. 또한 약 3천 명 규모의 도시와 이보다 작은 촌락 여러 개를 제각기 갖고 있었다. 이 도시와 촌락이 아스텍 행정 위계 체계의 2단계, 3단계, 4단계를 구성했다. 1단계는 삼각 동맹이었다. 텍스코코와 틀라코판은 각각 2만 5천 명 정도의 인구를 보유했고 테노치티틀란의 대략적인 인구는 적게는 6만 명, 많게는 30만 명이었다. 한때 피신 지역으로 여겨졌던 테노치티틀란과 틀라텔롤코의 섬은 이제 세 개의 커다란 둑길과 수천 척의 카누를 이용하여 본토와 연결되어 있었다.

아스텍 사회

스페인인들이 들어왔을 당시 멕시카는 152년 동안 독자적인 왕가를 유지했고 톨텍 사회만큼 고도로 계층화되어 있었다. 지배 계층으로 태어난 사람은 모두 피이pilli, 즉 세습 귀족이 되었다. 이들은 칼메칵calmecac이라는 상류층 학교에서 특별 교육을 받으면서 귀족으로 행동하는 법을 익혔다. 피이는 사람들이 있는 곳에서 늘 샌들을 신고 있었고 무릎 아래까지 내려오는 면 망토를 입었다(그림 70).

피이 중에 업적과 공공 업무를 기반으로 지위가 상승한 사람은 테쿠틴tecuhtin, 즉 대귀족이 되었다. 판사, 총독, 정복한 도시의 통치자, 장군, 고위 공무원은 모두 테쿠틴이었다. 이들은 세금을 내지 않으며 관사를 제공받았고 이들 앞으로 지정된 땅에서 수입을 얻었다. 테쿠틴은 귀족 가문의 성원이었기 때문에 다른 경작지의 산물도 손에 넣을 수 있었다.

멕시카 통치자는 틀라토아니tlatoani, 즉 "〔우리를 대신해〕 말하는 사람"이라고 불렸다. 틀라토아니는 100명의 귀족 선거인으로 구성된 평의회가 자격을 갖춘 테쿠틴 중에서 선발했다. 이론적으로는 평의회를 통해 가장 훌륭한 사람을 선출할 수 있었다. 하지만 시간이 흐르면서 점차 같은 가문의 형제, 사촌, 조카가 통치자가 되는 경우가 많았다.

테노치티틀란의 틀라토아니가 사실상 삼각 동맹의 최고 사령관

그림 70 | 멘도사 그림 문서는 16세기 그림책으로, 아스텍 화가들이 스페인 정복자의 요청을 받아서 그렸다. 그 안에는 아스텍 사회 모든 계층 사람의 모습이 담겨 있다. 왼편에 보이는 사람은 세습 귀족인 피이이며, 가운데는 일하는 평민이다. 오른편에는 노예 두 명이 목에 차꼬를 차고 있다. 위쪽의 노예는 머리를 손질한 것으로 보아 여자이다.

이었다. 멕시카 통치자는 테노치티틀란 시내에 궁전을 지었으며 그곳에 동맹국의 통치자가 묵을 수 있는 숙소를 두었다. 틀라토아니는 특별한 경우에만 대중 앞에 나타났고, 행차를 할 때에는 가마를 타고 다녔으며 가마는 다른 귀족들이 들었다.

틀라토아니 아래에는 재상이 있었으며 재상은 고대 이집트의 대신처럼 국가의 일상적인 업무를 돌보았다. 왕의 부재 시에는 통치자를 대행하고 최고 법원의 재판장, 귀족 선거인단인 평의회의 의장을 맡았다.

아스텍 통치자는 신으로 여겨지지 않았다. 단순히 테쿠틴 중에서 가장 힘 있고 존경받는 존재일 뿐이었으며 더러는 울창한 나뭇가지로 모든 아스텍 사람에게 쉼터가 되어 주는 “큰 나무”로 묘사되기도 했다. 또한 아버지의 부인 중 가장 지위가 높은 여자에게서 태어나지 않아도 테쿠틴이 될 수 있었다. 구전 역사에서 전하는 바에 따르면 멕시카의 독립을 쟁취한 이츠코아틀은 지위가 낮은 여자와 귀족에게서 태어난, 정치적 기량이 출중한 자식이었다.

마세우알틴macehualtin은 평민이며 칼푸이라는 공동체에 속해 있었다. 칼푸이는 먼 조상에서 이어져 내려온 후손 집단이며, 자신들의 조상이 톨텍 제국 시대부터 살았다고 주장하는 경우도 있었다.

칼푸이는 150개 내지 200개 가구로 이루어졌다. 각 칼푸이는 시골의 농경지나 도시의 공예 재료 등 특정 자원에 대해 공동 권리를 가졌다. 칼푸이 간에는 명망의 차이가 있으며 같은 칼푸이에 속한 가구 간에도 명망의 차이가 있었다. 이들은 같은 칼푸이 사람과 혼인함으로써 공동 권리를 유지했고, 권한이 있는 많은 지위가 가계 혈통으로 이어졌다.

칼푸이의 수장은 종신 선출직이었다. 그는 부인을 여러 명 두고 많은 특권을 누리며 외부 세계에 칼푸이를 대표했다. 각 가구로부터 세금을 걷어 알테페틀의 통치자에게 전하는 것이 그의 임무였다. 정작 그 자신은 세금을 내지 않았다. 의식이 열릴 때 방문객을 대접하고 음식과 용설란으로 만든 술 풀케pulque를 제공해야 했기 때문이다. 아스텍 초기 역사에서 틀라토아니는 칼푸이 수장으로 구성된 회의의 자문을 받았다. 하지만 시간이 흐르면서 이러한 권력 분점 제도는 무시되었다.

모든 평민이 칼푸이에 속한 것은 아니었다. 평민 중 약 30퍼센트는 마예케mayeque, 즉 토지를 소유하지 않은 농노였다. 마예케 중에는 다른 나라에서 온 이주민도 있고 해방 노예도 있었으며 범죄나 부채로 토지를 잃은 평민도 있었다. 몇몇 기록을 보면 수메르에서 고리 대금이 채무자를 양산했듯이 아스텍 통치자가 때로 백성에게 과도한 세금을 징수함으로써 채무자를 양산했다는 것을 알 수 있다. 마예케는 다른 사람의 토지를 경작했다. 또한 용설란 섬유로 만든 무릎길이의 망토만 입을 수 있었기 때문에 귀족과 쉽게 구분되었다. 물론 면과 용설란 섬유의 차이만으로 귀족과 평민을 구분하는 것은 아니었다. 사냥 집단을 조직할 때 고기는 귀족에게 돌아가고, 덤불을 헤치면서 사냥감을 쫓는 평민은 토끼, 숲쥐, 도마뱀으로 만족했다.

속주 중에는 다른 귀중한 자원 대신 노예를 아스텍에 공물로 바치는 곳도 있었다. 그 밖에 다른 노예는 전쟁 포로였다. 일반 노예는 면 망토 20벌 정도로 살 수 있었으며 뛰어난 무희는 40벌을 주어야 했다. 남자 노예는 농사 일꾼, 집안 하인, 짐꾼으로 일했으며 여자 노예는 주방과 직물 공장에서 일했다. 노예도 토지와 재산을 가질 수 있었고 심지어는 자기 밑에 노예를 두기도 했다. 열심히 일해서 책임 있는 직위에 올라가거나 자유 시민과 결혼하는 경우도 있었다.

앞선 시기의 테오티우아칸과 마찬가지로 테노치티틀란에도 몇몇 촌락에 다른 종족 집단 출신 이주민이 살았다. 그중 많은 수는 장인이었으며 금, 구리, 은, 비취, 터키석, 수정으로 사치품을 만들거나, 마코앵무새, 홍관조, 장식비단날개새, 벌새 깃털로 망토를 제작하거나, 귀족 식탁에 올라갈 다색 도자기를 제조하거나, 틀라토아니가 마치 베르사체 가운을 걸친 영화배우처럼 딱 한 번 대중 앞에 입고 나타났다고 전해지는 다색 망토를 제작했다.

장거리 교역은 포치테카라고 불리는 부유한 평민들의 특별 길드에서 장악했다. 12곳이 넘는 알테페틀에 포치테카가 있었는데 높은 벽 안에 부를 감추어 놓고 밤을 틈타 오고 갔다. 이들은 노예를 짐꾼으로 이용했으며 종종 적대 지역을 통과하는 일이 있었기 때문에 무장 호위병을 거느리기도 했다. 이들이 즐겨 찾는 행선지는 멕시코 타바스코 주에 있는 해안가 석호의 무역항 시칼랑고였다. 이곳에서 포치테카는 금, 수정, 흑요석, 다색 도자기, 고급 직물 같은 고지대 산물과 장식비단날개새 깃털, 재규어 가죽, 초콜릿, 산호, 조개껍질 같은 저지대 산물을 교환했다.

이러한 저지대 산물 중에는 틀라토아니와 테쿠틴이 사치품으로 여기는 것이 많았고 이들은 개인적 이익을 위해 포치테카에 투자하는 경우가 많았다. 포치테카에게 첩보 활동을 하도록 부추겨서 다른 나라의 방위나 군사력에 관한 정보를 보고받기도 했다.

물론 이 시기의 주요 시장이 시칼랑고에만 있었던 것은 아니다. 테노치티틀란의 자매 섬인 틀라텔롤코에는 16세기의 스페인인조차 놀랄 만큼 큰 규모의 자유 시장이 열렸다. 이곳에서 수천 명의 시장 여자들이 그릇을 진열하는 한편 경비 관리가 다툼을 해결하고 일종의 판매 세에 해당하는 세금을 징수했다.

아스텍의 시장인 티안기스tianguis는 잉카에서 찾아볼 수 없던 제도였으며 공물, 노예 노동, 포치테카 사업가의 활동과 더불어 아스텍 경제의 큰 기둥을 이루었다. 또 다른 기둥으로는 집약 농업을 들 수 있으며, 여기에는 치남파chinampa 경작이라고 알려진 습지 간척 체계가 포함되었다.

남쪽 호숫가의 천만 제곱미터가 넘는 땅에 호수 바닥의 유기질 진흙을 퍼다가 기다란 경작지를 평행하게 여러 개 만들었다. 비옥한 경작지 사이사이에 좁은 수로가 나 있고 이 수로로 카누가 드나들 수 있었다. 몇몇 치남파는 생산성이 매우 높아서 매년 세 종 이상의 채소 작물을 수확할 수 있었다. 여기에다가 옥수수를 생산하는 언덕의 계단식 경작지와 관개 농토 수십 억 제곱미터를 더하면 스페인인들이 깊은 인상을 받은 것도 놀랄 일이 아니다.

테노치티틀란 중심가

스페인 기록에 묘사된 내용을 보면 테노치티틀란 중심가에 신성 구역이 있고 이곳에는 윗면이 평평한 피라미드 위에 각기 우이칠로포치틀리와 틀라록을 모시는 쌍둥이 신전이 있었다. 이 피라미드는 코아틀리쿠에가 수태했던 신성한 언덕 코아테펙을 상징하며 피라미드 밑부분 근처에 세워진 돌 기념비에는 코아틀리쿠에의 딸 코욜사우키가 팔다리가 잘린 모습으로 묘사되었다. 신전 한 곳에는 제물로 바친 희생자의 심장을 담기 위한 차크 물이 갖추어져 있었다. 에두아르도 마토스 목테수마와 레오나르도 로페스 루한이 오랜 기간 작업하여 커다란 신전 복합 단지를 발굴했으며, 이 복합 단지는 여러 차례에 걸쳐 증축 및 개축되었다.

남쪽에는 테스카틀리포카에게 바치는 신전이 있고 서쪽에는 케찰코아틀에게 바치는 신전이 있었다. 톨텍에서 차용한 것으로는 뱀 벽, 그리고 제물로 바친 포로의 머리를 쌓아 만든 거대한 해골 선반이 있었다. 의식 차원의 구기 경기를 위한 운동장과 귀족 아이들이

다니는 학교도 있었다. 통치자의 궁전을 신성 구역에 세우지 않고 세속 지역에 세운 점도 의미심장했다.

아스텍 제국주의의 논리

삼각 동맹은 약 90년 동안 새로운 영토를 획득하고 거기서 공물을 거두어들였으며 동맹이 깨지지 않도록 잘 유지했다. 여기에서는 아스텍이 따랐던 몇 가지 원칙을 정리해 보고자 한다.

1. 틀라토아니의 선출 기준으로 군사적 기량이 점차 중요한 의미를 지니게 되었다. 각 후보자에게 취임 때 제물로 바칠 포로 40명을 데려와 기량을 증명해 보이라고 요구하는 일도 있었다.
2. 뛰어난 전사는 잡은 포로 수에 따라 특별한 의복을 보상으로 받았다.
3. 예전의 사포텍이 그랬듯이 아스텍도 강한 이웃과는 긴장 완화를 꾀하는 한편 약한 종족은 정복했다. 그리하여 틀락스칼라의 주변에 살던 사람들은 예속시켰지만 정작 틀락스칼라 사람들은 절대로 예속시키지 않았다. 멕시코 서부 지역의 타라스코족은 아스텍에 맹렬하게 저항했기 때문에 아스텍과 인접한 경계 지대에 양옆으로 요새가 늘어서 있는 완충 지대가 생겼다.
4. 제국의 변경에 있는 공동체가 반항하면 그곳의 성인들을 살해한 뒤 나와틀어를 쓰는 충성스러운 이주민을 보내어 정착시킴으로써 해당 지역을 평정했다. 살해당한 사람들의 아이는 멕시코 분지로 데려와 아스텍족으로 길렀다.
5. 아스텍족이 공물로 받고 싶어 했던 것은 옥수수, 목화, 초콜

릿, 바닐라콩을 비롯한 농산품, 금과 보석, 고무, 이국적인 동물의 가죽과 깃털, 노예였다. 공물을 받기보다 부역 노동을 좋아했던 잉카와는 대조를 보였다.

6. 아스텍족은 다른 종족 집단을 자기 사회 내에 통합하기를 원했고 이 때문에 다른 나라의 우상을 들여오고 테노치티틀란에 외국 신을 모시는 신전을 세웠다. 아스텍이 그렇게 큰 만신전을 둔 이유도 신이 차츰 늘어나면서 그에 따라 만신전도 점점 확대되었기 때문이다. 아스텍족은 각 사회마다 고유의 신과 조상이 있는 것이 지극히 논리적이라고 보았다. 스페인인이 들어와 종교재판소를 세우기 전까지 멕시코에서는 강제로 개종시키는 일이 없었다.

7. 아스텍 전쟁에는 몇 가지 규약이 있었으며, 이는 스페인 정복 이전의 제네바 협정 같은 것이었다. 예를 들어 옥수수 추수기에 들어가고 건조기가 시작되기 전에는 절대로 큰 군사 행동을 벌이지 않았다. 필요할 때 징집하는 평민 보병이 농작물을 생산하는 데 지장을 받지 않도록 해야 한다는 것, 그렇지 않을 경우 승리를 하더라도 오히려 빈곤해질 수 있다는 것이 이 규칙의 배경에 깔려 있었다.

아스텍의 후대 왕들

스페인인의 요청으로 아스텍족은 구전 역사와 상세한 그림 문자 기록을 바탕으로 역대 왕들의 업적을 상세하게 알려 주었다. 이러한 역사를 통해 우리는 삼각 동맹의 첫 번째 수장이었던 이츠코아틀(1427~1440년)이 남서 지역으로 군대를 보내 오늘날의 게레로 주에 있던 도시들을 정복했다는 것을 알게 되었다. 이츠코아틀에 이어 모테쿠소마 1세(1440~1469년)가 왕위에 올랐는데 그는 지위가 높은 장군 출신이었다. 모테쿠소마는 모렐로스 주와 게레로 주 지역에 대한 아스텍의 지배권을 공고히 다진 뒤 동쪽에 있는 우아스테크족을 정복하기 위해 일련의 군사 행동을 벌였다. 이 과정에서 아스텍족은 식량을 공급해 줄 만한 우호적인 도시에서 도보로 하루 혹은 이틀 거리를 벗어나지 않았다. 이는 광범위한 도로체계와 제국 창고를 건설했던 잉카의 전략과 대조를 이루었다.

모테쿠소마 1세 다음에는 아들 악사야카틀(1469~1481년)이 왕위에 올랐다. 그는 왕위에 오르기 전에 벌인 군사 행동으로 테우안테펙 지협까지 진출했고 여기서 더 나아가 오악사카의 태평양 연안에 있는 우아툴코까지 정복했다.

악사야카틀의 뒤를 이어 티소크(1481~1486년)가 왕이 되었고 그는 아스텍 왕 중에서 처음으로 군사적 실패로 평가받는 왕이었다. 티소크의 문제는 즉위 이전에 벌였던 군사 행동에서 시작되었다. 메츠티틀란이라고 불리는 지역에서 티소크의 군대가 패배했는데, 다행히 즉위식에 제물로 바치는 데 필요한 포로 40명을 잡아 최소 요건을 충족했다. 그리하여 테노치티틀란으로 돌아온 티소크는 포로를 잡는 자신의 모습을 돌 기념비에 담아 세우도록 지시했다. 이 기념비는 말하자면 티소크 나름의 "임무 완료" 깃발인 셈이었다. 하지만 이 기념비에서는 귀족 장교 300명이 희생되었다는 사실을 언급하지 않았다.

티소크는 계속해서 지지자를 실망시켰다. 즉위한 지 2년 뒤에는 아스텍 공물 징수관 한 명이 메츠티틀란족에게 살해당하는 일을 막지 못한 사건도 있었다. 티소크는 왕위에 오른 지 5년도 되지 않아 죽었다. 전하는 바에 따르면 믿었던 사람들에게 독살당했다고 한다.

곧이어 보다 공격적인 동생 아우이초틀(1486~1502년)이 왕위에 앉았다. 아우이초틀은 티소크에게 저항했던 지역을 정복한 뒤 게레로 주, 푸에블라 주, 베라크루스 주의 여러 지역을 정복(또는 재정복)했다. 한 기록에 따르면 아우이초틀은 반항하던 공동체 몇 곳을 완전히 쓸어버린 뒤 나와틀어를 쓰는 충성스러운 기혼 부부 9천 쌍을 이곳으로 이주시켰으며, 이 가운데 600쌍은 삼각 동맹의 도시에 살던 사람들이었다. 이 과정에서 생긴 수천 명의 고아는 제국의 다른 지역으로 보냈다.

아우이초틀의 주요 업적 중 하나는 과테말라의 태평양 연안 지역에서 초콜릿을 재배하는 소코노치코를 합병한 일이었다. 소코노치코까지 최단 거리로 가려면 사포텍 영토를 거쳐야 했는데, 사포텍족은 아스텍족이 오악사카 밸리를 마음대로 다니도록 허락할 수 없었다. 그리하여 아우이초틀은 사포텍에 속한 공동체를 정복함으로써 길을 개척하고자 했다.

아스텍이 압박해 오자 사포텍의 통치자 코시요에사(1487~1529년)는 오악사카 밸리에 있던 군대를 테우안테펙 지협에 위치한 요새화된 산꼭대기로 옮겼다. 또한 사포텍 군대는 아치우틀라라고 불리는 왕국에서 파견된 믹스텍어를 쓰는 동맹군과 테우안테펙에서 합류했다. 이제 아우이초틀의 군대는 양쪽에서 공격을 받게 되었다.

아스텍은 일곱 달 동안 세 차례에 걸쳐 군사를 보강했지만 사포텍과 믹스텍의 방어를 뚫을 수 없었다. 부상으로 병력이 약해지고 열대의 뜨거운 기후로 사기가 저하되자 마침내 아우이초틀은 휴전 협약을 맺는 것이 최선의 전략임을 깨달았다.

휴전을 성사할 해법은 정략결혼이었고, 아우이초틀의 딸인 공주 코욜리카친("솜 조각")을 사포텍의 통치자와 약혼시켰다. 또한 이 결합이 두 종족 모두의 구미에 맞도록 낭만적인 전설을 만들었다. 코시요에사가 산속 연못에서 목욕하던 "솜 조각"을 우연히 만나 한눈에 반했다는 내용의 전설이었다. 하와이 전설에서 우미의 부모인 릴로아와 아카히가 만나는 내용과 얼마나 비슷한지 주목해 보라.

아우이초틀 다음에는 모테쿠소마 2세(1502~1520년)가 왕위에 올랐고 그는 선대 왕들이 정복한 지역에서 기반을 공고히 다지는 한편 새로이 영토를 늘렸다. 모테쿠소마에게는 불행한 일이었지만 그가 왕좌에 있던 1519년에 스페인 사람들이 들어왔다.

수적으로는 스페인인이 열세였지만 그들에게는 대포와 나팔 총, 석궁, 말, 갑옷이 있었다. 스페인인은 노련한 전사로 조직된 틀락스칼라 군대와도 합세했다. 이 군대는 아스텍의 몰락으로 이득을 볼 수 있었다. 스페인인은 또한 스페인 정복 이전 시기의 규약을 깨고 농사철에 아스텍을 기습 공격했다. 게다가 그들이 전진할 때마다 아스텍족이 면역력을 갖지 않은 유럽의 질병이 한발 앞서 퍼져 나갔다. 멕시코 최후의 토착 제국은 비교적 짧은 기간에 무너지고 말았다.

페루의 2세대 제국

안데스 지역을 마지막으로 살펴볼 때 페루 북부 해안의 15개 유역에 걸쳐 있던 모체 제국을 설명한 바 있다. 모체는 페루의 초기 군주국 중 하나였으며 또 다른 군주국으로는 페루 남쪽 해안의 나스카 왕국이 있었다.

모체와 나스카가 몰락하기 전부터 새로운 팽창주의적 국가가 형성되고 있었다. 태평양 해안을 중심으로 했던 모체와 나스카와 달리 이 2세대 국가는 안데스 고지대에서 생겨났으며 모체와 나스카의 제도는 이후 잉카에 의해 계승되었다.

우아리

앞서 우리는 페루의 남부 고지대에서 장기간에 걸친 덩이줄기 채집과 과나코 수렵이 농업과 가축 몰이로 발전했다는 사실을 확인한 바 있다. 평균 높이가 해발 2,700미터 이상 되는 험준한 아야쿠초 분지가 바로 이 지역 안에 있다.

오늘날 우리는 새로운 팽창주의적 국가의 수도가 왜 이곳에 생겼는지 설명할 수 있을 만큼 아야쿠초 분지의 초기 역사를 충분히 알지 못한다. 다만 기원전 200년에서 기원후 200년 사이 이곳 분지에 신전과 상류층 주거지를 둔 여섯 개의 공동체가 있었다는 것을 알고 있다.

고고학 조사에 따르면 우아리(와리)라고 불리는 곳이 이미 그 당시에 공공건물을 갖춘 커다란 촌락으로 자리 잡았지만 그럼에도 분지 내에서 가장 중요한 공동체는 아니었다. 그 주인공은 바로 나윈푸쿄였다. 이곳은 언덕 위에 자리 잡은 공공 및 의식 중심지로, 이후 500년 동안 지속적으로 성장했다. 하지만 나윈푸쿄의 영향력이 분지의 남부 지역을 넘어서서 멀리까지 확대되었다는 증거는 보이지 않는다.

기원후 500년에서 700년 사이의 어느 시점부터 성장하기 시작한 우아리는 마침내 260만 제곱미터의 화산고원을 차지하게 되었고 점점 확장하면서 작은 공동체를 흡수했다. 우아리의 행정 위계 체계에서 2단계 중심지를 이루었을 법한 최소한 다섯 개의 도시가 서쪽 방향에서 새로 생겨났다.

전성기 시절(기원후 600~900년) 우아리에 거주하는 주민의 많은 수가 6미터 내지 12미터 높이의 돌 벽으로 둘러싸인 커다란 직사각형 복합 구조물 내에 살았다. 이 직사각형 복합 구조물 중에는 3층 높이에 가로세로 크기가 275미터, 120미터인 곳도 있었다. 공예 활동이 매우 발달했으며 틀을 이용하여 도자기를 대량 생산했다. 우아리의 쓰레기 더미에서는 라마(짐 운반용으로 길렀다.)와 알파카(털을 얻기 위해 길렀다.)의 뼈가 발견되었다.

높은 고도에 위치한 수원지에 길게 수로를 연결해 우아리에 물을 끌어왔으며, 이 큰 수로가 2차 수로에 물을 공급하고 다시 2차 수로가 수천 군데의 계단식 경작지에 물을 댔다. 우아리의 농업 양식은 잉카 같은 후대 사회의 출현을 예고했으며 아마 본보기 역할도 했을 것이다. 감자와 그 밖의 안데스 산맥 덩이줄기 식물이 주요 작물을 이루었지만 이보다 고도가 낮은 지역의 수백 개 계단식 경작지는 치차(옥수수 술) 제조용 옥수수를 재배하는 데 이용되었다.

우아리에서는 치차를 의식용 음료 그리고 노동 집단에 주는 보상으로 이용했다. 우아리족은 케로kero라고 불리는 특별한 비커에 이 술을 담아 마셨으며, 이 전통은 이후 안데스 산맥 사람들에게까지 이어졌다. 우아리의 행정가는 키푸khipu라고 불리는 매듭 끈 체계를 이용하여 꼼꼼하게 장부를 기록했다. 이 기술 역시 잉카 같은 후대 사회에서 그대로 채택했다.

키푸 끈을 가진 사람은 끈의 매듭 개수와 간격을 이용하여 동물이나 상품의 단위 수를 셀 수 있었는데, 말하자면 주판 비슷한 것이었다. 키푸 정보가 일종의 글이라는 주장이 한때 있긴 했지만 우리는 신빙성이 없다고 본다. 글에서는 상징 체계와 구어의 문법 사이에 일정한 관계가 있는데, 매듭의 수학적 관계는 이러한 정의를 충족하지 못하며 한 사람의 키푸에 기록된 정보가 심지어는 같은 방언을 쓰는 다른 사람에게조차 반드시 명확하지는 않았을 것이다.

우아리의 제국주의

우아리는 나윈푸쿄 같은 이전의 인구 중심지를 와해하면서 아야쿠초 분지 전역으로 정치적 지배력을 확대해 나갔다. 그런 다음 보다 먼 지역에 식민지를 수립하기 시작했으며, 비라코차팜파(북서쪽으로 770킬로미터 떨어져 있다.)와 세로 바울(남동쪽으로 675킬로미터) 같은 먼 곳까지 영향력을 확대했다. 하지만 우아리가 이런 먼 곳을 지배했는지 아니면 단지 영향력만 미쳤는지 하는 점이 늘 명확한 것은 아니다.

우아리의 식민 개척자들은 높은 벽으로 둘러싸인 직사각형의 구역을 건설했으며 여기에는 중앙의 파티오와 길고 좁은 복도가 있었다. 우아리 양식의 도자기와 더불어 이 구역은 우아리가 어디까지 세력을 확장했는지 보여 주는 단서가 되었다. 팽창하는 제국의 경우 기존 정착지를 그대로 받아들인 곳이 있는가 하면 처음부터 완전히 새로운 정착지를 세우는 곳도 있었다.

우아리가 새로 건설한 식민지 중 하나가 200만 제곱미터 규모의 피키야크타 정착지였다. 피키야크타는 잉카 문명이 탄생한 쿠스코 분지에서 불과 30킬로미터 떨어져 있었다. 이 당시 쿠스코 분지에는 독특한 지역 사회가 자리 잡고 있었으며 우아리는 이들과 직접 맞붙으려 하지 않았다. 대신 우아리 식민 개척자들은 루크레 호수 위쪽에 위치한 커다란 선반 모양의 산악 지역을 선택했다. 이곳은 빌카노타 강과 우아타나이 강이 합류하는 지점 부근이었다. 피키야크타의 중앙에는 벽으로 둘러싸인 복합 건물이 있었다. 방 여러 개짜리 건물이 이어진 이 복합 건물은 하늘에서 내려다보면 커다란 얼음 틀처럼 생겼다. 식민 개척자들은 또한 관개 수로와 계단식 경작지를 만들어 이전에는 주변부 땅이었던 커다란 지역을 농업 생산지로 바꾸어 놓았다.

이 시기의 쿠스코 사회가 너무 비협조적이었는지 아니면 우아리 행정 당국의 목적에 비해 너무 뒤처져 있었기 때문인지는 몰라도, 우아리 행정 당국은 독자적인 행정 중심지를 세우고 그곳에 우아리의 관리를 파견했을 가능성이 있다. 하지만 고고학자들은 근처의 쿠스코 분지에 살던 사람들이 우아리 식민 개척자들의 모든 행동을 지켜보면서 국가 운영 기술의 많은 부분을 배웠을 것이라고 추정한다.

앞서 보았듯이 모체의 공공 건축물은 여러 노동 집단이 차례대로 돌아가면서 지었다. 피키야크타의 건설 과정 역시 이와 비슷했던 것 같다. 공동체의 중심부를 둘러싼 거대한 벽이 여러 구역으로 나뉘어 있으며 각기 조금씩 다른 양식으로 지어졌다. 여러 집단이 건축에 참여할 때 이러한 차이가 나타난다. 이러한 형태는 돌아가면서 책임을 나누는 안데스 산맥 지역의 이상에는 부합하지만 건축 내구성 면에서는 그리 이상적이지 않다. 각 구역 사이의 틈이 결국은 취약점이 되기 때문이다.

피키야크타는 약 200년 동안 루크레 분지에 자리 잡고 있었지만 결국은 사람이 떠났다. 얼마간 시간이 흐른 뒤 불에 타 버렸는데, 아마도 이 지역의 토착 거주자들이 불태운 것으로 추정된다. 피키야크타를 버리고 떠난 것은 우아리 제국의 전반적인 몰락과 관련이 있으며, 오늘날 우리는 이 몰락의 원인을 완전히 알지는 못한다. 어쨌든 이러한 제국의 존재가 없어지면서 쿠스코 지역에서는 국가와 제국으로 나아가는 독자적인 경로가 시작되었다.

티아우아나코

우아리가 페루 중부 고지대에서 세력을 확장하는 동안 경쟁 관계에 있는 또 다른 2세대 국가가 페루와 볼리비아 국경 지대의 티티카카 분지에 생겼다. 티티카카 호수는 해발 3,600미터가 넘는다. 이렇게 고도가 높기 때문에 서리에 취약한 여러 작물을 재배할 수 없었다. 하지만 감자, 오카oca라고 불리는 안데스 괭이밥, 마슈와mashwa라고 불리는 한련, 울루코ulluco 등과 같은 뿌리 작물과 퀴노아를 호수 부근 경사면에 재배할 수 있었다. 이 지역에서는 라마와 알파카도 방목할 수 있었다.

고고학자 찰스 스태니시는 티티카카 분지가 어떻게 중앙집권적인 국가 단계의 사회로 기반을 다지게 되었는지 시나리오를 제시했다. 이 시나리오는 기원전 500년경부터 시작되며, 경쟁 족장 사회 속에서 하나의 왕국이 등장하는 과정과 관련이 있다.

기원전 500년 북서에서 남동으로 320킬로미터 이상 길게 뻗은 티티카카 분지에 최소한 예닐곱 개의 지위 사회가 자리 잡고 있었다. 이 가운데 가장 큰 곳이 북서쪽에 있던 칼루유와 남동쪽에 있던 치리파였다. 푸카라에 최고 중심지를 두었던 북서쪽 사회는 500년의 기간이 흐르는 동안 세력을 확장하여 지름이 150킬로미터 정도 되는 영토를 다스리게 되었다. 이 사회는 티아우아나코에 중심을 두었던 남동쪽의 좀 더 작은 사회와 적대적인 관계에 있었다.

기원후 200년에서 300년 사이 푸카라 사회는 급속히 몰락의 길을 걸었다. 아마 공격적인 이웃 사회들의 약탈 행위 때문이었을 것이다. 이 덕분에 티아우아나코는 아무 방해 없이 성장할 수 있었으며 기원후 600년경에는 분지 내에 맞설 경쟁 세력이 없었다. 전성기의 인구는 대략 3만 명에서 6만 명 사이였고 이들은 520만 제곱미터 규모의 도시에 살고 있었다. 이 도시의 중심부는 광장과 공공건물이 들어선 계획 복합 단지였으며 중심부 너머에 장인과 노동자가 사는 평민 동네가 있었다. 농업은 인위적으로 돋운 경작지를 조성하여 집약식으로 운영되었으며 라마와 알파카 몰이를 하는 공동체가 산악 지역 깊숙이까지 퍼져 있었다.

티아우아나코의 통치자가 사는 주거지는 계단식 피라미드 아카파나의 정상에 있었다. 이 피라미드는 높이 17미터에 밑면의 가로 세로 길이가 255미터, 195미터였다. 아카파나의 북면과 인접한 곳에 각 변의 길이가 120미터인 의식 구역 칼라사사야가 있었다. 카를로스 폰세 산히네스에서 앨런 콜라타, 후안 알바라신 호르단까지 여러 세대에 걸친 고고학자들의 연구 덕분에 티아우아나코 도시에 관해 많은 것을 알 수 있었다.

티아우아나코 국가는 티티카카 호수를 벗어나서 멀리까지 세력을 뻗쳤지만 이 지역을 직접 다스렸는지 아니면 단지 영향력만 미쳤는지 항상 명확하지는 않다. 티아우아나코 양식의 도자기가 피키야크타에 있는 우아리 식민지 반경 30킬로미터 내에서도 발견되었다. 남쪽으로는 우아리가 모케과 밸리에 세워 놓은 요새화된 전초기지 세로 바울이 보이는 곳까지 티아우아나코 도자기를 쓰는 정착지가 퍼져 있었다(그림 71). 다시 말해서 우아리 제국과 티아우아나코 제국은 서로 간의 거리가 말 그대로 몇 킬로미터 떨어지지 않은 지점까지 세력을 확장했던 것이다. 전면전이 서로에게 좋지 않다는 것을 깨달았는지, 접경 지대에서 두 제국은 유혈 충돌을 피하고 공존했던 것으로 보인다.

우아리와 마찬가지로 티아우아나코도 이후 잉카에서 차용하게 될 많은 양식을 만들었다. 티아우아나코의 공공 구조물은 면도날 하나 끼워 넣을 작은 틈 하나 없이 돌을 쌓아 지었다. 티아우아나코는 고지대의 전역을 연결하는 도로도 건설했으며 이는 미래의 잉카 제국 도로를 예고하는 것이었다. 우아리의 귀족이 그랬듯이 티아우아나코의 귀족도 치차를 케로에 담아 마셨다.

티아우아나코는 주변 집단들을 정복한 사실을 널리 알리는 데 여러 제국주의적 전략을 이용했다. 티아우아나코의 건축가들은 칼라사사야 구역 안의 움푹 팬 마당을 사람 머리 전리품의 돌 조각상으로 장식했다. 정복한 외국 집단의 돌 기념비도 옮겨 왔다. 예를 들어 티아우아나코에 있는 이른바 "벼락 석비"는 알고 보니 북서쪽으로 240킬로미터 떨어진 아라파 촌락의 돌 기념비 윗부분이었던 것으로 밝혀졌다. 티아우아나코가 세력을 떨치기 전에 조각된 이 기념비를 일부러 부러뜨려 절반은 아라파에 두고 나머지 절반은 티아우아나코로 가져왔다. 이런 "기념물 포로" 전략은 이후 잉카 제국

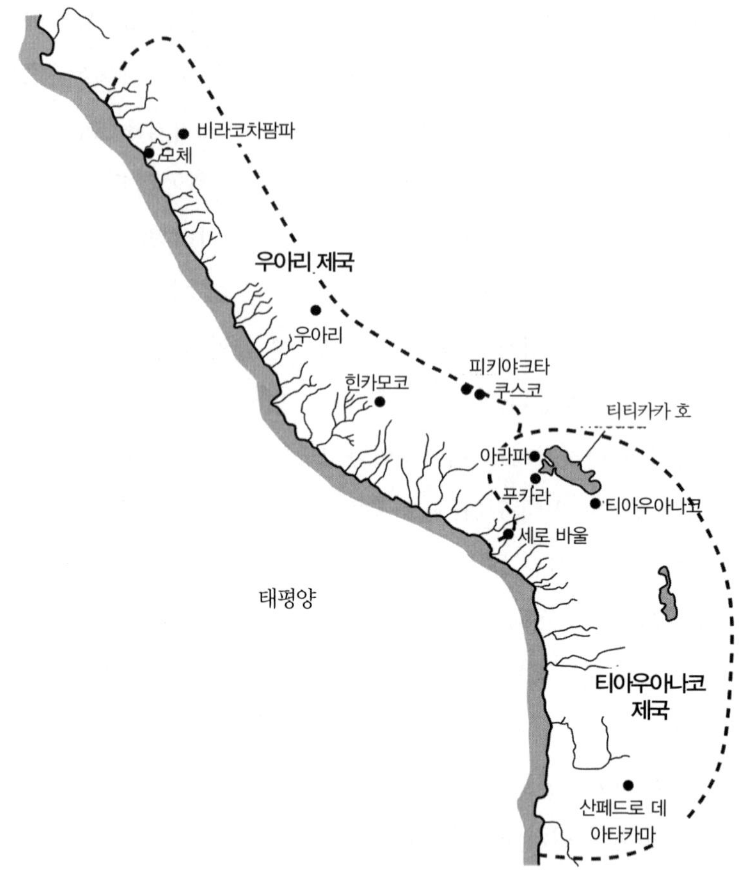

그림 71 | 약 1,400년 전 안데스 산맥 고지대 전역에는 두 제국이 넓게 자리 잡고 있었다. 우아리 제국의 수도는 페루의 아야쿠초 분지에 있었고 티아우아나코 제국의 수도는 볼리비아의 티티카카 호수 분지에 있었다. 두 제국은 페루 남부 지역에 있는 세로 바울에서 서로 만났는데, 티아우아나코의 영향력 아래 있던 이 촌락은 요새화된 우아리의 식민지와 일견 긴장 완화 같은 분위기 속에서 공존했다.(이 지도에서 모체와 산페드로 데 아타카마의 거리는 2,010킬로미터다.)

에도 그대로 이어졌다.

티아우아나코는 수 세기 동안의 세력 확장기를 거쳐 마침내 쇠퇴했다. 1200년 무렵 티티카카 분지는 12개가 넘는 작은 사회로 분권화되고 이 사회들의 상류층은 푸카라pukara, 즉 요새화된 정착지를 은신처로 삼았다. 1450년에서 1475년 사이에 잉카 제국이 티티카카 분지로 들어왔다.

안데스 산맥의 3세대 제국

멕시코에서 그랬듯이 페루에서도 스페인 관리들은 자신들이 접한 아메리카 원주민 사회에 관해 기록을 남겼다. 이 기록들의 많은 부분이 잉카를 다루고 있지만 몇몇 기록에서는 치무족이라 불리는 잉카 이전 사회의 집단을 다루고 있다. 치무족은 기원후 850년에서 1460년 사이 북부 해안 지역을 다스렸다.

치무족이라는 명칭은 치모르 왕국에서 따온 것으로, 치모르 왕국의 수도는 이전에 모체 사회를 낳았던 바로 그 강 유역에 위치했다. 치무족 국가는 해안선을 따라 960킬로미터나 뻗어 있는 제국으로 성장했다.

치무족은 모체의 점차적인 쇠퇴 덕분에 세력을 키울 수 있었다. 전성기에 이른 모체 제국은 북부와 남부로 나뉘었고 남부 지역에서 붕괴가 시작되어, 비루, 산타, 네페냐 밸리 등이 모체 대군주의 휘하에서 벗어나 독립을 쟁취했다.

북부의 모체는 우아카스 데 모체에 있던 수도를 람바예케 밸리에 있는 팜파 그란데로 옮겼다. 모체 밸리를 다스리는 행정 업무는 우아카스 데 모체에서 내륙 쪽으로 20킬로미터 들어간 갈린도에 남겨 두었다. 갈린도는 520만 제곱미터가 넘는 계획 도시였으며 이곳의 몇몇 건축물은 이후 치무족의 건축물을 예고했다.

찬찬

1000년 무렵 갈린도가 쇠퇴하기 시작했고 모체 밸리의 정치 권력 중심지는 해안 쪽에 있던 찬찬으로 옮겨 왔다. 이곳은 지하수면이 높아서 여러 촌락이 움푹 들어간 경작지인 마아마에스mahamaes를 조성했을 뿐만 아니라, 걸어 들어가서 물을 긷는 우물도 만들었다. 찬찬은 치모르 왕국의 수도가 되었다.

전설의 세계에서 치무족 1대 왕은 타카이나모라는 이름의 귀족이었던 것으로 전해지며, 그는 발사 나무 뗏목을 타고 모체 밸리에 왔다고 한다. 정치 현실의 세계에서 치무족 국가는 북쪽 해안 지역 어딘가에 있던 왕실 가계에서 하위 가계가 갈라져 나와 세웠을 가능성이 높다.

전성기 시절 찬찬의 도시 중심부는 600만 제곱미터에 약 6만 명이 살았다. 이곳을 발굴한 마이클 모즐리는 주민 중 6천 명이 귀족이며 이들이 어도비 점토로 벽을 쌓은 커다란 주거 복합 구조물에 살았던 것으로 추정했다. 시우다델라ciudadela라고 알려진 이 복합 구조물 중 가장 큰 것 10채는 잇따른 왕실 가족들이 지은 것으로 추정되는 반면 그보다 지위가 낮은 귀족은 규모가 작은 복합 구조물 30채에서 살았던 것 같다. 약 2만 6천 명에 이르는 공예 기술자는 식물 줄기와 점토로 지은 집인 킨차kincha에서 살았고 3천 명의 평민은 왕가의 복합 구조물 바로 옆에 붙어서 살았다.

구전 역사에 따르면 치무족 왕은 "분할 상속"의 전략을 취했다. 통치자가 죽으면 그의 주거 복합 구조물과 그가 정복한 영토는 계속 그의 소유로 남으며 특별 관료에 의해 영구 관리되었다. 새 통치자는 직위를 물려받지만 선대 왕의 재산은 상속받지 않았다. 따라서 신임 왕은 자신이 거처할 복합 구조물을 새로 짓고 영토도 새로 정복하여 이를 자기 이름으로 관리해야 했다. 아스텍 통치자가 왕위에 오르기 위해서는 포로를 잡아 와야 했기 때문에 정복 활동을 확대하지 않을 수 없었던 것처럼, 치무 통치자는 이러한 분할 상속 때문에 치모르 왕국의 영토를 늘리지 않을 수 없었다.

모든 시우다델라가 여러 공통점을 지니긴 했지만 그럼에도 설계도가 똑같은 것은 하나도 없었다. 담벽 높이가 9미터 이상이나 되어서 그곳에 사는 사람과 일하는 사람의 사생활을 보호했으며 복합 구조물로 들어가는 통행을 엄격하게 통제했다. 낮 시간에 일하고 밤에 집으로 돌아가는 노동자들을 U자 모양 방에 앉은 관리가 감시했으며, 스페인어를 쓰는 사람들은 이 방을 접견실을 뜻하는 아우디엔시아audiencia라고 일컬었다. 공예 활동을 하는 마당이 있었으며 물자가 가득 든 저장실도 있었다. 왕가 가족이 거처하는 곳과 평민 관리가 일하는 방 사이에는 두꺼운 벽이 있었다(그림 72).

각 복합 구조물마다 일정 구역을 별도로 정해 커다란 어도비 단을 설치했으며, 통치자가 죽으면 이곳에 시신을 감추어 두었다. 왕가 매장실 주위는 지하 방으로 둘러싸였으며 이곳에 가족 성원의 시신을 두거나 제물로 바친 인간과 라마, 귀중품 공물, 도자기, 고급 직물, 가시국화조개 껍질 등을 두었다.

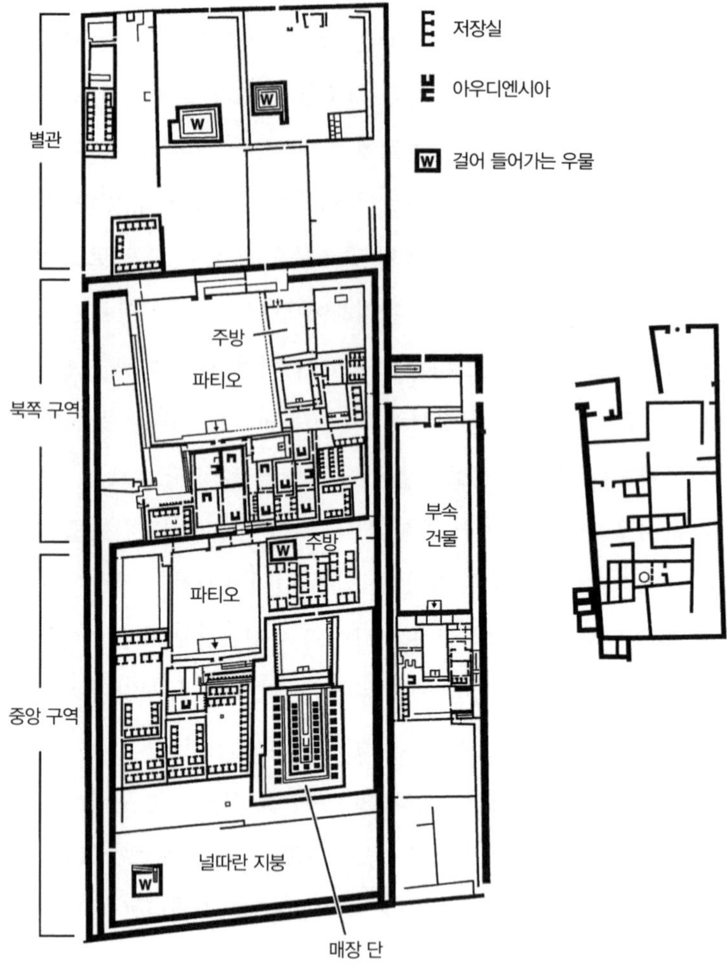

그림 72 | 치무족 황제는 커다란 왕실 복합 구조물에서 살았으며, 이곳에는 파티오, 주방, 하인 숙소, 저장실, 걸어 들어가는 우물, 왕실 매장 단, 그리고 아우디엔시아라고 불리는 감시원 방이 있었다. 이보다 지위가 낮은 귀족은 더 작은 복합 구조물에 살았다. 치무족 평민은 작은 방으로 구성된 복합 구조물 동네에서 살았다. 왼편에 보이는 것은 찬찬의 왕실 복합 구조물로 총 길이가 대략 540미터였다. 오른편의 그림은 여러 개의 방으로 이루어진 평민을 위한 복합 구조물 두 개가 서로 붙어 있으며 전체 길이는 23미터였다.

치무 제국주의의 논리

고고학자 캐롤 매키는 치무가 어떻게 왕국에서 제국으로 바뀌었는지에 관해 통찰을 제시해 주었다. 기원후 1050년에서 1300년까지 약 250년 동안 치무는 모체 밸리, 치카마 밸리, 비루 밸리 등으로 이루어진 핵심 지역에서 세력 기반을 공고히 다졌다. 그런 다음 1300년에서 1450년에 걸쳐 남쪽으로 카스마 밸리, 북쪽으로 레체 밸리까지 세력을 확장했다.

치무족은 세력을 확장하는 동안 규모가 큰 2단계 행정 중심지 세 곳을 세웠다. 그중 하나는 찬찬에서 북쪽으로 110킬로미터 떨어진 헤케테페케 밸리에 위치한 파르판이었다. 구전 역사에 따르면 파카트나무라는 치무족 장군이 치열한 전투 끝에 이 지역을 정복했다.

두 번째 2단계 행정 중심지는 찬찬에서 남쪽으로 290킬로미터 떨어진 카스마 밸리의 만찬이었다. 세 번째 2단계 행정 중심지는 찬찬에서 북쪽으로 240킬로미터 떨어진 투쿠메였다. 150만 제곱미터 규모의 이 도시에는 1100년부터 경쟁 집단이 살고 있었고 정복하기가 힘들었다.

파르판, 만찬, 투쿠메 외에도 치무족은 3단계 중심지를 두고 있었다. 헤케테페케 밸리의 탈람보, 모체 밸리의 케브라다 카투아이 등이 이에 해당했다. 보다 규모가 작은 3단계 중심지 아래에는 수천 개의 촌락이 있었다. 캐롤 매키는 치무 국가를 위해 주요 농업 작물을 생산하도록 새로이 조성된 촌락도 이 가운데 있었을 것이라고 보았다. 이처럼 하향식 계획 경제를 암시하는 구조는 후대 잉카를 예고했다.

치무 제국의 모든 2단계 중심지는 이전부터 사람들이 살던 공동체였다. 매키의 표현을 빌리면 각 지역에서 "치무족은 국가의 존재가 확 드러나 보이도록 건물을 새로 짓거나 개축함으로써 기반 시설을 바꾸었다". 매키는 치무족이 실시한 제국주의 정책 네 가지를 다음과 같이 확인한 바 있다. 우리는 이 정책들을 바탕으로 치무족이 어떻게 다른 지역을 예속시키고 관리했는지 그 논리를 추론할 수 있다.

1. 2단계 중심지에는 넓은 공공 구역이 있었고 국가가 후원하는 의식과 잔치를 열기에 충분한 식량을 저장했다. 이러한 잔치의 목적은 치무족 대군주의 넉넉한 마음을 알리는 데 있었다.
2. 2단계 중심지는 오래전부터 사용하던 교역로 부근에 위치했다. 이 교역로는 금속 도구와 사치품을 만드는 데 필요한 광석뿐만 아니라 많은 의식에 사용되는 가시국화조개 껍질 등 가치 있는 자원을 얻는 통로였다.
3. 2단계 중심지 중 만찬과 투쿠메 두 곳에서는 지역 귀족과 치무족 속주 군주가 각기 다른 양식으로 지은 주거 복합 구조물을 사용하면서 나란히 살았던 것으로 보인다. 이러한 공동 통치 전략은 이후 잉카에도 이어졌다.
4. 3단계 중심지에는 제국주의적 간섭이 그다지 많이 보이지 않았다. 아마 치무족은 간접 통치 방식이 지역 주민의 생산성에 지장을 덜 줄 것으로 생각했을 것이다.

치무 제국은 약 1460년까지 지속되었다. 이 장에서 살펴본 이전의 제국과 달리 치무 제국은 내부 파벌이나 식민지 반란으로 붕괴한 게 아니었다. 이 제국은 남부 고지대를 벗어나 세력을 확장하던 페루의 4세대 국가 잉카에게 정복되었다.

잉카의 등장

잉카 국가의 심장부는 산악 지역 협곡이 거미줄처럼 연결된 곳으로, 이 협곡들에는 케추아어를 쓰는 집단이 살고 있었다. 평균 고도가 해발 3,350미터 되는 곳에 쿠스코 분지가 가로놓여 있었다. 북쪽으로는 해발 2,700미터 고도에 빌카노타 밸리가 있었고 동쪽으로는 우아리 제국이 피키야크타를 세웠던 루크레 호수 분지가 있었다. 우아리 제국은 독자적인 제국을 세우려면 어떻게 해야 하는지 지역 지도자들에게 많은 아이디어를 남겨 주고는 결국 피키야크타에서 물러났다.

우아리 이후의 발전 과정에 관해 정보를 얻을 수 있는 두 가지 주요 출처는 토착민의 역사 자료와 고고학의 집중 조사 자료이다. 페루는 멕시코의 아스텍처럼 그림 문자나 상형 문자 기록을 남기지 않았기 때문에 모든 기록은 아샨티의 구술 전문가가 암송하는 역사처럼 순전히 구술로만 전해졌다. 한편 고고학의 집중 조사 자료로는 브라이언 바우어, R. 앨런 커비, 그리고 그들의 동료들이 진행한 연구가 있다.

이들의 연구에 따르면 기원후 400년에서 1000년 사이, 심지어는 우아리 제국의 전성기 시절에도 빌카노타 밸리에는 촌락 규모를 넘어서는 정착지가 없었다. 피키야크타에 있는 우아리 식민지는 이 지역에 최소한의 영향만 끼쳤던 것으로 보인다. 하지만 우아리 제국 이후 시대에 빌카노타 밸리는 점차 독자적인 네 단계의 정착지 위계 체계로 발전해 나갔다. 이 정착지들 중 많은 곳이 방어하기 좋은 지형을 골랐다.

커비에 따르면 빌카노타 밸리의 촌락이었던 푸카라 판티이이야가 1400년 무렵 공공-의식 중심지로 성장했다. 새로이 형성된 지배계급은 쿠스코 분지에 있는 라라파와 빌카노타 밸리의 남쪽 가장자리에 있는 카파크칸차에 왕실 소유 구역을 건설했다. 마침내 쿠스코는 해당 지역의 수도가 되었고 푸카라 판티이이야는 2단계 중심지로 하락했다.

잉카는 고도 차이를 이용하여 고도가 낮은 곳에서는 옥수수를 생산하고 고도가 높은 곳에서는 감자를 생산하면서 라마와 알파카 가축 몰이를 병행했다. 잉카 이전에 있던 우아리 제국과 마찬가지로 잉카 제국 역시 관개 수로를 파고 산악 경사면을 수천 개의 계단식 경작지로 바꾸었다. 앞서 말한 왕실 소유 구역은 통치자를 위해 잉여 농산물을 생산하는 데 쓰였으며 그 덕분에 통치자들은 이웃 집단의 상류층을 잔치에 초대하고 일꾼들에게 후한 인심을 베풀어 깊은 인상을 남겼다.

케추아어의 쿠스코 방언에서 인카Inka라는 단어는 통치자를 지칭할 때 쓰인다. 혼동을 피하기 위해 황제를 지칭할 때는 인카Inka라고 하고 사회를 지칭할 때에는 잉카Inca라고 할 것이다.

구전 역사는 우리에게 12명의 인카 이름을 전하는데 이 가운데 맨 먼저 등장한 인카는 일정 부분 전설 속의 존재였다. 명단의 맨 위에 올라 있는 사람은 만코 카파크이며, 부인은 그의 여자 형제 또는 이복 여자 형제였던 것으로 전해진다. 이 주장이 사실이라면 쿠스코의 통치자들이 엄격한 혈통을 유지하기 위해 통상적인 근친상간 금기를 유보했음을 의미한다. 통치자가 신성한 존재로 여겨지거나(이집트와 잉카) 마나라고 불리는 생명력으로 충만한(통가와 하와이) 사회에서 특히 남매혼이 흔했다는 점을 언급해 둔다.

하지만 세력을 넓혀 가는 쿠스코 왕국이 점차 많은 이웃 집단을 흡수하는 과정에서 통치자들이 혼인 동맹에 의존하여 정복 지역의 기반을 공고하게 다지는 일이 많아졌다. 2대 인카인 신치 로카와 3대 인카인 요케 유판키는 다른 지역 출신의 귀족 여자와 혼인했다. 쿠스코의 지배를 받아들이는 이웃 왕실 가족은 "특권에 의한 잉카"로 선언되었다. 이 때문에 그들은 자신들이 정복당했다고 느끼지 않은 채 장차 제국의 세력 확장 과정에서 일정한 이해관계를 지녔다.

구전 역사에 따르면 9대 통치자 파차쿠티 인카 유판키 덕분에 영토가 크게 확장되었으며 1438년에 찬카라고 불리는 강력한 경쟁 왕국을 무너뜨렸다고 한다. 이 승리로 영토가 서쪽으로 뻗어가는 데 방해가 되는 걸림돌이 제거되고 잉카가 신세계에서 가장 큰 제국으로 성장하는 데 도움이 되었다. 파차쿠티 인카 유판키는 여자 형제와 혼인함으로써 이전의 전략으로 되돌아갔다. 왕실 소유 구역을 새로 조성했고, 이 가운데 한 곳이 마추픽추의 웅장한 산 정상 공동체로 지금은 주요 관광 명소가 되었다.

정복, 위협, 동맹을 통해 잉카는 북쪽으로 에콰도르에서부터 남쪽으로 칠레와 아르헨티나에 이르는 총 길이 3,200킬로미터의 제국을 건설했다. 이들은 우아리 제국으로부터 키푸 매듭, 치차용 비커인 케로, 제국의 많은 시설을 아무것도 없는 상태에서 새로 건설하는 관행 등을 빌려 왔다. 또한 수도와 속주를 연결하기 위해 인상적인 도로망을 건설하고, 정복한 집단의 기념비를 가져왔으며, 돌을 빈틈없이 끼워 맞춰 커다란 건물을 짓는 법을 티아우아나코 사람들에게서 배웠다. 치무족에게서는 공동 통치의 정책을 빌려 와 이 정책이 효과적인 모든 지역에서 사용했다. 물론 이러한 기존 제도 외에도 잉카만의 독자적인 정책을 수립했다.

잉카 사회

잉카에서 중요한 사회 단위는 아이유ayllu이며 이는 아스텍의 칼푸이와 유사한 지역 사회 집단이다. 아이유는 부계 혈통으로 이어지는 커다란 친족 집단에서 시작되었을 것이다. 오늘날 케추아어를 쓰는 공동체에서는 비록 친족 관계는 없더라도 같은 지역에 거주하고 윤작 체계를 공유하는 대가족을 아이유에 포함하기도 한다.

과거 어느 시점에 특정 아이유의 성원이 귀족으로 여겨지게 되었지만 대다수 아이유 성원은 평민이었다. 스페인 정복 당시 쿠스코에는 11개의 귀족 아이유가 있었으며, 이 가운데 여섯 개가 한 반족에, 다섯 개가 다른 반족에 속해 있었다. 이 아이유들에서 고위 관리를 선발했다.

평민 아이유는 공동 경작 토지를 소유하며 기혼 부부는 저마다 필요한 만큼 경작할 수 있었다. 친족끼리 날짜나 인원 수를 단위로 노동력을 교환했으며 이는 아이니ayni라고 알려진 상호 부조 제도였다. 각 아이유에는 지도자가 있으며 같은 아이유 성원들이 그의 땅을 대신 경작해 주었다. 국가 관리는 잉카 지배하에서 적절한 윤작이 이루어지도록 매년 가족끼리 땅을 바꾸도록 지시했다.

아이니와 대비되는 노동으로 미타mit'a라 불리는 보상이 따르지 않는 노동이 있었다. 제국의 시민은 매년 일정 기간 동안 정부를 위해 부역을 해야 했다. 건물, 계단식 경작지, 관개 수로, 도로 모두 미타 노동으로 지어졌으며 잉카는 공물보다 미타 노동을 선호했다.

모든 평민이 아이유에 속한 것은 아니었다. 그리고 야나쿠나yanakuna라고 불리는 토지 없는 농노가 있었으며, 이는 아스텍의 마예케에 해당했다. 많은 야나쿠나는 남자 노동자로, 오로지 국가를 위한 노동에만 종사했다. 왕가의 라마와 알카파를 돌보는 일이 야나쿠나의 대표적인 임무였다.

잉카 경제에서는 상호 교환과 보상 없는 노동이 중요한 의미를 지닌 반면 시장은 형성되지 않았다. 이것이 아스텍과 잉카의 두 가지 중요한 경제적 차이 중 하나였다. 다른 하나는 앞서 언급한 대로 아스텍은 공물을 받는 것을 선호한 반면 잉카는 부역을 선호했다는 점이다.

계층화

잉카 사회의 세습 지배 계층은 중요 귀족(인카inka)과 하급 귀족(쿠라카kuraka)으로 나뉘었다. 황제인 인카Inka는 자신이 인티, 즉 태양의 후손이라고 주장했으며 신성한 존재로 여겨졌다. 인카는 머리를 짧게 가지런히 자르고 황금으로 만든 실패 장신구를 귓불에 달았다(그림 73). 머리에 여러 가지 색깔의 땋은 줄을 네 바퀴 감고 황금 관과 진홍색 장식 술로 치장했다. 경우에 따라서는 황금 손잡이로 된 홀을 들거나 고운 천으로 덮개를 씌운 의자에 앉았다. 왕국이 성장함에 따라 인카는 카파크 아푸Qhapaq Apu, 즉 황제로 불리게

그림 73 | 펠리페 구아만 포마 데 아얄라는 루카나스 주 출신의 잉카 귀족 후손으로, 16세기에 스페인 사제 크리스토발 데 알보르노스의 통역관으로 일했다. 이후 구아만 포마 데 아얄라는 스페인의 식민 통치를 비판하는 책을 썼는데 이 책에 토착민의 삶을 담은 그림이 들어 있다. 왼편에 보이는 것은 농업에 종사하는 잉카 평민이다. 오른편은 체크무늬 튜닉을 입은 잉카 황제이며 창과 방패를 과시하고 있다.(구아만 포마 데 아얄라의 책에 담긴 그림에는 잉카의 요소와 스페인의 요소가 혼합되어 있다.)

되었다. 이후 황제는 유일한 인카라는 뜻의 사파 인카Sapa Inka, 태양의 아들인 인티프 코리Intip Cori, 가난한 자를 사랑하는 사람 왁카 코야크Waka Khoyaq 등의 칭호를 추가로 만들어 사용했다. 황제는 많은 부인과 첩을 두었지만 중요 배우자는 코야Qoya(황후) 또는 마만시크Mamancik(우리들의 어머니)로 지칭되었다.

인카를 알현하러 오는 사람은 누구나 복종의 표시로 샌들을 벗고 등에 짐을 졌다. 황제는 여자 하인이 들고 있는 금은 식기로 식사를 했다. 그가 입은 옷을 비롯하여 남은 음식 등은 모두 연례 의식에서 불태웠다. 인카는 가마를 타고 행차했으며 이 가마는 느린 속도로 위엄을 보이면서 움직여야 했기 때문에 가마꾼이 하루에 19킬로미터 이상 이동하는 경우는 드물었다. 구전 역사에 따르면 황제가 도착하기 전에 루카나라는 종족 집단의 성원이 먼저 길을 깨끗하게 쓸었다고 한다.

스페인인의 한 목격담에서는 인카가 담요 없이 산 공기를 맞으며 떨고 있는 평민을 보고는 가마꾼을 멈추게 하는 것을 보았다고 주장한다. 인카는 이 남자에게 담요를 내주라고 지시한 뒤 지역 행정가에게 백성을 제대로 돌보지 못한 잘못을 물어 몹시 꾸짖었다. 이 이야기는 잉카 제국이 하향식의 가부장적 태도를 지녔음을 보여 준다.

인카가 두 곳에 동시에 있을 수 없기 때문에 우아우케huauque, 즉 형제라고 불리는 조각상을 제작했다. 인카가 모습을 나타낼 수 없을 때 이 조각상을 대신 세워 놓았다. 심지어는 죽어서도 황제의 미라가 신탁을 통해 살아 있는 사람들에게 계속 조언했다. 때로는 인카의 머리카락과 손톱 조각이 든 꾸러미를 꺼내 보임으로써 인카의 후손이나 그의 토지를 관리하는 사람임을 합법적으로 인정받았다. 이 관행은 족장의 머리카락과 손톱 조각에 강한 마나가 들어 있다는 통가인의 믿음을 연상시킨다.

인카의 장례 의식 과정은 미라가 된 이집트 왕을 떠오르게 한다. 죽은 인카의 내장을 제거하여 특별한 용기에 담으며 시신은 건조해 방부 처리를 했다. 나체스족과 고대 파나마인이 그랬듯이 인카가 총애한 여자와 하인 중 많은 수가 사후 세계에서도 통치자와 함께하기 위해 자원하여 몽롱한 상태에서 교살당했다.

스페인 사람들은 인카의 미라가 정기적으로 왕실 하인의 시중을 받고 대중 앞에서 퍼레이드를 벌이는 것을 알고 무척 놀랐다. 미라, 우아우케 조각상, 머리카락과 손톱 조각 꾸러미를 내보일 때마다 이것의 관리를 맡은 사람이 황제의 통치, 정복 활동, 업적에 관한 역사를 노래로 읊었다. 각 황제의 신탁은 미라 옆에 놓여 있으며, 이 신탁을 통해 죽은 인카의 충고를 널리 전할 뿐만 아니라 그에게 어떤 음식과 음료가 필요한지도 알려 주었다.

잉카 귀족은 길게 이어진 족보를 갖고 있고 여러 세대에 걸쳐 조상을 공경하지만 평민은 할아버지 이전까지 기억이 거슬러 올라가는 경우가 드물었다. 당연한 일이지만 아이유에 속한 평민은 조상과의 연결이 단절된 야나쿠나에 비해 조상에게 많은 관심을 가졌다.

통치자와 여타 귀족은 부인을 여러 명 거느렸다. 대다수 평민 남자는 부인을 여러 명 둘 형편이 되지 못했기 때문에 일부다처는 부의 상징으로 보였다. 여자는 감자 캐기 등 농사일에 참여했으며 부인이 여러 명 있으면 가족이 부유해질 수 있었다. 때로는 남자의 재산이 변변치 못하더라도 부역을 제공한 대가로 황제에게서 다른 부인을 하사받는 일도 있고, 전쟁에 참여하는 동안 외국 여자를 포로로 잡아 둘째 부인으로 데려오기도 했다.

전쟁에서 잡혀 온 사람은 노예로 여겨졌겠지만 노예와 야나쿠나 사이에는 기껏해야 미묘한 차이밖에 없었다. 아스텍의 노예는 언제든지 제물로 희생될 가능성을 안고 살았지만 잉카는 그에 비해 노예를 노동력의 원천으로 여기고 관심을 가졌다.

쿠스코 중심가

잉카가 우아리, 티아우아나코, 치무 제국보다 훨씬 큰 규모로 성장하는 동안에도 쿠스코 분지는 여전히 왕조의 수도로 남아 있었다. 쿠스코가 정점에 이르렀을 때 이곳에 거주하던 사람이 2만 명 이상이었으며 이 밖에 분지의 다른 지역에 사는 사람도 수천 명이 넘었다.

쿠스코는 사피 강과 투유마유 강 사이에서 발전했다. 두 강의 강둑에 벽을 쌓고 수로를 만들었으며 두 강이 합류하는 지점에 매년 공물을 바쳤다. 쿠스코 한복판에 있는 대광장 가운데로 사피 강이 흘러 광장은 쿠시파타라고 불리는 서쪽 구역과 아우카이파타라고 불리는 동쪽 구역으로 나뉘었다. 하지와 동지, 8월 식목 의식, 5월 추수 감사 때면 수천 명이 아우카이파타에 모였다. 이러한 행사에 선대 인카의 미라를 광장으로 옮겨 와 통치 순서대로 나란히 정렬해 놓았다.

잉카를 정복한 스페인인들이 1559년 아우카이파타에 성당을 짓기 위해 땅을 파헤쳤다. 그들은 잉카인이 동쪽 구역 전체의 기반을 다지기 위해 수백 킬로미터나 떨어진 태평양 연안에서 모래를 가져와 두껍게 깔아 놓은 것을 보고 무척 놀랐다. 의식 공간에 깨끗한 토대를 마련하기 위해 이처럼 엄청난 모래를 사용한 것은 고대 수메르 사회에서 투투브의 '타원형 신전' 아래 3만 제곱미터 면적에 모래를 깔아 놓았던 것을 연상시킨다. 아우카이파타의 모래층에는 황금 조각상과 귀금속으로 만든 그릇이 가득 들어 있었다. 스페인인들로서는 뜻밖의 횡재였다.

스페인인들은 금으로 뒤덮인 신성한 돌 제단 우쉬누를 발견했을 때도 역시 똑같은 흥분을 느꼈다. 잉카인은 이 제단에 정기적으로 옥수수 술 치차를 헌주하고 이 술이 황금 구역인 코리칸차로 이어지는 물길을 따라 사라지는 모습을 지켜보았다. 코리칸차는 태양신을 모시는 신전으로, 온통 얇은 황금판으로 덮여 있었다.

코리칸차는 쿠스코의 의식 중심점이었으며 세케ceque라고 불리는 긴 가시선 여러 개가 이곳에서 사방으로 뻗어 나갔다. 무엇보다도 이 가시선은 잉카 제국을 세계 기본 방위 네 가지에 따라 네 개의 수유suyu, 즉 사분원으로 분할했다. 게다가 코리칸차에서 멀리 떨어진 곳에 우아카(성지)를 세워야 하는 일이 생기고 그 거리도 점점 늘어나는 현실에서 이 가시선은 우아카의 위치를 배열하는 데도 도움이 되었다. 이런 성지가 400개 가까이 되었으며 그중 가장 먼 곳은 쿠스코 분지 너머에 있었다.

우아카 중에는 돌출 바위, 샘, 동굴 등 신성한 형상을 연상시키는 장소가 많았다. 다시 말해서 잉카는 신세계에서 가장 큰 제국이었음에도 그보다 규모가 작은 사회가 지녔던 원칙 중 몇 가지를 여전히 공유하고 있었던 것이다. 오스트레일리아의 수렵채집 생활자처럼 샘과 돌출 바위를 신성한 장소라고 여기고, 산후안 푸에블로의 테와족처럼 인간 정착지의 경계 너머까지 넓게 펼쳐진 신성한 풍경을 머릿속으로 그렸던 것이다.

쿠스코 중심지에 있던 다른 몇 가지 건물도 언급할 필요가 있다. 그중 하나가 카사나 궁전으로 11대 인카 우아이나 카파크(1493~1527년)가 세운 것으로 전해진다. 또 다른 것은 선택받은 여자들의 집인 아크야 와시로 잉카 제국에 삶을 바친 수백 명의 여자가 사는 곳이었다. 이 여자들은 황제를 위해 옷감을 짜고 옥수수 술 치차를 빚으며 때로는 신전의 여사제가 되었다.

잉카 제국주의의 논리

잉카인은 제국을 건설하고 유지하는 과정에서 우아리, 티아우아나코, 치무 제국의 수많은 원칙을 빌려 왔다. 이 원칙들은 잉카 제국주의의 몇 가지 논리를 추론할 수 있는 기본 틀을 제공한다. 제국주의 전략은 수도를 대상으로 하는지, 아니면 페루 남부 고지대의 중심지나 그보다 먼 속주, 또는 외곽의 경계 지대를 대상으로 하는지에 따라 여러 층으로 나뉘었다.

수도인 쿠스코 차원에서는 귀족 아이유 성원과 그 밖의 모든 사람 사이에 사회적 거리를 두는 수많은 행동방식이 있었다. 왕족과 귀족은 부역을 면제받았으며 앞서 보았듯이 통치자는 자손의 지위를 최대한 높이기 위해 여자 형제 또는 이복 여자 형제와 혼인할 수 있었다.

중심 지역에 사는 잉카인은 이웃 집단이 자신들을 모방하고 싶어 한다는 자기 종족 중심적인 믿음을 갖고 있었다. 잉카 통치자는 귀족 동맹 세력의 여자 형제나 딸과 혼인한 뒤 새로 관계 맺은 종족 집단을 "특권에 의한 잉카"라고 선언했다. "특권에 의한 잉카" 중 많은 사람이 이후 제국주의적 관료 체계에서 높은 직위에 올랐다.

잉카 통치자는 수천 명의 여자아이를 선발하여 앞서 말한 "선택받은 여자"로 삼았다. 마마쿠나mamakuna라고 불리는 이 여자들은 직물을 짜고 술을 빚었으며, 이는 수메르 국가를 위해 일하던 여자들의 역할과 유사했다. 술은 대부분 잉카의 동맹 세력을 접대하는 데 이용되었다. 때로는 마마쿠나 중 한 명을 이웃 집단의 지도자와 정혼시킴으로써 중요한 동맹 관계를 공고히 다졌다.

거리가 먼 지역을 속주로 편입하는 과정에서 스페인 정복 이전의 많은 제국과 마찬가지로 잉카는 저항을 최소화하는 길을 선택했다. 무너뜨릴 수 있다고 여긴 적에게만 무력을 사용하고 잉카의 지배를 받아들인 집단에게는 많은 선물을 내렸다.

안데스 산맥 지역의 논리에 광범위하게 깔려 있는 원칙 중 하나가 아이니(균형 잡힌 상호주의)라는 사실을 살펴본 바 있다. 가령 집단 A의 성원이 추수기에 집단 B를 도왔다면 장차 집단 B 성원이 그에 걸맞은 도움을 제공할 것이라고 기대했다. 잉카는 많은 속주에 비대칭적인 상호주의를 받아들이도록 강요했다. 예를 들어 잉카는 장기간의 육체노동에 대한 보상으로 한바탕의 잔치와 술을 베풀어 "수입과 지출을 맞추고자" 했다.

이전 시대의 티아우아나코 사람들과 마찬가지로 잉카는 도로 체계를 만들어 먼 지역의 속주와 보다 원활하게 접촉하고자 했다. 휴식과 보급을 위해 이 도로 체계에 일정한 간격으로 중간 기착지인 탐푸tampu를 건설했다. 각 탐푸 부근에는 저장실인 코이카collca가 길게 늘어서 있었고 많은 코이카에 식품이 가득 보관되어 있었다. 잉카는 커다란 코이카를 몇 개만 두는 방식이 아니라 작은 코이카를 수백 개 두는 방식으로 관리했다. 작은 코이카 한 곳이 곤충이나 질병의 공격을 받을 경우 문제가 확산되기 전에 신속하게 이곳을 불태울 수 있기 때문이다.

잉카는 전면전을 펼치기 전에 우선 저항하는 주를 굴복시키기 위해 압력을 행사했다. 티아우아나코에서 썼던 "기념물 포로" 관행을 차용하여 여기에 추가로 변용을 가한 방식이었다. 외국의 신이나 통치자를 새긴 조각품을 포획해 와서 공공 광장에 세워 놓은 뒤 몇 날 며칠 동안 이 조각품에 채찍질을 가하는 것이다. 그러면 몇몇 주에서는 살아 있는 존재인 성상이 고문을 당하는 데 당황하여 결국은 항복했다.

다른 모든 방법이 실패로 끝나면 잉카는 저항하는 주를 굴복시키기 위해 전쟁 지도자인 신치sinchi에게 의지했다. 잉카의 조직적인 군대는 십진법 체계를 바탕으로 했으며 각각 10명, 50명, 1,000명, 2,500명, 5,000명 단위로 구성했다. 군대 내에 반항하는 집단이 있을 경우 이들을 대거 다른 연대로 옮기거나 아니면 케추아어를 쓰는 충성스러운 사람들로 교체함으로써 해당 집단을 없애 버렸다.

신치는 전쟁에서 승리해야 한다는 중압감을 느꼈다. 16세기 스페인인 미겔 카베요 발보아에 따르면 인카는 전쟁에서 여러 차례 패한 잉카 장군에게 여자 옷을 보내 쿠스코로 돌아올 때 이 옷을 입고 오라는 명령을 내렸다.

속주를 관리하는 방식

잉카는 먼 지역의 속주를 관리하는 세 가지 기본 정책을 갖고 있었다. 그중 두 가지는 치무족에게서 빌려온 것으로, 하나는 몇몇 지역의 수도를 공동으로 통치하는 것이고 다른 하나는 잉카의 행정가가 직접 통치하는 것이다. 세 번째 전략은 우아리 제국에서 차용한 것으로, 처음부터 새로운 행정 중심지를 건설하는 것이다. 다음에서는 각 전략별로 한 가지씩 사례를 살펴볼 것이다.

친차 밸리

친차 밸리는 페루의 도시 리마에서 177킬로미터 떨어진 남쪽 해안에 위치한다. 잉카의 세력이 커지기 전 친차는 고기잡이, 관개 농업, 장거리 교역을 하며 살던 왕국이었다. 구전 역사에서 전하는 바에 따르면 친차의 상인은 발사 나무로 만든 뗏목을 타고 연안을 따라 에콰도르 과야킬 만까지 가서 가시국화조개를 구해 돌아왔다. 이 신성한 연체동물의 껍데기를 가루로 만들어 신전의 바닥을 덮거나 통치자와 사제가 다니는 길을 반짝거리게 만드는 데 사용했다.

친차는 이러한 경제적 성공 이외에도 신탁의 중요한 근거지였다. 친차의 신탁은 라센티넬라에 있는 피라미드 복합 단지와 관련이 있었다. 이곳은 친차 강 하구에 있는 두 개의 커다란 고고학 유적지 중 하나였다. 또 다른 유적지인 탐보 데 모라는 라센티넬라가 속한 도시에서 불규칙하게 뻗어나간 외곽에 있었으며 피라미드 복합 단지와 궁전 복합 단지 사이에 식물 줄기와 점토로 지은 평민 가옥이 가득 들어차 있었다. 고고학자들은 탐보 데 모라에 가시국화조개와 금속을 가공하는 작업장이 있었다는 광범위한 증거를 발견한 바 있다.

고고학자 크레이그 모리스는 잉카가 친차를 무혈 정복했으며 이는 공동 통치와 관련이 있다는 흔적을 찾아냈다. 잉카는 라센티넬라에 있는 커다란 의식 광장에 한 쌍의 궁전을 지었다. 하나는 지역 군주의 궁전이고 다른 하나는 잉카 행정가의 궁전이었다. 친차 지역의 건축 양식은 목재로 세운 틀에 점토를 부어 넣는 방식이지만 두 궁전은 이 건축 양식으로 짓지 않고 전형적인 잉카 양식대로 어도비 벽돌을 쌓아 지었다. 잉카는 이 부근에 태양신 신전을 지었다. 친차의 신탁도 받아들여 오직 잉카 행정가의 궁전을 통해서만 성지로 들어가도록 접근로를 바꾸었다.

친차 군주가 공동 통치를 별 저항 없이 받아들인 데 대한 보답으로 잉카는 친차 군주가 행차를 할 때 가마를 탈 수 있도록 허용했다. 이는 통상적으로 잉카 귀족만 누리는 영예였다. 또한 잉카는 친차 군주에게 금과 고급 직물, 그리고 모리스가 한눈에 쿠스코에서 들여온 것이라고 알아보았던 도자기를 선물했다. 잉카는 친차 지역 상인의 항해 기술 덕에 에콰도르에서 들여오는 가시국화조개 껍데기를 계속 공급받을 수 있었으므로 이러한 공동 통치로 이득을 보았다.

카녜테 밸리

카녜테 밸리는 친차에서 북쪽으로 48킬로미터, 리마 시에서 128킬로미터 떨어진 곳에 위치한다. 잉카가 세력을 확장하는 동안 카녜테 밸리에는 작은 왕국 두 곳이 자리 잡고 있었다. 하나는 해안 평원 지대에 있는 우아르코이고 다른 하나는 산기슭에 있던 루나우아나였다.

우아르코 왕국은 카녜테 강에서 시작해서 세로 아술 만에서 끝나는 큰 관개 수로로 둘러싸여 있었다. 쿠라카(통치자)는 언덕 정상에 자리 잡은 정착지 칸차리의 궁전에서 살았다. 그는 세로 아술 만에 고기잡이 전문 공동체를 세웠으며 이곳에서 건어물을 산업 규모의 양으로 생산하여 이를 내륙 지방에 가져가 옥수수, 감자, 고구마, 그 밖에 관개 농업으로 생산한 농산물과 교환했다.

친차와 달리 우아르코 왕국은 잉카에게 굴복하거나 공동 통치를 받아들이지 않았다. 그리하여 잉카는 루나우아나를 정복한 뒤 이를 발판으로 삼아 우아르코를 침공했다.

1470년 잉카 대표단이 우아르코에 휴전을 요청했다. 이 제안에 신이 난 우아르코 사람들은 배를 타고 연안으로 나가 흥겨운 의식을 거행했다. 불행히도 잉카의 제안은 거짓말이었다. 우아르코 귀족이 바다로 나가자 잉카 군대가 해안으로 몰려와 기습 공격을 가했다.

잉카는 우아르코 상류층을 대거 학살한 뒤 세로 아술에 쿠스코 양식의 건물 두 채를 지었다. 하나는 벽에 사다리꼴 벽감을 설치하는 전형적인 잉카 양식의 어도비 벽돌 구조물이었다. 다른 하나는 잉카의 신성한 돌 제단 우쉬누를 닮은 타원형 건물로, 멀리 바다에서 보이도록 절벽 끝에 세웠다. 이 건물은 먼 고지대에서 들여온 화산 암석으로 지었으며 전형적인 잉카 양식에 따라 면도날 하나 들어가지 않도록 돌을 꼭 끼워 맞춰 건물을 올렸다. 이 건물에서 시작된 계단이 절벽 아래까지 이어져 바다에 공물을 바칠 수 있었다.

고고학자들은 세로 아술에서 공동 통치의 증거를 찾지 못했다. 쌍둥이 궁전도 없었고 쿠스코에서 보내온 금이나 도자기 선물도 없었다. 잉카는 지역 상류층을 완전히 쓸어 내고 자기네 행정가를 이곳에 배치했다.

우아누코 팜파

제국의 도로 체계에서 가장 중요한 도로망 중 하나는 쿠스코와 에콰도르의 키토를 연결하는 고지대 도로였다. 이 도로는 페루 북부 및 중부의 우아누코 지역을 통과하는데, 앞서 코토시 유적지를 살펴볼 때 이 지역을 언급한 바 있다.

잉카 도로는 우아누코 지역 중 사람이 드문드문 살고 고도가 해발 3,765미터나 되는 높은 지대를 통과한다. 이곳 양편에는 잉카가 "호전적"이고 "야만적"이라고 여긴 종족들이 살았다. 그중에는 마라농 강 상류의 집단뿐만 아니라 추파이추, 야차 등 더 멀리 떨어진 집단도 포함되었다.

잉카는 우아누코 팜파로 알려진 고지대 초원에 처음부터 큰 도시를 짓기로 결정했다. 이러한 전략에는 이중의 포석이 깔려 있었다. 첫째, 넉넉한 잔치를 베풀어 마음씨 좋은 주인 행세를 함으로써 지역 집단을 도시로 끌어들일 수 있었다. 둘째, 이렇게 후한 잔치에 참여한 손님들에게 노동으로 보답하도록 의무감을 부여했다. 이 전략의 중심에는 한 가지 믿음이 깔려 있었다. 주기적으로 맘껏 포식하고 술을 마시는 것은 장기간의 힘든 노동에 대한 대가라는 믿음이다.

우아누코 팜파에 대한 정보를 알 수 있는 출처는 두 가지이다. 하나는 16세기 스페인인 페드로 시에사 데 레온의 목격담이고 다른 하나는 크레이그 모리스가 발굴하고 모리스와 R. 앨런 커비가 분석한 우아누코 팜파 시의 고고학 정보이다.

우아누코 팜파의 면적은 260만 제곱미터가 넘으며 세 개의 광장이 동서를 가로지르는 축을 형성하고 각 광장마다 공공건물 복합단지가 있다. 제국의 도로가 길이 450미터인 가장 큰 광장을 똑바로 가로지른다. 이 광장의 중앙에는 전형적인 잉카 양식의 신성한 돌 제단 우쉬누가 놓여 있으며 퓨마 형상으로 이 제단을 장식했다.

가장 큰 광장은 평민의 대규모 집회를 열기 위한 곳 같고, 이 집회에 이웃 집단을 초대하는 경우도 많았다. 잉카 행정가는 이보다 규모가 작고 사적인 광장에서 살았다. 시에사 데 레온은 1553년에 이렇게 썼다.

아주 큰 돌을 솜씨 좋게 연결한 훌륭한 왕궁이 있었다. 이 궁전은 (…) 속주의 수도였으며 그 옆에는 여러 명의 사제가 사는 태양신 신전이 있었다.

시에사 데 레온의 주장에 따르면 전성기 때 우아누코 팜파에 일하는 사람 수가 3만 명에 이르렀다. 크레이그 모리스는 4천 채 이상의 구조물의 토대를 지도로 작성했으며 도시 남쪽에 있는 언덕에 거의 500채에 가까운 저장소가 가지런히 줄지어 있는 것을 발견하기도 했다.

우아누코 팜파에서 가장 주목할 만한 건물은 아크야 와시이며 이곳에는 선택받은 여자 200명이 살고 있었다. 이 여자들은 고급 직물을 짜는 것 외에도 잉카인들이 추파이추, 야차, 그 밖의 인근 사회의 대표단에게 대접하는 엄청난 양의 옥수수 술을 빚었다. 방문 집단의 노동자 수천 명이 계절에 따라 정기적으로 우아누코 팜파에 와서 잉카 황제가 술과 음식을 베풀어 준 데 대한 보상으로 노동을 했다.

지역 종족 집단의 지도자는 케추아어를 쓰는 쿠스코 지역의 동맹 세력과 달리 "특권에 의한 잉카"가 되지 못했다. 하지만 잉카는 이들에게 귀족과 평민의 중간쯤 되는 지위를 부여했다.

이 지역에 관한 스페인 문서에는 사회적 지위를 나타내는 세 가지 용어가 등장한다. 쿠스코 지역에 친족이 있는 중요 관리와 통치자에게는 코야나collana라는 단어가 쓰였다. 카야오cayao는 잉카인이 아닌 모든 종족 집단의 평민을 지칭했다. 혼인이나 허구의 친족 관계를 통해 코야나와 카야오 양쪽 모두와 연결된 중간 지위의 사람들을 위해 세 번째 단어 파얀payan이 만들어졌다.

모리스와 커비는 잉카인을 대신해서 제국의 각 지역을 관리할 중간 계층의 필요성이 점점 커지는 현실에서 잉카 제국이 지역 지도자를 파얀으로 만듦으로써 이런 필요성에 부응했다고 믿는다. 파얀은 잉카 제국이 베풀어 주는 후한 환대에 대한 보답으로 수천 명의 노동자를 제공했다. 샨족 신부를 맞이했던 카친족 족장처럼 파얀 역시 코야나 여자와 결혼해 자신의 명망을 높였다.

분명 코야나가 파얀을 자신들과 동류라고 여기지는 않았다. 하지만 파얀을 영광스러운 손님으로 대접하고 여자들을 이들과 정혼시킴으로써 기꺼이 이들의 비위를 맞추려고 했다. 잉카는 이처럼 지위를 높여서 파얀을 대우하면 이들이 수천 명의 카야오 노동자를 제공해야 한다는 의무감을 느낄 것이라고 생각했다.

제국의 종말

앞서 보았듯이 잉카 역사에서 자랑스러운 순간 중 하나는 파차쿠티 인카 유판키(1438~1471년)가 찬카를 정복한 일이었다. 파차쿠티는 티아우아나코의 기념물 포로 전통을 이어받아 찬카의 가장 중요한 조각인 1대 찬카 통치자의 미라 조각상을 가져왔다. 이 찬카 조각상은 파차쿠티가 죽은 뒤 왕실 소유지 내에 역시 미라가 된 파차쿠티의 유해와 함께 나란히 보관되어 있었다.

아들 토파 인카 유판키(1471~1493년)가 파차쿠티의 뒤를 이어 10대 인카가 되었다. 그의 뒤를 이은 후계자는 우아이나 카파크(1493~1527년)였으며 통일 제국을 통치한 마지막 인카였다. 이 시기에 콜럼버스가 신대륙을 발견했고, 잉카인들에게 불행한 운명을 가져다줄 유럽의 식민화 과정이 시작되었다.

우아이나 카파크는 제국의 북쪽 끝인 키토 부근에서 죽음을 맞이했고 이후 왕국은 심각한 분열 양상을 보였다. 이복형제인 우아스카르와 아타우알파가 서로 우아이나 카파크의 진정한 후계자라고 주장했다. 우여곡절 끝에 우아스카르가 간신히 황제로 취임했지만 결국 왕가 형제 간의 내전이 벌어지고 말았다.

아타우알파의 군대가 우아스카르에 충성한 귀족들을 죽이기 위해 쿠스코로 밀고 들어왔다. 귀족들 중에는 토파 인카 유판키의 친족도 다수 포함되었다. 아타우알파의 사람들은 수많은 우아스카르 지지자들을 죽인 뒤 토파 인카 유판키의 미라를 찾아내 재로 만들어 버렸다.

1532년 스페인 사람들이 도착했고 기민하게 이 내전을 이용했다. 그들은 카하마르카에서 아타우알파를 포로로 잡았고 몸값으로 금을 요구했다. 아타우알파가 포로로 잡혀 있는 상황에서도 그의 지지 세력은 우아스카르의 허를 찔러 암살했다. 그러자 정복자 프란시스코 피사로는 아타우알파의 사형 집행을 지시했고 잉카는 통치자가 없는 상태가 되었다.

스페인인들은 쿠스코의 광장 동쪽 구역 아우카이파타의 모래층에 묻혀 있던 금은으로 된 물건을 모두 파내 가져갔고 '큰 우쉬누'와 태양신 신전인 코리칸차의 금도 벗겨 갔다. 그런 다음 과거 인카의 미라를 찾아 나서기 시작했다. 인카의 신비로움 때문에 그들의 미라도 스페인의 통치에 위협이 되었기 때문이다. 1559년 무렵 스페인인들은 인카의 미라를 대부분 찾아내 불태웠다.

잉카의 논리로는 통치자의 미라, 우아우케 조각상, 머리카락과 손톱 꾸러미 모두 살아 있는 존재이며, 상속자에게 계속 조언을 하고 지위가 낮은 관리에게 정당성을 부여하며 백성을 다스렸다. 이것을 파괴하는 것은 신성한 명령의 고리를 잘라 내는 것이고 행정 위계 체계에서 1단계가 사라지는 것이었다.

제국의 불평등

이 책에서 설명한 여러 제국은 대다수 왕국보다 월등하게 규모가 컸다. 하지만 제국의 사회적 불평등이 왕국보다 더 심했는지는 알지 못한다. 노예와 토지 없는 농노는 큰 차이를 느끼지 못했을 것이다.

정복당한 상류층에게서 자주성과 권한을 빼앗는 일은 제국에 새로운 불평등을 낳는 원천이 되었다. 제국은 예전에 왕국이 경쟁 지위 사회를 집어삼킨 것과 같은 방식으로 경쟁 왕국을 집어삼켰다. 자신의 말이 곧 법이었던 많은 군주가 이제는 황제의 명령을 받지 않을 수 없었다.

정복당한 군주는 새롭게 생겨난 불평등에 여러 방식으로 대응했다. 멕시코 분지에 있던 텍스코코의 통치자는 왕위를 다시 주장할 수 있을 때까지 망명을 떠나 있었다. 페루의 친차 밸리를 다스리던 지역 군주는 가마를 타고 행차하는 등 몇 가지 특권을 유지하기 위해 공동 통치에 합의했다. 하위 가계 출신의 야심적인 군주는 공동 통치가 가져다줄 이와 유사한 특권에 설득당해 자신이 상위 통치자의 지위를 찬탈하는 데 잉카가 도움을 줄 경우 잉카에 협력했다. 반면 우아르코의 왕과 찬카의 왕은 잉카에 복종하지 않으려 했고 결국은 무력으로 제압당했다.

왕과 황제가 강력한 권력을 지니긴 해도 원하는 것을 얻기 위해 넉넉한 인심을 베풀어야 하는 경우가 많았다. 아스텍은 그들이 결코 정복할 수 없었던 틀락스칼라 지역 귀족을 위해 잔치를 베풀었으며 쿨우아칸의 대군주는 멕시카 봉신에게 왕자를 주었다. 우아누코 팜파의 잉카는 야차족 세습 지도자를 후하게 대접함으로써 그 휘하에 있는 노동자를 이용했다. 넉넉한 인심과 상호 답례라는 제1원칙이 매우 뿌리 깊게 자리 잡고 있어서 아무리 황제라도 이 원칙을 잘 다루는 법을 배워야 했다.

초기 왕국과 제국이 남긴 유산

각각의 왕국 또는 제국이 몇 세대에 속하는지 강조한 데는 한 가지 이유가 있다. 4세대와 5세대 왕국은 1세대 왕국과 다른 방식으로 탄생했다. 1세대 이후 모든 세대의 왕국과 제국은 이전 선임자로부터 전략과 제도를 차용할 수 있었다.

1세대 왕국을 건설한 사람은 모범으로 삼을 사례가 없었다. 이들은 새로운 형태의 사회를 만들고 있다는 사실조차 의식하지 못했고, 그저 경쟁자를 제거하고 부하를 늘려 간다고만 생각했다. 만들어 놓고 나니 왕국이 너무 넓어 새로운 관리 방식이 필요하다는 것을 나중에야 깨달았다.

하지만 일단 따라할 모범이 생기고 나면 다음 왕국을 건설하는 데 여러 가지 길이 생긴다. 각 지역에서 최초의 왕국을 건설한 시조에게는 선택 방안이 많지 않았을 것이다. 1세대 왕국이 건설된 방식이 놀랄 만큼 비슷한 점이 이런 생각을 뒷받침한다.

고고학자와 사회인류학자는 모든 고대 왕국을 똑같이 취급함으로써 세대 간의 차이를 무시하는 경우가 더러 있다. 앞으로는 1세대 왕국을 별도로 분리해 특별한 사례로 연구하기를 바란다. 그렇게 할 때에만 비로소 지위 사회 중 일부 집단만 왕국으로 통합되고 다른 지위 사회는 그렇지 못했는지 그 이유를 깨달을 수 있다.

5부

불평등에 맞서는 저항

불평등과 자연법

우리의 맨 처음 조상은 모두 평등하게 태어났다. 하지만 빙하 시대가 끝나자 평등의 일부를 남에게 넘겨주는 사람이 생기기 시작했다.

세습 지위부터 시작해 제국에서 정점에 이르는 복잡한 인간 사회의 등장은 생물학의 비대 성장에 비유되어 왔다. 하지만 사회의 복잡성은 유전자로 인해 생기는 것이 아니다. 사회의 복잡성은 생명력, 덕, 지적 재산, 넉넉한 인심, 부채, 전투 기량의 측면에서 사람들 사이에 인지되는 차이에서 생기는 것이다.

생물학적 진화에서는 개체군의 증가가 곧 성공의 척도이다. 종은 다른 종의 희생을 바탕으로 성장한다. 새로운 유전자가 종의 성공을 촉진하거나 환경 변화가 기존 유전자에 유리하게 작용한다. 하지만 사회적 진화는 다르다. 인류의 주요한 성공 중 몇 가지는 농경을 채택한 이후에 이루어졌으며, 이는 유전자와 아무 관련이 없는 변화이다. 상주 촌락에 정착해서 살아가기로 결정하고, 공격적인 지위 사회가 부상하고, 팽창주의적 왕국이 탄생한 이후에야 인구 성장이 뒤따르는 경우가 빈번했다.

생물학적 진화와 사회적 진화 사이에 명백한 차이가 있긴 해도 둘의 비유가 유용할 때가 있다. 생물학자는 시간의 흐름에 따라 동물이 어떻게 변화했는지 추론할 때 대개는 해부학적 유사성과 차이점을 바탕으로 한다. 이제는 동물의 DNA를 참조할 수 있기 때문에 겉으로 비슷해 보이는 많은 종이 실제로 아무 연관이 없는 반면 생김새가 다른 종의 조상이 서로 같다는 것을 알게 되는 일이 많다. 오늘날의 많은 생물학자는 종의 유전 암호를 밝혀내기 전까지는 종에 대한 정보가 완전하지 않다고 말할 것이다.

우리가 사회적 논리에 초점을 맞추기로 한 것도 이 때문이다. 사회인류학자와 고고학자에게 있어 어떤 사회의 논리를 추출해 낸다는 것은 그것의 DNA 정보를 갖는 것과 유사하다. 사회의 변화하는 전제를 이해하지 못한다면 대답 없는 물음만 남을 것이다. 신성한 왕을 둔 국가는 신성한 권한이 두드러졌던 지위 사회에서 생겨났을까? 세속적인 왕국은 군사력이 가장 중요했던 지위 사회에서 생겨났을까? 아니면 어떤 지위 사회였든 간에 임의로 어떤 형태의 군주제든 생겨날 수 있는 것일까?

루소를 갱신하다

루소는 우리의 조상이 권력가나 정부 또는 법이 없는 상태로 오로지 힘과 민첩성, 지능 면에서만 차이를 가지고 태어났다고 주장했다. 이러한 불평등은 자연법에 따른 것이다. 이후에 생긴 대다수 불평등은 자연에서 생긴 것이 아니라 사회 자체의 작용에서 비롯된 것이다.

오늘날 우리는 빙하 시대의 모든 인류 조상이 권력가나 법이 없는 상태로 살지는 않았을 것으로 추론한다. 그들은 천상의 영혼이 자신들을 창조했다고 믿었으며 이 천상의 영혼은 인간에게 사회적 행위의 법칙을 부여하는 강력한 권력을 지닌 주인이었다. 또한 인류의 조상이라고 생각할 수 있는 많은 이들은 최초의 인간이 우리보다 월등한 능력을 지녔다고 믿었다. 최초의 "오래된 인간"이 사회의 지배 위계 체계에서 이인자의 역할을 맡았고 이들을 잘 대우하면 지상의 후손을 대신해서 영혼 세계의 일인자에게 간청을 드렸다.

빙하 시대에는 먹을 것을 찾아다니기 위해 사회가 작은 단위를 이루어 계속 이동하면서 살아야 했다. 식량 공급의 불안정한 변동성으로 어쩔 수 없이 다른 가족의 영토에 들어가 채집해야 하는 경우가 있었으므로 우리 조상은 이웃과 적대적인 관계를 가질 상황이 아니었다. 앞서 보았듯이 채집 생활자들은 외교적이었을 뿐만 아니라 실제로 이웃을 명예 친족으로 삼기도 했다. 마법의 힘을 지닌 이름, 음식, 선물 등의 교환을 통해 협력자를 만드는 방식으로 이와 같은 관계를 형성했다. 이런 협력 관계가 있었기 때문에 어려운 시기가 닥쳐도 다른 가족을 혼인이나 피로 맺어진 친족처럼 대접할 수 있었다.

소규모 채집 생활자의 논리에는 고유의 1단계 원칙들이 있었다. 대표적인 것을 정리하면 다음과 같다.

우리 안에는 보이지 않는 생명력이 있다.

신성한 영혼, 장소, 물건이 있다.

개인은 덕의 차이가 있다.

넉넉한 인심이 이러한 덕 중 하나이다.

나이 든 사람이나 통과의례를 거친 사람은 젊은 사람이나 통과의례를 거치지 않은 사람보다 대체로 덕이 많다.

특정 영토에 나중에 온 사람은 먼저 온 사람을 공경하며 따라야 한다.

우리의 생활 방식은 본질적으로 이웃의 생활 방식보다 우월하다.

이러한 원칙이 광범위하게 퍼져 있었지만 대부분의 인류학자는 이 원칙들이 우리 유전자에 암호화되어 있다고 주장하지 않았다. 넉넉한 인심이 수렵채집 생활자 사이에 널리 퍼져 있었음에도 각 개인이 넉넉한 인심을 유지하도록 끊임없이 사회적 압력이 가해졌다. 넉넉한 인심을 베푸는 유전자가 있었다면 이러한 사회적 압력은 필요하지 않았을 것이다.

1단계 원칙에서 파생된 두 번째 단계의 사회적 전제는 1단계 원칙만큼 광범위하게 퍼져 있지는 않았다. 가령 대다수 채집 생활자는 인간의 덕이 저마다 다르다는 데 동의하지만 개인의 덕을 높여 주는 행위가 무엇인가에 대해서는 종종 다른 의견을 보였다. 이러한 차이가 종족의 다양성, 장기적인 사회 변화, 심화된 불평등을 낳는 원천이었다.

가령 일부 채집 생활자는 음식을 나누어 먹는 것을 매우 중요시했기 때문에 식량을 쌓아 두었다는 비난을 듣지 않기 위해 먹을 것을 보관하지 않았다. 이러한 행위는 즉시 보상 위주의 경제 전략과 관련 있는 경우가 많았다. 그런가 하면 다른 채집 생활자는 후일 보상 전략을 채택함으로써 식량을 건조하거나 훈제하거나 보관할 수 있었고 나아가서는 미미하나마 환경에 인위적 조작을 가하기도 했다. 이들은 식량을 비축했다는 비난을 피하기 위해 잔치를 열어 음식을 나누어 먹었다.

세계 몇몇 지역에서 후일 보상 전략을 따르는 채집 생활이 필시 농경을 위한 무대를 마련했을 것이다. 그들의 경우 잔치를 열면 그 주최자에 대한 존경심이 높아졌다. 상호 답례 원칙에 충실했다는 것은 넉넉한 인심에 답례하지 못할 경우 이것이 부채로 남을 수 있다는 것을 의미했다. 선물 답례가 평평한 운동장을 만들 수도 있지만 이를 이용하여 반대 결과를 만들 수도 있었다.

반대 결과를 초래하는 상황이 어떤 것인지 알면 도움이 될 것이다. 개인 소유의 저장 장소가 있다는 것은 음식 나누기가 쇠퇴했음을 보여 주며 고고학자들은 8,000년 전 서아시아의 촌락에서 이러한 징후를 발견했다.

빙하 시대 세계 곳곳에서 채집 생활자는 교환 활동과 음식 나누기 다음 단계로 나아갔다. 고고학 증거로 볼 때 이들 중 일부는 실제 친족 관계든 그렇지 않든 서로 친족이라고 여기는 사람들이 모여 항구적인 커다란 집단을 형성했다. 초기 씨족은 앞서 보았듯이 때로 채집 생활자 야영지의 성별 조성에서 흔적을 찾을 수 있는 부계 또는 모계 사회를 견본으로 이용했을 것이다.

씨족을 이루지 않은 대다수 채집 생활자는 모든 사람을 동등하게 대우하기 위해 많은 노력을 기울였다. 이러한 윤리는 대개 한 씨족 사회 안에서 계승되었지만, 항상 다른 씨족으로까지 확대되는 것은 아니었다. 가령 지적 재산의 의미를 알고 자신들의 의식이 다른 씨족에게 알려지지 않도록 비밀에 붙이는 씨족이 있었다. 이처럼 비밀을 보호하려는 필요성 때문에 아버지에서 아들에게로 지도력을 물려주려는 최초의 시도가 나왔을 것이다. 그런가 하면 씨족 A가 귀중품과 교환하는 조건으로 씨족 B에게 자기네 의식 중 하나를 시행해도 좋다고 허락하는 경우도 있었다.

씨족을 이루지 않은 채집 생활자라 하더라도 죽은 친족의 뼈를 보관했던 것으로 알려졌다. 씨족 내에서는 조상의 중요성을 더욱 부각하기 위해 뼈의 일부를 전시하는 경우가 늘었다. 씨족을 이루지 않은 채집 생활자 중에는 한증막이나 미혼 남자 오두막을 짓는 일이 있었고 반면 씨족을 기반으로 하는 사회에서는 때로 남자 숙소나 시신 안치소를 지었다. 9,000년 전 서아시아에서 이런 종류의 건물이 나타났다.

씨족을 이루지 않은 채집 생활자라고 해도 통과의례와 신부 노역을 시행했다. 이보다 규모가 큰 사회 단위가 형성된 사회에서는 그러한 의식을 치르는 동안 가족끼리, 나아가서는 후손 집단끼리 보다 대대적인 귀중품 교환이 이루어졌다. 그처럼 여러 차원의 의식적 행위가 추가되면 미술, 음악, 춤과 관련된 고고학 증거가 늘어났다.

몇몇 지역에서는 지역 집단의 형성으로 새로운 논리가 전제로 등장했다. 신부를 내주는 사람과 신부를 데려가는 사람 사이에 덕의 차이가 있다는 주장을 한 가지 사례로 꼽을 수 있다. 이전까지 상호적이었던 교환 행위가 불평등의 원천으로 바뀌는 두 번째 사례가 된 것이다.

마지막으로 "우리 대 저들"이라는 씨족 정신이 자리 잡으면서 습격 활동이 정당화되었다. 사회적 대리 원칙은 다른 집단에 속하기만 하면 누구든 좋은 목표가 될 수 있다는 의미였다. 사냥 무리 중에는 사람 머리 전리품을 들고 돌아오는 경우가 있는가 하면 여자와 아이를 포로로 끌고 와 노예로 만드는 경우도 있었다. 보다 큰 규모의 전쟁이 일어날 수 있는 토대가 생긴 것이다.

고고학자들이 선사 시대 사회에 씨족 또는 공동 조상을 둔 후손 집단이 있었을 것이라고 추정하게 되는 단서는 무엇일까? 여러 세대가 모인 공동묘지, 목책 또는 석조 방어벽, 남자 숙소, 시신 안치소, 사람 머리 전리품, 무덤에서 해골을 꺼내어 보관하는 행위, 신부 값 지불에 사용되는 귀중품의 증가 등이 단서가 된다. 나일 강 유역에서는 농경과 가축 몰이가 시작되기도 전에 이런 단서가 최초로 나타났다. 서아시아, 멕시코, 페루의 초기 농경 촌락에서도 강력한 증거가 발견되었다.

하지만 씨족을 이루지 않은 채집 생활자가 이른바 "최초의" 사회를 대표한다고 보지는 않는다. 씨족을 이루지 않은 채집 생활자(예를 들어 바사르와족)도 과거에는 후손 집단이나 씨족을 형성했지만 결국 변두리 환경으로 내몰리면서 이런 사회 단위가 사라졌을 것이라는 단서가 있다. 이와 동시에 안다만 섬사람들의 사회 같은 곳을 보면 한 집단이 상대적으로 풍요로운 환경에 산다고 해서 꼭 씨족으로 발전한다는 보장도 없다. 이러한 이유로 볼 때 씨족이나 후손 집단이 채집 생활 사회가 필연적으로 거치는 두 번째 단계라기보다는 몇 가지 사회적 연결망 전략 중의 하나라고 간주해야 할 것이다.

개인의 야망과 공공선의 균형

루소는 자존감이 사라지고 자기애가 그 자리를 대체하는 것이 불평등의 형성 과정에서 중요한 순간이라고 보았다. 하지만 지금은 자존감과 자기애 모두 처음부터 있었다는 것이 명백해 보인다. 자기애와 자존감의 줄다리기는 빙하 시대 사회의 가장 중요한 논리적 모순의 하나였을 것이다.

서아시아에서는 9,000년 전, 이집트에서는 7,000년 전, 멕시코에서는 4,000년 전 농경 촌락이 등장하면서 자기애가 커질 수 있는 환경이 조성되었다. 하지만 농경을 채택한 세계 많은 지역이 곧바로 불평등을 낳지는 않았다. 많은 사회는 개인의 야망과 공공선 사이에서 균형을 유지했고 몇몇 지역에서는 이러한 균형이 20세기까지 지속되었다. 몇몇 고고학 단서를 보면 오늘날의 성과 기반 사회 중에도 예전에 훨씬 심한 불평등이 있었던 곳이 있다. 하지만 이런 일시적 불평등 현상이 곧 끝나고 다시 평등주의적 행동으로 돌아갔다.

성과 기반 사회는 야심적인 개인(루소의 표현을 빌리면 "우월한 존재로 여겨지기를 원하는 사람")이 명망을 높일 수 있도록 허용 가능한 방식을 제공한 점에서 탁월했다. 습격이나 머리를 베어 오는 일에서 탁월한 기량을 보이거나, 사업 차원의 교환 활동에서 역량을 발휘하거나, 점차 중요성이 커지는 의식을 후원하는 것 등이 이러한 방식에 포함되었다. 이 경로들이 모두 명망을 쌓는 것으로 이어지지만 이렇게 유명해진 개인이 세습 상류층이 되지는 못했다. 자식에게 역할 모델이 되기는 했겠지만 동일한 수준의 명망을 자식에게 보장해 주지는 못했다.

우선 사람의 머리 가죽을 벗겨 오거나 머리를 베어 오는 일을 살펴보자. 몇몇 이상주의적인 인류학자들은 그러한 폭력 행위가 명망으로 이어지는 경로가 아니었을 것이라고 보지만 현지인들의 기억 속에서는 이를 찬양하는 일이 자주 있다. 몇몇 부족은 다음과 같이 한탄하기도 했다. "과거 우리에게는 남자 숙소의 벽에 적들의 해골을 매달아 놓던 지도자가 있었지만 오늘날 우리는 계집애 같은 남자들처럼 그저 시답잖은 싸움이나 벌이고 있다."

성과 기반 사회에서 흥미로운 측면은 습격과 교환이 심심찮게 서로 연관되었다는 점이다. 엥가족의 테 순환은 피의 복수를 반복하던 전쟁이 성격이 바뀌어 전쟁 보상으로 이득을 얻는 수단이 된다는 것을 보여 주었다. 모카, 포틀래치, 공로 잔치의 규모가 점차 커진 것으로 볼 때, 사람들은 식민 당국의 습격 금지로 생긴 공백을 경쟁적인 교환으로 메웠다.

물론 교환을 한다고 해서 노예로 삼을 포로가 생기지는 않는다. 하지만 교환을 통해 채무자를 만들고 이 채무자를 강제로 노예 상태로 만들 수 있다. 또한 귀중품을 모아서 선물로 나누어 주는 전문 기술의 차이에 의해 공동체가 '명망가', 일반 사람, 하찮은 사람, "다리들"로 나뉠 수 있다.

명성을 얻는 가장 흔한 경로는 의식을 열어 성과 달성의 단계적 과정을 거치는 것이다. 테와족 남자는 '따뜻한 광대'에서 '완벽한 사람'까지 올라갈 수 있었다. 만단족 여자는 '거위' 모임 성원에서 '흰 버펄로 암소' 모임의 성원까지 오를 수 있었다. 안가미 나가족은 신성한 사람의 지위까지 오를 수 있었다. 이렇게 높은 성취 단계에 오른 사람이라도 자식에게 명망을 물려줄 수는 없었다.

많은 미국인은 성과 기반 사회의 논리가 익숙하다고 여길 것이다. 모든 사람은 평등하게 태어났으며, 열심히 노력하고 규칙대로 경기를 벌이면 누구나 높은 지위에 오를 수 있다. 아이에게 스스로 얻지 않은 특권을 줄 경우 아이는 버릇없이 자라 자신의 현실을 텔레비전 쇼라고 여길 것이다.

미국과 성과 기반 사회의 차이를 이렇게 설명할 수 있다. 미국은 세습 귀족을 없애기 위해 독립 전쟁에서 싸워야 했지만 부의 격차를 줄이는 방법은 결코 깨닫지 못한 반면 성과 기반 사회는 대체로 모든 성원에게 압력을 가해 그들이 축적한 귀중품을 내놓도록 했다.

대략 어느 시기부터 성과 기반 지도력의 징후가 나타나기 시작했을까? 서아시아는 약 9,000년 전, 안데스 산맥 지역은 4,000년 전, 멕시코는 3,500년 전부터 나타났다. 이를 판단한 단서는 어떤 것일까? 고고학자는 규모가 크고 보다 포괄적인 형태의 남자 숙소, 또는 규모가 작고 보다 배타적인 형태의 남자 숙소를 찾는다. 또한 사업적인 교환에서 이용할 만한 교역 물자를 축적했는지 찾아본다. 고고학자는 주거 가옥과 무덤을 세심하게 분석한 뒤 사치품을 받을 권리가 몇몇 가족의 아이들에게 있었다는 설득력 있는 증거가 보이지 않는다면, 그 사회의 성원들이 뚜렷하게 구분되는 명망을 성취할 수는 있지만 이를 세습하지 않았다고 결론 내릴 것이다.

고고학자는 한 사회의 여러 촌락을 가능한 한 많이 조사하여, 작은 촌락이 인근의 큰 촌락에 공물이나 부역을 바쳐야 할 의무가 있었다는 증거를 찾는다. 그러한 증거가 보이지 않는다면 이는 성과 기반 사회임을 나타낸다. 고고학자는 또한 행사 광장, 돌 기념비, 커다란 슬릿드럼이 세습 지도력의 증거보다는 오히려 성과 기반 지도력의 증거일 가능성이 높다는 점을 유념하면서 기념 건물에 관한 증거라면 무엇이든 감정하고자 한다.

과거 수렵채집 생활자들의 논리에 어떤 변화가 일어나서 명성을 얻는 사회적 경로가 생겨났을까? 채집 생활자들도 몇몇 개인에 대해서는 남들보다 덕이 높다고 여기며, 사람은 평생에 걸쳐 덕을 쌓아 갈 수 있다고 믿었다. 이 원칙을 바탕으로 많은 촌락 사회에서는 개인이 신성한 구전 지식을 습득함으로써 덕을 쌓을 수 있는 공식적인 단계를 만들어 냈다.

사업적인 교환을 이용하는 또 다른 경로는 앞서 채집 생활자 사이에서 보았던 세 가지 원칙을 활용한 것이다. 첫째, 넉넉한 인심은 좋은 것이다. 둘째, 선물 교환은 사회적 유대를 만들어 낸다. 셋째, 멀리서 온 교역 물품일수록 동료들에게 더 깊은 인상을 남길 것이다. 엥가족 같은 몇몇 성과 기반 사회는 "돼지 한 마리를 주되 반드시 한 마리만 주라."는 원칙을 바탕으로 평등한 교환이 이루어지도록 노력했다. 반면 멜파 부족 같은 경우는 상대가 갚을 수 있는 것보다 훨씬 많은 돼지를 줌으로써 상대보다 인심이 넉넉한(따라서 덕이 훨씬 높은) 사람이 된다고 판단했다.

후자의 원칙을 받아들이게 되면 경쟁자에게 호화로운 선물을 하여 난처하게 만드는 방법이 명성을 얻는 경로로 허용된다. 경쟁적인 교환이 예기치 못한 결과를 몰고 오기도 했다. 가족과 씨족 전체가 장차 명망가가 되려는 사람에게 돈을 대도록 압력을 받을 우려가 있다는 점이다. 만일 그가 경쟁자에게 패할 경우 투자한 비용은 고스란히 날아갈 것이다.

불균형한 교환 때문에 체면을 잃을 경우 피의 복수가 반복될 수 있고, 이러한 피의 복수로 인해 머리 가죽 벗기기와 머리 베어 오기가 늘어난다. 머리를 베어 오면 생명력이 늘어난다고 믿는 사회가 많았다. 따라서 전사를 이끌고 전투에 참가하여 무훈을 세우거나 포로 또는 신체의 일부를 포획하여 귀환하는 것도 명망을 얻는 또 하나의 경로가 되었다.

성과 기반 사회는 대단한 안정성을 지녔다. 하지만 고대 세계의 여러 시기, 여러 곳에서 자기애가 지속되다가 마침내 세습 상류층이 생겼다. 인구 성장, 집약 농업, 기후 개선 등이 불평등을 낳기에 좋은 환경을 조성하기는 해도 이러한 요인 자체의 필연적인 결과로 불평등이 생기는 것은 아니었다. 여기서 핵심적인 과정은 인간 행위자 중 일부 집단이 더 큰 특권을 얻기 위해 싸운 반면 다른 이들은 가능한 한 모든 힘을 모아 특권에 저항했다는 사실과 관련이 있다.

사회의 한 분파가 상류층 지위를 얻는 데 성공했더라도 여기서 투쟁이 끝나는 것은 아니다. 카친족과 코니아크 나가족과 같은 일부 사회는 수십 년 동안 세습 지위와 성과 기반 사회 사이를 왔다 갔다 하며 순환적 변동을 겪었다.

고고학자들은 세습 지위가 형성되는 과정에 대해 몇 가지 시나리오를 제시했다. 대부분 성취에 기반한 불평등의 역사가 이미 자리 잡고 있던 사회가 세습 지위의 출발점이 된다고 보았다. 하지만 이것이 필수 조건이라고 생각하지는 않았다. 적어도 몇몇 사회에서는 성과 기반 사회의 국면을 오래 거치지 않은 채 부채 노예를 이용함으로써 평등주의 사회에서 지위 사회로 나아갈 수 있는 가능성이 있었다. 정말 이런 일이 있었다면 언젠가 고고학자들에 의해 확인될 것이다.

성과 기반 사회에서 지위 사회가 발달한 경우에는 지위의 원천이 될 만한 불평등이 기존에 많이 있었다. 명망가와 하찮은 사람, 의식의 사다리 단계를 모두 올라간 사람과 그렇지 않은 사람, 맨 먼저 온 씨족과 그 밖의 사람, 성공을 이루도록 악마의 선택을 받은 사람과 하찮은 사람 등이 지닌 명망의 차이가 이에 포함된다.

지위를 얻는 또 다른 전략은 앞서 언급한 바 있듯이 부채를 이용하는 것이다. 그러면 곤궁한 처지의 씨족 성원을 하인으로 만들고 이웃을 노예로 만들 수 있었다. 부채가 생기는 이유는 과도한 신부값, 장차 명망가가 되고자 하는 사람을 위해 지출한 비용, 과도한 전쟁 보상, 가난한 친족의 간절한 요청 때문이다. 이는 선물이나 빚을 갚지 못하면 덕이 낮은 사람이 된다는 원칙에 기반하고 있었다.

세습 지위와 관련하여 한 가지 흥미로운 점은 누트카족 같은 수렵채집 생활자 사이에서도 세습 지위가 생겼다는 사실이다. 다시 말해서 농경이 이루어지기 전에도 노예나 귀족이 생길 수 있었던 것이다.

지위 사회의 등장을 알리는 고고학 단서는 무엇일까? 이는 생각만큼 간단한 문제가 아니다. 지위의 형태가 매우 다양하기 때문이다. 씨족 간에도 지위 차이가 있을 수 있다. 각각의 씨족 내에서도 족장 가계로 간주되는 가계가 있을 수 있다. 족보상으로 족장과 얼마만큼 가까운가에 따라 조금씩 지위에 차이가 생기는 연속선이 있을 수 있다. 귀족, 토지 소유층, 평민의 단계적인 차이가 있을 수도 있다. 게다가 이 정도 다양성으로도 모자라는지, 개별화된 지위 사회에서 집단 지향적인 지위 사회까지 조금씩 차이를 보이면서 이어지는 '렌프루의 연속선'도 있다.

고고학자는 개별화된 지위 사회를 나타내는 행운의 별에 감사해야 한다. 이런 사회에서는 상류층 아이를 묻을 때 사치품을 함께 묻으며, 족장의 시신을 묻을 때 시신을 묶거나 연기에 그을리거나 제물로 희생된 하인과 함께 묻었다. 고고학자는 또한 귀족 가문이 교환했던 금세공품과 비취, 상징성이 강한 도자기에 대해서도 고마움을 가져야 한다. 지역 차원에서는 족장 사회 중심지가 새로운 추종 세력을 끌어들임으로써 커지거나, 위성 도시가 주변을 둘러싸고 족장 사회 중심지가 이 위성 도시에 신부를 보낸 고고학 증거가 있는 것을 감사히 여겨야 한다.

지위 사회에서는 남자 숙소 대신 천상의 영혼을 모시는 신전을 건설하는 일이 종종 있었다. 일반적으로 상류층이 화려한 과시 행동을 삼가는 집단 지향적 지위 사회에서조차 족장 가족은 커다란 저장 시설을 갖추고 교역 물품의 증거가 더 많이 발견되는 큰 가옥에서 사는 경우가 많았다.

지위는 분명 평등의 상실을 의미하지만 논의를 좀 더 전개하기 위해 반대 의견을 생각해 보자. 지위란 정말로 나쁜 것일까? 많은 종이 지배의 위계 체계를 갖고 있지 않은가? 게다가 이런 위계 체계가 사회에 안정성을 가져다주지 않는가? 실제로 우리와 가장 가까운 영장류 친척들에게는 서열이 있지 않은가?

그렇다. 하지만 여기에는 중요한 차이가 있다. 특정 침팬지가 일인자 또는 이인자가 될 것이라고 태어나면서부터 미리 운명이 정해져 있지 않다는 점이다. 일인자 부모를 두었을 때 자식이 일인자가 될 가능성이 높아지기는 하지만 개인의 위치는 결국 위계 체계 내에서 다른 개인들과의 상호작용으로 결정된다. 또한 시간이 지나면서 어떤 침팬지의 지위도 올라가거나 내려갈 수 있다.

인간의 지위 사회는 다르다. 큰 앙 부모의 자식은 아무리 재능이 모자라도 큰 앙으로 태어난다. 평민 부모의 자식은 아무리 똑똑해도 큰 앙이 되지 못한다. 침팬지 무리와 비교할 때 지위 사회에서 한 사람의 위치를 협상할 수 있는 범위는 매우 제한되어 있다.

분명 지위 사회에는 대립적인 상호작용이 있지만 이는 대개 지위가 높은 경쟁자들 사이에 있다. 족장의 일부다처혼으로 많은 상속자가 대략 비슷한 지위를 갖는 상황이 생긴다. 가장 격렬한 양상을 띠는 경쟁은 귀족 집안의 형제, 이복형제, 사촌 사이에 벌어지는 경쟁이다.

또 다른 폭력적 대립은 영토 확장과 관련이 있다. 침팬지 무리와 인간 족장 사회 모두 이웃 집단에게서 영토를 빼앗는 것을 좋아한다. 그리고 둘 다 매복과 수적 우세를 선호한다. 하지만 자신의 군사 전술이 우월하다고 생각하는 일부 공격적인 지도자는 규모가 큰 적군에게도 공격을 감행한다. 샤카는 수적 열세 상황에서 수많은 위대한 승리를 거두었다.

전쟁은 지위 사회들 간에 권력을 강화하는 도구가 되었다. 그러한 권력 강화가 단지 칭호를 얻는 의미만 있다면(사모아 제도의 몇몇 지역처럼) 사회의 기본 원칙에 반드시 변화가 생기지는 않는다. 권력 강화가 영토의 획득을 의미하는 경우(마다가스카르 섬과 하와이)에는 지위 사회의 관리 원칙으로 운영하기에 너무 넓은 영토가 생긴다. 왕국 특유의 정치적 위계 체계가 생길 여건이 마련되는 것이다.

맨 처음 등장한 왕 중에는 영토 관리 방식을 바꾸는 과정에서 새로운 전략을 만들어 내는 경우가 많았다. 하와이의 왕은 모든 속주가 왕을 떠받들도록 계속 거주지를 옮겨 다니는 것을 그만두고 각 속주마다 믿을 만한 총독을 임명했다. 샤카는 각 종족 집단별로 독자적인 연령 부대를 구성하지 않고 오로지 자신에게 충성하는 국가 차원의 부대를 창설했다. 이집트의 몇몇 왕은 더 이상 형제를 파견하여 왕국의 곳곳을 관리하지 않고, 왕위 찬탈의 가능성이 적은 유능한 평민을 선발하여 파견했다.

최초의 왕국 또는 과두제 국가가 등장한 것은 이집트와 메소파타미아의 경우 5,000년 전, 멕시코와 페루의 경우는 2,000년 전이다. 국가가 형성된 정확한 시기를 알기는 힘들다. 여러 세대에 걸쳐 공격적인 통치자가 등장하면서 국가가 탄생하는 경우가 많기 때문이다. 또한 우리가 살펴보았듯이 1세대 국가 간에 많은 유사성이 보이긴 해도 이러한 유사성이 공통적인 것도, 필연적인 것도 아니었다. 20세기에 이르러서도 세계의 여러 지역에서는 여전히 지위 사회 수준의 복잡성만 나타나는 경우도 많았다.

왕국의 탄생을 나타내는 단서는 무엇일까? 고고학자는 지역 차원에서 정치 위계 체계가 최소한 네 단계로 구성되고 그중 상위 세 단계에 행정가가 있었다는 흔적을 찾는다. 국교의 표준화된 신전뿐만 아니라 평면도상으로 회의나 집회가 열리던 곳임을 알 수 있는 세속적인 건물도 찾는다. 수도에서는 부역으로 지은 궁전과, 왕족에게 어울릴 법한 사치품이 함께 묻힌 무덤을 찾는다. 2단계 행정 중심지에는 종종 하향식 행정의 표준화된 건축물을 보여 주는 보다 작은 형태의 가옥과 무덤이 있을 것이다. 또 다른 단서로는 표준화된 그릇이나 구이 판에 담아 노동자에게 나누어 준 배급이나 교환 증표가 있을 것이다. 때로는 지도자의 지침을 전달하기 위해 글이나 그림을 사용하는 왕국이 있어서 고고학자의 일이 손쉬워지기도 한다.

왕국을 건설한 통치자 중에 자신이 장악한 영토에 만족하는 사람은 없었다. 새로운 국가 주변에 힘이 약한 집단이 있으면 영토를 확장하고 싶은 유혹이 컸다. 멕시코 오악사카 밸리의 국가에서 그랬듯이 이러한 영토 확장이 연쇄 반응을 일으켜, 요새로 방어를 강화한 국가를 여러 개 탄생시키기도 했다. 그렇지 않을 경우 페루 북부 해안 지역에서 그랬듯이 영토 확장으로 하나의 다종족 제국이 탄생하기도 했다. 영토 확장에서 중요한 핵심은 어디가 취약한 지역인지, 건드리지 않고 놓아두는 것이 최선인 곳은 어디인지 파악하는 데 있었다.

세계 최초의 제국을 건설한 사람은 누구일까? 많은 고고학자가 아카드의 사르곤을 지목하지만 실제보다 부풀려 공로를 인정받는 것일지도 모른다. 그보다 앞선 루갈자기시 왕은 메소포타미아에서 지중해까지 지배했다고 주장한다. 게다가 루갈자기시가 권좌에 오르기 전에도 이집트의 왕 중 몇몇은 누비아에서 남부 레반트에 이르는 지역 전체를 정복했을 가능성이 있다.

다시 말해서 제국은 4,300년 전 훨씬 이전부터 있었을 것이다. 또한 제국과 더불어 종족 유형화ethnic stereotyping가 진행되었으며, 이는 단순한 형태의 사회가 지녔던 오래된 종족 중심주의가 한 단계 나아간 것이다. 이로써 인종, 종교, 종족과 관련된 편협성의 전례가 확립되었다.

물론 초기 왕국과 제국은 그 밖에도 많은 것을 했다. 많은 국가의 정권은 개별 평민들이 남겨 놓은 평등의 흔적을 무엇이든 없앴다. 아스텍 국가에서는 목화를 재배하는 평민조차도 면 망토를 입지 못하도록 금했다. 수메르 법에서는 평민의 혼인을 일부일처혼으로 한정했으며, 일부일처혼이 신에게 인정받은 규범이라는 인상을 이후 사회에 심어 주었다. 또한 수메르인은 평민 사이에 경제적 불평등을 심화시켜 설령 세습적 특권이 사라지더라도 경제적 불평등이 지속될 가능성을 높였다.

마지막으로 제국은 다른 사회를 식민지로 삼음으로써 자유를 빼앗았다. 이 사회의 평민은 식민지가 되기 전에도 최하층으로 대우받았으므로 결과적으로 보면 상류층이 가장 많은 것을 잃었다. 더러 정복당한 사회의 지도자에게 선물을 주어 달래거나 이전 영토의 공동 통치자로 참여하도록 허락했다.

우리는 이제껏 식민주의의 주제를 건드리지 않고 남겨 두었다. 오늘날의 인류학자에게 이 주제만큼 심한 분노를 일으키는 것도 없다. 인류학은 오랫동안 정치적 올바름에 깊은 애정을 보여 왔고, 많은 인류학 강좌에서 식민주의는 나쁜 것이며 이에 맞서는 저항은 좋은 것이라고 설파해 왔다. 이런 주문이 너무도 팽배해 있어서 오늘날의 많은 교수들은 설령 고전으로 평가받는 저서라도 빅토리아 여왕 시대의 인류학 문헌을 교재로 쓰려고 하지 않는다. 심지어는 19세기 사회인류학자 중에 식민주의를 맹렬히 비난한 사람이 거의 없다는 이유로 이들이 식민주의에 연루되었다고 비난하는 수준까지 나아가기도 한다.

정치적 올바름치고는 열 배쯤 지나치다. 인류학자나 빅토리아 여왕이 식민주의를 처음 만든 것도 아니다. 식민주의는 적어도 4,300

년이나 되었으며 영토와 공물을 늘리고자 했던 왕들이 만든 것이다. 수메르인, 아카드인, 아시리아인, 히타이트인, 그리스인, 로마인, 무어인, 아스텍인, 잉카인이 인류학자에게서 술수를 배운 것도 아니며 이들의 대다수 지도자에 비하면 빅토리아 여왕은 마더 테레사에 가까울 정도였다.

로마를 연구하는 고고학자들은 카이사르가 "식민 권력의 도구"였다는 이유로 그의 논평을 읽는 것을 거부하지 않는다. 라틴아메리카 연구자들은 스페인인들이 멕시코를 식민화했다는 이유로 1580년에 스페인인이 쓴 『지리 관계』를 무시하지 않는다. 그러므로 식민주의 현상에 반대한다고 해서 제국에 살았던 모든 저자를 맹비난할 것까지는 없다.

채집 생활자에게 맡기면 어떻게 될까

고고학자들은 불평등과 관련한 두 가지 질문을 자주 받는다. 하나는 우리가 이제껏 대답하려고 했던 것으로, 애초에 불평등이 어떻게 생겨났는가 하는 물음이다. 두 번째는 불평등을 어떻게 없앨 수 있을까 하는 물음이다.

루소는 두 번째 물음에 대해 자기 견해를 갖고 있었다. 사람들이 이해할 수 있을 정도로 단순한 사회, 그리고 사람들이 완전하고 평등하게 정부에 참여할 수 있을 정도로 작은 사회에 살 때에만 행복할 수 있다고 루소는 생각했다. 복잡한 경제를 지닌 거대한 사회에는 필요상 어쩔 수 없이 위계 체계와 불평등이 생길 것이며, 루소가 말한 "수동적 시민"의 대다수는 "적극적 소수"에게 통제당하고 이용될 것이다. 루소를 읽은 독자 중에는 이 말을 18세기 프랑스의 세습 특권은 오로지 유혈 혁명으로만 무너뜨릴 수 있다고 해석하는 사람도 있었을 것이다.

하지만 이 책의 관점에서는 유혈 혁명 이외에 다른 대안도 염두에 둔다. 불평등이 사회 논리의 점증적 변화의 결과라면 — 또한 그런 변화를 재구성할 수 있다면 — 가장 최근의 변화에서 시작하여 거슬러 올라가면서 똑같이 점증적으로 사회를 평등 상태로 되돌릴 수 있지 않을까?

불평등의 단계를 확인하고 추적함으로써 불평등을 뒤집을 수 있다면 고고학과 사회인류학에서 적어도 몇 가지 정보가 나와야 할 것이며, 이런 사실이 두 분야의 협력 작업을 촉진할 자극이 될 것이다.

사회적 진화를 40년 동안 연구해온 고고학자 스코티 맥니시에게 일전에 이 주제를 이야기한 적 있다. 우리는 어떻게 하면 보다 평등한 사회가 될 수 있을지 알고 싶었다. 맥니시는 오랜 친구 잭 대니얼스에게 잠깐 문의해 보더니 이렇게 대답했다. "수렵채집 생활자에게 맡깁시다."

이 제안을 꺼낸 사람이 잭인지 아니면 스코티인지는 확실히 알 수 없지만 뭔가 생각할 거리를 던져 주었다. 수렵채집 생활자에게 맡기면 하룻밤 사이에 불평등이 줄어들 것이다. 물론 채집 생활자가 당연하게 여겼던 많은 행동이 현대 사회에서는 없어졌기 때문에 얼마간 익숙해지는 기간은 필요할 것이다.

평등주의적인 수렵채집 생활자나 성과 기반 사회의 농부 손에 우리 삶을 맡긴다면 어떻게 될지 잠깐 생각해 보자. 우선 변하지 않는 것도 몇 가지 있을 것이다. 앞서 말한 사람들에게 우리 사회를 넘긴 이후에도 일정 정도의 성차별이나 나이에 따른 차별은 남아 있을 것이다. 모든 평등주의적 사회가 여자가 남자만큼 덕을 쌓을 능력이 있다고 믿지는 않았다. 젊은 사람이 나이 든 사람만큼 덕을 가질 수 있다고 보지도 않았다.

또한 종족 중심주의가 여전히 남아 있을 것이다. 하지만 다른 집단을 대할 때 종교를 버리고 개종하라고 강요하는 일은 없을 것이다. 채집 생활자와 성과 기반 사회의 농부는 각 종족 집단이 서로 다른 천상의 영혼에 의해 탄생했다고 믿었으며, 삶에 대해 그들 나름의 가르침을 받았고 자기 조상을 공경했으며 다른 집단이 자신들과 같은 믿음을 갖기를 기대하지 않았다. 이웃 집단의 옷차림, 종교, 행동이 우리의 것과 다르다면 이는 그들이 사악하기 때문이 아니라 그들의 기원이 다르기 때문이라고 볼 것이다.

차이를 대하는 우리 사회의 관용은 혼인에까지 확대될 것이다. 둘 이상의 부인을 둔 남자, 둘 이상의 남편을 둔 여자, 심지어는 밥과 캐럴과 테드와 앨리스라는 4인조도 용인될 것이다. 아메리카 원주민의 "두 개의 영혼을 지닌 사람"이 관련된 동성 결혼도 허용될 것이다. 결혼은 하늘이 맺어준 것이 아니라 최대한 융통성을 두어야 하는 경제적 협력 관계로 볼 것이다.

많은 채집 생활자가 영아 살해를 저지르므로 우리의 새로운 지도자는 낙태를 법으로 금지하지 않을 것이다. 환생을 믿는(21세기 미국인 중에도 이런 견해를 가진 사람들이 있다.) 채집 생활자들은 모든 "영혼 아이"가 태어날 수 있는 기회가 많이 있다고 여겼다.

부족 사회에는 아동 노동을 금지하는 법이 없었다. 우리의 십 대

아이들은 비디오 게임을 하거나 친구들과 쇼핑몰을 돌아다니거나 그 밖의 여러 가지를 할 시간이 그만큼 많지 않을 것이다. 하지만 우리 십 대 아이들이 즐기는 광란의 음악과 춤은 부족 사회가 경험했던, 경외감을 불러일으키는 황홀경을 불러올 것이다.

채집 생활자는 성공이 부분적으로는 역량에, 또 부분적으로는 마법에 달려 있다고 믿었다. 무언가 달라졌을 것이라고 생각한다면 야구 경기장 대기석을 가득 메운 선수들이 시합 결과에 영향을 미치기 위해 "랠리캡"*을 쓴 채 앉아 있는 모습을 보라.

사실 수렵채집 생활자는 실용주의자들임에도 불구하고 마법과 과학과 종교를 결합하는 데 아무 모순을 느끼지 않았다. 그들은 교회와 국가가 분리되어야 한다는 우리의 믿음에 충격을 받을 것이다. 이와 동시에 유용한 과학적 혁신 또는 기술적 혁신을 채택하는 데 방해가 된다면 그들의 우주론을 언제든지 바꿀 것이다.

채집 생활자는 나눔의 윤리를 지녔으며 이 윤리는 우리가 알고 있는 사업을 바꾸어 놓을 것이다. 그들은 CEO가 조립 라인의 노동자보다 천 배나 많이 버는 일이 결코 없도록 할 것이다. 성과 기반 사회의 구성원은 경영진에게 압력을 넣어 노동자와 노동자 가족을 위한 큰 잔치를 열도록 할 것이다. 채집 생활자는 또한 테와족이 빈곤 가정에 식량을 나누어 주었듯이 불운한 사람을 위해 안전망을 설치해야 한다고 주장할 것이다.

수렵채집 생활자는 자선가를 존경할 것이다. 이와 동시에 넉넉하

* 야구 경기에서 팀이 지고 있을 때 분발해서 경기를 역전하라고 응원하는 뜻에서 야구 모자를 거꾸로 쓰거나 뒤집어 쓰는 것.

게 베푸는 백만장자들이 스스로에 대한 지나친 만족에 빠지지 않도록 할 것이다. 수렵채집 생활자들은 "그걸 자선 기부라고 하는 건가? 옛날에 수표는 현찰에 비할 게 못 되었어."라고 빈정댈 것이다.

반대의 문제를 가진 사람들 — 되갚지 못할 만큼 많은 것을 받은 사람들 — 을 위해 성과 기반 사회의 구성원은 한 가지 해결책을 마련할 것이다. 그들을 하인 혹은 노예로 삼거나 힘든 노동으로 부채를 갚도록 내몰 것이다. 카드 회사에는 이 이야기를 하지 말도록.

그다음으로는 애초 돌려줄 생각 없이 다른 사람의 재산을 갈취하는 도둑들이 있다. 전통적인 채집 생활자는 절도 행위에 대해 분노를 느꼈으며 반복적으로 잘못을 저지를 때에는 인내심을 보이지 않았다. 그들은 사형을 신뢰했으며 장기 복역 같은 것은 알지도 못했다. 바사르와족에게 맡겼다면 버나드 매이도프*를 그냥 황야로 유인하여 독화살을 쏘았을 것이다.

채집 생활자는 불법 이민 문제를 어떻게 다루었을까? 경계 저편에 있는 가족을 상대로 가능한 한 많은 수의 가족과 혹사로 교환을 하거나 같은 이름을 쓰는 협력 관계를 맺었을 것이다. 힘든 시절이 닥치면 이 협력자들이 자기네 영토의 풍요를 함께 나눌 수 있도록 했다. 반면 사전에 관계를 맺지 않고 불쑥 영토에 들어온 이방인은 내쫓았을 것이다.

우리의 약물 정책도 바뀔 것이다. 많은 채집 생활자와 소규모 농경 생활자는 환각을 불러일으키는 마약 성분의 식물을 이용했기 때

---

* 전직 미국 증권 중개인이자 폰지 사기 주동자로, 2009년에 최고 150년 형을 선고받았다.

문에 이 식물을 법으로 금하는 게 옳다고 생각하지 않았을 것이다. 한편 약물을 단지 "기분 전환"으로 사용하는 것은 원하지 않았을 것이다. 그들은 마약 성분의 식물이 영혼 세계로 가는 통로를 열어주는 힘을 지녔기 때문에 신성한 식물이라고 여겼다. 따라서 그런 약물은 의식과 관련이 있는 경우에만 사용했을 것이다.

성과 기반 사회 사람들은 적을 대량 학살하고 적의 촌락을 불태우고 적의 우물에 독을 풀고 적을 노예로 삼긴 해도 국가 건설 같은 것은 하지 않았다. 그들은 초자연적인 조상과 사회 논리가 자신들과 다른 적대 사회가 자기네와 똑같은 사회로 바뀌는 것은 불가능하다고 여겼다.

예를 들어 메소포타미아를 보자. 메소포타미아는 7,000년 전보다 훨씬 이전에 지위 사회를 형성했고, 군주제 또는 과두제 국가가 최소한 5,000년 동안 지속되었다. 메소포타미아가 엔시, 루갈, 셰이크, 아미르, 술탄, 전쟁 군주, 군사 독재자를 거쳤던 몇천 년 동안 그곳 사람들은 단 한 번도 자발적으로 민주주의를 이룩한 적이 없었다.

사회는 자기네 사회 논리와 양립할 수 없는 지배 형태, 특히 이 지배 형태가 외부로부터 주어질 때에는 결코 받아들이지 않는다. 지배 형태를 강요하려고 하는 침략자는 사람 사냥과 화살을 난사해 죽이는 일이 오히려 합리적으로 보일 정도의 노력을 기울여야만 민주주의의 환상을 유지할 수 있다는 사실을 깨닫는다. 그런 이유로 많은 제국은 공동 통치를 주로 이용했다.

다른 모든 사회를 억지로 우리 사회처럼 만드는 데 많은 대가가 따르기도 하지만 그렇게 하지 말아야 하는 또 하나의 강력한 이유가 있다. 세계를 다양한 사회 논리의 저장고로 보존하는 일이 생물 다양성을 보존하는 일만큼이나 중요하다는 것을 언젠가 깨달을 것이기 때문이다.

설명하기 힘든 제1원칙

논의를 진행하기 위해, 사회 불평등을 야기한 전제들을 되돌렸다고 상상해 보자. 그래도 여전히 우리 앞에는 사회 논리의 제1원칙들이 어렴풋이 모습을 드러낼 것이다. 이러한 보편적인 특성을 지닌다는 것은 이 원칙들이 우리 종에 내재해 있다는 의미일까? 아니면 단순히 인간 논리의 한계와 편견이 널리 공유되는 것일까?

이따금 이런저런 저명한 학자들은 우리의 가치가 종교 대신 과학과 논리에 뿌리 내리고 있다면 사회가 훨씬 잘 돌아갈 것이라고 주장한다. 종교가 다양성에 대해 편협함을 보이고 과학을 업신여기는 데 염증을 느낀 사람이라면 누구나 이런 주장에 끌릴 것이다.

이런 주장은 우리의 조상이 처음에 논리로 시작했고 나중에 종교가 생겼다고 기본적으로 가정한다는 점에서 문제가 있다. 사실 수렵채집 생활자들이 지닌 논리의 제1원칙들에도 신성함의 개념이 들어 있다. 이 원칙들의 기원을 찾고자 했지만 그보다 앞선 근원적인 논리를 찾아내지 못했다. 대신 우리는 천상의 영혼이 내린 지침으로 가득한 우주론과 맞닥뜨린다. 우주론은 신성한 전제를 바탕으로 하며, 수렵채집 생활자들은 이를 뒷받침할 경험적 증거가 없음에도 아무 의심 없이 그냥 받아들였다.

심지어는 가장 실용주의적인 수렵채집 생활자 사이에서도 우주론의 전제에 이르면 더 이상 논리가 작용하지 않았다. 우주론의 전제는 논리나 증거를 통한 입증을 거부하기 때문에 오로지 강렬한 감정에 의해서만 입증될 수 있다. 인류학자들도 종교와 관련된 유전자의 존재는 믿지 않지만, 감정에 관련된 유전자가 우리에게 있다는 것은 아무도 의심하지 않는다.

우리의 감정은 또한 이기심을 집단의 선에 종속시키는 일에서도 역할을 맡고 있다. 개별 인간이 이러한 방식으로 이기심을 누를 때 몇몇 진화생물학자에게 문제가 생긴다. 요컨대 개별 인간이 이기심을 누른다는 것은 자연선택이 집단 차원이 아닌 개별 차원에서 작용한다는 개념과 잘 들어맞지 않기 때문이다. 물론 개인이 식량이나 귀중품을 내주면서 이기심을 누를 때 자신의 불리함을 어느 정도까지 감수할 것인가 하는 점은 명확하지 않다. 넉넉히 인심을 베풀면 분명 덕의 측면에서 우월한 존재로 여겨졌으며, 이러한 우월함은 이기적으로 행동했을 때에 비해 훨씬 많은 짝과 자손을 두는 결과로 이어졌다.

다시 말해서 우리의 행동이 많은 자손을 남기는 결과로 이어지는 한 이 행동이 유전자에 의한 것인지, 논리에 입각한 것인지, 아니면 입증할 수 없는 신성한 전제에 의한 것인지는 중요하지 않을 것이다.

불평등과 저항

낡은 사회에서 새로운 사회가 탄생하는 과정만큼 고고학자에게 흥미로운 이야기는 없을 것이다. 이론적으로 보면 임의의 전제를 기반으로 하는 하나의 체계에서 수천 가지 다양한 사회가 나올 가능성이 있고 실제로도 그러했다. 하지만 앞서 살펴보았듯이 사람을 조직하는 데 특히 효과적인 방법이 대여섯 가지이기 때문에 각기 다른 여러 지역에서 놀라울 만큼 비슷한 사회가 등장했다. 아프리카든, 아시아든, 아메리카든 고고학 기록에서 이처럼 비슷한 사회들을 알아볼 수 있다.

세계 여러 지역의 사회가 유사성을 보이는 양상이 초기 인류학자들에게 아무런 주목도 받지 못한 것은 아니었다. 심지어 몇몇 인류학자는 그러한 사회가 필연적인 단계에 해당하며 모든 인간 집단이 이 단계를 거쳐 채집 생활에서 문명으로 나아갔다고 가정하기도 했다. 오늘날에는 아무도 그런 가정을 믿지 않는다. 실제로 오늘날의 몇몇 인류학자는 식별 가능한 사회 형태가 존재한다는 것을 부정하기도 한다. 이러한 부정은 이들의 선배가 획일적인 단계론을 믿었던 것 못지않게 잘못된 판단이다.

오늘날 우리는 두 지역이 우연하게 비슷한 단계를 거쳤을 때조차 그들의 사회적 역사가 같은 속도로 진행되지는 않았다고 여긴다. 가령 서아시아와 멕시코를 보라. 두 지역은 빙하 시대 말기인 약 1만 년 전에 식물을 재배하기 시작했다. 그런데 서아시아는 9,000년 전 의식 가옥을 갖춘 촌락을 형성한 반면 멕시코는 시간이 더 많이 걸렸다. 부분적으로는 초기 옥수수가 밀이나 보리만큼 생산적이지 못했던 이유도 있었다. 그리하여 멕시코는 3,500년 전에 가서야 비로소 의식 가옥을 갖춘 최초의 촌락이 등장했다.

하지만 멕시코에 성과 기반 사회가 등장하자 계층 사회 및 왕국으로 이행하는 과정은 훨씬 빠르게 진행되었다. 메소포타미아에서는 5,500년 전에서 5,000년 전 사이에 최초의 군주제나 과두제 국가가 탄생했고, 이는 최초의 촌락이 등장한 뒤로 약 4,000년이나 3,500년이 지난 뒤였다. 멕시코에서는 2,000년 전에 군주제나 과두제 국가가 탄생했고 이는 최초의 촌락이 등장한 이후 겨우 1,500년 만의 일이다.

서아시아에서는 국가가 탄생하는 데 왜 두 배 이상의 시간이 걸렸을까? 멕시코에서는 군사력이 보다 큰 역할을 했기 때문에 골드먼이 말한 "전통" 사회에서 "계층" 사회로의 이동이 촉진되었던 것일까? 남부 메소포타미아에서 평평한 운동장을 만들려는 노력이 보다 많은 성공을 거두어 성과 기반의 지도력 시기가 오래 지속된 것일까? 신성 권력, 전문 기술, 군사적 기량은 사회 변화의 속도를 빠르게 하거나 느리게 하는 데 어느 정도 역할을 했을까? 배타적인 의식 가옥을 둔 사회는 모두에게 의식 가옥을 개방한 사회에 비해 세습 상류층을 형성할 가능성이 높았을까?

고고학자들이 고대 사회의 논리를 재구성할 수 있는 보다 나은 방법을 알아내기 전까지는 이러한 물음에 답할 수 없을 것이다. 우리는 다양한 사회의 시나리오를 생각해 내고 왜 몇 가지 종류가 그토록 빈번하게 출현하고 그렇게 오래 지속되었는지 납득할 만한 설명을 제공할 수 있기를 바란다. 예를 들어 우리는 이기심을 억누르는 압력이 사회 논리의 변화로 약해진 이후에야 비로소 복잡한 사회가 생길 수 있었다고 본다. 그렇게 되면 일부 가족과 후손 집단은 성공하지 못한 이웃을 자유롭게 불리한 처지로 내몰 수 있었다. 이들은 애초 인간에게 행동의 법칙을 내려주었던 바로 그 존재와 자신들이 특별한 관계를 맺고 있다고 주장함으로써 우월함을 정당화했다.

하지만 불평등이 늘어날 때마다 저항을 이겨 내야 했다는 사실도 떠오른다. 우월한 존재가 되고자 하는 자와 이에 반대하는 자 사이에 지속적인 투쟁이 있었을 것이다. 바로 이런 이유 때문에 가장 복잡한 계층 사회 중 일부는 씨족, 족장 가계, 종족 집단별로 매우 치열한 경쟁이 벌어지던 도가니 속에서 형성되었다.

인간은 자유로운 상태로 태어났지만 곳곳에서 속박당한 인간의 모습을 보고 있다고 루소는 선언했다. 이렇게 된 것은 우리 조상들 때문이다. 그들에게는 불평등에 저항할 수 있는 수십 가지 가능성이 있었지만 항상 단호한 의지를 보이지는 않았다. 덕, 사업적 역량, 용맹을 높이 평가한 점에 대해서는 그들을 용납할 수 있다. 다만 그러한 특성이 세습된다는 견해만 받아들이지 않았더라면 좋았을 것이다.

물론 미국 사회는 세습 특권을 폐지했지만 오늘날 연예인과 프로 운동 선수를 귀족으로 만들고 있다. 많은 사람이 그들을 따라하고, 필요하지도 않은 수많은 장난감을 사느라 빚을 지고 있다. 유명인은 족장의 수행원이라 할 만한 무리로 자기 주변을 둘러싸고, 우리는 허드렛 일꾼과 증명서 없는 보모로 임시변통하고 있다.

벰바족 족장처럼 백성의 팔다리를 자를 수 없는 미국 귀족은 핸드폰과 옷걸이로 하인을 때리는 선에서 만족한다. 대다수 사람이라면 감옥에 갔을 죄를 짓고도 유명인은 쉽게 사회로 복귀한다. 족장처럼 많은 배우자를 거느리지 못하는 유명인은 대신에 많은 웨이트리스를 둔다.

나머지 우리는 하층 계급이 되지 않기 위해 어떻게 해야 할까? 자연법에서는 힘, 민첩성, 지능에서만 불평등을 허용했다. 우리는 이 사실을 기억하고 저항할 수 있다. 말리야우 분파는 다른 분파가 저항하는 한 아바텝의 상류층이 되지 못했다. 곰 씨족은 다른 씨족이 반대하는 한 호피족 귀족이 되지 못했다. 만단족은 일부 가족이 부족의 모든 귀중품을 축적하도록 허용하지 않았다. 카친족은 허벅지를 먹는 족장에게 주기적으로 꺼지라고 말했다. 문명 사회의 수동적인 다수는 이따금 적극적인 소수의 특권을 도로 거두어들였다.

우리가 사치품을 가질 귀족적인 자격을 얻을 수는 없지만 열심히 일해서 덕을 쌓을 수는 있다. 그리고 우리 사회가 "부에 의한 귀족"을 허용했다면 이는 다른 누구의 잘못도 아닌 우리의 잘못이다. 그러므로 제멋대로 구는 스타가 최근의 영화로 2천만 달러를 벌었다고 말하면 그 돈을 어디에 기부할지 알려 주라.

그런 다음 사실은 그 영화를 보지 않았지만 DVD로 개와 함께 프리스비 원반 놀이를 해 보면 꽤 괜찮을 것 같다는 생각이 들었다고 말해 주라.

| 후주 |

서문

10쪽 루소의 저작은 여러 판본으로 접할 수 있다. 그중 추천할 만한 것으로는 모리스 크랜스턴(Maurice Cranston)이 서문을 쓴 *A Discourse on Inequality* (Penguin, New York, 1984)와 찰스 프랭클(Charles Frankel)이 서문을 쓴 *The Social Contract* (Hafner, New York, 1951)가 있다.

12쪽 Christopher Boehm, *Hierarchy in the Forest: The Evolution of Egalitarian Behavior* (Harvard University Press, 1999).

13쪽 Edward O. Wilson, *On Human Nature* (Harvard University Press, 1978).

15쪽 Robin Fox, "One World Archaeology: An Appraisal," *Anthropology Today* 9 (1993): 6-10.

1장 | 인류의 탄생과 확산

21쪽 2009년 미국국립과학원회보 106권 38호의 특집 기사는 "아웃 오브 아프리카: 현대 인류의 기원"이었다. 이 기사는 선구적인 현대 인류 전문가가 쓴 아홉 개의 글로 이루어졌다. 저자는 다음과 같다. 리처드 G. 클라인(Richard G. Klein), 이언 태터솔(Ian Tattersall), 티모시 D. 위버(Timothy D. Weaver), J. J. 위블랭(J. J. Hublin), 마이클 P. 리처즈(Michael P. Richards), 에릭 트린커스(Erik Trinkaus), 존 F. 호페커(Hoffecker), G. 필립 라이트마이어(G. Philip Rightmire) 등. 다음 글도 보라. Paul Mellars, "Why Did Modern Human Populations Disperse from Africa ca. 60,000 Years Ago? A New Model," *Proceedings of the National Academy of Sciences* 103 (2006): 9381-9386. 아프리카에서 초기 인류의 분산에 관해서 다음 글도 보라. Ofer Bar-

Yosef and Anna Belfer-Cohen, "From Africa to Eurasia-Early Dispersals," *Quaternary International* 75 (2001): 19-28; Michael Bolus and Nicholas J. Conrad, "The Late Middle Paleolithic and Earliest Upper Paleolithic in Central Europe and Their Relevance for the Out of Africa Hypothesis," *Quaternary International* 75 (2001): 29-40.

22쪽 네안데르탈인의 DNA는 유전학자 스반테 페보(Svante Pääbo)가 이끄는 국제적인 연구 팀이 분석했다. 다음 글을 보라. Richard E. Green et al., "A Draft Sequence of the Neandertal Genome," *Science* 328 (2010): 710-722.

23쪽 Paul Mellars, *The Neanderthal Legacy* (Princeton University Press, 1996).

23쪽 C. Loring Brace, "'Neutral Theory' and the Dynamics of the Evolution of 'Modern' Human Morphology," *Human Evolution* 20 (2005): 19-38.

23~24쪽 Dorothy A. E. Garrod and Dorothea M. A. Bate, *The Stone Age of Mount Carmel*, vol. 1 (Clarendon Press, Oxford, 1937); Theodore D. McCown and Arthur Keith, *The Stone Age of Mount Carmel*, vol. 2 (Clarendon Press, Oxford, 1932-1934); Erella Hovers, Shimon Ilani, Ofer Bar-Yosef, and Bernard Vandermeersch, "An Early Case of Color Symbolism: Ochre Use by Modern Humans in Qafzeh Cave," *Current Anthropology* 44 (2003): 491-522. 다음 글도 보라. Paul Mellars, "Why Did Modern Human Populations Disperse from Africa ca. 60,000 Years Ago? A New Model."

24쪽 빙하기의 냉각 현상에 관해서는 다음 글을 보라. Paul Mellars, *The Neanderthal Legacy*; Miryam Bar-Mathews and Avner Ayalon, "Climatic Conditions in the Eastern Mediterranean during the Last Glacial (60-10ky) and Their Relations to the Upper Paleolithic in the Levant as Inferred from Oxygen and Carbon Isotope Systematics of Cave Deposits,"; Nigel Goring-Morris and Anna Belfer-Cohen, eds., *More than Meets the Eye: Studies on Upper Paleolithic Diversity in the Near East* (Oxbow Books, Oxford, 2003), 13-18.

25쪽 네안데르탈인의 멸종에 관해서는 다음 글을 보라. John F. Hoffecker, "The Spread of Modern Humans into Europe," *Proceedings of the National Academy of Sciences* 106 (2009): 16040-16045. 생태적 개선에 관해서는 다음 글을 보라. Edward O. Wilson, *On Human Nature* (Harvard University Press, 1978).

26쪽 Kristen Hawkes, "Grandmothers and the Evolution of Human Longevity," *American Journal of Human Biology* 15 (2003): 380-400.

26쪽 Richard G. Klein, "Fully Modern Humans," in Gary M. Feinman and T. Douglas Price, eds., *Archaeology at the Millennium* (Kluwer-Plenum, New York, 2001), 109-135.

26쪽 블롬보스 동굴과 클라시스 강 하구에 관해서는 다음 책을 보라. Hilary J. Deacon and Janette Deacon, *Human Beginnings in South Africa: Uncovering the Secrets of the Stone Age* (AltaMira Press, Walnut Creek, Calif., 1999).

27쪽 개인적인 장식품의 기원에 관해서는 다음 글을 보라. Francesco d'Errico et al., "Additional Evidence on the Use of Personal Ornaments in the Middle Paleolithic of North Africa," *Proceedings of the National Academy of Sciences* 106 (2009): 16051-16056.

27쪽 워트소니아 및 여타 핀보스 식물을 불에 태우는 것에 관해서는 다음 책을 보라. Hilary J. Deacon and Janette Deacon, *Human Beginnings in South Africa* (1999).

29~30쪽 다음 책의 1권에서 와디 쿠바니야에서 발견된 뼈를 묘사하고 있다. Fred Wendorf, Romuald Schild, and Angela Close, eds., *The Prehistory of Wadi Kubbaniya*, vols. 1 and 2 (Southern Methodist University Press, Dallas, 1989).

31쪽 사훌 대륙붕, 순다 대륙붕, 뉴기니 섬, 오스트레일리아, 태즈메이니아 섬의 식민화 과정은 다음 책에 묘사되어 있다. James F. O'Connell and Jim Allen, "Dating the Colonization of Sahul (Pleistocene Australia-New Guinea): A Review of Recent Research," *Journal of Archaeological Science* 31 (2004): 835-853. 다음 글도 보라. Andrew S. Fairbairn, Geoffrey S. Hope, and Glenn R. Summerhayes, "Pleistocene Occupation of New Guinea' s Highland and Subalpine Environments," *World Archaeology* 38 (2006): 371-386.

33쪽 Elizabeth Culotta, "Ancient DNA Reveals Neanderthals with Red Hair, Fair Complexions," *Science* 318 (2007): 546-547; Rebecca L. Lamason et al., "Slc24a5, a Putative Cation Exchanger, Affects Pigmentation in Zebrafish and Humans," *Science* 310 (2005): 1782-1786.

33쪽 인류가 높은 고도의 지형에 적응하는 과정에 관해서는 다음 글을 보라. Cynthia M. Beall, "Two Routes to Functional Adaptation: Tibetan and Andean High-Altitude Natives," in "In the Light of Evolution I: Adaptation and Complex Design," *Supplement 1 of the Proceedings of the National Academy of Sciences* 104 (2007): 8655-8660; Mark Aldenderfer, "Modelling Plateau Peoples: The Early Human Use of the World's High Plateaux," *World Archaeology* 38 (2006): 357-370.

34쪽 David J. Meltzer, *First Peoples in a New World: Colonizing Ice Age America* (University of California Press, 2009).

35쪽 Edward Vajda, "A Siberian Link with the Na- Dené," *Anthropological Papers of the University of Alaska* 6 (2009): 75-156.

35쪽 1만 5천 년 전이라는 연대는 최근에 확인되었다. 다음 글을 보라. Michael R. Waters et al., "The Buttermilk Creek Complex and the Origins of Clovis at the Debra L. Friedkin Site, Texas," *Science* 331 (2011): 1599-1603.

36~37쪽 다음 책은 그라베트인과 가가리노 유적지를 다룬다. John F. Hoffecker, *A Prehistory of the North: Human Settlement of the Higher Latitudes* (Rutgers University Press, 2005).

37쪽 다음 글은 코스텐키 유적지와 숭기르 유적지를 다룬다. Ludmilla Iakovleva, "Les Habitats en Os de Mammouths du Paléolithique Superieur d'Europe Orientale: Les Données et leurs Interpretations" in S. A. Vasil'ev, Olga Soffer, and J. Kozlowski, eds., "Perceived Landscapes and Built Environments," *BAR International Series* 1122 (Archaeopress, Oxford, 2003), 47-57.

38쪽 다음 책은 메지리치 유적지를 다룬다. Olga Soffer, *The Upper*

Paleolithic of the Central Russian Plain (Academic Press, 1985).

40쪽 J. G. D. Clark, *Prehistoric Europe: The Economic Basis* (Stanford University Press, 1966); Paul G. Bahn, *Cave Art: A Guide to the Decorated Ice Age Caves of Europe* (Frances Lincoln, London, 2007).

42쪽 Raymond C. Kelly, *Warless Societies and the Origin of War* (University of Michigan Press, 2000).

45쪽 Leslie G. Freeman, "Caves and Art: Rites of Initiation and Transcendence," in *Anthropology without Informants: Collected Works in Paleoanthropology* (University Press of Colorado, Boulder, 2009), 329–341.

2장 | 루소의 "자연 상태"

49쪽 과거를 이해하는 데 현존 수렵채집 생활자들이 큰 도움이 된다는 오늘날의 일반적인 상식은 다음 글에서 확인할 수 있다. Ernest S. Burch Jr., "The Future of Hunter-Gatherer Research" in Ernest S. Burch Jr. and Linda J. Ellanna, eds., *Key Issues in Hunter-Gatherer Research* (Berg, Oxford, 1994), 441–455; Richard B. Lee, "Art, Science or Politics? The Crisis in Hunter-Gatherer Studies," *American Anthropologist* 94 (1992): 31–54; Susan Kent, *Cultural Diversity among Twentieth-Century Foragers: An African Perspective* (Cambridge University Press, 1996).

50쪽 다음 책은 인류가 아메리카 대륙의 북극 지방에 정착하는 과정을 개괄적으로 다룬다. Don E. Dumond, *The Eskimos and Aleuts: Revised Edition* (Thames and Hudson, 1987); David Damas, ed., *Handbook of American Indians, vol. 5: Arctic* (Smithsonian Institution Press, Washington, D.C., 1984).

50~51쪽 에스키모 사회에 대한 개괄적인 설명은 다음 책에서 확인할 수 있다. Ernest S. Burch Jr.'s books, *The Eskimos* (Macdonald, London, 1988); *Alliance and Conflict: The World System of the Iñupiaq Eskimos* (University of Nebraska Press, 2005). (크누드 라스무센의 선구적인 저작이 두 권의 책에 있는 참고 문헌 목록에 실려 있다.)

55쪽 Kaj Birket-Smith, *The Caribou Eskimos: Material and Social Life and Their Cultural Position* (Gyldendal, Copenhagen, 1929).

57쪽 Asen Balikci, *The Netsilik Eskimo* (The Natural History Press, Garden

City, N.Y., 1970). 다음 책에 넷실릭 에스키모의 '바다표범을 나누는 관계'가 최초로 묘사되었다. Frans Van de Velde, "Les Règles du Partage des Phoques pris par la Chasse aux Aglus," *Anthropologica* 3 (Wilfred Laurier University Press, Waterloo, Ontario, 1956), 5-14.

61쪽 Mark Stiger, "Folsom Structure in the Colorado Mountains," *American Antiquity* 71 (2006): 321-351; Edwin N. Wilmsen, *Lindenmeier: A Pleistocene Hunting Society* (Harper & Row, New York, 1974); Edwin N. Wilmsen and Frank H. H. Roberts Jr., "Lindenmeier, 1934-1974: Concluding Report on Investigations," *Smithsonian Contributions to Anthropology* 24 (1978).

65~66쪽 바사르와족에 관한 초기의 연구는 다음 저작들을 보라. Lorna Marshall, "The Kin Terminology of the !Kung Bushmen," Africa 27 (1957): 1-25; "!Kung Bushmen Bands," *Africa* 30 (1960): 325-354; George B. Silberbauer, *Bushman Survey Report* (Bechuanaland Government Press, Gaborone, 1965); Richard B. Lee, "What Hunters Do for a Living, or, How to Make Out on Scarce Resources"; Richard B. Lee and Irven DeVore, eds., *Man the Hunter* (Aldine, Chicago, 1968), 30-48; "!Kung Bushmen Subsistence: An Input-Output Analysis"; Andrew P. Vayda, ed., *Environment and Cultural Behavior* (Natural History Press, New York, 1969), 47-79. 쿵족에 관한 고전적인 개괄은 다음 저작을 보라. 쿵족의 화살 교환도 묘사하고 있다. Richard B. Lee, *The !Kung San* (Cambridge University Press, 1979). 다음 저작이 흑사로 교환을 다룬다. Pauline Wiessner, "Hxaro: A Regional System of Reciprocity for Reducing Risk among the !Kung San" (PhD diss., University of Michigan, 1977). 바사르와족 야영지에 관한 고고학과 인류학 작업은 다음 저작을 보라. John E. Yellen, *Archaeological Approaches to the Present: Models for Reconstructing the Past* (Academic Press, New York, 1977). 쿵족의 우주론에 대한 개괄적인 설명은 다음 저작을 보라. Lorna J. Marshall, "Nyae Nyae !Kung Beliefs and Rites," *Peabody Museum Monographs* 8 (Harvard University, 1999).

74쪽 다음 저작들을 보라. James Woodburn, "An Introduction to Hadza Ecology," in Richard B. Lee and Irven DeVore, eds., *Man the Hunter*

(Aldine, Chicago, 1968), 49-55; "Stability and Flexibility in Hadza Residential Groupings," in Richard B. Lee and Irven DeVore, *Man the Hunter*, 103-110; "Ecology, Nomadic Movement and the Composition of the Local Group among Hunters and Gatherers: An East African Example and Its Implications," in Peter J. Ucko, Ruth Tringham, and Geoffrey W. Dimbleby, eds., *Man, Settlement and Urbanism* (Duckworth, London, 1972), 193-206; "African Hunter-Gatherer Social Organization: Is It Best Understood as a Product of Encapsulization?" in Tim Ingold, David Riches, and James Woodburn, eds., *Hunters and Gatherers, vol. 1: History, Evolution and Social Change* (Berg, Oxford, 1988), 31-64. 다음의 두 저작도 보라. Kristen Hawkes, James F. O'Connell, and Nicholas Blurton Jones, "Hadza Women's Time Allocation, Offspring Provisioning, and the Evolution of Long Postmenopausal Life Spans," *Current Anthropology* 38 (1997): 551-577; "Hadza Meat Sharing," *Evolution and Human Behavior* 22 (2001): 113-142.

77쪽 다음 저작은 인류의 사회 집단 및 친족 체계가 초기에 어떻게 진화했는지를 흥미롭게 다룬다. Nicholas J. Allen, Hillary Callan, Robin Dunbar, and Wendy James, eds., *Early Human Kinship: From Sex to Social Reproduction* (Blackwell, Oxford, 2008).

78쪽 Marshall D. Sahlins, "The Social Life of Monkeys, Apes, and Primitive Men," in Morton H. Fried, ed., *Readings in Anthropology*, vol. 2 (Thomas Y. Crowell, New York, 1959), 186-199.

79쪽 William S. Laughlin, "Hunting: An Integrating Behavioral System and Its Evolutionary Importance," in Richard B. Lee and Irven DeVore, eds., *Man the Hunter* (Aldine, Chicago, 1968), 304-320.

3장 | 조상과 적

81쪽 Raymond C. Kelly, *Warless Societies and the Origin of War* (University of Michigan Press, 2000). 다음의 저작들도 보라. Lawrence H. Keeley, *War Before Civilization* (Oxford University Press, 1996); Steven A. LeBlanc, *Constant Battles* (St. Martin's, New York, 2003); Keith F. Otterbein, *The*

Anthropology of War (Waveland Press, Long Grove, Ill., 2009).

82쪽 Fred Wendorf, "Site 117: A Nubian Final Paleolithic Graveyard Near Jebel Sahaba, Sudan," in Fred Wendorf, ed., *The Prehistory of Nubia*, vol. 2 (Southern Methodist University Press, 1968), 954-995; Fred Wendorf and Romuald Schild, "Late Paleolithic Warfare in Nubia: The Evidence and Causes," *Adumatu: A Semi-Annual Archaeological Refereed Journal on the Arab World* 10 (2004): 7-28.

85쪽 A. R. Radcliffe-Brown, *The Andaman Islanders* (Cambridge University Press, 1922).

91쪽 Adolphus P. Elkin, *The Australian Aborigines* (Doubleday-Anchor, Garden City, N.Y., 1964); Ian Keen, *Aboriginal Economy and Society* (Oxford University Press, 2004); M. J. Meggitt, *Desert People: A Study of the Walbiri Aborigines of Central Australia* (Angus & Robertson, Sydney, 1962).

93쪽 47 H. Ling Roth, *The Aborigines of Tasmania: Second Edition* (F. King & Sons, Halifax, UK, 1899).

95쪽 Baldwin Spencer and F. J. Gillen, *The Native Tribes of Central Australia* (Macmillan & Co., London, 1899); *The Northern Tribes of Central Australia* (Macmillan & Co., London, 1904).

103쪽 W. Lloyd Warner, *A Black Civilization* (Harper & Bros., New York, 1937).

4장 | 종교와 예술은 왜 생겨났을까?

106쪽 Donald E. Brown, *Human Universals* (McGraw-Hill, New York, 1991).

108쪽 Nicholas Wade, *The Faith Instinct: How Religion Evolved and Why It Endures* (Penguin Press, New York, 2009).

108쪽 Joyce Marcus and Kent V. Flannery, "Ethnoscience of the Sixteenth-Century Valley Zapotec," in Richard I. Ford, ed., "The Nature and Status of Ethnobotany," *Anthropological Papers* 67 (Museum of Anthropology, University of Michigan, 1978), 51-79.

109쪽 Roy A. Rappaport, "The Sacred in Human Evolution," *Annual*

Review of Ecology and Systematics 2 (1971): 23-44; *Ritual and Religion in the Making of Humanity* (Cambridge University Press, 1999).

112쪽 John C. Mitani, David P. Watts, and Martin N. Miller, "Recent Developments in the Study of Wild Chimpanzee Behavior," *Evolutionary Anthropology* 11 (2002): 9-25; Richard Wrangham and Dale Peterson, *Demonic Males: Apes and the Origins of Human Violence* (Houghton Miffl in, Boston, 1996).

113쪽 Christopher Boehm, *Hierarchy in the Forest: The Evolution of Egalitarian Behavior* (Harvard University Press, 1999).

118쪽 다음 저작은 선사 시대 예술에서 춤이 얼마나 자주 그림으로 그려졌는지를 보여 줌으로써 예술과 춤의 관계를 확인해 준다. Yosef Garfinkel, *Dancing at the Dawn of Agriculture* (University of Texas Press, 2003).

118쪽 추링가 일핀티라에 대해서는 다음 저작에 서술되어 있다. Baldwin Spencer and F. J. Gillen, *The Northern Tribes of Central Australia* (Macmillan & Co., London, 1904).

122쪽 Edward O. Wilson, *On Human Nature* (Harvard University Press, 1978).

5장 | 농경 이전의 불평등

126쪽 다음 저작들은 캘리포니아 원주민에 대한 좋은 개론서이다. L. Kroeber, "Handbook of California Indians," *Bulletin* 78 (Bureau of American Ethnology, Smithsonian Institution, 1925); Robert F. Heizer, ed., *Handbook of North America Indians, vol. 8: California* (Smithsonian Institution Press, Washington, D.C., 1978).

127쪽 Jeanne E. Arnold, ed., "Foundations of Chumash Complexity," *Perspectives in California Archaeology* 7 (Cotsen Institute of UCLA, Los Angeles, 2004); Jeanne E. Arnold, "Credit Where Credit Is Due: The History of the Chumash Oceangoing Plank Canoe," *American Antiquity* 72 (2007): 196-209.

131쪽 H. E. Bolton, ed., "Expedition to San Francisco Bay in 1770: Diary of Pedro Fagés," *Publications* 2, no. 3 (1911): 141-159 (University of California Academy of Pacific Coast History); Pedro Fagés, "The Chumash Indians of Santa Barbara," in Robert F. Heizer and M. A. Whipple, eds., *The California Indians: A Sourcebook* (University of California Press, Berkeley, 1951), 255-261.

132쪽 다음 저작은 북아메리카 북서부 태평양 연안의 아메리카 원주민에 대한 좋은 개론서이다. Wayne Suttles, ed., *Handbook of North American Indians, vol. 7: Northwest Coast* (Smithsonian Institution Press, Washington, D.C., 1990).

137쪽 Philip Drucker, "The Northern and Central Nootkan Tribes," *Bulletin* 114 (Bureau of American Ethnology, Smithsonian Institution, 1951); Eugene Arima and John Dewhirst, "Nootkans of Vancouver Island," in Wayne Suttles, ed., *Handbook of North American Indians, vol. 7*, 391-411.

140쪽 쥬윗 호에 있는 누트카족의 사냥 의식용 건물은 다음 저작들에 서술되어 있다. Peter Nabokov and Robert Easton, *Native American Architecture* (Oxford University Press, 1989); Eugene Arima and John Dewhirst, "Nootkans of Vancouver Island".

143쪽 Gary Coupland, Terence Clark, and Amanda Palmer, "Hierarchy, Communalism, and the Spatial Order of Northwest Coast Plank Houses: A Comparative Study," *American Antiquity* 74 (2009): 77-106; Brian Hayden, "The Emergence of Large Villages and Large Residential Corporate Group Structures among Complex Hunter-Gatherers at Keatley Creek," *American Antiquity* 70 (2005): 169-174; Anna Marie Prentiss et al., "The Emergence of Status Inequality in Intermediate Scale Societies: A Demographic and Socio-Economic History of the Keatley Creek Site, British Columbia," *Journal of Anthropological Archaeology* 26 (2007): 299-327; Anna Marie Prentiss et al., "Evolution of a Late Prehistoric Winter Village on the Interior Plateau of British Columbia: Geophysical Investigations, Radiocarbon Dating, and Spatial Analysis of the Bridge River Site," *American Antiquity* 73 (2008): 59-81.

146쪽 Frederica de Laguna, "Tlingit," in Wayne Suttles, ed., *Handbook* *of North American Indians, vol. 7*, 203–228; George T. Emmons, "The Tlingit Indians," *Anthropological Papers of the American Museum of Natural History* 70 (1991); Aurel Krause, *The Tlingit Indians* (University of Washington Press, Seattle, 1970); Kalervo Oberg, *The Social Economy of the Tlingit Indians* (University of Washington Press, Seattle, 1973).

152쪽 투촌족, 타기시족, 테슬린족에 대해서는 다음 저작에 서술되어 있다. June Helm, ed., *Handbook of North American Indians, vol. 6: Subarctic* (Smithsonian Institution Press, Washington, D.C., 1981).

155쪽 Catherine McClellan, "The Inland Tlingit," in Marian W. Smith, ed., "Asia and North America: Transpacific Contacts," *Memoirs of the Society for American Archaeology* 9 (1953): 47–51; "Inland Tlingit," in June Helm, ed., *Handbook of North American Indians, vol. 6*, 469–480.

6장 | 농경과 야망

162쪽 식물 재배와 동물 사육의 기원을 다룬 문헌은 전 세계적으로 방대하게 존재한다. 개론서로 다음 저작들을 보라. Bruce D. Smith, *The Emergence of Agriculture* (Scientific American Library and W. H. Freeman, New York, 1995); C. Wesley Cowan and Patty Jo Watson, eds., *The Origins of Agriculture: An International Perspective* (Smithsonian Institution Press, Washington, D.C., 1992); Melinda A. Zeder, Daniel G. Bradley, Eve Emshwiller, and Bruce D. Smith, eds., *Documenting Domestication: New Genetic and Archaeological Paradigms* (University of California Press, 2006).

165쪽 Elizabeth A. Cashdan, "Egalitarianism among Hunters and Gatherers," *American Anthropologist* 82 (1980): 116–120.

165쪽 다음 저작은 뉴기니 섬 농경 생활에서 핵심 작물이 무엇이었는지 설명해 준다. Jacques Barrau, "L'Humide et le Sec: An Essay on Ethnobiological Adaptation to Contrastive Environments in the Indo-Pacific Area," *Journal of the Polynesian Society* 74 (1965): 329–346. 다음 저작의 7장은 뉴기니 섬 농경 생활의 기원에 관해 현재까지 알려져 있는 내용을 요약하고 있다. Peter Bellwood, *First Farmers: The Origins of Agricultural Societies* (Blackwell, Oxford, 2005).

167쪽 Raymond C. Kelly, *Constructing Inequality: The Fabrication of a Hierarchy of Virtue among the Etoro* (University of Michigan Press, Ann Arbor, 1993). 다음 저작도 보라. Raymond C. Kelly, *Etoro Social Structure: A Study in Structural Contradiction* (University of Michigan Press, 1974).
168쪽 Paula Brown, *The Chimbu: A Study of Change in the New Guinea Highlands* (Schenkmen, Cambridge, Mass., 1972). 다음 저작들도 보라. Paula Brown, "Chimbu Tribes: Political Organization in the Eastern Highlands of New Guinea," *Southwestern Journal of Anthropology* 16 (1960): 22-35; Harold C. Brookfield and Paula Brown, *Struggle for Land: Agriculture and Group Territories among the Chimbu of the New Guinea Highlands* (Oxford University Press, 1963).
172쪽 Bruce M. Knauft, *South Coast New Guinea Cultures: History, Comparison, Dialectic* (Cambridge University Press, 1993).
175쪽 Pauline Wiessner and Akii Tumu, *Historical Vines: Enga Networks of Exchange, Ritual, and Warfare* (Smithsonian Institution Press, Washington, D.C., 1998). 다음 저작도 보라. Mervyn J. Meggitt, "System and Subsystem: The 'Te' Exchange Cycle among the Mae Enga," *Human Ecology* 1 (1972): 111-123.
178쪽 Marilyn Strathern, *Women in Between: Female Roles in a Male World, Mount Hagen, New Guinea* (Seminar Press, London, 1972).
178쪽 Andrew Strathern, *The Rope of Moka: Big-Men and Ceremonial Exchange in Mount Hagen, New Guinea* (Cambridge University Press, 1971).
185쪽 John H. Hutton, *The Angami Nagas* (Macmillan & Co., London, 1921).

7장 | 성과 기반 사회의 의식용 건물

193쪽 James P. Mills, *The Rengma Nagas* (Macmillan & Co., London, 1937).
196쪽 James P. Mills, *The Ao Nagas* (Macmillan & Co., London, 1926).
197쪽 Maureen Anne MacKenzie, *Androgynous Objects: String Bags and Gender in New Guinea* (Harwood Academic Publishers, Melbourne, Australia, 1991).

199쪽 Fredrik Barth, *Cosmologies in the Making: A Generative Approach to Cultural Variation in Inner New Guinea* (Cambridge University Press, 1987).
200쪽 Igor Kopytoff, "Ancestors as Elders in Africa," *Africa* 41 (1971): 129-141.
203쪽 Douglas L. Oliver, *A Solomon Island Society* (Harvard University Press, 1955).

8장 | 선사 시대의 의식용 가옥

211쪽 서아시아에서 농경의 기원에 관한 학계의 논쟁은 다음 저작에 요약되어 있다. Michael Balter, "Seeking Agriculture's Ancient Roots," *Science* 316 (2007): 1830-1835.
211쪽 오할로 2지구 유적지에 관해선 다음 저작들을 보라. Nigel Goring-Morris and Anna Belfer-Cohen, "Structures and Dwellings in the Upper and Epi-Paleolithic (ca. 42-10k BP) Levant: Profane and Symbolic Uses," in S. A. Vasil'ev, Olga Soffer, and J. Kozlowski, eds., "Perceived Landscapes and Built Environments," *BAR International Series* 1122 (Archaeopress, Oxford, 2003), 65-81; Dani Nadel et al., "Stone Age Hut in Israel Yields World's Oldest Evidence of Bedding," *Proceedings of the National Academy of Sciences* 101 (2004): 6821-6826; Ehud Weiss et al., "The Broad Spectrum Revisited: Evidence from Plant Remains," *Proceedings of the National Academy of Sciences* 101 (2004): 9551-9555; Dolores R. Piperno, Ehud Weiss, and Dani Nadel, "Processing of Wild Cereal Grains in the Upper Paleolithic Revealed by Starch Grain Analysis," *Nature* 430 (2004): 670-673.
212쪽 Stefan Karol Kozlowski, ed., "M'lefaat: Early Neolithic Site in Northern Iraq," *Cahiers de l'Euphrate* 8 (1998): 179-273.
214쪽 엘와드 동굴에 대해서는 다음 저작에 서술되어 있다. Dorothy A. E. Garrod and Dorothea M. A. Bate, *The Stone Age of Mt. Carmel*, vol. 1 (Clarendon Press, Oxford, 1937). 다음 저작은 나투프인이 뿔조개를 어떤 식으로 사용했는지 다룬다. Daniella E. Bar-Yosef Mayer, "The Exploitation of

Shells as Beads in the Paleolithic and Neolithic of the Levant," *Paléorient* 31 (2005): 176-185.

216쪽 Ofer Bar-Yosef, B. Arensburg, and Eitan Tchernov, *Hayonim Cave: Natufian Cemetery and Habitation* (Bema'aravo Shel Galil, Haifa, 1974); Anna Belfer-Cohen, "The Natufian Settlement at Hayonim Cave" (PhD diss., Hebrew University, Jerusalem, 1988); Patricia Smith, "Family Burials at Hayonim," *Paléorient* 1 (1973): 69-71.

217쪽 Dorothy A. E. Garrod and Dorothea M. A. Bate, "Excavations at the Cave of Shukbah, Palestine, 1928," *Proceedings of the Prehistoric Society for 1942*, n.s., vol. 8 (1942): 1-20.

218쪽 Jean Perrot, "Le Gisement Natoufi en de Mallaha (Eynan), Israël," *L'Anthropologie* 70 (1966): 437-483; François R. Valla, "Les Natoufiens de Mallaha et l'Espace," in Ofer Bar-Yosef and François R. Valla, eds., *The Natufian Culture in the Levant* (International Monographs in Prehistory, Ann Arbor, Mich., 1991), 111-122.

219쪽 와디 함메 27 유적지에 대해서는 다음 저작에서 다룬다. Nigel Goring-Morris and Anna Belfer-Cohen, "Structures and Dwellings in the Upper and Epi-Paleolithic (ca. 42 – 10k BP) Levant".

219쪽 Natalie D. Munro and Leore Grosman, "Early Evidence (ca. 12,000 B.P.) for Feasting at a Burial Cave in Israel," *Proceedings of the National Academy of Sciences* 107 (2010): 15362-15366.

220쪽 Klaus Schmidt, "Göbekli Tepe, Southeastern Turkey: A Preliminary Report on the 1995-1999 Excavations," *Paléorient* 26 (2001): 45-54; 다음 저작도 보라. Klaus Schmidt, *Sie Bauten die Ersten Tempel: Das Ratselhafte Heiligtum der Steinzeitjäger—Die Archaeologische Entdeckung am Gobekli Tepe* (Verlag C. H. Beck, Munich, 2006).

224쪽 Harald Hauptmann, "Ein Kultgebäude in Nevali Çori," in Marcella Frangipane et al., eds., *Between the Rivers and Over the Mountains* (Universita di Roma "La Sapienza," Rome, 1993), 37-69.

225쪽 Andrew M. T. Moore, Gordon C. Hillman, and Anthony J. Legge, *Village on the Euphrates: From Foraging to Farming at Abu Hureyra*

(Oxford University Press, 2000).

228쪽 Nikolai O. Bader, "Tell Maghzaliyah: An Early Neolithic Site in Northern Iraq," in Norman Yoffee and Jeffrey J. Clark, eds., *Early Stages in the Evolution of Mesopotamian Civilization* (University of Arizona Press, 1993), 7-40.

230쪽 석회 반죽 두개골에 대한 캐슬린 케니언의 말은 그녀의 저작에서 인용했다. Kathleen Kenyon, *Archaeology in the Holy Land, Third Edition* (Praeger, New York, 1970).

230쪽 Gary O. Rollefson, Alan H. Simmons, and Zeidan Kafafi, "Neolithic Cultures at 'Ain Ghazal, Jordan," *Journal of Field Archaeology* 19 (1992): 443-470.

232쪽 차요뉴의 의식용 건물에 대해서는 다음 저작에서 다룬다. Mehmet Özdoğan and A. Özdoğan, "Çayönü: A Conspectus of Recent Work," *Paléorient* 15 (1989): 65-74; Wulf Schirmer, "Some Aspects of Building at the 'Aceramic-Neolithic' Settlement of Çayönü Tepesi," *World Archaeology* 21 (1990): 363-387. 차요뉴를 발굴한 연구자들의 다음 저작도 보라. Robert Braidwood, Halet Çambel, Charles Redman, and Patty Jo Watson, "Beginnings of Village-Farming Communities in Southeastern Turkey," *Proceedings of the National Academy of Sciences* 68 (1971): 1236-1240.

238쪽 게오시이 유적지와 길라 나키츠 동굴에 관한 개괄적인 설명은 다음 저작을 보라. Joyce Marcus and Kent V. Flannery, *Zapotec Civilization: How Urban Society Evolved in Mexico's Oaxaca Valley* (Thames and Hudson, London, 1996).

239쪽 Richard S. MacNeish et al., eds., *The Prehistory of the Tehuacan Valley, vol. 5: Excavations and Reconnaissance* (University of Texas Press, Austin, 1972).

239쪽 Jane E. Dorweiler and John Doebley, "Developmental Analysis of Teosinte Glume Architecture 1: A Key Locus in the Evolution of Maize (Poaceae)," *American Journal of Botany* 84 (1997): 1313-1322; Adam Eyre-Walker et al., "Investigation of the Bottleneck Leading to the Domestication of Maize," *Proceedings of the National Academy of Sciences* 95 (1998): 4441-4446; Yoshiro Matsuoka et al., "A Single Domestication for Maize Shown by Multilocus Microsatellite Genotyping," *Proceedings of the National Academy of Sciences* 99 (2002): 6080-6084; Viviane Jaenicke-Després et al., "Early Allelic Selection in Maize as Revealed by Ancient DNA," *Science* 302 (2003): 1206-1208.

240쪽 Dolores R. Piperno and Kent V. Flannery, "The Earliest Archaeological Maize (Zea mays L.) from Highland Mexico: New Accelerator Mass Spectrometry Dates and Their Implications," *Proceedings of the National Academy of Sciences* 98 (2001): 2101-2103; Bruce F. Benz, "Archaeological Evidence of Teosinte Domestication from Guilá Naquitz, Oaxaca," *Proceedings of the National Academy of Sciences* 98 (2001): 2104-2106. 초창기 옥수수에 관한 추가적인 증거는 다음 저작을 보라. Dolores R. Piperno et al., "Late Pleistocene and Holocene Environmental History of the Iguala Valley, Central Balsas Watershed of Mexico," *Proceedings of the National Academy of Sciences* 104 (2007): 11874-11881.

240쪽 아텍스칼라 캐니언 유적지에 관한 내용은 다음 저작을 보라. Richard S. MacNeish and Angel García Cook, "Excavations in the San Marcos Locality in the Travertine Slopes," in Richard S. MacNeish et al., eds., *Prehistory of the Tehuacan Valley, vol. 5: Excavations and Reconnaissance* (University of Texas Press, 1972), 137-160.

241쪽 쿠에바 블랑카에서 아틀라틀 화살촉을 교환한 흔적은 다음 저작에 서술되어 있다. Joyce Marcus and Kent V. Flannery, *Zapotec Civilization*.

243쪽 산호세 모고테의 남자용 숙소에 대해서는 다음 저작에서 다룬다. Joyce Marcus and Kent V. Flannery, *Zapotec Civilization*.

245쪽 Daniel H. Sandweiss et al., "Early Maritime Adaptations in the Andes: Preliminary Studies at the Ring Site, Peru," in Don S. Rice, Charles Stanish, and Phillip R. Scarr, eds., "Ecology, Settlement and History in the Osmore Drainage, Peru," *BAR International Series* 545 (Archaeopress, Oxford, 1989), 35-84.

247쪽 Melinda A. Zeder, Daniel G. Bradley, Eve Emshwiller, and Bruce D. Smith, eds., *Documenting Domestication: New Genetic and Archaeological Paradigms* (University of California Press, 2006); Tom D. Dillehay et al., "Preceramic Adoption of Peanut, Squash, and Cotton in Northern Peru," *Science* 316 (2007): 1890–1893.

249쪽 C. A. Aschero and Hugo D. Yacobaccio, "20 Años Después: Inca Cueva 7 Reinterpretado," *Cuadernos del Instituto Nacional de Antropologia y Pensamiento Latinoamericano* 18 (1998–1999): 7–18. 다음 저작도 보라. Guillermo L. Mengoni Gonalons and Hugo D. Yacobaccio, "The Domestication of South American Camelids: A View from the South-Central Andes," in Melinda A. Zeder, Daniel G. Bradley, Eve Emshwiller, and Bruce D. Smith, eds., *Documenting Domestication: New Genetic and Archaeological Paradigms* (University of California Press, 2006), 228–244.

249쪽 Mark S. Aldenderfer, *Montane Foragers: Asana and the South-Central Andean Archaic* (University of Iowa Press, 1998).

250쪽 Jane C. Wheeler, "La Domesticación de la Alpaca (*Lama pacos* L.) y la Llama (*Lama glama* L.) y el Desarrollo Temprano de la Ganadería Autóctona en los Andes Centrales," *Boletín de Lima* 36 (1984): 74–84.

250쪽 Jane C. Wheeler, Lounes Chikhi, and Michael W. Bruford, "Genetic Analysis of the Origins of Domestic South American Camelids," in Melinda A. Zeder, Daniel G. Bradley, Eve Emshwiller, and Bruce D. Smith, eds., *Documenting Domestication*, 329–341. 다음 저작도 보라. M. Kadwell et al., "Genetic Analysis Reveals the Wild Ancestors of the Llama and Alpaca," *Proceedings of the Royal Society of London* 268 (2001): 2575–2584.

250쪽 초창기 안데스 산맥 사회에 대한 개괄적인 설명으로는 다음 저작들을 추천한다. Daniele Lavallée, *The First South Americans* (University of Utah Press, 2000); Michael E. Moseley, *The Incas and Their Ancestors* (Thames and Hudson, London, 1992).

251쪽 Robert A. Benfer, "The Challenges and Rewards of Sedentism: The

Preceramic Village of Paloma, Peru," in Mark Nathan Cohen and George Armelagos, eds., *Paleopathology at the Origin of Agriculture* (Academic Press, New York, 1984), 531-558; Jeffrey Quilter, *Life and Death at Paloma: Society and Mortuary Practices in a Preceramic Peruvian Village* (University of Iowa Press, 1989).

251쪽 Christopher B. Donnan, "An Early House from Chilca, Peru," *American Antiquity* 30 (1964): 137-144.

253쪽 Terence Grieder, Alberto Bueno Mendoza, C. Earle Smith Jr., and Robert M. Malina, *La Galgada, Peru: A Preceramic Culture in Transition* (University of Texas Press, 1988).

256쪽 Richard L. Burger and Lucy Salazar-Burger, "The Early Ceremonial Center of Huaricoto," in Christopher B. Donnan, ed., *Early Ceremonial Architecture in the Andes* (Dumbarton Oaks, Washington, D.C., 1985), 111-138.

257쪽 Seiichi Izumi and Toshihiko Sono, *Andes 2: Excavations at Kotosh, Peru, 1960* (Kadokawa Press, Tokyo, 1963).

9장 | 아메리카 인디언 사회의 명망과 평등

260쪽 박쥐 동굴에 대해서는 다음 저작을 보라. W. H. Wills, *Early Prehistoric Agriculture in the American Southwest* (School of American Research Press, Santa Fe, NM, 1988).

261쪽 샤비크에스체 촌락과 수 유적지에 대해서는 다음 저작들을 보라. W. H. Wills, "Plant Cultivation and the Evolution of Risk-Prone Economies in the Prehistoric American Southwest," in A. B. Gebauer and T. D. Price, eds., "Transitions to Agriculture in Prehistory," *Monographs in World Archaeology* 4 (Prehistory Press, Madison, Wisc., 1992), 153-176; Stephen Plog, *Ancient Peoples of the American Southwest* (Thames and Hudson, London, 1997).

262쪽 Steven A. LeBlanc, *Prehistoric Warfare in the American Southwest* (University of Utah Press, 1999).

263쪽 Tim D. White, *Prehistoric Cannibalism at Mancos 5MTUMR- 2346*

(Princeton University Press, 1992).

263쪽 G. T. Gross, "Subsistence Change and Architecture: Anasazi Storerooms in the Dolores Region, Colorado," *Research in Economic Anthropology, Supplement* 6 (1992): 241-265. 원형에서 사각형으로 가옥 형태가 변화한 것에 관해서는 다음 저작도 보라. Timothy A. Kohler, "News from the Northern American Southwest: Prehistory of the Edge of Chaos," *Journal of Archaeological Research* 1 (1993): 267-321.

264쪽 미국 남서 지역에서 불평등의 수준이 어느 정도였는지에 대해서는 다음 저작에서 깊이 다루고 있다. Stephen Plog, *Ancient Peoples of the American Southwest*. 다음의 책 두 권도 보라. Linda S. Cordell: *Prehistory of the Southwest* (Academic Press, New York, 1984); *Ancient Pueblo Peoples* (St. Remy Press, Montreal, 1994).

264쪽 Winifred Creamer, *The Architecture of Arroyo Hondo Pueblo, New Mexico* (School of American Research, Santa Fe, 1993).

265쪽 R. Gwinn Vivian, "An Inquiry into Prehistoric Social Organization in Chaco Canyon, New Mexico," in William A. Longacre, ed., *Reconstructing Prehistoric Pueblo Societies* (School of American Research, Santa Fe, 1970), 59-83.

267쪽 Larry Benson et al., "Ancient Maize from Chacoan Great Houses: Where Was It Grown?" *Proceedings of the National Academy of Sciences* 100 (2003): 13111-13115.

268쪽 조지 H. 페퍼의 발굴 결과는 스티븐 플로그와 캐리 하이트만에 의해 재분석되었다. 다음 저작을 보라. Stephen Plog and Carrie Heitman, "Hierarchy and Social Inequality in the American Southwest, a.d. 800-1200," *Proceedings of the National Academy of Sciences* 107 (2010): 19619-19626.

268쪽 James W. Judge, "Chaco Canyon—San Juan Basin," in Linda S. Cordell and George J. Gumerman, eds., *Dynamics of Southwest Prehistory* (Smithsonian Institution Press, Washington, D.C., 1989), 209-261.

271쪽 Edward P. Dozier, "The Pueblos of the Southwestern United States," *Journal of the Royal Anthropological Institute of Great Britain* *and Ireland* 90 (1960): 146-160; Fred Eggan, *Social Organization of the Western Pueblos* (University of Chicago Press, 1950).

273쪽 다음 저작에 실린 이미지는 키바의 여러 형태의 보여 준다. Peter Nabokov and Robert Easton, *Native American Architecture* (Oxford University Press, 1989).

276쪽 Alfonso Ortiz, *The Tewa World: Space, Time, Being, and Becoming in a Pueblo Society* (University of Chicago Press, 1969).

281쪽 Mischa Titiev, "Old Oraibi: A Study of the Hopi Indians of Third Mesa," *Papers of the Peabody Museum of American Archaeology and Ethnology* 22 (Harvard University, 1944).

287쪽 Jerrold Levy, *Orayvi Revisited: Social Stratification in an "Egalitarian" Society* (School of American Research Press, Santa Fe, N.Mex., 1992).

288쪽 북부 경립종 옥수수에 대한 전반적인 설명은 다음 저작들을 보라. David S. Brose, "Early Mississippian Connections at the Late Woodland Mill Hollow Site in Lorain County, Ohio," *Midcontinent Journal of Archaeology* 18 (1993): 97-110; 같은 잡지의 부록도 보라. Robert P. Mensforth and Stephanie J. Belovich, *Midcontinent Journal of Archaeology* 18 (1993), pp. 111-130.

289쪽 W. Raymond Wood, "Plains Village Tradition: Middle Missouri," in Raymond J. DeMallie, ed., *Handbook of North American Indians, vol. 13: Plains* (Smithsonian Institution Press, Washington, D.C., 2001), 186-195.

290쪽 막시밀리안 왕자와 샤르보느의 공헌에 대한 내용은 다음 저작을 보라. Robert H. Lowie, *The Crow Indians* (Farrar & Rinehart, New York, 1935).

291쪽 신성한 꾸러미와 소피니의 개념에 관한 개괄적인 설명은 다음 저작을 보라. Frank Henderson Stewart, "Hidatsa," in Raymond J. DeMallie, ed., *Handbook of North American Indians, vol. 13*, 329-348.

292쪽 '물을 막는 사람' 씨족이 오랫동안 잃었던 꾸러미에 관한 이야기는 다음 저작을 보라. Patrick Springer, "Medicine Bundles Help Keep Stories from 'Dream Time,'" *The Forum* (Forum Communications, Fargo, N.Dak., 2003), 1-3.

296쪽 Alfred W. Bowers, *Mandan Social and Ceremonial Organization*

(University of Chicago Press, 1950) ; W. Raymond Wood and Lee Irwin, "Mandan," in Raymond J. DeMallie, ed., *Handbook of North American Indians, vol*. 13, 349-364.

302쪽 Frank Henderson Stewart, "Hidatsa," in Raymond J. DeMallie, ed., *Handbook of North American Indians, vol. 13* ; Alfred W. Bowers, "Hidatsa Social and Ceremonial Organization," *Bulletin* 194 (Bureau of American Ethnology, Smithsonian Institution, Washington, D.C., 1965).

305쪽 "두 개의 영혼을 지닌 사람들"에 관해서는 다음의 저작들을 보라. Alfred W. Bowers, "Hidatsa Social and Ceremonial Organization" ; W. Raymond Wood and Lee Irwin, "Mandan," in Raymond J. DeMallie, ed., *Handbook of North American Indians, vol. 13* ; 그리고 Raymond J. DeMallie, ed., *Handbook of North American Indians, vol. 13* 전체를 참고하라.

10장 | 농경 사회의 세습적 불평등

312쪽 Simon J. Harrison, *Stealing People's Names: History and Politics in a Sepik River Cosmology* (Cambridge University Press, 1990).

319쪽 Edmund R. Leach, *Political Systems of Highland Burma* (G. Bell & Sons, London, 1954).

329쪽 Jonathan Friedman, *System, Structure and Contradiction: The Evolution of "Asiatic" Social Formations* (National Museum of Denmark, Copenhagen, 1979).

334쪽 Christoph von Fürer-Haimendorf, *The Konyak Nagas: An Indian Frontier Tribe* (Holt, Rinehart and Winston, New York, 1969).

11장 | 족장 사회에서 권력의 세 가지 원천

344쪽 Irving Goldman, *Ancient Polynesian Society* (University of Chicago Press, 1970).

348쪽 Raymond Firth, *We the Tikopia* (George Allen & Unwin, London, 1936) ; *Social Change in Tikopia: Re-Study of a Polynesian Community After a Generation* (George Allen & Unwin, London, 1959) ; *History and*

Traditions of Tikopia (The Polynesian Society, Wellington, New Zealand, 1961); *Tikopia Ritual and Belief* (George Allen & Unwin, London, 1967).

349쪽 Patrick V. Kirch and Douglas E. Yen, "Tikopia: The Prehistory and Ecology of a Polynesian Outlier," *Bernice P. Bishop Museum Bulletin* 238 (Honolulu, 1982).

358쪽 Robert L. Carneiro, "The Nature of the Chiefdom as Revealed by Evidence from the Cauca Valley of Colombia," in A. Terry Rambo and Kathleen Gillogly, eds., "Profiles in Cultural Evolution," *Anthropological Papers* 85 (Museum of Anthropology, University of Michigan, Ann Arbor, 1991), 167-190. 다음 저작도 보라. Hermann Trimborn, *Senorío y Barbarie en el Valle de Cauca* (Consejo Superior de Investigaciones Científi cas, Instituto Gonzalo Fernández de Oviedo, Madrid, 1949).

364쪽 Mary W. Helms, *Ancient Panama: Chiefs in Search of Power* (University of Texas Press, 1979).

365쪽 Richard G. Cooke et al., "Who Crafted, Exchanged, and Displayed Gold in Pre-Columbian Panama?" in Jeffrey Quilter and John W. Hoopes, eds., *Gold and Power in Ancient Costa Rica, Panama, and Colombia* (Dumbarton Oaks, Washington, D.C., 2003), 91-158.

368쪽 Samuel Kirkland Lothrop, "Coclé: An Archaeological Study of Central Panama," *Memoirs VII, Part I* (Peabody Museum of Archaeology and Ethnology, Harvard University, 1937). 로스럽은 가스파르 드 에스피노사와 곤살로 페르난데스 데 오비에도의 스페인 식민 문서를 인용할 뿐만 아니라 시티오 콘테 고고학 유적지의 족장 무덤들을 묘사한다.

370쪽 반투족의 이동에 관해서는 다음 저작을 보라. David Phillipson, *The Later Prehistory of Eastern and South Africa* (Heinemann, London, 1977). 다음 저작들은 루바 지역의 지위 체계에 관한 초기 증거를 다룬다. Andrew D. Roberts, *A History of Zambia* (Africana, New York, 1976); *A History of the Bemba: Political Growth and Change in North-Eastern Zambia Before 1900* (The Longman Group, London, 1973).

371쪽 Audrey I. Richards, "The Political System of the Bemba Tribe—North-Eastern Rhodesia," in Meyer Fortes and E. E. Evans-Pritchard, eds., *African Political Systems* (Oxford University Press, 1940), 83–120.

12장 | 아메리카 대륙: 신전의 출현

380쪽 Joyce Marcus and Kent V. Flannery, *Zapotec Civilization: How Urban Society Evolved in Mexico's Oaxaca Valley* (Thames and Hudson, London, 1996); Michael E. Whalen, "Excavations at Tomaltepec: Evolution of a Formative Community in the Valley of Oaxaca, Mexico," *Memoir* 12 (Museum of Anthropology, University of Michigan, Ann Arbor, 1981); Robert D. Drennan, "Fábrica San José and Middle Formative Society in the Valley of Oaxaca," *Memoir* 8 (Museum of Anthropology, University of Michigan, Ann Arbor, 1976).

390쪽 Elsa M. Redmond and Charles S. Spencer, "Rituals of Sanctification and the Development of Standardized Temples in Oaxaca, Mexico," *Cambridge Archaeological Journal* 18 (2008): 230–266.

394쪽 Ruth Shady, Camilo Dolorier, Fanny Montesinos, and Lyda Casas, "Los Orígenes de la Civilización en el Perú: El Área Norcentral y el Valle de Supe Durante el Arcaico Tardío," *Arqueología y Sociedad* 13 (2000): 13–48.

394쪽 Robert A. Feldman, "Áspero, Peru: Architecture, Subsistence Economy, and other Artifacts of a Preceramic Maritime Chiefdom" (PhD diss., Harvard University, 1980).

395쪽 Ruth Shady, *La Ciudad Sagrada de Caral-Supe en los Albores de la Civilizacíon en el Perú* (Universidad Nacional Mayor de San Marcos, Lima, Peru, 1997); "Sustento Socioeconómico del Estado Prístino de Supe–Perú: Las Evidencias del Caral–Supe," *Arqueología y Sociedad* 13 (2000): 49–66; *La Civilización de Caral-Supe: 5000 Años de Identidad Cultural en el Perú* (Instituto Nacional de Cultura, Lima, Peru, 2005); "Caral–Supe y su Entorno Natural y Social en los Orígenes de la Civilización," in Joyce Marcus and Patrick Ryan Williams, eds., *Andean Civilization: A Tribute to Michael E. Moseley* (Cotsen Institute of Archaeology Press, UCLA, Los Angeles, 2009), 99–120. 카랄에서 나온 물고기 잔해는 필리페 베아레스(Philippe Beárez)와 루이

스 미란다(Luís Miranda)가 분석했다. 다음 저작을 보라. "Análisis Arqueo-Ictiológico del Sector Residencial del Sitio Arqueológico de Caral-Supe, Costa Central del Perú," *Arqueología y Sociedad* 13 (2000): 67-77.

402쪽 Frederic Engel, "Preceramic Settlement on the Central Coast of Peru: Asia, Unit 1," *Transactions of the American Philosophical Society*, n.s., vol. 53, part 3 (1963).

402쪽 Lorenzo Samaniego, Enrique Vergara, and Henning Bischof, "New Evidence on Cerro Sechín, Casma Valley, Peru," in Christopher B. Donnan, ed., *Early Ceremonial Architecture of the Andes* (Dumbarton Oaks, Washington, D.C., 1985), 165-190; Elena Maldonado, *Arqueología de Cerro Sechín, vol. 1: Arquitectura* (Pontificia Universidad Católica del Perú, Lima and Fundación Volkswagenwerk-Alemania, 1992).

404쪽 코클레 다색 그릇에 대한 도상학적 분석에 관해서는 다음 저작을 보라. Olga F. Linares, "Ecology and the Arts in Ancient Panama: On the Development of Social Rank and Symbolism in the Central Provinces," *Studies in Pre-Columbian Art and Archaeology* 17 (Dumbarton Oaks, Washington, D.C., 1977).

405쪽 쿤투르 와시에서 발견된 사치품은 리처드 L. 버거의 다음 글에 묘사되어 있다. Richard L. Burger, "Current Research in Andean South America," *American Antiquity* 56 (1991): 151-156.

407쪽 리처드 L. 버거는 다음 책에서 차빈 데 우안타르를 훌륭하게 개괄한다. Richard L. Burger, *Chavin and the Origins of Andean Civilization* (Thames and Hudson, London, 1992). Luis G. Lumbreras and Hernán Amat, "Informe Preliminar Sobre las Galerías Interiores de Chavín (Primera Temporada de Trabajos)," *Revista del Museo Nacional* 34 (1965-1966): 143-197.

409쪽 차빈 데 우안타르에 신탁지가 있었을 것이라는 크레이그 모리스의 추정은 다음 책에서 확인할 수 있다. Craig Morris and Adriana von Hagen, *The Inka Empire and Its Andean Origins* (Abbeville Press, for the American Museum of Natural History, New York, 1993). 차빈 데 우안타르에 관한 마이클 모슬리의 해석은 다음 책에서 확인할 수 있다. Michael Moseley, *The Incas and Their Ancestors* (Thames and Hudson, London, 1992).

13장 | 족장 없는 귀족 사회

413쪽 Christoph von Fürer-Haimendorf, *The Apa Tanis and Their Neighbours* (Routledge & Kegan Paul, London, 1962).

14장 | 초기 메소포타미아 사회의 신전과 불평등

430쪽 Seton Lloyd and Fuad Safar, "Tell Hassuna," *Journal of Near Eastern Studies* 4 (1945): 255-289.

431쪽 Joan Oates, "Choga Mami 1967-68: A Preliminary Report," *Iraq* 31 (1969): 115-152.

431쪽 Faisal El-Wailly and Behnam Abu al-Soof, "The Excavations at Tell es-Sawwan: First Preliminary Report (1964)," *Sumer* 21 (1965): 17-32; K. H. al-A'dami, "Excavations at Tell es-Sawwan (Second Season)," *Sumer* 24 (1968): 57-98; Ghanim Wahida, "The Excavations of the Third Season at Tell es-Sawwan, 1966," *Sumer* 23 (1967): 167-178; Behnam Abu al-Soof, "Tell es-Sawwan Excavations of the Fourth Season," *Sumer* 24 (1968): 3-16.

433쪽 Manfred Korfmann, "The Sling as a Weapon," *Scientific American* 229 (1973): 34-42.

437쪽 Nikolai Y. Merpert and Rauf M. Munchaev, "Burial Practices of the Halaf Culture," in Norman Yoffee and Jeffrey J. Clark, eds., *Early Mesopotamian Civilization: Soviet Excavations in Northern Iraq* (University of Arizona Press, 1993), 207-223.

440쪽 Ismail Hijara, "The Halaf Period in Northern Mesopotamia" (PhD diss., University of London, 1980).

440쪽 Patty Jo Watson, "The Halafian Culture: A Review and Synthesis," in T. Cuyler Young Jr., Philip E. L. Smith, and Peder Mortensen, eds., "The Hilly Flanks and Beyond: Essays on the Prehistory of Southwestern Asia," *Studies in Ancient Oriental Civilization* 36 (1983): 231-250 (University of Chicago).

441쪽 Steven A. LeBlanc, "Computerized, Conjunctive Archaeology and the Near Eastern Halafian" (PhD diss., Washington University, St. Louis,

Mo., 1971). 다음 저작도 보라. Steven A. LeBlanc and Patty Jo Watson, "A Comparative Statistical Analysis of Painted Pottery from Seven Halafian Sites," *Paléorient* 1 (1973): 117-133.

442쪽 Patty Jo Watson, "The Halafian Culture".

442쪽 다음 저작에서 맬로원은 본인이 할라프 신전이라고 믿는 텔 아스와드의 건물에 대해 논하고 있다. Max E. L. Mallowan, "Excavations in the Balih Valley (1938)," *Iraq* 8 (1946): 111-156.

443쪽 Nikolai Y. Merpert and Rauf M. Munchaev, "Burial Practices of the Halaf Culture".

443쪽 Max E. L. Mallowan and J. Cruikshank Rose, "Excavations at Tall Arpachiyah, 1933," *Iraq* 2 (1935): 1-178; Ismail Hijara, "The Halaf Period in Northern Mesopotamia"; Ismail Hijara, "Three New Graves at Arpachiyah," *World Archaeology* 10 (1978): 125-128.

448쪽 Ephraim A. Speiser, *Excavations at Tepe Gawra*, vol. 1 (University of Pennsylvania Museum, Philadelphia, 1935); Arthur Tobler, *Excavations at Tepe Gawra*, vol. 2 (University of Pennsylvania Museum, Philadelphia, 1950); Ann Louise Perkins, "The Comparative Archaeology of Early Mesopotamia," *Studies in Ancient Oriental Civilization* 25 (University of Chicago Press, 1949); Mitchell S. Rothman, *Tepe Gawra: The Evolution of a Small, Prehistoric Center in Northern Iraq* (University of Pennsylvania Museum, Philadelphia, 2002).

459쪽 다음 저작은 티그리스 강과 유프라테스 강 지역의 사회 체제에 관한 유용한 정보를 제공한다. *The British Naval Intelligence Handbook* BR 524 (1944).

460쪽 우바이드 낫에 관한 라이트의 연구는 다음 저작을 참조하라. Henry T. Wright and Susan Pollock, "Regional Socio-Economic Organization in Southern Mesopotamia: The Middle and Later Fifth Millennium," *Colloques Internationaux CNRS: Prehistoire de la Mesopotamie* (Editions du CNRS, Paris, 1986), 317-329.

462쪽 Seton Lloyd, "The Oldest City of Sumeria: Establishing the Origins of Eridu," *The Illustrated London News*, September 11, 1948, 303-305;

Fuad Safar, Mohammad Ali Mustafa, and Seton Lloyd, *Eridu* (Iraqi Ministry of Culture and Information, Baghdad, 1981).

462쪽 Joan Oates, "Ur and Eridu, the Prehistory," *Iraq* 22 (1960): 32–50, and "Ubaid Chronology," in O. Aurenche, J. Évin, and F. Hours, eds., "Chronologies du Proche Orient," *BAR-Maison de l'Orient Archaeological Series* 3 (Lyon-Oxford, 1987), 473–482.

466쪽 다음 저작의 7장에서 어부들이 살았던 것으로 보이는 구역을 다룬다. Fuad Safar, Mohammad Ali Mustafa, and Seton Lloyd, *Eridu*.

466쪽 다음 저작의 4장에서 우바이드 묘지를 다룬다. Fuad Safar, Mohammad Ali Mustafa, and Seton Lloyd, *Eridu*. 우바이드 묘지를 재분석한 내용은 다음 저작에 수록되어 있다. Henry T. Wright and Susan Pollock, "Regional Socio-Economic Organization in Southern Mesopotamia".

469쪽 Seton Lloyd and Fuad Safar, "Tell Uqair: Excavations by the Iraq Government Directorate of Antiquities in 1940–1941," *Journal of Near Eastern Studies* 2 (1943): 131–155.

471쪽 Sabah Abboud Jasim, "Excavations at Tell Abada, Iraq," *Paléorient* 7 (1981): 101–104; "Excavations at Tell Abada: A Preliminary Report," *Iraq* 45 (1983): 165–186.

474쪽 Joan Oates, "Ubaid Mesopotamia Reconsidered," in T. Cuyler Young Jr., Philip E. L. Smith, and Peder Mortensen, eds., "The Hilly Flanks and Beyond," 251–281.

474쪽 Jean-Louis Huot et al., "Larsa et 'Oueli: Travaux de 1978–1981," *Mémoire* 26 (Éditions Recherche sur les Civilisations, Paris, 1983).

475쪽 시리아와 터키에 있는 우바이드 사람들의 교역용 거주지에 관해서는 다음 저작을 보라. Joan Oates, "Trade and Power in the Fifth and Fourth Millennia B.C.: New Evidence from Northern Mesopotamia," *World Archaeology* 24 (1993): 403–422.

479쪽 Colin Renfrew, "Beyond a Subsistence Economy: The Evolution of Social Organization in Prehistoric Europe," in Charlotte B. Moore, ed., "Reconstructing Complex Societies: An Archaeological Colloquium," *Supplement to the Bulletin of the American Schools of Oriental Research*

20 (Cambridge, Mass., 1974), 69–85.

15장 | 미국의 족장 사회

482쪽 Peter Nabokov and Robert Easton, *Native American Architecture* (Oxford University Press, 1989), 96–97.

484쪽 Robert S. Neitzel, "Archaeology of the Fatherland Site: The Grand Village of the Natchez," *Anthropological Papers* 51, part 1 (American Museum of Natural History, New York, 1965); "The Grand Village of the Natchez Revisited: Excavations at the Fatherland Site, Adams County, Mississippi, 1972," *Archaeological Report* no. 12 (Mississippi Department of Archives and History, Jackson, 1983).

486쪽 Charles Hudson, *The Southeastern Indians* (University of Tennessee Press, 1976).

489쪽 앙투안 르 파주 뒤 프라츠가 '문신 새긴 뱀'의 장례식을 설명한 내용은 다음 저작에 영어로 번역되어 있다. John R. Swanton, "The Indians of the Southeastern United States," *Bulletin* 137 (Bureau of American Ethnology, Smithsonian Institution, 1946), 728.

491쪽 Frank G. Speck, "Notes on Chickasaw Ethnology and Folk-Lore," *Journal of American Folk-Lore* 20 (1907): 50–58.

493쪽 Vernon James Knight Jr., "Moundville as a Diagrammatic Ceremonial Center," in Vernon James Knight Jr. and Vincas P. Steponaitis, eds., *Archaeology of the Moundville Chiefdom* (Smithsonian Institution Press, Washington, D.C., 1998), 44–62. 다음 저작도 보라. Vernon James Knight Jr. and Vincas P. Steponaitis, "A New History of Moundville," in Vernon James Knight Jr. and Vincas P. Steponaitis, eds., *Archaeology of the Moundville Chiefdom*, 1–25.

496쪽 David J. Hally, "The Settlement Patterns of Mississippian Chiefdoms in Northern Georgia," in Brian R. Billman and Gary M. Feinman, eds., *Settlement Pattern Studies in the Americas: Fifty Years since Virú* (Smithsonian Institution Press, Washington, D.C., 1999), 96–115.

497쪽 Igor Kopytoff, "Internal African Frontier: The Making of African

Political Culture," in Igor Kopytoff, ed., *The African Frontier: The Reproduction of Traditional African Societies* (Indiana University Press, 1987), 3-84.

499쪽 Adam King, *Etowah: The Political History of a Chiefdom Capital* (University of Alabama Press, 2003).

499쪽 Lewis H. Larson Jr., "Archaeological Implications of Social Stratification at the Etowah Site, Georgia," in James A. Brown, ed., "Approaches to Social Dimensions of Mortuary Practices," *Memoirs of the Society for American Archaeology* 25 (1971): 58-67.

502쪽 Charles Hudson et al., "Coosa: A Chiefdom in the Sixteenth-Century Southeastern United States," *American Antiquity* 50 (1985): 723-737. 다음 저작도 보라. Charles Hudson, *The Southeastern Indians*, 112-118.

502쪽 David J. Hally, *King: The Social Archaeology of a Late Mississippian Town in Northwestern Georgia* (University of Alabama Press, 2008).

504쪽 Helen C. Rountree, *The Powhatan Indians of Virginia: Their Traditional Culture* (University of Oklahoma Press, 1989); Martin D. Gallivan, "Powhatan's Werowocomoco: Constructing Place, Polity, and Personhood in the Chesapeake C.E. 1200-C.E. 1609," *American Anthropologist* 109 (2007): 85-100.

16장 | 남태평양: 지위에서 계층으로

507쪽 폴리네시아의 지위 사회에 관한 문헌은 방대하다. 각기 다른 관점으로 쓰인 세 편의 이론적인 개괄을 먼저 읽어 보는 것이 좋다. 살린스의 저작은 각각의 사회가 자신의 환경에 적응하는 과정에서 불평등의 수준에 차이가 생긴 것을 언급한다. Marshall D. Sahlins, *Social Stratification in Polynesia* (University of Washington Press, Seattle, 1958). 골드먼의 저작은 지위에 관한 기본적인 원칙들이 각 섬 사회들의 다양성을 설명하는 데 어떻게 도움이 되는지 보여 준다. Irving Goldman, *Ancient Polynesian Society* (University of Chicago Press, 1970). 커치의 저작은 공통의 조상 문화에서 출발한 섬 사회들이 제각기 다양하게 진화한 과정을 고고학 자료를 사용해서 입증한다. Patrick V. Kirch, *The Evolution of the Polynesian Chiefdoms* (Cambridge University Press, 1984).

508쪽 Patrick V. Kirch and Roger C. Green, *Hawaiki, Ancestral Polynesia: An Essay in Historical Anthropology* (Cambridge University Press, 2001); 커치의 다음 저작의 3장도 보라. Patrick V. Kirch, *The Evolution of the Polynesian Chiefdoms*.

510쪽 다음 저작의 11장도 보라. Irving Goldman, *Ancient Polynesian Society* (University of Chicago Press, 1970). 그리고 다음 책의 부록 III도 보라. Marshall D. Sahlins, *Social Stratification in Polynesia*.

513쪽 Edward Winslow Gifford, "Tongan Society," *Bulletin* 61 (Bernice P. Bishop Museum, Honolulu, 1971); Will Carleton McKern, "Archaeology of Tonga," *Bulletin* 60 (Bernice P. Bishop Museum, Honolulu, 1929); Irving Goldman, *Ancient Polynesian Society*, 12장; Patrick V. Kirch, *The Evolution of the Polynesian Chiefdoms*, 9장; Marshall D. Sahlins, *Social Stratification in Polynesia*, 2장.

524쪽 라파하에 관해서는 다음 저작에 서술되어 있다. Will Carleton McKern, "Archaeology of Tonga," 92-101.

531쪽 Robert F. Heizer, "Agriculture and the Theocratic State in Lowland Southeastern Mexico," *American Antiquity* 26 (1960): 215-222; Philip Drucker, Robert F. Heizer, and Robert J. Squier, "Excavations at La Venta, Tabasco, 1955," *Bulletin* 170 (Bureau of American Ethnology, Smithsonian Institution, Washington, D.C., 1959); Rebecca González Lauck, "La Venta: An Olmec Capital," in Elizabeth P. Benson and Beatriz de la Fuente, eds., *Olmec Art of Ancient Mexico* (National Gallery of Art, Washington, D.C., 1996), 73-81; Rebecca B. González Lauck, "a Venta (Tabasco, Mexico)," in Susan Toby Evans and David Webster, eds., *Archaeology of Ancient Mexico and Central America* (Garland, N.Y., 2001), 798-801.

538쪽 다음 저작의 10장을 보라. Patrick V. Kirch, *The Evolution of the Polynesian Chiefdoms*.

541쪽 Samuel M. Kamakau, *Ruling Chiefs of Hawaii* (The Kamehameha

Schools Press, Honolulu, 1961); Marshall D. Sahlins, *Historical Metaphors and Mythical Realities: Structure in the Early History of the Sandwich Islands Kingdom* (University of Michigan Press, 1981); Valerio Valeri, *Kingship and Sacrifice: Ritual and Society in Ancient Hawaii* (University of Chicago Press, 1985); Irving Goldman, *Ancient Polynesian Society*, 10장.

17장 | 왕국은 어떻게 탄생하는가

550쪽 Samuel M. Kamakau, *Ruling Chiefs of Hawaii* (The Kamehameha Schools Press, Honolulu, 1961); 다음 저작의 10장도 보라. Irving Goldman, *Ancient Polynesian Society* (University of Chicago Press, 1970); Valerio Valeri, *Kingship and Sacrifice: Ritual and Society in Ancient Hawaii* (University of Chicago Press, 1985); Patrick Vinton Kirch, *How Chiefs Became Kings: Divine Kingship and the Rise of Archaic States in Ancient Hawai'i* (University of California Press, 2010).

556쪽 Kathleen Dickenson Mellen, *The Lonely Warrior: The Life and Times of Kamehameha the Great of Hawaii* (Hastings House, New York, 1949); Herbert H. Gowen, *The Napoleon of the Pacific: Kamehameha the Great* (Fleming H. Revell, New York, 1919); Ralph S. Kuykendall, *The Hawaiian Kingdom, 1778-1854: Foundation and Transformation* (University of Hawaii Press, 1938).

558쪽 Patrick V. Kirch and Marshall Sahlins, *Anahulu: The Anthropology of History in the Kingdom of Hawaii* (University of Chicago Press, 1992). 마샬 살린스는 *Historical Ethnography*의 1권에서 1770년대부터 19세기 중반까지의 하와이 사회를 논한다. 패트릭 커치는 *The Archaeology of History*의 2권에서 같은 시기 동안 오아후 섬의 아나훌루 밸리에 관한 고고학 자료를 서술한다. 두 사람의 작업은 지금까지 있었던 사회인류학자와 고고학자의 협력 작업에서 가장 성공적인 것 중 하나이다.

561쪽 카메하메하의 무덤은 다음 저작에서 다룬다. Dorothy B. Barrère, "Kamehameha in Kona: Two Documentary Studies," *Pacific Anthropological Records* 23 (Bernice P. Bishop Museum, Honolulu, 1975).

562쪽 William H. Davenport, "The 'Hawaiian Cultural Revolution': Some

Political and Economic Considerations," *American Anthropologist* 71 (1969): 1-20; Ralph S. Kuykendall, *The Hawaiian Kingdom, 1778-1854* (University of Hawaii Press, 1938).

562쪽 반투족의 이동에 관해서는 다음 저작을 보라. David Phillipson, *The Later Prehistory of Eastern and South Africa* (Heinemann, London, 1977).

563쪽 다음 저작은 나탈 지역의 철기 시대 후기를 다룬다. Tim Maggs, "The Iron Age Farming Communities," in Andrew Duminy and Bill Guest, eds., *Natal and Zululand: From Earliest Times to 1910* (University of Natal Press, Pietermaritzburg, 1989), 28-48.

563쪽 다음 저작들은 나탈 지역의 초기 지위 사회를 다룬다. E. A. Ritter, *Shaka Zulu: The Rise of the Zulu Empire* (G. P. Putnam's Sons, New York, 1957). John Wright and Carolyn Hamilton, "Traditions and Transformations: The Phongolo-Mzimkhulu Region in the Late Eighteenth and Early Nineteenth Centuries," in Andrew Duminy and Bill Guest, eds., *Natal and Zululand*(University of Natal Press, Pietermaritzburg, 1989), 49-82.

564쪽 샤카가 권력을 쥐기까지의 과정은 다음 저작들에 서술되어 있다. Max Gluckman, "The Kingdom of the Zulu of South Africa," in Meyer Fortes and E. E. Evans-Pritchard, eds., *African Political Systems* (Oxford University Press, 1940), 25-55. "The Rise of a Zulu Empire," *Scientific American* 202 (1960): 157-168. 샤카의 업적은 다음 저작에 더 자세히 서술되어 있다. E. A. Ritter, *Shaka Zulu*. John M. Selby, *Shaka's Heirs* (Allen & Unwin, London, 1971).

570쪽 식민 당국과 줄루 민족주의자들 모두 샤카의 전설을 자신들의 입맛에 맞게 활용하고 있다. 다음 저작을 보라. Carolyn Hamilton, *Terrific Majesty: The Powers of Shaka Zulu and the Limits of Historical Invention* (Harvard University Press, 1998).

573쪽 Homayun Sidky, *Irrigation and State Formation in Hunza: The Anthropology of a Hydraulic Kingdom* (University Press of America, New York, 1996).

575쪽 Irmtraud Müller-Stellrecht, *Hunza und China 1761-1891* (Franz Steiner Verlag, Wiesbaden, Germany, 1978).

580쪽 머빈 브라운은 다음 저작에서 탄타란 니 안드리아나에 관해 묘사하고 있다. Mervyn Brown, *Madagascar Rediscovered: A History from Early Times to Independence* (Anchor Books, Hamden, Conn., 1979).

580쪽 Conrad P. Kottak, *The Past in the Present: History, Ecology, and Cultural Variation in Highland Madagascar* (University of Michigan Press, 1980); Henry T. Wright and Susan Kus, "An Archaeological Reconnaissance of Ancient Imerina," in Raymond K. Kent, ed., *Madagascar in History* (Foundation for Malagasy Studies, Berkeley, Calif., 1979), 1-31; Robert E. Dewar and Henry T. Wright, "The Culture History of Madagascar," *Journal of World Prehistory* 7 (1993): 417-466; Zoe Crossland, "Ny Tani sy ny Fanjakana, the Land and the State: Archaeological Landscape Survey in the Andrantsay Region of Madagascar" (PhD diss., University of Michigan, 2001); Henry T. Wright, "Early State Formation in Central Madagascar: An Archaeological Survey of Western Avaradrano," *Memoir* 43 (University of Michigan Museum of Anthropology, Ann Arbor, 2007).

584쪽 John Mack, *Madagascar: Island of the Ancestors* (British Museum Publications, London, 1986); Alain Delivré, *L'Histoire des Rois d'Imerina: Interprétation d'une Tradition Orale* (Klincksieck, Paris, 1974); Conrad P. Kottak, *The Past in the Present*.

589쪽 Robert L. Carneiro, *Evolutionism in Cultural Anthropology: A Critical History* (Westview Press, Boulder, Colo., 2003).

590쪽 Charles S. Spencer, "A Mathematical Model of Primary State Formation," *Cultural Dynamics* 10 (1998): 5-20.

591쪽 Herbert S. Lewis, *A Galla Monarchy: Jimma Abba Jifar, Ethiopia, 1830-1932* (University of Wisconsin Press, 1965).

18장 | 신세계의 1세대 왕국

594쪽 다음 저작의 11~13장을 보라. Joyce Marcus and Kent V. Flannery, *Zapotec Civilization: How Urban Society Evolved in Mexico's Oaxaca Valley* (Thames and Hudson, London, 1996); 다음 저작도 보라. Richard E.

Blanton, *Monte Alban: Settlement Patterns at the Ancient Zapotec Capital* (Academic Press, New York, 1978); Joyce Marcus, *Monte Alban* (Fondo de Cultura Económica, Mexico City, 2008).

596쪽 다음 저작은 틸카헤테의 정치적 중요성을 다룬다. Charles S. Spencer and Elsa M. Redmond, "Multilevel Selection and Political Evolution in the Valley of Oaxaca, 500-100 B.C.," *Journal of Anthropological Archaeology* 20 (2001): 195-229. "Militarism, Resistance and Early State Development in Oaxaca, Mexico," *Social Evolution and History* 2 (2003): 25-70. 왕국의 형성 과정에서 전쟁이 수행하는 역할에 대해서는 다음 저작을 보라. Kent V. Flannery and Joyce Marcus, "The Origin of War: New 14C Dates from Ancient Mexico," *Proceedings of the National Academy of Sciences* 100 (2003): 11801-11805.

596쪽 Charles S. Spencer and Elsa M. Redmond, "A Late Monte Albán I Phase (300 - 100 B.C.) Palace in the Valley of Oaxaca," *Latin American Antiquity* 15 (2004): 441-455.

599쪽 다음 저작의 11장과 12장을 보라. Joyce Marcus and Kent V. Flannery, *Zapotec Civilization* (Thames and Hudson, London, 1996). 다음 저작의 11장도 보라. Joyce Marcus, *Mesoamerican Writing Systems* (Prince ton University Press, 1992).

600쪽 Richard E. Blanton, *Monte Alban* (Academic Press, New York, 1978).

600쪽 Stephen A. Kowalewski et al., "Monte Albán's Hinterland, Part II, Vols. 1 and 2," *Memoir* 23 (Museum of Anthropology, University of Michigan, Ann Arbor, 1989).

600쪽 Andrew K. Balkansky, "The Sola Valley and the Monte Albán State: A Study of Zapotec Imperial Expansion," *Memoir* 36 (Museum of Anthropology, University of Michigan, Ann Arbor, 2002); Gary M. Feinman and Linda M. Nicholas, "At the Margins of the Monte Albán State: Settlement Patterns in the Ejutla Valley, Oaxaca, Mexico," *Latin American Antiquity* 1 (1990): 216-246.

601쪽 Charles S. Spencer and Elsa M. Redmond, "The Chronology of Conquest: Implications of New Radiocarbon Analyses from the Cañada de Cuicatlán, Oaxaca," *Latin American Antiquity* 12 (2001): 182–202. 다음 저작의 14장도 보라. Joyce Marcus and Kent V. Flannery, *Zapotec Civilization*.

603쪽 Andrew K. Balkansky, Verónica Pérez Rodríguez, and Stephen A. Kowalewski, "Monte Negro and the Urban Revolution in Oaxaca, Mexico," *Latin American Antiquity* 15 (2004): 33–60; Andrew K. Balkansky, "Origin and Collapse of Complex Societies in Oaxaca (Mexico): Evaluating the Era from 1965 to the Present," *Journal of World Prehistory* 12 (1998): 451–493.

606쪽 다음 저작의 1장을 보라. Joyce Marcus and Kent V. Flannery, *Zapotec Civilization*; 다음 저작도 보라. Joseph W. Whitecotton, *The Zapotecs: Princes, Priests, and Peasants* (University of Oklahoma Press, 1977).

610쪽 모체 국가의 성립 과정은 다음 저작에 서술되어 있다. Brian R. Billman, "Reconstructing Prehistoric Political Economies and Cycles of Political Power in the Moche Valley, Peru," in Brian R. Billman and Gary M. Feinman, eds., *Settlement Pattern Studies in the Americas: Fifty Years Since Virú* (Smithsonian Institution Press, Washington, D.C., 1999), 131–159; "How Moche Rulers Came to Power: Investigating the Emergence of the Moche Political Economy," in Jeffrey Quilter and Luis Jaime Castillo, *New Perspectives on Moche Political Organization* (Dumbarton Oaks, Washington, D.C., 2010), 181–200. 카스마 밸리에 있던 네 단계 위계 체계는 데이비드 J. 윌슨이 발견했다. 그의 저작을 보라. David J. Wilson, *Prehispanic Settlement Patterns in the Casma Valley, North Coast of Peru* (Report to the Committee for Research and Exploration, National Geographic Society, Washington, D.C., 1995).

610쪽 Curtiss T. Brennan, "Cerro Arena: Early Cultural Complexity and Nucleation in North Coastal Peru," *Journal of Field Archaeology* 7 (1980): 1–22. 다음 저작도 보라. Brian R. Billman, "Reconstructing Prehistoric Political Economies and Cycles of Political Power in the Moche Valley, Peru," in Brian R. Billman and Gary M. Feinman, eds., *Settlement Pattern*

Studies in the Americas (Smithsonian Institution Press, Washington, D.C., 1999).

613쪽 브라이언 빌먼은 다음 저작에서 초기 모체의 건설 활동에 관해 추정치를 내놓았다. Brian R. Billman, "Reconstructing Prehistoric Political Economies and Cycles of Political Power in the Moche Valley, Peru," in Brian R. Billman and Gary M. Feinman, eds., *Settlement Pattern Studies in the Americas*. 어도비 벽돌에 있는 제조자 표시의 위치에 관해서는 다음 저작에서 다룬다. C. M. Hastings and M. E. Moseley, "The Adobes of Huaca del Sol and Huaca de la Luna," *American Antiquity* 40 (1975): 196-203.

613쪽 Walter Alva and Christopher B. Donnan, *Royal Tombs of Sipán* (Fowler Museum of Culture History, UCLA, Los Angeles, 1993).

618쪽 Christopher B. Donnan and Donna McClelland, *Moche Fineline Painting: Its Evolution and Its Artists* (Fowler Museum of Cultural History, UCLA, Los Angeles, 1999); Christopher B. Donnan, "Archaeological Confirmation of a Moche Ceremony," *Indiana* 10 (1985): 371-381; Christopher B. Donnan and Luis Jaime Castillo, "Finding the Tomb of a Moche Priestess," *Archaeology* 45 (1992): 38-42.

619쪽 마야 전사의 집단 무덤들에 대해서는 다음 저작을 보라. Norman Hammond, ed., *Cuello: An Early Maya Community in Belize* (Cambridge University Press, 1991).

619쪽 다음 저작은 나크베를 다룬다. Richard D. Hansen, "The First Cities—The Beginnings of Urbanization and State Formation in the Maya Lowlands," in Nikolai Grube, ed., *Maya: Divine Kings of the Rain Forest* (Könemann, Cologne, Germany, 2001), 50-65; "Continuity and Disjunction: The Preclassic Antecedents of Classic Maya Architecture," in Stephen D. Houston, ed., *Function and Meaning in Classic Maya Architecture* (Dumbarton Oaks, Washington, D.C., 1998), 49-122. 다음 저작도 보라. Joyce Marcus, "Recent Advances in Maya Archaeology," *Journal of Archaeological Research* 11 (2003): 71-148.

620쪽 엘미라도르와 다른 중심지들을 연결한 도로 체계에 대해서는 다음 저작들을 보라. William J. Folan, Joyce Marcus, and W. Frank Miller,

"Verification of a Maya Settlement Model through Remote Sensing," *Cambridge Archaeological Journal* 5 (1995): 277-283; William J. Folan et al., "Los Caminos de Calakmul, Campeche," *Ancient Mesoamerica* 12 (2001): 293-298.

621쪽 엘미라도르의 기념비적 건물들에 대해서는 다음 저작들을 보라. Richard D. Hansen, "The First Cities—The Beginnings of Urbanization and State Formation in the Maya Lowlands," in Nikolai Grube, ed., *Maya: Divine Kings of the Rain Forest*, 50-65; Robert J. Sharer and Loa Traxler, *The Ancient Maya* (Stanford University Press, 2006).

622쪽 William J. Folan et al., "Calakmul: New Data from an Ancient Maya Capital in Campeche, Mexico," *Latin American Antiquity* 6 (1995): 310-334; Joyce Marcus, "The Inscriptions of Calakmul: Royal Marriage at a Maya City in Campeche, Mexico," *Technical Report* 21 (Museum of Anthropology, University of Michigan, Ann Arbor, 1987); William J. Folan, Joyce Marcus, and W. Frank Miller, "Verification of a Maya Settlement Model through Remote Sensing," *Cambridge Archaeological Journal* 5 (1995); Joyce Marcus, "Recent Advances in Maya Archaeology"; Joyce Marcus, "Maya Political Cycling and the Story of the Kaan Polity," in *The Ancient Maya of Mexico: Reinterpreting the Past of the Northern Maya Lowlands*, edited by Geoffrey E. Braswell (Equinox Press, London, England, 2011); Richard D. Hansen, Wayne K. Howell, and Stanley P. Guenter, "Forgotten Structures, Haunted Houses, and Occupied Hearts," in Travis W. Stanton and Aline Magnoni, eds., *Ruins of the Past: The Use and Perception of Abandoned Structures in the Maya Lowlands* (University Press of Colorado, Boulder, 2008), 25-64.

625쪽 칼라크물에 있는 궁전의 무덤에 대해서는 다음 저작을 보라. William J. Folan et al., "Calakmul: New Data from an Ancient Maya Capital in Campeche, Mexico," *Latin American Antiquity* 6 (1995): 310-334. 다음 저작도 보라. Sophia Pincemin, "Entierro en el Palacio: La Tumba de la Estructura III de Calakmul, Campeche," *Colección Arqueologia* 5 (Universidad Autónoma de Campeche, Mexico, 1994).

626쪽 칼라크물과 티칼의 대립 관계에 대해서는 다음 저작들을 보라. Joyce Marcus, "Calakmul y su Papel en el Origen del Estado Maya," *Los Investigadores de la Cultura Maya* 12: 14–31 (Universidad Autónoma de Campeche, Mexico, 2004); Simon Martin and Nikolai Grube, *Chronicle of the Maya Kings and Queens: Deciphering the Dynasties of the Ancient Maya, Second Edition* (Thames and Hudson, London, 2008); Simon Martin, "In Line of the Founder: A View of Dynastic Politics at Tikal," in Jeremy A. Sabloff, ed., *Tikal: Dynasties, Foreigners & Affairs of State* (SAR Press, Santa Fe, N.Mex., 2003), 3–45; Joyce Marcus, "Recent Advances in Maya Archaeology."

628쪽 다음 저작들에 스페인 사람들이 마야 사회를 목격하고 기록한 내용이 서술되어 있다. Ralph L. Roys, "The Indian Background of Colonial Yucatan," *Publication* 548 (Carnegie Institution of Washington, Washington, D.C., 1943); Ralph L. Roys, "Lowland Maya Society at Spanish Contact," in Robert Wauchope and Gordon R. Willey, eds., *Handbook of Middle American Indians, vol. 3* (University of Texas Press, 1965), 659–678; Matthew Restall, *The Maya World: Yucatec Culture and Society 1550–1850* (Stanford University Press, 1997); Alfred M. Tozzer, "Landa's Relación de Las Cosas de Yucatán," *Paper* 18 (Peabody Museum of American Archaeology and Ethnology, Harvard University, 1941).

628쪽 마야 왕가의 여성들에 관해서는 다음 저작을 보라. Tatiana Proskouriakoff, "Portraits of Women in Maya Art," in Samuel K. Lothrop et al., eds., *Essays in Precolumbian Art and Archaeology* (Harvard University Press, 1961), 81–99; 다음 저작들도 보라. Joyce Marcus, "Breaking the Glass Ceiling: The Strategies of Royal Women in Ancient States," in Cecelia F. Klein, ed., *Gender in Pre-Hispanic America* (Dumbarton Oaks, Washington, D.C., 2001), 305–340; Carolyn E. Tate, *Yaxchilan: The Design of a Maya Ceremonial City* (University of Texas Press, 1992).

630쪽 마야 귀족에게 잡힌 포로들에 대해서는 다음 저작을 보라. Tatiana Proskouriakoff, "Historical Data in the Inscriptions of Yaxchilan, Part II," *Estudios de Cultura Maya* 4 (1964): 177–201; 다음 저작들도 보라. Joyce

Marcus, "Mesoamerica: Scripts," in Peter T. Daniels, ed., *Encyclopedia of Language and Linguistics, Second Edition*, vol. 8 (Elsevier Press, San Diego, 2006), 16–25; Silvia Trejo, ed., *La Guerra entre Los Antiguos Mayas: Memoria de la Primera Mesa Redonda de Palenque* (CONACULTA and INAH, Mexico City, 2000).

630쪽 마야 공무원들의 구전 지식 시험에 대해서는 다음 저작을 보라. Daniel G. Brinton, ed., *The Maya Chronicles* (Library of Aboriginal American Literature, Philadelphia, 1882); 다음 저작들도 보라. Ralph L. Roys, *The Book of Chilam Balam of Chumayel* (University of Oklahoma Press, 1967); Joyce Marcus, *Mesoamerican Writing Systems* (Princeton University Press, 1992).

19장 | 전갈 왕의 땅

634쪽 다음 저작은 아스완 하이 댐이 나일 강 환경을 바꾸어 놓기 이전의 이집트에 대해 좋은 설명을 제공한다. George B. Cressey, *Crossroads: Land and Life in Southwest Asia* (J. B. Lippincott, New York, 1960).

634쪽 와디 오르에 대해서는 다음 저작을 보라. W. E. Wendt, "Two Prehistoric Archeological Sites in Egyptian Nubia," *Postilla* 102: 1–46 (Peabody Museum of Natural History, Yale University, 1966).

635쪽 Jack R. Harlan, "The Tropical African Cereals," in David R. Harris and Gordon C. Hillman, eds., *Foraging and Farming: The Evolution of Plant Exploitation* (Unwin Hyman, London, 1989), 335–343; Wilma Wetterstrom, "Foraging and Farming in Egypt: The Transition from Hunting and Gathering to Horticulture in the Egyptian Nile Valley," in Thurstan Shaw et al., eds., *The Archaeology of Africa: Food, Metals and Towns* (Routledge, London, 1993), 165–226.

635쪽 Gertrude Caton-Thompson and Elinor W. Gardner, *The Desert Fayum* (The Royal Anthropological Institute, London, 1934); Robert J. Wenke, Janet E. Long, and Paul E. Buck, "Epipaleolithic and Neolithic Subsistence and Settlement in the Fayyum Oasis of Egypt," *Journal of Field Archaeology* 15 (1988): 29–51. 파이윰 유적지에 관한 윌리크 웬드리치(Willeke Wendrich)와 레네 카퍼르스(Rene Cappers)의 최신 연구는 다음 저작에

보고되어 있다. John Noble Wilford, "5200 B.C. Is New Date for Farms in Egypt," *New York Times*, February 12, 2008.

637쪽 Fred Wendorf, Romuald Schild, and Angela E. Close, eds., *Cattle-Keepers of the Eastern Sahara: The Neolithic of Bir Kiseiba* (Department of Anthropology and Center for the Study of Earth and Man, Southern Methodist University, Dallas, 1984).

637쪽 Fred Wendorf, Angela E. Close, and Romuald Schild, "Prehistoric Settlements in the Nubian Desert," *American Scientist* 73 (1985): 132-141; Fred Wendorf and Romuald Schild, "Nabta Playa and Its Role in Northeastern African Prehistory," *Journal of Anthropological Archaeology* 17 (1998): 97-123.

638쪽 Daniel G. Bradley and David A. Magee, "Genetics and the Origins of Domestic Cattle," in Melinda A. Zeder, Daniel G. Bradley, Eve Emshwiller, and Bruce D. Smith, eds., *Documenting Domestication: New Genetic and Archaeological Paradigms* (University of California Press, 2006), 317-328.

639쪽 눈과 소티스, 나일로미터, 이집트인들의 우주에 대해서는 다음 저작을 보라. Herman Kees, *Ancient Egypt* (Phoenix Books/University of Chicago Press, 1977).

639쪽 Pliny the Elder, *The Natural History of Pliny, vol. 5*, translated by John Bostock and Henry T. Riley (H. G. Bohn, London, 1856).

640쪽 다음 저작은 초기 상이집트와 하이집트를 비교한 선구적인 연구이다. William C. Hayes, *Most Ancient Egypt* (University of Chicago Press, 1965). 최근의 연구를 더 보고 싶다면 다음 저작들을 보라. Kathryn A. Bard, "The Egyptian Predynastic: A Review of the Evidence," *Journal of Field Archaeology* 21 (1994): 265-288; Robert J. Wenke, "The Evolution of Early Egyptian Civilization: Issues and Evidence," *Journal of World Prehistory* 5 (1991): 279-329; Stephen H. Savage, "Some Recent Trends in the Archaeology of Predynastic Egypt," *Journal of Archaeological Research* 9 (2001): 101-155.

642쪽 Hermann Junker, "Bericht über die von der Akademie der

Wissenschaften in Wien nach dem Westdelta entsendete Expedition," *Denkschrift Akademie Wissenschaft Philosophische-Historische Klasse* 3 (1928): 14-24; Josef Eiwanger, *Merimde-Benisalâme*, vols. 1-3 (Archäologische Veröffentlichungen 59, Mainz am Rhein, Germany, 1984 – 1992).

642쪽 Oswald Menghin and Moustafa Amer, *Excavations of the Egyptian University in the Neolithic Site at Maadi: First Preliminary Report* (Cairo University, Cairo, 1932); Oswald Menghin, *Excavations of the Egyptian University in the Neolithic Site at Maadi: Second Preliminary Report* (Cairo University, Cairo, 1936); Isabella Caneva, Marcella Frangipane, and Alba Palmieri, "Predynastic Egypt: New Data from Maadi," *African Archaeological Review* 5 (1987): 105-114.

643쪽 쉬크밈의 지하 가옥은 다음 저작들에 설명되어 있다. Thomas E. Levy, ed., *The Archaeology of Society in the Holy Land* (Leicester University Press, London, 1995), 226-244; Thomas E. Levy, "Shiqmim 1," *BAR International Series* 356 (Archaeopress, Oxford, 1987).

643쪽 다음 저작은 초창기 마아디와 쉬크밈에서 출발해, 이집트와 가나안 (이스라엘-요르단-팔레스타인) 지역의 교류를 서술한다. Edwin C. M. van den Brink and Thomas E. Levy, eds., *Egypt and the Levant: Interrelations from the 4th through the Early 3rd Millennium* B.C.E. (Leicester University Press, London, 2002).

643쪽 가자 지구의 H 유적지는 다음 저작에서 다룬다. Ram Gophna, "The Contacts between Besor Oasis and Southern Canaan and Egypt during the Late Predynastic and the Threshold of the First Dynasty: A Further Assessment," in Edwin C. M. van den Brink, ed., *The Archaeology of the Nile Delta: Problems and Priorities* (Netherlands Foundation for Archaeological Research in Egypt, Amsterdam), 385-394.

644쪽 마아디에서 사용한 구리의 원산지에 대해서는 다음 저작들을 보라. Andreas Hauptmann, *The Archaeometallurgy of Copper: Evidence from Faynan, Jordan* (Springer, New York, 2007); "The Earliest Periods of Copper Metallurgy in Feinan, Jordan," in Andreas Hauptmann, Ernst Pernicka, and Günther A. Wagner, eds., *Old World Archaeometallurgy: Proceedings*

of the International Symposium Held in Heidelberg 1987 (Selbstverlag des Deutschen Bergbau-Museums, Bochum, Germany, 1989), 119-135.
644쪽 Stine Rossel et al., "Domestication of the Donkey: Timing, Processes, and Indicators," *Proceedings of the National Academy of Sciences* 105 (2008): 3715-3720.
644쪽 마아디 묘지들에 대해서는 다음 저작들을 보라. William C. Hayes, *Most Ancient Egypt* (1965); Michael A. Hoffman, *Egypt before the Pharaohs: The Prehistoric Foundations of Egyptian Civilization* (Michael O'Mara Books, London, 1991).
646쪽 헤마미에에 대해서는 다음 저작을 보라. Guy Brunton and Gertrude Caton-Thompson, *The Badarian Civilisation and Prehistoric Remains near Badari* (British School of Archaeology in Egypt, London, 1928)
646쪽 Fekri A. Hassan, "Predynastic of Egypt," *Journal of World Prehistory* 2 (1988): 135-185.
647쪽 Sir William Matthew Flinders Petrie and James E. Quibell, *Naqada and Ballas* (British School of Archaeology in Egypt, London, 1896); Fekri A. Hassan et al., "Agricultural Developments in the Naqada Region during the Predynastic Period," *Nyame Akuma* 17 (1980): 28-33.
647쪽 나카다에 있는 묘지들은 윌리엄 매튜 플린더스 페트리 경과 제임스 E. 퀴벨이 발굴했다. 다음 저작을 보라. Sir William Matthew Flinders Petrie and James E. Quibell, *Naqada and Ballas* (British School of Archaeology in Egypt, London, 1896). 현재 캐스린 A. 바드에 의해 재조사가 진행되고 있다. Kathryn A. Bard, *From Farmers to Pharaohs: Mortuary Evidence for the Rise of Complex Society in Egypt* (Sheffield Academic Press, Sheffield, 1994).
648쪽 다음 저작의 1장을 보라. Barry J. Kemp, *Ancient Egypt: Anatomy of a Civilization* (Routledge, London, 1989).
648쪽 Michael A. Hoffman, Hany A. Hamroush, and Ralph O. Allen, "A Model of Urban Development for the Hierakonpolis Region from Predynastic through Old Kingdom Times," *Journal of the American Research Center in Egypt* 23 (1986): 175-187.
652쪽 히에라콘폴리스에서 발견된 로제트 전갈 지팡이 손잡이에 대해서는 다음 저작을 보라. James E. Quibell and Frederick W. Green, *Hierakonpolis, vols. I, II* (Bernard Quaritch, London, 1900–1902).

652쪽 히에라콘폴리스의 무덤 11호에 대해서는 다음 저작을 보라. Barbara Adams, "Excavations in the Locality 6 Cemetery at Hierakonpolis 1979-1985," *BAR International Series* 903 (Archaeopress, Oxford, 2000).

652쪽 귄터 드라이어는 다음 저작들에서 아비도스에 있는 무덤 U-j를 묘사한다. Günter Dreyer, "Recent Discoveries at Abydos Cemetery U," in Edwin C. M. van den Brink, ed., *The Nile Delta in Transition, 4th–3rd Millennium BC* (Israel Exploration Society, Tel Aviv, 1992), 293-299; "Umm el-Qaab: Nachuntersuchungen im Frühzeitlichen Königsfriedhof 5./6. Bericht," *Mitteilungen des Deutschen Archäeologischen Instituts Abteilung Kairo* 49 (1993): 23-62.

653쪽 히에라콘폴리스에서 발견된 나르메르 팔레트에 대해서는 다음 저작을 보라. James E. Quibell and Frederick W. Green, *Hierakonpolis, vols. I, II* (Bernard Quaritch, London, 1900–1902). 다음 저작도 보라. Toby A. H. Wilkinson, "What a King Is This: Narmer and the Concept of the Ruler," *Journal of Egyptian Archaeology* 86 (2000): 23-32.

656쪽 Thomas E. Levy, Edwin C. M. van den Brink, Yuval Goren, and David Alon, "New Light on King Narmer and the Protodynastic Egyptian Presence in Canaan," *Biblical Archaeologist* 58 (1995): 26-35; Thomas E. Levy et al., "Egyptian-Canaanite Interaction at Nahal Tillah, Israel (ca. 4500–3000 B.C.E.): An Interim Report on the 1994-1995 Excavations," *Bulletin of the American Schools of Oriental Research* 307 (1997): 1-51.

656쪽 전통적으로 이집트 왕권은 제1왕조에서 시작된 것으로 여겨졌기 때문에, 고고학자들이 전갈 왕이나 나르메르 같은 더 이른 시기의 통치자들의 자리를 마련하기 위해서는 선왕조(기원전 3150~3050년)를 제시할 필요가 있었다. 다음 저작들도 보라. Ian Shaw, ed., *The Oxford History of Ancient Egypt* (Oxford University Press, 2000); Peter A. Clayton, *Chronicle of the Pharaohs: The Reign-by-Reign Record of the Rulers and Dynasties of Ancient Egypt* (Thames and Hudson, London, 1994).

657쪽 마네토가 구분한 30개 왕조(이 틀은 오늘날 이집트 연대기에서 여전히 쓰인다.)는 다음 저작들에 나와 있다. William G. Waddell, *Manetho* (Harvard University Press, 1940); Sir Alan Gardiner, *Egypt of the Pharaohs: An Introduction* (Oxford University Press, 1978).

659쪽 이집트 신들과 그들의 신전에 대한 논의는 다음 저작들에서 찾아볼 수 있다. Henri Frankfort, *Ancient Egyptian Religion: An Interpretation* (Harper & Row, New York, 1961); Byron E. Shafer, ed., *Religion in Ancient Egypt: Gods, Myths, and Personal Practice* (Cornell University Press, 1991); Siegfried Morenz, *Egyptian Religion* (Cornell University Press, 1992); Stephen Quirke, *Ancient Egyptian Religion* (British Museum Press, London, 1992).

660쪽 다음 저작들이 카, 바, 아크를 잘 설명하고 있다. Henri Frankfort, *Kingship and the Gods: A Study of Ancient Near Eastern Religion as the Integration of Society and Nature* (University of Chicago Press, 1948); James P. Allen et al., eds., *Religion and Philosophy in Ancient Egypt* (Department of Near Eastern Languages, Yale University, 1989); A. Jeffrey Spencer, *Death in Ancient Egypt* (Penguin Books, New York, 1982); Stephen Quirke, *Ancient Egyptian Religion* (British Museum Press, London, 1992).

661쪽 조세르의 계단식 피라미드를 설계한 건축가 임호테프의 업적이 너무나 위대했기 때문에 그는 후대에 가서 신으로 받들어졌다. 다음 저작들을 보라. Mark Lehner, *The Complete Pyramids: Solving the Ancient Mysteries* (Thames and Hudson, London, 1997); I. E. S. Edwards, *The Pyramids of Egypt* (Viking Press, New York, 1986); Kathryn A. Bard, *An Introduction to the Archaeology of Ancient Egypt* (Blackwell, Malden, Mass., 2008).

662쪽 Mark Lehner, *The Complete Pyramids*; I. E. S. Edwards, *The Pyramids of Egypt* (Viking Press, New York, 1986).

662쪽 피라미드를 세운 노동 집단에 대해서는 다음 저작을 보라. Ann M. Roth, "Egyptian Phyles in the Old Kingdom: The Evolution of a System of Social Organization," *Studies in Ancient Oriental Civilization* 48 (Oriental Institute, University of Chicago, 1991). 다음 저작도 보라. Christopher J. Eyre, "Work and the Organization of Work in the Old Kingdom," in Marvin A. Powell, ed., *Labor in the Ancient Near East* (American Oriental Society, New

Haven, Conn., 1987).

663쪽 다음 저작들은 이집트 국가의 관료 직위에 대한 개괄적인 설명을 제공한다. Sir Alan Gardiner, *Egypt of the Pharaohs; Klaus Baer, Rank and Title in the Old Kingdom* (University of Chicago Press, 1960); Barbara S. Lesko, "Rank, Roles, and Rights," in Leonard H. Lesko, ed., *Pharaoh's Workers: The Villagers of Deir El Medina* (Cornell University Press, 1994), 15-39; Jaroslav Čzerný, *A Community of Workmen at Thebes in the Ramesside Period* (Bibliotheque d'Etude Institut Français, Archeologie Orientale, Cairo, 1973).

664쪽 우니가 관료 구조의 사다리를 타고 올라가 성공하게 된 과정은 다음 저작에 서술되어 있다. James Henry Breasted, *Ancient Records of Egypt*, 5 vols. (University of Chicago Press, 1906-1907); 다음 저작도 보라. Henri Frankfort, *Ancient Egyptian Religion* (Harper & Row, New York, 1961).

665쪽 다음 저작에서 빵으로 교환할 수 있는 증표를 그림을 곁들여 설명하고 있다. Barry J. Kemp, *Ancient Egypt* (Routledge, London, 1989). 피라미드 건설 현장의 평민들이 거주한 막사를 살펴보기 위해서는 다음 저작을 보라. Mark Lehner, "Of Gangs and Graffiti: How Ancient Egyptians Organized Their Labor Force," *Aeragram* 7 (2004): 11-13 (Newsletter of the Ancient Egypt Research Associates, Cambridge, Mass.).

668쪽 Leslie A. White, "Ikhnaton: The Great Man vs. The Culture Process," *Journal of the American Oriental Society* 68 (1948): 91-114.

670쪽 투트 왕의 무덤에 관해서는 무수히 많은 책이 나와 있다. 그중에서 다음 저작들이 추천할 만하다. Carl Nicholas Reeves, *The Complete Tutankhamun: The King, The Tomb, The Royal Trea sure* (Thames and Hudson, London, 1990); Christiane Desroches-Noblecourt, *Tutankhamen: Life and Death of a Pharaoh*, 4th printing (New York Graphic Society, New York, 1978); 무덤을 발굴한 사람들에 관한 기록으로는 다음 저작을 보라. Howard Carter, *The Tomb of Tut-ankh-Amen*, 3 vols. (Cassell, New York, 1923-1933).

673쪽 하트셉수트의 생애와 당대에 관해서는 다음 저작들을 보라. Donald B. Redford, *History and Chronology of the Eighteenth Dynasty of Egypt:*

Seven Studies (University of Toronto Press, 1967); Gay Robins, *Women in Ancient Egypt* (British Museum Press, London, 1993); Lana Troy, "Patterns of Queenship in Ancient Egyptian Myth and History" (*Acta Universitatis Upsaliensis* 14, Uppsala, Sweden, 1986); Eric Uphill, "A Joint Sed Festival of Thutmose III and Queen Hatshepsut," *Journal of Near Eastern Studies* 20 (1961): 248–251; Joyce Marcus, "Breaking the Glass Ceiling: The Strategies of Royal Women in Ancient States," in Cecelia F. Klein, ed., *Gender in Pre-Hispanic America* (Dumbarton Oaks, Washington, D.C., 2001), 305–340.

20장 | 흑소 가죽과 황금 의자

678쪽 반투족의 이동에 관해서는 다음 저작을 보라. David Phillipson, *The Later Prehistory of Eastern and Southern Africa* (Heinemann, London, 1977).

679쪽 들라미니 씨족의 등장은 다음 저작에 설명되어 있다. Hilda Kuper, *An African Aristocracy: Rank among the Swazi* (Oxford University Press, 1947). 다음 저작도 보라. Andrew S. Goudie and D. Price Williams, "The Atlas of Swaziland," *Occasional Papers* 4 (The Swaziland National Trust Commission, Mbabane, 1983).

684쪽 Hilda Kuper, *An African Aristocracy* (Oxford University Press, 1947).

695쪽 Arthur A. Saxe, "Social Dimensions of Mortuary Practices" (PhD diss., University of Michigan, 1970).

698쪽 Thurstan Shaw, *Igbo-Ukwu* (Faber, London, 1970).

698쪽 Thomas C. McCaskie, "Denkyira in the Making of Asante," *Journal of African History* 48 (2007): 1–25; Thomas C. McCaskie, *State and Society in Pre-Colonial Asante* (Cambridge University Press, 1995); Ivor Wilks, *Asante in the Nineteenth Century: The Structure and Evolution of a Political Order* (Cambridge University Press, 1975).

700쪽 Naomi Chazan, "The Early State in Africa: The Asante Case," in Shmuel N. Eisenstadt, Michel Abitbol, and Naomi Chazan, eds., *The Early State in African Perspective: Culture, Power and Division of Labor* (E. J. Brill, Leiden, Netherlands, 1988), 60–97.

707쪽 Robert S. Rattray, *Ashanti* (Clarendon Press, Oxford, 1923). 다음 저작도 보라. Robert S. Rattray, *Religion and Art in Ashanti* (Clarendon Press, Oxford, 1927); *Ashanti Law and Constitution* (Clarendon Press, Oxford, 1929).

717쪽 베이든파월의 말은 다음 저작에 인용되어 있다. Robert S. Rattray, *Ashanti* (Clarendon Press, Oxford, 1923).

21장 | 문명의 탁아소

721쪽 Robert McC. Adams, "Agriculture and Urban Life in Early Southwestern Iran," *Science* 136 (1962): 109-122; Frank Hole, ed., *The Archaeology of Western Iran* (Smithsonian Institution Press, Washington, D.C., 1987).

722쪽 Pinhas P. Delougaz and Helene J. Kantor, "Chogha Mish, vol. 1: The First Five Seasons of Excavations, 1961-71," *Oriental Institute Publications*, vol. 101 (University of Chicago Press, 1996).

723쪽 Frank Hole, "Archaeology of the Village Period," in Frank Hole, ed., *The Archaeology of Western Iran*, 29-78; Frank Hole, "Settlement and Society in the Village Period," in Frank Hole, ed., *The Archaeology of Western Iran*, 79-105.

725쪽 Gregory A. Johnson, "The Changing Organization of Uruk Administration on the Susiana Plain," in Frank Hole, ed., *The Archaeology of Western Iran*, 107-139.

725쪽 다음 저작에 서열별 크기 모델에 관한 간략한 소개가 들어 있다. Anatol Rapaport, "Rank-Size Relations," in David Sills, ed., *International Encyclopedia of the Social Sciences*, vol. 13 (Macmillan, New York, 1968), 319-329. 다음 저작은 고고학 연구에서 이 모델이 적절하다는 점을 보여 준다. Gregory A. Johnson, "Rank-size Convexity and System Integration: A View from Archaeology," *Economic Geography* 56 (1980): 234-247.

726쪽 Gregory A. Johnson, "The Changing Organization of Uruk Administration on the Susiana Plain".

727쪽 Henry T. Wright and Gregory A. Johnson, "Population,

Exchange, and Early State Formation in Southwestern Iran," *American Anthropologist* 77 (1975): 267-289.

728쪽 Gregory A. Johnson, "Local Exchange and Early State Development in Southwestern Iran," *Anthropological Papers* 51 (Museum of Anthropology, University of Michigan, 1973).

729쪽 Hans J. Nissen, "Grabung in den Quadraten K/L XII in Uruk-Warka," *Baghdader Mitteilungen* 5 (1970): 102-191 (Deutsches Archäologisches Institut, Baghdad, Iraq); Gregory A. Johnson, "Local Exchange and Early State Development in Southwestern Iran".

731쪽 Gregory A. Johnson, "The Changing Organization of Uruk Administration on the Susiana Plain"; Pinhas P. Delougaz and Helene J. Kantor, "Chogha Mish, vol. 1: The First Five Seasons of Excavations, 1961-71".

733쪽 T. Cuyler Young Jr., "Excavations at Godin Tepe," *Occasional Papers, Art and Archaeology*, no. 17 (Royal Ontario Museum, Toronto, 1969); T. Cuyler Young Jr. and Louis D. Levine, "Excavations of the Godin Tepe Project: Second Progress Report," *Occasional Papers, Art and Archaeology*, no. 26 (Royal Ontario Museum, Toronto, 1974).

734쪽 다음 저작에서 초기 메소포타미아 국가로 가는 고고학적 과정에 대한 가장 좋은 개괄적인 설명을 볼 수 있다. Marcella Frangipane, *La Nascita dello Stato nel Vicino Oriente* (Editori Laterza, Rome, 1996). 이 책이 아직까지 영어로 번역되지 않았다는 것은 안타까운 일이다.

734쪽 Robert McC. Adams, *Land Behind Baghdad: A History of Settlement on the Diyala Plains* (University of Chicago Press, 1965); *Heartland of Cities: Surveys of Ancient Settlement and Land Use on the Central Floodplain of the Euphrates* (University of Chicago Press, 1981); Robert McC. Adams and Hans J. Nissen, *The Uruk Countryside: The Natural Setting of Urban Societies* (University of Chicago Press, 1972).

735쪽 Gregory A. Johnson, "Locational Analysis and the Investigation of Uruk Local Exchange Systems," in Jeremy A. Sabloff and C. C. Lamberg-Karlovsky, eds., *Ancient Civilization and Trade* (University of New Mexico

Press, 1975), 285–339; "Spatial Organization of Early Uruk Settlement Systems," *Colloques Internationaux du Centre National de la Recherche Scientifique* 580 (1980): 233–263 (Editions C.N.R.S., Paris).

737쪽 Robert McC. Adams and Hans J. Nissen, *The Uruk Countryside*; Hans J. Nissen, "The City Wall of Uruk," in Peter J. Ucko, Ruth Tringham, and Geoffrey W. Dimbleby, eds., *Man, Settlement and Urbanism* (Gerald Duckworth & Co., London, 1972), 793–798.

738쪽 다음 저작에서 우루크에 관한 이전의 연구를 개괄적으로 설명한다. Hans J. Nissen, *An Early History of the Ancient Near East* (University of Chicago Press, 1988). 앞의 저작이 나오기 전까지만 해도 다음 저작이 우루크에 대한 개설서로 널리 쓰였으며 여전히 유용하다. Ann Louise Perkins, "The Comparative Archaeology of Early Mesopotamia," *Studies in Ancient Oriental Civilization* 25 (Oriental Institute, University of Chicago, 1949). 우루크의 공공 건물에 대한 원본 자료 대부분은 베를린에서 독일어로 출판되었다.

743쪽 후기 우루크기와 잠다트 나스르기 문서에서 식별 가능한 명사의 목록은 다음 저작에 나와 있다. Robert McC. Adams, "Level and Trend in Early Sumerian Civilization" (PhD diss., University of Chicago, 1956); *The Evolution of Urban Society* (Aldine Press, Chicago, 1966).

744쪽 Benno Landsberger, "Three Essays on the Sumerians," *Sources and Monographs: Monographs on the Ancient Near East*, vol. 1, fascicle 2 (Undena, Los Angeles, 1974).

746쪽 Marcella Frangipane, "Centralization Processes in Greater Mesopotamia: Uruk 'Expansion' as the Climax of Systemic Interactions among Areas of the Greater Mesopotamian Region," in Mitchell S. Rothman, ed., *Uruk Mesopotamia & Its Neighbors* (School of American Research Press, Santa Fe, N. Mex., 2001), 307–347.

748쪽 테페 가우라에서 발굴된 최초의 유물에 대해서는 다음 저작들을 보라. Arthur Tobler, *Excavations at Tepe Gawra*, vol. 2 (University of Pennsylvania Press, 1950); Ann Louise Perkins, "The Comparative Archaeology of Early Mesopotamia". 다음 저작은 테페 가우라 12층에서 8층까지를 완전히 재분석했다. 로스만의 이 책은 브라이언 피스널이 수행한 가우라 무덤에 대한 재

분석 내용을 포함한다. Mitchell S. Rothman, "Tepe Gawra: The Evolution of a Small, Prehistoric Center in Northern Iraq," *University Museum Monographs 112* (Museum of Archaeology and Anthropology, University of Pennsylvania, 2002).

750쪽 Marcella Frangipane, "Centralization Processes in Greater Mesopotamia". 다음 저작도 보라. Marcella Frangipane, "Arslantepe-Malatya: External Factors and Local Components in the Development of an Early State Society," in Linda Manzanilla, ed., *Emergence and Change in Early Urban Societies* (Plenum Press, New York, 1997), 43-58.

752쪽 Eva Strommenger, *Habuba Kabira: Eine Stadt vor 5000 Jahren* (Phillip von Zabern, Mainz am Rhein, Germany, 1980); G. van Driel and Carol van Driel-Murray, "Jebel Aruda, 1977-78," *Akkadica* 12 (1979): 2-8; "Jebel Aruda, the 1982 Season of Excavations," *Akkadica* 33 (1983): 1-26. 하부바 카비라와 제벨 아루다를 하나의 시각 아래 분석한 것으로 다음 저작들을 보라. Joan Oates, "Trade and Power in the Fifth and Fourth Millennia B.C.: New Evidence from Northern Mesopotamia," *World Archaeology* 24 (1993): 403-422; Guillermo Algaze, *The Uruk World System: The Dynamics of Expansion of Early Mesopotamian Civilization* (University of Chicago Press, 1993). 다음 저작도 보라. Guillermo Algaze, *Ancient Mesopotamia at the Dawn of Civilization* (University of Chicago Press, 2008). 다음 저작은 우루크의 일부 파벌이 정치적 갈등의 결과로 남부 메소포타미아를 떠났을 가능성을 제기한다. Gregory A. Johnson, "Late Uruk in Greater Mesopotamia: Expansion or Collapse?" *Origini* 14 (1988-1989): 595-613.

753쪽 Gil J. Stein, "Indigenous Social Complexity at Hacinebi (Turkey) and the Organization of Uruk Colonial Contact," in Mitchell S. Rothman, *Uruk Mesopotamia & Its Neighbors*, 265-305. 다음 저작도 보라. Gil J. Stein, *Rethinking World Systems: Diasporas, Colonies, and Interaction in Uruk Mesopotamia* (University of Arizona Press, 1999).

755쪽 Max E. L. Mallowan, "Excavations at Brak and Chagar Bazar: 3rd campaign," *Iraq* 9 (1947): 1-259; Joan Oates, "Tell Brak: The 4th Millennium Sequence and Its Implications," in J. Nicholas Postgate, ed., *Artefacts of Complexity: Tracking the Uruk in the Near East* (British School of Archaeology in Iraq, London, 2002), 111–122; Geoffrey Emberling and Helen McDonald, "Excavations at Tell Brak 2001–2002: Preliminary Report," *Iraq* 65 (2003): 1–75.

757쪽 McGuire Gibson and Muhammad Maktash, "Tell Hamoukar: Early City in Northeastern Syria," *Antiquity* 74 (2000): 477–478.

758쪽 Guillermo Algaze, *Ancient Mesopotamia at the Dawn of Civilization*.

758쪽 Robert McC. Adams, "Agriculture and Urban Life in Early Southwestern Iran".

22장 | 수탈과 제국주의

763쪽 Igor M. Diakonoff, "Structure of Society and State in Early Dynastic Sumer," *Sources and Monographs: Monographs of the Ancient Near East*, vol. 1, fascicle 3 (Undena Press, Los Angeles, 1974).

764쪽 Sandra L. Olsen, "Early Horse Domestication on the Eurasian Steppe," in Melinda A. Zeder, Daniel G. Bradley, Eve Emschwiller, and Bruce D. Smith, eds., *Documenting Domestication: New Genetic and Archaeological Paradigms* (University of California Press, 2006), 245–269. 다음 저작은 당나귀가 유입된 이후 기원전 2500년까지 말을 가축으로 길들인 증거가 거의 없다는 사실을 지적한다. Caroline Grigson, "The Earliest Domestic Horses in the Levant? New Finds from the Fourth Millennium of the Negev," *Journal of Archaeological Science* 20 (1993): 645–655.

766쪽 메소포타미아인의 세계관에 대한 고전적인 설명은 다음 저작을 보라. Thorkild Jacobsen, "Mesopotamia," in Henri Frankfort et al., eds., *The Intellectual Adventure of Ancient Man* (Phoenix Books, University of Chicago Press, 1977), 125–219.

767쪽 다음 저작은 구데아의 꿈과 에닌누 신전의 재건축에 대해서 한 가지 설명을 내놓는다. Samuel Noah Kramer, *The Sumerians: Their History, Culture, and Character* (University of Chicago Press, 1963). 신전의 관리에 대해서는 다음 저작을 보라. Adam Falkenstein, "The Sumerian Temple City,"

Monographs in History: Ancient Near East, vol. 1, fascicle 1 (Undena Press, Los Angeles, 1974).

768쪽 수메르인의 친족 관계와 결혼에 대해서는 다음 저작들을 보라. Robert McC. Adams, *The Evolution of Urban Society* (University of Chicago Press, 1966); Samuel Noah Kramer, *The Sumerians.*

770쪽 수메르인의 토지 및 사회 집단에 관해서는 다음 저작들을 보라. Igor M. Diakonoff, "Structure of Society and State in Early Dynastic Sumer", A. I. Tyumenev, "The Working Personnel of the Estate of the Temple of Ba-U in Lagaš during the Period of Lugalanda and Urukagina," in *Ancient Mesopotamia: Socio-economic History* (Nauka, Moscow, 1969), 88-126.

772쪽 Benno Landsberger, "Three Essays on the Sumerians," *Sources and Monographs: Monographs of the Ancient Near East*, vol. 1, fascicle 2 (Undena Press, Los Angeles, 1974).

773쪽 Pinhas P. Delougaz, "The Temple Oval at Khafajah," *Publication* 53 (Oriental Institute, University of Chicago, 1940).

776쪽 Igor M. Diakonoff, "Structure of Society and State in Early Dynastic Sumer".

777쪽 라가시 주의 인구 추정치는 다음 저작들에 근거하고 있다. Robert McC. Adams, *Heartland of Cities* (University of Chicago Press, 1981); A. I. Tyumenev, "The Working Personnel of the Estate of the Temple of Ba-U in Lagaš during the Period of Lugalanda and Urukagina"; Igor M. Diakonoff, "Structure of Society and State in Early Dynastic Sumer"; Jerrold S. Cooper, "Reconstructing History from Ancient Inscriptions: The Lagash-Umma Border Conflict," *Sources from the Ancient Near East*, vol. 2, fascicle 1 (Undena Publications, Malibu, 1983).

779쪽 신화 속 수메르 통치자들에 대한 이야기는 다음 저작을 보라. Samuel Noah Kramer, *The Sumerians*. 더 후대의 왕과 왕조에 대해서는 다음 저작들을 보라. Joan Oates, *Babylon: Revised Edition* (Thames and Hudson, 1986); J. Nicholas Postgate, *Early Mesopotamia: Society and Economy at the Dawn of History* (Routledge, London, 1992). 초기 왕조 시대의 수메르 왕이 각 주를 통치했다는 내용이 적힌 왕조의 기록 문서에 관해서는 다음 저작을 보

라. Jerrold S. Cooper, *Sumerian and Akkadian Royal Inscriptions, vol. I: Presargonid Inscriptions* (The American Oriental Society, New Haven, Conn., 1986).

781쪽 C. Leonard Woolley, *Ur Excavations 2: The Royal Cemetery* (British Museum, London, and University of Pennsylvania Museum, Philadelphia, 1934).

786쪽 Igor M. Diakonoff, "Structure of Society and State in Early Dynastic Sumer"; A. I. Tyumenev, "The Working Personnel of the Estate of the Temple of Ba-U in Lagaš during the Period of Lugalanda and Urukagina".

787쪽 다음 저작은 초기 왕조 시대의 부패에 관한 수많은 사례를 증거로 제시한다. Samuel Noah Kramer, *The Sumerians*. 디아코노프와 티우메네프도 우루카기나의 개혁을 논의한다.

789쪽 Jerrold S. Cooper, "Reconstructing History from Ancient Inscriptions"; Robert McC. Adams, *Heartland of Cities*.

792쪽 Brian Lewis, "The Sargon Legend: A Study of the Akkadian Text and the Tale of the Hero Who Was Exposed at Birth," *Dissertation Series*, no. 4 (American Schools of Oriental Research, Cambridge, Mass., 1980); Joan Oates, *Babylon: Revised Edition*; J. Nicholas Postgate, *Early Mesopotamia*; Samuel Noah Kramer, *The Sumerians.*

793쪽 Jerrold S. Cooper and Wolfgang Heimpel, "The Sumerian Sargon Legend," *Journal of the American Oriental Society* 103 (1983): 67–82.

795쪽 다음 저작에서 여러 도시와 주를 지배했다고 주장한 초기 왕조 시대의 통치자들에 대한 많은 사례를 볼 수 있다. Jerrold S. Cooper, *Sumerian and Akkadian Royal Inscriptions, vol. I: Presargonid Inscriptions*.

796쪽 J. Nicholas Postgate, *Early Mesopotamia*.

797쪽 사르곤의 허풍 섞인 자랑은 다음 저작에 실려 있다. George A. Barton, *Archaeology and the Bible: 3rd Edition* (American Sunday School Union, Philadelphia, 1920).

799쪽 Joan Oates, *Babylon: Revised Edition*; J. Nicholas Postgate, *Early Mesopotamia*.

800쪽 Marc van de Mieroop, "Society and Enterprise in Old Babylonian Ur," *Berliner Beitrage zum Vorderen Orient*, vol. 12 (Dietrich Reimer

Verlag, Berlin, 1992).

802쪽 Piotr Michalowski, *The Lamentation over the Destruction of Sumer and Ur* (Eisenbrauns, Winona Lake, Ind., 1989).

805쪽 Michael Hudson, "Privatization: A Survey of the Unresolved Controversies," in Michael Hudson and Baruch A. Levine, eds., "Privatization in the Ancient Near East and Classical World," *Peabody Museum Bulletin* no. 5 (Harvard University, 1996), 1-32; Michael Hudson, "The Dynamics of Privatization, from the Bronze Age to the Present," in Michael Hudson and Baruch A. Levine, eds., "Privatization in the Ancient Near East and Classical World," 33-57.

23장 | 제국이 제국에게 남긴 교훈

809쪽 William T. Sanders, Jeffrey R. Parsons, and Robert S. Santley, *The Basin of Mexico: Ecological Processes in the Evolution of a Civilization* (Academic Press, New York, 1979); René F. Millon, "Teotihuacan Studies from 1950 to 1990 and Beyond," in Janet C. Berlo, ed., *Art, Ideology, and the City of Teotihuacan* (Dumbarton Oaks, Washington, D.C., 1992), 339-429; Linda Manzanilla, ed., *Anatomia de un Conjunto Residencial Teotihuacano en Oztoyahualco*, 2 vols. (Universidad Nacional Autónoma de México, Instituto de Investigaciones Antropológicas, Mexico City, 1993); Saburo Sugiyama, *Human Sacrifice, Militarism, and Rulership: Materialization of State Ideology at the Feathered Serpent Pyramid, Teotihuacan* (Cambridge University Press, 2005).

812쪽 Kenneth G. Hirth, *Archaeological Research at Xochicalco*, 2 vols. (University of Utah Press, 2000); Janet C. Berlo, "Early Writing in Central Mexico," in Richard A. Diehl and Janet C. Berlo, eds., *Mesoamerica After the Decline of Teotihuacan, AD 700-900* (Dumbarton Oaks, Washington, D.C., 1989), 19-47; Norberto González C. and Silvia Garza T., "Xochicalco," *Arqueología Mexicana* 2 (1994): 70-74.

812쪽 Angel García Cook and Beatriz L. Merino C., "Cantona: Urbe Prehispánica en el Altiplano Central de México," *Latin American Antiquity*

9 (1998): 191-216.

813쪽 Diana López de Molina and Daniel Molina, *Cacaxtla* (Instituto Nacional de Antropología e Historia, Mexico City, 1980); Claudia Brittenham, "The Cacaxtla Painting Tradition: Art and Identity in Epiclassic Mexico" (PhD diss., Yale University, 2008); Ellen T. Baird, "Stars and War at Cacaxtla," in Richard A. Diehl and Janet C. Berlo, *Mesoamerica After the Decline of Teotihuacan, AD 700-900*, 105-122.

813쪽 Clara Díaz, *Chingu: Un Sitio Clasico del Area de Tula, Hgo*. (Instituto Nacional de Antropología e Historia, Mexico City, 1980); Alba Guadalupe Mastache and Robert H. Cobean, "The Coyotlatelco Culture and the Origins of the Toltec State," in Richard A. Diehl and Janet C. Berlo, eds., *Mesoamerica After the Decline of Teotihuacan, AD 700-900*, 49-67.

814쪽 Francisco del Paso y Troncoso, *Papeles de Nueva Espana: Segunda Serie, Geografia y Estadistica*, 7 vols. (Tipográfico "Sucesores de Rivadeneyra," Madrid, 1905-1906); René Acuna, ed., *Relaciones Geograficas del Siglo XVI*, 9 vols. (Universidad Autónoma de México, Mexico City, 1984-1987).

815쪽 히메네스 모레노는 툴라 유적지(이달고 주에 위치한다.)가 톨텍 제국의 수도였다고 말한다. 이에 대해서 다음 저작들을 보라. Wigberto Jiménez Moreno, "Tula y Los Toltecas Según Las Fuentes Históricas," *Revista Mexicana de Estudios Antropologicos* 5 (1941): 79-83, and "La Migración Mexica," *Atti del XL Congresso Internazionale Degli Americanisti* 1 (1973): 163-173. 다음 저작도 보라. Lawrence H. Feldman, "Tollan in Hidalgo: Native Accounts of the Central Mexican Tolteca," in Richard A. Diehl, ed., "Studies of Ancient Tollan: A Report of the University of Missouri Tula Archaeological Project," *Monograph* 1 (University of Missouri, 1974), 130-149.

815쪽 믹스코아틀과 '세 아카틀 토필친 케찰코아틀'에 대한 이야기는 다음 저작들을 보라. Henry B. Nicholson, "Topiltzin Quetzalcoatl of Tollan: A Problem in Mesoamerican Ethnohistory" (PhD diss., Harvard University, 1957); Lawrence H. Feldman, "Tollan in Hidalgo: Native Accounts of the

Central Mexican Tolteca," in Richard A. Diehl, ed., *Studies of Ancient Tollan*, 130-149; Dan M. Healan, ed., *Tula of the Toltecs: Excavations and Survey* (University of Iowa Press, 1989); Alba Guadalupe Mastache, Robert H. Cobean, and Dan M. Healan, *Ancient Tollan: Tula and the Toltec Heartland* (University Press of Colorado, 2002); Nigel Davies, *The Toltecs until the Fall of Tula* (University of Oklahoma Press, 1977).

817쪽 Patricia L. Crown and W. Jeffrey Hurst, "Evidence of Cacao Use in the Prehispanic American Southwest," *Proceedings of the National Academy of Sciences* 106 (2009): 2110-2113.

818쪽 테스카틀리포카가 케찰코아틀을 툴라에서 몰아 낸 전설상의 이야기에 대해 더 알고 싶으면 다음 저작들을 보라. Henry B. Nicholson, "Topiltzin Quetzalcoatl of Tollan" (PhD diss., Harvard University, 1957); Nigel Davies, *The Toltecs until the Fall of Tula*.

819쪽 아스텍족이 아스틀란을 떠난 뒤 자신들의 이름을 멕시카로 바꾼 전설에 대해서는 다음 저작들을 보라. *Tira de la Peregrinacion* (Codex Boturini) (Librería Anticuaria, Mexico City, 1944); Nigel Davies, *The Aztecs: A History* (University of Oklahoma Press, 1973); Diego Durán, *The Aztecs: The History of the Indies of New Spain* (Orion Press, New York, 1964).

820쪽 아스텍족이 아스카포찰코의 봉신으로 살았으며 쿨우아칸의 공주를 제물로 바친 것에 관해서는 다음 저작들을 보라. *Cronica Mexicayotl* (Imprenta Universitaria, Mexico City, 1949); Richard F. Townsend, *The Aztecs* (Thames and Hudson, London, 2000); Eduardo Matos Moctezuma, *Tenochtitlan* (Fondo de Cultura Económica, Mexico City, 2006); Rudolf van Zantwijk, *The Aztec Arrangement: The Social History of Pre-Spanish Mexico* (University of Oklahoma Press, 1985); Diego Durán, *The Aztecs*.

822쪽 "뱀 언덕" 코아테펙에서 일어난 신화적인 사건은 다음 저작들에 서술되어 있다. Eduardo Matos Moctezuma, "The Temple Mayor of Tenochtitlan: History and Interpretation," in Johanna Broda, Davíd Carrasco, and Eduardo Matos Moctezuma, eds., *The Great Temple of Tenochtitlan: Center and Periphery in the Aztec World* (University of California Press, 1987), 15-60; Alfredo López Austin and Leonardo López

Luján, *Monte Sagrado-Templo Mayor: El Cerro y La Piramide en la Tradicion Religiosa Mesoamericana* (Instituto Nacional de Antropología e Historia and Universidad Nacional Autónoma de México, Mexico City, 2009).

822쪽 아카마피치틀리의 이야기는 다음 저작들을 보라. Diego Durán, *The Aztecs*; Nigel Davies, *The Aztecs*.

824쪽 네사우알코요틀이 막스틀라를 추방으로 내모는 과정은 다음 저작을 보라. Fernando de Alva Ixtlilxochitl, *Obras Historicas*, 2 vols. (Editora Nacional, Mexico City, 1952). 네사우알코요틀이 지은 비가는 다음 저작을 보라. Miguel León Portilla, *Fifteen Poets of the Aztec World* (University of Oklahoma Press, 1992), 90-91.

825쪽 다음 저작들은 아스텍의 정치적 독립이 거둔 성공을 다룬다. Diego Durán, *The Aztecs*; Rudolf van Zantwijk, *The Aztec Arrangement* (University of Oklahoma Press, 1985); Richard F. Townsend, *The Aztecs*; Nigel Davies, *The Aztecs*.

825쪽 William T. Sanders, Jeffrey R. Parsons, and Robert S. Santley, *The Basin of Mexico*.

826쪽 피이, 테쿠틀리, 마세우알리, 마예케에 대한 16세기의 자료에 대해서는 다음 저작들을 보라. Mercedes Olivera, *Pillis y Macehuales* (La Casa Chata, Mexico City, 1978); Charles Gibson, *The Aztecs under Spanish Rule: A History of the Indians of the Valley of Mexico, 1519-1810* (Stanford University Press, 1964); James Lockhart, *The Nahuas After the Conquest: A Social and Cultural History of the Indians of Mexico* (Stanford University Press, 1992).

828쪽 칼푸이에 대해서는 다음 저작들을 보라. James Lockhart, *The Nahuas After the Conquest*; Pedro Carrasco, "La Casa y Hacienda de un Señor Tlahuica," *Estudios de Cultura Nahuatl* 10 (1972): 235-244; Frederic Hicks, "Tetzcoco in the Early 16th Century: The State, the City and the Calpolli," *American Ethnologist* 9 (1982): 230-249; Charles Gibson, *The Aztecs under Spanish Rule*; Rudolf van Zantwijk, *The Aztec Arrangement*.

830쪽 포치테카에 관한 가장 중요한 참고 문헌은 다음 저작들이다. Frances

F. Berdan and Patricia R. Anawalt, eds., *The Codex Mendoza*, 4 vols. (University of California Press, 1992); Frances F. Berdan et al., *Aztec Imperial Strategies* (Dumbarton Oaks, Washington, D.C., 1996); Ross Hassig, *Trade, Tribute, and Transportation: The Sixteenth Century Political Economy of the Valley of Mexico* (University of Oklahoma Press, 1985). 무역항 시칼랑고와 그 밖의 무역 항구에 대해서는 다음 저작들을 보라. Anne Chapman, "Port of Trade Enclaves in Aztec and Maya Civilizations," in Karl Polanyi, Conrad M. Arensberg, and Harry W. Pearson, eds., *Trade and Market in the Early Empires* (Free Press, Glencoe, Ill., 1957), 114–153; 다음 저작도 보라. Lorenzo Ochoa S. and Ernesto Vargas P., "Xicalango, Puerto Chontal de Intercambio: Mito y Realidad," *Anales de Antropologia* 25 (1986): 95–114.

830쪽 치남파 체계에 대해서는 다음 저작들을 보라. Pedro Armillas, "Gardens on Swamps," *Science* 174 (1971): 653–661; Teresa Rojas, "Evolución Histórica del Repertorio de Plantas Cultivadas en las Chinampas de la Cuenca de México," in Teresa Rojas, ed., *La Agricultura Chinampera: Compilación Histórica* (Universidad Autónoma de Chapingo, Mexico City, 1982), 181–214; Edward E. Calnek, "Settlement Pattern and Chinampa Agriculture at Tenochtitlan," *American Antiquity* 37 (1972): 104–115.

831쪽 테노치티틀란 중심가를 직접 보고 묘사한 자료는 다음 저작을 보라. Bernal Díaz del Castillo, *The Conquest of New Spain* (Penguin Books, New York, 1963). 다음 저작도 보라. Edward E. Calnek, "The Internal Structure of Tenochtitlan," in Eric R. Wolf, ed., *The Valley of Mexico: Studies of Pre-Hispanic Ecology and Society* (University of New Mexico Press, 1976), 287–302.

833쪽 Nigel Davies, *The Aztecs*; Rudolf van Zantwijk, *The Aztec Arrangement*; Susan D. Gillespie, *The Aztec Kings: The Constitution of Rulership in Mexica History* (University of Arizona Press, 1989); Joyce Marcus, "Aztec Military Campaigns against the Zapotecs: The Documentary Evidence," in Kent V. Flannery and Joyce Marcus, eds.,

The Cloud People: Divergent Evolution of the Zapotec and Mixtec Civilizations (Academic Press, New York, 1983), 314-318; Kent V. Flannery, "Zapotec Warfare: Archaeological Evidence for the Battles of Huitzo and Guiengola," in Kent V. Flannery and Joyce Marcus, eds., *The Cloud People*, 318-322.

836쪽 아스텍족의 시각에서 스페인인의 정복을 서술한 것은 다음 저작들을 보라. Arthur J. O. Anderson and Charles E. Dibble, *The War of Conquest: How It Was Waged Here in Mexico* (University of Utah Press, 1978); Miguel León-Portilla, *The Broken Spears: The Aztec Account of the Conquest of Mexico* (Beacon Press, Boston, 1962). 스페인인의 시각에 대해서는 다음 저작들을 보라. Hernando Cortés, *His Five Letters of Relation to the Emperor Charles V* (A. H. Clark, Cleveland, 1908); Hernando Cortés, *Five Letters of Cortes to the Emperor* (W.W. Norton, New York, 1962).

836쪽 모체 제국에 대해서는 다음 저작들을 보라. Jeffrey Quilter and Luis Jaime Castillo, eds., *New Perspectives on Moche Political Organization* (Dumbarton Oaks, Washington, D.C., 2010); Luis Jaime Castillo et al., eds., *Arqueologia Mochica: Nuevos Enfoques* (Fondo Editorial de la Pontificia Universidad Católica del Perú and Instituto Francés de Estudios Andinos, Lima, 2008). 나스카 왕국에 대해서는 다음 저작들을 보라. Helaine Silverman, *Ancient Nasca Settlement and Society* (University of Iowa Press, 2002); Helaine Silverman and Donald A. Proulx, *The Nasca* (Blackwell, Malden, Mass., 2002).

837쪽 Richard S. MacNeish et al., *Prehistory of the Ayacucho Basin, Peru, vol. 2: Excavations and Chronology* (University of Michigan Press, 1981).

838쪽 William H. Isbell and Gordon F. McEwan, eds., *Huari Administrative Structure: Prehistoric Monumental Architecture and State Government* (Dumbarton Oaks, Washington, D.C., 1991); Katharina J. Schreiber, "Wari Imperialism in Middle Horizon Peru," *Anthropological Paper* 87 (University of Michigan Museum of Anthropology, 1992); Justin Jennings, "Understanding Middle Horizon Peru: Hermeneutic Spirals, Interpretive Traditions, and Wari Administrative Centers," *Latin American*

Antiquity 17 (2006): 265–286.

838쪽 Marcia Ascher and Robert Ascher, *Code of the Quipu* (University of Michigan Press, 1981).

840쪽 피키야크타 정착치에 대해서는 다음 저작들을 보라. William T. Sanders, "The Significance of Pikillacta in Andean Culture History," *Occasional Papers in Anthropology* 8: 380–428 (Pennsylvania State University, 1973); William H. Isbell and Gordon F. McEwan, eds., *Huari Administrative Structure*.

841쪽 Charles Stanish, *Ancient Titicaca: The Evolution of Social Power in the Titicaca Basin of Peru and Bolivia* (University of California Press, 2003). 티아우아나코에 대한 또 다른 중요한 문헌으로는 다음 저작이 있다. Alan Kolata, ed., *Tiwanaku and Its Hinterland II: Urban and Rural Archaeology* (Smithsonian Institution Press, Washington, D.C., 2003).

842쪽 푸카라에 대해서는 다음 저작들을 보라. José María Franco, "Arqueología Sudperuana: Informe Sobre los Trabajos Arqueológicos de la Misión Kidder en Pukara, Peru (enero a julio de 1939)," *Revista del Museo Nacional* 9 (1940): 128–142; Elizabeth Klarich, "From the Mundane to the Monumental: Defining Early Leadership Strategies at Late Formative Pukara, Peru" (PhD diss., University of California at Santa Barbara, 2005).

842쪽 Carlos Ponce Sanginés, *El Templete Semisubterraneo de Tiwanaku* (Editorial Juventud, La Paz, Bolivia, 1990); Alan Kolata, *The Tiwanaku* (Blackwell, Cambridge, UK, 1993); Juan Albarracín-Jordan, *Tiwanaku: Arqueologia Regional y Dinamica Segmentaria* (Editores Plural, La Paz, Bolivia, 1996); John Wayne Janusek, *Ancient Tiwanaku* (Cambridge University Press, 2008); Justin Jennings and Nathan Craig, "Polity Wide Analysis and Imperial Political Economy: The Relationship between Valley Political Complexity and Administrative Centers in the Wari Empire of the Central Andes," *Journal of Anthropological Archaeology* 20 (2001): 479–502.

843쪽 Donna J. Nash and Patrick Ryan Williams, "Wari Political

Organization: The Southern Periphery," in Joyce Marcus and Patrick Ryan Williams, eds., *Andean Civilization: A Tribute to Michael E. Moseley* (UCLA Cotsen Institute of Archaeology Press, Los Angeles, 2009), 257-276. 다음 저작들도 보라. Ryan Williams, "Cerro Baúl: A Wari Center on the Tiwanaku Frontier," *Latin American Antiquity* 12 (2001): 67-83; Michael E. Moseley et al., "Burning Down the Brewery: Establishing and Evacuating an Ancient Imperial Colony at Cerro Baúl, Peru," *Proceedings of the National Academy of Sciences* 102 (2005): 17264-17271.

843쪽 Sergio Chávez, "The Arapa and Thunderbolt Stelae: A Case of Stylistic Identity with Implications for Pucara Influences in the Area of Tiahuanaco," *Nawpa Pacha* 13 (1975): 3-26; "La Piedra del Rayo y La Estela de Arapa: Un Caso de Identidad Estilística, Pucara-Tiahuanaco," *Arte y Arqueologia* 8-9 (1984): 1-27.

845쪽 기원후 1200년 이후 티아우아나코가 쇠퇴하고 푸카라로 피난한 것에 대한 정보는 다음 저작의 9장을 보라. Charles Stanish, *Ancient Titicaca*.

846쪽 Garth Bawden, "Galindo: A Study in Cultural Transition during the Middle Horizon," in Michael E. Moseley and Kent C. Day, eds., *Chan Chan: Andean Desert City* (University of New Mexico Press, 1982), 285-320.

846쪽 찬찬에 대한 핵심적인 자료는 다음 저작에 있다. Michael E. Moseley and Kent C. Day, *Chan Chan*. 켄트 C. 데이(Kent C. Day)가 왕실 구역에 대한 장을 집필했고, 제프리 W. 콘라드(Geoffrey W. Conrad)가 왕실 매장 단, 알렉산드라 M. 울라나 클리마이신(Alexandra M. Ulana Klymyshyn)이 지위가 낮은 귀족이 살았던 구역, 존 R. 토픽 주니어(John R. Topic Jr.)가 평민의 주택에 대한 내용을 집필했다. 이 저작은 그 밖의 다른 중요한 주제들도 다루고 있다.

847쪽 치무족의 분할 상속에 대해서는 다음 저작들을 보라. Geoffrey W. Conrad, "Cultural Materialism, Split Inheritance, and the Expansion of Ancient Peruvian Empires," *American Antiquity* 46 (1981): 3-42; "The Burial Platforms of Chan Chan: Some Social and Political Implications," in Michael E. Moseley and Kent C. Day, *Chan Chan*, 87-117.

849쪽 Carol Mackey, "Chimú Statecraft in the Provinces," in Joyce Marcus and Patrick Ryan Williams, eds., *Andean Civilization*, 325-349; 다음 저작

도 보라. Michael E. Moseley and Alana Cordy-Collins, eds., *The Northern Dynasties: Kingship and Statecraft in Chimor* (Dumbarton Oaks, Washington, D.C., 1990).

851쪽 R. Alan Covey, *How the Inca Built Their Heartland: State Formation and the Innovation of Imperial Strategies in the Sacred Valley, Peru* (University of Michigan Press, 2006); Brian S. Bauer, *The Development of the Inca State* (University of Texas Press, 1992). 다음 저작도 보라. Brian S. Bauer and R. Alan Covey, "Processes of State Formation in the Inca Heartland (Cuzco, Peru)," *American Anthropologist* 10 (2002): 846-864; Brian S. Bauer, *Ancient Cuzco: Heartland of the Inca* (University of Texas Press, 2004).

851쪽 16세기와 17세기 문헌에 기록된 잉카 통치자에 대한 내용은 다음 저작들을 보라. *Suma y Narracion de los Incas* (Ediciones Atlas, Madrid, 1987); Juan Polo de Ondegardo, "Del Linaje de los Ingas y Como Conquistaron," in *Coleccion de Libros y Documentos Referentes a la Historia del Peru* 4: 45-94 (Sanmartí Press, Lima, Peru, 1917); Pedro Sarmiento de Gamboa, "Historia de Los Incas," *Biblioteca de Autores Espanoles*, vol. 135 (Ediciones Atlas, Madrid, 1965); Miguel Cabello Balboa, *Miscelanea Antartica: Una Historia del Peru Antiguo* (Universidad Nacional Mayor de San Marcos, Lima, 1951); Antonio Vázquez de Espinosa, "Compendio y Descripción de las Indias Occidentales," *Biblioteca de Autores Espanoles*, vol. 231 (Ediciones Atlas, Madrid, 1969). 다음 저작들도 보라. María Rostworowski, *Pachacutec Inca Yupanqui* (Torres Aguirre Press, Lima, Peru, 1953); *History of the Inca Realm* (Cambridge University Press, 1999). 찬카에 대한 정보는 다음 저작을 보라. Brian S. Bauer, Lucas C. Kellett, and Miriam Aráoz, *The Chanka: Archaeological Research in Andahuaylas (Apurimac), Peru* (UCLA Cotsen Institute of Archaeology Press, Los Angeles, 2010).

853쪽 Richard L. Burger and Lucy C. Salazar, eds., *The 1912 Yale Peruvian Scientific Expedition Collections from Machu Picchu* (Yale University Press, New Haven, Conn., 2003); Richard L. Burger and Lucy C.

Salazar, eds., *Machu Picchu: Unveiling the Mystery of the Incas* (Yale University Press, 2004). 2003년 문헌에는 생물인류학자 존 베라노(John Verano)가 마추픽추에 묻힌 시신이 잉카 제국의 각기 다른 지역 출신이라는 점을 입증한 내용이 포함되어 있다. 다음 저작도 보라. Johan Reinhard, *Machu Picchu: Exploring an Ancient Sacred Center*, 4th ed. (UCLA Cotsen Institute of Archaeology Press, Los Angeles, 2007).

854쪽 아이유에 대해서는 다음 저작들을 보라. R. Tom Zuidema, *Inca Civilization in Cuzco* (University of Texas Press, 1990); María Rostworowski de Diez Canseco, *Historia del Tahuantinsuyu* (Instituto de Estudios Peruanos, Lima, 1988); John V. Murra, "The Economic Organization of the Inca State" (PhD diss., University of Chicago, 1956); Karen Spalding, *Huarochirí: An Andean Society under Inca and Spanish Rule* (Stanford University Press, 1984).

855쪽 Darrell E. La Lone, "The Inca as a Nonmarket Economy: Supply on Command versus Supply and Demand," in Jonathon E. Ericson and Timothy K. Earle, eds., *Contexts for Prehistoric Exchange* (Academic Press, New York, 1982), 291-316; Charles Stanish, "Nonmarket Imperialism in the Prehispanic Americas: The Inka Occupation of the Titicaca Basin," *Latin American Antiquity* 8 (1997): 195-216.

855쪽 인카, 사파 인카, 쿠라카, 코야 등의 용어에 대해서는 다음 저작들을 보라. John H. Rowe, "The Inca Culture at the Time of the Spanish Conquest," in Julian H. Steward, ed., *Handbook of South American Indians*, vol. 2 (Bureau of American Ethnology, Smithsonian, Washington, D.C., 1946), 183-330; María Rostworowski, *History of the Inca Realm*; John V. Murra, "The Economic Organization of the Inca State".

857쪽 루카나 주 출신의 가마 일꾼과 도로 청소부는 다음 저작들에 묘사되어 있다. John H. Rowe, "The Inca Culture at the Time of the Spanish Conquest." 다음 저작도 보라. John V. Murra, "The Economic Organization of the Inca State."

857쪽 왕가의 미라에 대한 정보는 다음 저작들을 보라. Brian S. Bauer, *Ancient Cuzco: Heartland of the Inca* (University of Texas Press, 2004); John

V. Murra, "The Economic Organization of the Inca State."

858쪽 쿠스코 중심가에 대해서는 다음 저작들을 보라. Inca Garcilaso de la Vega, *Royal Commentaries of the Incas and General History of Peru*, parts 1 and 2 (University of Texas Press, 1966); Pedro Pizarro, *Relation of the Discovery and Conquest of the Kingdoms of Peru* (The Cortés Society, New York, 1921). 다음 저작의 10장도 보라. Brian S. Bauer, *Ancient Cuzco*. 이 저작의 11장은 코리칸차와 세케 체계를 다룬다. 세케에 대한 내용은 다음 저작도 보라. R. Tom Zuidema, *The Ceque System of Cuzco: The Social Organization of the Capital of the Inca* (E. J. Brill, Leiden, Netherlands, 1964).

862쪽 탐푸와 코이카에 대해서는 다음 저작들을 보라. John Hyslop, *The Inka Road System* (Academic Press, Orlando, Fla., 1984); Terry Y. Levine, ed., *Inka Storage Systems* (University of Oklahoma Press, 1992); Craig Morris, "Storage in Tawantinsuyu" (PhD diss., University of Chicago, 1967); Craig Morris, "Storage, Supply, and Redistribution in the Economy of the Inka State," in John Murra, Nathan Wachtel, and Jacques Revel, eds., *Anthropological History of Andean Polities* (Cambridge University Press, 1986), 59-68. 잉카의 십진법 체계에 대해서는 다음 저작들을 보라. Catherine J. Julien, "Inca Decimal Administration in the Lake Titicaca Region," in George A. Collier, Renato I. Rosaldo, and John D. Wirth, eds., *The Inca and Aztec States 1400-1800* (Academic Press, New York, 1982), 119-151; John H. Rowe, "The Inca Culture at the Time of the Spanish Conquest."

863쪽 Miguel Cabello Balboa, *Miscelanea Antartica*.

863쪽 친차 밸리에 있는 유적지들에 대해서는 다음 저작들을 보라. Craig Morris, "Links in the Chain of Inka Cities: Communication, Alliance, and the Cultural Production of Status, Value, and Power," in Joyce Marcus and Jeremy A. Sabloff, eds., *The Ancient City: New Perspectives on Urbanism in the Old and New World* (School for Advanced Research Press, Santa Fe, N. Mex., 2008), 299-319; Craig Morris and Julián I. Santillana, "The Inka Transformation of the Chincha Capital," in Richard L. Burger, Craig Morris, and Ramiro Matos M., eds., *Variations in the Expression of Inka*

Power (Dumbarton Oaks, Washington, D.C., 2007), 135–163.

865쪽 Joyce Marcus, *Excavations at Cerro Azul: The Architecture and Pottery* (UCLA Cotsen Institute of Archaeology Press, Los Angeles, 2008).

866쪽 Craig Morris and Donald E. Thompson, *Huanuco Pampa: An Inca City and Its Hinterland* (Thames and Hudson, London, 1985). 기원후 1553년에 우아누코 팜파에 대해서 설명한 자료는 다음 저작을 보라. Pedro Cieza de León, *The Incas* (University of Oklahoma Press, 1959).

869쪽 Pedro Sarmiento de Gamboa, *Historia de Los Incas*; María Rostworowski, *History of the Inca Realm*; John H. Rowe, "The Inca Culture at the Time of the Spanish Conquest".

| 그림 출처 |

그림 54를 제외하고 이 책에 실린 모든 그림은 존 클라우스마이어(John Klausmeyer, 줄여서 JK)와 케이 클라하시(Key Clahassey, 줄여서 KC)가 저자들을 위해서 그려 준 것이다. 그중 대부분은 해당 사회가 세계화로 인해 돌이킬 수 없을 정도로 바뀌기 전에 찍은 사진을 토대로 했다. 그 밖의 그림들은 이전의 그림을 수정해서 새로 그린 것이다.

그림 1 (JK): 바다표범 그림은 다음 책에 실린 그림을 토대로 했다. Frans Van de Velde, "Les Règles du Partage des Phoques pris par la Chasse aux Aglus," *Anthropologica* 3 (1956): 5-14.
그림 2 (JK): 이 그림은 다음 책의 70쪽에 실린 자료를 토대로 한 것이다. John E. Yellen, *Archaeological Approaches to the Present* (Academic Press, New York, 1977).
그림 3 (JK): 안다만 제도 야영지의 배치도는 다음 책에 실린 그림을 수정해서 새로 그린 것이다. A. R. Radcliffe-Brown, *The Andaman Islanders* (Cambridge University Press, 1922). 소녀 그림은 같은 책에 실려 있는 사진을 토대로 했는데, 1906년에서 1908년 사이에 찍은 사진이다.
그림 4 (JK): 이 그림은 100년 이상 된 세 개의 사진을 토대로 한 것이다. 이 사진들은 다음 책에 실려 있다. Baldwin Spencer and F. J. Gillen, *The Northern Tribes of Central Australia* (Macmillan & Co., London, 1904).
그림 5 (JK): 이 그림은 100년 이상 된 사진을 토대로 한 것이다. Baldwin Spencer and F. J. Gillen, *The Northern Tribes of Central Australia* (Macmillan & Co., London, 1904).
그림 6 (JK): 이 그림은 100년 이상 된 사진을 토대로 한 것이다. 브리티시

컬럼비아 주의 쥬윗 호에서 조지 헌트가 찍었다. 다음 책의 259쪽을 보라. Peter Nabokov and Robert Easton, *Native American Architecture* (Oxford University Press, 1989).

그림 7 (JK): 이 그림은 다음 책의 자료를 토대로 한 것이다. Philip Drucker, "The Northern and Central Nootkan Tribes," *Bulletin* 114 (Bureau of American Ethnology, Smithsonian Institution, Washington, D.C., 1951).

그림 8 (JK): 틀링깃 족장의 모습은 알래스카 싯카국립역사공원의 자료실에 있는 Photo SITK-3926를 토대로 했다.(Elbridge Warren Merrill, 1919~1922년.) 삼나무와 기둥 그림은 19세기 후반에 철거된 틀링깃 가옥의 사진을 토대로 한 것이다. 이 가옥을 컬러로 그린 그림은 다음 책에 실려 있다. George T. Emmons, "The Whale House of the Chilkat," *Anthropological Papers of the American Museum of Natural History* 19 (1916): 1-33.

그림 9 (JK): 1960년대에 찍은 사진 2장을 토대로 했다. 이 사진들은 다음 책에 실려 있다. Andrew Strathern, *The Rope of Moka* (Cambridge University Press, 1971).

그림 10 (JK): 이 그림은 100년 이상 된 사진을 토대로 한 것이다. 이 사진은 다음 책에 실려 있다. T. C. Hodson, "Head-hunting among the Hill Tribes of Assam," *Folklore* 20 (1909): 132-143.

그림 11 (KC): 이 배치도들은 다음 책의 그림을 수정해서 새로 그린 것이다. James P. Mills, *The Rengma Nagas* (Macmillan & Co., London, 1937).

그림 12 (KC): 이 지도는 다음 책의 그림을 수정해서 새로 그린 것이다. Maureen Anne Mackenzie, *Androgynous Objects: String Bags and Gender in New Guinea* (Harwood Academic Publishers, Melbourne, Australia, 1991).

그림 13 (JK): 이 그림은 1938년에서 1939년 사이에 찍은 사진을 토대로 한 것이다. 이 사진은 다음 책에 실려 있다. Douglas L. Oliver, *A Solomon Island Society* (Harvard University Press, 1955).

그림 14, 위 (JK): 다음 저작을 토대로 수정을 가해서 새로 그린 것이다. Stefan Carol Kozlowski, "M'lefaat: Early Neolithic Site in Northern Iraq," *Cahiers de l'Euphrate* 8 (1998): 179-273.

그림 14, 아래 (JK): 다음 저작을 토대로 수정을 가해서 새로 그린 것이다. Nigel Goring-Morris and Anna Belfer-Cohen, "Structures and Dwellings in the Upper and Epi-Paleolithic (ca. 42-10k BP) Levant: Profane and Symbolic Uses," in S. A. Vasil'ev, Olga Soffer, and J. Kozlowski, eds., "Perceived Landscapes and Built Environments," *BAR International Series* 1122 (Archaeopress, Oxford, UK, 2003), 65-81.

그림 15, 위 (KC): 이 그림은 다음 책에 실린 사진을 토대로 한 것이다. Klaus Schmidt, *Sie Bauten die Ersten Tempel: Das Rätselhafte Heiligtum der Steinzeitjäger* (Verlag C. H. Beck, Munich, 2006).

그림 15, 아래 (KC): 이 그림은 다음 책에 실린 사진을 토대로 한 것이다. Harald Hauptmann, "Ein Kultgebäude in Nevali Çori," in Marcella Frangipane et al., eds., *Between the Rivers and Over the Mountains* (Università di Roma "La Sapienza," Rome, 1993), 37-69.

그림 16, 위 (JK): 다음 저작을 토대로 수정을 가해서 새로 그린 것이다. Andrew M. T. Moore, Gordon C. Hillman, and Anthony J. Legge, *Village on the Euphrates* (Oxford University Press, 2000).

그림 16, 아래 (JK): 다음 저작을 토대로 수정을 가해서 새로 그린 것이다. Mehmet Özdogan and A. Özdogan, "Çayönü: A Conspectus of Recent Work," *Paléorient* 15 (1989): 65-74.

그림 17, 왼쪽 (JK): 이 그림은 다음 책에 실린 사진을 토대로 한 것이다. Kathleen Kenyon, *Archaeology in the Holy Land, Third Edition* (Praeger, New York, 1970).

그림 17, 오른쪽 (JK): 이 그림은 다음 책에 실린 사진을 토대로 한 것이다. Gary O. Rollefson, Alan H. Simmons, and Zeidan Kafafi, "Neolithic Cultures at 'Ain Ghazal, Jordan," *Journal of Field Archaeology* 19 (1992): 443-470.

그림 18, (JK): 다음 저작을 토대로 수정을 가해서 새로 그린 것이다. Mehmet Özdogan and A. Özdogan ('그림 16, 아래'의 서지 사항을 보라).

그림 19, 위 (KC): 다음 저작을 토대로 수정을 가해서 새로 그린 것이다. Joyce Marcus and Kent V. Flannery, *Zapotec Civilization* (Thames and Hudson, London, 1996).

그림 19, 아래 (KC): 다음 저작을 토대로 수정을 가해서 새로 그린 것이다. Kent V. Flannery and Joyce Marcus, "Early Formative Pottery of the

Valley of Oaxaca, Mexico," *Memoir* 27 (Museum of Anthropology, University of Michigan, Ann Arbor, 1994).

그림 20, 위 (KC): 다음 저작을 토대로 수정을 가해서 새로 그린 것이다. Terence Grieder et al., *La Galgada, Peru* (University of Texas Press, 1988).

그림 20, 아래 (KC): 다음 저작을 토대로 수정을 가해서 새로 그린 것이다. Seiichi Izumi, "The Development of the Formative Culture in the Ceja de Montaña: A Viewpoint Based on the Materials from the Kotosh Site," in Elizabeth P. Benson, ed., *Dumbarton Oaks Conference on Chavín* (Dumbarton Oaks, Washington, D.C., 1971), 49-72.

그림 21, (KC): 다음 저작을 토대로 수정을 가해서 새로 그린 것이다. Alfonso Ortiz, *The Tewa World* (University of Chicago Press, 1969).

그림 22, (JK): 이 그림은 100년 이상 된 사진을 토대로 한 것이다. 이 사진은 스미소니언 박물관 자료실에 소장되어 있다. 다음 책의 409쪽을 보라. Peter Nabokov and Robert Easton, *Native American Architecture* (Oxford University Press, 1989).

그림 23, (JK): 이 그림은 노스다코타역사협회 박물관의 사진 Photograph #0239-075을 토대로 한 것이다. 다음 저작을 보라. Patrick Springer, "Medicine Bundles Help Keep Stories from 'Dream Time,'" *The Forum* (Forum Communications, Fargo, N.Dak., 2003), 1-3.

그림 24, (JK): 다음 저작을 토대로 수정을 가해서 새로 그린 것이다. Simon J. Harrison, *Stealing People's Names* (Cambridge University Press, 1990).

그림 25, (JK): 다음 저작을 토대로 수정을 가해서 새로 그린 것이다. Edmund R. Leach, *Political Systems of Highland Burma* (G. Bell & Sons, London, 1954).

그림 26, (JK): 이 그림은 1930년대에 찍은 사진 2장을 토대로 한 것이다. 이 사진들은 다음 책에 실려 있다. Christoph von Fürer-Haimendorf, *The Konyak Nagas* (Holt, Rinehart and Winston, New York, 1969).

그림 27, (JK): 다음 저작을 토대로 수정을 가해서 새로 그린 것이다. Joyce Marcus and Kent V. Flannery, *Zapotec Civilization* (Thames and Hudson, London, 1996).

그림 28, (JK): 존 클라우스마이어가 그린 원본 그림이다.

그림 29, (KC): 다음 저작을 토대로 수정을 가해서 새로 그린 것이다. Elsa M. Redmond and Charles S. Spencer, "Rituals of Sanctification and the Development of Standardized Temples in Oaxaca, Mexico," *Cambridge Archaeological Journal* 18 (2008): 230-266.

그림 30, (KC): 다음 저작을 토대로 수정을 가해서 새로 그린 것이다. Ruth Shady Solís, *La Ciudad Sagrada de Caral-Supe en los Albores de la Civilización en el Perú* (Universidad Nacional Mayor de San Marcos, Lima, 1997).

그림 31, (KC): 이 그림은 다음 저작에 실린 조지 스타인메츠(George Steinmetz)가 찍은 사진을 토대로 한 것이다. John F. Ross, "First City in the New World?" *Smithsonian* 33 (2002): 57-64.

그림 32, (KC): 이 그림은 저자 조이스 마커스가 페루의 세로 세친에서 1980년대에 찍은 사진을 토대로 한 것이다.

그림 33, (KC): 신전의 구조도는 다음 저작을 토대로 수정을 가해서 새로 그린 것이다. Richard L. Burger, *Chavín and the Origins of Andean Civilization* (Thames and Hudson, London, 1992). 조각 돌기둥은 다음 저작을 토대로 수정을 가해서 새로 그린 것이다. Julio C. Tello, *Chavín: Cultura Matriz de la Civilización Andina* (Universidad Nacional Mayor de San Marcos, Lima, 1960).

그림 34, (JK): 이 그림은 1940년대에 찍은 사진 2장을 토대로 한 것이다. 이 사진들은 다음 저작에 실려 있다. Christoph von Fürer-Haimendorf, *The Apa Tanis and Neighbours* (Routledge & Kegan Paul, London, 1962).

그림 35, (KC): 다음 저작을 토대로 수정을 가해서 새로 그린 것이다. Seton Lloyd and Fuad Safar, "Tell Hassuna," *Journal of Near Eastern Studies* 4 (1945): 255-289.

그림 36, (KC): 이 그림은 텔 에스사완의 여러 시기에 관한 정보를 종합한 것이다. 다음 저작을 토대로 수정을 가해서 새로 그렸다. Vadim M. Masson, *Pervye Tsivilizatsii* (Nauka, Leningrad, 1989).

그림 37, (JK): 이 그림은 다음 저작에 실린 사진을 토대로 한 것이다. Joan Oates, "Religion and Ritual in Sixth-Millennium b.c. Mesopotamia," *World Archaeology* 10 (1978): 117-124.

그림 38, (JK): 이 그림은 다음 저작에 실린 사진 2장을 토대로 한 것이다.

Nikolai Y. Merpert and Rauf M. Munchaev, "Burial Practices of the Halaf Culture," in Norman Yoffee and Jeffrey J. Clark, eds., *Early Stages in the Mesopotamian Civilization: Soviet Excavations in Northern Iraq* (University of Arizona Press, 1993), 207-223.

그림 39, 위 (KC): 이 그림은 다음 저작에 실린 사진을 토대로 한 것이다. Nikolai Y. Merpert and Rauf M. Munchaev, "Yarim Tepe III: The Halaf Levels," in Norman Yoffee and Jeffrey J. Clark, eds., *Early Stages in the Mesopotamian Civilization: Soviet Excavations in Northern Iraq* (University of Arizona Press, 1993), 163-205.

그림 39, 아래 (KC): 다음 저작을 토대로 수정을 가해서 새로 그린 것이다. Max E. L. Mallowan and J. Cruikshank Rose, "Excavations at Tall Arpachiyah, 1933," *Iraq* 2 (1935): 1-178.

그림 40 (KC): 다음 저작에 실린 세 장의 그림을 짜 맞추고, 수정을 가해서 새로 그렸다. Max E. L. Mallowan and J. Cruikshank Rose, "Excavations at Tall Arpachiyah, 1933" *Iraq* 2 (1935), 1-178.

그림 41 (KC): 다음 저작을 토대로 수정을 가해서 새로 그린 것이다. Arthur Tobler, *Excavations at Tepe Gawra*, vol. 2 (University of Pennsylvania Museum, Philadelphia, 1950).

그림 42 (KC): 다음 저작을 토대로 수정을 가해서 새로 그린 것이다. Arthur Tobler, *Excavations at Tepe Gawra*, vol. 2 (University of Pennsylvania Museum, Philadelphia, 1950).

그림 43, 위 (KC): 이 그림은 다음 저작에 실린 사진을 토대로 한 것이다. Fuad Safar, Mohammad Ali Mustafa, and Seton Lloyd, *Eridu* (Iraqi Ministry of Culture and Information, Baghdad, 1981).

그림 43, 아래 (KC): 다음 저작을 토대로 수정을 가해서 새로 그린 것이다. Fuad Safar, Mohammad Ali Mustafa, and Seton Lloyd, *Eridu* (Iraqi Ministry of Culture and Information, Baghdad, 1981).

그림 44 (KC): 다음 저작을 토대로 수정을 가해서 새로 그린 것이다. Seton Lloyd and Fuad Safar, "Tell Uqair: Excavations by the Iraq Government Directorate of Antiquities in 1940-1941," *Journal of Near Eastern Studies* 2 (1943): 131-155.

그림 45 (KC): 다음 저작을 토대로 수정을 가해서 새로 그린 것이다. Sabah Abboud Jasim, "Excavations at Tell Abada: A Preliminary Report," *Iraq* 45 (1983): 165-186.

그림 46, 왼쪽 (JK): 다음 저작을 토대로 수정을 가해서 새로 그린 것이다. Vernon James Knight Jr., "Moundville as a Diagrammatic Ceremonial Center," in Vernon James Knight Jr. and Vincas P. Steponaitis, eds., *Archaeology of the Moundville Chiefdom* (Smithsonian Institution Press, Washington, D.C., 1998), 44-62.

그림 46, 오른쪽 (JK): 다음 저작을 토대로 수정을 가해서 새로 그린 것이다. Vernon James Knight Jr. and Vincas P. Steponaitis, "A New History of Moundville," in Vernon James Knight Jr. and Vincas P. Steponaitis, eds., *Archaeology of the Moundville Chiefdom* (Smithsonian Institution Press, Washington, D.C., 1998), 1-25.

그림 47 (JK): 이 그림은 다음 책에 실린 지도와 사진을 토대로 한 것이다. Adam King, *Etowah: The Political History of a Chiefdom Capital* (University of Alabama Press, 2003).

그림 48 (JK): 다음 저작을 토대로 수정을 가해서 새로 그린 것이다. Will Carleton McKern, "Archaeology of Tonga," *Bulletin* 60 (Bernice P. Bishop Museum, Honolulu, 1929).

그림 49 (JK): 다음 두 저작을 토대로 수정을 가해서 새로 그린 것이다. Philip Drucker, Robert F. Heizer, and Robert J. Squier, "Excavations at La Venta, Tabasco, 1955," *Bulletin* 170 (Bureau of American Ethnology, Smithsonian Institution, Washington, D.C., 1959); Rebecca González Lauck, "La Venta: An Olmec Capital," in Elizabeth P. Benson and Beatriz de la Fuente, eds., *Olmec Art of Ancient Mexico* (National Gallery of Art, Washington, D.C., 1996), 73-81.

그림 50 (JK): 다음 저작을 토대로 수정을 가해서 새로 그린 것이다. Charles S. Spencer and Elsa M. Redmond, "Militarism, Resistance and Early State Development in Oaxaca, Mexico," *Social Evolution and History* 2 (2003): 25-70.

그림 51 (KC): 이 그림은 저자 조이스 마커스가 몬테 알반에서 찍은 사진을 토

대로 한 것이다.

그림 52 (JK): 이 그림은 다음 저작에 실린 사진을 토대로 한 것이다. Alfonso Caso and Ignacio Bernal, "Urnas de Oaxaca," *Memoria* 2 (Instituto Nacional de Antropología e Historia, Mexico City, 1952).

그림 53 (JK): 이 그림은 다음 저작에 실린 컬러 그림을 토대로 한 것이다. Walter Alva and Christopher B. Donnan, *Royal Tombs of Sipán* (Fowler Museum of Cultural History, UCLA, Los Angeles, 1993).

그림 54: 다음 책에 실린 그림을 저자들의 허락하에 수록했다. Christopher B. Donnan and Donna McClelland, *Moche Fineline Painting: Its Evolution and Its Artists* (Fowler Museum of Cultural History, UCLA, Los Angeles, 1999).

그림 55 (KC): 다음 저작을 토대로 수정을 가해서 새로 그린 것이다. William J. Folan, Joyce Marcus, and W. Frank Miller, "Verification of a Maya Settlement Model through Remote Sensing," *Cambridge Archaeological Journal* 5 (1995): 277-282.

그림 56 (KC): 다음 저작을 토대로 수정을 가해서 새로 그린 것이다. William J. Folan et al., "Calakmul: New Data from an Ancient Maya City in Campeche, Mexico," *Latin American Antiquity* 6 (1995): 310-334.

그림 57 (KC): 다음 저작을 토대로 수정을 가해서 새로 그린 것이다. Linda Schele and Mary E. Miller, *The Blood of Kings* (Kimbell Art Museum, Forth Worth, Tex., 1986). 다음 저작도 보라. Joyce Marcus, "Identifying Elites and Their Strategies," in Christina M. Elson and R. Alan Covey, eds., *Intermediate Elites in Pre-Columbian States and Empires* (University of Arizona Press, 2006), 212-246.

그림 58 (KC): 이 지도는 여러 출처에서 나온 정보를 합친 것이다. 상이집트의 범위는 부분적으로 다음 저작을 토대로 했다. Barry J. Kemp, *Ancient Egypt* (Routledge, London, 1989).

그림 59 (KC): 다음 저작에 실린 그림을 새로 그린 것이다. Joyce Marcus, *Mesoamerican Writing Systems* (Prince ton University Press, 1992).

그림 60 (JK): 이 그림은 다음 저작에 실린 사진을 토대로 한 것이다. Christiane Desroches-Noblecourt, *Tutankhamen: Life and Death of a Pharaoh* (New York Graphic Society, New York, 1978).

그림 61 (KC): 다음 저작을 토대로 수정을 가해서 새로 그린 것이다. Hilda Kuper, *An African Aristocracy: Rank among the Swazi* (Oxford University Press, 1947).
그림 62 (KC): 다음 저작을 토대로 수정을 가해서 새로 그린 것이다. Hilda Kuper, *An African Aristocracy: Rank among the Swazi* (Oxford University Press, 1947).
그림 63 (JK): 이 그림은 다음 책에 실린 사진 2장을 토대로 한 것이다. Malcolm D. McLeod, *The Asante* (British Museum, London, 1981).
그림 64 (KC): 이 지도는 여러 출처의 정보를 합친 것이다. 부분적으로는 다음 저작을 토대로 했다. Gregory A. Johnson, "Late Uruk in Greater Mesopotamia: Expansion or Collapse?" *Origini* 14 (1988-1989): 595-613.
그림 65 (KC): 다음 저작들에 실린 설계도를 수정해서 새로 그린 것이다. Hans J. Nissen, *An Early History of the Ancient Near East* (University of Chicago Press, 1988); Ann Louise Perkins, "The Comparative Archaeology of Early Mesopotamia," *Studies in Ancient Oriental Civilization* 25 (Oriental Institute, University of Chicago, 1949).
그림 66 (JK): 타원형 신전 그림은 대체로 데이비드 웨스트 레이놀즈(David West Reynolds)의 작업물을 토대로 한 것이다. 그의 작업물은 플래너리와 마커스가 소유하고 있다. 고위 사제의 거처 그림은 다음 저작을 토대로 수정을 가해서 새로 그린 것이다. Kent V. Flannery, "The Ground Plans of Archaic States," in Gary M. Feinman and Joyce Marcus, eds., *Archaic States* (School of American Research Press, Santa Fe, N. Mex., 1998), 15-57.
그림 67 (JK): 다음 저작을 토대로 수정을 가해서 새로 그린 것이다. C. Leonard Woolley, *Ur Excavations 2: The Royal Cemetery* (British Museum, London, and University of Pennsylvania Museum, Philadelphia, 1934).
그림 68 (JK): 이 그림은 조이스 마커스가 찍은 사진을 토대로 한 것이다.
그림 69 (JK): 이 그림은 다음 책에 실린 사진을 토대로 한 것이다. Richard A. Diehl, *Tula: The Toltec Capital of Ancient Mexico* (Thames and Hudson, London, 1983).
그림 70 (KC): 이 그림은 16세기 코덱스 멘도사 그림을 수정해서 새로 그린 것이다. 다음 저작을 보라. Frances F. Berdan and Patricia R. Anawalt, *The*

Essential Codex Mendoza (University of California Press, 1997).

그림 71 (KC): 다음 저작을 토대로 수정을 가해서 새로 그린 것이다. William H. Isbell, "Mortuary Preferences: A Wari Culture Case Study from Middle Horizon Peru," *Latin American Antiquity* 15 (2004): 3–32.

그림 72 (JK): 이 그림은 다음 저작의 여러 장에 실린 평면도를 수정해서 새로 그린 것이다. Michael E. Moseley and Kent C. Day, eds., *Chan Chan: Andean Desert City* (University of New Mexico Press, 1982).

그림 73 (KC): 다음 16세기 저작을 토대로 수정을 가해서 새로 그린 것이다. Felipe Guamán Poma de Ayala, *El Primer Nueva Corónica y Buen Gobierno*, 3 vols. (Siglo Veintiuno, Mexico City, 1980).

라

마

바

사

아

자

차

카

타

파

하

다

라

마

바

사

아

자

차

카

타

파

하

지은이 켄트 플래너리Kent Flannery
미국의 저명한 고고학자로 미시간대학교 인류고고학 교수이다. 콜럼버스 신대륙 발견 이전의 중앙아메리카 문명과 문화, 특히 멕시코 지역의 고대 문명을 폭넓게 연구했다. 소아시아에서 농경과 집단 거주의 기원, 안데스 산맥 목축민의 문화적 진화에 관한 영향력 있는 저작을 발표했다. *The Flocks of the Wamani* (2009년), *Zapotec Civilization* (1996년) 등을 썼다.

조이스 마커스Joyce Marcus
켄트 플래너리와 함께 미국의 저명한 고고학자이다. 미시간대학교 사회진화학 교수로 재직 중이다. 라틴아메리카에 관한 광범위한 고고학 연구를 발표했다. 특히 마야 문명과 멕시코 남부에 위치한 오악사카 밸리 근처의 고대 문명에 대한 현장 조사를 수행했다. 1997년에는 미국과학아카데미의 회원으로 선출되었다. *Andean Civilization* (2009년), *The Ancient City* (2008년) 등을 썼다.

옮긴이 하윤숙
서울대학교 국어국문학과를 졸업하고 전문 번역가로 활동하고 있다. 옮긴 책으로는 『밤, 호랑이가 온다』, 『깃털』, 『진화의 종말』, 『선의 탄생』, 『울프 홀 1, 2』, 『모든 예술은 프로파간다다』 등이 있다.

불평등의 창조

인류는 왜 평등 사회에서 왕국, 노예제, 제국으로 나아갔는가

발행일 2015년 1월 15일 (초판 1쇄)
2018년 3월 30일 (초판 4쇄)

지은이 켄트 플래너리, 조이스 마커스
펴낸이 이지열
펴낸곳 미지북스
서울시 마포구 성암로 15길 46(상암동 2-120번지) 201호
우편번호 03930
전화 070-7533-1848 팩스 02-713-1848
mizibooks@naver.com
출판 등록 2008년 2월 13일 제313-2008-000029호

책임 편집 권순범
출력 상지출력센터
인쇄 한영문화사

ISBN 978-89-94142-37-1 03900
값 38,000원

• 블로그 http://mizibooks.tistory.com
• 트위터 http://twitter.com/mizibooks
• 페이스북 http://facebook.com/pub.mizibooks